中国政法大学精品系列教材

刑 法 学

（第六版）

中国政法大学教材编审委员会 审定

主　编　曲新久

撰稿人　（以撰写章节先后为序）

曲新久　阮齐林　张　凌

薛瑞麟　王　平　李芳晓

中国政法大学出版社

2022·北京

声　明　　1. 版权所有，侵权必究。

　　　　　　2. 如有缺页、倒装问题，由出版社负责退换。

图书在版编目（ＣＩＰ）数据

刑法学/曲新久主编. —6版. —北京：中国政法大学出版社，2022.1（2023.8重印）
ISBN 978-7-5764-0216-2

Ⅰ. ①刑… Ⅱ. ①曲… Ⅲ. ①刑法－法的理论－中国－高等学校－教材 Ⅳ. ①D924.01

中国版本图书馆CIP数据核字(2021)第277260号

书　　名	刑法学（第六版） Xing Fa Xue(Di Liu Ban)	
出 版 者	中国政法大学出版社	
地　　址	北京市海淀区西土城路 25 号	
邮　　箱	fadapress@163.com	
网　　址	http://www.cuplpress.com (网络实名：中国政法大学出版社)	
电　　话	010-58908435(第一编辑部) 58908334(邮购部)	
承　　印	保定市中画美凯印刷有限公司	
开　　本	787mm×1092mm　1/16	
印　　张	33.25	
字　　数	872 千字	
版　　次	2022 年 1 月第 6 版	
印　　次	2023 年 8 月第 2 次印刷	
印　　数	6001~11000 册	
定　　价	86.00 元	

作者简介

曲新久 教授，博士生导师，法学博士，曾兼任中国政法大学刑事司法学院院长、最高人民检察院侦查监督厅副厅长、北京市丰台区人民检察院副检察长。代表作：《刑法的精神与范畴》《刑事政策的权力分析》等。

阮齐林 教授，博士生导师，法学博士，曾兼任北京市丰台区人民检察院副检察长、北京市朝阳区人民检察院副检察长、宣武区人民检察院副检察长。代表作：《中国刑法上的量刑制度与实务》《刑法案例研习教程》《刑法学》等。

张 凌 教授，博士生导师，法学博士，曾兼任北京市朝阳区人民检察院副检察长。代表作：《日中比较有组织犯罪论》。

薛瑞麟 教授，博士生导师，法学硕士。代表作：《俄罗斯刑法研究》《犯罪客体论》等。

王 平 教授，博士生导师，法学博士，曾兼任中国政法大学刑事司法学院副院长、北京市门头沟区人民检察院副检察长。代表作：《中国监狱改革及其现代化》《刑罚执行现代化：观念、制度与技术》。

李芳晓 教授，硕士生导师，法学博士，曾兼任中国政法大学刑事司法学院副院长。代表作：《刑法导论》。

出版说明

　　为了深化教学改革，提高教学质量，中国政法大学教材编审委员会组织中国政法大学长期从事教研的专家、学者，打造一套在全国有重大影响的中国政法大学精品系列教材。

　　本套教材力求适应高等教育教学改革的新要求，面向并体现21世纪高等教育的新思想和新观念，在内容上注意吸收国内外教育、科研的最新成果，正确阐述本学科的基本理论、基础知识，努力做到知识性、理论性和实践性的统一。具体地讲，本系列教材的编写力求体现以下特征：

　　一、权威性。本套教材的编写人员在专业领域中具有较高学术水准、丰富的实践经验和教学经验，从而确保了每种教材在本学科领域中具备权威影响力。

　　二、基础性。本套教材体现"三基"，即基本概念、基本理论和基本体系，保证传授知识的完整性和系统性。

　　三、新颖性。本套教材体现"三新"，即知识点新、法律法规（司法解释）新、体例新，给读者奉献出一场全新而前沿的知识盛宴。

　　四、实用性。本套教材注重理论和实践相结合，重视收集典型案例、整理资料索引、编写多种引导学生自测的思考练习。

　　五、针对性。本套教材主要是针对本科生撰写的，但对研究生入学考试和相关职业考试也有重要的参考价值。

　　本套教材编写体例上继承了传统教材的优点，做到科学、规范、统一，并力求有所创新，以适应新世纪高等教育发展的全新要求。

　　参与编写本套教材的人员，或为学界有重要影响的学科带头人，或为在各自领域有较大影响的学术骨干，或为学术研究中崭露头角的学科新秀，他们均是具有丰富教学经验的一线教师，深谙教育教学的特点与规律。本套教材即是他们在教学和研究领域长期钻研的结晶。

　　本套教材的出版虽经长期酝酿、反复推敲，但疏漏之处在所难免，希望读者不吝指正。

中国政法大学教材编审委员会

2007 年 8 月

第六版说明

　　为了更好地适应刑法学教学之需要，我们编写了读者面前的这本《刑法学》教科书。编写过程中，我们努力做到基础性与新颖性并重、理论性与实践性相结合、传统性与创新性相协调，以满足法学本科生学习刑法学的需要，同时适应法学研究生研究我国刑法学的基本需要。

　　本教科书以我国传统刑法学知识体系为基础，借鉴大陆法系和英美法系刑法理论体系与内容的合理成分，主要是在犯罪论体系上将犯罪构成要件与构成要素相区别。刑法学总论依然采取传统的犯罪客体、主体、客观方面、主观方面四要件犯罪论体系，但是突出了刑法学知识与理论内容的相互联系和法学专业的思维方法与推理技巧，尽可能地贴近刑事司法实践和法科学生认知规律，并为将来可能的理论转型做好准备；刑法学分论部分则集中阐述具体犯罪构成的主客观要素，反映具体犯罪的特殊性，做到简洁、务实。由于篇幅所限，本教科书选择的案例数量相对较少，需要任课教师进一步为学生指定课后阅读资料。

　　根据最新立法主要是《中华人民共和国刑法修正案（十一）》以及司法解释，我们对本教科书进行了必要的修改与补充，这是本书第六版的主要变化。

　　本教科书编写分工如下（以撰写章节先后为序）：

　　曲新久　第一至四、十三、十四、二十二章；

　　阮齐林　第五至九、二十五章；

　　张　凌　第十至十二、二十三章；

　　薛瑞麟　第十五、十六、二十四章；

　　王　平　第十七至二十一章；

　　李芳晓　第二十六至二十九章。

　　对于本书，不少老师和同学提出了许多有益的批评和建议，有力地促进了本书的修订工作。借此机会，我们向各位读者表示衷心的感谢，希望各位读者一如既往地支持我们，并提出进一步的批评与建议。

编　者

2021 年 11 月

| 目 录 |

第一章

刑法概说

第一节 刑法的概念、渊源与分类

一、刑法的概念

法理学上如何定义"法"是一个充满争议而远没有解决的问题。在这里,我们从实用、实证的角度为刑法下一个最基本的定义,作为本教科书的逻辑起点,即刑法是规定犯罪和刑罚的法律。这是关于刑法概念的最简明扼要的形式定义,这一概念由犯罪、刑罚这两个核心概念以及二者之间的关系即罪刑关系所构成。

犯罪与刑罚是刑法中最重要的一对范畴。从字面含义上讲,所谓刑法,就是关于刑事惩罚的法律,即关于"刑罚"的法律(Penal Law);而刑罚是犯罪的法律后果,与犯罪概念密切联系,所以,刑法还可以称之为关于"犯罪"的法律(Criminal Law);将刑罚与犯罪结合在一起,刑法又可以称之为规定犯罪与刑罚的法律(Law of Criminal and Punishment)。也就是说,犯罪与刑罚是刑法的两个最基本概念,刑法以这两个最基本概念和这两个概念之间的关系(即罪刑关系)为中心展开。"在刑法中,不论是刑法典还是单行刑事法规,是由罪、刑以及罪刑关系三部分组成的。古今中外的刑法概无例外。"[1] 犯罪、刑罚这两个基本概念之下则包括一系列更为具体的概念,而这些具体概念之间又有着更为复杂的联系,立法者通过定义犯罪、刑罚以及犯罪、刑罚之下的每一个具体概念,进而形成一个完整的刑法概念体系。同其他法律部门一样,刑法是由概念组成的。

概念有相对确定的内涵和外延,众多相互区别而又密切联系的概念形成一个系统,构成一个体系,形成一个整体即刑法。与此相对应,研究刑法中各种概念的内涵、外延以及概念之间的关系,形成刑法学概念体系。刑法学是以刑法为研究对象的、由诸多相互联系和相互区别的概念所构成的知识体系。围绕着犯罪这一基本概念展开,抽象地研究犯罪的概念、特征、一般构成要件与要素以及形态等问题,形成犯罪论;围绕着刑罚这一基本概念展开,抽象地研究刑罚的概念、本质、功能、目的、种类与体系以及刑罚的裁量和适用等问题,形成刑罚论。犯罪论与刑罚论是构成刑法学总论的两个最主要部分。对于犯罪论与刑罚论所不能包含的关于刑法的其他一般性问题——刑法的概念、基本原理、原则、适用范围等问题的研究,便构成刑法学绪论。绪论、犯罪论、刑罚论就是刑法学总论知识体系的三大组成部分。

与刑法典总则对应的是刑法典分则,刑法典分则主要规定各种具体犯罪的名称(罪名)、概念与特殊构成要件(罪状)及其具体刑罚(法定刑)。同样,与刑法学总论对应的是刑法学分论,刑法学总论是关于犯罪与刑罚的一般理论知识体系,而刑法学分论则是关于各种具体犯罪的理论知识体系。刑法学总论是分论的高度抽象,刑法学分论以各种具体犯罪及其刑罚

---

[1] 宁汉林、魏克家、吴雪松:《定罪与处理罪刑关系常规》,人民法院出版社 1998 年版,第 1 页。

为研究对象，又是各种具体犯罪及其刑罚的理论抽象。如此一来，刑法学知识体系内部便形成从一般到特殊、从抽象到具体的理论关系。刑法学总论主要研究犯罪与刑罚的一般性、共性问题；刑法学分论研究犯罪的特殊性、个性问题，即研究具体犯罪的概念、特殊构成以及刑罚适用问题。作为法学的一个部门，刑法学是以刑法为研究对象的知识体系和理论体系。法科学生的学习以及刑法学教师的讲授是一个从一般到特殊、从抽象到具体的过程。然而，刑事司法实践却正好相反，是一个从特殊到一般、从具体到抽象的关系。作为知识体系，刑法学是刑法解释学，因而与刑法特别是刑法典有着密切的联系，刑法学体系与刑法典体系有许多契合之处，最为突出的是，刑法学分为总论与分论（或称罪刑各论），刑法分为刑法总则与分则。作为理论体系，刑法学体系又区别于刑法典体系，不是刑法典体系的简单摹本，刑法学体系的展开有其自身的理论逻辑。

实际上，刑法的基本概念并不限于犯罪与刑罚，刑法定义中的基本概念是可以适当增加和改变的。例如，犯罪与刑罚这两个最基本实体概念之间，还有另外一个重要性仅次于犯罪与刑罚的概念——刑事责任。因此，刑法又可以被定义为规定犯罪、刑事责任与刑罚的法律规范的总称。由于刑事责任是因犯罪而产生的法律责任，刑罚是实现刑事责任的基本方法而不是唯一方法，所以，刑法又可以被定义为规定犯罪与刑事责任的法律规范的总称。刑罚是犯罪的法律后果，所以，刑法又可以被定义为规定犯罪及其法律后果（刑罚）的法律规范的总称。这些刑法定义，我们都可以在不同的教科书中找到。实际上，在许多国家，作为犯罪的法律后果，并不限于刑罚，还包括保安处分，所以，在这些国家，刑法又可以被定义为关于犯罪、刑罚和保安处分的法律规范的总称。尽管在我国刑法理论上，有人建议将保安处分规定于刑法典之中，但我国刑法没有将保安处分作为犯罪的法律后果，所以，我国刑法教科书没有采用这一定义。

一般来说，刑法具有以下几个基本特征，这些基本特征需要从"应然"与"实然"两个方面理解。刑法的这些特征在某种意义上是"实然"的，大致上表现了各国刑法的实际状况，但是，包括我国刑法在内的各国刑法事实上又并非总是如此。在相当程度上，我们希望这些特征能够为刑法所具有，在这一意义上，这些特征又是"应然"的——作为正当、合理的刑法应当具有的基本特征。

1. 独立性。在当代民主法治国家，刑法是立法者根据本国宪法制定的基本法律。我国《刑法》[1] 第 1 条规定，"根据宪法"，制定刑法。刑法是宪法之下的基本法，是一个相对独立的法律部门。一方面，刑法不能背离宪法，违反宪法的刑法规范是无效的；另一方面，刑法以自己特有的方式独立地保护特定的社会关系。刑法的意义在于保护而不在于调整社会关系。一般来说，刑法总是站在民法、商法、行政法等其他部门法的背后，作为整个法律规则体系的最后保障而存在。社会关系的法律调整主要由民事法律、行政法律以及道德、习俗、宗教等承担，只是在民商、行政等法律部门调整失败且不能通过民事制裁、行政处罚等法律责任实现方法加以保护时，刑法才出场。因此，刑法具有独立于其他法律部门的特殊属性。

2. 严厉性。刑法主要以最具痛苦性的制裁手段——刑罚去惩罚犯罪、保护社会。法律制裁包括刑事制裁、民事制裁、行政制裁三大类。在这三大类法律制裁体系中，刑罚制裁体系是最为严厉的，刑罚不仅可以剥夺犯罪人的特定财产、权利，而且可以剥夺犯罪人的人身自由，包括我国在内的许多国家甚至还能够剥夺犯罪人的生命。刑罚是最为严厉的惩罚方法，

---

[1] 《刑法》，即《中华人民共和国刑法》，为表述方便，本书中涉及的我国法律直接使用简称，省去"中华人民共和国"字样，全书统一，不再赘述。

所以，严厉性是刑法区别于其他法律部门的一个重要特征。当然，刑罚体系是最为严厉的制裁体系，并不意味着每一种刑罚方法均比其他法律制裁措施、强制措施严厉。在我国，法律没有确立行政处罚的严厉性不能超过刑罚处罚的原则，所以，像罚款等行政处罚措施的严厉性并不亚于短期自由刑、罚金等刑罚方法。

3. 广泛性。刑法之外的其他部门法一般只是调整和保护某一方面的社会关系，例如，民法所调整和保护的社会关系是平等主体之间的财产关系以及与财产关系密切相关的人身关系；行政法调整拥有国家行政权的行政主体与行政相对人之间的行政关系。刑法所保护的社会关系则具有广泛性，涉及各种各样的社会关系以及社会关系的许多方面，刑法保护的对象范围似乎涵括所有法律部门的调整对象，因为只要立法者将一个法律事实以刑罚作为法律后果，即最后以刑罚制裁手段作为该法律规范有效性的保证，这个法律规范便因此而具有刑法性质，成为一条刑法规范。

4. 最后性。刑法广泛地保护各种社会关系，但是刑法并非保护全部的社会关系，也并非保护社会关系的方方面面，而是保护重要社会关系中具有公共性和重要性的利益，这些利益直接或者间接地规定于一国的宪法之中。不具有公共性和重要性的利益，刑法不予以保护。因此，刑法具有法律适用的最后性。刑法的最后性主要体现为两点：①刑法作为整个法律规范体系有效性的最后保障而存在，其他法律部门作为一个法律规范体系，最终依靠刑法维持其规范效力，刑法是法律体系中的保护法、保障法；②只有当民事法律、行政法律等法律部门不足以制止某种危害社会的行为从而保护某种重要利益时，立法者才考虑动用刑法，司法者才考虑适用刑法。所以，相对于民法、行政法，刑法相对地具有保守性、谦抑性。

刑法应当相对保守、谦抑，并不与我国目前以至今后相当长时间内刑法规范体系逐渐扩张的趋势相矛盾。总体上讲，我国刑法规定的罪名数量偏少，这一方面表明我国的刑法规范体系还不够精细，另一方面表明我国的刑事法网相当宽大。自 1979 年《刑法》颁布实施以来，我国的罪名数量迅速增加，这一方面促使刑法规范体系具体化、精细化，从而满足了科学性、确定性的需要；另一方面逐渐地扩展了犯罪圈，基本上符合有效保护社会的实际需要。

二、刑法的渊源

法律渊源是一个有比喻性并且极端模糊不清的概念。我国法学通说将法律渊源视为法律的创制与形式，只有对法律适用者具有直接拘束力的法律规范才属于法律渊源。法律渊源包括两种基本含义，其一是指其来源——创制（制定创造与习惯创造）；其二是指其形式——可识别的表达方式（名称与载体）。在我国，刑法规范只能来源于严格意义上的由立法机关所制定的法律，并以"法"的名称或者形式表现出来。

1. 刑法典。刑法典是指立法机关以刑法（典）名称颁布的系统规定犯罪、刑事责任、刑罚以及刑法适用的一般原则、规则以及各种具体犯罪与刑罚的法律。《中华人民共和国刑法》是我国的刑法典，该刑法典于 1979 年 7 月 1 日第五届全国人民代表大会第二次会议通过，并于 1980 年 1 月 1 日起施行；1997 年 3 月 14 日第八届全国人民代表大会第五次会议进行了全面修订，并于 1997 年 10 月 1 日起施行。[1] 目前，已有多个刑法修正案，对刑法的部分条文进行了修改、补充。刑法修正案属于刑法典的自然发展，其对于刑法典具体条文的修改内容自然地融入了整个刑法典之中，因此，起诉书、刑事判决书等司法文书不必引用刑法修正案，而应当直接

---

[1] 审判实践中，刑事判决书、起诉书等司法文书说"《刑法》第××条"时，"《刑法》"是指刑法典，目前是指 1997 年《刑法》，司法文书如果需要特指或者比较说明，则分别称之为"1979 年《刑法》""1997 年《刑法》"，本书也是如此。人们时常习惯性地称 1979 年《刑法》为旧刑法，1997 年《刑法》为新刑法。但是严格地讲，我国并不存在新、旧两部刑法典，迄今为止，我国只有一部刑法，1997 年《刑法》是在 1979 年《刑法》的基础上修订而成，具有连续性，这一事实对我们解释刑法有重要意义。

引用修改后的刑法典条文。使用刑法修正案的方式连续不断地修改刑法的重要意义是：通过对刑法典的条文进行灵活地零敲碎打式的修订，既可以迅速对社会需要作出反应，又可以有效地使刑法典的体例、编排顺序在较长的时间内保持不变，维持刑法典体系的稳定性和统一性。

2. 单行刑法。单行刑法是指立法机关以决定、规定、补充规定、条例等名称颁布的、规定某一类或者某一种犯罪及其刑罚或者刑法特殊事项的法律。1979 年《刑法》施行期间，全国人民代表大会常务委员会（以下简称全国人大常委会）先后颁布实施了 23 个单行刑法。依据《刑法》附则的规定，23 个单行刑法中的 15 个因已纳入 1997 年《刑法》或者已不适用而被废止；8 个单行刑法有关刑事责任的规定已纳入 1997 年《刑法》而不再有效，但有关行政处罚和行政措施的规定继续有效。由于《刑法》并没有直接标明"刑法典"，1997 年《刑法》颁布施行之后，1998 年 12 月 29 日公布的《全国人民代表大会常务委员会关于惩治骗购外汇、逃汇和非法买卖外汇犯罪的决定》（以下简称《惩治骗购外汇、逃汇和非法买卖外汇犯罪的决定》），1999 年 10 月 30 日颁布《关于取缔邪教组织、防范和惩治邪教活动的决定》，这些是我国现行有效的单行刑法。

我国属于单一制的国家，地方性法规不能直接规定刑法规范，为公民设立刑事禁令，从而成为刑法的渊源。但是，我国《刑法》第 90 条规定："民族自治地方不能全部适用本法规定的，可以由自治区或者省的人民代表大会根据当地民族的政治、经济、文化的特点和本法规定的基本原则，制定变通或者补充的规定，报请全国人民代表大会常务委员会批准施行。"这种地方性法规与一般地方性法规的相同之处是均没有普遍效力；不同之处在于，这些变通或者补充的规定需报请全国人大常务委员会批准才能生效实施，因此，在某种意义上讲，这种地方性法规已经转化成适用于特定地域——民族自治地方的刑法规范，属于我国刑法的渊源。民族自治地方的刑事变通或者补充的规定，以决定、规定、补充规定等名称颁布实施，一般应归入单行刑法的范围。

3. 附属刑法。附属刑法是指规定于民法、经济法、行政法等非刑事法律中的刑法规范。这类刑法规范附属于非刑事法律，故称之为附属刑法。1979 年《刑法》实施期间，我国先后有 130 多个附属刑法条文，例如，1984 年《专利法》第 63 条曾经规定，假冒他人专利，情节严重的，对直接责任人员比照 1979 年《刑法》第 127 条（假冒商标罪）的规定追究刑事责任。这一条文规定的内容属于刑法规范，但它不是规定在刑法典或者单行刑法之中，而是规定在专利法之中，所以属于附属刑法的范围。

1997 年《刑法》实施之后，经济法、行政法中的一些法律条文重申了刑法的某些规定，属于附属刑法的范围，但是，这些附属刑法条文并没有对刑法规范进行实质的修改、补充，大多属于提示性规定，不具有附属刑法的实质内容，其中一些条文十分笼统地规定："构成犯罪的，依法追究刑事责任。"这种规定基本上没有什么规则意义。如前所述，刑法具有最后性，刑法是最后法、保障法，所以，违反刑法的刑事违法行为一定是违反其他法律、法规的违法行为。但是，违反民事、经济、行政法律、法规的违法行为并非都是刑事违法行为，而刑法上的正当事由可能是其他法律上的违法行为，比如民法上的侵权行为。同时需要注意，独立性也是刑法的基本属性，刑法上所规定的犯罪行为并不需要其他法律在文字上明示其为违法行为，例如，我国规定的许多经济犯罪并不以民事、经济、行政法律、法规的上述笼统性规定即"构成犯罪的，依法追究刑事责任"为必要条件；同样的道理，在民事、经济、行政法律、法规笼统地规定"构成犯罪的，依法追究刑事责任"的情况下，刑法可能并没有相应的规定。

4. 国际刑法。国际刑法乃国际法的组成部分，可以成为国内刑法的直接或者间接渊源。国际刑法规范主要规定于国际条约之中。国际条约在一国法律渊源中的地位，或者是直接适用，或者是转化为国内法适用。规定保障被告人合法权益的国际刑法规范，属于我国刑法的直接渊源，我国司法机关应当尊重国际条约中保障人权的倡导性规则，遵守国际条约中保障人权的硬性规则，以确保达到国际社会的基本标准。规定国际犯罪从而具有刑事责任意义的国际条约，由于并不直接包含刑罚制裁的规定，因而不能直接成为一国国内刑法规范，需要通过刑事立法转化为国内刑法，才能成为一国法院定罪量刑的法律根据。例如，我国加入了《联合国禁毒公约》后，刑法便作了必要的修改，1990 年全国人大常委会制定并颁布了《关于禁毒的决定》，规定了掩饰、隐瞒毒赃性质、来源罪。当然，这类国际刑法规范在没有直接转化为国内刑法的情况下，可以成为缔约国与他国开展国际刑事司法合作的法律根据。

三、刑法的分类

1. 狭义刑法与广义刑法。狭义刑法即刑法典；广义刑法是指包括刑法典、单行刑法、附属刑法、国际刑法在内的所有关于犯罪与刑罚的法律规范的总称。

2. 普通刑法与特别刑法。普通刑法是指在一国范围内普遍适用的刑法规范的总称。特别刑法是指适用于特别人、特别时间、特别地域或者特定事项的刑法。刑法典属于普通刑法，单行刑法、附属刑法属于特别刑法。国际刑法视其内容而定，或者属于普通刑法，或者属于特别刑法。

3. 形式刑法与实质刑法。形式刑法是指从名称（形式）上就可以知道属于刑法范围的法律，如刑法典、单行刑法。实质刑法是指从名称上看不出是刑法，但其内容规定有犯罪、刑罚内容的法律，如附属刑法。

第二节　刑法的根据、任务和功能

一、刑法的根据

（一）法律根据

《刑法》第 1 条规定，根据宪法，结合我国同犯罪作斗争的具体经验及实际情况，制定本法。由此可见，制定刑法的法律根据是我国宪法，实践根据是我国同犯罪作斗争的具体经验和实际情况。宪法是国家的根本法，在一国法律体系中具有最高的法律效力。我国《宪法》第 5 条第 3 款规定："一切法律、行政法规和地方性法规都不得同宪法相抵触。"刑法根据宪法而制定，意味着刑法必须符合宪法的规定、原则与精神，不能违反宪法或者与宪法相抵触。刑法以宪法为根据，不仅要求刑法的制定、修改与补充必须符合宪法，而且自然地要求刑法的解释与适用也必须符合宪法。

（二）实践根据

按照《刑法》第 1 条的规定，根据宪法制定刑法，需要结合我国同犯罪作斗争的具体经验及实际情况。也就是说，制定以及修正我国刑法，应当调查研究，总结同犯罪作斗争的具体经验及实际情况，如此，刑法规范体系的规范有效性才能真正地转化为现实有效性。实践是现实的，而任何现实的东西都总是与历史密切联系的，刑法的制定在立足于现实实践经验和实际情况的基础上，自然地还需要借鉴我国历史上同犯罪作斗争的经验与教训。在全球化的背景下，我国同犯罪作斗争的具体经验和实际情况必须置于全球范围内观察和思考，因此，制定刑法有必要借鉴国外的立法经验、立法技术和立法成果。

（三）政策根据

1979 年《刑法》第 1 条明确规定"惩办与宽大相结合"是制定刑法的政策根据，1997 年

《刑法》在修订过程中考虑到"惩办与宽大相结合"作为刑事政策，已经具体体现在立法当中，因此，1997年《刑法》删除了这一规定[1]尽管1997年《刑法》没有继续规定"惩办与宽大相结合"的刑事政策，但这一政策在刑事立法中有大量体现，对于刑事司法活动以及具体刑事政策的制定和执行都有指导意义[2]这一政策的精神实质概括起来包括"区别对待""宽严相济""分化瓦解""打击少数、教育改造多数"四条[3]随着政策科学的兴起，刑事政策对于刑法适用的意义与作用越来越重要，其与刑法的关系问题日益受到关注。作为预防与控制犯罪的公共政策，刑事政策与刑法关系密切：一方面，刑事政策不能违背刑法的基本原则和具体规则。刑法的基本原则，如刑法明确规定的罪刑法定、罪刑相当、法律面前人人平等原则以及体现在刑法当中的刑罚个别化、人道主义等原则，刑事政策决策与执行不可逾越。同样，在刑事法律规则明确的情况下，法律必须得到尊重和遵守。另一方面，在刑事法律规则缺乏或者不明确的情况下，需要刑事政策的抽象指导，同时需要具体的可操作性和创造性的政策性规则作为补充与支持。

二、刑法的任务

《刑法》第1条规定，"为了惩罚犯罪，保护人民"而制定刑法；《刑法》第2条进一步明确规定，刑法的任务"是用刑罚同一切犯罪行为作斗争，以保卫国家安全，保卫人民民主专政的政权和社会主义制度，保护国有财产和劳动群众集体所有的财产，保护公民私人所有的财产，保护公民的人身权利、民主权利和其他权利，维护社会秩序、经济秩序，保障社会主义建设事业的顺利进行"。《刑法》明确规定刑法的任务并强调刑法的任务是惩罚犯罪和保护国家、社会、公民个人的合法利益，这是我国刑法的一个重要特点。

三、刑法的功能

刑法的功能或者说机能是指刑法作为一个有机整体可起的作用或者发生作用的能力。刑法的功能是多重的、多种的，而不是单一的。一般来说，刑法具有对立统一的两个方面的基本功能：

（一）社会保护功能

社会保护功能，即保护社会不受犯罪侵害的机能。刑法通过规定什么样的行为是犯罪并规定相应的刑罚，通过司法活动惩罚犯罪行为，保护国家、社会、个人的利益。

（二）人权保障功能

人权保障功能，即保障无罪的人不受刑事追究，保障有罪的人只是受到法律限度内的惩罚。刑罚权像其他国家权力一样，必须受到限制和制约，否则就会被滥用而侵害公民的基本权利。国家动用刑罚惩罚犯罪，必须依法进行，严禁超越法律规定滥用刑罚权，侵害无辜的人或者犯罪人的合法权益。

第三节　刑法规范、体系与解释

一、刑法规范

规范，是调整人类行为的标准、规则，是以"应然"[4]为特征的语句：告知人们禁

---

〔1〕郎胜主编：《〈中华人民共和国刑法〉释解》，群众出版社1997年版，第1页。

〔2〕敬大力主编：《刑法修订要论》，法律出版社1997年版，第20~21页。

〔3〕肖扬主编：《中国刑事政策和策略问题》，法律出版社1996年版，第72页以下。

〔4〕与"应然"相对应的是"实然"，实然是指事物、事件的现实状态，可作真假之事实判断，而不能作是否合乎目的、是否正义的价值评价。

止——不应当做什么，命令——应当做什么，授权——可以做什么，任意——自由地做什么。刑法是禁止（杀人、抢劫、盗窃……）、命令（抚养子女和赡养父母、执行法院裁决、依法作证……）、允许（正当防卫、紧急避险、正当冒险……）人们作出一定行为的法律规范的总称。

人类行为应受到社会规范——主要是最终由国家强制力保证的法律规范的控制。法或者说法律是由国家制定并由国家强制力保证实施的行为规范的总称。刑法是刑法规范的总称。刑法规范是规定处罚犯罪行为从而指示人们行动的法律规范。法律规范一般可分为义务性规范和授权性规范两种。刑法规范主要是义务性规范，又以禁止性义务规范为主，命令性义务规范为辅，并以最严厉的法律制裁——刑罚作为威慑手段。禁止性规范以消极义务为内容，即禁止人们为一定的行为，人们只要消极地不实施刑法禁止的行为即可，它一般直接由刑法加以规定，而不需要其他法律再加以特别规定；命令性规范以积极义务为内容，即命令人们为一定的行为，它是禁止性规范的必要补充，它也由刑法加以规定，但刑法之外的其他法律往往更为详细地规定人们如何具体履行这一义务。

刑法规范主要是义务性规范，但不限于此种规范，还包括授权性规范——授予公民诸如正当防卫、紧急避险等权利。刑法授权性规范离不开刑法义务性规范，它以义务性规范为前提，是刑法义务性规范的必要补充。这不同于民法以规定授权性规范（以及任意性规范）为原则、禁止性规范（以及强制性规范）为例外的特点。

刑法规范通过刑法条文表达，并存在于刑法体系之中。刑法条文是一种直观的文字存在，刑法规范则是法律文字背后的潜在。刑法条文一般不直接规定刑法规范的具体内容，而是通过刑法条文的文字规定抽象地表达刑法规范，即禁止公民实施什么行为、命令公民实施什么行为。刑法条文可以区分为总则条文与分则条文，刑法典总则条文一般说来是原则性、一般性的规定，不直接规定刑法规范的具体内容，但在整个刑法体系中间接地影响刑法规范的内容；刑法规范的具体内容主要通过刑法典分则中规定具体犯罪与刑罚的条文（罪刑式法条）表达，一个刑法典分则条文可以表达若干个刑法规范，若干个刑法典分则条文则可能表达同一个刑法规范。刑法规范存在于刑法体系之中，任何一个具体的刑法规范都不能与刑法乃至整个法律体系相分离，而是整个法律制度的一小部分。

刑法规范的意义主要在于两个基本方面：一方面，刑法规范是针对一般人的行为规范，具有一般性，它禁止或者命令公民实施特定的行为；另一方面，刑法规范是针对司法官员的裁判规范，它指示司法人员如何认定、判断公民的行为是否构成犯罪以及如何追究犯罪行为人的刑事责任。这两个方面是统一的，而不是分离的，刑法规范的本质是禁止与命令，刑法典分则中的罪刑式法条以"……的，处……"（"如果……那么……"）的模式将一定的法定事实构成（犯罪）与法律后果（刑罚）挂钩，都是在向一般人、法律适用者表达禁止和命令的应然规范。在刑法分则条文（罪刑式法条）中，"……的"是罪状，是对于具体犯罪构成要件的描述；对于罪状的高度概括是罪名，即具体犯罪的名称。"处……"是法定刑，即适用于具体犯罪的刑罚种类与幅度。

二、刑法体系

刑法体系是指刑法的组成与结构。刑法体系可以作狭义与广义的区分，科学合理的刑法体系有利于更好地发挥刑法的整体功能，从而既有利于刑法的解释与适用，也便于刑法条文内容的简约和检索。

狭义的刑法体系是指刑法典的体系。《刑法》由两编和附则组成，第一编为总则，第二编为分则，最后为附则。编下有章、节、条、款、项等层次。[1] 第一编总则共五章，依次为：刑法的任务、基本原则和适用范围；犯罪；刑罚；刑罚的具体运用；其他规定。总则的内容是一般性规定，规定刑法的基本原则、适用范围以及有关犯罪与刑罚的一般原则与规则。第二编分则共十章，分别规定了十类犯罪，依次为：危害国家安全罪；危害公共安全罪；破坏社会主义市场经济秩序罪；侵犯公民人身权利、民主权利罪；侵犯财产罪；妨害社会管理秩序罪；危害国防利益罪；贪污贿赂罪；渎职罪；军人违反职责罪。各类犯罪的排列次序大致上反映了立法者对于刑法保护的客体的价值判断次序。分则的内容是具体性规定，规定各种具体犯罪与法定刑。附则由刑法的最后一个条文和两个附件组成，与总则、分则并列，但不另立一编。刑法典总则与分则是一般与特殊、抽象与具体的关系，二者之间形成指导与被指导的关系，刑法典总则指导刑法典分则的适用，除非刑法典分则有特别规定，刑法典总则的规定适用于刑法典分则。

广义的刑法体系是以刑法典为核心的由刑法典、单行刑法、附属刑法以及国际刑法所组成的刑法规范体系。单行刑法和附属刑法以及国际刑法中有关刑法适用以及犯罪与刑罚的一般性规定，属于对刑法典总则的补充、修改，成为总则体系的组成部分，在一定程度上导致刑法典总则内容的变化。单行刑法和附属刑法补充、修改刑法典总则的情况较少，多数情况下，单行刑法和附属刑法的内容属于对刑法典分则罪刑式法条的补充、修改，这些补充、修改属于分则的范围，与刑法典总则形成特殊与一般、具体与抽象的关系，它们的适用仍然要以刑法典总则为指导，也就是说，刑法典总则规定既适用于刑法典分则，也适用于单行刑法、附属刑法中有关具体犯罪与刑罚的法律规定。对此，《刑法》第101条明确规定，本法总则适用于其他有刑罚规定的法律，但是其他法律有特别规定的除外。有刑罚规定的其他法律，是指刑法典之外的单行刑法、附属刑法等特别刑法。对于刑法典分则规定具体犯罪（罪名、罪状）与刑罚（法定刑）的条文（罪刑式法条）来说，当一个行为同时触犯普通刑法即刑法典的罪刑式法条与特别刑法的罪刑式法条时，应当按照特别刑法优于普通刑法的原则，适用特别法。当一个行为同时触犯特别刑法的两个罪刑式法条时，应当按照新法优于旧法的原则，适用新法。无论行为触犯多个还是单个罪刑式法条，都需要在整个刑法以至法律体系内与其他法条联系起来理解、解释以求刑法条文的正确适用。

三、刑法解释

（一）刑法解释的概念与分类

刑法的解释就是对刑法规范含义的阐明。刑法规定大多是抽象的，含义抽象的刑法规定只有通过解释才能具体适用于复杂多样而且不断发展变化的各种各样的具体案件。刑法解释对正确适用刑法条文、正确定罪量刑，具有十分重要的意义。

刑法解释可以根据不同的标准加以区分。按解释的效力，可以分为立法解释、司法解释和学理解释三类。

1. 立法解释。立法解释就是由立法机关对刑法所作的解释。立法解释又分为以下三种情况：①刑法或者相关法律中的解释性规定。例如，《刑法》第94条规定："本法所称司法工作人员，是指有侦查、检察、审判、监管职责的工作人员。"②立法机关制定刑法时在"法律的

---

[1] 基本层次是：编下设章，章下设节，但多数章下不设节；章、节之下是具体条文，条文是刑法典的基本单位，从第1~452条，以统一的顺序编号，不受编、章、节的影响，刑法典以修正案的形式增加条文时，在相应的条文后面采取该条之一、之二的编号方式；条下为款，另起一段表示，有的条文只有一款；条、款之下为项，标志是另起一段且包含使用括号的基数编号。例如，《刑法》第91条关于公共财产的规定，包括2款，其中第1款又包含着3项；《刑法》第92条关于公民私有财产的规定，只有1款，其中包含着4项。

起草说明"中所作的解释。例如，1997 年 3 月 6 日王汉斌在第八届全国人民代表大会第五次会议上《关于〈中华人民共和国刑法（修订草案）〉的说明》。③刑法施行过程中立法机关的专门解释。1981 年 6 月 10 日发布的《全国人民代表大会常务委员会关于加强法律解释工作的决议》指出，凡关于法律、法令条文本身需要进一步明确界限或作补充规定的，由全国人大常委会进行解释或用法令加以规定。例如，2000 年 4 月 29 日通过的《全国人民代表大会常务委员会关于〈中华人民共和国刑法〉第九十三条第二款的解释》（以下简称《关于〈中华人民共和国刑法〉第九十三条第二款的解释》），是我国全国人大常委会第一次专门对刑法作出的立法解释。

2. 司法解释。司法解释是指最高司法机关对具体应用刑法所作的解释。《全国人民代表大会常务委员会关于加强法律解释工作的决议》第 2 条规定："凡属于法院审判工作中具体应用法律、法令的问题，由最高人民法院进行解释。凡属于检察院检察工作中具体应用法律、法令的问题，由最高人民检察院进行解释。最高人民法院和最高人民检察院的解释如果有原则性的分歧，报请全国人民代表大会常务委员会解释或决定。"

3. 学理解释。学理解释是指未经国家授权的机关、团体或者个人从理论上或学术上对刑法所作的解释。学理解释不具有法律约束力，但对正确地刑事司法以至于刑事立法都有重要的参考价值。

（二）刑法解释的方法

按照解释的方法，刑法解释又可分为文理解释和论理解释。

1. 文理解释。文理解释是根据刑法所用文字的文义及其通常使用的方式使其含义明确的解释方法。例如，《刑法》第 96 条规定："本法所称违反国家规定，是指违反全国人民代表大会及其常务委员会制定的法律和决定，国务院制定的行政法规、规定的行政措施、发布的决定和命令。"再如，《刑法》第 99 条规定："本法所称以上、以下、以内，包括本数。"它们都属于文理解释。文理解释是刑法的最基本的解释方法，如果文理解释就可以使刑法规定清晰，就没有必要再进行论理解释。

2. 论理解释。论理解释是对法律条文的含义按照立法精神，根据法理所作的解释。例如，《关于〈中华人民共和国刑法（修订草案）〉的说明》对《刑法》第 294 条所作的解释："对于黑社会性质的犯罪，必须坚决打击，一定要消灭在萌芽状态，防止蔓延。只要组织、参加黑社会性质的犯罪组织，不管是否有其他具体犯罪行为都要判刑。"这就是论理解释。刑法论理解释的结果可能是扩张解释，即扩大刑法条文的字面含义，也可能是限制解释，即缩小刑法条文的字面含义，无论是对刑法规范进行扩张解释还是限制解释，均需要符合罪刑法定的原则，在罪刑法定原则范围内进行严格解释，而不能任意地进行解释。

第二章
刑法的基本原则

第一节　罪刑法定原则

一、罪刑法定原则的基本含义与历史

刑法基本原则是立法者制定和司法者适用刑法过程中必须始终严格遵循的刑法所固有的、全局性的裁判准则，而罪刑法定原则是刑法最为重要的基本原则。罪刑法定的基本含义是："法无明文规定不为罪""法无明文规定不处罚"。

罪刑法定原则是资产阶级革命时期反对封建司法制度非法专横的产物，是对罪刑擅断主义的彻底否定。作为法律原则，它最早发端于1215年《英国大宪章》。《英国大宪章》第39条规定："凡自由民非经其同级贵族依法判决或遵照国家法律的规定，不得加以拘留、监禁、没收其财产、剥夺其法律保护权或加以放逐、伤害、搜索或逮捕。"这个规定先后为美国和法国的宪法文件所吸收。《美国宪法》第1条第9项规定："禁止溯及既往的法律。"1791年，美国国会批准的《宪法修正案》第5条规定："未经正当法律程序不得剥夺任何人的生命、自由或财产。"1868年7月28日颁布的美国《宪法修正案》第14条又规定："无论何州，未经正当法律程序，不得剥夺任何人的生命、自由或财产。"美国宪法上确立了以"禁止事后法"和"正当法律程序"为核心的合法性原则——英美法系的罪刑法定原则。在大陆法系，1789年法国资产阶级革命后制宪会议上通过的宪法文件《人权和公民权利宣言》（简称《人权宣言》）第8条规定："法律只应规定确实需要和显然不可少的刑罚，而且除非根据犯罪行为前已制定、公布和合法施行的法律，不得处罚任何人。"1810年《法国刑法典》第4条将罪刑法定原则规定为："不论违警、轻罪或重罪，不得判处犯罪前法律未规定的刑罚。"许多国家在资产阶级革命以后，均把罪刑法定原则作为保障人权的一个基本原则，在宪法或刑法上加以规定，以法律来限制国家刑罚权的滥用，保障人权。罪刑法定原则，即行为时法无明文规定不为罪、法无明文规定不处罚，现在已经成为世界各国所广泛承认的保障人权、维护法治的重要原则，也是联合国一系列国际条约所规定的刑事司法准则。

二、罪刑法定原则的具体内容

我国1979年《刑法》没有明文规定刑法的基本原则，也没有规定罪刑法定原则。1997年《刑法》确立了罪刑法定原则，主要体现在：《刑法》第3条明文规定罪刑法定是我国刑法的基本原则；废除类推制度；刑法典总则规定了犯罪的一般概念、基本构成要件以及犯罪形态；刑法典分则规定了各种具体犯罪的犯罪构成要件与刑事责任等。《刑法》第3条规定："法律明文规定为犯罪行为的，依照法律定罪处刑；法律没有明文规定为犯罪行为的，不得定罪处刑。"这是我国刑法对于罪刑法定原则的明文规定，这一原则集中地体现了刑法的正义性。犯罪和刑罚要由国家最高权力机关制定的符合宪法的法律来规定，法律是规定犯罪与刑罚的唯一渊源。我国《宪法》规定，全国人民代表大会制定的刑事法律不得与宪法相抵触，全国人民代表大会常务委员会可以对全国人民代表大会制定的刑事法律进行部分补充和修改，但是，既不得与宪法相抵触，也不得与该法律的基本原则相抵触。违反宪法或者违反刑法基本原则的刑事法律，不得作为定罪处刑的依据。

按照我国《刑法》第 3 条的规定，罪刑法定原则可以区分为两个基本方面：一方面是积极的罪刑法定："法律明文规定为犯罪行为的，依照法律定罪处刑"；另一方面是消极的罪刑法定："法律没有明文规定为犯罪行为的，不得定罪处刑。"[1] 积极的罪刑法定与消极的罪刑法定共同构成了我国刑法的罪刑法定原则。

积极的罪刑法定从扩张刑罚权的方面，要求积极地运用刑罚，惩罚犯罪、保护社会。具体来说，对于一切犯罪，都应当运用刑罚加以惩罚，做到有法可依、有法必依、执法必严、违法必究，不放纵犯罪，让法制得以维护。西方国家的刑法、宪法在规定罪刑法定原则时，一般并不去规定也不去突出这方面的内容。我国刑法在明文规定罪刑法定原则时，规定（在某种意义上可能是突出）罪刑法定原则的积极方面，是我国刑法的一个重要特点，这与我国刑法目的、任务的规定（《刑法》第 1、2 条）有着密切的联系。

消极的罪刑法定原则与罪刑法定原则的经典表述一致，与大陆法系的许多国家的规定基本相同。其基本精神和主要意义是：从消极方面限制刑罚权的适用，防止国家滥用刑罚权侵犯人权，从而确保刑法是善良公民的大宪章，是犯罪人的大宪章，而并非说它具有消极的意义。

一般来说，罪刑法定原则消极方面包括以下主要派生原则：

（一）禁止类推

罪刑法定原则自然要求禁止类推适用法律，即不得类推适用不利于被告人的刑法规定。所谓类推，主要是指将法律没有明文规定为犯罪并处以刑罚的案件事实比照刑法规定的最相类似的条文定罪量刑的制度。类推与罪刑法定水火不容，直接冲突，罪刑法定自然而然地要求不得类推适用不利于被告人的刑法规定。依据 1979 年《刑法》第 79 条的规定，本法分则没有明文规定的犯罪，可以比照本法分则最相类似的条文定罪判刑，但是应当报请最高人民法院核准。1997 年《刑法》取消了类推（定罪判刑）制度，禁止不利于被告人的类推适用，但是允许类推适用有利于被告人的刑法规定。

（二）禁止事后法

刑法没有溯及既往的效力，被告人是否有罪以及在有罪的情况下具体如何处罚，只能依据行为当时的法律，而不能依据行为后颁布实施的法律进行评价，这就是禁止事后法的原则。但是，新法不认为是犯罪或者处刑较轻的，则具有溯及既往的效力。换言之，对被告人不利（规定行为构成犯罪或者加重责任）的法律不具有溯及既往的效力，对被告人有利的法律则具有溯及既往的效力。我国《刑法》第 3 条没有明示禁止事后法的原则，但是，依据国际公约并联系我国《刑法》第 12 条的规定，立法者和司法者必须严格遵循禁止事后法的原则。

（三）禁止习惯法

刑法应以制定法为依据，刑法是立法机关制定的成文法，习惯法不是刑法的渊源，判例也不是刑法的渊源。当然，习惯法与判例对于刑法的解释与适用具有重要的参考意义。在英美法系，制定法所发挥的作用越来越大，但是，判例法原则要求下级法院必须遵循上级法院特别是最高法院的判例中所确立的法律规范，上级法院通常则不能背离自己先前作出的判决。在大陆法系国家，法律一般并没有规定下级法院必须遵循上级法院的判例，但是，最高法院

---

〔1〕 何秉松主编：《刑法教科书》，中国法制出版社 1995 年版，第 63 页以下。

判决所确立的原则、规则具有重要的规范作用，下级法院很少去有意识地背离。在我国，审判制度的行政化色彩使得下级人民法院更为关注上级人民法院将会如何判决同类案件，长期的审判实践形成一般的法律确信，上级人民法院特别是最高人民法院的判决具有相当的拘束力。

（四）禁止不定刑

罪刑法定原则要求严格依照法律定罪处刑，立法者不能规定、司法者不能适用绝对不定刑和绝对不定期刑。绝对不定刑是指刑法只规定什么行为是犯罪，而不规定具体如何处罚。在这种情况下，如何处罚犯罪人，完全由司法人员自由决定。绝对不定期刑主要是指立法者在刑法中不规定法官司法时宣告自由刑的期限。在这种情况下，剥夺犯罪人多长时间的人身自由完全由刑罚执行机关（监狱）决定。我国刑法对于各种具体犯罪，主要是规定了相对确定的法定刑，在法定刑（特定刑种和刑度）相对确定的范围内，法官根据案件的具体情况裁判一个相对合理的确定的刑罚。这一方面保证了刑罚的法定性，另一方面有利于法官遵循罪刑相当原则自由裁量。

（五）明确性原则

刑法关于犯罪、刑罚及其相互关系的规定应当清楚明确，而不能模糊不清。因为只有明确的刑法规定才能为一般人和司法人员所理解、遵守。否则，一般人无法预测自己的行为会产生怎样的法律后果，个人自由便无从谈起，司法官员也将无从理解甚至歪曲刑法，恣意擅断便难以避免，法治原则就会荡然无存。

罪刑法定原则所包含的两个方面，即积极的罪刑法定和消极的罪刑法定，是我国刑法罪刑法定原则密切联系的两个基本方面，这两个基本方面是对立统一的，具体表现为，运用刑罚惩罚犯罪以保护社会，与约束国家刑罚权以保障人权的对立统一。积极罪刑法定与消极罪刑法定之间的对立统一关系，与个人自由与社会秩序之间的对立统一关系密切相关。现代刑法的首要价值和任务是维护个人自由，尽最大可能地保护和保障个人自由，同时维护社会秩序的稳定。在特殊情况下，当罪刑法定原则的积极方面与消极方面发生冲突的时候，应当以罪刑法定的消极方面为优先考虑，在此前提下，寻求个人自由与社会秩序的统一。

三、罪刑法定原则的理论基础与功能

作为支配现代刑法的一种基本理念，罪刑法定主义的思想发源于资产阶级启蒙思想家。德国著名古典刑法学派学者冯·费尔巴哈（Von Feuerbach，1775 年~1833 年）在 1801 年出版的《刑法教科书》中最早将罪刑法定原则表述为："无法律则无刑罚，无犯罪则无刑罚，无法律规定的刑罚则无犯罪。"或者说"法无明文规定不为罪""法无明文规定不处罚"，这是罪刑法定原则的经典表述。从思想渊源上看，近代启蒙思想家对于罪刑法定原则理论的阐述作出了历史性的贡献，三权分立的政治理论、自然法的思想和心理强制学说成为罪刑法定原则的思想渊源。目前，西方国家多用自由、民主、人权理论来阐述罪刑法定原则的理论基础。

我国《宪法》规定"中华人民共和国的一切权力属于人民"，集中体现了我国刑法确立罪刑法定原则的基础。一切权力属于人民，刑罚权自然也属于人民。只有人民才有权决定什么行为是犯罪和应处以何种刑罚。人民行使权力的机关是人民代表大会，全国人民代表大会是最高权力机关，经过法定立法程序，用法律的形式明文规定什么行为是犯罪和应处以何种刑罚，使它成为定罪处刑的唯一准绳。什么是犯罪以及对犯罪处以何种刑罚，由民选立法机构自己为自己立法，对于全体公民来说，刑法不单纯是一种外在强制，而是一种自我约束，因而罪刑法定原则与民主相连，民主是罪刑法定原则的基础。犯罪与刑罚由刑法加以明文规定，在法律范围内，个人享有选择和活动的自由，自由得到保障，因而罪刑法定原则与自由

相连，自由是罪刑法定原则的基础。刑法确保个人、社会和国家在宪法意义上的重要利益得以保护而不为犯罪所侵害，安全也就得以保证，一个安全的社会就是一个有秩序的社会，罪刑法定与秩序、安全相连，社会秩序与安全是罪刑法定原则的基础。所以，罪刑法定原则与诸多法律价值相联系，既是这些法律价值的必然要求，又是实现这些法律价值的基本保障。罪刑法定原则是能够同时兼顾上述各种价值目标的法治原则，以自由、民主、秩序等基本法律价值为基础，而不是这些价值中的单一性或者说偏一性选择。

刑法具有社会保护和人权保障两个方面的基本功能，罪刑法定原则是确保刑法实现这两种功能的基石。罪刑法定原则同样具有这样两种基本功能。罪刑法定原则既具有保障无辜者不受惩罚和保障犯罪人的合法权利不受侵害的人权保障功能，又具有惩罚犯罪、保护社会免遭犯罪侵害的社会保护功能。罪刑法定的人权保障功能主要通过消极的罪刑法定原则实现，社会保护功能主要通过积极的罪刑法定原则实现，这是我国刑法规定罪刑法定原则的一个重要特点。但是，我国的立法与司法实践要真正地实现罪刑法定原则，其过程是复杂而漫长的。

第二节　法律面前人人平等原则

一、法律面前人人平等原则的基本含义

人人平等的思想根深蒂固地存在于人类早期文化，尤其是宗教观念之中，但是，人类制度史基本上是不平等的历史，欧洲启蒙思想家提出了"法律面前人人平等"的革命性口号，资产阶级革命颠覆了封建等级特权制度，确立了人人平等的原则。1789 年法国《人权宣言》宣告："在权利方面，人们生来而且始终是平等的。"之后，法律面前人人平等逐步成为各国宪法的基本原则。

我国《宪法》规定，"中华人民共和国公民在法律面前一律平等"，任何组织或者个人都必须遵守宪法和法律，都不得有超越宪法和法律的特权。法律面前人人平等在我国首先是宪法原则。因此，刑法面前人人平等，是自然的，是不言而喻的。但是，司法实践中确实存在着种种不平等现象。所以，1997 年《刑法》特别强调了这一原则。

《刑法》第 4 条规定："对任何人犯罪，在适用法律上一律平等。不允许任何人有超越法律的特权。"这一原则集中地体现了刑法的平等性。法律面前人人平等原则，既是一项刑法基本原则，又是一项重要的宪法原则，同时还是国际人权公约所规定的一项重要原则。

依据这一原则，所有的人在法律面前平等，受法律的平等保护，无所歧视，任何人都不能因为种族、肤色、性别、语言、宗教、政治或者其他见解、国籍或者社会出身、财产、出生或者其他身份等任何理由受到歧视。在刑法领域，任何人犯罪，都应当受到刑事追究，任何人都不被允许有超越法律的特权，任何人也不得受到歧视。

二、法律面前人人平等原则的范围

《刑法》第 4 条关于法律面前人人平等原则的规定，字面上强调适用法律人人平等，而不是像宪法那样规定法律面前人人平等，所以，不少刑法教科书将《刑法》第 4 条的规定归结为适用刑法人人平等或者平等适用刑法的原则，似乎这一原则仅仅适用于司法领域而不包括立法领域。但实际上，法律面前人人平等原则不仅是刑事司法原则，还是刑事立法的原则。

作为司法原则，刑法规范必须严格地适用于所有它所应当得到适用的场合，适用刑法既反对特权，又反对歧视。特权与歧视就像硬币的两面，一面是特权，另一面就是歧视。我国宪法和刑法强调了反特权，并不意味着不反歧视。反特权必然要求反歧视，因为一部分人的特权，就是对另外一部分人的歧视。法律面前人人平等原则要求，对于任何人都要平等地出

罪和入罪，在定罪、量刑、行刑三个基本环节上一律平等。

作为立法原则，人人都应当受到法律的平等保护。在我国，刑法除了规定对国有资产、利益予以特别保护外，对各种利益基本上做到了平等保护，所以，依据刑法的规定，法律面前人人平等原则实际上也是刑事立法的基本原则。

第三节   罪刑相当原则

一、罪刑相当原则的含义

罪刑相当原则，又可以称为罪刑均衡原则、罪刑相适应原则，其基本含义是指刑罚的轻重应当与犯罪的轻重相适应。古代刑法早期，曾实行"以牙还牙，以眼还眼，以血还血"的同态复仇原则，侵害行为与惩罚之间具有一种对等性，同态复仇原则既反映了人类朴素的公平意识，还反映了罪刑等价、相当、均衡的最初观念。现代意义上的罪刑相当原则产生于西方资产阶级国家，而后为世界各国刑法所接受。第二次世界大战以后，罪刑相当原则也在一些国际条约中得到体现和贯彻。

《刑法》第 5 条规定："刑罚的轻重，应当与犯罪分子所犯罪行和承担的刑事责任相适应。"依据这一规定，罪刑相当原则是指犯罪分子所受到的刑罚惩罚应当与犯罪的事实、性质、情节、社会危害性的大小以及其所应当承担的刑事责任相适应。对任何人来说，无罪不罚，轻罪轻罚，重罪重罚，一罪一罚，数罪并罚，罚当其罪。罪刑相当原则集中体现了刑法的公正性、正义性。

二、罪刑相当原则与刑罚个别化原则的关系

《刑法》第 5 条不仅直接规定了罪刑相当原则，而且还间接地规定了刑罚个别化原则及其与罪刑相当原则的关系。

刑罚个别化原则是指刑罚的轻重与适用应当与犯罪者的个人情况相适应。罪刑相当原则与刑罚个别化原则既有联系又有区别，二者之间的基本关系是：罪刑相当原则是调整犯罪与刑罚即罪刑关系的基础性原则，为刑罚个别化原则的运用划定范围与疆界；刑罚个别化原则是调整刑罚与犯罪人之间关系的基本原则，它要求刑罚应当根据犯罪人的具体特点有针对性地加以规定、裁量与适用，从而构成对罪刑相当原则的制约与校正。

第 三 章
刑法的适用范围

第一节　刑法的空间效力

一、刑法空间效力概述

刑法的适用范围是指刑法在时间上和空间上的效力范围，即刑法在什么地方、对什么人和在什么时间内具有法律效力。刑法的效力范围包括空间效力和时间效力两方面。

刑法的空间效力，是指刑法在什么地方、对于什么人有效。它解决的是国家的刑事管辖权问题。国际法确认，每个主权国家，除了受到国际法和国际条约规定的限制外，有权采取其认为最好的、最合适的原则来行使刑事管辖权。各国行使刑事管辖权，可以只适用本国的刑法，不适用外国的刑法。这也是国际法惯例。现在，国际法中已形成了以下几个行使刑事管辖权的原则：

（一）属地原则

属地原则又称领土原则，主张刑事管辖权基于属地最高权而产生，即凡是发生在国家领土内的一切犯罪活动，都受这个国家的法律的管辖。这是刑事管辖权最古老的国际法原则，也是各国行使管辖权的最基本原则。

（二）属人原则

属人原则又称国籍原则，主张刑事管辖权基于属人最高权而产生。由于该原则的适用，一个人如在国外犯罪，要受到双重的刑事管辖，即一方面要受到所在国基于属地最高权而产生的刑事管辖权的管辖，另一方面又要受到其本国基于属人最高权而产生的刑事管辖权的管辖。对于双重刑事管辖权问题的处理，各国刑法有两种不同的规定：一种规定是本国刑法全部适用于本国公民在国外的犯罪行为；另一种规定是本国刑法只部分地适用于本国公民在国外的犯罪行为。我国刑法的规定属于第一种情况。[1] 所以，属人原则通常作为属地原则的补充性原则而存在。

（三）保护原则

保护原则又称安全原则，主张外国人在外国犯有危害本国国家或者公民利益的罪行，当该外国人进入本国国境内时，对其行使刑事管辖权。这个原则已得到各国的普遍承认，以扩大国内刑法的空间效力范围，补充属地原则管辖的不足。我国刑法也采取了保护原则，但是作了一定的限制。

（四）世界性原则

世界性原则也称普遍管辖原则，主张对外国人在外国犯有损害外国国家或外国人的罪行，在一定条件下，主要是进入或者曾经进入本国司法管辖区域时，根据本国的刑法行使刑事管

---

[1]　1979 年《刑法》属于第二种情况，1997 年《刑法》进行了修改。

辖权。这个原则的论据是所谓的犯罪世界性说。它认为，犯罪行为不论发生在什么地方，总是对人类社会的祸害，主张不问犯罪地点属于哪一个国家，犯罪人和受害者的国籍如何，以及犯罪是否直接或者间接地侵犯了本国国家利益，只要有犯罪行为在世界上发生，国家就有权根据本国的刑法加以惩罚。世界上只有极少数国家的刑法采取这个原则。

（五）永久居所或营业地原则

这是 20 世纪 60 年代以后发展起来的一个新的行使刑事管辖权的原则。关于制止危害国际民用航空安全的《关于航空器内的犯罪和其他某些行为的公约》（以下简称《东京公约》）《关于制止非法劫持航空器的公约》（以下简称《海牙公约》）和《关于制止危害民用航空安全的非法行为的公约》（以下简称《蒙特利尔公约》）首先引入这个原则。例如，《东京公约》第 4 条第 2 款规定，如果犯罪人或受害人在一个缔约国有永久居留权，那么该缔约国对这类犯罪案件也有刑事管辖权。这是对刑事管辖权的国际法原则的新发展。现在有的国家的刑法已开始采用这一原则。

二、我国刑法对地域的效力

《刑法》第 6 条第 1 款规定："凡在中华人民共和国领域内犯罪的，除法律有特别规定的以外，都适用本法。"这是对属地原则的规定。

领域即领土，由领陆、领空、领水和底土构成。领陆指陆地领土，包括岛屿；领水包括内水和领海。内水包括国境以内的江、河、湖泊，领海基线以内的内海、内海湾、内海峡、河口和港口水域。如果是两国之间的界水，通常以河流中心线为界，如果是可航行的河道，则以主航道中心线为界。领海是指与一国海岸或内水相连的在领海基线以外、领海线以内的属于该国主权之下的一定宽度（我国政府于 1958 年 9 月 4 日发表声明，宣布我国领海宽度为 12 海里）。领空是指领陆、领水的上空，它只及于空气空间（大体在 100～110 公里的高度），不包括外层空间。底土是指领陆和领水以下的底土（理论上直至地心）。

《刑法》第 6 条第 2 款规定："凡在中华人民共和国船舶或者航空器内犯罪的，也适用本法。"根据国际惯例，领域还包括船舶和航空器，即所谓的拟制领土，也就是为解决管辖权问题所做的假设，并不是真正的领土。这里所说的船舶或者航空器，既包括军用的，也包括民用的；既指航行途中的，也指处于停泊、停飞状态中的；既指在公海或公海上空的，也指停靠于外国港口、停飞于外国机场的悬挂我国国旗的船舶、航空器。总而言之，凡在我国的船舶、航空器内犯罪的，不论该船舶、航空器是否在我国境内，我国均有刑事管辖权。

犯罪地即发生犯罪的地域，包括犯罪行为地和犯罪结果地。《刑法》第 6 条第 3 款规定："犯罪的行为或者结果有一项发生在中华人民共和国领域内的，就认为是在中华人民共和国领域内犯罪。"这是对犯罪地确定标准的规定。犯罪行为可以是一部分，也可以是全部；可以是作为，也可以是不作为，不作为以应作为地为犯罪地；既可以是犯罪预备行为，也可以是犯罪实行行为；既可以是实行犯的实行行为，也可以是帮助犯的帮助行为、教唆犯的教唆行为。犯罪结果可以是一部分，也可以是全部；可以是有形结果，也可以是无形结果；既包括犯罪行为所实际造成的危害结果，也包括犯罪分子预期发生的结果。

原则往往有例外，属地原则的例外有两种情况：

1.《刑法》第 11 条规定，享有外交特权和豁免权的外国人的刑事责任，通过外交途径解决。外交特权和豁免权，是指按照国际法或者有关协议，在平等互惠的前提下，为使一国外交代表在驻在国能够有效地执行职务，而由驻在国给予的特别权利和优遇。根据国际惯例和有关国际条约的规定，享有外交特权和豁免权的人不受接受国的刑事管辖。享有外交特权和豁免权的人员范围如下：①按照国际惯例，外国的国家元首（皇帝、国王、共和国主席、总统等）、政府首脑（总理、首相、部长会议主席等）、外交部长享有全部外交特权和豁免权。②根据《维也纳外交关系公约》的规定，充任使馆馆长的外交代表（大使、公使、代办）和使馆的其他外交人员（参赞、一等秘书、二等秘书、三等秘书和随员）以及陆、海、空军武官等，包括他们的配偶和未成年子女；使馆的行政和技术人员及与其构成同一户口的家属，如非接受国国民而且不在该国长久居留的；外交使差。③按照我国的有关规定和实践，除外交人员外，凡依照我国与各国所订条约、协定应享受若干特权和豁免权的商务代表，也予以外交待遇。此外，下列人员经我国外交部核定，也得享受若干特权和豁免权：途经或者临时留在我国境内的各国驻第三国的外交官；各国派来中国参加会议的代表；各国政府来中国的高级官员；依照国际公约应享受外交特权与豁免权的其他人员，如按照联合国宪章规定享有特权和豁免权的有关人员。④按照《维也纳领事关系公约》（1979 年我国加入该公约）的规定，领事代表（总领事、领事、副领事、领事代理人以及名誉领事）和其他领事馆人员也享有一定的特权和豁免，但其司法豁免权低于外交人员。1963 年《维也纳领事关系公约》第 41 条第 1 项规定："领事官员不得予以逮捕候审或羁押候审，但遇犯严重罪行之情形，依主管司法机关之裁判执行者不在此列。"本条的第 2、3 项和第 42 条规定了对领事人员在刑事管辖方面的其他优遇。

享有外交特权和豁免权的人员虽然享有人身不可侵犯和刑事管辖豁免等特权，但是，外交代表人身不受侵犯原则，并不排斥由于代表本人的挑衅行为而引起他人的正当防卫，也不保证在例外的情况下不采取防止他进行犯罪的措施。他们犯罪不适用我国刑法，不意味着他们可以不受任何约束、违反我国法律。他们应当尊重和遵守我国的法律。《维也纳外交关系公约》第 41 条第 1 项规定："在不妨碍外交特权与豁免之情形下，凡享有此项特权与豁免权之人员，均负有尊重接受国法律规章的义务。此等人员并负有不干涉该国内政的义务。"所以，享有外交特权和豁免权的外国人在我国领域内犯罪，我国不能行使刑事管辖权，即不能按照司法程序对他们进行搜查、拘留、逮捕、起诉以及定罪、判刑和执行刑罚，但是可以通过外交途径加以解决。外交途径有：要求派遣国召回，或者建议派遣国依法处理；宣布其为不受欢迎人员或者不能接受。《维也纳外交关系公约》第 9 条规定："一、接受国得随时不具解释通知派遣国宣告使馆馆长或使馆任何外交职员为不受欢迎人员或使馆任何其他职员为不能接受。遇此情形，派遣国应斟酌情况召回该员或终止其在使馆中之职务，任何人员得于其到达接受国国境前，被宣告为不受欢迎或不能接受。二、如派遣国拒绝或不在相当期间内履行其依本条第 1 项规定所负义务，接受国得拒绝承认该员为使馆人员。"外交人员一旦被宣布为不受欢迎的人，须立即停止在接受国执行职务，并且必须离开该国。如果他拒绝离开，接受国政府则可以设法强制执行其决定。

2. 香港、澳门特别行政区不适用内地刑法。因为实行"一国两制"政策，香港、澳门特别行政区享有高度自治权，包括立法权、独立的司法权和终审权，所以，从理论上讲，尽管香港、澳门特别行政区的刑法属于中国刑法的一部分，但香港、澳门特别行政区不适用内地刑法。大陆刑法适用于我国台湾地区，只不过由于两岸长期分离，使其客观上难以适用。

案例 3-1：1998 年 10 月 30 日广东省广州市中级人民法院对张子强等 36 名被告人犯非法买卖爆炸物罪、绑架罪、抢劫罪等一审作出判决，其中，被告人张子强犯非法买卖爆炸物罪，判处死刑，剥夺政治权利终身；犯绑架罪，判处无期徒刑，剥夺政治权利终身，并处没收财产人民币 6.62 亿元；犯走私武器、弹药罪，判处无期徒刑，剥夺政治权利终身，并处没收财产人民币 10 万元。决定执行死刑，剥夺政治权利终身，并处没收财产人民币 6.62 亿元。张子强及其辩护人上诉称：本案犯罪行为实施地在香港，侵犯的客体是香港居民的人身权和财产权，应由香港法院管辖，一审法院管辖不当。广东省高级人民法院审理后，核准了判处上诉人张子强死刑、剥夺政治权利终身的判决，认为：本案指控的犯罪，有些犯罪行为虽然是在香港实施的，但是组织、策划等实施犯罪的准备工作，均发生在内地；实施犯罪所使用的枪支、爆炸物及主要的作案工具均是从内地非法购买后走私运到香港的，依照《刑事诉讼法》第 24 条的规定，内地法院对本案依法享有管辖权。

本案表明如下规则：犯罪行为地在香港，但犯罪的组织策划和犯罪工具的准备均发生在内地，内地法院不仅有管辖权，而且对被告人在香港特别行政区实施的犯罪亦有权依照中国内地刑法予以审判。

资料来源：《最高人民法院公报》1999 年第 1 期。

三、我国刑法对人的效力

（一）对我国公民的效力

我国公民是指具有中华人民共和国国籍的自然人。我国公民在我国领域内犯罪，一律适用我国刑法。但是，依据《宪法》第 75 条的规定，全国人民代表大会代表在全国人民代表大会各种会议上的发言和表决，不受法律追究。

我国公民在我国领域外犯罪，按照属人原则应当适用我国刑法，其中，国家工作人员和军人在领域外犯罪从严掌握。

1. 我国公民在领域外犯罪原则上适用我国刑法。《刑法》第 7 条第 1 款规定："中华人民共和国公民在中华人民共和国领域外犯本法规定之罪的，适用本法，但是按本法规定的最高刑为三年以下有期徒刑的，可以不予追究。"此规定表明，我国公民在领域外犯我国刑法规定之罪的，原则上都适用我国刑法，但是，法定最高刑为 3 年以下有期徒刑的，可以不予追究。这里的"最高刑"，可作两种理解，一种理解是指某个刑法典分则条文的最高刑；另一种理解是指某一条文中与罪行轻重相对应的法定量刑幅度的最高刑。例如，《刑法》第 234 条故意伤害罪，第 1 款的法定刑为 3 年以下有期徒刑、拘役或者管制；第 2 款规定故意伤害致人重伤的，处 3 年以上 10 年以下有期徒刑；致人死亡或者以特别残忍手段致人重伤造成严重残疾的，处 10 年以上有期徒刑、无期徒刑或者死刑。如果按照第一种理解，伤害罪的最高刑是死刑。如果按照第二种理解，"最高刑"要根据实际的犯罪轻重而定。如果实际罪行是轻伤害，其法定最高刑是 3 年有期徒刑；如果是重伤害，法定最高刑为 10 年有期徒刑；如果是致人死亡或者其他特别严重的伤害罪，则其法定最高刑为死刑。根据 1985 年 8 月 21 日发布的《最高人民法院关于人民法院审判严重刑事犯罪案件中具体应用法律的若干问题的答复（三）》（现已失效）第 39 问关于追诉时效期限的计算如何适用法律条文的答复，"根据所犯罪行的轻重，应当分别适用刑法规定的不同条款或相应的量刑幅度，按其法定最高刑来计算追诉期限"。我们认为，这个司法解释的精神仍然可以适用于《刑法》第 7 条规定的"最高刑"。

2. 国家工作人员和军人在领域外犯罪一律适用我国刑法。《刑法》第 7 条第 2 款规定："中华人民共和国国家工作人员和军人在中华人民共和国领域外犯本法规定之罪的，适用本法。"这一规定表明，国家工作人员和军人在领域外犯罪，无论罪轻罪重，均适用我国刑法。如此规定，是因为国家工作人员和军人均属有特定职责的人，应对他们有更严的要求。这一规定对保护人民的利益和维护国家的尊严有重要的意义。国家工作人员是指《刑法》第 93 条规定的人员。军人是指中国人民解放军的现役军官、文职干部、士兵和具有军籍的学员和中国人民武装警察部队的现役警官、文职干部、士兵及具有军籍的学员。执行军事任务的预备役人员和其他人员以军人论。

（二）对外国人的效力

外国人，是指具有外国国籍的人和无国籍的自然人。如前所述，依据《刑法》第 6、11 条的规定，外国人在我国领域内犯罪，按照属地原则适用我国刑法，但是享有外交特权和豁免权的外国人的刑事责任，通过外交途径解决。外国人在我国领域外犯罪，我国刑法的效力又可分为以下两种情况：

1. 外国人在领域外针对我国国家或者公民的犯罪。《刑法》第 8 条规定，外国人在我国领域外实施针对我国国家或者公民的犯罪，而按我国《刑法》规定的最低刑为 3 年以上有期徒刑的，可以适用我国《刑法》。但是按照犯罪地的法律不受处罚的除外。这是对保护原则的规定。按照这一规定，如果所犯的罪按照我国刑法规定的最低刑不满 3 年有期徒刑，或者按照犯罪地的法律不受处罚的，则不适用我国刑法。这是适用保护原则的限制性条件。

2. 外国人在领域外实施国际犯罪。《刑法》第 9 条规定："对于中华人民共和国缔结或者参加的国际条约所规定的罪行，中华人民共和国在所承担条约义务的范围内行使刑事管辖权的，适用本法。"依据这一规定，外国人在我国领域外实施我国缔结或参加的国际条约所规定的国际犯罪，我国在其所承担条约义务的范围内行使刑事管辖权。

为惩治国际犯罪，维护国际社会秩序，在有关国际组织的主持下，国际上先后制定了一系列旨在加强国际合作，有效防止和惩处国际罪行的国际条约。国际犯罪是国际社会通过国际公约的形式予以明文禁止并确认其应受刑事制裁的行为。我国先后参加了 1963 年 9 月 14 日签订于东京的《东京公约》、1970 年 12 月 16 日签订于海牙的《海牙公约》、1971 年 9 月 23 日签订于蒙特利尔的《蒙特利尔公约》、1948 年 12 月 9 日联合国大会通过的《防止及惩治灭绝种族罪公约》、1973 年 11 月 30 日联合国大会通过的《禁止并惩治种族隔离罪行国际公约》、1973 年 12 月 14 日联合国通过的《关于防止和惩处侵害应受国际保护人员包括外交代表的罪行的公约》等国际公约。外国人在我国领域外实施上述国际条约所规定的国际犯罪后进入我国，尽管这些犯罪没有直接侵害我国国家或者公民的利益，但是，这些国际犯罪直接侵犯了国际社会的共同利益，间接地侵犯了我国国家利益，我国司法机关要遵循"或起诉或引渡"的原则，对国际犯罪嫌疑人采取措施。

多数刑法教科书认为，《刑法》第 9 条属于对普遍管辖原则的规定。但是，我们认为，在刑法上采取世界性原则与各国对国际犯罪行为行使刑事管辖权是两种性质不同的刑事管辖权，两者是有严格区别的。国际犯罪行为是国际法和国际条约规定的犯罪行为。对这种犯罪行为行使刑事管辖权，是国家根据国际法（并将国际条约转化为国内法）而享有的权力。采取世界性原则对一些犯罪行为行使刑事管辖权，是国家根据本国的国内法而享有的权力，并不考虑是否已经有国际法的肯定与支持，所以，世界性原则也可以称之为帝国主义原则。现在，世界上绝大多数国家的刑法没有采用世界性原则，但这丝毫没有影响它们根据国际法和国际条约对国际犯罪行使刑事管辖权。我国也是如此。我国依照本国刑法惩罚国际犯罪，或者依据国际公约对国际犯罪嫌疑人予以引渡、遣返，既是保护原则的自然要求——保护包含着我国国家利益在内的国际社会共同利益，也是遵循国际条约承担条约义务的具体表现。我国《刑法》第 9 条的规定为履行国际公约规定的国际义务提供了依据，但并不意味着我国《刑法》采取了世界性原则或者说普遍管辖原则。当然，由于国际犯罪是侵犯国际社会共同利益的犯罪，采取世界性原则行使刑事管辖权自然会将国际犯罪包含在适用对象范围内，而且属于世界性原则适用对象范围的核心犯罪。在这一意义上，也可以将一国追究国际犯罪的刑事责任视为依照普遍管辖原则行使管辖权。但是，对于外国人在外国实施的国际犯罪以外的其他没有侵犯我国国家和公民利益的犯罪，我国不能依据普遍管辖原则行使刑事管辖权，只能依照双边或者多边条约协助他国追究有关外国人的刑事责任。

案例3-2： 被告人阿利穆拉多夫·沙米利·哈吉·奥格雷，男，23岁，苏联国籍，飞机副驾驶员。1985年12月19日，被告人与机长阿布拉米扬·维·谢等机组人员，在苏联境内驾驶民航客机执行航班任务。被告人登机时将事先准备好的一把折叠刀和一块重2.8公斤的长条锰钢带入飞机驾驶舱。北京时间7时30分许，该机载客38人，由雅库茨克飞往伊尔库茨克。12时30分许，当该机航行至东经118°06′00″、北纬52°40′00″上空时，被告人趁领航员日哈列夫·斯·维上厕所之机，以机舱出现机械故障为由，将机械师奥西波夫·弗·伊骗出驾驶舱，随即锁上驾驶舱门，扭动自动驾驶仪，持刀威逼驾驶飞机的机长阿布拉米扬·维·谢说："你老实点，不然的话，我杀死你。"逼迫机长向中国方向飞行。机长当即踩踏报警信号，被告人发现后，即威逼机长关闭信号。机长被迫改变航向，使飞机飞入我国领空。14时30分许，该机降落在我国黑龙江省甘南县长吉岗乡农田里。

被告人奥格雷，以暴力胁迫手段，劫持飞行中的民用航空器，飞入我国境内，其行为危害了公共安全，已构成犯罪，应予惩处。我国对被告人奥格雷劫持飞机一案享有管辖权，根据是：我国政府于1978年11月和1980年10月分别加入国际反劫持民用航空器恐怖活动的《东京公约》《海牙公约》《蒙特利尔公约》，而且，犯罪行为（一部分）和犯罪结果发生在中华人民共和国领域内，即在我国领域内犯罪。据此，1986年3月4日，哈尔滨市中级人民法院依法组成合议庭，对该案公开审理。哈尔滨市中级人民法院比照1979年《刑法》第107条（破坏交通工具罪）规定，类推定罪判刑，以劫持飞机罪判处被告人奥格雷有期徒刑8年。1986年3月18日，黑龙江省高级人民法院依法报请最高人民法院核准。1986年3月28日，最高人民法院裁定核准哈尔滨市中级人民法院以劫持飞机罪判处被告人奥格雷有期徒刑8年的刑事判决。

资料来源：《最高人民法院公报》1986年第2期。

四、对单位的效力

刑法总则关于刑法空间效力的规定应同样适用于单位犯罪，由于单位犯罪的特殊性，刑法对单位的效力亦有其特殊性。

（一）单位国籍的特殊性

自然人区分为中国公民和外国人，单位也应当区分为中国单位与外国单位。凡在我国批准登记设立的法人，属于中国法人；凡不在我国批准登记设立的法人，都是外国法人。我国刑法对中国法人的效力，与对中国公民的效力相同；我国刑法对外国法人的效力与对外国人的效力相同。

（二）对单位效力的双重性

由于单位犯罪大多要实行双罚制，因此，刑法对单位的效力，除了对单位组织的效力外，还有对自然人（单位直接负责的主管人员和其他直接责任人员）的效力，刑法对单位犯罪的效力表现为双重性。在这种情况下，很可能出现对两种犯罪主体的效力不相同的情况，如单位是中国法人而自然人是外国人，或者相反。在这种情况下，刑法对这两种犯罪主体（单位和自然人）的效力，应依据刑法的有关规定分别加以确定。

五、外国刑事判决的效力

根据《刑法》第10条的规定，无论是中国公民还是外国人，凡在我国领域外犯罪，依照我国刑法应当负刑事责任的，虽然经过外国审判，仍然可以依照本法追究，但是在外国已经受过刑罚处罚的，可以免除或者减轻处罚。这一规定表明，我国作为一个独立自主的主权国家，并不受外国法院判决的约束，但是，如果犯罪人在外国已经受过刑罚处罚，那么从人道主义原则出发，应当实事求是地对待这一情节，可以考虑对其免除或者减轻处罚。

如果我国与外国签订有移管被判刑人双边条约，则会根据条约的规定，彼此承认并执行对方国家法院的刑事判决。我国可以将被我国法院判处徒刑或者以其他形式剥夺自由的犯罪人移交其本国服满刑期，同样，外国可将被该国法院判处监禁或者以其他形式剥夺自由的我国公民移交我国服满刑期。目前，我国已经与俄罗斯、乌克兰、西班牙等多个国家签订移管被判刑人双边条约。

第二节　刑法的时间效力

一、刑法的生效时间

刑法的时间效力，是指刑法在时间上的适用范围，即刑法的生效时间、失效时间以及对刑法生效前的行为是否适用即是否具有溯及力。

刑法的生效时间通常有两种规定：一是从刑法公布之日起施行；二是在公布一段时间后再施行。大多数单行刑事法规的生效时间，采取第一种办法。例如，1951 年 4 月 19 日中央人民政府政务院公布的《妨害国家货币治罪暂行条例》（现已失效）第 11 条规定："本条例自公布之日施行。"刑法典和部分单行刑法采用了第二种办法。《刑法》第 452 条规定："本法自1997 年 10 月 1 日起施行。"而该法于 1997 年 3 月 14 日经第八届全国人民代表大会第五次会议修订，并公布。《刑法》如此规定，有利于法制宣传、教育，为更好地实施刑法打下一个良好的基础。

二、刑法的失效时间

刑法的失效时间，是指刑法效力的终止时间。通常有两种情况：①由立法机关明确宣布废止，即新法公布后，在新法中或者其他法令中明确宣布，与新法相抵触的旧法即行废止或者失效。例如，《刑法》第 452 条第 2 款规定，列于刑法附件一的全国人民代表大会常务委员会制定的条例、补充规定和决定，已纳入刑法或者已不适用，自刑法施行之日起，予以废止。②自然失效，即由于新法代替旧法，旧法自动失效，或者由于立法时规定的特殊条件已经消失，该法律当然失效。

三、刑法的溯及力

（一）刑法的溯及力概念及其原则

刑法的溯及力，即刑法的溯及既往的效力，是指一个新制定的刑事法律适用于它生效前的未经审判或者判决尚未确定的行为。如果新制定的刑事法律不能适用于它生效前的未经审判或者判决尚未确定的行为，那么该刑事法律就没有溯及力。如何规定刑法的溯及力，各国立法例主要有以下四个原则：

1. 从旧原则。新法对过去的行为一律没有溯及力，对过去的行为一概适用行为当时的旧法。

2. 从新原则。新法具有溯及力，即新法对于过去未经审判或者判决尚未确定的行为一律适用，而不再适用旧法。

3. 从新兼从轻原则。新法原则上溯及既往，但旧法不认为是犯罪或者处刑较轻的，则应按照旧法处理。

第
三
章

4. 从旧兼从轻原则。新法原则上不溯及既往，但新法不认为是犯罪或者处刑较轻的，则应适用新法。

西方国家刑法，大多采用从旧兼从轻原则，也有的采用从新兼从轻原则，绝对禁止从新从重溯及既往，甚至有的国家将禁止从新从重溯及既往即禁止事后法的原则作为一条牢不可破的宪法性原则，以维护和保障人权，防止国家刑罚权的无限扩张。

（二）我国刑法的具体规定

新中国成立初期公布施行的一些单行刑事法规，在溯及力问题上采取了从新原则。例如，1951 年 2 月 20 日公布施行的《惩治反革命条例》（现已失效）第 18 条规定："本条例施行以前的反革命罪犯，亦适用本条例之规定。"1952 年 4 月 18 日公布施行的《惩治贪污条例》，虽然没有明文规定溯及力问题，但是在适用时，也是采取从新原则的。1979 年《刑法》关于溯及力的规定采取了从旧兼从轻的原则，但是立法实践中少数单行刑法并没有遵守这一原则。[1] 1997 年《刑法》继续采取了从旧兼从轻的原则。禁止事后法是罪刑法定原则的重要派生原则，所以，罪刑法定原则要求，刑事立法与司法必须严格遵循从旧兼从轻的原则。

根据《刑法》第 12 条的规定，从 1949 年 10 月 1 日中华人民共和国成立以后，至 1997 年 9 月 30 日刑法生效前这段时间内发生的行为，未经审判或者判决尚未确定的，应按照以下不同情况处理：

1. 行为当时的法律不认为是犯罪，而刑法认为是犯罪的，适用当时的法律，即刑法没有溯及力。

2. 行为当时的法律认为是犯罪，而刑法不认为是犯罪的，应适用刑法，不以犯罪论，即刑法有溯及力。

3. 行为当时的法律认为是犯罪，依照《刑法》总则第四章第八节的规定应当追诉的，按照当时的法律追究刑事责任，刑法无溯及力。但如果刑法处刑较轻，适用刑法，刑法就有溯及力。

在这里，"处刑较轻"是就新、旧《刑法》的法定刑进行比较的结果，即"刑法对于某种犯罪规定的刑罚即法定刑比修订前刑法轻。法定刑较轻是指法定最高刑较轻；如果法定最高刑相同，则指法定最低刑较轻"。我国的司法习惯上比较刑罚处罚的轻重，一般是比较主刑最高刑的高低，最高刑相同时比较最低刑，主刑相同时再比较附加刑。所以，主刑最高刑轻者，属于处刑较轻；最高刑相同最低刑轻者，属于处刑较轻；主刑量刑幅度相同，附加刑轻者，属于处刑较轻。详言之，"如果刑法规定的某一犯罪只有一个法定刑幅度，法定最高刑或者最低刑是指该法定刑幅度的最高刑或者最低刑；如果刑法规定的某一犯罪有两个以上的法定刑幅度，法定最高刑或者最低刑是指具体犯罪行为应当适用的法定刑幅度的最高刑或者最低刑"。[2]

《刑法》第 12 条第 2 款规定："本法施行以前，依照当时的法律已经作出的生效判决，继续有效。"这一规定强调维护法院判决的权威性和严肃性，因而不允许对已生效的判决的继续执行有任何变动。但是，最近一些国家和地区新颁布的刑法典，如法国、俄罗斯和我国澳门特别行政区的刑法，都规定对旧法规定有罪而新法认为无罪的行为，即使判决已经生效，新

〔1〕　例如，1982 年 3 月 8 日通过的《全国人民代表大会常务委员会关于严惩严重破坏经济的罪犯的决定》（现已失效）；1983 年 9 月 2 日公布的《全国人民代表大会常务委员会关于严惩严重危害社会治安的犯罪分子的决定》（现已失效）。

〔2〕　1997 年 12 月 23 日通过的《最高人民法院关于适用刑法第十二条几个问题的解释》。

法也有溯及力。这种立法趋势，是值得我们重视的。

（三）中间时法的效力问题

所谓"中间时法"，是指在行为时法（行为人实施行为时的法律）、裁判时法（司法机关审理具体案件时的法律）之间存在着的法律。当裁判时法与行为时法之间存在着中间时法时，中间时法的效力如何？我国《刑法》第 12 条关于 1997 年《刑法》溯及力的规定没有涉及。一些国家和地区的刑法明文规定，行为后法律有变更的，适用最有利于行为人的法律。也就是说，如果中间时法最有利于被告人，则适用中间时法，排斥裁判时法与行为时法的适用。若仅从我国《刑法》第 12 条规定的字面含义上看，我国《刑法》第 12 条只是规定了在行为时法与裁判时法之间进行比较进而采取从旧兼从轻的原则，没有提到中间时法的效力问题，但是，能否说明我国《刑法》第 12 条不容许法官考虑中间时法，尚有疑问。

（四）刑事司法解释的时间效力问题

1979 年《刑法》实施以来的刑事司法实践习惯做法，以及 1997 年《刑法》实施以后的司法解释确认，《刑法》的立法解释和司法解释（即《刑法》有权解释）具有与解释文本（即《刑法》）同步的时间效力，也就是说，《刑法》有权解释适用于其颁布实施之前《刑法》施行期间发生的未决刑事案件。

2001 年 12 月 17 日施行的《最高人民法院、最高人民检察院关于适用刑事司法解释时间效力问题的规定》（以下简称《适用刑事司法解释时间效力问题的规定》）第 1 条规定："司法解释是最高人民法院对审判工作中具体应用法律问题和最高人民检察院对检察工作中具体应用法律问题所作的具有法律效力的解释，自发布或者规定之日起施行，效力适用于法律的施行期间。"因此，"对于司法解释实施前发生的行为，行为时没有相关司法解释，司法解释施行后尚未处理或者正在处理的案件，依照司法解释的规定办理"[1]但是，"对于新的司法解释实施前发生的行为，行为时已有相关司法解释，依照行为时的司法解释办理，但适用新的司法解释对犯罪嫌疑人、被告人有利的，适用新的司法解释"[2]"对于在司法解释施行前已办结的案件，按照当时的法律和司法解释，认定事实和适用法律没有错误的，不再变动。"[3]原则上讲，立法解释的时间效力问题也应当按照同样的规则处理。总之，《刑法》立法解释和司法解释对于其所解释的刑法规范有效期内的任何时间发生的未决刑事案件都应当适用，但是，在同一刑法规范存在着新旧不同的解释时，适用有利于犯罪嫌疑人、被告人的解释。

我国刑法学界一直有观点主张，依照刑法关于溯及力的规定能够直接推出《刑法》立法解释和司法解释也必须遵循"从旧兼从轻"的原则，否则便违反罪刑法定原则。这一观点是不成立的。在我国，《刑法》立法解释、司法解释均不属于刑法的渊源，不受从旧兼从轻原则的限制。相反，《刑法》解释具有与解释文本（即《刑法》）同步的时间效力。因为，无论是《刑法》司法解释，还是《刑法》立法解释，都是对法律内容的阐释，是对如何正确理解和执行法律的具体规定，其内容是刑法的已有或者应有之义，是刑法规定的本来含义，而不是创制新的行为规范去约束人们的行为。适用刑法，同时也就应当适用与其相适应的刑事立法解释和司法解释，而不论该立法解释或者司法解释是在犯罪嫌疑人、被告人行为前还是行为后公布实施的，也不论立法解释或者司法解释的内容是有利于还是不利于犯罪嫌疑人、被告人的。

---

〔1〕　2001 年 12 月 17 日施行的《适用刑事司法解释时间效力问题的规定》第 2 条。
〔2〕　2001 年 12 月 17 日施行的《适用刑事司法解释时间效力问题的规定》第 3 条。
〔3〕　2001 年 12 月 17 日施行的《适用刑事司法解释时间效力问题的规定》第 4 条。

第四章

犯罪概述

第一节 犯罪的概念

一、犯罪的概念

犯罪是各种具体犯罪的概称，反映各罪的共性。如何定义犯罪概念是刑法和刑法学的一个重大课题。至近代罪刑法定原则确立，在刑法中定义犯罪成为可能，在一定程度上也成为需要。各国刑法定义犯罪概念大致上有三种不同的立法例：①从形式上定义犯罪概念，例如，将犯罪定义为法律规定用刑罚威胁的行为；②从实质上定义犯罪概念，例如，将犯罪定义为危害社会的行为；③将犯罪的实质内容与形式内容结合起来定义。我国刑法属于第三种情况。《刑法》第 13 条规定："一切危害国家主权、领土完整和安全，分裂国家、颠覆人民民主专政的政权和推翻社会主义制度，破坏社会秩序和经济秩序，侵犯国有财产或者劳动群众集体所有的财产，侵犯公民私人所有的财产，侵犯公民的人身权利、民主权利和其他权利，以及其他危害社会的行为，依照法律应当受刑罚处罚的，都是犯罪，但是情节显著轻微危害不大的，不认为是犯罪。"这是我国刑法对犯罪概念所下的定义。

根据我国《刑法》的规定，概括地讲，犯罪是指危害社会的依法应当受到刑罚惩罚的行为。犯罪概念是对各种具体犯罪的高度抽象，因而在某种意义上，可以讲，犯罪概念是区分罪与非罪的总的抽象标准，对于刑事司法有重要的指导意义，对于刑事立法也有一定的指导意义。

二、犯罪的特征

对于犯罪的基本特征，我国刑法学界还存在分歧，主要存在着"三特征说"与"两特征说"的争议。"三特征说"认为，犯罪的基本特征是社会危害性、刑事违法性、应受刑罚惩罚性。社会危害性是本质性的、具有决定性意义的特征，其他两个特征是社会危害性的派生或者延伸。"两特征说"主要有三种不同的观点：第一种观点认为，犯罪的本质特征是严重社会危害性，法律特征是刑事违法性；第二种观点认为，犯罪的本质属性是应受刑罚处罚程度的社会危害性，法律特征是刑事违法性；第三种观点认为，社会危害性是犯罪的社会属性，依法应受惩罚性是犯罪的法律属性，犯罪的本质特征是社会危害性与依法应受惩罚性的统一。

我们认为，在整个法律框架内，犯罪概念应当综合定义，犯罪概念的基本特征并不限于三特征，更不限于两特征，而是应当包含更多的基本特征。[1] 如此，"三特征说"并无不妥，"两特征说"也非错误。当然，犯罪特征的描述会直接或者间接地影响到犯罪论体系的建立。但是，仅从我国《刑法》第 13 条规定的内容出发，犯罪概念具有以下两个基本特征：

---

[1] 曲新久：《刑法的精神与范畴》，中国政法大学出版社 2003 年版，第 139 页以下。

（一）犯罪是危害社会的行为，具有一定的社会危害性

犯罪的社会危害性，是指犯罪给国家、社会或者个人利益造成实际损害或者有造成实际损害的危险的属性。犯罪只能是一种危害社会的"行为"，而不是思想，思想无论如何"有害"或者多么"反动"，如果没有外化为人的行为，都不是犯罪。

如何判断行为社会危害性的有无和大小？首先，社会危害性是质与量的统一。社会危害性的质是指行为危害或者直接威胁了刑法所保护的利益，对此，《刑法》第13条作了高度概括，《刑法》分则罪刑式条文作了具体规定。社会危害性的量是指社会危害性应当达到一定的程度。对此，《刑法》第13条的"但书"作了规定，即"情节显著轻微危害不大的，不认为是犯罪"。"不认为是犯罪"，是指刑法规定不构成犯罪，而不是说构成犯罪而不作为犯罪处理。"但书"是一种法律上的模糊性规定，需要司法人员在刑法定性规定的基础上，根据刑事案件的具体情节进行定量分析。刑法典分则中，许多条文规定的具体犯罪往往以"情节严重""情节恶劣""数额较大"等作为犯罪成立的条件，这也是立法者对具体犯罪的社会危害性程度从量上加以限定的表现。其次，社会危害性的内容或者说内部结构是主客观的统一。犯罪是行为人主观罪过支配下实施的危害社会的行为。只有客观上危害社会的行为而无罪过，或者只有犯意而无危害社会的客观行为，均不是犯罪。我国刑法反对主观归罪，也反对客观归罪。最后，社会危害性是相对稳定性与变动性的统一。行为社会危害性的有无和大小受制于社会的政治、经济、文化等条件，因此，社会危害性的质与量是稳定性与变动性的统一。同样一种行为，其社会危害性的有无与大小，在一定的时间、地点、条件下保持稳定而具有稳定性，在不同的时间、地点、条件下，其社会危害性的有无与大小总会发生变化而具有变动性。

（二）犯罪是依法应受刑罚惩罚的行为，具有依法应受刑罚惩罚性

犯罪必须是依法应受刑罚惩罚的行为，这是法治原则的必然要求，也是罪刑法定原则在犯罪概念中的具体体现。

犯罪只能是一种"依照法律应当受刑罚惩罚"的行为，这种行为是一种具体化、类型化的行为。立法者通过刑事立法将某种行为具体化、类型化为犯罪，使公民能够认识到什么行为是犯罪，使司法机关能够根据法律规定认定犯罪，追究犯罪者的刑事责任。

行为具有依法应受刑罚惩罚性，这一特征表明，行为违反刑事禁令（刑事禁止或者刑事命令），应当受到刑罚惩罚。依法应当受到刑罚惩罚，与是否需要予以刑罚惩罚不同。司法实践中，在行为人的行为构成犯罪而具有依法应受刑罚惩罚性的情况下，可以依法根据案件的具体情况，例如，犯罪情节轻微，或者具有自首、立功、悔罪等情节，免于刑事处分或者刑事处罚。

犯罪的上述两个特征，紧密联系，缺一不可。行为没有社会危害性，以及具有社会危害性的行为不必要、不适宜动用刑罚加以惩罚时，立法者不应将其规定为犯罪；行为没有触犯刑法而不具有依法应受刑罚惩罚性，无论其社会危害性有多大，司法机关都不能将其作为犯罪对待。

第二节　犯罪的分类

一、犯罪分类的目的与标准

分类是研究的基本方法之一，分类研究可以让我们从各方面认识研究对象的基本特征。一般来说，刑法学中进行犯罪分类是为诸如定罪、适用刑罚、确定管辖及诉讼程序、建立刑

法体系、便于条文检索等目的服务的。基于不同的目的，从不同的角度，按照不同的标准，可以对犯罪作出不同的分类。我们这里主要介绍两种基本分类：一是犯罪的理论分类，二是犯罪的法定分类，介绍其中的部分重要分类。

二、犯罪的理论分类

（一）重罪与轻罪

以法定刑轻重为标准，可以将犯罪区分为重罪、轻罪。这种分类方法最早源于1791年的《法国刑法典》，当时的《法国刑法典》以及随后颁布实施的1810年《法国刑法典》，将犯罪区分为重罪、轻罪、违警罪三类。我国刑法中没有重罪与轻罪的区分，理论上和司法实践中，将犯罪区分为重罪与轻罪，一般认为，法定最低刑为3年以上有期徒刑的为重罪，其他为轻罪。

（二）自然犯与法定犯

自然犯是指明显违背人伦道德的传统型犯罪，如故意杀人、故意伤害、强奸、抢劫、盗窃等犯罪。自然犯的社会危害性的稳定性相对较强，变动性相对较小，在不同的国家、地区和不同的历史时期，一般都被规定为犯罪。法定犯是指基于公共管理的目的，为适应社会形势的需要而规定的犯罪，尤其是那些威胁而不是直接侵害刑法所保护的合法利益的犯罪，其特点是没有直接侵害传统的伦理道德，因而社会危害性的变动性较强。实际上，由于伦理道德的内容是不断发展变化的，所以，自然犯与法定犯的界限是相对的，而不是绝对的。

三、犯罪的法定分类

（一）身份犯与非身份犯

以特殊身份作为犯罪构成主体要件或者加重、减轻刑罚处罚事由的犯罪，是身份犯。以特殊身份作为犯罪构成主体要件的犯罪是真正身份犯，如贪污罪、受贿罪、玩忽职守罪、徇私枉法罪等。以特殊身份作为加重、减轻刑罚处罚事由的犯罪是不真正身份犯。对于不真正身份犯来说，特殊身份不具有构成要件的意义而具有量刑情节的意义，行为人是否具有某种特殊身份，不影响犯罪成立与否，如国家机关工作人员犯诬告陷害罪，司法人员滥用职权犯非法搜查罪、非法侵入住宅罪等。与身份犯相对的是非身份犯，即犯罪的成立不需要行为人具有特殊身份，身份也不影响刑罚处罚的轻重，刑法中的大多数犯罪是非身份犯，如故意杀人罪、故意伤害罪、盗窃罪、抢劫罪等。

（二）亲告罪与非亲告罪

亲告罪即告诉才处理的犯罪。《刑法》第98条规定："本法所称告诉才处理，是指被害人告诉才处理。如果被害人因受强制、威吓无法告诉的，人民检察院和被害人的近亲属也可以告诉。"亲告罪有侮辱罪、诽谤罪、虐待罪、暴力干涉婚姻自由罪、侵占罪五种犯罪。刑法规定的亲告罪之外的犯罪均为非亲告罪，非亲告罪只能由检察机关依法提起公诉，除刑事诉讼法有特别规定的以外，被害人本人不能自行提起刑事诉讼。

第三节　罪名与罪状

一、罪名

罪名，即犯罪的名称，是对犯罪本质特征或主要特征的高度概括。罪名应当准确地概括犯罪的本质特征或主要特征，做到科学、概括、合法，既合乎历史又适应现实，既合乎语言逻辑又能反映法律对于犯罪的谴责。依据不同的标准，可以对罪名作不同的分类。根据具体罪名特点，可以将罪名划分为不同的类型，由此可以进一步明确罪名的含义，从而正确适用罪名。

（一）立法罪名、司法罪名与学理罪名

立法罪名，是指立法机关在刑法条文中明确规定的罪名，如贪污罪、挪用公款罪、受贿罪、行贿罪等，就是由刑法典分则有关条文明确规定的罪名。立法罪名具有普遍的约束力，司法实践中不能使用与立法罪名不同的罪名。

司法罪名，是指司法机关通过司法解释所确定的罪名。最高人民法院审判委员会于1997年12月9日通过的《最高人民法院关于执行〈中华人民共和国刑法〉确定罪名的规定》（已被修改）（以下简称《执行〈中华人民共和国刑法〉确定罪名的规定》），最高人民检察院检察委员会于1997年12月25日发布的《最高人民检察院关于适用刑法分则规定的犯罪的罪名的意见》，基本上确定了我国刑法分则规定的各种犯罪的罪名，均属于司法罪名。司法罪名对司法机关办理刑事案件具有约束力，法律文书中应当适用司法罪名。

学理罪名，是指刑法理论根据刑法分则的有关规定对具体犯罪所概括的罪名。学理罪名对司法没有约束力，但对司法机关确定我国刑法新增具体犯罪的罪名及把握犯罪的本质具有参考意义。

在我国，绝大多数罪名属于司法罪名，立法罪名很少。刑法修正后，司法罪名常常不能迅速出台，在这种情况下，学理罪名可以为司法机关法律文书直接使用。

（二）单一罪名与选择罪名

单一罪名，是指所包含的犯罪构成的具体内容单一，只能反映一个犯罪而不能分解拆开使用的罪名，如放火罪、故意杀人罪、抢劫罪、伪造货币罪、非法持有毒品罪、贪污罪、玩忽职守罪等。

选择罪名，是指所包含的犯罪构成的具体内容复杂，反映出多种犯罪行为，既可概括使用，也可分解拆开使用的罪名。选择罪名的特点是：既可以概括使用，也可以分解使用；虽然包含两种或两种以上犯罪行为或者两个以上的行为对象等，但只构成一个犯罪，不能实行数罪并罚。例如，《刑法》第125条规定的非法制造、买卖、运输、邮寄、储存枪支、弹药、爆炸物罪是一个罪名，但它包括了非法制造、买卖、运输、邮寄、储存多个行为，还包括枪支、弹药、爆炸物多个对象，可以分解成多个罪名使用。当行为人非法制造枪支时，定非法制造枪支罪；当行为人非法制造枪支、弹药、爆炸物时，定非法制造枪支、弹药、爆炸物罪；如果行为人非法制造、买卖、运输、邮寄、储存枪支、弹药、爆炸物，就定非法制造、买卖、运输、邮寄、储存枪支、弹药、爆炸物罪一罪，不数罪并罚。

二、罪状

罪状是刑法典分则条文对具体犯罪概念与构成要件特征的描述，是正确定罪的法律根据。

罪状可以分为两大类：一类是对具体犯罪基本特征的描述，称为基本罪状；另一类是对加重或减轻法定刑的适用条件的描述，称为加重罪状或减轻罪状。例如，《刑法》第232条规定："故意杀人的，处死刑、无期徒刑或者十年以上有期徒刑；情节较轻的，处三年以上十年以下有期徒刑。"其中，"故意杀人的"属于基本罪状；"情节较轻的"属于减轻罪状。对于基本罪状，根据刑法分则条文对具体犯罪描述的方式及繁简程度，又可以进一步地区分为四种：叙明罪状、简单罪状、引证罪状与空白罪状。

（一）叙明罪状

叙明罪状，是指对具体犯罪的特殊构成特征作了具体、详细描述的罪状。例如，《刑法》第305条将伪证罪表述为："在刑事诉讼中，证人、鉴定人、记录人、翻译人对与案件有重要关系的情节，故意作虚假证明、鉴定、记录、翻译，意图陷害他人或者隐匿罪证的……"就是典型的叙明罪状。我国刑法分则中的大多数条文采取这种罪状形式描述具体犯罪的特殊构成要件及其特征，叙明罪状规定明确、少有歧义，有利于清晰地描述那些不为一般人所知悉的具体犯罪。

（二）简单罪状

简单罪状，是指仅仅对犯罪构成特征加以概括描述而未作具体说明的罪状。例如，《刑法》第108条中的"投敌叛变的"，《刑法》第232条中的"故意杀人的"，《刑法》第295条中的"传授犯罪方法的"，等等，都是简单罪状。采取简单罪状的方式，一般是因为这些犯罪的特征是众所周知的，不需要具体描述。简单罪状的特点是：对于具体犯罪构成要件特征的描述没有超出罪名的范围，简明概括，可以避免刑法条文庞杂。当然，如果不适当地采用简单罪状，特别是：对于法定犯过多地采用简单罪状，同罪刑法定原则的派生原则——明确性原则相冲突，不利于依法正确定罪量刑。所以，简单罪状在刑法中不可不用，也不可多用。

（三）引证罪状

引证罪状，是指引用刑法典分则其他条款来说明和确定某一具体犯罪的构成特征的罪状。例如，《刑法》第124条第1款规定了破坏广播电视设施、公用电信设施罪的罪状与法定刑。接着第2款规定："过失犯前款罪的，处3年以上7年以下有期徒刑；情节较轻的，处3年以下有期徒刑或者拘役。"第2款的罪状即为引证罪状，即引用第1款的罪状来说明和确定过失损坏广播电视设施、公用电信设施罪的罪状。采取引证罪状的方式，是因为某些罪的特征在其他条款中已有规定，无需重复描述。引证罪状的特点是文字简练，优点是可以有效地避免条文重复。

（四）空白罪状

空白罪状，亦称参见罪状，是指仅规定某种犯罪行为，但其具体特征要参照其他法律、法规来确定的罪状。例如，《刑法》第332条规定，"违反国境卫生检疫规定，引起检疫传染病传播或者有传播严重危险的"，构成妨害国境卫生检疫罪。采用空白罪状的方式，是因为这些犯罪以触犯其他法律、法规为前提，其特征在其他法律、法规中已有规定，而刑法条文又难以简单地予以描述。

空白罪状的特点是：参照其他法规，避免复杂表述。需要注意的是，有的条文虽然没有指明对某种行政管理法规的违反，但实质上仍然是空白罪状。例如，《刑法》第151～153条关于各种走私罪的规定，均未写明"违反海关法规"，但实际上一切走私都必然是违反海关法规的，而且要界定什么行为是走私，只能以有关海关法规的规定为准。离开海关法规，不可能确定某种行为是否为走私。因此，上述几种关于走私罪的规定，是空白罪状。

此外，还有些刑法分则条文采用了两种以上的罪状描述方式，主要表现为同一罪状中既有空白罪状，又有叙明罪状。如《刑法》第340条规定："违反保护水产资源法规，在禁渔区、禁渔期或者使用禁用的工具、方法捕捞水产品，情节严重的，处三年以下有期徒刑、拘役、管制或者罚金。"该条罪状的前一部分（违反保护水产资源法规）是空白罪状，后一部分（在禁渔区、禁渔期或者使用禁用的工具、方法捕捞水产品）是叙明罪状。有刑法教科书将这种罪状描述方式称为混合罪状。[1]

---

〔1〕 何秉松主编：《刑法教科书》，中国法制出版社2000年版，第641页。

第 五 章

犯 罪 构 成

第一节　犯罪构成的概念

一、犯罪构成概念的由来和演变

我国刑法学说的"犯罪构成"一词渊源于大陆法系刑法学说的"构成要件"（tatbestand），而"构成要件"（tatbestand）一词在大陆法系刑法学说中含义、地位的变化，几乎反映出其犯罪理论演化过程。

（一）早期刑法学说中"构成要件"的含义

在 19 世纪的刑法学中，"构成要件"（tatbestand）指认定犯罪必备的法律或事实的条件（或要素、要件），没有特别的意义。"构成要件"可划分为一般构成要件和特殊构成要件。所谓一般构成要件，指犯罪的共通性要件，包括"人的行为""违法性"及"责任"。"'属于普通构成要件的犯罪特征被同等对待'，不需要在具体的刑法规定中每次强调此等一般之构成要件"[1]。所谓特殊构成要件，则是"各种犯罪所特有的要素"，[2] 与一般构成要件相对应，也就是刑法典分则各条规定的具体犯罪特有的要件、要素。"构成要件"还可划分为客观构成要件和主观构成要件。早期学说因循"违法是客观的，责任是主观的"[3] 思路，将一般构成要件分为客观要件即违法性行为，主观要件即责任。例如，斯就别尔在《刑法概论的体系（1795）》中指出："首先，犯罪的客观性内容，即不外是必须把违法性作为问题；其次，犯罪的主观性内容，即必须是把不道德作为问题。确立犯罪与刑罚关系的决定性的基准，应当从这两方面寻求。"[4] 将特殊构成要件中的行为、结果等外部因素称为客观构成要件，将行为人的意图等内心方面因素称为主观构成要件。

如果行为具备了犯罪的一般构成要件和特殊构成要件的总和，就构成犯罪，或者如果行为具备了犯罪的客观构成要件和主观构成要件的总和，就构成犯罪。"在这个时期，虽然有构成要件的概念，但并没有考虑它的特殊理论机能，所以还不是今天这种意义上的构成要件理论。"[5] 那么，大陆法系刑法学说"今天意义上"的构成要件的概念是什么呢？是特定理论体系中具有"特定理论机能"的概念。

（二）"构成要件理论"中构成要件的含义和机能

1. 建立了一个"特殊的"构成要件概念，该"构成要件"特指刑法典分则各条（刑罚法规）规定的具体犯罪的特定"行为类型"，比如"杀人""放火""盗窃""抢劫"等，可以

---

〔1〕 ［德］弗兰茨·冯·李斯特：《德国刑法教科书》，徐久生译，法律出版社 2000 年版，第 206 页。

〔2〕 ［日］小野清一郎：《犯罪构成要件理论》，王泰译，中国人民公安大学出版社 1991 年版，第 3 页。

〔3〕 洪福增：《刑法理论之基础》，刑事法杂志社 1977 年版，第 3 页。

〔4〕 ［德］斯就别尔："刑法概论的体系"，载 ［日］西村克彦译：《近代刑法遗产》，信山社 1999 年版，第 355 页。

〔5〕 ［日］小野清一郎：《犯罪构成要件理论》，王泰译，中国人民公安大学出版社 1991 年版，第 3 页。

说，刑法有多少条文，规定多少个罪名，就有多少个犯罪"行为类型"。比如，"引诱卖淫"是一种犯罪行为定型，因为《刑法》第359条将其规定为犯罪即引诱卖淫，"卖淫"不是犯罪行为定型，因为刑法无明文规定。"构成要件"就特指刑法规定的这样一个个犯罪行为类型，行为符合构成要件，就特指符合这样的犯罪行为类型。这种构成要件的特点是：①其用途特定化，不再用于泛指所有的犯罪要件或要素，专门指称分则本条规定的（通过罪状描述的）犯罪行为类型；②其内容"特殊化"，即把"违法"和"责任"这两个属于犯罪一般要件的内容剥离出去，只留下分则各条规定的特有的要件要素作为"构成要件"的内容；③赋予其独立的犯罪要件地位，形成构成要件、违法、责任三要件并立的格局。当然，对于"构成要件"内容剥离到何种程度，一直存在争议，E. 贝林（E. Beling）认为，构成要件是纯客观的、价值中立的，把主观的、（实质）违法的内容全剥离出去，因为剥离得太狠而遭到批评，甚至遭到苏联学说的曲解，因而又有构成要件是违法有责的定型的见解。但不论剥离多少，犯罪的全部要件包括：构成要件、违法、责任。行为必须全部具备上述三个要件，即行为被认定符合构成要件、具有违法性和具备有责性，才构成犯罪。至此，"构成要件"概念特定化、狭义化，不是犯罪要件的"总和"，而只是犯罪要件之一。

2. 以这个特殊的构成要件概念为"中心"构建"整个犯罪理论"体系，从而产生了前所未有的"理论机能"。

(1) 法治机能。构成犯罪以行为触犯分则各条符合其犯罪行为类型为前提，把罪刑法定原则落到实处。使刑法学中的"犯罪概念"真正成为法律意义的犯罪概念。

(2) 锚定机能。贝林建立"构成要件"概念，其中一个重要理论动机就是感到"犯罪理论中还有许多'不知所从、四处游荡'的因素，譬如结果、因果关系、行为对象、不作为的内容等，体系上没有着落。因此……该有一个'在体系上能够概括某个具体犯罪所有特征以使它特定化'的概念"[1]从而把这些"四处游荡"的因素"锚定"在构成要件的概念上，围绕着构成要件来谈论违法、责任、作为、不作为、结果等。

(3) 基准机能。犯罪行为的开始（着手）、实行、实行终了，犯罪的既遂、未遂，正犯与共犯，一罪与数罪，等等，均是以构成要件为基准衡量、界定的。比如，行为人实施的符合构成要件的行为，是"实行行为"；"开始"实施符合构成要件的行为，是犯罪的"着手"；行为人实施的行为完整实现了构成要件内容的，是犯罪"既遂"，已"着手"但未能完整实现构成要件内容的，是犯罪"未遂"；共同实施符合构成要件行为的，是共同正犯；参与共同犯罪但本人没有实施符合构成要件行为的，是共犯（帮助犯、教唆犯）；行为符合一个构成要件的，是一罪；符合数个构成要件的，是数罪（构成要件说）。

(4) 以"构成要件"为核心使犯罪理论系统化。"特殊的构成要件"在早期的刑法学说中不过是偏于学说一隅的分则性概念（分则各条规定的特有的犯罪构成因素），它被"构成要件理论"升华为"整个犯罪理论"首要的中心概念，"锚定""界定"所有犯罪论基本概念，且把刑法分论与总论连成一体，使整个刑法学说臻于圆满。

(5) 使刑法解释论和司法适用（认定犯罪）成为一体：从刑法的解释角度，构成要件、违法、责任是犯罪的要件；从司法适用认定犯罪的角度（定罪论），人的行为符合构成要件、具有违法性、具备有责性，应当认定构成犯罪。并且，使司法认定犯罪过程"立体化"、行为符合构成要件是认定犯罪的首要前提，尔后是违法性实质审查，尔后是内心意思的审查判断，由"客观"形式审查（构成要件符合性）到实质审查（违法性），再深入到"主观"意思的

---

〔1〕 李海东：《刑法原理入门（犯罪论基础）》，法律出版社1998年版，第34页。

审查，呈现出由表及里、由外到内逐层深入的审查步骤。

小野清一郎对此作过精辟的概括：构成要件理论由贝林创始、经 N. E. 迈耶尔（N. E. Mayer）完成，"犯罪构成要件论，是指在刑法总论亦即刑法的一般理论中，重视'特殊'构成要件的概念并试图以此为契机来构筑犯罪论体系的一种理论"，[1] "其重点在于必须把握住刑法典分则中被特殊化（具体化）的构成要件"。[2]

（三）苏联 20 世纪 50 年代的犯罪构成概念

我国犯罪构成理论体系深受苏联 20 世纪 50 年代学说的影响。在当时东西方意识形态对立的背景下，对苏联学说的传习不仅具有学术意义而且具有政治意义，成为社会主义阵营意识形态一致性在刑法学界的象征。了解我国通说犯罪构成概念，需从苏联学说开始。

在苏联刑法理论和刑事立法中，"犯罪构成"一词与前述"构成要件理论"中"构成要件"（tatbestand）一词最大的不同之处在于：它是"犯罪全部要件的总和"而不是犯罪全部（三个）要件之一。

1. 特拉伊宁在《犯罪构成的一般理论》中对犯罪构成概念的描述："犯罪构成乃是苏维埃法律认为决定具体的危害社会主义国家的作为（或不作为）为犯罪的一切客观要件和主观要件（要素）的总和。"[3]

2.《苏维埃刑法总则》中关于犯罪构成概念和四要件划分是："依照苏维埃刑事立法，说明一定的行为，即犯罪行为，也即危害苏维埃制度基础或社会主义法律秩序的危险行为的要件的总和，就叫作犯罪构成。""法学家们无论是为了表明依刑事立法来说明一定的犯罪行为的要件总和，还是为了表明符合这些要件的具体行为，都是利用犯罪构成的概念的。"[4] "每一个犯罪构成都包含有以下特征：客体；客观方面；主体；主观方面。这四个特征，是每一个犯罪构成所固有的……每一个犯罪行为都是一定的危害社会的行为的客观特征和主观特征的统一。"[5]

3.《俄罗斯联邦刑法典释义》中关于犯罪构成概念的定义："2. 犯罪构成——这是刑事法律规定的，说明危害社会的具体行为是犯罪的那些要件的总和。3. 犯罪构成要件既包含在刑法典的分则中，又包含在刑法典的总则中。"[6] "要对实施危害社会行为的人追究刑事责任，必须具备全部犯罪构成要件，而具备全部犯罪构成要件，便足以对实施危害社会行为的人追究刑事责任。"[7] 在当前的俄罗斯学说中，仍持犯罪构成是犯罪要件"总和"的观点。

（四）比较

1. 两种理论体系在关键词"tatbestand"的契合点。"构成要件是违法并且有道义责任的行为的定型"，[8] 现在这已是大陆法系学说的通说，这句话意思很明确："构成要件"（tat-

---

〔1〕［日］小野清一郎：《犯罪构成要件理论》，王泰译，中国人民公安大学出版社 1991 年版，第 1 页。

〔2〕［日］小野清一郎：《犯罪构成要件理论》，王泰译，中国人民公安大学出版社 1991 年版，第 4 页。

〔3〕［苏联］A. H. 特拉伊宁：《犯罪构成的一般学说》，薛秉忠等译，中国人民大学出版社 1958 年版，第 48~49 页。

〔4〕［苏联］苏联司法部全苏联法律科学研究所集体编著：《苏维埃刑法总则》，中央人民政府法制委员会编译室、中国人民大学刑法教研室译，法律出版社 1955 年版，第 201 页。

〔5〕［苏联］苏联司法部全苏联法律科学研究所集体编著：《苏维埃刑法总则》，中央人民政府法制委员会编译室、中国人民大学刑法教研室译，法律出版社 1955 年版，第 206 页。

〔6〕［俄］斯库拉托夫、列别捷夫主编：《俄罗斯联邦刑法典释义》，黄道秀译，中国政法大学出版社 2000 年版，第 8 页。

〔7〕［俄］斯库拉托夫、列别捷夫主编：《俄罗斯联邦刑法典释义》，黄道秀译，中国政法大学出版社 2000 年版，第 9 页。

〔8〕［日］小野清一郎：《犯罪构成要件理论》，王泰译，中国人民公安大学出版社 1991 年版，第 16 页。

bestand）也包含违法和责任的内容，也是犯罪要件的"总和"。在这一点上，与苏联学说"犯罪构成"是犯罪法律要素的"总和"之说是一致的，二者可以比较和沟通。如果大陆法系学说把"构成要件（tatbestand）是违法且有道义责任的行为的定型"的说法进行到底（苏联学说就是这样做的），势必使"违法""责任"要件因空洞化而在体系上消失，那么二者不仅在"tatbestand"的内容上一致（"总和说"），而且体系也一致：即将包含全体犯罪要素的"犯罪构成"按照主观、客观两分的模式划分为：犯罪客体、犯罪客观方面、犯罪主体、犯罪主观方面。

2. 两种理论体系的差异。

（1）一般要件的数量不同。苏联体系是"四要件"：犯罪客体、犯罪客观方面、犯罪主体和犯罪主观方面。"犯罪构成"是这"四要件"的上位概念，包含着四个要件；欧陆体系是"三要件"：构成要件、违法、责任。"犯罪概念"是这三个要件的上位概念，犯罪概念包含这三个要件。这是两个理论体系最简单明了的差异，所以，我国学说通常称苏联的是"四要件说"，欧陆的是"三要件说"。

（2）在"四要件说"中，"犯罪构成"（tatbestand）一词是广义的，包含犯罪成立的全部要件；而"三要件说"中，"构成要件"（tatbestand）一词是狭义的，仅仅是犯罪成立要件之一。

（3）就整个犯罪理论而言，"四要件说"所在的犯罪理论还有一个"犯罪概念、特征论"，即犯罪概念、特征论；犯罪构成论。"三要件说"所在的犯罪理论基本没有单独的犯罪概念、特征论，而是在犯罪概念之下直接展开犯罪的三要件。所以，在"三要件说"中，内容和地位与"四要件说"中"犯罪构成"一词相称的是"犯罪理论"。

（4）结构不同。"四要件说"是"平面"的；"三要件说"是"立体"的。[1] 平面还是立体与犯罪内容（要素）划分的方式有关，犯罪应该具有哪些内容（要素）？法律规定和学者的看法是一致的，即危害社会依照法律应当受刑罚处罚的行为。把它"拆分"为几个要件来掌握，大体有两种模式：

第一，平面模式。犯罪内容被一分为二：主观要件和客观要件，它们各自包含了犯罪的一部分内容，处在同一层面（平面），它们合在一起组成犯罪的全部内容（耦合），所以被称为"平面耦合式"。[2] 在适用主观、客观要件认定犯罪时，案件中的行为具备（或符合）这两个要件就构成犯罪，即所谓"齐合填充式"[3] 一次性综合评价。"四要件说"在主观、客观要件之外，还划分出犯罪客体和犯罪主体要件，这四要件也处在同一层面上，划分方式本质上一致，所以也属于同一结构。

第二，立体模式。欧陆早期刑法学说遵循"违法是客观的、责任是主观的"思路，将犯罪一般要件划分为：客观面违法、主观面有责任（罪过），原本是平面耦合模式。后来经构成要件理论在犯罪构成中引入"构成要件"的要件，前置于违法和责任要件之前，形成"三要件"体系，被认为是立体模式。其"立体"表现在何处呢？在于比平面模式多一层"表"与"里"的划分。"构成要件是违法且有责的定型"，这句话概括了三要件论的精要和微妙之处（或许也是令人困惑之处），构成要件与违法、责任既"包容"又"并列"，不合逻辑。这恰恰是精妙之处。违法、有责的"定型"是什么？也就是刑法一个个的条文规定的一个个的犯罪（盗窃、杀人、拘禁……）"行为类型"，其内容通常被平面划分为客观要素、主观要素等。

---

〔1〕 储槐植：《美国刑法》，北京大学出版社 1996 年版。

〔2〕 陈兴良："犯罪构成的体系性思考"，载《法制与社会发展》2000 年第 3 期。

〔3〕 赵秉志、肖中华："我国与大陆法系犯罪构成理论的宏观比较"，载《浙江社会科学》1999 年第 2 期。

比如，非法拘禁罪的构成要件要素包括：①对象：人；②客观要素：剥夺人身自由；③主观要素：故意剥夺他人自由……此外，构成非法拘禁罪还需要具备客观的"非法性"和主观的"非法性意识"。假如警察甲为执行职务将乙逮捕（剥夺自由），不具备"非法性"；假如绑匪甲对公民乙声称是警察执行公务，需要乙协助逮捕丙，乙抓住丙交给甲，乙的行为具有"非法性"，但主观没有"非法性的意识"。假如便衣警察执行公务时不得不隐瞒身份花钱雇用丙绑架丁，丙的行为不具有非法性却具有非法性意识。《刑法》第238条规定（非法拘禁罪）的行为类型是"非法剥夺他人人身自由的行为"，这是非法拘禁罪的"构成要件"，仅仅包括法律规定该犯罪行为的表象的、事实的内容（拘禁）；而该犯罪行为内在的、价值性的内容，如拘禁的"非法性"和非法性"意识"，则分别放在"违法"和"责任"要件中掌握。因为多出这一重"表与里"的分层，就形成了立体的层次。行为符合"构成要件"（拘禁）是第一层判断（主、客观表象判断），符合构成要件的（拘禁）行为确实有害（违法）、确实该受到谴责（有责）是第二层判断（主、客观内在本质的价值判断），即所谓立体"递进式"。[1]如果缺乏构成要件符合性，便不存在犯罪的基本前提，不必进行违法、责任判断就可排除构成犯罪；如果符合构成要件，但实质不违法（比如正当执行职务），也排除该符合构成要件行为的犯罪性；如果符合构成要件且违法但缺乏有责性（比如没有非法性意识），也排除犯罪性，即所谓"递进排除式"[2]判断。

（五）评价

1. 共同的内容：即都努力包含犯罪的所有要素，如行为、法定性、危害性（违法性）、罪过性（有责性）。

（1）都使用主观、客观两分的方法：①平面体系中，犯罪构成是主观要件和客观要件的总和。②立体体系中分两层："构成要件"（tatbestand）要素划分为主观要素和客观要素；实质性评价要素被划分为客观违法和主观有责。

（2）都有实质评价的内容：①平面体系中，认定行为是否符合客观要件、主观要件时，不仅仅从表象上判断，也要从实质上判断；②立体体系单独设立违法和责任要件，对符合构成要件的行为进行主客观的实质评价。

2. 差异点：①在平面理论，主客观表象的评价与主客观实质评价，在犯罪构成评价范围内一次完成。比如，对上述非法拘禁罪的主客观要件不仅认定"故意剥夺人身自由"，同时也认定"非法性"和"非法性意识"。②立体理论则把主客观的实质评价从犯罪构成评价范围拿出来，单独作为评价的步骤。比如，对上述非法拘禁罪的要素，认定"故意剥夺人身自由"属于构成要件符合性判断；认定"非法性"属于行为违法性判断；认定"非法性意识"属于有责性判断。

3. 优劣点。日本刑法学者大塚仁站在立体理论立场的评论是：平面体系"仅仅这样平面地区分犯罪要素，并不能正确地把握犯罪的实体"[3]立体体系"着眼于其性质的不同区别犯罪构成要件，对它们进行重叠或并列的考虑，以推导出具体的犯罪概念，在这种意图上，可以说是更优秀的体系"[4]从这段评论看，立体理论体系有三个优点：

（1）根据犯罪要素的"性质"划分犯罪要件。对于既定的犯罪内容（要素）如何分割（划分要件）？这既是方法问题，也是认识问题。哪些要素之间存在本质性差别？哪些要素最

---

[1] 赵秉志、肖中华："我国与大陆法系犯罪构成理论的宏观比较"，载《浙江社会科学》1999年第2期。

[2] 陈兴良："犯罪构成的体系性思考"，载《法制与社会发展》2000年第3期。

[3] ［日］大塚仁：《刑法概说（总论）》，冯军译，中国人民大学出版社2003年版，第104、107页。

[4] ［日］大塚仁：《刑法概说（总论）》，冯军译，中国人民大学出版社2003年版，第104、107页。

重要值得单独特别考虑？都与划分者的认识密切关联。立体理论既承认"构成要件"当然包含违法、有责的内容，又把"违法""责任"划分出来单独作为要件，显然认为它们是重要且与"符合构成要件"性质不同的要素，有必要抽出来"重叠"考虑。因此，立体理论较重视实质评价，在理论体系的设置上，不愿意把这样重要的东西放在构成要件符合性中一并完成。

犯罪的根本点在于违法和有责，因为一个行为之所以应当被当作犯罪处罚，根源在于该行为客观上"真正危害社会"（实质违法）；主观上"确实"应当受到责难（有责）。刑法通过一个个的条文将它们"定型"为一个个的犯罪概念（构成要件）。在罪刑法定原则之下，只能处罚这些法律定型了的违法、有责行为。但是，一方面不能保证审查个案时符合法律定型（构成要件）就"真正"符合违法、有责的犯罪终极标准；另一方面，法律不可能穷尽规定（定型）不违法、无责任的情形，这也需要根据违法、有责的犯罪终极标准来权衡判断。可见，立体理论是重视违法、责任等犯罪本质要素并在体系上落实其地位的理论；与此相反，平面理论分割犯罪要素的方式可能忽略或落实不了这样重要的犯罪内容。

（2）抽象评价与具体评价。刑法规定的各种犯罪概念，如盗窃罪、非法拘禁罪、故意杀人罪等，虽然已经是（各）个罪，但从法律规定的角度看依然是"抽象的"，比如，盗窃罪是"窃取他人财物"，故意杀人罪是"非法故意剥夺他人生命"，拿这样抽象的概念适用于"甲偷拿乙的东西"或"甲故意地致乙死亡"的案件，可能会只注意到事情的表象而忽略了事情的本质，还需要结合案情具体审查是否确实违法、该受责备。通常，这种"重叠"审查判断是多余的，因为"甲故意地致乙死亡"案情符合故意杀人罪的构成要件，没有必要再审查是不是"确实"违法且该受责备。对这类经常发生的犯罪现象，仅凭常识就可以作出正确判断。但是，也可能发生一些特殊的情况，比如，甲驾驶汽车眼看要冲入人群，不得已转向另一边，眼睁睁地将乙撞死。故意杀人罪的构成要件"故意剥夺他人生命"，过失致人死亡罪的构成要件是"过失地造成他人死亡"。而本案中，甲是"不得已"造成乙死亡，到底符合哪一个构成要件？这似乎就不是在故意杀人罪或过失致人死亡罪的构成要件范围内能够解决的。当然，有人可能说放在"紧急避险"内解决，提出这种解决方案本身就表明认定犯罪仅靠构成要件符合性是不能解决问题的，需要在此之外另设标准、寻求解决方法。立体理论体系就把它纳入"违法性"要件中解决。这样的特殊事件，根据构成要件符合性的初步判断（致人死亡）才能进入到司法程序，在司法程序中，需要进一步审查违法性（紧急避险）问题，这时的判断标准与构成要件的判断不同，构成要件判断是对造成乙死亡结果的行为和心态的认定，违法性判断是针对保全利益与损害利益的大小比较，同样是造成一人死亡，若保全了一群人的生命，具备正当的事由，排除违法性；若保全一群猪，就不能排除违法性。另外，刑法规定的任何犯罪的构成要件总具有抽象性，而生活中发生的案件是各色各样的，因此，个案的构成要件符合性判断多少带有模型化、一般化、表象化，因此，需要结合个案进行更具体、深入的考虑。

（3）递进判断、耦合判断、依顺序判断。递进判断不仅有判断的顺序，而且有判断逐渐深入的意味。构成要件符合性判断是违法、有责"法律定型"的判断，在此基础上叠加一层违法、有责的"具体、实质"判断，具有递进性。

除以上所列的优点，立体理论体系还具有体系性。立体理论把犯罪的全部内容考虑进去、形成一个体系，不但是对犯罪特征（法律标准）的阐述，即犯罪是符合构成要件、违法、有责的行为；也是（适用于案件）认定行为成立犯罪的理论，即（案件中的）行为符合构成要件且违法、有责，成立犯罪。在这个体系中，有关犯罪成立与否的全部内容均被纳入考虑，包括各犯罪的要素和排除犯罪的要素（如正当化事由），排除犯罪的事由既可以是法定的，也

第五章

可以是"超法规"的。

立体理论体系与我国平面理论的契合点。立体理论的"三要件"与我国通说的犯罪"三特征"在内容和结构上相近。犯罪是危害社会的、依法应受刑罚处罚的行为，其三个特征为：①刑事违法性；②社会危害性；③应受惩罚性。分别与"三要件说"的三要件存在对应关系：①构成要件符合性；②违法性；③有责性。

我国学者大多对以"三要件说"为代表的立体理论持肯定态度。批评的意见主要是构成要件与违法、责任要件之间有所重复，比如，犯罪故意被分别在三个要件中论及，有构成要件的故意、故意的违法要素、故意的责任要素。过去还曾批评"三要件说"把构成要件的实质内容和主观内容抽走，使构成要件概念形式化、客观化。但是，考虑到把主观的、实质的内容抽出来单独考虑，整体上并未遗漏犯罪的全部要素，所以，这种批评意见已没有人赞同。

二、我国学说上的犯罪构成概念

犯罪构成，指刑法规定的某种危害社会的行为依法应受刑罚处罚的主、客观要件的总和。

1. 犯罪构成的诸要件是由刑法规定的。这里的刑法规定具体包括：

（1）《刑法》分则各条规定的"犯罪要件"，通常以罪状的形式规定（描述）出来，如《刑法》第264条规定"盗窃公私财物，数额较大的，或者多次盗窃……"其罪状部分就描述了行为类型"盗窃"、行为对象"公私财物"、行为结果"数额较大"等盗窃罪的法律要件或要素。另外，该条还规定了另一种盗窃行为类型"多次盗窃"，对于每次盗窃数额不够较大的，设定了"多次"的要件。因为《刑法》分则各条规定了各种犯罪的"基本法律要件"，通常也称为"基本的犯罪构成"。

（2）《刑法》总则规定的"犯罪要件"。如《刑法》第264条规定"盗窃"行为是犯罪，"教唆""帮助"他人盗窃的，比如，甲教唆乙盗窃丙的汽车，乙盗窃了丙的汽车，依据《刑法》第264条可认定乙的行为符合盗窃的要件，但是，甲本人并没有实施盗窃行为，仅仅根据《刑法》第264条不能认定其行为构成盗窃罪。这时需要根据《刑法》第29条"教唆他人犯罪的，应当按照他在共同犯罪中所起的作用处罚"，确认甲的行为的刑事违法性。另外，若甲教唆乙盗窃丙的汽车，乙没有实施盗窃丙的汽车的行为，乙没有触犯刑法，其实就根本没有发生《刑法》第264条的盗窃事实，甲的行为是否具备盗窃罪的要件？根据《刑法》第29条第2款的规定："如果被教唆的人没有犯被教唆的罪，对于教唆犯，可以从轻或者减轻处罚。"据此可认定，甲的教唆行为依然具有刑事违法性。相对于分则各条规定的各种犯罪的"基本犯罪构成"，总则规定的犯罪要件主要有两类：①通用性的犯罪要件，如《刑法》第17条关于刑事责任年龄、第18条关于刑事责任能力的规定等；②修正、补充刑法典分则各条的犯罪要件，比如教唆犯、帮助犯、未遂犯等的规定。

（3）其他刑法法规规定的"犯罪要件"，如单行刑法和附属刑法规定的犯罪要件。

2. 犯罪构成是确认某种行为成立犯罪全体要件的总和。具备犯罪构成是适用刑罚法律效果的前提。例如，《刑法》第263条抢劫罪的犯罪构成就是由以下要件组成的：①年满14周岁、有辨认和控制自己行为的能力的自然人；②有抢劫的故意；③使用暴力、胁迫或者其他方法抢劫公私财物；④侵犯了财产所有权和人身权。这四个条件紧密结合为一体，就形成了抢劫罪的犯罪构成。在这个要件集合体（也即犯罪构成）中，四个条件互相联系、互相作用，共同确立了法律上的一种"犯罪"即抢劫罪。在现实生活中，如果某人及其所实施的行为完全符合上述四个条件，就具备了抢劫罪的犯罪构成，也就是构成了抢劫罪。

3. 法律规定的犯罪构成当然包含社会危害性和应受谴责性的犯罪客观和主观内容。刑法的目的是保护社会生活的有序运行，因此，刑法规定的犯罪构成不仅包含禁止行为的表象特征，而且包含禁止行为的内在特征。比如，《刑法》第 232 条规定的故意杀人罪的构成要件，其中，"剥夺他人生命"是具象的形之于外的客观要件，它的本质在于侵害了法律保护的生命权益，破坏了人们赖以和谐共处的规矩。其中，"故意"地剥夺生命是具象的形之于外的主观要件，它的本质在于明知他人生命权益受法律保护，不可为杀人行为而为之，法律应当惩处这种明知不可而为之的破坏社会生活规矩的意志。每一犯罪构成都如此这般包含犯罪的主客观的"表里"要素。从立法角度看，某种行为（如盗窃、绑架、诈骗）之所以被刑法规定为犯罪，就是因为该种行为严重危害社会且应当受到严厉的谴责，需要运用刑罚予以禁止或惩罚；从司法角度讲，司法机关适用法定的犯罪构成认定案件中的行为是否成立犯罪，也必须遵循立法的意图，对行为进行主客观的实质、具体的审查。不仅需要认定行为表现与刑法规定的法律要件是否完全符合，而且要具体审查行为是否达到了立法者设立的社会危害性及其程度的要求，因为《刑法》第 13 条关于犯罪概念不仅规定犯罪必须具备社会危害性，还规定情节显著轻微、危害不大的，不认为是犯罪。此外，还需审查行为人在具体情形下实施触犯构成要件的行为是否具有罪过性，应否适用刑罚予以谴责、惩罚。因为《刑法》第 16 条规定行为虽然在客观上造成了损害结果，但不是出于故意或过失的，不认为是犯罪。

刑法规定的犯罪构成通常明示出犯罪危害性和罪过程度的要件，如《刑法》第 266 条规定，诈骗罪的要件之一是"数额较大"，标示诈骗罪的社会危害性程度，如果诈骗数额不够较大的，不认为犯罪。再如，《刑法》第 260 条第 1 款规定："虐待家庭成员，情节恶劣的，处……"第 246 条第 1 款规定："以暴力或者其他方法公然侮辱他人或者捏造事实诽谤他人，情节严重的，处……"以"情节恶劣""情节严重"标示犯罪的主观和客观的综合性要素。对侮辱、诽谤行为，如果经综合评价动机、目的、手段、结果等，尚不够情节严重的，对虐待行为，经综合主客观因素评价不具备"情节恶劣"要件的，也不认为是犯罪。

另外，刑法规定的犯罪构成，也有不明确标示犯罪危害性和罪过性程度的情况。例如，《刑法》第 245 条第 1 款规定："非法搜查他人身体、住宅，或者非法侵入他人住宅的，处……"在这种场合，必须根据国家的刑事政策、刑事违法与行政违法的法律结构以及刑法原则、法理情理，适用法律认定犯罪。不可教条地理解法律规定的犯罪要件，对于非法侵入住宅行为或非法搜查他人身体的行为，一定要进行实质审查，看是否达到了应予刑罚惩罚的程度。对于侵害性轻微的，可认为不具备《刑法》第 245 条规定的犯罪构成。

在解释、适用犯罪构成处理具体案件时，进行这种实质审查是极为重要的。原因是：

（1）刑法用一个个的条文"规定"的一个个的犯罪，无论规定的要件如何具体，仍然具有抽象化、模型化的特征。比如，《刑法》第 263 条规定："以暴力、胁迫或者其他方法抢劫公私财物的，处三年以上十年以下有期徒刑，并处罚金；有下列情形之一的，处十年以上有期徒刑、无期徒刑或者死刑，并处罚金或者没收财产……"根据本条规定，可分析出抢劫罪的犯罪构成（如前述）的四个要件，但不免还是一个一般性的、概念化的要件。在审理"抢劫案"时，每个案件都各有各的特殊情形，这是法律无法穷尽规定的，因此，把这抽象的法定的抢劫罪概念和构成要件适用于个案需要结合案情作具体的审查判断，使"案件中"的行为事实与法律规定的犯罪要件不仅"形似"而且"神似"。例如，甲早晨在社区的一条道路上拦住过往的三轮车向车主收取 2~3 元的"管理费"，若有不从，甲就将起袖子露出绑在双臂上的匕首，迫使对方交钱。在收取 3 人共 7 元钱后，被闻讯而来的警察制止、拘捕。甲的行为是否构成抢劫罪？把甲的行为与抢劫罪犯罪构成简单地"对号入座"，恐怕不能合理解决问题，表面上看，甲故意地使用胁迫方式抢夺了 3 人的财物，似乎符合抢劫罪的主客观要件。但是，深入分析《刑法》第 263 条规定的法定最低刑为 3 年有期徒刑，刑法以如此严厉的刑罚所禁止的抢劫罪行，应当是以较严重的方式侵犯较大财产权益的行为。本案甲的行为不过是地皮上的"混混"强索有限的财物（2元、3元），其主观的意思和对财产权益侵害的程度在本质上不符合《刑法》第263条的犯罪构成，至多相当于强拿硬要少量财物的寻衅滋事行为，鉴于其情节显著轻微、危害不大，可不认为是犯罪。

（2）我国法律对于危害行为根据其危害性质和程度，分别用刑法和行政法规制，在这种法律结构下，仅仅笼统根据《刑法》规定的抽象的犯罪构成，往往不能区分刑事违法与一般违法。例如，《治安管理处罚法》第40条第3项规定，"非法限制他人人身自由、非法侵入他人住宅或者非法搜查他人身体的"，是违反治安法的行为；《刑法》第245条第1款规定，"非法搜查他人身体、住宅，或者非法侵入他人住宅的，处……"是犯罪行为。从两个法律表述的非法拘禁、非法侵入住宅、非法搜查的法律要件看，形式完全相同，据以区别一般违法还是犯罪的关键就看犯罪构成的主客观实质要素，上述行为只有严重危害社会达到应予刑罚惩罚的程度，才能以犯罪论处。

（3）避免遗漏评价犯罪的根本内容。行为之所以被法律规定为犯罪，其根本点在于客观上有危害性，主观上有罪过性，它是立法的根据，也是司法阐释法律要件、评价个案事实的终极标准。立体理论体系唯恐丢失这个终极标准，在构成要件之外单立违法、责任的实质审查要件和步骤，并自诩为该理论的优秀之处。平面理论体系把犯罪成立的全部要件都纳入到犯罪构成之中，赋予犯罪构成决定行为成立犯罪要件"总和"的地位，在这种理论体系中，为了避免丢失这个终极标准，必须在犯罪构成范围内充分保留主客观实质审查的地位。

三、犯罪概念与犯罪构成的关系

（一）犯罪概念与犯罪构成的联系与区别

1. 犯罪构成与犯罪概念包含的内容是同一的。我国刑法中有两种意义的犯罪概念：一种指《刑法》第13条规定的犯罪概念，即"犯罪的一般概念"；另一种指《刑法》分则各条规定的犯罪概念，即"具体的犯罪概念"，如《刑法》第239条规定的绑架罪、第233条规定的过失致人死亡罪等。与此相对应，一般意义的犯罪构成，包含了行为危害社会依法应受刑罚处罚的全部内容；具体的犯罪构成，比如盗窃罪的犯罪构成，包含了行为构成某一具体犯罪的全部内容。因为无论是犯罪概念还是犯罪构成，都概括或包含了法律规定的该种犯罪的全部要素（内容）。

2. 犯罪概念与犯罪构成把握犯罪内容的角度不同。犯罪概念着重概括犯罪的实体内容，揭示出犯罪的根本属性或突出特征。如《刑法》第13条的犯罪概念概括：犯罪是危害社会的依法应受刑罚处罚的行为，揭示出犯罪社会危害性和依法应受刑罚处罚性的共性特征（内容）；《刑法》分则各条的犯罪概念则概括某一具体犯罪的基本特征（内涵），如《刑法》第258条的重婚罪规定，"有配偶而重婚的，或者明知他人有配偶而与之结婚的，处……"概括出重婚罪的基本特征。而犯罪构成则根据一定的逻辑概念合理划分犯罪概念界定的犯罪内容，以便具体且有体系地把握这些内容。例如，对一般犯罪概念中包含的内容，按照人类惯用的逻辑分类方式划分为主观要件和客观要件，甚至进一步划分出犯罪客体、犯罪主体要件，从而更具体、更条理、更系统地掌握犯罪的社会危害性和依法应受刑罚处罚性的内容。再如，对重婚罪的法律概念所概括的内容，根据一定的逻辑模型划分为：①主观要件是故意；②客观要件是重婚行为；③主体要件是年满16周岁具有正常辨认、控制能力的人；④客体要件是侵害一夫一妻制度。通过对重婚内容作这样的逻辑划分，便于更具体、更条理、更系统地把握重婚罪的内容（危害社会依法应受惩罚）。犯罪概念定义的犯罪内涵，通过犯罪构成要件的分割能更清晰、更具象、更方便地掌握和操作。可以说，犯罪构成以某种"结构"或"体系"形式表达犯罪概念的内涵。各国法律中的犯罪概念是相同的，犯罪构成的内容也是相同的，只是因为结构和体系表达方式不同而有所不同。立体理论也罢，平面理论也罢；三要件论也罢，四要件论也罢，都是对犯罪概念内涵的不同"结构表达"。

3. 犯罪构成对犯罪概念界定的内涵通过一定的模式、结构表达出来。①犯罪概念的内涵可以更清晰、更条理、更系统地表现出来（被揭示出来）；②在适用法律认定犯罪时，通常运用将犯罪内涵具体化、条理化的犯罪构成具体判断行为是否构成犯罪。按照我国通说，二者的关系是：犯罪概念是犯罪构成的基础，犯罪构成是犯罪概念的具体化。因为犯罪概念界定了犯罪的内容，犯罪构成只能以犯罪概念的内容为内容，所以，犯罪概念是犯罪构成的基础。犯罪构成以要件要素分割的方式将犯罪概念的内容清晰化、条理化、系统化，所以，犯罪构成是犯罪概念的具体化。由此派生出二者的功能不同：犯罪概念回答什么是犯罪，犯罪具有哪些基本属性；犯罪构成则进一步回答犯罪成立需要具备哪些法定的条件，通过犯罪构成的主客观要件具体确立什么样的行为是犯罪。

（二）"犯罪构成是犯罪概念的具体化"的另一层意思

在罪刑法定原则之下，从法律上讲，只有刑法分则各条规定的具体犯罪（概念），如《刑法》第 236 条第 1 款规定，以暴力、胁迫或者其他手段强奸妇女的行为，该条规定的强奸罪概念所界定的内容就是狭义的犯罪构成。二者无论在内容还是在形式上都是同一的。在外国刑法理论中，常把犯罪概念定义为：犯罪是符合构成要件、违法且有责的行为，并称之为犯罪的"结构概念"。这其实是直接将一般犯罪概念（定义的内涵）结构化，称为广义犯罪构成。在广义的犯罪构成之下，作为"犯罪"要件之一的"构成要件"是狭义的，通常指刑法分则各条定义的具体犯罪概念。因为"构成要件"（tatbestand）一词的源流含有强烈的刑法分则各条规定的具体犯罪概念特殊构成要件（内容）的意味，所以，构成要件一词在狭义使用时，含有刑法分则各条规定的犯罪概念内容的意思，在狭义上，构成要件一词与分则各条规定的犯罪概念是同一的，具体犯罪概念界定的内容即该罪之（特殊）构成要件。在我国，犯罪构成虽然取广义包含危害性和罪过性的实质内容，但仍具有特指分则各本条规定之具体犯罪的犯罪构成的意思，因此，常说的"犯罪构成是犯罪概念的具体化"，还含有一层意思，即《刑法》的第 13 条一般犯罪概念与分则各条具体犯罪概念（构成）是一般与个别的关系。一般犯罪概念包含的危害性和罪过性内容，是各具体犯罪概念（构成）的基础并且体现于具体犯罪的犯罪构成中。

四、犯罪构成的意义

（一）法律准绳

犯罪构成作为法律规定的确立犯罪的要件，它是定罪量刑的法律准绳。具体而言：

1. 成立犯罪的标准。在司法实践中，某人的行为事实完全具备犯罪构成，才能成立犯罪，依法追究刑事责任。例如，张某因为李某与自己的妻子通奸，而持刀将李某砍死。经调查：①张某在主观上有杀害李某的故意，具备故意杀人罪的主观要件；②实行了杀害李某的行为，具备了故意杀人罪的客观要件；③侵害了他人的生命，具备了故意杀人罪的客体要件；④张某实行杀人行为时年龄是 27 岁、精神正常，具备承担刑事责任的主体要件。张某的行为事实完全具备法律规定的故意杀人罪的全部要件，即具备故意杀人罪的犯罪构成，因而必须承担相应的刑事责任。反之，如果张某的行为事实缺乏故意杀人罪的某一个要件，则不能成立故意杀人罪。假如经调查发现，张某在行为时处于精神错乱状态，完全丧失了辨认和控制自己行为的能力，张某就不构成犯罪，不负刑事责任。

2. 成立一罪还是数罪的标准。行为人的行为具备一个犯罪构成的，成立一罪；具备数个犯罪构成的，成立数罪（"犯罪构成说"），对于数罪，原则上应当并罚。

3. 区别此种犯罪与彼种犯罪的标准。每一种犯罪都有其特有的构成要件，不同的犯罪，其犯罪构成是不同的。刑法中规定有多少种犯罪，就有多少种犯罪构成。

4. 通过确定犯罪、一罪与数罪、此罪与彼罪、罪轻与罪重，为正确量刑提供根据。

（二）法治意义

强调依据犯罪构成定罪量刑，有利于贯彻法治原则，保护公民的合法权益，准确地惩罚犯罪。

（三）理论意义

在刑法理论中，犯罪构成是刑法理论的核心和刑法理论体系的基础。犯罪构成理论作为研究法定的犯罪成立要件的理论，它把刑法典总则和分则规定的犯罪成立的要件加以归纳、抽象，使其系统化、条理化，形成了犯罪论的理论体系。在这个理论体系中，犯罪论的基本问题都是围绕着犯罪构成展开的，并且是按照犯罪构成四个要件的框架，分门别类论述的；在刑法典分则中，也是按照四要件的体系分别论述具体犯罪的特殊构成要件。因此，理解、掌握犯罪构成理论的内容和体系，是学好刑法学的关键之一。

第二节　犯罪构成要件·要素

一、犯罪构成要件·要素的层次

（一）犯罪构成的特殊要件和一般要件

犯罪构成的特殊要件和一般要件，是学说上从犯罪构成特殊性与共性两个不同层面认识犯罪构成所形成的划分。

犯罪构成的"特殊要件"，通常指称某种犯罪独有的犯罪构成内容。刑法中规定了数百种犯罪，如抢劫罪、故意杀人罪、盗窃罪等，与此相应，每一种犯罪都有其特定（或特殊）的犯罪构成内容，例如，抢劫罪的"以暴力、胁迫或其他手段抢劫公私财物"，盗窃罪的"盗窃财物数额较大或者多次盗窃"，非法狩猎罪的"在禁猎区、禁猎期、使用禁用的工具方法捕捞水产品"，等等。这类具体犯罪独有的犯罪构成内容，可称为犯罪构成的特殊要件。

犯罪构成"一般要件"，即犯罪客体、犯罪主体、犯罪客观方面、犯罪主观方面（"四要件说"），是学说根据刑法规定的一般犯罪概念、犯罪共通性条件概括、抽象出的各种犯罪构成的共性内容。它们与犯罪的特殊构成要件是共性与个性、一般与特殊的关系。在法律上，如同犯罪都是具体的一样，如盗窃罪、伪证罪，犯罪构成也都是特定要件要素组成的有机整体，也只有具体的（或特殊的）犯罪构成，比如盗窃罪犯罪构成、伪证罪犯罪构成。如同没有"犯罪"这种罪一样，也没有"一般"犯罪构成。犯罪构成一般要件，只是学说概括、抽象出的具有共通意义的要件。在犯罪构成论中，对这些共通要件系统化阐述，具有重要的实体和体系意义。

（二）犯罪构成要件、要素

犯罪构成的要件和要素，是按层次划分犯罪构成内容形成的级次单元。学说上为了方便掌握犯罪构成内容，还会对犯罪构成进行多层次划分。我国通说在第一层次上将犯罪构成划分为犯罪客体、犯罪主体、犯罪客观方面、犯罪主观方面（"四要件说"），称其为犯罪构成一般要件（共性要件）。在第二层次上，进一步将犯罪客观方面划分出行为、结果、时间、地点等要素；将犯罪主观方面划分出故意、过失、目的、动机等要素，称其为犯罪构成要素。这些要件和要素组合成犯罪构成的内容，可以说，犯罪构成要件和要素是犯罪构成不同层次的组成单元。

犯罪构成的一般要件属于对犯罪构成内容第一层次划分的单元，通常称犯罪构成要件；而犯罪构成特殊构成要件属于第二层次划分的单元，通常称犯罪构成要素。

用"要件"与"要素"表示犯罪构成因素的层级差别，逐渐被我国学说重视。"要件"与"要素"在语义上本无差别，都可指称事物的组成单元。所以，在犯罪构成论中，犯罪构成要件与犯罪构成要素往往可以通用。不过，在欧陆三要件论中，往往将"构成要件符合性""违法性""有责性"称为犯罪构成的一般要件或犯罪成立的一般要件，将这三个一般要件"之下"（或次一级层次）的"因素"，称为"要素"，如构成要件要素、违法要素、责任要素，受其影响，我国学说渐渐也在犯罪构成一般要件的次级层面上使用犯罪构成要素的概念。另外，在三要件论中，"构成要件符合性"是犯罪成立的一般要件之一，该"构成要件"（tatbestand）主要指分则各条描述的犯罪类型，包含各种构成要素。我国学说渐渐重视对分则各条罪状中描述的"构成要件"（内容）要素的分析、注释，为了避免与构成要件概念发生混同，也为了避免与犯罪构成一般要件发生层次上的混淆，清晰表明是对"具体犯罪构成"特殊构成因素的分析，往往使用犯罪构成要素的概念。如《刑法》第 263 条第 1 款规定的抢劫罪构成要件，"以暴力、胁迫或者其他方法抢劫公私财物的"，就包含：①暴力、胁迫行为；②他人财产；③已满 14 周岁具有辨认、控制能力的人；④故意；⑤非法占有目的等构成"要素"。

二、犯罪构成要件·要素的分类

（一）犯罪构成一般要件的分类

通过对各种具体犯罪构成的共同性内容的归纳和抽象，一般而言，任何一种犯罪构成都必须具有以下四个方面的共同内容或者基本内容：

1. 犯罪客体要件。行为侵害了刑法所保护的社会生活利益，具有侵害性，没有侵害性的行为不是犯罪。

2. 犯罪客观方面要件。行为人在客观上实施了法律所禁止的危害行为并造成危害结果，没有行为便没有犯罪。

3. 犯罪主体要件。行为人达到了法定负刑事责任的年龄，具有刑事责任能力。

4. 犯罪主观方面要件。行为人在主观上有罪过，即具有犯罪的故意或者过失。没有罪过就没有犯罪或没有自由就没有刑事责任。

概括犯罪构成的一般要件可突出犯罪构成的共同内容，相当于"犯罪观念"的共同因素。这些犯罪应具备的一般性实体内容具有原理意义，可以指导人们正确地把握犯罪的根本内容（最普遍要素），比如，犯罪客观方面不可缺少"危害行为"；犯罪主观方面不可缺少"故意·过失"（罪过）；犯罪实质上必定侵害社会利益（犯罪客体）。正因为如此，在我国刑法曾经保留类推制度的时代，这样的犯罪构成一般要件被认为是定罪的"法律规格"，通过它可以使我们正确地适用类推定罪。即使是在罪刑法定主义时代，确认这些犯罪最普遍因素对于立法、司法仍具有指导意义。

在犯罪总论部分，犯罪的共同内容（因素）将按照犯罪四要件的划分展开；在犯罪各论部分，每一具体犯罪的犯罪构成内容（因素）也是按照犯罪四要件的划分展开。因此，四要件划分的模式就成为学说上阐述犯罪共同内容和各罪具体内容的理论体系。不仅如此，刑法学者、司法人员乃至于刑法的传习也需要在这种四要件划分的模式下阐释和适用刑法，这种模式成为中国法律职业群体共用的解析犯罪法律要件的习惯模式。

（二）犯罪构成要素的分类

犯罪构成要素[1]是分则各条对各罪规定的构成犯罪的特殊要件（因素），相对于犯罪一般要件，它属于第二层次划分的单元。在犯罪构成论中研究犯罪构成要素，对分则各条犯罪构成的注释具有重要的意义。

1. 对刑法典分则各条分析，可将某一条文犯罪构成要素分为客观性要素和主观性要素两类：①客观性要素：行为，行为的主体，行为的对象、结果（数额、数量），行为的情况，等等。②主观性要素：故意、过失及特定的目的、动机等。另外，应注意的是，在分则中，有一些条文的犯罪构成要素还包括综合性要素，如"情节严重""情节恶劣"等。

例如，《刑法》第382条第1款规定："国家工作人员利用职务上的便利，侵吞、窃取、骗取或者以其他手段非法占有公共财物的，是贪污罪。"该条规定的贪污罪的构成要素就有：①客观性要素。贪污行为手段：利用职务上的便利，侵吞、窃取、骗取或者以其他手段；行为主体：国家工作人员；行为对象：公共财物。②主观性要素。贪污的故意；非法占有的目的。这些是贪污罪特有的犯罪构成要素，这些要素组合的整体标示出特定犯罪类型（贪污罪），据此可把握该罪（贪污罪）与其他罪区别的特点。

这里所说的犯罪构成要素是在犯罪构成一般要件层次之下的各罪特殊构成要素。对此，有两点说明：①作为犯罪构成要素的故意或过失主要是对该条之罪犯罪构成客观性要素的故意或过失，比如，盗窃罪的主观要素（故意内容）是对"窃取他人财物"这一盗窃客观要素的认知，盗窃枪支罪是对"窃取枪支"这一客观要素的认知；再比如，失火罪主观要素（过失内容）是对"自己行为引起火灾后果"的应预见没预见，或者虽然预见但轻信能够避免。具有这种故意或过失，通常足以认定具有罪过性（或可谴责性）。②作为犯罪构成要素的行为主体，指主体的客观情况，如自然人、单位、身份、年龄、生理状态等。行为人达到刑事责任年龄具有辨认、控制能力，故意、过失地实施犯罪行为，应予责难属于犯罪一般要件罪过责任原则的内容。

2. 记叙性构成要件要素与规范性构成要件要素。犯罪构成要素除可以划分为客观性要素和主观性要素之外，还可以根据其意义是否需作价值判断而划分为记叙性要素和规范性要素。记叙性要素是指对实际存在的各种人、事、物所作的事实性描述，例如，杀人罪中的"人"、盗窃罪中的"财物"等客观的、无需价值判断就可确定的事实因素；规范性要素是指那些需要进行价值判断才能明确其含意的犯罪构成要素，如传播淫秽物品罪的"淫秽"、放火罪的"公共安全"、渎职犯罪中的"徇私舞弊"、强制猥亵侮辱妇女罪中"猥亵"等与价值判断有关的因素。

记叙性要素和规范性要素之间的界限并不是绝对的，因为有些记叙性要素，或多或少也需经过价值判断。也有学者认为，犯罪构成要素都具有规范性，或者相反，所有的犯罪构成要素也都具有记叙性。只是有的记叙性程度高一些，有的规范性程度高一些。

记叙性要素与规范性要素的区分，在判断作为故意内容的认识程度方面，具有实际意义。例如，传播淫秽物品罪的故意，是否要求行为人认识到物品的"淫秽性"？如果将"淫秽性"作为记叙性要素，那么必须要求行为人认识到物品具有"淫秽性"才能认定故意成立；反之，如果将"淫秽性"作为规范要素，那么是否有"淫秽性"就成为法官判断的问题，行为人即使没有认识到"淫秽性"，也可以认定故意成立。

3. 成文的犯罪构成要素和不成文的犯罪构成要素。

（1）成文的犯罪构成要素，指刑法条文中明文规定的犯罪构成要素。例如，《刑法》第

[1] 其在构成要件（tatbestand）符合性、违法性、有责性三要件理论体系中，称"构成要件（tatbestand）要素"。

192条（集资诈骗罪）规定，"以非法占有为目的，使用诈骗方法非法集资……"该条明文规定集资诈骗罪"非法占有的目的"，该"非法占有的目的"是集资诈骗罪的成文的犯罪构成要素。犯罪的构成要素是由法律规定的，在这个意义上讲，犯罪构成要素一般应是成文的。

（2）不成文的犯罪构成要素，指刑法条文中虽然没有明文表述出来但应当认为是犯罪构成要素的要素。例如，《刑法》第382条第1款规定："国家工作人员利用职务上的便利，侵吞、窃取、骗取或者以其他手段非法占有公共财物的，是贪污罪。"该条对贪污罪犯罪构成没有明文规定"以非法占有为目的"，但刑法理论和实务公认"以非法占有为目的"是贪污罪犯罪构成要素。

由此可见，犯罪构成要素未必都是成文的。因为根据条文的表述和常识性理解，有的犯罪构成要素是"不言而喻的"，以至于没有必要特意表述。例如，法律对上述贪污罪犯罪构成使用"非法占有公共财物的"表述，另外，刑法中还单独规定了挪用公款罪，可推断出"以非法占有为目的"是贪污罪的犯罪构成要素。类似的情形如刑法规定盗窃罪、诈骗罪、抢劫罪等，在条文中均没有明文规定"以非法占有为目的"，但是这些犯罪在生活中极为常见，人们根据生活常识认为这些犯罪构成不言而喻地包含"以非法占有为目的"的要素。

不成文犯罪构成要素的发现、确认，往往是犯罪构成解释论的重要课题。例如，《刑法》第359条规定，"引诱、容留、介绍他人卖淫的，处……"是否应当认为"以营利为目的"是该条规定的不成文犯罪构成要素？不能。因为修订前的《刑法》第169条规定，"以营利为目的，引诱、容留妇女卖淫的，处……"修订后的《刑法》第359条规定，"引诱、容留、介绍他人卖淫的，处……"显然修订后的《刑法》将"以营利为目的"的成文犯罪构成要素删除。这种法律修订的变化以及修订过程中变化的理由清楚地表明，修订后的《刑法》第359条有意不把"以营利为目的"作为该罪的犯罪构成要素。在阐释不成文的犯罪构成要素时需注意，不能根据"犯罪现象"去推断不成文的构成要素。观察社会生活，虽然发现人们从事引诱、容留、介绍他人卖淫活动通常都是为了营利，但不能据此推断法律一定将"以营利为目的"作为该罪的不成文犯罪构成要素。

4. 必要要件·要素与选择要件·要素。在犯罪构成的一般要件层次上，达到刑事责任年龄具有辨认控制能力的人有罪过地实施危害行为，是成立任何犯罪不可或缺的条件。在这个层次上，行为主体、客体、危害行为、故意或过失是"必要要件·要素"；与此相对应，时间、地点、目的、动机等因为不是一切犯罪不可或缺的条件，所以被称为"选择要件·要素"。

在犯罪构成要素的层次上，必要要素与选择要素则具有不同的意义。所谓"必要要素"，是指构成该罪必须具备的要素，例如，修订前的《刑法》第141条规定，"生产、销售假药，足以严重危害人体健康的，处……"其中，"足以严重危害人体健康"就是该罪（生产、销售假药罪）的必要要素，行为人生产、销售假药但不具备此要素，不能构成该罪。2011年《刑法修正案（八）》删除了条文中的"足以严重危害人体健康"一语，这一要素就不再是本罪的必要要素，行为人只要有生产、销售假药的行为，即构成本罪。所谓"选择要素"，则是具体犯罪构成中列出数个条件，只要求具备其一就可成立犯罪的要素，例如，《刑法》第158条第1款规定（虚报注册资本罪）："申请公司登记使用虚假证明文件或者采取其他欺诈手段虚报注册资本，欺骗公司登记主管部门，取得公司登记，虚报注册资本数额巨大、后果严重或者有其他严重情节的，处……"其中，虚报注册资本数额巨大、后果严重或者有其他严重情节，三个程度要素并列，只要具备其一，就认为具备了虚报注册资本罪的程度要素，不必要求全部具备。

第三节 犯罪构成的分类

一、基本的犯罪构成和修正的犯罪构成

(一) 基本的犯罪构成

基本的犯罪构成是指刑法分则条文所规定的犯罪构成。例如,《刑法》第 232 条规定:"故意杀人的,处死刑、无期徒刑或者十年以上有期徒刑;情节较轻的,处三年以上十年以下有期徒刑。"这就是故意杀人罪的基本构成,包括故意实行杀人行为和造成死亡结果。

称其为基本的犯罪构成,就是因为它是分则"罪—刑"条款所设置的犯罪构成。刑法典分则一个个"罪—刑"条款开列的犯罪构成及其法律效果"清单"就是定罪处刑的基本依据,其犯罪构成是基本构成,其法定刑是基本的法律效果。行为具备该犯罪构成意味着:①该行为直接被该条所禁止;②可直接适用该条之刑罚惩罚该行为。该"直接"意味着,某人的行为符合该条之犯罪构成即可认定该人该行为触犯刑法,直接适用其后的法律效果(法定刑)处罚,无需借助其他法律依据补足或修正。

一般而言,立法者在分则"罪—刑"条款中尽量根据单独实行犯罪所达到的对客体(法益)的侵害程度来设置犯罪构成及其法律效果,所以,基本的构成通常是单独犯和既遂犯。

(二) 修正的犯罪构成

修正的犯罪构成是指以基本的犯罪构成为基础并对之进行补充、扩展所形成的犯罪构成。我国《刑法》在总则规定了共同犯罪,包括帮助、教唆行为;还规定了未完成罪,包括犯罪预备、未遂、中止。单看基本的犯罪构成似乎没有完全涵盖这些情形,例如,上述《刑法》第 232 条规定的故意杀人罪的基本构成通常理解为"本人故意实行杀人行为且造成死亡结果",预备杀人行为(尚未实行杀人行为),杀人未遂行为(未造成死亡结果),中止杀人行为(没有造成死亡结果),杀人的帮助、教唆行为,总是不完全吻合"本人故意实行杀人行为且造成死亡结果"。对这些行为适用《刑法》第 232 条定罪处罚时,需要借助总则中有关共犯和未完成罪的规定。由此认为,这些规定对《刑法》第 232 条故意杀人罪基本犯罪构成进行补足、修正,形成故意杀人罪之修正的犯罪构成。

在中国的法律结构下,这种划分显得格外有意义。我国《刑法》分则对各罪设置的刑事入罪"罪量"门槛甚高,比如,生产、销售伪劣产品罪须"销售额 5 万元"以上,销售侵权复制品罪须违法所得"数额巨大",寻衅滋事罪须"情节严重",意味着犯罪"既遂"只有严重到相当程度才认为成立犯罪,而《刑法》总则却规定分则各条之罪未遂、预备一般可罚,二者之间的强烈反差使我们不得不采取审慎的态度。应当依据分则各条的规定,审查未遂、预备的可罚性,审查教唆未遂的可罚性。出于这样的考虑,立足于分则各条的规定,将其视为"基本的犯罪构成",将总则过于扩张的未遂、预备、教唆犯的规定视为"修正的犯罪构成",强调二者的差别以及修正构成对基本构成的依附性,具有重要的理论与实践意义。也有学者认为,我国刑法的犯罪论体系决定了这种分类并不适合于我国。因为,我国刑法总则规定未完成罪一般可罚,表明我国刑法分则规定的犯罪并非以既遂为模式,所以不赞成在我国刑法学说中作这种划分。[1] 这种观点是不能赞同的。我国刑法在犯罪圈的规定上,分则各条的极度收缩与总则未完成罪、共犯的极度扩张之间存在严重冲突,需要学说正视并合理地化解这个矛盾而不是忽视这个矛盾。在学说上将确认犯罪的要件(积极的要件)划分为"基本

〔1〕 刘艳红:《开放的犯罪构成要件理论研究》,中国政法大学出版社 2002 年版,第 257 页。

的犯罪构成和修正的犯罪构成"，是正视并合理化解这一矛盾的第一步，在此基础上，进一步确立分则各条要件的基本性和总则修正要件的补充性、依附性，有助于合理解释适用刑法。外国刑法对广义未遂"选择可罚"，采取在分则各条中逐一对应（既遂犯）规定模式，在学说上尚且作出这种划分，我国刑法在总则笼统规定一般可罚更应作出这种划分。这样至少有助于形成总则扩张规定与分则基本规定区分意识，这种意识有助于在学说和司法上抑制立法的过分扩张。

二、标准的犯罪构成和派生的犯罪构成

（一）标准的犯罪构成

标准的犯罪构成又称普通的犯罪构成，[1] 指刑法条文对具有通常法益侵害程度的行为所规定的犯罪构成。因为刑法通常以此为基准设置处罚，所以，也可以理解为处罚的基准态。

（二）派生的犯罪构成

派生的犯罪构成是指以标准的犯罪构成为基础，因为具有较轻或较重的法益侵害程度而从标准的犯罪构成中派生出来的犯罪构成。因为后者相对于标准犯罪构成的处罚基准态而言属于处罚减轻或加重的形态，因此也可称为"加减的构成"。例如，《刑法》第 232 条规定："故意杀人的，处死刑、无期徒刑或者十年以上有期徒刑；情节较轻的，处三年以上十年以下有期徒刑。"其中，适用"处死刑、无期徒刑或者十年以上有期徒刑"的法律效果的构成要件（故意杀人且致人死亡、侵害了生命法益），属于故意杀人罪标准的犯罪构成。而故意杀人"情节较轻的"，是适用"处三年以上十年以下有期徒刑"较轻法律效果的构成要件，属于故意杀人罪的派生的犯罪构成或减轻的犯罪构成。又如《刑法》第 233 条规定："过失致人死亡的，处三年以上七年以下有期徒刑；情节较轻的，处三年以下有期徒刑……"其中，过失致人死亡属于标准的犯罪构成，而过失致人死亡情节较轻的属于派生的犯罪构成。再如，《刑法》第 239 条第 1、2 款规定："以勒索财物为目的绑架他人的，或者绑架他人作为人质的，处十年以上有期徒刑或者无期徒刑，并处罚金或者没收财产；情节较轻的，处五年以上十年以下有期徒刑，并处罚金。犯前款罪，杀害被绑架人的，或者故意伤害被绑架人，致人重伤、死亡的，处无期徒刑或者死刑，并处没收财产。"其中，第 1 款表述的是绑架罪的标准的犯罪构成，第 2 款属于绑架罪派生的犯罪构成或加重的犯罪构成。

这是对"分则各条"具体犯罪构成进一步依据其"处罚结构"所作的划分。在设置"基本"的犯罪构成时，尽量使其具有"通常法益侵害程度"并配置相应的刑罚，在这个意义上，基本的犯罪构成、标准的犯罪构成、处罚基准态具有一致性，例如，《刑法》第 232 条规定，"故意杀人的，处死刑、无期徒刑或者十年以上有期徒刑"，既是该条之罪（故意杀人罪）基本的犯罪构成、标准的犯罪构成，同时也是处罚的基准态。但是，为了限制司法裁量空间或出于其他考虑，分则条文往往设置多个"法定刑幅度"并规定相应的适用条件，例如，《刑法》第 232 条（故意杀人罪）又规定，"情节较轻的，处三年以上十年以下有期徒刑"，这"情节较轻"是选择处罚刑度的要件或构成。可见，"标准与派生"的划分产生于立法设置加重或减轻刑度及其适用要件，在单一刑度的条款中，没有这种划分的基础，适用该刑度的前提（犯罪构成）既是基本的犯罪构成，也是标准的犯罪构成，同时还是处罚的基准态，但是，在设置多个刑度的条文中，则具有这种划分的基础和必要性。因为我国刑法典分则规定有大量的类似于《刑法》第 232 条后半段的减轻犯和《刑法》第 239 条后半段的加重犯，并且对这类加重犯、减轻犯规定特殊适用条件，这些条件对适用相关加重、减轻刑度具有要件意义。

---

[1] 陈兴良：《陈兴良刑法学教科书之规范刑法学》，中国政法大学出版社 2003 年版，第 58 页。

有学者甚至将其当作"特殊的犯罪构成",因为具备《刑法》第232条故意杀人罪的构成,但不具备"情节较轻"的条件,不可以适用该条"三年以上十年以下有期徒刑"的刑度;具备《刑法》第239条绑架罪的构成,但不具备"致使被绑架人死亡或者杀害被绑架人"的条件,不可以适用该条"死刑"的刑度,可见这种划分的意义。

三、单一的犯罪构成与择一的犯罪构成[1]

这是根据犯罪构成中行为要素的情况作出的分类,因为犯罪的核心要素是行为,所以,根据行为要素的情况作出的分类较有意义。

（一）单一的犯罪构成

单一的犯罪构成是指行为要素单一的犯罪构成。例如,盗窃罪的犯罪构成只包含盗窃行为。犯罪构成是"行为类型",一个犯罪构成通常只包含一种行为,所以,大多数犯罪构成属于单一的犯罪构成。

（二）择一的犯罪构成

择一的犯罪构成是指包含多种选择性行为、对象要素的犯罪构成。例如,《刑法》第347条规定的走私、贩卖、运输、制造毒品罪的犯罪构成包含"走私、贩卖、运输、制造"四种行为,这四种行为都是独立的犯罪行为要素,都可以单独成立犯罪。例如,甲走私毒品,构成走私毒品罪;如果实施其中的数行为,比如,甲既有走私毒品行为,又有贩卖、运输毒品行为,也仅成立一罪,罪名根据实际实施的行为情况确定,甲实际实施了走私、贩卖、运输毒品的行为,罪名就定走私、贩卖、运输毒品罪,毒品的数量累计计算,不实行数罪并罚。这种情形,理论上一般称为选择的一罪(选择性罪名)。其实,相当于把走私、贩卖、运输、制造的行为,视为同一性质的犯罪行为,只不过罪名不同而已。《刑法》中规定的择一的犯罪构成相当多,例如,非法制造、买卖、运输枪支、弹药、爆炸物罪;制作、复制、出版、贩卖、传播淫秽物品牟利罪;出售、购买、运输假币罪;拐卖妇女、儿童罪;等等。

构成要件理论的应用例释

《刑法》第239条规定:以勒索财物为目的绑架他人的,或者绑架他人作为人质的(构成要件·基本构成·标准构成),处10年以上有期徒刑或者无期徒刑,并处罚金或者没收财产;情节较轻的,处5年以上10年以下有期徒刑,并处罚金(法定刑)。犯前款罪,杀害被绑架人的,或者故意伤害被绑架人,致人重伤、死亡的(派生的构成),处无期徒刑或者死刑,并处没收财产(法定刑)。以勒索财物为目的偷盗婴幼儿的,依照前两款的规定处罚。

（一）该条构成要件

1. 客观要素:绑架他人或绑架他人作为人质。

2. 主观要素:①故意罪;②目的犯,勒索财物或其他不法利益的目的。

3. 主体:年满16周岁的自然人,单位不是本罪的主体。

4. 保护利益:人身权利和第三人的自决权。

（二）从定罪的角度,基本的构成要件与修正的构成要件

1. 本条属于"基本的构成要件",因为:①从定罪角度,具备该前提也就具备了构成该种犯罪的必要条件(构成犯罪);②从处罚角度,同时也就达到了适用该条法定刑处罚的标准状态(既遂)。

---

[1] 有学者以犯罪构成的要件组成的繁简程度为标准,划分出"单纯的犯罪构成"与"混合的犯罪构成",这种划分更为细致。参见赵秉志:《刑法基本理论专题研究》,法律出版社2005年版,第243~245页。本书为简明、实用起见,采取较为粗略的划分。

2. 修正的构成（总则的补充或通用规定）。

（1）《刑法》第 22 条第 2 款：对于预备犯，可以比照既遂犯从轻、减轻处罚或者免除处罚。

（2）《刑法》第 23 条第 2 款：对于未遂犯，可以比照既遂犯从轻或者减轻处罚。

（3）《刑法》第 24 条第 2 款：对于中止犯，没有造成损害的，应当免除处罚；造成损害的，应当减轻处罚。

（4）《刑法》第 27 条第 2 款：对于从犯，应当从轻、减轻处罚或者免除处罚。

（5）《刑法》第 28 条：对于被胁迫参加犯罪的，应当按照他的犯罪情节减轻处罚或者免除处罚。

（6）《刑法》第 29 条：教唆他人犯罪的，应当按照他在共同犯罪中所起的作用处罚。教唆不满 18 周岁的人犯罪的，应当从重处罚。如果被教唆的人没有犯被教唆的罪，对于教唆犯，可以从轻或者减轻处罚。

（三）从处罚轻重的角度，标准（或基本）的构成与派生（或加减）的构成

"十年以上有期徒刑或者无期徒刑，并处罚金或者没收财产"，这是绑架罪既遂标准的法律效果，所以，"以勒索财物为目的绑架他人的，或者绑架他人作为人质的"是适用基准的法律效果的条件，又称处罚基准的犯罪构成；与此相对，"情节较轻的，处五年以上十年以下有期徒刑……"属于"减轻的构成"；"杀害被绑架人的，或者故意伤害被绑架人，致人重伤、死亡的，处无期徒刑或者死刑，并处没收财产"，属于"加重的构成"。因为具备"杀害被绑架人的，或者故意伤害被绑架人，致人重伤、死亡的"是适用较重法定刑"无期徒刑或者死刑，并处没收财产"的条件或要件。

第 六 章

犯 罪 客 体

第一节 犯罪客体的概念

一、犯罪客体的概念与特征

犯罪客体是刑法所保护的被犯罪活动侵害的社会利益。关于犯罪客体的定义，有各种主张。其中，曾经居于通说地位的传统观点是"社会关系说"，认为犯罪客体是刑法所保护的被犯罪行为所侵犯的社会主义社会关系。[1] 另有"权益说"，即"犯罪客体要件，是指刑法规定的，行为成立犯罪所必须侵犯并且已被侵犯的合法权益"。[2] 本书取"社会利益说"。[3]

1. 犯罪客体是某种社会利益。所谓社会生活利益，就是指在人们共同的社会生活中能够满足人们生存和发展需要的东西。利益是极为广泛的、多层次的，比如，国家利益、社会利益和个人利益；政治利益、经济利益；国家安全，公共安全，个人的人身、名誉、自由、财产利益；等等。

2. 犯罪客体是刑法所保护的社会利益。刑法的目的和任务就是要保护社会生活利益，使其免受不法行为的侵害，从而维护社会生活秩序。各种各样的法律以多种方式维护社会生活利益，使社会生活处于良好的秩序状态，如宪法、行政法、民法、经济法等。由于刑法用刑罚作为制裁手段，极其严厉，所以，它所保护的社会生活利益的性质、范围是有限度的。只有当至关重要的社会生活利益遭受到严重的侵害，如使国家安全、公共安全和公民生命、自由、尊严、财产等遭受侵害，以致危害或者威胁到社会生存的基本价值、秩序时，刑法才将其纳入保护范围。所以，犯罪客体是受刑法所保护的那一部分涉及社会生存、发展的至关重要的利益。正是因为如此，侵害刑法所保护的利益的行为，即使是侵犯个人的生命、财产利益，也被认为是对社会整体利益的侵犯，通常由国家（公共机构）而不是由受害人追究刑事责任。换言之，刑法保护的社会生活利益即刑法法益是一种公共利益而非私人利益。

应当注意，刑法保护的利益会随着社会生活的发展而变化。例如，夫妻间的忠贞曾普遍被刑法所保护，现在一般不属刑法保护的利益。过去，环境、野生动植物资源并未普遍成为刑法保护的利益，排放污染物、猎杀野生动物不是犯罪；在现代，人们认识到自然资源、野生动植物资源的重要性，普遍将其作为刑法保护的利益，运用刑罚惩治污染环境、破坏物种多样性的犯罪。

3. 犯罪客体必须是主体的犯罪活动所侵害的社会利益。刑法所保护的利益作为单纯的客观存在，并不是犯罪客体。只有当这种利益既被刑法保护又被犯罪侵害的，才是犯罪客体。

---

〔1〕 高铭暄主编：《中国刑法学》，中国人民大学出版社 1989 年版，第 88 页；高铭暄、马克昌主编：《刑法学》，北京大学出版社、高等教育出版社 2000 年版，第 55 页。

〔2〕 张明楷：《刑法学（上）》，法律出版社 1997 年版，第 116 页。

〔3〕 何秉松主编：《刑法教科书》，中国法制出版社 1997 年版，第 243~246 页。

例如，《刑法》第 264 条规定的盗窃罪，该条所保护的社会利益是财产的所有权。行为人盗窃他人数额较大的财物便侵害了刑法保护的财产权，该财产所有权就成为犯罪客体。

刑法保护的社会利益与该种利益遭受侵害的样态、程度具有密切的联系。《刑法》第 13 条在列举犯罪对刑法法益侵害的同时，还特别指出，违法行为必须是达到了"依照法律应当受刑罚处罚"的严重程度才构成犯罪。如果侵害利益的程度不够严重，"情节显著轻微危害不大的"，不构成犯罪。

二、犯罪客体的若干问题

1. 犯罪客体在刑法条文中的体现。犯罪总是要侵犯一定的客体，刑法对各种犯罪的犯罪客体的规定方式是多种多样的。其中，对犯罪同类客体的规定最为直接明了，绝大多数章节都明确揭示了犯罪的同类客体，如危害国家安全、危害公共安全、破坏社会主义市场经济秩序等。对于犯罪的直接客体，则表现出多种形式：①有的条文明确表述出犯罪客体，例如，《刑法》第 103 条表述出分裂国家罪的客体是"国家的统一"；《刑法》第 225 条表述出非法经营罪的客体是"市场秩序"；《刑法》第 293 条表述出寻衅滋事罪的客体是"社会秩序"。②有的条文通过对犯罪客观方面的表述反映出犯罪客体，例如，《刑法》第 170 条规定"伪造货币的"，反映该罪的客体是金融管理秩序；《刑法》第 236 条规定"强奸妇女的"，表明该罪侵犯的是妇女的性权利；《刑法》第 355 条规定，"依法从事生产、运输、管理、使用国家管制的麻醉药品、精神药品的人员，违反国家规定，向吸食、注射毒品的人提供国家规定管制的能够使人形成瘾癖的麻醉药品、精神药品的……"表明该罪的犯罪客体是国家关于麻醉药品、精神药品的管理制度。

2. 犯罪客体的意义。研究犯罪客体有助于正确理解、适用法律；有助于认识犯罪的本质特征、准确定罪和量刑。因为犯罪的客体是刑法保护的社会利益，它能反映或者揭示出某一刑法条文的目的或者宗旨，这对于正确理解、适用该条文具有指导作用。以《刑法》第 245 条规定的非法侵入住宅罪为例，如果该条的客体是住宅权（财产权），则侵入他人住宅即侵害了该条所保护的利益，应当构成犯罪；如果该条的客体是公民的居住安宁（人身权利），则还需要带有犯罪意图或者其他令人不安、恐惧的举动才能构成犯罪，一般侵入不足以构成对居住安宁的侵犯，不构成犯罪；再以《刑法》第 256 条的破坏选举罪为例，由于该条限于保护公民行使宪法赋予的选举权利，所以，该条规定的破坏选举的犯罪行为只限于破坏"各级人民代表大会代表和国家机关领导人员"的选举，不包括此外的诸如公司企业厂长经理、农村村委会的选举。因为这类"选举"没有被纳入刑法保护的范围。

3. 犯罪的客体与犯罪的本质特征、犯罪既遂。犯罪的本质特征是社会危害性，如果进一步追问犯罪危害什么？回答则是危害了刑法保护的利益（法益）即犯罪客体。可见，犯罪本质具体表现为侵害刑法各本条保护的利益（客体），犯罪客体一方面揭示了刑法条文保护的社会利益，另一方面体现出犯罪的本质特征。正因为如此，有学者主张侵害法益就是犯罪的本质。犯罪既遂，是侵害法律保护利益的既遂，因此，犯罪客体是确认犯罪既遂的实质标准。例如，绑架罪的客体是人身自由，因此，非法扣押了他人、侵犯他人人身自由的就构成犯罪既遂。抢劫罪的客体是财产权和人身权，因此，实施抢劫行为发生"取财"或"轻伤"两个结果之一的，为抢劫既遂。犯罪行为侵犯客体既遂通常表现为造成已然的损害结果（实害犯、结果犯），或者可能造成损害（危险犯、行为犯）。行为不可能损害客体的，则是"不能犯"。所以，"不能犯"范围有多大，就成为犯罪本质论的试金石。若坚持犯罪的危害性只包含对法益"实际"侵害和"具体"危险两种情形，则不能犯通常不可罚；若认为对犯罪的危害性还可包含对法益的"抽象"危险，则不能犯一般可罚，只把迷信犯、愚昧犯排除在犯罪圈以外。

4. 犯罪客体与犯罪对象、犯罪结果。相对于犯罪人（犯罪主体）和犯罪行为，犯罪客体、对象、结果属于犯罪诸要素（人·意思·行为→对象·结果·客体）的另一极，即它们都是"犯罪人之行为"对外界产生的影响。犯罪人实施的犯罪行为作用或指向犯罪对象、发生犯罪结果从而破坏刑法保护的利益（客体），例如，甲（犯罪主体）杀害（犯罪行为）乙（犯罪对象）导致乙死亡（犯罪结果），侵害人的生命权（客体）；再如，甲（犯罪主体）盗窃（犯罪行为）乙的汽车（犯罪对象），导致乙失去汽车（犯罪结果）侵害他人财产权（客体）。可见，犯罪对象是犯罪人的行为所指向或作用的人、物、信息，犯罪结果是犯罪行为作用于犯罪对象所产生的具体影响，客体遭受侵害则是犯罪结果的抽象、实质的表达。

5. 犯罪客体与广义的犯罪结果。自然意义的结果指行为对外界所造成的影响或变化，包括有形的结果，如人的伤亡、财产的损失；也包括无形的结果，如对他人的信誉、情感的伤害；等等。犯罪结果则被套上了刑法的框框，特指《刑法》分则各条中规定的犯罪行为的结果，如《刑法》第233条（过失致人死亡罪）的"死亡"，《刑法》第145条（生产、销售不符合标准的医用器材罪）的"足以严重危害人体健康"，其抽象表达的就是对刑法保护的客体（生命、健康等）造成的实际损害和可能的损害。所以，"犯罪"结果往往被定义为对客体的"实际"损害（实害犯）和"可能"的损害（危险犯）。

6. 犯罪本质观念的变化对客体地位、内容的影响。"法益侵害说""结果无价值说"，这种犯罪本质观念在犯罪人的行为与造成外界变动（结果）的两极中，重视（行为造成的）法益被害结果。据此，侵害刑法保护的利益是评价犯罪、违法性的关键因素。"义务违反说""规范违反说"这种犯罪本质观念在犯罪人的行为与造成外界变动（结果）的两极中，评价犯罪、违法性的关键因素由"终端"向前推移至"起点"，重视"人·意思·行为"所表现出的反规范的人格态度和反规范的行为方式。

第二节 犯罪客体的种类

一、直接客体

犯罪的直接客体，是指某一犯罪所直接侵害的某种特定的法益（刑法所保护的社会利益）。例如，重婚罪直接侵害的客体是一夫一妻制；暴力干涉婚姻自由罪直接侵害的客体是他人的婚姻自由。犯罪的直接客体是某种犯罪构成的组成部分，它直接反映该种犯罪行为所侵害利益的社会性质。

根据犯罪行为侵害的直接客体的数量，可以把直接客体分为简单客体和复杂客体。凡是某一犯罪只侵害一个法益的，属于简单客体；凡是某一犯罪侵害两个以上法益的，属于复杂客体。例如，窃取他人财物的（盗窃罪），只侵害财产权，属于简单客体的犯罪；以暴力、胁迫方式强行抢取他人财物的（抢劫罪），不仅侵害财产权，还侵害人身权，就属于复杂客体的犯罪。区分简单客体与复杂客体对正确评价犯罪和定罪量刑有重要意义。例如，因为抢劫罪的客体既包括财产权还包括人身权，所以，抢劫使用暴力致人重伤、死亡的，并没有超出《刑法》第263条（抢劫罪）的客体范围，以抢劫罪一罪定罪处罚就足以全面评价该抢劫行为及其伤亡后果，无需对致人伤亡的情况另行定罪处罚；再如，刑讯逼供罪客体是复杂客体，既包括人身权利，也包括司法机关的正常工作秩序，因此，它既可以归入侵犯人身权利的犯罪，也可以归入妨害司法的犯罪，我国刑法将它作为侵犯人身权利的犯罪，表明立法者认为它主要侵犯人身权利。刑讯逼供致人伤残或者死亡的，应当依照故意伤害罪或者故意杀人罪从重处罚。法律规定从重，是因为刑讯逼供罪不仅侵犯人身权利，还妨害司法秩序，所以应当比普通的伤害、杀人罪受更严厉的处罚。

二、同类客体

犯罪的同类客体，是指某一类犯罪共同侵害的法益。同类客体是一类犯罪的共同属性，例如，公民的人身权利就是故意杀人罪、故意伤害罪、强奸罪、刑讯逼供罪、虐待罪等几种犯罪（或一类犯罪）侵犯的共同法益。显而易见，公民的人身权利包含着上列几种犯罪直接客体的共同属性，它是建立在上列几种犯罪直接客体之上的"类"概念。再如，《刑法》分则第7章所称的"国防利益"，就是该章规定的阻碍军人执行职务罪、破坏武器装备、军事设施、军事通讯罪、聚众冲击军事禁区罪、冒充军人招摇撞骗罪等21种犯罪的同类客体；《刑法》第420条所称的"国家军事利益"，就是《刑法》第十章所规定30余种军人违反职责罪的同类客体。

犯罪的同类客体概括一类犯罪的共同属性，是犯罪分类的基础。我国《刑法》分则主要是按照同类客体把所有的犯罪分为十大类，并以此为基础构筑刑法典分则体系。刑法典分则的章节名称，既是一类犯罪的名称，一般也反映出一类犯罪侵犯的共同客体即同类客体。例如，《刑法》分则第一章危害国家安全罪的"国家安全"；第二章危害公共安全罪的"公共安全"；第三章破坏社会主义市场经济秩序罪的"社会主义市场经济秩序"；第四章侵犯公民人身权利、民主权利罪的"人身权利、民主权利"；等等。由此可见，同类客体既是建立也是理解《刑法》分则体系的重要概念。欧陆刑法如德国、日本刑法也是根据犯罪侵害法益的种类对犯罪进行分类构建分则体系的，它们的法典将犯罪分为对个人法益侵害的犯罪、对社会法益侵害的犯罪、对国家法益侵害的犯罪。这种构建分则体系的方式表现出传统学说将"法益侵害"作为犯罪本质，且根据法益侵害的种类分类，根据法益侵害的重要性排序。我国构建刑法典分则体系也是采取大体相同的思路、方法。

同类客体，对于区别此罪与彼罪的界限也具有重要的意义。例如，《刑法》第114、115条规定的投放危险物质罪和第232条规定的故意杀人罪，二罪的主要区别就在于客体不同。投放危险物质罪客体是公共安全；故意杀人罪客体是他人的生命。假如行为人投毒于公共食堂，危害公共安全的，是投放危险物质罪；假如行为人投毒于某个人的食物、饮料中，仅危害特定人生命的，是故意杀人罪。《刑法》分则第二章规定的一些危害公共安全的犯罪，在行为及其结果上与有些侵犯人身权利、财产权利的犯罪极为近似。例如，放火、爆炸、投放危险物质罪与故意杀人罪；破坏交通工具罪、破坏交通设施罪、破坏电力设备罪、破坏易燃易爆设备罪等与故意毁坏财物罪、破坏生产经营罪等。必须掌握该章之罪的同类客体，才能正确地定罪量刑。

三、一般客体

犯罪的一般客体，是指一切犯罪所共同侵害的法益，即社会利益的总体。任何犯罪都是对一定利益的侵害。它既可能侵害个人利益或集体利益，也可能侵害国家利益或者整个社会的利益；它既可能侵害人身权利，也可能侵犯财产权利。但是，无论它侵害的是何种利益，归根结底，都是对社会利益的侵害。因此，犯罪一般客体既是一切犯罪侵害法益的总体，又是一切犯罪的共同本质。它的意义在于揭示出犯罪所具有的普遍属性就是对社会利益的侵害，从而进一步说明犯罪的社会危害性的根源。

直接客体、同类客体都是社会利益总体——一般客体的组成部分，三者之间是个别、局部与整体的关系。直接客体、同类客体和一般客体是按犯罪客体的范围大小划分的结果。通过分类，使我们能够从不同的角度认识、把握犯罪客体。

第三节　关于犯罪客体的其他观点

我国犯罪客体的理论即"社会关系说"来源于苏联学说。自 20 世纪 90 年代起，受欧陆学说影响，我国学界渐渐对传统的犯罪客体理论提出质疑。在欧陆学说中，犯罪客体通常区分为"保护客体"和"行为客体"。"保护客体"指刑法保护的法益，"行为客体"指主体的犯罪行为侵犯或指向、影响的客体，苏联和我国通说称之为"行为对象"。在欧陆学说中，"保护客体"即刑法保护的法益在犯罪总论中属于犯罪本质论范畴，在分论中属于分则各条构成要件解释范畴，一般称为"法益"，用于说明犯罪的本质或某刑法条款保护的利益，比如，犯罪的本质是对（刑法保护）法益的侵害（法益侵害说），犯罪分为对个人法益的犯罪、对社会法益的犯罪、对国家法益的犯罪等。"行为客体"或"客体"，属于狭义构成要件论范畴，是构成要件要素之一。关于"法益"与"行为客体"的含义及其区分，不妨看一下日本学者的解说："很多构成要件规定着行为的客体，即构成要件性行为指向的对象。杀人罪中的'人'（第 199 条）、盗窃罪中的'他人的财物'（第 325 条）等即属其例……"[1] "行为的客体并非与某构成要件中保护客体，即法益相一致。例如，妨害公务执行罪（第 95 条）中的行为客体是公务员，但是，保护的客体是公务本身。不存在缺乏保护客体的犯罪，但是，存在没有行为客体的犯罪。例如，逃走罪（第 97 条）、聚众不解散罪（第 107 条）、重婚罪（第 184 条）等。"[2] 这段解说文字表明，欧陆学说中"客体"分为"保护客体"即法益，和"行为客体"即我国学说所称的犯罪对象。法益与行为客体不仅含义不同，理论体系的位置也不同，其中，"法益"属于犯罪本质问题，行为客体属于构成要件要素，二者不在同一层次上。受此观念的启发，关于犯罪客体，有以下不同观点：

1. 犯罪客体的内容（法益）应当作为犯罪的本质属性，不应当作为犯罪构成要件。"人们公认犯罪客体是犯罪的构成要件，并认为它是刑法所保护并为犯罪所侵犯的（社会主义）社会关系，但由于'社会关系'概念的不确定性，导致犯罪客体在理论上没有发挥指导构成要件解释论的功能，在实践中成为可有可无的概念，又由于行为对社会关系的侵犯与社会危害性概念并无实质的差异，故我们不得不怀疑：犯罪客体究竟是犯罪的构成要件还是犯罪概念的内容？"[3] "法益（犯罪客体）不是犯罪构成要件，而是犯罪概念的内容，是具有诸多重要机能的概念。"[4] 比如，社会危害性就是对法益的侵害或威胁，对构成要件的解释必须以法益的侵害与威胁为核心。于是，犯罪构成一般要件只有三个：犯罪客观要件、犯罪主观要件、犯罪主体要件。[5]

2. "客体"应为行为客体。"客体是相对于主体而言的，指主体作用的一定对象。"[6] "在我看来，这些难题都是因为将犯罪客体作为犯罪构成要件而造成的，只有将犯罪客体还原为法益，将法益侵害作为犯罪概念的内容，从而将犯罪对象改为行为客体，一切理论上的难

[1] ［日］大塚仁：《刑法概说（总论）》，冯军译，中国人民大学出版社 2003 年版，第 129 页。引文中刑法条文为日本刑法条文。

[2] ［日］大塚仁：《刑法概说（总论）》，冯军译，中国人民大学出版社 2003 年版，第 129 页。引文中刑法条文为日本刑法条文。

[3] 张明楷：《法益初论》，中国政法大学出版社 2000 年版，第 2 页。

[4] 张明楷：《法益初论》，中国政法大学出版社 2000 年版，第 2 页。

[5] 张明楷：《刑法学（上）》，法律出版社 1997 年版，第 129～130 页。

[6] 陈兴良：《本体刑法学》，商务印书馆 2001 年版，第 265 页。

题都迎刃而解了。"[1] 将犯罪客体的（法益）内容作为犯罪本质（内容），不再作为犯罪构成要件；将"犯罪对象改为行为客体"，即"客体"的含义相当于通说中的"犯罪对象"，使用"行为客体"的表述。

3. 通说。我国通说一般将犯罪客体与犯罪对象（或行为对象）相区别。犯罪客体是犯罪构成的一般要件之一，其内容是刑法保护的被犯罪侵害的社会关系（社会关系说）。犯罪对象是犯罪构成选择性要素之一。本书基本采取通说，将犯罪客体作为犯罪构成的一般要件之一；将犯罪对象（或行为对象）作为犯罪构成要素之一。但与通说有两点细微差异：①在犯罪客体概念上，不采传统的社会关系说，而是采取社会利益说；②通说在体系上把犯罪对象放在犯罪客体部分介绍。对犯罪对象着重从它与犯罪客体的关联性上把握，着重解说犯罪对象是犯罪客体（社会关系）的具体表现，"犯罪分子的行为作用于犯罪对象，就是通过犯罪对象及具体的物或者具体人来侵害一定的社会关系"[2] 犯罪对象被当作犯罪的具象的、非本质的因素，好像它的全部价值就只是被用来说明犯罪客体的重要性。这种重实质、轻现象的体系安排显现出苏联学说的痕迹。本书则将犯罪对象作为犯罪客观方面的构成要素，在犯罪客观方面作为犯罪行为的对象解说。

---

〔1〕　陈兴良：《本体刑法学》，商务印书馆 2001 年版，第 267 页。

〔2〕　高铭暄、马克昌主编：《刑法学》，北京大学出版社、高等教育出版社 2000 年版，第 62 页。

第七章

犯罪主体

第一节　犯罪主体概述

一、犯罪主体的概念

犯罪主体是指实施犯罪行为，并且应当对自己的罪行依法负刑事责任的人。

1. 犯罪主体必须是人。动物或者其他的物体不能成为犯罪主体。在历史上，虽然有惩罚动物甚至惩罚植物、物品、自然现象的事例，但现代社会已经抛弃了这种愚昧的做法。动物侵袭人身或者毁坏财物造成损害的，动物本身依法不能承担刑事责任；人利用动物犯罪的，人是犯罪的主体，动物不是犯罪主体。

这里所说的"人"，既包括自然人，也包括单位。在经典的刑法理论中，极端崇尚个人责任原则，反对团体责任或者集体责任。因此，犯罪主体只能是自然人，不能包括法人或者单位。我国 1979 年《刑法》中规定的犯罪主体只有自然人，就反映了这样的观念。但是，由于单位犯罪（特别是在经济领域中的单位犯罪）现象极为严重，引起了人们的关注，在刑法学说和制度上，逐渐承认单位犯罪的观念，确立对单位犯罪的惩罚。我国现行《刑法》规定的犯罪主体既包括自然人也包括单位。

2. 犯罪主体是实施了犯罪行为的人。没有实施犯罪行为的人，不能成为犯罪主体。无论自然人还是单位，都是社会活动的主体，有资格从事各种各样活动。如果从事合法、正当的活动，就不是犯罪的主体。只有当实行了犯罪活动，违反了刑事法律，才有可能成为犯罪主体。在单位（法人）犯罪中，单位通过其直接负责的主管人员和直接责任人员实行犯罪行为。

3. 犯罪主体是依法应当对自己的罪行负刑事责任的人。犯罪主体同时还是负刑事责任的主体。缺乏承担刑事责任的能力的人，即使实行了犯罪行为，也不能成为犯罪主体。没有达到刑事责任年龄的少年儿童、完全丧失辨认或控制能力的精神病人，由于没有承担刑事责任的能力，即使侵害了刑法所保护的社会利益，也不能被认为是犯罪主体。另外，在单位犯罪的场合，该单位中对单位犯罪没有责任的自然人（成员），不负刑事责任，不是犯罪主体。

二、刑事责任能力与罪过责任原则

刑事责任能力，是指认识自己行为的社会性质及其意义并控制和支配自己行为的能力。简言之，就是辨认和控制自己行为的能力。所谓"辨认能力"，指一个人认识自己特定行为的社会性质、意义和后果的能力，包括对事实真相本身的认识能力和对事实是非善恶评价的认识能力；所谓"控制能力"，指一个人按照自己的意志控制和支配自己行为的能力。辨认和控制能力必须同时具备，才认为具备刑事责任能力。辨认能力或控制能力完全丧失其一的，则被认为没有刑事责任能力。

罪过责任原则要求犯罪主体必须具有刑事责任能力，这与刑法的罪责观念和制度有关。刑法制度走向文明的重要标志之一是产生了罪责的观念并建立起相应的制度，其中包括刑事责任能力制度。所谓罪责的观念，是指要求行为人对自己的不法行为及其结果负刑事责任，必须要求行为人在主观上有罪过，即具有可责备之处。比如对违法犯罪"知其不可为而为之"（故意），或者"知其应避免却没有避免"（过失），这种不服从法律、不遵守规矩的态度应当受到谴责和否定。如果行为造成了损害却没有任何可责备的，则不能令行为人对其不法行为及其结果负刑事责任。行为人具备明白事理并控制自己选择合法行为、避免违法行为的能力是具备这种可谴责心理的前提。现代刑法日渐重视保护社会、预防犯罪，刑事责任能力还被理解为行为人能够接受刑罚的教育改造作用的能力。

人需要经过一个成长过程，逐渐成熟"懂事"而具有这种能力。年幼的人心智尚未成熟，不懂事理，缺乏对违法犯罪行为"知其不可为"或者"知其应避免"的认识能力，或者虽然能够认识但缺乏自控能力，他们的所作所为即使损害了社会也没有必要适用刑法处罚。只有当人随着年龄的增长心智成熟起来，具备辨认、控制能力时，"知其不可为而为之"或者"知其应避免却不避免"以至于危害社会的，才有所谓的罪过即应予谴责可言。所以，行为人必须达到具备辨认、控制自己行为的年龄才对不法行为及其结果负刑事责任。

另外，有些人可能因为精神病等缘故，即使达到一定的年龄，仍然缺乏正常的辨认、控制能力。因此，人生长到一定的年龄且具有正常的辨认、控制能力，是具备罪过心理的生理条件。行为人只有在具有这种辨认和控制自己行为的能力的情况下，有意识地实施危害社会的行为，才能成立犯罪，并对自己的行为负刑事责任。在我国刑法上，刑事责任能力既是犯罪能力，又是负刑事责任的能力。

第二节　自然人

一、刑事责任年龄

自然人犯罪主体，是指达到法定刑事责任年龄、具有刑事责任能力、实施了犯罪行为的自然人。自然人犯罪主体的一般要件是由刑法典总则规定的：①必须达到法定的刑事责任年龄（《刑法》第17条）；②必须具有刑事责任能力，即具有辨认和控制自己行为的能力（《刑法》第18条）。这两个要件既是行为人承担刑事责任的必要条件，也是行为人成为犯罪主体的必要条件。

（一）我国刑法关于刑事责任年龄的规定

刑事责任年龄，是指法律所规定的行为人（自然人）对自己的犯罪行为负刑事责任必须达到的年龄。

现行刑法是根据青少年身心成熟的状况和国家的刑事政策规定刑事责任年龄的。人成长到何时才具有刑事责任能力？这是立法设置问题，我国现行《刑法》规定刑事责任年龄的主要根据是：①我国青少年心智成熟的情况；②国家对待青少年应采取的刑事政策。我国对青少年的一贯刑事政策是：重视保护少年儿童的身心健康的全面发展；对违法犯罪的失足少年，采取教育为主、惩罚为辅的方针。刑事责任年龄制度的理念根据是罪责观念，即懂规矩的人却不守规矩应当受到非难，年幼无知不懂规矩的人即使违反规矩也不应该受到非难。问题在于达到一定年龄的人，比如十二三岁的人，对刑法中的许多犯罪行为（如盗窃、抢劫）事实上具有辨认控制能力，即使如此，由于他没有达到法律规定的刑事责任年龄，也不负刑事责任。因为立法不仅仅根据心智成熟状况确定刑事责任年龄，还要根据国家的青少年刑事政策确定。

我国《刑法》第17条对刑事责任年龄作了如下的具体规定：

1. 已满16周岁的人犯罪，应当负刑事责任。这是完全负刑事责任年龄阶段。已满16周岁的人，体力和智力已基本成熟，也具有相当的社会知识、经验以及守法意识，完全能够认识违法犯罪行为在道义上应受谴责、在法律上被禁止，并且约束自己遵守法律规范，不去违法犯罪。因此，法律规定已满16周岁的人应当对自己实施的刑法中规定的任何犯罪负刑事责任。

2. 已满14周岁不满16周岁的人，犯故意杀人、故意伤害致人重伤或者死亡、强奸、抢劫、贩卖毒品、放火、爆炸、投毒罪[1]的，应当负刑事责任。这是相对负刑事责任年龄阶段。处在此年龄段的人只对法律明文列举的上述几种犯罪负刑事责任，而对其他犯罪不负刑事责任。已满14周岁不满16周岁的人，已经具有一定的辨认和控制能力。他们对于刑法中规定的性质极其严重且主观恶性极其明显的犯罪，应当足以认识其犯罪性并约束自己不实施这样的行为。刑法中还有一些罪行也很严重，如劫持航空器罪、武装叛乱、暴乱罪等，刑法没有规定进去，对此，学者的解释是"刑法列举上述几种犯罪，除考虑犯罪的严重性外，还考虑了犯罪的常发性"[2]。关于相对负刑事责任年龄，应注意以下几点：

（1）已满14周岁不满16周岁的人应负刑事责任的范围。全国人大法工委曾给最高人民检察院答复：[3]《刑法》第17条第2款规定的8种犯罪，是指具体犯罪行为而不是具体罪名。对于《刑法》第17条中规定的"犯故意杀人、故意伤害致人重伤或者死亡"，是指只要故意实施了杀人、伤害行为并且造成了致人重伤、死亡后果的，都应负刑事责任；而不是指只有犯故意杀人罪、故意伤害罪的才负刑事责任，绑架撕票（杀人）的，就不负刑事责任。对司法实践中出现的已满14周岁不满16周岁的人绑架人质后杀害被绑架人，拐卖妇女、儿童而故意造成被拐卖妇女、儿童重伤或死亡的行为，依据《刑法》是应当追究其刑事责任的。该答复明确《刑法》第17条第2款规定的是8种行为而非8个罪名。对于《刑法》第17条第2款规定的"抢劫"，通常理解为《刑法》第263条之抢劫（财物）罪，自该答复明确是8种"行为"后，应该也能包括《刑法》第127条第2款之抢劫枪支、弹药、爆炸物、危险物质罪。

（2）罪名根据《刑法》第17条列举的8种行为确定。已满14周岁不满16周岁的人实施《刑法》第17条第2款规定以外的行为，如果同时触犯了《刑法》第17条第2款规定的，应当依照《刑法》第17条第2款的规定确定罪名，定罪处罚[4]。据此，已满14周岁不满16周岁的人如绑架中杀伤人质的，拐卖妇女、儿童而故意造成被拐卖妇女、儿童重伤或死亡的，定故意杀人罪或故意伤害罪；拐卖妇女又强奸妇女的，定强奸罪。

（3）已满14周岁不满16周岁的人对绑架行为不负刑事责任；对涉及"毒品"的犯罪，仅对"贩卖"毒品行为负刑事责任，对其他涉毒罪行不负刑事责任。

（4）不适用《刑法》第269条的规定。根据有关司法解释，已满14周岁不满16周岁的人盗窃、诈骗、抢夺他人财物，为窝藏赃物、抗拒抓捕或者毁灭罪证，当场使用暴力，故意伤害致人重伤或者死亡，或者故意杀人的，应当分别以故意伤害罪或者故意杀人罪定罪处罚[5]。其理由是，不满16周岁的人对盗窃、诈骗、抢夺行为不负刑事责任，不符合《刑法》

---

[1] 这里的"投毒罪"经《刑法修正案（三）》修订后，增加了投放放射性、传染病病原体等危险物质的内容，因而司法解释将罪名相应地修改为"投放危险物质罪"。

[2] 张明楷：《刑法学》，法律出版社2003年版，第188页。

[3] 2002年7月答复的《全国人民代表大会常务委员会法制工作委员会关于已满十四周岁不满十六周岁的人承担刑事责任范围问题的答复意见》。

[4] 2005年12月12日通过的《最高人民法院关于审理未成年人刑事案件具体应用法律若干问题的解释》（以下简称《审理未成年人刑事案件的解释》）第5条。

[5] 2005年12月12日通过的《审理未成年人刑事案件的解释》第10条第1款。

第 269 条之 "犯盗窃、诈骗、抢夺罪" 的前提条件，故不能 "转化" 为抢劫罪。已满 16 周岁不满 18 周岁的人犯盗窃、诈骗、抢夺罪，为窝藏赃物、抗拒抓捕或者毁灭罪证而当场使用暴力或者以暴力相威胁的，应当依照《刑法》第 269 条的规定定罪处罚；情节轻微的，可不以抢劫罪定罪处罚。

对已满 14 周岁不满 16 周岁的人是否适用《刑法》第 267 条第 2 款之 "携带凶器抢夺的" 以抢劫罪论处的规定，尚无定说。如果把《刑法》第 17 条第 2 款列举的犯罪理解为 "行为"，对他们不应当适用《刑法》第 267 条第 2 款的规定。因为《刑法》第 267 条第 2 款属于拟制规定，把不是抢劫行为的 "携带凶器抢夺的" 行为依照抢劫罪定罪处罚。若抢劫行为当然包含 "携带凶器抢夺" 或 "携带凶器抢夺" 当然属于抢劫行为，则《刑法》没有作此特别规定的必要。本书认为，已满 14 周岁不满 16 周岁的人不能适用《刑法》第 267 条第 2 款之规定。

（5）酌情不追究刑事责任的情形。根据有关司法解释，已满 14 周岁不满 16 周岁的人偶尔与幼女发生性行为，情节轻微、未造成严重后果的，不认为是犯罪。他们使用轻微暴力或者威胁，强行索要其他未成年人随身携带的生活、学习用品或者钱财数量不大，且未造成被害人轻微伤以上或者不敢正常到校学习、生活等危害后果的，不认为是犯罪。已满 16 周岁不满 18 周岁的人具有上述情形的，一般也不认为是犯罪。

3. 已满 12 周岁不满 14 周岁的人，附条件地对故意杀人和故意伤害等两种罪行负责。《刑法》第 17 条第 3 款规定："已满十二周岁不满十四周岁的人，犯故意杀人、故意伤害罪，致人死亡或者以特别残忍手段致人重伤造成严重残疾，情节恶劣，经最高人民检察院核准追诉的，应当负刑事责任。" 本条规定了以下四个限制性条件：①限于故意杀人罪和故意伤害罪等两种罪行。已满 12 周岁不满 14 周岁的人，实行强奸、抢劫、放火、爆炸、投放危险物质等犯罪行为，同时构成故意杀人罪、故意伤害罪的，以故意杀人罪和故意伤害罪的罪名定罪。②故意杀人罪限于造成他人死亡结果的既遂形态，以及故意杀人未遂符合 "以特别残忍手段致人重伤造成严重残疾" 的情形。故意伤害罪必须是 "以特别残忍手段致人重伤造成严重残疾" 的情形。③犯罪情节恶劣。在符合前述两个条件的基础上，故意杀人、故意致人重伤行为还具有其他特别的 "恶劣情节"。④经最高人民检察院核准追诉。

4. 不满 12 周岁的人，不负刑事责任。这是完全不负刑事责任年龄阶段。

5. 已满 12 周岁不满 18 周岁的人犯罪，应当从轻或者减轻处罚。这是减轻刑事责任年龄阶段。不满 18 周岁的人尚未成年，一方面，他们的辨认、控制能力较弱，主观恶性和人身危险性较成年人要小一些；另一方面，国家对未成年人采取教育改造为主、惩罚为辅的刑事政策。所以，对未成年的犯罪人应当从轻、减轻处罚。

6. 因不满 16 周岁不处罚的，责令他的家长或者监护人加以管教；在必要时，依法进行专门矫治教育。这项规定表明，对于未达到刑事责任年龄而危害社会的人，虽然不能追究刑事责任予以刑罚处罚，但是可以采取其他的措施予以监管、约束、教养。通过非刑事处理方法来预防他们再次危害社会，教育他们改过从善。这项规定同时也在刑法中确立了对未成年人采取家庭管教、依法进行专门矫治教育等预防、教育措施的法律根据。

7. 刑事责任年龄的计算。《刑法》第 17 条规定的刑事责任年龄，是指实足年龄，应以日计算。所谓已满 14 周岁、16 周岁、18 周岁，是指过了 14 周岁、16 周岁、18 周岁生日的第 2 天起。例如，被告人 1976 年 5 月 1 日生，至 1990 年 5 月 2 日才认为已满 14 周岁。刑事责任年龄一律按公历的年、月、日计算。

8. 应当严格遵守刑法关于刑事责任年龄的规定。刑事责任年龄的规定是从年龄角度划出的罪与非罪的界限，严格遵守这些界限是严格执行罪刑法定原则的一个重要内容；否则就会破坏社会主义法制的严肃性和统一性。严格遵守刑事责任年龄的规定，主要体现在：①无论行为人的年龄如何接近法定的年龄界限，即使只因差一天而未达到法定年龄，也不得追究其刑事责任；②只要未达到刑事责任年龄，无论行为人的罪行如何严重，也无论行为人是否在事实上对自己的罪恶行为有辨认和控制能力，都不得追究其刑事责任；③对于行为人未达刑事责任年龄时所实施的危害社会的行为，不得在行为人达到刑事责任年龄之后追究该行为的刑事责任，也不得在追究行为人其他同种或者非同种罪行时，一并追究该行为的刑事责任。

9. 《刑法修正案（八）》增加《刑法》第 17 条之一："已满 75 周岁的人故意犯罪的，可以从轻或者减轻处罚；过失犯罪的，应当从轻或者减轻处罚。"

（二）司法解释中对未成年人刑事责任的其他规定

1. 已满 16 周岁不满 18 周岁的人出于以大欺小、以强凌弱或者寻求精神刺激的目的，随意殴打其他未成年人、多次对其他未成年人强拿硬要或者任意损毁公私财物，扰乱学校及其他公共场所秩序，情节严重的，以寻衅滋事罪定罪处罚。

2. 已满 16 周岁不满 18 周岁的人实施盗窃行为未超过 3 次，盗窃数额虽已达到"数额较大"标准，但案发后能如实供述全部盗窃事实并积极退赃，且具有下列情形之一的，可以认定为"情节显著轻微危害不大"，不认为是犯罪：①系又聋又哑的人或者盲人；②在共同盗窃中起次要或者辅助作用，或者被胁迫；③具有其他轻微情节的。

已满 16 周岁不满 18 周岁的人盗窃未遂或者中止的，可不认为是犯罪。

已满 16 周岁不满 18 周岁的人盗窃自己家庭或者近亲属财物，或者盗窃其他亲属财物但其他亲属要求不予追究的，可不按犯罪处理。

3. 已满 14 周岁不满 16 周岁的人盗窃、诈骗、抢夺他人财物，为窝藏赃物、抗拒抓捕或者毁灭罪证，当场使用暴力，故意伤害致人重伤或者死亡，或者故意杀人的，应当分别以故意伤害罪或者故意杀人罪定罪处罚。

已满 16 周岁不满 18 周岁的人犯盗窃、诈骗、抢夺罪，为窝藏赃物、抗拒抓捕或者毁灭罪证而当场使用暴力或者以暴力相威胁的，应当依照《刑法》第 269 条的规定定罪处罚；情节轻微的，可以不以抢劫罪定罪处罚。

4. 对未成年罪犯适用刑罚，应当充分考虑是否有利于未成年罪犯的教育和矫正。对未成年罪犯量刑应当依照《刑法》第 61 条的规定，充分考虑未成年人实施犯罪行为的动机和目的、犯罪时的年龄、是否初次犯罪、犯罪后的悔罪表现、个人成长经历和一贯表现等因素。对符合管制、缓刑、单处罚金或者免予刑事处罚适用条件的未成年罪犯，应当依法适用管制、缓刑、单处罚金或者免予刑事处罚。

未成年人犯罪只有罪行极其严重的，才可以适用无期徒刑。已满 14 周岁不满 16 周岁的人犯罪一般不判处无期徒刑。除《刑法》规定"应当"附加剥夺政治权利外，对未成年罪犯一般不判处附加剥夺政治权利。如果对未成年罪犯判处附加剥夺政治权利的，应当依法从轻判处。对未成年罪犯实施《刑法》规定的"并处"没收财产或者罚金的犯罪，应当依法判处相应的财产刑；对未成年罪犯实施《刑法》规定的"可以并处"没收财产或者罚金的犯罪，一般不判处财产刑。对未成年罪犯判处罚金刑时，应当依法从轻或者减轻判处，并根据犯罪情节，综合考虑其缴纳罚金的能力，确定罚金数额。但罚金的最低数额不得少于 500 元人民币。

二、刑事责任能力

（一）刑事责任能力与刑事责任年龄

刑事责任能力，是指认识自己行为的社会性质及其意义并控制和支配自己行为的能力。简言之，就是辨认和控制自己行为的能力。

刑法对刑事责任年龄的规定，实际是对刑事责任能力的正面规定。刑法规定承担刑事责任必须达到的年龄，意味着法律认为正常人达到了规定的年龄就具有辨认和控制自己行为的能力，也就具有对相应犯罪负刑事责任的能力。因此，《刑法》关于刑事责任年龄的规定实际上表示：法律认为自然人年满16周岁的，推定其对《刑法》中规定的所有犯罪具有承担刑事责任的能力；年满12周岁不满16周岁的，推定其对法律明文规定的几种犯罪的情况具有承担刑事责任的能力。当然，它还表示：自然人不满12周岁的，推定其没有必要的辨认和控制能力，尚不具备承担刑事责任的能力；已满12周岁不满16周岁的，推定其对法律明文规定之外的其他犯罪不具备承担刑事责任的能力。正因为如此，广义的刑事责任能力包括刑事责任年龄，刑事责任年龄是具有刑事责任能力的年龄前提。

（二）心神障碍者的刑事责任能力

在通常情况下，达到刑事责任年龄的人也就具备了刑法意义上的辨认和控制自己行为的能力，或者说，被法律推定为具备这种能力，即具有刑事责任能力。但是有些人可能由于精神或生理上的缺陷而丧失或减弱辨认或控制自己行为的能力。法律对此特殊情况需要作出规定。

1. 精神病人。

（1）精神病人在不能辨认或者不能控制自己行为的时候造成危害结果，经法定程序鉴定确认的，不负刑事责任；但是，应当责令他的家属或者监护人严加看管和医疗；在必要的时候，由政府强制医疗。

（2）间歇性精神病人在精神正常的时候犯罪，应当负刑事责任。有些精神病人是间歇发病的，不发病时则无精神病症状，与正常人一样。在精神正常的时候实施的危害社会行为当然要负刑事责任。

（3）尚未完全丧失辨认或者控制自己行为能力的精神病人犯罪的，应当负刑事责任，但是可以从轻或者减轻处罚。

2. 确定精神病人无责任能力的标准。

（1）医学标准（或者称生理学标准），即行为人在实施危害社会的行为时患有某种真正的精神病。所谓精神病，一般是指精神分裂症、情感性精神病、器质性或症状性精神病、妄想性精神病、反应性精神病、病理性酒精中毒、白痴与痴呆状态等。应当对精神病与非精神病性精神障碍加以区别。后者包括各类型的神经（官能）症、变态人格、性变态、轻度或者中度低能（或称"精神发育不全"）、情绪反应、药瘾、慢性酒癖（或称慢性酒精中毒）、一般性醉酒（或称一般急性酒精中毒）等。

（2）心理学标准，即行为人在行为时由于精神病而不能辨认或控制自己的行为。为什么有了医学标准还要有心理学标准呢？这是因为精神病人不一定在精神结构的所有方面都是错乱的，而其中还可能有某些方面是正常的。因此，必须确定精神病人实施的危害社会行为是在精神错乱的状态下实施的，还是在正常部分支配下实施的。如果行为人实施的是自己能够辨认和控制的某种危害行为，就不能认定他行为时完全无责任能力。

此外，确定精神病人有无责任能力，还须"经法定程序鉴定确认"。应当由省级以上的人民政府指定的医疗机构依法作出技术（专家）鉴定，然后经人民法院根据鉴定结论、结合案情等作出有无刑事责任能力的判断，或者作出限制责任能力的判断。从学理上讲，刑事责任能力是法律概念，因此，有无刑事责任能力的判断应当是法律判断。经授权的医疗机构所作的精神病鉴定，是法院判断有无刑事责任能力的重要证据，有无刑事责任能力最终应当由法院判断。

应当注意，刑事责任能力是指行为人实行犯罪行为时的生理和心理状态。在实践中，有些人在犯罪时精神正常，而在犯罪后患了精神病。由于刑事责任能力以犯罪时的精神状况为准，所以，此种情况下，其属于有刑事责任能力人，应当对犯罪行为承担刑事责任。但是，对罪行的追诉应在行为人精神病治愈后进行；反之，行为人在犯罪时精神错乱而在犯罪后恢复正常的，仍然属于无刑事责任能力人。不过，对精神病人刑事责任能力的判断往往是在事后进行的，这种情况是很难证实的。

（三）醉酒的人的刑事责任能力

醉酒的人犯罪，应当负刑事责任。醉酒是酒精中毒的俗称，分为生理性醉酒和病理性醉酒。生理性醉酒，又称一般性醉酒，指因饮酒过量而致精神过度兴奋甚至神志不清的情况。生理性醉酒属于非精神病性精神障碍，醉酒的人有刑事责任能力。在生理性醉酒的场合，醉酒的人可能在事实上的辨认和控制能力有所减弱，但是鉴于酗酒是一种陋习，且屡屡发生借酒滋事或者借酒壮胆犯罪的情况，因此，刑法实际是从刑事政策上考虑，将醉酒的人视为有完全刑事责任能力人，不因为醉酒在事实上减弱辨认控制能力而减轻其罪责。

至于病理性酒精中毒，则属于一种疾病。如果这种病人因饮酒而致完全丧失辨认或者控制能力的，应视为无责任能力的人，不负刑事责任。但是，这种病人如果故意或者过失导致自己陷于醉态，丧失辨认或者控制能力即刑事责任能力的，应当根据行为人醉酒前的状况确定其是否具有刑事责任能力，确定其是否有罪过以及罪过的形式（故意还是过失）。

"原因上的自由行为"学说的提出。行为人可能因为醉酒，事实上在实施犯罪行为时完全丧失辨认或控制能力，但仍然应当负刑事责任。这是否存在违反主客观相统一原理的嫌疑？对此的解释是：行为人因醉酒在行为时可能是丧失辨认控制能力的，但是，只要在醉酒实施犯罪行为之前是正常的，就可以认为应当负刑事责任。在特殊情况下，不以犯罪时的醉酒精神状态为准而以犯罪之前的精神状态为准，这就是所谓的"原因上的自由行为"学说。它是精神状态与犯罪行为"同时性"原理的一个例外情况，即不要求精神状态与犯罪行为完全同步，可追溯到犯罪行为前的精神状态。例如，甲因醉酒而疯狂将妻子杀害，法庭不考虑甲醉酒加害妻子之际的精神状态，而是考虑甲醉酒加害妻子之前瞬间的精神状态，假如此时是正常人，则认为甲应当负刑事责任。

（四）又聋又哑的人或者盲人的刑事责任能力

又聋又哑的人或者盲人犯罪，可以从轻、减轻或者免除处罚。他们属于有刑事责任能力人。但鉴于他们的感觉器官存在生理缺陷，致使他们的辨认或者控制能力通常会低于普通的人，故给予适当的宽恕。规定可以从轻或者减轻处罚，以减轻其刑事责任。应注意，所谓又聋又哑的人，是指既聋且哑的人；所谓盲人，是指双目失明的人。

三、特殊主体

（一）特殊主体的概念

特殊主体，是指刑法规定以特殊身份作为构成要件的犯罪主体。特殊主体是相对于一般主体而言的，是在具备刑事责任年龄、刑事责任能力这两个主体一般要件的基础上，还需要具有某种身份作为其构成要件的主体。

特殊犯罪主体的身份要件是由刑法典分则规定的。刑法典分则各条规定的犯罪，其主体条件当然遵从总则的一般规定，即遵从总则关于刑事责任年龄和刑事责任能力的规定，不必重复规定。但是，当《刑法》对该种具体犯罪的主体条件有特殊要求时，则需要在规定该种罪的分则条文中就该罪主体的特殊条件加以规定。例如，《刑法》第382条对贪污罪的主体规定必须是"国家工作人员"；《刑法》第397条对滥用职权罪、玩忽职守罪的主体规定必须是

"国家机关工作人员"；等等。这种规定于刑法典分则中对某种具体犯罪主体的特殊要求就是犯罪主体的特殊要件，或者称特殊身份。

（二）身份的概念

身份是指行为人在身份上的特殊资格，以及其他与一定的犯罪行为有关的、行为人在社会关系上的特殊地位或者状态。如国家工作人员、司法工作人员、证人、男女性别、亲属关系、国籍等。

特殊犯罪主体所要求的身份通常是以特定公职或者职业为内容的，如国家机关工作人员（滥用职权罪、玩忽职守罪等渎职罪）；司法工作人员（徇私枉法罪、枉法裁判罪等）；国家工作人员（贪污罪、受贿罪等）；监狱、看守所等机构的监管人员（虐待被监管人罪）；现役军人（军人违反职责罪这一类犯罪）；从事生产作业的人员（重大责任事故罪）；医务人员（医疗事故罪）；公司、企业或者其他单位的人员（非国家工作人员受贿罪、职务侵占罪、挪用资金罪等）；依法从事生产、运输、管理、使用国家管制的麻醉药品、精神药品的人员（非法提供麻醉药品、精神药品罪）；等等。

此外，特殊犯罪主体所要求的身份还包括其他一切与犯罪行为有关的行为人在社会关系上的特殊地位或者状态，如纳税人、扣缴义务人（逃税罪、抗税罪、逃避追缴欠税罪）；对没有独立生活能力的人负有扶养义务的人（遗弃罪）；证人、鉴定人、记录人、翻译人（伪证罪）；辩护人、诉讼代理人（辩护人、诉讼代理人毁灭证据、伪造证据、妨害作证罪）；判决、裁定的执行义务人（拒不执行判决、裁定罪）；依法被关押的罪犯（破坏监管秩序罪）；依法被关押的罪犯、被告人、犯罪嫌疑人（脱逃罪）；依法配备公务用枪的人员、依法配置枪支的人员（非法出租、出借枪支罪）；生产者、销售者（生产、销售伪劣商品罪等）；投标人（串通投标罪）；公司发起人、股东（虚假出资、抽逃出资罪）；严重性病患者（传播性病罪）；中国公民（背叛国家罪）；男性（强奸罪）；境外的黑社会组织的人员（入境发展黑社会组织罪）；等等。

在理解、掌握特殊犯罪主体的身份时，应当注意以下几点：

1. 作为特殊犯罪主体的身份，总是与一定的犯罪行为密切联系的，与犯罪行为没有联系的资格等情况，不是特殊身份。例如，在强奸罪中，性别与犯罪行为有密切联系，属于特殊身份；但在故意杀人罪中，性别与犯罪行为没有密切联系，因而不是特殊身份。

2. 作为特殊犯罪主体所要求的身份，既可能是终身具有的身份，也可能是一定时期或临时具有的身份。男女属于终身具有的身份；国家机关工作人员、司法工作人员等属于一定时期具有的身份；证人、鉴定人、翻译人等属于临时具有的身份。

3. 作为特殊犯罪主体所要求的身份，必须是在行为人开始实施犯罪行为时就已经具有的。例如，渎职罪要求主体是"国家机关工作人员"，该特殊身份是行为人在犯罪之前、之际就具有的。不包括下列通过犯罪行为获得的（共犯）地位或身份：①共同犯罪中的主犯、从犯、胁从犯、教唆犯、帮助犯，是犯罪行为或犯罪中形成的犯罪地位，不是身份；②有组织犯罪中的首要分子、骨干成员、积极参加者、参加者等，也是共同犯罪中的地位或作用，不是身份；同理，③聚众犯罪的首要分子、其他参加者不是身份；④赌博罪中的赌头、赌棍以及常业犯中的非法经营者等，也不是身份。其道理是：任何人（普通人）都可以因为实施有组织犯罪（如组织领导恐怖活动）而构成犯罪，并因其起主要作用而成为主犯或首要分子，说明普通人都可构成该罪、成为首要分子，在主体上并无特别的限制，属于一般主体。相反，特殊主体的犯罪，如贪污罪，普通人不能构成，只有国家工作人员才能构成，说明该罪的主体有特别限制，属于特殊主体的犯罪。

4. 作为特殊犯罪主体的身份，只是针对该犯罪的单独实行犯而言的。教唆犯与帮助犯，则不受特殊身份的限制。因为犯罪主体的特殊身份与刑法典分则中规定的犯罪行为关联，而刑法典分则规定的犯罪行为都是实行行为。只有具有特定身份的人，才能实行该条规定的犯罪行为。教唆犯和帮助犯是因为教唆或者帮助实行犯而构成犯罪的，他们本人没有实行行为，自然不受特殊身份的约束。例如，强奸罪的主体限于男人，这是针对强奸的实行犯而言的，但是，如果妇女教唆或者帮助男人强奸的，可以作为共犯而构成强奸罪。当然，妇女无论如何是不能单独实施强奸罪的。再如，贪污罪的主体是国家工作人员，非国家工作人员伙同国家工作人员贪污的，以共犯论处。但是，非国家工作人员无论如何是不能单独实施贪污罪的，因为他没有国家工作人员的身份，也就谈不上利用职务上的便利实行贪污。例如，行为人与国家工作人员勾结，利用国家工作人员的职务便利，共同侵吞、窃取、骗取或者以其他手段非法占有公共财物的，以贪污罪共犯论处。行为人与公司、企业或者其他单位的人员勾结，利用公司、企业或者其他单位人员的职务便利，共同将该单位财物非法占为己有，数额较大的，以职务侵占罪共犯论处。公司、企业或者其他单位中，不具有国家工作人员身份的人与国家工作人员勾结，分别利用各自的职务便利，共同将本单位财物非法占为己有的，按照主犯的犯罪性质定罪。[1] 再如，挪用公款给他人使用，使用人与挪用人共谋，指使或者参与策划取得挪用款的，以挪用公款罪的共犯定罪处罚。[2]

（三）身份的作用

在刑法典分则中规定的特殊身份，有两种不同的作用或者意义：

1. 具有构成要件的作用，即以某种特殊身份作为该罪的主体要件。如果行为人不具有该种特殊身份，就不成立犯罪。例如，根据《刑法》第385条的规定，受贿罪的主体必须是国家工作人员，如果行为人不是国家工作人员，其行为就不可能成立受贿罪。《刑法》分则第九章规定的四十余种渎职罪，其主体均需具有国家机关工作人员的身份或司法工作人员的身份；《刑法》分则第十章30余种军人违反职责罪，其主体都必须是现役军人。可以说，以上刑法典分则的两章就是依据主体的特殊要件规定的两类犯罪。在刑法典分则条文中起这种构成要件作用的特殊身份，可称之为作为构成要件的身份。

2. 只具有量刑情节的作用，即特殊身份不具有构成要件的意义，只具有量刑情节的意义。行为人是否具有某种特殊身份，不影响犯罪成立与否；但是如果具有这种身份，则从重处罚或者从宽处罚。例如，《刑法》第243条规定的诬告陷害罪，对犯罪主体并无特别限制，普通的人诬告陷害就可以构成该罪，但该条第2款规定，国家机关工作人员犯前款罪（诬告陷害罪）的，从重处罚。国家机关工作人员这一特殊身份并不是构成诬告陷害罪的主体要件，只是从重处罚的根据。类似的情况还有：《刑法》第245条第2款规定，司法工作人员滥用职权，犯前款罪（非法搜查罪、非法侵入住宅罪）的，从重处罚。《刑法》第307条第3款规定，司法工作人员犯前两款罪（妨害作证罪，帮助毁灭、伪造证据罪）的，从重处罚。《刑法》第349条第2款规定，缉毒人员或者其他国家机关工作人员掩护、包庇走私、贩卖、运输、制造毒品的犯罪分子的，依照前款的规定（包庇毒品犯罪分子罪）从重处罚。在刑法典分则条文中只具有这种量刑作用的特殊身份，可称之为作为量刑情节的身份。

在犯罪主体部分着重于犯罪主体的特殊要件，因此，本节所说的特殊身份，是指具有犯

---

〔1〕 2000年6月30日公布的《最高人民法院关于审理贪污、职务侵占案件如何认定共同犯罪几个问题的解释》（以下简称《审理贪污、职务侵占案件如何认定共同犯罪几个问题的解释》）。

〔2〕 1998年4月29日公布的《最高人民法院关于审理挪用公款案件具体应用法律若干问题的解释》（以下简称《审理挪用公款案件的解释》）第8条。

罪主体要件意义的特殊身份，即作为构成要件的特殊身份。另外，作为量刑情节的身份，属于量刑问题，且涉及的范围有限。所以，说到犯罪主体的特殊身份，通常是指作为犯罪构成要件的身份。

身份属于犯罪主体的特殊要件。特殊身份不是自然人犯罪主体的一般要件，只是某种犯罪的自然人主体必须具备的要件。与此相应，刑事责任年龄和刑事责任能力这两个任何犯罪主体都必须具备的要件属于犯罪主体的一般要件或者基本要件。

第三节 单 位

一、单位犯罪的概念和特征

所谓单位犯罪，是指公司、企业、事业单位、机关、团体实施的危害社会的、依照法律规定应受刑罚处罚的行为。这个概念表明，单位犯罪具有以下特征：

1. 它是危害社会的行为，即具有社会危害性。这是单位犯罪的社会属性。

2. 它是法律规定应受刑罚处罚的行为，即具有依法应受惩罚性。这是单位犯罪的法律属性。在这一点上，它与自然人犯罪略有不同。《刑法》第30条规定："公司、企业、事业单位、机关、团体实施的危害社会的行为，法律规定为单位犯罪的，应当负刑事责任。"这表明刑法中规定的犯罪主体以自然人为常态、以单位为例外，刑法典分则中规定的犯罪，凡是法律没有明文规定其主体包括单位的，意味着该条规定之罪的犯罪主体只包括自然人，不包括单位。因此，所谓依法应受惩罚性，对单位犯罪来说，必须是刑法典分则明确规定为单位犯罪的行为。这也是罪刑法定原则在单位犯罪方面的体现。

刑法中规定的单位犯罪主要是经济方面的犯罪以及一些妨害文物、环境、自然资源保护的犯罪，如走私罪、非法经营罪、生产销售伪劣商品的犯罪、危害税收征管的犯罪、妨害文物管理的犯罪、破坏环境资源保护罪等，具体罪种有120个左右。至于那些天然就具有反伦理道义性质的犯罪，如杀人、伤害、强奸、抢劫、盗窃、诈骗、放火、投放危险物质之类的犯罪，依然只能是自然人为主体的犯罪。

争议的问题在于：法律未指明该罪的主体包括单位的，如果单位实施了该罪，是否应当追究有关责任人员的刑事责任？比如，"单位实施盗窃""单位实施贷款诈骗"，是否追究该单位盗窃、诈骗责任人的刑事责任？对此存在对立的观点：①认为不能追究，主要理由是：不能把单位犯罪混同于共同犯罪，如果将《刑法》没有明文规定的单位盗窃行为、单位诈骗行为认定为犯罪，等于把它当作共同故意犯罪的一种形式，如此适用法律，那么几乎所有《刑法》没有明文规定为单位犯罪的行为，都可以对其直接负责的主管人员和其他直接责任人员追究刑事责任，结果很可能导致《刑法》第30条"法律规定为单位犯罪的，应当负刑事责任"的规定失去意义。因此，对单位有关人员为谋取本单位利益组织实施盗窃行为，以自然人犯罪追究直接责任人员刑事责任的做法违反法律规定[1]。②认为对单位当然不能追究刑事责任，但不排除追究有关责任人的刑事责任。最高人民检察院的有关批复指出："单位有关人员为谋取单位利益组织实施盗窃行为，情节严重的，应当依照刑法第二百六十四条的规定以盗窃罪追究直接责任人员的刑事责任。"[2] 这种观点是值得赞同的。对于以单位名义为了单位利益实施盗窃、故意杀人这类邪恶的犯罪，比如谋杀商业竞争对手，还是应当追究个人刑

〔1〕 周道鸾等："刑法实务若干问题研究"，载中华人民共和国最高人民法院刑事审判第一庭、第二庭编：《刑事审判参考（总第36集）》，法律出版社2004年版，第142页。

〔2〕 2002年8月13日施行的《最高人民检察院关于单位有关人员组织实施盗窃行为如何适用法律问题的批复》。

事责任的。因为这种犯罪如此邪恶，以至于无论是以何种名义、为了何种目的非法实施的，都不能豁免个人刑事责任。但是，仅限于有实行、教唆、帮助行为的人的刑事责任，不能追究单位无辜者的刑事责任。在追究自然人犯罪的刑事责任时，应当考虑为单位利益的情节。我国政府在国际社会表明的立场是不承认国家罪行和国家刑事责任概念，但仍然认可个人对国家行为承担刑事责任。"从国际社会的实践看，第二次世界大战后的纽伦堡军事法庭和东京军事法庭，都是针对个人的，即对从事危害和平和人类活动责任者进行审判和惩罚。这些责任者作为国家领导人，对于这些罪行负有不可推卸的、直接指挥和策划的领导责任。因此，这种国际罪行应由个人，而不是国家来承担责任，但同时也不免除国家为上述人员所造成的损害进行赔偿的责任。"[1] 在司法实务中，亦有惩罚为单位利益盗窃案件中的责任人的判例。

3. 犯罪的主体必须是单位。它包括公司、企业、事业单位、机关、团体等依法成立的组织。这是单位犯罪的主体属性，也是单位犯罪与自然人犯罪的区别所在。

应当注意，这里所称"单位"，不仅指单位（机关、团体等）自身，还包括其分支机构或所属部门在内。既包括有法人资格的单位，也包括没有法人资格的单位。这里所称的"公司、企业、事业单位"，不限其单位的所有制性质，既包括国有的，也包括集体所有的，以及合资或独资、私人所有的公司、企业、事业单位。这里所称的"机关"，主要指国家机关，包括中央和地方各级国家权力机关、国家行政机关、国家军事机关、国家审判机关和国家检察机关，执政党的机关也可视为国家机关。这里所称的"团体"，即社会团体和人民团体，是指为了一定的宗旨自愿组成进行某种社会活动的合法组织。有影响力的如全国总工会、共青团、全国妇联、文学艺术界联合会、科学技术协会、华侨联合会、贸易促进委员会、作家协会、法学会、对外友好协会、残疾人联合会、宋庆龄基金会、外交协会、台湾同胞联谊会、黄埔军校同学会、职工思想政治工作研究会、欧美同学会等。

单位犯罪主体相对于自然人犯罪主体而言，可以说是一种特殊主体。另外，对单位犯罪主体，还可以根据是否必须具备其他条件，划分出单位一般主体和单位特殊主体。所谓单位一般主体，是指依法成立的公司、企业、事业单位、机关、团体等组织；所谓单位特殊主体，是指在具备单位犯罪主体一般要件的基础上，还必须具有其他特殊要件的单位犯罪主体。从《刑法》分则的规定看，这些特殊要件主要有：①要求单位具有特定的所有制性质，如限于国有单位（《刑法》第387条的单位受贿罪，《刑法》第327条的非法出售、私赠文物藏品罪）；②要求单位具有特定的职能，例如，《刑法》第334条规定的采集、供应血液、制作、供应血液制品事故罪的主体限于"经国家主管部门批准采集、供应血液、制作、供应血液制品的部门"。

二、单位犯罪的认定

（一）以单位的名义实施犯罪

1. 必须是合格的单位，即上述范围的单位。无法人资格的独资、合伙企业犯罪的，以个人犯罪论处。

2. 该单位主要以从事合法经营活动为宗旨。个人为进行违法犯罪活动而设立单位的，或者单位设立后，以实施犯罪为主要活动的，一律以个人犯罪论处。

3. 犯罪行为是由单位的决策机构按照单位的决策程序决定实施的。单位的意志，通常由单位集体研究决定，或者由单位的负责人或者被授权的其他人员决定、同意。盗用、冒用单

---

〔1〕 新华社联合国10月17日电："中国代表贺其志17日在联合国大会第六委员会的发言"，载《法制日报》1995年10月19日。

位名义实施的犯罪行为，或者单位内部成员未经单位决策机构批准、同意或者认可而实施的犯罪行为，或者单位内部成员实施的与其职务活动无关的犯罪行为，不是单位犯罪而是个人犯罪。

以单位的分支机构或者内设机构、部门的名义实施犯罪，违法所得亦归分支机构或者内设机构、部门所有的，应认定为单位犯罪。不能因为单位的分支机构或者内设机构、部门没有可供执行罚金的财产，就不将其认定为单位犯罪，而按照个人犯罪处理。[1]

（二）为单位谋取不正当利益或者违法所得大部分归单位所有

1. 为单位谋取不正当利益，违法所得大部分归单位所有，通常足以证明是为了单位谋利。在没有违法所得的场合，如决策和实行的过程表明的确是为单位谋利，也认为具备此要件。

2. 违法所得大部分归单位所有，无论初衷是否系为单位谋利，违法所得大部分事实上归单位所有的，也认为具备此要件。

单位负责人以单位名义实施犯罪，违法所得归个人的，以自然人犯罪论处。例如，甲是某教育书店的负责人，以该店名义盗印《现代汉语词典》《新华字典》19 万册，以单位名义销售，经营额 230 万元，非法所得归个人所有。甲的行为属于冒用单位名义的侵犯著作权的犯罪，不能以单位犯罪论处，只能以个人犯罪论处。

三、对单位犯罪的处罚

对单位犯罪一般采取"两罚制"，亦称"双罚制"，即单位犯罪的，对单位判处罚金，并对其直接负责的主管人员和其他直接责任人员判处刑罚。例如，《刑法》第 153 条（关于走私普通货物、物品罪）第 2 款规定，单位犯前款罪（指走私普通货物、物品）的，对单位判处罚金，并对其直接负责的主管人员和其他直接责任人员，处 3 年以下有期徒刑或者拘役；情节严重的，处 3 年以上 10 年以下有期徒刑；情节特别严重的，处 10 年以上有期徒刑。在通常情况下，刑事立法和司法对单位犯罪定罪量刑的标准要比自然人的宽松。因此，区别是单位犯罪还是个人假借单位的名义犯罪就有实际意义。不过，在有些场合，单位犯罪的定罪量刑的标准与自然人的没有差别。例如，《刑法》第 151 条（关于走私武器弹药罪等罪）第 4 款规定："单位犯本条规定之罪的，对单位判处罚金，并对其直接负责的主管人员和其他直接责任人员，依照本条各款的规定处罚。"

此外，《刑法》分则有特别规定只实行"单罚"的，依照规定。从《刑法》现有的规定看，在单罚的场合，一般只罚单位犯罪的责任人。例如，《刑法》第 137 条的工程重大安全事故罪；《刑法》第 161 条的违规披露、不披露重要信息罪；《刑法》第 162 条的妨害清算罪；《刑法》第 396 条的私分国有资产罪、私分罚没财物罪；诸如此类等 10 余种单位犯罪。

四、司法实务中处理单位犯罪的经验

（一）公司实施单位犯罪后，被兼并更名，是否还应追究单位犯罪的刑事责任

单位走私犯罪后，发生分立、合并或者其他资产重组情形，以及被依法注销、宣告破产等情况的，无论承受该单位权利义务的单位是否存在，均应追究原单位直接负责的主管人员和其他直接责任人员的刑事责任。[2]

例如，某国有企业索要回扣 23 万元，入小金库，以奖金形式分给职工，构成单位受贿罪。该公司后来被有偿转让给某工程局并更名，仍要追究该单位犯罪的刑事责任，但仅处罚

第七章

---

〔1〕 2001 年 1 月 21 日最高人民法院印发的《全国法院审理金融犯罪案件工作座谈会纪要》（以下简称《审理金融犯罪案件纪要》）。

〔2〕 2002 年 7 月 8 日《最高人民法院、最高人民检察院、海关总署关于办理走私刑事案件适用法律若干问题的意见》（以下简称《办理走私刑事案件的意见》）。

直接责任人。因为原单位因被兼并更名已不存在，不处罚原单位，也不处罚兼并更名后的新单位。原单位名称发生更改的，仍以原单位（名称）作为被告单位。承受原单位权利义务的单位法定代表人或者负责人为诉讼代表人。

（二）直接负责的主管人员和其他直接责任人员的认定

直接负责的主管人员，是在单位实施的犯罪中起决定、批准、授意、纵容、指挥等作用的人员，一般是单位的主管负责人，包括法定代表人；其他直接责任人员，是在单位犯罪中具体实施犯罪并起较大作用的人员，既可以是单位的经营管理人员，也可以是单位的职工，包括聘任、雇用的人员。应当注意的是：在单位犯罪中，对于受单位领导指派或奉命而参与实施了一定犯罪行为的人员，一般不宜作为直接责任人员追究刑事责任。

对单位犯罪中的直接负责的主管人员和其他直接责任人员，应根据其在单位犯罪中的地位、作用和犯罪情节，分别处以相应的刑罚，主管人员与直接责任人员，在个案中，不是当然的主、从犯关系，有的案件，主管人员与直接责任人员在实施犯罪行为的主从关系不明显的，可不分主、从犯。但具体案件可以分清主、从犯，且不分清主、从犯，在同一法定刑档次、幅度内量刑无法做到罪刑相适应的，应当分清主、从犯，依法处罚[1]

案例7-1：陈德福走私普通货物物品案。被告单位厦门鹭京海台轮物资供应有限公司在从事对台湾轮船供油的业务活动中，公司总经理陈德福与分公司负责人王建杜商议，由王建杜与加油台轮的船长串通，在"供油凭证"上多报加油的数量共8000余吨，经台轮船长签字盖章认可，然后骗取海关核销。王建杜将虚报海关核销的8000余吨供油数报给陈德福，陈向境内公司售油并利用虚报海关核销的8000余吨供油数偷逃关税380余万元，为公司谋取非法利益。法院认定，被告单位将免税燃油擅自在境内销售牟利、逃避关税，构成走私普通货物物品罪，被告人陈德福是被告单位犯罪行为的直接负责的主管人员且系主犯，王建杜是直接责任人员，且系从犯，依法对被告单位判处100万元罚金，对二位被告人分别判处刑罚。

资料来源：《刑事审判参考（总第24辑）》，法律出版社2002年版，第9页。

（三）单位共同犯罪的处理

1. 两个以上单位以共同故意实施的犯罪，应根据各单位在共同犯罪中的地位、作用大小，确定犯罪单位的主、从犯。[2]

2. 单位和个人（不包括单位直接负责的主管人员和其他直接责任人员）共同犯罪的，单位和个人均应对共同犯罪结果负刑事责任。单位和个人共同犯罪且能区分主、从犯的，应当按照《刑法》关于主、从犯的有关规定，对从犯从轻、减轻处罚或者免除处罚。[3]

（四）单位走私犯罪案件自首的认定

在办理单位走私犯罪案件中，对单位集体决定自首的，或者单位直接负责的主管人员自首的，应当认定单位自首。认定单位自首后，如实交代主要犯罪事实的单位负责的其他主管人员和其他直接责任人员，可视为自首，但对拒不交代主要犯罪事实或逃避法律追究的人员，不以自首论。[4] 注意，如果单位集体决定自首的，但有关责任人员拒不投案或拒不如实交代的，对单位（犯罪）按自首宽大处理（判处单位罚金时），但对不符合自首条件的责任人，不

[1] 2001年1月21日最高人民法院印发的《审理金融犯罪案件纪要》。
[2] 2001年1月21日最高人民法院印发的《审理金融犯罪案件纪要》。
[3] 2002年7月8日《办理走私刑事案件的意见》。
[4] 2002年7月8日《办理走私刑事案件的意见》。

认定自首。

案例 7 - 2：甲为 A 炼油厂副厂长，以每吨 106.81 美元的价格进口 9 万吨燃料油，隐瞒了真实买卖价格，签订了每吨 67 美元的虚假成品油买卖合同，偷逃税款人民币 714 万元，全部为公司所有。甲听说有关机关在查问此事，立即到有关机关主动交代问题，经查证属实。对该单位犯罪，可以认定为自首。因为甲作为该单位的主要负责人和该单位犯罪的主要责任人之一，可以代表单位和本人自首。在处罚时，考虑自首情节，可以从轻或减轻处罚。

资料来源："全国最大成品油走私案终审判决"，载《羊城晚报》1999 年 12 月 29 日。

第七章

第八章

犯罪客观方面

第一节　犯罪客观方面概述

一、犯罪客观方面的概念

犯罪客观方面，是指刑法所规定的确立犯罪的必要的诸客观事实特征。

1. 犯罪客观方面是刑法规定的。在刑法分则中，通常对某一犯罪的客观方面要件作出了具体、明确的规定。例如，《刑法》第 256 条规定："在选举各级人民代表大会代表和国家机关领导人员时，以暴力、威胁、欺骗、贿赂、伪造选举文件、虚报选举票数等手段破坏选举或者妨害选民和代表自由行使选举权和被选举权，情节严重的，处三年以下有期徒刑、拘役或者剥夺政治权利。"这一条文中就包含了破坏选举罪的客观要件。它是刑事立法对现实生活中形形色色的破坏选举现象的高度抽象和概括，是认定行为人具备破坏选举客观要件的法律准绳。在《刑法》分则的 300 余个条文中，以或繁或简的方式规定或者描述了各种具体犯罪的客观要件。此外，在刑法总则中，还对犯罪的特殊形态的客观要件作出了规定，例如，《刑法》第 22 条对犯罪预备行为的规定；《刑法》第 27 条关于共犯辅助行为的规定；《刑法》第 29 条关于教唆行为的规定。如果不是刑法规定的事实特征，则不是犯罪客观要件。

2. 犯罪客观方面要件是确立犯罪的必要的客观事实特征。所谓客观事实特征，是指人在实践活动中形之于外的举止及其结果，以及与人的举止相关的时间、地点、环境、对象等实在的情况。人的实践活动的客观事实特征是相对于人的主观意识而言的，是人的主观意识的外在表现。例如，在上引《刑法》第 256 条中规定有这样的内容：① "在选举各级人民代表大会代表和国家机关领导人员时"表示出时间或者行为的环境状况；② "以暴力、威胁、欺骗、贿赂、伪造选举文件、虚报选举票数等手段破坏选举或者妨害选民和代表自由行使选举权和被选举权"表示出该罪的各种各样行为方式和行为对象。这些是确立破坏选举罪所必要的客观事实特征。这样规定（表述、描述）勾画出破坏选举罪是在什么情状下、以什么方式、对什么东西（对象）进行侵害。在现实生活中，如果行为人的行为及行为环境在客观上与法律规定的破坏选举的事实特征相符，就可以判定行为人具备了破坏选举罪的客观要件。

犯罪的客观方面要件是确立犯罪所必要的客观事实特征。不是确立犯罪所必要的客观事实特征，尽管是由刑法规定的，也不属于犯罪构成的客观方面要件。例如，刑法分则条文中还规定了许多量刑的情节，它们也是法律规定的客观事实特征，但它们不是确立犯罪所必要的事实特征，而是量刑的事实特征，不属于犯罪构成的客观要件。

犯罪的客观方面在犯罪构成中具有极为重要的地位。犯罪的客观事实具有可观察、描述的特性，因此，刑事立法都是以描述客观要件的方式（罪状）来规定犯罪的；刑事司法也主要以客观的事实特征来认定犯罪、评价犯罪的危害性和犯罪人的人身危险性的。我国刑法不承认"思想犯罪"，因为仅有思想而没有将思想表现为外部的客观活动或者见之于客观的活动，就不可能危害社会，因而不能成立犯罪。脱离人的主观见之于客观的事实及其对法益的侵害性，处罚人的信仰、思想观念、道德观念，是愚昧、野蛮、专横的做法。

二、犯罪客观方面的内容

犯罪客观方面的要件一般包括危害行为、行为对象、行为的危害结果以及犯罪的时间、地点和其他环境要件。其中，危害行为是一切犯罪构成客观方面的共同要件；行为对象等其他因素，刑法分则条文规定为某种犯罪的必要条件的，则是该种犯罪的构成要件。

第二节　危害行为

一、危害行为的概念

（一）刑法上危害行为的概念

危害行为，是指在行为人意识支配之下的危害社会并被刑法所禁止的身体活动。

1. 危害行为是人的身体活动或动作，具有物质性，包括积极的活动与消极的活动。这种活动是行为的客观因素，反映行为具有物质力量。它能够作用、影响外界，使外界发生变化，也就是能使外界发生某种结果。强调危害行为是人的一种活动：①表明它具有客观的物质力量，能够破坏法益；②排除单纯把人的思想观念当作刑法调整的对象。仅有犯罪的思想，没有形之于外的活动，不能危害社会。

2. 危害行为是人的意识支配的产物和表现，具有有意性。所谓有意性，是指危害行为是在一定的意识支配下的身体活动，或者说，是要强调危害行为总是人的身体活动，而不是单纯的自然力量、物理上的动静。关于支配行为的意识的具体内容，则属于主观方面要件的问题。

如果没有人的意识支配，不能认为是危害行为。因此，人的无意识动作、身体受外力强制形成的动作、在不可抗力的情况下形成的动作等，都不是危害行为。

3. 危害行为是侵犯刑法所保护的社会利益并被刑法所禁止的行为。作为犯罪客观要件内容的危害行为是由刑法规定的，其中的主要部分规定于《刑法》分则的近300个条文的罪状之中，被称为分则客观要件的行为，或者分则罪状的行为。另一部分规定于《刑法》总则中，具体而言有：《刑法》第22条规定的"为了犯罪，准备工具、制造条件"的预备行为；《刑法》第27条规定的在共同犯罪中起"辅助作用"的帮助行为；《刑法》第29条规定的"教唆他人犯罪"的教唆行为。由于总则中的预备行为和教唆、帮助行为都与分则罪状行为有关，并且属于它们的补充形态（或者特殊形态），因此，严格意义上的作为犯罪构成要件的行为或者犯罪行为是指规定于分则各个条文中的行为。

（二）实行行为与犯罪预备、教唆、帮助行为

所谓实行行为，是指在现实生活中，行为人所实施的符合刑法典分则某一条文规定的危害行为。例如，甲（男）在夜晚持刀拦住乙（女），将乙劫持到树林中奸淫。甲的所作所为如果符合《刑法》第236条规定的"以暴力、胁迫或者其他手段强奸妇女的"，那么就是一种实行行为。行为人开始实施实行行为，称作"着手"犯罪；行为人正在实施实行行为，称作"实行"犯罪；行为人将实行行为实施完毕，称作犯罪实行"终了"。

以实行行为为中心，行为人为了实行犯罪而"准备工具、制造条件"的，称作犯罪预备；作了犯罪预备但因为意志以外的原因未能开始实行行为的，称作预备犯。行为人教唆他人实行犯罪的，称作教唆犯罪，教唆他人实行犯罪而本人不参与实行犯罪的，称作教唆犯；辅助他人实行犯罪的是帮助行为，仅有帮助行为而没有参与实行犯罪的，称作帮助犯。数人共同

实行犯罪的，称作简单的共犯；与此相对，共同犯罪人存在实行犯与教唆犯、帮助犯分工的，称作复杂的共犯。

预备犯、教唆犯、帮助犯的共同点都是没有实施犯罪的实行行为，因而被当作犯罪的特殊形态；与预备犯、教唆犯、帮助犯相对应，实施了犯罪实行行为的犯罪人是实行犯。

二、危害行为的基本形式

（一）作为与不作为

学说上把危害行为划分成作为与不作为两种基本形式。

作为，是指积极的行为，即行为人以积极的身体活动实施某种被刑法所禁止的危害行为。从表现形式看，作为是积极的身体动作；从违反法律规范的性质上看，作为直接违反了禁止性的罪刑规范。由于刑法绝大多数是禁止性规范，如不许杀人、强奸、抢劫、盗窃等，所以，作为是最常见的犯罪行为形式。

不作为，是指消极的行为，即行为人消极地不履行法律义务而危害社会的行为。从表现形式看，不作为是消极的身体动作；从违反法律规范的性质看，不作为直接违反了某种命令性规范。例如，遗弃罪的行为，表现为不扶养无独立生活能力的人，没有按法律的要求尽扶养义务。

（二）不作为构成犯罪的一般要件

因为不作为是消极的身体动作，即不为某种行为，在现实生活中，人们不作为一般是不致危害社会的。因此，不作为构成犯罪相对于作为构成犯罪，一般而言，还需要具备以下的条件：

1. 行为人负有实施特定积极行为（作为）的义务。这种义务主要来自以下几个方面：①法律上的明文规定，例如，《民法典》规定，夫妻之间、直系亲属之间在特定条件下的扶养、抚养和赡养的义务。②行为人职务上、业务上的要求，例如，国家工作人员有履行相应职责的义务，值勤消防人员有扑灭火灾的义务。③行为人的法律地位或法律行为所产生的义务，例如，对自己监护下的精神病人，在发生侵害法益的危险时，有防止其发生的义务；将弃婴抱回家中的人对该婴儿负有的抚养义务。④行为人自己先前行为具有发生一定危害结果的危险的，负有防止其发生的义务。例如，使他人跌落水中有溺死的危险，即负有救护义务。

2. 行为人能够履行特定义务。行为人负有某种法律义务是不作为构成犯罪的前提，但是法律不能给人们强加力所不能及的义务，因此，尽管行为人有防止结果发生的义务，但如果由于缺乏必要的能力或其他原因而不可能防止危害结果发生的，也不成立不作为犯罪。

3. 行为人不履行特定义务，造成或可能造成危害结果。不作为是以不履行特定义务为内容的，其社会危害性就表现为不履行特定义务而造成或者可能造成危害结果。行为人可能是因为去积极实施某种行为，从而没有履行特定的义务，对于不作为而言，行为人积极实施的行为只是不作为的原因，而不是刑法所关注的行为；行为人没有履行特定的义务，才是刑法意义的行为。例如，某铁路信号员的职责应当在晚上10点钟打信号，以便火车安全通行。该信号员却去看电影，没有在规定的时间里打信号，结果两辆列车因此相撞。在这里，行为人看电影的行为虽然是一种积极的行为，但不具有刑法意义；具有刑法意义的行为是行为人没有在规定的时间履行打信号的义务即没有实施某种行为（作为），正是因为没有积极实施某种行为，从而导致危害结果。

（三）法定不作为之罪与法定作为之罪

与学说上把行为划分为作为与不作为两种形式相适应，可以根据"法定"的该种犯罪的行为形式，把犯罪划分为法定不作为之罪与法定作为之罪两种类型。所谓"法定不作为之罪"，指刑法典分则条文明确规定该罪的行为形式是不作为的犯罪，换言之，刑法直接禁止的犯罪行为本身就是不作为行为，如《刑法》第 261 条的遗弃罪，《刑法》第 416 条第 1 款的不解救被拐卖、绑架妇女儿童罪，《刑法》第 444 条的遗弃伤病军人罪，《刑法》第 445 条的战时拒不救治伤病军人罪。这类犯罪法定的行为形式就是"不作为"，也称为不作为犯。所谓"法定作为之罪"，指刑法分则条文规定该种犯罪的行为形式是作为的行为，换言之，刑法直接禁止的犯罪行为本身就是作为行为，这类犯罪法定的行为形式就是"作为"，也称为作为犯，如《刑法》第 115 条的放火罪、决水罪、爆炸罪和《刑法》第 258 条的重婚罪等。刑法规定的犯罪主要是作为犯，因为通常只有作为行为才会对刑法保护的利益造成严重侵害，如对人的生命、他人的财产，只有通过积极的杀害行为、盗窃、抢劫行为才能造成损害，不作为一般不会妨害他人的生命、财产权利。只有在需要把实施某种行为作为刑事法律义务的场合，才规定法定的不作为之罪；把实施某种行为作为一项刑事义务必须谨慎，如过于宽泛，会增加公民的负担。

（四）纯正不作为犯与不纯正不作为犯

1. 纯正不作为犯（或称真正不作为犯），指行为人的行为构成法定的不作为之罪（不作为犯）的情形。常见的纯正不作为犯有：遗弃罪；拒不执行判决裁定罪；战时拒绝、逃避征召、军事训练罪；战时拒绝、逃避服役罪；战时拒绝、故意延误军事订货罪；战时拒绝军事征用罪；徇私舞弊不征、少征税款罪；拒不救援友邻部队罪；遗弃武器装备罪；遗失武器装备罪；遗弃伤病军人罪；战时拒不救治伤病军人罪；其他渎职性犯罪等。行为构成上述犯罪的是纯正不作为犯，因为法律规定的上述犯罪行为自身就是不作为，行为人也只能以不作为（或因不实施法律要求的行为）构成该类犯罪，人的行为与法定的行为在行为形式上（都是不作为）一致，故被称为纯正不作为犯。例如，甲在医院生下一女婴，见有残疾，就将女婴遗弃在医院。甲不履行对女婴抚养义务（不作为）的行为，构成了法定的不作为犯罪（遗弃罪），属于纯正的不作为犯。因为认定纯正不作为犯，犯罪人的行为形式与法定构成要件的行为形式都是不作为，行为形式上的一致性成为犯罪认定的常态问题。

2. 不纯正不作为犯（或称不真正不作为犯），指行为人因不作为而构成了法定的作为之罪，或者说，行为人因不作为构成了非法定的不作为之罪。如因某人不作为而构成故意杀人罪、抢劫罪等。例如，甲欲将 3 岁儿童乙拐带回家收养，在回家途中，将乙遗弃在荒树林中，径自离去。3 天后，该儿童冻饿致死。法院认定甲构成故意杀人罪。甲以（将所带儿童遗弃不管的）不作为行为，构成了非法定不作为之罪——故意杀人罪（因为故意杀人罪通常是作为才能构成的），属于不纯正的不作为犯。就构成故意杀人罪而言，甲对儿童弃之不管的行为相对于积极的杀害行为，是一种不作为的杀人行为。不纯正不作为犯的"不纯正性"在于：人的行为形式（不作为）与法定的犯罪行为形式（作为）不一致，是适用法律认定犯罪的非常态（或特殊）问题。

认定不纯正不作为犯应当慎重，通常要求该不作为与作为行为构成该罪具有"相当性"。所谓"相当性"，是指行为人以不作为行为而构成作为犯，该不作为行为与作为行为相当。例如，甲外出打工，未婚怀孕，在出租屋内产下婴儿，怕人知道又不敢带回家乡，就将自己租住的房门紧锁，到单位上班一直不回家。5 天后才回家，婴儿因为无人喂养而死亡。甲的不作为行为与作为行为杀婴具有相当性，应认定为故意杀人罪；相反，如果不具有相当性的，不能构成故意杀人罪（作为犯）。假如甲把婴儿放到救助站门口后离去，因为没有被人及时发现而死亡，其行为与作为杀人不具有相当性，不构成故意杀人罪，但不排除构成遗弃罪。不作为行为构成法定作为之罪应具有相当性，该"相当性"成为认定不纯正不作为犯的关键。

不作为行为在很多情况下是不能与作为行为等量齐观的。例如，交通肇事后逃逸（见死不救），不能等同于故意杀人，只能以交通肇事致人死亡的结果加重犯处罚；警察在值勤时遇到凶犯杀人时或遇到被强奸妇女求救时，因害怕自己遭不测而见危不救，不能等同于杀人或强奸，即使应当负刑事责任，通常也只能以渎职犯罪追究刑事责任。

案例8-1： 赵立新、何文月夫妇因所生一对孪生早产女婴生命垂危而将她们送医院抢救，赵立新在预交了4000元医疗费后即离去。此后，经过一个多月的治疗，该孪生婴儿病情好转可以出院。医院多次发电报、去信通知赵立新夫妻来医院办理女婴出院手续，均不见回音，致使女婴在医院滞留长达10个月之久。法院判决赵立新身为婴儿的父亲，将病危婴儿送医院后长期置之不顾，情节恶劣，构成遗弃罪，鉴于其家庭实际困难及其认罪悔罪表现酌情从轻处罚，判处1年有期徒刑，缓刑1年。鉴于何文月产后身体虚弱并患肝炎，其当时的体能难以承担抚养双胞胎女婴的义务，宣告无罪。

资料来源：《人民法院案例选（总第8辑）》，人民法院出版社1995年版。

案例8-2： 彭某到贺某家索要借款，贺某不在家，贺妻态度甚为冷淡，离家上山去砍柴，家里只留下一个3岁的儿子。彭某遂萌生将贺子带回原籍收养的念头，随即带贺子先后乘汽车、火车离开××县。后彭某感到把贺子带回家不仅上户口困难、自己父母也不会同意，故产生将小孩抛弃的恶念。次日上午，彭某带贺子离开留宿的饭店，沿铁路步行约1公里，将贺子放在距小路70米处的杉树林中，独自离去。贺子在林中（当时最低气温为0℃）约52小时后被两砍柴人发现，经抢救无效死亡。法医鉴定认为，贺子系冻死。法院认为彭某构成（间接）故意杀人罪。

资料来源：《析疑断狱（上）》，人民法院出版社1987年版。

第三节　行为对象

一、行为对象的概念和作用

行为对象，是指刑法规定的危害行为所侵犯或直接指向的具体的人、物或者信息。故意杀人罪中有生命的自然人、强奸妇女罪中的妇女等，属于危害行为对象中的具体的人；盗窃罪中的财物，有关毒品犯罪中的毒品，有关淫秽物品犯罪中的淫秽物品，窝赃、销赃罪中的赃物等，属于危害行为对象中的具体的物；作为危害行为对象中的信息，常见的有非法获取国家秘密罪中的国家秘密、侵犯商业秘密罪中的商业秘密等。行为对象在犯罪构成中具有重要的地位和作用：

1. 行为对象一般是犯罪构成客观要件之一，也就是说，凡是刑法条文中明确规定行为对象的，它就是该条文规定的犯罪构成的要件。例如，《刑法》第六章第九节规定的淫秽物品的犯罪，其对象必须是"淫秽物品"，行为人制作、复制、出版、贩卖、传播的物品如果不是淫秽物品的，不构成该节之罪。《刑法》第261条规定的遗弃罪，其拒绝扶养行为的对象只能是年老、年幼、患病或者其他没有独立生活能力的人，对其他人不能构成遗弃罪；盗窃枪支、弹药罪的对象必须是枪支弹药；走私、贩卖、运输、制造毒品罪的对象必须是毒品。

2. 行为对象在区别此罪与彼罪的界限上具有重要的作用，因为在很多情况下，不同的行为对象构成不同性质的犯罪。例如，在涉及盗窃行为的场合，因为对象不同而可能构成不同的罪：盗窃普通的公私财物的是盗窃罪；盗窃枪支弹药的，则是盗窃枪支、弹药罪；盗窃国家机关公文、证件、印章的，是盗窃国家机关公文、证件、印章罪；盗窃国家秘密的，是非法获取国家秘密罪；盗窃商业秘密的，是侵犯商业秘密罪；盗窃国有档案的，是窃取国有档案罪；盗窃尸体的，是盗窃尸体罪；盗伐林木的，是盗伐林木罪；盗掘古文化遗址古墓葬并窃取文物的，是盗掘古文化遗址、古墓葬罪。再如，在涉及走私的场合，因为走私的对象不同，可能涉及 11 种不同的罪，如走私毒品罪，走私武器、弹药罪，走私核材料罪，走私假币罪，走私文物罪，走私贵重金属罪，走私珍贵动物、珍贵动物制品罪，走私国家禁止进出口的货物、物品罪，走私淫秽物品罪，走私普通货物、物品罪，走私废物罪。

3. 行为对象对于揭示犯罪客体也具有一定的作用。刑法条文中一般都不指明犯罪的直接客体，但一般都指明行为对象。由于行为对象是具体的、感性的，比较容易把握，所以，具体的行为对象是把握抽象的犯罪客体的有效途径。例如，破坏交通工具、交通设施、电力设备等犯罪的客体是公共安全，具体把握这些犯罪客体的途径是把握其行为对象，即破坏的对象必须是正在使用中的交通工具、交通设施、电力设备。

在刑法分则中，对象的共同性还成为某些分则的分类根据，如毒品犯罪、淫秽物品犯罪、生产销售伪劣商品的犯罪。

由于刑法中规定的绝大多数犯罪都有特定的行为对象，而且它们通常具有区别罪与非罪、此罪与彼罪界限的作用，所以，正确确定行为对象，对于正确定罪量刑具有重要意义。在刑法的解释和适用上，一些重大的争论往往是围绕着行为对象进行的。例如，电力、煤气、天然气是否属于盗窃罪对象的争论；燃烧瓶是否属于爆炸物的争论；至于对于什么是淫秽物品的争论，似乎永远没有结论。在我国，关于枪支弹药爆炸物的范围，毒品、淫秽物品、正在使用中的电力设备的含义等，也是刑法解释、适用中疑难而又引人注目的问题。

二、行为对象与犯罪客体

行为对象与犯罪客体既有联系又有区别：

1. 二者是现象与本质的关系。行为对象是犯罪行为所侵犯或直接指向的具体事物（人、物、信息），而犯罪客体是法律所保护被犯罪所侵害的社会利益，二者是现象与本质的关系。例如，在盗窃罪中，被盗的物品（电视机、汽车等）是行为对象，财产的合法所有权是犯罪的客体。犯罪客体寓于行为对象之中，揭示犯罪的本质，而行为对象是它的载体。犯罪行为对犯罪客体的侵害，往往是通过侵犯或指向行为对象来实现的。

2. 犯罪客体是犯罪构成的共同要件之一，而行为对象不是。在犯罪构成中，犯罪客体是犯罪构成四个共同要件（犯罪客体、犯罪客观方面、犯罪主体、犯罪主观方面）之一，而行为对象仅是犯罪客观方面的要素之一，并且只有当刑法某一条文限定某一特定行为对象时，行为对象才是该条所规定的犯罪的客观要件。当然，因为绝大多数刑法条文所规定的犯罪是以特定行为对象为犯罪构成客观要件的，所以，它是绝大多数犯罪的构成要件。但是，也有极少数犯罪，如组织、领导、参加恐怖组织罪和脱逃罪等，因为犯罪本身就不涉及对象，所以，行为对象不是其犯罪构成的要件。

3. 任何犯罪都必然侵害客体使其受到损害，但不一定都使行为对象受到损害。因为任何犯罪必定要侵害社会利益，所以必然侵害一定的客体使其遭受损害，但行为对象不一定受到犯罪的侵害。以非法制造枪支弹药罪为例，行为人非法制造枪支弹药，公共安全必然遭受损害，但是对其犯罪对象枪支弹药则不构成损害。再如，盗窃他人财物，必使他人财产利益遭受损害，但不一定对所窃取的财物造成损害。

第四节　危害结果

一、危害结果的多义性

（一）广义

广义的危害结果是指行为对外界产生的影响或造成的变动。例如，甲对众人翘起中指作出轻蔑侮辱众人的姿势（行为），众人感到不悦，"众人感到不悦"就是甲行为的结果。这种广义结果常在犯罪概念（观念）层次上使用，犯罪的侵害性、危害性通常就是指这种意义上结果的侵害、危害性。传统学说认为，犯罪对权利的侵害就是指行为对权利侵害的结果。没有行为就没有犯罪的命题，理由就是没有行为就不可能招致外界变动，当然不可能侵害社会生活利益、不可能有犯罪。这种意义的犯罪结果观，有效抵制了把犯罪道德化、信念化的倾向。在这个意义上，没有结果与没有危害性是同义的。这种意义的结果是犯罪的实体内容和必要要素。

（二）狭义

狭义的危害结果是指实行行为对直接客体（利益）造成的损害事实。这是作为犯罪客观要件的危害结果的概念，也是最狭义的危害结果的概念。例如，《刑法》第233条中规定的"过失致人死亡的"所指的"死亡"结果；《刑法》第232条故意杀人罪的人的"死亡"结果；《刑法》第142条生产、销售、提供劣药罪的"对人体健康造成严重危害"的结果。

（三）中义

中义的危害结果是指行为对直接客体（利益）的实际损害（实害）和可能的损害（危险）。因为刑法禁止的犯罪行为尤其是故意犯罪行为往往具有严重的反道义性和反规范性，也因为刑法保护的利益的重要性，所以，不能都等待行为实际侵害保护的利益时才发动刑罚，刑法对于一些严重恶劣的行为，一些侵害至关重要利益的行为，只要其具有侵害可能性（危险性）时，即将该行为当作犯罪予以禁止、惩处。

在犯罪的"人·意思·行为·结果"四要素中，结果是犯罪诸要素的末端，但是，对于犯罪案发、司法裁判而言，结果往往是刑事案件的前端、征兆。按照犯罪的自然进路，把握犯罪要件的顺序是主体、主观、客观、客体；按照司法审查进路，把握犯罪要件的顺序是客体、客观、主观、主体。上述广义的危害结果，往往是一种自然意义的结果，在犯罪观念论中使用。中义和狭义的危害结果往往在法律意义上使用，中义的结果包含实际损害和危险；在这个意义上，危险也可认为是结果；狭义的结果则只含实际损害结果，把危险排除在外。在中国刑法的犯罪观念具有较高"罪量"要求的制度背景下，结果对犯罪成立和处罚具有重要的意义。对人身伤害造成轻伤结果，对财产侵犯造成占有或损失"数额较大"的结果，通常是启动刑事程序追究刑事责任的条件。关于这一点，看看司法解释中刑事立案标准或定罪量刑标准就非常清楚。犯罪的本质是危害社会，体现于行为招致的外界变化（结果）。进一步追问危害了什么，回答是客体（法益）。犯罪行为对客体的侵害表现为两种样态：一是造成实际损害（结果犯）；二是可能造成损害（危险犯）。也可把这两种样态分别称为结果犯和危险犯。在民事侵权构成中，发生损害事实是构成民事侵权行为的要件，只认可"结果犯"；在犯罪构成中，不一定都以发生侵害法益的实际损害事实作为犯罪构成要件，有时，具有侵害法益可能性也可以构成犯罪，不仅仅认可"结果犯"，还认可"危险犯"。这是因为刑法还需计较犯罪行为自身所具有的严重反规范性，不能把评价的标准完全落在结果上。就中国刑法的制度特点而言，评价犯罪的重心在结果上是恰如其分的。

二、危害结果的种类

1. 构成要件的结果与非构成要件的结果。这是根据结果是否属于构成要件要素为标准进行的分类。前者属于刑法某一具体犯罪构成要件要素的结果，如果不发生该结果，则不构成该犯罪。例如，对过失致人死亡罪而言，没有发生死亡结果，不构成犯罪。对所有的过失犯罪而言，其法定的结果都是构成要件的要素，在这个意义上，称它们为"结果犯"。"结果犯"的基本含义就是特定结果对构成该罪具有要件意义；与此相对，不是某一具体犯罪的构成要件的结果，属于非构成要件的结果。

2. 物质性的结果与非物质性的结果。前者指表现为物质性变化的结果，如人的伤亡、财产的损失等，较易认定、计量；后者指表现为非物质性变化的结果，如人格、名誉的损害，政府威望的损害等，不易认定、计量。

3. 直接的结果与间接的结果。这是根据行为与结果的联系程度进行的分类。前者指与行为存在直接因果关系的损害事实；后者指由直接结果引起、派生的其他结果。例如，"'直接经济损失'，是指与行为有直接因果关系而造成的财产损毁、减少的实际价值；'间接经济损失'，是指由直接经济损失引起和牵连的其他损失，包括失去的在正常情况下可以获得的利益和为恢复正常的管理活动或者挽回所造成的损失所支付的各种开支、费用等"。[1] "间接经济损失"属于一种间接结果，间接结果也可以作为定罪的结果。例如，滥用职权造成个人财产直接经济损失10万元以上，或者直接经济损失不满10万元，但间接经济损失50万元以上的，应予立案。

三、狭义的危害结果

（一）危害结果的特征

1. 危害结果是由刑法规定的。[2] 例如，《刑法》第232条规定的故意杀人罪的结果是人的死亡；《刑法》第233条规定的过失致人死亡罪的结果也是人的死亡；《刑法》第234条规定的故意伤害罪的结果是轻伤、重伤和死亡；《刑法》第235条规定的过失致人重伤罪的结果是重伤；《刑法》第134条规定的重大责任事故罪的结果是重大伤亡事故或者造成其他严重后果；等等。刑法分则条文中所规定的具体结果，均有其确切的含义和作用，是理解、适用该刑法条文必须掌握的内容。结合具体的刑法规定，阐释结果的含义和作用应当是最基本的方法。

2. 行为的危害结果是使直接客体遭受损害的事实。例如，致人死亡是生命法益遭受损害的事实；轻伤、重伤是健康法益遭受损害的事实；已经窃取了他人的财物，是使财产占有权遭受损害的事实；致使交通工具倾覆、毁坏造成人身伤亡或者重大财产损失，是使交通运输安全遭受损害的事实；等等。

3. 危害结果是由实行行为所造成的。作为犯罪客观要件的结果总是由实行行为造成的损害事实，也就是与实行行为具有关联性。例如，故意杀人罪、过失致人死亡罪的法定结果是死亡；故意伤害罪的法定结果是轻伤、重伤或者死亡；盗窃罪的法定结果是犯罪人已经实际控制、支配他人的财物。

---

[1] 2006年7月26日公布的《最高人民检察院关于渎职侵权犯罪案件立案标准的规定》（以下简称《渎职侵权犯罪案件立案标准的规定》）。

[2] 尽管对危害结果有不同的解释，但是，只要承认犯罪构成内容的法定性就应当确认作为其部分内容的危害结果具有同样的属性，即法定性。确认危害结果的法定性至少还能提供一个共同的基础，以便确定危害结果的含义、范围及其在犯罪构成中的地位、作用等。

（二）危害结果的地位和作用

1. 以"死亡结果"为例，同一结果具有四种不同意义。

（1）对于过失致人死亡罪，死亡结果是构成要件的结果，因为没有死亡结果，不成立过失致人死亡罪（《刑法》第 233 条）。

（2）对于故意杀人罪，发生死亡结果是"既遂"；没有发生死亡结果的可成立故意杀人罪"未完成罪"，并非不构成犯罪（《刑法》第 232 条）。

（3）对于故意伤害罪而言，致人死亡应处 10 年以上有期徒刑……是结果加重犯（《刑法》第 234 条）。

（4）对于爆炸罪而言，对不特定人存在造成"死亡结果的可能性"（现实危险），是构成该罪（危险犯）既遂的条件；对不特定人造成死亡结果的，属于结果加重犯。

这提示我们：结果必须与具体犯罪或构成要件相联系才能确定其种类和法律意义。同是"死亡结果"，对过失致人死亡罪是构成要件，对故意杀人罪是既遂的条件，对故意伤害罪是加重结果。脱离具体罪或犯罪构成，难以确定某种结果的种类或意义。构成要件的基准不同，会产生不同的说法：如果构成要件以具备分则各条基本构成（既遂罪）为基准，则既遂的结果也是（既遂罪的）构成要件的结果；如果以是否成立犯罪为基准，则既遂的结果不是构成要件结果，因为未完成罪（修正的构成）不以结果发生为要件。由此产生"结果犯"的两种意义：①过失致人死亡罪是"结果犯"，没有死亡结果不构成犯罪；②故意杀人罪也是"结果犯"，没有死亡结果不具备该罪的基本构成（既遂罪），但仍具备该罪的修正构成（未完成罪）。外国学说多以分则条文确立的"基本构成"为基准（狭义的犯罪构成），所以认为死亡结果不仅是过失致人死亡罪构成要件的结果，也是故意杀人罪构成要件的结果；我国通说则以广义构成要件为基准（包括基本构成与修正构成），死亡结果对过失致人死亡罪是构成要件结果，但对故意杀人罪不属于构成要件结果而是既遂结果。对结果的不同理解也会产生不同的说法：最狭义结果是对客体已经造成了实际的损害（实害犯），对客体"可能的"损害（危险状态）是否是结果？如果认为结果不仅包括对客体的实害，而且包括对客体的危险，则对不特定人存在造成"死亡结果的可能性"（现实危险）时也是结果，这样爆炸罪就该称"结果犯"而非"危险犯"。

2. 刑法分则中"结果"的意义、地位的归纳。

（1）把发生某种危害结果作为犯罪构成客观要件。这包括：①对于所有过失犯罪，必须造成法定的危害结果才构成犯罪。例如，造成死亡结果是过失致人死亡罪的客观要件；造成交通事故致人重伤、死亡或者致财产严重损失是交通肇事罪的客观要件。②对于少数故意犯罪，也只有发生了这种危害结果，才能构成犯罪。例如，《刑法》第 273 条规定，挪用用于救灾、抢险、防汛、优抚、扶贫、移民、救济款物的行为，必须是致使国家和人民群众利益遭受重大损害的，才构成犯罪。

（2）把发生某种危害结果作为加重刑罚的情节。即如果发生了某些特定的严重危害结果，则加重其法定刑。例如，《刑法》第 234 条规定，故意伤害致人重伤的，处 3 年以上 10 年以下有期徒刑；《刑法》第 260 条第 1 款规定，虐待家庭成员，致使被害人重伤、死亡的，处 2 年以上 7 年以下有期徒刑；《刑法》第 263 条第 5 项规定，抢劫致人重伤、死亡的，处 10 年以上有期徒刑、无期徒刑或者死刑。

在刑法理论上，对于法律规定为犯罪构成客观要件的结果，称为普通的结果，因为这样的结果具有犯罪构成必要条件或者基本要件的作用；对于法律规定为加重法定刑的结果，称为加重的结果，因为它不是成立犯罪的要件，仅是加重刑罚的要件。

第八章

（3）把发生特定的危害结果或者足以使某种特定的危害结果发生的危险，规定为犯罪既遂的必要条件。这包括：①把发生特定的危害结果作为既遂的必要条件。例如，故意杀人罪，只有造成他人死亡，才是犯罪既遂；故意伤害罪，只有造成他人身体伤害的结果，才是犯罪既遂；盗窃罪，只有实际控制、支配财物，才是犯罪既遂。②把足以使某种特定的危害结果发生的危险作为犯罪既遂的必要条件。例如，《刑法》第117条规定，破坏交通设施，足以使火车、汽车、电车、船只、航空器发生倾覆、毁坏危险的，是犯罪既遂。

第五节　因果关系

一、概述

刑法上的因果关系，是指刑法规定的危害行为与危害结果之间存在的特定联系。查明存在因果关系，是让行为人因其行为而对该结果负刑事责任的客观性条件。

（一）刑法上的因果关系是刑法条文所规定的危害行为与危害结果的关系

在我国刑法中，所有的过失犯罪以过失行为造成法定结果为要件；也有一些故意犯罪以行为造成法定结果为要件。此外，很多的故意犯罪以犯罪行为造成法定结果为加重处罚的要件或者犯罪既遂的要件。从严格意义上讲，刑法上的因果关系就是指上述法定的危害行为与危害结果之间的关系。例如，《刑法》第133条规定的违反交通运输管理法规的行为与因而发生重大事故的结果之间的关系；《刑法》第128条规定的非法出租、出借枪支的行为与造成严重后果之间的关系；《刑法》第233条规定的过失行为与致人死亡结果之间的关系；《刑法》第238条规定的非法拘禁行为与致人重伤、死亡之间的关系；《刑法》第239条规定的绑架行为与致人死亡之间的关系；《刑法》第240条规定的拐卖妇女、儿童行为与造成被拐卖的妇女、儿童或者其亲属重伤、死亡或者其他严重后果之间的关系；《刑法》第257条规定的暴力干涉婚姻自由与致使被害人死亡之间的关系；《刑法》第263条规定的抢劫行为与致人重伤、死亡的关系；等等。

当然，有的刑法条文仅仅规定了犯罪的行为，没有明文规定具体的物质性的危害结果作为构成要件、既遂的要件或者加重法定刑的要件。例如，《刑法》第246条规定的侮辱、诽谤罪，《刑法》第254条规定的报复陷害罪，《刑法》第285条规定的非法侵入计算机信息系统罪，《刑法》第294条规定的组织、领导、参加黑社会性质组织罪，《刑法》第295条规定的传授犯罪方法罪，等等。因为立法对危害行为的结果没有特别的规定，在这种情况下，行为结果与危害行为的关系及其定罪量刑的意义主要是司法斟酌掌握的问题。

（二）刑法上的因果关系是刑法要求的特定联系

这种联系最基本的内容是引起与被引起的关系。因为在刑法分则条文中，作为构成要件、犯罪既遂或者加重的结果与构成要件的危害行为一般有较密切的联系。例如，上述刑法条文中，重大事故与违反交通运输管理法规的关系；死亡与故意杀人行为的关系；致人重伤、死亡与非法拘禁、绑架、抢劫、强奸等行为的关系；致使被害人死亡与暴力干涉婚姻自由的关系；等等。刑法在表述上有时还使用一些特定的词语，例如，"因而"发生重大事故；"致"人重伤、死亡；"造成"严重后果；"致使"被害人重伤、死亡；等等，表明刑法条文本身对因果关系的要求。

此外，刑法分则有些条文往往还包含因果关系的特定进程或者内容。关于要求特定因果进程的，例如，诈骗罪必须是由于人的欺诈行为，使被害人陷入错误、产生误解，从而作出有瑕疵的财产处分，向行为人交付财物。如果行为人虽然实施了欺诈行为，但是并没有因此使他人产生误解，只是基于怜悯之心提供财物的，则诈骗行为与被害人提供财物之间不具有刑法上的因果关系，行为人就取得的财物不承担罪责，只成立诈骗罪未遂。刑法对敲诈勒索罪也同样要求这种特定的因果进程。关于要求特定的联系内容的，如抢劫和强奸致人重伤、死亡，是指何种情形下致人伤亡；交通肇事后因逃逸致人死亡，具体的情形如何；拐卖妇女、儿童与被拐卖的妇女、儿童或者其亲属重伤、死亡之间具体的关系如何；等等。这种刑法条文中确立的关于危害行为与危害结果之间联系的特定进程和内容，是法律预先设定的因果关系。它是整个刑法条文内容的一个组成部分。正确地理解这些特定的内容，对于正确适用刑法是必要的。尤其是对于刑法规定的加重刑罚的结果，正确掌握这种结果与行为之间的法定联系，对于正确定罪（尤其是一罪还是数罪）量刑具有重要意义。否认刑事立法本身对危害行为与危害结果之间的关系就有特定的要求，或者把刑法因果关系仅仅归结为司法认定问题，是不利于合理解释和适用刑法的。刑事司法中，对案件因果关系的分析、判断尽管远远超出立法界定的范围，但是它归根到底还是对案件事实是否符合法定犯罪构成要件的分析、判断，因此，它不能脱离刑事立法所确立的各种客观要件，其中包括法律所确定的行为与结果的关系。

（三）查明存在因果关系是让行为人因其行为而对该结果负刑事责任的客观性条件

确认危害行为与危害结果之间有因果关系，意味着犯罪构成客观要件中的两个因素即危害行为与危害结果之间具备了法律规定（要求）的客观性联系，或者基本构成要件的行为与加重结果之间具备了法律规定（要求）的客观性联系。如果让行为人对该危害结果负刑事责任，至少还需要行为人在主观上对自己的危害行为及其结果具有故意或者过失。也就是说，即使行为与结果具有因果关系，如果不具备犯罪构成的其他三个方面的要件，不能让行为人对该结果负刑事责任。例如，甲在驾驶汽车时由于不可预见的原因撞死了乙，甲的行为即使与乙的死亡结果有因果关系，也不负刑事责任。

二、刑法上因果关系的认定

在司法实践中，因果关系的认定一般不成问题。认定案件的因果关系，实际是在事后，从案件中出现的危害结果出发，判断哪一个（些）行为与其有因果关系。在一般情况下，只要查明案件事实，就能确定因果关系。因为案件的事实本身就包含现象（事实）之间的因果联系，并且这种联系的意义通常与刑法条文预先设定的联系具有一致性，与常识也具有一致性。例如，甲故意持枪朝乙开火，乙胸部中弹，当场死亡。查清这样的事实，不需要特别的判断、评价规则，就能够断定甲开枪杀人的行为是乙死亡的原因，甲的行为及其结果符合《刑法》第232条故意杀人罪的构成要件；再如，甲因连续半个月头晕呕吐，全身无力而被抬到医院住院治疗，经医生对症治疗，次日早晨病情好转并能起床行走，但到下午2时，病情突然恶化，经全力抢救无效于3时死亡。人们怀疑是医生打错针致死。后经尸检及调查证明，病人是由于其妻将农药注入输液瓶中而中毒身亡。在这个案件中，也是只要查明了案件事实，就能认定甲妻子的投毒行为是病人死亡的原因；医生的治疗与病人死亡之间并无因果关系。

但是在有些场合，案件中的因果关系问题会呈现出复杂的样态，需要根据一定的原理、标准，分析、判断案件的因果关系，并对其法律意义作出评价。

（一）认定因果关系的一般原理

刑法因果关系作为自然因果现象的一种，必然具有自然因果现象的普遍属性，在认定刑法因果关系时，这样的普遍属性具有一定的指导意义。

1. 因果关系的客观性。危害行为与危害结果之间的因果关系是不以人们的主观意志为转移的客观存在。承认刑法因果关系的客观性具有两个实际意义：①行为人的行为是否为某一危害结果的原因，与行为人主观思想认识无关。换言之，行为人是否料想到自己的行为可能导致该种危害结果，对因果关系的有无不发生任何影响。例如，甲用力将乙推倒，乙头部正好撞在桌角上，当即死亡。甲推乙的行为和乙的死亡之间具有因果关系，这一因果关系是客观存在的，不受人们（包括行为人本人）主观意志的影响。②行为人的行为与某一危害结果之间具有因果关系只能说明行为人具备对该结果承担刑事责任的客观性条件。换言之，最终让行为人对该结果承担刑事责任，除了存在因果关系外，还必须要求行为人在行为时主观上有罪过（故意或者过失）、具有刑事责任能力等主观方面的要件。例如，甲于深夜开车回车库，在车库院内将车倒入车位的过程中，轧死了一个睡在院内堆放的塑料薄膜下的人。该人因无钱住店，便翻墙进入车库睡觉，嫌热又挪到院内露天处堆放的塑料薄膜上，深夜下雨便钻入塑料薄膜下，被深夜回库的车轧死。根据因果关系的客观性，甲的行为与该人的死亡结果有因果关系，但是这只意味着甲具有对该死亡结果负刑事责任的客观性条件，并不意味甲一定要对该死亡结果负刑事责任。因为追究刑事责任仅有因果关系是不够的，还必须具备其他条件，如主观罪过（故意、过失）、刑事责任能力。就本案而言，甲因为没有罪过（既没有故意也没有过失）而不负刑事责任。再如，甲，15周岁，向放牛娃某乙要牛骑，遭到拒绝。甲就故意将乙所骑的牛赶到河里。乙从牛背上滑落水中淹死。甲的行为与乙死亡有因果关系，甲在主观上有过失，但还是不负刑事责任。因为甲未达到承担刑事责任的年龄。

在认定刑法因果关系时重视其客观性，使因果关系在定罪量刑方面的地位、作用大大降低，以致人们认为，即使在认定因果关系方面扩大化，也不一定导致刑事责任扩大化。因为极其偶然、间接的联系，通常也是人们难以预见、认识的联系，即使承认极其偶然、间接的联系是因果联系，但由于它们通常都是不可预见的，行为人因为缺乏罪过而不负刑事责任。换言之，在强调因果关系客观性的场合，行为人对危害结果是否承担刑事责任，关键不在因果关系上，而在主观方面有无罪过上。通过在主观要件认定上严格把关，可以避免刑事责任扩大化。这也是条件说比相当因果关系说因果关系的范围更大，却能够在司法实践中广为流行，也没有造成刑事责任扩大化的重要原因。

2. 因果关系的相对性。在社会生活中，各种现象普遍联系，一种现象相对于被它引起的结果而言是原因，而它本身又是被某种现象引起的结果，形成了无数的因果环节。例如，因为甲欺骗乙，结果使乙挪用单位100万元资金走私；因为走私，结果走私货物被海关查获没收；因为被查没，结果乙不能还款；因为资金被挪，结果工厂流动资金短缺、停产乃至破产；因为破产，结果某工人下岗……在这一串因果环节里，某现象既是前一现象的结果，又是后一现象的原因。所以，在认定因果关系时，应当注意因果的相对性，着重解决与犯罪和刑事责任有关的重要因果环节。

3. 因果关系的先后顺序性。原因和结果在时间上存在着先后顺序，即原因在先，结果在后。任何现象之间的因果关系都不可能违背这样一种顺序，刑法上的因果关系也是如此。因此，在刑事案件中，要查明引起危害结果的原因，必须从危害结果发生之前的危害行为中去查找。

4. 因果关系的规定性。自然界的因果关系指的是原因与结果之间的引起与被引起的关系，原因中具有导致结果的根据或条件。如果行为不包含导致危害结果的根据或者条件的，不认为有因果关系。例如，甲希望乙在交通事故中死亡，出资赞助乙乘飞机周游世界，乙果真遭遇空难死亡；又如，甲希望乙在交通事故中死亡，送给乙一辆大功率摩托车作为生日礼物，乙果真死于飙车。这样的情形，不能认为甲的行为与乙的死亡结果有因果关系。

5. 因果关系的复杂性。在有些场合，因果关系会呈现出复杂的形态。如一因多果、多因一果、多因多果、同因异果、异因同果等现象，这种复杂的形态在刑事案件中同样存在。

（二）学说

1. "必然因果关系说"与"偶然因果关系说"。"必然因果关系说"认为，因果关系是指危害行为与危害结果之间必然的、合乎规律的联系。也就是当某一现象必然地、合乎规律地引起另一现象时，二者才具有因果关系。只有这种必然的联系，才是刑法上的因果关系。"偶然因果关系说"的基本观点是：必然的因果关系固然是刑法上的因果关系，偶然的因果关系也是刑法上的因果关系。所谓偶然因果关系，是指当危害行为本身并不包含着产生危害结果的根据，但在其发展过程中，偶然介入其他因素，并由介入因素合乎规律地引起危害结果时，危害行为与危害结果之间就是偶然的因果关系。例如，甲持刀胁迫乙欲实行强奸，乙慌忙逃跑，甲紧追，在此过程中，乙被一汽车撞死。在此案中，车撞是乙死亡的必然原因；强奸犯甲的追击就是乙死亡的偶然原因。

"必然因果关系说"与"偶然因果关系说"的实质分歧在于：是否承认偶然的或者间接的因果关系也是刑法上的因果关系。根据我国的传统观点，必然的联系是刑法因果关系的基本的、主要的表现形式，偶然的联系是刑法因果关系非主要的表现形式。值得注意的是，在认定因果关系时，争议往往发生在偶然的联系方面，因此，它虽然不是主要的，却是理论与实践研究解决的重点。

2. "条件说"与"相当因果关系说"。在国外，关于刑法因果关系的学说众多，其中最有影响的是"条件说"与"相当因果关系说"。

"条件说"的基本观点是：行为人的行为只要是对结果自始至终发生作用的条件之一，就是该结果的原因。所谓"条件"，是指如果没有甲现象就没有乙现象这样的必要条件关系。至于是否极其偶然，或者对该结果是否还有其他条件、因素发生作用，如被害人的特异体质、自然力量或事实、被害人的行为的参与等，不影响因果关系的成立。例如：①甲持刀杀乙致伤不致命，但乙患有血液病，刀伤处流血不止而死；②甲开枪射乙未中，乙却因受枪声惊吓致心脏病突发而死；③甲入室抢劫，用黑布蒙事主的面部，事主为一个70岁老人且患有严重心脏病，在遇抢劫遭蒙面的刺激下，心脏病发作死亡；④甲挥拳殴打一患严重心血管疾病的老人，致使老人发病死亡；⑤同学打闹玩耍致一脾脏严重肿大的同学脾破裂死亡；⑥甲开枪射杀乙，未中，乙受枪声惊吓失足坠崖摔死；⑦甲追杀乙，乙慌不择路摔倒身亡；⑧甲绑架或者非法拘禁乙，乙在逃离关押场所时摔死；⑨甲、乙分别单独投放毒物，二人投放的毒物相加刚好达到致死量，致丙中毒死亡；等等。上述情形按"条件说"都具有因果关系。

但是，如果行为人的行为作为结果发生的条件之一，对结果的作用中途被其他条件打断，而由其他条件独立导致结果的，行为人的行为与结果的因果关系中断，应把后来的独立导致结果的条件视为优越的原因。例如：①甲持刀追杀乙，乙负伤奔逃中，遇仇人某丙，丙将乙射杀致死；②甲杀乙致伤，在乙住院治疗期间，丙在医院放火，乙因伤不能及时逃避而被烧死；③甲刺杀乙致伤，丙将乙送医院途中违章驾驶，交通肇事致使乙死亡；④甲交通肇事致乙受伤住院，主治医生严重不负责任造成医疗事故，致使乙伤口感染死亡；⑤甲刺伤乙，之后，丙将受伤的乙杀死；等等。甲的行为对结果的作用中途被丙的行为或者其他事实、因素打断，甲对死亡结果不负刑事责任，丙的行为或者其他事实、因素应当被视为原因。

在实际生活中，某一具体结果往往是由数个条件引起的。"条件说"把所有与结果有条件关系的现象都视为原因，引起结果的诸条件都具有原因的意义，也即认为诸条件作为原因的价值是相等的，又被称为"等价说"。

"条件说"在确定因果关系的范围上，较其他学说要宽泛，其弊端是可能导致刑事责任的扩大。但是，在坚持因果关系客观性的场合，通过认定主观上有罪过的严格把关，可以有效防止因果关系扩大化带来的刑事责任扩大化。正因为如此，"条件说"在德国、日本等国的审判实践中占有支配地位。

"相当因果关系说"认为，根据一般社会生活经验，在通常情况下，某种行为产生某种结果被认为是相当的场合，行为与结果之间就具有因果关系。"相当因果关系说"是以"条件说"为基础的，希望通过相当性修正条件即原因的标准，取具有相当性的条件作为原因，适当限制因果关系的范围，避免"条件说"可能导致的苛刻结论。所以，"相当因果关系说"也可以称为"相当条件说"，或者"条件说"的补充理论。所谓相当性，是指在日常生活经验上是一般的事态，而不是异常、稀罕的事态。"相当因果关系说"的关键是对"相当性"的判断，而在此问题上，有"客观说""主观说"和"折中说"三种主张。"相当因果关系说"引入了一个"相当性"概念，在操作上没有"条件说"简明。在司法实践中，二者的处理结论即行为人对某一结果是否承担刑事责任的结论，往往是一致的。这是"条件说"在司法实践中占主流的原因。只是在结果加重犯的场合采取"条件说"，可能导致对行为人不利的、甚至过于严厉的处理结论。这是"条件说"遭到学者批判的主要原因。

我国的刑法理论和司法实践与"条件说"的结论往往是一致的，因为：①条件是事物之间最基本也是最广泛的联系，是认定刑法因果关系比较可靠、简明的基础；②在我国的理论与实践中，普遍承认刑法因果关系的客观性，也承认部分偶然的或者间接的联系可以视为有因果关系，这势必要把条件至少是部分条件当作原因来考虑。

3. 不作为行为的因果关系。通说认为，将结果归责于不作为行为，也需具有因果关系。行为人如果履行自己的作为义务就能够防止犯罪结果发生，因不履行该作为义务而致该结果发生的，认为具有因果关系。

4. 因果关系的归责地位设定与各学说。具有因果关系是将结果归责于行为人的充足条件还是必要条件，这种设定的差异是各学说在认定因果关系上标准不同却能共存的关键。如果设定有因果关系是将结果归责于行为人的充足条件，即认定具有因果关系就应当将该结果归责于行为人，令其对结果承担刑事责任，而不能不严格限制因果关系的认定标准，要求具有"相当性"，该相当性甚至引入了社会常人的认识；如果设定有因果关系是将结果归责于行为人的必要条件，即认定具有因果关系仅仅是将该结果归责于行为人的条件之一，即使有因果关系也不当然令其对结果负刑事责任，那么就可以较宽松地把握因果关系的标准，大体要求具有"条件"关系即可，把是否令行为人对结果负刑事责任的关键判断推后到主观罪过的认定。行为引起结果发生不具有"相当性"的事情，也是常人、行为人不可能预见到的，同样阻却将该结果归责于行为人。这就是二学说在设定因果关系上存在差异却在归责上通常无差别的原因。

我国通说把"客观性"设定为因果关系的特征之一，并且设定因果关系只是归责的条件之一，二者是关联的，这样的设定就把归责的关键环节由因果关系判断推后到主观罪过的判断，与"条件说"的思路相同。基于这样的设定，不妨把因果关系的范围放宽些，所以通说认为，"偶然的"因果现象也可认为具有因果关系。对"偶然的"因果现象在进行主观归责时（罪过判断），往往因为行为人不可能预见而排除罪责。从司法实务看，偶遇疑难案件能否将结果归责于行为人一时难以判明，先根据存在简明的条件关系作出初步判断立案或受理，待日后进一步审查确认，这或许更符合实际。这大约也是"条件说"在理论上落下风在实务中占上风的原因。学说上其实大可不必论证因果关系的必然性、自然科学、哲学的因果关系的指导意义，把研究重点放在偶然因果关系上才是要务。

案例 8-3：孙金根是某塑料电器厂业主，自1990年起与本厂雇工有夫之妇赖安兰长期通奸。1993年5月4日晚7时许，孙见车间内只有赖一人上班，即上前与赖调情，被妻子张××发现。张××上前责骂赖并抓破赖的脸部，扬言要将此事告诉赖的丈夫。赖自感羞愧，于次日凌晨1时许在厂内堆料间服农药自杀身亡。初审法院认为，孙与有夫之妇通奸，造成女方服毒自杀死亡的严重后果，严重地破坏了他人的婚姻家庭，影响极坏，其行为已构成犯罪，应依照《刑法》关于类推的规定，以妨害婚姻家庭罪予以惩处。最高人民法院审核认为，孙与赖通奸，赖在奸情败露的情况下自杀身亡，孙对赖死亡后果不负刑事责任。

资料来源：《人民法院案例选（总第11辑）》，人民法院出版社1996年版，第51页。

案例 8-4：拳击有病老人致死具有因果关系案。高建生将所骑的摩托车停放在某贸易中心门前的便道上。三轮车工人康桂泉（男，66岁）为该贸易中心拉货，蹬车到该贸易中心门前时，认为"碍事"，将摩托车挪开。高建生不让动，在争执中，摩托车被碰倒，高建生即用右手打康的左胸一拳。康仰面摔倒在马路牙子下，当即"伸胳膊，蹬腿，张嘴"。在群众的协助下，高将康送医院。经抢救无效死亡。尸体检验报告如下：①死者康桂泉患有高度血管粥样硬化，形成夹层动脉瘤，因瘤破裂，引起大出血，心包填塞死亡；②死者胸部左侧有皮内出血，符合被拳击伤的情况。拳击可使夹层动脉瘤破裂。认定有因果关系，成立故意伤害罪（致人死亡）。

资料来源：《中国刑法教学案例选编》，人民法院出版社1989年版，第20页。

第六节　危害行为的时间、地点、方法（工具）和状况

一、危害行为的时间、地点、方法

任何危害行为都是在一定的时间、地点，以一定的方式方法（工具）实施的。但是在一般情况下，刑法对犯罪的时间、地点、方法不作特别的限定，所以，它们通常不是犯罪构成客观要件。例如，无论在何时、何地，以何种方式放火、杀人、强奸、抢劫，均与犯罪构成无关。

但是，如果刑法把时间、地点、方法明文规定为某种犯罪的构成条件时，它们就成为构成该罪不可缺少的条件。因此，这些条件的有无也就成为罪与非罪的标准。例如，《刑法》第341条第2款就把"禁猎区"（地点）、"禁猎期"（时间）和"使用禁用的工具、方法"规定为非法狩猎罪的客观要件。只有在法律所规定的特定的时间、地点内或者使用特定的狩猎工具、方法狩猎的，才构成犯罪。《刑法》分则中具有类似上述规定的条文还有《刑法》第376~381、434、445、446条中规定的"战时"。

此外，在《刑法》分则有些条文中，特定的时间、地点、方法是法定量刑的情节。例如，《刑法》第425条第2款规定的"战时"；第236条规定的"在公共场所当众强奸的"；第263条规定的"入户抢劫的""在公共交通工具上抢劫的"；第292条规定的"在公共场所或者交通要道聚众斗殴"；等等。

二、危害行为的状况

危害行为的状况是指危害行为发生的环境或者场合等客观性条件。通常危害行为是在何种情况下发生的，对犯罪构成没有影响。但是，如果刑法把某种状况规定为犯罪的构成条件时，它们就成为构成该罪不可缺少的条件。例如，《刑法》第277条第3款规定的"在自然灾

害和突发事件中"，就是阻碍红十字会工作人员履行职责构成妨害公务罪的要件。

危害行为的状况往往包含着特定的时空因素或者特定方式方法，因此也可以当作特定的时空条件掌握。但是，它比特定的时空条件更具综合性。例如，《刑法》第 362 条规定的"在公安机关查处卖淫、嫖娼活动时"；第 109 条规定的"在履行公务期间"；第 224 条规定的"在签订、履行合同过程中"；第 299 条（修改前）曾经规定的"在公众场合"；第 305、306 条规定的"在刑事诉讼中"；第 399 条规定的"在刑事审判活动中""在民事、行政审判活动中"；等等。

第八章

第 九 章

犯 罪 主 观 方 面

第一节　犯罪主观方面概述

一、犯罪主观方面的概念

犯罪的主观方面，指刑法规定的犯罪主体对自己的行为及其危害结果所持的心理态度。它包括犯罪故意、犯罪过失、犯罪目的、犯罪动机等主观要素。

1. 犯罪主观方面的内容是犯罪的意识即罪过心理，一方面是犯罪人对自己的行为及其危害结果的认识，即对犯罪事实的认识；另一方面是犯罪人的违法意志。罪过心理主要表现为故意和过失两种形式。此外，有的犯罪还要求主观上具有特定的犯罪目的或者动机。

犯罪的主观要件以故意或者过失的形式揭示出犯罪主体的罪过心理，为惩罚犯罪行为提供了道义上的根据。公民应当遵守法律和社会生活规则，不得侵害社会和他人的利益。这样社会才能生存，才能健康、有序地发展。如果有人无视法律和社会生活规则，故意损害他人利益、破坏社会秩序；或者因过失而造成灾难性的后果，理所当然要受到社会的谴责和国家的惩罚。刑法使用刑罚方法谴责、惩罚犯罪人，不仅仅因为行为是在客观上对法律秩序的破坏，而且因为行为人主观上"明知不可为而为之"或者"极端疏忽轻率"的罪过心态。如果没有这种罪过心态，不成立犯罪。所以，故意或者过失是犯罪主观方面的共同要件。这被称为罪过形式。

2. 犯罪主观要件是犯罪主体实施犯罪行为时的罪过心理，罪过的心理（故意或者过失等）与犯罪行为必须具有同时性。[1] 缺少这个特征，就不属于犯罪构成主观要件。例如，甲意图在次日的集体狩猎活动中伪造意外事件杀害其妻，但是，在当天擦枪时，却因为走火而击毙其妻。甲虽早有杀妻之故意，但是此故意与走火致人死亡的行为及其结果并无同时性。因此，只能认定甲在预备过程中有犯罪故意，不能认定甲对走火致人死亡的行为及其结果具有故意。甲对死亡结果只能成立过失犯罪或者意外事件。

3. 犯罪主观要件是刑法规定的成立犯罪必须具备的要件。《刑法》第 14、15 条规定了故意和过失两种心理态度，刑法分则对每一种犯罪规定具体犯罪的主观要件。行为人具有故意或者过失以及具有刑法分则对犯罪心理的特定要求，是成立犯罪的要件。

二、罪过责任原则

没有罪过就没有犯罪和刑事责任，是刑法的重要原则。大陆法系学说称其为"责任主义"或者"主观责任原则"。"主观责任原则"是在否定"客观归罪""结果责任"的基础上确立

---

[1] 罪过心理与犯罪行为同时性原理有一个例外，就是行为人使自己陷于无责任状态的情况。例如，甲大量饮酒致醉，在癫狂状态中将自己妻子杀害。甲在实施杀人行为之时，或许在事实上完全丧失辨认和控制能力，没有犯罪心理。对于这样的情况，不必要求罪过心理与犯罪行为同时。只要行为人在自陷无责任能力状态之前具有罪过心理，就能认定行为人有罪过。这在外国刑法理论中被称为"原因中的自由行为"或者"可控制的原因行为"。

的。在古代，行为在客观上造成了损害结果，行为人主观上即使没有罪过也可能要承担刑事责任，这叫作"客观归罪"或者"结果责任"。这种惩罚缺乏道义根据和教育意义。因此，近现代刑法主张主客观统一，反对客观归罪。根据我国《刑法》第16条的规定，由于不能抗拒或者不可预见的原因而造成损害结果的，不是犯罪。在立法上确立了罪责原则。

关于责任，大陆法系传统学说认为，人出于故意、过失的心理意思而实施行为侵害法益，就应当对自己的行为及其结果承担责任。在"人·意思·行为·结果"的要素中，"意思"是将损害结果归责于行为人的主观根据（心理责任论）。人须遵循道德规则：本人必须接受自己对别人做的事情，对自己行为及其后果承担责任（"道义责任论"）。刑罚的目的是让罪行受到应得惩罚（报应主义），把罪犯给别人的东西（侵害）还给罪犯（以其人之道还治其人之身）。罪刑相适应主要是刑罚的轻重与"意思·行为·结果"的轻重相称。学说的倾向是"对事不对人"，忽略"人"的因素，只是把人假定为"理性人"（自由意志）。当研究犯罪人发现他们千差万别，有的还异于常人时，这种观念受到冲击。刑罚的正当性根据由报应转向预防，责任评价的中心发生了改变。"刑罚的对象不是行为而是行为人"，既是对现况的批评，也是对转变罪责评价重心的呼吁。

新学说认为，责任的本质在于人违反规范的意识。规范就是规则、规矩，在两方面发挥作用：①对"事"提供了评判对错的标准（评价规范），衡量某事合不合规矩；②对"人"发出指令：请循规蹈矩（命令规范）！当某人做不合规矩之事时，针对该人责问为何不守规矩。若该人能守规矩（有期待可能性）而不守，则应当对自己的犯规行为承担责任（规范责任说）。

按照规范说，罪责的评价重心略有变化：①偏重"结果"的观念被改变，认为刑法对犯罪的否定不但集中在结果上，也应体现在行为上（"行为无价说"），转向重视行为自身的反规范性；②故意/过失心理是责任根据的说法被改变，强调人拒不服从规范的态度是归责根据，故意/过失心理事实只是认定人不服从规范态度的根据；③与传统观念相比较，在"人·意思·行为·结果"的要素中，规范说对罪责的评价重心略微前移，违法评价推及行为、责任评价推及人的（拒绝服从规范的）态度，甚至推及人格（人格责任）。重视评价人的不合规矩的"行为"和人的不守规矩的"态度"。这既动摇了"事后问责"的传统观念，也为刑法干预人的活动往前推移提供了理论依据。

第二节　故　意

一、故意的概念

《刑法》第14条规定："明知自己的行为会发生危害社会的结果，并且希望或者放任这种结果发生，因而构成犯罪的，是故意犯罪。"根据这个规定可知，所谓犯罪的故意，是指明知自己的行为会发生危害社会的结果，并且希望或者放任这种结果发生的心理态度。

犯罪故意由认识因素和意志因素两个心理要素组成：

（一）认识因素

认识因素，就是行为人明知自己的行为会发生危害社会的结果。"明知"（认识）的范围包括：

1. 对行为、结果以及它们之间的因果关系这样的客观事实的明确认识，具体而言是对犯罪构成事实所属情况的认识。例如，贩卖毒品罪的故意，必须具有贩卖毒品的意思。行为人怀有贩卖毒品的意思，因为认识错误贩卖了不是毒品的物质，也认为具有贩卖毒品的故意。

如果行为人没有贩卖毒品的意思，也不知道所贩卖的物质是毒品，则不能成立该种犯罪的故意。再如，《刑法》第236条规定奸淫幼女的以强奸罪定罪处罚，在得到幼女"同意"发生性行为的场合，其故意的内容是"奸淫幼女"，即认识到自己与幼女发生性行为。因为经成年女子同意发生性行为的不是犯罪行为，所以，在奸淫幼女成立强奸罪的场合，必须有与幼女发生性行为的认识。

2. 对行为及其结果具有社会危害性的认识，这是对犯罪故意进行否定评价的根据。故意的显著特征是明知不可为而为之，因此，故意的认识内容应包括行为人知道自己的所作所为是损害社会或者他人利益的，是"坏事"，有此认识，意味着行为人知其不可为。如果行为人明知其不可为而为之，是应当受到国家的谴责和惩罚的。行为人对社会危害性的认识与对自己行为违法的认识通常是一致的。因为在现代社会，辨别是非善恶的标准最终要看是否为法律所禁止或者允许。

"明知"的程度通常是对整个犯罪活动情况有一般性的认识。从犯罪构成来说，应当对自己实施的犯罪构成事实有一般性的认识，或者说"知道"；从是非善恶的价值来说，应当对自己的行为具有社会危害性有一般性的认识，通常应当知道其行为是"有害的"或者是"恶的""坏的"；从是否认识到违法而言，通常只需意识到自己的行为是法律所不允许的或者被法律所禁止，不必要求认识到违反刑法的具体规定。

如果《刑法》分则条文对具体犯罪故意的认识范围和程度有特定要求的，应当按照规定具体把握。例如，《刑法》第312条规定的"明知是犯罪所得及其产生的收益"；第258条规定的"明知他人有配偶"；第259条规定的"明知是现役军人的配偶"；第399条规定的"明知是无罪的人""明知是有罪的人"；第363条第2款规定的"明知他人用于出版淫秽书刊"；第360条规定的"明知自己患有梅毒、淋病等严重性病"；第214条规定的"销售明知是假冒注册商标的商品"；等等，都要求主体对特定的事物有明确的认识。至于什么是"明知"，则需要根据各个条文规定的具体内容和审判实践经验来确定。例如，对于掩饰、隐瞒犯罪所得罪中赃物的"明知"，根据司法经验，是指被告人知道或者应当知道是犯罪所得的赃物。

3. 客观的超过要素。根据《刑法》第129条的规定："依法配备公务用枪的人员，丢失枪支不及时报告，造成严重后果的，处……"丢失枪支不报罪以"造成严重后果的"为客观要件。问题是，该"造成严重后果"是否属于该罪故意认识的内容？不是。行为人只要明知枪支丢失且故意隐瞒不报，就具备丢失枪支不报罪的故意，不需要明知行为会"造成严重后果"。也就是说，"造成严重后果"是该罪的客观构成要件而不是主观故意认识的内容。类似的情形如《刑法》第128条第3款规定，依法配置枪支的人员，非法出租、出借枪支，造成严重后果的，依照非法出租出借枪支罪处罚。该条中的"造成严重后果"同样是客观构成要件，却不是该罪故意认识的内容。那么，"造成严重后果"算是什么呢？有学者认为，它是法律为缩小惩罚范围而设置的客观要件，这样特殊的构成要件事实被置于构成要件故意内容之外，算是故意内容中对构成要件事实认识的一个例外。

（二）意志因素

意志因素，就是行为人希望或者放任危害结果发生。所谓希望危害结果发生，表现为行为人对这种结果的积极追求，把它作为自己行为的目的，并采取积极的行动，为达到这个目的而努力；所谓放任危害结果的发生，就是听其自然，纵容危害结果的发生，对危害结果的发生虽然不积极追求却也不设法避免。

二、故意的种类

根据行为人的意志因素是希望危害结果发生还是放任危害结果发生，犯罪故意分为直接故意和间接故意。直接故意，指明知自己的行为会发生危害社会的结果并且希望这种结果发生的心理态度；间接故意，则是指明知自己的行为会发生危害社会的结果，并且放任这种危害结果发生的心理态度。

直接故意与间接故意的区别在于：①从认识因素来说，虽然都是"明知自己的行为会发生危害社会的结果"，但是行为人对行为趋势的认识有所不同。在直接故意的情况下，行为人认识到危害结果发生的可能性或者必然性；而在间接故意的情况下，行为人只认识到危害结果发生的可能性。②从意志因素上说，直接故意的意志因素，是希望这种危害社会的结果的发生，间接故意则是放任这种危害社会结果的发生。例如，甲与秘书通奸，继而向妻子乙提出离婚，遭到乙的拒绝。甲急于和情妇结婚，便产生了毒杀乙的恶念。某日，甲、乙一同赴宴，席间，甲乘机在乙的酒杯中投放了毒药。乙饮酒中毒死亡。本案中，甲明知自己的行为会造成乙的死亡，并且希望乙死亡，甲对乙的死亡结果就是直接故意。假如投放毒药的酒杯被朋友丙错拿，结果丙饮酒中毒死亡。甲明知自己的行为也可能造成宴会上其他人死亡的结果，并且放任其发生，甲对丙的死亡结果是间接故意。

直接故意犯罪是故意犯罪的主要表现形式或者典型的形式，因为人通常都是在意欲支配下故意实施犯罪追求犯罪结果的。因为对犯罪结果存在意欲，该犯罪故意明确而坚定，容易认定。间接故意犯罪是故意犯罪的特殊表现形式。虽然刑法分则条文中规定的故意犯罪，一般都包括直接故意和间接故意，但是实际发生的故意犯罪大多数是直接故意犯罪，间接故意犯罪为数不多。因为犯罪人通常是为了追求某一个犯罪结果、实现特定犯罪目的而故意犯罪的。把故意划分为直接故意与间接故意，是根据《刑法》第 14 条的规定所作的理论上的分类。在刑法条文上统称为故意犯罪。在其他方面的情况相同的条件下，直接故意比间接故意的主观恶性程度要严重，因此，在它支配下实施犯罪行为的社会危害性也较为严重。这是在量刑时必须考虑的，但是也不能把这种区别绝对化。

间接故意通常发生在为实现某个意图或目的而放任另一犯罪结果发生的特定场合。前例中，甲投毒杀害其妻乙，而对丙被毒死这种危害结果采取放任的态度，结果毒死了丙。再如，为了打鸟、打野猪等而对可能打死、打伤附近的行人这种危害结果采取放任的态度，结果把行人打死或打伤。

此外，还有在突发的情绪冲动之下，不计后果实施危害行为、放任危害结果发生的情形。例如，青年甲与乙素不相识，甲只因为乙碰撞了他一下还出言不逊，便拔出携带的刀子朝乙胸部刺了一刀，刺破心脏导致死亡。在这类"突发性"的案件中，行为人使用致命的工具、打击身体致命的部位、造成死亡结果的，司法实践一般认定行为人对结果具有间接故意。其理由是：对这类案件，虽然不能断定行为人对死亡结果持希望的态度，但是可以断定行为人认识到自己的行为可能造成死亡结果，并且不考虑或者不顾及该行为的结果。如果其行为实际导致的是死亡的结果，应当认定对该结果具有间接故意。

关于故意的种类，在刑法理论上还可以有其他的划分方法。例如，根据故意形成的时间，可以划分为临时（或者突发）故意与预谋故意；根据故意是否附加条件，可以划分有条件故意和无条件故意等。这些分类有助于深化对犯罪故意的认识。

三、故意的认定和推定

法官认定犯罪故意，实际是对他人（犯罪人）心理的猜测、揣度。通常情况下，根据常理、常识进行这种揣度没有什么困难。比如，甲婚后另结新欢乙，与乙共谋在妻子丙的饮料中投毒，致丙中毒死亡。有喜新厌旧杀妻的动机，有投毒致丙死亡的事实，有甲、乙共谋的口供，认定甲、乙具有杀人故意没有问题。

但是，因为犯罪故意毕竟是犯罪人的心理，法官或其他司法人员不过是依据常理、事实推断，有时难免会发生分歧和困难。为了方便司法操作、减少争议和分歧，司法实践逐渐总结经验，根据一定的客观事实推定犯罪人的心理，并逐渐规则化，除非有证据表明被告人确属被蒙骗足以否定犯罪故意。这种在实践中以司法推定方式认定故意的例证逐渐增多，如：

1. 《办理走私刑事案件的意见》第 5 条第 2 款指出，走私主观故意中的"明知"是指行为人知道或者应当知道所从事的行为是走私行为。具有下列情形之一的，可以认定为"明知"，但有证据证明确属被蒙骗的除外：①逃避海关监管，运输、携带、邮寄国家禁止进出境的货物、物品的；②用特制的设备或者运输工具走私货物、物品的；③未经海关同意，在非设关的码头、海（河）岸、陆路边境等地点，运输（驳载）、收购或者贩卖非法进出境货物、物品的；④提供虚假的合同、发票、证明等商业单证委托他人办理通关手续的；⑤以明显低于货物正常进（出）口的应缴税额委托他人代理进（出）口业务的；⑥曾因同一种走私行为受过刑事处罚或者行政处罚的；⑦其他有证据证明的情形。

2. 关于行为人对其走私的具体对象不明确的案件的处理问题。走私犯罪嫌疑人主观上具有走私犯罪故意，但对其走私的具体对象不明确的，不影响走私犯罪的构成，应当根据实际的走私对象定罪处罚。但是，确有证据证明行为人因受蒙骗而对走私对象发生认识错误的，可以从轻处罚。

3. 根据《最高人民法院、最高人民检察院关于办理侵犯知识产权刑事案件具体应用法律若干问题的解释》（以下简称《办理侵犯知识产权刑事案件的解释》）第 9 条的规定，具有下列情形之一的，应当认定为属于《刑法》第 214 条（销售假冒注册商标的商品罪）规定的"明知"：①知道自己销售的商品上的注册商标被涂改、调换或者覆盖的；②因销售假冒注册商标的商品受到过行政处罚或者承担过民事责任、又销售同一种假冒注册商标的商品的；③伪造、涂改商标注册人授权文件或者知道该文件被伪造、涂改的；④其他知道或者应当知道是假冒注册商标的商品的情形。

根据其他司法解释的规定，①窝藏收购赃物的犯罪"明知是赃物"；②收购、运输盗伐滥伐林木罪中的"明知是盗伐滥伐的林木"；③窝藏、包庇罪中的"明知是犯罪分子"；④强奸罪、引诱幼女卖淫罪中的"明知是幼女"；⑤诈骗罪中的"非法占有目的"等，也采取这样的推定方法。

推定与"严格责任"（或绝对责任）、"客观归罪"的效果可能相同，但法理不同。这种推定，在实体上构成强奸（奸淫幼女）、窝赃、销赃等犯罪还需要明知，即需要有罪过。只是在认定上，根据行为人实施了法律禁止的犯罪行为，如走私、窝藏、收购赃物、收购盗伐滥伐的林木、包庇罪犯、与幼女发生性行为等，就认为具有该罪的故意。如果有相反的事实证据足以证明其无辜，则可推翻这种推定。而客观归罪则在实体上就排除了对特定犯罪考虑主观罪过的问题，认为主观罪过原则存在例外。只要发生了违法事实（与幼女发生性行为等），就予以定罪，对犯罪人主观是否有故意过失在所不问。

案例 9-1：郑海艳之父与王瑞霞之夫勇××因摊位占用问题发生争吵，经他人调解，勇××让出所占位置。被害人王瑞霞、勇××见状产生不满，与郑海艳发生争执，并推拉郑家摆摊所用冰柜，致郑海艳之母刘××倒地。郑海艳见状遂抄起王瑞霞摊位上的水果刀，刺王瑞霞背部一刀，致王左肺动脉破裂、心脏左侧缘伤，造成大出血死亡。勇××见状上前夺刀，被郑海艳刺伤右腿及左肩部，造成轻伤。法院认定郑海艳持刀行凶，造成 1 人死亡，1 人轻伤，其行为已分别构成故意杀人罪、故意伤害罪。郑海艳犯故意杀人罪，判处死刑缓期二年执行，剥夺政治权利终身；犯故意伤害罪，判处有期徒刑 3 年。决定执行死刑缓期二年执行，剥夺政治权利终身。

在行为人明知行为之结果但又没有表现出希望该结果发生的场合，通常认为对该结果具有间接故意。本案被告人使用致命工具打击致命部位，足以认知死亡结果且任其发生，且不能证明其"希望"该死亡结果发生，认定为（对死亡结果）具有间接故意。因为不能证实被告人"希望"死亡结果发生，故对另一人造成的伤害结果成立故意伤害罪，不成立故意杀人罪未遂。

资料来源：最高人民法院（2001）刑复字第 218 号刑事判决书。

四、刑法上的认识错误

（一）概念和分类

1. 概念。刑法上的认识错误，是指行为人的主观认识与客观实际不相符合。

问题的由来：认定故意须认定行为人具有故意的认识要素，即构成要件事实认识和行为价值（是非善恶）的认识。行为人主观认识与客观实际相一致，自然可根据实际情况确认具有犯罪故意。比如，甲看见情敌乙，开枪将乙击毙。甲是正常的成年人，应知道杀人违法（不可为）而为之，具有违法（不遵守法律）的意志，应受到谴责。甲的主观认识"杀死乙"与实际情况"乙被杀"是一致的，自然就认定甲具有杀人的故意。前面所讲的故意认定均是针对这种普通情况（常态）而言的，但有时会偶然地出现一些特殊情况，即行为人主观认识与法律或事实不一致的情况，使犯罪故意认定复杂化，需要特别研究。例如，甲谋杀乙，结果把丙误认为乙而加以杀害。甲预想杀害乙，实际没能杀害乙却杀害了丙。这样就产生了问题：甲对丙的死亡是否成立犯罪故意？或者甲犯罪中发生的主观认识与客观实际的不一致在何种情形下影响犯罪故意的成立？

2. 分类。犯罪故意包含两项认识内容：①对自己行为及其结果的明知，具体说就是对自己实施的该当性构成要件行为及其结果的事实有明知；②对自己行为及其结果具有危害性或被法律所禁止有认识，也就是有"犯法"的意识。与故意的上述两项认识内容相对应，刑法上的认识错误分为：①事实认识错误，即行为人在故意的第一项认识内容上发生异常情况；②法律认识错误，即行为人在故意的第二项认识内容上发生异常情况。

（二）事实认识错误

1. 概念。事实认识错误，是指行为人在犯罪时预想的情况与实际发生的情况不一致。例如，甲为杀害仇人乙，在夜晚携枪潜伏于乙宅院附近，伺机开火。当乙的弟弟开门出院时，甲误认作乙而开枪将其击毙。甲因为认错对象而杀错对象，以致实际发生的情况与他预想的情况不一致，属于事实认识的错误。类似的情况还有：把无毒物质误作砒霜投毒杀人的；把男人误认作女人而实施强奸或者把甲女误认作乙女而强奸了甲女；等等。

2. "法定符合说"。对事实认识错误通说采取"法定符合说"，认定行为人的罪责。按照"法定符合说"，行为人预想的事实与实际发生的事实属于同一法定犯罪构成范围内的，被认为其法律性质相同，不阻却行为人对因错误而发生的危害结果承担故意的责任；反之，若属于不同犯罪构成之间的，被认为法律性质不同，则阻却行为人对因错误而发生的危害结果承担故意的责任。可见，按照"法定符合说"认定犯罪故意，将主客观一致控制在法定构成要件范围内保持一致的限度内，不一定要求行为人主观认识与客观实际具体一致。采取"法定符合说"，通常根据是否为同一法定构成要件范围的认识错误来划分认识错误的种类。

（三）事实认识错误的种类

事实认识错误从不同的角度可以划分出不同的种类。其中，主要是因误认对象发生的错误，此外，还有手段（工具）错误、行为性质错误、因果关系进程的错误等。

1. 对象错误。它是指行为人预想侵犯的对象与实际侵犯的对象不一致。

（1）根据误认的对象是否属于同一法定犯罪构成范围，对象错误可分为同一犯罪构成范围内的对象错误和不同犯罪构成要件之间的对象错误。

第一，同一构成要件内的对象错误，指行为人预想侵犯的对象与实际侵犯的对象属于同一法定构成要件范围内的对象，简称"同类对象错误"。例如，甲欲杀张三，却误认李四为张三而杀死了李四。甲预想侵犯的对象是张三，实际侵犯的对象是李四。由于张三和李四都是"人"，同属于《刑法》第232条"故意杀人罪"的对象，甲无论是杀了李四还是杀了张三，都是剥夺他人的生命，都没有超出故意杀人罪对象的范围。

第二，不同构成要件之间的对象错误，指行为人预想侵犯的对象与实际侵犯的对象不属于同一法定犯罪构成要件范围的对象，简称"异类对象错误"。例如，甲进入火车站以"拎包"方式盗窃作案，其目的是窃取财物。甲窃取旅客一提包之后匆匆回到住处，打开并检查包中之物，发现里面除钱财之外，还有一支手枪。甲本欲窃取财物，包中财物属于盗窃的对象；但是包中的枪支属于《刑法》第127条"盗窃枪支罪"的对象。若甲本无窃取枪支的故意，则甲盗窃时偶然地窃得枪支不在盗窃罪构成要件范围内，"枪支"与其本欲偷盗的"财物"属于不同构成要件的对象，就意外地窃取了"枪支"而言，甲属于不同构成要件的对象认识错误；再如，甲本想猎杀大熊猫却错把乙的身影误认作大熊猫而射杀了乙。熊猫属于《刑法》第341条的"危害珍贵、濒危野生动物罪"的对象；而人属于《刑法》第232条"故意杀人罪"和第233条"过失致人死亡罪"的对象，这属于不同构成要件之间对象的错误。

（2）对象错误的评价：认定犯罪故意需坚持主客观相一致，当犯罪人在犯罪过程中发生了主观认识到的情况与实际发生的情况不一致时，就产生了如何评价该认识错误的问题，或者说，该认识错误对犯罪人的故意罪责会产生何等的影响？是否能阻却故意？对此形成了"具体符合说"与"法定符合说"两种学说：

第一，"具体符合说"的评价。此说坚持认定，犯罪故意必须是犯罪人的主观认识与客观实际达到具体一致的程度。按照此说，犯罪人在犯罪过程中预想侵犯的对象与实际侵犯的对象不一致时，阻却对错误加害对象的故意罪责。例如，甲欲杀张三，却误认李四为张三而杀死了李四的，按照此说，这种对象认识错误也阻却甲对李四之死的故意。按照此说对本案的评价是：甲怀有杀害张三的故意，但故意杀人（张三）未遂；在此过程中，因为误认对象过失致李四死亡，对李四的死亡结果成立过失。结论是：甲对张三成立故意杀人罪（未遂），对李四成立过失致人死亡罪，甲一个杀人行为犯数罪（故意杀人罪未遂、过失致人死亡），属想象竞合犯，择一重罪处罚，即以故意杀人罪未遂对甲定罪处罚。具体符合说对成立犯罪故意的主客观一致性要求过高，且过于讲究法律适用技巧，背离普通人的公平感，所以现在不具有通说地位。

第二，"法定符合说"的评价。该说主张，在发生了对象认识错误的场合，若行为人预定对象与实际对象属于同一法定构成要件范围内的，不能阻却行为人对因错误而发生的危害结果成立故意。按照此说，甲欲杀张三，却误认李四为张三而杀死了李四的，虽然张三和李四是不同的具体人，但是同属于甲所犯之故意杀人罪之对象（人），二人在"法定"故意杀人罪对象上仍然一致，不阻却甲对李四之死的故意。甲对李四的死亡结果也成立故意，甲构成故意杀人罪既遂。再如，甲本以为乙的提包中装满现金，窃取了乙的提包，结果发现里面没有现金，但有大量的其他财物。因为这种错误没有超出盗窃罪窃取他人财物的范围，故不影响甲对窃取的提包内的财物承担盗窃罪责。反之，若行为人预定对象与实际对象不属于同一法定构成要件范围，则阻却行为人对因认识错误而发生的危害结果成立故意。上例中，甲拎包盗窃财物意外地窃得枪支，枪支与财物分属于不同构成要件的对象，阻却对窃得枪支的结果成立故意，甲只成立盗窃罪，不成立盗窃枪支罪。再如，甲本想猎杀大熊猫却错把乙的身影误认作大熊猫而射杀了乙，这属于不同犯罪构成之间的对象认识错误，不能把甲猎杀熊猫的故意转移到致乙死亡的结果上，甲成立危害珍贵、濒危野生动物罪的未遂，对造成乙死亡如果存在过失的，成立过失致人死亡罪，一行为触犯数罪属于想象竞合犯，择一重罪处罚。类似例子如，甲欲谋杀乙，了解乙每日傍晚有在自家院子中树下乘凉的习惯，某日傍晚携枪来到乙家院外，隐约见树下有一黑影，以为是乙在乘凉，朝黑影开数枪并听到有物体中弹倒下的声响后离去。第二日听说乙家的驴在院中被人射杀。本案中，甲本欲杀害乙（人）却因为误认对象而杀死了驴（牲畜），二者分属于不同构成要件范围，甲在此故意杀人犯罪过程中发生了不同构成要件范围的对象认识错误。在这种场合下，甲原本就有杀人的故意和行为，只是由于发生对象认识错误，而未能造成人死亡的结果，成立故意杀人罪未遂。驴不属于故意杀人罪的对象，故甲对造成"驴死亡"的结果不承担故意责任，也不因为造成"驴死亡"的结果而承担故意杀人既遂的责任。类似的情况还有：行为人把根本不含毒品的物质误认为毒品贩卖，只能构成贩毒罪未遂。如果行为人预想侵犯的对象与实际侵犯的对象在法律性质上部分相同、部分不同的，行为人只就相同的部分承担故意罪责，对不同的部分不承担故意罪责。例如，甲在盗窃提包（普通财物）时，把提包连同装在其中的枪支弹药一并窃取。如果甲不知提包中有枪弹，那么，只在盗窃普通财物的限度内承担故意罪责；对盗窃枪弹因缺乏犯罪故意，不承担故意罪责。

"法定符合说"在我国是通说，这方面的判例如：甲、乙等人夜晚在女工宿舍寻衅滋事，遭到该厂工人追赶。甲在奔逃中感觉背后有人追赶上来，此人其实是同伙乙，甲误认为是对方的人，拔刀向身后的身影刺去，结果刺死了同伙乙。法院判决甲构成故意杀人罪既遂。对本案甲的行为认定为既遂，意味着认定甲对同伙乙死亡的结果成立故意或承担故意罪责。再如，甲雇用乙、丙二人杀害丁，并且带领乙、丙到丁家附近给乙、丙指认了丁的居所和丁，乙、丙作案时走错家门认错了人，将丁的邻居张某杀害。对此案，法院对甲、乙、丙以故意杀人罪既遂定罪处刑。从定案结论看，与没有发生认识错误一样。因为按照"法定符合说"，发生的认识错误若在法定范围内一致，则不影响故意的罪责。

（3）学说关于因对象误认而导致的认识错误的分类。我国学说一般将因对象误认而导致认识错误分为两种：①对象错误，指行为人预想侵犯的对象与实际侵犯的对象在法律性质上是相同的。属于同一法定犯罪构成要件范围内的对象是法律性质相同的对象，故"对象错误"的概念等于同一法定犯罪构成要件范围的对象错误。②客体错误，指行为人预想侵犯的对象与实际侵犯的对象在法律性质上不同。分属于不同的犯罪构成要件范围的对象是法律性质不同的对象，故"客体错误"概念等于不同犯罪构成要件范围的对象错误。因为分属不同犯罪构成的对象体现为不同的客体，例如，枪支弹药体现公共安全，金钱等财物体现财产权。为窃取财物而误窃取了枪支的，就属于客体错误。

对两种错误的评价是：对象错误不阻却对错误结果成立故意或承担故意罪责；客体错误则阻却对错误的结果成立故意。其结论与"法定符合说"一致。

外国学说中，对于事实认识错误通常分为"具体事实错误"和"抽象事实错误"。同一构成要件范围内的对象错误属于"具体事实错误";不同构成要件范围的对象错误属于"抽象事实错误"。

（4）打击错误。与对象认识错误有关的一个问题是对象打击的错误。所谓对象打击的错误，是指行为人对对象的辨认无误，但是在实施侵害行为时，行为出现误差以致实际侵害的对象与预想侵害的对象不一致。例如，甲、乙并肩而行，丙欲射杀甲并且瞄准甲射击，结果却击中了乙。对象打击错误又称行为误差或者目标打击错误。对象打击错误与对象认识错误的相同点是实际侵害的对象与预想侵害的对象不一致;不同点是前者产生于行为误差，后者产生于辨认误差。对于打击错误，在我国学说和司法实践中通常也适用"法定符合说"评价。例如，吴某欲杀其叔但误杀其父案。吴某酒后因与其叔父口角，怒而抄起木棒朝其叔父猛击过去，未打中其叔父却打在自己父亲的头部（他父亲当时正在与其叔父说话），致其父亲死亡。法院认定吴某构成故意杀人罪既遂。理由是:吴某故意实行杀人行为，并且也杀死了一个人，构成故意杀人罪的既遂。至于死亡结果实际发生在他叔父身上还是他父亲身上，不影响对该结果承担故意罪责。

2. 行为方式、方法的错误。它是指行为人在实施犯罪行为时，对自己所采取的手段或者使用的工具发生认识错误。例如，在投毒杀人时，误把白糖当作砒霜;在爆炸工厂时，误把食盐当作炸药;等等。行为人在犯罪过程中发生这种错误不影响犯罪故意的成立，关键是行为人在客观上采取了错误的方式、方法，因而没有、甚至不可能造成犯罪结果的，关于是否具有可罚性，在我国刑法理论和司法实践中，对因为行为方式、方法的错误而导致犯罪未得逞的，通常认为具有可罚性，成立故意犯罪的未遂或者预备。但是，对于使用迷信或者极端愚昧的方法"犯罪"的，例如，使用念咒的方法或者使用糖精水煮鸡蛋的方法"杀人"，虽然主观上有犯意，但是在客观上无论如何都绝对不可能产生犯罪结果，因此不认为构成犯罪。

3. 因果关系的认识错误。它是指行为人最终造成了犯罪结果，但是导致犯罪结果的实际过程与预想的进程不一致。例如，甲猛掐乙的脖子致乙昏迷，为隐匿"尸体"将乙沉入河底，使处在昏迷中的乙淹死。甲以为乙是被掐死的，实际是被淹死的。这种误认不影响甲对死亡结果负故意杀人的罪责。再如，甲故意开枪射杀正在驾驶摩托车的乙，没有命中乙却命中车轮，致乙摔死。甲以为乙是被射杀的，实际乙是摔死的。因为甲的枪击行为与乙的摔死有因果关系，所以甲对乙摔死的结果应负故意杀人罪责。这类因果关系的认识错误属于同一犯罪构成范围的事实错误，按照法定符合说，不影响行为人故意罪责。

4. 非故意犯罪过程中的认识错误。人们在日常生活或者工作中，可能因为误认了对象或者用错了方法而造成损害后果。例如，在狩猎旅游的活动中，甲把另一游客乙误认为是动物而击毙;或者把一种珍稀野生动物误认为普通的动物而击毙。再如，医务人员因为打错针、发错药致患者死亡。对于这些生活、工作中发生的对象、方法错误，解决的要点是:因为行为人本来就没有犯罪的故意，所以不成立故意犯罪，只需要认定有无犯罪过失，如果行为人有过失的，对损害对象上产生的结果承担过失罪责;如果没有过失的，属于无罪过事件。

另外，人们在日常生活中发生对自己行为性质的误解。例如，甲路遇便衣警察盘查，误以为对方抢劫，从而奋起自卫。甲自以为自己的行为性质是正当防卫，实际是假想防卫。这种行为性质的认识错误是因为误认了"遭受到不法侵害"的事实而产生的，也具有事实错误的性质。对这种认识错误，一般认为行为人只有防卫的意识而没有犯罪的意识，不成立故意犯罪;如果行为人有过失，则成立过失犯罪，无过失则不负刑事责任。

狭义的事实认识错误，通常只包括故意犯罪中发生的认识错误，因为它属于故意认定的特殊情况，而非故意犯罪过程中的认识错误，属于过失认定的普通情况，只需判断因该认识错误造成危害结果是否存在过失，不涉及犯罪故意的认定。广义的事实认识错误，也包括非故意犯罪过程中的认识错误。

（四）法律认识错误

法律认识错误，是指行为人对自己行为的法律性质或意义发生误解。具体包括三种情况：

1. 行为人误认为自己的行为不是犯罪而实际上该行为是刑法规定的犯罪（假想无罪）。例如，甲是国家机关工作人员，在对外交往中收到某外宾作为礼品赠送的价值 10 万元的名贵金表，据为己有。甲认为金表是外宾送给他个人的礼物，自然归自己所有，不存在违法犯罪的问题。而实际情况是，根据《刑法》第 394 条的规定，国家工作人员在国内公务活动或者对外交往中接受礼物，依照国家规定应当交公而不交公，数额较大的，是贪污罪。在这种情况下，甲并没有意识到自己收受礼品不交公的行为是贪污罪，所以才据为己有的。这种情形的认识错误，通常简称为"假想的无罪"。再如，甲未经许可收购珍贵树木制作家具，没有意识到该行为属于《刑法》第 344 条规定的非法收购、加工国家重点保护植物及其制品的，是危害国家重点保护植物罪。

（1）"假想的无罪"是否影响犯罪故意的成立？一般认为，公民应当知法守法，不知法律不是辩解无罪的理由，所以这种误解原则上不妨碍犯罪故意的成立。对假想无罪原则上不排除罪责，但是可以酌情减轻罪责，因为在发生假想无罪的场合，行为人毕竟不是明知不可为而为之，主观恶性较小。例如，甲男明知乙女只有 13 周岁，误以为法律并不禁止征得幼女同意后的性交行为，于是在征得乙女的同意后与乙女发生了性交。甲误认为与幼女性交不犯法，其实法律规定无论采取何种方式、无论幼女是否同意，都犯法。甲显然是误解法律或者是"法盲"而无意间触犯了刑律。甲误解法律不排除罪责，所以照样构成强奸罪。但是，甲毕竟是认为其行为不违法才实施的，暗含着"如果知道违法就不实施"的意思。比起"明知不可为而为之"的人，恶性还是小些，可以酌情从宽处理。本例还涉及一个微妙的问题，就是法律认识错误与事实认识错误的区别。如果甲虽然知道与幼女性交违法，但误认为乙的年龄已满 14 周岁，不是幼女，则属于事实认识错误。具体说是事实错误中不同犯罪构成事实之间的错误，其效果大不一样，可能对罪责发生影响。

（2）法律认识错误与故意的认识内容。故意的认识内容之一是知道其犯罪行为的社会危害性，其实也就是意识到行为"犯法"。照此理解，行为人不知其行为"犯法"即发生法律认识错误，意味着欠缺故意的认识内容不成立故意。问题在于正常人从小受到道德教化、法制教育，当然能够认识到犯罪行为比如盗窃、强奸、故意杀人的危害性或违法性，因此，只要行为人有对此犯罪行为事实的认识，能够认识到其该行为的危害性、违法性，刑法对刑事责任年龄、刑事责任能力的规定就等于推定人们具有这种辨认控制能力，不需加以证明。并且，证明行为人知其行为犯法，也缺乏可操作性。

（3）罪责本质与法律错误。罪责的本质可归结为：行为人对自己的犯罪行为在主观上应受责备或谴责，表现为故意或过失。假如，行为人因为对法律误解以至于令人感到十分无辜、缺乏这种应受责备或谴责性时，从罪责的根本标准衡量，不是绝对不考虑免责的。所以，关于法律错误处理原则，通说是原则上不免除罪责。这意味着还是允许有例外的。西方刑法学说认为，承认法律错误例外可免责是刑法人性化的一个重要标志，并在一些立法例中有所体现，如法国现行刑法典。但是，鉴于我国刑法中的犯罪危害程度均较高，出现这种例外的可能性极小。

2. 行为人将在法律上不属于犯罪的行为误认为是犯罪。例如，甲复制含有色情内容的有艺术价值的文学作品，本来不构成犯罪，但他却误认为犯罪。这种认识错误，通常被简称为

"假想的犯罪"。因为判断行为性质的根据是法律,而不是行为人对法律的误解,所以,行为人假想犯罪并不改变其行为的法律性质,不成立犯罪。

3. 行为人对自己行为的罪名和刑罚轻重有误解。行为人已经知道自己的行为是被法律所禁止或者不允许的,即已经意识到自己行为的非法性,对自己行为的非法性并没有发生误解。只是对自己行为在刑法上具体属于何种犯罪以及应受何等的处罚,不了解或者有误解。例如,甲盗割正在使用的电线自以为是盗窃罪,而实际上依法是破坏电力设备罪;甲自以为该罪没有死刑,而实际上其法定最高刑有死刑。这种对法律的误认不涉及行为人有无非法性意识(或者危害性意识),因此不影响罪过的有无大小,也就不影响定罪判刑。

综上所述,行为人对法律的误解原则上不能成为免除故意罪责的理由,因此一般不影响犯罪故意的成立。在刑法理论和实践中,法律认识错误主要是"假想的无罪"的问题。

案例 9-2: 某晚 8 时许,李剑、李军华、黄贱德等 10 人到某工厂寻衅滋事、调戏女工。当该厂的厂长和工人前来制止时,李剑从同伙手中接过杀猪刀朝人群乱砍,并致一工人面部受轻伤。李剑在逃跑途中,听到后面有人跑来,误以为是工厂的工人来追他,即转身朝来人的腹部刺了一刀。其实被刺者是他的同伙黄贱德。法院认为李剑在流氓("流氓罪"已被分解、不复存在。依 1997 年《刑法》,属于寻衅滋事罪)活动中刺死一人,又构成故意杀人罪,判处死刑剥夺政治权利终身。

资料来源:《人民法院案例选(总第 8 辑)》,人民法院出版社 1995 年版,第 19 页。

第三节　犯罪的目的和动机

一、犯罪目的

犯罪目的,指犯罪人希望通过实施某种犯罪行为实现某种犯罪结果的心理态度。根据法律对犯罪目的的表述和法律意义的差别,可分为目的犯和作为直接故意核心内容的犯罪目的。

（一）目的犯

有的刑法分则条文对犯罪故意的内容或主观要件有特别的目的要求,并明文规定或予以提示,如《刑法》第 240 条第 2 款规定(拐卖妇女、儿童罪)须"以出卖为目的",根据刑法分则条文对这类犯罪主观要件在目的上的特别要求,称其为"目的犯"。"目的犯"属于刑法分则条文对主观故意(要件)的特别规定,将某种特定目的作为构成该罪的主观要件。缺乏该特定目的,意味着不具备该罪的主观要件。常见的目的犯有:

1. "以营利为目的":①《刑法》第 217 条侵犯著作权罪;②《刑法》第 218 条销售侵权复制品罪;③《刑法》第 303 条赌博罪。

2. "以牟利或者传播为目的":《刑法》第 152 条走私淫秽物品罪。

3. "以牟利为目的":①《刑法》第 228 条非法转让、倒卖土地使用权罪;②《刑法》第 363 条制作、复制、出版、贩卖、传播淫秽物品牟利罪;③《刑法》第 175 条高利转贷罪;④《刑法》第 326 条倒卖文物罪;⑤《刑法》第 265 条盗接盗用他人通信线路构成盗窃罪;⑥《刑法修正案(六)》修正前的第 187 条非法拆借、发放贷款罪。

4. "以非法占有为目的":①《刑法》第 192 条集资诈骗罪;②《刑法》第 193 条贷款诈骗罪;③《刑法》第 224 条合同诈骗罪。

5. "为谋取不正当利益":①《刑法》第 389 条行贿罪;②《刑法》第 391 条对单位行贿

罪；③《刑法》第393条单位行贿罪；④《刑法》第164条对非国家工作人员行贿罪。

在这些场合，具备法律指明的特定目的是构成该罪的必要的主观要素。这类情形通常被称为"目的犯"。即仅证明有某种故意还不足以认定具备该罪主观要件，还必须证明具有该特定目的才能认定具备该罪的主观要件。

（二）作为直接故意内容的犯罪目的

由于犯罪目的是对危害结果的追求，而追求某种危害结果是某种犯罪直接故意的基本内容，故一般意义的犯罪目的可作为特定犯罪直接故意的基本内容掌握。比如，故意杀人罪直接故意的基本内容就是希望造成死亡结果，希望他人死亡的犯罪目的同时也是直接故意杀人的基本内容。认定行为人具有希望他人死亡的目的，也就认定了行为人具有杀人的直接故意。

1. 对于某些只能惩罚直接故意的犯罪而言，具备某种目的是具备该罪直接故意的必要内容。如盗窃罪、抢劫罪、抢夺罪、敲诈勒索罪、诈骗罪以及某些金融诈骗罪等，其故意的内容通常当然包含"非法占有的目的"。当这些非法占有性质的侵犯财产罪只能由直接故意构成的场合，尽管在《刑法》分则条文中没有明示"以非法占有为目的"，在学说和司法实务中，通常也解释为构成犯罪需具有该特定目的。因为在惩罚这些仅仅由直接故意构成犯罪的场合，具备"非法占有目的"是具备该犯罪直接故意的必要内容。所以，法律"明示"须具有某种目的的"目的犯"，该目的是构成要件；法律"没有明示"须具有某种特定目的的犯罪，该目的未必不是构成要件。在只惩罚该直接故意犯罪的场合，因为该目的是该罪直接故意的必要内容，会因为缺乏该特定目的而不具备该罪的故意从而不构成犯罪。

2. 对于某些还应惩罚该罪间接故意犯罪的场合，则特定目的不一定是构成要件。如故意杀人罪，行为人在放任并非是希望造成死亡结果的场合，也可构成故意杀人罪。此时，行为人是否具有杀人的目的就不是故意的必要内容。

3. 犯罪目的只存在于直接故意犯罪中。间接故意和过失犯罪不存在犯罪目的，但可以有其他目的。

二、犯罪动机

（一）犯罪动机的一般意义

犯罪动机指推动犯罪人实施犯罪行为的内心起因。它说明犯罪人基于何种心理原因实施犯罪行为。同一犯罪行为可能出于各种不同的犯罪动机，如杀人可能出于奸情、仇恨、图财、激愤等不同的动机；出于同一犯罪动机可能实施各种不同的犯罪，如仇视社会的心理可能推动人实施杀人、放火、爆炸等不同的犯罪。犯罪动机虽然一般不是犯罪构成的主观要素，但它反映犯罪人的主观恶性，对量刑具有重要的意义。

（二）分则中犯罪动机的特殊意义

1. 作为构成要件。《刑法》第399条规定的徇私枉法罪"司法工作人员徇私枉法、徇情枉法，对……"具备这"徇私、徇情"动机显然是徇私枉法罪的要件，并且罪名中也通过"徇私"反映出来。其他法定以"徇私"作为构成要件的犯罪有：①《刑法》第401条徇私舞弊减刑、假释、暂予监外执行罪；②《刑法》第402条徇私舞弊不移交刑事案件罪；③《刑法》第403条滥用管理公司、证券职权罪；④《刑法》第404条徇私舞弊不征、少征税款罪；⑤《刑法》第405条徇私舞弊发售发票、抵扣税款、出口退税罪和违法提供出口退税证罪；⑥《刑法》第410条非法批准征收、征用、占用土地罪和非法低价出让国有土地使用权罪；⑦《刑法》第411条放纵走私罪；⑧《刑法》第412条第1款商检徇私舞弊罪；⑨《刑法》第413条第1款动植物检疫徇私舞弊罪；《刑法》第414条放纵制售伪劣商品犯罪行为罪；《刑法》第418条招收公务员、学生徇私舞弊罪；《刑法》第169条徇私舞弊低价折股、出售国有资产罪。

2. 作为法定量刑情节。①《刑法》第 397 条第 2 款规定，国家机关工作人员徇私舞弊，犯前款罪（滥用职权罪、玩忽职守罪）的。②《刑法》第 168 条第 3 款规定，国有公司、企业、事业单位的工作人员，徇私舞弊，犯前两款罪（国有公司、企业、事业单位人员失职罪和国有公司、企业、事业单位人员滥用职权罪）的，依照第 1 款的规定从重处罚。

（三）犯罪动机与犯罪目的的关系

犯罪动机是推动行为人追求某种犯罪目的的原因，犯罪目的是行为人希望通过实施某种行为实现某种结果的心理态度。就刑法而言，其注重行为人对犯罪结果的态度，因此，当行为人把某一犯罪结果作为其追求目标时，该心理内容就是犯罪目的。例如，甲为骗取保险金而杀害被保险人乙。对故意杀人罪而言，其犯罪目的是乙的死亡结果，骗取保险金是动机；但是对于保险诈骗罪而言，其骗取保险金是犯罪目的。脱离对犯罪结果的态度，难以确定犯罪的目的或动机。同一犯罪行为可能出于各种不同的犯罪动机，如杀人可能出于奸情、仇恨、图财、激愤等不同的动机；基于同一犯罪动机可能实施各种不同的犯罪，如仇视社会的心理可能推动人实施杀人、放火、爆炸等不同的犯罪。

第四节　过　失

一、过失的概念

我国《刑法》第 15 条第 1 款规定："应当预见自己的行为可能发生危害社会的结果，因为疏忽大意而没有预见，或者已经预见而轻信能够避免，以致发生这种结果的，是过失犯罪。"这个规定表明，犯罪过失，指行为人应当预见自己的行为可能发生危害社会的结果，因为疏忽大意而没有预见或者已经预见而轻信能够避免的心理态度。犯罪的过失具有以下两个特征：

1. 没有犯罪故意。对特定的危害结果成立犯罪过失是以对该结果不具有犯罪故意为前提的。具体而言，行为人对危害结果的发生既不具有希望的态度，也不具有放任的态度；如果具有犯罪故意，则成立故意罪，排斥成立过失罪。

2. 没有保持必要的小心谨慎的态度。表现为没有履行法律、规章、社会生活准则所要求的注意义务，极端马虎草率、疏忽大意，以致对应当预见并且能够预见的危害结果没有预见；或者极端轻率、过于自信，以致对已经预见的危害结果，在应当积极避免并且能够避免的情况下，竟然没有能够避免。在社会生活中，尤其是在广泛使用电力、煤气、锅炉等易燃易爆设备，广泛使用火车、汽车、飞机等高速交通工具的现代社会生活中，人们必须保持必要的谨慎态度，才能够维持社会生活的正常运行。如果行为人采取极端粗率不负责任态度，造成灾难性后果的，如火灾、车祸等，就应当依法对其行为的后果承担刑事责任。

因为犯罪过失与犯罪故意在主观恶性程度上具有本质的差别，所以，刑法规定犯罪过失的罪责与犯罪故意的罪责明显不同。具体表现为：

1. 过失犯罪，法律有规定的才负刑事责任。这意味着《刑法》分则各条规定的犯罪，在没有特别说明的情况下，其主观罪过形式当然是故意，并且不能理解为当然包括过失。只有当法律条文明示该罪的罪过形式是过失或者包括过失，过失才可能构成犯罪，承担刑事责任。这充分显示刑法是以惩罚故意犯罪为原则，以惩罚过失犯罪为例外。

2. 过失行为，只有造成严重后果的才负刑事责任。刑法中所规定的过失犯罪有一个明显的共同点就是，都必须以造成法定的严重后果为构成要件。换言之，刑法规定的过失犯罪只有既遂形态并且只处罚既遂形态；与此形成鲜明对比的是，刑法不仅处罚故意犯罪的既遂形态，而且处罚其未完成形态（预备、未遂、中止）。

3. 过失犯罪的法定刑明显轻于故意犯罪的法定刑。例如，同是致人死亡，《刑法》第232条规定的故意杀人罪的法定最高刑是死刑；而《刑法》第233条规定的过失致人死亡罪的法定最高刑是7年有期徒刑。再如，同是造成火灾，《刑法》第115条规定的放火罪的法定刑是"十年以上有期徒刑、无期徒刑或者死刑"；而《刑法》第115条第2款规定失火罪的法定刑是"三年以上七年以下有期徒刑；情节较轻的，处三年以下有期徒刑或者拘役"。

二、过失的种类

过失可以分为疏忽大意的过失和过于自信的过失。

1. 疏忽大意的过失，是指行为人应当预见自己的行为可能发生危害社会的结果，由于疏忽大意而没有预见，以致发生这种结果的心理态度。疏忽大意的过失有以下两个特征：

（1）行为人应当预见自己的行为可能发生危害社会的结果。所谓"应当预见"，有两层含义：①行为人有预见的义务。这种预见义务或者来自法律和各种规章制度所规定的共同生活规则，或者来自多年积累形成的习惯法，例如，从楼上投重物应当预见可能砸死砸伤行人，酒后驾驶应当预见可能发生事故。②行为人当时具有预见的能力。判断行为人是否具有预见能力，要根据当时行为人的主客观条件综合判断。即根据行为人本人的身心状况、知识经验、水平和能力等主观条件和当时当地的气候、地理条件、环境等客观条件全面考虑，实事求是地作出判断。预见的义务和预见能力两者必须同时具备，否则，就不能认为行为人应当预见。

（2）行为人因疏忽大意而没有预见自己的行为可能发生危害结果。所谓"疏忽大意"，就是粗心大意，马马虎虎，不认真负责。它表明行为人缺乏社会责任感，违背了社会共同生活规则要求的注意义务。例如，护士甲在给病人输液时，仅凭印象随手从床头拿起一瓶液体就给病人使用，她把针管扎进病人的静脉之后，便离去。不久，病人就死亡了。原因是护士甲错拿了盐水瓶旁边的煤油瓶，结果给病人实际输入的是煤油。又因为她当即离去，以致未能及时发现并补救失误。显然，甲应当预见到自己可能错拿药品而造成危害结果，但因为她疏忽大意而没有预见，以致造成严重后果。甲犯罪时的这种心理状态就是疏忽大意的过失。

应当预见或者没有预见都是针对行为可能发生危害结果而言的，而不是针对行为本身而言的。例如，司机甲在给汽车加油时用打火机照明，结果引起火灾，造成重大财产损失。甲有意打火照明，其行为本身谈不上是过失的，但是他对自己打火照明的行为可能引起火灾的结果应当预见，事实上却未能预见，所以具有犯罪过失。可见过失是针对行为所导致危害结果而言的。

2. 过于自信的过失，是指行为人已经预见到自己的行为可能发生危害社会的结果，但轻信能够避免，以致发生这种结果的心理态度。过于自信的过失有以下两个特征：

（1）行为人已经预见到可能发生危害社会的结果。对危害结果的预见，包括预见到危害结果发生的可能性和可能产生什么样的危害结果。

（2）行为人轻信自己能够避免危害结果的发生。所谓轻信能够避免，是指一方面行为人希望和相信能够避免危害结果发生；另一方面，行为人没有确实可靠的客观根据而轻率相信可以避免。如过高地估计了自己的能力或者不当地估计了有利条件，自以为可以避免危害结果发生，而实际上却未能避免。例如，在开春时节，司机甲开车载两名水文测量员行驶于松花江冰面上，其中一位提醒说："听说江面开始解冻，前几日有车掉入江中。"甲闻言停车，下车对冰面的坚固程度查看了一番，然后说："没有问题，我每年这个时候都要开车过来，从未出过事；我把车开慢一点，大家再给看着点。"说罢继续前进。结果没行驶多远，就遇上冰面塌陷，车掉入江中，致两名水文调查员死亡。本案中，甲某已经预见到车子可能掉入江中，但是以为根据自己的经验、判断和能力，不会发生。实际上恰恰发生了，说明甲过于自信或者草率。

两种过失的区别是：疏忽大意的过失事先对危害结果的发生没有预见，所以又称无认识的过失；过于自信的过失事先对危害结果的发生有所预见，故又称有认识的过失。

过于自信的过失与间接故意既有相似之处又有重要区别。二者的相似之处是：①都预见到危害结果可能发生；②都不是希望危害结果发生。二者的区别是：①对危害结果发生的认识程度有所不同。根据《刑法》的规定，过于自信的过失是已经预见自己的行为可能发生危害结果；间接故意是明知自己的行为会发生危害结果。可见间接故意的认识程度较高。②对危害结果所持的态度不同。过于自信的过失对危害结果的发生持否定态度，危害结果的发生是违背行为人意愿的。因此，行为人对避免危害结果往往采取积极的态度和措施，并且也有避免危害结果的客观根据；而间接故意的行为人，对危害结果的发生持放任态度，即危害结果发生也罢，不发生也罢，都不在乎，甚至纵容危害结果发生。因此，行为人对避免危害结果往往持消极的态度，并且没有避免危害结果的措施和根据，或者纯凭侥幸。

关于过失的种类，理论上常见的其他分类还有：根据是否违反业务上的注意义务，区分为普通过失与业务过失；根据疏忽或者轻率的程度，区分为轻过失与重过失。

第五节　无罪过事件

一、无罪过事件概述

无罪过事件，是指《刑法》第16条规定的情况："行为在客观上虽然造成了损害结果，但是不是出于故意或者过失，而是由于不能抗拒或者不能预见的原因所引起的，不是犯罪。"无罪过事件可以分为意外事件和不可抗力。

根据《刑法》的规定，如果无罪过（故意和过失），即使造成损害也不认为是犯罪。这意味着我国刑法确定了罪过责任原则，实现主客观相统一；摒弃了愚昧的结果责任制度，禁止客观归罪。所谓结果责任，是指只要造成损害结果，无论行为人有无罪过（故意和过失），都必须追究刑事责任。结果责任仅根据客观损害就能够定罪处罚，不考虑罪过的有无，往往会作出不合情理的处罚，不仅苛刻而且缺乏道义的根据。

二、意外事件

意外事件，是指行为在客观上虽然造成了损害结果，但不是出于行为人的故意或者过失，而是由于不能预见的原因所引起的。意外事件具有三个特征：①行为在客观上造成了损害结果；②行为人对自己行为所造成的结果既无故意也无过失；③这种损害结果的发生是由于不能预见的原因引起的。

所谓不能预见的原因，是指行为人没有预见，而且根据当时客观情况和行为人的主观认识能力，也不可能预见的原因。例如，某甲驾驶南京130型、载重量为2.5吨的货车以一档时速与其他车辆会车时，由于前、后轮所处的右边路基垮塌，导致所驾驶的货车翻于路外9米深的乱石之中，致2人死亡、1人重伤。法院认为，某甲对该交通事故案的发生，既不具有故意，也不是出于过失，而是由于路基垮塌这一不能预见的原因所致，为此宣告被告人无罪。

意外事件与疏忽大意的过失既有相似之处，又有本质的区别。二者的相似之处是行为人对危害结果的发生都没有预见。二者的区别是行为人对危害结果的发生是否应当预见。在意外事件中，对损害结果的发生是不可能预见的；在疏忽大意过失中，对危害结果的发生是应当预见并且是能够预见的，只是由于疏忽大意而没有预见。在这种情况下，行为人的主观责任是完全不同的，这就决定了前者不是犯罪，后者则构成过失罪。例如，新中国成立初期，在东北某地农村，电影放映员某甲和车夫某乙从县城取来电影胶片后，二人一同将胶片搬进屋内，顺手放在火炉边，把胶片当凳子坐着烤火。不久，二人都离去。后来，胶片被炉火烤燃，发生火灾。在本案中，电影放映员知道胶片具有易燃性，因此应当认识到把胶片放在火炉边可能引起火灾，但是他却没有注意到这个问题，以致胶片被烤燃引起火灾，说明具有过失；而车夫没有胶片易燃性方面的知识，因此不可能认识到把胶片放在炉边的危险性，也不应当要求他具有这种知识，因此，车夫对发生火灾没有过失，对他而言，是意外事件，不构成犯罪。

三、不可抗力

不可抗力，是指行为在客观上虽然造成了损害结果，但不是出于行为人的故意或者过失，而是由于不能抗拒的原因所引起的。

所谓不能抗拒的原因，是指行为人遭遇到集全部智慧和力量都无法抗衡的力量，以致不可能阻止它所引起的危害结果。这种不可抗力的来源是多方面的，可以来自大自然，如地震、火山爆发、洪水泛滥、江河决堤等；也可以来自他人，如遇到土匪袭击等；也可以来自牲畜，如惊马冲撞等；也可能来自行为人本人生理或心理障碍，如心脏病发作或幻听、幻觉出现精神失常等。

案例 9 - 3：甲是某搬运场司机，在搬运场驾车作业时违反操作规程，不慎将另一职工轧死。对甲的行为应当如何处理？

A. 按过失致人死亡罪处理　　　　　　B. 按交通肇事罪处理
C. 按重大责任事故罪处理　　　　　　D. 按意外事件处理

答案：C

1. 过失的认定："违反操作规程"的事实是认定过失的主要依据。罪责的本质是对自己行为所造成的损害存在应受责备的心态。具体到个案还是相当难把握的。业务过失判断，主要看有没有"违规、违章"，这既是业务过失的客观行为表现，也是判断业务过失的主要依据，即所谓过失判断客观化。至于普通过失判断，即在日常生活中发生问题，通常根据行为有没有违法、违反社会生活基本准则判断。

2. 对过失致人死亡的法律适用。《刑法》第134条（重大责任事故罪）、第133条（交通肇事罪）、第233条（过失致人死亡罪）均包含过失致人死亡的内容。甲"在搬运场""违反操作规程"造成事故，符合第134条重大责任事故罪的要件，业务过失优先适用，排斥《刑法》第233条（过失致人死亡罪）适用。

资料来源：2005年司法考试试卷二单选第20题。

第六节　期待可能性

一、期待可能性的概念

（一）期待可能性理论的缘起

期待可能性，指行为人在行为时存在履行守法义务避免实施犯罪行为的可能性。如果存在这种可能性，则应当负刑事责任；如果不存在这种可能性，则可成为排除责任的事由，免除或减轻刑事责任。其基本精神在于法不强人所难，当人在实施犯罪行为面前没有选择余地时，尽管存在故意或过失的心理，也可考虑排除或减轻责任。

期待可能性理论源于德国，其产生、演变波及西方刑法学的责任本质、责任论结构、责任要素乃至犯罪论体系。对此，不妨看看日本学者的概括：期待可能性"在诞生史上，是站在古典学派的立场上，意图修正与道义责任论相结合的心理责任论的缺陷而提倡规范责任论"[1]而形成的责任要素、责任观念。通过这句话可知，深入了解期待可能性理论需要具备西方刑法学的基础知识。为了简明起见，先从引发这个理论的个案说起。

（二）"癖马案"[2]

期待可能性的思想，源于德国的"癖马案"判例。被告人是马车店的车夫。该车店有一匹马常常因为尾巴缠住缰绳而受惊狂奔，极易发生事故。被告人了解该马的危险习性，当老板安排他驾驭该马前往街区运营时，就要求老板换其他马匹。老板拒绝了被告人的换马要求，并以解雇相威胁。被告人只好服从老板安排。当他驾驭该"癖马"到街头运营，该马果然恶癖发作无法控制，将人撞伤。检察官指控被告人过失伤害罪，原审法院宣告被告无罪，帝国法院维持原审无罪判决。其理由是：被告人拒绝老板的安排就会失去工作。如果认为被告人即使丢掉饭碗也应当拒绝老板安排，（国家、社会）对被告人在这种场合作这样的（守法义务）要求显属过分，故认为被告人无罪。

（三）"癖马案"的法律要点及其对责任论的影响

1. 本案被告人主观上对客观损害结果（车祸）有"已经预见但轻信能避免"的（过失）心理。传统的责任观念（心理责任论），把责任归结为行为人主观认识与外界客观事物（主要是损害结果）的心理关系。过失是一种心理现象，即应当预见自己的行为可能发生危害社会的结果，因为疏忽大意而没有预见，或者已经预见而轻信能够避免，以致发生这种结果的心理状态。行为人对行为及其结果有这样的心理认识，就应承担过失罪责（心理责任论）。本案被告人已经预见到驾驭该"癖马"可能发生事故（危害结果），仍然驾驭该马并造成危害结果，就其内在心理状态与外部事实（车祸）之间的对应关系而言，完全符合"过于自信过失"的法律标准。按照传统的责任观念（心理责任论），足以认定被告人对车祸具备过失心理。假如读者也认为本案被告人有过失应负刑事责任，并没有错，因为按照期待可能性理论产生前的责任观念，就是可以认定具备过失（心态）的。这恰恰使本判例成为著名判例并带来观念革新之处。传统观念把行为人对行为及其结果的心理作为主观归责的唯一根据，本判例一反传统观念，不是根据被告人对车祸结果有所谓的"已经预见但轻信能避免"的心理就简单认定承担过失罪责，而是认为被告人在面临"丢饭碗"与"冒险驾车作业"之间的选择时，要求被告人宁可选择丢饭碗也不选择冒险驾车实属过分，故认为被告人无罪。后来，学者对此案进一步演绎、发挥，形成规范责任论。

2. 本案被告人不应受到谴责（非难、责备）。"癖马案"被告人有传统责任观念意义上的轻信过失，但处罚他又令人感到于心不忍，二者冲突触发了反思传统责任观念、进一步探索责任本质的灵感：责任不单纯是行为人对自己的行为及其危害结果的故意、过失心理，仅凭这种心理事实不能完全满足"合理归责"的要求。责任的本质应当是行为人对自己的行为及其危害结果的应受谴责（非难、责备）性。本案被告人具备过失心理事实却令人感到不应受到责备，暴露了传统（心理）责任论的缺陷，本案被告人无罪不是因为他没有传统意义的过

---

〔1〕 ［日］大塚仁：《刑法概说（总论）》，冯军译，中国人民大学出版社 2003 年版，第 380 页。

〔2〕 此案系 1897 年 3 月 23 日德意志帝国法院第四刑事部的判例，关于此案的述评见：［德］克劳斯·罗克辛：《德国刑法学总论第 1 卷》，王世洲译，法律出版社 2005 年版，第 741 页；［日］大塚仁：《刑法概说（总论）》，冯军译，中国人民大学出版社 2003 年版，第 380 页。此处对本案的介绍源于前述二书。

失心理，而是因为他不应当受到非难。

3. 关于"心理事实"和对心理事实的"规范评价"，本书从以下三方面进行阐述。

（1）心理责任论。"心理责任论认为责任的实体是行为人的心理关系，基于其心理关系的不同，把责任的形式分为以对犯罪事实的现实认识乃至意欲为内容的故意和以其可能性为要素的过失，除了责任能力之外，具备这种故意或者过失时，就可以追究行为人的责任。"[1]

按照心理责任论，责任包括二要素：①责任能力，即辨认、控制自己行为的能力；②责任心理，即故意或过失。有责任能力者对违法事实具备故意或者过失就具备责任，这是心理责任论的要点，它从 19 世纪至 20 世纪初即在规范责任论产生之前一直居于支配地位。

（2）可谴责性与"第三"责任要素"期待可能性"。学者们发现，心理责任论把责任归结为故意或过失心理，还只是停留在心理现象层面上，不足以充分、合理地解决责任问题，因此进一步寻求责任的本质和要素。弗兰克（Reinhard von Frank）在 1907 年提出"责任是应受谴责性"，[2] 取得了突破性进展，与此相应，他提出责任要素应当是三个：①责任能力；②责任心理；③期待可能性。因为仅凭故意或过失心理，未必能确定行为人就其违法行为应受谴责，"癖马案"就证实了这一点，该案要点是被告人有责任能力、过失心理，但缺乏可谴责性。缺乏可谴责性的原因在于：被告人在当时处境下实施违法行为实属无奈，为此给予责难过于苛刻。因此，"责任的实体是行为人应该并且能够采取其他态度，却竟然作出违反该期待的行为"。[3]

（3）期待可能性与规范责任论。期待可能性理论最初是因"情理"与"法理"冲突而产生的修正法理（心理责任论）的理论。这一修正把"规范"引进了责任论。所谓"规范"，通俗说就是规矩、准则。社会有序运行依赖该准则在两方面发挥作用：①对社会而言，树立了客观的评判是非对错的标准（评价规范），用以评判人的外部行为是否适当；②对个人而言，提出了按照该标准正确行事的命令或要求（命令规范），使个人有义务遵循（义务规范）。期待可能性理论把责任评价重点转移到是否能够满足"守法要求"上，这一重点的转移，相对于心理责任论产生三个说法：

第一，"把责任概念移到了对于心理现象以规范命令为基础的价值评价上来了。这种责任认识被称为规范责任论"。[4] 因为守规矩的"要求"不是事实而是价值，有没有满足某种要求，需要依据一定的价值准则进行评价才能得出结论。期待可能性理论正是在这个意义上把规范引入责任论。期待可能性虽然存在诸多争议，但学说普遍认同规范责任论的基本点，即责任的本质是从规范角度对心理事实加以非难的可能性。"罪责概念存在于涉及人类行为（评价目的）的规范范围内……只是违法行为（§上文引）招致法制社会对自己的责难，也即构成法秩序意义上的罪责。"[5] 彻底的规范责任论，将故意中的构成要件事实认识和过失中违反客观注意义务等主观内容从责任论中剥离，归入构成要件论，使（构成要件故意或过失）"心理事实"成为规范评价对象，应受谴责性（有责性）的成立要素"变成了责任能力、不法意识的可能性与正当行为的期待可能性三个方面，从而使规范责任论成为理论逻辑上连贯一致的纯粹的规范责任学说"。[6]

〔1〕 ［日］大塚仁：《刑法概说（总论）》，冯军译，中国人民大学出版社 2003 年版，第 378 页。

〔2〕 李海东：《刑法原理入门（犯罪论基础）》，法律出版社 1998 年版，第 103 页。

〔3〕 ［日］大塚仁：《刑法概说（总论）》，冯军译，中国人民大学出版社 2003 年版，第 379 页。

〔4〕 李海东：《刑法原理入门（犯罪论基础）》，法律出版社 1998 年版，第 103 页。

〔5〕 ［德］弗兰茨·冯·李斯特：《德国刑法教科书》，徐久生译，法律出版社 2000 年版，第 252 页。

〔6〕 李海东：《刑法原理入门（犯罪论基础）》，法律出版社 1998 年版，第 103 页。

第九章

第二，既然是"要求"，就有要求"是否合理"的问题。如果要求过高，强人所难，就会与公众情感发生冲突，甚至使公众丧失对法的信任和服从。期待可能性正是从这个角度，对人不得已而为之的行为提供救济的渠道。"期待可能性指的是，刑法不应处罚根据行为时具体情况行为人不可避免的行为。换言之，刑法只应处罚可以期待行为人这样做而不那样做的行为，即期待可能的行为。"[1]

第三，把"随附事情的正常性"这样的客观内容引入责任认定中。规范是按照一般情形设定并要求公民一体遵循的。传统的责任论认为，故意或过失地违法就应当负责任，忽视人作出违法决定的特定处境，以至于不能合理解决"癖马案"的责任问题。为此，期待可能性理论提出仅有故意或过失的心理未必能合理解决责任，还须考虑"随附事情的正常性"。所谓随附事情，指行为人作出违法行为意思决定时的处境。该处境正常，表明能够期待行为人选择适法行为；若该处境异常，则可能不能期待行为人选择适法行为。这种作决定的特定"处境"是行为时的外部情况，是对具体环境如何影响行为人心理的评价。公民没有按照规范的命令行事而承担责任，须以"随附事情的正常性"为前提，这正是期待可能性理论的创新。

4. 对责任论乃至犯罪论体系的影响。欧陆传统的犯罪论体系遵循"违法是客观的、责任是主观的"这一思路，把客观要素统统归入构成要件符合性和违法性要件中；把主观要素故意或过失统统归入责任要件中。一方面，规范责任论将故意或过失视为心理事实，从而把它们从专属责任要素的成见中解脱出来，也可以成为构成要件、违法要素，打破了"违法是客观的"这一传统观念；另一方面，规范责任论提出违反守法义务（有期待的可能性）当作责任的客观基础，使责任评价由心理评价转变为规范评价，评价的标准具有客观性，从而打破了"责任是主观的"传统见解。不仅在责任论中谈论故意与过失，而且在构成要件论和违法性论中谈论故意与过失，比如，有"构成要件故意与过失""主观的违法要素""责任故意与过失"等概念。在责任论中，责任由故意与过失的心理事实认定逐步转向"违法意识"和产生"违法意识的可能性"。

二、期待可能性的适用

（一）期待可能性的判断标准

"关于判断是否存在适法行为的期待可能性的标准，从来存在对立的见解"，主要有以下几种学说：[2]

1. "国家标准说"。主张应当以期待行为人实施适法行为一方的国家或国法秩序为标准，考虑其具体要求。其理由是：国家是期待的主体，公民是期待的对象，国家对公民抱有守法的期待，应当根据行为人在特定处境下应采取的态度确定。

2. "平均人标准说"。主张把平均人放到行为人的处境看是否能够期待他们实施适法行为，根据平均人是否会实施与行为者同样的行为来确定。在日本，通说和判例采"平均人标准说"。

3. "行为人标准说"。主张以行为人自身的具体情况为标准，根据此人在此情此景之下是否能够实施适法行为。其理由是：期待可能性理论产生的动因或初衷就是体恤行为人在特定处境下缺乏选择适法行为可能性，自然应当以行为人个人的情况为标准确定是否具备可谴责性。行为人虽然不能满足国家的期待或不能达到常人的水平，但确实情有可原，在司法上通过期待可能性理论予以救济。不过对此说也存在批评的意见，认为此标准似乎过于迁就行为人，可能导致司法软弱。

〔1〕 李海东：《刑法原理入门（犯罪论基础）》，法律出版社 1998 年版，第 153 页。
〔2〕 〔日〕大塚仁：《刑法概说（总论）》，冯军译，中国人民大学出版社 2003 年版，第 378 页。

（二）期待可能性的认识错误

期待可能性的认识错误，是指行为人误信存在缺乏期待可能性的事由，而实际上并不存在。如果行为人因为陷入这种错误而没有实施适法行为的，也可以阻却责任。

（三）期待可能性在责任论中的体系地位

期待可能性是责任要素，学者对于期待可能性在责任论中的位置有三种不同的安排：①将它作为与责任能力、故意/过失并列的第三种责任要素；②将期待可能性纳入故意/过失之中，作为故意/过失的构成要素；③将期待可能性作为责任的例外要素，具有故意或过失通常认为有责任，如果没有期待可能性，可作为特殊的阻却责任事由。

（四）期待可能性的适用范围

1. 主要适用于过失行为和不作为行为。"今天，人们完全承认非过分性要求是过失构成行为中排除罪责的情况。"[1] 此外，执行命令的行为、受暴力强制的行为、紧急避险行为可能涉及期待可能性的观念。

2. 通常不适用于故意行为。期待可能性作为过失行为责任的阻却事由在理论与判例中得到了广泛承认；但是作为对故意行为阻却或减轻责任的事由"为目前的刑法理论界所基本否定。因为在故意行为中，无论行为人处于多么强的压力下，除非法律允许的例外情况，服从法律都是绝对的要求"。[2]

此外，期待可能性既可以是阻却责任的事由，也可以是减轻责任的事由。通常认为，期待可能性应属于法规范围内的阻却责任事由，不宜作为超法规的责任阻却事由。

三、期待可能性理论的借鉴意义

各国包括中国的刑法制度、司法实务和学说，不乏期待可能性观念。原因很简单，只要人们有追求法律公正合理的朴实情感，自然而然与期待可能性观念亲和。中国的实例就是在最高人民法院关于审理重婚案件的批复中指出：妇女因为被拐卖、因为逃避包办婚姻、家庭虐待而流落外地重婚的；或者因为生活所迫、逃荒要饭流落他乡重婚的，不认为是犯罪。对困境中的、无法自由选择的妇女的重婚行为的宽恕，体现了期待可能性的观念。

我国学说需要加强责任的规范评价意识。中国犯罪论体系尚停留在心理责任论阶段。我国学说存在"罪过"观念，与可谴责性或可非难性的责任本质观念一致。但对故意/过失心理事实作罪过性终局评价在理论体系上没有具体位置，认定故意/过失心理，基本等同于认定"罪过"。这导致责任评价意识的淡薄。有必要在体系上确立罪责本质、罪责评价的地位。

期待可能性理论在中国的制度背景中，也有一定的局限性。中国严格区分刑事犯罪与行政违法的二元法律结构，导致"刑事门槛"很高，挤压了期待可能性观念适用的空间。《刑法》第13条但书规定"情节显著轻微危害不大的，不认为是犯罪"。与此相应，盗窃、诈骗、敲诈勒索、侵占、故意毁损财物不够数额较大的；故意伤害致人轻微伤的；侮辱、诽谤、枉法裁判情节不够严重的；虐待、遗弃、寻衅滋事情节不够恶劣的；等等，均作非犯罪化处理。行政处罚挤压了刑事处罚的空间，需要适用期待可能性排除罪责的案件大多早已被高耸的刑事门槛提前阻却在刑事责任范围之外，几乎轮不到刑法来给国民的脆弱人性倾注同情之泪。相反，大量与犯罪行为同质的治安违法行为（比如盗窃、诈骗、伤害）仅仅因为罪量程度较低而不被认为是犯罪，使罪犯没有受到严肃认真的非难、谴责，败坏了社会的规范意识。我国刑法当前突出的问题是在这方面谦抑有余而计较不足。

---

〔1〕 ［德］克劳斯·罗克辛：《德国刑法学总论第1卷》，王世洲译，法律出版社2005年版，第741页。

〔2〕 李海东：《刑法原理入门（犯罪论基础）》，法律出版社1998年版，第154页。

第 十 章

正 当 化 事 由

第一节　正当防卫

一、正当防卫的概念和意义

根据我国《刑法》第20条的规定，正当防卫是指为了使国家、公共利益、本人或者他人的人身、财产和其他权利免受正在进行的不法侵害，而采取的制止不法侵害的行为。正当防卫的本质是制止不法侵害，保护合法利益。如果每个人都可以无限制地、自由地行使防卫权，那么人与人之间的互相加害行为就会增加，从而导致社会的不安定，社会秩序就会受到破坏。因此，国家对每个公民负有保护义务，原则上不允许私人行使防卫权利。但是，国家不可能在任何情况下保护每一个人的安全，因此，在个人的利益无法得到国家的保护时，法律允许在一定的范围、一定的限度内由个人行使防卫权。

不论社会发展阶段、国家体制如何，古今中外各国都认为正当防卫是不可处罚的行为。但是，因各国的法律制度不同，正当防卫的范围也有差异。德日等大陆法系国家把防卫的范围限定在"因防卫本人或者他人的权利免受不法侵害"，而不包括"国家和社会的利益"；而苏联和我国刑法则规定除本人或者他人权利之外，防卫的范围还包括社会和国家的利益。

德日等大陆法系国家把正当防卫作为个人的权利，对行使正当防卫权设定了明确的条件，正当防卫的范围相对较窄；在英美法系国家，正当防卫既是市民的权利，也是义务，正当防卫的条件比较宽松，允许正当防卫的范围较宽；我国刑法虽然没有把正当防卫规定为公民的义务，但事实上还是支持和鼓励公民行使正当防卫权的，因此，可以说，我国刑法中的正当防卫的范围比英美法系国家窄，但比德日等大陆法系国家宽。

二、正当防卫的条件

（一）防卫起因

正当防卫成立的前提是，必须存在正在进行的不法侵害；如果不存在不法侵害这一前提，就不存在正当防卫的问题。不法侵害中的"侵害"是广义的侵害，既包括对权利造成实害，也包括对权利产生危险；既包括作为，也包括不作为；既包括故意的不法侵害，也包括过失的不法侵害。不法侵害中的"不法"是广义的不法，并不要求必须达到刑法上的违法性，也不要求达到犯罪的程度，只要具有不法的性质即可。但是，对于合法的损害，不能实施正当防卫。合法行为包括：依法执行职务或者合法命令的行为；公民的权利行为如公民扭送现行犯的行为；正当防卫行为；紧急避险行为；等等。

不法侵害必须是客观真实存在的，而不是主观想象或者推断的。如果客观上不存在真实的不法侵害，但防卫人主观认为存在而进行"防卫"的，不是正当防卫，而是假想防卫。假想防卫的行为人不构成故意犯罪，但由于行为人主观上对不法侵害的真实性的判断存在错误，并在客观上对他人造成了损害，因此可构成过失犯罪；如果行为人在当时的具体情况下对他

第十章

人的不法侵害的真实性无法预见，在主观上没有错误的，应当按意外事件处理。

（二）防卫意图

防卫意图是正当防卫正当化根据的主观条件。正当防卫之所以是正当行为，取决于防卫意图的合法性。因此，防卫意图被称为正当防卫的"主观的正当化要素"，欠缺这一要素就不能成立正当防卫。

根据我国《刑法》第20条的规定，防卫意图是指"为了使国家、公共利益、本人或者他人的人身、财产和其他权利免受正在进行的不法侵害"。我国刑法对正当防卫保护的权利范围进行了广义的规定，除了本人和他人的权利外，还包括国家利益和公共利益。一般来说，保卫国家利益和公共利益本来是国家的任务，而不是个人的任务，而且公共利益的范围很难确定，因此，应当防止以保护国家利益或者公共利益的名义滥用防卫权。防卫意图包括防卫目的和防卫认识两个内容：①防卫目的，是指防卫人为了保护国家、公共利益、本人或者他人的人身、财产和其他权利的心理态度。防卫目的是正当防卫不可缺少的内容，如果没有这个防卫目的，就不存在正当防卫的问题。②防卫认识，是指防卫人认识到存在不法侵害人正在进行的不法侵害。防卫认识主要是有关不法侵害的认识，包括对不法侵害的事实、不法侵害人、防卫行为性质、防卫紧迫性的认识。

防卫人的防卫目的是通过防卫认识反映的，因此，防卫人是否存在正当的防卫目的，主要根据防卫认识进行判断。但是，正当防卫的防卫人多数是在情绪紧张、激愤的情况下实施的，因此，对防卫人的防卫意图不应限定过严。司法实践中，欠缺防卫意图的情况包括以下几种：

1. 挑拨防卫。挑拨防卫，也称防卫挑拨或者挑唆防卫，是指防卫人以加害的目的，故意诱惑他人对自己实施不法侵害，并对不法侵害人进行反击的行为。挑拨防卫的结构分为三个部分：①防卫人先实施挑拨行为；②然后侵害人实施不法侵害行为；③防卫人再积极地实施防卫行为。从客观上看，防卫挑拨似乎符合正当防卫的条件，但是由于防卫人不存在防卫意图而存在积极加害的意图，以正当防卫的形式掩盖积极加害的违法目的，因此欠缺正当防卫的主观要件，属于故意犯罪行为。

2. 互相斗殴。互相斗殴，是指双方均具有积极加害对方的非法意图，并积极加害对方的行为。由于双方都具有积极侵害的意图，因此欠缺正当的防卫意图要件，不属于正当防卫，双方应当分别对自己的行为承担责任。但是，在特殊情况下，互相斗殴的一方有时可能成立正当防卫。例如，斗殴的一方已经明确放弃加害，而另一方仍然继续积极加害，在这种迫不得已的情况下，互相斗殴的性质发生了变化，由原来的互相斗殴转化为攻击的一方对放弃斗殴一方进行不法侵害，因此，在该情况下，放弃斗殴的一方为了防卫而对加害方进行反击的行为，可以构成正当防卫。

案例10-1：1998年7月，被害人徐某某与被告人张某某因一句戏言发生争执，在被他人劝开后，徐某某在被告人张某某走出酒楼时，持酒瓶向张某某面部扎去。张某某躲闪不及，被扎伤左颈和面部。后张某某双手抱住徐某某的腰部将徐摔倒在地，致使徐某某被自持的碎酒瓶刺伤左下肢动、静脉，造成失血性休克，经抢救无效死亡。法院认为，徐某某持碎酒瓶伤害被告人的行为属于不法侵害，被告人为使本人的人身免受正在进行的不法侵害而采取的制止不法侵害的行为属于正当防卫。检察院以被告人张某某的行为属于互殴中的故意伤害他人，已构成故意伤害罪，不属于正当防卫为由，提出抗诉。后经上级检察院审查决定撤回抗诉。互殴双方均属于不法侵害，但是互殴停止后又加害对方的，性质就可能发生变化。互殴停止后，一方突然袭击或者继续实施侵害行为，另一方依法享有正当防卫的权利。

资料来源：最高人民法院刑一庭、刑二庭编：《刑事审判参考（第3卷·上）》，法律出版社2002年版，第81页。

3. 偶然防卫。偶然防卫，是指行为人出于某种犯罪故意侵害他人的合法利益，但因巧合在客观上发生了防卫不法侵害的效果。偶然防卫，实质上是在特定条件下不法行为人（防卫人）对不法行为人（侵害人）的侵害。例如，甲某以杀人的故意用手枪射击乙某时，乙某恰巧正持枪要杀害丙某。偶然防卫的行为人甲某在主观上欠缺正当的防卫意图，不属于正当防卫。但是，偶然防卫一方面是不法侵害行为，另一方面在客观上排除了他人的不法侵害，发生了法律允许的结果，这种结果在处理案件时应当适当考虑。

（三）防卫对象

防卫对象是不法侵害人。正当防卫是防卫人通过人身强制性或者暴力性的防卫手段迫使侵害人放弃正在进行的不法侵害。因此，防卫的对象仅限于不法侵害人本人，对没有实施加害行为的第三者不能实施正当防卫，但在符合紧急避险的条件下，可以实施紧急避险。例如，侵害人甲对乙进行侵害时，防卫人乙对第三者丙实施了某种行为。由于第三者丙没有实施不法侵害行为，因此对其不构成正当防卫，但如果防卫人乙为了保护本人或者他人的利益，在迫不得已的情况下攻击第三者时，可构成紧急避险。但是，防卫人乙某误认为第三者是加害者而实施"防卫"时，因欠缺迫不得已的条件，防卫人乙某的行为属于假想防卫，应当承担过失犯罪的责任。

不法侵害人原则上必须是具有责任能力的人。但是精神病人、未成年人的侵害行为也属于不法侵害，因此，防卫的对象一般不考虑不法侵害人的责任能力状态，对精神病人、未成年人正在进行的不法侵害也可以实施正当防卫，但防卫人在明知对方是精神病人或者未成年人的情况下，对防卫行为应当加以限制。

不法侵害主要是指人的不法侵害，但是人的行为以外的侵害事实，特别是动物的袭击（侵害）是否属于不法侵害，对包括动物在内的物是否可以实施正当防卫，对此有争论。"肯定说"认为，从客观的角度看，广义的不法侵害不仅包括人的不法侵害，而且包括动物的不法侵害，因此，对动物也可以实施正当防卫；"否定说"认为，不法侵害仅限于人的不法侵害，动物没有侵害行为可言，对动物的袭击不能实施正当防卫但可以实施紧急避险；"折中说"认为，如果动物的侵害是基于饲养主的故意或者过失的，对动物的侵害可以实行正当防卫。"折中说"是可取的。

对物的防卫主要有两种情况：①在不法侵害人甲实施不法侵害过程中，防卫人乙利用第三者之物进行防卫。在该情况下，对于不法侵害人甲来说，防卫人的行为是正当防卫，而对第三者之物来说是实施紧急避险。②不法侵害人使用第三者之物进行侵害时，从防卫人的角度看，第三者之物属于不法侵害的一部分，因此可以实施正当防卫。[1] 例如，侵害人利用动物侵害他人身体时，防卫人杀伤动物的行为属于正当防卫。

（四）防卫时间

防卫时间是正当防卫的客观条件之一，也称为正当防卫的"紧迫性"条件。正当防卫的成立要件之一是不法侵害正在进行。所谓不法侵害"正在进行"，是指防卫行为存续在不法侵害已经开始但尚未结束的阶段。因此，对过去或者将来的不法侵害进行的防卫，不属于正当防卫。

不法侵害已经开始，是指不法侵害的实行着手之时。不法侵害行为处于准备阶段时，一

---

[1] ［日］前田雅英：《刑法总论讲义》，东京大学出版会1998年版，第234~236页。

般不具备紧迫性的要件。但是，不法侵害虽然没有着手但已经迫在眉睫、不可避免，如果不实施正当防卫就可能导致国家、公共利益、个人或者他人的合法利益受到侵害时，应当认为具备紧迫性的要件；不法侵害尚未结束，是指不法侵害终止以前的阶段。不法侵害行为一旦终止，就失去正当防卫的紧迫性条件，防卫人不得对侵害人继续实施防卫行为。一般来说，不法侵害已经结束或者被制止的；不法侵害人丧失继续侵害的能力的；不法侵害已经自动中止（如侵害人逃跑）的，都属于不法侵害已经结束。

欠缺紧迫性的防卫行为也称为防卫不适时，包括事前防卫和事后防卫，一般应当按照犯罪处理。具体而言：①防卫人明知不法侵害尚未开始或者已经结束，而故意对不法侵害人进行加害的，应当构成故意犯罪；②防卫人因过失没有预见不法侵害尚未开始或者已经结束的，应当构成过失犯罪；③防卫人在客观上不能预见不法侵害尚未开始或者已经结束的，属于意外事件。

判断不法侵害的紧迫性的前提条件，是确定正当防卫的状况是否存在。确定是否存在紧迫性，应当根据客观事实进行判断，即应当根据当时的具体案件事实，判断不法侵害是否继续存在、是否已经结束。在实务中，特别容易产生争议的是防卫人从侵害人手中取得凶器的事实，即使是从侵害人手中夺取了凶器，但侵害人仍然施加侵害的，仍然应当认为存在紧迫性；相反，如果侵害人完全放弃侵害但防卫人乘机加害对方时，则不存在紧迫性的要件。

为了防卫而预先安装防卫设施的行为（如设置电网等）是否属于正当防卫，应当根据设置行为的性质进行判断。如果该行为不危害不特定多数人的公共安全，是允许的；如果该行为可能危害公共安全，则是不允许的。

（五）防卫限度

防卫限度是正当防卫与防卫过当的界限。刑法一方面允许个人行使正当防卫权，另一方面又限制和防止个人滥用正当防卫权。我国《刑法》第 20 条第 2 款明确规定，防卫行为"明显超过必要限度造成重大损害的，应当负刑事责任"。如何理解"必要限度"，在理论上有争论：①"必需说"认为，必要限度是防卫人采取反击行为时为制止不法侵害行为所必需的合理限度，只要是为了制止不法侵害而使用的手段即可；②"基本适应说"认为，应当对防卫行为与不法侵害行为在性质、手段、强度等方面进行比较，只要是大体上相当即可；③"折中说"认为，一方面应当考虑防卫行为是否为制止不法侵害所必需，另一方面应当考虑防卫行为与不法侵害是否基本相适应。我国刑法中明确规定了"明显超过必要限度"，基本上采取"必需说"。

对于明显超过必要限度的判断，不仅要权衡法律所保护权利或利益与侵害人之间的利益，而且应当从防卫行为当时的具体情况综合判断。具体地说，应当考虑以下因素：①不法侵害的强度。从不法侵害手段的强度与防卫行为所使用的防卫手段的危险性程度进行比较，防卫手段的危险性不能明显超过侵害行为的危害性程度。对于强度不大的不法侵害（如盗窃），应当使用危险性轻缓的防卫手段，在轻缓的防卫手段不能制止不法侵害时，可以使用较重的手段；对于重大的不法侵害，可以使用强度大的防卫手段。②不法侵害的紧迫性。必要限度的强度，应当根据防卫行为当时的具体状态进行判断，防卫人对于尚未实施的不法侵害的性质和强度无法预测时，应当认为该不法侵害是较重的侵害；防卫人在当时紧急情况下对于正在进行的不法侵害无法选择其他防卫方法的，应当认为没有明显超过必要限度。③不法侵害的严重性。不法侵害的性质与防卫行为所保护的利益成正比。不法侵害的性质越严重，正当防卫保护的权益价值越重大，可以实施的防卫手段也越强；相反，不法侵害的性质轻微，正当防卫保护的权益价值较小，防卫手段的强度较轻。为了保护本人的生命而对不法侵害人造成重伤，没有明显超过必要限度，但为了保护小额财产而将盗窃犯杀死，则明显超过必要限度。

三、防卫过当的处罚

防卫行为明显超过必要限度造成重大损害的，是防卫过当。防卫过当应当负刑事责任，但应当减轻或者免除处罚。防卫过当主要包括防卫手段和防卫结果明显超过必要限度，或者对轻微的不法侵害使用了过重的防卫方法。例如，对于不法侵害人徒手或用木棒等攻击，而防卫人使用凶器进行防卫的，属于明显超过必要限度，这是质的过当；不法侵害人受到反击后停止侵害或者逃跑时，防卫人继续追击进行防卫的，是量的过当，但量的过当是否构成防卫过当，应当根据当时反击行为是否明显超过制止不法侵害的程度来具体判断。

防卫过当应当减轻或者免除处罚的根据，主要有两点：①防卫人对明显超过必要限度部分的认识方面存在过失。防卫过当的防卫人主观方面的结构可以分为两个部分："正当意图 +过失"，即防卫人的防卫意图（包括防卫认识和防卫目的）是正当的，但对明显超过必要限度的部分存在过失。②明显超过必要限度的结果部分具有危害性。防卫过当的结果可以分为两部分："应有的损害 + 不应有的损害"，应有的损害部分没有社会危害性，但不应有的损害部分具有社会危害性。

四、特殊防卫

我国《刑法》第20条第3款规定："对正在进行行凶、杀人、抢劫、强奸、绑架以及其他严重危及人身安全的暴力犯罪，采取防卫行为，造成不法侵害人伤亡的，不属于防卫过当，不负刑事责任。"这一规定被称为"特殊防卫"。[1] 特殊防卫并不是无限制、无限度的防卫，而是在特定条件下允许使用杀伤不法侵害人的方法排除特定犯罪的危险性。

特殊防卫的最重要特征是，"对正在进行行凶、杀人、抢劫、强奸、绑架以及其他严重危及人身安全的暴力犯罪"没有限定防卫的手段和防卫的结果。特殊防卫的成立条件是：

1. 防卫起因的特殊性。作为防卫起因的不法侵害行为必须是"行凶、杀人、抢劫、强奸、绑架以及其他严重危及人身安全的暴力犯罪"。这些行为都会对人的生命、身体、贞操带来现实的重大危险。行凶，是指使用凶器袭击他人，可能造成他人重伤或者死亡的暴力行为；其他暴力犯罪，是指与行凶、杀人、抢劫、强奸、绑架的强度基本相当的暴力犯罪。

2. 防卫时间的特殊性。上述暴力犯罪必须具有"紧迫性（正在进行）"，并且"危及人身安全"。危及人身安全，是指上述暴力犯罪对人身安全已经产生危险性和可能性，但并不要求存在现实的危险性，面对突如其来的特定的不法侵害，要求防卫人准确地判断不法侵害行为的犯罪类型和选择防卫手段是不可能的，因此，防卫人因恐惧、惊愕、兴奋在现场杀伤犯人的，也不承担刑事责任。

3. 防卫结果的特殊性。在特殊防卫的情况下，即使防卫人造成不法侵害人死亡或者伤害的，也不构成防卫过当，不负刑事责任。但是，如果特定的不法侵害不存在，但防卫人误认为存在而实施杀伤行为时，属于假想防卫。

第二节　紧急避险

一、紧急避险的概念和意义

根据《刑法》第21条的规定，紧急避险是指为了使国家、公共利益、本人或者他人的人

---

[1] 这一规定也被称为"无限制防卫""无过当防卫""无限度正当防卫"，但是这些称呼可能使人误解为对该防卫没有任何限制。

身、财产和其他权利免受正在发生的危险，不得已采取的损害另一较小合法利益的行为。紧急避险与正当防卫都是法定的正当化事由，在各国刑法中基本都有明文规定。

紧急避险与正当防卫的最显著区别是：前者是"正当行为对正当行为"的关系；后者是"正当行为（防卫）对不正当行为（不法侵害）"的关系。也就是说，正当防卫涉及的是正当利益与不法侵害之间的关系，国家必须在最大限度上保护合法的、正当的利益，在正当权益与不法侵害之间，只要防卫行为没有明显超过必要的限度，法律就予以保护，对于"正当行为与不法行为"，不需要进行利益权衡。但是，紧急避险涉及正当利益与正当利益之间的利益权衡，当两种正当利益无法同时保全时，允许保护较大的合法利益，放弃和牺牲较小的合法利益。

在行为人不能同时履行数个互相冲突的义务的紧急情况下，法律要求行为人有义务保护较大价值的利益，如果行为人不履行特定义务或者选择了价值较低的义务，[1] 可能构成不作为犯。特别是职务上或者业务上负有特定责任的人，不得因为避免个人的合法权益受损害而实施紧急避险。当然，这并不是说有特定义务的人绝对不能紧急避险，例如，消防队员在救火时，遇到房顶塌落、火势过猛的危险状态时，也可以紧急避险。

紧急避险保护的利益应当优于被牺牲的利益，即在没有其他任何避险方法的状态下，两种利益发生冲突时，允许为了保护一方较大的利益而牺牲另一方较小的利益。但是，在利益价值相等的情况下，原则上不允许避险一方损害对方的利益。例如，船只在海上倾覆，舢板只能承载一名落水者时，强者没有权利为保存自己的生命而牺牲弱者；[2] 汽车驾驶员不能为了躲避骑自行车的人而撞死行人。

二、紧急避险的条件

（一）避险起因

只有在合法权益遭受损害的危险时，才可以实施紧急避险，因此，避险起因是紧急避险存在的前提条件。所谓的"危险"，是指可能对合法权益造成危害的紧迫事实状态，危险的来源主要包括以下几种情况：①自然灾害，如地震、火灾、风暴、山洪、海啸等；②动物的袭击；③人的生理、病理原因，如饥渴、急重病人救助等；④有责任能力人的违法犯罪行为、无责任能力人的危害行为。但不包括他人的合法行为，例如警察追捕逃犯。

（二）避险意图

避险意图是紧急避险的主观条件，即行为人认识到正在发生的危险，并希望以避险的手段保护较大合法利益的心理态度。避险意图包括避险认识和避险目的，避险认识就是认识危险正在发生；避险目的是保护国家、公共利益、本人或者他人的合法权益。但是，不能过于严格要求避险意图，因为在许多过失犯罪特别是交通肇事犯罪中，行为人可能主张自己有"避险意图"。

对于行为人自己引起的危险（自招危险）是否适用紧急避险，存在"肯定说""否定说"和"折中说"。"肯定说"认为，即使是对自己引起的危险，也可以进行紧急避险；"否定说"认为，因自己的故意或者过失引起的危险不是紧急避险中的危险，因此不能进行紧急避险；"折中说"认为，对于故意引起的危险，不允许紧急避险，对于过失引起的危险，允许紧急避险。但是，自招危险的情况十分复杂，不能一概而论，应当具体情况具体处理。

---

[1] 根据我国《民法典》第182条的规定，因紧急避险造成损害的，由引起险情发生的人承担民事责任。危险由自然原因引起的，紧急避险人不承担民事责任，可以给予适当补偿。因此，在民法上，紧急避险原则上都属于侵权行为。

[2] ［日］前田雅英：《刑法总论讲义》，东京大学出版会1998年版，第256页。

（三）避险对象

避险对象是第三者的合法权益，即为了保护较大的合法利益而损害第三者较小的合法利益。值得注意的是，在正当防卫的情况下，防卫人损害的是不法侵害人的利益，而紧急避险损害的是第三者的合法权益。

（四）避险时间

紧急避险的时间条件是存在正在发生的危险。"正在发生的危险"，是指危险状态已经开始但尚未结束的过程。从经验上看，自危险状态的开始产生到危险的实现有一个自然变化过程，变化的时间有长有短，但只要处于这个阶段，就可以实施紧急避险。当然，对于尚未到来的危险和已经结束的危险，不能实施紧急避险，这种情况称为"避险不适时"，行为人对合法权益造成损害的，应当承担刑事责任。

（五）避险方法

紧急避险必须是在"不得已"的情况下损害第三者合法权益，这是紧急避险的限制性条件或者补充性条件。所谓的"不得已"，是指没有其他任何合法方法排除危险。紧急避险是对没有实施任何违法犯罪行为的无辜第三者的合法权益造成损害，因此，必须对紧急避险的方法进行严格的限制，只有在紧急避险是唯一的方法时，才是被允许的。这被称为紧急避险的"限制性原则"。

（六）避险限度

避险行为不能超过必要限度，造成不应有的损害。必要限度是对损害的利益和保护的利益的权衡，被损害的利益必须小于避险所保护的利益。一般来说，生命与生命、身体与身体不能进行利益权衡。不能为了保护一人的生命而剥夺另一人的生命；亦不能为了保护一人的身体健康而损害他人的身体健康。另外，人的生命价值一般来说是等同的。但是，如果在没有其他任何方法的情况下，为了保护多数人的生命而牺牲少数人生命的，在刑法上不具有可罚性。从总体上说，生命权利是具有最高价值的权利；健康权高于财产权；财产权利按其价值大小衡量。

（七）避险主体限定

在职务上、业务上负有特定责任的人，不适用紧急避险关于本人避险的规定。职务上、业务上负有特定责任的人，一般包括警察、消防队员、医生等，从职务或者业务的性质上看，他们有献身于危险事业的义务，不允许他们为了自己的安全而放弃履行职务或业务。

三、避险过当的处罚

避险行为"超过必要限度造成不应有的损害的，应当负刑事责任，但应当减轻或者免除处罚"（《刑法》第21条第2款）。超过必要限度，是指避险人损害了较大或者价值相等的利益。例如，汽车司机在行驶时，突然有一辆自行车从旁边岔路横穿马路，司机刹车不及，撞倒马路边的电线杆后，撞死一名学生，撞伤多人。避险过当在避险意图上并无不当，但在利益权衡方面存在过失。避险行为本应当在两种合法利益中保全较大的合法利益却保护了较小的或者同等的合法利益，因此应当减轻或者免除处罚。

避险过当不是独立的罪名，一般应当根据具体情况，依《刑法》分则相应条款，按照过失犯罪处罚。

第三节　其他正当化事由

一、依照法律的行为

依照法律的行为也称为"法令行为"，是指依照法律行使权利或者履行义务的行为。这里的法律是广义的法律，包括法律、法令、决议、命令、条约等各种法律规范。依照法律的行为即使在形式上具有违法性也不属于刑法上具有社会危害性的行为，这种行为在法律制定当初就被预定为所保护的利益超过了被侵害的权利。在这个意义上，该行为从形式上看似乎符合犯罪构成，但是从实质上判断，该行为不仅不具有社会危害性，而且是对社会有益的行为。

依照法律的行为包括职务行为和权利行为。现分述如下：

1. 职务行为，是指法律规定公务员依照职权或者执行职务的行为。如侦查机关的侦查人员实施的逮捕、搜查等行为。职务行为的正当性的判断，有两种情况：①实体上合法但程序上违法，例如，在逮捕时没有履行必要的程序，如果事后补上合法手续，一般应当承认该职务行为的正当性；②程序上合法但履行职务时违法，例如，因暴力执法而导致暴力反抗，这种情况比较复杂，需要根据具体情况具体认定。

2. 权利行为，是指个人根据法律规定有权行使的行为。典型的例子是公民将正在实施犯罪的现行犯扭送有关机关的行为。此外还包括，家属或者监护人对精神病人进行监护或者看管，家长管教子女的行为，等等。家长管教子女的行为是民法上的权利，只要没有达到值得处罚的程度就具有正当性。但是，管教行为涉及子女重大权益时，管教行为本身应当限定在法律规定的限度内，例如，必须出于管教的正当目的，在紧急的情况下使用的手段或者方法符合法律规定，等等。个人的权利行为往往与是否构成诈骗罪、敲诈勒索罪等犯罪有关，例如，以欺骗手段取回他人占有的自己财物，或者债权人以敲诈勒索手段取得债务人财物，这些行为是否属于权利行为，存在争论。但多数观点认为，如果不符合自救行为、正当防卫等正当化事由，可构成诈骗罪或者敲诈勒索罪。[1]

二、正当的业务行为

正当的业务行为，是指社会一般公认的正当业务活动。所谓"业务"，是指基于一般社会生活上的地位反复继续实施的各种事务。业务行为包括的范围很广泛，对于各种业务行为进行具体的研究并没有实际意义。但是，医疗行为是典型的业务行为，也是正当化事由研究的重点。

医疗行为是广义概念，其中包括诊疗行为和治疗行为。诊疗行为包括疾病预防、发现病源等。在刑法上值得研究的治疗行为，仅限于使用医学上认可的方法侵袭人体的行为。虽然没有人认为外科手术行为构成伤害罪，但外科手术在外观上确实会造成对患者的伤害，但是由于治疗行为是符合社会生活需要的正当化行为，对这种行为不能按照伤害罪处罚。但是，如果滥用治疗行为对患者的身体或生命造成重大损害时，可能构成犯罪。因此，需要划分正当医疗行为的界限。

正当医疗行为的正当化条件包括以下几点：①患者的同意。正当的医疗行为的最重要条件，是患者的同意或者承诺。手术等医疗行为往往涉及患者的生命权和健康权，只有患者对自己的生命、健康等重大权利才具有决定权。因此，患者的明确且真诚的同意或者承诺，是这种带有侵袭性的医疗行为具有正当性的主要根据。相反，违反患者的意思而实施的侵袭性医疗行为，原则上符合犯罪构成的，可以构成犯罪。在患者能够表示自己的意思时，应当由患者自己行使这种决定权；患者因重患无法表达自己的意思（如神志不清），如果不进行手术患者就不能恢复时，可以推定患者本人已经同意；如果患者是未成年人或者精神病人，不能表达自己的意思时，应当由其监护人表示同意。患者的同意必须是真诚的同意，以隐瞒真实

［1］［日］大塚仁：《刑法概说（总论）》，冯军译，中国人民大学出版社2003年版，第253、269页；［日］大谷实：《刑法各论》，黎宏译，法律出版社2003年版，第209页以下。

病情、伤情等欺骗方法获得的同意不是真诚的同意。②正当的治疗目的。一般来说，正当的治疗目的与患者的同意是有关联的，如果存在患者的同意，一般应当认为存在正当的治疗目的，因为治疗行为是在患者的同意下进行的。但是，虽然没有违反患者的意思，但在医生没有充分进行说明的情况下获得的患者同意，是违反正当治疗目的的行为。当然，也不排除实施手术的人出于科研、猥亵、赚钱等目的，违背患者的意志实施手术的情况。③遵守医学规则。如果治疗行为没有遵守医学规则，使用现代医学尚未认可的方法实施侵袭性治疗行为，或者手术等行为的危险性大幅度超过治疗行为所获得的利益时，该行为不具有正当性。当然，这里涉及治疗行为与"允许的危险"的关系。如果对手术等医疗行为限制过严，可能会抑制医学的发展，社会也不能进步，因此，对于带有较大危险性的治疗行为，只要遵循医学上的规则，即使失败了，该医疗行为也具有正当性。

三、安乐死

广义的安乐死包括狭义的安乐死和尊严死。癌症晚期患者在临近死亡并陷入极度痛苦的状态时，让他人使自己尽早死亡的行为，称为狭义的安乐死。对于为植物人撤除维持其生命的装置而保持其作为人的尊严而自然死亡的行为，称为尊严死。

狭义的安乐死包括四种情况：①单纯的安乐死，即不伴随缩短生命措施的消除或者缓和死亡痛苦的方法；②带副作用的安乐死，即为了消除和缓解患者的痛苦以施加带有副作用的方法缩短其生命的方法；③消极的安乐死，即对患者停止延长生命的治疗措施使患者安详死亡的方法；④积极的安乐死，即对患者一次性地使用结束生命的药物，促使患者尽早死亡的方法。第一种安乐死不涉及缩短患者生命的问题，但后三种安乐死缩短患者的生命，可能涉及故意杀人罪等犯罪。[1]

狭义的安乐死涉及解除晚期癌症患者的痛苦与缩短患者生命的关系。从患者的角度看，安乐死是为了解除疾病的痛苦；从社会的角度看，安乐死是缩短或者剥夺患者生命的行为。传统的观点认为，生命的价值是最高的价值，即使有他人的同意，也不能剥夺他人的生命，因此，即使有患者真诚的承诺而实施安乐死，也构成杀人罪（同意杀人）。但是，从生命尊严的角度看，在例外情况下，应当尊重患者为了从痛苦中解脱而缩短自己生命的意愿。因此，随着社会的发展，一方面应当承认安乐死，另一方面应当对安乐死设定严格的条件。

根据国外的经验，狭义的安乐死必须符合以下条件：①可以实施安乐死的疾病，必须是在现代医学上被确定为不治之症，而且临近死期。"现代医学"一般是指以现代物理、生物、化学等诊断和治疗手段的西医，而不应包括以经验为诊断和治疗手段的中医。"不治之症"和"临近死期"都是相对的概念，应当根据当时的医疗水准进行判断。②患者的身体处于难以忍受的痛苦状态，但不包括精神痛苦。这里的"痛苦"主要是指身体的疼痛。③安乐死的目的是缓解患者死亡的痛苦。④必须有患者本人的嘱托或者承诺，这是安乐死的正当化根据的基础。⑤原则上必须由医生实施。⑥安乐死的方法必须符合社会公德的要求。[2]

尊严死涉及放弃治疗与缩短生命的关系。尊严死在对患者不进行维持性治疗方面，与消极的安乐死类似。但是，消极的安乐死是在死亡即将来到的情况下为了减轻痛苦而采取的方法，而尊严死是在死亡时期不确定的情况下，在患者自然死亡以前结束患者生命的方法，而不是考虑患者的痛苦。在尊严死的判例中，只有很少以刑事案件被起诉，绝大多数是民事案件。在尊严死与刑法的关系上，涉及的主要问题是：医生在救护晚期患者生命时负有什么样

〔1〕〔日〕大谷实：《刑法各论》，黎宏译，法律出版社2003年版，第201页以下。
〔2〕〔日〕前田雅英：《刑法总论讲义》，东京大学出版会1998年版，第220～221页。

的法律义务，是否构成杀人罪。多数学者认为，医生原则上负有延长患者生命的义务，但对于无意义的医疗行为，法律上允许医生撤除维持患者生命的装置。

四、被害人同意

被害人同意，是指被害人对他人侵害自己的权益表示承诺。在刑法上，被害人同意涉及个人处分权与个人法益的关系。关于被害人同意，有两种观念：①从社会伦理的角度看，对于侵害个人权益的行为，即使有被害人的同意，原则上也是不允许的，只有在特殊情况下，这种侵害个人权益的行为才是正当的；②根据个人主义刑法理论，应当尽可能尊重个人的自主决定权，但个人的自主决定权也是有限度的，需要在法律的范围内判断自主决定权与侵害个人利益的关系，同时还必须考虑个人的同意能力。在被害人同意的情况下，被害人的权益失去了刑法保护的必要性，或者说是被害人的自主决定权得到了体现，因此，被害人同意的侵害行为原则上是正当行为。

有无被害人的同意，在刑法上会产生不同的法律效果。①无论是否有被害人的同意，都不影响犯罪的成立。例如，奸淫不满 14 周岁幼女的，即使幼女在事前表示同意，也不影响强奸罪的成立。②被害人同意他人将自己杀害，也不能免除杀害者的责任。个人对自己的生命没有完全自由的处分权，不得利用他人之手处分自己的生命；同样，他人即使获得被害人的同意，也不得处分被害人的生命。③这里所说的作为正当化事由的被害人同意，需要解决同一人格的被害人内部的利益权衡问题，即被害人的同意与被害人自主决定权的利益权衡。保护优越利益的原理也同样适用于被害人的同意，因此，在被侵害的利益优越于自己决定自由的利益时，即使有被害人的同意，该侵害行为也具有违法性；相反，在被侵害的利益小于自己决定自由的利益时，该侵害行为不具有违法性。

被害人同意的正当化条件是：①同意的主体必须是能够理解该同意的内容和同意的意义的人。不能理解同意的内容和意义或者对同意的内容和意义有误解的人作出的同意，是无效的同意。同意必须由被侵害利益的主体本人作出，代理人作出的同意无效。②被害人同意必须是被害人本人出于真心、真诚的承诺，受他人欺骗作出的同意无效。③被害人同意必须存在于侵害行为实施的当时，在侵害行为之后表示的同意无效。④被害人的同意只在被害人有权自由处置的个人利益范围内有效。被害人虽然没有现实的同意，但可以推定得知如果被害人认识到该事态就会同意的，称为推定的同意。例如，医生在紧急情况下为重病患者手术治疗的行为。推定的同意根据被害人的个人意向发展方向，判断该同意与现实的同意一致时，侵害被害人利益的行为被认为是正当化行为。

五、自救行为

自救行为，是指权利受到侵害后，若通过法律正当程序获得救济，该权利的恢复事实上已经不可能或者显著困难时，个人凭借自己的力量进行救助的行为。自救行为与其他正当化事由的最大区别是：自救行为是在侵害行为或者危险已经过去而被侵害状态存续的状态下实施的事后救助。由于自救行为是对过去的不法侵害实施的自救，因此欠缺正当防卫中的"紧迫性"条件。例如，从盗窃犯手中夺回被盗物品的行为等。多数国家刑法对自救行为都没有作出明确规定。在现代法治国家，权利的救济原则上必须依靠公权力，只有在例外的情况下才允许个人的自救行为。但是，国家机关的救济是有限的，无法对每个市民的权利进行救济，因此，在一定的范围内允许个人依靠自己的力量救济自己的权利。但是，自救行为具有两面性，从积极的角度看，自救行为具有排除不法侵害保护自己正当权益的性质；从消极的角度看，自救行为是对过去的不法侵害行使私人的力量救济自己的权利，有可能危害社会整体利益的安定性。因此，只有在自救者的利益优于包括对方利益在内的社会利益时，自救行为才

第十章

是正当的。

自救行为的条件包括：①自救行为的对象是权利，而且主要限定于财产请求权。在名誉或自由受到侵害的情况下，也允许实施自救行为。[1] ②不法侵害行为造成了实害。对于正在进行的不法侵害，只能实施正当防卫，对于正在发生的危险，只能实施紧急避险，而不能进行事后自救。③存在紧急状态。自救行为是紧急行为的一种，如果通过正式的法律程序可以恢复权利时，不允许实施自救行为。④自救的目的是使权利得到恢复。自救行为不仅在客观上具有恢复权利的效果，而且在自救者主观上必须有依靠自力进行救助的意思。

第
十
章

---

〔1〕〔日〕曾根威彦：《刑法总论》，弘文堂 1995 年版，第 137 页。

第十一章

未完成罪

第一节　未完成罪概述

一、未完成罪的概念

刑法分则是以单独犯完全实现一个犯罪为典型来规定犯罪构成的。但同一种类的犯罪，有些行为可能达到既遂阶段，有些行为可能没有达到既遂阶段。达到既遂阶段的犯罪类型，称为犯罪既遂；没有达到既遂阶段的犯罪类型，称为未完成罪。[1] 未完成罪包括犯罪预备、犯罪未遂和犯罪中止。

犯罪既遂是满足全部犯罪构成要件的行为。在结果犯的情况下，需要发生犯罪结果；在举动犯的情况下，需要完全实施犯罪构成要件记述的行为，即完全实施了实行行为。在什么情况下属于发生结果，在什么情况下才属于实行行为，一般需要通过每个具体的犯罪构成要件来确定，一般来说，探讨犯罪既遂的具体犯罪构成要件是刑法分则的任务。

未完成罪是存在于预备行为开始之后、达到既遂之前的犯罪形态，犯罪预备、犯罪未遂和犯罪中止在不同程度上缺少犯罪构成要件中的一部分，探讨该欠缺部分的特征和法律后果是刑法总论需要研究的问题。

二、未完成罪的阶段性

未完成罪仅存在于故意犯罪中。故意犯罪从犯罪意图产生到既遂以前往往存在一个发展过程，在该发展过程中，实行着手的概念具有十分重要的意义。实行行为的开始称为实行着手。以实行着手为分界点，可以把故意犯罪发展过程分为两个阶段：第一个阶段是从犯罪意图的产生到犯罪着手以前阶段，即实行着手以前的预备行为阶段；第二个阶段是从实行着手以后到既遂阶段，即实行行为阶段。这两个阶段具有不同的法律意义。根据现代刑法理论，原则上从实行着手开始处罚实行着手以后的实行行为，在例外情况下处罚实行着手以前的预备行为。

在预备行为阶段，导致行为人停止着手实施犯罪的原因有两种情况：①因犯罪分子意志以外的原因而被迫停止犯罪预备行为，这是预备阶段的未遂；②行为人自动停止犯罪预备行为，这是预备阶段的中止。

在实行行为阶段，导致行为人停止继续实行犯罪的原因也有两种情况：①因行为人意志以外的原因而被迫停止继续实施犯罪行为，这是犯罪未遂（也称为障碍未遂）；②行为人自动停止实施犯罪行为或者有效防止结果发生，这是犯罪中止（也称为中止未遂）。

犯罪预备、犯罪中止、犯罪未遂、犯罪既遂分别反映该行为具有不同的社会危害性。犯

---

〔1〕　有些教科书也使用"犯罪构成过程的特殊形态""故意犯罪的停止形态""犯罪停止形态""故意犯罪阶段上的犯罪形态""故意犯罪形态""不完整的犯罪"等概念。

罪预备由于尚未进入实行着手阶段，其社会危害性程度较低；犯罪中止是行为人自动放弃继续实施犯罪，其主观恶性低于犯罪未遂；犯罪未遂没有达到犯罪既遂，其社会危害性程度低于犯罪既遂。

三、未完成罪的范围

如上所述，未完成罪只存在于故意犯罪中，因此，过失犯罪不存在未完成罪形态。过失犯罪是违反注意义务的行为，行为人并不是积极地追求犯罪结果的发生，而是对犯罪结果应当预见而没有预见或者已经预见而没有避免，在过失犯罪中并不存在指向犯罪结果发生的停止阶段。

这里所说的故意是指直接故意，间接故意也不存在未完成罪。因为间接故意的行为人对危害结果的发生持放任态度而不是追求结果发生，而未完成罪的特征是行为人主观方面追求犯罪结果的发生但因主客观条件而未达到既遂。在直接故意的犯罪类型中，并不是所有的故意犯罪都存在停止阶段。例如，举动犯（如伪证罪）是一经着手实行即完成的犯罪，不可能存在犯罪未遂和犯罪中止；激情犯是在较短的瞬间产生犯罪意图，在较短的瞬间实施犯罪的，一般也不存在未完成罪问题。

不作为犯罪分为真正不作为犯和不真正不作为犯。真正不作为犯一般是举动犯，在违反作为义务的同时，该行为即告完成，不存在犯罪未遂；如果履行作为义务需要经过一定的时间，在理论上区分着手时间和既遂时间是可能的，但事实上对这种真正不作为犯认定未遂的价值不大；不真正不作为犯可以区分着手的时间，一般来说，存在犯罪未遂的问题，其着手开始的时间是因违反作为义务而发生具体危险的开始时间。

第二节　犯罪预备

一、犯罪预备的概念

《刑法》第22条第1款规定："为了犯罪，准备工具、制造条件的，是犯罪预备。"根据这一规定，犯罪预备是指行为人为实施犯罪而开始创造条件，但由于行为人意志以外的原因而未能着手实行的犯罪停止形态。

犯罪预备与犯罪预备阶段是两个不同的概念。犯罪预备阶段，是指犯意产生到实行着手以前的犯罪行为阶段。犯罪预备只能存在于犯罪预备阶段，但犯罪预备阶段不仅包括犯罪预备，还包括犯罪预备阶段的中止。犯罪预备和犯意表示有着本质的区别，犯意是存在于行为人内心的犯罪意图，犯意表示是犯罪意图在外部的单纯流露。仅仅有犯意表示并不表明行为人在客观上追求危害社会的结果。当然，犯意表示对社会存在潜在的危害，但各国立法者认为这种对社会具有潜在危害性的犯意表示不具有可罚性。犯罪预备不仅仅是犯罪意图表现在外部，而且是行为人为了实行犯罪采取了一定的行动，即准备工具、制造条件。准备工具、制造条件的行为可以从客观上辨认该行为的样态，表明行为人的行为已经超过了犯意表示的范围而向着手实行的方向发展，因此，犯罪预备存在对社会造成现实危害的可能性。

预备行为和实行行为是故意犯罪不同阶段的两种行为。以实行着手为分界点，预备行为存在于实行着手以前阶段；实行行为存在于实行着手以后阶段。预备行为具有对社会造成现实危害的可能性；而实行行为对社会具有现实的危险性。犯罪预备可分为两种类型：①普通的犯罪预备，即预备行为发展下去就可能实行特定的犯罪。例如，为了实施杀人行为而准备工具的，是故意杀人罪（即基本犯）的预备行为。②犯罪预备行为本身就是一个完整的、独立的基本犯。例如，《刑法》第103条第1款规定的分裂国家罪，处罚的对象行为实际上是组织、策划等准备分裂国家的行为本身。前者是刑法总则研究的内容；后者是刑法分则研究的内容。

二、犯罪预备的特征

（一）已经实施了预备行为

已经实施了预备行为是犯罪预备的客观特征。已经实施了预备行为，是指行为人为了实施犯罪而准备工具、制造条件。是否已经实施了预备行为，是犯罪预备与犯意表示的主要区别。在行为人存在犯意的情况下，该犯意只是停顿在单纯犯意表示状态，并没有发展到为了实行犯意所指向的犯罪而进行准备；在犯罪预备的情况下，行为人的犯意已经指向特定的犯罪，并为了实现该犯罪而在客观上实施了准备行为（准备工具、制造条件）。

犯罪预备行为主要包括两种类型：①准备犯罪工具，这是犯罪预备的典型形式。所谓准备工具，是指行为人事先准备其犯罪意图所指向的、供特定犯罪使用的工具。准备工具也是制造条件的一种，但以有形性和物化性为特征。例如，为了犯罪而准备匕首、枪支等。犯罪工具的种类和获得的途径多种多样，对犯罪预备的成立没有影响。②制造条件，这是犯罪预备的非典型形式。制造条件的情况是多种多样的，一般具有非有形性、非物化、非限定性特征。从理论上说，除准备工具以外的一切便利于实行犯罪的情况，都属于制造条件。例如，事先准备犯罪手段，调查犯罪地点和被害人行踪，清除阻碍实行犯罪的障碍等。在认定行为人是否实施了预备行为时，必须确定准备的工具和制造的条件是否与行为人的犯意指向有必然联系。

（二）主观目的是实行犯罪

刑法条文中规定的"为了犯罪"这一主观目的，包括行为人"为了实行犯罪"和"为了实现犯罪"两个含义。行为人的主观犯罪意图是直接指向实行着手，而最终的目的是实现其犯罪意图所指向的犯罪。当然，最终是否能够实现犯罪目的，取决于故意犯罪发展过程中行为人主观心理态度变化和客观条件。

（三）尚未着手实行犯罪

尚未着手，是指行为人尚未开始实施其犯罪意图所指向的基本犯的实行行为。例如，故意杀人罪是基本犯，杀人行为是故意杀人罪的实行行为，准备杀人工具的行为是故意杀人罪的预备行为，尚未着手实行犯罪就是指尚未着手实行故意杀人罪的实行行为。如上所述，犯罪预备与犯罪未遂、犯罪中止的区别是有无"实行着手"，如果行为人开始准备实行犯罪但尚未着手的，是犯罪预备或者犯罪中止；如果行为人开始着手实行的，是犯罪未遂或者犯罪中止；行为人一旦实行着手，预备行为被实行行为所吸收。

（四）尚未着手是由于行为人意志以外的原因引起的

行为人尚未着手实行犯罪受两个原因的影响：①行为人意志以外的客观原因的影响；②行为人主观原因的影响。因行为人意志以外的客观原因影响行为人尚未着手的，是犯罪预备；因行为人主观原因的影响而自动放弃实行着手的，是犯罪预备阶段的中止。因此，尚未着手的原因是区分犯罪预备和预备阶段中止的重要标志。

"尚未着手"有两种情况：①由于某种客观原因影响，不可能着手；②由于某种客观原因影响，暂时无法着手。前者是不能的着手，其可罚性程度较低；后者是可能的着手，可罚性程度高于前者。

案例 11-1：1998 年 3 月，被告人黄某邀舒某某去外地抢劫钱财，并一同精心策划，准备了杀猪刀、绳子、地图册、手套等作案工具。数日后，二被告人骗租一辆出租车，并准备在僻静处抢劫司机吴某夫妇驾驶的出租车。当车行至途中，二被告人仍感没有机会下手，又以50元的价钱要求司机改变行程，因司机夫妇警觉报警，二被告人的抢劫未能着手实行。一审法院认定二被告人构成犯罪预备，判决宣告后，二被告人不服，以自己的行为是犯罪中止为理由，提出上诉。二审法院认定二被告人以非法占有为目的，准备以暴力手段抢劫驾驶的出租车，其行为均已构成抢劫罪，但在欲实施犯罪时，由于意志以外的原因而未能着手，属于犯罪预备。

资料来源：最高人民法院刑一庭、刑二庭编：《刑事审判参考（第 3 卷·上）》，法律出版社 2002 年版，第 132 页。

三、犯罪预备的处罚

《刑法》第 22 条第 2 款规定："对于预备犯，可以比照既遂犯从轻、减轻处罚或者免除处罚。"犯罪预备对于犯罪结果的发生具有一定的危险性，因此具有可罚性。但是，一般来说，预备犯的社会危害性小于未遂犯和既遂犯的社会危害性。

对于预备犯的处罚，各国立法存在不同的倾向：①对于预备犯，原则上都给予处罚，这种倾向注重行为人主观方面的犯罪意图的危险性；②对于预备犯，原则上不予处罚，但在例外情况下仅处罚重大犯罪的预备犯，这种倾向注重预备犯的客观危害性和处罚的价值。我国刑法倾向于前者，而大陆法系一些国家倾向于后者。从理论上讲，所有的预备犯都具有可罚性，但在刑事司法实务中，证明预备犯的犯罪意图与预备行为的因果关系是十分困难的，从刑事政策和司法经济的角度看，对于轻微犯罪的预备行为，并没有可罚的价值。

第三节　犯罪未遂

一、犯罪未遂的概念与特征

我国《刑法》第 23 条第 1 款规定："已经着手实行犯罪，由于犯罪分子意志以外的原因而未得逞的，是犯罪未遂。"根据上述定义可以看出，犯罪未遂具有以下特征：

（一）已经着手实行犯罪

"已经着手实行犯罪"是犯罪未遂与犯罪预备区别的重要标志。已经着手实行犯罪标志着行为人的行为已经结束了预备阶段，而进入了实行行为阶段，实施了《刑法》分则规定的具体犯罪构成中的犯罪行为。也就是说，从主观方面看，行为人的犯罪意图已经外化；从客观方面看，行为人的行为已经超越了准备阶段而进入实行阶段。因此，"已经着手实行犯罪"也被称为犯罪未遂的积极要素。但是，在这个阶段，并不需要行为人实行犯罪构成的全部要件，只要实行了犯罪构成要件的一部分即可。

实行着手虽然超过了犯罪预备阶段，但不是犯罪预备的终点。在着手实行开始以后，如果没有行为人意志以外原因（客观因素）的影响或者行为人自动放弃犯罪（主观因素的影响）的，该行为就会朝着行为人所预期的犯罪方向发展。因此，从着手实行开始的时点，就存在导致危害结果发生的现实危险性。因此，行为人一旦实行着手，原则上就要处罚未遂犯。

着手可分为实行行为的着手和非实行行为的着手，这里所说的着手，一般是指实行行为的着手。非实行行为的着手，是指教唆行为和帮助行为的着手。根据我国刑法的规定，教唆者已经着手实行教唆行为后，被教唆者没有实施被教唆之罪的，对于教唆者也给予处罚（教唆的未遂），因此，非实行行为的着手（教唆行为的着手）具有独立性，不从属于实行行为的着手（被教唆行为的着手）。

如何确定"实行着手",是一个非常重要的问题,也是在理论上争论较大、在司法实务中难以把握的问题。应当认为,在行为人的行为对犯罪构成要件结果的实现具有实质的危险性时,就是"实行着手"的开始。但是,认定"实行着手",不仅应当根据行为对结果发生的危险性来判断,同时应当考虑行为人的计划、故意的内容等主观要素。一般来说,行为人的行为已经接触或者已经逼近了行为对象时,应当认定为"实行着手"。例如,行为人已经举刀对准被害人;行为人举枪瞄准被害人。但是,应当注意的是,刑法总论只是提供了认定"实行着手"的一般标准,对于具体犯罪的"实行着手",应当根据刑法分则的规定具体判断。

(二) 犯罪未得逞

犯罪未得逞是犯罪未遂与犯罪既遂的区别标准。未得逞,是指行为人没有实现其犯罪意图所追求的全部犯罪构成事实。从字面上理解,"未得逞"的本来含义是行为人希望追求的犯罪目标没有实现。犯罪未遂和犯罪既遂的相同之处在于:两者的主观故意是相同的,都是指向全部的客观犯罪构成要素,都是指向犯罪故意所要达到的目的;两者的不同之处在于:犯罪既遂实现了全部犯罪构成事实,而犯罪未遂没有实现全部的犯罪构成事实。从没有实现全部的客观犯罪构成事实的角度看,"未得逞"这一特征是犯罪未遂的消极要素。"未得逞"的这一特征排斥了间接故意中存在犯罪未遂的可能性,因为在间接故意的情况下,行为人并不是积极地追求犯罪结果的发生,而是对结果的发生采取放任态度。

没有实现全部的犯罪构成事实,并不是指没有发生任何结果,而是指没有发生犯罪构成要件所要求的全部内容。例如,行为人以杀人的意图开始对被害人实施杀人行为(实行着手),但没有导致被害人死亡而造成重伤的,应以故意杀人罪未遂处罚。"得逞"与"未得逞"的判断,应当以犯罪构成要件为标准,具体来说,有以下几种情况:①对于结果犯,发生犯罪构成要件规定的结果的,是犯罪既遂;没有发生犯罪构成要件规定的结果的,为犯罪未遂。②对于具体的危险犯,犯罪构成要件规定的危险状态发生的,是犯罪既遂;在已经着手实行之后、危险状态尚未发生之前,有存在犯罪未遂的余地。例如,破坏交通工具罪的危险犯(《刑法》第116条),只要实施足以使交通工具发生倾覆、毁坏的危险,尚未造成严重结果的,是犯罪既遂;但实行着手之后、危险状态尚未发生之前即被抓获的,可以认为是犯罪未遂。③对于行为犯,犯罪构成要件要求的危害行为完成的,是犯罪既遂;没有完成的,是犯罪未遂。

(三) 犯罪未得逞是由于犯罪分子意志以外的原因

意志以外的原因是犯罪未遂与犯罪中止的重要区别。从故意犯罪的发展阶段看,犯罪未遂和犯罪中止都没有达到既遂,但在未达到既遂的原因上,两者有重大区别。在犯罪未遂的情况下,行为人实行着手以后,由于出现了与行为人主观意志相违背或者不一致的客观障碍,导致行为人无法实现他所追求的犯罪目的。

"意志以外的原因"包括两个含义:①违背犯罪分子的本意;②违背犯罪分子所追求的目标。行为人本意并不想自动放弃实施犯罪,而是这种意志以外的原因导致犯罪分子被迫停止继续实施犯罪。

犯罪分子意志以外的原因是多种多样的,从实际情况看,主要包括以下几种情况:①行为人本人意志以外的原因。例如,被害人的反抗,第三者的介入,自然力的作用,物质上的障碍,环境、条件、时机的不利影响,等等,这些外界原因抑制了犯罪行为的继续。②行为人自身的障碍。如行为人的能力、力量、身体状况、技巧等,这些因素并不是行为人主观意志所能左右的,因此也属于犯罪分子意志以外的原因。③行为人主观上的认识错误。如对象错误、工具错误、结果错误等。

二、犯罪未遂的类型

（一）实行终了的未遂与未实行终了的未遂

以实行行为是否实行终了为标准，犯罪未遂可分为实行终了的未遂和未实行终了的未遂。实行终了的未遂也称为实行未遂，是指犯罪的实行行为已经终了但没有发生结果。也就是说，行为人意图实现的犯罪所需要的全部行为都已经实行终了，但由于犯罪人意志以外的原因没有实现其犯罪意图所追求的最终目标。例如，行为人以杀人的故意用刀将被害人砍中后逃跑，但受重伤的被害人被他人发现后送往医院得以救治；行为人意图杀害被害人并开枪射击，但没有命中或者虽然命中但被害人没有死亡。

未实行终了的未遂也称为着手未遂，是指已经着手实行犯罪，但实行行为本身没有终了。也就是说，由于犯罪分子意志以外的原因，未能实行终了他所期待的既遂行为的全部。例如，盗窃犯正在盗窃时被抓获；行为人扣动扳机但没有发射。

以上两种犯罪未遂处于犯罪行为的不同发展阶段，其社会危害性也有差异。实行终了的未遂距离危害结果的发生较近，危害结果发生的可能性较高或者已经发生了一定的结果；而未实行终了的未遂距离危害结果的发生较远，危害结果发生的可能性相对较小。因此，区分这两种犯罪未遂，对于处罚未遂犯有一定的意义。

（二）能犯未遂和不能犯未遂

以犯罪行为本身是否能够达到犯罪既遂为标准，犯罪未遂可分为能犯未遂和不能犯未遂。能犯未遂，是指犯罪行为实际可能达到犯罪既遂，但由于犯罪分子意志以外的原因未能达到。反过来说，如果没有犯罪分子意志以外原因的影响，该行为就能够达到犯罪既遂。例如，行为人以杀人的意图用刀将被害人砍伤后，刀被他人夺走，如果没有他人将刀夺走的外界原因影响，行为人完全可能将被害人杀死。能犯未遂是典型的犯罪未遂。不能犯未遂，是指行为人已经着手实行犯罪，但因不可能发生结果而未达到犯罪既遂。不能犯未遂有两个主要特征：①犯罪结果不能发生；②犯罪结果未发生主要是由于行为人对犯罪事实的认识错误引起的。从结果没有发生的角度看，不能犯未遂与能犯未遂没有区别；从不能犯未遂对犯罪结果没有产生具体的危险性看，与能犯未遂有较大差异。因此，不能犯未遂也被称为不能犯。

根据结果未发生的原因划分，不能犯未遂包括两种情况：①工具不能。它是指行为人使用的方法或者工具不具有达到既遂的效能。具体包括：行为人使用工具有错误的情况，如行为人误将白糖当毒物投毒杀人的；对工具的作用有错误的情况，如作为杀人工具使用的手枪里面没有子弹的。从工具不能的形式上看，该行为具有危险性，但从物理上看，该行为不存在现实的危险性。②对象不能。它是指现实中不存在犯罪对象而行为人认为存在，因而导致结果未发生的情况。例如，误认为尸体为活人而杀害的；误认为空包内有钱财而盗窃的；误认为被害人在床上而杀害的。不能犯未遂也属于刑法中的错误论研究的问题。

根据结果未发生的程度区分，不能犯未遂可分为绝对不能和相对不能。绝对不能，是指犯罪对象不存在（例如，在行为时被害人已经死亡），或者使用的犯罪工具或手段没有效力（例如，使用白糖等无毒物杀人）；相对不能，是指犯罪对象存在但不在行为人所认为的地点，或者行为人因使用的方法或手段不当而不能发生效力（例如，毒物的剂量不足）。[1] 在绝对不能的情况下，如果从客观事实看，人们一般感觉不到行为的具体危险；在相对不能的情况下，人们可以从客观事实中感觉到该行为的具体危险。因此，绝对不能的危险性较小或者没有危险性；相对不能的危险性高于绝对不能。

---

[1] 马克昌：《比较刑法原理——外国刑法学总论》，武汉大学出版社 2002 年版，第 561 页。

三、犯罪未遂的处罚

我国《刑法》第 23 条第 2 款规定："对于未遂犯，可以比照既遂犯从轻或者减轻处罚。"处罚犯罪未遂的主要根据是，犯罪未遂的犯罪故意与犯罪既遂的犯罪故意没有本质区别，而在客观上虽然没有发生结果但存在发生结果的现实危险性。

对犯罪未遂可以从轻或者减轻处罚的主要理由是：由于没有发生犯罪结果，在客观上，社会危害性程度一般比犯罪既遂更低。对于犯罪未遂的处罚，有三种主张：①"等同处罚主义"。从行为人的主观犯罪意图看，犯罪未遂和犯罪既遂没有区别，因此，对于犯罪未遂，应当和犯罪既遂一样处罚。②"必减主义"。其认为从犯罪未遂的客观结果看，社会危害性程度低于犯罪既遂，因此，对于未遂犯，应当从轻或者减轻处罚。③"得减主义"。其认为对于犯罪未遂可以从轻或者减轻处罚，也可以和既遂犯同样处罚。由于犯罪未遂的情况复杂，不能完全排除犯罪未遂的危害性程度与犯罪既遂相同的情况。我国刑法采用了"得减主义"，明确规定了对于未遂犯，"可以"比照既遂犯从轻或者减轻处罚。

第四节 犯罪中止

一、犯罪中止的概念和特征

我国《刑法》第 24 条第 1 款规定："在犯罪过程中，自动放弃犯罪或者自动有效地防止犯罪结果发生的，是犯罪中止。"这是犯罪中止的法定概念。根据上述概念，犯罪中止有以下特征：

（一）中止的时间性

1. 犯罪中止存在的范围。犯罪中止必须发生在犯罪过程中。"犯罪过程中"有两个含义：①排除了在预备行为以前的犯意表示阶段和既遂成立之后存在犯罪中止的可能性。在预备行为以前的单纯犯意表示阶段，行为人的犯意表示尚未付诸行动，因此不涉及中止的问题；在犯罪既遂成立之后，行为人的犯罪意图已经实现，即使行为人有悔过之意，自动恢复原状或者挽回损失，这种事后行为对犯罪既遂的成立也没有影响。因此，在犯罪既遂之后，没有存在犯罪中止的余地。例如，盗窃犯人在盗窃他人财物后，因悔过将原物归还给被害人。②"犯罪过程中"包括从预备行为开始到既遂为止的全过程。如上所述，在犯罪过程中，以实行着手为中心点，实行着手以前是预备阶段，实行着手开始以后是实行行为阶段，在上述两个阶段都存在犯罪中止的形态。预备阶段的中止（也称为预备中止），是指行为人在犯罪预备阶段自动放弃着手实行犯罪。预备中止与犯罪预备的主要区别是：前者未能着手的原因是行为人自动放弃实行着手，而后者是因行为人意志以外的原因未能实行着手；实行阶段的中止，是指行为人在犯罪实行阶段自动放弃继续实行犯罪或者自动有效地防止犯罪结果发生。这是犯罪中止的典型形式。

实行阶段的中止也包括两种情况，即未实行终了的中止和实行终了的中止。实行终了的中止（也称为实行中止），是指已经实行终了以后、结果发生以前，防止结果发生的情况；未实行终了的中止（也称为着手中止），是指实行着手以后、实行终了以前，放弃了继续实行犯罪的情况。在着手中止的情况下，行为人只要放弃继续实行犯罪即可；在实行中止的情况下，行为人一般需要在物理上对防止结果的发生付出努力。

2. 犯罪中止的排他性。一般来说，犯罪中止与犯罪未遂之间具有排他性，在行为人的行为成立犯罪未遂的情况下，不能成立犯罪中止；相反，在成立犯罪中止的情况下，不成立犯罪未遂。在一个案件中，如果同时存在"意志以外的原因"和"自动放弃"两种原因时，原则上，前者排斥后者。例如，行为人中止犯罪后，发现还有机会继续并实行犯罪，但仍未造成结果的，是犯罪未遂；同样，行为人因外界因素影响而被迫放弃继续实施犯罪后，因悔过而产生自动放弃念头的，也属于犯罪未遂。

3. 中止的时间性与有效性的关系。在犯罪预备阶段的中止中，行为人的行为还没有进入实行着手阶段，当然不可能导致结果发生，因此，不存在"自动有效地防止犯罪结果发生"的问题，而只存在"自动放弃犯罪"的问题；在犯罪实行阶段的中止中，行为人的行为已经进入实行着手阶段，已经具有发生结果的现实可能性，因此涉及"自动放弃"和"自动有效地防止犯罪结果发生"两方面的问题。

（二）中止的自动性

中止的自动性，是指犯罪分子自己认为可能继续实行犯罪，但出于本人的意愿而自动停止实施犯罪。自动中止的动机是多种多样的，一般来说，只要是在没有受到客观外界影响的情况下自动放弃实行犯罪的，都属于犯罪中止。但是，如上所述，犯罪中止可分为着手中止和实行中止，两种中止的自动性有一定的差异。

着手中止的自动性，要求行为人根据自己的意愿在未实行终了以前"自动"放弃犯罪。在该阶段，只要行为人以消极的形式停止继续实施犯罪行为即可；实行中止的自动性，要求行为人必须在实行终了以后"自动"有效地防止犯罪结果发生。因为实行行为已经终了，中止"自动性"的内容不是自动放弃犯罪，而是行为人自动为防止结果的发生作出积极的努力，并防止了结果的发生。例如，在行为人虽然采取积极努力的行为，但没有防止犯罪结果发生，虽然具备了自动性的条件但欠缺中止的有效性，不成立犯罪中止。

自动放弃犯罪的动机是多种多样的，如行为人有悔过、惭愧、同情、怜悯、良心发现等，但犯罪动机不影响犯罪中止的成立。"自动放弃"的判断，是区别犯罪中止和犯罪未遂的重要问题。对此，存在"主观说""限定主观说""客观说""折中说"。"主观说"认为，行为人本人是否认识到妨碍犯罪的完成是判断自动放弃的标准（也称为"行为人标准说"）；"限定的主观说"认为，自动放弃需要基于悔过、惭愧、同情、怜悯等广义上的悔悟；"客观说"认为，从一般人的角度看，对行为人的行为判断是否存在妨碍犯罪完成的内容；"折中说"认为，行为人在没有意志以外原因的影响下，根据自己的意思决定放弃犯罪的，是自动放弃。一般来说，自动放弃的前提是行为人认为当时可以继续实施和完成犯罪；决定性条件是行为人出于本人的意志而停止犯罪，因此"折中说"是可取的。

本来不存在意志以外的原因，但行为人误认为存在而中止犯罪的，是中止的错误。中止的错误不属于自动中止。例如，盗窃犯人没有发现目的物而放弃盗窃念头的；行为人意图奸淫被害人，但误认为被害人有病而放弃的。相反，客观上存在意志以外的原因但行为人却没有注意到，而自动停止犯罪的，仍然认为是中止。

（三）中止的有效性

犯罪中止的成立，必须没有发生行为人所追求的犯罪结果，因此要求行为人在犯罪完成以前自动放弃犯罪或者有效地防止结果的发生。

1. 有效性与自动放弃犯罪。中止的有效性首先要求行为人必须彻底地"自动放弃犯罪"，即放弃行为人当初意图实现的犯罪。在预备中止的情况下，只要行为人自动不实行着手即可；在着手中止的情况下，行为人必须停止继续实行犯罪。

2. 有效性与防止结果发生。在实行中止的情况下，行为人仅仅自动放弃犯罪还不够，还必须"有效地防止犯罪结果的发生"；行为人仅仅为了防止犯罪结果发生作出努力、采取积极的防止措施还不够，还必须防止犯罪结果的发生。

第十一章

案例 11-2：被告人王元帅纠集被告人邵文喜预谋抢劫。二人携带事先准备好的作案工具，骗租被害人杨某某（女，29 岁）驾驶的小型客车。途中王示意，邵用橡胶锤猛击杨头部数下，王用手掐杨的颈部，致杨昏迷。二人抢得杨某某驾驶的汽车和手机等物品，共计 4 万多元。王与邵见被害人杨某某昏迷不醒，遂谋划用挖坑掩埋的方法将杨杀死灭口。杨某某假装昏迷，乘王寻找作案工具不在场之机，哀求邵放其逃走。邵同意掩埋杨时挖浅坑、少埋土，并告知掩埋时杨的脸朝下。王返回后，邵未将杨某某已清醒的情况告诉王。当日 23 时许，二人将杨运至某地土水渠处。邵挖了一个浅坑，并向王称其一人埋即可，便按与杨的事先约定将杨掩埋。王、邵离开后，杨某某爬出土坑获救。经鉴定，杨所受伤为轻伤（上限）。一审法院认定王、邵二人构成抢劫罪和故意杀人罪未遂。二审审理认为，邵的行为构成故意杀人罪的犯罪中止。在当时的环境和条件下，邵能够完成犯罪，但其从主观上自动、彻底地打消了原有的杀人灭口的犯罪意图。因惧怕王，邵未敢当场放被害人逃跑，而是采取浅埋等方法给被害人制造脱逃的机会，其从客观上也未实行致被害人死亡的行为；其主观意志的变化及所采取的措施与被害人未死而得以脱逃有直接的因果关系，有效地防止了犯罪结果的发生，其行为属于自动有效防止犯罪结果发生的犯罪中止。

资料来源：最高人民法院刑一庭、刑二庭编：《刑事审判参考（总第 26 辑）》，法律出版社 2003 年版，第 24~28 页。

二、犯罪中止的认定

1. 犯罪中止与结果。犯罪中止是犯罪人自动放弃或者有效防止犯罪意图所指向的结果发生，而不是指没有实际发生任何结果。行为人中止了甲罪，但该行为发生的事实符合乙罪的犯罪构成时，也不单独构成乙罪，而以甲罪的犯罪中止处罚。例如，行为人以杀人的目的将被害人刺成重伤后中止时，即使已经发生了伤害事实，也不构成伤害罪，而只构成故意杀人罪的中止。

2. 犯罪中止与独立犯罪。行为人实施的中止行为本身又符合其他犯罪构成要件时，该行为成立独立的犯罪。例如，行为人放火后有悔过之意，在救火时毁坏他人财物的，可以独立构成毁坏财物罪。

3. 犯罪中止与复行为犯。手段与结果具有连带关系的复行为犯，手段行为实行终了而结果行为中止时，成立结果行为的犯罪中止。例如，在实施抢劫行为时，对被害人使用暴力，但在夺取财物前中止的，只构成抢劫罪的中止犯，而不应单独构成伤害罪。

4. 犯罪中止与放弃重复加害行为。放弃重复加害行为，是指行为人实施了足以发生既遂结果的第一次侵害行为但未发生结果，在可能继续实施侵害行为的情况下，行为人自动放弃可以继续实施的侵害行为。例如，行为人甲某意图杀害乙某，对乙某开一枪未中，在完全可以继续开枪的情况下，甲某有悔过之意，自动放弃继续射击。放弃重复侵害行为可分成两个部分：第一次侵害行为是由于犯罪分子意志以外的原因而没有发生结果，相当于犯罪未遂；第二次可以继续侵害行为是行为人自动放弃的，相当于犯罪中止。因此，对于放弃重复侵害行为所争论的问题是，应当按犯罪未遂还是按犯罪中止处罚。通说认为，应当成立犯罪中止，其主要理由是，在可以连续实施的行为中，客观上没有条件和机会实施第二个行为时，第一个行为未发生结果的情况属于意志以外的原因，因为整个处于行为尚未实行终了的状态；客观上有条件和机会实施第二个行为时，第一个行为未发生结果的情况不属于意志以外的原因，而属于自动放弃。但是也有观点认为，根据犯罪中止的排他性，如果同时或先后存在犯罪分子意志以外的原因和自动放弃时，应当成立犯罪未遂。后一种观点在司法实务中不被采用。

三、中止犯的处罚

我国《刑法》第 24 条第 2 款规定："对于中止犯，没有造成损害的，应当免除处罚；造成损害的，应当减轻处罚。"根据这一规定，对于中止犯的处罚采用"必减主义原则"。

处罚犯罪中止的理由是：犯罪中止行为从进入实行着手阶段后就具有导致结果发生的现实可能性，至于在事后放弃犯罪意图或者自动防止结果发生的行为，属于事后减少了结果发生的现实危险性和反社会性。

关于中止犯采用必减主义的根据，大陆法系国家刑法理论存在"刑事政策说""违法性减少说"和"责任减少说"。"刑事政策说"认为，犯罪中止的处罚规定是为犯罪分子架设"退却的金桥"，鼓励犯罪人在实行犯罪的过程中退却，从而达到预防犯罪的目的；"违法性减少说"认为，犯罪中止行为使犯罪行为的客观危害减少；"责任减少说"认为，由于犯罪人放弃了意图实现的犯罪，因此对行为的非难可能性减少。

第十二章

共同犯罪

第一节　共同犯罪概述

一、共同犯罪的概念和性质

（一）共同犯罪的概念

共同犯罪是相对于单独犯罪的概念，是犯罪的复杂形式。犯罪行为由一人实施的，是单独犯罪；犯罪行为由二人以上共同故意实施的，是共同犯罪。刑法分则规定的具体犯罪构成，除了必要的共同犯罪以外，都是以单独犯为基础加以规定的。

广义的共同犯罪是二人以上共同实施的所有故意犯罪，其中包括任意的共同犯罪和必要的共同犯罪。任意的共同犯罪，是指既可以由单独犯实施也可以由二人以上实施的犯罪；必要的共同犯罪，是指刑法分则的犯罪构成要件明确规定由二人以上共同实施才能成立的犯罪。必要的共同犯罪包括"聚众型"犯罪和"对向型"犯罪。前者的典型例子是聚众斗殴罪（《刑法》第292条），后者的典型例子是贿赂犯罪。必要的共同犯罪在形式上属于共同犯罪，但是刑法分则中明确规定了独立的构成要件和处罚内容，因此是独立的犯罪而不适用刑法总则有关任意共同犯罪的规定。共同犯罪理论所探讨的问题，只包括任意的共同犯罪。

对于共同犯罪的概念，因共同犯罪的体系不同而存在差异。我国刑法中的共同犯罪体系是以主犯为中心的，而德日等大陆法系国家共犯论体系是以正犯为中心的。但是，我国的共同犯罪理论也大量使用大陆法系共犯论中的有关概念。这些概念对于理解我国刑法中的共同犯罪理论很有帮助。以正犯为中心的共犯理论根据不同标准，有不同的区分情况：根据共同犯罪人的分工不同，将共同犯罪分为正犯和共犯。实行犯罪的人是正犯（也称为实行犯），没有实行犯罪的人是共犯（也称为非实行犯）。其中，正犯又分为两种情况：①根据实行者的人数多少，将正犯分为单独正犯和共同正犯，一人单独实行犯罪的是单独正犯，两人以上共同实行犯罪的是共同正犯；②根据实行者是否直接实行犯罪，又可以将正犯分为直接正犯和间接正犯，直接实行犯罪的人是直接正犯，利用他人为工具实施犯罪的人是间接正犯。狭义的共犯包括教唆犯和帮助犯。

（二）共同犯罪的性质

共同犯罪的性质涉及两个方面的问题：

1. 共同正犯与犯罪构成要件的关系。二人以上共同实行犯罪中的"共同"是什么含义，对此存在"犯罪共同说"和"行为共同说"的对立。"犯罪共同说"认为，共同正犯必须是数人共同实行特定的犯罪，或者二人以上在完全相同的犯罪构成的范围内成立共同正犯。例如，A以杀人的故意，B以伤害的故意，共同对C使用暴力，导致C死亡的，A、B二人只是在行为上具有共同性，但在犯罪或者罪名上没有共同性，因此不构成共同正犯，而分别成立单独正犯。与此相反，"行为共同说"认为，共同正犯的成立不要求各个行为人必须共同实施特定的犯罪，只要二人以上实行了共同的犯罪行为即可，各个行为人以不同的犯罪意图实施了其他犯罪时也可以成立共同正犯。根据"行为共同说"的观点，上述例子中，A 以杀人的故意、B 以伤害的故意，也成立共同正犯。

"犯罪共同说"和"行为共同说"，对共同正犯的认定会产生很大的不同。例如，A 以强奸的故意，B 以抢劫的故意，共同对 C 使用暴力，由 A 的行为导致 C 死亡。如果按照"犯罪共同说"的观点，应当否定 A 和 B 成立共同正犯，A 承担强奸罪（致死）的责任，而 B 承担抢劫罪的责任；根据"行为共同说"，则 A、B 二人构成强奸罪的共同正犯和抢劫罪的共同正犯，二人都对死亡结果承担责任。"犯罪共同说"强调行为人主观故意和结果的共同性，而"行为共同说"强调行为本身的共同性。

2. 正犯与共犯的关系。共犯（非实行犯的教唆犯和帮助犯）的成立是从属于正犯，还是独立于正犯，对此存在"共犯从属性说"和"共犯独立性说"的对立。"共犯从属性说"认为，共犯成立的前提是正犯人实施了一定的犯罪行为，因此，共犯的成立应当从属于正犯；"共犯独立性说"认为，共犯的行为是共犯人本身固有的行为，是共犯人反社会性格的表现，即使正犯没有实行犯罪，对于共犯也应当独立处罚，因此，共犯行为不从属于正犯行为。

上述两种观点的对立，主要体现在教唆未遂的成立范围方面。根据"共犯从属性说"，只有在被教唆者基于教唆者的教唆行为着手实行犯罪时，教唆犯才能成立，即教唆行为从属于被教唆者的行为；根据"共犯独立性说"，教唆行为本身就是实行行为；教唆行为本身就反映了教唆者的反社会性，即使被教唆者拒绝教唆而没有实施犯罪的，对于教唆者也构成教唆未遂。从我国刑法规定的情况看，基本上采用了"共犯独立性说"。

二、共同犯罪的成立条件

我国《刑法》第 25 条第 1 款明确规定："共同犯罪是指二人以上共同故意犯罪。"共同犯罪除人数上必须是二人以上之外，还必须具备以下条件：

（一）必须有共同的犯罪行为

共同的犯罪行为，是指二人以上共同实行或者参与犯罪的行为。"共同犯罪行为"包括共同实行犯罪的行为和参与的行为。在共同正犯的情况下，各个行为人的犯罪行为是通过犯罪意图联系在一起的，各个共犯人分别实行犯罪构成要件中的部分行为即可；在教唆犯、帮助犯的情况下，需要行为人实施教唆行为或者帮助行为。各个共犯人的犯罪行为与结果（在结果犯的情况下）或者危险（在危险犯的情况下）之间必须存在因果关系。

共同犯罪行为的形式是多种多样的。从行为的形态上，包括共同的作为、共同的不作为、作为与不作为的结合；从行为的发展阶段上，包括共同实行、共同预备、实行与预备的结合；从共犯人分工的形式上，包括实行行为、教唆行为、帮助行为、组织行为；从共犯人分工的状况上，包括共同实行行为、一方实行另一方参与预谋、一方实行另一方教唆或帮助；从实行的先后顺序上，包括同时实行、先后实行。上述犯罪行为的形态、分工形式、行为人的参与程度、实行的先后顺序等，不影响共同犯罪的成立。

共同犯罪行为包括四种情况：①共同实行行为。它是指二人以上直接实行刑法分则规定的行为。共同实行行为并不要求各个行为人的行为都达到单独犯的实行行为程度，只要实行犯罪构成要件中的部分行为即可。例如，甲、乙二人商量抢劫，甲使用暴力，乙夺取财物，甲乙二人也构成共同正犯。②参与共谋的行为。参与共谋的行为本身也属于实行行为。③教唆行为和帮助行为。教唆行为，是指故意引起他人产生犯罪意图的行为；帮助行为，是指为他人实行犯罪创造条件的行为。教唆行为和帮助行为，相对于其本人来说，该行为本身就是实行行为；相对于实行犯来说，则是非实行行为。④组织行为。组织行为，是指组织犯实施的指挥、策划、领导犯罪的行为。从组织者并没有直接实行犯罪的角度看，组织犯与实行犯有区别；从组织者没有引起他人实行犯罪意图的角度看，组织犯与教唆犯有区别；从组织者对被组织者的支配关系看，组织犯与帮助犯有区别。组织行为一般属于刑法典总则规定的行为，但有些组织行为规定在刑法分则中，例如《刑法》第120条规定的组织、领导、参加恐怖组织罪，这种组织行为不适用刑法总则的规定。

（二）必须存在共同的犯罪故意

共同犯罪故意与单独犯罪故意在本质上没有区别，两者都必须具备故意的两个要素，即认识要素和意志要素。但共同犯罪故意的特点是：在认识要素中，共同犯罪人不仅要认识到自己故意实施犯罪，还要认识到其他共同犯罪人与自己一起实施犯罪；在意志要素中，共同犯罪人对自己的行为和对其他共同犯罪人的行为会造成危害结果，都抱有希望或者放任的心理态度。

共同犯罪故意包括两层含义：①各个共犯人有共同的犯罪故意。共同的犯罪故意，是指各个共同犯罪人都认识到共同犯罪的性质和社会危害性，并希望或者放任危害结果的发生。各个共同犯罪人之间的犯罪故意内容对共同犯罪故意没有影响，可以都是直接故意，也可以都是间接故意，还可以是一方为直接故意、另一方为间接故意。②各个共犯人之间有意思联络。意思联络，是指各个共同犯罪人的犯罪故意相互有沟通、联络。沟通、联络的实质是认识到对方与自己一起共同实施犯罪，在主观犯罪意图上形成一体化。

共同犯罪人之间犯罪意思的沟通和联络，因共同犯罪的形式不同而有差异。①共同正犯的故意。共同正犯的故意，是指共同实行犯罪的人都对他们的犯罪行为会造成危害社会的结果抱有希望或者放任的心理态度，并在这种心理互动的状态下共同实行犯罪。在一方直接实行、另一方参与共谋的情况下，实行犯的犯罪故意与共谋者的犯罪故意产生互动，促使实行犯单独实行双方共谋的犯罪。②教唆犯的故意。教唆的故意，是指教唆他人实行犯罪的故意。对于教唆者来说，教唆的故意包括两个层次：一是教唆者认识到自己的教唆行为本身的危害性，即促使被教唆者产生犯罪意图并可能实行犯罪；二是认识到被教唆者行为的危害性，即被教唆者实行该行为时将会产生危害结果。但对于被教唆者来说，只要认识到自己实行犯罪的行为会造成危害社会的结果即可。③帮助犯的故意。帮助的故意，是指帮助者认识到实行犯的实行行为，并认识到自己的帮助行为可以使该实行行为顺利实现的心理态度。帮助犯的故意也包括两个部分：一是帮助者认识到他人在实行犯罪；二是认识到自己的帮助行为会使他人的犯罪行为顺利得以实现。④组织犯的故意。组织犯的故意表现为：组织犯一方面认识到自己指挥、策划、领导犯罪行为的社会危害性，另一方面认识到被组织者实行该犯罪将会造成的社会危害性。从上述共同犯罪的沟通和联络形式可以看出，在共同正犯的情况下，犯罪意思的沟通和联络是双向的、互动的；在其他共同犯罪的形式下，是共犯人（教唆者、帮助者、组织者）主动与实行犯进行犯罪意思沟通和联络。

犯罪意思的沟通和联络还涉及片面的共同犯罪问题。片面的共同犯罪，是指实行或参与同一犯罪的行为人中，一方认识到自己是在与他人共同犯罪，而另一方却没有认识到他人与自己共同实施犯罪。片面的共同犯罪可以包括三种情况：①片面的共同正犯。例如，甲以抢劫的故意对被害人实施暴力，乙在甲不知道的情况下用凶器威胁并抑制被害人。乙知道自己参与犯罪，而甲却不知道有他人与自己共同实行犯罪。在共同正犯的情况下，行为人之间的犯罪意思沟通或联络必须是双向的、相互的，这种双向的、相互的犯罪意思沟通才能对各行为人的心理产生影响，因此，可以否定片面共同正犯的存在。在上述例子中，甲乙二人不构成抢劫罪的共同正犯。②片面的教唆。片面的教唆，是指教唆人知道自己在教唆他人犯罪，但被教唆者却不知道自己被教唆。教唆者是主动地将自己的犯罪意图传达给被教唆者，而被教唆者是被动地接受其教唆的内容，不需要被教唆者必须认识到教唆者的犯罪故意。在这个意义上，片面的教唆是可以存在的。从我国《刑法》第 29 条第 2 款处罚教唆未遂的规定看，教唆行为不从属于被教唆行为，即使被教唆者没有实施被教唆之罪，对教唆者也给予处罚，因此，片面的教唆具有可罚性。③片面的帮助。片面的帮助（也称为片面从犯），是指帮助者一方认识到自己为实行犯提供便利条件，而实行犯却不知道有他人帮助自己犯罪。例如，甲看到乙正在追杀丙，甲与丙也有仇，暗中设置障碍将丙绊倒，使乙得以顺利地杀害丙。帮助的概念本身并不要求与实行犯存在犯罪意思联络，在实行犯完全没有认识到他人帮助自己的情况下，也可以成立帮助犯。例如，甲知道乙贩毒，乙贩卖毒品时，甲在乙不知道的情况下主动为乙招揽购买者，或者主动为乙望风。甲的行为就是片面的帮助。

三、不成立共同犯罪的情况

（一）共同过失犯罪

我国《刑法》第 25 条第 2 款规定，"二人以上共同过失犯罪，不以共同犯罪论处……"，即对于共同过失犯罪，不按共同犯罪处理。但这并不是说否定存在共同过失犯罪这种犯罪类型。共同过失犯罪作为过失犯罪的一种类型，在社会生活中是客观存在的，研究这种犯罪类型同样具有重要意义。

（二）一般同时犯和特殊同时犯

同时犯，是指二人以上没有意思联络，对同一对象同时实行同一的犯罪行为。同时犯可分为一般同时犯和特殊同时犯。一般同时犯是指特殊同时犯以外的情况。例如，甲、乙二人没有意思联络，同时开枪杀害丙；甲、乙二人在商店失火时，不谋而合到商店盗窃；等等。一般同时犯因各行为人之间没有犯罪意思联络，因此不属于共同犯罪，应当给予处罚的，分别按照各自实行的行为给予处罚。

特殊同时犯也称为同时伤害，是指二人以上在没有意思联络的情况下，在相近的时间或地点，分别对同一被害人实施暴力导致被害人伤害（包括重伤和伤害致死），但不能证明该伤害或者该伤害的轻重是由谁的暴力行为导致的情况。例如，甲、乙二人没有意思联络，先后用刀刺向被害人，被害人只有一处刀伤，该刀伤不能确认是由甲、乙二人中谁实施的；再如，被害人身上有数处刀伤，但是不能确定其中的致命伤是由甲、乙二人中谁导致的。特殊同时犯成立的条件是：①二人以上故意伤害他人但互相没有意思联络。如果二人以上出于伤害的共同故意，构成普通的故意伤害罪。②二人以上在同一机会对被害人实施了伤害行为。③肯定由二人以上行为人中的一部分人造成伤害结果。④在证据法上，无法证明该伤害结果是由谁造成的，或者无法确定每个加害行为所造成的伤害程度。⑤加害者不能证明自己的加害行为与伤害结果之间不存在因果关系。在特殊同时犯罪处罚根据上，存在许多难以解释的问题：①由于无法确定各行为人实行行为的内容，因此，不能按照一般同时犯的处罚原则处理。②各行为人在主观上没有犯罪意思联络，因此，不能完全适用共同正犯的处罚原则。③如果根据无罪推定原则，不能确定行为人的实行行为内容时，不应当确定行为人有罪，但是可能放纵犯罪人。④如果对两个以上行为人都给予处罚，其中没有实际造成伤害的人必然冤屈。特殊同时犯是法律上拟定的共同正犯，日本刑法规定可以按照共同正犯处理，但只适用于伤害罪，而不适用于其他带有暴力性的犯罪。这一规定值得借鉴。

（三）间接正犯

间接正犯，是指利用他人为工具来实现自己犯罪意图的行为。间接正犯是相对于直接正犯的概念。间接正犯人没有直接实行犯罪行为，因此在形式上不属于直接正犯，但间接正犯人利用他人之手实现自己的犯罪意图，因此在实质上相当于直接正犯。间接正犯人不是唆使他人实行犯罪而是利用他人实行犯罪，这是与教唆犯的区别。

根据被利用者的性质，间接正犯行为主要包括以下类型：①利用无责任能力者。例如，利用未成年人、精神病人实行犯罪。②利用他人无故意的行为，包括利用他人无过失的行为或者有过失的行为。例如，利用不知情的第三者进行盗窃属于前者；医生利用护士的过失实施杀人行为的属于后者。③利用无身份者的行为。例如，有公务员身份的丈夫让没有公务员身份的妻子受贿（对于丈夫来说，也可以构成教唆犯）。

（四）共犯的过限行为

共犯的过限行为，是指实行犯实施了超过共犯人（教唆犯）的故意以外的行为，或者共同正犯人故意以外的行为。共犯的过限包括两种情况：①实行犯的行为超过了教唆者教唆的内容。例如，甲教唆乙盗窃丙女的财物，在甲不知情的情况下，乙除了盗窃以外，还强奸了丙女。甲和乙只成立盗窃罪的共犯，而不成立强奸罪的共犯，即甲成立盗窃罪的教唆，乙成立盗窃罪和强奸罪。②共同正犯人中一部分人的行为超出了共谋的范围。例如，甲、乙二人商议对丙进行盗窃，但乙产生了杀害丙的犯罪意图，实施了杀害行为。甲对于过限的杀人结果不承担责任，而只在盗窃罪的范围内承担刑事责任。

（五）事前无通谋行为

事前无通谋行为也称为事后的从犯，属于独立的犯罪行为。例如，事前无通谋的窝赃、包庇行为，转移、收购、代销赃物的行为以及销毁证据行为等。

第二节　共同犯罪人的分类与处罚

一、共同犯罪人分类概述

共同犯罪人的分类有多种方法，但具有代表性的两种分类方法是分工分类法和作用分类法。分工分类法，是按照共同犯罪人在共同犯罪中的分工或者行为形态的不同，把共同犯罪人分为正犯（实行犯）、共犯（教唆犯和帮助犯）。德国、日本等国刑法采用该种分类方法。作用分类法，是根据共同犯罪人在共同犯罪中所起的作用，把共同犯罪人分为主犯、从犯、胁从犯，并在此基础上吸收分工分类法中的教唆犯。我国刑法采用该种分类方法。

分工分类法的长处是：根据共同犯罪的分工可以判断各共同犯罪人的地位，解决对各共同犯罪人的定罪问题，但缺点是很难由此判断各共同犯罪人的社会危害性大小，因为正犯（包括教唆犯）在共同犯罪中的作用和社会危害性存在差异，有的可能起主要作用，有的可能起次要作用。作用分类法的长处是：可以明确区分各共同犯罪人的社会危害性大小，解决各共同犯罪人的刑事责任问题。例如，主犯的社会危害性比从犯大，从犯比胁从犯大。但其主要缺点是认定主犯、从犯的标准不够明确，因为主犯和从犯的区别是根据行为人在共同犯罪中的作用，而什么是主要作用、什么是次要作用，有时很难区分。

二、主犯

（一）主犯的概念和类型

我国《刑法》第26条第1款规定："组织、领导犯罪集团进行犯罪活动的或者在共同犯罪中起主要作用的，是主犯。"根据这一规定，主犯包括两种类型：

1. 组织、领导犯罪集团进行犯罪活动的犯罪分子，也称为"组织犯""犯罪集团首要分子"。所谓的组织，就是指纠集他人组成犯罪集团；所谓领导，包括策划和指挥。策划，是指出谋划策、制订计划等；指挥，是指安排、调配、指使集团成员进行犯罪活动。

从组织行为本身的特点看，该行为本身不是实行行为，而是非实行行为；从犯罪集团的内部关系看，组织犯与被组织者不存在教唆与被教唆的关系。因此，不论组织犯是否直接实行具体的犯罪，对于组织犯都按照主犯处罚。

2. 在共同犯罪中起主要作用的犯罪分子，也可以称为一般主犯。这里的"共同犯罪"是广义的共同犯罪，其中包括犯罪集团和一般共同犯罪。"起主要作用"的犯罪分子，主要包括犯罪集团中起主要作用的犯罪分子（如犯罪集团中的实行犯）和一般共同犯罪中的部分实行犯以及教唆犯。

（二）主犯的认定

1. "起主要作用"的认定。什么情况是"起主要作用"，这是主犯承担刑事责任的核心。但是，在刑法中并没有明确规定统一的标准，在理论上也没有作出令人满意的解释。一般来说，行为人的行为对危害结果具有实质性支配力的，属于起主要作用。具体来说，有以下几种情况：①共同实行犯的行为一般属于起主要作用，但各实行犯对危害结果的实质性支配力相差较大时，支配力大的行为起主要作用；②只参与共谋而未直接参与实行的"共谋共同正犯"，其共谋的内容对该犯罪有实质性影响时，该共谋者的行为起主要作用；③教唆犯的行为原则上起主要作用。

2. 首要分子的含义。关于主犯与首要分子的关系，在理论界有不同观点。我国《刑法》第97条规定："本法所称首要分子，是指在犯罪集团或者聚众犯罪中起组织、策划、指挥作用的犯罪分子。"根据这一规定，首要分子分为两类：①犯罪集团中的首要分子。这类首要分子是刑法总则中规定的主犯之一。②聚众犯罪中的首要分子。这类首要分子是指刑法分则"必要的共犯"中的首要分子。刑法总则有关共同犯罪的规定只适用于前者。

（三）主犯的处罚

主犯的处罚包括两种情况：①对组织、领导犯罪集团的首要分子，按照集团所犯的全部罪行处罚。集团所犯的全部罪行，应当理解为首要分子组织、指挥的全部犯罪，即承担全部犯罪的范围限制在"组织、指挥"的范围内，而不是指集团全体成员所实施的全部犯罪。因此，集团成员在实施集团首要分子组织、指挥的犯罪时又实施以外的其他犯罪的，超过的部分只能由该成员自己承担责任。②对于犯罪集团首要分子以外的一般主犯，包括犯罪集团中起主要作用的主犯和在一般共同犯罪中起主要作用的主犯，应当按照他所参与的或者组织、指挥的全部犯罪处罚。

三、从犯

（一）从犯的概念和类型

《刑法》第27条第1款规定："在共同犯罪中起次要或者辅助作用的，是从犯。"根据这一规定，从犯分为两种类型：①在共同犯罪中起次要作用的从犯。"次要作用"是相对于主要作用而言的，一般来说，是指在共同犯罪中起次要作用的实行犯和教唆犯。②在共同犯罪中起辅助作用的从犯。"辅助作用"是指起帮助作用；起辅助作用的从犯是指帮助犯。

（二）从犯的认定

1. 帮助行为的性质。所谓帮助，是指为实行犯提供方便、创造条件，使实行犯顺利实行犯罪的行为。帮助行为不是实行行为，而是非实行行为。帮助行为不仅包括提供工具场所等有形的帮助，还包括提供信息、创造条件、强化犯意等无形帮助。

2. 帮助行为的阶段与通谋。帮助行为必须存在于实行犯已经着手实行但未实行终了以前的阶段。在实行犯着手实行以前提供帮助的，实质上是共同实行；事前无通谋、在实行犯已经实行终了后对实行犯提供帮助的（如销毁证据、销赃等），是事后从犯，严格地说，这是独立的犯罪而不是帮助行为；事前有通谋、事后提供帮助的，是帮助犯。

3. 帮助行为的因果关系。因果关系是在危害结果发生时，行为人负刑事责任的必要条件。帮助行为不是实行行为，因此，其与危害结果之间不存在直接的因果关系。但是，帮助行为因果关系的特点表现在该行为与危害结果发生的物理上因果性和心理上因果性，也就是说，帮助行为在客观上具有促进危害结果顺利地实现的作用；在主观上具有促进和强化实行犯实施犯罪的作用。

案例 12 - 1：被告人于爱银因与丈夫（被害人）关系不和，2000 年外出打工，并与被告人戴永阳相识，后二人非法同居。二人商定结婚事由，但于因离婚产生杀夫念头，并告知戴乘机用安眠药杀死其丈夫。某日晚被告人于、被害人、其儿子和被告人戴一起喝酒、吃饭，被告人于乘机将安眠药冲兑水后放入杯中让其丈夫喝下。因被害人呕吐，于害怕药物不起作用，就指使戴将她的儿子带出屋外。于用毛巾紧勒被害人的脖子，致其机械性窒息死亡。被告人戴永阳及其辩护人认为，戴"不知杀人，不在现场，无共同犯罪行为"。本案的焦点之一是被告人戴永阳的行为是否构成帮助犯。法院判决认为，戴在明知于爱银要杀死丈夫的情况下，不但不加阻止，反而在事前准备阶段与于一起买安眠药，事中实施阶段，知道于已经让其丈夫喝下安眠药、准备勒死丈夫的情况下，又听从于的指使，将于 10 岁的儿子带离现场，便利于爱银顺利地实施犯罪。因此戴的行为属于帮助行为。

资料来源：最高人民法院刑一庭、刑二庭编：《刑事审判参考（总第 43 辑）》，法律出版社 2005 年版，第 17~25 页。

4. 帮助犯与其他共同犯罪人的关系。行为人为实行犯提供信息、强化犯意等无形帮助的情况下，涉及帮助犯与教唆犯的界限问题。在促使他人产生新的犯意时，是教唆犯；强化已经存在的犯意时，是帮助犯。在一般情况下，帮助行为与实行行为比较容易区别，但是"望风行为"是帮助行为还是实行行为，比较难以区分。从我国刑法对从犯的规定看，"望风行为"应当属于在共同犯罪中起次要作用的行为。

5. 从犯与主犯的关系。在共同犯罪中，从犯处于从属于主犯的地位，没有主犯就没有从犯。任何共同犯罪都必须有主犯，但可能没有从犯。在实施共同犯罪的过程中，共同犯罪的各实行犯的作用可能发生变化，有些犯罪分子在开始时起次要作用，但后来起主要作用；相反有些在开始时起主要作用，但后来起次要作用。因此，对于从犯的认定，应当根据共同犯罪的整个过程进行判断。但帮助犯在共同犯罪中不可能起主要作用，只能是从犯。

（三）从犯的处罚

我国《刑法》第27条第2款规定："对于从犯，应当从轻、减轻处罚或者免除处罚。"由此可见，对于从犯的处罚，我国《刑法》采用了"必要减免说"。

四、胁从犯

（一）胁从犯的概念

根据《刑法》第28条的规定，被胁迫参加犯罪的人，是胁从犯。从行为人参加犯罪的心理状态上理解，"被胁迫"是指行为人虽然不完全自愿参加犯罪，但因受威胁而参加；从行为人参加犯罪的状态上理解，"被胁迫参加"是指行为人从参加犯罪到实施犯罪都处于被他人胁迫的状态。胁迫，包括暴力威胁和精神威胁。被胁迫的程度处于被胁迫者自己不可以自由选择的程度。胁从行为是不确定的行为状态，在共同犯罪中，行为人的行为可以是实行行为，例如，直接实行特定的犯罪；也可以是帮助行为，例如，为其他行为人提供工具等；但胁从行为不可能是教唆行为。

（二）胁从犯的认定

1. 绝对强制和相对强制。胁迫是对行为人自由意志选择的强制性限制。根据强制性的程度，可以把胁迫分为绝对强制和相对强制两种情况。绝对强制，是指被胁迫者完全失去了根据自己的自由选择实施某种行为的状态，而完全受到胁迫者的支配和利用。受到绝对强制支配的被胁迫者，被称为所谓的"死亡工具"。例如，某银行值班员，在犯罪分子用尖刀逼迫下，打开保险柜；飞机驾驶员受持枪歹徒劫持，按歹徒的指令操控飞机；等等。这种被胁迫的行为，从形式上看也属于《刑法》中规定的行为，但实质上，被胁迫者并没有自愿实行犯罪的意志，因此，受绝对强制而实施的行为在原则上不属于刑法中规定的胁从行为；相对强制，是指被胁迫者没有完全失去自己自由选择的状态。在相对强制的情况下的行为，是典型的胁从犯行为。

2. 绝对强制与紧急避险。在受到绝对强制的情况下，被胁迫者采取的行为具有紧急避险的含义。也就是说，在两种利益不能同时受到保护时，允许牺牲价值较小的利益，保护价值较大的利益。但是，如果被强制者为了保护自己的利益（生命、健康或财产）而牺牲他人的较大利益时，该行为就超过了刑法可以容许的范围。例如，在他人胁迫下，行为人为了保护自己的生命而损失财产利益是允许的，但为了保护自己的生命而杀死他人是不允许的。

3. 胁从犯成立的范围。胁从犯的成立范围应当限定为两种情况：①被胁迫者从参加犯罪开始的整个犯罪过程中一直在被胁迫的状态下实行犯罪。②被胁迫者在开始参与犯罪时受胁迫，在整个犯罪过程中起次要作用。如果被胁迫者在开始时受胁迫参加犯罪，但后来积极主动地参与共同犯罪并起主要作用的，不是胁从犯而是主犯；如果被胁迫者在开始参加犯罪时没有受到胁迫，但在实施共同犯罪的过程中受他人胁迫的，不是胁从犯，而应当按照从犯处罚。

（三）胁从犯的处罚

《刑法》第28条规定，对于胁从犯，"应当按照他的犯罪情节减轻处罚或者免除处罚"。犯罪情节，主要包括犯罪的性质、被胁迫的程度和作用。这种处罚原则主要有两点理由：①胁从犯的主观故意是在他人胁迫下产生的，欠缺主动实施犯罪的心理动因，主观恶性比从犯小，因此应当减轻处罚或者免除处罚；②胁从犯是不确定的犯罪类型，客观上实施犯罪的状态和受胁迫的程度有较大的差异，因此应当按照他的犯罪情节减轻或者免除处罚。

五、教唆犯

（一）教唆犯的概念和性质

根据《刑法》第29条的规定，"教唆他人犯罪的"是教唆犯。所谓教唆，是指以授意、劝说、鼓动、引诱等方法使没有犯罪意图的人产生犯意并实行犯罪的行为。

如上所述，与主犯、从犯、胁从犯的分类方法不同，作为非实行犯的教唆犯（共犯）是按照"分工分类"区分的共同犯罪类型，因此，为了理解教唆犯的性质，需要探讨教唆犯与实行犯的关系。关于教唆犯和实行犯的关系，存在"共犯独立性说"和"共犯从属性说"的对立。"共犯独立性说"认为，教唆者导致被教唆者堕落，教唆行为本身就具有犯罪性，应当单独处罚；"共犯从属性说"认为，对教唆犯的处罚应当以被教唆者的实行行为为前提。两种学说对立的核心在于：教唆犯的成立取决于被教唆者是否已经着手实行。根据"共犯独立性说"，不论被教唆者是否着手实行犯罪，对教唆者都给予处罚，即处罚教唆未遂；根据"共犯从属性说"，只有在被教唆者着手实行时，才处罚教唆犯。

应当指出，并不是所有的教唆犯都是共犯。教唆犯分为两种类型：①单独的教唆犯，即在被教唆者没有着手实行情况下成立的教唆犯。这种教唆犯与实行犯之间不成立共同犯罪关系。②共犯的教唆犯，即被教唆者已经着手实行情况下才成立的教唆犯。这种教唆犯与实行犯之间成立共同犯罪关系。

（二）教唆犯成立的条件

1. 必须有被教唆者。①被教唆者必须是具有刑事责任能力的人。如果被教唆者是无刑事责任能力的精神病人或者未成年人，教唆者不构成教唆犯，而构成间接正犯。②被教唆者必须是特定的人。对不特定的多数人教唆的，不是教唆而是煽动。但被教唆者可以是特定的多人。③被教唆者在教唆行为当时没有产生实行犯罪的决意。如果被教唆者已经产生实行犯罪的决意的，教唆者成立单独教唆犯。④被教唆者是否着手实行犯罪，不影响教唆犯的成立，但是，被教唆者没有实行着手的，只成立单独教唆犯；被教唆者已经实行着手的，成立共同犯罪中的教唆犯。⑤被教唆者着手实行的犯罪，必须是基于教唆行为产生的犯意而实施的，如果被教唆者基于过失实行犯罪的，对于教唆者来说，不成立教唆犯而可能构成间接正犯。

2. 必须有教唆行为。教唆行为是引起他人产生实行特定犯罪意图的行为，这是教唆犯的本质特征。对于教唆行为的方法和手段，没有特殊限定，如劝诱、欺骗、威胁、唆使、指示、命令、怂恿、利诱等。但是，如果使用欺骗、威胁等手段并达到对被教唆者具有绝对强制力时，不是教唆行为而是间接正犯行为。教唆行为的着手，应当以教唆者行为的着手为标准，而不是以被教唆者的着手实行为标准，因为教唆行为本身就是实行行为。

教唆行为必须是唆使他人实施特定的犯罪，但并不要求教唆者必须对具体时间、地点、方法、手段等进行具体的指示。对于教唆行为，也不要求必须教唆犯罪方法，但如果既教唆他人实行犯罪又传授犯罪方法的，例如，既教唆他人盗窃又传授盗窃技巧的，可按盗窃罪的教唆和传授犯罪方法罪实行数罪并罚。教唆行为必须是积极的作为，不作为的形式不成立教唆行为。

数人共同实施教唆行为的，是共同教唆。共同教唆可以由数个教唆者共同实行，也可以由共谋教唆行为的一部分人实行，对于只参加教唆的共谋而没有直接实施教唆行为的教唆者，也应当按教唆犯处罚。数个教唆行为与其他行为发生竞合的，重行为吸收轻行为。例如，在实行犯罪过程中，教唆者不仅实施了教唆行为，还参与实行行为或者帮助行为的，应当只选择其中的一个重行为。如果教唆已满18周岁的人犯罪的行为最重，按照教唆犯处罚；如果参与实行的行为最重，按照主犯处罚。

教唆行为实施之后是否可以撤回，对此有两种观点：一种观点认为，在被教唆者实行着手以前，教唆行为可以撤回；另一种观点认为，在被教唆者产生犯意以前，可以撤回。根据我国《刑法》的规定，应当采取后一种观点。但是，在被教唆者着手实行之后，即使教唆者撤回教唆行为也不影响教唆犯的成立。

3. 必须有教唆的故意。教唆的故意是教唆犯成立的主观条件，其中包括直接故意和间接故意。教唆的故意涉及教唆者和被教唆者两个方面的内容，因此情况比较复杂。根据"共犯从属性说"，教唆者对自己的教唆行为引起他人实行犯罪的决意有认识，而且对他人将实行该犯罪也有认识，但不要求教唆者对犯罪结果有认识；根据"共犯独立性说"，教唆人不仅需要对自己的教唆行为引起他人实行犯罪的决意有认识、对他人将实行该犯罪有认识，还要求对犯罪结果有认识，因为教唆行为本身是实行行为。不过，单独教唆犯的行为本身就是实行行为，因而教唆者需要对自己的教唆行为产生的犯罪结果有认识，因此，单独教唆犯的故意只能是直接故意；而共同犯罪中教唆犯的成立取决于被教唆者是否着手实行，因此，教唆者不需要对被教唆行为的犯罪结果有认识。

　　教唆者在实施教唆行为时，认识的事实与被教唆者实行的事实不一致的，是教唆的错误。教唆的错误主要有两种情况：①同一犯罪构成内的错误。它是指教唆者的认识与被教唆者的实行行为不一致，但属于在同一犯罪构成范围内的，不影响教唆的故意。例如，教唆他人对被害人甲家实行盗窃，但被教唆者因错误进入乙家实行盗窃。②在不同犯罪构成之间的错误。教唆者的认识与被教唆者的实行行为不一致，涉及两个以上不同的犯罪构成的情况。例如，教唆他人实行盗窃行为，但被教唆者实行了抢劫行为，教唆者只成立盗窃罪的教唆；再如，教唆他人实行伤害行为，但被教唆者实行了杀人行为。同样，教唆他人实行伤害行为，而被教唆者在实行伤害行为时致人死亡的，教唆犯只对伤害的教唆承担责任，对致死部分不承担责任，因为教唆犯对结果加重犯的加重结果是无法预见的。

　　（三）教唆的未遂和未遂的教唆

　　1. 教唆的未遂。教唆的未遂有三种情况：①失败的教唆，即教唆者实施了教唆行为，但没有引起被教唆者实行犯罪的决意，教唆行为以失败而告终。例如，被教唆者没有理解教唆者表述的内容。②没有效果的教唆，即教唆者实施了教唆行为，并引起被教唆者产生犯罪的决意，但被教唆者没有着手实行。③没有结果的教唆，即教唆行为引起了被教唆者实行犯罪的决意，并且着手实行，但没有达到既遂。

　　根据"共犯独立性说"的观点，上述三种情况都是教唆的未遂；根据"共犯从属性说"的观点，只有第三种情况属于教唆的未遂。从我国刑法关于共同犯罪的规定看，上述三种情况都是教唆未遂，但前两种情况是单独教唆犯。

　　2. 未遂的教唆。未遂的教唆，是指教唆者在实施教唆行为当时就认识到被教唆者的行为不可能达到既遂，而只能停顿在未遂阶段的教唆类型。例如，教唆者明知金库里没有现金，而教唆他人盗窃金库；明知警察严加看守的银行无法盗窃成功，而教唆他人盗窃银行；明知手枪中没有子弹，而教唆他人用手枪杀人。对于未遂的教唆，"共犯从属性说"认为，教唆的故意不要求对危害结果有认识，只要对实行行为有认识即可，因此，即使教唆者认识到被教唆者的行为只能停顿在未遂阶段，也具有可罚性；"共犯独立性说"认为，教唆行为本身是实行行为，教唆的故意必须对结果有认识，而教唆者对结果没有认识（认识到不能发生结果），因此不成立教唆犯。

　　但是，对于未遂的教唆，不能仅仅考虑教唆者的主观故意，还必须考虑行为的性质和危险性，教唆者本人认识到不会达到既遂，并不等于该行为在客观上不具有社会危害性。例如，甲认识到被害人当天绝对不在家，而教唆乙用手枪向被害人床上枪击，但不巧被害人当天碰巧在家而被打死（这是未遂教唆的错误）。因此，如果未遂的教唆在客观上存在危险性时，应当具有可罚性，例如，教唆他人使用未达致死量的毒药杀人的行为（这是没有错误的未遂教唆），这种情况虽然不能发生被害人死亡的结果，但仍然具有社会危害性；如果教唆他人实施绝对不能发生危害结果的行为时，其社会危害性程度较低，例如，教唆他人用面粉杀人。

　　3. 未遂的教唆与诱惑侦查。诱惑侦查（也称为陷害侦查、陷阱侦查），是指警察等人以抓捕为目的唆使他人实行犯罪，在他人着手实行该犯罪时将其抓获的行为。这种行为主要涉及毒品犯罪等领域。例如，警察伪装成贩毒者诱惑他人贩毒，在贩毒者交付毒品时将其抓获。诱惑侦查有两种类型：①被诱惑者的犯意是由诱惑者引起的；②被诱惑者已经有犯罪意图，但在诱惑者的诱惑下，该犯罪意图得到强化。未遂的教唆主要与前者有关。

　　诱惑者的行为是否属于未遂的教唆，对此有两种观点。一种观点认为，诱惑者的故意内容只要具有引起被诱惑者产生实行犯罪决意的意思而不需要对结果有认识，因此该行为具有可罚性；另一种观点认为，诱惑者的故意需要对结果有认识，既然诱惑者事前已经认识到既遂结果不能发生，因此诱惑行为不具有可罚性。一般来说，诱惑侦查在诉讼法上属于违法行为，诱惑侦查属于重大违法行为时，可能破坏国家的法制，因此应当严格限制，但一般不应按照犯罪处理。

（四）教唆犯的处罚

根据《刑法》第29条的规定，教唆犯的处罚有三种情况：

1. 教唆他人犯罪的，应当按照他在共同犯罪中所起的作用处罚。所谓"作用"，包括主要作用和次要作用，但一般来说，教唆犯起主要作用。

2. 教唆不满18周岁的人犯罪的，应当从重处罚。在理论上，教唆未达到刑事责任年龄的人犯罪的，不是教唆犯而是间接正犯。但是，我国刑法没有明确规定对间接正犯的处罚，而是对教唆不满18周岁的人犯罪的，都给予从重处罚。

3. 被教唆人没有犯被教唆的罪，对于教唆犯，可以从轻或者减轻处罚。"被教唆人没有犯被教唆的罪"包括四种情况：①被教唆人拒绝教唆；②被教唆人接受了教唆但并没有实行犯罪；③被教唆人接受被教唆的犯罪，但实施了其他犯罪；④被教唆人实施的犯罪并不是教唆犯的教唆所引起的。

第三节　共同犯罪的特殊问题

一、犯罪集团

（一）犯罪集团的法定形式

共同犯罪的法定形式包括四种情况：①一般共同犯罪，即2人以上没有组织形式的共同故意犯罪；②犯罪集团，即3人以上为了共同实施犯罪而组成的较为固定的犯罪组织；③聚众犯罪，即首要分子组织策划的、有多人参与的犯罪；④有黑社会性质的犯罪、邪教组织犯罪和恐怖组织犯罪。第一种情况属于刑法总则规定的任意的共同犯罪，适用刑法总则的规定；第三种和第四种情况属于刑法分则规定的必要的共同犯罪，原则上不适用刑法总则的规定；第二种情况的犯罪集团兼有任意的共同犯罪和必要的共同犯罪两种特征，如后所述，一般犯罪集团适用刑法总则的规定，特殊犯罪集团适用刑法分则的规定。

（二）犯罪集团的学理形式

在学理上，共同犯罪可以分成以下类型：①任意的共同犯罪和必要的共同犯罪，前者是指刑法分则以单独犯为标准规定的犯罪，但也可以由二人以上实施的共同犯罪，如杀人罪、盗窃罪、抢劫罪等；后者是指刑法分则明确规定必须由二人以上实施的犯罪，其中包括聚众犯（如聚众斗殴罪）和对向犯（如行贿罪和受贿罪）。②事前有通谋的共同犯罪与事前无通谋的共同犯罪。前者是指在着手实行以前，各犯罪参与人之间存在共同的犯意；后者是指在着手实行以前，各犯罪参与人没有对犯罪进行通谋。③简单的共同犯罪与复杂的共同犯罪。前者是指二人以上共同故意实行犯罪的共同犯罪，理论上也称为共同正犯；后者是指二人以上共同实施具有组织、教唆、帮助等分工内容的犯罪，包括集团犯罪、有组织犯罪等。犯罪集团属于共同犯罪中复杂的共同犯罪形态。

（三）犯罪集团的种类和特征

犯罪集团包括一般犯罪集团和特殊犯罪集团。一般犯罪集团，是指《刑法》第26条第2款规定的"3人以上为共同实施犯罪而组成的较为固定的犯罪组织"。犯罪集团的特征是：①由3

人以上组成。这是犯罪集团与一般共同犯罪的区别。②目的是实施犯罪。这是犯罪集团与一般违法性组织的区别。③形成了犯罪组织。这是犯罪集团的本质特征，也是与犯罪团伙的主要区别。④组织结构较为固定。这是犯罪集团的组织的补充性特征。特殊犯罪集团，是指刑法分则中规定的具体的犯罪集团，包括恐怖活动组织、黑社会性质的犯罪组织、会道门和邪教组织。这些犯罪组织除了具有一般犯罪集团的特征外，还具有自己的特征，这些特征一般由刑法分则具体规定。

二、共同犯罪与身份

（一）身份的概念和意义

刑法中的身份，是指影响犯罪成立和量刑轻重的行为人所具有的特定资格、地位、状态。对于某些犯罪，刑法分则以身份为条件对犯罪主体加以限制，有一定身份的人可以构成特定的犯罪，没有一定身份的人不能构成特定的犯罪，因此，身份具有限定某种犯罪成立范围的作用。共同犯罪与身份的关系所要解决的问题是：无身份者单独实施某种行为时不能构成犯罪，但如果与有身份者共同实施该犯罪时则可以构成犯罪。例如，没有公务员身份就不构成受贿罪，但非公务员参与公务员的受贿时则可以构成受贿罪。因此，身份和共犯的关系，一方面对无身份者与有身份者的行为起到纽带作用，另一方面，在处罚犯罪上具有刑罚个别化的作用。以行为人的一定身份为犯罪构成要件的犯罪，是身份犯。身份犯包括构成的身份犯和加减的身份犯两种类型。

（二）构成身份

构成身份（也称为真正身份），是指以行为人具有的一定身份为犯罪构成要件的身份。例如，受贿罪的身份限定于国家工作人员；强奸罪的身份限定于男性；等等。在单独犯的情况下，行为人只有具有该身份时才能构成该犯罪；在共同犯罪的情况下，构成身份涉及以下问题：①无身份者加功有身份者时，无身份者可以成为有身份者的共犯。例如，妇女教唆或者帮助男子实施强奸犯罪；非国家工作人员与国家工作人员勾结共同贪污；公务员的妻子（无身份者）为丈夫受贿；等等。②有身份者对无身份者的加功。例如，国家工作人员甲教唆其妻子乙受贿，而本人利用职务上的便利为他人谋取利益的，妻子乙因没有公务员身份不能单独构成受贿罪，但是公务员甲应当构成间接正犯，妻子成立受贿罪的共犯（从犯）。[1]

（三）加减身份

加减身份是影响量刑轻重或者犯罪性质的身份，包括两种情况：①不影响犯罪性质，只影响刑罚轻重的身份。例如，根据《刑法》第 243 条第 2 款的规定，国家机关工作人员实施诬告陷害罪的，从重处罚，而非国家机关工作人员实施该犯罪的，按通常刑罚处罚。②既影响犯罪性质也影响量刑轻重的身份。例如，侵占罪（《刑法》第 270 条）和职务侵占罪（《刑法》第 271 条），前者是非身份犯，后者是身份犯，有无身份不仅对构成的犯罪有影响，对量刑也有影响。

三、共犯与错误

（一）共犯错误的特殊性

共犯的错误，是指共犯人与正犯人之间的主观认识和客观事实出现不一致的情况。共犯的错误问题，原则上也适用有关单独犯的错误论。但是，共犯问题涉及各个行为人之间的错

---

[1] 马克昌主编：《犯罪通论》，武汉大学出版社 1999 年版，第 587 页；高铭暄、马克昌主编：《刑法学》，中国法制出版社 1999 年版，第 316 页。

误、基本犯罪构成的错误与未完成罪之间的错误等一系列问题，因此比单独犯的错误更加错综复杂。

（二）共犯错误的形态

共犯的错误主要包括共同正犯的错误、教唆犯的错误、帮助犯的错误。

共同正犯的错误，是指共同正犯人之间认识的事实与发生的事实不一致的情况。主要包括三种情况：①在同一犯罪构成要件内的错误。例如，共谋共同实施杀人行为的行为人中的一人误认了被害人并将其杀死的。在这种情况下，参加共谋者均成立共同正犯，参与共谋的全部人员也对该杀人结果负责。②不同犯罪构成的错误（共同正犯的过限）。例如，甲、乙共谋盗窃，而乙实施了抢劫行为；甲、乙共谋伤害，而乙实施了杀人行为。对于过限的结果部分（上述的抢劫和杀人部分），不成立共同正犯，甲分别只在盗窃罪和故意伤害罪部分成立共同正犯。③结果加重犯的错误。例如，甲、乙共谋伤害被害人，但乙引起被害人死亡的结果，甲对死亡结果也承担责任。因为只要共犯人对基本犯的行为有认识，就应当对加重结果承担责任。

教唆犯的错误包括：①教唆的内容与实行犯的行为存在错误。例如，教唆他人盗窃，被教唆者产生抢劫的犯意，教唆人只成立盗窃罪的教唆犯。②被教唆人实行的行为超过了教唆犯意图的范围。例如，教唆他人盗窃，被教唆者不仅实施了盗窃，还实施了强奸行为，教唆人只在盗窃罪的范围内成立教唆犯。③行为人本来想实施教唆行为却实施了间接正犯的行为时，应当成立教唆犯，这种情况称为"没有实行犯的教唆"。例如，教唆人本来想教唆成年人实施犯罪行为，但却教唆了未成年人。

帮助犯的错误一般不影响帮助犯的成立，但有两种情况需要研究：①帮助者所帮助的犯罪是重罪，而实行犯实行的犯罪是轻罪；或者帮助的犯罪是轻罪，而实行犯实行的犯罪是重罪，应当只在轻罪的范围内成立帮助犯。②结果加重犯的帮助，如果帮助者对加重结果的发生有过失的，也可以成立帮助犯。

四、共犯与未完成罪

（一）共犯与犯罪未遂

共犯与犯罪未遂的关系包括两种情况：①共同正犯的未遂，是指在共同正犯人着手实行后，全体或者部分行为人的行为因行为人意志以外的原因停顿在未遂阶段。全体共同正犯人的行为都停顿在未遂阶段的，各共同正犯人均成立他们所实行犯罪的未遂；部分共同正犯人的行为达到既遂阶段，而其他人的行为处于未遂阶段的，其他人也成立犯罪既遂。例如，甲、乙在实施杀人行为时，乙被第三者制服而甲将被害人杀死的，二人都成立故意杀人罪的既遂。②共犯的未遂，是指对未遂犯的教唆未遂，即被教唆者着手实行被教唆的犯罪但停顿在未遂阶段。在这种情况下，教唆者的教唆行为已经实施完毕，但考虑到被教唆者的实行行为停顿在未遂阶段，因此，对于教唆者，按照教唆未遂处理。

（二）共犯与犯罪中止

共犯与犯罪中止的关系包括两种情况：①共同正犯的中止。共同正犯的中止是指在犯罪着手实行后，部分共同正犯人基于自己的意思中止犯罪并阻止其他共同正犯人实行犯罪，防止结果发生的情况。在这种情况下，中止的效果只适用于中止者本人。例如，甲、乙二人预谋共同杀害被害人，甲在着手实行后放弃犯罪意图，阻止乙实施犯罪并且没有发生结果的，甲的行为是犯罪中止，而乙的行为是犯罪未遂。②共犯的中止（教唆犯的中止）。教唆者在教唆行为实行以后、被教唆者着手实行以前，教唆者表示撤回教唆内容，并消除被教唆者的犯意的；教唆者在被教唆者着手实行后自动有效阻止犯罪结果发生的；教唆者在被教唆者实行着手以后对其表示脱离该犯罪，并积极阻止其继续实行犯罪而被教唆者中止犯罪的，都相当于有效阻止犯罪行为。但是，被教唆者放弃或者中止犯罪后又实行被教唆之罪，但未发生结果的，相当于没有有效阻止犯罪，应当认为是教唆的未遂。

案例 12 - 2： 2000 年 5 月 16 日下午，被告人张某、施某某伙同冯某、新某（均在逃）等人强行将被害人曹某（女，21 岁）带至某宾馆客房，冯某、张某、施某某等人使用暴力、威胁等手段，强迫曹某脱光衣服站在床铺上，此后被告人张某对曹某实施了奸淫行为，在发现曹某有月经后停止奸淫，被告人施某某见曹某有月经在身，未实施奸淫，而强迫曹某采用其他方式使其发泄性欲。之后，冯某因接到电话即带被告人施某某等外出，由张某继续看管曹某。约 1 小时后，冯某等人返回客房，张某、施某某等人又对曹某进行猥亵，直至发泄完性欲。2000 年 5 月 24 日，施某某在父母的规劝下投案。一审法院认为，张某构成强奸罪和强制猥亵妇女罪，而施某某构成强奸罪（中止）和强制猥亵妇女罪。公诉机关认为，施某某在强奸共同犯罪中起到了帮助作用，在其帮助行为实施以后仍未放弃奸淫的犯罪故意，故不属于强奸犯罪中止。二审法院认为，二被告人的行为分别触犯了强奸罪和强制猥亵妇女罪两个罪名，施某某虽放弃了实施奸淫行为，但并没有放弃犯罪的意图，其行为在共同强奸犯罪过程中，随着主犯张某完成强奸行为，已经成立犯罪既遂。

资料来源： 最高人民法院刑一庭、刑二庭编：《刑事审判参考（第 3 卷·上）》，法律出版社 2002 年版，第 74 页。

案例 12 - 3： 2000 年 6 月，刘汉标（另案处理）被免职，由被害人朱环周兼任。被告人黄土保向刘提议利用女色教训朱。随后，黄找到被告人洪伟，商定由洪具体实施。洪寻机利用女色诱惑朱未能成功，于是提出找人打被害人朱，并获 2 万元。洪以其中 1 万元雇用被告人林汉明去砍伤朱。后黄因害怕打伤朱可能会造成的法律后果，先后两次打电话给洪，明确要求洪取消殴打计划。但洪答应后却未及时通知林。林找来 3 人准备用菜刀在朱回家之际将朱砍成重伤。本案的争论要点是如何认定教唆犯的犯罪中止。第一种观点认为，被告人黄的行为符合有关犯罪中止的规定，主观上已自动放弃犯罪故意，客观上已两次通知被教唆人洪取消实施伤害计划。被告人洪在接到取消伤害计划通知后，未能按黄（教唆者）的意思采取有效措施，阻止他人继续实施犯罪，该行为后果不应由被告人黄承担。第二种意见认为，教唆犯的犯罪中止与单个人的犯罪中止有所不同。黄（教唆犯）虽然本人确已放弃犯罪意图，并在被雇用人实施犯罪之前，已明确通知自己的"下家"停止伤害行为，但其上述行为未能有效阻止其他被告人继续实施犯罪，以致其教唆的犯罪结果发生。因此，不能仅根据个人的行为就认定其是犯罪中止，应考虑到其作为教唆犯的身份及其在案件发生、发展过程中的地位和作用。法院认定黄（教唆犯）的行为不属于犯罪中止，理由是：本案是一个多层次的雇用、教唆关系，黄作为第一雇用、教唆人，其对洪的再雇用是知情的，因此其对其他被雇用、教唆人也负有积极采取相应补救措施的责任，至少其要确保中间人洪能及时有效地通知、说服、制止其他被雇用人、被教唆人，使其彻底放弃犯罪意图，停止犯罪，并有效地防止犯罪结果的发生，黄未能做到这一点，因而导致犯罪行为和犯罪结果的实际发生。对此，黄有相应的责任，不能认定其构成犯罪中止。

资料来源： 最高人民法院刑一庭、刑二庭编：《刑事审判参考（第 4 卷·上）》，法律出版社 2004 年版，第 56 页。

（三）共同正犯关系的脱离[1]

1. 共同正犯关系的脱离，是指共同正犯人在犯罪完成之前自动表示不再继续参与该犯罪并得到其他人的认可，而其他人继续实行该犯罪的情况。共同正犯的脱离所要解决的问题是：脱离者对后来的结果是否承担责任，是否承担犯罪中止的责任。共同正犯脱离的主要特征是：脱离者在主观上中断了与其他共同正犯人继续实行犯罪的犯罪意图联络；其他共同正犯人在脱离者放弃后继续实行犯罪并发生了犯罪结果。

2. 着手实行前的脱离，是指在着手实行以前的阶段，行为人脱离参与犯罪。即脱离者在着手实行以前，向其他参与人表示自己脱离该犯罪，其他参与人也知道该人将不再实行该犯罪。具体来说：①脱离者在着手实行以前向其他共同正犯人表示脱离；②脱离的表示得到了其他共同正犯人的认可；③其他共同正犯人的行为达到既遂。例如，甲、乙二人商议抢劫，但在实行抢劫以前，甲告知同伙"我不干了"，乙自己实行了抢劫行为，甲和乙不构成抢劫罪的共同正犯，但由于甲没有有效阻止他人犯罪，因此不成立犯罪中止。需要指出的是，共同正犯的着手实行前脱离并不是对自己的行为完全不承担责任，而是对脱离以后的其他人实行的行为不承担共同正犯的责任。

3. 着手实行后的脱离，是指行为人在实行行为的过程中对其他正犯人表示脱离。例如，二人以上共谋行贿的，其中一人在行贿后想与其他行贿人脱离而取回财物的，也不能免除共同行贿的罪责。在该情况下，其他正犯人仅仅认可脱离者的脱离还不够，还要求脱离者积极地为防止结果的发生采取措施。对于着手后的脱离，原则上不予承认，但在量刑上应当考虑。

五、继承的共犯

（一）继承的共犯的概念

继承的共犯，是指在先行行为人的部分行为已经实行终了之后、未达到既遂之前，后行行为人以共同的犯罪故意中途参与犯罪的形态。例如，甲伪造货币行为已经着手，在实行中途感到自己难以独立完成犯罪，乙知道情况后中途参与，甲、乙二人通力合作伪造货币。继承的共犯的特征是：后行行为人在先行行为人实行部分行为后，双方产生共同犯罪故意，并参与实行剩余的部分行为。继承的共犯只存在于先行行为人着手实行以后、既遂以前的阶段，如果行为人在先行行为人着手实行当初就参与了犯罪，不存在继承的问题，而是共同正犯；如果在先行行为人的行为已经既遂后参与的，是事后的帮助，一般成立独立的犯罪。继承的共同正犯所要解决的问题是：后行行为人的中途参与行为是否对先行行为人已经实行的行为或者先行行为造成的结果承担责任。

继承的共犯包括三种情况：①继承的共同正犯，即后行行为人以共同实行的故意中途参与先行犯罪。例如，甲以抢劫的故意对被害人施加暴力之后，乙中途参与后夺取被害人财物。这种情况如果不按照继承的共同正犯来理解，乙的行为只能构成抢夺罪；如果按照继承的共同正犯来理解，乙的行为构成抢劫罪的共同正犯。在上述例子中，如果甲的行为造成伤害结果，甲、乙则构成抢劫罪和故意伤害罪的共同正犯。继承的共同正犯包括后行行为人和先行行为人共同实行剩余的部分行为，或者先行行为人实施了部分行为而后行行为人单独实行剩余的部分行为两种情况。无论哪种情况，先行行为人和后行行为人之间都必须有共同实行的故意，如果后行行为人单方了解先行行为人的犯罪行为，或者先行行为人单方利用后行行为人的行为的，都不是继承的共犯。②继承的帮助，即后行行为人以帮助的故意中途参与先行犯罪。③教唆的继承，即先行教唆人教唆了部分内容后，后行教唆人又教唆部分内容。

---

[1] 共犯的脱离包括共同正犯的脱离和共犯的脱离，这里只谈共同正犯的脱离。

但是，在先行教唆行为已经使被教唆人产生犯意时，后行教唆人不可能使被教唆人产生同一犯意，因此，继承的教唆是不成立的。

（二）学说的对立

1. "积极说"认为，后行行为人是积极地利用先行行为人的行为和结果，后行行为人与先行行为人有相互的犯罪意思沟通，参与了实行行为，特别是在有相互意思沟通的前提下，后行行为人在全部犯罪行为中的哪个阶段参与实行并不重要，因此，后行行为人对先行行为的行为和结果应当承担责任。根据"犯罪共同说"，共同正犯的成立要求各共同正犯人共同实施同一犯罪，只要共同实行同一犯罪，不论是从最初还是中途参与实行的，都是继承的共同正犯。

2. "消极说"认为，后行行为对先行行为没有原因力和影响力，而且只是认识到先行行为人的行为和利用了结果产生的状态，因此，后行行为人只能对自己介入以后的行为部分承担责任。根据"行为共同说"，各参与者实施同一犯罪行为时成立共同正犯，但后行行为人与先行行为人实施的不是同一行为，因此，其只应对自己实施的行为承担责任。

一般来说，对于复行为犯采用"积极说"，而对其他类型犯罪采用"消极说"。因为，共同正犯的成立，必须同时有主观要件的共同故意和客观要件的共同实行两方面内容，后行行为人在他人的部分行为实行终了后产生了共同犯罪故意和在事后采取实行行为，因此，后行行为人不应对先行行为人已经实施的行为承担责任。但是，复行为存在特殊性，需要单独分析。

（三）复行为犯的继承

复行为犯，是指一个独立的犯罪由两个以上行为结合为一个犯罪构成，只要其中一部分行为着手实行，就认为该复行为的全部已经着手实行。例如，抢劫行为是由使用暴力和抢夺财物两部分行为结合而成的；强奸行为是由使用暴力等手段和强行性行为两个部分结合而成的。两个以上行为人，一人先使用暴力，另一人后抢夺财物时，二人成立抢劫罪。

但是，转化抢劫的继承问题比较复杂。转化抢劫，是指行为人先犯盗窃、诈骗、抢夺罪，而后使用暴力等手段的犯罪类型，即先谋财、后使用暴力。例如，行为人甲窃取被害人的钱包，被害人发现后要求返还时发生扭打，一直在附近观看的乙与行为人甲使眼色，为了防止被害人夺回钱包，两人共同殴打被害人。共犯的继承与转化抢劫的关系有四种情况：①甲、乙二人共同盗窃，共同使用暴力的；②甲、乙二人共同盗窃，甲使用暴力而乙没有使用暴力；③甲实施盗窃，而乙使用暴力；④甲实施盗窃，而乙与甲共同使用暴力。后两种情况与共犯的继承有关，甲的行为构成转化抢劫没有异议，但乙的行为是否也构成转化抢劫，对此有争议。

六、共犯与不作为

不作为与共同犯罪的关系包括对不作为的共犯、不作为的共犯和不作为的共同正犯三种情况。对不作为的共犯，是指教唆他人以不作为的形式实施犯罪。例如，教唆婴儿的母亲以不给婴儿喂奶的形式杀害婴儿。关于对不作为的共犯，存在"不成立说"和"成立说"的对立。"不成立说"认为，不让母亲给婴儿喂奶，不构成教唆犯，而直接构成故意杀人罪的正犯；"成立说"认为，使他人产生不作为的故意是完全可能的，上述情况可以构成不作为杀人的教唆犯。

不作为的共犯，是指以不作为的形式帮助他人实施犯罪。例如，孩子正在被第三者砍杀时，父亲不阻止，属于不作为的共犯（帮助犯），父亲是负有特定义务的人，在能够救助的情况下而不救助，可以构成不作为的帮助犯。

不作为的共同正犯，是指二人以上以不作为的形式实施犯罪。例如，夫妻二人共同遗弃婴儿。父母对婴儿有抚养义务，如果有能力履行抚养义务而不履行的，可以构成不作为的共同正犯。父母通谋杀婴儿，把婴儿放在不能够被救助的地方，是不作为的共同正犯。

第 十 三 章

罪　数

第一节　罪数概述

一、罪数的概念

罪数是指犯罪的数量，即犯罪的个数。罪数问题也就是依据刑法规定，认定行为人即刑事案件中的犯罪嫌疑人、被告人实施了一个犯罪还是数个犯罪的问题。由于刑法规定的高度概括性与抽象性和实际案件的具体性与复杂性，定罪时经常会遇到一罪与数罪的问题，并且容易产生认识与判断上的分歧，因而需要正确地区分一罪与数罪。

正确区分一罪与数罪的主要意义在于：①有利于正确定罪。定罪包括认定罪与非罪、此罪与彼罪、一罪与数罪等。如果不能正确区分罪数，就无法准确确定犯罪的性质和罪名，无法做到正确定罪。②有利于正确量刑，确保罪刑相适应原则的贯彻执行。定罪是量刑的前提，罪刑相适应原则要求一罪一刑、数罪数刑、数刑并罚。罪数认定不准确，将导致不合理地加重或者减轻行为人的刑事责任。只有正确区分罪数，才能为量刑提供适当的前提条件。③有利于贯彻刑法的一系列重要制度。我国刑法中的连续犯、继续犯、牵连犯等数罪形态，与刑法的效力、追诉时效等制度密切相关。例如，《刑法》第89条第1款规定："追诉期限从犯罪之日起计算；犯罪行为有连续或者继续状态的，从犯罪行为终了之日起计算。"如果不能对连续犯、继续犯等罪数形态作出科学的解释和准确的认定，就会影响时效制度的正确适用。

二、罪数的标准

区分罪数的标准，我国刑法理论采用"犯罪构成标准说"。根据"犯罪构成标准说"，区分一罪与数罪的标准是犯罪构成。原则上讲，凡是一次充足（充分地满足）刑法规定的具体犯罪的犯罪构成的，即符合一个犯罪构成的，构成一罪；多次地充足具体犯罪的犯罪构成的，即符合多个犯罪构成的，构成数罪。换言之，数罪是依据正当法律程序认定的案件事实，多次地满足某一个或者某几个具体犯罪构成的要求的情况。在数罪的情况下，案件事实符合数个具体的犯罪构成，行为人所实施的犯罪可以在观念上被区分为数个法益、数个危害行为、数个罪过。

司法实践中，一个人实施多个犯罪的案件是经常能够见到的，典型的一罪和数罪相对易于区分。但是，由于刑法规定的抽象性和司法实践的复杂性，根据犯罪构成标准认定行为人的行为是一罪还是数罪时，会存在一些困难和分歧。适用犯罪构成标准认定罪数时，要注意以下问题：

1. 正确地理解刑法对具体犯罪构成的规定，这是正确区分一罪与数罪的前提。这需要将刑法分则与刑法总则有机统一起来，进行合理解释。抽象地讲，行为人在一个罪过（故意或者过失）支配下实施一个犯罪行为，直接地侵犯了一个法益的，就是一罪。例如，行为人基于伤害的故意，实施了伤害行为，致使被害人轻伤、重伤，侵犯了被害人的身体健康，就单纯地构成了故意伤害罪一罪。但是，在更多的情况下，刑法规定的犯罪构成并非单纯的一罪，而是将多个行为复合（组合）、集合（综合）在一起。例如，强奸罪就包括暴力、威胁等手段行为和强行性交的目的行为；抢劫罪则包括暴力、威胁等手段行为和劫取财物的目的行为。这两个犯罪均是手段行为与目的行为的复合。所以，行为人实施强奸、抢劫犯罪，可能与故意杀人、故意伤害、非法拘禁等犯罪之间形成想象竞合，即形成观念上的数罪、实质上的一罪。再如，刑法将赌博罪的构成要件预设为反复多次地实施赌博这种违法行为。所以，偶尔地参与赌博属于违法但并不构成犯罪，只有以营利为目的，在一定的时间内反复多次地实施这一违法行为，才符合"以赌博为业"的构成要件，才可以构成赌博罪。

2. 遵循主客观相统一的原则，判断案件事实是一次还是数次充足犯罪构成。整体性是犯罪构成的基本特征，主客观相一致的原则是整体把握犯罪构成的最重要原则。具体判断时，既要分析案件事实的客观方面，又要分析行为人的主观心理状态，还要考虑证据证明案件事实的实际情况与需要；不能仅从规范层面出发，根据犯罪构成要件孤立地认定是一罪还是数罪，也不能仅从事实层面出发而不顾规范层面的规定，单纯地认定是一罪还是数罪。以强奸罪为例，行为的客观方面表现为暴力、威胁等手段行为与强行性交目的行为的结合，主观方面表现为明知自己的行为违背妇女意志而强行发生性行为的故意，构成强奸罪则要求客观方面与主观方面统一。所以，故意杀死被害妇女后奸淫尸体的行为，不构成强奸罪，而构成故意杀人罪；行为人以暴力手段完成强奸犯罪后，杀人灭口的，则构成强奸罪与故意杀人罪两个犯罪。再以赌博罪为例，行为构成赌博罪，客观上要求"以赌博为业"，主观上要求以营利为目的。行为人的多次赌博行为复合在一起构成"以赌博为业"，由于赌博并不是合法职业，所以，司法实践中证明了被告人"以赌博为业"，也就证明了行为人以营利为目的，实现了主观方面与客观方面的统一。再如，非法行医罪是指未取得医生执业资格的人非法行医，情节严重的行为。由于医师是一个合法职业，所以，司法实践中，只要能够证明行为人以行医的意思实施了诊疗活动，哪怕只是一次诊疗活动，也可以认定行为主观方面与客观方面的统一，认定行为人的行为构成非法行医罪。

3. 注意刑法的特别规定。例如，《刑法》第 240 条第 1 款第 3 项规定，拐卖妇女并奸淫被拐卖的妇女的，构成拐卖妇女罪一罪。所以，如果行为人在拐卖妇女过程中，强奸被拐卖的妇女，虽然既符合拐卖妇女罪的基本构成，也符合强奸罪的基本构成，而属于数罪，但刑法明确将强奸行为规定为拐卖妇女罪的加重情节并规定了较重的法定刑，因而只能认定构成拐卖妇女罪一罪，而不能认定为数罪，不需要数罪并罚。我国刑法中，类似于《刑法》第 240 条第 1 款第 3 项的规定的还有：第 239 条第 2 款，绑架并杀害人质的，以绑架罪一罪定罪处罚；第 318 条第 1 款第 4 项，组织他人偷越国（边）境，并剥夺被组织者人身自由的，以组织偷越国（边）境罪一罪定罪处罚；第 318 条第 1 款第 5 项，组织他人偷越国（边）境，并以暴力、威胁方法抗拒检查的；第 347 条第 2 款第 4 项，走私、贩卖、运输、制造毒品，以暴力抗拒检查、拘留、逮捕，情节严重的；等等。应当注意，收买被拐卖的妇女，并强行与其发生性关系的，既充足了收买被拐卖的妇女罪的犯罪构成，又充足了强奸罪的犯罪构成，也属于数罪，这种情况虽然与拐卖并强奸被拐卖的妇女的情形类似，但是刑法并没有特别将其规定为一罪；相反，《刑法》第 241 条第 4 款还特别提示司法人员，应认定为数罪。

4. 注意刑事政策和司法习惯。在许多情况下，尽管行为充足数个犯罪构成，但是基于刑事政策考虑和司法习惯，同一罪名的不同数个犯罪行为或者不同罪名的数个犯罪行为，可以作为一个整体犯罪看待时，处理时则作为一罪认定，称为实质上的数罪、处断上的一罪。

三、一罪与数罪的类型

（一）一罪的类型

刑法理论上将一罪分为实质的一罪、法定的一罪、处断的一罪。

实质的一罪，是指外观上具有数罪的形式，但是，行为人基于特定之罪过形式，实施了一个危害行为，侵犯一种法益（复杂客体的情况下可能是两个或两个以上的法益），符合一个犯罪构成，实质上构成一罪的情形，包括想象竞合犯、结果加重犯、继续犯。这里所谓的"实质"，是指立法者无论如何只能将其在刑法上规定为一罪，而不可能规定为数罪。

法定的一罪，是指行为人基于多个罪过，实施了多个危害行为，侵犯多种法益，立法者本来可以将其规定为数个犯罪构成或者已经将其规定为数个犯罪构成，因为某种特定的理由，法律上将其规定为一罪的情形，包括转化犯、结合犯、惯犯。

处断的一罪，是指原本符合数个犯罪构成而构成数罪，但是数罪之间存在着紧密联系，基于刑事政策的考虑，刑法规定作为一罪认定，或者司法机关处理时习惯上作为一罪认定的情形，包括连续犯、吸收犯和牵连犯。

（二）数罪的类型

刑法理论上将数罪分为同种数罪和异种数罪。

同种数罪是指行为人出于数个相同的犯意，实施数个性质相同的行为，触犯相同罪名的独立数罪形态。例如，行为人在不同的时间里故意实施了多次杀人犯罪，构成故意杀人罪的数罪。对于同种数罪，有的国家的刑法将其规定为数罪，实行并罚。我国司法习惯上，如果是判决宣告以前的同种数罪，不认定为数罪，而是按照一罪定罪，在量刑上酌定从重；如果在判决宣告以后、刑罚执行完毕之前发现漏罪或者犯新罪，该罪与原判之罪为同种数罪的，依照我国《刑法》第70、71条的规定，原则上应当认定为数罪，进行并罚。当然，如果漏罪或者新罪与原判决的同种犯罪相比，情节轻微，司法机关可以基于刑事政策的考量作便宜处理，避免程序上的不必要的麻烦。

异种数罪是指行为人出于数个不同的罪过，实施数个性质不同的行为，侵犯数个法益，触犯数个罪名的数个犯罪的形态。例如，行为人实施了抢劫行为，而后为了灭口又实施了故意杀人行为，行为人构成抢劫罪、故意杀人罪两个犯罪。异种数罪又称为典型的数罪，对于这种数罪，除法律有特殊规定的，应当认定为数罪，予以并罚。所谓"法律有特殊规定"，是指数行为之间存在转化、结合、吸收、牵连等关系而形成转化犯、结合犯、吸收犯、牵连犯等犯罪形态。

第二节　实质的一罪

一、继续犯

继续犯，也称持续犯，是指行为人出于同一罪过针对同一犯罪构成内的法益，从着手实施犯罪到犯罪终了的一段时间内，犯罪行为一直处于持续状态的犯罪形态。《刑法》第89条规定，追诉期限从犯罪之日起计算；犯罪行为有继续状态的，从犯罪行为终了之日起计算。该规定虽然没有界定继续犯的定义，但是确认了继续犯的存在。

（一）继续犯的基本特征

1. 犯罪行为在一定时间内不间断地持续存在。具体来说：①犯罪行为具有时间上的继续性，即在一定时间内持续进展，持续的时间长短不影响继续犯罪的成立，但瞬间性的行为不可能构成继续犯。②犯罪行为从开始到结束一直没有间断；如果间断，可能形成同种数罪。

例如，甲非法拘禁乙3天将其放回，5天后又拘禁乙3天，则甲的前后两个行为都构成非法拘禁罪，虽然按照我国的司法传统，对同种数罪按照一罪认定，但前后两个行为不构成同一个继续犯，当然，前后两个行为各自构成继续犯。③犯罪行为与不法状态同时继续。不法状态，指犯罪行为使客体遭受侵害的状态。继续犯必须是实施一个行为，而且犯罪行为与不法状态同时继续，不法状态未结束，犯罪行为也未结束。如果犯罪行为终了，仅仅是不法状态的继续，则不构成继续犯。例如，行为人骗取他人财物后，诈骗行为已经结束，诈骗罪已经构成既遂，但非法占有他人财物的不法状态一直在持续，刑法理论上称之为状态犯。而继续犯是犯罪行为本身的持续，行为的持续也导致不法状态的持续，但不仅仅是不法状态的持续。再如脱逃罪，行为人即依法被关押的罪犯、被告人、犯罪嫌疑人脱逃司法机关监管的，即构成犯罪既遂，既遂之后的不受羁押的状态处于持续之中，但是犯罪行为已经结束而不再持续，故脱逃罪不属于继续犯。

2. 犯罪行为出于一个故意。继续犯是出于一个故意所实施的行为，出于数个故意所实施的行为不可能成立继续犯。以非法拘禁罪为例，一个故意是指行为人在一个特定的时间里持续地剥夺一个或者多个公民人身自由的犯罪故意。

3. 犯罪行为侵犯了同一犯罪构成内的法益，犯罪行为自始至终都针对同一犯罪构成内的法益持续、不间断地侵害。如果数行为侵犯同一犯罪构成内的法益，或者一行为侵犯不同犯罪构成的数种不同的法益，则不是继续犯。

非法拘禁罪被认为是典型的继续犯，即行为人从着手非法剥夺他人人身自由达到犯罪程度（司法习惯上认为非法拘禁他人24小时以上的构成犯罪），到他人恢复人身自由为止，其非法剥夺他人人身自由的行为和被害人丧失自由的状态一直处于持续状态中。对于非法拘禁罪来说，行为人是出于一个故意，实施一个行为，侵犯同一具体的法益——公民人身自由，只符合非法拘禁罪一个犯罪构成，是实质的一罪。除了非法拘禁罪之外，我国刑法规定的具体犯罪属于继续犯的还有重婚罪、窝藏、包庇罪以及掩饰、隐瞒犯罪所得、犯罪所得收益罪。除了这些具体犯罪外，非法持有、私藏枪支、弹药罪和持有假币罪、非法持有毒品罪等持有型犯罪，遗弃罪，拒不执行判决、裁定罪等纯正不作为犯罪，也属于继续犯。

（二）继续犯的处罚原则

继续犯只是符合一个犯罪构成，实质上就是一罪。无论是在事实层面，还是在规范层面，继续犯均不可分割，刑法只能将其规定为一罪，不可能将其分割规定为数罪。对于继续犯，不论其持续时间长短，只能认定为一罪。当然，犯罪行为持续时间的长短，应当作为量刑情节，在量刑时酌情加以考虑。

二、想象竞合犯

想象竞合犯，是指行为人实施一个行为触犯数个罪名的犯罪形态。这种情况也称想象的数罪、观念的竞合、一行为数罪。我国刑法总则没有规定想象竞合犯概念，但是刑法分则中存在着想象竞合犯的立法例，司法习惯也承认想象竞合犯概念的存在。

（一）想象竞合犯的基本特征

1. 行为人实施了一个行为。这是想象竞合犯成立的前提条件，如果实施了数个行为，则不可能成立想象竞合犯。所谓"一个行为"，是以法定犯罪构成客观方面的行为要件为判断标准，认定行为人的行为是一个行为，而不仅仅是基于自然的观察或者社会的一般观念认为是一个行为。极特殊的情况下，一个行为可能仅仅是一个动作。但是，在一般的情况下，一个行为不等于是一个动作，一个行为往往包含着一系列动作。例如，持枪杀人，包括举起枪支、瞄准目标、手握扳机、扣动扳机等动作，而不能认为每一个动作就是一个行为。这里的一个行为，既可以是故意行为，也可以是过失行为，还可以是出于一个故意，而又因过失造成了另一个结果的行为。

2. 一个行为必须触犯数个罪名。所谓"数个罪名"，是指一个行为同时符合了数个犯罪构成，因而触犯数个罪名。一个行为触犯数个罪名，往往是因为该行为具有多重属性或者造成多种结果。尽管想象竞合犯同时符合数个犯罪构成，但是，行为人只实施了一个行为，只能一次充足某一法定犯罪构成，而不能充足多个犯罪构成，因而只能成立一罪，属于实质的一罪。

刑法分则中直接规定的想象竞合犯立法例不多，《刑法》第 329 条第 3 款是其中一例。但是，审判实践中，想象竞合犯是大量存在的一种现象。例如，盗窃正在使用中的动力电线，盗窃数额较大，并威胁或者直接危害公共安全的情形，行为人的盗窃行为符合盗窃罪的构成，触犯盗窃罪的罪名；同时，行为人的盗窃行为又具有破坏性，对公共安全构成了侵害，因而又构成破坏电力设备罪，触犯破坏电力设备罪的罪名。这样一来，行为人的行为同时触犯盗窃罪和破坏电力设备罪两个罪名，属于想象竞合犯。再如，行为人基于杀人的故意向人群扔一颗手榴弹致 1 人死亡、3 人重伤、房屋严重毁坏的情形，一个扔手榴弹的行为同时触犯了故意杀人罪、爆炸罪两个罪名，属于想象竞合犯。[1] 再如，对正在依法执行公务的国家机关工作人员实施暴力使之受轻伤的，同时触犯了妨害公务罪与故意伤害罪两个罪名，属于想象竞合犯。

（二）想象竞合犯的处罚原则

在想象竞合犯的场合，只存在一个犯罪事实，但是这一个犯罪事实可以评价为多个罪名，是观念（规范评价）上的数罪，实质（事实存在）上的一罪。所以，对于想象竞合犯，从一重罪论处，即按行为所触犯的罪名中的一个重罪定罪处罚，不认定为数罪。

（三）想象竞合犯与法条竞合的联系与区别

法条竞合，也称法规竞合，是指数个刑法条文所规定的数个犯罪构成之间存在包容或者重合关系，当一个犯罪行为同时符合数个法条规定的犯罪构成时，只能选择适用其中一个刑法条文，而排斥其他刑法条文适用的情况。原则上讲，如果法条之间存在着包容（重叠）关系即一般与特殊的关系时，例如，诈骗罪的法条与合同诈骗罪的法条之间存在一般与特别的关系，采取特别法优于普通法的原则；如果法条之间存在着重合（交叉）关系，例如，诈骗罪的法条与招摇撞骗罪的法条之间，采取重法优于轻法的原则。

想象竞合犯与法规竞合是两个联系密切、不好区分的概念，二者之间的界限问题，理论上尚未完全解决。一般来说，想象竞合犯是犯罪形态问题，是犯罪现象领域的问题，研究想象竞合犯是为了解决罪数问题；而法条竞合所要解决的问题是法条关系问题，即存在着包容或者重合关系的法条如何适用的问题，是法条的错综复杂而在法律上抽象地自然存在的问题，不以案件事实为转移。想象竞合犯本质上是一个行为同时充足数个犯罪构成、触犯数个罪名、符合数个法条，但行为所构成的罪名、符合的犯罪构成、触犯的法条之间并不存在包容重叠或者交叉重合关系，而只存在一般评价观念上的联系，最多存在着交叉重合关系。例如，盗窃汽车部件价值较大并威胁行车安全的，是一行为触犯数罪名的想象竞合犯，盗窃罪的法条（《刑法》第 264 条）与破坏交通工具罪的法条（《刑法》第 116 条）之间并不存在一般与特别的包容关系，也不存在交叉重合关系，而只存在一般评价观念上的联系。实施盗窃罪并不

---

[1] 观念上、形式上也可以说，行为同时触犯了故意杀人罪、故意伤害罪、故意毁坏财物罪、爆炸罪等四个罪名。但是，如果采取"犯罪构成标准说"区分一罪与数罪，这种情形仅仅同时触犯了故意杀人罪、爆炸罪两个罪名，实质上只能认定为一罪。

必然触犯破坏交通工具罪的法条，反之亦然，这种情况属于想象竞合犯，而不是法条竞合。再如，对正在依法执行公务的国家机关工作人员实施暴力阻碍其执行职务并使之受伤的情形，同时构成了妨害公务罪与故意伤害罪，是想象竞合犯，而想象竞合犯所触犯的数个法条之间又存在着重合（交叉）关系。这种情况既属于想象竞合，又属于法条竞合。在这种情况下，按照想象竞合犯的处理原则，应从一重罪论处；按照法条竞合的处理原则，应采取重法优于轻法的原则，二者的处理原则与结果是一致的。

三、结果加重犯

结果加重犯，是指行为人实施了法律规定的基本犯罪行为，由于发生了严重结果而加重其法定刑的犯罪形态。例如，《刑法》第 234 条规定，犯故意伤害罪的，处 3 年以下有期徒刑、拘役或者管制。如果致人死亡的，处 10 年以上有期徒刑、无期徒刑或者死刑。故意伤害致死就属于结果加重犯。

（一）结果加重犯的基本特征

1. 行为人实施基本犯罪行为，但造成了法律规定的、重于基本犯罪构成所要求的结果。基本犯罪行为与加重结果之间具有因果关系，如果加重结果不是由于基本犯罪构成的行为造成的，则不成立结果加重犯。

2. 行为人对于加重结果具有罪过。行为人对于基本犯罪一般具有故意，而对于加重结果的发生至少有过失。①基本犯罪一般是故意犯罪，少数情况是过失犯罪。例如，《刑法》第 133 条规定，交通运输肇事后逃逸致人死亡的，处 7 年以上有期徒刑，即属于过失犯罪的结果加重犯。②行为人对加重结果至少有过失，如果对加重结果没有故意或过失，则不成立结果加重犯。有些结果加重犯，行为人对加重结果只能是过失。例如，故意伤害致死，行为人对死亡结果的罪过形式只能是过失，如果对死亡结果持故意心态，则构成故意杀人罪，而不再认定为故意伤害罪；有些结果加重犯，行为人对加重结果既可以是过失也可以是故意。例如，绑架致人死亡的，属于结果加重犯，不论行为人对死亡结果是出于过失还是出于故意，都属于绑架罪的加重结果。

3. 刑法对加重结果规定了加重的法定刑。所谓加重的法定刑，是指结果加重犯的法定刑高于基本犯罪的法定刑。如果刑法没有规定加重法定刑，则不是结果加重犯。例如，根据《刑法》第 238 条的规定，非法拘禁致人重伤的，法定刑被加重，因而属于结果加重犯；而致人轻伤的，没有加重法定刑，就不属于结果加重犯。

（二）结果加重犯的处罚原则

由于刑法对结果加重犯规定了加重的法定刑，所以，对结果加重犯，应按照基本犯罪认定为一罪，并且根据加重的法定刑量刑。

（三）结果加重犯的认定

1. 结果加重犯与结果犯的区别。结果犯，是指实施具体犯罪构成客观方面的行为且发生法定的犯罪结果才构成既遂的犯罪。两者的区别在于：①结果犯是基本犯罪构成的完成形态，而结果加重犯是加重的犯罪构成的形态；②结果犯以发生法定结果为成立犯罪（既遂）的必备要件，而结果加重犯的基本犯罪构成既可以是结果犯，也可以是危险犯，还可以是行为犯。在基本犯罪是结果犯的情况下，结果犯的法定结果是否发生，不影响结果加重犯的成立；加重结果一旦出现，基本犯也就自然成立，并以结果加重犯的加重法定刑量刑。

2. 结果加重犯与发生了重结果而转化为其他罪的转化犯的区别。对于转化犯的定义，理论上众说纷纭，但其共性是：某一犯罪行为具有了法定的严重情节或者发生了法定的严重结果，法律规定按另一犯罪定罪量刑，转化后的犯罪行为的性质比转化前犯罪行为的性质严重。

第十三章

因具有了法定严重情节而转化为其他犯罪的，属于情节型转化犯；因法定严重结果而转化为其他犯罪的，属于结果型转化犯。例如，非法拘禁的行为人使用暴力致人伤残、死亡的，依照故意伤害罪、故意杀人罪的规定定罪处罚，即属于结果型转化犯。结果加重犯与结果型的转化犯的相同之处是都发生了法定的重结果。二者的区别在于结果加重犯按照本罪定罪，按照加重的法定刑量刑；而转化犯按照转化后的犯罪定罪量刑。

第三节　法定的一罪

一、转化犯

转化犯，是指行为人实施一个较轻的犯罪，因具备法定条件而以较重的犯罪论处的犯罪形态。

（一）转化犯的基本特征

1. 由轻罪向重罪转化。转化犯是不同性质犯罪之间的转化，是此罪转化为彼罪，轻罪转化为重罪。转化犯是两个性质不同的犯罪之间发生了转化，而不是同一性质的犯罪轻重变化；如果是同一犯罪因为犯罪情节、结果的加重而导致法定刑轻重变化的，属于结果加重犯，而不是转化犯。

2. 具备特定的条件。罪与罪之间一般并不能发生转化，但是因为某一轻罪具备了特定的条件，按照原来的轻罪定罪处罚，不能满足罪刑相当原则的要求时，立法者便设立了转化犯。

3. 转化犯以刑法分则明文规定为限。转化犯属于法定的特殊犯罪形态。我国刑法规定的转化犯属于一种反逻辑的规定，因而只能以刑法明文规定为限。

我国刑法分则规定的转化犯有以下四例：①《刑法》第238条关于犯非法拘禁罪，使用暴力致人伤残、死亡的，依照故意伤害罪、故意杀人罪的规定定罪处罚。②《刑法》第247条关于犯刑讯逼供罪、暴力取证罪，致人伤残、死亡的，依照故意伤害罪、故意杀人罪的规定定罪从重处罚。③《刑法》第248条关于犯虐待被监管人罪，致人伤残、死亡的，依照故意伤害罪、故意杀人罪的规定定罪处罚。④《刑法》第292条关于犯聚众斗殴罪，致人重伤、死亡的，依照故意伤害罪、故意杀人罪的规定定罪处罚。

以第一个立法例为例，《刑法》第238条规定犯非法拘禁罪，使用暴力致人伤残、死亡的，应以故意伤害罪、故意杀人罪论处。这就是从非法拘禁罪向故意伤害罪、故意杀人罪的转化，是转化犯。具体来说，这一转化犯具有以下三个特征：①由轻罪非法拘禁罪向重罪故意伤害罪、故意杀人罪转化。②具备特定的条件。行为人以暴力方法犯非法拘禁罪，而且客观上造成被害人重伤、死亡结果的发生。③《刑法》第238条第2款进行反逻辑的法律拟制。由于行为人主观上对于重伤、死亡结果的发生可能是故意，也可能是过失，而刑法对此也没有限制，因此，按照该条的字面含义，应当理解为：无论行为人主观上对重伤、死亡结果的发生是故意还是过失，只要行为人故意犯非法拘禁罪，使用暴力致人重伤、死亡的，就应当以故意伤害罪、故意杀人罪论处。所以，这属于一种反逻辑的法律规定。

（二）转化犯的处罚原则

转化犯按照转化的重罪一罪认定，不实行数罪并罚。

二、结合犯

结合犯，是指数个原本独立的犯罪行为，根据刑法分则的明文规定，结合成为另一独立的新罪的形态。例如，日本刑法单独规定了强盗罪、杀人罪，但实施了强盗罪和杀人罪不构成数罪，而规定构成强盗杀人罪一罪，就是结合犯的典型。刑法理论上普遍认为，我国没有规定结合犯。《刑法》第446条规定，战时在军事行动地区，残害无辜居民或者掠夺无辜居民财物的行为，构成战时残害居民、掠夺居民财物罪。其中，残害可包括杀人、伤害；掠夺可包括抢劫、抢夺、聚众哄抢等，因此，该罪类似于结合犯。

（一）结合犯的基本特征

1. 结合犯所结合的数罪，原本为刑法上数个独立的异种犯罪。所谓独立的犯罪，是指不依附于其他任何犯罪而独立存在、符合独立的犯罪构成的行为。数个独立的犯罪，必须是异种数罪，而不是同种数罪，同种数罪没有以法律规定结合的必要。

2. 结合犯是将数个原本独立的犯罪，结合成为另一个独立的新罪，数个原本独立的犯罪被结合为另一新罪后，失去原有的独立犯罪的意义，成为新罪的一部分。用公式表示就是：甲罪＋乙罪＝丙罪，得出的丙罪就是结合犯。如果刑法将数个独立的犯罪结合成为其中的一个罪，另一个罪的行为成为该罪的一个量刑情节，则不是结合犯。例如，拐卖妇女并强奸被拐卖的妇女的，仍然定拐卖妇女罪，所以不属于结合犯。再如，以杀人的方式抢劫的，也不属于结合犯。

3. 数个原本独立的犯罪结合为另一个独立新罪，是基于刑法分则的明文规定。如果刑法没有明文规定结合为新罪，则不是结合犯，所以称结合犯为法定的一罪。刑法之所以将数个原本独立的犯罪规定成为另一独立新罪，有的是因为原本独立的数罪之间存在密切联系，容易同时发生；有的是因为一罪是为另一罪服务的；有的是因为数罪的实施条件相同。结合在一起所设定的法定刑，一般要重于按各独立的犯罪定罪后数罪并罚的刑罚。

（二）结合犯的处罚原则

对于结合犯，以所结合的新罪定罪处罚。

三、惯犯

惯犯，是指以某种犯罪为常业，以犯罪所得为主要生活来源或者腐化生活来源，或者犯罪已成习性，在较长时间内反复多次实施某种犯罪的形态。

（一）惯犯的基本特征

1. 犯罪时间长，犯罪次数多，在较长时间内反复、多次实施某种犯罪。这是惯犯的犯罪特征。"时间长""次数多"是惯犯的客观外在特征，但是，"时间长""次数多"的量在法律上难以界定。司法实践中，行为人在3~5年甚至更长的时间内反复、多次实施某种犯罪，可以视为时间长；每一年的犯罪次数一般至少3次以上，多则数十次甚至上百次，应当视为次数多。行为人犯罪时间长、作案次数多，其造成的危害结果往往较为严重，反映了犯罪的社会危害相对较大。

2. 犯罪恶习深，形成习惯性地实施某种故意犯罪的人格特征，人身危险性即再次犯罪的可能性大。这是惯犯的犯罪人特征。司法实践中，可以看到，行为人长期、多次犯罪，犯罪经验不断积累，犯罪心理不断强化，形成犯罪习性，且十分顽固，往往是一有机会就实施违法犯罪行为。

3. 法律明文规定为惯犯。惯犯之所以称为法定的一罪，是因为法律对于惯犯的规定不是规定于总则，而是规定于分则的具体犯罪中，因而实践中虽然有一些人是以某种犯罪为常业，或者实施某种犯罪已成习性，如盗窃惯犯、诈骗惯犯，但是由于刑法没有将其规定为惯犯，所以，只能按照盗窃罪、诈骗罪一罪处理，而不能认定为数罪。

惯犯分为常业惯犯与常习惯犯。常业惯犯，是指以犯罪为常业，以犯罪所得为主要生活来源或者腐化生活来源的情况；常习惯犯，是指犯罪已成习性，在较长时间内反复多次实施某种犯罪的情况。1979年《刑法》曾经规定"惯窃、惯骗""以走私、投机倒把为常业""一贯制造、贩卖、运输毒品"等惯犯，刑事司法解释还特设独立于一般盗窃罪、诈骗罪的罪名：惯窃罪、惯骗罪。1997 年《刑法》删除了这些规定，因而目前我国《刑法》没有惯犯的规定。但是，司法实践中，对于形成犯罪习惯的行为人所实施的犯罪，量刑时应当酌情考虑从重处罚。

（二）惯犯的处罚原则

刑法将惯犯规定为一种具体的犯罪，因而只按照刑法规定的一罪定罪处罚，而不认定为数罪。

第四节　处断的一罪

一、连续犯

连续犯，是指基于同一的或者概括的犯罪故意，连续实施数个独立的性质相同的危害行为，触犯同一罪名的犯罪形态。《刑法》第 89 条第 1 款规定，追诉期限从犯罪之日起计算；犯罪行为有连续状态的，从犯罪行为终了之日起计算。该规定确认了连续犯的存在。刑法分则的许多条文也认可了连续犯概念的存在。

（一）连续犯的基本特征

1. 必须实施了数个独立的性质相同的行为。如果只实施一次行为的，不可能成立连续犯。数个行为是指两个以上的行为。对于连续犯的数个独立的行为是否每个都需要独立构成犯罪，存在争议。从我国刑法的规定来看，连续犯的数次行为，应包括数次行为都独立构成犯罪，数次行为都独立不构成犯罪而累加起来构成犯罪，数次行为中有的独立构成犯罪、有的独立不构成犯罪这三种情况。例如，行为人连续实施贪污、盗窃、偷税等犯罪行为，每次的数额都达到数额较大的标准的，每次盗窃的数额都达不到数额较大的标准但累加起来达到数额较大的标准的，数次中有的达到数额较大、有的没有达到数额较大的标准的，都可以认定为连续犯。[1] 再如，1 年之内连续盗窃 3 次以上，即使 3 次累加盗窃数额也没有达到较大的标准，依然以盗窃罪论处。如此认定，一方面可以防止行为人逃避刑罚处罚；另一方面有利于正确计算追诉时效。

2. 必须是行为人基于同一的或者概括的犯罪故意。一般来说，同一的犯罪故意，是指行为人具有数次实施同一犯罪的故意；概括的犯罪故意，是指行为人主观上具有只要有条件就实施特定犯罪的故意。

3. 数次行为之间具有连续性。行为是否具有连续性，要从主客观两个方面进行判断，既要看行为人有无连续实施某种犯罪行为的故意，又要分析客观行为是否具有连续性。由于我国的司法习惯对于非连续的独立同种数罪也按照一罪处理，因而对于连续犯的连续性并不过分强调。

4. 数次行为触犯同一罪名。触犯同一罪名，是指数次行为触犯同一具体罪名，而不是指触犯同一法条的罪名的情况。我国《刑法》有的条文规定了不同的具体犯罪，因此，触犯同一条文的，不等于触犯同一罪名。但是，如果某罪名是选择性罪名的话，触犯了其中的任何一个具体的选项，都属于触犯同一罪名的情况。例如，盗窃枪支、弹药、爆炸物罪，如果行为人出于概括的故意，实施了 1 次盗窃枪支的行为，2 次盗窃弹药和 1 次盗窃爆炸物的行为，

---

[1] 理论上有观点认为，连续犯一般仅限于每次行为能独立构成犯罪的情形。如果连续实施同一种行为，但每次都不能独立构成犯罪，只是这些行为的总和才构成犯罪的，称为徐行犯。

数次行为仍属于触犯了同一罪名。

连续犯是一种特殊的同种数罪，其特殊性表现在同罪名的犯罪在犯罪时间和空间上具有连续性，行为方式和犯意具有相同性，也就是说，每一次刑事违法行为之间存在着比一般同种数罪更为紧密的联系，所以，刑法直接将其规定为一罪，其犯罪构成不仅将连续且每一次均构成犯罪的危害行为综合在一起作为一罪，而且将具有连续性的、没有达到犯罪程度的单次危害行为也预设为犯罪构成要件的内容，主要是将违法数额累计到犯罪数额之中或者作为定罪的情节。

我国刑法分则的具体条文中规定了许多将连续犯规定为一罪的情况。例如，《刑法》第153条第3款规定对多次走私未经处理的，按照累计走私货物、物品的偷逃应缴税额处罚；《刑法》第201条第3款规定对多次偷税未经处理的，按照累计数额计算；《刑法》第264条规定对于多次盗窃的，按一罪处理；《刑法》第318条规定多次组织他人偷越国（边）境的，按一罪处理；《刑法》第383条第2款规定对多次贪污未经处理的，按照累计贪污数额处罚；《刑法》第263条将"多次抢劫"规定为法定刑加重的情节。

（二）连续犯的处罚原则

对于连续犯，按照刑法具体规定的一罪及相应的法定刑定罪处罚。

二、吸收犯

吸收犯，是指事实上存在数个不同的行为，由于法律规范上数个行为之间存在着紧密的联系，其一行为吸收其他行为，仅成立吸收行为一个罪名的犯罪形态。

（一）吸收犯的基本特征

1. 具有数个独立的犯罪行为。这是吸收犯成立的前提，如果只有一个行为构成犯罪，而其他行为不构成犯罪，不成立吸收犯。至于数行为是否必须是触犯不同罪名存在争议，如果承认主行为可以吸收从行为，就不能强调两个行为必须触犯不同的罪名。

2. 数行为之间具有吸收关系。前行为是后行为发展的必经阶段，后行为是前行为发展的当然结果。对于吸收犯的吸收关系，一般认为有三种情况：①重行为吸收轻行为，即社会危害大、罪质重、法定刑高的犯罪行为，吸收社会危害性小、罪质轻、法定刑低的犯罪行为。例如，制造毒品后持有的，由制造毒品罪吸收持有毒品罪；盗窃枪支、弹药后持有枪支、弹药的，由盗窃枪支、弹药罪吸收持有枪支、弹药罪；伪造货币后，持有、使用、出售、运输伪造的货币的，成立伪造货币罪；等等。在这些场合，重罪之所以可以吸收轻罪，是因为犯罪构成预设的两个犯罪构成要件之间在规范领域存在着自然的发展关系。前行为是后行为发展的必经阶段，后行为是前行为发展的当然结果。②实行行为吸收预备行为，即行为人已经着手实行了犯罪，而预备行为触犯另一罪名时，对预备行为不独立定罪，而由实行行为吸收。③主行为吸收从行为，即在共同犯罪中，行为人分别实施了实行行为、帮助行为和教唆行为，由起主要作用的行为吸收其他行为，仅以主行为定罪量刑。

理论上有观点认为，后两种情况不属于吸收犯的情况，可以分别按照想象竞合犯、牵连犯认定处理。这一观点并非没有道理，因为从处理结果上看，按照吸收犯认定处理与按照想象竞合犯或者牵连犯的处理结果一样，均从一重罪论处。但是，吸收犯与想象竞合犯存在着重大差异：在想象竞合犯的场合，只存在一个犯罪事实，但是这一个犯罪事实可以评价为多个罪名，是观念（规范评价）上的数罪，实质（事实存在）上的一罪；而在吸收犯的场合，则事实上存在着两个犯罪事实，规范上也可以同时充足两个不同的犯罪构成，吸收犯是实质上的数罪。吸收犯与牵连犯也存在着一定的差异：吸收犯在规范和事实两个层面均存在着紧密的联系；而在牵连犯的场合，两个犯罪只是在事实层面存在着紧密的牵连关系，规范层面不存在联系。

（二）吸收犯的处罚原则

吸收犯的前后行为存在必经阶段与当然后果之间的关系，因而不认定为数罪，仅以吸收一罪定罪量刑；刑法有特别规定的，以吸收一罪从重处罚。例如，《刑法》第171条第3款规定，伪造货币并出售或者运输伪造的货币的，依照伪造货币罪的规定定罪从重处罚。

三、牵连犯

牵连犯，是指以某种犯罪为目的实施的实行行为，与其手段行为或者结果行为分别触犯不同罪名的犯罪形态。牵连犯存在手段行为与目的行为，或者原因行为与结果行为的牵连。前者如伪造国家机关工作人员的证件（手段行为），冒充国家机关工作人员身份进行招摇撞骗（目的行为）；后者如行为人意图盗窃财物，结果盗窃到枪支、弹药，行为人随后将盗窃所得的枪支、弹药收藏起来，盗窃（在数额较大的情况下）行为（原因行为）构成盗窃罪，私藏枪支、弹药的行为（结果行为）构成非法持有枪支、弹药罪。

（一）牵连犯的基本特征

1. 出于一个犯罪目的。如果行为人主观上具有多个犯罪目的，则不构成牵连犯。

2. 实施了数个独立的犯罪行为。行为人所实施的数个行为分别独立成立犯罪，且触犯了不同的罪名。

3. 数行为之间存在必然的牵连关系。牵连关系有手段行为与目的行为、原因行为与结果行为的牵连关系。对于是否具有牵连关系，要从主客观两个方面进行认定。客观是就事实而言，具体的案件事实决定了实施某一犯罪必须以另外一种犯罪为手段或者自然地发生另外一种犯罪，或者一般人通常认为某种犯罪是另一种犯罪的手段或者结果；主观是就行为人的心理而言，行为人主观上将某一犯罪作为目的犯罪的手段或者作为原因犯罪的当然结果。例如，行为人入室盗窃，行为人要盗窃他人住宅内的财物，必须进入他人住宅，财物存放于住宅内这一事实决定了行为人必须非法侵入他人住宅才能完成盗窃，所以，非法侵入住宅的行为被盗窃行为所吸收，仅成立盗窃罪一罪，对于非法侵入住宅的行为不再单独定罪；同理，入室抢劫、杀人、强奸的行为，手段行为触犯了非法侵入住宅罪，目的行为触犯了抢劫罪、故意杀人罪、强奸罪，抢劫、故意杀人、强奸等犯罪吸收非法侵入住宅罪。仅仅客观上具有牵连关系而主观上不存在牵连关系的，或者主观上具有牵连关系而客观上不具有牵连关系的，都不构成牵连犯。例如，行为人为杀人而盗窃枪支后实施了杀人行为，两个行为虽然在主观上有牵连关系，但客观上不存在必然的牵连关系，所以不构成牵连犯。从根本上讲，整个犯罪事实在时间、地点、犯意以及危害行为之间，在一般人看来，不能综合起来作为一罪处理。也就是说，犯罪之间的联系过于松散而存在相当的间隔，不能认定为一罪。例如，"行为人通过伪造国家机关公文、证件担任国家工作人员职务以后，又利用职务上的便利实施侵占本单位财物、收受贿赂、挪用本单位资金等行为，构成犯罪的，应当分别以伪造国家机关公文、证件罪和相应的贪污罪、受贿罪、挪用公款罪等追究刑事责任，实行数罪并罚"。[1]

（二）牵连犯的认定

1. 牵连犯与想象竞合犯的区别。牵连犯与想象竞合犯都是出于一个犯罪目的，结果触犯了数个罪名。不同点在于：想象竞合犯是一个行为，因而是实质的一罪；牵连犯是数行为，实质的数罪，处断的一罪。对想象竞合犯，从一重罪处罚；对牵连犯，法律没有特别规定的，

---

〔1〕 2004年3月30日《最高人民法院研究室关于对行为人通过伪造国家机关公文、证件担任国家工作人员职务并利用职务上的便利侵占本单位财物、收受贿赂、挪用本单位资金等行为如何适用法律问题的答复》。

择一重罪处罚。以实施故意杀人、伤害（暴力）方法劫取他人财物为例，这种情况属于想象竞合犯，而非牵连犯，在这种场合下，成立抢劫罪就没有故意杀人罪、故意伤害罪成立的余地；同理，成立故意杀人罪、故意伤害罪就没有抢劫罪成立的余地。也就是说，在想象竞合犯的场合，犯罪事实只能一次充足法定犯罪构成的要求。

2. 牵连犯与吸收犯的区别。吸收犯与牵连犯都是数行为，都构成了数罪，理论上都不实行数罪并罚。不同点在于数行为之间的关系不同，牵连犯的数行为存在目的行为与手段行为、原因行为与结果行为的关系，这种关系并非法定犯罪构成所预设，而是事实上通常存在；而吸收犯则是法定的犯罪构成预设一犯罪行为是另一犯罪行为的必经阶段或者当然后果。例如，盗窃到枪支、弹药后，行为人将盗窃所得的枪支、弹药收藏起来，盗窃枪支、弹药罪与非法持有枪支、弹药罪之间构成吸收关系，因为盗窃枪支、弹药罪主观上以非法占有枪支、弹药为目的；行为人盗窃一般财物结果盗窃到枪支、弹药的情况则不同，盗窃（在盗窃数额较大的情况下）行为构成盗窃罪，私藏枪支、弹药的行为构成非法持有枪支、弹药罪，两个犯罪之间事实上存在牵连关系，但是规范上并不存在吸收关系。可见，吸收关系比牵连关系更加紧密。

（三）牵连犯的处罚原则

我国刑法的传统理论一直将牵连犯作为处断的一罪，一般认为，对牵连犯应从一重罪处罚或者从一重罪从重处罚。但是，刑法总则没有明文规定牵连犯的概念与处罚原则，而刑法典分则中对于存在牵连关系的数罪处罚原则的规定并不相同。有的条文规定对牵连犯从一重罪处罚，如因受贿而徇私枉法或者枉法裁判的，构成受贿罪和徇私枉法罪或者民事、行政枉法裁判罪，从一重罪处罚。有的条文规定对牵连犯实行数罪并罚，如犯组织、领导、参加恐怖活动组织罪，并实施杀人、爆炸、绑架等犯罪的；为骗取保险金而杀害、伤害被保险人或者故意造成财产损失（如放火烧毁保险标的），又构成故意杀人罪、故意伤害罪或者其他犯罪的（如放火罪、故意毁坏财物罪）的；暴力抗拒缉私，又构成妨害公务罪的。总之，对于牵连犯的处理，法律有明文规定的，按刑法的规定定罪量刑；刑法没有明文规定的，按照刑法理论通说，对牵连犯实行从一重罪处罚的原则。

第
十
四
章

第十四章

刑事责任

第一节　刑事责任的概念

一、刑事责任的定义

刑事责任乃刑法学的基本范畴之一。在刑法学领域，"责任"一词有两种基本含义：①指实施犯罪行为的人应受惩罚、制裁的法律地位或可能性，是犯罪所引起的一种法律后果；②指主观归责的可能性，是成立犯罪的一个基本条件。

德国、日本等大陆法系国家刑法理论一般在第二种意义上使用（刑事）责任概念，作为犯罪的三大成立条件（构成要件符合性、违法性、有责性）之一；在英美等国家，刑事责任一般被广义地理解为一种承担法律制裁与强制的法律地位，而不是被狭义地理解为违反刑事法律义务的危害行为的主观心理的可谴责性。"刑事责任，是指因触犯刑法而应受刑事处罚或处理的责任。"[1]

我国刑事立法和司法活动中，一般将刑事责任看作由犯罪行为所引起的一种法律责任，一种客观法律效应，一种不利于行为人的否定性的法律后果，而不是评价犯罪成立的一个要件。我国刑法以及刑事诉讼法条文中多次出现刑事责任的概念，基本上是在第一种意义上使用刑事责任概念。但是，如何具体定义刑事责任的概念，刑法理论上还有一定的分歧，主要有：主张刑事责任是指行为人应当承担的刑事法律所规定的责任的"责任说"；主张刑事责任就是国家依据刑事法律对行为人判处刑罚的"刑罚说"；主张刑事责任是行为人应当承担的法律后果的"后果说"；主张刑事责任是行为人因犯罪行为而必须承担的刑事法律义务的"义务说"；主张刑事责任就是国家对犯罪行为和行为人的否定性评价和谴责的"否定性评价和谴责说"。[2]

本书认为，我国刑法理论界上述不同的刑事责任定义在学说上并无根本性的差异，相对而言，"否定性评价和谴责说"更为妥当，故采此说。所谓刑事责任，就是指犯罪人因其实施犯罪行为而应当承担的司法机关代表国家依照刑事法律对其犯罪行为所作的否定性评价以及对其本人的谴责。刑事责任是与民事责任、行政责任并列的三大法律责任的一种，表明由犯罪行为所造成的行为人所处的法律地位和状态。

---

[1]　参见［英］戴维·M.沃克：《牛津法律大辞典》，北京社会与科技发展研究所组织翻译，光明日报出版社1988年版，第228页。

[2]　关于刑事责任概念理论上的分歧可以主要参见下列文献进行的综述。张明楷：《刑事责任论》，中国政法大学出版社1992年版，第19页以下；何秉松主编：《刑法教科书》，中国法制出版社1995年版，第348页以下；张智辉：《刑事责任通论》，警官教育出版社1995年版，第70页以下；冯军：《刑事责任论》，法律出版社1996年版，第23页以下。

二、刑事责任的特点

上述概念表明，刑事责任具有与其他法律责任不同的特征。

（一）刑事责任是一种最严厉的法律责任

法律责任包括刑事责任、民事责任及行政责任等多种责任形式，而刑事责任是一种最严厉的法律责任。其严厉性主要体现在它的实现形式上。刑罚作为实现刑事责任的基本方法，是所有的强制措施中最严厉的一种强制措施，它不仅可以剥夺行为人的财产权和政治权，还可以限制或剥夺犯罪的自然人的人身自由，甚至剥夺其生命。单位犯罪一般要被双罚，即对单位判处罚金，对单位的直接负责的主管人员、直接责任人员判处刑罚。刑事责任之所以是一种最为严厉的法律责任，原因就在于犯罪是一种最为严重的危害社会的违法行为。

（二）刑事责任是一种严格的法定责任

一个自然人或者单位对什么行为承担刑事责任以及具体怎样承担，必须由刑事法律加以明确规定，并由公安机关、检察机关等司法机关遵循法定的刑事诉讼程序予以追究，由人民法院依法作出裁决。

（三）刑事责任是以行为人和单位接受国家否定性评价和谴责为内容的法律责任

与其他法律责任相比，刑事责任具有极强的伦理谴责性。犯罪行为是行为人相对自由意志下自由选择的结果，也就是说，行为人在应该而且能够选择符合法律要求的行为时却自主地选择了违反刑法规范的犯罪行为，因而必须接受国家的否定性评价和谴责。这种否定性评价和谴责是以法律形式表达的伦理非难。

（四）刑事责任是因犯罪行为的存在而产生的法律责任

刑事责任总是与犯罪行为联系在一起的，有犯罪行为才有刑事责任，无犯罪行为则无刑事责任。犯罪是产生刑事责任的事实根据，刑事责任是犯罪的必然后果。

（五）刑事责任应当由行为人本人承担，是一种严格的个人法律责任

奴隶社会和封建社会刑法，广泛地实行"缘坐"责任制和"连坐"责任制，即虽然没有实施犯罪行为，但因为与犯罪者有一定的血缘亲属关系或其他关系而承担刑事责任；资产阶级刑法确立了个人责任原则，行为人只对自己的犯罪行为负责，即"一人犯罪一人当"。这一原则已成为现代刑法的一项基本原则。根据我国《刑法》的规定，刑事责任只能由实施了犯罪行为的自然人和单位承担，在任何情况下，均不得转由其他自然人或单位代为承担。

（六）刑事责任是一种表现为客观存在的现实可能性的法律责任

刑事责任是由犯罪行为所引起的，刑事责任是犯罪与刑罚之间的中介，它意味着强制、制裁和惩罚，但绝不是强制、制裁和惩罚本身，而是先于并作为它们根据的客观存在。刑事责任的一个重要意义就在于表明犯罪行为已经发生，刑法禁止性规范遭到破坏，刑法制裁性规范应当适用于具体的行为人和单位。因此，刑事责任是一种具有客观的根据和条件而应当转化为现实的可能性。

（七）刑事责任是回顾责任与展望责任有机统一的法律责任

回顾责任，或称过去责任，是指行为人和单位应当对已经发生的犯罪行为负责；展望责任，或称将来责任，是指行为人和单位应当对社会未来的安全负责，即不得再次实施犯罪行为而危害社会。在我国，刑事责任应当是回顾责任与展望责任的有机统一，它不仅要对已发生的犯罪行为作出否定性评价和谴责，而且要对行为人和单位作出否定性评价和谴责。这是刑事责任概念的两个基本内容，这两个方面相互区别，相互联系，对立统一于刑事责任之中。当然，这两个方面并非等同并列。国家在追究刑事责任时，首先是对犯罪行为的否定性评价，评价的核心内容是犯罪行为的"社会危害性"；然后再进入对行为人和单位的否定性评价和谴

责，否定性评价和谴责的核心内容是行为人和单位的"人身危险性"，即行为人和单位再次犯罪的可能性。从对犯罪行为到对行为人和单位的否定评价和谴责，是刑事责任深化过程的基本内容。刑事责任因行为的"社会危害性"达到犯罪程度而产生，亦即刑事责任由犯罪所导出，刑事责任在这时表现为一种回顾责任，即对已经发生的犯罪进行否定性评价和谴责，因而犯罪与刑事责任之间表现为一种报应关系；刑事责任的产生和存在以犯罪行为为根据，但是，刑事责任的深化和发展又要以防止行为人和单位再次犯罪为目的，因而具有展望未来的功能，也就是说，刑事责任是否应当进一步深化为具体的社会防卫措施——主要是刑罚，以及深化为怎样的社会防卫处分措施，则必须根据行为人的个人情况以及单位的具体情况，主要是其人身危险性，进一步作出评价，因而刑事责任与刑罚及其他社会防卫措施之间表现为一种功利关系。

第二节 刑事责任的根据

一、大陆法系国家关于刑事责任根据的主要学说

英美法系国家的刑法理论一般并不特别重视抽象地研究刑事责任及其根据问题。德国、日本等大陆法系国家刑法理论一般从"有责性"——主观责任的意义上讨论刑事责任根据问题，并且特别重视这一问题的研究。在不同的历史时期，曾提出过各种不同的学说，归纳起来主要有行为责任论、性格责任论和人格责任论三种。

（一）行为责任论

这一学说为道义责任论者所主张。该说认为，可以成为非难对象的是各个具体的符合构成要件的违法行为，也就是说，个别的犯罪行为是刑事责任的根据，所以，又称"个别行为责任论"。但是，犯罪行为必须是出于行为者的决意才有意义。因此，行为与行为者的意思密不可分。只有行为人基于自由意志作出实施行为的决定，其危害行为和危害结果才能归责于行为人。所以，行为责任论又称为"意思责任论"。

行为责任论以具体的符合构成要件的违法行为作为刑事责任根据，从而为追究刑事责任确立了客观标准。这对于维护法治、保障人权、防止罪刑擅断具有积极的作用。但是，这一学说从抽象的理性出发，形而上学地假定人具有自由意志问题，甚至将人的自由意志绝对化，忽视了作为责任主体的行为人的意义，从而忽视了对行为人本身和刑罚特殊预防等问题的研究，导致整个刑事法学研究的死板与僵化。

（二）性格责任论

这一学说为社会责任论者所主张。该说认为，犯罪行为不是基于行为人的自由意志，而是行为人的素质及环境。因而该学说主张，应受惩罚的不是行为，而是行为者的危险性格，故称性格责任论。性格属于人的一种内在的东西，为了便于认定，也为了防止刑法过分地干涉个人的自由，性格责任论者提出了"犯罪表征说"。主张社会危险性格，必须是以犯罪行为的形式予以显现时，即行为人的危害社会的危险性格已表征于犯罪行为时，才能成为刑罚问题，才能对行为人予以社会防卫处分。

性格责任论看到了犯罪行为与行为人的密切联系，明确了犯罪行为乃是行为人所实施的行为，重视对于犯罪原因和行为人的研究，强调刑事责任的目的在于防卫社会，主张刑罚个别化原则，这是应当予以充分肯定的。但是，这种理论自身也存在着明显的缺陷：①虽然绝对的自由意志是不存在的，但是否定人的相对自由意志也是不正确的；②这种理论片面地强调行为人的危险性格，否定犯罪行为的独立意义，难免会引起主观擅断，破坏法治，侵犯人

权的危险。因为"危险性格"是一个相当复杂的问题，在现有的科学知识水平之下，我们对之还仅仅是一些经验性的认识和判断，缺乏一套统一而精确的判断规则，完全以行为人的"危险性格"作为刑事责任的根据，是很危险的。

（三）人格责任论

这是西方刑法学者为克服行为责任论和性格责任论的缺陷而提出的一种学说。这一学说认为，行为人受其素质和环境的制约，同时，在这种制约下，其有行动的自由。因此，在人格之中，既有行为人自身所不能控制的部分，也有行为人基于其自由能够选择的部分。因而性格并非是行为者与生俱来的性格，而是基于行为人的自由而在现实上形成如此的性格。据此，该学说主张，责任的根据不仅仅是具体的行为，而且是行为人内在的人格。但是，刑事责任的成立，行为责任是第一性的，人格责任是第二性的。也就是说，必须以作为行为人人格主体现实化的行为为讨论基础，行为是责任判断的直接对象。不以犯罪行为作为直接评价的对象，便无刑法；决定刑罚之"质"与"量"的最重要的基准是犯罪行为之轻重。但是，在行为人的背后，还存在着既受素质和环境的制约，又根据行为人努力而形成的人格，犯罪行为必然以人格为背景，因而刑事责任的确定，必须将犯罪行为与行为人的人格相联系，进而对其人格作出评价和谴责。

人格责任论具有以下优点，值得我们重视：①认为犯罪行为是刑事责任评价的直接对象，如无现实的犯罪行为，则无刑事责任，因此，这对于贯彻罪刑法定主义原则，维护法治，具有积极的意义；②认为刑事责任不仅是对犯罪行为的非难，还更进一步地是对行为背后不良人格形成的非难，认为行为人对于基于其自由意思而形成的不良人格应负责任，从而将伦理意义的责任引入行为人的人格之中，揭示了法律评价行为人的伦理基础和本质；③较为正确地解决了犯罪行为和行为人人格对于确定刑事责任的意义和作用，这就是把犯罪行为作为第一位的和首先考虑的内容，把行为人人格作为第二位考虑的内容，坚持决定刑罚之"质"与"量"的基准在于犯罪行为，然后再进一步考虑行为人人格的状况。但是，我们也必须看到，人格责任论并非十全十美，它仍面临着许多理论和实践上的困难。例如，人格与犯罪行为的联系如何？也就是说，行为人人格如何影响其行为？人格的形成与行为人素质及环境的关系如何？也就是说，行为人怎样的努力和生活状况与其特定素质和生活环境结合能形成怎样的不良人格？对于这些问题，由于受到人类学、生理学、心理学和社会学等一系列相关科学知识发展水平的限制，仍然是人格责任论，同样也是我国刑事责任理论所面临的一系列难以解决的问题。

二、刑事责任根据的含义

在刑事责任的所有问题中，刑事责任根据问题一开始就受到我国刑法学者的高度重视。对于这一重要问题，学者们的意见还不完全一致。[1]要明确刑事责任根据的含义，首先必须弄清"根据"一词的含义。按照《辞海》的解释，根据"谓持论者有所依据也"，"谓持论皆有所本，可依据也"。依据《现代汉语词典》的解释，根据是指"把某事物作为结论的前提或语言行动的基础"。可见，根据与依据、前提、基础是共通的。依据《现代汉语词典》的进一

---

[1] 参见何秉松主编：《刑法教科书》，中国法制出版社1995年版，第366~369页。我国刑法理论上有各种不同的理论观点，主要有将刑事责任的根据归结为法律所规定的犯罪构成的"犯罪构成根据说"，以及修正这一观点的"行为符合犯罪构成说"、主张犯罪行为即犯罪是刑事责任根据的"犯罪行为（犯罪）根据说"、将刑事责任根据扩大为案件事实总和的"事实总和根据说""犯罪行为与服刑期间悔改表现统一说""行为的严重社会危害性和行为人的人身危险性统一说"等观点，这些观点都存在着这样或者那样的问题。详见曲新久：《刑法的精神与范畴》，中国政法大学出版社2003年版，第273页以下。

步解释，"依据"即根据；"前提"的含义有二：①在推理中可以推断出另一个判断的判断；②事物发生或发展的先决条件。"基础"的含义有二：①建筑的根脚；②事物发展的根本或起点。《辞海》对"基础"一词作了更为具体、形象的解释："根本之义。基，谓基址。础，谓柱础。皆为建筑之第一步。故今谓事例之初端曰基础。""奠土为基，立枝为础，此是建筑工程第一步；引申为事物肇端或本原之称。"可见，"根据"一词可在两个领域内使用，一是在知识领域，根据乃是得出结论的前提即论据；二是在现象领域，根据乃是决定一事物存在与发展的根本因素，但不是一事物的全部因素，如果"根据"包含着影响事物的全部因素，它也就不成其为"根据"了。

尽管刑事责任的含义是相当抽象的，但可以肯定的是，刑事责任是一种客观存在的现实可能性，是现象领域的范畴。在现象领域，作为一种客观存在，它必定是从另一种客观存在发展、转化而来，而不可能来自一种主观的抽象的东西。所以，刑事责任的根据应当是一种客观事实。

最后，刑事责任是一种法律责任，因此，它必定由一种法律事实所引起。这种法律事实应与法律规定相符，但绝不是法律规定本身，而是存在于客观现实中的、符合法律规定的一种客观事实。

由此，我们得出结论：刑事责任的根据应当是指一种能够引起刑事责任产生并决定刑事责任存在的一种客观法律事实，它是解决一个人需要怎样的法律事实才能够承担刑事责任，司法机关才可以追究一个人的刑事责任的问题。

三、刑事责任的根据是符合法定犯罪构成的犯罪事实

我们认为，刑事责任的根据是符合法定犯罪构成的犯罪事实，即犯罪构成事实。

刑事责任的产生与存在，是由现实的符合法定犯罪构成的事实所决定的；法定的犯罪构成本身并不产生刑事责任，只有现实中存在着与法定的犯罪构成相符合的客观事实时，刑事责任才能够产生。

犯罪是原因，刑事责任是结果，刑事责任由客观现实的犯罪事实所引起，这是不言而喻的。确立刑事责任的根据是犯罪构成事实具有重要的意义。因为刑事责任的一个重要功能是调整犯罪与刑罚的关系，维护法治，防止刑罚权力的滥用。刑事责任根据则是保证这一功能得以实现的关键。封建刑法没有（也不可能）确立"犯罪构成事实是刑事责任根据"的原则，而是实行罪刑擅断主义，主要表现在：①主观擅断，即不问行为人的行为是否真正构成犯罪，认为只要行为人内心存在着道德或宗教上的"堕落""罪孽""邪恶"，或者内心存在着对皇帝、国王、贵族的不敬、不道或者不良的企图，就追究刑事责任；②客观擅断，即实行结果责任原则，不问行为人的主观心理状态怎样，只要有客观危害行为和结果的发生，就追究行为人的刑事责任；③实行集体责任原则，即缘坐、连坐原则。在反对封建刑法罪刑擅断历史背景下产生的资产阶级道义责任论，确立并坚持行为责任论，主张罪刑法定，反对主观擅断；主张主观责任，反对结果责任；主张个人责任，反对团体责任。所以，尽管行为责任论存在着许多问题，但是它对于反对罪刑擅断、维护法治、保障人权、防止刑罚权力的滥用曾起过极为重要的积极作用。后来的性格责任论者，以行为人的反社会的"危险性格"作为刑事责任根据，甚至将这一理论发展到极端，否定罪刑法定和罪刑相适应等刑法基本原则，结果一度成为法西斯刑法的理论根据，给人类留下了深刻的教训。因此，刑事责任根据问题，必须引起我们的高度重视。

在研究刑事责任根据时，我国的许多刑法学者表现出对民主与法制问题的关注，而其中主张"犯罪构成根据说""行为符合犯罪构成根据说""犯罪行为（犯罪）根据说"的学者表

现得尤为突出。通过分析比较，我们认为，将现实的犯罪构成即犯罪构成事实作为刑事责任的根据，能够更好地维护法治，防止刑罚权力的随意扩张。

刑事责任根据是犯罪构成事实，由此出发，我们可以把刑事责任的确认过程看成是认识与评价的统一，从而在这个过程中较为全面地贯彻"以事实为根据，以法律为准绳"的原则。作为客体性认识的一面，既然刑事责任的根据——现实的犯罪构成，是一种客观事实，那么在确定刑事责任时，首先必须查清客观现实中是否存在犯罪构成事实，以及犯罪构成事实的内容怎样，否则，"以事实为根据"的原则便无从谈起，这无论是在实体领域，还是在诉讼领域，都具有极为重要的意义。作为主体性评价的一面，司法者应当依照刑事法律的规定，评价犯罪构成事实是否与法定犯罪构成相符；在这个评价过程中，司法者必须将法定犯罪构成作为一种先验的客观精神，严格依法办事，排除个人的需要、好恶、意向等主观情感因素的影响，因为只有严格依照法定的犯罪构成去评价现实的犯罪构成，才能够充分地体现国家的态度和意志，否则，"以法律为准绳"的原则将成为一句空话。当然，任何评价总是涉及情与意的领域，总是表露出评价者的态度、情感和意志，因而司法者的品行素质、知识水平以及情感、意志等主观因素必然会对案件的处理产生一定的影响。因此，司法者必须自觉地与立法精神保持一致，与国家的态度和意志保持一致。

第三节　刑事责任的实现

一、刑事责任的范围

刑事责任的范围，是指刑事责任从产生到终结的整个过程。研究刑事责任的范围，对于我们弄清刑事责任的存续时间，揭示刑事责任的外部特征，确立刑事责任产生、确认和实现的运动过程，有重要的意义。

（一）刑事责任的产生

刑事责任产生于犯罪实施之时，有犯罪必有刑事责任，无犯罪即无刑事责任。犯罪行为实施以后，即使未经司法机关确认和追究，刑事责任也是客观存在的。国家追究行为人的刑事责任，是确认这种客观存在并因此而强迫行为人承担刑事责任的过程，而不是主观创造的过程。如果某人没有实施犯罪，那么客观上也就不存在刑事责任，如果国家错误地对该人采取了刑事诉讼强制措施或者适用了刑罚处罚，除非是由于该人自身的原因所致（如假自首），国家应当负责刑事赔偿。因此，我国《宪法》第41条第3款规定："由于国家机关和国家工作人员侵犯公民权利而受到损失的人，有依照法律规定取得赔偿的权利。"

（二）刑事责任的终结

刑事责任的终结也就是刑事责任存在和发展过程的结束，它包括以下两种情况：

1. 刑事责任自行终结。这是指在行为人实际承担刑事责任之前，因法定事由的出现，刑事责任自行消亡。按照我国《刑法》的规定，刑事责任自行终结的事由主要有以下几种：

（1）犯罪已过追诉时效期限。追诉时效，是指对犯罪分子追究刑事责任的有效期限。在法定的有效期限内，司法机关有权追究行为人的刑事责任；超过法定追诉期限的，司法机关便不能追究行为人的刑事责任。我国刑法规定的追诉时效的长短与刑事责任的轻重程度相适应。刑事责任轻的，追诉期限则短；刑事责任重的，追诉期限则长。犯罪已过追诉期限，表明犯罪的社会危害性和行为人的人身危险性不复存在，刑事责任消亡。

（2）依照刑法规定告诉才处理的犯罪，撤回告诉的。我国刑法将尚未引起严重后果的侮辱罪、诽谤罪、暴力干涉婚姻自由罪、虐待罪和侵占罪，规定为告诉才处理的犯罪，即把被害人的告诉作为追究行为人刑事责任的必要条件。上述亲告罪所引起的刑事责任，在被害人告诉之前，虽然是客观存在的，但是，除非有法定的特殊情况出现，司法机关一般不予以主动追究。对于上述亲告罪，被害人告诉后又撤回告诉的，表明由于被害人与行为人的和解，上述犯罪的社会危害性归于消灭，因而刑事责任便告终结。被害人不得就同一犯罪事实再次提起诉讼，但是，被害人因受强制、威吓而撤回告诉，或者原告诉证据不足，经补充证据后重新告诉的除外。当然，之所以如此，也是为了维护法律的严肃性，促使被害人认真地对待告诉和撤回告诉的权利。

（3）行为人死亡。按照罪责自负原则，刑事责任只能由实施犯罪的人承担。既然行为人已经死亡，那么承担刑事责任的主体便不复存在，刑事责任便归于终结。

在司法实践中，我们必须注意到，客观上是否存在着刑事责任自行终结的法定事由，必须由司法机关依照法定程序并通过一定的司法活动加以确定。而司法机关一经确定客观上存在着刑事责任自行终结的法定事由，就必须立即中断追究刑事责任或者强迫行为人承担刑事责任的任何活动；否则就是违法，因此给公民造成损害的，国家应当负责刑事赔偿。

2. 刑事责任因实现而终结。这是指因行为人实际承担刑事责任完毕，刑事责任归于消亡。刑事责任因实现而终结，标志着刑事责任由一种现实可能性转变为现实，标志着国家对犯罪行为和行为人进行否定性评价和谴责的结束。因刑事责任实现方法的不同，刑事责任在实现阶段终结的时间也不相同。

（1）以刑罚为实现方法的刑事责任，终结于刑罚执行完毕或赦免之时。但存在着如下一些特殊情况：①缓刑的，缓刑考验期满，是刑事责任终结的时间；②战时军人缓刑的，军事法院作出"撤销原判刑罚、不以犯罪论"的裁定生效时，刑事责任即告终结；③假释的，假释考验期满，刑事责任即告终结；④被判无期徒刑的，除被假释或者减刑为有期徒刑的以外，刑事责任及于行为人终身，因此，刑事责任只能终于行为人死亡之时；⑤刑罚执行完毕之后，被施以其他非刑罚处理方法的，刑事责任终于其他非刑罚处理方法执行完毕之时。

（2）以非刑罚处理方法为实现方法的刑事责任，终结于非刑罚处理方法执行完毕之时。

（3）在免予刑事处分的情况下，刑事责任终结于免刑有罪判决生效之时。免予刑事处罚，但行为人被施以其他非刑罚处理方法的，刑事责任终结于非刑罚处理方法执行完毕之时。

二、刑事责任的实现方法

刑事责任的实现离不开刑事责任的实现方法。刑事责任的实现方法，是强制行为人实际承担刑事责任的法律处分措施，是实现对犯罪行为和行为人进行否定性评价和谴责的具体方法。在个别情况下，确认刑事责任并宣告某人有罪本身，就实现了对犯罪行为和行为人的否定性评价和谴责，行为人无需承担具体的法律处分措施；而在绝大多数情况下，确认刑事责任之后，不仅要宣告行为人有罪，还要强迫行为人承担一定的法律处理措施，刑事责任才能够得到实现。

从刑事责任实现方法的历史发展来看，存在着从单一性的刑罚向实现方法多样性发展的趋势和规律。我国《刑法》规定，犯罪就应当负刑事责任，但是因为某种特殊情节的存在，对行为人可以免除刑罚处罚。也就是说，刑事责任是刑罚的前提，没有刑事责任就没有刑罚，但承担刑事责任却不一定受到刑罚处罚。刑事责任与刑罚发生了分离，何以如此？原因就在于通过在犯罪与刑罚之间设立刑事责任这一基本范畴，将刑事责任与刑罚相区别，从而不再把刑罚作为同犯罪作斗争的唯一方法和形式，而是充分地运用各种法律手段同犯罪作斗争，以期达到遏制和预防犯罪的目的。刑事责任实现方法多样化的结果使得刑事责任的实现更加符合犯罪行为和行为人多样化的实际情况，使刑事责任实现方法更具有针对性，因而符合效益性原则。

按照我国《刑法》的规定，刑事责任的实现方法，即国家强制行为人实际承担的法律处分措施，主要包括非刑罚处理方法和刑罚两大类。非刑罚处理方法，是指司法机关对犯罪分子直接适用或建议有关部门适用的刑罚以外的其他实现刑事责任的各种法律措施的总称。相对于刑罚而言，非刑罚处理方法是实现刑事责任的辅助性的、次要的方法。但是，随着社会文明水平的提高，非刑罚处理方法日益受到重视。对于刑罚方法，我们将在下文详细论述，此处不再赘述。

如果从主体上划分，刑事责任可以划分为自然人的刑事责任和单位的刑事责任两种。这两种刑事责任在本质上并无不同，但是，由于单位犯罪构成的特殊性，导致单位刑事责任与自然人刑事责任在实现方法上存在差异：①单位刑事责任的实现方法上的特殊性。单位刑事责任的实现包括单罚制和双罚制两种基本形式。单罚制，是指在单位实施了犯罪应当承担刑事责任的情况下，不处罚单位本身，只处罚单位的代表人、主管人员和直接责任人员；双罚制，是指在单位实施了犯罪而应当承担刑事责任的情况下，不仅处罚单位本身，而且处罚单位的代表人、主管人员和直接责任人员。单罚制的缺点是不能全面地实现单位刑事责任，不利于有效地惩治和预防单位犯罪。因此，修订后的《刑法》除个别条文外，在规定单位刑事责任时，均采用双罚制，而自然人刑事责任则不涉及双罚制的问题。②因为法人与自然人在属性上的差异，所以，法人承担刑事责任的方法与自然人承担刑事责任的方法并不相同。

单位不具有自然人的自然属性，不能适用自由刑和死刑，而只能适用财产刑和资格刑。但是，我国《刑法》规定的资格刑仅有剥夺政治权利一种，而其内容又只能适用于自然人而不能适用于单位。我国《刑法》规定的财产刑包括罚金和没收财产两种。但刑法规定，没收财产是指没收犯罪分子个人所有财产的一部或者全部，在判处没收财产的时候，不得没收属于犯罪分子家属所有或者应有的财产。这一规定表明，没收财产也只能是自然人承担刑事责任的方法，而不是单位承担刑事责任的方法。这样，只有罚金才是单位承担刑事责任的方法。

三、刑事责任与刑罚的联系与区别

刑罚是实现刑事责任的基本方法，刑事责任主要通过刑罚得以实际实现，这是毫无疑问的，但是不能在刑事责任与刑罚之间画等号。刑事责任和刑罚是两个既相互联系又相互区别的概念。

(一) 刑事责任与刑罚之间的相互联系

1. 刑事责任是刑罚的前提，刑罚是刑事责任的结果，没有刑事责任便没有刑罚。应当指出，"没有刑事责任便没有刑罚"与"有刑事责任即有刑罚"是两种完全不同的刑事责任原则。前者体现的是刑事责任对刑罚的限制机制，对于维护法治、保障人权、防止刑罚权力的滥用，具有极为重要的意义和作用，因而应当成为我国刑法的一项重要原则；后者体现的是刑事责任的积极扩张机制，不为我国刑法所采用，因为根据我国《刑法》的规定，在特定条件下，刑事责任可以与刑罚发生分离，即对负刑事责任的行为人，可能不适用刑罚。

2. 刑事责任的轻重程度直接决定了刑罚的轻重程度。刑罚的轻重必须与刑事责任的轻重相符，刑事责任重的刑罚亦重，刑事责任轻的刑罚亦轻，正是通过刑事责任范畴，犯罪与刑罚之间形成罪刑相适应的联系原则。刑罚应该是通过刑事责任范畴与犯罪相平衡，但由于犯罪的轻重实际上根本不能以数学的精度衡量，所以，刑事责任本身有伸缩的幅度。因此，只要是在此幅度内决定尽可能适当的刑罚，而不导致刑罚与犯罪之间大的失衡，就是合理的。

3. 刑罚是实现刑事责任的基本方法，但不是实现刑事责任的唯一方法，非刑罚方法也是实现刑事责任的重要方法。一般情况下，对行为人施以刑罚，进行教育改造，是实现刑事责任的基本目标。

（二）刑事责任与刑罚之间的相互区别

1. 二者的性质不同。刑事责任是行为人因犯罪行为应当承担的否定性评价和谴责；刑罚是国家对行为人所实施的具体的惩罚和制裁方法。刑事责任是刑罚的上位概念，内容比较抽象，它构成包括适用刑罚在内的一切刑事司法活动的内在灵魂；刑罚则是刑事责任的下位概念，其内容十分具体，是实现对犯罪行为和行为人否定性评价和谴责的具体方式方法。

2. 二者的根据不同。刑事责任的根据是客观发生的犯罪行为，而刑罚以刑事责任为前提，因而刑罚除以犯罪行为为基本根据之外，还有自己的特殊根据——体现行为人再次犯罪可能性的人身危险性和其他影响特殊预防作用发挥的行为人个人情况。

3. 二者的外延不同。刑事责任的外延要比刑罚广泛得多。①二者存续的不等时性。绝大多数情况下，刑事责任要比刑罚的产生早得多，刑事责任自实施犯罪时产生，到刑罚执行完毕或赦免时止；而刑罚则自有罪判决生效时开始，到刑罚执行完毕或赦免时止，而且一些刑罚方法实际上也很难说还有什么时间存续性，如死刑、罚金和没收财产等。特殊情况下，刑罚虽已执行完毕，但刑事责任还会存在很长一段时间。②刑罚以刑事责任为前提，无刑事责任便无刑罚，但是，有刑事责任却并不一定都导致刑罚，这主要体现在有罪免刑的刑事判决之中。

第十四章

第 十 五 章

刑罚概说

第一节　刑罚的概念

一、刑罚的概念与特征

所谓刑罚，是指刑法所规定的，由人民法院依法对犯罪人适用的，剥夺或限制其某种权益的制裁措施。刑罚具有以下特征：

（一）刑罚是用以剥夺或限制犯罪人某种合法权益的制裁措施

制裁措施，即作为影响人们行为的强制性方法，是以剥夺或限制其合法权益为内容的。刑罚是强制剥夺或限制犯罪人某种合法权益的方法。我国刑法规定的刑罚包括自由刑、生命刑、财产刑和资格刑。其中，拘役、有期徒刑、无期徒刑属于自由刑，它们是以剥夺犯罪人人身自由为内容的制裁措施；管制在广义上属于自由刑，但它是以限制犯罪人人身自由为内容的制裁措施。财产刑包括罚金和没收财产，前者是剥夺犯罪人一定数额金钱的制裁措施，后者为剥夺犯罪人个人所有的全部或部分财产的制裁措施。应当指出，这里"剥夺"与"限制"的是犯罪人的合法权利或利益，而不是非法利益。因此，《刑法》第64条规定的"追缴违法所得财物"不属于刑罚。

（二）刑罚是刑法所规定的制裁措施

制裁措施是多种多样的，如刑事诉讼法上的制裁措施、行政制裁措施等。刑罚是刑法上规定的制裁措施，这也是罪刑法定原则的必然要求。刑罚的法定性包括以下含义：①刑罚只能由国家最高立法机关在其颁布的刑法中加以规定。这意味着国家最高立法机关在其他部门法中规定的或者其他机关制定的制裁措施，都不属于刑罚。②除了刑罚以外，我国刑法还规定了其他制裁措施（非刑罚处理方法），如赔偿经济损失、训诫、赔礼道歉等。这些没有冠以"刑罚"之称的制裁措施均不是刑罚。因此，刑罚必须是刑法条文中冠以"刑罚"之称的制裁措施。

（三）刑罚只能由人民法院依法适用

定罪量刑是国家审判权的一项重要内容。依照我国法律，审判权只能由人民法院依法独立行使。因此，除人民法院外，其他任何机关、团体或个人都无权对公民适用刑罚。这里所说的依法适用刑罚，是指人民法院在科处刑罚时必须遵循刑法、刑事诉讼法的有关规定，不得超越法律。

（四）刑罚只能适用于犯罪人

从这个意义上讲，刑罚是犯罪的法律后果。因此，无论何人，只要他未实施刑法规定的犯罪行为，就不能成为科刑的对象。只有经人民法院判决确认犯有罪行的人，才能对其适用刑罚。这是加强社会主义法治的必然要求，是使无辜的人不受刑罚处罚的重要保障。

刑罚不是犯罪的唯一法律后果。依照我国刑法，在具备一定的条件时，可以免除犯罪人的刑事处罚或者不实际执行刑罚。

二、刑罚的属性

"属性由事物的内部矛盾所决定，表现着事物的性质。"[1] 换言之，属性是事物本身所固有的一种性质。刑罚的属性就是刑罚本身所固有的性质，具有客观性。我们认为，刑罚的属性主要有：

（一）惩罚性

刑罚的属性首先包括与痛苦相联系的惩罚性，它是刑罚的应有之义。如果否认惩罚性是刑罚的属性，刑罚就失去了存在的根基与理由。意大利学者加罗法洛指出："当罪犯没有受到身体上的痛苦，其犯罪所获得的唯一后果却是免费教育的特权时，刑罚的存在还有何意义？"[2]

刑罚的惩罚性，主要表现为对罪犯的某种法益的剥夺或限制。比如，自由刑剥夺罪犯的人身自由权，使之在封闭的设施里承受刑罚的惩罚性；资格刑的惩罚性体现为罪犯的活动资格被强制剥夺后心理上感受到的痛苦；等等。

刑罚作为一个整体无疑具有惩罚性，但具体的刑种在惩罚的性质与程度上是不尽相同的。例如，死刑以剥夺罪犯的生命为内容，其惩罚性重于自由刑；有期徒刑以剥夺罪犯的人身自由为内容，其惩罚性强于以限制人身自由为内容的管制。此外，刑种的执行方式在一定程度上也影响刑罚的惩罚性。例如，依照《刑法》第53条的规定，罚金的执行方式包括一次缴纳、分期缴纳、强制缴纳、随时追缴、减免缴纳。这些不同的执行方式体现了罚金不同程度的惩罚性。

（二）威慑性

一般言之，威慑是指"用武力使对方感到恐惧"。[3] 刑罚的威慑性，是指刑罚所具有的对犯罪人或者潜在犯罪人的心理施加影响，使之迫于刑罚威力而不敢实施犯罪的特性。这是刑罚的本质属性之一，是刑罚本质的体现。

中外法学家关于刑罚的威慑性有过不少的论述，但值得特别注意的是费尔巴哈的"心理强制说"，其理论核心是用法律进行威吓，既包括通过立法表现出来的观念上的威吓，又包括通过法律实行表现出来的现实威吓。费尔巴哈指出："法律包含着威吓，法律的实行，给予威吓以现实性……亦即法律的威吓，不仅是外观的威吓，而且规定也是现实的威吓。"[4]

目前，中外学者对刑罚能否产生威慑潜在犯罪人的效能有不同看法，但都不否认刑罚本身具有威慑性。

（三）严厉性

刑罚的严厉性，是指刑罚作为一类处罚措施，对于其适用对象的制裁最具痛苦性。刑罚的严厉性，首先是由刑罚对罪犯剥夺的内容及程度所决定的。在我国，刑罚不仅可以剥夺犯罪人的财产、人身自由，还可以剥夺其生命。就剥夺的内容及程度而言，刑罚无疑是最为严厉的惩罚方法。其次是通过与民事制裁措施、行政制裁措施的比较而得出来的结论。民事制裁措施、行政制裁措施虽然有的也涉及财产、人身自由，但其严厉性无法与刑罚相比。

（四）最后性

刑罚的最后性，是指刑罚作为国家控制社会、应对犯罪的最后手段，只有在其他法律不

---

〔1〕 李淮春主编：《马克思主义哲学全书》，中国人民大学出版社1996年版，第643页。
〔2〕 ［意］加罗法洛：《犯罪学》，耿伟、王新译，中国大百科全书出版社1996年版，第228页。
〔3〕 中国社会科学院语言研究所词典编辑室编：《现代汉语词典》，商务印书馆1983年版，第1190页。
〔4〕 转引自马克昌主编：《近代西方刑法学说史略》，中国检察出版社1996年版，第85页。

足以制止危害社会的行为时，才可以适用。刑罚的最后性，是由刑法作为保护法或保障法所决定的。

刑罚的严厉性以及给犯罪人带来的痛苦性使得刑罚的发动与运转需要高成本的投入，因此，在刑事立法与刑事司法中，除非不得已，应优先考虑其他法律的适用；如果民法、行政法也能制止不法行为时，就不应当发动刑罚；只有其他法律效果不足以生成时，方使用刑罚。正是基于刑罚的最后性，卢梭指出："刑罚在根本上与其说是一种特别的法律，不如说是对其他一切法律的制裁。"[1] 正确认识刑罚的最后性，有助于树立谦抑的刑罚观。

第二节　刑罚目的

一、刑罚目的的概念

刑罚作为国家的一种制裁措施，它本身并无任何目的。这里所说的刑罚目的，实际上是指国家制定刑罚、量处刑罚和执行刑罚所希望达到的结果。刑罚目的是国家对刑罚运行的一种主观要求，它以观念的形式在刑罚运作前已经形成，是国家对自身需要与同犯罪作斗争的客观可能结果之间的关系的一种反映。刑罚目的虽然预先设定，但它却指导立法、司法和行刑活动的全过程，并从根本上制约着刑罚的性质、内容、功能与效益。正因为如此，刑罚目的的问题历来为人们所重视。

二、刑罚目的的内容及其实现

国家制定、适用与执行刑罚，是为了对犯罪人以及危险分子、不稳定分子等施加影响，从而实现预防犯罪的预期效果。它包括特殊预防和一般预防两个方面的内容。

（一）特殊预防

特殊预防即通过适用刑罚，预防犯罪人重新犯罪。特殊预防的对象是已经实施了犯罪的人。无论实施的是故意罪还是过失罪，均表明行为人的犯罪行为侵犯了一定的法益，并具有一定的人身危险性。因此，有必要对其实行特殊预防，以防止其再度犯罪。

特殊预防实现的途径有：①通过适用刑罚，剥夺犯罪人继续犯罪的能力和条件，使其无法再度犯罪。犯罪是危害社会的行为，刑罚作为对付犯罪的一种自卫手段，所要求达到的直接结果必然是及时剥夺犯罪人继续犯罪的能力和条件，避免其再度危害社会。②通过适用刑罚，把犯罪人教育改造成为守法公民，不再危害社会。这种教育改造是在惩罚的前提下强制进行的。犯罪心理学的研究表明，犯罪人之所以实施犯罪，其心理动因在于他持有趋利避害的冒险心理或者可以逃避惩罚的侥幸心理。对犯罪人适用刑罚，剥夺他们的一定权益，必然使其亲身体验到受刑之苦，并认识到犯罪以惩罚为代价，惩罚是犯罪的必然结果。惩罚所引起的这种心理效应可以抑制或弱化大多数犯罪人的犯罪动机，使其不敢犯罪乃至不愿犯罪。

惩罚就其对罪犯的心理效应而言，也可以理解为一种教育。但是，这种"教育"有其局限性：①不结合教育改造的惩罚只能起到制止犯罪的治标作用，而不能从内心深处破除罪犯的犯罪心理。②单纯的惩罚有可能使罪犯产生对立情绪而不利于矫正其主观恶性。因此，只有正确地把惩罚与教育改造结合起来，在惩罚的前提下，实行系统的思想政治教育、文化技能教育和强制性的生产劳动，才能彻底破除犯罪心理，建立正常的守法心理；矫正其恶习，养成劳动习惯；使之逐渐成为自食其力的守法者。

特殊预防的这一刑罚目的内容贯穿于我国刑事立法、司法和行刑活动的全过程。以惩办

---

〔1〕 ［法］卢梭：《社会契约论》，何兆武译，商务印书馆 1982 年版，第 73 页。

与宽大相结合的刑事政策为根据制定的我国刑法，无论在刑罚体系还是在具体刑罚制度上，都充分体现了我国刑罚寓教育改造于惩罚之中，惩罚与教育改造不可分割的交互作用的特点。

定罪量刑是司法活动的最重要环节。在定罪量刑过程中，我们始终坚持"以犯罪事实为根据，以法律为准绳"的原则。在查明犯罪事实的基础上，充分考虑犯罪人的个人情况及其改造的难易程度，以便选用满足特殊预防需要的最佳刑罚方法及其尺度。其他诉讼活动也是如此。例如，在预审和起诉过程中，坚持摆事实、讲道理，进行法制教育和认罪服法、坦白从宽的政策教育；在诉讼程序方面，坚持公开审判，保障被告人的法定诉讼权利，认真听取他们的申辩意见；等等。这些都充分体现了我国刑罚特殊预防的目的内容，并强化了刑罚的教育改造功能。

行刑阶段是特殊预防的教育改造内容体现最为直接、最为具体的阶段。特殊预防的效益也取决于这一阶段。我国采用的是以自由刑为中心的刑罚体系，与此相适应，教育改造罪犯是我国执行刑罚的最主要任务。在教育改造中，我们始终不移地坚持"惩罚和改造相结合""教育与劳动相结合"的原则，通过劳动和法制、道德、文化、技术教育，最大限度地发挥我国刑罚固有的教育改造功能、感化功能，促使罪犯从被迫服刑转向自觉改造，成为能够遵守法律、自食其力的新人。新中国成立后，我们曾把包括末代封建皇帝和战争罪犯在内的大多数罪犯成功地改造为无害于他人、有益于社会的守法公民。我国是世界上重新犯罪率最低的国家之一，这表明我国以教育改造罪犯为主要内容的特殊预防是成功的。

（二）一般预防

一般预防即通过对犯罪人适用刑罚，用刑罚威慑、预防尚未犯罪的人实施犯罪。一般预防的对象是尚未犯罪的人，如具有犯罪危险的人、容易犯罪的人以及受到犯罪侵害的受害人等。

一般预防实现的途径有：①通过对犯罪人适用刑罚，向社会发出有罪必罚和刑罚不可避免的信息。刑罚的不可避免性和惩罚性必然会给犯罪人造成剥夺性痛苦。社会上的危险分子、不稳定分子等在酝酿犯罪时，必然要对受刑之苦产生联想，基于趋利避害的本能或舍小求大的权衡而对受刑之苦产生畏惧感，进而为避免受惩罚而放弃犯罪。②通过对犯罪人适用刑罚，可以使人民群众认识到犯罪对社会的危害，进而提高同犯罪作斗争的积极性。我国是社会主义国家，它颁布的刑法是人民群众意志的反映，是保护人民群众利益的。由于遵守法律同自身利益的一致性，他们必然会遵守、执行和维护法律。但是，通过对犯罪适用刑罚，可以使人民群众具体地认识到犯罪的社会危害性以及追究犯罪的必要性，从而增强同犯罪作斗争的积极性，自觉地防止和抵制犯罪的发生。

应当指出，前述我国刑罚目的的内容是紧密相连、互相配合的。对任何一个犯罪人适用刑罚，都包含着特殊预防和一般预防的目的内容。目前，我国的犯罪率处于上升的趋势，严重犯罪在犯罪结构中占相当大的比重，这说明我国存在诱发犯罪的现实土壤。预防犯罪、减少犯罪虽然应当主要依靠综合治理，依靠社会主义物质文明和精神文明建设，但刑罚仍是重要的，不可缺少的。因此，在适用和执行刑罚时，我们必须对刑罚的目的内容作全面的考虑和合理的兼顾。否则，就难以很好地实现刑罚的目的。

第三节　刑罚的功能

一、刑罚的功能的概念

功能是指事物可起的作用或发生作用的能力。当我们把刑罚作为维护社会的最后手段加以理解时，就自然涉及它的功能问题。刑罚的功能对于正确理解和界定刑罚目的具有重要的意义，因为刑罚目的是借助于刑罚的功能得以实现的。若缺乏对刑罚功能的深刻了解，就不能科学地阐明刑罚的目的。

所谓刑罚的功能，是指刑罚在同犯罪作斗争过程中对社会可能起的积极作用。其特征如下：

（一）刑罚的功能表现为对社会的作用

刑罚作为犯罪的法律后果，适用对象只能是犯了罪的人。但是，刑罚不仅直接作用于犯罪人，对社会上的不稳定分子和其他公民也会产生心理效应。这种效应主要是通过两种途径加以实现的：①通过刑罚的创制和适用以及法制宣传，使有罪必罚的信息传递、辐射到社会。②借助于对具体罪行的揭露、惩治的刑事诉讼活动，将信息直接或间接地传递到社会，从而对人们产生心理效应。尽管这种心理效应因人而异，但它却表现为一种对社会的作用。

（二）刑罚的功能表现为一种积极的作用

刑罚的功能是在其与外部环境之间的物质、能量、信息的输入、转换过程中得以实现的。尽管刑罚运行的外部环境包含着可变的、随机的因素，但只要依法正确适用，就会发挥主观期待的积极作用，如对犯罪人、被害人和社会其他成员的积极作用等。

（三）刑罚的功能表现为对社会可能发挥的积极作用

所谓可能，是指刑罚的内部结构表现的功能在具备一定条件的基础上，可以转化为现实的趋势。这种可能转化为现实必须要有两个因素：刑罚的内部结构和一定的外部条件。前一个因素创造可能性，后一个因素使之实现。作为刑罚内部结构表现的功能，在遇到与之进行物质、能量和信息转换的一定条件之前，只是处于一种可能的潜在状态，一经转化为现实状态，它就现实地成为刑罚的实效范畴了。因此，把刑罚的功能理解为刑罚对社会发挥积极作用的一种可能性是符合实际的。

二、刑罚功能的内容

刑罚功能的内容，是指刑罚功能所包含的实质或意义。如前所述，刑罚作用的对象是犯罪人和其他社会成员。由于犯罪人和其他社会成员与犯罪的关系不同，因而刑罚对他们的作用方式和强度是不尽相同的。例如，对犯罪人的作用是双重的，即人身强制与心理影响，而对其他社会成员的作用仅限于心理影响。根据作用对象的不同，可以将刑罚的功能分为对犯罪人的功能、对被害人的功能和对其他社会成员的功能。

（一）刑罚对犯罪人的功能

1. 剥夺或限制功能。刑罚的剥夺或限制功能具体表现为对犯罪人施加身体强制、权利限制和心理影响，使其再犯能力受到剥夺或限制。无论何种刑罚，哪怕是最轻的一种，一经交付执行，就必然要剥夺或限制受刑人的某些权益，使其感受到一定的痛苦，从而起到阻止其继续犯罪的作用。例如，对某些犯罪分子适用有期徒刑或无期徒刑，剥夺他们一定期限的自由或终身自由，将其关押在与社会隔离的封闭设施里，就可以剥夺或大大限制犯罪人再次滥用其人身自由犯罪的能力；对于极少数罪大恶极的犯罪分子依法判处死刑，就可以彻底剥夺其再犯能力，使其永不再危害社会。又如，对于某些经济罪犯判处没收财产或罚金，剥夺他们的财产或一定数量的金钱，就可以在一定程度上限制其实施以金钱为资本的某些经济犯罪的能力。

2. 个别威慑功能。刑罚的威慑功能，是指适用刑罚时对犯罪人产生的因畏惧再次受刑而不敢再犯的心理效应。从犯罪心理学角度看，犯罪人实施犯罪的一个心理动因在于他抱有逃脱刑罚惩罚的侥幸心理。随着犯罪被揭露和刑罚的实际执行，犯罪人的侥幸心理受到破坏，使他从痛苦中认识到，犯罪是要付出沉重代价的。在服刑期间或刑满释放后再度萌发犯罪意念时，他就可能因为"本能的条件反射式的恐惧"而打消再犯心理，并放弃实施犯罪。实践表明，威慑的心理效应在一定程度上可以起到遏制再犯的作用。

3. 感化功能。刑罚的感化功能，是指在适用刑罚时给予犯罪人宽大处理与人道待遇而产生的心理效应。刑罚的感化功能主要表现在两个方面：①我国刑法是以惩办与宽大相结合的刑事政策为依据制定的。这一政策同时包括从宽与从严两个方面，其基本内容是根据犯罪人的不同情况，区别对待，打击少数，争取教育多数。就从宽一面而言，刑法中有许多体现，如规定了自首、缓刑、减刑等制度以及一系列从轻、减轻和免刑的情节。这些宽大措施的适用，无疑可以在一定程度上消除犯罪人的抵触情绪，促使其自觉地接受改造。②依照《监狱法》的规定，对依法判处徒刑和死刑缓期执行的罪犯，根据改造罪犯的需要，组织罪犯从事生产劳动，对罪犯进行教育、感化、改造。"所谓感化，不是当作口头禅空说，而是要认真地、扎扎实实地做，关心他们的吃、住、健康、学习，组织、帮助他们学政治、学文化、学技术等，使他们感到有出路，有前途，是为他们好。"[1]这些体现人道待遇和关心爱护犯人的措施能够对犯人产生心理感化效应，并使之安心改造。

4. 教育改造功能。所谓教育改造功能，是指在行刑过程中通过各种教育改造手段对犯人产生的教育改造效应。教育改造是我国刑罚对受刑人的最主要功能，也是我国特殊预防得以实现的根本所在。教育改造功能主要表现为：在惩罚的前提下，对犯罪人实行系统的思想教育、法制教育、文化知识教育和生产技能教育，使其消除犯罪心理，确立正常的守法意识；矫正恶习，养成劳动习惯；掌握一定的生产技能，为释放后的就业创造条件，将罪犯改造成为守法的公民。

刑罚对犯罪人的惩罚、威慑、感化和教育改造功能是密切联系的，同时又不能彼此取代，它们综合起来具有实现刑罚的个别预防目的的手段意义。

（二）刑罚对被害人的功能

在我国刑法中，以个别公民为侵害对象的犯罪占相当大的比重，如故意杀人罪、故意伤害罪、侮辱罪、诽谤罪、强奸罪等；即使涉及公共安全、公共秩序的某些犯罪，也往往伴随危害公民的利益，如爆炸罪、放火罪、寻衅滋事罪等。这些犯罪的实施给被害人本人及其亲属造成一定的损害，从而在他们的心理上引起痛苦、恐惧、愤怒、仇恨等情绪体验，并强烈要求惩罚犯罪。因此，刑罚的及时适用具有伸张正义的安抚功能和补偿功能。

1. 安抚功能。刑罚的安抚功能，是指人民法院通过对犯罪人判处刑罚使受害人及其亲属产生平缓情绪、消除痛苦的心理效应。安抚功能是在刑罚的动态运行中得以发挥的。因此，刑罚适用得越及时，其功能发挥得就越充分。

2. 补偿功能。刑罚的补偿功能，是指在对犯罪人判处刑罚的同时，使被害人因犯罪造成的损失得到补偿的情况，所谓补偿，包括经济补偿和精神补偿。对犯罪人依法判处刑罚，就在一定程度上补偿了受害人及其亲属的精神损害。至于经济赔偿，我国《刑法》第36条作了规定。应当指出，赔偿经济损失并不是刑罚方法，但是，责令犯罪人赔偿的经济损失是由其犯罪造成的，并且与刑罚同时适用。因此，我们可以把它理解为刑罚的补偿功能。从实际情况看，赔偿的经济损失包括犯罪给被害人造成的直接损失以及部分间接损失。

（三）刑罚对其他社会成员的功能

刑罚除了对犯罪人、被害人具有不同的功能以外，对其他社会成员也会产生积极影响。

---

[1]　彭真：《论新中国的政法工作》，中央文献出版社1992年版，第251页。

这种影响主要表现为以下两个方面：

1. 一般威慑功能。所谓刑罚的一般威慑功能，是相对于个别威慑功能而言的，是指通过刑罚的创制和适用对社会上的潜在犯罪人产生的警戒效应。它包括立法威慑和司法威慑两个方面的内容。前者主要通过刑法的创制和宣传活动，将刑罚是犯罪的必然法律后果的信息传递、辐射到社会，从而对社会上意欲犯罪的不稳定分子产生警戒效应，促使其悬崖勒马；后者主要借助于揭露犯罪和科处刑罚的刑事诉讼活动，将罪刑关系具体化的信息扩散传播到社会，使潜在的犯罪人获得更加具体的认识，即犯罪就意味着要受到惩罚，从而慑于受刑之苦而不敢以身试法。实践表明，司法威慑功能的发挥在很大程度上取决于刑罚的及时性和确定性。

2. 教育鼓舞功能。刑罚的教育鼓舞功能，是指通过创制和适用刑罚，对广大的人民起到法制教育和鼓舞作用。刑罚的教育鼓舞功能具体表现为两个方面：①我国刑法是人民意志和利益的集中体现，因此，受到广大人民群众的拥护。他们不犯罪不是因为慑于惩罚，而是因为他们的自身利益决定了他们不愿犯罪。自然他们不应成为刑罚威慑的对象。因此，法制宣传和刑事诉讼活动可以提高人民群众的法律意识，增强法制观念。②犯罪行为都会给社会造成某种危害。如果不及时揭露和惩罚，罪犯就会气焰嚣张，人民群众则会缺乏安全感。对犯罪人及时适用刑罚，就能打击罪犯的气焰，给人民以鼓舞，并激励他们自觉地同犯罪作斗争。

总之，我国刑罚三个方面的功能既相辅相成，又各有侧重。它们的正常发挥对实现刑罚的目的具有重要的保障作用。

第十五章

第十六章
刑罚的体系与种类

第一节　刑罚的体系

一、刑罚体系的概念

刑罚体系是法院运用刑罚进行审判活动的法律依据，也是设计刑法典分则法定刑的基础。刑罚体系概念的存在，表明诸刑种的选择与搭配不是无序的，所有的刑罚方法是相互联系并组成一个有机体的。所谓刑罚体系，是指刑法所规定的、供人民法院严格遵循适用的、由相互联系的诸刑种按照一定次序排列构成的有机整体。既然是有机整体，就必然具有整体的特征。刑罚体系的特征是：

1. 有机整体是由诸构成要素组成的。自然，刑罚体系也离不开各种刑罚方法，并且这些刑罚方法在数量上是被限定的。

2. 刑罚体系是由诸刑种按照一定次序排列构成的有机整体。所谓按一定次序，是指各种刑罚方法由最轻到较轻、再到较重、重乃至最重的次序加以排列。各种刑罚方法之间形成阶梯，它们在性质和内容上各不相同，彼此不能取代，进而构成轻重相济、互相衔接、排列有序的有机整体。刑罚体系主要由我国《刑法》第33、34、35条提供的刑罚名目表组成。它包括主刑和附加刑两大类。前者有管制、拘役、有期徒刑、无期徒刑和死刑，后者有罚金、剥夺政治权利和没收财产，以及只适用于犯罪的外国人的驱逐出境。

3. 刑罚体系只能由刑法加以规定。它包含两层含义：①刑法以外的任何法律都无权规定刑罚体系；②刑的种类、幅度、适用根据和方式也只能由刑法来规定。

4. 组成刑罚体系的各种刑罚方法是人民法院应当严格遵循适用的。这是刑罚体系的价值所在。因此，人民法院必须按照这些刑罚方法及其适用条件、幅度来判处刑罚。

刑罚体系作为一种现象，既是客观的，又是主观的，是主客观的统一。刑罚体系的主观性在于，它是由人创立的并取决于人的意志和价值观。例如，死缓的创设、罚金刑的扩大适用等，都体现出刑罚体系的主观性。但这并不意味着立法者可以随心所欲地建构刑罚体系和刑种，相反，其要受到社会物质生活条件和精神生活条件的制约。刑罚体系的客观性体现在刑罚的动态适用上，即在适用刑罚过程中，刑罚体系成为客观存在的现实。因此，可以说，同时存在两个刑罚体系：①刑法中的刑罚体系，即观念上的刑罚体系；②适用中的刑罚体系，即现实的刑罚体系。

除前述的分为主刑和附加刑外，还可以按照其他标准对我国的刑罚进行分类：①根据受刑人被剥夺的利益性质，可以把刑罚分为限制自由刑（管制和驱逐出境）、自由刑（拘役、有期徒刑、无期徒刑）、生命刑（死刑）、财产刑（罚金、没收财产）、资格刑（剥夺政治权利）；②根据受刑人的自身特点，可以将刑罚分为普通刑罚和特别刑罚。普通刑罚是指对具备犯罪主体特征的任何人都可以适用的刑罚，如管制、拘役、有期徒刑等；特别刑罚是指只能对法律有特别要求的犯罪主体才适用的刑罚，如驱逐出境只适用于犯罪的外国人。

二、我国刑罚体系的特点

我国刑法所确立的刑罚体系，是在同犯罪作斗争的过程中逐步形成和发展起来的，也是对我国多年来的立法和司法工作经验的科学总结。我国的刑罚体系具有以下特点：

（一）我国刑罚体系体现了区别对待的政策

惩办与宽大相结合的刑事政策是我国刑法制定的政策根据，同时也是刑罚体系确立的政策根据。惩办与宽大相结合政策的基本精神是根据犯罪和犯罪人的不同情况，具体分析，实行区别对待。我国《刑法》第33条规定充分体现了这一精神，该条规定的刑种既有十分严厉的，如死刑、无期徒刑；也有很轻的刑种，如管制、拘役；处在两者之间的是有期徒刑，其最低期限为6个月，最高期限为15年，数罪并罚可以达到20年、25年。这些刑种为人民法院根据案件的不同情况选择轻重适当的刑罚，有区别地惩罚犯罪提供了较大的空间。我国《刑法》第34条规定的附加刑，如罚金、剥夺政治权利、没收财产是实现罪刑相当原则和刑罚个别化的重要手段。因为单独适用附加刑是一种从宽的表现，如果附加适用，则体现出从严处罚。此外，我国刑法规定的一些刑罚制度，如自首、立功、累犯、减刑、时效等，也体现了对犯罪实行区别对待的刑事政策。

（二）我国刑罚体系体现了在党的领导下，依靠专门机关与人民群众相结合同犯罪作斗争的方针

依靠专门机关与群众相结合同犯罪作斗争，是我国长期以来实行的行之有效的根本方针。这一方针的主要内容包括两个方面：①依靠司法机关依法对犯罪分子实行制裁；②动员群众对受刑人进行监督、教育改造。我国《监狱法》明确规定，教育改造罪犯，采取狱内教育与社会教育相结合的方法。我国刑罚体系中的管制，就是把犯罪分子置于专门机关的管束和人民群众的监督之下，进行教育改造的刑罚方法。把管制规定为主刑，不仅有可能直接依靠社会力量改造罪犯，也能为罪犯再社会化创造条件。

（三）我国刑罚体系体现了社会主义人道主义的精神

在我国刑罚体系中，没有摧残罪犯的肉体刑和贬低、侮辱罪犯人格的羞辱刑。我国《监狱法》第7条第1款明确规定："罪犯的人格不受侮辱，其人身安全、合法财产和辩护、申诉、控告、检举以及其他未被依法剥夺或者限制的权利不受侵犯。"我国《刑法》对于犯罪的时候不满18周岁的人和审判的时候怀孕的妇女，不适用死刑。除以特别残忍的手段致人死亡的外，审判的时候已满75周岁的人，也不适用死刑。

从刑罚的执行方法来看，除了死刑外，其他四种主刑的执行都实行惩罚和改造相结合、教育与劳动相结合的原则。对在监狱中参加劳动的罪犯，按照有关规定给予报酬并执行国家有关劳动保护的规定。对于被判处管制的犯罪分子，实行同工同酬；对于被判处拘役的犯罪分子，在执行时允许他们每月回家1~2天，参加劳动的，可以酌量发给劳动报酬。对未成年犯执行刑罚，以教育改造为主；未成年犯的劳动，以学习文化和生产技能为主等。这些都是我国刑罚体系的社会主义人道主义精神的具体体现。

第二节 主 刑

主刑，又称基本刑，是对犯罪分子独立适用的主要刑罚方法。其特点在于：①只能独立适用，不能附加于其他刑罚方法适用；②对一个犯罪或同一个犯罪人一次只能判处、执行一个主刑，而不能同时判处、执行数个主刑。根据《刑法》第33条的规定，主刑的种类分为管

制、拘役、有期徒刑、无期徒刑和死刑。

一、管制

管制是由人民法院判决，对犯罪分子不予关押，但限制其一定自由，并依法实行社区矫正的刑罚方法。

管制是一种限制自由刑。它的特点是：①对犯罪分子不予关押，仍留在原工作单位或原居住地工作和生活，不剥夺人身自由，只限制其一定自由。换言之，被判处管制的犯罪分子是在自由状态中承受某些法律后果，即遵守法定的限制。②被判处管制的犯罪分子虽然有人身自由，但他的工作、活动必须接受社区矫正机构的管束和人民群众的监督，并依法实行社区矫正。③管制必须由人民法院依法判处，交由社区矫正机构执行，其他任何机关、单位、团体和个人都无权决定和执行。

在我国刑罚体系中，管制是最轻的一种主刑。它适用的对象是罪行较轻、人身危险性较小的刑事犯罪分子。对罪行较轻、需要给予适当的处罚而又不必关押的犯罪分子判处管制，一方面，可以少捕、少关一些人，不至于影响犯罪分子的工作和家庭生活；另一方面，还可以充分发挥群众监督的作用，防止犯罪分子继续犯罪。

《刑法》第38条第2款规定，判处管制，可以根据犯罪情况，同时禁止犯罪分子在执行期间从事特定活动，进入特定区域、场所，接触特定的人。《刑法》第38条第4款进一步规定："违反第二款规定的禁止令的，由公安机关依照《中华人民共和国治安管理处罚法》的规定处罚。"根据《刑法》第39条第1款的规定，被判处管制的犯罪分子，在执行期间，应当遵守下列规定：①遵守法律、行政法规，服从监督；②未经执行机关批准，不得行使言论、出版、集会、结社、游行、示威自由的权利；③按照执行机关规定报告自己的活动情况；④遵守执行机关关于会客的规定；⑤离开所居住的市、县或者迁居，应当报经执行机关批准。与1979年《刑法》相比，现行《刑法》管制刑的一个突出变化，就是增加了"未经执行机关批准，不得行使言论、出版、集会、结社、游行、示威自由的权利"的规定。我们认为，这是执行管制刑过程中加强对被判刑人监督管理的具体措施，其目的是提高管制刑的效益。它本身不是剥夺被判刑人言语自由等权利，仅是部分限制而已。因此，管制本身不包含剥夺政治权利的内容。被判处管制的犯罪分子如果需要剥夺政治权利，则应附加判处。判处管制附加剥夺政治权利的，剥夺政治权利的期限与管制的期限相等，同时执行；凡是没有附加判处剥夺政治权利的犯罪分子，在管制期间仍然享有政治权利。

根据《刑法》第38条第1款、第41条和第69条第1款的规定，管制的期限为3个月以上2年以下，数罪并罚时最高不能超过3年。管制的期限，从判决执行之日起计算。判决执行以前先行羁押的，羁押1日折抵刑期2日。管制是对人身自由的限制，而不属于剥夺人身自由，羁押属于剥夺人身自由的强制措施，因此，羁押1日折抵刑期2日是适当的。

被判处管制的犯罪分子，在劳动中应当同工同酬。国家行政机关工作人员被判处管制的，其职务自然撤销，是否接收，由原单位根据其犯罪性质研究决定。不予接收的，办理开除手续；接收的，安排其参加劳动或临时性工作，参照其被判刑前的工资标准宣告该服刑人员的临时工资标准，发给适当报酬。管制期间悔改表现好的，期满解除管制后可以分配正式工作，重新确定工资等级；表现不好的，予以开除。

被判处管制的犯罪分子管制期满的，执行机关应即向本人和其所在单位或者居住地的群众宣布解除管制。附加剥夺政治权利的，应同时宣布恢复政治权利。

二、拘役

拘役是短期剥夺犯罪分子的人身自由，就近强制实行劳动改造的刑罚方法。拘役是介于管制与有期徒刑之间的主刑，主要适用于罪行较轻、但又必须实行短期关押的犯罪分子。

拘役与刑事拘留、行政拘留虽有相似之处，但它们之间有明显的区别：①性质不同。拘役是刑罚方法；刑事拘留是刑事诉讼中的一种强制措施；行政拘留属于治安行政处罚。②适用对象不同。拘役适用于犯罪分子；刑事拘留适用于具有《刑事诉讼法》第82条规定的7种情形之一，罪该逮捕的现行犯或重大嫌疑分子；行政拘留适用于违反治安管理法规，尚未达到犯罪程度的违法分子。③适用机关不同。拘役由人民法院适用；刑事拘留和行政拘留由公安机关适用。④法律依据不同。拘役是根据《刑法》而适用；刑事拘留的适用以《刑事诉讼法》为根据；行政拘留适用的依据是《治安管理处罚法》。

根据《刑法》第42条的规定，拘役的期限，为1个月以上6个月以下。数罪并罚时，最高不得超过1年。拘役刑期的上限与有期徒刑的最低期限相衔接，较好地体现了拘役的特点，并使刑罚体系更加严密。由于拘役的刑期较短，因此，在刑法典分则中凡涉及拘役的条文，仅指明刑种而不写明刑期。拘役的刑期，从判决执行之日起计算，判决以前先行羁押的，羁押1日折抵刑期1日。所谓羁押，是指判决前对犯罪嫌疑人、被告人的暂时关押。在实践中，凡是由于犯罪嫌疑人、被告人被依法逮捕、刑事拘留、收容审查而被剥夺人身自由的日期，以及依照《海关法》的规定被扣留而被限制人身自由的日期，都可以折抵刑期。因行政拘留或劳动教养而被剥夺人身自由的日期，如果被行政拘留的行为或者被劳动教养的行为与被判处刑罚的犯罪行为属于同一行为的，也可以折抵刑期。对于犯罪嫌疑人在被拘留或被逮捕以前，被依法执行监视居住的期间，由于并非完全限制其人身自由，因此，不予折抵刑期。[1]

被判处拘役的犯罪分子，由公安机关就近执行。所谓"就近执行"，是指由受刑人所在地的县、市或市辖区的公安机关设立的拘役所执行。

被判处拘役的犯罪分子，在服刑期间享有探亲待遇，每月可以回家住1~2天；参加劳动的可给予适当的劳动报酬。所谓适当的劳动报酬，是指由公安机关根据拘役犯的服刑表现、生产技能和劳动收入等情况，酌量发给一定的报酬。拘役的待遇体现了我国刑罚的社会主义人道主义精神，使犯罪分子能够同家庭和社会保持一定的联系，有利于犯罪分子接受来自家庭和社会方面的教育；同时，也可以使其有机会帮助家庭解决生活方面的困难，这对促进犯罪分子的改造和早日回归社会具有积极意义。

参照1990年9月27日最高人民法院发布的《关于如何确定刑满释放日期的批复》（现已失效）的规定，被判处有期徒刑、拘役的犯罪分子的刑满释放日期，应为判决书确定的刑期的终止之日。例如，犯罪分子被判处拘役6个月，判决书确定的刑期是自1993年1月1日到1993年6月30日止，其刑满释放日期应为1993年6月30日。

三、有期徒刑

有期徒刑是剥夺犯罪分子一定期限的人身自由，并实行教育和改造的刑罚方法。在我国刑罚体系中，有期徒刑居于中心地位。由于有期徒刑的刑期幅度大，这就为人民法院根据具体案情，依照惩办与宽大相结合的政策，灵活地具体适用刑罚提供了条件。

《刑法》第45条规定："有期徒刑的期限，除本法第五十条、第六十九条规定外，为六个月以上十五年以下。"

依照《刑法》第50条第1款的规定，判处死刑缓期执行的，在死刑缓期执行期间，如果确有重大立功表现，2年期满以后，减为25年有期徒刑；依照《刑法》第69条第1款的规定，在数罪并罚时，有期徒刑可以超过15年，但总和刑期不满35年的，最高不能超过20年，

〔1〕　最高人民法院研究室编：《司法手册（第3辑）》，人民法院出版社1987年版，第262~263页。

总和刑期在 35 年以上的，最高不能超过 25 年。此外，被判处无期徒刑的犯罪分子在执行期间，如果符合减刑条件的，也可以减为 13 年以上 20 年以下有期徒刑。

有期徒刑的刑期，从判决执行之日起计算；判决执行以前先行羁押的，羁押 1 日折抵刑期 1 日。这里所说的"判决执行之日"，是指人民法院签发执行通知书之日，即把犯罪分子交付教育和改造场所执行之日。

有期徒刑的基本内容是对犯罪分子实行教育和改造。依照《刑法》第 46 条的规定，被判处有期徒刑的人"凡有劳动能力的，都应当参加劳动，接受教育和改造"。这种劳动具有一定的强制性，并与教育改造相结合，因而不同于一些国家的单纯监禁刑。

有期徒刑与拘役虽然同属于剥夺自由刑，但两者是有区别的：①在适用对象上，有期徒刑既适用于罪行较重的罪犯，又适用于罪行较轻的罪犯；拘役则只适用于罪行较轻的罪犯。②在执行场所上，被判处有期徒刑的犯罪分子在监狱或者其他执行场所执行；被判处拘役的犯罪分子由执行机关就近执行。③在刑期及其幅度上，有期徒刑的期限为 6 个月以上 15 年以下；与拘役相比，有期徒刑的刑期长、起点高、幅度大，拘役的刑期短、起点低、幅度小。④在待遇上，被判处有期徒刑的罪犯，凡有劳动能力的一律参加劳动，不享有每月可以回家探亲的待遇；被判处拘役的罪犯，每月可以回家 1~2 天，参加劳动的，可以酌量发给劳动报酬。⑤在法律后果上，被判处有期徒刑的罪犯，刑罚执行完毕或者赦免以后，在 5 年之内再犯应当判处有期徒刑以上刑罚之罪的，构成累犯，从重处罚；被判处拘役的罪犯，刑罚执行完毕或者赦免以后，不论何时再犯新罪，都不构成累犯。

四、无期徒刑

无期徒刑是剥夺犯罪分子终身自由，实行教育和改造的刑罚方法。无期徒刑是介于有期徒刑和死刑之间的一种严厉的刑罚。对于那些罪行严重，需要与社会永久隔离但又不必判处死刑，而判处有期徒刑又不足以打击的犯罪分子，保留无期徒刑的适用是十分必要的。一方面，无期徒刑能够有效地遏止某些重大刑事犯罪；另一方面，又可以填补死刑与有期徒刑最高期限之间的空隙，从而减少死刑的适用。

同有期徒刑一样，无期徒刑也是对犯罪分子实行教育和改造。被判处无期徒刑的犯罪分子，在监狱或者其他执行场所执行。凡有劳动能力的，应当参加劳动，接受教育改造。

根据《刑法》第 57 条的规定，对于被判处无期徒刑的犯罪分子，应当剥夺政治权利终身，这意味着无期徒刑不能孤立适用。

从性质上说，无期徒刑是剥夺犯罪分子的终身自由。但是，只要他们认真接受改造，改恶从善，仍有希望获得人身自由。在实践中，许多犯罪分子在刑罚执行一定期限以后，由于符合法定的条件而被减刑、假释或者赦免，最后重返社会。可见，在我国，对犯罪分子适用无期徒刑，仍然是为了教育改造犯罪分子，使之走上自新之路。

五、死刑

死刑，又称生命刑或者极刑，是剥夺犯罪分子生命的刑罚方法，在我国，包括死刑立即执行和死刑缓期二年执行两种情况。

死刑的存废及其适用范围，是一个争论不休的问题。但自 20 世纪中期特别是冷战结束以来，随着时代的变迁和人权运动的蓬勃发展，世界上越来越多的国家和地区废除了死刑，或者不判决、不执行死刑。我国的一贯政策是保留死刑，但坚持少杀，严禁滥杀，防止错杀。目前，我国社会治安形势严峻，杀人、抢劫、走私、贪污贿赂等严重刑事犯罪相当猖獗，重大恶性案件不断发生，对社会的安定危害很大。因此，对其中情节特别严重、罪大恶极的犯罪分子，必须保留死刑的适用。否则，就不足以保卫国家安全、维护社会安定、保障广大人

第十六章

民群众的生命财产安全。此外，保留死刑也符合社会公众的安全心理需要。

保留死刑绝不意味着可以多杀、滥杀、错杀。对于死刑的适用，我国历来极为慎重和严格控制，并在实践中创造了死缓制度，从而把判处死刑立即执行的范围控制到了最低限度。我国刑事法律对适用死刑的严格控制主要表现在以下几个方面：

（一）死刑适用必须受罪刑法定原则的制约

罪刑法定原则的一个重要内容是刑罚的法定。因此，只有对刑法分则条文明确规定了死刑的犯罪，才可以判处死刑；对于刑法分则条文没有明文规定死刑的犯罪，一律不得适用死刑。

（二）死刑适用范围的限制

《刑法》第48条第1款规定，"死刑只适用于罪行极其严重的犯罪分子"。所谓"罪行极其严重"，一般是指对国家、社会和个人的利益危害特别严重，情节特别恶劣的犯罪。因此，在适用死刑时，必须全面分析全部案情，判断犯罪分子的罪行是否极其严重。如前所述，适用死刑包括立即执行和缓期二年执行，如果罪行极其严重，但不必立即执行，就应适当适用死刑缓期执行。

（三）犯罪主体上的限制

《刑法》第49条第1款规定："犯罪的时候不满十八周岁的人和审判的时候怀孕的妇女，不适用死刑。"取消了1979年《刑法》"已满16岁不满18岁的，如果所犯罪行特别严重，可以判处死刑缓期二年执行"的规定，从而实现了真正意义上的对未成年人不适用死刑的原则。对不满18周岁的人不适用死刑，是基于他们的生理发育特点、社会化程度以及智力和意志功能发展程度，而作出的体现人道主义精神的硬性规定。

犯罪时是否已满18周岁，这是决定是否适用死刑的年龄界限，应一律按公历的年、月、日，以日计算实足年龄。过了18周岁生日，从第二天起，就认为已满18周岁。适用死刑的年龄界限是十分严格的，即使只差一天不满18周岁，也不能判处死刑。

"审判的时候怀孕的妇女，不适用死刑"，包括两个方面内容：①"审判的时候怀孕的妇女"，是指在人民法院审判的时候，被告人是怀孕的妇女，也包括审判前，在羁押受审时已是怀孕的妇女。因此，对于这种怀孕妇女，在羁押或者受审期间，都不应当为了判处死刑而对怀孕的妇女进行人工流产；已经人工流产的，仍应视为审判时怀孕的妇女，也不能适用死刑。②"不适用死刑"，是指不能判处死刑，也不能判处死刑缓期二年执行。对审判时怀孕的妇女不适用死刑，是为了保护胎儿。因为怀孕的妇女犯罪，而胎儿是无辜的，不能由于母亲有罪而株连胎儿。

《刑法修正案（八）》在《刑法》第49条后增加一款，即第49条第2款规定："审判的时候已满七十五周岁的人，不适用死刑，但以特别残忍手段致人死亡的除外。"这一规定体现了体恤老年人的刑事政策，以限制死刑适用的范围。

（四）死刑适用在法定程序上的限制

根据《刑事诉讼法》第21条的规定，死刑案件只能由中级以上人民法院进行一审，即基层人民法院不得判处被告人死刑。依照《刑法》第48条第2款的规定，死刑除依法由最高人民法院判决的以外，都应当报请最高人民法院核准。2012年修正的《刑事诉讼法》对死刑复核程序，也作了相应的配套规定。《刑事诉讼法》第236条规定："中级人民法院判处死刑的第一审案件，被告人不上诉的，应当由高级人民法院复核后，报请最高人民法院核准。……高级人民法院判处死刑的第一审案件被告人不上诉的，和判处死刑的第二审案件，都应当报请最高人民法院核准。"这些规定体现了我国在死刑复核程序上的控制。只有严格遵循这些法定程序，适用死刑才是合法的。

（五）保留死刑缓期执行制度，以控制死刑立即执行的实际范围

《刑法》第48条第1款规定："死刑只适用于罪行极其严重的犯罪分子。对于应当判处死刑的犯罪分子，如果不是必须立即执行的，可以判处死刑同时宣告缓期二年执行。"这就是我国独创的死刑缓期执行（简称死缓）的制度。根据这条规定，适用死缓必须具备两个条件：①罪当处死，这是适用死缓的前提条件。如果所犯罪行不应当判处死刑，就不存在宣告死刑缓期执行的问题。②不是必须立即执行的，即当时不是非杀不可的。这是区分死刑立即执行与死刑缓期执行的原则界限。如果所判死刑应当立即执行，也就无所谓适用死缓了。至于何种情况是属于"不是必须立即执行的"，刑法未作具体规定，主要由人民法院根据案件情况和刑事方针政策，作出慎重的判断。从审判实践的情况来看，罪当处死，但具有下列情形之一的，可视为"不是必须立即执行的"：犯罪后自首、立功或者有其他法定任意从轻情节的；在共同犯罪中，罪行不是最严重的，或者其他在同一级或同类案件中，罪行不是最严重的；被害人的过错导致被告人激愤犯罪或者有其他表明犯罪人容易改造的情节的；有令人怜悯的情节的；有其他应当留有余地情况的。

死缓不是独立刑种，它本身包含可变的因素，遇到与其相互作用的不同行为表现，会出现不同的结果。根据《刑法》第50条第1款的规定，对于被判处死缓的犯罪分子，有三种法定的结果：①在死刑缓期执行期间，如果没有故意犯罪，2年期满以后，减为无期徒刑；②在死刑缓期执行期间，如果确有重大立功表现，2年期满以后，减为25年有期徒刑；③在死刑缓期执行期间，如果故意犯罪，查证属实的，由最高人民法院核准，执行死刑。为了正确理解《刑法》第50条的规定，需要明确以下几点：

1. 根据《监狱法》第31条的规定，被判处死刑缓期二年执行的罪犯，在死刑缓期执行期间，符合法律规定的减为无期徒刑、有期徒刑条件的，2年期满时，所在监狱应当及时提出减刑建议书，报经省、自治区、直辖市监狱管理机关审核后，提请高级人民法院裁定。

2. 在死刑缓期执行期间，如果死缓犯符合法律规定减为无期徒刑、有期徒刑条件的，只有2年期满以后，才能减为无期徒刑或者25年有期徒刑。否则，就难以保持死缓犯、无期徒刑犯和有期徒刑犯之间的量刑上的平衡，就可能发生死缓犯减刑后反而比判处无期徒刑还要轻的不合理现象。《刑法》第50条第2款还进一步规定："对被判处死刑缓期执行的累犯以及因故意杀人、强奸、抢劫、绑架、放火、爆炸、投放危险物质或者有组织的暴力性犯罪被判处死刑缓期执行的犯罪分子，人民法院根据犯罪情节等情况可以同时决定对其限制减刑。"

3. "故意犯罪"是执行死刑的必要条件。同1979年《刑法》相比，现行《刑法》用"如果故意犯罪"取代"抗拒改造情节恶劣"作为死刑执行的条件，是明确了、同时也消除了减为无期徒刑、有期徒刑的条件与执行死刑的条件之间的"空档"，是刑法完善的表现，因此，应当正确地加以理解。从以往的审判实践来看，死缓犯执行死刑的是极少数。这极少数情况表现为组织越狱、脱逃拒捕、抢夺武装人员枪支、故意杀人、故意伤害他人身体以及犯有其他严重罪行等。这说明：不是一经实施故意犯罪，不问轻重和案情如何，都应执行死刑。此外，故意犯罪必须发生在2年缓期执行期间。如果是在"缓期二年执行"期满后尚未裁定减刑前，又故意犯罪的，不能视为在死刑缓期执行期间故意犯罪，因而不能核准死刑。对这种罪犯，应当依法予以减刑，然后对其所犯新罪另行起诉、审判，作出判决。只有当所犯新罪是依法应当判处死刑的，才能执行死刑。

依照《刑法》第50条第1款的规定，死刑缓期执行期间，由于故意犯罪核准执行死刑的，并无"2年期满以后"才能执行的限制。因为该条关于"2年期满以后"的规定是对减刑

而言的，与核准死刑无关。有的人认为，如果没有等到 2 年期满后就执行死刑，似乎有悖死缓的宗旨，并建议"故意犯罪 2 年期满后再执行死刑要合理一些"。[1] 我们认为，设立死缓制度的宗旨是控制死刑立即执行的实际范围，给死缓犯以生路。但缓期二年执行是有条件的，《刑法》第 50 条已明确列举了可供死缓犯选择的出路。在死刑缓期执行期间，如果死缓犯不思悔改，实施故意杀人、组织越狱等故意犯罪，查证属实，就应核准执行死刑；如果等到 2 年期满以后再执行死刑，仅从其消极后果上看就是不能接受的，且不论它是否与《刑法》第 50 条的规定相抵触。

《刑法》第 51 条规定："死刑缓期执行的期间，从判决确定之日起计算。死刑缓期执行减为有期徒刑的刑期，从死刑缓期执行期满之日起计算。"这就是说，裁定减刑前关押的日期，包括判决前的羁押日期，无论其长短，一律不予折抵。

在死刑缓期执行减为有期徒刑时，应当把附加剥夺政治权利的期限减为 3 年以上 10 年以下。

第三节　附加刑

附加刑，又称从刑，是补充主刑适用的刑罚方法。其特点是既可以作为主刑的附加刑适用，又可以独立适用。在独立适用时，它适用于较轻的犯罪。

根据我国《刑法》第 34、35 条的规定，附加刑有四种，即罚金、剥夺政治权利、没收财产、驱逐出境。

一、罚金

罚金是人民法院判处犯罪分子向国家缴纳一定数额金钱的刑罚方法。

经过系统修订的 1997 年《刑法》的一个重要变化，是明显扩大了罚金的适用范围，即比 1979 年《刑法》多出 127 个载有罚金的条文，表明其在刑罚体系中地位的上升。从我国刑法分则的规定看，罚金主要适用于破坏社会主义市场经济秩序罪、侵犯财产罪、妨害社会管理秩序罪、贪污贿赂罪。对于经济犯罪和贪利性质的犯罪适用罚金，不仅可以起到惩治与教育的效果，还能够剥夺罪犯进行这些犯罪活动的经济条件。刑法分则条文关于罚金的规定有四种情况：①选处罚金，即罚金作为一种与相关主刑并列的刑罚，供人民法院酌情选用。②单处罚金，即只能判处罚金，而不能选用其他刑罚。③并处罚金，即在适用主刑的同时附加量处罚金。并处罚金分为两种情况：其一，必须并处罚金。凡刑法规定"并处"罚金的，都属于必须并处罚金。即人民法院在适用主刑的同时，对犯罪人必须量处罚金。其二，可以并处罚金。凡刑法规定"可以并处"罚金的，均属于这种情况。人民法院根据案件的具体情况和犯罪人的财产状况，决定是否量处罚金。④并处或者单处罚金，即人民法院既可以在判处主刑的同时附加适用罚金，也可以单处罚金。根据刑事审判实践经验，具有下列情形之一的，可以依法单处罚金：偶犯或者初犯；自首或者有立功表现的；犯罪时不满 18 周岁的；犯罪预备、中止或者未遂的；被胁迫参加犯罪的；全部退赃并有悔改表现的；其他可以依法单处罚金的情形。

《刑法》第 52 条规定："判处罚金，应当根据犯罪情节决定罚金数额。"所谓"犯罪情节"，是指行为动机、方法、后果以及犯罪分子个人情况等因素的总和。在判处罚金时，应当考虑犯罪情节。情节严重，获利较多的，罚金数额就应大一些；反之，则应小一些。不过，

〔1〕　肖扬主编：《中国新刑法学》，中国人民公安大学出版社 1997 年版，第 163 页。

在决定罚金数额时，也要考虑犯罪分子的缴纳能力，以有利于判决的执行和对被判刑人的惩治与教育。

对于罚金数额，刑法分则条文规定有三种情形：①没有规定具体数额。在这种情况下，根据司法解释，罚金的最低数额不得少于1000元；②规定了相对确定的数额，如犯集资诈骗罪，数额较大的，并处2万元以上20万元以下罚金；③以违法所得或犯罪涉及的数额为基数，处以一定比例或者倍数的罚金，如犯生产、销售劣药罪的，并处销售金额50%以上2倍以下罚金。此外，对未成年人犯罪应当从轻或者减轻判处罚金，但罚金的最低数额不得少于500元。

根据《刑法》第53条的规定，罚金的执行有以下几种方式：①限期一次缴纳。要求犯罪分子按照判决确定的数额和指定的期限，一次缴纳。通常，罚金数额不大或者数额虽然较大，但缴纳不困难的，限期一次缴纳完毕。②限期分期缴纳。适用于罚金数额较大，一次缴纳有困难的。③强制缴纳。判决指定的期限届满后，犯罪分子有能力缴纳而不缴纳的，人民法院依照《刑事诉讼法》的有关规定，强制犯罪分子缴纳。④随时追缴。对于不能全部缴纳罚金的，人民法院在任何时候发现被执行人有可以执行的财产，应当随时追缴。这是旨在强化罚金刑执行的新规定。这种追缴实际上是刑罚执行的延续，可以增强罚金刑的威慑力。⑤减少或者免除缴纳。如果犯罪分子遭到不可抗拒的灾祸，如火灾、水灾等，按原判决的罚金缴纳确有困难，经犯罪分子申请，人民法院查证属实后，可以酌情减少或者免除。

二、剥夺政治权利

剥夺政治权利是剥夺犯罪分子参加国家管理和政治活动的权利的刑罚方法。

根据《刑法》第54条的规定，剥夺政治权利是剥夺以下权利：①选举权和被选举权；②言论、出版、集会、结社、游行、示威自由的权利；③担任国家机关职务的权利；④担任国有公司、企业、事业单位和人民团体领导职务的权利。

剥夺政治权利作为一种资格刑，既可以附加适用，也可以独立适用。附加适用时，剥夺政治权利是作为一种比较严厉的刑罚方法而适用于性质严重的犯罪或危害性大的犯罪；独立适用时，剥夺政治权利是作为一种轻刑而适用于危害性不大的犯罪。

（一）附加适用剥夺政治权利

根据《刑法》第56条的规定，对于危害国家安全的犯罪分子，不论处以何种主刑，都应附加剥夺政治权利。因为危害国家安全的犯罪分子是以国家的主权、领土完整、安全和社会主义制度为破坏目标的犯罪分子，从维护国家安全的角度看，在一定时期内剥夺他们的政治权利是十分必要的。

对于被判处死刑、无期徒刑的犯罪分子，应当剥夺政治权利终身。之所以作出这样的规定，是因为：①被判处死刑、无期徒刑的犯罪分子是以实施最严重的罪行为前提的。国家依法剥夺他们的生命、终身自由的同时，就应以剥夺政治权利的方式表示在政治上对其严厉谴责和彻底否定。②死刑判决从宣告经核准到执行需要一个过程，此间，被宣告死刑的犯罪分子可能遇到特赦而不执行死刑，被判处无期徒刑的犯罪分子也可能依法被假释，如果不附加剥夺政治权利终身，他们在赦免或假释以后仍会享有政治权利，这显然是不合理的。③如果被判处死刑、无期徒刑的犯罪分子以前有著作，附加剥夺政治权利终身就为禁止他们的著作出版提供了法律根据。

对于故意杀人、强奸、放火、爆炸、投放危险物质、抢劫等严重破坏社会秩序的犯罪分子，可以附加剥夺政治权利。与前面不同，对于严重破坏社会秩序的犯罪分子，是"可以"而不是"应当"附加剥夺政治权利。什么情况下"可以"，什么情况下"不可以"，应由人民法院根据具体案情作出裁量。不过，在通常情况下，"可以"意味着得附加剥夺政治权利。此外，除了对列举几种犯罪分子可以附加剥夺政治权利外，立法者还用了一个"等"字。这说明对于列举之外的其他严重破坏社会秩序的犯罪分子，也可以附加剥夺政治权利。至于其他严重破坏社会秩序的犯罪分子的范围，应由有权机关作出解释。从审判实践的情况看，被判处10年以上有期徒刑的犯罪分子，或者被判处5年以上10年以下有期徒刑、情节严重的犯罪分子，一般都被列为可供选择的附加适用对象。

（二）独立适用剥夺政治权利

独立适用剥夺政治权利，主要适用于罪行较轻、不需要判处管制以上刑罚的犯罪。它们主要包括：①危害国家安全罪中的分裂国家罪、煽动分裂国家罪、煽动颠覆国家政权罪等；②侵犯公民人身权利、民主权利罪中的非法拘禁罪，侮辱罪，诽谤罪，煽动民族仇恨、民族歧视罪，破坏选举罪，等等；③妨害社会管理秩序罪中的煽动暴力抗拒法律实施罪，伪造、变造、买卖或者盗窃、抢夺、毁灭国家机关公文、证件、印章罪，伪造、变造居民身份证罪，非法获取国家秘密罪，非法集会、游行、示威罪，等等；④危害国防利益罪中的冒充军人招摇撞骗罪，伪造、变造、买卖或者盗窃、抢夺武装部队公文、证件、印章罪，聚众冲击军事禁区罪，聚众扰乱军事管理区秩序罪，等等。其特点是：作为选择刑加以适用，适用范围主要限于前述四章列举的一些犯罪。对于刑法分则列举以外的犯罪，不得独立适用剥夺政治权利。

根据《刑法》第55、57条的规定，剥夺政治权利的期限有以下四种不同情况：①剥夺政治权利独立适用时，或者判处拘役、有期徒刑附加剥夺政治权利的，期限为1年以上5年以下；②判处管制附加剥夺政治权利的，剥夺政治权利的期限与管制的期限相等；③判处死刑、无期徒刑的，剥夺政治权利终身；④死刑缓期执行减为有期徒刑，或者无期徒刑减为有期徒刑的，附加剥夺政治权利的期限相应改为3年以上10年以下。

剥夺政治权利的刑期起算和执行，也有四种情况：①剥夺政治权利独立适用时，从判决执行之日起计算并执行。②判处管制附加剥夺政治权利的，剥夺政治权利的期限与管制的期限相等，同时起算，同时执行。管制期满撤销管制，政治权利也同时恢复。管制刑期由于刑期的折抵而使其实际执行的期限缩短时，剥夺政治权利的期限也应相应缩短。③判处有期徒刑、拘役附加剥夺政治权利的，剥夺政治权利的刑期，从主刑执行完毕之日或者从假释之日起计算并执行。但是，根据《刑法》第58条的规定，剥夺政治权利的效力当然施用于主刑执行期间。这就是说，在主刑执行期间，犯罪分子不享有政治权利。如果被判处拘役、有期徒刑而未附加剥夺政治权利的，犯罪分子在服主刑期间，应视为有政治权利。依照1983年3月5日发布的《全国人民代表大会常务委员会关于县级以下人民代表大会代表直接选举的若干规定》第5条的规定，被判处有期徒刑、拘役、管制而没有附加剥夺政治权利的，准予行使选举权利。至于犯罪分子的其他政治权利，则因服刑而难以行使。④判处死刑（包括死缓）、无期徒刑的，附加剥夺政治权利终身，不存在刑期起算问题，从主刑执行之日起执行。遇有死缓减为有期徒刑或者无期徒刑减为有期徒刑时，剥夺政治权利的期限相应地改为3年以上10年以下，刑期从减刑后的有期徒刑执行完毕之日或假释之日起算并执行。在服有期徒刑期间，犯罪分子也不享有政治权利。

剥夺政治权利由公安机关执行。在执行期间，被剥夺政治权利的犯罪分子应当遵守法律、行政法规和国务院公安部门有关监督管理的规定，服从监督；不得行使《刑法》第54条规定的各项权利。执行期满，应由执行机关通知本人，并向有关群众公开宣布恢复政治权利。被剥夺政治权利的人在恢复政治权利后，就应重新享有法律赋予公民的政治权利。但是，剥夺政治权利的某些消极后果并不因恢复政治权利而消除。例如，被单处或并处过剥夺政治权利的人，不论是否再犯罪，都不得被选举为人民法院院长、人民陪审员，或者被任命为副院长、庭长、副庭长、审判员和助理审判员等职务；又如，根据《检察官法》第 13 条的规定，因犯罪受过刑事处罚的，不得担任检察官，因此，被剥夺政治权利的人，也不能担任检察官。

三、没收财产

没收财产是把犯罪分子个人所有财产的一部或全部，强制无偿地收归国有的刑罚方法。没收财产作为一种财产刑，在我国主要适用于危害国家安全罪、破坏社会主义市场经济秩序罪、侵犯财产罪、妨害社会管理秩序罪、贪污贿赂罪。没收罪犯的一部或全部财产，不仅是对他们的惩罚和教育，同时还可以防止他们利用财产继续进行犯罪活动。

《刑法》第 59 条规定："没收财产是没收犯罪分子个人所有财产的一部或者全部。没收全部财产的，应当对犯罪分子个人及其扶养的家属保留必需的生活费用。在判处没收财产的时候，不得没收属于犯罪分子家属所有或者应有的财产。"这里所说的犯罪分子个人所有财产，是指属于犯罪分子本人所有的财产及其在与他人共有财产中依法应有的份额。在处理具体案件时，应严格区分犯罪分子个人所有的财产与其家属或者他人财产的界限。只有依法确定为犯罪分子个人所有的财产，才能予以没收。至于没收财产的一部还是全部，应由人民法院根据所犯罪行的性质、情节裁量决定，并在判决书中具体指明没收财产的名称、数量，以便于执行。在判处没收全部财产时，应当给犯罪分子及其扶养的家属保留必需的生活费用。

属于犯罪分子家属所有或者应有的财产涉及两部分：①属于犯罪分子家属所有的那一部分财产；②在共有财产中应属于家属的财产。这两部分财产依法均不得予以没收。这是我国刑法罪责自负、不株连无辜原则的体现。

对于犯罪分子在没收财产以前所负的正当债务，我国刑法是认可的，并保护债权人的合法权益。《刑法》第 60 条规定："没收财产以前犯罪分子所负的正当债务，需要以没收的财产偿还的，经债权人请求，应当偿还。"据此，以没收的财产偿还债务，必须具备以下四个条件：①必须是犯罪分子在被判处没收财产以前所负的债务。没收财产以后所负的债务不能以没收的财产偿还。②必须是正当的债务，如买卖、借贷、租赁等经济活动中所发生的债务。非正当的债务，不能偿还。③必须经债权人提出请求，并查证属实。如果债权人未提出请求，或者虽提出请求，但无充分根据的，不能偿还。④必须在没收的财产份额之内，按一定的顺序偿还。此外，如果发现没收的财产中有被犯罪分子非法占有的公民个人财产，经原主请求，查证属实后，应当把原物退还原主。

在适用没收财产时，应当把它同追缴违法所得、没收违禁品加以区别。根据《刑法》第 64 条的规定，犯罪分子违法所得的一切财物，应当予以追缴或者责令退赔。犯罪分子以犯罪手段所获得的财物，本不属于他所有，因此，应予以追缴或者责令退赔，使受损失的公私财物恢复原状。可见，追缴违法所得与没收财产的性质是不同的。没收财产也不同于没收违禁品。所谓没收违禁品，包括两种情况：①作为行政强制措施，对犯罪分子非法持有法律禁止的物品（如枪支、毒品、淫秽物品等）予以没收；②作为刑事诉讼的强制措施，即对犯罪分子犯罪时所使用的财物（如伪造货币的工具、杀人凶器等）予以没收。

没收财产的判决，无论附加适用还是独立适用，都由人民法院执行，在必要的时候，可以会同公安机关执行。

四、驱逐出境

驱逐出境是强迫犯罪的外国人离开中国国境的刑罚方法。《刑法》第 35 条规定："对于犯罪的外国人，可以独立适用或者附加适用驱逐出境。"所谓"外国人"，是指具有外国国籍的人和无国籍的人。由于驱逐出境只适用于犯罪的外国人，不具有普遍适用的性质，因此，我国刑法在刑罚体系之外，对驱逐出境作了专条规定。

驱逐出境作为一种特殊的刑罚方法，是同国家主权相联系的。我国是一个独立自主的主权国家。外国人在我国领域内犯罪，除享有外交特权和豁免权的通过外交途径解决外，一律适用我国刑法。对于犯罪的外国人适用驱逐出境，既是防止他们继续在我国领域内危害我国国家和人民利益的有效措施，也是维护国家主权的具体体现。

根据《刑法》第35条的规定，驱逐出境可以独立适用，也可以附加适用。在具体适用时，要考虑所犯罪行的性质、情节和犯罪人的情况，以及两国之间的关系和外交斗争的需要。对于罪行较轻不宜判处有期徒刑，但又需要驱逐出境的，可以独立适用驱逐出境；对于罪行较重，应判处有期徒刑的，也可以附加适用驱逐出境。无论独立适用还是附加适用，都应当慎重。我国刑法规定"可以"驱逐出境而不是"应当"驱逐出境，就表达了这个意思。

应当把刑法中的驱逐出境与《出境入境管理法》规定的驱逐出境区别开来。两者的区别是：①性质不同。前者是一种刑罚方法，适用于在我国境内犯罪的外国人；后者是一种行政处罚措施，适用于违反《出境入境管理法》的规定，情节严重的外国人。②主管机关和判处的程序不同。前者由人民法院依照《刑事诉讼法》规定的程序进行判决；作为行政处罚措施的驱逐出境，则由地方公安机关依照有关规定的程序报告公安部，由公安部作出决定。③执行的时间不同。人民法院判处的驱逐出境，独立适用时，从判决确定之日起执行，附加适用时，从主刑执行完毕之日起执行；公安机关适用的驱逐出境，在公安部作出决定后立即执行。

第四节 非刑罚处理方法

一、非刑罚处理方法的概念

非刑罚处理方法，又称非刑罚处罚方法，是指对于免除刑事处罚的犯罪人，人民法院给予或建议给予刑罚以外的实体上的处罚方法。它包括训诫、赔偿损失等。

应当指出，非刑罚处理方法不是刑罚，因而不具有刑罚的属性。但是，非刑罚处理方法被规定在刑法总则"刑罚"一章中的事实，又表明其与刑罚的密切关系。作为刑罚的补充，非刑罚处理方法也是实现刑事责任的一种方式。对于犯罪情节轻微的犯罪人，虽不需要判处刑罚，但不能免除其刑事责任。为了伸张社会正义，保护受害人的合法权益，教育犯罪人，防止矛盾激化，有必要对犯罪情节轻微、不需要判处刑罚的犯罪人适用非刑罚处理方法。因为这种处理方法也体现出国家对犯罪行为的否定性评价和对犯罪人的谴责，具备刑事责任实现方法的特征。[1]

《刑法》第37条的规定是对某些轻微犯罪实行非刑罚化的法律根据。尽管它的适用范围非常有限，但从长远来看，非刑罚处理方法的前景是好的。

二、非刑罚处理方法的种类

根据《刑法》第37条的规定，非刑罚处理方法可以分为以下三类：

（一）教育性的处理方法

1. 训诫。训诫，是人民法院对犯罪情节轻微、不需要判刑的人，以口头的方式对其当庭公开进行谴责的教育方法。

训诫的适用对象与赔偿损失相同，只是它处罚的内容有其特殊性。最高人民法院1964年

---

〔1〕 曲新久等编著：《刑法学》，中国政法大学出版社2004年版，第119页。

1月18日发布的《关于训诫问题的批复》（现已失效）第1条指出："人民法院对于情节轻微的犯罪分子，认为不需要判处刑罚，而应以训诫的，应当用口头的方式进行训诫。在口头训诫时，应当根据案件的具体情况，一方面严肃地指出被告人的违法犯罪行为，分析其危害性，并责令他努力改正，今后不再重犯；另一方面也要讲明被告人的犯罪行为尚属轻微，可不给予刑事处分。"该批复对训诫的内容、执行方式作了有约束力的明确解释。它既是对司法实践的总结，也是对司法实践的具体做法的认同。实践表明，训诫作为一种非刑罚的处理方法，适用于情节轻微不需要判刑的犯罪人，可以产生感化、教育效应，进而预防和减少犯罪。

2. 具结悔过。具结悔过，是指人民法院责令犯罪情节轻微不需要判刑的人用书面方式保证悔改，以后不再重新犯罪的教育方法。适用具结悔过，必须具备两个条件：①适用对象必须是可以免予刑事处分的人。应当判处刑罚的，或者不构成犯罪的，都不能适用具结悔过。②根据案件情况又需要责令犯罪分子用书面方式保证悔改的。实践表明，具有我国特色的这一非刑罚处理方法，对于那些被免予刑事处分且有一定认识的犯罪分子能发挥较好的教育、预防作用。

3. 赔礼道歉。赔礼道歉，是指人民法院责令犯罪情节轻微、不需要判刑的人公开向被害人当面承认错误，表示歉意的教育方法。

赔礼道歉的适用对象与前述教育性的处理方法相同，其区别在于：它要求犯罪人公开向被害人当面承认错误，表示歉意。因此，对于情节轻微并给被害人造成心理创伤的犯罪，适用这一教育方法可以产生较大的效益：①用赔礼道歉这种方式可以促使犯罪分子悔过自新，达到对其进行教育、警诫的目的；②能在一定程度上安抚被害人，使其受创伤的心理恢复平衡，防止矛盾激化。

（二）经济性的处理方法

经济性的处理方法即赔偿损失。赔偿损失，是指人民法院对犯罪情节轻微不需要判刑的犯罪人，责令其向被害人支付一定数额的金钱，以弥补被害人因犯罪行为而遭受的损失的处理方法。

根据《刑法》第37条的规定，赔偿损失是在免予刑事处罚的前提下所采用的处理方法。因此，它与赔偿经济损失是有区别的：①适用对象不同。赔偿损失的适用对象是依法被免予刑事处罚的人；赔偿经济损失则对依法被判处刑罚的人适用。②处理结果不同。责令赔偿损失的适用条件是犯罪情节轻微不需要判刑的，因此，只让被告人赔偿损失而不对他判刑；赔偿经济损失的适用条件是罪行较重又需要判刑的，因此，对被告人既判刑又让其赔偿，即又罚又赔。

（三）行政性的处理方法

行政性的处理方法，即由主管部门予以行政处罚或行政处分。由主管部门予以行政处分，是指人民法院根据案件的情况向犯罪人所在单位提出行政处分的司法建议，而由主管单位给予犯罪分子适当处分的方法。

主管部门给予行政处分是根据人民法院的司法建议而作出的，这是它不同于其他行政处分的特点。同时，这种处分又必须由主管单位来决定和落实。行政处分包括警告、记过、开除等，它们在严厉程度上是不同的。因此，人民法院应根据罪行的性质、危害程度和预防犯罪的需要，提出相应的司法建议，但不能写在判决书上。因为人民法院的判决不能直接作出任何行政处分。

《刑法》第37条之一还规定了禁止从事相关职业的非刑罚处理方法。《刑法》第37条之一规定："因利用职业便利实施犯罪，或者实施违背职业要求的特定义务的犯罪被判处刑罚的，人民法院可以根据犯罪情况和预防再犯罪的需要，禁止其自刑罚执行完毕之日或者假释之日起从事相关职业，期限为 3~5 年。被禁止从事相关职业的人违反人民法院依照前款规定作出的决定的，由公安机关依法给予处罚；情节严重的，依照本法第 313 条的规定定罪处罚。其他法律、行政法规对其从事相关职业另有禁止或者限制性规定的，从其规定。"依照这一规定，任何人因利用职业便利实施犯罪，或者实施违背职业要求的特定义务的犯罪被判处刑罚的，都表明其从事相关职业有再犯罪的危险性，所以，人民法院可以根据犯罪情况和预防再犯罪的需要，以判决或者裁定的形式决定禁止其自刑罚执行完毕之日或者假释之日起从事相关职业，期限为 3~5 年。这一非刑罚处理方法有一定的惩罚性，但是不属于刑罚方法的，意义主要在于预防犯罪人再次利用从事相关职业的便利实施犯罪。这一非刑罚处理方法由人民法院以判决书、裁定书的形式宣告，由公安机关负责监督执行。被禁止从事相关职业的犯罪人违反人民法院禁止从事相关职业之决定，情节严重的，构成拒不执行判决、裁定罪，这是与《刑法》第 37 条规定之非刑罚处理方法的重要区别。另外，刑法之外的其他法律、行政法规规定对于犯罪人从事相关职业另有禁止或者限制性规定的，从其规定。所谓"从其规定"，是说人民法院无需在判决书、裁定书中作出决定，直接执行相关法律、行政法规的规定即可。

第十六章

第十七章

刑罚裁量

第一节 刑罚裁量概述

一、刑罚裁量的概念

刑罚裁量，简称量刑，是指人民法院在确认被告人的行为构成犯罪的基础上，依法决定对犯罪人如何适用刑罚的审判活动。刑罚裁量具有以下特征：

（一）量刑的主体是人民法院

量刑权是刑罚权的有机组成部分，隶属于刑事审判权。根据我国《宪法》及有关法律的规定，刑事审判权由人民法院统一行使，故量刑的主体只能是人民法院，其他任何机关、团体或者个人都不得行使量刑权。根据《刑事诉讼法》的规定，基层人民法院不得作出无期徒刑、死刑的判决。

（二）量刑是人民法院刑事审判活动的一个基本环节

量刑在人民法院的刑事审判活动中占有十分重要的地位。定罪是解决被告人的行为是否有罪和构成何罪的问题；量刑则是在定罪的基础上，解决对犯罪人应否判处刑罚、判处何种刑罚以及刑期长短等问题，是人民法院刑事审判活动的一个基本环节。定罪是量刑的基础和前提，量刑是定罪的基本归宿。没有定罪，量刑无从谈起；定罪不准，量刑必然不当。但定罪准确，量刑未必适当。司法实践中，定罪准确而量刑不当的案件时有发生。因此，法院在刑事审判活动中，不仅要重视定罪，也要重视量刑。

（三）量刑是实现刑罚目的的重要途径

刑罚的目的是预防犯罪，但这一目的能否实现，在很大程度上取决于量刑质量的好坏。如果量刑适当，使犯罪分子罪有应得，罪犯心服，社会满意，对于实现一般预防和个别预防都将十分有利。如果量刑失当，无论是过宽还是过严，都会妨碍我国刑罚目的的实现。因此，正确量刑是实现刑罚目的必不可少的环节。量刑是否适当，是检验人民法院刑事审判工作质量的重要标准之一。只有切实做到定罪准确、量刑适当，才能维护法制的尊严。

二、刑罚裁量的内容

（一）决定是否判处刑罚

犯罪人被判定有罪一般都要判处相应的刑罚，但我国刑法还规定有免除处罚制度。犯罪人具有法定的免除处罚情节的，应当或可以免除刑罚处罚，这也是一种刑事责任的承担方式。此外，《刑法》第37条规定，犯罪人虽然不具有法定的免除处罚情节，但是属于"犯罪情节轻微不需要判处刑罚的"，也可以免于刑事处罚。

（二）决定判处何种刑罚和多重的刑罚

对于没有免除刑罚处罚的犯罪人，判处刑罚是必然的结局。由于各种犯罪的社会危害性不同，每个犯罪人的人身危险性和再犯可能性不同，审判机关应当针对每个犯罪人的不同情况判处相应不同的刑罚。我国刑法规定了较为完善的刑罚体系，对不同的犯罪规定了轻重和幅度不同的法定刑，对不同的犯罪情节规定了不同的处罚原则。这就为人民法院根据犯罪的事实、犯罪的性质、情节和对于社会的危害程度判处犯罪人相应的刑罚提供了充分的自由裁量空间，有利于保证罪刑相适应原则和刑罚个别化原则的双重实现。实际判处刑罚包括两方面：①判处何种刑种，例如，判处何种主刑，是否需要判处附加刑；②判处某一刑种当中多重的刑罚。我国的刑罚体系当中，有期徒刑、拘役、管制和剥夺政治权利都有刑期长短之分；罚金和没收财产都有数量多少之分。因此，判处刑罚，不仅要决定判处何种刑罚，还要决定具体判处多重的刑罚。

（三）决定刑罚实现的方式

我国刑法规定有死刑缓期2年执行制度和缓刑制度，这是在决定判处何种刑罚和多重刑罚的基础上，对刑罚实现特殊方式的规定：不是立即执行所判处的刑罚，而是缓期执行，以观后效，再作决定。此外，在一人犯数罪的情况下，人民法院要根据《刑法》关于数罪并罚的规定，决定最终应当执行的刑罚。

三、刑罚裁量的原则

量刑是刑事审判活动的核心内容之一，必须在一定的原则指导下进行。《刑法》第61条规定了量刑的一般原则："对于犯罪分子决定刑罚的时候，应当根据犯罪的事实、犯罪的性质、情节和对于社会的危害程度，依照本法的有关规定判处。"这一原则可以概括为：量刑应当以犯罪事实为根据，以刑法规定为准绳。

（一）量刑应当以犯罪事实为根据

犯罪事实是量刑的客观根据，没有犯罪事实，量刑就失去了赖以存在的基础。根据《刑法》第61条的规定，以犯罪事实为根据应包括以下几点：

1. 查清犯罪事实。犯罪事实有广义和狭义之分。广义的犯罪事实是指《刑法》第61条规定的"犯罪的事实、犯罪的性质、情节和对于社会的危险程度"四个方面的事实。这里所说的"犯罪事实"仅指其中"犯罪的事实"，是犯罪构成的基本事实，即行为造成了什么样的危害结果，危害行为与危害结果之间是否存在因果关系，行为人是否具备刑事责任能力，主观上是否存在故意或过失，等等，就是表明行为的社会危害性及其程度是否符合刑法规定的犯罪构成要件的各种主客观事实，属于狭义的犯罪事实。审判人员在量刑时，首先要考虑的是犯罪构成的基本事实是否存在，这是确定犯罪性质、分析犯罪情节和评价对社会的危害程度的前提和基础。

2. 正确认定犯罪性质。所谓"犯罪性质"，是指行为人构成何种犯罪，应定什么罪名。在查清犯罪构成基本事实的基础上，进而明确犯罪的性质，是量刑适当的必要前提。审判人员只有正确地确定了犯罪的性质，正确地区分此罪与彼罪，确定了应当适用的刑法条文，基本确定了与该犯罪的性质相对应的法定刑，才能谈得上正确量刑。

3. 掌握犯罪情节。犯罪情节有两种：①影响犯罪性质的情节，这种情节是构成犯罪的必备因素，是定罪情节；②犯罪构成基本事实以外的其他情节，这种情节，一般不属于犯罪构成要件，不影响犯罪性质，但影响犯罪的社会危害程度，因而影响刑罚的轻重，是量刑情节。这里所说的犯罪情节，即量刑情节。同一性质的犯罪，犯罪情节不同，其社会危害程度也就不同，因而处刑也就有轻有重。所以，确定了犯罪性质之后，人民法院还需要全面考虑量刑情节，以便具体裁量对犯罪分子适用轻重不同的刑罚。

4. 正确评价行为对于社会的危害程度。行为对于社会的危害程度，是指行为给国家、社会和公民个人造成了多大的危害。行为的社会危害性是犯罪的最本质的特征，是区分罪与非罪、重罪与轻罪的依据，也是决定对犯罪人是否判刑以及判刑轻重的依据。犯罪的事实、性质、情节都从不同方面、在不同程度上反映着行为的社会危害程度，因此，需要从行为的各方面加以全面考察。此外，国家的政治、经济、特别是社会治安等方面的形势，也是影响行为的社会危害程度的相关因素。人民法院应当正确地判断犯罪的社会危害程度，以便正确地决定刑罚的轻重。

刑法把犯罪的事实、犯罪的性质、情节和对于社会的危害程度规定为量刑时必须考虑的四个因素，是对刑事案件审理客观规律的科学概括。审判人员在审理刑事案件、适用刑罚的时候，应当对上述四个既相互联系又相互区别的因素进行全面考虑，不可偏废。

（二）量刑应当以刑法规定为准绳

《刑法》第61条规定，对犯罪分子决定刑罚的时候，应当"依照本法的有关规定"。我国刑法对什么犯罪配置什么法定刑，应当或者可以适用什么具体量刑幅度，如何适用量刑情节，都作了相应的规定。因此，量刑要以刑法规定为准绳，依法裁量。这是罪刑法定原则在量刑活动中的体现。量刑以刑法规定为准绳的具体内容如下：

1. 依照《刑法》总则规定的有关原则和制度量刑。《刑法》总则规定的是犯罪与刑罚的一般原则，是关于犯罪与刑罚的共性问题。在量刑时，要依据《刑法》总则有关刑罚方法的适用条件、刑罚制度、数罪并罚的规则等规定裁量刑罚。例如，犯罪的时候不满18周岁的人和审判的时候怀孕的妇女，不适用死刑。再如，对于被判处死刑、无期徒刑的犯罪分子，应当剥夺政治权利终身。

2. 依照《刑法》分则的规定量刑。以刑法规定为准绳，要求在《刑法》分则规定的量刑幅度内选择适当的刑罚。我国刑法采用的是相对确定的法定刑，每一个犯罪的法定刑都有一个轻重不等的幅度。因此，人民法院在确定对犯罪人适用的刑罚之前，都有一个根据犯罪的社会危害性大小和犯罪人的人身危险性大小进行选择的过程。但无论怎样选择，都必须限定在刑法分则条文规定的法定刑幅度内，即使是从重、从轻、减轻处罚，也要以选定的法定刑为标准。

以犯罪事实为根据，以刑法规定为准绳，是我国刑法规定的量刑原则的两个相辅相成、不可分割的组成部分，忽视其中任何一个方面，都会导致偏离量刑原则，造成量刑失当。因此，刑事审判活动应当忠于事实，忠于法律，自觉贯彻量刑原则，真正做到罪刑法定、量刑适当。

第二节　量刑情节及其适用

一、量刑情节的概念

量刑情节，即刑罚裁量的情节，是指犯罪构成基本事实以外的，人民法院对犯罪分子裁量刑罚时予以考虑的，据以决定刑罚轻重或者是否免除刑罚处罚的各种事实情况。在刑罚裁量过程中，除量刑的原则以外，另一个值得重视的问题就是量刑情节。量刑情节具有以下特征：

（一）量刑情节是犯罪构成基本事实以外的其他情节

量刑情节是在某种行为已经构成犯罪的情况下，在量刑时予以考虑的表明行为的社会危害性程度或者行为人人身危险性程度的各种情况。如果某种事实情况是犯罪构成必不可少的，那就不是量刑情节而是定罪情节。定罪情节用以确定罪之有无以及此罪与彼罪的界限；而量刑情节只对判处何种刑罚、刑罚之轻重以及是否需要判处刑罚产生影响。如《刑法》第

260条第1款规定："虐待家庭成员，情节恶劣的，处二年以下有期徒刑、拘役或者管制。"这里的"情节恶劣"属于定罪情节，不是量刑情节，没有这一情节，虐待罪就不能成立。《刑法》第260条第2款规定："犯前款罪，致使被害人重伤、死亡的，处二年以上七年以下有期徒刑。"这里的"致使被害人重伤、死亡"属于量刑情节，是在虐待罪已经成立基础上的从严量刑情节。如《刑法》第313条第1款前段规定："对人民法院的判决、裁定有能力执行而拒不执行，情节严重的，处三年以下有期徒刑、拘役或者罚金。"这里的"情节严重"是作为犯罪构成要件规定的，是定罪情节，不是量刑情节。《刑法》第313条第1款后半段规定："情节特别严重的，处三年以上七年以下有期徒刑，并处罚金。"这里的"情节特别严重"属于量刑情节，是在拒不执行判决、裁定罪已经成立基础上的从严量刑情节。《刑法》第312条第1款规定："明知是犯罪所得及其产生的收益而予以窝藏、转移、收购、代为销售或者以其他方法掩饰、隐瞒的，处三年以下有期徒刑、拘役或者管制，并处或者单处罚金；情节严重的，处三年以上七年以下有期徒刑，并处罚金。"这里的"情节严重"不影响定罪，只影响量刑，因此属于量刑情节。[1]正确地区分定罪情节和量刑情节，对于避免重复评价，防止将已经用于定罪的犯罪构成事实再作为量刑情节使用，具有重要的价值。

（二）量刑情节不仅包括部分案中情节，还包括案外情节

定罪情节只限于案中情节，而量刑情节的外延比定罪情节的外延广泛，不仅包括部分案中情节，还包括案外情节。案中量刑情节是行为人在实施犯罪过程中表现出来的影响量刑的各种情况，它在量刑中所起的作用最直接、最明显，如手段是否残忍、情节是否严重等，一般是影响行为本身的社会危害性程度的情节。案外情节是在犯罪行为实施之前或之后出现的情况。案外情节也能在一定程度上影响量刑，例如，是否有前科，是否构成累犯，犯罪后的态度是坦白交代还是拒不认罪，等等，一般是反映行为人的人身危险性程度的情节。

（三）量刑情节是能够影响刑罚轻重的各种事实情况

所谓"量刑情节"，当然是对量刑能够产生影响的情节。不是所有与犯罪及犯罪人有关的事实情况都是量刑情节，只有当某种事实情况能够反映罪行的轻重程度及行为人的人身危险性程度时，才是量刑情节。

二、法定量刑情节

法定量刑情节，简称法定情节，是指刑法明文规定的在量刑时必须予以考虑的情节。它既包括刑法总则规定的对各种犯罪共同适用的情节，也包括刑法分则、单行刑法规定的对特定具体犯罪适用的情节。刑法总则规定的法定量刑情节有：

（一）犯罪主体方面

1. 未成年人。《刑法》第17条第4款规定："对依照前三款规定追究刑事责任的不满十八周岁的人，应当从轻或者减轻处罚。"

2. 老年人。《刑法》第17条之一规定："已满七十五周岁的人故意犯罪的，可以从轻或者减轻处罚；过失犯罪的，应当从轻或者减轻处罚。"

3. 限制刑事责任能力人。《刑法》第18条第3款规定："尚未完全丧失辨认或者控制自己行为能力的精神病人犯罪的，应当负刑事责任，但是可以从轻或者减轻处罚。"

---

〔1〕 因此，有些事实情况如"情节严重""情节恶劣"等，既可以是定罪情节，也可以是量刑情节，这要根据刑法的规定予以区分。在刑法分则条文中，对于性质较轻的犯罪，"情节严重"一般具有犯罪构成要件的意义，也就是具有划分罪与非罪的作用，如侮辱罪、诽谤罪、侵犯少数民族风俗习惯罪、传播淫秽物品罪等；对于性质严重的犯罪，"情节严重"一般是量刑情节，通常是作为加重法定刑的情节，如传授犯罪方法罪，盗窃、抢夺枪支、弹药、爆炸物、危险物质罪，非法持有、私藏枪支、弹药罪等。

4. 又聋又哑的人或盲人。《刑法》第 19 条规定："又聋又哑的人或者盲人犯罪，可以从轻、减轻或者免除处罚。"

（二）正当化事由方面

1. 防卫过当。《刑法》第 20 条第 2 款规定："正当防卫明显超过必要限度造成重大损害的，应当负刑事责任，但是应当减轻或者免除处罚。"

2. 避险过当。《刑法》第 21 条第 2 款规定："紧急避险超过必要限度造成不应有的损害的，应当负刑事责任，但是应当减轻或者免除处罚。"

（三）故意犯罪未完成形态方面

1. 预备犯。《刑法》第 22 条第 2 款规定："对于预备犯，可以比照既遂犯从轻、减轻处罚或者免除处罚。"

2. 未遂犯。《刑法》第 23 条第 2 款规定："对于未遂犯，可以比照既遂犯从轻或者减轻处罚。"

3. 中止犯。《刑法》第 24 条第 2 款规定："对于中止犯，没有造成损害的，应当免除处罚；造成损害的，应当减轻处罚。"

（四）共同犯罪方面

1. 从犯。《刑法》第 27 条第 2 款规定："对于从犯，应当从轻、减轻处罚或者免除处罚。"

2. 胁从犯。《刑法》第 28 条规定："对于被胁迫参加犯罪的，应当按照他的犯罪情节减轻处罚或者免除处罚。"

3. 教唆未成年人犯罪。《刑法》第 29 条第 1 款规定，教唆不满 18 周岁的人犯罪的，应当从重处罚。

4. 教唆未遂。《刑法》第 29 条第 2 款规定："如果被教唆的人没有犯被教唆的罪，对于教唆犯，可以从轻或者减轻处罚。"

（五）犯罪前后的表现（案外情节）

1. 累犯。《刑法》第 65 条第 1 款规定，对累犯，应当从重处罚。

2. 自首。《刑法》第 67 条第 1 款规定，对于自首的犯罪分子，可以从轻或者减轻处罚。其中，犯罪较轻的，可以免除处罚。

3. 坦白。《刑法》第 67 条第 3 款规定，对于坦白的犯罪分子，可以从轻处罚；因坦白避免特别严重后果发生的，可以减轻处罚。

4. 立功。《刑法》第 68 条规定，犯罪分子有立功表现的，可以从轻或者减轻处罚；有重大立功表现的，可以减轻或者免除处罚。

（六）其他方面

1. 在域外犯罪已经受过刑罚处罚。《刑法》第 10 条规定，在外国已经受过刑罚处罚的，可以免除或者减轻处罚。

2. 犯罪情节轻微。《刑法》第 37 条规定，对于犯罪情节轻微不需要判处刑罚的，可以免予刑事处罚。

三、酌定量刑情节

酌定量刑情节，简称酌定情节，是指刑法未作明文规定，仅根据刑事立法精神和有关刑事政策，由人民法院在审判经验中总结出来的，在刑罚裁量时应当灵活掌握、酌情适用的情节，包括从重情节和从轻情节两种类型。虽然刑法未作规定，但是由于这些情节从不同的侧面反映着犯罪行为的社会危害性和犯罪人的人身危险性，因而审判人员在对犯罪人适用刑罚时，一般也予以考虑。常见的酌定量刑情节包括以下几个方面：

1. 犯罪动机。犯罪动机不同于犯罪故意与犯罪过失，一般不属于犯罪构成的主观要件，但在特定情况下会有善恶之分，不同的动机反映出行为人主观恶性程度上的差异。同样是故意杀人罪，大义灭亲、义愤杀人与奸情杀人，在一定程度上反映出行为人人身危险性和再犯可能性的不同，在量刑时应予以考虑。

2. 犯罪手段。除个别情形外，犯罪手段一般不是犯罪成立的要件，不影响定罪，但有时会对量刑产生影响。如以特别残忍的手段杀人并碎尸，就比以一般手段杀人的社会危害性大，也表明行为人的主观恶性程度更深，在量刑时应当酌情从重处罚。

3. 犯罪对象。在刑法没有将犯罪对象作为犯罪构成要件的情况下，犯罪对象有时会对量刑产生影响。有些作为法定量刑情节，如《刑法》第236条第2款规定，奸淫不满14周岁的幼女的，以强奸论，从重处罚；有些作为酌定量刑情节予以考虑，如强奸孕妇、高龄老人的，应酌情予以从重处罚。

4. 危害结果。当危害结果不作为犯罪构成要件的内容时，危害结果的轻重对说明社会危害性的大小仍然起重要作用，是量刑时应当予以考虑的重要情节。这里的危害结果，既包括直接的危害结果，如强奸致使被害人怀孕；也包括间接的危害结果，如强奸犯罪发生后，被害人精神失常、羞愤自杀等。

5. 犯罪的时间、地点。通常情况下，犯罪的时间、地点也不是犯罪构成的要件，但同样的犯罪行为，发生在不同的时间、地点，其社会危害性程度会有所差异，因而影响量刑。有时是作为法定的量刑情节，如《刑法》第426条规定，战时犯阻碍执行军事职务罪的，从重处罚。但更多的是作为酌定量刑情节适用，如在光天化日之下强奸、抢劫、寻衅滋事、趁火打劫，其社会危害性应当比通常环境下的强奸罪、抢劫罪、寻衅滋事罪更为严重，一般应当判处较重的刑罚。

6. 犯罪后的表现。行为人犯罪后的表现，例如，有无悔改之意，是否积极退赃退赔，是否主动投案、坦白交代，等等，能够在一定程度上反映行为人的人身危险性和再犯可能性，除有些作为法定情节外，其他应作为酌定量刑情节加以考量。

7. 犯罪之前的表现。行为人犯罪之前的一贯表现一般不是定罪的根据，也不是量刑的主要依据，但与犯罪行为有密切关系的一贯表现，却是量刑时应当予以考虑的因素。如果行为人一贯遵纪守法，表现良好，属于初犯、偶犯，应予从宽处罚；如果行为人一贯表现不好，横行乡里，劣迹斑斑，甚至有前科，表明其人身危险性和再犯可能性较大，一般应处以较重的刑罚。

四、不同类型量刑情节的适用

在正确定罪的前提下，量刑情节是对犯罪人处以适当刑罚的主要根据。量刑过程，在很大程度上就是对各种量刑情节适用的过程。因此，量刑情节的适用十分重要。

（一）应当型情节、可以型情节与酌定情节的适用

在法定情节中，以法律规定量刑情节是否必然对量刑起作用为标准，可以将量刑情节分为应当型情节与可以型情节。应当型情节是指刑法明文规定的，审判人员在量刑时必须予以考虑并适用的情节。只要这些情节存在，对犯罪人适用刑罚时就必须考虑。

可以型情节，亦称授权性情节，是指刑法明文规定的，审判人员在量刑时应予以考虑并有权决定是否适用的情节，是对量刑的结果产生或然性影响的情节。也就是说，犯罪中这些情节的存在，对量刑的结果可能产生影响，也可能不产生影响，是否产生影响，应根据具体案情而定。但可以型情节同时又表明了一定的倾向性，即在通常情况下，应当予以

适用。

酌定情节，是指刑法没有明文规定，由审判人员根据具体情况酌情处理的情节，选择的余地更大。审判人员应当正确区分三者不同的地位和作用。当一个案件既有应当型情节、可以型情节，又有酌定量刑情节时，应当是应当型情节优于可以型情节，可以型情节优于酌定情节。

（二）从宽情节与从严情节的适用

以量刑情节对量刑起作用的形式为标准，可以将量刑情节分为从严情节和从宽情节。从严情节，是指对犯罪人的量刑结果具有从严作用或者会使犯罪人受到从严处罚的情节。从严情节，在我国刑法中只有从重处罚的情节。从宽情节，是指对犯罪人的量刑结果具有从宽作用或会使犯罪人受到从宽处罚的情节。我国刑法中的从宽情节包括从轻处罚、减轻处罚和免除处罚三种情节。[1]

1. 从重、从轻处罚。《刑法》第 62 条规定："犯罪分子具有本法规定的从重处罚、从轻处罚情节的，应当在法定刑的限度以内判处刑罚。"《刑法》第 99 条规定："本法所称以上、以下、以内，包括本数。"依据上述规定，从重、从轻处罚，是指在法定刑的限度内判处刑罚，可以包括最高刑和最低刑本身，但不能超出最高刑或最低刑的限度判处刑罚。

从重处罚，是指判处较重的刑罚，即在刑法规定的几个刑种中选择一个较重的刑种，或者在刑法规定的某一刑罚幅度内判处较长的刑期。需要注意的是，不能将从重处罚理解为在法定刑内一律判处最重或刑期最长的刑罚或者接近最重、刑期最长的刑罚，也不能理解为一律应当在法定刑的"中间线"以上判处刑罚。而且，对许多犯罪的法定刑来说，也很难划出一条"中间线"来。例如，《刑法》第 103 条第 2 款前半段规定："煽动分裂国家、破坏国家统一的，处 5 年以下有期徒刑、拘役、管制或者剥夺政治权利。"这种包含有主刑、附加刑不同刑罚方法的法定刑，就不可能划出一条中间线。正确的理解应当是：对于具有法定从重处罚情节的犯罪分子，在量刑时，要在法律规定的法定刑限度内，相对不具有这一情节的犯罪判处较重的刑种或较长的刑期，可以在"中间线"以上，也可以在"中间线"以下；同理，"从轻处罚"也应当理解为：在法律规定的限度内，相对不具有这一情节的犯罪判处较轻的刑种或较短的刑期，可以在"中间线"以上，也可以在"中间线"以下。比如，某罪的法定刑为 3 年以上 10 年以下有期徒刑，在不考虑从重、从轻处罚情节的情况下，应判处犯罪人 4 年有期徒刑。如果犯罪人有从重处罚情节，则应在 4 年以上判处有期徒刑；如果犯罪人有从轻处罚情节，则应在 4 年以下判处有期徒刑。如果以"中间线"为标准，则可能出现重罪轻判或轻罪重判的结果，导致罪刑失衡。

2. 减轻处罚。《刑法》第 63 条第 1 款规定："犯罪分子具有本法规定的减轻处罚情节的，应当在法定刑以下判处刑罚；本法规定有数个量刑幅度的，应当在法定量刑幅度的下一个量刑幅度内判处刑罚。"依据该规定，减轻处罚，是指判处低于法定最低刑的刑罚。对于"法定刑以下"，应作如下理解：

（1）从轻处罚已经包括最低刑本身在内，根据体系性解释，法律虽然规定减轻处罚是"在法定刑以下"判处刑罚，但不能包括法定最低刑本身，只有低于最低刑本身，才属于减轻处罚。比如，某罪法定刑为 3 年以上 10 年以下有期徒刑，判处 3 年有期徒刑只能属于从轻处罚，只有判处的刑罚低于 3 年有期徒刑才是减轻处罚。最低刑为 3 年以下有期徒刑减轻处罚

---

[1] 由于我国刑法理论通常不承认加重或减轻的构成要件为加重或减轻的法定量刑情节，因此我国刑法中的从严处罚情节，只有从重处罚情节，没有加重处罚情节；减轻处罚情节也不是指与减轻的构成要件相对应的减轻处罚情节，而是另有所指。

的，可以适用拘役、管制；最低刑为拘役、管制减轻处罚的，可以考虑适用罚金。

（2）由于我国刑法分则采用的主要是相对确定的法定刑，对于有些犯罪，刑法规定的量刑幅度非常大，因此，"在法定刑以下判处刑罚"应当有所限制，以保证罪刑均衡与量刑的统一。因此，《刑法》第63条第1款明确规定，"有数个量刑幅度的，应当在法定量刑幅度的下一个量刑幅度内判处刑罚"，不能跨越一个或数个量刑档次量刑直至免除处罚。

（3）如果该量刑幅度内有多种主刑，最轻的主刑就是法定最低刑；如果最轻主刑还有不同幅度之分的，条文中规定的最轻主刑的最低限度就是法定最低刑。不能把在同一量刑幅度内由适用较重刑种降低为适用较轻刑种当作减轻处罚。

（4）减轻处罚有两种情况：①法定减轻处罚，即犯罪人具有法律规定的减轻处罚情节的减轻处罚，如自首、坦白、立功、未遂犯、预备犯、未成年犯等；②酌定减轻处罚。《刑法》第63条第2款规定："犯罪分子虽然不具有本法规定的减轻处罚情节，但是根据案件的特殊情况，经最高人民法院核准，也可以在法定刑以下判处刑罚。"减轻处罚通常都是法律明文规定的，法官无权酌情适用减轻处罚。只有在极特殊的情况下，经最高人民法院核准才可以适用，学理上称为"破格减轻"。

3. 免除处罚。免除处罚是指对犯罪分子作有罪宣判，但免除其刑罚处罚。对于"免除处罚"应作如下理解：

（1）免除处罚以有罪判决为前提，适用的对象是被判决有罪的犯罪人，与无罪判决不同。不对犯罪人实际判处刑罚，与既定罪又实际判处刑罚不同。犯罪人可以其他非刑罚方法承担因犯罪而产生的刑事责任。依据《刑法》第37条的规定，这些非刑罚方法包括：予以训诫或者责令具结悔过、赔礼道歉、赔偿损失，由主管部门予以行政处罚或行政处分。

（2）适用免除处罚包括两种情况：①犯罪人具有法定的免除处罚情节，如没有造成损害的中止犯、犯罪较轻且自首、防卫过当、避险过当、胁从犯等。对于这些具有法定的免除处罚情节的案件，人民法院如果认为需要对有罪的被告人不实际判处刑罚，可以直接援引相关法律条文，判决免除处罚。②根据《刑法》第37条的规定，犯罪人虽然不具有法定的免除处罚情节，但是属于"犯罪情节轻微不需要判处刑罚的"，也可以免除刑罚处罚。[1]

（三）单功能情节与多功能情节的适用

以同一量刑情节对量刑结果所能起作用的程度为标准，可以将量刑情节分为单功能情节和多功能情节。

单功能情节，是指对量刑的影响仅有一种可能性的情节。例如，《刑法》第65条规定的累犯应当从重处罚，即累犯只能对量刑产生从重影响，就属于单功能情节。多功能情节，是指对量刑的影响具有两种以上可能性的情节。例如，根据《刑法》第23条的规定，犯罪未遂对量刑具有从轻处罚和减轻处罚两种可能性的影响，所以犯罪未遂属于多功能情节。在我国刑法中，凡是从严处罚的情节，都是单功能的，只能从重处罚；而从宽情节，则大多属于多功能情节。对于多功能情节，适用时首先应当根据犯罪的客观危害程度和犯罪人的主观恶性程度，决定具体适用哪种功能，做到罪责刑相适应；其次，应当注意多种功能在法律条文中排列的先后顺序，一般情况下，应当优先考虑选择排在前面的功能。

---

[1] 我国刑法理论通说和相关司法解释，一般将《刑法》第37条理解为独立的免除处罚情节或事由，但有学者对此持反对意见。张明楷教授认为，《刑法》第37条不是独立的免除处罚情节或事由，只是其他具体的免除处罚情节的概括性规定，不宜直接根据该条的规定免除处罚，只有当行为人具有刑法规定的其他具体的免除处罚情节时，才能免除处罚。详见张明楷：《刑法学》，法律出版社2016年版，第633~635页。

五、量刑的步骤与方法

为进一步规范量刑活动，落实宽严相济刑事政策和认罪认罚从宽制度，增强量刑的公开性，实现量刑公正，根据刑法、刑事诉讼法和有关司法解释，结合司法实践，2021年6月，最高人民法院、最高人民检察院联合印发了《关于常见犯罪的量刑指导意见（试行）》（以下简称《量刑指导意见》），于2021年7月1日起实施。

《量刑指导意见》明确了量刑的指导原则、量刑的基本方法、常见量刑情节的适用和常见犯罪的量刑，将23种常见犯罪判处有期徒刑的案件纳入规范范围。指出在量刑时，应当以定性分析为主，定量分析为辅，依次确定量刑起点、基准刑和宣告刑。

1. 量刑步骤。

（1）根据基本犯罪构成事实在相应的法定刑幅度内确定量刑起点。

（2）根据其他影响犯罪构成的犯罪数额、犯罪次数、犯罪后果等犯罪事实，在量刑起点的基础上增加刑罚量、确定基准刑。

（3）根据量刑情节调节基准刑，并综合考虑全案情况，依法确定宣告刑。

2. 调节基准刑的方法。

（1）具有单个量刑情节的，根据量刑情节的调节比例直接调节基准刑。

（2）具有多个量刑情节的，一般根据各个量刑情节的调节比例，采用同向相加、逆向相减的方法调节基准刑；具有未成年人犯罪、老年人犯罪、限制行为能力的精神病人犯罪、又聋又哑的人或者盲人犯罪，防卫过当、避险过当、犯罪预备、犯罪未遂、犯罪中止，从犯、胁从犯和教唆犯等量刑情节的，先适用该量刑情节对基准刑进行调节，在此基础上，再适用其他量刑情节进行调节。

（3）被告人犯数罪，同时具有适用于个罪的立功、累犯等量刑情节的，先适用该量刑情节调节个罪的基准刑，确定个罪所应判处的刑罚，再依法实行数罪并罚，决定执行的刑罚。

3. 确定宣告刑的方法。

（1）量刑情节对基准刑的调节结果在法定刑幅度内，且罪刑相适应的，可以直接确定为宣告刑；具有应当减轻处罚情节的，应当依法在法定最低刑以下确定宣告刑，有数个量刑幅度的，应当在法定量刑幅度的下一个量刑幅度内确定宣告刑。

（2）量刑情节在对基准刑的调节结果在法定最低刑以下，具有法定减轻处罚情节，且罪责刑相适应的，可以直接确定为宣告刑；只有从轻处罚情节的，可以依法确定法定最低刑为宣告刑；但是根据案件的特殊情况，经最高人民法院核准，也可以在法定刑以下判处刑罚。

（3）量刑情节对基准刑的调节结果在法定最高刑以上的，可以依法确定法定最高刑为宣告刑。

（4）综合考虑全案情况，独任审判员或合议庭可以在20%的幅度内对调节结果进行调整，确定宣告刑。当调节后的结果仍不符合罪责刑相适应原则的，应当提交审判委员会讨论，依法确定宣告刑。

（5）综合全案犯罪事实和量刑情节，依法应当判处无期徒刑以上刑罚、拘役、管制或者单处附加刑、缓刑、免予刑事处罚的，应当依法适用。

4. 判处罚金刑，应当以犯罪情节为根据，并综合考虑被告人缴纳罚金的能力，依法决定罚金数额。

5. 适用缓刑，应当综合考虑被告人的犯罪情节、悔罪表现、再犯罪的危险以及宣告缓刑对所居住社区的影响，依法作出决定。

《量刑指导意见》指出，量刑应当以事实为根据，以法律为准绳，根据犯罪的事实、性质、情节和对于社会的危害程度，决定判处的刑罚。既要考虑被告人所犯罪行的轻重，又要考虑被告人应负刑事责任的大小，做到罪责刑相适应，实现预防和惩罚犯罪的目的。应当贯彻宽严相济的刑事政策，做到该宽则宽，当严则严，宽严相济，罚当其罪，确保裁判政治效果、法律效果和社会效果的统一。要客观、全面把握不同时期不同地区的经济社会发展和治安形势的变化，确保刑法任务的实现；对于同一地区同一时期案情相似的案件，所判处的刑罚应当基本均衡。量刑时应当充分考虑各种法定和酌定量刑情节，根据案件的全部犯罪事实以及量刑情节的不同情形，依法确定量刑情节的适用及其调节比例。对黑恶势力犯罪、严重暴力犯罪、毒品犯罪、性侵未成年人犯罪等严重危害社会治安的犯罪，在确定从宽的幅度时，应当从严掌握；对犯罪情节较轻的犯罪，应当充分体现从宽。具体确定各个量刑情节的调节比例时，应当综合平衡调节幅度与实际增减刑罚量的关系，确保罪责刑相适应。

《量刑指导意见》虽然仅将 23 种常见犯罪判处有期徒刑的案件纳入规范范围，但其明确指出，其他判处有期徒刑的案件，可以参照《量刑指导意见》规定的指导原则、基本方法和常见量刑情节的适用规范量刑。

第三节　刑罚裁量的制度

一、累犯

累犯，是指因犯罪受过一定刑罚处罚，在刑罚执行完毕或者赦免以后，在法定期限内又犯一定之罪的犯罪分子。我国刑罚的目的是预防犯罪，希望通过刑罚处罚，能够使犯罪人改恶从善，回归社会以后遵纪守法，不再违法犯罪。但是有的犯罪分子受过刑罚处罚以后，由于没有得到很好的教育改造，或者由于其他主客观原因，在刑罚执行完毕或者赦免以后的一定时间内，又实施了性质比较严重的犯罪行为，从而构成累犯。累犯较之初犯、偶犯具有更深的主观恶性和更大的人身危险性，因此，累犯是我国刑法规定的从重处罚情节。我国刑法规定的累犯，分为一般累犯和特殊累犯两种。

（一）一般累犯

一般累犯，亦称普通累犯，根据《刑法》第 65 条第 1 款的规定，是指因犯罪被判处有期徒刑以上刑罚，在刑罚执行完毕或者赦免以后，在 5 年以内再犯应当判处有期徒刑以上刑罚之罪的犯罪分子。一般累犯的构成条件是：

1. 前罪和后罪都是故意犯罪。这是构成累犯主观方面的要件。从罪过形式看，一般累犯所犯的前罪与后罪都必须是故意犯罪；如果行为人实施的前罪与后罪均为过失犯罪，或者前罪与后罪之一是过失犯罪，都不构成累犯。我国刑法将过失犯罪排除在累犯之外，体现了我国刑法对累犯的范围是从严控制的，刑罚制裁的重点是故意犯罪。

2. 前罪被判处的刑罚和后罪应当判处的刑罚均是有期徒刑以上。这是构成累犯的刑种条件。"有期徒刑以上"刑罚包括有期徒刑、无期徒刑、死刑缓期二年执行。如果前罪被判处的刑罚和后罪应当判处的刑罚均低于有期徒刑，或者前罪被判处的刑罚和后罪应当判处的刑罚中有一个是低于有期徒刑的，比如被判处拘役、管制或单处罚金，则不构成累犯。《刑法》第 65 条规定的"应当判处有期徒刑以上刑罚"，是指根据后罪社会危害性的大小，实际上应当判处有期徒刑以上刑罚，而不是说该罪的法定刑中包含有期徒刑以上的刑罚，否则会无限制扩大累犯的范围，因为我国《刑法》规定的犯罪的法定刑几乎都包含有期徒刑。

3. 后罪发生在前罪刑罚执行完毕或者赦免后的 5 年以内。这是构成累犯的时间条件。这里的"刑罚执行完毕"是指主刑执行完毕，不包括附加刑在内。主刑执行完毕但附加刑在执行中的犯罪分子又犯新罪的，不影响累犯的构成。被判处有期徒刑宣告缓刑的犯罪分子，在缓刑考验期满以后又犯罪的，不构成累犯。因为缓刑是附条件的不执行刑罚，考验期满原判刑罚就不再执行，而不是原判刑罚执行完毕。而宣告缓刑的犯罪分子，在缓刑考验期内又犯罪的，也不构成累犯，因为原判刑罚尚未执行，也不存在执行完毕问题。这种情况下，应当撤销缓刑，实行数罪并罚。

所谓"赦免"，根据我国《宪法》的规定，是指特赦。"5 年以内"的期限，应从刑罚执行完毕之日或者赦免之日起计算。如果后罪发生在前罪执行完毕或者赦免 5 年以后，则不构成累犯。如果后罪发生在前罪刑罚执行期间或假释期间，也不构成累犯，属于数罪并罚的一种特殊情形。

要注意累犯与再犯的区别。所谓再犯，是指再次（2 次或 2 次以上）实施犯罪的犯罪分子。累犯都是再犯，但再犯未必都是累犯。两者的差别表现在：①累犯之前罪与后罪必须都是故意犯罪，而再犯之前后罪均没有此限制；②累犯一般必须是前后罪均被判处和应判处一定的刑罚，而再犯不要求前后两罪必须被判处或应判处一定刑罚；③累犯所犯之后罪，必须是在前罪刑罚执行完毕或赦免以后的法定期限内，而再犯的前后罪之间没有时间上的限制。

再犯不是我国《刑法》总则规定的从重处罚情节，但《刑法》第 356 条有特别再犯从重处罚的规定："因走私、贩卖、运输、制造、非法持有毒品罪被判过刑，又犯本节规定之罪的，从重处罚。"如果行为人实施的犯罪，既符合累犯成立的条件，又符合《刑法》第 356 条之规定的，就会产生法条竞合问题。例如，甲犯走私毒品罪被判处 5 年有期徒刑，刑满释放后在 5 年以内又犯运输毒品罪，应当判处有期徒刑以上刑罚，甲符合累犯条件，同时也符合本条"再犯"的条件。根据 2008 年 12 月 1 日最高人民法院发布的《全国部分法院审理毒品犯罪案件工作座谈会纪要》的规定，对同时构成累犯和毒品再犯的被告人，应当同时引用《刑法》关于累犯和毒品再犯的条款从重处罚。2010 年 2 月 8 日，最高人民法院发布的《关于贯彻宽严相济刑事政策的若干意见》第 11 条指出，要依法从严惩处累犯和毒品再犯。凡是依法构成累犯和毒品再犯的，即使犯罪情节较轻，也要体现从严惩处的精神。尤其是对于前罪为暴力犯罪或被判处重刑的累犯，更要依法从严惩处。

（二）特殊累犯

特殊累犯，又称特别累犯，根据《刑法》第 66 条的规定，是指原先实施了危害国家安全犯罪、恐怖活动犯罪、黑社会性质的组织犯罪的犯罪分子，在刑罚执行完毕或赦免之后，在任何时候再犯上述任一类罪的犯罪分子。特殊累犯的构成要件是：

1. 前罪和后罪都是危害国家安全犯罪、恐怖活动犯罪、黑社会性质的组织犯罪当中的任一类罪。如果前后两罪或者有一个罪不是上述任一类罪，则不能构成特殊累犯。

2. 前罪和后罪被判处或者应当判处何种刑罚及其轻重，均不影响特殊累犯的成立。即使两罪或者其中有一罪被判处或应当被判处低于有期徒刑的刑罚，如拘役、管制等，也不影响构成特殊累犯。

3. 后罪发生在前罪刑罚执行完毕或赦免以后，但后罪的发生不受两罪相隔时间长短的限制，可以是在 5 年以后。

刑法对特殊累犯构成要件的限制比一般累犯要宽松得多，这是因为危害国家安全犯罪、恐怖活动犯罪、黑社会性质的组织犯罪都是极其严重的犯罪，应当予以更严厉的惩罚。

（三）对累犯的处罚原则

我国《刑法》第 65 条规定，对于累犯应当从重处罚。即无论是一般累犯还是特殊累犯，都要从重处罚。贯彻累犯从重处罚的原则，应当把握好以下几点：①对累犯是"从重"

第十七章

处罚，即在刑法规定的某一刑罚幅度内判处较长的刑期，或者在刑法规定的几个刑种中选择一个较重的刑种。②对累犯是"应当"从重处罚，即无论普通累犯，还是特殊累犯，都必须对其在法定刑的限度以内，判处相对较重的刑罚，即适用较重的刑种或较长的刑期，没有选择的余地。③根据《刑法》第74条的规定，对于累犯不适用缓刑。④根据《刑法》第81条第2款的规定，对于累犯不得假释。累犯屡教不改，具有较大人身危险性，对其适用缓刑、假释，不能保证社会的安全，也不利于对累犯的教育改造。⑤根据《刑法》第50条第2款的规定，对被判处死刑缓期执行的累犯，人民法院根据犯罪情节等情况可以同时决定对其限制减刑。

2021年7月1日起施行的两高《量刑指导意见》规定，对于累犯，应当综合考虑前后罪的性质、刑罚执行完毕或者赦免以后至再犯罪时间的长短以及前后罪罪行轻重等情况，应当增加基准刑的10%~40%，一般不少于3个月。

二、自首

我国《刑法》第67条第1、2款规定："犯罪以后自动投案，如实供述自己的罪行的，是自首……被采取强制措施的犯罪嫌疑人、被告人和正在服刑的罪犯，如实供述司法机关还未掌握的本人其他罪行的，以自首论。"

我国刑法规定的自首制度，是宽严相济刑事政策的具体体现，既给犯罪人提供了悔过自新、重新做人的机会，又便于司法机关及时侦破案件，减少司法成本的投入，有利于刑罚目的的实现。根据《刑法》第67条的规定，自首分为一般自首和特别自首两种情况。

（一）一般自首成立的条件

一般自首，亦称普通自首，是指犯罪分子犯罪以后自动投案，如实供述自己的罪行的行为。一般自首成立的条件如下：

1. 自动投案。所谓自动投案，是指犯罪分子在犯罪之后、归案之前，出于自己的意志而向有关机关或个人承认自己实施了犯罪，并自愿将自己置于有关机关或个人的控制之下的行为。这是自首成立的前提条件。认定自动投案应从以下几个方面把握：

（1）自动投案的时间必须发生在犯罪人尚未归案之前。投案行为通常发生于犯罪分子犯罪以后、犯罪事实未被司法机关发现以前。根据1998年4月6日最高人民法院印发的《关于处理自首和立功具体应用法律若干问题的解释》、2010年12月22日最高人民法院印发的《关于处理自首和立功若干具体问题的意见》等司法解释的规定，自动投案的时间还可以包括：犯罪事实虽然已被发现，但犯罪分子尚未被发觉以前；或者犯罪事实和犯罪分子均已被发觉，但司法机关尚未对犯罪人进行讯问或者采取强制措施时。此外，犯罪分子犯罪后逃跑，在被通缉、追捕过程中主动投案的；经查实犯罪分子确已准备去投案，或正在投案途中，被公安机关抓获的，均应被视为自动投案。

犯罪分子具有以下情形之一的，也应当视为自动投案：犯罪后主动报案，虽未表明自己是作案人，但没有逃离现场，在司法机关询问时交代自己罪行的；明知他人报案而在现场等待，抓捕时无拒捕行为，供认犯罪事实的；在司法机关未确定犯罪嫌疑人，尚在一般性排查询问时，主动交代自己罪行的；因特定违法行为被采取劳动教养、行政拘留、司法拘留、强制隔离戒毒等行政、司法强制措施期间，主动向执行机关交代尚未被掌握的犯罪行为的；其他符合立法本意，应当视为自动投案的情形。

罪行未被有关部门、司法机关发觉，仅因形迹可疑被盘问、教育后，主动交代了犯罪事实的，应当视为自动投案，但有关部门、司法机关在其身上、随身携带的物品、驾乘的交通工具等处发现与犯罪有关的物品的，不能认定为自动投案。

交通肇事后保护现场、抢救伤者，并向公安机关报告的，应认定为自动投案，构成自首的，因上述行为同时系犯罪人的法定义务，对其是否从宽、从宽幅度要适当从严掌握。交通肇事逃逸后自动投案，如实供述自己罪行的，应认定为自首，但应依法以较重法定刑为基准，视情况决定对其是否从宽处罚以及从宽处罚的幅度。

（2）自动投案对象，一般是要求犯罪分子直接向公检法机关主动投案。对于犯罪人向所在单位、城乡基层组织或者其他有关负责人投案的；犯罪分子因病、受伤或者为了减轻犯罪后果而委托他人先代为投案，或者先以信电投案的，也应视为自动投案。至于犯罪分子将犯罪事实告知了根本不可能向司法机关转告的人，甚至可能是帮助其掩盖罪行的人的，则不构成投案自首。

（3）投案行为必须是基于犯罪分子本人的意志而自动投案。自动投案的动机是多种多样的，有的是出于真诚悔罪，有的是为了争取宽大处理，有的是慑于国家法律的威严，有的是经朋友规劝而醒悟，等等。不同的动机不影响投案行为的自动性，都应视为自动投案。根据有关司法解释，犯罪人并非主动投案，而是经亲友规劝、陪同投案的；公安机关通知犯罪人亲友，或者亲友主动报案后，将犯罪人送去投案的，也视为自动投案。犯罪人被亲友采用捆绑等手段送到司法机关，或者在亲友带领侦查人员前来抓捕时无拒捕行为，并如实供认犯罪事实的，虽然不能认定为自动投案，但可以参照法律对自首的有关规定酌情从轻处罚。

（4）犯罪人必须自愿置于有关机关或个人的控制之下。犯罪以后匿名把赃款、赃物寄给司法机关，本人没有自动投案的，不成立自首。犯罪人自动投案后又逃跑的，也不能认定为自动投案。

2. 如实供述自己的罪行。犯罪分子自动投案之后，只有如实供述自己的犯罪事实，才足以证明其悔罪服法，为司法机关追诉其犯罪行为提供客观根据，使追究犯罪人刑事责任的诉讼活动得以顺利进行。因此，如实供述自己的罪行，是自首成立的必备条件之一，也是自首的本质特征。认定如实供述自己的罪行，应从以下几个方面把握：

（1）供述的必须是犯罪事实。投案人因法律认识错误而供述一般违法行为或违反道德的行为的，不构成自首。

（2）供述的必须是自己的犯罪事实，即自己实施并应由本人承担刑事责任的罪行。其所供述的犯罪，既可以是犯罪分子单独实施的，也可以是与他人共同实施的；既可以是一罪，也可以是数罪。犯有数罪的犯罪人仅如实供述所犯数罪中的部分犯罪的，只对如实供述的部分犯罪行为认定为自首；对于尚未如实供述的其他罪行，不能认定为自首。共同犯罪案件中的犯罪分子，除了如实供述自己的罪行以外，还应当供述所知的同案犯的犯罪行为，主犯则应当供述本人所知的其他同案犯的共同犯罪事实，才能认定为自首。如果大包大揽，替他人顶罪，有意掩盖其他同案犯的犯罪事实，欺骗司法机关的，不能认定为如实供述。

犯罪人如实供述自己的罪行后又翻供的，不能认定为自首。但在一审判决前又能如实供述的，还应当认定为自首。

（3）必须如实供述自己的主要犯罪事实。有的犯罪分子对部分犯罪事实供述不实，或没有供述，但是供述了主要的、基本的犯罪事实，犯罪的性质和主要情节已经清楚，就应当认为是如实供述了自己的罪行。如实供述自己的罪行，除供述自己的主要犯罪事实外，还应包括姓名、年龄、职业、住址、前科等情况。犯罪分子供述的身份等情况与真实情况虽有差别，但不影响定罪量刑的，应认定为如实供述自己的罪行。犯罪分子自动投案后隐瞒自己的真实身份等情况，影响对其定罪量刑的，不能认定为如实供述自己的罪行。

犯罪分子多次实施同种罪行的，应当综合考虑已交代的犯罪事实与未交代的犯罪事实的危害程度，决定是否认定为如实供述主要犯罪事实。虽然投案后没有交代全部犯罪事实，但如实交代的犯罪情节重于未交代的犯罪情节，或者如实交代的犯罪数额多于未交代的犯罪数额，一般应认定为如实供述自己的主要犯罪事实。无法区分已交代的与未交代的犯罪情节的严重程度，或者已交代的犯罪数额与未交代的犯罪数额相当，一般不认定为如实供述自己的主要犯罪事实。犯罪分子自动投案时虽然没有交代自己的主要犯罪事实，但在司法机关掌握其主要犯罪事实之前主动交代的，应认定为如实供述自己的罪行。

如果犯罪分子在供述过程中避重就轻，掩盖事实真相，企图蒙混过关；共同犯罪人为了保全自己而推卸责任，或者为了庇护同伙而包揽罪责，均不属于如实供述自己的主要犯罪事实，不能成立自首。犯罪人对自己供述的犯罪事实的性质进行辩解，属于犯罪人合法的辩护权、上诉权或申诉权，不影响自首的认定。

（二）特别自首成立的条件

特别自首，亦称准自首，是指被采取强制措施的犯罪嫌疑人、被告人和正在服刑的罪犯，如实供述司法机关还未掌握的本人其他罪行的行为。特别自首成立的条件如下：

1. 特别自首的主体必须是已被采取强制措施的犯罪嫌疑人、被告人和正在服刑的罪犯。所谓强制措施，是指公检法机关为了防止犯罪嫌疑人、被告人逃避侦查和审判，依照法定程序，对其人身自由加以一定限制或剥夺的强制方法，包括拘传、取保候审、监视居住、拘留、逮捕等强制措施。只有上述三种人，才能成为特别自首的主体。

2. 如实供述了自己的其他罪行。所谓其他罪行，亦称余罪，是相对于已被查获的罪行而言的，指的是犯罪嫌疑人、被告人和正在服刑的罪犯被指控、处理的罪行以外的罪行。根据有关司法解释，被采取强制措施的犯罪嫌疑人、被告人和已宣判的罪犯，如实供述司法机关尚未掌握的罪行，与司法机关已掌握的或者判决确定的罪行属不同种罪行的，以自首论；如果供述自己同种罪行的，只能算是坦白，不能认定为自首。

犯罪嫌疑人、被告人在被采取强制措施期间，向司法机关主动如实供述本人的其他罪行，该罪行能否认定为司法机关已掌握，应根据不同情形区别对待。如果该罪行已被通缉，一般应以该司法机关是否在通缉令发布范围内作出判断，不在通缉令发布范围内的，应认定为还未掌握；在通缉令发布范围内的，应视为已掌握；如果该罪行已录入全国公安信息网络在逃人员信息数据库，应视为已掌握。如果该罪行未被通缉、也未录入全国公安信息网络在逃人员信息数据库，应以该司法机关是否已实际掌握该罪行为标准。

犯罪嫌疑人、被告人在被采取强制措施期间如实供述本人其他罪行，该罪行与司法机关已掌握的罪行属同种罪行还是不同种罪行，一般应以罪名区分。虽然如实供述的其他罪行的罪名与司法机关已掌握犯罪的罪名不同，但如实供述的其他犯罪与司法机关已掌握的犯罪属选择性罪名或者在法律、事实上密切关联，如因受贿被采取强制措施后，又交代因受贿为他人谋取利益，构成滥用职权罪的，应认定为同种罪行。

3. 所供述的罪行必须尚未被司法机关发觉。这是由特殊自首的犯罪分子已因某罪归案待审或正在服刑的特殊情况决定的。

（三）犯罪单位自首的规定

2009年3月12日最高人民法院、最高人民检察院联合印发的《关于办理职务犯罪案件认定自首、立功等量刑情节若干问题的意见》（以下简称《办理职务犯罪案件认定自首、立功等量刑情节的意见》）对单位自首作出规定：单位犯罪案件中，单位集体决定或者单位负责人决定而自动投案，如实交代单位犯罪事实的，或者单位直接负责的主管人员自动投案，如实交代单位犯罪事实的，应当认定为单位自首。单位自首的，直接负责的主管人员和直接责任人员未自动投案，但如实交代自己知道的犯罪事实的，可以视为自首；拒不交代自己知道的犯罪事实或者逃避法律追究的，不应当认定为自首。单位没有自首，直接责任人员自动投案并如实交代自己知道的犯罪事实的，对该直接责任人员应当认定为自首。

（四）自首的处罚原则

根据《刑法》第 67 条的规定，对于自首的量刑，有以下两种情况：

1. 对于自首的犯罪分子，可以从轻或者减轻处罚。法律规定是"可以"从轻处罚或者减轻处罚，是指在通常情况下要从轻处罚或者减轻处罚，但不是对所有的自首犯罪人都一律从宽处罚，而是要根据犯罪的事实、性质、情节等多种因素全面考虑。对那些罪行特别严重、情节特别恶劣的犯罪人，即使有自首情节，也可以不从宽处罚；否则有违罪刑相适应原则，也给一些罪行极其严重的犯罪人逃避法律制裁提供了渠道。在适用从宽处罚的情况下，具体是适用从轻处罚还是减轻处罚，要考虑犯罪人主观恶性的大小、自首的具体情节，如投案早晚、投案动机、交代罪行的程度等。对于人身危险性较小、悔罪表现明显的犯罪人，可以减轻处罚。

2. 犯罪较轻的，可以免除处罚。这就是说，犯罪人犯有较轻之罪而自首的，不仅可以从轻处罚或者减轻处罚，还可以免除处罚。犯罪较轻是可以免除处罚的前提。

2021 年 7 月 1 日起施行的两高《量刑指导意见》规定，对于自首情节，综合考虑自首的动机、时间、方式、罪行轻重、如实供述罪行的程度以及悔罪表现等情况，可以减少基准刑的 40% 以下；犯罪较轻的，可以减少基准刑的 40% 以上或者依法免除刑罚。恶意利用自首规避法律制裁等不足以从宽处理的除外。

三、坦白

根据《刑法》第 67 条第 3 款的规定，坦白是指犯罪嫌疑人被动归案后，如实交代自己已被指控的犯罪事实的行为。

（一）坦白成立的条件

1. 坦白的主体是被动归案的犯罪嫌疑人。被动归案的表现形式主要有：被司法机关采取强制措施归案；被司法机关传唤到案；被群众扭送归案；等等。

2. 在交代的罪行上，坦白如实交代的是被指控的罪行，通常是指司法机关已经掌握的罪行。根据 1998 年 4 月 6 日最高人民法院发布的《关于处理自首和立功具体应用法律若干问题的解释》第 4 条的规定，被采取强制措施的犯罪嫌疑人、被告人和已宣判的罪犯，如实供述司法机关尚未掌握的罪行，与司法机关已掌握的或者判决确定的罪行属同种罪行的，以坦白论。例如，犯罪人犯故意伤害罪被判处 5 年有期徒刑，在服刑期间，主动交代还曾经犯有一起故意伤害的罪行、一起故意杀人的罪行，对故意杀人罪应以自首论，对交代的另一起故意伤害罪，则认定为坦白。

（二）坦白与自首的区别

坦白与自首有相同之处：都以自己实施了犯罪行为为前提；都在归案后如实供述了自己的罪行；都可以得到从宽处罚。两者的区别主要是：

1. 坦白是犯罪人被动归案，自首是犯罪人主动投案（一般自首）。

2. 坦白如实交代的是被指控的罪行，通常是指司法机关已经掌握的罪行；自首供述的既可以是被司法机关发觉的罪行，也可以是司法机关尚未发觉的罪行。

3. 在交代的态度上，坦白较多的是被动供述自己的罪行；而自首一般是主动供述自己的罪行。

坦白与自首上述区别的存在，使得自首比坦白从宽处罚的幅度要大。

（三）坦白的处罚原则

根据《刑法》第 67 条第 3 款的规定，对于坦白的犯罪分子，依照两种不同情况予以不同的从宽处罚：一般坦白的，可以从轻处罚；因坦白避免特别严重后果发生的，可以减轻处罚。

此外，2009 年 3 月 12 日最高人民法院、最高人民检察院发布的《办理职务犯罪案件认定自首、立功等量刑情节的意见》第 3 条规定，犯罪分子依法不成立自首，但如实交代犯罪事实，有下列情形之一的，可以酌情从轻处罚：①办案机关掌握部分犯罪事实，犯罪分子交代了同种其他犯罪事实的；②办案机关掌握的证据不充分，犯罪分子如实交代有助于收集定案证据的。犯罪分子如实交代犯罪事实，有下列情形之一的，一般应当从轻处罚：①办案机关仅掌握小部分犯罪事实，犯罪分子交代了部分未被掌握的同种犯罪事实的；②如实交代对于定案证据的收集有重要作用的。

2021 年 7 月 1 日起施行的两高《量刑指导意见》规定，对于坦白情节，综合考虑如实供述罪行的阶段、程度、罪行轻重以及悔罪表现等情况，确定从宽的幅度。如实供述自己罪行的，可以减少基准刑的 20% 以下；如实供述司法机关尚未掌握的同种较重罪行的，可以减少基准刑的 10% ~30%；因如实供述自己罪行，避免特别严重后果发生的，可以减少基准刑的 30% ~50%。

四、立功

（一）立功成立的条件

《刑法》第 68 条规定，犯罪分子有揭发他人犯罪行为，查证属实的，或者提供重要线索，从而得以侦破其他案件等情形的，属于立功。依据这一规定以及 1998 年 4 月 6 日最高人民法院通过的《关于处理自首和立功具体应用法律若干问题的解释》、2010 年 12 月 22 日最高人民法院印发的《关于处理自首和立功若干具体问题的意见》等司法解释，立功包括以下几种情况：

1. 检举、揭发他人犯罪行为，经查证属实。首先是有揭发他人犯罪行为的行为，而不是供述自己的犯罪行为，可以是同案犯共同犯罪以外的其他犯罪，也可以是其他人的犯罪行为；其次是揭发他人的犯罪行为，必须经查证属实。犯罪分子通过贿买、暴力、胁迫等非法手段，或者被羁押后与律师、亲友会见过程中违反监管规定，获取他人犯罪线索并"检举揭发"的，不能认定为有立功表现。犯罪分子将本人以往查办犯罪职务活动中掌握的，或者从负有查办犯罪、监管职责的国家工作人员处获取的他人犯罪线索予以检举揭发的，不能认定为有立功表现。

2. 提供侦破其他案件的重要线索，经查证属实。首先是犯罪人向司法机关提供了侦破其他案件的重要线索。所谓重要线索，是指对侦破案件具有决定意义的线索。其次是依据该线索，司法机关侦破了其他案件。犯罪人提供的线索是否重要，主要应当以司法机关能否依据该线索侦破其他案件为准。犯罪分子亲友为使犯罪分子"立功"，向司法机关提供他人犯罪线索、协助抓捕犯罪嫌疑人的，不能认定为犯罪分子有立功表现。

3. 阻止他人犯罪活动。

4. 协助司法机关抓捕其他犯罪嫌疑人（包括同案犯）。根据司法解释，下列行为属于"协助司法机关抓捕其他犯罪嫌疑人"：①按照司法机关的安排，以打电话、发信息等方式将其他犯罪嫌疑人（包括同案犯）约至指定地点的；②按照司法机关的安排，当场指认、辨认其他犯罪嫌疑人（包括同案犯）的；③带领侦查人员抓获其他犯罪嫌疑人（包括同案犯）的；④提供司法机关尚未掌握的其他案件犯罪嫌疑人的联络方式、藏匿地址的，等等。犯罪分子提供同案犯姓名、住址、体貌特征等基本情况，或者提供犯罪前、犯罪中掌握、使用的同案犯联络方式、藏匿地址，司法机关据此抓捕同案犯的，不能认定为协助司法机关抓捕犯罪嫌疑人。

5. 具有其他有利于国家和社会的突出表现。刑法及有关司法解释将立功分为一般立功和重大立功两种类型，上述 5 种情况属于一般立功表现。相对应的重大立功表现是：①犯罪分子检举、揭发他人重大犯罪行为，经查证属实的；②提供侦破其他重大案件的重要线索，经查证属实的；③阻止他人重大犯罪活动的；④协助司法机关抓捕其他重大犯罪嫌疑人（包括同案犯）的；⑤对国家和社会有其他重大贡献等表现的。

这里所称的"重大犯罪""重大案件""重大犯罪嫌疑人"的标准，一般是指犯罪嫌疑人、被告人可能被判处无期徒刑以上刑罚或者案件在本省、自治区、直辖市或者全国范围内有较大影响等情形。"可能被判处无期徒刑以上刑罚"，是指根据犯罪行为的事实、情节可能判处无期徒刑以上刑罚。案件已经判决的，以实际判处的刑罚为准。但是，根据犯罪行为的事实、情节应当判处无期徒刑以上刑罚，因被判刑人有法定情节经依法从轻、减轻处罚后判处有期徒刑或更轻刑罚的，不影响重大立功的认定。

（二）立功的处罚原则

《刑法》第 68 条规定，对于有立功表现的犯罪分子应当依照两种不同情况予以不同的从宽处罚：①对于有一般立功表现的，可以从轻或者减轻处罚。这既是可以型情节，又是多功能情节。对犯罪人是否从宽，从宽的幅度有多大，是从轻处罚还是减轻处罚，要根据犯罪人罪行轻重、立功大小及其他情况综合判断。②有重大立功表现的，可以减轻或者免除处罚。

2021 年 7 月 1 日起施行的两高《量刑指导意见》规定，对于立功情节，综合考虑立功的大小、次数、内容、来源、效果以及罪行的轻重等情况，确定从宽的幅度。一般立功的，可以减少基准刑的 20% 以下；重大立功的，可以减少基准刑的 20% ~ 50%；犯罪较轻的，减少基准刑的 50% 以上或者依法免除处罚。

五、数罪并罚

（一）数罪并罚的概念与特征

数罪并罚，是指对一人犯数罪的合并处罚。我国刑法中的数罪并罚，是指人民法院对犯罪分子在法定期限内所犯数罪分别定罪量刑，然后按照法定的原则和方法，决定应当执行的刑罚。数罪并罚具有以下三个特征：

1. 一人犯数罪。这是适用数罪并罚的前提条件，没有犯数个罪，也就谈不上并罚问题。数罪必须为一人所实施。一人犯一罪或非共犯的数人犯数罪，不适用数罪并罚。一人所犯数罪，既可以是故意犯罪，也可以是过失犯罪；既可以是单独犯罪的形式，也可以是共犯形式，即共犯的数人共同犯有数罪；既可以是犯罪的完成形态，也可以是犯罪的未完成形态。

2. 数罪必须发生在法定期限内。这是适用数罪并罚的时间条件。各国刑法对此有三种不同的规定：有的以判决宣告前所犯数罪为限，有的以判决确定前所犯数罪为限，有的以刑罚执行完毕或赦免前所犯数罪为限。我国《刑法》规定，对刑罚执行完毕以前所犯数罪均实行并罚，并根据数罪之间的不同关系采用不同的并罚方法。

3. 对犯罪分子所犯的数罪，先依照刑法的规定分别定罪量刑，然后按照数罪并罚原则，决定应当执行的刑罚。即对所犯数罪依照《刑法》分则的规定，一个罪一个罪地分别定罪量刑，然后按照《刑法》总则规定的数罪并罚原则，决定应当执行的刑罚。这种适用数罪并罚的顺序，可以使人清晰地看出数罪并罚的全过程，既保证了法律适用的科学性与准确性，又有利于犯罪人对具体的定罪量刑进行辩护，保障被告人的诉讼权利。

数罪并罚与罪数问题有紧密的联系：如果没有罪数标准，数罪并罚就没有了根据；如果

第十七章

脱离数罪并罚，罪数研究就失去了方向。两者的区别主要在于：①着眼点不同。罪数作为犯罪论问题，着眼于解决犯罪成立的个数；而数罪并罚则是在此基础上解决数罪是否需要并罚的问题。②依据罪数理论认为是数罪的，不一定要数罪并罚；不实行数罪并罚的，并非只有一罪。如处断的一罪（连续犯、吸收犯、牵连犯），罪数理论认为是实质的数罪，在一般情况下，法律也没有将其作为一罪加以规定（法律有特别规定的除外），但罪数理论和审判实践通常认为无需实行数罪并罚；又如法定的一罪（结合犯、惯犯、转化犯），罪数理论认为也是实质的数罪，但法律规定作为一罪处理，不实行数罪并罚；再如判决宣告前发现的同种数罪，我国审判实践通常也是按照一罪处理，不实行数罪并罚。

（二）数罪并罚的原则

数罪并罚的原则，是指对一人所犯数罪合并处罚所依据的准则。目前，世界各国立法例中所采取的数罪并罚原则，主要有以下四种：

1. 并科原则，亦称相加原则，即根据"有罪必罚"和"一罪一罚"的原则，认为数罪合并的刑罚，就是各罪刑罚的总和。也即对数罪分别宣告刑罚，然后数刑相加，合并执行。实行该原则，有的犯罪分子可能被判处有期徒刑几十年乃至几百年，往往超过人的生命极限。这不仅过于严厉，而且实际上难以执行。特别是数罪中有宣告死刑或无期徒刑的，受刑种性质的限制，更无法合并执行。因此，目前世界上单纯采用并科原则的国家很少。

2. 吸收原则，即"重刑吸收轻刑"的原则，是指在所犯数罪分别宣告的刑罚中，选择其中最重的一种刑罚作为执行的刑罚，其余较轻的刑罚，均被最重的刑罚所吸收，不予执行。吸收原则对某些刑种（如死刑、无期徒刑）比较适宜。但普遍适用却有明显的弊病：犯数罪与犯一罪受到的处罚相同，有重罪轻判之嫌，很不合理。所以单纯采用吸收原则的国家也很少。

3. 限制加重原则，这是针对并科原则和吸收原则存在的上述缺陷而提出的原则，是指对数罪分别判刑后，在数刑中最重一刑期以上，数罪总和刑期以下，确定应当执行的刑罚，并规定刑期最高不得超过一定的限度。限制加重原则采用较灵活的计算方法，在一定的幅度内，由审判人员根据实际情况确定应执行的刑期，克服了吸收原则和并科原则的缺点，对犯有数罪的罪犯，既不失之过严，又不失之过宽，比较合理。但它也有一定的缺陷，即只适用于有期徒刑、拘役和管制等有期限的自由刑的合并处罚，而无法适用于无期徒刑和死刑的合并处罚。

4. 综合原则，亦称折中原则，是指对数罪的合并处罚，不是单纯采用上述某一种原则，而是兼采并科原则、吸收原则和限制加重原则，以分别适用于不同刑种的合并处罚。由于综合原则能够使上述各种原则扬长避短，互为补充，便于适用，所以，目前世界上除少数国家外，大多数国家都采用该原则。

（三）我国刑法关于数罪并罚的综合原则

我国《刑法》第 69 条规定："判决宣告以前一人犯数罪的，除判处死刑和无期徒刑的以外，应当在总和刑期以下、数刑中最高刑期以上，酌情决定执行的刑期，但是管制最高不能超过三年，拘役最高不能超过一年，有期徒刑总和刑期不满三十五年的，最高不能超过二十年，总和刑期在三十五年以上的，最高不能超过二十五年。数罪中有判处有期徒刑和拘役的，执行有期徒刑。数罪中有判处有期徒刑和管制，或者拘役和管制的，有期徒刑、拘役执行完毕后，管制仍须执行。数罪中有判处附加刑的，附加刑仍须执行，其中附加刑种类相同的，合并执行，种类不同的，分别执行。"可见，我国刑法对数罪并罚实行的是综合原则，即以限制加重为主、以吸收合并为补充的原则。

1. 数罪中有被判处死刑或无期徒刑的，采取吸收原则，只执行一个死刑或无期徒刑，其他主刑被吸收。这是由死刑和无期徒刑的性质决定的。因为死刑是剥夺生命的刑罚，只能执行一次，而且此时其他刑罚（如徒刑、拘役、管制等）事实上已不可能执行，也不能在其他主刑执行完毕后，再来执行死刑，因为这样做既违背刑罚预防犯罪的目的，也违背人道主义的精神。数罪中有宣告几个无期徒刑或最重刑为无期徒刑的，只执行一个无期徒刑，不执行其他主刑，因为无期徒刑是剥夺终身自由的刑罚。一人所犯数罪判处了两个或两个以上无期徒刑，只能决定执行一个无期徒刑，不能将两个无期徒刑合并起来升格为死刑，因为无期徒刑是剥夺自由的刑罚，死刑是剥夺生命的刑罚，这是性质截然不同的两种刑罚，不能换算。

2. 数罪分别被判处有期徒刑、拘役或管制的，采取限制加重原则，即在总和刑期以下，数刑中最高刑期以上，酌情决定执行的刑期，但是管制最高不能超过 3 年，拘役最高不能超过 1 年，有期徒刑总和刑期不满 35 年的，最高不能超过 20 年，总和刑期在 35 年以上的，最高不能超过 25 年。对这种情况之所以采取限制加重原则，是因为有期徒刑、拘役和管制本身都有一定的期限，规定在总和刑期以下，数刑中最高刑期以上决定刑期，是比较适当的。但是，如果总和刑期过高，确定执行的刑期就可能过长，因而对最高刑期又必须予以限制。这是双重的限制，即总和刑期的限制和最高刑期的限制。当数罪总和刑期未超过法定最高限时，受总和刑期的限制；当数罪总和刑期超过法定最高限时，受法定并罚最高刑期的限制。例如，甲所犯数罪中，一罪被判处 13 年有期徒刑，如果第二个罪被判处 4 年有期徒刑，两罪总和刑期为 17 年，两罪中最高刑期为 13 年，甲的决定刑期就应当在 13 年以上 17 年以下；如果甲的第二个罪被判处 12 年有期徒刑，两罪总和刑期就是 25 年，超过了 20 年，甲的决定刑期就应当在 13 年以上 20 年以下；如果甲有三个罪分别被判处 13 年、12 年、15 年有期徒刑，三罪总和刑期就是 40 年，在 35 年以上，甲的决定刑期就应当在 15 年以上 25 年以下。

3. 如果数罪所判处的是不同的自由刑，如分别是有期徒刑、拘役和管制，则分别采取吸收原则和并科原则。数罪中有判处有期徒刑和拘役的，采取吸收原则，只执行有期徒刑，拘役被吸收。数罪中有判处有期徒刑和管制，或者拘役和管制的，采取并科原则，有期徒刑、拘役执行完毕后，管制仍须执行。

4. 数罪中有被判处附加刑的，附加刑仍需执行，不能被主刑吸收，也不能折抵，其中附加刑种类相同的，合并执行，种类不同的，分别执行。

根据 2000 年 12 月 13 日最高人民法院公布的《关于适用财产刑若干问题的规定》第 3 条的规定，对犯罪分子所犯数罪分别判处罚金的，应当实行并罚，将所判处的罚金数额相加，执行总和数额。一人犯数罪同时并处罚金和没收财产的，应当合并执行（并科原则）。但并处没收全部财产的，只执行没收财产（吸收原则）。例如，某甲因抢劫罪被判处有期徒刑 10 年；犯诈骗罪被判处有期徒刑 5 年，罚金 1 万元；犯盗窃罪被判处有期徒刑 6 年，罚金 2 万元。对主刑按限制加重原则在 20 年以下 10 年以上决定执行的刑罚，对罚金刑采取相加原则，共 3 万元。

从上述规定可以看出，我国刑法规定的综合原则具有以下特征：①所采取的各种原则均无普遍的适用效力，每一个原则仅适用于特定的刑罚方法和刑罚种类。吸收原则适用于死刑和无期徒刑。数罪中有判处有期徒刑和拘役的，也采取吸收原则。并科原则适用于附加刑，数罪中有判处有期徒刑和管制，或者拘役和管制的，也采取并科原则。限制加重原则只适用于有期徒刑、拘役、管制三种有刑期长短的自由刑。②我国刑法分则几乎所有罪刑式条文均把有期徒刑作为法定刑或供选择的法定刑之一，审判实践中适用最多的也是有期徒刑。可以说，有期徒刑是我国刑罚体系的核心和主干。这就决定了限制加重原则适用居于主导地位，吸收原则和并科原则居于辅助或次要地位。③吸收原则和限制加重原则的适用效力相互排斥，两种原则不能同时适用。就是说，在判决宣告的数个刑罚中含有死刑或无期徒刑的情况下，不论罪犯是否被判处其他主刑（有期徒刑、拘役、管制），只能适用吸收原则；而在判决宣告的数个刑罚均为有期自由刑（有期徒刑、拘役、管制）的情况下，则只能采用限制加重原则。并科原则适用于附加刑，不论主刑采用何种并罚原则，均不影响附加刑并科原则的适用。

（四）适用数罪并罚的几种情况

根据我国《刑法》第69～71条的规定，适用数罪并罚大致有以下几种不同的情况：

1. 判决宣告以前一人犯数罪的并罚。《刑法》第69条规定的数罪并罚原则，是以判决宣告以前一人犯数罪的情况为标准而确立的。因此，对一人所犯数罪在判决宣告以前均已被发现的，应当根据《刑法》第69条的规定实行并罚。这里的"数罪"，仅指异种数罪，不包括同种数罪。

2. 判决宣告后，刑罚执行完毕以前，发现有漏罪的并罚。《刑法》第70条规定："判决宣告以后，刑罚执行完毕以前，发现被判刑的犯罪分子在判决宣告以前还有其他罪没有判决的，应当对新发现的罪作出判决，把前后两个判决所判处的刑罚，依照本法第六十九条的规定，决定执行的刑罚。已经执行的刑期，应当计算在新判决决定的刑期以内。"

这种数罪并罚的特点是：①一个人所犯数罪都发生在判决宣告以前。②判决宣告以前，一些犯罪已经被发现，并已经被定罪量刑；另外一些罪在判决以前未被发现，在刑罚执行期间才被发现。③对判决宣告以后发现的漏罪作出判决。④把前后两个判决所判处的刑罚，依照《刑法》第69条的规定，决定应当执行的刑罚。⑤已经执行的刑期，应当计算在新判决决定执行的刑期以内。例如，甲犯了一个强奸罪和一个抢劫罪，强奸罪先被起诉，法院依法判处甲6年有期徒刑。在甲服刑3年时，发现他原来还犯有抢劫罪没有处理，法院就抢劫罪判处甲10年有期徒刑，依照《刑法》第70条的规定，对甲应当在16年以下10年以上，决定执行的刑罚。如果对他决定执行14年有期徒刑，应将已经执行的3年计算在14年之内，即甲尚需再执行11年有期徒刑。这种数罪并罚的计算方法称作"先并后减"。与第一种情况不同的是，发现漏罪并罚的范围不仅包括异种数罪，还包括同种数罪。

3. 判决宣告以后，刑罚执行完毕以前，又犯新罪的并罚。《刑法》第71条规定："判决宣告以后，刑罚执行完毕以前，被判刑的犯罪分子又犯罪的，应当对新犯的罪作出判决，把前罪没有执行的刑罚和后罪所判处的刑罚，依照本法第69条的规定，决定执行的刑罚。"

这种数罪并罚的特点是：①犯罪分子在判决宣告以后，刑罚执行完毕以前，又犯新罪；②对新犯的罪作出判决；③把前罪没有执行的刑罚（即减去已经执行的刑罚）和新罪所判处的刑罚，依照《刑法》第69条的规定，决定应当执行的刑罚。例如，甲犯故意杀人罪，判处15年有期徒刑，在服刑10年时，又犯放火罪被判处10年有期徒刑，甲原判15年有期徒刑，已执行10年，尚余5年有期徒刑。依照《刑法》第71条的规定，应当把还没有执行的5年（即15年减去10年）和对新罪所判的10年，依照《刑法》第69条的规定并罚，即在10年以上15年以下决定执行的刑罚。如果对甲决定执行12年有期徒刑，由于他已服刑10年，实际上对他总共执行了22年有期徒刑。这种数罪并罚的计算方法称作"先减后并"。发现漏罪并罚的范围包括同种数罪在内。

"先并后减"是处理漏罪的并罚方法，而"先减后并"是惩罚新罪的并罚方法。显然，犯罪分子在第三种情况下的人身危险性和社会危害性比在第二种情况下的要大，因此，处罚也应当更严厉，就是说，"先减后并"的计算方法较之"先并后减"的计算方法后果要更严厉。主要表现为：①其实际执行的最低刑期较高。例如，甲前罪被判处有期徒刑10年，执行4年时又犯新罪，被判处有期徒刑 8 年。用第三种方法即"先减后并"的方法并罚，应当是在 8 年以上 14 年以下决定执行的刑罚，加上已经执行的刑期 4 年，实际执行的刑期最低为 12 年。若用第二种方法即"先并后减"的方法并罚，则在 10 年以上 18 年以下决定执行的刑罚，实际执行的刑期最低只有 10 年。②其实际执行的刑期可能超过数罪并罚法定的最高刑期的期限。例如，甲前罪被判处有期徒刑 13 年，执行 6 年时又犯新罪，被判处有期徒刑 12 年。按照"先减后并"的方法并罚，应当在 12 年以上 19 年以下决定执行的刑罚，加上已经执行的 6 年，实际执行的刑期最高可达 25 年。若按照"先并后减"的方法并罚，实际执行的刑期不可能超过 20 年。③"先减后并"的计算方法还有一个特点，就是在服刑期间又犯罪的人，服刑时间越长而又重新犯罪，其实际执行的最低刑期就越长。例如，甲犯故意杀人罪被判处有期徒刑 7 年，执行 1 年后又犯故意伤害罪被判处有期徒刑 5 年，这时就应当在 6 年以上 11 年以下决定执行的刑期，加上已执行的 1 年，甲实际执行的刑期最低是 7 年有期徒刑，最高是 12 年有期徒刑。如果甲是在执行了 6 年后又犯故意伤害罪被判处有期徒刑 5 年，则要在 5 年以上 6 年以下决定执行的刑期，加上已执行的 6 年，甲实际执行的刑期最低是 11 年有期徒刑，最高是 12 年有期徒刑。就是说，甲服刑期间越长而又重新犯罪的，对他实际执行的最低刑就越长。

4. 判决宣告以后，刑罚执行完毕以前，既发现漏罪（包括数罪），又犯新罪（包括数罪）的并罚。

（1）判决宣告以后，刑罚执行完毕以前，发现有数个漏罪的，应当首先对数个漏罪分别定罪量刑，按照数罪并罚的原则作出判决。然后将决定执行的刑罚与前罪所判处的刑罚，再按照相应的数罪并罚原则，决定执行的刑罚。已经执行的刑期，应当计算在新判决决定的刑期以内。

（2）判决宣告以后，刑罚执行完毕以前，发现犯有数个新罪的，应当首先对数个新罪分别定罪量刑，按照数罪并罚的原则作出判决，然后将决定执行的刑罚与前罪未执行的刑罚，按照相应的数罪并罚原则进行合并，决定执行的刑罚。

（3）判决宣告以后，刑罚执行完毕以前，既发现漏罪又犯新罪的，应当按照以下顺序进行处理：首先，对漏罪作出判决，将漏罪所判处的刑罚与前一个判决所确定的刑罚，依照"先并后减"的原则决定执行的刑罚；再对新罪作出判决，将新罪判处的刑罚和上述判决决定的刑罚，依照"先减后并"的原则，最后决定应执行的刑罚。例如，犯罪人因犯抢劫罪被判处 15 年有期徒刑执行 7 年后，又犯故意伤害罪被判处 5 年有期徒刑。在对所犯新罪审理期间，发现犯罪人在原抢劫罪判决前，还犯有盗窃罪，又被判处 2 年有期徒刑。数罪并罚的顺序是：先将漏罪盗窃罪的 2 年有期徒刑与抢劫罪的 15 年有期徒刑实行并罚，在 15 年以上 17 年以下决定应当执行的刑罚。如果决定执行 16 年有期徒刑，因犯罪人已经执行 7 年有期徒刑，还有 9 年有期徒刑没有执行。再将没有执行的 9 年有期徒刑与故意伤害罪的 5 年有期徒刑，实行并罚，在 9 年以上 14 年以下决定应当执行的刑罚。如果决定执行 12 年有期徒刑，则犯罪人实际执行的刑期总共是 19 年有期徒刑。

第十八章

刑罚执行

第一节 刑罚执行概述

一、刑罚执行的概念

刑罚执行,是指刑罚执行机关将人民法院生效的刑事判决和裁定所确定的刑罚付诸实施的刑事司法活动。刑罚执行的特征如下:

(一) 刑罚执行是一种刑事司法活动

刑罚执行作为刑事诉讼的最后一道程序,与立案、侦查、起诉、审判活动一起,构成了刑事诉讼的全部内容。没有刑罚执行活动,刑事诉讼活动的绝大部分内容就得不到最终落实,成为无结果、无意义的活动。

(二) 刑罚执行的主体是刑罚执行机关

刑罚执行作为一项严肃的执法活动,必须由依法享有刑罚执行权的国家刑罚执行机关行使,除此以外,其他任何机关、团体和个人均无权行使。在我国,刑罚执行机关不是唯一的,对于不同的刑罚,分别由不同的刑罚执行机关执行。根据我国《刑法》《刑事诉讼法》《监狱法》的规定,死刑缓期二年执行、无期徒刑、有期徒刑由监狱执行,其中,未成年犯由未成年犯管教所执行。未成年犯年满18周岁时,剩余刑期不超过2年的,仍可以留在未成年犯管教所执行剩余刑期。被判处有期徒刑的罪犯在被交付刑罚执行前,剩余刑期在3个月以下的,由看守所代为执行;死刑(立即执行)、没收财产和罚金由人民法院执行;拘役和剥夺政治权利由公安机关执行。对被判处管制、宣告缓刑、假释或者暂予监外执行的罪犯,依法实行社区矫正,由社区矫正机构负责执行。

(三) 刑罚执行的对象是服刑人员

服刑人员,即因实施犯罪行为被判定有罪而受到刑罚处罚的人。在刑事司法的不同阶段,实施犯罪行为的人的地位是不同的。在生效的判决和裁定确定之前,只能作为犯罪嫌疑人和被告人,不能对其执行刑罚。只有依据生效的判决和裁定被判定有罪而受到刑罚处罚的人,才能成为执行刑罚的对象。

(四) 刑罚执行的依据是人民法院生效的判决和裁定

《刑事诉讼法》第259条规定,判决和裁定在发生法律效力后执行。下列判决和裁定是发生法律效力的判决和裁定:①已过法定期限没有上诉、抗诉的判决和裁定;②终审的判决和裁定;③最高人民法院核准的死刑判决和高级人民法院核准的死刑缓期二年执行的判决。

二、刑罚执行的内容

(一) 刑罚实现

所谓刑罚实现,是指将刑罚执行的内容付诸实施。例如,被判处死刑立即执行的犯罪人,刑罚实现意味着生命被剥夺;被判处附加没收全部财产的犯罪人,刑罚实现意味着其全部财产被强制无偿地收归国有。因此，刑罚实现是刑罚执行内容的核心。刑罚执行不同于刑事判决的执行。刑事判决有三种结果：①判决无罪。被告人的行为被判定无罪，自然就不会被判处刑罚，当然也就不会有刑罚执行。②判决有罪，但免予刑罚处罚。被告人的行为虽然被判定有罪，但根据法律规定被免除刑罚处罚，也不存在刑罚执行问题。③判决有罪并处以相应的刑罚。上述三种情况均属于刑事判决执行的内容，但只有第三种情况才是刑罚执行。

（二）罪犯矫正

自由刑是现代刑罚的核心和主干，我国也不例外。因此，刑罚执行活动中，占主导地位的是自由刑的执行。现代自由刑的执行并非单纯地对服刑人实行关押和监管，而是要对其进行教育、矫正和改造，使其假释出狱后或刑期届满后能够顺利回归社会，成为遵纪守法的公民。因此，罪犯矫正是现代刑罚执行的核心内容。[1]罪犯矫正可以分为监禁矫正和社区矫正两种类型。依据我国《刑法》《刑事诉讼法》及其他有关法律的规定，监禁矫正的对象包括被判处死刑缓期二年执行、无期徒刑、有期徒刑和拘役的罪犯。[2]社区矫正的对象包括以下四种人：①被判处管制的；②被宣告缓刑的；③被决定暂予监外执行的；④被裁定假释的。对于缓刑犯缓刑期间的考察，属于刑罚实现的一种特殊方式，而且缓刑犯同样需要接受教育、矫正和改造，因此应当纳入社区矫正的范围。

（三）刑罚变更

所谓刑罚变更，是指在自由刑执行过程中，服刑人员认真遵守监规，确有悔改表现，或者有立功表现，而相应地缩短刑期或者变更刑种，或者改变刑罚实现的方式。我国《刑法》规定的减刑制度涉及刑期缩短和刑种变更，假释制度和缓刑制度涉及刑罚实现方式的改变，均属于刑罚变更，属于刑罚执行的范畴。[3]刑罚变更是对罪犯的刑事奖惩，对于调动罪犯改造的积极性有极大的促进作用。

三、刑罚执行的原则

刑罚执行的原则，是指在刑罚执行过程中必须遵循的基本准则。主要包括：

（一）惩罚与改造相结合的原则

犯罪是具有严重的社会危害性的行为，国家对犯罪者实施惩罚是刑罚固有的属性，没有惩罚就无所谓刑罚。但现代刑罚又不仅仅着眼于对犯罪人的惩罚，更强调教育改造。因此，惩罚和改造是刑罚执行过程中不可分割的两个方面，必须正确处理好两者之间的关系，使两者有机结合，共同服务于刑罚的最终目的，即预防和减少犯罪。

（二）教育与劳动相结合的原则

教育和劳动是改造罪犯的两项最基本手段。教育内容主要包括思想教育、文化教育和职业技术教育；劳动主要是通过组织生产劳动来改造罪犯。两者的手段不同，所起的作用也有

---

〔1〕　自由刑执行具有时间长度和物理空间，便于对罪犯进行矫正。死刑（立即执行）、财产刑和剥夺政治权利都不是自由刑，矫正罪犯所需的时间和空间条件不足，甚至其必要性也有限。因此，所谓对罪犯的矫正，一般是针对被判处自由刑的服刑罪犯而言的。

〔2〕　死刑缓期二年执行是死刑的一种临时性替代措施，而不是一个独立的自由刑的刑种，但我国监狱对被判处死刑缓期二年执行的罪犯，也要进行教育、矫正和改造。根据《刑法》的规定，判处死刑缓期执行的，在死刑缓期执行期间，如果没有故意犯罪，2年期满以后，减为无期徒刑；如果确有重大立功表现，2年期满以后，减为25年有期徒刑。实际上，被判死缓的罪犯2年考验期满后，绝大多数都被减为无期徒刑或有期徒刑。

〔3〕　我国刑法学教学中所指的刑罚执行主要指"刑罚变更"，即减刑、假释（有的还包括缓刑），因为"刑罚实现"的内容在"刑罚的体系和种类"一章中已有论述；"罪犯矫正"的内容非常丰富，非刑罚执行本身所能概括，因而有专门的"监狱学或罪犯矫正"课程。

差别。要将两者有机地结合起来，共同服务于改造罪犯的目的。单纯的劳动或单纯的教育，不仅不能有效地改造罪犯，还使其自身作用的发挥受到限制。

（三）行刑人道主义原则

在刑罚执行过程中贯彻人道主义原则，是保障人权和刑事法治的应有之义。行刑人道主义原则主要表现为把罪犯当人看，尊重罪犯的人格，严禁体罚、虐待罪犯；保障罪犯必要的生活卫生条件；针对罪犯的不同情况，合理安排劳动，不搞超时、超体力劳动；申诉、控告、举报以及其他未被剥夺或限制的权利不受侵犯；罪犯个人合法财产不受侵犯；等等。

（四）行刑个别化原则

行刑个别化原则，是指在刑罚执行过程中，根据服刑人员的不同情况，采取有针对性的教育改造措施。犯罪人的生活经历、社会背景、犯罪原因、犯罪性质、刑罚种类、刑期长短、主观恶性程度等各有差异，决定了对罪犯教育改造的难易程度亦各不相同。只有采取有针对性的措施，才能取得理想的效果。我国监狱的行刑个别化主要体现为：对罪犯实行分类关押、分别监管，尤其要对男犯和女犯、成年犯和未成年犯实行分别关押；根据罪犯的主观恶性程度、犯罪性质、刑期长短、年龄、性别、文化程度等具体情况，实施分类教育和个别教育，做到因人施教，对症下药；根据罪犯的服刑表现，依法予以奖惩，做到奖优罚劣、赏罚分明，调动罪犯改造的积极性。

（五）行刑社会化原则

行刑社会化原则，是指要尽可能地打破监狱与外部社会之间的隔绝状态，使罪犯在服刑期间有较多的与社会接触的机会，同时调动社会各方面的力量参与对罪犯的教育改造。现代监狱主观上追求的是罪犯的再社会化，而监禁环境客观上容易使罪犯产生一种与一般社会人不同的人格特征，即人格的监狱化，使罪犯的再社会化变得更加艰难。实际上，让一个人脱离正常的社会生活，并将其置于反常的社会环境之中，同时却希望他们将来能够适应正常的社会生活，这是很难做到的。这种目标与手段之间的矛盾，是现代监狱教育矫正罪犯效能低下的重要原因之一。行刑社会化就是要使罪犯在服刑期间有机会接触外界社会，减轻监狱化的不良影响，使其刑满后能够顺利回归社会。

第二节 刑罚执行的制度

一、缓刑

（一）缓刑的概念

缓刑是对原判刑罚附条件不执行的一种刑罚制度。我国刑法中的缓刑是指人民法院对于被判处拘役、3 年以下有期徒刑的犯罪分子，根据其犯罪情节、悔罪表现、再犯罪危险以及对居住社区的影响，规定一定的考验期，暂缓其刑罚执行的制度。

缓刑不是刑种，而是刑罚具体适用上的一项制度。宣告缓刑必须以判处刑罚为前提，缓刑不能脱离原判刑罚而存在。其基本特点是：判处刑罚，同时宣告暂缓执行，但又在一定期限内保持执行的可能性。如果被判处缓刑的犯罪分子在一定期限内能够遵守一定的条件，原判刑罚就不再执行；如果违反应遵守的条件，原判刑罚仍需执行。

我国《刑法》规定的缓刑制度，是专门机关与群众路线相结合的预防和控制犯罪的方针政策在刑罚中的具体运用，是宽严相济的刑事政策的具体体现。缓刑的适用对于克服短期自由刑的弊端，贯彻行刑社会化原则，提高刑罚适用的效果，更好地教育矫正犯罪人，有十分积极的作用。

（二）缓刑适用的对象与条件

根据《刑法》第72、74条的规定，缓刑适用的对象与条件如下：

1. 被判处的是拘役或者3年以下有期徒刑的刑罚。这是适用缓刑的前提条件，具体包含以下几层意思：①由于缓刑是附条件不执行原判刑罚，因此一般只适用于罪行较轻的罪犯。被判处3年以上有期徒刑的犯罪，相对来说是罪行较重的，《刑法》规定不能判处缓刑。这里所说的"3年以下有期徒刑"是指宣告刑而不是法定刑。犯罪分子所犯之罪的法定刑虽然是3年以上有期徒刑，但具有减轻处罚的情节，宣告刑是3年以下有期徒刑的，可以适用缓刑。比如，《刑法》第239条第1款规定，犯绑架罪，情节较轻的，处5年以上10年以下有期徒刑，并处罚金。这一规定并没有排除缓刑适用的可能性。如果犯罪人具有法定减轻处罚的情节，被判处3年有期徒刑，就可以适用缓刑。②被判处管制或者单处附加刑的，不适用缓刑。适用缓刑的重要价值之一在于避免短期监禁的弊端。管制是对犯罪人不予关押，将其留在社区服刑，仅限制一定的人身自由，而非剥夺人身自由。单处附加刑也不会导致人身自由被剥夺。两者均没有适用缓刑的必要。③一人犯数罪，数罪并罚后决定执行的刑罚为拘役或者3年以下有期徒刑的，符合适用缓刑条件的，仍可以适用缓刑。

2. 对于一般主体，如果同时符合下述四项条件，则可以适用缓刑：①犯罪情节较轻；②有悔罪表现；③没有再犯罪的危险；④宣告缓刑对所居住社区没有重大不良影响。

考虑到不满18周岁的人、怀孕的妇女和已满75周岁的人三类主体的特殊情况，从加强对未成年人、未出生婴儿的保护的角度，基于人道主义对老年人从宽处理的角度，《刑法》第72条规定，对于符合缓刑条件的上述三类主体，应当宣告缓刑。

3. 犯罪分子不是累犯和犯罪集团的首要分子。《刑法》第74条规定："对于累犯和犯罪集团的首要分子，不适用缓刑。"因为累犯和犯罪集团的首要分子，主观恶性较深，适用缓刑难以防止其重新犯罪，故将其排除在缓刑适用范围之外。

（三）缓刑的考验期及其考察

缓刑是暂不执行原判刑罚，最终是否执行，要看犯罪人的现实表现如何，因此，人民法院在宣告缓刑的同时，就应当确定适当的缓刑考验期。《刑法》第73条第1、2款规定："拘役的缓刑考验期限为原判刑期以上一年以下，但是不能少于二个月。有期徒刑的缓刑考验期为原判刑期以上五年以下，但是不能少于一年。"根据这一规定，缓刑的考验期限长短是以原判刑期的长短为基础的，可以等于或长于原判刑期，但不能少于原判刑期。这一规定，既体现了罪刑相适应原则，又符合区别对待的刑事政策的要求，同时给审判机关留下了一定的裁量余地。在确定具体的缓刑考验期限时，应根据犯罪情节和犯罪人的悔罪表现等具体情况综合考虑。

《刑法》第73条第3款规定："缓刑考验期限，从判决确定之日起计算。""判决确定之日"是指判决发生法律效力之日。判决前先行羁押的日期，不予折抵缓刑考验期，因为二者的性质不同。

《刑法》第75条规定，被宣告缓刑的犯罪分子，在缓刑考验期内应当遵守下列规定：①遵守法律、行政法规，服从监督；②按照考察机关的规定报告自己的活动情况；③遵守考察机关关于会客的规定；④离开所居住的市、县或者迁居，应当报经考察机关批准。

《刑法》第72条第2款规定，宣告缓刑，可以根据犯罪情况，同时禁止犯罪分子在缓刑考验期限内从事特定活动，进入特定区域、场所，接触特定的人。根据该款规定，法官可以用禁止令的方式，对宣告缓刑的犯罪分子有针对性地在缓刑考验期限内进行一定的约束。这里所规定的"根据犯罪情况"，主要是指根据犯罪分子的犯罪情节、生活环境、是否有不良癖

第十八章

好等确定禁止令的内容。"特定的活动"应是与原犯罪行为相关联的活动；"特定的人"，应是原犯罪行为的被害人及其近亲属、特定的证人等；"特定的区域、场所"，应是原犯罪的区域、场所以及与原犯罪场所相类似的场所、区域等。

对宣告缓刑的犯罪分子，在缓刑考验期限内，由社区矫正机构依法实行社区矫正。

（四）缓刑的法律后果

《刑法》第76条规定，缓刑犯"如果没有本法第七十七条规定的情形，缓刑考验期满，原判的刑罚就不再执行，并公开予以宣告"。《刑法》第77条规定："被宣告缓刑的犯罪分子，在缓刑考验期限内犯新罪或者发现判决宣告以前还有其他罪没有判决的，应当撤销缓刑，对新犯的罪或者新发现的罪作出判决，把前罪和后罪所判处的刑罚，依照本法第六十九条的规定，决定执行的刑罚。被宣告缓刑的犯罪分子，在缓刑考验期限内，违反法律、行政法规或者国务院有关部门关于缓刑的监督管理规定，或者违反人民法院判决中的禁止令，情节严重的，应当撤销缓刑，执行原判刑罚。"

根据上述规定，缓刑的法律后果有以下四种情况：

1. 被宣告缓刑的犯罪分子，在缓刑考验期内再犯新罪。适用缓刑的关键条件是犯罪分子没有再犯罪的危险。如果缓刑犯在缓刑考验期内再犯新罪，则说明其对社会仍有危害，当然应撤销缓刑，对前罪和后罪依照《刑法》第69条的规定，实行数罪并罚，已经执行的缓刑考验期限不能计算在新判决确定的刑期以内。再犯的新罪，可以是在缓刑考验期限内发现的，也可以是在缓刑考验期满后发现的。只要没有超过法定的追诉时效，都要撤销缓刑，实行数罪并罚。

2. 在缓刑考验期内，发现被宣告缓刑的犯罪分子，在缓刑宣告以前还有其他罪没有判决的，应当撤销缓刑，对前罪和漏罪依照《刑法》第69条的规定，实行数罪并罚，已经执行的缓刑考验期限不能计算在新判决确定的刑期以内。所发现的漏罪，只有是在缓刑考验期间发现的，才撤销缓刑，实行数罪并罚；如果所发现的漏罪，是在缓刑考验期满后才发现的，原判缓刑不再撤销，当然也就不会有数罪并罚。

3. 被宣告缓刑的犯罪分子，在缓刑考验期限内，违反法律、行政法规或者国务院有关部门关于缓刑的监督管理规定，或者违反人民法院判决中的禁止令，情节严重的，应当撤销缓刑，执行原判刑罚。缓刑犯在缓刑考验期内违法或者违反缓刑监督管理规定，或者违反人民法院判决中的禁止令，说明其并没有真诚悔过，对社会还有一定的危害，所以应撤销缓刑，收监执行原判刑罚。

根据2002年4月10日最高人民法院公布的《关于撤销缓刑时罪犯在宣告缓刑前羁押的时间能否折抵刑期问题的批复》的规定，被宣告缓刑的犯罪分子撤销缓刑执行原判刑罚的，对其在宣告缓刑前羁押的时间应当折抵刑期。

4. 被宣告缓刑的犯罪分子，如果没有《刑法》第77条第2款规定的撤销缓刑的情形，缓刑考验期满，原判的刑罚就不再执行，并公开予以宣告。此外，根据《刑法》第72条第3款的规定，缓刑的效力不及于附加刑。被宣告缓刑的犯罪分子，如果被判处附加刑的，附加刑仍须执行。

（五）缓刑与相关概念辨析

1. 缓刑不同于免除处罚。两者区别在于：免除处罚是犯罪人被判定有罪，但不判处刑罚，即定罪而不判刑。因此，被免除刑罚处罚的犯罪人，是没有被判刑，不存在执行刑罚的可能性。缓刑是犯罪人不仅被判定有罪，而且被判处了刑罚，既定罪又判刑，只是暂缓执行。因此，被判处缓刑的犯罪人如果出现法定的事由，就要撤销缓刑，执行原判刑罚。

2. 缓刑不同于暂予监外执行。两者区别在于：①性质不同。缓刑是附条件暂不执行原判刑罚；而暂予监外执行只是刑罚执行场所的变更，刑罚执行并未中断。②适用对象不同。缓刑只适用于被判处拘役和3年以下有期徒刑的犯罪人；而暂予监外执行适用于被判处拘役、有期徒刑的犯罪人，以及部分地适用于被判处无期徒刑的犯罪人，没有"3年以下"刑期的限制。③适用的条件不同。缓刑适用考虑的条件包括犯罪人的犯罪情节、悔罪表现、再犯罪危险和对所居住社区的影响；而暂予监外执行适用的对象是患有严重疾病需要保外就医，怀孕或者正在哺乳自己婴儿的妇女，生活不能自理、适用暂予监外执行不致危害社会的犯罪人。④适用主体不同。缓刑由人民法院适用；而暂予监外执行由监狱管理部门决定或者人民法院决定。⑤法律依据不同。缓刑适用的依据是《刑法》；而暂予监外执行适用的依据是《刑事诉讼法》和《监狱法》。

3. 缓刑不同于死刑缓期二年执行。两者的区别是：①适用的前提不同。缓刑以犯罪人被判处拘役、3年以下有期徒刑为前提，即犯罪人被判处的是较轻的刑罚；而死刑缓期二年执行以犯罪人被判处死刑为前提，犯罪人被判处的是最重的刑罚即死刑。②执行场所不同。缓刑是把犯罪人留在社区进行教育矫正；而死刑缓期二年执行则是将犯罪人关押于监狱进行教育改造。③考验期限不同。缓刑考验期限，受原判刑罚的限制而有长短不同的期限；而死刑缓期二年执行的考验期限是2年。④法律后果不同。缓刑考验期满，犯罪人如果遵守缓刑考察的要求，原判刑罚将不再执行。如果出现法定的事由，缓刑将被撤销，犯罪人承担相应的法律后果。死缓考验期满，可能被减为无期徒刑或有期徒刑，也可能被执行死刑。

（六）战时缓刑

我国《刑法》第449条规定了战时缓刑制度："在战时，对被判处三年以下有期徒刑没有现实危险宣告缓刑的犯罪军人，允许其戴罪立功，确有立功表现时，可以撤销原判刑罚，不以犯罪论处。"根据上述规定，战时缓刑与一般缓刑的区别如下：

1. 适用对象不同。战时缓刑只限于对犯罪军人适用；而一般缓刑除累犯和犯罪集团的首要分子外，对犯罪人具有普遍适用性。

2. 适用法定条件不同。战时缓刑适用条件是没有现实危险，即没有逃跑、投敌或其他危险；而一般缓刑适用条件是犯罪情节较轻、有悔罪表现、没有再犯罪的危险并且宣告缓刑对所居住社区没有重大不良影响。

3. 适用时间不同。战时缓刑只能在战时适用。所谓战时，根据《刑法》第451条的规定，是指国家宣布进入战争状态、部队受领作战任务或者遭敌突然袭击时。部队执行戒严任务或者处置突发性暴力事件时，以战时论；而一般缓刑没有时间限制。

4. 考察内容不同。战时缓刑考验允许戴罪立功的犯罪军人是否有立功表现；一般缓刑则考验犯罪人在考验期限内是否遵守缓刑的监督管理规定。

5. 考验期限不同。刑法没有对战时缓刑的考验期限予以规定；一般缓刑则是在宣告缓刑的同时即确定缓刑考验的明确期限。

6. 法律后果不同。战时缓刑的法律后果是：当戴罪立功的军人确有立功表现时，不仅可以撤销原判刑罚，而且不以犯罪论，这显然比原判刑罚不再执行的处理更为宽大；一般缓刑的法律后果是：在对犯罪分子考验期满后，原判的刑罚不再执行，但仍以犯罪论。

二、减刑

（一）减刑的概念

根据《刑法》第78条的规定，所谓减刑，是指对于被判处管制、拘役、有期徒刑、无期徒刑的犯罪分子，在刑罚执行期间，如果认真遵守监规，接受教育改造，确有悔改表现，或者有立功表现的，而适当减轻其原判刑罚的制度。所谓减轻原判刑罚，既可以是将较重的刑种减为较轻的刑种，如将无期徒刑减为有期徒刑；也可以是将较长的刑期减为较短的刑期，如将 11 年有期徒刑减为 9 年有期徒刑。

减刑与减轻处罚不同。减轻处罚是人民法院在判决宣告或者确定前，对具有法定或酌定减轻处罚情节的犯罪分子，在法定最低刑以下判处刑罚；而减刑则是在判决确定以后、刑罚执行中，对符合法定条件的罪犯的原判刑罚予以适当减轻。减刑适用的对象是正在服刑的已决犯，而减轻处罚适用的对象是未决犯。

减刑与改判不同。改判是改正已经发生法律效力的在事实认定或者法律适用上确有错误的判决。改判必须依照审判监督程序进行，改判必定是改变原判决，改判后的刑罚或是轻于原来的判决，或是重于原来的判决。减刑则并不以原判决有错误为前提，也不改变原判决，而是在承认原判决的基础上，因刑罚执行中发生法定的事由而适当减轻原判刑罚，是一种刑罚执行制度。因此，虽然两者都是对原判刑罚的调整，但调整的原因不同。

减刑制度是行刑个别化原则的具体运用。如果罪犯认真遵守监规，接受教育改造，确有悔改表现，或者有立功表现，表明其人身危险性和再犯可能性减小，相应地应当减轻原判刑罚，以鼓励和奖励犯罪分子在服刑过程中的积极表现，促使其改过自新，重新做人，释放后能够顺利回归社会，成为遵纪守法、自食其力的公民。

（二）减刑适用的对象与条件

依据《刑法》第 78 条的规定，减刑适用的对象与条件如下：

1. 减刑适用的对象是被判处管制、拘役、有期徒刑和无期徒刑的犯罪分子。死刑缓期二年执行依法减为无期徒刑或者有期徒刑，实质上是减轻了刑罚，可以说是一种特殊减刑，但不是《刑法》第 78 条所规定的减刑。附加刑的减轻，也是特殊的减刑，但也不是《刑法》第 78 条所规定的减刑。被判处拘役或者 3 年以下有期徒刑并宣告缓刑的罪犯，一般不适用减刑。

2. 在刑罚执行期间，认真遵守监规，接受教育改造，确有悔改表现，或者有立功表现。根据 2016 年 11 月最高人民法院公布的《关于办理减刑、假释案件具体应用法律的规定》（以下简称《办理减刑、假释案件的规定》）第 3 条的规定，"确有悔改表现"是指同时具备以下条件：①认罪悔罪；②遵守法律法规及监规，接受教育改造；③积极参加思想、文化、职业技术教育；④积极参加劳动，努力完成劳动任务。对职务犯罪、破坏金融管理秩序和金融诈骗犯罪、组织（领导、参加、包庇、纵容）黑社会性质组织犯罪等罪犯，不积极退赃、协助追缴赃款赃物、赔偿损失，或者服刑期间利用个人影响力和社会关系等不正当手段意图获得减刑、假释的，不认定其"确有悔改表现"。但罪犯在刑罚执行期间的申诉权利应当依法保护，对其正当申诉不能不加分析地认为是不认罪悔罪。

上述司法解释第 4 条规定，具有下列情形之一的，可以认定为有"立功表现"：①阻止他人实施犯罪活动的；②检举、揭发监狱内外犯罪活动，或者提供重要的破案线索，经查证属实的；③协助司法机关抓捕其他犯罪嫌疑人的；④在生产、科研中进行技术革新，成绩突出的；⑤在抗御自然灾害或者排除重大事故中，表现积极的；⑥对国家和社会有其他较大贡献的。

我国刑法将减刑分为可以减刑和应当减刑两种情况。所谓"可以减刑"，是指是否对罪犯减刑由人民法院自由裁量；所谓"应当减刑"，是指人民法院必须予以减刑。

《刑法》第 78 条规定，犯罪分子认真遵守监规，接受教育改造，确有悔改表现的，或者有立功表现的，可以减刑。有重大立功表现的，应当减刑。[1]

----

[1] 这里作为减刑条件的立功、重大立功不同于作为量刑情节的立功、重大立功。作为减刑条件的立功、重大立功发生在刑罚执行期间，作为量刑情节的立功、重大立功发生在犯罪发生以后、判决尚未宣告前的诉讼过程中。前者是减刑的根据，后者是量刑的情节。此外，两者在内容上也有所不同。

对于罪犯符合"可以减刑"条件的案件，办理时应当综合考察罪犯犯罪的性质和具体情节、社会危害程度、原判刑罚及生效裁判中财产性判项的履行情况、交付执行后的一贯表现等因素。

根据刑法及相关司法解释，具有下列情形之一的，应当认定为有"重大立功表现"：①阻止他人实施重大犯罪活动的；②检举监狱内外重大犯罪活动，经查证属实的；③协助司法机关抓捕其他重大犯罪嫌疑人（包括同案犯）的；④有发明创造或者重大技术革新的；⑤在日常生产、生活中舍己救人的；⑥在抗御自然灾害或者排除重大事故中，有突出表现的；⑦对国家和社会有其他重大贡献的。

（三）减刑的限度与幅度

《刑法》第78条第2款规定，减刑以后实际执行的刑期不能少于下列期限：①判处管制、拘役、有期徒刑的，不能少于原判刑期的1/2；②判处无期徒刑的，不能少于13年；③人民法院依照《刑法》第50条第2款规定限制减刑的死刑缓期执行的犯罪分子，缓期执行期满后依法减为无期徒刑的，不能少于25年，缓期执行期满后依法减为25年有期徒刑的，不能少于20年。

减刑限度受到两方面的制约：①减刑不能过多，否则违背罪刑相当原则，有损刑罚的公正性，刑罚一般预防的目的不易实现；②减刑也不能过少，否则刑罚个别化的目标难以达到，罪犯得不到有效的奖励和鼓励，刑罚特殊预防的目的不易实现。为避免减刑滥用，2016年11月最高人民法院公布的《办理减刑、假释案件的规定》对减刑的起始时间、幅度与限度作了非常详细的规定。

（四）减刑的程序

为避免减刑的错用和滥用，维护刑法的严肃性，《刑法》第79条对减刑的程序作了特别规定："对于犯罪分子的减刑，由执行机关向中级以上人民法院提出减刑建议书。人民法院应当组成合议庭进行审理，对于确有悔改或者立功事实的，裁定予以减刑。非经法定程序不得减刑。"根据这一规定，减刑的法定程序是：①减刑的提出。对于可以减刑的犯罪分子，由执行机关向中级以上人民法院提出减刑建议书。②减刑的审理。中级以上人民法院应当组成合议庭进行审理，对于确有悔改或者立功事实的，裁定予以减刑。

（五）减刑后刑期的计算

减刑后刑期的计算，因刑种的不同而有所不同：①判处管制、拘役、有期徒刑的，减刑后的刑期从原判决执行之日起算，原判刑期已经执行的部分，计算在减刑后的刑期以内。②《刑法》第80条规定，无期徒刑减为有期徒刑的刑期，从裁定减刑之日起计算；已经执行的刑期和判决前先行羁押的日期，不计算在内。③无期徒刑减为有期徒刑以后，再次减刑的，其刑期应当从前次裁定减为有期徒刑之日起计算。

根据2016年11月公布的《办理减刑、假释案件的规定》，①罪犯被裁定减刑后，刑罚执行期间因故意犯罪而数罪并罚时，经减刑裁定减去的刑期不计入已经执行的刑期。原判死刑缓期执行减为无期徒刑、有期徒刑，或者无期徒刑减为有期徒刑的裁定继续有效。②罪犯被裁定减刑后，刑罚执行期间因发现漏罪而数罪并罚的，原减刑裁定自动失效。如漏罪系罪犯主动交代的，对其原减去的刑期，由执行机关报请有管辖权的人民法院重新作出减刑裁定，予以确认；如漏罪系有关机关发现或者他人检举揭发的，由执行机关报请有管辖权的人民法院，在原减刑裁定减去的刑期总和之内，酌情重新裁定。③人民法院按照审判监督程序重新审理的案件，裁定维持原判决、裁定的，原减刑裁定继续有效。再审裁判改变原判决、裁定的，原减刑裁定自动失效，执行机关应当及时报请有管辖权的人民法院重新作出是否减刑的裁定。重新作出减刑裁定时，不受本规定有关减刑起始时间、间隔时间和减刑幅度的限制。重新裁定时应综合考虑各方面因素，减刑幅度不得超过原裁定减去的刑期总和。

三、假释

（一）假释的概念

假释，是指被判处剥夺自由刑的罪犯，在服刑一定时间后，按照一定程序附条件提前释放的制度。我国刑法规定的假释，是指对于被判处有期徒刑、无期徒刑的犯罪分子，在执行一定刑期之后，因其认真遵守监规，接受教育改造，确有悔改表现，没有再犯罪的危险，而附条件地提前释放的一种刑罚执行制度。附条件释放，是指可逆的释放，被假释的犯罪分子如果遵守一定的条件，就认为原判刑罚已经执行完毕；而如果违反了相关规定，则收监执行原判剩余刑期或数罪并罚。

假释与刑满释放不同。假释是附条件地释放，仍存在收监执行的可能性，具有可逆性；而刑满释放是无条件地释放，不存在收监执行的可能性，不具有可逆性。

假释与监外执行不同。两者区别在于：①假释适用于服刑期间确有悔改表现的犯罪分子；监外执行适用于有特殊情形不宜在监狱服刑的犯罪人，例如，有严重疾病需要保外就医，怀孕或正在哺乳自己婴儿的妇女，等等。②假释犯在考验期内出现法定的撤销假释事由，如再犯新罪、发现漏罪或者违反有关部门有关假释的监督管理规定的，应当收监执行未执行完毕的刑期；监外执行中只要法定的理由消失，就应当将犯人收监服刑。③假释如果被撤销，经过的假释考验期间不予折抵刑期；而监外执行的时间要计入原判刑期。

假释与缓刑不同。两者都是附条件地不执行原判刑罚，都以没有再犯罪危险为适用的前提。其区别在于：①假释适用于被判处有期徒刑、无期徒刑的犯罪分子；而缓刑适用于被判处拘役或3年以下有期徒刑的犯罪分子，即只适用于判刑较轻的犯罪分子。②假释是在刑罚执行过程中由人民法院审理裁定的；而缓刑是人民法院在审判量刑阶段直接决定的。③缓刑是附条件地不执行原判全部刑期；而假释是附条件地不执行原判决尚未执行完毕的刑期。

假释与减刑不同。两者都是刑罚执行制度，都发生在刑罚执行阶段。其区别在于：①假释仅适用于被判处有期徒刑、无期徒刑的犯罪分子；而减刑适用于被判处管制、拘役、有期徒刑、无期徒刑的犯罪分子。②假释对一个在监狱服刑的犯罪分子只能适用一次；而减刑对同一个正在服刑的犯罪分子可以适用多次。③假释是附条件地不执行剩余刑期，仍存在执行的可能性，具有可逆性；而减刑减去的刑罚不具有可逆性，不能再执行。④假释的直接结果是犯罪人被释放；而减刑的直接结果是减轻原判刑罚，如果犯罪人减刑后仍有剩余刑期没有执行，则需要继续留在监狱服刑。

假释是现代各国十分重要的一项刑罚执行制度。假释制度，最初被看成是对罪犯的一种恩惠，现在普遍地被理解为是典型的监禁刑替代措施。随着教育刑思想的流行，世界各国的立法者、司法者以及理论工作者越来越认识到，刑法保卫社会的根本途径主要不是通过威吓而是通过教育改造使罪犯重返社会。假释的意义主要在于通过附条件地提前释放这种优待措施，鼓励犯罪分子悔过自新，重返社会。除此之外，假释还被看作减少监狱人口的有效措施。

（二）假释适用的对象与条件

根据《刑法》第81条的规定，假释适用的对象与条件如下：

1. 假释的对象是被判处有期徒刑、无期徒刑的犯罪分子。假释的性质和特点决定了它只能适用于被判处剥夺自由刑罚的罪犯。我国刑法规定的自由刑有管制、拘役、有期徒刑、无期徒刑四种。管制属于限制人身自由而不是剥夺人身自由，无所谓监禁与假释的问题；拘役属于短期剥夺人身自由刑种，适用假释实际意义不大。因此，我国《刑法》规定适用假释的对象是被判处有期徒刑、无期徒刑的犯罪分子。根据司法解释，死刑缓期二年执行罪犯减为无期徒刑或者有期徒刑后，符合假释条件的，可以假释。

2. 对累犯以及因故意杀人、强奸、抢劫、绑架、放火、爆炸、投放危险物质或者有组织的暴力性犯罪被判处 10 年以上有期徒刑、无期徒刑的犯罪分子，不得假释。这是对假释的禁止性规定。

累犯不得假释。累犯是已经执行过较重刑罚又犯较重之罪的人，屡教不改，主观恶性和人身危险性比较大，如果将其提前释放到社会上，具有相当的危险性。因此，《刑法》特别规定，对于累犯不得适用假释。

因故意杀人、强奸、抢劫、绑架、放火、爆炸、投放危险物质或者有组织的暴力性犯罪被判处 10 年以上有期徒刑、无期徒刑的犯罪分子，不得假释。这里的"10 年以上有期徒刑和无期徒刑"包含两层含义：①指原判刑罚，即使被减刑后的刑期低于 10 年有期徒刑，也不得假释。被判处死刑缓期执行的罪犯，被减为无期徒刑、有期徒刑后，当然也不得假释；②如果一人犯有数罪，数罪并罚被判处 10 年以上有期徒刑、无期徒刑，但其中没有一罪被判处 10 年以上有期徒刑、无期徒刑的，只要符合假释条件的，仍可以对该犯罪分子适用假释。例如，犯罪人犯抢劫罪被判处 8 年有期徒刑，犯故意伤害罪被判处 9 年有期徒刑，数罪并罚决定执行 15 年有期徒刑。因为没有一罪的刑罚在 10 年以上，不属于禁止假释的对象。

根据《刑法》第 383 条第 4 款的规定，犯贪污罪、受贿罪被判处死刑缓期执行的，人民法院根据犯罪情节等情况可以同时决定在其死刑缓期执行 2 年期满依法减为无期徒刑后，终身监禁，不得减刑，也不得假释。

3. 假释只适用于已经执行了部分刑罚的犯罪分子。被判处有期徒刑的犯罪分子，执行原判刑期 1/2 以上，被判处无期徒刑的犯罪分子实际执行 13 年以上，如果认真遵守监规，接受教育改造，确有悔改表现，没有再犯罪的危险的，可以假释。如果有特殊情况，经最高人民法院核准，可以不受上述执行刑期的限制。

被判处有期徒刑、无期徒刑的犯罪，是严重的犯罪，具有严重的社会危害性，犯罪分子一般都有较大的人身危险性。因此，必须执行一定的刑期，对犯罪分子进行教育改造，以消除其人身危险性，方可予以假释。只有在特殊情况下，才可以不受上述执行刑期的限制，但需经最高人民法院核准。所谓"特殊情况"，是指有国家政治、国防、外交等方面特殊需要的情况。

对判处有期徒刑罪犯的假释，执行原判刑期 1/2 以上的起始时间，应当从判决执行之日起计算，判决执行以前先行羁押的，羁押 1 日折抵刑期 1 日；被判处无期徒刑罪犯的假释，实际执行的刑期不能少于 13 年，其起始时间应当自无期徒刑判决确定之日起计算，判决执行以前先行羁押的时间不能折抵刑期；死刑缓期二年执行罪犯减为无期徒刑或者有期徒刑后，符合假释条件，其实际执行的刑期，应当不得少于 15 年（不含死刑缓期执行的 2 年）。

罪犯减刑后又假释的，间隔时间不得少于 1 年；对一次减去 1 年以上有期徒刑后，决定假释的，间隔时间不得少于 1 年 6 个月。罪犯减刑后余刑不足 2 年，决定假释的，可以适当缩短间隔时间。罪犯既符合法定减刑条件，又符合法定假释条件的，可以优先适用假释。

4. 犯罪分子认真遵守监规，接受教育改造，确有悔改表现，没有再犯罪的危险。这是适用假释的实质性条件。

根据 2016 年 11 月公布的《办理减刑、假释案件的规定》第 3 条的规定，"确有悔改表现"是指同时具备以下条件：①认罪悔罪；②遵守法律法规及监规，接受教育改造；③积极参加思想、文化、职业技术教育；④积极参加劳动，努力完成劳动任务。第 22 条规定，认定"没有再犯罪的危险"，除符合《刑法》第 81 条规定的情形外，还应当根据犯罪的具体情节、原判刑罚情况，在刑罚执行中的一贯表现，罪犯的年龄、身体状况、性格特征，假释后生活来源以及监管条件等因素综合考虑。

根据上述司法解释，对下列罪犯适用假释时可以依法从宽掌握：过失犯罪的罪犯、中止犯罪的罪犯、被胁迫参加犯罪的罪犯；因防卫过当或者紧急避险过当而被判处有期徒刑以上刑罚的罪犯；犯罪时未满 18 周岁的罪犯；基本丧失劳动能力、生活难以自理，假释后生活确有着落的老年罪犯、患严重疾病罪犯或者身体残疾罪犯；服刑期间改造表现特别突出的罪犯；具有其他可以从宽假释情形的罪犯。

上述司法解释规定，对于生效裁判中有财产性判项，罪犯确有履行能力而不履行或者不全部履行的，不予假释。

《刑法》第 81 条第 3 款规定，对犯罪分子决定假释时，应当考虑其假释后对所居住社区的影响。刑罚执行机关提请假释的，应当附有社区矫正机构关于罪犯假释后对所居住社区影响的调查评估报告。

《刑法》第 82 条规定，假释的程序与《刑法》第 79 条规定的减刑程序相同，非经法定程序不得假释。

（三）假释的考验期及其监督

《刑法》第 83 条规定，有期徒刑的假释考验期限，为没有执行完毕的刑期；无期徒刑的假释考验期限为 10 年。假释考验期限，从假释之日起计算。

《刑法》第 84 条规定，被宣告假释的犯罪分子，在假释考验期内应当遵守下列规定：①遵守法律、行政法规，服从监督；②按照监督机关的规定报告自己的活动情况；③遵守监督机关关于会客的规定；④离开所居住的市、县或者迁居，应当报经监督机关批准。

《刑法》第 85 条规定，对假释的犯罪分子，在假释考验期限内，由社区矫正机构依法实行社区矫正。《刑法》第 37 条之一规定，因利用职业便利实施犯罪，或者实施违背职业要求的特定义务的犯罪被判处刑罚的，人民法院可以根据犯罪情况和预防再犯罪的需要，禁止其自刑罚执行完毕之日或者假释之日起从事相关职业，期限为 3~5 年。

（四）假释的撤销

假释是附条件地提前释放，被假释者如在假释考验期内违反法律规定的条件，将被撤销假释。《刑法》第 86 条规定，撤销假释有以下三种情况：

1. 在假释考验期内犯新罪。被假释的犯罪分子，在假释考验期内犯新罪，应当撤销假释，并依照《刑法》第 71 条"先减后并"的方法实行数罪并罚。已经过的假释考验期，不能折抵刑期。被假释的犯罪分子，在假释考验期内犯新罪，假释考验期满以后才发现的，只要没有超过追诉时效，也应当撤销假释，并依法实行数罪并罚。所犯新罪，既可以是重罪，也可以是轻罪；既可以是故意犯罪，也可以是过失犯罪。

2. 在假释考验期内，发现漏罪，即被假释的犯罪分子在判决宣告以前还有其他罪没有判决。犯罪分子在假释前隐瞒了其他犯罪，表明其悔罪表现并不完全真实可靠，不符合适用假释的条件，在这种情况下，应当撤销假释，依照《刑法》第 70 条"先并后减"的方法实行数罪并罚。已经过的假释考验期，不能折抵刑期。如果假释考验期满以后，才发现漏罪的，就不再撤销假释，不实行数罪并罚。如果漏罪没有超过追诉时效，可另行追究刑事责任。

3. 假释考验期内，被假释的犯罪分子违反法律、行政法规或者国务院有关部门关于假释监督管理规定的行为，尚未构成新的犯罪的，应依照法定程序撤销假释，收监执行未执行完

第十八章

毕的刑罚。作出假释裁定的人民法院，应当在收到报请机关或者检察机关撤销假释建议书后及时审查，作出是否撤销假释的裁定，并送达报请机关，同时抄送人民检察院、公安机关和原刑罚执行机关。

《刑法》第85条规定，对假释的犯罪分子，在假释考验期限内，依法实行社区矫正，如果没有出现上述撤销假释的情形，假释考验期满，就认为原判刑罚已经执行完毕，并予以公开宣告。

第十八章

第十九章

刑罚消灭

第一节　刑罚消灭概述

一、刑罚消灭的概念

刑罚消灭，是指由于法定的或者事实的原因，致使国家对犯罪人的刑罚权归于消灭。刑罚消灭具有以下特征：

（一）刑罚消灭以行为人的行为构成犯罪为前提

刑罚消灭的前提是行为人的行为构成犯罪。行为人的行为不构成犯罪，就不会有刑罚，也就不会有刑罚消灭。但构成犯罪并不必然导致刑罚适用和刑罚执行，刑罚消灭就是有犯罪而无刑罚适用或刑罚执行的情形之一。

（二）刑罚消灭是刑罚权的消灭

刑罚权即运用刑罚的权力，是国家基于主权对犯罪人实施刑罚处罚的权力，是国家权力的重要组成部分。刑罚权包括制刑权、求刑权、量刑权和行刑权四项权能。制刑权是国家创制刑罚的权力；求刑权是请求国家审判机关对犯罪人予以刑罚处罚的权力；量刑权是决定对犯罪人是否判处刑罚及判处何种刑罚的权力；行刑权是特定国家机关对犯罪人执行刑罚的权力。刑罚消灭并不是指刑罚四项权能的全部消灭。制刑权属于国家立法权范畴，只能由立法机关行使。对于特定的犯罪人而言，国家的制刑权不存在消灭问题。刑罚权的消灭，通常是指刑罚权在运作过程中求刑权、量刑权、行刑权的消灭。刑罚权四项权能是一种递进关系，后项权能的存在以前项权能的存在为前提，前项权能的消灭必然导致后项权能的消灭。例如，行为人的行为构成犯罪应当适用刑罚，但已经超过追诉时效，求刑权消灭，量刑权和行刑权也随之消灭；在司法机关已经行使了求刑权，在审判机关审理期间，被告人死亡的，量刑权消灭，行刑权也随之消灭；在刑罚执行过程中，犯罪人被国家宣布特赦，刑罚消灭就只能是行刑权的消灭。

（三）刑罚消灭必须基于特定的事由

刑罚消灭是一种结果，这种结果必然基于一定原因。刑罚消灭事由有的是由法律明文规定的，称为法定事由或法定原因，如超过追诉时效、特赦等；有的是客观上发生的使刑罚权自然不复存在的事实，即使法律没有明文规定，刑罚消灭也是必然的，称为事实事由或事实原因，如刑罚执行完毕、犯罪人死亡等。

刑罚消灭的根据主要在于：刑罚预防犯罪的目的已经达到，刑罚的功能已经实现，以及对稳定的社会秩序的尊重等，因而使得刑罚的继续存在成为多余。

二、刑罚消灭事由的分类

根据各国的立法例和司法实践，刑罚消灭事由可以划分为以下几种情形：

（一）求刑权消灭事由

1. 犯罪人死亡。犯罪人是刑罚的直接承受者。在起诉前犯罪人死亡的，起诉对象不复存在，求刑权自然归于消灭。

2. 超过追诉时效。犯罪发生以后，司法机关在法律规定的法定期限内未行使追诉权，追诉时效期满后，求刑权归于消失。

3. 自诉权放弃。在自诉刑事案件中，自诉人放弃告诉权利，即使未超过追诉时效，求刑权也归于消灭。

4. 法律的修改。如果某种行为依照行为时的法律构成犯罪，但在起诉前依照新修订的法律，该行为不再作为犯罪处理，即使未超过追诉时效，求刑权也归于消灭。

5. 赦免。犯罪人在被追诉前被赦免的，求刑权归于消灭。

（二）量刑权消灭事由

1. 犯罪人死亡。犯罪人被起诉后在判决前死亡的，量刑对象不复存在，量刑权自然消失。

2. 撤诉。在自诉刑事案件中，自诉人起诉后撤回起诉，审判机关则不再审理案件，量刑权随之消失。

3. 赦免。赦免时判决未确定，量刑权归于消灭。

（三）行刑权消灭事由

1. 犯罪人死亡。犯罪人在判决确定后，在服刑前或服刑过程中死亡的，因服刑主体不复存在，行刑权归于消灭。

2. 刑罚执行完毕。刑罚执行完毕，行刑权归于消灭。被假释的犯罪人在假释考验期内，遵守假释考验条件，假释考验期满，视为刑罚执行完毕，行刑权归于消灭。

3. 缓刑考验期满。被宣告缓刑的人，在缓刑考验期内未出现撤销缓刑的法定事由，缓刑考验期满后，原判刑罚不再执行，行刑权归于消灭。

4. 超过行刑时效。刑罚宣告以后，超过法定执行期限未执行的，行刑权归于消灭，原判刑罚不再执行。

5. 赦免。刑罚宣告以后，刑罚尚未执行或尚未执行完毕以前，被赦免的，行刑权归于消灭，原判刑罚或剩余刑罚不再执行。

第二节　刑罚消灭的制度

一、追诉时效

（一）追诉时效的概念

刑法中的时效，是指经过一定的期限，对刑事犯罪不得追诉或者对所判刑罚不得执行的一项法律制度。时效分为追诉时效和行刑时效两种。追诉时效，是指依法追究犯罪分子刑事责任的有效期限。超过法定追诉期限的，不得再追究犯罪分子的刑事责任；如果已经追究了刑事责任，该案件应当予以撤销。行刑时效，是指法律规定对判处刑罚的犯罪分子执行刑罚的有效期限。判处刑罚而未执行，超过法定执行的期限，刑罚就不得再执行。

要将时效与刑法上的时间效力区别开来。刑法上的时间效力，是指刑法的生效时间、失效时间，以及对刑法生效以前的行为是否适用即是否有溯及力的问题。不能将两者混为一谈。

我国《刑法》只有追诉时效的规定，而没有行刑时效的规定。这是因为我国人民法院判处刑罚而未执行的现象极少发生，规定行刑时效没有实际意义。另一方面，刑法上不规定行刑时效，也有利于同犯罪作斗争。如果犯罪分子在判决宣告以后，刑罚开始执行以前逃跑，或者由于其他原因导致刑罚不能执行，司法机关在任何时候都有权将其缉拿归案，执行原判的刑罚。

（二）追诉时效的意义

1. 符合我国刑罚预防犯罪的目的。刑罚预防包括一般预防和特殊预防。如果犯罪分子犯罪以后，在法定追诉期限内没有再犯罪，说明其已经改恶从善，不会再危害社会。如果再对他进行追诉，不仅起不到刑罚特殊预防的作用，从一般预防的角度看，亦起不到警诫社会上不稳定分子和教育公众的效果。

2. 有利于司法机关集中力量打击现行犯罪活动。现行的各种犯罪活动，直接危害着社会的治安和国家经济建设事业的顺利进行，对社会的安定影响最大。因此，对司法机关来说，打击现行的犯罪活动是司法机关头等重要的任务。那些多年以前发生的刑事案件，经过的时间越长，各种证据的收集也就越困难，甚至有的证据可能因为证人死亡或者物证灭失等原因，根本无法收集到。刑法追诉时效的规定，就使司法机关有可能摆脱一部分既难以彻底查清而现实意义又不大的陈年旧案的拖累，集中精力打击现行的犯罪活动。同时，为了使犯罪分子能在法律规定的追诉时效期限内受到应有的追诉和审判，也会促使司法机关提高办案效率，争取在尽可能短的时间里迅速破案。

3. 有利于社会的和谐稳定。犯罪对社会造成的危害，有些经过足够长的时间已经得到消除，犯罪人也不再为社会所排斥，被破坏的社会秩序已经恢复正常。有的虽无法恢复，但被害人的心理会随着时间的推移而逐渐淡忘、平稳。在这种情况下，若再翻陈年老账，追究犯罪人的刑事责任，反而会影响群众之间的团结和社会的和谐稳定。刑法规定追诉时效制度，可以稳定这种已经和睦的关系。否则，不管过了多长时间都要算旧账、追诉以前的行为，就会使这种关系重新紧张起来，不利于社会的安定团结。

由此可见，刑法中追诉时效的规定不仅没有失去法律的严肃性，反而从另一个角度体现了法律的严肃性。追诉时效的规定绝不是犯罪分子的"护身符"，而是为了更有效地同犯罪作斗争，实现我国刑法的任务。从我国刑法的各项规定来看，追诉时效的规定对于维护国家的法治原则，维护人民群众的根本利益，防止犯罪分子特别是罪行重大的犯罪分子逃避法律制裁，发挥着积极、有效的作用。

（三）追诉时效的期限

追诉时效期限的长短，与某种具体犯罪社会危害性的大小有着直接的关系，社会危害性相对较大的犯罪，追诉时效的期限就长；反之，追诉时效的期限就短。这是罪刑相适应原则在追诉时效期限上的具体体现。在刑法中，犯罪的轻重直接表现在刑罚的轻重上，因此，追诉时效期限的长短，应当以相应犯罪的法定刑的轻重为标准予以确定。

我国《刑法》第 87 条根据各种犯罪法定刑的轻重，分别规定了追诉时效期限的四个档次：①法定最高刑为不满 5 年有期徒刑的，追诉时效的期限为 5 年；②法定最高刑为 5 年以上不满 10 年有期徒刑的，追诉时效的期限为 10 年；③法定最高刑为 10 年以上有期徒刑的，追诉时效的期限为 15 年；④法定最高刑为无期徒刑、死刑的，追诉时效的期限为 20 年。如果 20 年以后认为必须追诉的，报请最高人民检察院核准后，仍然可以追诉。

对追诉时效期限的理解应当注意以下几点：

1. 追诉时效期限以"法定最高刑"为准，不以实际判处的刑罚为准。在对犯罪审理之前，实际判处的刑罚无从知晓。因此，以法定最高刑为标准确定追诉时效期限更具合理性。

2. 法定最高刑为"不满 5 年""不满 10 年"，不包括 5 年、10 年本数在内。"5 年以上不满 10 年"，包括 5 年但不包括 10 年。例如，《刑法》第 162 条之二规定，公司、企业犯虚假破产罪的，对直接负责的主管人员和其他直接责任人员处 5 年以下有期徒刑或者拘役，并处或者单处 2 万元以上 20 万元以下罚金。其法定最高刑是 5 年有期徒刑（已经满 5 年），追诉期限应是 10 年，而不是 5 年。

3. 同一罪名的法定刑，分别由几个条文或一个条文的几款加以规定的，追诉时效期限按照应当具体适用的条或款的法定最高刑确定。例如，《刑法》第 114 条规定，犯放火罪，尚未造成严重后果的，处 3 年以上 10 年以下有期徒刑；《刑法》第 115 条第 1 款规定，犯放火罪，致人重伤、死亡或者使公私财产遭受重大损失的，处 10 年以上有期徒刑、无期徒刑或者死刑。如果犯罪分子犯放火罪，未造成严重后果，应适用《刑法》第 114 条，其法定最高刑为 10 年有期徒刑，追诉时效期限为 15 年；如果犯罪分子犯放火罪，造成严重后果的，应适用《刑法》第 115 条第 1 款，其法定最高刑为死刑，追诉时效期限为 20 年。

4. 有的犯罪只有一个量刑幅度，有的犯罪有两个量刑幅度，还有的犯罪有三个量刑幅度。在一种犯罪有几个量刑幅度的情况下，应当按照犯罪的实际情况确定追诉时效期限的长短，即犯罪符合哪一个量刑幅度，就应当以哪个量刑幅度的法定最高刑确定追诉时效的期限。例如，《刑法》第 234 条规定，犯故意伤害罪的，处 3 年以下有期徒刑、拘役或者管制；致人重伤的，处 3 年以上 10 年以下有期徒刑；致人死亡或者以特别残忍手段致人重伤造成严重残疾的，处 10 年以上有期徒刑、无期徒刑或者死刑。根据不同的犯罪情节，对故意伤害罪规定了三个不同的量刑幅度，对应的追诉时效期限也就不同，分别为 5 年、15 年和 20 年，不能一律都是 20 年。

5. "20 年以后认为必须追诉的"，通常是指此类犯罪社会危害性极其严重，造成的损失特别巨大，犯罪分子的人身危险性特别大，造成的社会影响极其恶劣，20 年以后犯罪分子对社会仍是潜在的威胁。但是对此追诉应当十分慎重，认为 20 年以后必须追诉的，须报请最高人民检察院核准。

为促进海峡两岸和平统一大业，最高人民法院、最高人民检察院分别于 1988 年 3 月 14 日和 1989 年 9 月 7 日就去我国台湾地区人员去我国台湾地区前的犯罪追诉问题发布公告。基本内容如下：①对去我国台湾地区人员在中华人民共和国成立后、犯罪地地方人民政权建立前所犯罪行，不再追诉。②去我国台湾地区人员在中华人民共和国成立后、犯罪地地方人民政权建立前犯有罪行，并连续或继续到当地人民政权建立后的，追诉期限从犯罪行为终了之日起计算。超过追诉时效的，不再追诉。其中，法定最高刑为无期徒刑、死刑的，经过 20 年，也不再追诉。如果认为必须追诉的，由最高人民检察院核准。③对于去我国台湾地区以外其他地区和国家的人员在中华人民共和国成立前，或者在中华人民共和国成立后、犯罪地地方人民政权建立前所犯的罪行，按照上述第 1、2 项之规定处理。

（四）追诉时效的起算

《刑法》第 89 条第 1 款规定："追诉期限从犯罪之日起计算；犯罪行为有连续或者继续状态的，从犯罪行为终了之日起计算。"根据上述规定，追诉时效的起算可以分为两种情况：

1. 在通常情况下，追诉期限从犯罪之日起计算。这里的犯罪之日，应理解成犯罪成立之日，即行为符合犯罪构成之日。犯罪的具体形态不同，犯罪的成立时间也有差异。大致有以下几种情形：①行为犯，应从犯罪行为实施终了之日起计算；②结果犯，应从发生作为犯罪构成必备要件的结果之日起计算；③危险犯，从犯罪行为已实施并造成法定的危险状态之日起计算；④结果加重犯，从法定的加重结果发生之日起计算；⑤预备犯、未遂犯、中止犯，应分别从犯罪预备、犯罪未遂、犯罪中止成立之日起计算。

2. 犯罪行为有连续或继续状态的，从犯罪行为终了之日起计算。所谓"连续或继续状态"，是指连续犯和继续犯。对于连续犯，其犯罪行为终了之日就是指最后一个犯罪行为成立之日；对于继续犯，其犯罪行为终了之日就是指持续状态结束之日。继续犯的追诉期限应当从持续状态结束之日起计算。例如，犯罪人从 2002 年 8 月 3 日起将被害人非法拘禁，至 2003 年 10 月 3 日才将被害人释放，监禁时间长达 14 个月。该非法拘禁罪的追诉时效期限应从 2003 年 10 月 3 日起计算。

这里的"追诉"可以是立案、侦查、起诉或审判的任何一个刑事诉讼阶段。只要犯罪分子实施犯罪的时间从开始到其中的任何一个诉讼阶段时未超过追诉时效，就可以对其进行追诉。

（五）追诉时效的中断

追诉时效的中断，是指在追诉时效期间内，因发生法律规定的事由而使已经经过的时效归于无效，追诉期限从法律规定的事由发生之日起重新开始计算。《刑法》第 89 条第 2 款规定："在追诉期限以内又犯罪的，前罪追诉的期限从犯后罪之日起计算。"

这一规定表明，我国刑法规定的追诉时效中断的法定事由是"又犯罪"。这就是说，在追诉期限内又犯罪的情况下，不论新罪的性质如何、危害程度如何、罪过形式如何，前罪的追诉时效从犯后罪之日起重新起算，已经过去的时间不计算在新的追诉时效之内。《刑法》作这样的规定，目的是从严惩处那些一再犯罪的犯罪分子。例如，犯罪人于 2002 年 12 月 5 日犯诈骗罪，属于一般情节，法定最高刑为 3 年有期徒刑，追诉时效期限为 5 年，至 2007 年 12 月 4 日。随后犯罪人在 2006 年 12 月 5 日又犯盗窃罪。这时诈骗罪的追诉时效中断，从 2006 年 12 月 5 日起重新计算，已经经过的 4 年归于无效。该诈骗罪实际上总共要经过 9 年才能经过追诉时效、才不予追诉。

（六）追诉时效的延长

追诉时效的延长，是指由于发生了法律规定的事由，而使得追诉期限无限延长。《刑法》第 88 条规定了两种追诉时效延长的情形：

1. 《刑法》第 88 条第 1 款规定："在人民检察院、公安机关、国家安全机关立案侦查或者在人民法院受理案件以后，逃避侦查或者审判的，不受追诉期限的限制。"

这种情形的追诉时效延长须同时具备两个条件：①人民检察院、公安机关、国家安全机关已经立案侦查或者人民法院已经受理案件。"立案侦查"，是指人民检察院、公安机关、国家安全机关依照刑事诉讼法的规定，根据各自的管辖范围，对发现犯罪事实和犯罪嫌疑人的案件予以立案，进行侦查，收集、调取犯罪嫌疑人有罪或无罪、罪重或罪轻的证据材料。"受理案件"，是指人民法院依照刑事诉讼法关于审判管辖的规定，接受审理人民检察院提起公诉或者被害人自诉的案件。②犯罪分子逃避侦查或者审判。"逃避侦查或者审判"是指逃跑或者隐匿，使侦查或者审判无法顺利进行。犯罪人仅有串供、毁灭罪证等行为，但没有逃跑或者隐匿，不属于"逃避侦查或者审判"，不适用时效延长的规定。对于同时具备这两个条件的，无论逃避状态维持多久，司法机关都有权将犯罪分子抓获归案，依法对其进行侦查和审判。《刑法》作此规定，有助于打击那些想方设法逃避侦查或者审判的犯罪分子。

2. 《刑法》第 88 条第 2 款规定："被害人在追诉期限内提出控告，人民法院、人民检察院、公安机关应当立案而不予立案的，不受追诉期限的限制。"

这种情形的追诉时效延长也须具备两个条件：①被害人在追诉期限内提出控告。控告是被害人就自己遭受犯罪行为侵害的事实向司法机关告发。这里的"被害人"包括受到犯罪侵害的个人或者单位。控告可以是书面的，也可以是口头的。被害人没有明确的犯罪人作为告发对象的，不能适用时效延长的规定。②司法机关应当立案而不予立案。所谓"应当立案"，是指被控告人的行为已经构成犯罪需要追究刑事责任，司法机关应予立案侦查或受理案件。在这种情况下，追诉时效也是无限延长的。其目的是保护被害人的利益，也有利于督促司法机关及时立案，使犯罪分子无法因司法机关的失职而逃避法律制裁。

追诉时效的中断与追诉时效的延长的法律后果不同。前者是指法定事由发生时，已经经过的时效期限归于无效，时效期限重新计算；后者是指法定事由发生时，已经经过的时效期限仍然有效，但要无限延长。在追诉时效的中断和追诉时效的延长竞合的情况下，应适用追诉时效延长的规定。例如，犯罪人于 1999 年 12 月 5 日在北京犯故意伤害罪，在公安机关立案侦查后逃往外地，并于 2002 年 8 月 10 日在广州犯抢劫罪。对故意伤害罪，应适用追诉时效延长的规定。

二、赦免

（一）赦免的概念和价值

赦免是国家对犯罪人免除罪或刑的一种法律制度，包括罪之赦免与刑之赦免两项内容。赦免是国家对刑罚权的放弃，因而导致刑罚的消灭。赦免通常由国家在宪法或刑事法、行政法中规定。它在很大程度上具有行政性，被视为国家元首或最高权力机关的一种行政特权，因此也被称为恩赦。赦免通常由国家元首根据国家最高权力机关的决定，以命令的形式宣布。这种命令称为大赦令或者特赦令。大赦令、特赦令只在大赦、特赦期间内有效，大赦、特赦完毕，命令也随之失效。

赦免包括大赦和特赦两种。大赦是国家对不特定多数的犯罪人的普遍赦免。大赦的对象可以是整个国家某一时期的各种罪犯，也可以是某一地区的全部罪犯，还可以是某一事件的全部罪犯。这种赦免通常及于罪与刑两个方面，即既赦其罪又赦其刑。被大赦的人，或者不再认为是犯罪，或者不再追究其刑事责任。特赦，是对特定的犯罪人免除其刑罚的全部或部分的执行。大赦与特赦的区别在于：①大赦的对象一般是不特定的，特赦的对象一般是特定的；②大赦一般既赦免罪又赦免刑，特赦通常仅赦免刑而不赦免罪，但特赦也有规定既赦其罪又赦其刑的。我国《刑事诉讼法》的相关规定即属于后一种情形。我国《刑事诉讼法》第 16 条第 3 项规定，经特赦令免除刑罚的，不追究刑事责任，已经追究的，应当撤销案件，或者不起诉，或者终止审理，或者宣告无罪。这说明根据我国法律的规定，我国的特赦既可以是既赦免罪又赦免刑，也可以是仅赦免刑而不赦免罪；③大赦后犯罪人再次犯罪一般不构成累犯，特赦后再次犯罪有可能构成累犯。根据我国《刑法》第 65 条的规定，被特赦的罪犯再次犯罪的，有可能构成累犯。

赦免制度历史悠久，通常在国家举行重大庆典时实施，或者根据刑事政策的需要随时实施。赦免制度有其存在的独特价值和意义。

1. 政治上的考虑。在新政权建立初期，国家实行特赦一般是为了赢得人心，以利于政权的平稳过渡和社会的稳定。在政权稳定的和平时期，为了某些政治方面的原因也会实行特赦。如为了纪念或庆祝某个重大历史事件，实行特赦，以示普天同庆，借此激发全民族的爱国热情、民族认同感和自豪感。

2. 社会效果上的考虑。赦免是对犯罪人的一种宽容，具有教育感化功能。在社会矛盾和冲突较为严重的时候，恰如其分地实行一定范围一定程度上的特赦，有助于缓解各种矛盾和冲突，消除对抗，有利于社会的和谐稳定。

3. 法律效果上的考虑。赦免具有法律衡平功能。随着社会政治、经济、社会治安等宏观环境的发展变化，在依据现行某些法律处理犯罪人欠妥的情况下，可以通过赦免加以补救，从而实现个案正义，使法律实施更为公平、公正、文明和人道。

赦免虽然有其存在的独特的价值和意义，但适用不当也会对法律的稳定性和严肃性产生负面影响。因此，许多国家虽然有大赦的规定，但很少适用，对特赦的适用也比较谨慎。我国 1954 年制定的《宪法》有大赦和特赦的规定，但在实践中并没有实行过大赦，而只实行过特赦。我国现行《宪法》只规定了特赦而没有规定大赦。所以，我国《刑法》第65、66条提及的赦免，均指我国《宪法》所规定的特赦。我国现行《宪法》规定，特赦由全国人民代表大会常务委员会决定，由中华人民共和国主席发布特赦令实行。

（二）我国特赦制度的历次适用

自1959年以来，我国共实行过9次特赦：

1. 我国第1~7次特赦。1959年9月17日，在中华人民共和国成立10周年前夕，根据中共中央建议，全国人大常委会作出决定，中华人民共和国主席发布特赦令，对确实改恶从善的蒋介石集团和伪满洲国的战争罪犯、反革命罪犯和普通刑事罪犯予以特赦：①关押已满10年、确实改恶从善的蒋介石集团和伪满洲国的战争罪犯，予以释放；②判处5年以下、服刑时间已经达到刑期1/2以上、确实改恶从善的反革命罪犯，或者判处5年以上、服刑时间已经达到刑期2/3以上、确实改恶从善的反革命罪犯，予以释放；③判处5年以下、服刑时间已经达到刑期1/3以上、确实改恶从善的普通刑事犯，或者判处5年以上、服刑时间已经达到刑期1/2、确实改恶从善的普通刑事犯，予以释放；④判处死刑缓期二年执行的罪犯，缓刑时间已满1年，确实有改恶从善表现的，可以减为无期徒刑或15年以上有期徒刑；⑤判处无期徒刑的罪犯，服刑时间已满7年，确实有改恶从善表现的，可以减为10年以上有期徒刑。这是新中国的首次特赦。

第2、3次特赦分别于1960年11月19日和1961年12月16日实施，对确实改恶从善的蒋介石集团和伪满洲国的战争罪犯予以特赦。两次特赦的对象与内容相同：①关押已满10年、确实改恶从善的蒋介石集团和伪满洲国的战争罪犯，予以释放；②判处死刑缓期二年执行的蒋介石集团和伪满洲国的战争罪犯，缓刑时间已满1年，确实有改恶从善表现的，可以减为无期徒刑或15年以上有期徒刑；③判处无期徒刑的蒋介石集团和伪满洲国的战争罪犯，服刑时间已满7年，确实有改恶从善表现的，可以减为10年以上有期徒刑。

第4、5、6次特赦分别于1963年3月30日、1964年12月12日和1966年3月29日实施。这三次特赦增加了新的内容：对经过一定期间的改造，确实改恶从善的伪满洲国的战争罪犯，予以释放。其他内容与第2、3次特赦完全相同。

第7次特赦于1975年3月17日实施，对全部在押的战争罪犯予以特赦释放，共计293名。

我国实行的前7次特赦中，第一次特赦的对象除了战争罪犯外，还包括反革命罪犯和普通刑事罪犯，特赦对象较为广泛。最后一次特赦包括全部在押的战争罪犯，中间几次特赦的对象以及应具备的条件较为一致。从中可以看出，我国前7次特赦具有以下特点：

（1）特赦的对象不是个别的犯罪分子，而是某一类或者某几类犯罪分子。除了1959年的第一次特赦是既对战争罪犯，又对反革命罪犯和普通刑事罪犯实行以外，其余6次特赦都是针对战争罪犯实行。

（2）被特赦的不是刑罚尚未开始执行的犯罪分子，而是关押改造了一定期限、确实改恶从善的犯罪分子。特赦的对象必须同时符合两个条件：一是关押改造了一定的期限；二是确实有改恶从善的表现。

（3）特赦不是免除犯罪分子的全部刑罚，而是只免除其未执行部分，或者酌情减轻原来判处的刑罚。也就是说，对特赦的对象，或者免除刑罚的未执行部分，对其予以提前释放，或者对原判刑罚予以适当的减轻。

2. 我国第8次特赦。为纪念中国人民抗日战争暨世界反法西斯战争胜利70周年，2015年8月29日，第十二届全国人民代表大会常务委员会第十六次会议通过了《关于特赦部分服刑罪犯的决定》，对依据 2015 年 1 月 1 日前人民法院作出的生效判决正在服刑，释放后不具有现实社会危险性的下列罪犯实行特赦：①参加过中国人民抗日战争、中国人民解放战争的；②中华人民共和国成立以后，参加过保卫国家主权、安全和领土完整对外作战的，但犯贪污受贿犯罪，故意杀人、强奸、抢劫、绑架、放火、爆炸、投放危险物质或者有组织的暴力性犯罪，黑社会性质的组织犯罪，危害国家安全犯罪，恐怖活动犯罪的，有组织犯罪的主犯以及累犯除外；③年满 75 周岁、身体严重残疾且生活不能自理的；④犯罪的时候不满 18 周岁，被判处 3 年以下有期徒刑或者剩余刑期在 1 年以下的，但犯故意杀人、强奸等严重暴力性犯罪，恐怖活动犯罪，贩卖毒品犯罪的除外。

这是第 7 次特赦 40 年之后的新中国的第 8 次特赦。此次特赦有以下两个特点：

（1）特赦对象限定为两类特殊类型的服刑罪犯。一类是正在服刑的在新中国成立前或新中国成立后参加过保家卫国和反侵略正义战争的人员。这是此次特赦对象最为显著的特征。2015 年是中国人民抗日战争暨世界反法西斯战争胜利 70 周年，2015 年 9 月 3 日是纪念日。特赦此类罪犯是和这一主题紧密联系在一起的。

另一类是"一老一少"正在服刑的罪犯。我国刑法和刑事政策一贯坚持对特殊弱势群体犯罪从宽处罚的原则，此次将"一老一少"正在服刑的罪犯作为特赦对象，是和我国长期坚持的宽严相济的刑事政策和刑法人道主义的立场和做法相一致的，同时也具有庆祝抗战胜利 70 周年的意义。

（2）罪犯服刑改造了一段时间且释放后不具有现实社会危险性：①2015 年 1 月 1 日以前正在服刑的罪犯，即已经服刑改造了一段时间。②释放后不具有现实社会危险性，有现实社会危险性的服刑罪犯不能特赦。2015 年 1 月 1 日以后正在服刑的罪犯，只关押改造了几个月，期限过短。设定一定的服刑期限，既是为维护刑事判决的稳定性和严肃性，也是为了更好地判断其释放后是否具有现实社会危险性。

3. 我国第 9 次特赦。为庆祝中华人民共和国成立 70 周年，2019 年 6 月 29 日，十三届全国人大常委会第十一次会议审议通过了《关于在中华人民共和国成立 70 周年之际对部分服刑罪犯予以特赦的决定》，决定对依据 2019 年 1 月 1 日前人民法院作出的生效判决正在服刑的下列罪犯实行特赦：①参加过中国人民抗日战争、中国人民解放战争的；②中华人民共和国成立以后，参加过保卫国家主权、安全和领土完整对外作战的；③中华人民共和国成立以后，为国家重大工程建设做过较大贡献并获得省部级以上"劳动模范""先进工作者""五一劳动奖章"等荣誉称号的；④曾系现役军人并获得个人一等功以上奖励的；⑤因防卫过当或者避险过当，被判处 3 年以下有期徒刑或者剩余刑期在 1 年以下的；⑥年满 75 周岁、身体严重残疾且生活不能自理的；⑦犯罪的时候不满 18 周岁，被判处 3 年以下有期徒刑或者剩余刑期在 1 年以下的；⑧丧偶且有未成年子女或者有身体严重残疾、生活不能自理的子女，确需本人抚养的女性，被判处 3 年以下有期徒刑或者剩余刑期在 1 年以下的；⑨被裁定假释已执行 1/5 以上假释考验期的，或者被判处管制的。

上述九类对象中，具有以下情形之一的，不得特赦：①第二、三、四、七、八、九类对象中系贪污受贿犯罪，军人违反职责犯罪，故意杀人、强奸、抢劫、绑架、放火、爆炸、投放危险物质或者有组织的暴力性犯罪，黑社会性质的组织犯罪，贩卖毒品犯罪，危害国家安全犯罪，恐怖活动犯罪的罪犯，其他有组织犯罪的主犯，累犯的；②第二、三、四、九类对象中剩余刑期在十年以上的和仍处于无期徒刑、死刑缓期执行期间的；③曾经被特赦又因犯罪被判处刑罚的；④不认罪悔改的；⑤经评估具有现实社会危险性的。

2019 年的第 9 次特赦延续了 2015 年第 8 次特赦的思路，但特赦的对象范围明显增加，在

2015 年特赦四种类型服刑罪犯的基础上，又增加了五种类型的服刑罪犯，即共有九种类型服刑罪犯被列入此次特赦对象范围。第 9 次特赦有以下几个特点：

（1）第一大类特赦对象重点是建国前后对国家做出重要贡献，符合一定条件正在服刑的罪犯，具体包括四种类型：建国前参加过中国人民抗日战争、中国人民解放战争的；建国后参加过保卫国家主权、安全和领土完整对外作战的；曾系现役军人并获得个人一等功以上奖励的；建国后为国家重大工程建设做出较大贡献并获得省部级以上重要荣誉称号的。前三类都是军人，或者说主要是军人，他们都曾经为新中国的建立和发展浴血奋战过，或者是荣立过一等功以上的奖励。将以上四种类型正在服刑的罪犯，列为此次特赦的对象，与庆祝新中国成立 70 周年主题相契合，也表明党和国家永远不会忘记那些为新中国的建立和发展做出过贡献的人，即使其中有些人由于触犯刑法被判刑入狱，也依然如此。

（2）第二大类特赦对象重点是符合一定条件正在服刑的老年犯、未成年犯和女犯。老人、未成年人和妇女由于年龄、性别等原因，属于人群中的弱势群体，需要给予特殊的照顾。党和政府历来重视对老人、未成年人和妇女的关心和帮助，我国有一整套针对老人、未成年人和妇女特殊权益保护的法律法规，在刑事法律领域也不例外，犯罪的老人、未成年人和妇女会有更多的机会获得从宽处理。此次特赦决定将上述三种类型正在服刑的罪犯列为特赦对象，与第 8 次特赦的思路是连贯的，既是我国宽严相济刑事政策"宽"的一面的生动体现，也与"矜老恤幼"的中国传统文化相契合。

（3）本次特赦决定规定的特赦范围是九种类型的服刑罪犯，对他们的特赦都不是无条件的，都要附加一定的条件，或者有一些禁止性的规定。就是说，被列入此次特赦对象范围的服刑罪犯，最终能否被特赦，都要受到一些条件的限制和制约。比如，关于刑期、刑种的禁止性规定，刑期（或剩余刑期）过长不得特赦；关于犯罪类型的禁止性规定，贪污贿赂犯罪、一些严重暴力犯罪、危害国家安全犯罪、恐怖活动犯罪等特定犯罪类型的罪犯不得特赦；关于服刑期间表现的考察，不认罪悔改的不得特赦；累犯不得特赦；经评估释放后具有社会危险性的不得特赦；等等。设置上述附加条件或禁止性规定，既是为了维护刑事判决的稳定性和严肃性，也是为了保证罪犯释放后能够顺利回归社会，成为遵纪守法的公民，以确保社会和社区的安全，兼顾了对罪犯宽宥人道与对社会安全防卫两者的平衡。

我国法律规定，特赦不是免除犯罪分子的全部刑罚，而是只免除其刑罚执行过程中的剩余部分。经特赦免除其剩余刑罚执行的罪犯，视为刑罚已经执行完毕，但仍然属于犯过罪、服过刑的人，如果释放后再犯罪有可能构成累犯，仍然要从重处罚。

第二十章
危害国家安全罪

第一节　危害国家、颠覆政权的犯罪

一、背叛国家罪

背叛国家罪，是指勾结外国或者与境外机构、组织、个人相勾结，危害中华人民共和国的主权、领土完整和安全的行为。

本罪的行为主体是特殊主体，即只能是中国公民。背叛国家罪是行为人对自己国家的背叛，外国人和无国籍人不能构成本罪的主体。本罪在客观方面表现为：行为人实施了勾结外国或者与境外机构、组织、个人相勾结，危害中华人民共和国的主权、领土完整和安全的行为，通常是指与外国签订丧权辱国的条约，出卖国家主权；或者出卖国家领土，破坏领土完整；或者与外国通谋或者合谋，制造两国争端，甚至串通外国向我国发动侵略战争，危害国家安全等。

《刑法》第102、113条和第56条规定，犯本罪的，处无期徒刑或者10年以上有期徒刑；对国家和人民危害特别严重、情节特别恶劣的，可以判处死刑；犯本罪的，应当附加剥夺政治权利，可以并处没收财产。

二、分裂国家罪

（一）概念

分裂国家罪，是指组织、策划、实施分裂国家、破坏国家统一的行为。

（二）构成要素

1. 客观的构成要素。

（1）行为主体包括首要分子、罪行重大的、积极参加的以及其他参加的四种类型。①首要分子，是指在犯罪集团或聚众犯罪中起组织、策划、指挥作用的犯罪分子。分裂国家罪中的首要分子，一般是那些窃取党和国家领导权的野心家、有一定的社会地位与社会影响的知名人物、某些民族分裂主义分子以及邪教组织头目等。分裂国家罪，往往是多人组成一个犯罪集团，长期从事分裂国家、破坏国家统一的行为。在犯罪过程中，在特定环境下也可能出现聚众犯罪的情况。②罪行重大的，是指除首要分子以外的，罪行严重并且在犯罪活动中起主要和骨干作用的犯罪分子。③积极参加的，是指主动参加犯罪集团并多次参与犯罪活动的犯罪分子。④其他参加的，是指虽然参加了犯罪活动，但是起次要或辅助作用的犯罪分子。

一般的聚众犯罪只对首要分子或积极参加者进行刑罚处罚，甚至只处罚首要分子，将绝大部分被裹胁参与聚众犯罪的人排除在刑罚处罚范围之外。例如，《刑法》第290条第1款规定的聚众扰乱社会秩序罪，只处罚首要分子和积极参加者；《刑法》第291条规定的聚众扰乱公共场所秩序、交通秩序罪，只处罚首要分子。分裂国家罪侵犯的客体是国家的统一，具有极其严重的社会危害性。因此，刑法规定，不仅对首要分子和积极参加者追究刑事责任，一

般参加者也构成犯罪。

（2）客观方面表现为组织、策划、实施分裂国家、破坏国家统一的行为。组织，是指为分裂国家而召集多人进行活动；策划，是指为分裂国家而暗中出谋划策、制订行动计划等；实施，是指将计划的内容付诸行动。组织、策划、实施分裂国家、破坏国家统一的三种行为，或者是表现为不同的形式，或者是处于不同的发展阶段，如有的属于组织者，有的行为处于策划阶段，有的行为已经发展到实施阶段。但不管行为表现为什么形式，也不管行为处于什么阶段，都是刑法规定的实行行为，均构成本罪。分裂国家、破坏国家统一，就是指把统一的国家分裂成几个部分，或者使其中一部分被分割出去，或者破坏民族团结、制造民族分裂。例如，利用民族问题制造民族矛盾，窃取地方政权，与中央政府对抗，制造地方"独立"的割据状态，等等。

"分裂国家、破坏国家统一"，是本罪的内容和实质。组织、策划、实施，是行为人具体行为的表现方式。行为人只要实施了上述分裂国家、破坏国家统一行为之一的，就具备了分裂国家罪的客观方面要件。本罪不属于选择性罪名，但行为人无论是组织、策划还是实施分裂国家、破坏国家统一的行为，一律认定为分裂国家罪，而不实行数罪并罚。本罪属于行为犯，只要行为人实施了上述法定的行为，即可以成立既遂，不以实际发生危害国家安全的结果作为犯罪既遂的要件。

2. 主观的构成要素。主观方面只能表现为直接故意，即行为人明知自己的行为会造成分裂国家、破坏国家统一的后果，并且希望这种结果发生。犯罪动机如何，不影响本罪的成立。

（三）认定

1. 罪与非罪的界限。本罪在主观上要求有分裂国家、破坏国家统一的目的。如果行为人没有分裂国家、破坏国家统一的目的，只是一时对国家政策、民族政策不理解而实施了一些错误行为，不构成本罪。

2. 分裂国家罪与背叛国家罪的界限。两罪侵犯的同类客体都是国家安全，其直接客体都牵涉国家的领土完整与安全；在客观方面都可能与境外的机构、组织或者个人勾结；都是行为犯，都不以发生危害国家安全的实际结果作为犯罪既遂的要件。其区别在于：分裂国家罪不要求将"勾结外国"或者"与境外的机构、组织、个人相勾结"作为犯罪成立的要件；而背叛国家罪要以"勾结外国"或者"与境外的机构、组织、个人相勾结"作为犯罪成立的要件。如果中国公民以勾结外国的方式进行分裂国家的行为，就产生背叛国家罪与分裂国家罪适用的法条竞合。对此，应当按照"特别法优于普通法"原则，以分裂国家罪定罪处罚。

（四）处罚

《刑法》第103条第1款、第106条、第113条和第56条规定，犯本罪的，对首要分子或者罪行重大的，处无期徒刑或者10年以上有期徒刑；对积极参加的，处3年以上10年以下有期徒刑；对其他参加的，处3年以下有期徒刑、拘役、管制或者剥夺政治权利；对国家和人民危害特别严重，情节特别恶劣的，可以判处死刑。

与境外机构、组织、个人相勾结，实施本罪的，依照上述规定从重处罚。与境外的机构、组织、个人相勾结，是指与境外的机构、组织、个人进行联络、密谋策划，意欲分裂国家、破坏国家统一。行为人勾结我国港澳台地区的机构、组织、人员实施危害国家主权、领土完整和安全的行为，不构成背叛国家罪，但可以构成分裂国家罪。

犯本罪的，除单处剥夺政治权利的以外，还应当附加剥夺政治权利，并且可以并处没收财产。

三、煽动分裂国家罪

煽动分裂国家罪，是指煽动分裂国家、破坏国家统一的行为。

本罪的主要特征表现为行为人以怂恿、鼓动、号召等方式实施煽动分裂国家、破坏国家统一的行为。其表现形式是多种多样的，既可以是口头发表演讲、呼喊口号，也可以是书面张贴、散发标语、传单等。

《刑法》第103条第2款、第106条、第113条和第56条规定，犯本罪的，处5年以下有期徒刑、拘役、管制或者剥夺政治权利；首要分子或者罪行重大的，处5年以上有期徒刑。与境外机构、组织、个人相勾结，实施本罪的，依照上述规定从重处罚。犯本罪的，除单处剥夺政治权利的以外，还应当附加剥夺政治权利，并且可以并处没收财产。

四、武装叛乱、暴乱罪

武装叛乱、暴乱罪，是指组织、策划、实施武装叛乱或者武装暴乱，危害中华人民共和国国家安全的行为。

《刑法》第104、106、113条和第56条规定，犯本罪的，对首要分子或者罪行重大的，处无期徒刑或者10年以上有期徒刑；对积极参加的，处3年以上10年以下有期徒刑；对其他参加的，处3年以下有期徒刑、拘役、管制或者剥夺政治权利。策动、胁迫、勾引、收买国家机关工作人员、武装部队人员、人民警察、民兵进行武装叛乱或武装暴乱的，依照上述规定从重处罚。对国家和人民危害特别严重，情节特别恶劣的，可以判处死刑。与境外机构、组织、个人相勾结实施本罪的，依照上述规定从重处罚。犯本罪的，除单处剥夺政治权利的以外，还应当附加剥夺政治权利，可以并处没收财产。

五、颠覆国家政权罪

颠覆国家政权罪，是指组织、策划、实施颠覆国家政权、推翻社会主义制度的行为。

《刑法》第105条第1款、第106条和第56条规定，犯本罪的，对首要分子或者罪行重大的，处无期徒刑或者10年以上有期徒刑；对积极参加的，处3年以上10年以下有期徒刑；对其他参加的，处3年以下有期徒刑、拘役、管制或者剥夺政治权利。与境外机构、组织、个人相勾结，实施本罪的，依照上述规定从重处罚。犯本罪的，除单处剥夺政治权利外，还应当附加剥夺政治权利，可以并处没收财产。

六、煽动颠覆国家政权罪

煽动颠覆国家政权罪，是指以造谣、诽谤或者其他方式煽动颠覆国家政权、推翻社会主义制度的行为。

《刑法》第105条第2款、第106条和第56条规定，犯本罪的，处5年以下有期徒刑、拘役、管制或者剥夺政治权利；首要分子或者罪行重大的，处5年以上有期徒刑。与境外机构、组织、个人相勾结，实施本罪的，依照上述规定从重处罚。犯本罪的，除单处剥夺政治权利的以外，还应当附加剥夺政治权利，可以并处没收财产。

七、资助危害国家安全犯罪活动罪

资助危害国家安全犯罪活动罪，是指境内外机构、组织或者个人资助实施《刑法》第102~105条规定的背叛国家罪，分裂国家罪，煽动分裂国家罪，武装叛乱、暴乱罪，颠覆国家政权罪，煽动颠覆国家政权罪的行为。

本罪的主要特征表现为行为人资助实施危害国家安全的特定犯罪的行为；犯罪主体是境内外机构、组织或者个人。

《刑法》第107和第56条规定，犯本罪的，对直接责任人员，处5年以下有期徒刑、拘役、管制或者剥夺政治权利；情节严重的，处5年以上有期徒刑。犯本罪的，除单处剥夺政治权利的以外，还应当附加剥夺政治权利，可以并处没收财产。

第二节　叛变、叛逃的犯罪

一、投敌叛变罪

投敌叛变罪，是指中国公民投奔敌方，或者在被捕、被俘后投降敌人，实施危害国家安全活动的行为。

一般而言，中国公民被敌人逮捕或者俘虏后，向敌人自白、悔过，但并未向敌人出卖组织、提供情报或者从事危害国家安全活动的，属于一般变节行为。对于一般变节行为，只要行为人不是心甘情愿地投降敌人，没有帮助敌人进行危害国家安全的活动，一般不以投敌叛变罪论处，但有关主管部门可根据实际情况给予一定的行政处分。

《刑法》第108、113条和第56条规定，犯本罪的，处3年以上10年以下有期徒刑；情节严重或者带领武装部队人员、人民警察、民兵投敌叛变的，处10年以上有期徒刑或者无期徒刑；对国家和人民危害特别严重，情节特别恶劣的，可以判处死刑。犯本罪的，应当附加剥夺政治权利，可以并处没收财产。

二、叛逃罪

叛逃罪，是指在履行公务期间擅离岗位的国家机关工作人员，或者其他掌握国家秘密的国家工作人员，叛逃境外或者在境外叛逃的行为。

《刑法》第109条和第56条规定，犯本罪的，处5年以下有期徒刑、拘役、管制或者剥夺政治权利；情节严重的，处5年以上10年以下有期徒刑。犯本罪的，除单处剥夺政治权利的以外，还应当附加剥夺政治权利，可以并处没收财产。掌握国家秘密的国家工作人员叛逃境外或者在境外叛逃的，依照上述规定从重处罚。

第三节　间谍、资敌的犯罪

一、间谍罪

（一）概念

间谍罪，是指参加间谍组织或者接受间谍组织及其代理人的任务，或者为敌人指示轰击目标的行为。

（二）构成要素

1. 客观的构成要素。本罪在客观方面表现为行为人具有参加间谍组织或者接受间谍组织及其代理人的任务，或者为敌人指示轰击目标的行为。①参加间谍组织。间谍组织，是指外国或境外敌对势力建立的旨在收集我国的政治、经济、军事、文化等各方面情报，对我国进行颠覆破坏活动，破坏和损害我国国家安全和利益的组织。参加间谍组织，就是通过一定的程序，成为间谍组织的成员，其形式可以是行为人主动要求加入而被间谍组织接收，也可以是间谍组织主动要求行为人参加，而行为人被动接受；可以是履行了正式的书面手续，也可以是口头非正式的形式；参加了间谍组织通常意味着要从事间谍活动。但构成间谍罪，不以从事间谍活动为要件。行为人只要参加了间谍组织，即使尚未从事间谍活动，也构成本罪。②接受间谍组织及其代理人的任务。只要接受了间谍组织及其代理人的任务，不论行为人是否参加了间谍组织，也不论行为人是否实际实施了接受的任务以及任务是否实际完成，均不影响间谍罪的成立。接受间谍组织及其代理人的任务，是指接受间谍组织及其代理人的命令、派遣、指示、委托而为间谍组织服务，如刺探、收集我国国家机密、重要情报或破坏重要军事设施等。间谍组织代理人，是指受间谍组织或者其成员的指使、委托、资助，进行或者授意、指使他人进行危害中华人民共和国国家安全活动的人。他们在组织上虽不隶属于间谍组织，但接受间谍组织的指使、委托、资助，从事危害我国国家安全的活动，包括亲自从事间谍活动以及授意、指使他人从事犯罪活动。这里的代理人应是广义的，既可以是自然人，也可以是机构、组织。③为敌人指示轰击目标。这是指用各种方法和途径，如写信、打电话、发电报、设置标志物、打信号弹等，向敌人指示轰击我方的目标。

只要行为人实施了上述三个行为中的一个行为，就构成间谍罪。行为人实施了上述三个行为，也只构成一个间谍罪，不实行数罪并罚。

2. 主观的构成要素。本罪在主观上只能是直接故意，且具有危害中华人民共和国国家安全的目的。行为人犯罪动机如何，不影响本罪的成立。行为人的动机可以多种多样，有的图财，有的贪恋美色，有的出于出国或探亲方便，有的出于贪生怕死。行为人动机如何，不影响本罪的成立。行为人虽参加了间谍组织，具有间谍身份，但如果其参加间谍组织是为了针对其他国家，不具有危害中华人民共和国国家安全的目的，不构成本罪。

（三）认定

1. 罪与非罪的界限。关键在于考察行为人在主观上是否具有危害中华人民共和国国家安全的目的，在客观上是否实施了危害我国国家安全的间谍行为。对于因受欺骗，不明真相而加入间谍组织，未实施危害我国国家安全的间谍活动的，不应该认定为犯罪，更不能以间谍罪论处。对于在间谍组织中从事勤杂、医务、传达等单纯行政性事务工作，而未履行加入间谍组织手续，也未进行任何间谍活动的，也不应认定为犯罪。

2. 犯罪预备形态的认定。行为人为参加间谍组织而准备工具、制造条件的，如写挂钩信或积极与国外、境外间谍组织联络等，但因行为人意志以外的原因没有得逞的，属于间谍罪的预备行为；如果情节严重，可以作为预备犯处理，比照间谍罪的既遂犯从轻、减轻处罚，或者免除处罚。

3. 一罪与数罪的界限。行为人参加间谍组织，接受了间谍组织及其代理人任务后，又实施所接受的任务，如进行窃取、刺探、收买、非法提供国家秘密、情报，或从事诸如绑架、杀人、放火、爆炸、投放危险物质等犯罪活动，是以间谍罪一罪论处，还是按间谍罪与其他所犯的罪数罪并罚，对此学界存在不同观点。本书认为，行为人参加间谍组织或者接受间谍组织及其代理人的任务后，实施的其他犯罪活动，如果属于间谍组织的指令范围，以间谍罪一罪论处；如果超出了间谍组织的指令范围，不属于间谍行为，成立其他犯罪的，与间谍罪实行数罪并罚。

4. 本罪与叛逃罪的界限。二者之间的主要区别在于：①间谍罪是一般主体，而叛逃罪是特殊主体，即只有国家机关工作人员和掌握国家秘密的国家工作人员才能构成。②间谍罪在客观上表现为行为人参加间谍组织或者接受间谍组织及其代理人的任务，或者为敌人指示轰击目标的行为；叛逃罪在客观上表现为行为人在履行公务期间，擅离岗位，叛逃境外或者在境外叛逃。

（四）处罚

《刑法》第110、113条和第56条规定，犯本罪的，处10年以上有期徒刑或者无期徒刑；情节较轻的，处3年以上10年以下有期徒刑；对国家和人民危害特别严重，情节特别恶劣的，可以判处死刑。

所谓"情节较轻"，是指虽然参加了间谍组织，但尚未从事具体的间谍活动；或者虽然已经接受了间谍组织及其代理人的任务，但尚未具体实施即被抓获，没有给国家安全造成实际的损害等。所谓"对国家和人民危害特别严重，情节特别恶劣"，是指间谍行为使国家的政治、经济、军事、文化等方面遭受特别严重的损失，如人员重大伤亡、财产巨大损失、军事设施遭到严重破坏等。犯本罪的，应当附加剥夺政治权利，可以并处没收财产。

鉴于间谍活动的隐蔽性、专业性和国际性等特点，为了有效地同间谍犯罪作斗争，分化、瓦解敌对势力，化消极因素为积极因素，2014 年 11 月 1 日第十二届全国人民代表大会常务委员会第十一次会议通过的《中华人民共和国反间谍法》（以下简称《反间谍法》）对间谍罪的处罚作了两项特殊规定：

1. 有自首、立功情节的，其从宽处罚力度比刑法总则的一般性规定更大。《反间谍法》第 27 条第 2 款规定，实施间谍行为，有自首或者立功表现的，可以从轻、减轻或者免除处罚；有重大立功表现的，给予奖励。

2. 符合一定条件的，可以不追究行为人的刑事责任。《反间谍法》第 28 条规定，在境外受胁迫或者受诱骗参加敌对组织、间谍组织，从事危害中华人民共和国国家安全的活动，及时向中华人民共和国驻外机构如实说明情况，或者入境后直接或者通过所在单位及时向国家安全机关、公安机关如实说明情况，并有悔改表现的，可以不予追究。根据该规定，以下 4 个条件同时具备，即可以不追究行为人的刑事责任：①行为人的行为发生在境外。②行为人的行为必须非出于自愿，而是由于受胁迫或受诱骗而参加了敌对组织、间谍组织，从事危害国家安全的活动。③行为人在境外或入境后必须及时向有关单位如实说明情况。④行为人有悔改表现。

案例 20 - 1：被告人卢某（男，68 岁，美国国籍），1984 年 6 月受我国台湾地区军事情报组织的派遣，以讲学为由来我国大陆进行间谍活动。卢某到北京后，以物质利诱手段，拉拢被告人宁某（女，42 岁）帮助其进行间谍活动。尔后，宁某先后三次向卢某等人提供我国经济、外事等机密文件数份。1985 年 10 月中旬，卢某再次来到北京，发展宁某正式加入间谍组织，向宁某传授了从事间谍活动的技术和方法，传达了给宁某规定的化名、代号和任务，发给宁某间谍活动经费及酬金 810 美元。此间，宁某向卢某提供了我国军事方面的情报。卢某则到杭州发展间谍组织成员，并刺探我国军事、经济等方面的情报。1985 年 11 月，被告人俞某（男，48 岁，宁某之夫）在明知其妻已参与间谍活动的情况下，还积极向宁某提供我国军事方面的情报，并向宁某表示愿意一起进行间谍活动。

1986 年 7 月 25 日，北京市中级人民法院审理后认为，被告人卢某、宁某、俞某三人的行为均已构成特务罪（"特务罪"是 1979 年《刑法》使用的罪名，1997 年《刑法》规定为"间谍罪"），判处卢某有期徒刑 12 年，没收部分财产；判处宁某有期徒刑 10 年，剥夺政治权利 3 年，没收部分财产；判处俞某有期徒刑 3 年，剥夺政治权利 1 年。

资料来源：《最高人民法院公报》1986 年第 4 期。

二、为境外窃取、刺探、收买、非法提供国家秘密、情报罪

为境外窃取、刺探、收买、非法提供国家秘密、情报罪，是指为境外机构、组织、人员窃取、刺探、收买、非法提供国家秘密或者情报的行为。

本罪在主观上是故意，至于行为人主观上的犯罪动机如何，不影响本罪的成立；如果行为人过失泄露了国家秘密，情节严重的，应当依照《刑法》第 398 条规定的过失泄露国家秘密罪定罪处罚。

《刑法》第 111、113 条和第 56 条规定，犯本罪的，处 5 年以上 10 年以下有期徒刑；情节特别严重的，处 10 年以上有期徒刑或者无期徒刑；情节较轻的，处 5 年以下有期徒刑、拘役、管制或者剥夺政治权利。对国家和人民危害特别严重，情节特别恶劣的，可以判处死刑。犯本罪的，除单处剥夺政治权利的以外，还应当附加剥夺政治权利，可以并处没收财产。

三、资敌罪

资敌罪，是指在战时供给敌人武器装备、军用物资的行为。

《刑法》第 112、113 条和第 56 条规定，犯本罪的，处 10 年以上有期徒刑或者无期徒刑；情节较轻的，处 3 年以上 10 年以下有期徒刑；对国家和人民危害特别严重，情节特别恶劣的，可以判处死刑。犯本罪的，应当附加剥夺政治权利，可以并处没收财产。

第二十一章

危害公共安全罪

第一节　以危险方法危害公共安全的犯罪

一、放火罪

（一）概念

放火罪，是指故意放火焚烧公私财物，危害公共安全的行为。

放火罪的犯罪客体是公共安全，即不特定的人、众多人的生命、健康、重大公私财产以及其他重大公共利益。所谓"不特定"，是指犯罪行为不是针对某一个、某几个特定的人或者某项特定具体的财产，而是针对多人、重大公私财产以及其他重大公共利益，而且侵害的对象和造成的危害结果常常事先无法确定，具有相当的严重性和广泛性，行为人对此既难以预料，也难以控制。"不特定"是一种客观判断，不以行为人主观上有无确定的侵犯对象为转移。如果行为对象是特定的人和公私财物，不会危害公共安全，不构成放火罪，但可能构成其他犯罪。

（二）构成要素

1. 客观的构成要素。

（1）行为对象是不特定多数人或者公私财物。行为人放火焚烧自己的财物，或者自焚的，一般不构成放火罪。但如果因此危害了公共安全或者使他人的人身或者财产遭受严重损失的，仍可以构成放火罪。

（2）客观方面表现为：行为人实施了危害公共安全的放火焚烧公私财物（在有些情况下也包括焚烧人）的行为。具体包括两方面内容：①行为人实施了放火行为；②行为人的放火行为危害了公共安全，即侵害了不特定多数人的生命、健康、重大公私财产以及其他重大公共利益，已经造成了危害公共安全的结果，或者虽未造成危害公共安全的结果，但已经对公共安全构成了威胁。

放火，是指使用各种引火物，将目的物点燃，制造火灾的行为。其既可以是将目的物直接独立燃烧，也可以是通过媒介物引燃，还可以是通过既存火力或热力导致；既可以用作为的方式实施，也可以用不作为的方式实施。以不作为方式实施的，行为人必须有防止火灾发生的特定义务，如油区防火员负有消除火灾隐患、防止火灾发生的义务。

2. 主观的构成要素。犯罪主观方面是故意，包括直接故意和间接故意，即行为人明知自己的放火行为会产生危害公共安全的结果，并且希望或放任这种结果发生。犯罪动机多种多样，有的为了毁灭罪迹，有的为了报复泄愤。犯罪动机如何，不影响犯罪的成立，只可以作为量刑时考虑的一个情节。

（三）认定

1. 一罪与数罪的界限。放火罪侵害对象的广泛性和不特定性，使一个放火行为常常造成多个危害结果，如既造成多人伤亡，又造成财产的重大损失，属于想象竞合犯，以放火罪定罪处罚。

2. 既遂与未遂的界限。放火是一种严重危害社会的行为，只要行为人实施了放火行为，对公共安全已经具有现实的危险，即使没有造成危害公共安全的实际严重后果，也构成犯罪既遂，属于危险犯。其既遂与未遂的区别不在于行为人是否达到了预期的犯罪目的，而在于行为是否具备了刑法所要求的全部构成要件。只要行为人着手实施了放火行为，已将目的物点燃，有造成严重后果的危险性，即使由于行为人意志以外的原因尚未造成严重后果，也应属于放火罪既遂；如果放火行为尚未实行完毕，因某种客观原因被及时阻止或未能燃烧，则应以放火罪未遂论处。

理论上关于放火罪的既遂标准有各种学说，如"点火说""燃烧说""独立燃烧说"等。我国理论通说是"独立燃烧说"，即目的物被点燃后，能够脱离引燃媒介独立燃烧的，即使没有造成实际的危害结果，也视为放火罪既遂；反之为未遂，即放火行为尚未实行完毕，如正要点火时被捉获；或者虽然当时已经点燃，但过后即熄灭，如被雨水浇灭，应视为放火罪未遂。

3. 放火罪与失火罪的界限。二者区别的关键是行为人主观上对可能发生火灾后果的心理态度。如果行为人明知自己的行为会引起火灾，而希望或放任其发生，应定放火罪；反之，应当预见却没有预见到可能发生火灾，或者已经预见到可能发生而轻信能够避免以致引起火灾，就应当定失火罪。但是，如由于过失行为引起火灾发生的危险能够及时消除，但行为人故意不消除而任其燃烧，造成火灾的，失火行为就转化为放火行为。

4. 放火罪与以放火方法实施其他犯罪的界限。在司法实践中，有些行为人常常用放火的方法达到其他犯罪目的，如为杀人而对他人住宅放火、为破坏生产经营而放火等。对此，认定为放火罪还是其他犯罪，关键是看放火行为是否足以危害到公共安全。如放火行为足以危及公共安全，行为人对此也明知，应按照放火罪定罪处罚；反之，如果放火行为不足以危及公共安全，可以按相应的其他犯罪处理。至于是否足以危害公共安全，则应综合考查对象的性质、特点和作案的时间、地点等具体情况。但反过来，行为人在实施了故意杀人等犯罪行为后，为了毁灭罪证而放火烧毁犯罪现场，并因此而危害公共安全的，应当以放火罪与故意杀人罪等其他犯罪，实行数罪并罚。

（四）处罚

《刑法》第114条、第115条第1款规定，犯本罪，尚未造成严重后果的，处3年以上10年以下有期徒刑；致人重伤、死亡或者使公私财产遭受重大损失的，处10年以上有期徒刑、无期徒刑或者死刑。"尚未造成严重后果"，可以指放火行为没有造成实际损害后果，也可以指放火行为造成了一定的损害，但后果不严重。

案例 21－1：被告人魏某（男，1967年出生）听说同村村民刘某代收了电费款后，萌生抢劫之念。次日凌晨2时许，魏某携带农用三轮车半轴、刮脸刀片等作案工具，翻墙进入刘某家，发现刘某正在睡觉，便开始翻找钱款，刘某被惊醒。魏某用农用三轮车半轴朝刘某头部猛击，见刘某不动，以为刘某已死亡，便将刘家3700元电费款找到并拿走。为毁灭罪证，魏某用随身携带的打火机点燃一纤维编织袋扔在刘某所盖的被子上，又将西屋炕上的被子和床单点燃，导致刘某颅脑损伤后吸入一氧化碳窒息死亡，价值729元的物品被烧毁。

河北省唐山市中级人民法院认为，被告人魏某以非法占有财产为目的，持械入户抢劫他人财物，其行为已构成抢劫罪；在实施抢劫行为之后，为毁灭罪证，放火焚烧公民财物，危害公共安全，其行为已构成放火罪。因此判决如下：被告人魏某犯抢劫罪，判处死刑，剥夺政治权利终身，并处没收个人全部财产；犯放火罪，判处有期徒刑 3 年；两罪并罚，决定执行死刑，剥夺政治权利终身，并处没收个人全部财产。

资料来源：《刑事审判参考（总第 45 辑）》，法律出版社 2006 年版。

二、决水罪

决水罪，是指故意破坏水利设施，造成水患，危害公共安全的行为。

本罪在客观方面既可以是作为，也可以是不作为。前者如掘毁堤坝，后者如不关闭堤坝的水门。不管是何种行为形式，只要能引起或足以引起重大水灾，危害公共安全，即构成本罪。

《刑法》第 114 条、第 115 条第 1 款规定，犯本罪，尚未造成严重后果的，处 3 年以上 10 年以下有期徒刑；致人重伤、死亡或者使公私财产遭受重大损失的，处 10 年以上有期徒刑、无期徒刑或者死刑。

三、爆炸罪

爆炸罪，是指故意使用爆炸方法，危害公共安全的行为。

本罪在客观方面表现为，行为人使用爆炸方法，实施了危害公共安全的行为。如果爆炸行为是针对特定个人的生命健康或者重大公私财产的安全，根据具体情况，应按故意杀人罪、故意伤害罪、故意毁坏财物罪处理，而不能定爆炸罪。

《刑法》第 114 条、第 115 条第 1 款规定，犯本罪，尚未造成严重后果的，处 3 年以上 10 年以下有期徒刑；致人重伤、死亡或者使公私财产遭受重大损失的，处 10 年以上有期徒刑、无期徒刑或者死刑。

四、投放危险物质罪

投放危险物质罪，是指故意投放毒害性、放射性、传染病病原体等危险物质，危害公共安全的行为。

投放危险物质罪在客观方面表现为，行为人实施了投放危险物质，危害公共安全的行为。所谓"危险物质"，是指毒害性、放射性、传染病病原体等物质。要注意划清投放危险物质罪与以投放危险物质为手段的故意杀人罪、故意毁坏财物罪的界限：行为人采用投放危险物质的手段毒杀特定的一人或多人而并不危及公共安全的，应构成故意杀人罪；如果采用投放危险物质的手段是为了杀害特定的人，但已危及不特定多数人的人身安全的，则属投放危险物质罪。行为人采用投放危险物质手段毒害特定的牲畜、家禽而并不危害公共安全的，应按故意毁坏财物罪处理。

《刑法》第 114 条和第 115 条第 1 款规定，犯本罪，尚未造成严重后果的，处 3 年以上 10 年以下有期徒刑；致人重伤、死亡或者使公私财产遭受重大损失的，处 10 年以上有期徒刑、无期徒刑或者死刑。

五、以危险方法危害公共安全罪

（一）概念

以危险方法危害公共安全罪，是指使用与放火、决水、爆炸、投放危险物质等危险性相当的其他危险方法，危害公共安全的行为。以危险方法危害公共安全罪是一个概括性罪名，但又是一个独立的罪名。由于实践中实施危害公共安全的犯罪形式、手段很多，刑法不可能也无必要将所有的犯罪形式、手段都列举出来，因而刑法在明确列举放火、决水、爆炸以及投放危险物质等四种常见的危害公共安全的危险方法的同时，对其他不常见的危险方法以

"其他危险方法"作概括性的规定，以周全地惩罚犯罪与保护法益。

（二）构成要素

1. 客观的构成要素。本罪客观方面表现为以其他危险方法危害公共安全的行为。这里所谓的"其他危险方法"，包括两层含义：①其他危险方法，是指放火、决水、爆炸、投放危险物质以外的危险方法，如果行为人的行为符合放火罪、决水罪、爆炸罪、投放危险物质罪自身的构成要件，要按照相应的罪名认定，不能按照以危险方法危害公共安全罪论处；②其他危险方法，是指与放火、决水、爆炸、投放危险物质的危险性相当的危险方法，如私设电网、驾车冲撞人群、使用放射性物质、扩散病毒等危险方法。其本质特征是具有广泛的杀伤力和破坏性，一经实施就可能造成或造成不特定多数人的伤亡或重大公私财产的毁损。不能任意扩大"其他危险方法"的适用范围，只有行为人所采用的危险方法与放火、决水、爆炸、投毒的危险性相当，且行为的社会危害性达到相当严重的程度，危害公共安全的，才能按本罪论处。"其他危险方法"只是《刑法》第114条、第115条的兜底性条款，而不是《刑法》分则第二章的兜底性条款，认定本罪时要注意避免形成新的"口袋罪"。

2. 主观的构成要素。主观方面为故意，可以是直接故意，也可以是间接故意。实践中，以危险方法危害公共安全罪除少数由直接故意构成以外，大多数行为人是持放任态度，属于间接故意。犯罪人动机如何，不影响本罪的成立。

（三）认定

司法实践中，以危险方法危害公共安全罪常见的形式有：以驾车撞人的危险方法危害公共安全，故意传播突发传染病病原体危害公共安全，以私设电网的危险方法危害公共安全，破坏矿井通风设备危害公共安全，等等。

2017年1月25日发布的《最高人民法院、最高人民检察院关于办理组织、利用邪教组织破坏法律实施等刑事案件适用法律若干问题的解释》第12条规定，邪教组织人员以自焚、自爆或者其他危险方法危害公共安全的，分别依照《刑法》第114条、第115条的规定，以放火罪、爆炸罪、以危险方法危害公共安全罪等定罪处罚。

2003年5月14日公布的《最高人民法院、最高人民检察院关于办理妨害预防、控制突发传染病疫情等灾害的刑事案件具体应用法律若干问题的解释》（以下简称《办理妨害预防、控制突发传染病疫情等灾害的刑事案件的解释》）第1条规定，故意传播突发传染病病原体，危害公共安全的，按照以危险方法危害公共安全罪定罪处罚。

2009年9月11日发布的《最高人民法院关于印发醉酒驾车犯罪法律适用问题指导意见及相关典型案例的通知》（以下简称《醉驾犯罪法律适用通知》）第1条指出，行为人明知酒后驾车违法、醉酒驾车会危害公共安全，却无视法律醉酒驾车，特别是在肇事后继续驾车冲撞，造成重大伤亡，说明行为人主观上对持续发生的危害结果持放任态度，具有危害公共安全的故意。对此类醉酒驾车造成重大伤亡的，应依法以以危险方法危害公共安全罪定罪。

《醉驾犯罪法律适用通知》特别提到两起典型案件的法律定性问题：2009年9月8日公布的两起醉酒驾车犯罪案件中，被告人黎某和被告人孙某都是在严重醉酒状态下驾车肇事，连续冲撞，造成重大伤亡。其中，黎某驾车肇事后，不顾伤者及劝阻他的众多村民的安危，继续驾车行驶，致2人死亡，1人轻伤；孙某长期无证驾驶，多次违反交通法规，在醉酒驾车与其他车辆追尾后，为逃逸继续驾车超限速行驶，先后与4辆正常行驶的轿车相撞，造成4人死亡、1人重伤。被告人黎某和被告人孙某在醉酒驾车发生交通事故后，继续驾车冲撞行驶，其主观上对他人伤亡的危害结果明显持放任态度，具有危害公共安全的故意。二被告人的行为均已构成以危险方法危害公共安全罪。

（四）处罚

《刑法》第 114 条、第 115 条第 1 款规定，犯本罪，尚未造成严重后果的，处 3 年以上 10 年以下有期徒刑；致人重伤、死亡或者使公私财产遭受重大损失的，处 10 年以上有期徒刑、无期徒刑或者死刑。

2009 年 9 月 11 日发布的《醉驾犯罪法律适用通知》第 2 条指出，根据《刑法》第 115 条第 1 款的规定，醉酒驾车，放任危害结果发生，造成重大伤亡事故，构成以危险方法危害公共安全罪的，应处以 10 年以上有期徒刑、无期徒刑或者死刑。具体决定对被告人的刑罚时，要综合考虑此类犯罪的性质、被告人的犯罪情节、危害后果及其主观恶性、人身危险性。一般情况下，醉酒驾车构成本罪的，行为人在主观上并不希望、也不追求危害结果的发生，属于间接故意犯罪，行为的主观恶性与以制造事端为目的而恶意驾车撞人并造成重大伤亡后果的直接故意犯罪有所不同，因此，在决定刑罚时，也应当有所区别。此外，醉酒状态下驾车，行为人的辨认和控制能力实际有所减弱，量刑时也应酌情考虑。

关于两起典型案件的量刑，《醉驾犯罪法律适用通知》指出，被告人黎某和被告人孙某醉酒驾车犯罪案件，依法没有适用死刑，而是分别判处无期徒刑，主要考虑到二被告人均系间接故意犯罪，与直接故意犯罪相比，主观恶性不是很深，人身危险性不是很大；犯罪时驾驶车辆的控制能力有所减弱；归案后认罪、悔罪态度较好，积极赔偿被害方的经济损失，一定程度上获得了被害方的谅解。广东省高级人民法院和四川省高级人民法院的终审裁判对二被告人的量刑是适当的。

案例 21-2：自 2004 年 4 月以来，31 名案犯纠集在一起，先后组成以北京无业人员李某、顾某、英某和辽宁省无业人员卜某等人为首的两个团伙，在北京市二环路、三环路、四环路等城市主干道以及部分高速公路上多次故意制造交通事故，并以此向事故的另一方当事人索要钱财。其采用的作案方法主要是，由被告人李某等人驾车在道路上寻找外省市进京的中、高档小轿车并尾随其后，当前车正常变更车道时，突然加速撞向前车侧后方，造成前车变更车道时未让所借车道内行驶的车辆先行的假象；事故发生后，其他被告人轮流冒充驾驶人，待到达事故现场的交通民警作出前车负全部责任的认定后，以此要挟甚至采用威胁的方法，向被害人索要钱财。31 名被告人先后制造对方负全部责任的事故 220 余次，非法获利共计人民币 51 万余元。

北京市朝阳区人民法院经审理认为，被告人李某、顾某、英某等人为达到非法占有财产的犯罪目的，在城市道路上故意制造了大量的交通事故。其所采用的驾车突然加速撞向正在正常变更车道的其他车辆的方法，有可能使受到撞击的车辆失去控制，进而危及其他不特定多数人的人身、财产安全，按照牵连犯择一重罪处断的原则，本案 31 名被告人的行为均已构成以危险方法危害公共安全罪，依法应予惩处。据此，法院于 2007 年 9 月 27 日以以危险方法危害公共安全罪分别判处 27 名被告人 1 年 6 个月至 9 年 6 个月不等的有期徒刑，判处 4 名被告人缓刑 1 年 6 个月至 3 年，同时，责令 31 名被告人退赔被害人的经济损失。一审宣判后，李某、顾某等 13 人不服，分别提出上诉。在二审审理过程中，13 名上诉人又申请撤回上诉。北京市第二中级人民法院经审理，于 2007 年 10 月 26 日裁定准许其撤回上诉。

本案案号：（2007）朝刑初字第 1669 号、（2007）二中刑终字第 2260 号。

资料来源：最高人民法院中国应用法学研究所编：《人民法院案例选（2008 年第 3 辑，总第 65 辑）》，人民法院出版社 2009 年版。

六、失火罪、过失决水罪、过失爆炸罪、过失投放危险物质罪、过失以危险方法危害公共安全罪

《刑法》第115条第2款规定了失火罪、过失决水罪、过失爆炸罪、过失投放危险物质罪和过失以危险方法危害公共安全罪，分别是指过失引起火灾、水灾、爆炸、投放危险物质或者过失以其他危险方法致人重伤、死亡或者使公私财产遭受重大损失，危害公共安全的行为。

这些犯罪的基本特征是：只有当行为人的行为已经引起了火灾、水患、爆炸、中毒等结果，实际造成了危害公共安全的严重后果时，才可以构成相应犯罪。这些犯罪主观上只能是过失，即应当预见自己的行为可能造成危害公共安全的严重后果，因疏忽大意而没有预见，或者已经预见但轻信能够避免，致使发生了上述严重后果。这些罪的过失，是指行为人对自己的某种举动所引起的危害公共安全的严重后果的心理态度，而不是指行为人对自己的某种举动本身的态度。例如，行为人出于"故意"而点火，目的是烧荒，但火势发展出乎他的意料，发生火灾，烧毁了山林，则应定失火罪，而不能定放火罪。

《刑法》第115条第2款规定，犯失火罪、过失决水罪、过失爆炸罪、过失投放危险物质罪和过失以危险方法危害公共安全罪，致人重伤、死亡或者使公私财产遭受重大损失的，处3年以上7年以下有期徒刑；情节较轻的，处3年以下有期徒刑或者拘役。

第二节　破坏特定对象危害公共安全的犯罪

一、破坏交通工具罪

（一）概念

破坏交通工具罪，是指故意破坏火车、汽车、电车、船只、航空器，足以使火车、汽车、电车、船只、航空器发生倾覆、毁坏危险的行为。

（二）构成要素

1. 客观的构成要素。

（1）行为对象为正在使用中的火车、汽车、电车、船只、航空器。正在制造或者修理中的火车、汽车、电车、船只、航空器，或者虽然制造完成但尚未检验出厂的，或尚未交付使用的上述交通工具，不能成为本罪的行为对象，因为此时对其进行破坏，即使发生了倾覆、毁坏，也只是特定财产的损失，不会危害公共安全。所谓"正在使用中"，是指交通工具正在行驶当中；也包括处于随时可以使用的状态，如在车库、码头、机场停放，可以随时驾驶使用；还包括无需检修便可以使用的状态，如负责修理交通工具的人员在修理过程中进行破坏，或者故意制造隐患，将受到破坏或尚未修复的交通工具交付使用，足以使交通工具发生倾覆、毁坏的危险，危害公共安全的，构成破坏交通工具罪。火车、汽车、电车、船只、航空器属于现代化的大型交通工具，机动性强、速度快、运载量大，在使用过程中一旦发生倾覆、毁坏，就可能造成众多人员伤亡和重大公私财产的损失，危害公共安全。而马车、三轮车、摩托车、自行车等小型交通工具，由于其速度、运载量、非机动性等条件的限制，发生倾覆、毁坏造成人员伤亡和财产损失的规模和程度有限，一般不会危害公共安全，因此，《刑法》没有将其规定为破坏交通工具罪的行为对象。对"汽车"应当作扩大解释，包括大型拖拉机，因为大型拖拉机也具有现代化的大型交通工具的性能，对其破坏也会危害公共安全。

（2）客观行为表现为，对正在使用的上述特定交通工具进行破坏，已经造成严重后果或者足以使交通工具发生倾覆、毁坏的危险。所谓"破坏"，是指使交通工具整体或部分零部件的功能损坏、报废，表现形式多种多样，如盗拆交通工具上的重要零部件，焚烧交通工具等。

"倾覆"是指翻车、翻船、火车出轨、航空器坠落等。"毁坏"是指交通工具完全毁灭或者交通工具受到严重损坏，使之不能继续使用，如汽车车身解体等。可以根据行为人破坏交通工具的部位和毁损的程度，判断破坏行为是否足以使上述交通工具发生倾覆、毁坏的危险。如果破坏的是要害部位的零部件，如传动、制动、刹车系统等，可以认定为足以使火车、汽车、电车、船只、航空器发生倾覆、毁坏的危险；如果破坏的是非重要部位或次要零部件，如门窗、座椅、卧具等，则一般不会使交通工具发生倾覆、毁坏的危险。"危险"是指倾覆、毁坏的现实可能性，而不是现实性。造成现实的倾覆、毁坏，不是本罪的构成要件，而是加重处罚的法定情节。

2. 主观的构成要素。破坏交通工具罪的主观方面是故意。大多数情况下，行为人是出于直接故意，但是间接故意也可以构成本罪。

（三）认定

1. 本罪与故意毁坏财物罪的界限。如果行为人的破坏行为不足以使上述交通工具发生倾覆、毁坏的危险，不构成破坏交通工具罪。在这种情况下，如果毁坏交通工具上的财物，数额较大的，可以按照故意毁坏财物罪定罪处罚。

2. 本罪与盗窃罪的界限。行为人以非法占有为目的，盗窃特定交通工具上的重要零部件，足以使交通工具发生倾覆、毁坏的危险的，构成破坏交通工具罪；如果不足以使交通工具发生倾覆、毁坏的危险，但盗窃数额较大的或者多次盗窃的，可以构成盗窃罪。

3. 本罪与放火罪的区别。行为人以放火的方法破坏交通工具的，既构成放火罪，又构成破坏交通工具罪，属于法条竞合。放火罪本身包含用放火的方法破坏交通工具的情形，但法律将破坏交通工具的行为独立规定为另一个罪名；而破坏交通工具的行为又包括放火的方法。这就导致对放火罪和破坏交通工具罪的法律规定交叉竞合。依照"特别法优于普通法"的原则，以破坏交通工具罪定罪处罚。如果行为人以放火的方法破坏的是尚未交付使用的交通工具，危害公共安全的，应以放火罪定罪处罚。

（四）处罚

《刑法》第116条、第119条第1款规定，犯本罪，尚未造成严重后果的，处3年以上10年以下有期徒刑；造成严重后果的，处10年以上有期徒刑、无期徒刑或者死刑。所谓"造成严重后果"，是指火车、汽车、电车、船只、航空器发生实际的倾覆、毁坏，或者使多人重伤、死亡，或者使公私财产遭受重大损失。

案例21-3： 被告人沈某（男，42岁）、赵某（男，41岁）曾先后受上海某包装食品厂经理沈某的聘请任该厂汽车驾驶员，后均因报酬等问题被该厂辞退，为此，两被告人心存怨恨，伺机报复。1996年12月9日晚10时许，两被告人按照事先的约定，将携带的白砂糖倒入某包装食品厂平时使用的一辆货车的发动机气门弹簧内，两人又各扳断一根雨刷器。接着，赵某接过沈某递过来的钢丝钳，将该车前后刹车油管剪断，致使该车（行车）制动系统完全失效。次日，经该车驾驶员邹某出车前检查，发现车辆被破坏而停止使用，幸免遇险。

1997年5月20日，上海市南市区人民法院审理后认为，被告人沈某、赵某为泄愤报复，故意破坏他人平时使用的汽车，虽未造成严重后果，但足以使该汽车发生倾覆的危险，其行为已构成破坏交通工具罪，依法判处被告人沈某有期徒刑3年，判处被告人赵某有期徒刑3年（本罪的罪名与法定刑，1979年《刑法》与1997年《刑法》的规定相同）。

资料来源：《人民法院案例选（刑事卷上）》，中国法制出版社2002年版。

二、破坏交通设施罪

破坏交通设施罪，是指故意破坏轨道、桥梁、隧道、公路、机场、航道、灯塔、标志或者进行其他破坏活动，足以使火车、汽车、电车、船只、航空器发生倾覆、毁坏危险的行为。

《刑法》第117条、第119条第1款规定，犯本罪，尚未造成严重后果的，处3年以上10年以下有期徒刑；造成严重后果的，处10年以上有期徒刑、无期徒刑或者死刑。

三、破坏电力设备罪

破坏电力设备罪，是指故意破坏正在使用中的电力设备，危害公共安全的行为。

应注意本罪与因偷割电线构成的盗窃罪的区别：尚未安装完毕的农用低压照明线路不属于正在使用中的电力设备，行为人对其中架好的部分电线实施盗窃行为，因该行为不至于危及公共安全，故只应以盗窃罪定性；对已经通电使用而因枯水季节或电力不足等原因暂停供电的线路，应认为是正在使用中的线路，行为人对其实施偷割构成犯罪的，一般应按破坏电力设备罪处理。

《刑法》第118条、第119条第1款规定，犯本罪，尚未造成严重后果的，处3年以上10年以下有期徒刑；造成严重后果的，处10年以上有期徒刑、无期徒刑或者死刑。

四、破坏易燃易爆设备罪

破坏易燃易爆设备罪，是指故意破坏燃气或者其他易燃易爆设备，危害公共安全的行为。

根据《刑法》第118条、第119条第1款的规定，犯本罪，尚未造成严重后果的，处3年以上10年以下有期徒刑；造成严重后果的，处10年以上有期徒刑、无期徒刑或者死刑。

五、过失损坏交通工具罪、过失损坏交通设施罪、过失损坏电力设备罪、过失损坏易燃易爆设备罪

《刑法》第119条第2款规定了过失损坏交通工具罪、过失损坏交通设施罪、过失损坏电力设备罪、过失损坏易燃易爆设备罪，分别是指过失损坏交通工具、交通设施、电力设备、易燃易爆设备，造成严重后果，危害公共安全的行为。

《刑法》第119条第2款规定，犯过失损坏交通工具罪、过失损坏交通设施罪、过失损坏电力设备罪、过失损坏易燃易爆设备罪的，处3年以上7年以下有期徒刑；情节较轻的，处3年以下有期徒刑或者拘役。

六、破坏广播电视设施、公用电信设施罪，过失损坏广播电视设施、公用电信设施罪

破坏广播电视设施、公用电信设施罪，是指故意破坏广播电视设施、公用电信设施，危害公共安全的行为；过失损坏广播电视设施、公用电信设施罪，是指过失损坏广播电视设施、公用电信设施，造成严重后果，危害公共安全的行为。

《刑法》第124条第1款规定，犯破坏广播电视设施、公用电信设施罪的，处3年以上7年以下有期徒刑；造成严重后果的，处7年以上有期徒刑。根据《刑法》第124条第2款的规定，犯过失损坏广播电视设施、公用电信设施罪的，处3年以上7年以下有期徒刑；情节较轻的，处3年以下有期徒刑或者拘役。

第三节 实施恐怖活动危害公共安全的犯罪

一、组织、领导、参加恐怖组织罪

（一）概念

组织、领导、参加恐怖组织罪，是指组织、领导、参加恐怖活动组织的行为。

恐怖主义是现代社会的一大公害。有规模的恐怖组织所策划、实施的恐怖活动，给国家

安全和社会秩序造成了极大的破坏，对公民的生命财产安全构成了严重的威胁。我国1997年《刑法》增加此罪名。为了更加严厉地打击恐怖活动犯罪，2001年12月29日全国人大常委会通过的《刑法修正案（三）》对该罪名进行了修改，加大了对组织、领导、参加恐怖组织罪的处罚力度。2015年8月29日第十二届全国人大常委会第十六次会议通过的《刑法修正案（九）》，再次对该罪名进行了修改，在法定刑部分增加财产刑，加强对犯罪分子的经济制裁，以瓦解恐怖活动的经济基础。

（二）构成要素

1. 客观的构成要素。客观方面表现为行为人组织、领导、积极参加恐怖活动组织的行为。所谓"组织"，是指鼓动、召集多人建立或者组织专门从事恐怖活动组织的行为；"领导"，是指在恐怖活动中起策划、指挥、决定作用的行为；"积极参加"，是指对参加恐怖活动态度积极，如自愿多次参加恐怖活动组织实施的恐怖活动，或者在其参与的恐怖活动中起主要作用。

2015年12月27日第十二届全国人民代表大会常务委员会第十八次会议通过、并于2018年修正的《中华人民共和国反恐怖主义法》第3条规定，该法所称恐怖主义，是指通过暴力、破坏、恐吓等手段，制造社会恐慌、危害公共安全、侵犯人身财产，或者胁迫国家机关、国际组织，以实现其政治、意识形态等目的的主张和行为。该法所称恐怖活动，是指恐怖主义性质的下列行为：①组织、策划、准备实施、实施造成或者意图造成人员伤亡、重大财产损失、公共设施损坏、社会秩序混乱等严重社会危害的活动的；②宣扬恐怖主义、煽动实施恐怖活动，或者非法持有宣扬恐怖主义的物品，强制他人在公共场所穿戴宣扬恐怖主义的服饰、标志的；③组织、领导、参加恐怖活动组织的；④为恐怖活动组织、恐怖活动人员、实施恐怖活动或者恐怖活动培训提供信息、资金、物资、劳务、技术、场所等支持、协助、便利的；⑤其他恐怖活动。该法所称恐怖活动组织，是指3人以上为实施恐怖活动而组成的犯罪组织。

恐怖活动组织具有以下特征：①成员一般有共同的政治信仰，如民族分裂主义、宗教极端主义、种族主义等；②人数在3人以上，有的多达几千人；③具有严密的组织性和纪律性；④内部有职务和严格的分工，有组织者、领导者、骨干成员、一般成员；⑤组织者、领导者和骨干成员基本保持稳定。行为人只要实施了组织、领导、积极参加或参加恐怖活动组织其中一种行为，就构成本罪；实施两种以上行为的，仍为一罪（但本罪属于选择性罪名），不实行并罚。

2. 主观的构成要素。行为人在主观上是故意，并且以从事恐怖活动为目的。

（三）认定

2018年3月16日最高人民法院、最高人民检察院、公安部、司法部联合发布的《关于办理恐怖活动和极端主义犯罪案件适用法律若干问题的意见》就如何准确认定组织、领导、参加恐怖组织罪做出如下规定：其一，具有下列情形之一的，应当认定为《刑法》第120条规定的"组织、领导恐怖活动组织"，以组织、领导恐怖组织罪定罪处罚：①发起、建立恐怖活动组织的；②恐怖活动组织成立后，对组织及其日常运行负责决策、指挥、管理的；③恐怖活动组织成立后，组织、策划、指挥该组织成员进行恐怖活动的；④其他组织、领导恐怖活动组织的情形。其二，具有下列情形之一的，应当认定为《刑法》第120条规定的"积极参加"，以参加恐怖组织罪定罪处罚：①纠集他人共同参加恐怖活动组织的；②多次参加恐怖活动组织的；③曾因参加恐怖活动组织、实施恐怖活动被追究刑事责任或者2年内受过行政处罚，又参加恐怖活动组织的；④在恐怖活动组织中实施恐怖活动且作用突出的；⑤在恐怖活动组织中积极协助组织、领导者实施组织、领导行为的；⑥其他积极参加恐怖活动组织的情形。其三，参加恐怖活动组织，但不具有上述情形的，应当认定为

《刑法》第 120 条规定的"其他参加",以参加恐怖组织罪定罪处罚。

要正确区分既遂与未遂的界限。本罪是行为犯,行为人将组织、领导、参加恐怖活动组织的行为实施完毕,即构成犯罪既遂,不要求造成特定的危害后果。如果行为人在策划成立恐怖活动组织的过程中被抓获,或者意图参加恐怖活动组织而未得逞,或者误认为是恐怖活动组织而参加,情节比较严重的,可作为本罪的未遂犯处理。但误入恐怖活动组织或者被诱骗加入恐怖组织,了解真相后不退出的,应以本罪论处。

（四）处罚

《刑法》第 120 条第 1 款规定,犯本罪而组织、领导恐怖活动组织的,处 10 年以上有期徒刑或者无期徒刑,并处没收财产;积极参加的,处 3 年以上 10 年以下有期徒刑,并处罚金;其他参加的,处 3 年以下有期徒刑、拘役、管制或者剥夺政治权利,可以并处罚金。该条第 2 款规定,犯前述罪并实施杀人、爆炸、绑架等犯罪的,依照数罪并罚的规定处罚。

2015 年 9 月 16 日最高人民法院发布的《关于充分发挥审判职能作用切实维护公共安全的若干意见》指出,对暴力恐怖犯罪活动,要坚持严打方针不动摇,对首要分子、骨干成员、罪行重大者,该判处重刑乃至死刑的应当依法判处;要立足打早打小打苗头,对已经构成犯罪的一律依法追究刑事责任,对因被及时发现、采取预防措施而没有造成实际损害的暴恐分子,只要符合犯罪构成条件的,该依法重判的也要依法重判;要注意区别对待,对自动投案、检举揭发,特别是主动交代、协助抓捕幕后指使的,要体现政策,依法从宽处理。

二、帮助恐怖活动罪

帮助恐怖活动罪,是指资助恐怖活动组织、实施恐怖活动的个人或者资助恐怖活动培训的行为。这里的"资助"是指为恐怖活动组织或者实施恐怖活动的个人提供各种物质上的帮助。犯罪主体既可以是自然人,也可以是单位。为恐怖活动组织、实施恐怖活动或者恐怖活动培训招募、运送人员的,依照本罪的规定处罚。

《刑法》第 120 条之一第 1 款规定,犯本罪的,处 5 年以下有期徒刑、拘役、管制或者剥夺政治权利,并处罚金;情节严重的,处 5 年以上有期徒刑,并处罚金或者没收财产。单位犯本罪的,对单位判处罚金,并对其直接负责的主管人员和其他责任人员,依照自然人犯本罪的规定处罚。

三、准备实施恐怖活动罪

准备实施恐怖活动罪,是指下列几种为实施恐怖活动进行准备的行为:①为实施恐怖活动准备凶器、危险物品或者其他工具的;②组织恐怖活动培训或者积极参加恐怖活动培训的;③为实施恐怖活动与境外恐怖活动组织或者人员联络的;④为实施恐怖活动进行策划或者其他准备的。

有上述行为,同时构成其他犯罪的,依照处罚较重的规定定罪处罚。

《刑法》第 120 条之二规定,犯本罪的,处 5 年以下有期徒刑、拘役、管制或者剥夺政治权利,并处罚金;情节严重的,处 5 年以上有期徒刑,并处罚金或者没收财产。

四、宣扬恐怖主义、极端主义、煽动实施恐怖活动罪

宣扬恐怖主义、极端主义、煽动实施恐怖活动罪,是指以制作、散发宣扬恐怖主义、极端主义的图书、音频视频资料或者其他物品,或者通过讲授、发布信息等方式宣扬恐怖主义、极端主义的行为;或者煽动实施恐怖活动的行为。

《刑法》第 120 条之三规定,犯本罪的,处 5 年以下有期徒刑、拘役、管制或者剥夺政治权利,并处罚金;情节严重的,处 5 年以上有期徒刑,并处罚金或者没收财产。

五、利用极端主义破坏法律实施罪

利用极端主义破坏法律实施罪，是指利用极端主义煽动、胁迫群众破坏国家法律确立的婚姻、司法、教育、社会管理等制度实施的行为。

《刑法》第 120 条之四规定，犯本罪的，处 3 年以下有期徒刑、拘役或者管制，并处罚金；情节严重的，处 3 年以上 7 年以下有期徒刑，并处罚金；情节特别严重的，处 7 年以上有期徒刑，并处罚金或者没收财产。

六、强制穿戴宣扬恐怖主义、极端主义服饰、标志罪

强制穿戴宣扬恐怖主义、极端主义服饰、标志罪，是指以暴力、胁迫等方式强制他人在公共场所穿着、佩戴宣扬恐怖主义、极端主义服饰、标志的行为。

《刑法》第 120 条之五规定，犯本罪的，处 3 年以下有期徒刑、拘役或者管制，并处罚金。

七、非法持有宣扬恐怖主义、极端主义物品罪

非法持有宣扬恐怖主义、极端主义物品罪，是指明知是宣扬恐怖主义、极端主义的图书、音频视频资料或者其他物品而非法持有，情节严重的行为。

《刑法》第 120 条之六规定，犯本罪的，处 3 年以下有期徒刑、拘役或者管制，并处或者单处罚金。

八、劫持航空器罪

劫持航空器罪，是指以暴力、胁迫或者其他方法劫持航空器，危害航空运输安全的行为。

犯罪对象是正在使用中的航空器，如飞机、飞艇等。无论是民用还是军用的航空器，均可以成为本罪的行为对象。如果行为人劫持的不是上述正在使用的航空器，如劫持正在装配或者正在维修中的航空器的，则不会直接危害航空运输安全，因而不以本罪论处。

《刑法》第 121 条规定，犯本罪的，处 10 年以上有期徒刑或者无期徒刑；致人重伤、死亡或者使航空器遭受严重破坏的，处死刑。

九、劫持船只、汽车罪

劫持船只、汽车罪，是指以暴力、胁迫或其他方法，劫持正在使用中的船只、汽车，危害公共安全的行为。

《刑法》第 122 条规定，犯本罪的，处 5 年以上 10 年以下有期徒刑；造成严重后果的，处 10 年以上有期徒刑或者无期徒刑。

十、暴力危及飞行安全罪

暴力危及飞行安全罪，是指对飞行中的航空器上的人员使用暴力，危及飞行安全的行为。

《刑法》第 123 条规定，犯本罪，尚未造成严重后果的，处 5 年以下有期徒刑或者拘役；造成严重后果的，处 5 年以上有期徒刑。

第四节 违反枪支、弹药、爆炸物、危险物质管理规定危害公共安全的犯罪

一、非法制造、买卖、运输、邮寄、储存枪支、弹药、爆炸物罪

（一）概念

非法制造、买卖、运输、邮寄、储存枪支、弹药、爆炸物罪，是指违反国家有关枪支、弹药、爆炸物管理的法规，非法制造、买卖、运输、邮寄、储存枪支、弹药、爆炸物的行为。

（二）构成要素

1. 客观的构成要素。

（1）行为主体既可以是自然人，也可以是单位。

（2）行为对象是枪支、弹药和爆炸物。枪支、弹药和爆炸物，属于具有高度危险性的物品，一旦落入犯罪分子手中，会给社会治安带来极大的隐患。因此，必须严格对枪支、弹药和爆炸物进行管理和控制，以有效地维护社会秩序，保卫国家和人民生命财产的安全。行为人违反国家有关规定，非法制造、买卖、运输、邮寄、储存枪支、弹药、爆炸物，符合刑法规定的，以犯罪论处。

根据 2015 年修正的《枪支管理法》的规定，"枪支"是指以火药或压缩气体等为动力，利用管状器具发射金属弹丸或其他物质，足以致人伤亡或丧失知觉的各种枪支，包括军用枪支、民用枪支、射击运动枪支、公务用枪等。具体指军用手枪、步枪、冲锋枪、机枪、射击运动枪支、狩猎用的一些枪支以及能发射金属弹丸的气枪等。根据有关司法解释，钢珠枪是能够发射金属弹丸，可致人死亡的枪支，可以成为本罪的行为对象。"弹药"是指上述枪支所用的弹药。"爆炸物"是指具有较大爆破性或杀伤力的爆炸物，包括军用爆炸物和民用爆炸物，前者如手榴弹、地雷、爆破筒等，后者如炸药、雷管等。娱乐用的烟花、爆竹，一般不认为是爆炸物。

（3）客观方面表现为非法制造、买卖、运输、邮寄、储存枪支、弹药、爆炸物的行为。所谓"非法制造"，是指未经国家有关部门批准，私自制造枪支、弹药和爆炸物的行为。其中既包括用机器成批生产，也包括用手工制作。只要实际进行了制造行为，包括制作、组装、修理、改装和拼装上述物品，不论是否制造成功，也不论是为了自用还是非法出售，均可构成本罪。所谓"非法买卖"，是指未经国家有关部门批准，以金钱或实物作价，私自购买或者销售枪支、弹药、爆炸物的行为。所谓"非法运输"，是指未经国家有关部门批准，非法转送枪支、弹药、爆炸物的行为。其形式可以是陆运、水运、空运，也可以是随身携带。所谓"非法邮寄"，是指违反国家邮电部门的规定，以包裹邮件形式邮运枪支、弹药、爆炸物的行为。所谓"非法储存"，是指明知是他人非法制造、买卖、运输、邮寄的枪支、弹药而为其存放的行为，或者非法存放爆炸物的行为。行为人只要实施了非法制造、买卖、运输、邮寄、储存枪支、弹药、爆炸物的行为之一，即可构成本罪；如果行为人同时实施了其中两种以上的行为，也只构成一罪，不适用数罪并罚。

根据 2009 年 11 月 16 日修正的《最高人民法院关于审理非法制造、买卖、运输枪支、弹药、爆炸物等刑事案件具体应用法律若干问题的解释》第 1 条的规定，个人或者单位具有下列情形之一的，即属于非法制造、买卖、运输、邮寄、储存枪支、弹药、爆炸物的行为：①非法制造、买卖、运输、邮寄、储存军用枪支 1 支以上的；②非法制造、买卖、运输、邮寄、储存以火药为动力发射枪弹的非军用枪支 1 支以上或者以压缩气体等为动力的其他非军用枪支 2 支以上的；③非法制造、买卖、运输、邮寄、储存军用子弹 10 发以上、气枪铅弹 500 发以上或者其他非军用子弹 100 发以上的；④非法制造、买卖、运输、邮寄、储存手榴弹 1 枚以上的；⑤非法制造、买卖、运输、邮寄、储存爆炸装置的；⑥非法制造、买卖、运输、邮寄、储存炸药、发射药、黑火药 1 千克以上或者烟火药 3 千克以上、雷管 30 枚以上或者导火索、导爆索 30 米以上的；⑦具有生产爆炸物品资格的单位不按照规定的品种制造，或者具有销售、使用爆炸物品资格的单位超过限额买卖炸药、发射药、黑火药 10 千克以上或者烟火药 30 千克以上、雷管 300 枚以上或者导火索、导爆索 300 米以上的；⑧多次非法制造、买卖、运输、邮寄、储存弹药、爆炸物的；⑨虽未达到上述最低数量标准，但具有造成严重后果等其他恶劣情节的。介绍买卖枪支、弹药、爆炸物的，以买卖枪支、弹药、爆炸物罪的共犯论处。

根据上述司法解释第7条的规定，非法制造、买卖、运输、邮寄、储存成套枪支散件的，以相应数量的枪支计；非成套枪支散件以每30件为一成套枪支散件计。

2. 主观方面的构成要素。本罪在主观方面是直接故意，即明知是枪支、弹药、爆炸物而非法制造、买卖、运输、邮寄、储存；如果行为人受蒙骗，不知是枪支、弹药、爆炸物而运输、邮寄、储存的，不构成犯罪。

（三）认定

要区别本罪与非法持有、私藏枪支、弹药罪的界限。只有在不能证明是行为人因非法制造、买卖、运输枪支、弹药的犯罪活动，而非法持有、私藏枪支、弹药的情况下，才能以非法持有、私藏枪支、弹药罪论处。

（四）处罚

《刑法》第125条第1、3款规定，犯本罪的，处3年以上10年以下有期徒刑；情节严重的，处10年以上有期徒刑、无期徒刑或者死刑。单位犯本罪的，对单位判处罚金，并对其直接负责的主管人员和其他直接责任人员，依照自然人犯本罪的规定处罚。

根据2009年11月16日修正的《最高人民法院关于审理非法制造、买卖、运输枪支、弹药、爆炸物等刑事案件具体应用法律若干问题的解释》第2条的规定，具有下列情形之一的，属于"情节严重"：①非法制造、买卖、运输、邮寄、储存枪支、弹药、爆炸物的数量达到该解释第1条第1、2、3、6、7项规定的最低数量标准5倍以上的；②非法制造、买卖、运输、邮寄、储存手榴弹3枚以上的；③非法制造、买卖、运输、邮寄、储存爆炸装置，危害严重的；④达到该解释第1条规定的最低数量标准，并具有造成严重后果等其他恶劣情节的。

根据该司法解释第9条的规定，因筑路、建房、打井、整修宅基地和土地等正常生产、生活需要，或者因从事合法的生产经营活动而非法制造、买卖、运输、邮寄、储存爆炸物，数量达到该解释第1条规定标准，没有造成严重社会危害，并确有悔改表现的，可依法从轻处罚；情节轻微的，可以免除处罚。具有上述情形，数量虽达到该解释第2条规定标准的，也可以不认定为《刑法》第125条第1款规定的"情节严重"。

在公共场所、居民区等人员集中区域非法制造、买卖、运输、邮寄、储存爆炸物，或者因非法制造、买卖、运输、邮寄、储存爆炸物3年内受到2次以上行政处罚又实施上述行为，数量达到该解释规定标准的，不适用该解释第9条从宽量刑的规定。

案例21-4：2004年10月，被告人徐某（男，1972年出生）与他人合资经营某村石料厂后，在没有办妥工商营业执照和有关证件的情况下，为开采山石，让其外甥（另案处理）先后两次非法购买炸药288公斤、雷管700枚、导火索130余米，除开采山石用去部分外，其余在案发后被公安机关查获。

被告人徐某非法购买爆炸物品，危害公共安全，其行为已构成非法买卖爆炸物罪。根据《刑法》及相关司法解释的规定，其非法购买爆炸物的数额已达到"情节严重"的程度，一般应在"10年以上有期徒刑、无期徒刑或者死刑"的法定刑幅度内量刑。鉴于被告人购买爆炸物确系为了用于开采山石的生产，未造成严重社会危害后果，且归案后能够如实供述自己的犯罪事实，经教育确有悔改表现，不致再危害社会，根据《刑法》及有关司法解释的规定，又"可以依法免除或者从轻处罚"。安徽省淮北市杜集区人民法院根据上述《刑法》及有关司法解释的规定，结合本案具体情况，认为可以减轻处罚，并适用缓刑，依法判处被告人徐某有期徒刑 3 年，缓刑 4 年。判决在经过蚌埠市中级人民法院、安徽省高级人民法院逐级复核后，最后由最高人民法院核准生效。

资料来源：《刑事审判参考（总第 46 辑）》，法律出版社 2006 年版。

二、非法制造、买卖、运输、储存危险物质罪

非法制造、买卖、运输、储存危险物质罪，是指非法制造、买卖、运输、储存毒害性、放射性、传染病病原体等危险物质，危害公共安全的行为。

本罪的主体既可以是自然人，也可以是单位，且实践中一般多为单位。行为人主观方面必须具有故意，即明知是毒害性、放射性、传染病病原体等危险物质而非法制造、买卖、运输、储存；如果行为人不知是上述危险物质而实施上述行为的，不构成本罪。

《刑法》第 125 条第 2 款和第 3 款规定，犯本罪的，处 3 年以上 10 年以下有期徒刑；情节严重的，处 10 年以上有期徒刑、无期徒刑或者死刑；单位犯本罪的，对单位判处罚金，并对其直接负责的主管人员和其他直接责任人员，依照自然人犯本罪的规定处罚。

三、违规制造、销售枪支罪

违规制造、销售枪支罪，是指依法被指定、确定的枪支制造企业、销售企业，违反枪支管理规定，非法制造、销售枪支的行为。

本罪主体是单位，即依法被指定、确定的枪支制造企业、销售企业。这些企业是依法有权制造、销售枪支的企业。如果个人或者不是被依法指定、确定的企业而非法制造、销售枪支的，则构成《刑法》第 125 条规定的非法制造、买卖枪支罪。客观方面表现为非法制造、销售的行为。具体包括：①以非法销售为目的，超过限额或者不按照规定的品种制造、配售枪支；②以非法销售为目的，制造无号、重号、假号的枪支；③非法销售枪支或者在境内销售为出口制造的枪支。单位具有上述几种选择性行为之一的，即构成本罪。行为人须主观上具有故意，并且是以非法销售为目的，否则不构成本罪。

《刑法》第 126 条规定，犯本罪的，对单位判处罚金，并对其直接负责的主管人员和其他直接责任人员，处 5 年以下有期徒刑；情节严重的，处 5 年以上 10 年以下有期徒刑；情节特别严重的，处 10 年以上有期徒刑或者无期徒刑。

四、盗窃、抢夺枪支、弹药、爆炸物、危险物质罪

盗窃、抢夺枪支、弹药、爆炸物、危险物质罪，是指秘密窃取或者公然夺取枪支、弹药、爆炸物，或者盗窃、抢夺毒害性、放射性、传染病病原体等物质，危害公共安全的行为。

本罪在主观方面是直接故意，即明知是枪支、弹药、爆炸物、危险物质而盗窃或抢夺。犯罪的动机多种多样，或为了进行其他犯罪活动，或出于好奇，或为了自用。不论何种犯罪动机，均不影响本罪的成立。如果行为人确属不知所盗窃财物中有枪支、弹药、爆炸物、危险物质，也无盗窃的意图，可以定盗窃罪。

《刑法》第 127 条第 1 款规定，犯本罪的，处 3 年以上 10 年以下有期徒刑；情节严重的，处 10 年以上有期徒刑、无期徒刑或死刑；根据《刑法》第 127 条第 2 款的规定，盗窃、抢夺国家机关、军警人员、民兵的枪支、弹药、爆炸物的，处 10 年以上有期徒刑、无期徒刑或者死刑。

五、抢劫枪支、弹药、爆炸物、危险物质罪

抢劫枪支、弹药、爆炸物、危险物质罪，是指以暴力、胁迫或者其他强制方法，强行劫取枪支、弹药、爆炸物，或者抢劫毒害性、放射性、传染病病原体等危险物质，危害公共安全的行为。

第二十一章

《刑法》第 127 条第 2 款规定，犯本罪的，处 10 年以上有期徒刑、无期徒刑或者死刑。

六、非法持有、私藏枪支、弹药罪

非法持有、私藏枪支、弹药罪，是指违反枪支管理规定，非法持有、私藏枪支、弹药的行为。

根据 2009 年 11 月 16 日最高人民法院修正的《关于审理非法制造、买卖、运输枪支、弹药、爆炸物等刑事案件具体应用法律若干问题的解释》第 8 条的规定，"非法持有"，是指不符合配备、配置枪支、弹药条件的人员，违反枪支管理法律、法规的规定，擅自持有枪支、弹药的行为。"私藏"，是指依法配备、配置枪支、弹药的人员，在配备、配置枪支、弹药的条件消除后，违反枪支管理法律、法规的规定，私自藏匿所配备、配置的枪支、弹药且拒不交出的行为。

《刑法》第 128 条第 1 款规定，犯本罪的，处 3 年以下有期徒刑、拘役或者管制；情节严重的，处 3 年以上 7 年以下有期徒刑。

七、非法出租、出借枪支罪

非法出租、出借枪支罪，是指违反枪支管理规定，将依法配备的公务用枪非法出租、出借的行为，或将依法配置的枪支非法出租、出借，造成严重后果的行为。

本罪的主体是依法配备公务用枪的人员和依法配置枪支的人员。1998 年 11 月 3 日发布的《最高人民检察院关于将公务用枪用作借债质押的行为如何适用法律问题的批复》指出，依法配备公务用枪的人员，违反法律规定，将公务用枪用作借债质押物，使枪支处于非依法持枪人的控制、使用之下，严重危害公共安全的，是《刑法》第 128 条第 2 款所规定的非法出借枪支行为的一种形式，应以非法出借枪支罪追究刑事责任。《刑法》第 128 条第 2、3 款规定的法定刑尽管相同，但因犯罪主体不同，在构成犯罪的条件要求上也有所不同。依法配备公务用枪的人员只要实施了非法出租、出借枪支的行为，即可构成本罪；而依法配置枪支的人员，实施非法出租、出借枪支的行为，只有造成严重后果的，才构成本罪。单位也可以成为本罪的主体。

《刑法》第 128 条第 2 ~ 4 款规定，犯本罪的，处 3 年以下有期徒刑、拘役或者管制；情节严重的，处 3 年以上 7 年以下有期徒刑；单位犯本罪的，对单位判处罚金，并对其直接负责的主管人员和其他直接责任人员，依照上述规定处罚。

八、丢失枪支不报罪

丢失枪支不报罪，是指依法配备公务用枪的人员，丢失枪支不及时报告，造成严重后果的行为。

本罪的主体是特殊主体，只能是依法配备公务用枪的人员。依法配置枪支的人员及其他人员都不能成为本罪主体。客观方面表现为：行为人丢失公务用枪而不及时报告，因而造成了严重后果。行为人在主观上出于过失。

《刑法》第 129 条规定，犯本罪的，处 3 年以下有期徒刑或者拘役。

九、非法携带枪支、弹药、管制刀具、危险物品危及公共安全罪

非法携带枪支、弹药、管制刀具、危险物品危及公共安全罪，是指违反有关法律法规规定，携带枪支、弹药、管制刀具或者爆炸性、易燃性、放射性、毒害性、腐蚀性物品，进入公共场所或者公共交通工具，危及公共安全，情节严重的行为。

犯罪的客观方面要求行为必须是危及公共安全且情节严重的，才能构成本罪；如果行为不会危及公共安全或这种危及尚未达到情节严重的程度，不构成本罪。根据司法解释，"情节严重"，是指：①携带枪支或者手榴弹的；②携带爆炸装置的；③携带炸药、发射药、黑火药

500 克以上或者烟火药 1000 克以上、雷管 20 枚以上或者导火索、导爆索 20 米以上的。行为人非法携带本项规定的爆炸物进入公共场所或者公共交通工具，虽未达到数量标准，但拒不交出的，仍可以本罪论处。携带的数量达到最低数量标准，能够主动、全部交出的，可不以犯罪论处；④携带的弹药、爆炸物在公共场所或者公共交通工具上发生爆炸或者燃烧，尚未造成严重后果的；⑤具有其他严重情节的。

行为人主观上出于故意，即明知携带危险品违反有关法律法规规定并会危及公共安全而故意将其带入公共场所或公共交通工具。过失不构成本罪。如果他人托带的物品内含有危险物品，行为人确属不知的，不构成犯罪；如果行为人是出于劫持公共交通工具或在公共场所、公共交通工具上有意制造爆炸事件或制造严重混乱的目的，应按照《刑法》规定的其他危害公共安全罪定罪处罚。

《刑法》第 130 条规定，犯本罪的，处 3 年以下有期徒刑、拘役或者管制。

第五节　造成重大责任事故危害公共安全的犯罪

一、重大飞行事故罪

重大飞行事故罪，是指航空人员违反规章制度，致使发生重大飞行事故，造成严重后果的行为。行为主体是特殊主体，即只能由航空人员构成。航空人员是指从事民用航空活动的空勤人员和地勤人员。

《刑法》第 131 条规定，犯本罪的，处 3 年以下有期徒刑或者拘役；造成飞行器坠毁或者人员死亡的，处 3 年以上 7 年以下有期徒刑。

二、铁路运营安全事故罪

铁路运营安全事故罪，是指铁路职工违反规章制度，致使发生铁路运营安全事故，造成严重后果的行为。

《刑法》第 132 条规定，犯本罪的，处 3 年以下有期徒刑或者拘役；造成特别严重后果的，处 3 年以上 7 年以下有期徒刑。

三、交通肇事罪

（一）概念

交通肇事罪，是指违反交通运输管理法规，因而发生重大事故，致人重伤、死亡或者使公私财产遭受重大损失的行为。本罪侵犯的客体是交通运输安全。交通运输，是指与一定的交通工具与交通设备相联系的铁路、公路、水上及空中交通运输。这类交通运输的特点是与公众的生命财产安全紧密相连，一旦发生事故，就会危害到不特定多数人的生命安全，造成公私财产的广泛破坏，所以，其行为本质是危害公共安全。

（二）构成要素

1. 客观的构成要素。

（1）行为主体是一般主体。实践中，主要是从事交通运输的人员。所谓"交通运输人员"，是指从事交通运输业务的人员，既包括交通运输工具的驾驶人员，也包括交通设备的操纵人员、交通运输活动的直接领导人员和指挥人员、交通运输安全的管理人员，如扳道工、调度员、领航员、船长、交通监理员等。交通运输人员以外的其他人，如横穿马路的行人、乘客等，也可以成为本罪的主体。由于《刑法》第 131 条"重大飞行事故罪"的犯罪主体是航空人员，第 132 条"铁路运营安全事故罪"的犯罪主体是铁路职工，因此交通肇事罪的主体不包括这两类人员。但航空人员、铁路职工以外的人员违反交通运输管理法规，造成重大飞行事故或者铁路运营安全事故的，仍然构成交通肇事罪。

（2）客观方面表现为行为人违反交通运输管理法规，因而发生重大交通事故，致人重伤、死亡或者使公私财产遭受重大损失的行为。具体包括三个条件：①行为人违反了交通运输管理法规。这是导致交通肇事的原因，也是构成本罪的前提条件。如果没有违反交通管理法规，即使致人重伤、死亡或使公私财产遭受重大损失，也不能构成本罪。"交通运输管理法规"，是指国家有关交通运输管理的法律、法规和国家有关主管部门制定的交通运输安全规章，包括海上、内河、公路、城市道路等交通安全管理法规，如《道路交通安全法》《公路法》等。实践中，违反交通运输管理法规行为主要表现为违反劳动纪律或操作规程、玩忽职守或擅离职守、违章指挥、违章作业或者违章行驶等。违反交通运输管理法规的行为可以是作为，如酒后驾驶、无照驾驶、违章超车、发错信号、扳错道岔等；也可以是不作为，如不发信号、不扳道岔等。交通事故责任分为全部责任、主要责任、同等责任、次要责任。负事故次要责任的，一般作为行政处罚，不追究刑事责任。负事故全部责任、主要责任、同等责任的，分别依不同情况要承担相应的刑事责任。②行为人处在从事交通运输活动过程中或者与正在进行的交通运输有着直接关系。如果发生与交通运输工具有关的重大事故，但不是处于交通运输活动过程中，而是在工厂、矿山、林场、建筑工地、企业事业单位、院落内作业，或者进行其他非交通运输活动，如检修、冲洗车辆等，一般不构成本罪。根据 2000 年 11 月 10 日最高人民法院通过的《关于审理交通肇事刑事案件具体应用法律若干问题的解释》（以下简称《审理交通肇事刑事案件的解释》）的规定，在实行公共交通管理的范围内发生重大交通事故的，依照《刑法》第 133 条和本解释的有关规定，以交通肇事罪论处。在公共交通管理的范围外，驾驶机动车辆或者使用其他交通工具致人伤亡或者致使公共财产或者他人财产遭受重大损失，构成犯罪的，分别依照《刑法》第 134 条"重大责任事故罪"、第 135 条"重大劳动安全事故罪"、第 233 条"过失致人死亡罪"等规定定罪处罚。例如，行为人出于好奇或逞能而乱开停放在院中挂倒挡的汽车，不慎将车后之人挤死，应以过失致人死亡罪论处。③必须是实际发生了重大事故，造成他人重伤、死亡或使公私财产遭受重大损失的严重后果。严重后果必须由违反交通运输管理法规的行为引起，二者之间存在因果关系。虽然行为人有违反交通运输管理法规的行为，但未造成严重后果的，不构成本罪。上述三个条件必须同时具备，缺一不可。

2. 主观的构成要素。本罪主观方面表现为过失，即行为人应当预见自己的行为有可能造成重大交通事故发生的危险，但由于疏忽大意而没有预见，或者虽然已经预见但轻信能够避免，以致造成了严重后果。这种过失是指行为人对自己违章行为所造成的严重后果的心理态度，至于对违反交通运输管理法规行为本身，则往往是明知故犯。客观上发生的重大交通事故，如果是由行为人不能抗拒或不能预见的原因引起的，由于行为人主观上没有过失，不构成犯罪。

（三）认定

1. 罪与非罪的界限。区别交通肇事罪与一般交通事故的关键在于：行为人的违章行为是否引起重大事故，致人重伤、死亡或使公私财产遭受重大损失；如果行为人没有违反交通运输管理法规，或者并未发生致人重伤、死亡或者使公私财产遭受重大损失的重大事故，则不构成犯罪。

2. 本罪与重大飞行事故罪、铁路运营安全事故罪的界限。本罪的范围只限于道路交通与航海交通运输，至于航空、铁路交通事故犯罪，《刑法》第 131、132 条分别就重大飞行事故罪、铁路运营安全事故罪作了规定。

3. 交通肇事罪与利用交通工具故意杀人或故意伤害犯罪的界限。区别二者的关键在于：交通肇事罪的主体对致人重伤、死亡的结果的心理态度是过失，而后者则是故意。

4. 交通肇事罪与危险驾驶罪的界限。危险驾驶罪为抽象危险犯，不需要造成实际危害结果，只要行为人在道路上有故意危险驾驶机动车的四种情形之一，即构成本罪。危险驾驶行为同时构成交通肇事罪或者以危险方法危害公共安全罪等犯罪的，应当依照处罚较重的规定定罪处罚，不实行数罪并罚。

（四）处罚

根据《刑法》第133条和《审理交通肇事刑事案件的解释》的规定，交通肇事罪的处罚分为以下几种情形：

1. 《刑法》第133条规定，犯交通肇事罪的，处3年以下有期徒刑或者拘役。《审理交通肇事刑事案件的解释》第2条第1款规定，交通肇事具有下列情形之一的，处3年以下有期徒刑或者拘役：①死亡1人或者重伤3人以上，负事故全部或者主要责任的；②死亡3人以上，负事故同等责任的；③造成公共财产或者他人财产直接损失，负事故全部或者主要责任，无能力赔偿数额在30万元以上的（各省、自治区、直辖市高级人民法院可以根据本地实际情况，在30万元~60万元的幅度内，确定本地区起点数额标准）。

《审理交通肇事刑事案件的解释》第2条第2款规定，交通肇事致1人以上重伤，负事故全部或者主要责任，并具有下列情形之一的，以交通肇事罪定罪处罚：①酒后、吸食毒品后驾驶机动车辆的；②无驾驶资格驾驶机动车辆的；③明知是安全装置不全或者安全机件失灵的机动车辆而驾驶的；④明知是无牌证或者已报废的机动车辆而驾驶的；⑤严重超载驾驶的；⑥为逃避法律追究逃离事故现场的。

2. 交通运输肇事后逃逸或者有其他特别恶劣情节的，处3年以上7年以下有期徒刑。"交通运输肇事后逃逸"，是指行为人具有《审理交通肇事刑事案件的解释》第2条第1款和第2款第1~5项规定的情形之一，在发生交通事故后，为逃避法律追究而逃跑的行为。

交通肇事具有下列情形之一的，属于"有其他特别恶劣情节"：①死亡2人以上或者重伤5人以上，负事故全部或者主要责任的；②死亡6人以上，负事故同等责任的；③造成公共财产或者他人财产直接损失，负事故全部或者主要责任，无能力赔偿数额在60万元以上的（各省、自治区、直辖市高级人民法院可以根据本地实际情况，在60万元~100万元的幅度内，确定本地区起点数额标准）。

3. 因逃逸致人死亡的，处7年以上有期徒刑。"因逃逸致人死亡"，是指行为人在交通肇事后为逃避法律追究而逃跑，致使被害人因得不到救助而死亡的情形。"因逃逸致人死亡"，应当从以下几点理解：①行为人已经认识到自己交通肇事；②行为人逃跑之前的行为已经构成交通肇事罪；③行为人交通肇事后有逃逸行为；④逃逸行为与被害人死亡之间有因果关系。只有上述条件完全具备，才能适用"因逃逸致人死亡，处7年以上有期徒刑"加重情节的法定刑。要注意的是："因逃逸致人死亡"只是一个量刑情节。单纯的逃逸行为，其间没有加入其他的加害行为，无论行为人先前的肇事行为所造成的他人重伤有没有死亡的现实危险，均不构成故意杀人罪（不作为犯）。这主要是因为，犯罪行为不能作为不作为的义务来源。行为人实施某一犯罪行为后，如果行为人自动防止危害结果发生，则是减免刑罚的理由；如果行为人没有防止更严重的结果发生，则是负加重结果犯的责任，而不能以此作为先行行为认定行为人负有作为义务。如行为人犯故意伤害罪的情形，法律不能期待行为人对加害人进行及时救治，在被害人出现死亡的情况下，法律对行为人的评价也只能是故意伤害罪，因故意伤害出现的死亡结果则是故意伤害罪的结果加重犯，而不能先定行为人为故意伤害罪，又因行为人故意伤害后逃逸致使被害人死亡，而又成立故意杀人罪，实行数罪并罚。要成立故意杀人罪，行为人应当在先行的犯罪行为之外，又有另一种弃置行为，方可成立。

交通肇事后，单位主管人员、机动车辆所有人、承包人或者乘车人指使肇事人逃逸，致使被害人因得不到救助而死亡的，以交通肇事罪的共犯论处。我国《刑法》总则规定，共同犯罪是指 2 人以上共同故意犯罪，2 人以上共同过失犯罪的不以共同犯罪论处。交通肇事罪是过失犯罪，《审理交通肇事刑事案件的解释》规定可以构成共同犯罪，属于一种例外情形。

4. 行为人在交通肇事后为逃避法律追究，将被害人带离事故现场后隐藏或者遗弃，致使被害人无法得到救助而死亡或者严重残疾的，应当分别依照《刑法》第232条、第234条第2款的规定，以故意杀人罪或者故意伤害罪定罪处罚。这是交通肇事罪转化犯，即直接以故意杀人罪或者故意伤害罪定罪处罚，而不是数罪并罚。如果行为人在交通肇事后为逃避法律追究，不是消极地将被害人带离事故现场后隐藏或者遗弃，致使被害人无法得到救助而死亡或者严重残疾，而是直接杀害被害人的，应以交通肇事罪与故意杀人罪数罪并罚。

5. 实践中，一些单位的主管人员、机动车辆所有人或者机动车辆承包人等，为追究更大的经济利益，往往指令或者强令属下、雇工疲劳驾驶、严重超载、开快车、强行超车等，是引发重大恶性交通事故的主要原因。在这类案件中，仅仅处罚肇事行为人，显然不能有效地发挥刑罚的惩戒作用。为减少上述原因引发的交通事故，《审理交通肇事刑事案件的解释》规定：单位主管人员、机动车辆所有人或者机动车辆承包人指使、强令他人违章驾驶造成重大交通事故，具有《审理交通肇事刑事案件的解释》第2条规定情形之一的，以交通肇事罪定罪处罚。这种情形，不能认为是共犯，应分别定交通肇事罪。

案例 21-5：被告人孙某（男，1972 年出生），于 2006 年 5 月 20 日 16 时 15 分许，驾驶一辆重型货车沿公路由南向北行驶至一路口处时，因违反交通信号灯规定行驶，与由西向东横穿马路的骑自行车行驶的被害人张某某（该自行车后载有被害人徐某某）相撞，造成被害人徐某某当场死亡、张某某受重伤的重大交通事故。经公安机关事故责任认定，被告人孙某驾驶制动性能不符合要求，亦未定期进行安全技术检查的机动车，因违反交通信号灯规定行驶，且遇情况采取措施不当导致事故发生，是本起交通事故的全部过错方，负事故的全部责任。被告人孙某肇事后，曾拨打电话报警，并将被害人张某某扶至路边，后弃车离开现场。次日下午，被告人孙某向公安机关投案自首。

上海市青浦区人民法院认为，被告人孙某的行为已构成交通肇事罪。被告人在肇事后虽有立即停车、保护现场、报警的行为，但随后弃车逃离现场，且没有及时向有关部门报告。在离开现场整整 1 天以后，才在亲友的劝说下投案自首，说明被告人当时离开现场的目的不是自称的躲避被害人一方的殴打，而是逃避法律追究，应当认定其有"交通肇事后逃逸"的行为。但对被告人的自首情节应予认定，依法可以减轻处罚。依照《刑法》第 133 条、第 67 条第 1 款的规定，以交通肇事罪判处被告人孙贤玉有期徒刑 2 年。

资料来源：《刑事审判参考（总第 53 辑）》，法律出版社 2007 年版。

案例 21-6：被告人钱某（男，30 岁），于 2002 年 7 月 24 日凌晨 6 时许，驾驶一辆中型自卸货车往一水泥厂运石头时，因遇情况采取措施不当，撞到前方公路上的一名行人，致该人受伤。被告人钱某下车察看并将被害人扶至路边，经与其交谈后，被告人钱某认为被害人没有受到大的伤害，故驾车离开现场。后被告人再次路过此处，看到被害人仍然坐在路边。

当天下午，被害人因腹膜后出血引起失血性休克死亡（经了解，被害人若及时抢救可避免死亡）。经交警部门认定，被告人钱某负该起事故的全部责任。

江苏省溧阳市人民法院认为，被告人钱某的行为已构成交通肇事罪。被告人在交通事故发生后，应当保护现场，积极抢救伤者，但被告人未履行上述义务，反而驾车逃离现场，导致伤者因未得到及时救治而死亡，符合《刑法》规定的"因逃逸致人死亡的"情形，判处被告人钱某有期徒刑 8 年。

被告人不服提出上诉。二审法院（江苏省常州市中级人民法院）认为，被告人钱某虽然没有履行法定义务，但其主观上没有为逃避法律追究而逃跑的故意，只是因其主观上认识的错误（被害人没有受到大的伤害，更不会死亡）才驾车离开现场，否则也不会再驾车回到肇事现场，不属于交通肇事后的"逃逸"行为，不能适用"因逃逸致人死亡"的量刑情节。一审法院定罪正确，但量刑过重，改判被告人钱某有期徒刑 2 年 6 个月。

资料来源：《刑事审判参考（总第 44 辑)》，法律出版社 2006 年版。

四、危险驾驶罪

（一）概念

危险驾驶罪，是指违反道路交通管理制度在道路上驾驶机动车，有下列情形之一的行为：①追逐竞驶，情节恶劣的；②醉酒驾驶机动车的；③从事校车业务或者旅客运输，严重超过额定乘员载客，或者严重超过规定时速行驶的；④违反危险化学品安全管理规定运输危险化学品，危及公共安全的。行为人构成危险驾驶罪的前提是在道路上驾驶机动车。根据《道路交通安全法》第 119 条的规定，"道路"，是指公路、城市道路和虽在单位管辖范围但允许社会机动车通行的地方，包括广场、公共停车场等用于公众通行的场所。"机动车"，是指以动力装置驱动或者牵引，上道路行驶的供人员乘用或者用于运送物品以及进行工程专项作业的轮式车辆，包括摩托车和农用车，但不包括电动自行车。本罪侵犯的客体是道路交通安全。行为人违反道路交通管理制度在道路上驾驶机动车，不仅破坏了道路交通秩序，同时也威胁到不特定多数人的生命、财产安全，属于危害公共安全的犯罪。

（二）构成要素

1. 客观的构成要素。一般情况下，危险驾驶罪的行为主体为机动车的驾驶人。机动车所有人、管理人对上述第 3 项、第 4 项危险驾驶行为负有直接责任的，也要以危险驾驶罪追究刑事责任。

本罪在客观方面分为以下四种类型：

（1）"追逐竞驶，情节恶劣的"。所谓追逐竞驶，是指行为人在道路上高速、超速行驶，随意追逐、超越其他车辆，频繁、突然并线，近距离驶入其他车辆之前等危险驾驶行为。其构成要素为：①行为发生在道路上，包括校园内、大型厂矿内等道路上，以及在人行道上等，不要求一定发生在公共道路上。②具有一定危险性的高速、超速驾驶。③以产生交通危险的方式驾驶，如随意追逐、超越其他车辆，频繁并线、突然并线，或者近距离驶入其他车辆之前等。追逐竞驶既可能是 2 人以上基于意思联络而实施，也可能是单个人实施。是否"情节恶劣"，应结合追逐竞驶所在道路上车辆与行人的多少、驾驶的路段与时间、驾驶的速度与方式、驾驶的次数等进行综合判断。

（2）"醉酒驾驶机动车的"。所谓醉酒驾驶，是指在醉酒状态下驾驶机动车的行为。2004 年 5 月 31 日国家质量监督检验检疫总局发布的《车辆驾驶人员血液、呼吸酒精含量阈值与检验》规定，车辆驾驶人员血液中的酒精含量大于或者等于 80mg/100ml 的即属于醉酒驾驶。在醉酒状态下驾驶机动车，即可构成本罪。

（3）"从事校车业务或者旅客运输，严重超过额定乘员载客，或者严重超过规定时速行驶的"。这里的"校车"，是指依照国家规定取得使用许可，用于接送接受义务教育的学生上下学的7座以上的载客汽车。依照国务院颁布的《校车安全管理条例》的有关规定，从事校车业务应当取得许可，禁止使用未取得校车标牌的车辆提供校车服务。这里规定的从事"旅客运输"的车辆，包括需要具备营运资格的公路客运、公交客运、出租客运、旅游客运以及其他从事旅客运输的微型面包车等非营运客车。从事旅客运输的驾驶人员需要具备一定的资质，由有关部门颁发准驾证明。实践中，有的从事校车业务的车辆并未取得许可，有的从事旅客运输的车辆不具备营运资格，还有一些未取得客运道路运输经营许可非法从事旅客运输的车辆，甚至还有货车违反规定载人、拖拉机载人的情况；有的从业人员并不具备相关资质。但是，未取得许可或者不具备相关资质，不影响本罪刑事责任的认定。

根据2012年7月22日下发的《国务院关于加强道路交通安全工作的意见》，"严重超员、超速行驶"，是指超员20%以上、超速50%（高速公路超速20%）以上行驶。从事校车业务的机动车和旅客运输车辆严重超员、超速行驶，很容易造成群死群伤的重特大交通事故，且会加重事故的伤亡后果。只要是从事校车业务或者旅客运输，严重超过额定乘员载客，或者严重超过规定时速行驶的，都应当依照本罪追究刑事责任。

（4）"违反危险化学品安全管理规定运输危险化学品，危及公共安全的"。根据2011年2月16日国务院通过，并于2013年修订的《危险化学品安全管理条例》的规定，危险化学品是指具有毒害、腐蚀、爆炸、燃烧、助燃等性质，对人体、设施、环境具有危害的剧毒化学品和其他化学品。目前国内80%的危险化学品需要通过高速公路运输。危险化学品运输一旦发生安全事故，后果将十分严重，必须严加防范。根据规定，从事危险化学品道路运输的，应当取得危险货物道路运输许可，并向工商行政管理部门办理登记手续。危险化学品道路运输企业应当配备专职安全管理人员。驾驶人员、装卸管理人员、押运人员应当经交通运输主管部门考核合格，取得从业资格。运输危险化学品，应当根据危险化学品的危险特性采取相应的安全防护措施，并配备必要的防护用品和应急救援器材。用于运输危险化学品的槽罐以及其他容器应当封口严密，能够防止危险化学品在运输过程中因温度、湿度或者压力的变化发生渗漏、洒漏；槽罐以及其他容器的溢流和泄压装置应当设置准确、起闭灵活。运输危险化学品的驾驶人员、装卸管理人员、押运人员应当了解所运输的危险化学品的危险特性及其包装物、容器的使用要求和出现危险情况时的应急处置方法。通过道路运输危险化学品的，托运人应当委托依法取得危险货物道路运输许可的企业承运，应当按照运输车辆的核定载质量装载危险化学品，不得超载。危险化学品运输车辆应当符合国家标准要求的安全技术条件，并按照国家有关规定定期进行安全技术检验，应当悬挂或者喷涂符合国家标准要求的警示标志。通过道路运输危险化学品的，应当配备押运人员，并保证所运输的危险化学品处于押运人员的监控之下。运输危险化学品途中因住宿或者发生影响正常运输的情况，需要较长时间停车的，驾驶人员、押运人员应当采取相应的安全防范措施；运输剧毒化学品或者易制爆危险化学品的，还应当向当地公安机关报告。未经公安机关批准，运输危险化学品的车辆不得进入危险化学品运输车辆限制通行的区域。危险化学品运输车辆限制通行的区域由县级人民政府公安机关划定，并设置明显的标志。

行为人违反上述规定，危及公共安全的，应当以本罪论处。"危及公共安全"，是指对交通道路上的车辆、人员、公私财产以及周围环境随时可能产生重大危险，如爆炸、有毒气体泄漏等危险。实践中，对于是否危及公共安全，应当结合运输的危险化学品的性质、品种及

第二十一章

数量，运输的时间、路线，违反安全管理规定的具体内容及严重程度，一旦发生事故可能造成的损害后果等，综合作出判断。

2. 主观的构成要素。本罪主观方面为故意，即行为人认识到自己的危险驾驶行为可能危害公共安全，而希望或放任这种危险驾驶行为的发生。

（三）认定

根据刑法规定，如果行为人有上述危险驾驶行为，造成人员伤亡或者公私财产重大损失，符合交通肇事罪构成要件或者构成其他犯罪的，属于法条竞合，应当以交通肇事罪或者其他相应的犯罪定罪处罚。行为人故意实施危险驾驶行为，但过失造成人员伤亡或者公私财产重大损失的，以交通肇事罪论处；行为人故意实施危险驾驶行为，明知会造成人员伤亡或者公私财产的重大损失，而希望或放任这种结果发生的，应按照以危险方法危害公共安全罪论处。

（四）处罚

《刑法》第133条之一规定，犯本罪的，处拘役，并处罚金。同时构成其他犯罪的，依照处罚较重的规定定罪处罚。

2013年12月18日发布的《最高人民法院、最高人民检察院、公安部关于办理醉酒驾驶机动车刑事案件适用法律若干问题的意见》第2条规定，醉酒驾驶机动车，具有下列情形之一的，依照危险驾驶罪的规定，从重处罚：①造成交通事故且负事故全部或者主要责任，或者造成交通事故后逃逸，尚未构成其他犯罪的；②血液酒精含量达到200mg/100ml以上的；③在高速公路、城市快速路上驾驶的；④驾驶载有乘客的营运机动车的；⑤有严重超员、超载或者超速驾驶，无驾驶资格驾驶机动车，使用伪造或者变造的机动车牌证等严重违反道路交通安全法的行为的；⑥逃避公安机关依法检查，或者拒绝、阻碍公安机关依法检查尚未构成其他犯罪的；⑦曾因酒后驾驶机动车受过行政处罚或者刑事追究的；⑧其他可以从重处罚的情形。

案例21-7：2012年2月3日20时20分许，被告人张某某、金某相约驾驶摩托车出去享受大功率摩托车的刺激感，约定"陆家浜路、河南南路路口是目的地。随后，张某某驾驶无牌的本田大功率二轮摩托车（经过改装），金某驾驶套牌的雅马哈大功率二轮摩托车（经过改装），从上海市浦东新区乐园路99号车行出发，行至杨高路、巨峰路路口掉头沿杨高路由北向南行驶，经南浦大桥从陆家浜路下桥，后沿河南南路经复兴东路隧道、张杨路回到张某某住所。全程28.5公里，沿途经过多个公交站点、居民小区、学校和大型超市。在行驶途中，二被告人驾车在密集车流中反复并线、曲折穿插、多次闯红灯、大幅度超速行驶。当行驶至陆家浜路、河南南路路口时，张某某、金某遇执勤民警检查，遂驾车沿河南南路经复兴东路隧道、张杨路逃离。其中，在杨高南路浦建路立交（限速60km/h）张某某行驶速度115km/h、金某行驶速度98km/h；在南浦大桥桥面（限速60km/h）张某某行驶速度108km/h、金某行驶速度108km/h；在南浦大桥陆家浜路引桥下匝道（限速40km/h）张某某行驶速度大于59km/h、金某行驶速度大于68km/h；在复兴东路隧道（限速60km/h）张某某行驶速度102km/h、金某行驶速度99km/h。

2012年2月5日21时许，被告人张某某被抓获到案后，如实供述上述事实，并向公安机关提供被告人金某的手机号码。金某接公安机关电话通知后于2月6日21时许主动投案，并如实供述上述事实。

上海市浦东新区人民法院于2013年1月21日作出（2012）浦刑初字第4245号刑事判决：

被告人张某某犯危险驾驶罪，判处拘役 4 个月，缓刑 4 个月，并处罚金人民币 4000 元；被告人金某犯危险驾驶罪，判处拘役 3 个月，缓刑 3 个月，并处罚金人民币 3000 元。宣判后，二被告人均未上诉，判决已发生法律效力。

法院生效裁判认为：根据《刑法》第 133 条之一第 1 款规定，"在道路上驾驶机动车……追逐竞驶，情节恶劣的"，构成危险驾驶罪。机动车驾驶人员出于竞技、追求刺激、斗气或者其他动机，在道路上曲折穿行、快速追赶行驶的，属于在道路上驾驶机动车"追逐竞驶"。本案被告人"追逐竞驶"的行为是否属于"情节恶劣"，应从其追逐竞驶行为的具体表现、危害程度、造成的危害后果等方面，综合分析其对道路交通秩序、不特定多人生命、财产安全威胁的程度是否"恶劣"。本案中，二被告人的追逐竞驶行为，虽未造成人员伤亡和财产损失，但从以下情形分析，属于危险驾驶罪中的"情节恶劣"：①从驾驶的车辆看，二被告人驾驶的系无牌和套牌的大功率改装摩托车；②从行驶速度看，总体驾驶速度很快，多处路段超速达 50% 以上；③从驾驶方式看，反复并线、穿插前车、多次闯红灯行驶；④从对待执法的态度看，二被告人在民警盘查时驾车逃离；⑤从行驶路段看，途经的杨高路、张杨路、南浦大桥、复兴东路隧道等均系城市主干道，沿途还有多处学校、公交和地铁站点、居民小区、大型超市等路段，交通流量较大，行驶距离较长，在高速驾驶的刺激心态和躲避民警盘查的紧张心态作用下，极易引发重大恶性交通事故。上述行为，给公共交通安全造成一定危险，足以威胁他人生命、财产安全，故可以认定二被告人追逐竞驶的行为属于危险驾驶罪中的"情节恶劣"。被告人张某某到案后如实供述所犯罪行，依法可以从轻处罚。被告人金某投案自首，依法亦可以从轻处罚。鉴于二被告人在庭审中均已认识到行为的违法性及社会危害性，保证不再实施危险驾驶行为，并多次表示认罪悔罪，且其行为尚未造成他人人身、财产损害后果，故依法作出如上判决。

资料来源：2014 年 12 月 18 日《最高人民法院关于发布第八批指导性案例的通知》（指导案例 32 号，张某某、金某危险驾驶案）。

五、妨害安全驾驶罪

妨害安全驾驶罪，是指对行驶中的公共交通工具的驾驶人员使用暴力或者抢控驾驶操纵装置，干扰公共交通工具正常行驶，危及公共安全的行为。

本罪的主体为一般主体，驾驶人员在行驶的公共交通工具上擅离职守，与他人互殴或者殴打他人，危及公共安全的，依照本罪的规定处罚。行为干扰公共交通工具正常行驶，是否危及公共安全，是认定罪与非罪的关键。只是一般的辱骂或者只有轻微的拉扯行为，并没有影响车辆正常行驶，尚未危及公共安全的，不构成本罪。

本罪在主观上是故意，行为人出于何种动机，不影响本罪的成立。

行为人构成本罪，同时构成其他犯罪的，比如同时构成交通肇事罪、或者以危险方法危害公共安全罪的，应从一重罪处断。

《刑法》第 133 条之二规定，犯本罪的，处 1 年以下有期徒刑、拘役或者管制，并处或者单处罚金。

六、重大责任事故罪

（一）概念

重大责任事故罪，是指在生产、作业中违反有关安全管理的规定，因而发生重大伤亡事故或者造成其他严重后果的行为。本罪是责任事故类犯罪的基本罪，侵犯的客体是生产、作业安全，即侵犯生产、作业中的不特定多数人的人身和公私财产的安全。

（二）构成要素

1. 客观的构成要素。

（1）行为主体是一般主体，而不仅仅限于工厂、矿山、林场、建筑企业或者其他企业、事业单位的职工。其他人在从事非单位形式的生产、作业活动中，因为违反安全管理规定而造成责任事故的，也可以构成本罪。

（2）客观方面表现为在生产、作业中违反有关安全管理的规定，因而发生重大伤亡事故或者造成其他严重后果的行为。具体包括以下三个条件：①行为人违反安全管理规定。所谓"违反安全管理规定"，是指违反有关生产、作业安全方面法律、法规和内部安全管理方面的规章制度。既可以表现为作为，如擅自移动有关安全生产方面的标志、开关、信号，在禁火区生产时使用明火作业等；也可以表现为不作为，如值班时外出游玩、睡觉等。②这种行为只能发生在生产、作业过程中并与生产、作业有直接联系。如果行为人违反规章制度的行为不是发生在生产、作业过程中，即使造成了严重后果，也不构成重大责任事故。③发生重大伤亡事故或者造成其他严重后果。2008年6月25日印发的《最高人民检察院、公安部关于公安机关管辖的刑事案件立案追诉标准的规定（一）》（以下简称《公安机关管辖的刑事案件立案追诉标准的规定（一）》）第8条对重大责任事故罪的立案追诉标准作出规定，在生产、作业中违反有关安全管理的规定，涉嫌下列情形之一的，应予立案追诉：①造成死亡1人以上，或者重伤3人以上的；②造成直接经济损失50万元以上的；③发生矿山生产安全事故，造成直接经济损失100万元以上的；④其他造成严重后果的情形。

2. 主观的构成要素。本罪在主观上是过失，即行为人预见自己的行为可能发生危害社会的结果，由于疏忽大意而没有预见或者已经预见而轻信能够避免，以致发生这种结果的心理态度。至于对安全管理规定的违反，既可能是无意之中为之，也可能是明知故犯。要注意区别生产经营中违章违规的故意与对危害结果的故意，行为人对危害结果出于故意，不构成本罪，可能构成危害公共安全的其他犯罪。

（三）认定

1. 与技术事故及技术革新和科学试验失败的界限。所谓技术事故，是指由于技术条件或设备条件的限制而发生的事故，而技术革新和科学试验本身就包含着失败的可能。区分本罪与这两种情况的关键是看行为人客观上是否有违反规章制度的行为，主观上是否存在过失。如果事故的发生是由行为人违反规章制度引起，并且主观上具有过失，则可能成立本罪。

2. 与一般责任事故的界限，两者的相同点是行为人在生产、作业过程中都有违反规章制度的行为，而且都造成了一定的损害后果。区别在于违反规章制度的行为是否造成重大伤亡事故或者其他严重后果。造成重大伤亡事故或者其他严重后果的，构成本罪；没有造成重大伤亡事故或者其他严重后果的，属于一般责任事故，只能给予行政处罚或行政处分。

3. 与失火罪、过失爆炸罪、过失投放危险物质罪的界限。本罪的重大损失的后果，也可以表现为火灾、爆炸、中毒事故，而且，与后三种犯罪的共同点是主观方面也是过失。区别的关键是行为发生的场合不同。本罪的行为是在生产、作业活动中，违反规章制度而发生重大伤亡事故或其他严重后果；而失火罪、过失爆炸罪、过失投放危险物质罪的行为，是在日常生活中由于忽视安全、缺乏必要的慎重而发生火灾、爆炸、中毒事故。

4. 与危险物品肇事罪的区别。两者的主要区别是：①犯罪主体不同。重大责任事故罪的主体是一般主体，危险物品肇事罪的主体则是从事生产、储存、运输、使用危险物品的工作人员。②违反的规章制度不尽相同。重大责任事故罪所违反的主要是厂矿等企业、事业单位与安全生产有关的规章制度，而危险物品肇事罪所违反的规章制度是有关爆炸性、易燃性、易爆性、放射性、毒害性、腐蚀性物品的管理规定。③犯罪行为发生的时间、场合不同。前者发生在一般的生产、作业活动中；而后者发生在生产、储存、运输、使用的过程中。厂矿企业职工因为违反有关危险品的生产、运输、使用的管理规定，造成责任事故的，属于两罪的法条竞合，应当以危险物品肇事罪处理。

5. 与其他责任事故型犯罪的区别。重大责任事故罪属于一般性的规定，如果行为人的行为符合重大飞行事故罪、铁路运营安全事故罪、工程重大安全事故罪等其他具体责任事故型犯罪构成要件的，应当按照"特别法优于普通法"原则，按照其他具体责任事故型犯罪定罪处罚。

6. 责任事故型过失犯罪与日常生活型过失犯罪的区别。责任事故型过失犯罪，包括重大责任事故罪、重大飞行事故罪、铁路运营安全事故罪、工程重大安全事故罪等；日常生活型过失犯罪，包括失火罪、过失决水罪、过失爆炸罪、过失投放危险物质罪、过失以危险方法危害公共安全罪、过失损坏交通工具罪、过失损坏交通设施罪、过失损坏电力设备罪、过失损坏易燃易爆设备罪等。两者的区别是：①发生的场合不同，责任事故型过失犯罪一般发生在生产作业过程中，属于业务过失；日常生活型过失犯罪则发生在日常生活中，由于日常生活不够小心谨慎而导致严重后果发生，属于普通过失。②主体不同，责任事故型过失犯罪的主体大多是特殊主体，如厂矿企业的职工、铁路职工、航空职工等；日常生活型过失犯罪的主体是一般主体。③行为特点不同，责任事故型过失犯罪以违反业务规章为前提；日常生活型过失犯罪通常违反生活常识常理。

（四）处罚

《刑法》第 134 条第 1 款规定，犯本罪，处 3 年以下有期徒刑或者拘役；情节特别恶劣的，处 3 年以上 7 年以下有期徒刑。根据 2007 年 2 月 28 日《最高人民法院、最高人民检察院关于办理危害矿山生产安全刑事案件具体应用法律若干问题的解释》第 4 条第 2 款的规定，具有下列情形之一的，均属于"情节特别恶劣"：①造成死亡 3 人以上，或者重伤 10 人以上的；②造成直接经济损失 300 万元以上的；③其他特别恶劣的情节。2011 年 12 月 30 日《最高人民法院关于进一步加强危害生产安全刑事案件审判工作的意见》第 14 条规定，造成《关于办理危害矿山生产安全刑事案件具体应用法律若干问题的解释》第 4 条第 1 款规定的"重大伤亡事故或者其他严重后果"，同时具有下列情形之一的，也可以认定为《刑法》第 134、135 条规定的"情节特别恶劣"：①非法、违法生产的；②无基本劳动安全设施或未向生产、作业人员提供必要的劳动防护用品，生产、作业人员劳动安全无保障的；③曾因安全生产设施或者安全生产条件不符合国家规定，被监督管理部门处罚或责令改正，1 年内再次违规生产致使发生重大生产安全事故的；④关闭、故意破坏必要安全警示设备的；⑤已发现事故隐患，未采取有效措施，导致发生重大事故的；⑥事故发生后不积极抢救人员，或者毁灭、伪造、隐藏影响事故调查的证据，或者转移财产逃避责任的；⑦其他特别恶劣的情节。

六、强令、组织他人违章冒险作业罪

强令、组织他人违章冒险作业罪，是指强令他人违章冒险作业，或者明知存在重大事故隐患而不排除，仍冒险组织作业，因而发生重大伤亡事故或者造成其他严重后果的行为。本罪主观方面是过失。

《刑法》第 134 条第 2 款规定，犯本罪的，处 5 年以下有期徒刑或者拘役；情节特别恶劣的，处 5 年以上有期徒刑。

七、危险作业罪

危险作业罪，是指在生产、作业中违反有关安全管理的规定，有下列情形之一，具有发生重大伤亡事故或者其他严重后果的现实危险的行为。具体表现为：①关闭、破坏直接

关系生产安全的监控、报警、防护、救生设备、设施，或者篡改、隐瞒、销毁其相关数据、信息的；②因存在重大事故隐患被依法责令停产停业、停止施工、停止使用有关设备、设施、场所或者立即采取排除危险的整改措施，而拒不执行的；③涉及安全生产的事项未经依法批准或者许可，擅自从事矿山开采、金属冶炼、建筑施工，以及危险物品生产、经营、储存等高度危险的生产作业活动的。

本罪主体为一般主体，主观方面是故意。

本罪属于具体危险犯，不要求实际发生生产、作业事故，只要具有发生重大伤亡事故或者其他严重后果的现实危险，即可构成本罪。如果发生了实际安全事故，同时构成其他罪的，应从一重罪处断。

《刑法》第134条之一规定，犯本罪的，处1年以下有期徒刑、拘役或者管制。

八、重大劳动安全事故罪

重大劳动安全事故罪，是指安全生产设施或者安全生产条件不符合国家规定，因而发生重大伤亡事故或者造成其他严重后果的行为。本罪的行为主体只限于对安全生产设施或者安全生产条件不符合国家规定直接负责的主管人员和其他直接责任人员。

《刑法》第135条规定，犯本罪的，处3年以下有期徒刑或者拘役；情节特别恶劣的，处3年以上7年以下有期徒刑。

九、大型群众性活动重大安全事故罪

大型群众性活动重大安全事故罪，是指举办大型群众性活动违反安全管理规定，因而发生重大伤亡事故或者造成其他严重后果的行为。

《刑法》第135条之一规定，犯本罪的，对直接负责的主管人员和其他直接责任人员，处3年以下有期徒刑或者拘役；情节特别恶劣的，处3年以上7年以下有期徒刑。

十、危险物品肇事罪

危险物品肇事罪，是指违反爆炸性、易燃性、放射性、毒害性、腐蚀性物品的管理规定，在生产、储存、运输、使用中发生重大事故，造成严重后果的行为。

《刑法》第136条规定，犯本罪的，处3年以下有期徒刑或者拘役；后果特别严重的，处3年以上7年以下有期徒刑。

十一、工程重大安全事故罪

工程重大安全事故罪，是指建设单位、设计单位、施工单位、工程监理单位违反国家规定，降低工程质量标准，造成重大安全事故的行为。本罪的行为主体只限于直接责任人员。

《刑法》第137条规定，犯本罪的，处5年以下有期徒刑或者拘役，并处罚金；后果特别严重的，处5年以上10年以下有期徒刑，并处罚金。

十二、教育设施重大安全事故罪

教育设施重大安全事故罪，是指明知校舍或者教育教学设施有危险，而不采取措施或者不及时报告，致使发生重大伤亡事故的行为。本罪的主体是特殊主体，限于负责校舍或者教育教学设施安全的直接责任人员。

《刑法》第138条规定，犯本罪的，处3年以下有期徒刑或者拘役；后果特别严重的，处3年以上7年以下有期徒刑。

十三、消防责任事故罪

消防责任事故罪，是指违反消防管理法规，经消防监督机构通知采取改正措施而拒绝执行，造成严重后果的行为。本罪主体只限于直接责任人员。

应注意区分本罪与失火罪的界限。本罪是行为人拒不执行消防监督机构关于采取改正措

施的通知，造成包括火灾在内的严重后果；失火罪，则是行为人在日常生活与生产活动中用火不慎，致使发生火灾，造成严重的后果。

《刑法》第 139 条规定，犯本罪的，处 3 年以下有期徒刑或者拘役；后果特别严重的，处 3 年以上 7 年以下有期徒刑。

十四、不报、谎报安全事故罪

不报、谎报安全事故罪，是指在安全事故发生后，负有报告职责的人员不报或者谎报事故情况，贻误事故抢救，情节严重的行为。

《刑法》第 139 条之一规定，犯本罪的，处 3 年以下有期徒刑或者拘役；情节特别严重的，处 3 年以上 7 年以下有期徒刑。

第二十二章
破坏社会主义市场经济秩序罪

第一节　生产、销售伪劣商品罪

一、生产、销售伪劣产品罪

（一）概念

生产、销售伪劣产品罪，是指生产者、销售者在产品中掺杂、掺假，以假充真，以次充好或者以不合格产品冒充合格产品，销售金额在5万元以上的行为。

生产、销售伪劣产品罪侵犯的客体是产品质量管理秩序和消费者的合法权益。生产者、销售者在产品中掺杂、掺假，以假充真，以次充好或者以不合格产品冒充合格产品，是严重违反产品质量法规和工商行政管理法规的行为，既妨害了国家对产品质量的管理制度，又严重地违反了市场经济所要求的诚实信用原则，侵害了消费者的合法权益。

（二）构成要素

1. 客观构成要素。

（1）行为主体是生产者、销售者，包括除消费者以外的一切从事商品生产、销售的公司、企业等单位和自然人。立法者在此使用"生产者""销售者"的概念，并不是指本罪的主体是特殊主体。审判实践中，本罪的主体可以是进入到生产、销售领域的任何自然人或者单位，而不限于有营业执照以及其他有合法资格的单位和个人。

（2）客观行为表现为在产品中掺杂、掺假，以假充真，以次充好或者以不合格产品冒充合格产品。生产、销售的伪劣产品，可以区分为伪产品、劣产品两类。所谓"伪"，是指以假充真。所谓"劣"，是指掺杂、掺假，以次充好或者以不合格产品冒充合格产品。依照我国《产品质量法》第2条的规定，所谓"产品"，是指经过加工、制作，用于销售的产品，但不包括建筑工程。有关单位违反国家规定，降低工程质量标准，造成重大安全事故，危害公共安全的，不构成本罪，应以工程重大安全事故罪论处。这里所说的"产品"，也不包括非物质性的无形产品，如劳务、服务以及信息化产品（如技术成果）等。

依据2001年4月9日公布的《最高人民法院、最高人民检察院关于办理生产、销售伪劣商品刑事案件具体应用法律若干问题的解释》（以下简称《办理生产、销售伪劣商品刑事案件的解释》）第1条的规定，生产、销售伪劣产品行为的四种情形的具体含义如下：①"掺杂、掺假"，是指在产品中掺入杂质或者异物，致使产品质量不符合国家法律、法规或者产品明示质量标准规定的质量要求，降低、失去应有使用性能的行为。例如，在牛奶中掺淘米水、牛尿，在面粉中掺滑石粉，在磷肥中掺入颜色相同的工业废料，等等。②"以假充真"，是指以不具有某种使用性能的产品冒充具有该种使用性能的产品的行为。例如，以化纤产品冒充毛纺产品，以党参冒充人参，以一般的树皮冒充桂皮，等等。③"以次充好"，是指以低等级、低档次产品冒充高等级、高档次产品，或者以残次、废旧零配件组合、拼装后冒充正品或者新产品的行为。例如，以次品冒充正品，以二级品冒充一级品，等等。④"以不合格产品冒充合格产品"，是指以不符合产品质量要求的产品冒充符合产品质量要求的产品。"不合格产品"，是指不符合《产品质量法》第26条第2款规定的质量要求的产品。《产品质量法》第26条第2款规定，产品质量应当符合下列要求：①不存在危及人身、财产安全的不合理的危险，有保障人体健康和人身、财产安全的国家标准、行业标准的，应当符合该标准；②具备产品应当具备的使用性能，但是，对产品存在使用性能的瑕疵作出说明的除外；③符合在产品或者其包装上注明采用的产品标准，符合以产品说明、实物样品等方式表明的质量状况。产品不符合上述要求，即为不合格产品。例如，以国家明令淘汰的产品冒充未被淘汰的产品，以未达到国家强制性标准的产品冒充达到了国家强制性标准的产品等。对于上述四种行为难以确定的，应当委托法律、行政法规规定的产品质量检验机构进行鉴定。司法实践中，行为人在产品中掺杂、掺假，以假充真，以次充好或者以不合格产品冒充合格产品的行为，往往交织在一起，行为人或是同时实施多种行为，或是实施其中的一种行为而具有多种性质。本罪是选择性罪名，行为人只要实施上述行为之一的，即构成本罪。同时实施多种行为的，也只构成一罪，不构成数罪。

（3）行为结果。上述生产、销售伪劣产品的行为，销售金额达到5万元以上的，才构成犯罪，如果销售金额不足5万元，不构成犯罪。"销售金额"，是指生产者、销售者出售伪劣产品后所得和应得的全部违法收入。销售金额即销售收入，包括生产、销售成本与利润，而不单纯是销售利润。多次实施生产、销售伪劣产品行为，未经处理的，伪劣产品的销售金额或者货值金额累计计算。代人加工伪劣产品而收取加工费的，属于生产伪劣产品的行为，其销售金额以委托者销售后的全部违法收入计算，而不能仅仅以加工费作为其销售金额。

2. 主观的构成要素。主观的构成要素是故意，过失不构成本罪。实践中，一般以营利为目的，具体地说，行为人为了营利，明知自己在产品中掺杂、掺假，以假充真，以次充好或者以不合格产品冒充合格产品的行为，会造成危害市场经济秩序和消费者权益的结果，而希望或者放任这种结果的发生。

（三）认定

1. 罪与非罪的界限。生产、销售伪劣产品的行为，必须是违反产品质量、计量法规的行为。行为人有在产品中掺杂、掺假，以假充真，以次充好或者以不合格产品冒充合格产品的行为，但是，没有违反产品质量、计量方面的行政法规，而只是违反了当事人之间合同约定之质量标准的，不构成犯罪，只承担相应的民事责任。

2. 本罪与其他生产、销售伪劣商品犯罪的关系。《刑法》除在第140条中规定了生产、销售伪劣产品罪外，还在第141~148条中规定了生产、销售假药罪，生产、销售劣药罪，生产、销售不符合安全标准的食品罪，生产、销售有毒、有害食品罪，生产、销售不符合标准的医用器材罪，生产、销售不符合安全标准的产品罪，生产、销售伪劣农药、兽药、化肥、种子罪，生产、销售不符合卫生标准的化妆品罪。《刑法》第141~148条所规定的假药、劣药、不符合安全标准的食品等伪劣产品，属于特殊的伪劣产品。这样，生产、销售伪劣产品罪便与其他生产、销售伪劣商品的犯罪形成一般与特殊的关系。《刑法》第149条规定，生产销售第141~148条所列产品，不构成各该条规定的犯罪，但是销售金额在5万元以上的，依照第140条的规定定罪处罚，即以生产、销售伪劣产品罪论处；生产、销售第141~148条所列产品的，构成各该条规定的犯罪，同时又构成第140条规定之生产、销售伪劣产品罪的，依照处罚较重的规定定罪处罚。这一规定，实际上是采取了重法优于轻法的原则，而不是特殊法优于普通法的原则。《刑法》如此规定，是为了防止发生罪刑不均衡的现象。行为人生产、销售不符合安全标准的食品，没有"足以造成严重食物中毒事故或者其他严重食源性疾病"的危险，但是销售金额在 5 万元以上，那么行为人的行为构成生产、销售伪劣产品罪，但是不构成生产、销售不符合安全标准的食品罪；行为人生产、销售不符合安全标准的食品，具有"足以造成严重食物中毒事故或者其他严重食源性疾病"的危险，并且销售金额在 5 万元以上的，其行为既构成生产、销售不符合安全标准的食品罪，又构成生产、销售伪劣产品罪，在这种情况下，哪一个犯罪的处罚重，就按哪一个犯罪处罚。假如，行为人生产、销售不符合安全标准的食品的行为，对人体健康造成严重危害或者其他严重情节，并且销售金额 200 万元以上的，按照生产、销售不符合安全标准的食品罪，应处 3 年以上 7 年以下有期徒刑，并处罚金；按照生产、销售伪劣产品罪，应处 15 年以上有期徒刑或者无期徒刑，并处销售金额 50% 以上 2 倍以下罚金或者没收财产，比较的结果是生产、销售伪劣产品罪的处罚重，因此，应以生产、销售伪劣产品罪论处。再假如，生产、销售不符合安全标准的食品的行为，对人体健康造成严重危害或有其他严重情节，但是销售金额只有 5 万元的，则既构成生产、销售不符合安全标准的食品罪，又构成生产、销售伪劣产品罪，按照生产、销售不符合安全标准的食品罪，应处 3 年以上 7 年以下有期徒刑，并处罚金，按照生产、销售伪劣产品罪，应处 2 年以下有期徒刑或者拘役，并处或者单处销售金额 50% 以上 2 倍以下罚金，两相比较，生产、销售不符合安全标准的食品罪处罚重，因此，应以生产、销售不符合安全标准的食品罪论处。

3. 本罪既遂与未遂的界限以及犯罪预备的认定。行为人生产、销售伪劣产品，实际销售金额在 5 万元以上的，构成生产、销售伪劣产品罪，属于既遂。生产者已经生产出伪劣产品或正在生产伪劣产品，或者销售者已经购进伪劣产品且正在销售，销售金额可以达到 5 万元以上，即经营数额在 5 万元以上，但实际销售金额尚不足 5 万元即被查获的，应以犯罪未遂论，而不能认为不构成犯罪。但是，有观点认为，虽然生产伪劣产品的金额超过 5 万元，但未来及销售或者销售金额不足 5 万元的，或者只是购进了 5 万元以上的伪劣产品尚未实际销售或者销售金额不足 5 万元的，属于一般行政违法行为，不构成犯罪，这是不正确的。因为，依据我国《刑法》总则的规定，《刑法》分则所有的故意犯罪原则上均存在着既遂与未遂的区分。对于生产、销售伪劣产品的行为人来说，将价值 5 万元以上伪劣商品销售到市场上去，就是其所造成的危害结果，而这一结果是行为人所极力希望、追求的，行为人放任而不是追求这一结果发生的情况是根本不存在的。如果认为仅生产了伪劣产品而尚未销售就不是犯罪，只有将伪劣产品销售出去才是犯罪，那么生产伪劣产品罪就不可能是一个独立的罪名了，立法者也没必要将生产伪劣产品的行为与销售伪劣产品的行为并列规定为犯罪，而只需规定销售伪劣产品罪。实践中，一些地方的行政机关以伪劣产品的生产者、销售者实际销售伪劣产品的销售金额不足 5 万元为理由，或者以生产者生产伪劣产品的活动尚未进入销售阶段为理由，不将生产、销售伪劣产品的案件移送司法机关起诉、审理，而是"以罚代刑"；或是司法机关对该类案件不作为刑事案件起诉、审理，这都是对犯罪的放纵，也是这些地方假冒伪劣产品泛滥成灾、进而危害全国的一个十分重要的原因。对于生产、销售伪劣产品的行为来说，只有在行为人已经生产和将要生产的所有伪劣产品总计不足 5 万元，或者已经销售和将要销售的伪劣产品总计不足 5 万元时，才能认为不构成本罪，但也应区分不同情况，由产品质量监督部门或者工商行政管理机关给予必要的行政处罚，例如，吊销营业执照，责令停业整顿，责令停止生产、销售，责令改正，没收违法所得，罚款，等等。

2001 年 4 月 9 日公布的《办理生产、销售伪劣商品刑事案件的解释》规定，伪劣产品尚未销售，货值金额达到《刑法》第 140 条规定的销售金额 3 倍以上，即销售金额在 15 万元以上的，以犯罪未遂论。这一司法解释将未遂的货值标准提高到销售金额的 3 倍以上，缩小了刑事打击面。但是，这是否符合立法者希望严厉打击生产、销售伪劣商品犯罪的刑事政策倾向，还值得进一步研究。

另外还需要注意的是，我国《刑法》第 140 条根据伪劣产品销售金额的不同，将生产、销售伪劣产品罪的法定刑分为 4 个量刑幅度，因此，在对生产、销售伪劣产品罪（未遂）量刑时，应当根据生产者所生产的伪劣产品的具体数额，以及销售者所购进的正在销售的伪劣产品的数额，在不同的法定刑量刑幅度内，依法判处不同的刑罚。

生产、销售伪劣产品罪也存在着犯罪预备的形态。行为人准备工具、制造条件，预备生产、销售伪劣产品，并且生产、销售伪劣产品的金额可以达到 5 万元以上的，应以犯罪预备论处。当然，生产伪劣产品罪（预备）的认定，在证据的收集和审查判断上会存在较大的困难。实际上，大多数犯罪的预备形态，在证据的收集、认定上都存在着相当大的困难。但是，销售伪劣产品罪（预备）的认定则相对容易一些。如果销售者已经购进销售金额可达 5 万元以上的伪劣产品且准备销售，但尚未开始销售即被查获的，应以销售伪劣产品罪（预备）论处。

4. 共同犯罪问题。依据上述司法解释，知道或者应当知道他人实施生产、销售伪劣商品犯罪，而为其提供贷款、资金、账号、发票、证明、许可证件，或者提供生产、经营场所或者运输、仓储、保管、邮寄等便利条件，或者提供制假生产技术的，以生产、销售伪劣商品犯罪的共犯论处。这里的"应当知道"是一种司法推定，也就是说，如果司法机关可以根据确实充分的事实证据认定行为人"应当知道"，那么就推定行为人主观上明知。当然，有事实和证据证明行为人"确实不知"的除外。

5. 罪数问题。依据上述司法解释，实施生产、销售伪劣商品犯罪，同时构成侵犯知识产权、非法经营等其他犯罪的，依照处罚较重的规定定罪处罚。

（四）处罚

《刑法》第 140 条规定，犯生产、销售伪劣产品罪的，生产、销售伪劣产品销售金额 5 万元以上不满 20 万元的，处 2 年以下有期徒刑或者拘役，并处或者单处销售金额 50% 以上 2 倍以下罚金；销售金额 20 万元以上不满 50 万元的，处 2 年以上 7 年以下有期徒刑，并处销售金额 50% 以上 2 倍以下罚金；销售金额 50 万元以上不满 200 万元的，处 7 年以上有期徒刑，并处销售金额 50% 以上 2 倍以下罚金；销售金额在 200 万元以上的，处 15 年有期徒刑或者无期徒刑，并处销售金额 50% 以上 2 倍以下罚金或者没收财产。

《刑法》第 150 条规定，单位犯生产、销售伪劣产品罪的，对单位判处罚金；并对其直接负责的主管人员和其他直接责任人员，依照上述规定处罚。

二、生产、销售、提供假药罪

（一）概念

生产、销售、提供假药罪，是指生产、销售、提供假药的行为。

（二）构成要素

1. 客观的构成要素。

（1）行为主体是一般主体，自然人和单位均可以成为本罪的主体。

（2）客观行为表现为生产、销售假药。①行为人有生产、销售、提供假药行为之一的，即构成犯罪，而无论生产、销售的方式和过程怎样，也无论购买、使用者是谁，以及购买者是否实际使用以及使用的效果怎样。②生产、销售、提供假药的行为。"假药"是相对于真药而言的，合乎《药品管理法》的药品是真药。2019 年修订的《药品管理法》第 98 条第 2 款规定，有下列情形之一的，为假药：①药品所含成分与国家药品标准规定的成分不符；②以非药品冒充药品或者以他种药品冒充此种药品；③变质的药品；④药品所标明的适应症或者功能主治超出规定范围。

2. 主观的构成要素。主观的构成要素是故意。

（三）处罚

《刑法》第 141 条规定，犯本罪的，处 3 年以下有期徒刑或者拘役，并处罚金；对人体健康造成严重危害或者有其他严重情节的，处 3 年以上 10 年以下有期徒刑，并处罚金；致人死亡或者有其他特别严重情节的，处 10 年以上有期徒刑、无期徒刑或者死刑，并处罚金或者没收财产。

《刑法》第 150 条规定，单位犯本罪的，对单位判处罚金，并对其直接负责的主管人员和其他直接责任人员，依照上述规定处罚。

三、生产、销售、提供劣药罪

（一）概念

生产、销售、提供劣药罪，是指生产、销售、提供劣药，对人体健康造成严重危害的行为。

（二）构成要素

1. 客观的构成要素。

（1）行为主体是一般主体，自然人和单位均可以成为本罪的主体。

（2）客观行为表现为生产、销售、提供劣药，并对人体健康造成严重危害。所谓"劣药"，是指依照《药品管理法》的规定属于劣药的药品。2019 年修订的《药品管理法》第 98 条第 3 款规定，有下列情形之一的，为劣药：①药品成分的含量不符合国家药品标准；②被污染的药品；③未标明或者更改有效期的药品；④未注明或者更改产品批号的药品；⑤超过有效期的药品；⑥擅自添加防腐剂、辅料的药品⑦其他不符合药品标准的药品。

（3）行为结果。生产、销售、提供劣药，对人体健康造成严重危害的才构成本罪。对人体健康造成严重危害，是指生产、销售的劣药被使用后，造成轻伤以上伤害，或者轻度残疾、中度残疾，或者器官组织损伤导致一般功能障碍或者严重功能障碍，或者有其他严重危害人体健康情形的。生产、销售劣药，没有造成上述严重后果的，不构成本罪，但销售金额在 5 万元以上的，构成生产、销售伪劣产品罪。

2. 主观的构成要素。主观的构成要素是故意。

（三）处罚

《刑法》第 142 条规定，犯本罪的，处 3 年以上 10 年以下有期徒刑，并处罚金；后果特别严重的，处 10 年以上有期徒刑或者无期徒刑，并处罚金或者没收财产。

《刑法》第 150 条规定，单位犯本罪的，对单位判处罚金，并对其直接负责的主管人员和其他直接责任人员，依照上述规定处罚。

四、妨害药品管理罪

妨害药品管理罪，是指违反药品管理法规，有下列足以严重危害人体健康的行为：①生产、销售国务院药品监督管理部门禁止使用的药品；②未取得药品相关批准证明文件生产、进口药品或者明知是上述药品而销售的；③药品申请注册中提供虚假的证明、数据、资料、样品或者采取其他欺骗手段；④编造生产、检验记录。

依据《刑法》第 142 条之一的规定，违反药品管理法规，有下列情形之一，足以严重危害人体健康的，构成妨害药品管理罪：

1. 生产、销售国务院药品监督管理部门禁止使用的药品。依据《药品管理法》第 67 条、第 83 条的规定，禁止使用疗效不确切、不良反应大或者因其他原因危害人体健康的药品。

2. 未取得药品相关批准证明文件生产、进口药品或者明知是上述药品而销售的。《药品管理法》第 24 条第 1 款规定："在中国境内上市的药品，应当经国务院药品监督管理部门批准，取得药品注册证书；但是，未实施审批管理的中药材和中药饮片除外。实施审批管理的中药材、中药饮片品种目录由国务院药品监督管理部门会同国务院中医药主管部门制定。"无论是本国生产的还是进口的药品，都必须经过国务院药品监督管理部门审批，取得药品相关批准证明文件，如药品注册证书，麻醉药品、精神药品进口准许证、出口准许证等。

3. 药品申请注册中提供虚假的证明、数据、资料、样品或者采取其他欺骗手段。《药品管理法》第 24 条第 2 款规定："申请药品注册，应当提供真实、充分、可靠的数据、资料和样品，证明药品的安全性、有效性和质量可控性。"在药品注册活动中，采取欺骗手段，或者提供虚假的证明、数据、资料、样品，影响或者可能影响药品的安全性、有效性和质量可控性的，构成本罪。

4. 编造生产、检验记录。《药品管理法》第 44 条规定："药品应当按照国家药品标准和经药品监督管理部门核准的生产工艺进行生产。生产、检验记录应当完整准确，不得编造。中药饮片应当按照国家药品标准炮制；国家药品标准没有规定的，应当按照省、自治区、直辖市人民政府药品监督管理部门制定的炮制规范炮制。省、自治区、直辖市人民政府药品监督管理部门制定的炮制规范应当报国务院药品监督管理部门备案。不符合国家药品标准或者不按照省、自治区、直辖市人民政府药品监督管理部门制定的炮制规范炮制的，不得出厂、销售。"司法实践中，应当参照本规定，认定行为人是否有编造生产、检验记录的行为。

行为人有上述四种妨害药品管理秩序的行为，构成本罪，同时构成生产、销售、提供假药罪、生产、销售、提供劣药罪或者其他犯罪的，依照处罚较重的罪名定罪处罚。例如，生产、销售国务院药品监督管理部门禁止使用的药品，属于假药的，构成生产、销售假药罪。再如，未取得麻醉药品、精神药品进口准许证、出口准许证而进出口的，可以构成本罪，其中，麻醉药品、精神药属于毒品管制范围内的，还构成走私毒品罪。

《刑法》第 142 条之一规定，犯本罪的，处 3 年以下有期徒刑或者拘役，并处或者单处罚金；对人体健康造成严重危害或者有其他严重情节的，处 3 年以上 7 年以下有期徒刑，并处罚金。

五、生产、销售不符合安全标准的食品罪

（一）概念

生产、销售不符合安全标准的食品罪，是指生产、销售不符合安全标准的食品，足以造成严重食物中毒事故或者其他严重食源性疾患的行为。

（二）构成要素

1. 客观的构成要素。

（1）行为主体是一般主体，包括自然人和单位。

（2）客观行为表现为生产、销售不符合安全标准的食品，足以造成严重食物中毒事故或者其他严重食源性疾患。食品，是指供人食用或者饮用的任何成品、原料以及按照传统观念既是食物又是药品的物品，但是不包括以治疗为目的的物品。食品安全是为了确保消费者不受损害、危害，食品卫生则是为了确保食品安全而采取的一切条件和措施。所谓"不符合安全标准的食品"，是指不符合卫生标准的下列食品：①腐败变质、油脂酸败、霉变、生虫、污

秽不洁、混有异物或其他异常情况，对人体健康有害的；②含有毒、有害物质或者被有毒、有害物质污染，可能对人体健康有害的；③含有致病性寄生虫、微生物的，或者微生物毒素含量超过国家限定标准的；④未经兽医卫生检验或者检验不合格的肉类及其制品；⑤病死、毒死或者死因不明的禽、畜、兽、水产动物等及其制品；⑥容器包装污秽不洁、严重破损或者运输工具不洁造成污染的；⑦掺杂、掺假，影响卫生的；⑧超过保存期限的；⑨为防病等特殊需要，国务院卫生行政部门或者省、自治区、直辖市人民政府专门规定禁止出售的；⑩含有未经国务院卫生行政部门批准使用的添加剂、农药（残留）的；⑪其他不符合食品卫生标准、卫生规定的。

生产、销售不符合卫生标准的食品的行为，必须足以造成严重食物中毒事故或者其他严重食源性疾患的，才构成本罪。"严重食物中毒"，是指食物中毒比较严重或者造成多人食物中毒。食物中毒，是指细菌性、化学性、真菌性和有毒动植物等引起的暴发性中毒。"严重食源性疾病"，是指由于食用了不符合安全标准的食品而导致的疾病，如肝炎、肠炎、痢疾等。依据2001年4月9日公布的《办理生产、销售伪劣商品刑事案件的解释》之规定，经省级以上卫生行政部门确定的机构鉴定，食品中含有可能导致严重食物中毒事故或者其他严重食源性疾患的超标准的有害细菌或其他污染物的，应认定为"足以造成严重食物中毒事故或者其他严重食源性疾患"，即可以构成犯罪。

2. 主观的构成要素。主观的构成要素是故意，过失不构成本罪。

（三）处罚

《刑法》第143条规定，犯本罪的，处3年以下有期徒刑或者拘役，并处罚金；对人体健康造成严重危害或者其他严重情节的，处3年以上7年以下有期徒刑，并处罚金；后果特别严重的，处7年以上有期徒刑或者无期徒刑，并处罚金或者没收财产。

《刑法》第150条规定，单位犯本罪的，对单位判处罚金，并对其直接负责的主管人员和其他直接责任人员，依照上述规定处罚。

依据2001年4月9日公布的《办理生产、销售伪劣商品刑事案件的解释》第4条的规定，生产、销售不符合卫生标准的食品被食用后，造成轻伤、重伤或者其他严重后果的，应认定为"对人体健康造成严重危害"。生产、销售不符合卫生标准的食品被食用后，致人死亡、严重残疾、3人以上重伤、10人以上轻伤或者造成其他特别严重后果的，应认定为"后果特别严重"。

六、生产、销售有毒、有害食品罪

（一）概念

生产、销售有毒、有害食品罪，是指在生产、销售的食品中掺入有毒、有害的非食品原料，或者销售明知掺有有毒、有害的非食品原料的食品的行为。

（二）构成要素

1. 客观的构成要素。

（1）行为主体是一般主体，包括自然人和单位。

（2）客观行为表现为在生产、销售的食品中掺入有毒、有害的非食品原料，或者销售明知掺有有毒、有害的非食品原料的食品。"有毒、有害的非食品原料"，主要是指损害人体健康的不能食用的原料。2013年5月2日发布的《最高人民法院、最高人民检察院关于办理危害食品安全刑事案件适用法律若干问题的解释》第20条规定，下列物质应当认定为"有毒、有害的非食品原料"：①法律、法规禁止在食品生产经营活动中添加、使用的物质；②国务院有关部门公布的《食品中可能违法添加的非食用物质名单》《保健食品中可能非法添加的物质名单》上的物质；③国务院有关部门公告禁止使用的农药、兽药以及其他有毒、有害物质；④其他危害人体健康的物质。例如，用工业酒精甲醇兑制假白酒；在白酒中加"敌敌畏"冒充茅台酒；用福尔马林泡"凤爪"；使用盐酸克仑特罗（俗称"瘦肉精"）等禁止在饲料和动物饮用水中使用的药品或者含有该类药品的饲料养殖供人食用的动物，或者销售明知是使用该类药品或者含有该类药品的饲料养殖的供人食用的动物，以及明知是上述动物而提供屠宰等加工服务或者销售其制品。[1]

2. 主观的构成要素。主观的构成要素是故意。行为人明知是有毒、有害的非食品原料而掺入生产、销售的食品中，或者明知是掺有有毒、有害的非食品原料的食品而加以销售。

（三）认定

1. 罪与非罪的界限。认定本罪时，首先，必须特别注意，行为人在生产、销售的食品中掺入的非食品原料必须是有毒、有害的，或者明知其销售的食品掺有有毒、有害的非食品原料。其次，应当注意，行为人只要有在生产、销售的食品中掺入有毒、有害的非食品原料以及销售掺有有毒、有害的非食品原料的食品的行为，即构成犯罪，而无需发生一定的危害结果或者具有发生危害结果的危险。

2. 本罪与生产、销售不符合安全标准的食品罪存在区别。二者有许多相似之处，其最根本的区别是：构成生产、销售不符合安全标准的食品罪，要求生产、销售不符合安全标准食品的行为，发生特定的危险，即足以造成严重食物中毒事故或者其他严重食源性疾患的行为；构成本罪则无此要求，在生产、销售的食品中掺入有毒、有害的非食品原料，或者销售明知掺有有毒、有害的非食品原料的食品，即构成犯罪，无需特定危险状态的出现。

（四）处罚

《刑法》第144条规定，犯本罪的，处5年以下有期徒刑，并处罚金；对人体健康造成严重危害或者有其他严重情节的，处5年以上10年以下有期徒刑，并处罚金；致人死亡或者有其他特别严重情节的，处10年以上有期徒刑、无期徒刑或者死刑，并处罚金或者没收财产。

《刑法》第150条规定，单位犯本罪的，对单位判处罚金，并对直接负责的主管人员和其他直接责任人员，依照上述规定处罚。

依据2001年4月9日公布的《办理生产、销售伪劣商品刑事案件的解释》第5条的规定，生产、销售的有毒、有害食品被食用后，造成轻伤、重伤或者其他严重后果的，应认定为"对人体健康造成严重危害"。生产、销售的有毒、有害食品被食用后，致人严重残疾、3人以上重伤、10人以上轻伤或者造成其他特别严重后果的，应认定为"对人体健康造成特别严重危害"。

七、生产、销售不符合标准的医用器材罪

（一）概念

生产、销售不符合标准的医用器材罪，是指生产不符合保障人体健康的国家标准、行业标准的医疗器械、医用卫生材料，或者销售明知是不符合保障人体健康的国家标准、行业标准的医疗器械、医用卫生材料，足以危害人体健康的行为。

（二）构成要素

1. 客观的构成要素。

（1）行为主体是生产者、销售者，包括自然人和单位。

---

[1] 2002年8月16日公布的《最高人民法院、最高人民检察院关于办理非法生产、销售、使用禁止在饲料和动物饮用水中使用的药品等刑事案件具体应用法律若干问题的解释》（以下简称《办理非法生产、销售、使用禁止在饲料和动物饮用水中使用的药品等刑事案件的解释》）。

（2）客观行为表现为生产、销售伪劣医疗器械、医用卫生材料，足以危害人体健康。"伪劣"，是指产品不符合国家标准、行业标准，即不符合国家卫生主管部门或者医疗器械、医用卫生材料生产行业制定的旨在保障人身使用安全的有关质量与卫生标准。没有国家标准、行业标准的医疗器械，注册产品标准可视为"保障人体健康的行业标准"。"医疗器械"，是指用于诊断、治疗、预防人的疾病，调节人的生理功能或者替代人体器官的仪器、设备、装备、器具、植入物及相关物品。"医用卫生材料"，是指用于诊断、治疗、预防人的疾病、调节人的生理功能的辅助材料。例如，超声波诊断仪、心脏起搏器、注射器等，属于医疗器械；医用纱布、药棉、医用橡皮膏等，属于医用卫生材料。

生产、销售伪劣医疗器械、卫生材料的行为，足以危害人体健康的，才构成犯罪，否则不构成本罪。2001 年 4 月 9 日公布的《办理生产、销售伪劣商品刑事案件的解释》对"生产、销售"作了扩张解释，同时又对犯罪构成的客观要件进行了限制解释：医疗机构或者个人，知道或者应当知道是不符合保障人体健康的国家标准、行业标准的医疗器械、医用卫生材料而购买、使用，对人体健康造成严重危害的，以销售不符合标准的医用器材罪定罪处罚。这里的"应当知道"同样也是一种司法推定，也就是说，如果司法机关可以根据确实充分的事实证据认定行为人"应当知道"，那么就推定行为人主观上明知。当然，有事实和证据证明行为人"确实不知"的除外。司法解释并不是将生产、销售不符合标准的医用器材罪这一故意犯罪解释为一种过失犯罪。在这里，"购买、使用"实质上是一种特殊的非典型的"销售"行为。司法解释所言"购买"并不是一种单纯的购买行为，即不是"销售"行为的对向行为，这里的"购买"应当理解为行为人意图使用于众多患者而购买；"使用"是指行为人使用于众多患者而不是自身，行为人购买并使用于自身的（实践上极为罕见），即使严重地伤害到自身也不能以生产、销售不符合标准的医用器材罪论处。所以，本书认为这一司法解释是适当的，不能认为其是越权的、错误的解释。

2. 主观的构成要素。主观的构成要素是故意。对于生产者来说，只要其生产不符合保障人体健康的国家标准、行业标准的医疗器械、医用卫生材料，原则上就表明生产者具有故意。对于销售者来说，由于其专业知识局限、检测手段不全，可能并不知道其销售的商品属伪劣商品，因此，控方必须有足够的证据证明销售者明知是不符合保障人体健康的国家标准、行业标准的医疗器械、医用卫生材料而加以销售。

（三）处罚

《刑法》第 145 条规定，犯本罪的，处 3 年以下有期徒刑或者拘役，并处销售金额 50% 以上 2 倍以下罚金；对人体健康造成严重危害的，处 3 年以上 10 年以下有期徒刑，并处销售金额 50% 以上 2 倍以下罚金；后果特别严重的，处 10 年以上有期徒刑或者无期徒刑，并处销售金额 50% 以上 2 倍以下罚金或者没收财产。

《刑法》第 150 条规定，单位犯本罪的，对单位判处罚金，并对其直接负责的主管人员和其他直接责任人员，依照上述规定处罚。

依据 2001 年 4 月 9 日公布的《办理生产、销售伪劣商品刑事案件的解释》的规定，生产、销售不符合标准的医疗器械、医用卫生材料，致人轻伤或者其他严重后果的，应认定为"对人体健康造成严重危害"。生产、销售不符合标准的医疗器械、医用卫生材料，造成感染病毒性肝炎等难以治愈的疾病、1 人以上重伤、3 人以上轻伤或者其他严重后果的，应认定为"后果特别严重"。生产、销售不符合标准的医疗器械、医用卫生材料，致人死亡、严重残疾、感染艾滋病、3 人以上重伤、10 人以上轻伤或者造成其他特别严重后果的，应认定为"情节特别恶劣"。

八、生产、销售不符合安全标准的产品罪

（一）概念

生产、销售不符合安全标准的产品罪，是指生产不符合保障人身、财产安全的国家标准、行业标准的电器、压力容器、易燃易爆产品或者其他不符合保障人身、财产安全的国家标准、行业标准的产品，或者销售明知是以上不符合保障人身、财产安全的国家标准、行业标准的产品，造成严重后果的行为。

（二）构成要素

1. 客观的构成要素。

（1）行为主体是一般主体，既可以是个人，也可以是单位。

（2）客观方面表现为：生产不符合保障人身、财产安全的国家标准、行业标准的电器、压力容器、易燃易爆产品或者其他不符合保障人身、财产安全的国家标准、行业标准的产品，或者销售明知是以上不符合保障人身、财产安全的国家标准、行业标准的产品，造成严重后果的行为。本罪的行为对象是不符合安全标准的产品，包括：①电器，具体包括电视机、电冰箱、电冰柜、空调、洗衣机、电风扇、电热水器、电表、变电器、电容器等电器产品；②压力容器，是指锅炉、氧气瓶、煤气罐、压力锅等承压容器与设备；③易燃易爆产品，是指烟花爆竹、雷管、民用炸药等易燃易爆产品。"造成严重后果"，主要是指致人重伤、死亡或者财产的严重损失以及其他严重损失。

2. 主观的构成要素。主观的构成要素是故意，过失不构成本罪。

（三）处罚

《刑法》第 146 条规定，犯本罪的，处 5 年以下有期徒刑，并处销售金额 50% 以上 2 倍以下罚金；后果特别严重的，处 5 年以上有期徒刑，并处销售金额 50% 以上 2 倍以下罚金。

《刑法》第 150 条规定，单位犯本罪的，对单位判处罚金，并对其直接负责的主管人员和其他直接责任人员，依照上述规定处罚。

九、生产、销售伪劣农药、兽药、化肥、种子罪

（一）概念

生产、销售伪劣农药、兽药、化肥、种子罪，是指生产假农药、假兽药、假化肥，销售明知是假的或者失去使用效能的农药、兽药、化肥、种子，或者生产者、销售者以不合格的农药、兽药、化肥、种子冒充合格的农药、兽药、化肥、种子，使生产遭受较大损失的行为。

（二）构成要素

1. 客观的构成要素。客观方面表现为生产假农药、假兽药、假化肥，或者销售明知是假的或者失去使用效能的农药、兽药、化肥、种子，或者生产者、销售者以不合格的农药、兽药、化肥、种子冒充合格的农药、兽药、化肥、种子，使生产遭受较大损失的行为。所谓"失去使用效能"，是指农药、兽药、化肥、种子变质或者失去了使用价值。"不合格"，是指农药、兽药、化肥、种子不具备应当具备的使用性能或者不符合其所采用的质量标准。"使生产遭受的损失"，一般应理解为与正常年景相比所减少的生产收入。生产、销售伪劣农药、兽药、化肥、种子的行为，使生产遭受较大损失的，才构成犯罪，否则不构成犯罪。依据 2001 年 4 月 9 日公布的《办理生产、销售伪劣商品刑事案件的解释》第 7 条的规定，使生产遭受"较大损失"，一般以 2 万元为起点；"重大损失"，一般以 10 万元为起点；"特别重大损失"，一般以 50 万元为起点。

2. 主观的构成要素。主观的构成要素是故意，过失不构成本罪。

（三）处罚

《刑法》第147条规定，犯本罪的，处3年以下有期徒刑或者拘役，并处或者单处销售金额50%以上2倍以下罚金；使生产遭受重大损失的，处3年以上7年以下有期徒刑，并处销售金额50%以上2倍以下罚金；使生产遭受特别重大损失的，处7年以上有期徒刑或者无期徒刑，并处销售金额50%以上2倍以下罚金或者没收财产。

《刑法》第150条规定，单位犯本罪的，对单位判处罚金，并对其直接负责的主管人员和其他直接责任人员，依照上述规定处罚。

十、生产、销售不符合卫生标准的化妆品罪

（一）概念

生产、销售不符合卫生标准的化妆品罪，是指生产不符合卫生标准的化妆品，或者销售明知是不符合卫生标准的化妆品，造成严重后果的行为。

（二）构成要素

1. 客观的构成要素。客观方面表现为生产不符合卫生标准的化妆品，或者销售明知是不符合卫生标准的化妆品，造成严重后果的行为。本罪的行为对象是化妆品。所谓化妆品，是指以涂擦、喷洒或者其他类似方法，散布于人体表面，以达到清洁、消除不良气味、护肤、美容和修饰的日用化学工业品。所谓"不符合卫生标准"，是指不符合国家制定的各种化妆品的强制性卫生标准以及报国家技术监督管理部门批准备案的企业标准中的卫生标准。[1] 化妆品符合卫生标准，但是不符合其他质量标准的，不构成本罪，可以构成生产、销售伪劣产品罪。所谓"严重后果"，是指造成毁容或者皮肤严重损伤以及使众多人受害并造成恶劣影响等严重后果。

2. 主观的构成要素。主观的构成要素是故意，过失不构成本罪。

（三）处罚

《刑法》第148条规定，犯本罪的，处3年以下有期徒刑或者拘役，并处或者单处销售金额50%以上2倍以下罚金。

《刑法》第150条规定，单位犯本罪的，对单位判处罚金，并对其直接负责的主管人员和其他直接责任人员，依照上述规定处罚。

第二节　走　私　罪

一、走私罪概述

走私罪，是指违反海关法规，逃避海关监管，进行走私活动，破坏国家海关监督管理制度，情节严重的行为。

在1997年修订前的《刑法》中，走私罪仅仅是一个具体的犯罪（个罪），罪状极为简单。1988年1月21日发布的《全国人民代表大会常务委员会关于惩治走私罪的补充规定》（现已失效）将走私罪划分为数个具体的犯罪，走私罪成为包括若干个罪的小类罪。1997年修订的《刑法》，继续采用了这一立法方式，将走私罪列为《刑法》中"破坏社会主义市场经济秩序"罪中的一类犯罪，并作为独立的一节加以规定。走私罪侵犯的客体是国家海关监督管理

---

[1] 这里的企业标准，必定高于国家强制性标准。依据我国《产品质量法》的规定，有国家强制性标准的，产品必须达到这一标准，否则即属于伪劣商品。有国家强制性标准，企业又自行制定企业标准的，报技术监督管理部门批准备案，印制于产品包装之上向消费者作出相应承诺的，企业标准必须高于国家强制性标准。在这种情况之下，企业所生产的产品，不仅要达到国家强制性标准，还要达到企业标准，否则仍然属于伪劣产品。

制度。所谓"海关监督管理制度"，就是国家海关对进出境的运输工具、货物、物品进行监督管理，征收关税和其他税费，查缉走私等制度的总称。为了维护国家的主权和利益，促进对外经济贸易和科技文化交往，保障社会主义现代化建设，我国制定了一系列海关法规，确立了海关监督管理制度。走私就是违反海关法规，逃避海关的监督、检查和管理，进而危害国家主权和利益的行为。因此，破坏国家海关监管制度是走私罪的一个基本要件。当然，具体到各个走私罪，其犯罪客体的具体内容又有所不同。例如，走私武器、弹药罪的犯罪客体，不仅侵犯了国家海关监督管理制度，还侵犯了国家枪支、弹药管理制度，进而威胁公共安全。

走私罪客观方面表现为违反海关法规，逃避海关监督、检查和管理，进行走私的行为。违反海关法规、逃避海关监管是走私行为的两个基本特征。但是，符合这两个基本特征的走私行为的具体表现形式却是多种多样的。根据 1987 年 1 月 22 日全国人大常委会通过的《海关法》第 47、49 条和《刑法》的有关规定，构成犯罪的走私行为主要有以下几种表现形式：①未经国务院或者国务院授权的机关批准，从未设立海关的地点运输、携带国家禁止进出境的物品、国家限制进出口或者依法应当缴纳关税的货物、物品进出境的；②经过设立海关的地点，以藏匿、伪装、瞒报、伪报或者其他手段逃避海关监管，运输、携带、邮寄国家禁止进出境的物品、国家限制进出口或者依法应当缴纳关税的货物、物品进出境的；③直接向走私人非法收购国家禁止进口物品的，或者直接向走私人非法收购走私进口的其他货物、物品，数额较大的；④在内海、领海运输、收购、贩卖国家禁止进出口物品，或者运输、收购、贩卖国家限制进出口货物、物品，数额较大，没有合法证明的。

走私行为，情节严重的才构成犯罪。走私情节是否严重，需要从走私罪的犯罪构成的整体性上加以把握，应当根据走私对象的性质，走私的方式、方法，走私的数额大小，走私的目的与动机以及其他情节综合判断。例如，对于走私武器、弹药、核材料或者假币的行为，只要行为人故意实施这些行为即可构成本罪。对于走私一般货物、物品的行为，则要求行为人走私货物、物品偷逃应缴税额在 5 万元以上，单位走私货物、物品偷逃应缴税额在 25 万元以上。

走私罪主观方面是出于故意，过失的行为不构成走私罪。但是，有些走私行为，必须具有牟利或者其他目的，才能构成走私罪。

行为人明知自己的行为违反国家法律法规，逃避海关监管，偷逃进出境货物、物品的应缴税额，或者逃避国家有关进出境的禁止性管理规定，并且希望或者放任危害结果发生的，应认定为具有走私的主观故意。走私主观故意中的"明知"是指行为人知道或者应当知道所从事的行为是走私行为。司法实践中，具有下列情形之一的，可以认定为"明知"，但有证据证明确属被蒙骗的除外：①逃避海关监管，运输、携带、邮寄国家禁止进出境的货物、物品的；②用特制的设备或者运输工具走私货物、物品的；③未经海关同意，在非设关的码头、海（河）岸、陆路边境等地点，运输（驳载）、收购或者贩卖非法进出境货物、物品的；④提供虚假的合同、发票、证明等商业单证委托他人办理通关手续的；⑤以明显低于货物正常进（出）口的应缴税额委托他人代理进（出）口业务的；⑥曾因同一种走私行为受过刑事处罚或者行政处罚的；⑦其他有证据证明的情形。走私犯罪嫌疑人主观上具有走私犯罪故意，但对其走私的具体对象不明确的，不影响走私犯罪构成，应当根据实际的走私对象定罪处罚。但是，确有证据证明行为人因受蒙骗而对走私对象发生认识错误的，可以从轻处罚。[1]

认定和处理走私罪，注意以下几个问题：

---

〔1〕　2002 年 7 月 8 日《办理走私刑事案件的意见》第 5、6 条。

1. 走私罪共犯的认定。《刑法》第 156 条规定："与走私罪犯通谋，为其提供贷款、资金、账号、发票、证明，或者为其提供运输、保管、邮寄或者其他方便的，以走私罪的共犯论处。"依据 2002 年 7 月 8 日《办理走私刑事案件的意见》第 22 条的规定，审理共同走私犯罪案件时，对各共同犯罪人判处罚金的总额应掌握在共同走私行为偷逃应缴税额的 1 倍以上 5 倍以下。

2. 武装掩护走私的认定。根据《刑法》第 157 条第 1 款的规定，武装掩护走私的，即以武器装备或武装力量，采取警戒、钳制、压制等手段保障走私活动安全的，依照《刑法》第 151 条第 1、4 款的规定，从重处罚。[1]

3. 以暴力、威胁方法抗拒缉私的认定与处理。根据《刑法》第 157 条第 2 款的规定，对以暴力、威胁方法抗拒缉私的，以相应的走私犯罪和妨害公务罪，实行数罪并罚。

4. 单位走私犯罪案件自首的认定。依据 2002 年 7 月 8 日《办理走私刑事案件的意见》第 21 条的规定，在办理单位走私犯罪案件中，对单位集体决定自首的，或者单位直接负责的主管人员自首的，应当认定单位自首。认定单位自首后，如实交代主要犯罪事实的单位负责的其他主管人员和其他直接责任人员，可视为自首，但对拒不交代主要犯罪事实或逃避法律追究的人员，不以自首论。

5. 单位犯走私罪的直接负责的主管人员和其他直接责任人员的认定。依据《办理走私刑事案件的意见》第 18 条第 4 款的规定，对于单位犯走私罪的，根据单位人员在单位走私犯罪活动中所发挥的不同作用，对其直接负责的主管人员和其他直接责任人员，可以确定为 1 人或者数人。对于受单位领导指派而积极参与实施走私犯罪行为的人员，如果其行为在走私犯罪的主要环节起重要作用的，可以认定为单位犯罪的直接责任人员。

二、走私武器、弹药罪

（一）概念

走私武器、弹药罪，是指违反海关法规、枪支管理法规，逃避海关监管，走私武器、弹药的行为。

（二）构成要素

1. 客观的构成要素。客观方面表现为违反海关法规、枪支管理法规，逃避海关监管，走私武器、弹药的行为。本罪的行为对象是武器、弹药。这里所说的"武器、弹药"，是指各种军用武器、弹药和炸药以及其他类似军用武器的枪支、弹药和爆炸物等。管制刀具、仿真枪支不属于武器、弹药，走私管制刀具、仿真枪支构成犯罪的，依照《刑法》第 151 条第 3 款的规定，以走私国家禁止进出口的货物、物品罪定罪处罚。但是，走私的仿真枪经鉴定为枪支，构成犯罪的，依照《刑法》第 151 条第 1 款的规定，以走私武器罪定罪处罚。基于罪刑相适应原则和刑事政策的考虑，对于走私仿真枪、弹行为，如果不以牟利或者从事违法犯罪活动为目的，且无其他严重情节的，可以依法从轻处罚；情节轻微不需要判处刑罚的，可以免予刑事处罚。依据 2014 年 9 月 10 日施行的《最高人民法院、最高人民检察院关于办理走私刑事案件适用法律若干问题的解释》（以下简称《办理走私刑事案件的解释》）第 1、3、4 条的规定，走私以火药为动力发射枪弹的枪支 1 支的，走私炮弹、手榴弹或者枪榴弹等 1 枚的，即构成犯罪；走私以压缩气体等非火药为动力发射枪弹的枪支 2 支以上，或者走私气枪铅弹

---

〔1〕 理论上一般认为，武装掩护走私应作为一个独立的罪名，即武装掩护走私罪。因为它有独立的罪状和法定刑。如果将它作为各种走私罪的一个从重处罚的情节，那么，在行为人同时走私各种不同货物、物品的时候，就不能恰当地定罪量刑。但是，1997 年 12 月 9 日通过的《执行〈中华人民共和国刑法〉确定罪名的规定》并没有将武装掩护走私罪作为一个独立的罪名。

500 发、其他子弹 10 发以上的，构成犯罪。走私枪支散件的，是走私武器罪的走私行为；成套枪支散件以相应数量的枪支计，非成套枪支散件以每 30 件为一套枪支散件计。走私各种弹药的弹头、弹壳，构成犯罪的，以走私弹药罪定罪处罚；具体的定罪量刑标准，按照第一条规定的数量标准的 5 倍执行。但是，弹头、弹壳以能够组装并使用为限，报废或者无法组装并使用的各种弹药的弹头、弹壳不是本罪之行为对象。走私报废或者无法组装并使用的各种弹药的弹头、弹壳，构成犯罪的，以走私普通货物、物品罪定罪处罚；属于废物的，以走私废物罪定罪处罚。

2. 主观的构成要素。主观的构成要素是故意，行为人明知是武器、弹药而加以走私。

（三）处罚

《刑法》第 151 条第 1、4 款规定，犯本罪的，处 7 年以上有期徒刑，并处罚金或者没收财产；情节特别严重的，处无期徒刑，并处没收财产；情节较轻的，处 3 年以上 7 年以下有期徒刑，并处罚金。单位犯本罪的，对单位判处罚金，并对其直接负责的主管人员和其他直接责任人员，依照上述规定处罚。

2014 年 9 月 10 日施行的《办理走私刑事案件的解释》第 1 条第 1 款规定，具有下列情节之一的，属于走私武器、弹药罪"情节较轻"：①走私以压缩气体等非火药为动力发射枪弹的枪支 2 支以上不满 5 支的；②走私气枪铅弹 500 发以上不满 2500 发，或者其他子弹 10 发以上不满 50 发的；③未达到上述数量标准，但属于犯罪集团的首要分子，使用特种车辆从事走私活动，或者走私的武器、弹药被用于实施犯罪等情形的；④走私各种口径在 60 毫米以下常规炮弹、手榴弹或者枪榴弹等分别或者合计不满 5 枚的。

《办理走私刑事案件的解释》第 1 条第 2 款规定，具有下列情形之一的，依照《刑法》第 151 条第 1 款的规定处 7 年以上有期徒刑，并处罚金或者没收财产：①走私以火药为动力发射枪弹的枪支 1 支，或者以压缩气体等非火药为动力发射枪弹的枪支 5 支以上不满 10 支的；②走私第 1 款第 2 项规定的弹药，数量在该项规定的最高数量以上不满最高数量 5 倍的；③走私各种口径在 60 毫米以下常规炮弹、手榴弹或者枪榴弹等分别或者合计达到 5 枚以上不满 10 枚，或者各种口径超过 60 毫米以上常规炮弹合计不满 5 枚的；④达到第 1 款第 1、2、4 项规定的数量标准，且属于犯罪集团的首要分子，使用特种车辆从事走私活动，或者走私的武器、弹药被用于实施犯罪等情形的。

《办理走私刑事案件的解释》第 1 条第 3 款规定，具有下列情形之一的，应当认定为《刑法》第 151 条第 1 款规定的"情节特别严重"：①走私第 2 款第 1 项规定的枪支，数量超过该项规定的数量标准的；②走私第 1 款第 2 项规定的弹药，数量在该项规定的最高数量标准 5 倍以上的；③走私第 2 款第 3 项规定的弹药，数量超过该项规定的数量标准，或者走私具有巨大杀伤力的非常规炮弹 1 枚以上的；④达到第 2 款第 1~3 项规定的数量标准，且属于犯罪集团的首要分子，使用特种车辆从事走私活动，或者走私的武器、弹药被用于实施犯罪等情形的。

走私其他武器、弹药，构成犯罪的，参照《办理走私刑事案件的解释》第 1 条各款规定的标准处罚。

三、走私核材料罪

走私核材料罪，是指违反海关法规以及核材料管理法规，逃避海关监管，走私核材料的行为。

本罪的行为对象是核材料。"核材料"，是指铀、钚、氚等可以发生原子核裂变或聚变反应的放射性材料。

《刑法》第 151 条第 1、4 款规定，犯本罪的，处 7 年以上有期徒刑，并处罚金或者没收财产；情节特别严重的，处无期徒刑，并处没收财产；情节较轻的，处 3 年以上 7 年以下有期徒刑，并处罚金。单位犯本罪的，对单位判处罚金，并对其直接负责的主管人员和其他直接责任人员，依照上述规定处罚。

四、走私假币罪

走私假币罪，是指违反海关法规和金融法规，逃避海关监管，走私伪造的货币的行为。

本罪的客观方面表现为违反海关法规、金融管理法规，逃避海关监管，走私伪造的货币的行为。这里的货币，是指"正在流通的人民币和境外货币"[1]。

本罪的行为对象是伪造的货币即假币，既包括伪造的人民币，也包括伪造的外币。所谓"假币"，是指仿照人民币、外币的形状、图案、色彩等，使用任何方法，非法制作的假人民币、外币。依据刑法分则的规定，行为人走私假币的，即构成犯罪，无论其所走私假币数量之多少。当然，如果行为人走私假币的数量极少，情节显著轻微危害不大的，依据刑法总则犯罪概念的规定，不以犯罪论。审判实践中，走私伪造的货币，总面额在 2000 元以上或者币量 200 张（枚）以上的，应予立案追诉。[2]

《刑法》第 151 条第 1、4 款规定，犯本罪的，处 7 年以上有期徒刑，并处罚金或者没收财产；情节特别严重的，处无期徒刑，并处没收财产；情节较轻的，处 3 年以上 7 年以下有期徒刑，并处罚金。单位犯本罪的，对单位判处罚金，并对其直接负责的主管人员和其他直接责任人员，依照上述规定处罚。

2014 年 9 月 10 日施行的《办理走私刑事案件的解释》第 6 条规定，走私伪造的货币，数额在 2000 元以上不足 2 万元或者数量在 200 张（枚）以上不足 2000 张（枚）的，属于走私假币罪"情节较轻"，处 3 年以上 7 年以下有期徒刑，并处罚金；走私伪造的货币达到前述数量标准并流入市场，或者走私假币数额在 2 万元以上不足 20 万元或者数量在 2000 张（枚）以上不足 2 万张（枚）的，处 7 年以上有期徒刑，并处罚金或者没收财产；走私伪造的货币，数额在 20 万元以上或者数量在 2 万张（枚）以上的，或者走私假币数额在 2 万元以上不足 20 万元或者数量在 2000 张（枚）以上不足 2 万张（枚），且具有属于犯罪集团的首要分子，使用特种车进行走私活动，或者走私的伪造货币流入市场等情节的，属于走私假币罪"情节特别严重"，处无期徒刑或者死刑，并处没收财产。

五、走私文物罪

走私文物罪，是指违反海关法规和文物管理法规，逃避海关监督，走私国家禁止出口的文物的行为。

依据我国《海关法》和《文物保护法》的有关规定，文物出境和出口，必须事先向海关申报，经国家文化行政管理部门进行鉴定，发给出口许可证，经鉴定具有重要历史、艺术、科学价值的不能出境的文物，除经国务院批准运往国外展览的以外，一律禁止出境。走私文物罪所侵犯的客体就是这一制度。本罪的行为对象就是国家禁止出口的文物。司法实践中，判定行为人走私的文物是否属于国家禁止出口的文物，需要由国家文化行政管理部门作出鉴定。走私国家禁止出口的三级文物 1 件的，即可构成犯罪。走私国家允许进口的文物入境的，不构成本罪，偷逃应纳税款构成犯罪的，以走私普通货物、物品罪论处。

《刑法》第 151 条第 2 款、第 4 款规定，犯本罪的，处 5 年以上 10 年以下有期徒刑，并处罚金；情节特别严重的，处 10 年以上有期徒刑或者无期徒刑，并处没收财产；情节较轻的，

---

〔1〕 2014 年 9 月 10 日施行的《办理走私刑事案件的解释》第 7 条。
〔2〕 2010 年 5 月 7 日印发的《最高人民检察院、公安部关于公安机关管辖的刑事案件立案追诉标准的规定（二）》（以下简称《公安机关管辖的刑事案件立案追诉标准的规定（二）》）第 2 条。

处 5 年以下有期徒刑，并处罚金。单位犯本罪的，对单位判处罚金，并对其直接负责的主管人员和其他直接责任人员，依照上述规定处罚。

六、走私贵重金属罪

（一）概念

走私贵重金属罪，是指违反海关法规，逃避海关监管，走私国家禁止出口的黄金、白银或者其他贵重金属的行为。

（二）构成要素

1. 客观的构成要素。客观方面表现为违反海关法规和黄金、白银或者其他贵重金属管理法规，逃避海关监管，走私黄金、白银或者其他贵重金属的行为。本罪的行为对象是黄金、白银或者其他贵重金属。依据我国《海关法》和金银等贵重金属管理法规的规定，金银包括：①矿产生产金银和冶炼副产金银；②金银条、块、锭、粉；③金银铸币；④金银制品和金基、银基含金制品；⑤化工产品中含的金银。所谓"其他贵重金属"，主要是指除金银以外的具有化学稳定性、延展性、耐熔性，而且储存量小但价格较高或者比重大于 5 的金属，如锇、铂、铱、钌、铑、钛、汞、钯、铟等。

2. 主观的构成要素是故意。

（三）处罚

《刑法》第 151 条第 2、4 款规定，犯本罪的，处 5 年以上 10 年以下有期徒刑，并处罚金；情节特别严重的，处 10 年以上有期徒刑或者无期徒刑，并处没收财产；情节较轻的，处 5 年以下有期徒刑，并处罚金。单位犯本罪的，对单位判处罚金，并对其直接负责的主管人员和其他直接责任人员，依照上述规定处罚。

七、走私珍贵动物、珍贵动物制品罪

（一）概念

走私珍贵动物、珍贵动物制品罪，是指违反海关法规和野生动物保护法规，逃避海关监管，走私珍贵动物或者珍贵动物制品的行为。

（二）构成要素

1. 客观的构成要素。

（1）行为内容。客观方面表现为违反海关法规和野生动物保护法规，逃避海关监管，走私珍贵动物或者珍贵动物制品的行为。

（2）行为对象是珍贵动物以及珍贵动物制品。所谓"珍贵动物"，主要是指中国特产、稀有或者濒于灭绝的数量较少或者分布地狭窄的野生动物，以及从国外引进的珍贵、濒危野生动物并经国务院有关主管部门核准的国家重点保护的珍贵动物。珍贵动物的制品，是指珍贵动物的皮、毛、骨等制成的食品、药品、服装、装饰品以及其他物品。根据《办理走私刑事案件的解释》的规定，"珍贵动物"包括列入《国家重点保护野生动物名录》中的国家一、二级保护野生动物和《濒危野生动植物种国际贸易公约》附录Ⅰ、附录Ⅱ中的野生动物以及驯养繁殖的上述动物。走私上述野生动物及其制品 1 只或 1 件的，原则上即构成犯罪；但是，"不以牟利为目的，为留作纪念而走私珍贵动物制品进境，数额不满 10 万元的，可以免予刑事处罚；情节显著轻微的，不作为犯罪处理"。[1]

2. 主观的构成要素。主观的构成要素是故意，行为人明知是国家保护的野生动物而加以走私。司法实践中，行为人一般以牟利为目的。

---

〔1〕　2014 年 9 月 10 日施行的《办理走私刑事案件的解释》第 9 条。

（三）处罚

《刑法》第151条第2、4款规定，犯本罪的，处5年以上10年以下有期徒刑，并处罚金；情节特别严重的，处10年以上有期徒刑或者无期徒刑，并处没收财产；情节较轻的，处5年以下有期徒刑，并处罚金。单位犯本罪的，对单位判处罚金，并对其直接负责的主管人员和其他直接责任人员，依照上述规定处罚。

根据《办理走私刑事案件解释》第9条的规定，走私国家一、二级保护动物未达到本解释附表中（一）规定的数量标准，或者走私珍贵动物制品数额不满20万元的，可以认定为《刑法》第151条第2款规定的"情节较轻"。具有下列情形之一的，属于"情节特别严重"：①走私国家一、二级保护动物达到特定数量标准的，特定数量标准是指本解释附表中（二）规定的数量标准；②走私珍贵动物制品数额在100万元以上的；③走私国家一、二级保护动物达到本解释附表中（一）规定的数量标准且属于犯罪集团的首要分子，使用特种车辆从事走私活动，或者造成该珍贵动物死亡或者无法追回等情形的。

八、走私国家禁止进出口的货物、物品罪

走私国家禁止进出口的货物、物品罪，是指走私珍稀植物及其制品等国家禁止进出口的其他货物、物品的行为。

珍稀植物及其制品，是指国务院行政主管部门确定的禁止进出口的珍稀植物如苏铁树、桫椤等珍稀树种（含种子）及其植物标本以及珍稀植物的繁殖材料等。"及其"一词的含义应理解为"或者"而不是"和"，走私珍贵动物、珍贵动物制品罪罪状中的"及其"一词，亦应如此理解。国家禁止进出口的其他货物、物品，是指珍稀植物及其制品以外的，刑法分则其他条文没有特别规定的国家禁止进出口、限制进出口的货物、物品。例如，禁止出口（出境）的古植物化石、无脊椎动物化石，禁止进出口的仿真枪、管制刀具，各种烈性毒药、带有危险性病菌、害虫及其他有害生物的动物、植物及其产品，有碍人畜健康的、来自疫区的以及其他能传播疾病的食品、药品或其他物品，对中国政治、经济、文化、道德有害的印刷品、胶卷、照片、唱片、影片、录音带、录像带、激光视盘、计算机存储介质及其他物品，等等。

"珍稀植物"，包括列入《国家重点保护野生植物名录》《国家重点保护野生药材物种名录》《国家珍贵树种名录》中的国家一、二级保护野生植物、国家重点保护的野生药材、珍贵树木，《濒危野生动植物种国际贸易公约》附录Ⅰ、附录Ⅱ中的野生植物，以及人工培育的上述植物。"古生物化石"，按照《古生物化石保护条例》的规定予以认定。走私具有科学价值的古脊椎动物化石、古人类化石，构成犯罪的，依照《刑法》第151条第2款的规定，以走私文物罪定罪处罚。

未经许可进出口国家限制进出口的货物、物品，除了属于《刑法》第151条、第152条（以及《刑法》第六章的第347条、第350条）规定的走私对象以外，以走私国家禁止进出口的货物、物品罪定罪处罚；偷逃应缴税额较大，同时又构成走私普通货物、物品罪的，依照处罚较重的规定定罪处罚。所谓国家限制进出口的货物、物品，是指国家限制进境和出境的物品。限制进境物品包括：①无线电收发信机、通信保密机；②烟、酒；③濒危的和珍贵的动物、植物（均含标本）及其种子和繁殖材料；④国家货币；⑤海关限制进境的其他物品。限制出境物品包括：①金银等贵重金属及其制品；②国家货币；③外币及其有价证券；④无线电收发信机、通信保密机；⑤贵重中药材；⑥海关限制出境的其他物品。总之，刑法分则其他条文有特别规定的武器、弹药、核材料、假币、文物、贵重金属、珍贵动物、珍贵动物制品、淫秽物品、毒品以及制毒物品等以外的所有国家禁止进出口、限制进出口的货物、物品，均可以是本罪的走私对象。

《刑法》第151条第3、4款规定，犯本罪的，处5年以下有期徒刑或者拘役，并处或者单处罚金；情节严重的，处5年以上有期徒刑，并处罚金。单位犯本罪的，对单位判处罚金，并对其直接负责的主管人员和其他直接责任人员，依照上述规定处罚。

九、走私淫秽物品罪

（一）概念

走私淫秽物品罪，是指以牟利或者传播为目的，走私淫秽物品的行为。

（二）构成要素

1. 客观的构成要素。客观方面表现为逃避海关监管，走私淫秽物品的行为。本罪的行为对象是淫秽物品。所谓"淫秽物品"，是指具体描写性行为或者露骨宣扬色情的诲淫性书刊、影片、录像带、录音带、图片以及其他淫秽物品。

2. 主观的构成要素。主观的构成要素是故意，并具有牟利或传播的目的。以牟利为目的，是指行为人走私淫秽物品的目的是通过复制、销售、出租或者其他方式获取利润。以传播为目的，是指行为人走私淫秽物品的目的是在社会上流传散播。审判实践中，淫秽物品的数量既是确定走私行为是否达到犯罪程度的客观标准，也是认定行为人是否具有牟利或者传播目的的重要标志。走私淫秽物品达到规定数量的，可以认为是以牟利或者传播为目的，追究刑事责任。

（三）处罚

《刑法》第152条第1、3款规定，犯本罪的，处3年以上10年以下有期徒刑，并处罚金；情节严重的，处10年以上有期徒刑或者无期徒刑，并处罚金或者没收财产；情节较轻的，处3年以下有期徒刑、拘役或者管制，并处罚金。单位犯本罪的，对单位判处罚金，并对直接负责的主管人员和其他直接责任人员，依照上述规定处罚。

司法实践中，"情节较轻"，一般是指行为人走私的淫秽物品数量较少。根据《办理走私刑事案件解释》第13条的规定，走私淫秽物品达到下列数量之一的，属于走私淫秽物品罪"情节较轻"，处3年以下有期徒刑、拘役或者管制，并处罚金：①走私淫秽录像带、影碟50盘（张）以上不满100盘（张）的；②走私淫秽录音带、音碟100盘（张）以上不满200盘（张）的；③走私淫秽扑克、书刊、画册100副（册）以上不满200副（册）的；④走私淫秽照片、画片500张以上不满1000张的；⑤走私其他淫秽物品相当于上述数量的。走私淫秽物品数量巨大，即前述最高数量5倍以上；或者数量较大，即前述最高数量以上不满最高数量5倍的，但具有是犯罪集团的首要分子或者使用特种车进行走私等严重情节的，属于走私淫秽物品罪"情节严重"。

十、走私废物罪

走私废物罪，是指违反海关法规，逃避海关监管，将境外固体废物、液态废物和气态废物运输进境，情节严重的行为。

本罪的行为对象是境外废物。《刑法》第339条第3款提示性地规定，以原料利用为名，进口不能用作原料的固体废物、液态废物和气态废物的，依照《刑法》第152条第2、3款规定的走私废物罪处罚。

根据《刑法》第152条第2、3款的规定，犯本罪的，处5年以下有期徒刑，并处或者单处罚金；情节特别严重的，处5年以上有期徒刑，并处罚金。单位犯本罪的，对单位判处罚金，并对其直接负责的主管人员和其他直接责任人员，依照上述规定处罚。

十一、走私普通货物、物品罪

（一）概念

走私普通货物、物品罪，是指走私毒品，武器、弹药，伪造的货币，国家禁止出口的文物，珍贵动物及其制品，黄金、白银或者其他贵重金属，珍稀植物及其制品等国家禁止进出口的货物物品以及淫秽物品、毒品等以外的其他货物、物品，偷逃应缴税额较大或者1年内曾因走私被给予2次行政处罚后又走私的行为。

（二）构成要素

1. 客观的构成要素。

（1）行为内容是违反海关法规，逃避海关监管，走私一般货物、物品的行为。本罪的走私行为除了走私罪的一般方式之外，还包括以下两种特殊的走私形式：①未经海关许可并且未补缴应缴税款，擅自将批准进口的来料加工、来件装配、补偿贸易的原材料、零件、制成品、设备等保税货物，在境内销售牟利的；②未经海关许可并且未补缴应缴税额，擅自将特定减税、免税进口的货物、物品，在境内销售牟利的。

上述第①项走私行为中的所谓"保税货物"，是指经海关批准未办理纳税手续进境，在境内储存、加工、装配后复运出境的货物。保税货物包括通过加工贸易、补偿贸易等方式进口的货物，以及在保税仓库、保税工厂、保税区或者免税商店内储存、加工、寄售的货物。保税制度的设立，是为了减少手续，便于外贸活动。如果保税货物需要转入国内市场销售的，必须经过海关批准并补缴应缴税款，否则，即为走私行为。上述第②项走私行为中的所谓"特定减税、免税进口的货物、物品"，主要是指依法被减税、免税的用于特定范围或目的的货物，如经济特区等特定地区进口的货物、三资企业进口的货物、为特定用途进口的货物等。"销售牟利"，是指行为人主观上为了牟取非法利益而擅自销售海关监管的保税货物、特定减免税货物。该种行为是否构成犯罪，应当根据偷逃的应缴税额是否达到《刑法》第153条及相关司法解释规定的数额标准予以认定。实际获利与否或者获利多少，并不影响其定罪。

走私普通货物、物品，数额较大或者1年内曾因走私被给予2次行政处罚后又走私的，才构成犯罪。2011年《刑法修正案（八）》实施前，走私普通货物、物品的行为构成本罪，以偷逃应缴税额5万元以上为必要，偷逃税额不足5万元的，不以犯罪论。目前，偷逃应缴税额10万元，是"数额较大"的起点。单位犯走私普通货物、物品罪，偷逃应缴税额在20万元以上的，以犯罪论。这里的"应缴税额"，既包括海关关税，也包括由海关代征代扣的增值税、特别消费税等国家规定的税种。对于多次走私未经处理的，按照累计走私货物、物品的偷逃应缴税额处罚。未经处理，是指案发前未经行政或者司法处理。1年内曾因走私被给予2次行政处罚后又走私的，不受偷逃应缴税额多少的限制。

（2）行为对象是一般货物、物品。这里所说的一般货物、物品，就是指《刑法》第151、152、347条规定以外的货物、物品，即武器、弹药，伪造的货币，国家禁止出口的文物，珍贵动物及其制品，黄金、白银或者其他贵重金属，珍稀植物及其制品等国家禁止进出口的其他货物物品，淫秽物品以及毒品以外的普通货物、物品。

2. 主观的构成要素。主观的构成要素是故意。司法实践中，行为人一般以营利为目的。

（三）认定

1. 加工贸易活动中骗取海关核销行为的认定。根据2002年7月8日《办理走私刑事案件的意见》第10条的规定，在加工贸易经营活动中，以假出口、假结转或者利用虚假单证等方式骗取海关核销，致使保税货物、物品脱离海关监管，造成国家税款流失，情节严重的，依照《刑法》第153条的规定，以走私普通货物、物品罪追究刑事责任。但有证据证明因不可抗力原因导致保税货物脱离海关监管，经营人无法办理正常手续而骗取海关核销的，不认定为走私犯罪。

2. 单位与个人共同走私普通货物、物品案件的认定与处理。参照2002年7月8日《办理走私刑事案件的意见》第 20 条的规定，单位和个人（不包括单位直接负责的主管人员和其他直接责任人员）共同走私的，单位和个人均应对共同走私所偷逃应缴税额负责。对单位和个人共同走私偷逃应缴税额为 5 万元以上不满 25 万元的，应当根据其在案件中所起的作用，区分不同情况进行处理。单位起主要作用的，对单位和个人均不追究刑事责任，由海关予以行政处理；个人起主要作用的，对个人依照《刑法》有关规定追究刑事责任，对单位由海关予以行政处理。无法认定单位或个人起主要作用的，对个人和单位分别按个人犯罪和单位犯罪的标准处理。单位和个人共同走私偷逃应缴税额超过 25 万元且能区分主、从犯的，应当按照《刑法》关于主、从犯的有关规定，对从犯从轻、减轻处罚或者免除处罚。

（四）处罚

《刑法》第 153 条规定，犯本罪，处 3 年以下有期徒刑或者拘役，并处偷逃应缴税额 1 倍以上 5 倍以下罚金；偷逃应缴税额巨大或者有其他严重情节的，处 3 年以上 10 年以下有期徒刑，并处偷逃应缴税额 1 倍以上 5 倍以下罚金；偷逃应缴税额特别巨大或者有其他特别严重情节的，处 10 年以上有期徒刑或者无期徒刑，并处偷逃应缴税额 1 倍以上 5 倍以下罚金或者没收财产。单位犯本罪的，对单位判处罚金，并对其直接负责的主管人员和其他直接责任人员，处 3 年以下有期徒刑或者拘役；情节严重的，处 3 年以上 10 年以下有期徒刑；情节特别严重的，处 10 年以上有期徒刑。

依据 2014 年 9 月 10 日施行的《办理走私刑事案件的解释》第 16、24 条的规定，自然人个人走私，偷逃应缴税额 50 万元以上不满 250 万元的，是"数额巨大"；250 万元以上的，是"数额特别巨大"。单位偷逃应缴税额在 20 万元以上不满 100 万元的，构成单位犯罪；单位偷逃应缴税额在 100 万元以上不满 500 万元的，属于情节严重；单位偷逃应缴税额在 500 万元以上的，属于情节特别严重。

走私普通货物、物品，具有下列情形之一，偷逃应缴税额在 30 万元以上不满 50 万元的，应当认定为《刑法》第 153 条第 1 款规定的"其他严重情节"；偷逃应缴税额在 150 万元以上不满 250 万元的，应当认定为"其他特别严重情节"：①犯罪集团的首要分子；②使用特种车辆从事走私活动的；③为实施走私犯罪，向国家机关工作人员行贿的；④教唆、利用未成年人、孕妇等特殊人群走私的；⑤聚众阻挠缉私的。

第三节　妨害对公司、企业的管理秩序罪

一、虚报注册资本罪

（一）概念

虚报注册资本罪，是指申请公司登记使用虚假证明文件或者采取其他欺诈手段虚报注册资本，欺骗公司登记主管部门，取得公司登记，虚报注册资本数额巨大、后果严重或者有其他严重情节的行为。

（二）构成要素

1. 客观的构成要素。

（1）行为主体是申请公司登记的自然人或单位。这里所说的"公司"，是指公司法规定的有限责任公司和股份有限公司。

（2）行为内容表现为申请公司登记使用虚假证明文件或者采取其他欺诈手段虚报注册资本，欺骗公司登记主管部门，取得公司登记的行为。这里所说的"申请公司登记"，既包括公

司成立时申请初始登记，也包括公司成立后的变更登记。"证明文件"，是指依法设立的注册会计师事务所和审计师事务所等法定验资机构依法对申请公司登记的人的出资所出具的验资报告、资产评估报告、验资证明等材料。"其他欺诈手段"，是指使用虚假证明文件以外的其他隐瞒事实真相的方法欺骗公司登记主管部门的行为。"公司登记主管部门"，即工商行政管理机关。"取得公司登记"，是指经工商行政管理部门核准并发给营业执照。骗取公司登记，虚报注册资本数额巨大、后果严重，或者有其他严重情节，符合这三种情形之一的，构成犯罪；否则，不构成犯罪。何谓"数额巨大、后果严重或者有其他严重情节"，《刑法》未作具体规定，《公安机关管辖的刑事案件立案追诉标准的规定（三）》第3条规定，申请公司登记使用虚假证明文件或者采取其他欺诈手段虚报注册资本，欺骗公司登记主管部门，取得公司登记，涉嫌下列情形之一的，应予立案追诉：①超过法定出资期限，实缴注册资本不足法定注册资本最低限额，有限责任公司虚报数额在30万元以上并占其应缴出资数额60%以上的，股份有限公司虚报数额在300万元以上并占其应缴出资数额30%以上的；②超过法定出资期限，实缴注册资本达到法定注册资本最低限额，但仍虚报注册资本，有限责任公司虚报数额在100万元以上并占其应缴出资数额60%以上的，股份有限公司虚报数额在1000万元以上并占其应缴出资数额30%以上的；③造成投资者或者其他债权人直接经济损失累计数额在10万元以上的；④虽未达到上述数额标准，但是2年内因虚报注册资本受过行政处罚2次以上，又虚报注册资本的，或者向公司登记主管人员行贿或者为进行违法活动而注册的。

2014年4月24日《全国人民代表大会常务委员会关于〈中华人民共和国刑法〉第一百五十八条、第一百五十九条的解释》规定："刑法第一百五十八条、第一百五十九条的规定，只适用于依法实行注册资本实缴登记制的公司。"因为公司注册资本实行认缴登记制，虚报注册资本罪以及《刑法》第159条规定的虚假出资、抽逃出资罪基本失去意义，只能例外地发生于"法律规定实行注册资本实缴登记制的公司"虚报注册资本、虚假出资、抽逃出资的场合。

2. 主观的构成要素。主观的构成要素是故意，过失不构成本罪。

（三）处罚

《刑法》第158条规定，犯本罪的，处3年以下有期徒刑或者拘役，并处或者单处虚报注册资本金额1%以上5%以下罚金。单位犯本罪的，对单位判处罚金，并对其直接负责的主管人员和其他直接责任人员，处3年以下有期徒刑或者拘役。

案例22－1：被告人为了能以公司名义加入乌鲁木齐市典当行业，1996年1月使用虚假的资信证明虚报注册资本100万元，骗取公司登记，成立仁立公司；仁立公司成立后，未在核定的经营范围内开展任何经营活动，而是利用公司的3个账户"倒账"，为仁立公司和其他公司新成立的典当行虚报、注入资本，"倒账"和提取现金累计1215.2万元。一审法院判决其构成虚报注册资本罪，判处罚金2万元；被告人上诉，二审法院维持原判。

资料来源：《最高人民法院公报》2000年第4期。

二、虚假出资、抽逃出资罪

（一）概念

虚假出资、抽逃出资罪，是指公司发起人、股东违反《公司法》的规定未交付货币、实物或者未转移财产权，虚假出资，或者在公司成立后又抽逃其出资，数额巨大、后果严重或者有其他严重情节的行为。

（二）构成要素

1. 客观的构成要素。

（1）行为主体是公司发起人、股东。公司发起人、股东，可以是自然人，也可以是单位。公司发起人，是指依法创立、筹办股份有限公司的人。股东，是指公司的出资人，包括有限责任公司的股东和股份有限公司的股东。

（2）行为内容表现为虚假出资或者抽逃出资的行为。按照《公司法》第27、28条的规定，有限责任公司的股东，其出资标的可以是货币，也可以是实物、知识产权、土地使用权等。对于货币以外的出资必须进行评估作价，核实财产，不得高估，也不得低估；各认缴出资的股东必须按公司章程规定足额缴付其出资，股东以货币出资的，应当将货币出资足额存入有限责任公司在银行开设的账户；以非货币财产出资的，应当依法办理其财产权的转移手续。按照《公司法》第84条的规定，股份有限公司发起人必须足额缴纳公司股份总数35%以上的股本，可以用货币、实物和知识产权以及土地使用权等财产权利，折合成股份；其他认股人必须以货币缴付出资认购其余股份。"虚假出资"，是指违背上述规定，取得股份而无给付或者无足额给付。取得股份而无给付，就是《刑法》第159条所规定的未交付货币、实物或者未转移财产权；取得股份而无足额给付，在实践中主要是以实物、知识产权或者土地使用权出资，在评估作价时故意高估或者低估作价。"抽逃出资"，是指在公司成立时或者加入公司时缴付了出资，但在公司成立后，非法减少公司资本。

（3）行为结果。虚假出资或者抽逃出资，数额巨大、后果严重或者有其他严重情节的，才构成犯罪；否则，不构成犯罪。

2. 主观的构成要素。主观的构成要素是故意。

（三）处罚

《刑法》第159条规定，犯本罪的，处5年以下有期徒刑或者拘役，并处或者单处虚假出资金额或者抽逃出资金额2%以上10%以下的罚金。单位犯本罪的，对单位判处罚金，并对其直接负责的主管人员和其他直接责任人员，处5年以下有期徒刑或者拘役。

三、欺诈发行证券罪

（一）概念

欺诈发行证券罪，是指在招股说明书、认股书、公司、企业债券募集办法等发行文件中隐瞒重要事实或者编造重大虚假内容，发行股票或者公司、企业债券、存托凭证或者国务院依法认定的其他证券，数额巨大、后果严重或者有其他严重情节的行为。

（二）构成要素

1. 客观的构成要素。

（1）行为主体是一般主体，包括自然人和单位。实践中，本罪的主体包括股份有限公司的发起人、已经设立的股份有限公司和有限责任公司，包括单位和个人。

（2）客观行为是欺诈发行证券的行为，即在招股说明书、认股书、公司、企业债券募集办法等发行文件中隐瞒重要事实或者编造重大虚假内容，发行股票或者公司、企业债券、存托凭证或者国务院依法认定的其他证券的行为。

股票、公司、企业债券、存托凭证，均属于有价证券。"股票"，是指股份有限公司签发的证明股东所持股份的凭证。"债券"，是指公司债券，即由公司、企业依法发行的约定期限届满时还本付息的债务凭证。"存托凭证"，是指我国证券市场流通的代表外国公司有价证券（股票、债券）的可转让凭证，属公司融资业务范畴的金融衍生工具。《证券法》规定，发行以上证券，必须遵循公开、公平、公正的"三公"原则，遵循自愿、有偿、诚实信用的原则，符合法律、行政法规规定的条件，并依法报经国务院证券管理机构或者国务院授权的部门注册，依法进行发行以及交易活动。证券的发行、交易活动，必须遵守法律、行政法规；禁止欺诈、内幕交易和操纵市场的行为。

欺诈发行证券，是一种严重违反证券法的行为，表现为在发行文件中隐瞒重要事实或者编造重大虚假内容，在设立股份有限公司时发行（设立发行）或者股份有限公司设立后的运营过程中发行（设立后发行）证券。发行文件，包括但不限于招股说明书、认股书、公司、企业债券募集办法。"招股说明书"，又称招股章程，是以募集方式设立股份有限公司或者股份有限公司发行新股时，为吸收社会公众认购股份所依法制作并公告的招股文件。"认股书"，是指由公司或其发起人制作的，由认股人填写进行认购股份的合约文件。"公司、企业债券募集办法"，是指公司、企业经国务院证券管理部门审查批准后向社会举债募集资金的一种法律文件。其他"发行文件"，是指发行申请文件等。发行人（包括单位）在上述文件中隐瞒重要事实或者编造重大虚假内容，使得或者足以造成证券管理部门或者投资人发生错误认识与判断的，均属于欺诈行为。

（3）行为结果与情节。欺诈发行股票或者公司债券，数额巨大，或者后果严重，或者有其他严重情节的，才构成犯罪；否则，不构成犯罪。

2. 主观的构成要素。主观的构成要素是故意。

（三）处罚

《刑法》第160条规定，犯本罪的，处5年以下有期徒刑或者拘役，并处或者单处罚金；数额特别巨大、后果特别严重或者有其他特别严重情节的，处5年以上有期徒刑，并处罚金。

控股股东、实际控制人组织、指使实施上述行为的，处5年以下有期徒刑或者拘役，并处或者单处非法募集资金金额20%以上1倍以下罚金；数额特别巨大、后果特别严重或者有其他特别严重情节的，处5年以上有期徒刑，并处非法募集资金金额20%以上1倍以下罚金。

单位犯本罪的，对单位判处非法募集资金金额20%以上1倍以下罚金，并对其直接负责的主管人员和其他直接责任人员，依照自然人犯本罪的规定处罚。

四、违规披露、不披露重要信息罪

（一）概念

违规披露、不披露重要信息罪，是指依法负有信息披露义务的公司、企业向股东和社会公众提供虚假的或者隐瞒重要事实的财务会计报告，或者对依法应当披露的其他重要信息不按照规定披露，严重损害股东或者其他人利益，或者有其他严重情节的行为。

（二）构成要素

1. 客观的构成要素。

（1）行为主体是依法负有信息披露义务的公司、企业，自然人不能单独成为本罪的主体。

（2）客观方面表现为向股东和社会公众提供虚假的或隐瞒重要事实的财务会计报告，严重损害股东或者其他人利益，或者有其他严重情节的行为。也就是说，公司、企业在向股东和社会公众披露财务会计报告时，就公司、企业资产负债、损益、财务状况变动、利润分配等情况，弄虚作假，欺骗公司、企业股东和社会公众。

2. 主观的构成要素。主观的构成要素是故意。

（三）处罚

《刑法》第161条第1款规定，公司犯本罪的，实行单罚制，即对其直接负责的主管人员和其他直接责任人员，处5年以下有期徒刑或者拘役，并处或者单处罚金；情节特别严重的，处5年以上10年以下有期徒刑，并处罚金。第2款规定，前款规定的公司、企业的控股股东、实际控制人实施或者组织、指使实施前款行为的，或者隐瞒相关事项导致前款规定的情形发生的，依照前款的规定处罚。第3款规定，犯前款罪的控股股东、实际控制人是单位的，对单位判处罚金，并对其直接负责的主管人员和其他直接责任人员，依照第1款的规定处罚。

五、妨害清算罪

（一）概念

妨害清算罪，是指公司、企业进行清算时，隐匿财产，对资产负债表或者财产清单作虚伪记载或者在未清偿债务前分配公司、企业财产，严重损害债权人或者其他人利益的行为。

（二）构成要素

1. 客观的构成要素。

（1）行为主体是公司、企业，自然人个人不能单独成为本罪的主体，但可以成为公司、企业的共犯。

（2）客观方面表现为公司进行清算时，隐匿财产，对资产负债表或者财产清单作虚伪记载或者在未清偿债务前分配公司财产的行为。"隐匿财产"，是指公司将其财产加以隐藏，而避免债权人或其他权利人知晓该公司拥有该项财产。"对资产负债表或者财产清单作虚伪记载"，主要是指公司、企业在其负债表上虚构债务、隐瞒债权或者在其财产清单上隐匿其所有的财产。"在未清偿债务前分配公司、企业财产"，是指清算过程中违反法律规定的清偿和财产分配顺序，在没有依法清偿债务之前，分配公司、企业财产。

（3）行为结果是严重损害债权人或者其他人利益。严重损害债权人或者其他人利益，主要是指给债权人或者其他人造成重大损失。

2. 主观的构成要素。主观的构成要素是故意。

（三）处罚

《刑法》第162条规定，公司、企业犯本罪的，实行单罚制，即只对其直接负责的主管人员和其他直接责任人员，处5年以下有期徒刑或者拘役，并处或者单处2万元以上20万元以下罚金。

六、隐匿、故意销毁会计凭证、会计帐簿、财务会计报告罪

隐匿、故意销毁会计凭证、会计帐簿、财务会计报告罪，是指隐匿或者故意销毁依法应当保存的会计凭证、会计帐簿、财务会计报告，情节严重的行为。

"隐匿"，是指隐藏，从而使依法有权调取、查阅依法应当保存的会计凭证、会计帐簿、财务会计报告的人不能正常地调取、查阅。"销毁"，是指使会计凭证、会计帐簿、财务会计报告丧失其本来效用的行为。成立本罪要求行为情节严重。司法实践中，涉嫌下列情形之一的，应予立案追诉：①隐匿、故意销毁的会计凭证、会计账簿、财务会计报告涉及金额在50万元以上的；②依法应当向司法机关、行政机关、有关主管部门等提供而隐匿、故意销毁或者拒不交出会计凭证、会计账簿、财务会计报告的；③其他情节严重的情形。

根据《刑法》第162条之一的规定，犯本罪的，处5年以下有期徒刑或者拘役，并处或者单处2万元以上20万元以下罚金。单位犯本罪的，对单位判处罚金，并对其直接负责的主管人员和其他直接责任人员，依照上述规定处罚。

七、虚假破产罪

虚假破产罪，是指公司、企业通过隐匿财产、承担虚构的债务或者以其他方法转移、处分财产，实施虚假破产，严重损害债权人或者其他人利益的行为。

"隐匿财产"，是指为逃避债务而将财产隐藏起来，不让债权人、人民法院以及人民法院指定的破产管理人等知晓。"承担虚构的债务"，也包括承认不真实的债务。"以其他方法转

移、处分财产",是指采取与隐匿财产、承担虚构的债务相类似的方法。参照《企业破产法》第31~33条的规定,"其他方法",主要包括以逃避债务为目的而实施下列行为:①转移财产;②无偿转让财产;③以明显不合理的价格进行交易;④对没有财产担保的债务提供担保;⑤对未到期的债务提前清偿;⑥放弃自己的债权。财产,既包括有形财物,也包括无形的知识产权。所谓"实施虚假破产",既包括公司、企业实施上述非法转移、处分财产的行为,从而造成公司、企业处于资不抵债的状态,也就是说,公司、企业"不能清偿到期债务,并且资产不足以清偿全部债务或者明显缺乏清偿能力"(《企业破产法》第2条),以及因此而实际上被人民法院宣告破产,从而严重损害债权人或者其他人的利益的情形,也包括公司、企业在破产程序进行过程中实施上述非法转移、处分财产的行为,严重损害债权人或者其他人的利益的情形。

《刑法》第162条之二规定,公司、企业犯本罪的,实行单罚制,即对其直接负责的主管人员和其他直接责任人员,处5年以下有期徒刑或者拘役,并处或者单处2万元以上20万元以下罚金。

八、非国家工作人员受贿罪

(一) 概念

非国家工作人员受贿罪,是指公司、企业或者其他单位的工作人员利用职务上的便利,索取他人财物或者非法收受他人财物,为他人谋取利益,数额较大的行为。

非国家工作人员受贿罪侵犯的客体是公司、企业以及其他单位的管理制度和职务廉洁性。任何人都不能取得与其职务相悖的利益,受雇于公司、企业以及其他单位的人员,已经获得了工资、奖金等报酬,不能在此之外再利用工作之便获取其他不正当利益。否则,即构成职务不廉。行为人收取贿赂为他人谋利或者允诺为他人谋利的行为,无论是否给所在单位造成实际经济损失,都构成对公司、企业以及其他单位管理制度的侵害。

(二) 构成要素

1. 客观的构成要素。

(1) 行为主体是公司、企业或者其他非国有单位的工作人员,包括董事、监事、经理、理事、会计及其他工作人员。国有公司、企业或者其他国有单位中从事公务的人员和国有公司、企业或者其他国有单位委派到非国有公司、企业以及其他单位从事公务的人员,不属于本罪的主体。依据我国银行法规的规定,银行等金融机构属于企业法人,因此,非国有银行或者其他金融机构的工作人员,也可以成为本罪的主体,但是,国有银行或者其他金融机构的工作人员不能成为本罪的主体。

(2) 客观方面表现为利用职务上的便利,索取他人财物或者非法收受他人财物,为他人谋取利益,数额较大的行为。本罪客观方面必须具有以下四个条件:①行为人必须利用职务之便。所谓"利用职务上的便利",是指公司、企业以及其他单位的工作人员利用自己职务上主管、经手、负责或者直接参与某项工作的便利条件。②行为人必须索取他人财物或者非法收受他人财物。所谓"索取他人财物",是指以公开或者暗示的方式主动向他人索要财物。所谓"非法收受他人财物",是指非法接受请托人主动送予的财物。③行为人必须为他人谋取利益。所谓"为他人谋取利益",一般是指客观上已经为他人谋取了正当的、合法的或者不正当的、不合法的利益,或者承诺为他人谋取正当的、合法的或者不正当的、不合法的利益,以及意图为他人谋取各种利益。也就是说,在已经为他人谋利的情况下,无论行为人事前是否允诺他人为其谋利;在已经允诺为他人谋利的情况下,无论行为人实际上是否为其谋利,均构成本罪。④索取或者非法收受他人财物,数额较大的,才构成犯罪;否则,不构成犯罪。根据以前和现在的司法解释，索取或者收受贿赂 5000～20 000 元以上的，应视为"数额较大"。[1]

2. 主观的构成要素。主观的构成要素是故意。行为人明知自己的受贿行为会危害公司、企业以及其他单位的管理秩序和公正的市场秩序而故意实施。

（三）认定

经济往来中发生的非国家工作人员受贿罪按照如下标准认定。《刑法》第 163 条第 2 款规定："公司、企业或者其他单位的工作人员在经济往来中，利用职务上的便利，违反国家规定，收受各种名义的回扣、手续费，归个人所有的，依照前款的规定处罚。"适用这一规定，应具备以下三个基本条件：①发生在经济往来中。如果不是发生在经济往来中，不能适用本条款。所谓"在经济往来中"，是指在销售、购买商品或者提供、接受服务的过程中。②违反国家规定，收受各种名义的回扣、手续费。《反不正当竞争法》第 7 条规定，经营者销售或者购买商品，可以以明示方式给对方折扣，可以给中间人佣金。经营者给对方折扣，给中间人佣金的，必须如实入账。否则，构成非法。公司、企业以及其他单位人员基于职务参与到经济往来之中，违反国家规定，收受各种名义的回扣、手续费，必定是利用职务上的便利，并且以为他人谋取利益为目的或者实际上已经为他人谋取了利益。所以，本书认为，公司、企业以及其他单位人员是否利用职务上的便利及为他人谋取利益，实际上并不影响本条款的适用，控诉机关无需加以证明。《刑法修正案（六）》在本条款中增加了"利用职务上的便利"的规定，我们认为，这一规定不属于实质性的修改，而应当视为一种重复性规定，在某种意义上，可以说是不必要的重复。行为人是否利用职务之便以及是否为他人谋取利益，仍不影响本条款的适用，控方无需加以证明，当然，极特殊的情况下，行为人有优势证据否定这种推定的除外。这里的所谓"回扣"，是指经营者销售商品时在账外暗中以现金、实物或者其他方式退给对方单位或者个人的一定比例的商品价款；"账外暗中"，是指未在依法设立的反映其生产经营活动或者行政事业经费收支的财务账上按照财务会计制度规定明确如实记载，包括不记入财务账、转入其他财务账或者做假账等。[2] 商业折扣和手续费，是经济往来中经常使用的商业促销手段，但是依照《反不正当竞争法》及其他法律、法规的规定，回扣和手续费只能在单位之间通过协议公开进行，严禁账外暗中进行，任何单位不得以任何名义或方法给个人以回扣、手续费，任何人不得以任何名义或方式索取或收受回扣、手续费，否则，即构成违法。③将收受的回扣、手续费归个人所有。如果行为人收了数额较大的回扣、手续费之后，入账或者上交公司、企业，而没有归个人所有的，不构成犯罪。

（四）处罚

《刑法》第 163 条规定，犯本罪的，处 3 年以下有期徒刑或者拘役，并处罚金；数额巨大或者有其他严重情节的，处 3 年以上 10 年以下有期徒刑，并处罚金；数额特别巨大或者有其他特别严重情节的，处 10 年以上有期徒刑或者无期徒刑，并处罚金。

九、对非国家工作人员行贿罪

（一）概念

对非国家工作人员行贿罪，是指为谋取不正当利益，给予公司、企业或者其他单位的工作人员以财物，数额较大的行为。

---

[1] 1995 年 12 月 25 日《最高人民法院关于办理违反公司法受贿、侵占、挪用等刑事案件适用法律若干问题的解释》（现已失效）。2001 年 4 月 18 日印发的《最高人民检察院、公安部关于经济犯罪案件追诉标准的规定》（以下简称《经济犯罪案件追诉标准的规定》）（现已失效）。

[2] 1996 年 11 月 15 日国家工商行政管理局公布的《关于禁止商业贿赂行为的暂行规定》第 5 条。

（二）构成要素

1. 客观的构成要素。

（1）行为主体是一般主体，包括自然人和单位。

（2）客观方面表现为给予公司、企业或者其他非国有单位的工作人员以财物的行为。这里的"给予"，既包括行为人主动给予，也包括在公司、企业或者其他单位工作人员索要下被动地给予。

（3）行为结果。向公司、企业或者其他单位的工作人员行贿，数额较大的，才构成犯罪；否则，不构成犯罪。实践中，个人行贿数额1万元以上的，单位行贿数额20万元以上的，视为"数额较大"，应予以刑事追究。

2. 主观的构成要素。主观的构成要素是故意，并具有谋取不正当利益的目的。不正当利益，既包括非法利益，也包括其他不应得的利益。为了正当利益而给予公司、企业或者其他单位的工作人员财物的，不以犯罪论。

（三）处罚

《刑法》第164条第1、3、4款规定，犯本罪的，处3年以下有期徒刑或者拘役，并处罚金；数额巨大的，处3年以上10年以下有期徒刑，并处罚金。单位犯本罪的，对单位判处罚金，并对其直接负责的主管人员和其他直接责任人员，依照上述规定处罚。行贿人在被追诉前主动交代行贿行为的，可以减轻处罚或者免除处罚。

十、对外国公职人员、国际公共组织官员行贿罪

对外国公职人员、国际公共组织官员行贿罪，是指为谋取不正当商业利益，给予外国公职人员或者国际公共组织官员以财物的行为。

本罪是《刑法修正案（八）》新增加的犯罪。本罪的行贿对象限于外国公职人员或者国际公共组织官员，广义上也属于"非国家工作人员"；"不正当商业利益"的范围略窄于"不正当利益"。

《刑法》第164条第2、4款规定，犯本罪的，数额较大的处3年以下有期徒刑或者拘役，并处罚金；犯本罪数额巨大的，处3年以上10年以下有期徒刑，并处罚金；单位犯本罪的，对单位判处罚金，并对其直接负责的主管人员和其他直接责任人员，依照第164条第1款规定处罚。行贿人在被追诉前主动交待行贿行为的，可以减轻处罚或者免除处罚。

十一、非法经营同类营业罪

（一）概念

非法经营同类营业罪，是指国有公司、企业的董事、经理利用职务便利，自己经营或者为他人经营与其所任职公司、企业同类的营业，获取非法利益，数额巨大的行为。

（二）构成要素

1. 客观的构成要素。

（1）行为主体是特殊主体，即国有公司、企业的董事、经理。

（2）客观方面表现为利用职务便利，自己经营或者为他人经营与所任职公司、企业同类的营业，获取非法利益的行为。所谓"利用职务便利"，是指行为人利用担任国有公司、企业的董事、经理的职务上的便利。"自己经营"，是指经营自己独资或者担任股东的公司、企业的营业。"为他人经营"，是指经营自己虽非出资但从中获取报酬的公司、企业的营业。"同类的营业"，是指相同或者相近似的经营业务，例如，生产、销售同一种商品或者提供同一种服务，或者生产、销售相似的商品或者提供相似的服务。

（3）行为结果。获取非法利益，数额巨大的，才构成犯罪；否则，不构成犯罪。司法实践中，行为人获取非法利益，数额在 10 万元以上的，应予追诉。

2. 主观的构成要素。主观的构成要素是故意。

（三）处罚

《刑法》第 165 条规定，犯本罪的，处 3 年以下有期徒刑或者拘役，并处或者单处罚金；数额特别巨大的，处 3 年以上 7 年以下有期徒刑，并处罚金。

十二、为亲友非法牟利罪

（一）概念

为亲友非法牟利罪，是指国有公司、企业、事业单位的工作人员，利用职务便利，将本单位的盈利业务交由自己的亲友进行经营，或者以明显高于市场的价格向自己的亲友经营管理的单位采购商品，或者以明显低于市场的价格向自己的亲友经营管理的单位销售商品，或者向自己的亲友经营管理的单位采购不合格商品，使国家利益遭受重大损失的行为。

（二）构成要素

1. 客观的构成要素。

（1）行为主体是特殊主体，即国有公司、企业、事业单位的工作人员。

（2）客观方面表现为利用职务便利，将本单位的盈利业务交由自己的亲友进行经营，或者以明显高于市场的价格向自己的亲友经营管理的单位采购商品，或者以明显低于市场的价格向自己的亲友经营管理的单位销售商品，或者向自己的亲友经营管理的单位采购不合格商品，使国家利益遭受重大损失的行为。本罪中的所谓"利用职务便利"，是指行为人利用其对国有公司、企业、事业单位领导、管理、经手的地位和职权所形成的便利条件。

（3）行为结果。构成本罪，必须具有"国家利益遭受重大损失"的结果，否则不构成犯罪。国家利益遭受重大损失，是指使国有公司、企业、事业单位的利润大量流失，甚至造成国有公司、企业、事业单位严重亏损、破产，以及行为人非法获取巨额利润等情况。具体而言：①造成国家直接经济损失数额在 10 万元以上的；②使其亲友非法获利数额在 20 万元以上的；③造成有关单位破产，停业、停产 6 个月以上，或者被吊销许可证和营业执照、责令关闭、撤销、解散的；④其他致使国家利益遭受重大损失的情形。[1]

2. 主观的构成要素。主观的构成要素是故意。

（三）处罚

《刑法》第 166 条规定，犯本罪的，处 3 年以下有期徒刑或者拘役，并处或者单处罚金；致使国家利益遭受特别重大损失的，处 3 年以上 7 年以下有期徒刑，并处罚金。

十三、签订、履行合同失职被骗罪

（一）概念

签订、履行合同失职被骗罪，是指国有公司、企业、事业单位直接负责的主管人员，在签订、履行合同过程中，因严重不负责任而被诈骗，致使国家利益遭受重大损失的行为。

（二）构成要素

1. 客观的构成要素。

（1）主体是特殊主体，即国有公司、企业、事业单位的工作人员。

（2）客观方面表现为在签订、履行合同过程中，因严重不负责任而被诈骗，致使国家利益遭受重大损失。所谓"严重不负责任"，是指行为人在履行主管、分管、经办合同的职责

---

[1]　2010 年 5 月 7 日印发的《公安机关管辖的刑事案件立案追诉标准的规定（二）》第 13 条。

时，滥用职权或者未尽职守，本来能够防止被诈骗，却轻易地上当受骗的情形。例如，签订合同时，应当调查对方的身份与资信状况而没有调查；履行合同时，应当验货而没有验货；发现对方有重大诈骗嫌疑，应当采取措施而不采取措施或者不及时采取措施；等等。

（3）行为结果。所谓"重大损失"，主要是指 50 万元以上的直接经济损失，或者造成有关单位破产，或者停业、停产 6 个月以上。金融机构、从事对外贸易经营活动的公司、企业的工作人员，严重不负责任，造成国家外汇骗购或者逃汇，数额在 100 万美元以上。

2. 主观的构成要素。主观的构成要素是过失。

（三）认定

1998 年 12 月 29 日公布的《惩治骗购外汇、逃汇和非法买卖外汇犯罪的决定》第 7 条提示性地规定，金融机构、从事对外贸易经营活动的公司、企业的工作人员严重不负责任，造成大量外汇被骗购或者逃汇，致使国家利益遭受重大损失的，依照《刑法》第 167 条的规定定罪处罚。

（四）处罚

《刑法》第 167 条规定，犯本罪的，处 3 年以下有期徒刑或者拘役；致使国家利益遭受特别重大损失的，处 3 年以上 7 年以下有期徒刑。

案例 22 - 2：被告人任国有公司的法人代表、总经理期间，盲目轻信朋友介绍，对签约对方的主体资格、履约能力及货源情况等不咨询、不调查，尽管下属一再提醒，仍一意孤行，决意成交，指令下属与他人签订购销合同，结果造成国家财产被骗 130 万元的重大损失。法院审理认为，被告人身为国有公司的最高领导，系直接负责的主管人员，其下属听命于其并执行其指令，故被告人在此项业务的重大失误中所起的领导、决策、指挥的决定性作用是显而易见的，其主体身份和行为特征均符合签订合同失职被骗罪的构成要件，构成签订合同失职被骗罪。被告人对自己的行为虽一度存在模糊认识，但经庭审后，已认识到了自己行为给国家利益造成的损害，表示认罪，并请求予以宽大处理。根据被告人的犯罪情节和悔罪态度，符合《刑法》第 72 条规定适用缓刑的条件。遂判处被告人有期徒刑 2 年，缓刑 2 年执行。宣判后，被告人未提起上诉，检察机关也未抗诉，一审判决发生法律效力。

资料来源：《最高人民法院公报》2001 年第 3 期。

十四、国有公司、企业、事业单位人员失职罪，国有公司、企业、事业单位人员滥用职权罪

国有公司、企业、事业单位人员失职罪，是指国有公司、企业、事业单位的工作人员，由于严重不负责任，造成国有公司、企业、事业单位破产或者严重损失，致使国家利益遭受重大损失的行为。

本罪主观方面是过失。所谓"破产"，是指：①公司、企业因经营管理不善造成严重亏损，不能清偿到期债务，依法宣告破产；②公司、企业整顿期间，财务状况继续恶化，终结整顿，宣告破产；③整顿期满，不能按照和解协议清偿债务，宣告破产。实践中，国有公司、企业、事业单位的工作人员，严重不负责任，涉嫌下列情形之一的，应予追诉：①造成国家直接经济损失数额在 50 万元以上的；②造成有关单位破产，停业、停产 1 年以上，或者被吊销许可证和营业执照、责令关闭、撤销、解散的；③其他致使国家利益遭受重大损失的情形。

国有公司、企业、事业单位人员滥用职权罪，是指国有公司、企业、事业单位的工作人员，由于滥用职权，造成国有公司、企业、事业单位破产或者严重损失，致使国家利益遭受重大损失的行为。

根据《刑法》第168条的规定，实施上述两个犯罪的，处3年以下有期徒刑或者拘役；致使国家利益遭受特别重大损失的，处3年以上7年以下有期徒刑。徇私舞弊，实施上述两个犯罪的，从重处罚。司法实践中，所谓"徇私舞弊"，是指为了个人私利、私情而弄虚作假。

十五、徇私舞弊低价折股、出售国有资产罪

（一）概念

徇私舞弊低价折股、出售国有资产罪，是指国有公司、企业或者其上级主管部门直接负责的主管人员，徇私舞弊，将国有资产低价折股或者低价出售，致使国家利益遭受重大损失的行为。

（二）构成要素

1. 客观的构成要素。

（1）行为主体是特殊主体，即国有公司、企业或者其上级主管部门直接负责的主管人员。这里的上级主管部门，是指对国有公司、企业有直接领导关系，可以对国有公司、企业的经营活动产生影响的上级主管部门。

（2）客观方面表现为徇私舞弊将国有资产低价折股或者低价出售，致使国家利益遭受重大损失的行为。所谓"国有资产"，是指公司、企业的国有资产，即国家以各种形式对公司、企业投资和投资收益形成的财产，以及依据法律、行政法规认定的公司、企业的其他国有财产。所谓"低价折股"，是指将国有公司、企业的实物、工业产权、非专利技术或者土地使用权，故意低估作价，折合为股份作为出资的情形。所谓"徇私舞弊"，是指为了个人私利、私情而弄虚作假。行为人客观方面必须具有徇私舞弊的行为，客观上没有徇私舞弊行为的，不构成本罪。

2. 主观的构成要素。主观的构成要素是故意。

（三）处罚

《刑法》第169条规定，犯本罪的，处3年以下有期徒刑或者拘役；致使国家利益遭受特别重大损失的，处3年以上7年以下有期徒刑。

十六、背信损害上市公司利益罪

背信损害上市公司利益罪，是指上市公司的董事、监事、高级管理人员违背对公司的忠实义务，利用职务便利，操纵上市公司，损害上市公司利益，致使上市公司利益遭受重大损失的行为。

本罪的主体是上市公司的董事、监事、高级管理人员。上市公司的控股股东或者实际控制人，指使上市公司董事、监事、高级管理人员实施操纵上市公司从事损害上市公司利益行为的，以本罪论处。单位也可以成为本罪的主体。

根据《刑法》第169条之一第1款的规定，操纵上市公司，损害上市公司利益的行为包括：①无偿向其他单位或者个人提供资金、商品、服务或者其他资产的；②以明显不公平的条件，提供或者接受资金、商品、服务或者其他资产的；③向明显不具有清偿能力的单位或者个人提供资金、商品、服务或者其他资产的；④为明显不具有清偿能力的单位或者个人提供担保，或者无正当理由为其他单位或者个人提供担保的；⑤无正当理由放弃债权、承担债务的；⑥采用其他方式损害上市公司利益的。

根据《刑法》第169条之一第1款的规定，犯本罪的，处3年以下有期徒刑或者拘役，并处或者单处罚金；致使上市公司利益遭受特别重大损失的，处3年以上7年以下有期徒刑，

并处罚金。《刑法》第 169 条之一第 3 款规定，犯前款罪的上市公司的控股股东或者实际控制人是单位的，对单位判处罚金，并对其直接负责的主管人员和其他直接责任人员，依照第 1 款的规定处罚。

第四节　破坏金融管理秩序罪

一、伪造货币罪

（一）概念

伪造货币罪，是指伪造人民币或外币的行为。

伪造货币罪侵犯的客体是货币的公共信用，即公众对于人民币和在中国流通之外币的信任。

（二）构成要素

1. 客观的构成要素。

（1）行为主体是一般主体，但只限于自然人，不包括单位。

（2）客观方面表现为伪造货币的行为。所谓"货币"，是指可在国内市场流通或者兑换的人民币和境外货币。所谓"伪造货币"，是指仿照人民币或者外币的形状、图案和色彩制作假币，以假充真的行为。伪造的方法可以是各种各样的，如机器印刷、石印、影印、复印、手描等，不同的方法对构成本罪并无影响。

（3）行为结果。审判实践中，对下列情形应予追诉：①伪造货币，总面额在 2000 元以上或者币量 200 张（枚）以上的；②制造货币版样或者为他人伪造货币提供版样的；③其他伪造货币应予追诉刑事责任的情形。

2. 主观的构成要素。主观的构成要素是故意，并且实践中行为人多以营利或者使用伪造的货币进行流通为目的。国外刑法一般规定，伪造货币罪以使用为目的。我国刑法对于本罪的主观目的，没有特别规定，因此，理论上有观点主张行为人是否具有这一目的以及这一目的是否达到，均不影响本罪的成立。但是理论上和实务中一般认为，伪造货币罪作为一种故意犯罪，其目的只能是意图使伪造的货币进入流通。如果行为人是为了自我欣赏或者向他人炫耀绘画技巧，而无使假币进入流通的目的，属于一般违法行为，不应作为犯罪处理。

（三）认定

1. 依据《中国人民银行法》的规定，任何地方、部门、单位或者个人，不得发行货币或者变相发行货币，不得印制、发售代币票券，不得在宣传品、出版物或者其他商品上非法使用人民币图样。违反上述禁止性规范的行为，应当承担相应的法律责任，但是不属于伪造货币的行为，不构成伪造货币罪。当然，构成非法经营、诈骗等犯罪的，应当承担相应的刑事责任。

2. 伪造实际上并不存在的货币，不构成伪造货币罪。因为，伪造货币是指仿照货币的形状、图案和色彩制作假币，以假充真的行为，伪造并非真实存在的货币，例如，自行设计、印制 200 元票面额的人民币、美元，事实上这种案件也极为罕见；伪造已经停止流通的货币（如银元、古钱等），这种案件倒是时有发生，但其实际上并没有侵犯货币的公共信用进而构成对于社会主义市场经济秩序的侵犯，其侵犯的只是人民币或者外币的货币发行权，不应以伪造货币罪论处。

3. 伪造货币罪的伪造对象限于人民币、港币、澳门货币、台湾货币以及可在我国国内市场流通或者兑换的境外货币。我国刑法理论一般认为，外币应当作广义理解，既包括可在我国兑换的美元、英镑、日元、欧元、法郎等外国货币，也包括在我国不能兑换的外国货币。但是，司法解释是将货币限定为"可在国内市场流通或者兑换的人民币和境外货币"。这是因为，伪造不能在中国境内兑换的外国货币，侵犯了该国货币的公共信用和发行权，但不会、事实上也不能侵犯我国社会主义市场经济秩序。当然，行为人伪造不能在中国境内兑换的外国货币是为了实施其他犯罪，或者使用这类伪造的外国货币实施诈骗等犯罪的，应当追究刑事责任。

（四）处罚

《刑法》第170条规定，犯本罪的，处3年以上10年以下有期徒刑，并处罚金；有下列情形之一的，处10年以上有期徒刑、无期徒刑，并处罚金或者没收财产：①伪造货币集团的首要分子；②伪造货币数额特别巨大的；③有其他特别严重情节的。

司法实践中，伪造货币的总面额在3万元以上的，属于"伪造货币数额特别巨大"。

案例22-3：1995年5月，被告人卓某伙同蔡某（已判刑）等人印制10元面额假人民币400万余元，因质量差而烧毁。同年6月，卓某又伙同蔡某等人印制10元面额假人民币约445万元，在蔡某等人运往广东省陆丰市途中被查获。1995年11月至1996年4月间，被告人张某、卓甲、文某伙同他人先后两次印制10元面额假人民币共2400万元；1997年9月至1998年底，卓某与卓乙（另案处理）等人合伙，雇用被告人周某及张甲（另案处理）等为技术员，先后四次印制50元、100元面额假人民币共3.36亿余元。1998年11月至1999年6月，被告人卓某、卓甲、张乙等合伙，雇用被告人文某、张丙等人为技术员，多次印制50元、100元面额假人民币共2.712亿余元。1999年1月至6月，卓某、卓甲联络或指使他人，将假人民币出售给他人。假人民币出售后，张乙分得赃款人民币24.2万元及小汽车1部；卓乙分得人民币3万元，并从文某、张丙等技术人员的违法所得中抽取人民币1万多元；文某获得赃款人民币10.5万元；张丙获得赃款人民币7万元。此外，被告人周某伙同陈某（另案处理）等人于1995年5月在广东省普宁市流沙镇印制100元面额假人民币共200余万元。假人民币出售后，周某分得赃款人民币2000元。人民法院以伪造货币罪，判处被告人卓某、卓甲、张乙、周某、张某、文某、张丙死刑，剥夺政治权利终身，并处没收个人全部财产。

资料来源：《最高人民法院公报》2001年第5期。

二、出售、购买、运输假币罪

（一）概念

出售、购买、运输假币罪，是指出售、购买伪造的货币或者明知是伪造的货币而运输，数额较大的行为。

（二）构成要素

1. 客观的构成要素。

（1）行为主体是自然人一般主体。

（2）客观方面表现为出售、购买伪造的货币或者明知是伪造的货币而运输，数额较大的行为。出售、购买伪造的货币或者明知是伪造的货币而运输，总面额在4000元以上或者币量在400张（枚）以上的，属于"数额较大"，应予追诉。

2. 主观的构成要素。主观的构成要素是故意。出售、购买伪造的货币行为本身，往往就足以表明行为人的犯罪故意。构成运输假币罪，控诉机关需证明行为人明知是伪造的货币而运输。行为人因受蒙骗等原因确实不知运输的是伪造的货币，不构成犯罪。

（三）认定

1. 伪造货币并出售或者运输伪造的货币的，以伪造货币罪从重处罚，不实行数罪并罚。

2. 行为人走私伪造的货币后，又在境内贩运该宗走私的伪造的货币，定走私假币罪。行为人运输假币的行为不再单独定罪，不实行数罪并罚。

3. 行为人直接向走私犯罪分子收买伪造的货币的，以走私假币罪论处。行为人购买假币的行为不再单独定罪，不实行数罪并罚。

（四）处罚

《刑法》第171条第1款规定，犯本罪的，处3年以下有期徒刑或者拘役，并处2万元以上20万元以下罚金；数额巨大的，处3年以上10年以下有期徒刑，并处5万元以上50万元以下罚金；数额特别巨大的，处10年以上有期徒刑或者无期徒刑，并处5万元以上50万元以下罚金或者没收财产。

司法实践中，出售、购买假币或者明知是假币而运输，总面额在5万元以上不满20万元的，属于"数额巨大"；总面额在20万元以上的，属于"数额特别巨大"。

三、金融工作人员购买假币、以假币换取货币罪

金融工作人员购买假币、以假币换取货币罪，是指银行或者其他金融机构的工作人员购买伪造的货币或者利用职务上便利，以伪造的货币换取货币的行为。

所谓"购买"，是指按照一定的价格以真货币交换假币。作为这一基本含义的扩张，按照一定的价格以实物交换假币，也属于购买。所谓"利用职务之便"，是指金融机构工作人员利用本人职务范围内主管、经手、保管、出纳货币所形成的便利条件。以伪造的货币换取货币，总面额在2000元以上或者币量200张（枚）以上的，属于数额较大，应予追诉。

《刑法》第171条第2款规定，犯本罪的，处3年以上10年以下有期徒刑，并处2万元以上20万元以下罚金；数额巨大或者有其他严重情节的，处10年以上有期徒刑或者无期徒刑，并处2万元以上20万元以下罚金或者没收财产，情节较轻的，处3年以下有期徒刑或者拘役，并处或者单处1万元以上10万元以下罚金。

四、持有、使用假币罪

（一）概念

持有、使用假币罪，是指明知是伪造的货币而持有或者使用，数额较大的行为。

（二）构成要素

1. 客观的构成要素。客观方面表现为持有、使用伪造的货币的行为。持有伪造的货币，是指非法拥有伪造的货币，可具体表现为非法保存、收藏、携带伪造的货币等形式。使用伪造的货币，是指将伪造的货币作为货币流通的行为，可具体表现为使用伪造的货币进行支付、汇兑、储蓄等形式。持有、使用伪造的货币，数额较大的，即总面额在4000元以上或者币量在400张（枚）以上的，才构成犯罪，否则不构成犯罪。

2. 主观的构成要素。主观的构成要素是故意，即明知是伪造的货币而持有、使用。

（三）认定

1. 罪与非罪的界限。明知是伪造的货币而持有、使用，即构成违法，但是持有、使用的伪造货币数额不大的，不能构成犯罪。行为人误收、误用伪造的货币的，主观上缺乏犯罪的故意，也不能构成犯罪。行为人误收数额较大的假币，不向公安司法部门、金融机构等单位报告或交由有关部门处理，故意持有或使用的，应以犯罪论处。

2. 持有假币罪与运输假币罪的界限。运输伪造的货币的行为当然具有持有的性质，而持有假币罪有时在客观方面也表现为携带伪造的货币的行为，但是，运输假币罪具有明知是伪

造的货币而加以运输的故意，而持有假币罪不具有运输伪造货币的目的，不以运输为目的而随身携带伪造的货币的，以持有假币罪论处。

（四）处罚

《刑法》第172条规定，犯本罪的，处3年以下有期徒刑或者拘役，并处或者单处1万元以上10万元以下罚金；数额巨大的，处3年以上10年以下有期徒刑，并处2万元以上20万元以下罚金；数额特别巨大的，处10年以上有期徒刑，并处5万元以上50万元以下罚金或者没收财产。

五、变造货币罪

（一）概念

变造货币罪，是指变造人民币或者外币，数额较大的行为。

（二）构成要素

1. 客观构成要素。客观方面表现为变造人民币或者外币，数额较大的行为。所谓"变造"货币，是指采用剪贴、挖补、揭层、涂改等方法对人民币或者外币进行加工处理，使货币改变形态、升值的行为。例如，将人民币或者外币正背面撕开加工成两张，或者把若干张人民币或者外币剪贴拼接为比原来更多的张数等。变造货币数额较大，即总面额在2000元以上或者币量在200张（枚）以上的，才构成犯罪，否则不构成犯罪。

2. 主观的构成要素。主观的构成要素是故意，并且具有使伪造的货币进入流通的目的。至于这一目的实际上是否达到，不影响本罪的成立。

（三）认定

认定本罪时，要划清本罪与伪造货币罪的界限。二者区别的关键在于，变造货币是在真实的货币的基础上进行加工处理从而增加原货币的张数或面值，而伪造货币是将非货币的物质材料加工成伪造的货币。变造而成的假币与真实的货币之间有同一性，其特点是"由少变多"；伪造而成的假币与真实的货币之间不具有同一性，其特点是"从无到有""无中生有"。

（四）处罚

《刑法》第173条规定，犯本罪的，处3年以下有期徒刑或者拘役，并处或者单处1万元以上10万元以下罚金；数额巨大的，处3年以上10年以下有期徒刑，并处2万元以上20万元以下罚金。

六、擅自设立金融机构罪

擅自设立金融机构罪，是指未经国家有关主管部门批准，擅自设立商业银行、证券交易所、期货交易所、证券公司、期货经纪公司、保险公司或者其他金融机构的行为。

未经银行业监督管理部门、国务院证券管理部门、保险业管理部门等主管部门审查批准设立金融机构，就属于"擅自设立"，原则上就构成犯罪。"金融机构"是指依照法定程序设立、经营金融业务的机构。"其他金融机构"，是列举之后的一项概括性规定，目前主要有信托投资公司、财务公司、农村信用合作社、城市信用合作社以及金融机构的筹备组织等。此处所言"金融机构"，应当同时从形式与实质两个方面进行判断，其在形式上一定具有金融机构的一般特征，特别是冠以商业银行、证券交易所、期货交易所、证券公司、期货经纪公司、保险公司等名称，能够使一般人认为是金融机构；实质上则意图非法从事金融活动。行为人设立的机构虽形式上不具有金融机构的基本特征，但是实质上从事金融活动的，应当以非法吸收公众存款罪、非法经营罪等论处。

商业银行等金融机构未经批准擅自设立分支机构，仅从形式上看，似乎完全符合擅自设立金融机构罪的构成特征，但是，不能作为犯罪追究刑事责任。因为，"商业银行或其他金融机构为扩展业务不向主管机关申报，擅自扩建营业网点，增设分支机构，或虽向主管机关申报，在主管机构批准前就擅自设立分支机构进行经营活动，这些行为是违法的，但是这种商业银行或其他金融机构擅自设立分支机构的行为与其他单位、个人擅自设立金融机构在性质上是不同的。因此，对于商业银行擅自设立分支机构的行为不能作为犯罪处理"。[1] 这种理由显然主要是基于刑事政策上的考虑。从法律上讲，商业银行未经批准擅自设立分支机构，也不能以犯罪论处。这是因为，我国同世界大多数国家一样，商业银行组织体制采取的是"分支行制度"，[2] 即商业银行在首都或者位于经济中心的大城市设立总行，在国内其他城市根据需要设立不同级别的分支行，组成一个单一企业法人资格的商业银行体系。我国商业银行的这种组织结构表明，现已合法存在的商业银行，实际上已经得到了银监会的正式批准而注册成立，商业银行未经批准擅自设立分支机构，不属于具有刑事违法性的擅自设立金融机构的行为，因为商业银行的分支机构并不具有独立的企业法人资格，依然属于已经获得批准而注册成立的该商业银行的一部分。

《刑法》第174条规定，犯本罪的，处3年以下有期徒刑或者拘役，并处或者单处2万元以上20万元以下罚金；情节严重的，处3年以上10年以下有期徒刑，并处5万元以上50万元以下罚金。

单位犯本罪的，对单位判处罚金，并对其直接负责的主管人员和其他直接责任人员，依照上述规定处罚。

七、伪造、变造、转让金融机构经营许可证、批准文件罪

伪造、变造、转让金融机构经营许可证、批准文件罪，是指违反国家金融管理法规，伪造、变造、转让商业银行或者其他金融机构经营许可证或者批准文件的行为。

行为人伪造、变造金融机构经营许可证或批准文件的，原则上即构成犯罪，至于行为人是否将伪造、变造的金融机构经营许可证投入使用，使其流通，均不影响伪造、变造金融机构经营许可证、批准文件罪的成立。"转让"，是指合法持有金融机构的金融机构经营许可证、批准文件者以出租、出卖、出借等方式将相关证件非法提供给他人。行为人实施伪造、变造、转让三种行为之一的，即构成犯罪，同时实施上述三种行为的，也只构成一罪，不数罪并罚。

《刑法》第174条规定，犯本罪的，处3年以下有期徒刑或者拘役，并处或者单处2万元以上20万元以下罚金；情节严重的，处3年以上10年以下有期徒刑，并处5万元以上50万元以下罚金。

单位犯本罪的，对单位判处罚金，并对其直接负责的主管人员和其他直接责任人员，依照上述规定处罚。

八、高利转贷罪

（一）概念

高利转贷罪，是指以转贷牟利为目的，套取金融机构信贷资金高利转贷他人，违法所得数额较大的行为。

---

[1] 全国人大常委会法制工作委员会刑法室编著：《〈关于惩治破坏金融秩序犯罪的决定〉的讲话》，法律出版社1995年版，第29页。
[2] 与"分支行制度"对应的商业银行组织体制是"单元制"。所谓"单元制"，是指商业银行业务完全由总行经营，不设立任何分支机构，而且，依照法律规定，每一个商业银行都必须得到中央银行的批准并正式注册成立。如果我国也采取单元制的银行组织体制，那么任何商业银行未经批准设立分支机构，均构成对刑事法律的实质违反，属于擅自设立金融机构的犯罪行为，应当以犯罪论处。

（二）构成要素

1. 客观的构成要素。客观方面表现为套取金融机构信贷资金高利转贷他人的行为。所谓"套取金融机构信贷资金"，是指行为人假称自己借款使用，或者编造虚假理由，获取银行或者其他金融机构信贷资金的行为。所谓"高利转贷他人"，是指行为人以高于银行或者其他金融机构依据中国人民银行的利率规定而确定的同种贷款的利率幅度，将贷款转借给其他单位或个人的行为。个人高利转贷，违法所得数额在 10 万元以上的；单位高利转贷，违法所得数额在 10 万元以上的；或者虽未达到上述数额标准，但 2 年内因高利转贷受过行政处罚 2 次以上，又高利转贷的，应当予以刑事追究。

2. 主观的构成要素。主观的构成要素是故意，并以转贷牟利为目的。

（三）处罚

《刑法》第 175 条规定，犯本罪的，处 3 年以下有期徒刑或者拘役，并处违法所得 1 倍以上 5 倍以下罚金；违法所得数额巨大的，处 3 年以上 7 年以下有期徒刑，并处违法所得 1 倍以上 5 倍以下罚金。

单位犯本罪的，对单位判处罚金，并对直接负责的主管人员和其他直接责任人员，处 3 年以下有期徒刑或者拘役。

九、骗取贷款、票据承兑、金融票证罪

骗取贷款、票据承兑、金融票证罪，是指以欺骗手段取得银行或者其他金融机构贷款、票据承兑、信用证、保函等，给银行或者其他金融机构造成重大损失或者有其他严重情节的行为。

本罪的主观方面是故意。行为人对于银行或者其他金融机构遭受重大损失，则既可以是故意，也可以是过失。在故意的场合下，行为人非以非法占有为目的。实践中，行为人以欺骗手段取得银行或者其他金融机构贷款、票据承兑、信用证，原则上表明行为人以非法占有为目的，应当以贷款诈骗罪、票据诈骗罪、信用证诈骗罪论处。但是，事实上确有证据证明行为人并不具有非法占有目的，而是因为经营不善、被骗、市场风险或者其他原因不能归还贷款从而给金融机构造成重大损失或者有其他严重情节，不构成贷款诈骗罪、票据诈骗罪、信用证诈骗罪等诈骗犯罪，而构成本罪。

《刑法》第 175 条之一规定，犯本罪的，处 3 年以下有期徒刑或者拘役，并处或者单处罚金；给银行或者其他金融机构造成特别重大损失或者有其他特别严重情节的，处 3 年以上 7 年以下有期徒刑，并处罚金。

单位犯本罪的，对单位判处罚金，并对其直接负责的主管人员和其他直接责任人员，依照上述规定处罚。

十、非法吸收公众存款罪

（一）概念

非法吸收公众存款罪，是指非法吸收公众存款或者变相吸收公众存款，扰乱金融秩序的行为。

（二）构成要素

1. 客观的构成要素。

（1）客观方面表现为非法吸收或者变相吸收公众存款的行为。所谓"非法吸收公众存款"，是指违反国家金融管理法规，在社会上吸收不特定的众多人的资金的行为。2010 年 12 月 13 日发布的《最高人民法院关于审理非法集资刑事案件具体应用法律若干问题的解释》第 1 条规定："……同时具备下列四个条件的，除刑法另有规定的以外，应当认定为刑法第一百七十六条规定

的'非法吸收公众存款或者变相吸收公众存款'：（一）未经有关部门依法批准或者借用合法经营的形式吸收资金；（二）通过媒体、推介会、传单、手机短信等途径向社会公开宣传；（三）承诺在一定期限内以货币、实物、股权等方式还本付息或者给付回报；（四）向社会公众即社会不特定对象吸收资金。未向社会公开宣传，在亲友或者单位内部针对特定对象吸收资金的，不属于非法吸收或者变相吸收公众存款。""未经有关部门依法批准"，是指未经有关金融主管部门依法批准而从事存贷款业务。不具有吸收公众存款资格的金融机构吸收公众存款的，也属于未经有关部门依法批准。"借用合法经营的形式"，是指经有关部门依法批准具有吸收公众存款资格的金融机构，在经营过程中借用合法经营的形式违法吸收公众资金，例如，银行等金融机构违反中国人民银行关于利率的规定，擅自大幅度提高利率吸收公众存款。所谓"变相吸收公众存款"，是指行为人不是以吸收存款的名义而是通过其他形式吸收公众资金，从而实现其吸收公众存款的目的。例如，非法成立资金互助组织吸收公众存款；以投资入股等名义吸收公众资金，但并不按照规定分配利润或股息，并承担风险，而是以一定的利息进行支付等。

（2）行为结果与情节。2010年5月7日印发的《公安机关管辖的刑事案件立案追诉标准的规定（二）》第28条规定："非法吸收公众存款或者变相吸收公众存款，扰乱金融秩序，涉嫌下列情形之一的，应予立案追诉：（一）个人非法吸收或者变相吸收公众存款数额在二十万元以上的，单位非法吸收或者变相吸收公众存款数额在一百万元以上的；（二）个人非法吸收或者变相吸收公众存款三十户以上的，单位非法吸收或者变相吸收公众存款一百五十户以上的；（三）个人非法吸收或者变相吸收公众存款给存款人造成直接经济损失数额在十万元以上的，单位非法吸收或者变相吸收公众存款给存款人造成直接经济损失数额在五十万元以上的；（四）造成恶劣社会影响的；（五）其他扰乱金融秩序情节严重的情形。"2010年12月13日发布的《最高人民法院关于审理非法集资刑事案件具体应用法律若干问题的解释》第3条规定延续了上述规定，并且明确，非法吸收或者变相吸收公众存款的数额，以行为人所吸收的资金全额计算。案发前后已归还的数额，可以作为量刑情节酌情考虑。

2. 主观的构成要素。主观的构成要素是故意。

（三）处罚

《刑法》第176条第1款规定，犯本罪的，处3年以下有期徒刑或者拘役，并处或单处罚金；数额巨大或者有其他严重情节的，处3年以上10年以下有期徒刑，并处罚金；数额特别巨大或者有其他特别严重情节的，处10年以上有期徒刑，并处罚金。第2款规定，单位犯本罪的，对单位判处罚金，并对其直接负责的主管人员和其他直接责任人员，依照上述规定处罚。第3款规定，有第1~2款行为，在提起公诉前积极退赃退赔，减少损害结果发生的，可以从轻或者减轻处罚。

十一、伪造、变造金融票证罪

（一）概念

伪造、变造金融票证罪，是指伪造、变造金融票据和金融凭证的行为。

（二）构成要素

1. 客观的构成要素。犯罪客观方面表现为伪造、变造金融票证的行为。具体表现为：

（1）伪造、变造汇票、本票、支票的行为。汇票，是指出票人签发的，委托付款人按约定的付款期限，无条件地支付一定金额给收款人（持票人）的票据。汇票有银行汇票和商业汇票两种。本票，是指由出票人签发的，约定自己在到期日无条件地向收款人（持票人）支付一定金额的票据。本票就是指银行本票。支票，是指由出票人签发的，委托办理支票存款业务的银行或者其他金融机构在见票时无条件支付一定的金额给收款人（持票人）的票据。支票有转账支票和现金支票两种。依据我国《票据法》的规定，汇票、本票、支票是无因的要式证券，是表明债权的、可流通的有价证券。

（2）伪造、变造委托收款凭证、汇款凭证、银行存单等其他银行结算凭证的行为。所谓"结算凭证"，是指办理银行结算的凭据和证明，主要包括汇票、本票、支票、委托收款凭证、汇款凭证、银行存单等。其中，"委托收款凭证"是指收款人在委托银行向付款人收取款项时，所填写和提供的凭据和证明。委托收款凭证分为邮寄和电报划回两种。"汇款凭证"是指汇款人委托银行将款项汇到外地时，所填写的凭据和证明。"银行存单"是银行签发给储户的银行储蓄存款的信用凭证。

（3）伪造、变造信用证或者附随的单据、文件的行为。信用证，是指开证银行根据开证申请人的请求，开给受益人的一种在具备了约定的条件以后，即可使开证银行或支付银行支付约定的金额的保证付款凭证。信用证是国际贸易结算的一种方式，大多数为跟单信用证（附随必要的单据、文件），少数为光单信用证（不需要附随必要的单据、文件）。信用证附随的单据、文件，是指使用信用证所要求附随的运输单据、商业发票、保险单据及领事发票、海关发票、出口许可证、原产地证明等单据、文件。

（4）伪造信用卡。信用卡，是指银行或者其他专门金融机构发给持卡人用于存取现金、转账结算、消费信贷的一种信用凭证。信用卡的特点决定了行为人只能以伪造的方式，而不可能以变造的方式实施犯罪。伪造信用卡的主要表现为：仿照信用卡的质地、模样、版块、图样及磁条等制造假信用卡板；在假信用卡板磁条上输入银行、客户信息资料；非法获取发卡银行的空白信用卡进行凸印、写磁而制成假信用卡；对发卡银行发行的信用卡凸印或磁条内容进行非法修改，重新写磁而制成假信用卡；对他人的信用卡的签名进行涂改；等等。

司法实践中，伪造、变造金融票证，面额在1万元以上的，或者数量在10张以上的；伪造信用卡1张以上，或者伪造空白信用卡10张以上的；应予追诉。

2. 主观的构成要素。主观的构成要素是故意。

（三）处罚

《刑法》第177条规定，犯本罪的，处5年以下有期徒刑或者拘役，并处或者单处2万元以上20万元以下罚金；情节严重的，处5年以上10年以下有期徒刑，并处5万元以上50万元以下罚金；情节特别严重的，处10年以上有期徒刑或者无期徒刑，并处5万元以上50万元以下罚金或者没收财产。

单位犯本罪的，对单位判处罚金，并对其直接负责的主管人员和其他直接责任人员，依照上述规定处罚。

十二、妨害信用卡管理罪

妨害信用卡管理罪，是指故意妨害信用卡管理的行为。

妨害信用卡管理的行为是指下列行为之一：①明知是伪造的信用卡而持有、运输的，或者明知是伪造的空白信用卡而持有、运输，数量较大的；②非法持有他人信用卡，数量较大的；③使用虚假的身份证明骗领信用卡的；④出售、购买、为他人提供伪造的信用卡或者以虚假的身份证明骗领的信用卡的。认定本罪时应当注意，第①项和第②项中的"数量较大"是信用卡的数量，而不是指信用卡内的授信额度。第③项中的"虚假的身份证明"是指不真实的身份证明，如假身份证、假军官证等，这些身份证明所载的身份信息并不真正地指向行为人本人以致金融机构根本无法按照行为人提供的身份证明识别、查找行为人。对于第①项和第④项行为来说，如果有证据证明行为人是伪造信用卡集团的成员而实施上述行为，或者行为人明知他人伪造信用卡而为帮助他人实施上述行为的，应以伪造金融票证罪论处。

《刑法》第 177 条之一第 1 款规定，犯本罪的，处 3 年以下有期徒刑或者拘役，并处或者单处 1 万元以上 10 万元以下罚金；数量巨大或者有其他严重情节的，处 3 年以上 10 年以下有期徒刑，并处 2 万元以上 20 万元以下罚金。

十三、窃取、收买、非法提供信用卡信息罪

窃取、收买、非法提供信用卡信息罪，是指窃取、收买或者非法提供他人信用卡信息资料的行为。

信用卡信息资料是一组有关信用卡发卡行代码、持卡人账户、账号、密码等内容的加密电子数据，通常由发卡银行在发卡时使用专用设备写入信用卡磁条、磁芯中，作为 POS 机、ATM 机等终端机识别合法用户的依据。

《刑法》第 177 条之一第 2 款规定，犯本罪的，处 3 年以下有期徒刑或者拘役，并处或者单处 1 万元以上 10 万元以下罚金；数量巨大或者有其他严重情节的，处 3 年以上 10 年以下有期徒刑，并处 2 万元以上 20 万元以下罚金。且根据《刑法》第 177 条之一第 3 款的规定，银行或者其他金融机构的工作人员利用职务上的便利，犯本罪的，从重处罚。

十四、伪造、变造国家有价证券罪

伪造、变造国家有价证券罪，是指伪造、变造国库券或者国家发行的其他有价证券，数额较大的行为。

国库券或者国家发行的其他有价证券，即政府债券，是指政府为募集资金，按照法定手续发行的，在指定时间内偿付本息的一种有价证券。"数额较大"，以票面额 2000 元为起点。

《刑法》第 178 条第 1、3 款规定，犯本罪的，处 3 年以下有期徒刑或者拘役，并处或者单处 2 万元以上 20 万元以下罚金；数额巨大的，处 3 年以上 10 年以下有期徒刑，并处 5 万元以上 50 万元以下罚金；数额特别巨大的，处 10 年以上有期徒刑或者无期徒刑，并处 5 万元以上 50 万元以下罚金或者没收财产。

单位犯本罪的，对单位判处罚金，并对其直接负责的主管人员和其他直接责任人员，依照上述规定处罚。

十五、伪造、变造股票、公司、企业债券罪

（一）概念

伪造、变造股票、公司、企业债券罪，是指伪造、变造股票或者公司、企业债券，数额较大的行为。

发行股票、公司、企业债券必须符合法定条件，经国家审批并严格按照法定程序进行。伪造、变造股票、公司、企业债券，直接侵害了国家对于股票、公司、企业债券的管理制度。

（二）构成要素

1. 客观的构成要素。

（1）客观方面表现为伪造、变造股票或者公司、企业债券，数额较大的行为。

（2）行为对象是股票、债券。股票是指股份有限公司发行的、表示股东按其持有的股份享受权利、承担义务的可以转让的书面凭证。公司、企业债券，是指由公司、企业依照法定程序发行的、约定在一定期限内还本付息的有价证券。作为本罪犯罪对象的股票、债券，仅限于我国境内发行的股票、债券，不包括我国境外发行、流通的股票、债券。[1] 伪造、变造

---

〔1〕 相反的意见认为："本罪的犯罪对象不仅包括我国的股票、公司、企业债券，还包括外国的股票、公司、企业债券。"参见魏智彬：《证券及相关犯罪认定处理》，中国方正出版社 1999 年版，第 35 页。

外国股票、公司、企业债券，意图骗取他人财物的，以诈骗罪论处。

（3）行为结果。"数额较大"，以总面额 5000 元为起点。

2. 主观的构成要素。主观的构成要素是故意。

（三）认定

伪造、变造投资基金债券的行为，应当以伪造、变造公司、企业债券罪论处。仅从字面上看，投资基金债券似乎不属于公司、企业债券，但是，投资基金是独立的企业法人，投资基金债券属于基金发起人向社会公众公开发行的、表示持有人按其份额享有资产所有权、收益权和剩余资产分配权的有价证券，所以，投资基金债券也属于本罪的行为对象。

（四）处罚

《刑法》第 178 条第 2、3 款规定，犯本罪的，处 3 年以下有期徒刑或者拘役，并处或者单处 1 万元以上 10 万元以下罚金；数额巨大的，处 3 年以上 10 年以下有期徒刑，并处 2 万元以上 20 万元以下罚金。

单位犯本罪的，对单位判处罚金，并对其直接负责的主管人员和其他直接责任人员，依照上述规定处罚。

十六、擅自发行股票、公司、企业债券罪

（一）概念

擅自发行股票、公司、企业债券罪，是指未经国家的有关主管部门批准，擅自发行股票、公司、企业债券，数额巨大、后果严重或者有其他严重情节的行为。

发行股票、债券是公司、企业向社会公众大规模筹集资金的方式，它一方面直接关系到国家金融秩序以至整个经济秩序和社会秩序的稳定，另一方面又涉及广大投资者的切身利益。因此，我国公司法、企业债券管理条例等法律、法规对股票和公司、企业债券的发行规定了严格的发行条件和审批程序。我国《公司法》规定，股票和公司债券的发行，除了必须符合严格的法定条件外，还必须经过有关部门或机关的审查批准。例如，股份有限公司发行新股票，属于向社会公开募集的，须经国务院授权的部门批准；上市股票，须报经国务院或者国务院授权的证券管理机构批准。股份有限公司或其他有权发行债券的公司，发行公司债券，须经国务院证券管理机构核准，未经有关主管部门或者机关批准发行股票、债券的，均为非法，数额巨大、后果严重或者有其他严重情节的，应承担刑事责任。

（二）构成要素

1. 客观的构成要素。犯罪客观方面表现为未经国家的有关主管部门批准，擅自发行股票、公司、企业债券，数额巨大、后果严重或者有其他严重情节的行为。

2. 主观的构成要素。主观的构成要素是故意。

（三）处罚

《刑法》第 179 条规定，犯本罪的，处 5 年以下有期徒刑或者拘役，并处或者单处非法募集资金金额 1% 以上 5% 以下罚金。

单位犯本罪的，对单位判处罚金，并对其直接负责的主管人员和其他直接责任人员，处 5 年以下有期徒刑或者拘役。

十七、内幕交易、泄露内幕信息罪

（一）概念

内幕交易、泄露内幕信息罪，是指证券、期货交易内幕信息的知情人员或者非法获取证券、期货交易内幕信息的人员，在涉及证券的发行，证券、期货交易或者其他对证券、期货的价格有重大影响的信息尚未公开前，买入或者卖出该证券，或者从事与该内幕信息有关的

期货交易，或者泄露该信息，或者明示、暗示他人从事上述交易活动，情节严重的行为。

内幕交易、泄露内幕信息罪侵犯的客体是国家金融管理秩序。涉及证券的发行，证券、期货交易或者其他对证券、期货的价格有重大影响的、尚未公开的信息，属于内幕信息。内幕信息的范围，依照法律、行政法规的规定确定。内幕信息对证券的价格有重大影响，利用这些内幕信息进行证券交易，或者泄露这些内幕信息，违背证券市场公开、公正、公平原则，情节严重的，以犯罪论处。

（二）构成要素

1. 客观的构成要素。

（1）行为主体是证券、期货交易内幕信息的知情人员及其单位，以及非法获取证券、期货交易内幕信息的人员或者单位。证券、期货交易内幕信息的知情人员，即内幕人员，依据《证券法》《期货交易管理条例》等法律、行政法规的规定确定。

根据《证券法》第51条的规定，证券交易内幕信息的知情人包括：①发行人及其董事、监事、高级管理人员；②持有公司5%以上股份的股东及其董事、监事、高级管理人员，公司的实际控制人及其董事、监事、高级管理人员；③发行人控股或者实际控制的公司及其董事、监事、高级管理人员；④由于所任公司职务或者因与公司业务往来可以获取公司有关内幕信息的人员；⑤上市公司收购人或者重大资产交易方及其控股股东、实际控制人、董事、监事和高级管理人员；⑥因职务、工作可以获取内幕信息的证券交易场所、证券公司、证券登记结算机构、证券服务机构的有关人员；⑦因职责、工作可以获取内幕信息的证券监督管理机构工作人员；⑧因法定职责对证券的发行、交易或者对上市公司及其收购、重大资产交易进行管理可以获取内幕信息的有关主管部门、监管机构的工作人员；⑨国务院证券监督管理机构规定的可以获取内幕信息的其他人员。

依据《期货交易管理条例》第81条第12项的规定，"由于其管理地位、监督地位或者职业地位，或者作为雇员、专业顾问履行职务，能够接触或者获得内幕信息的人员，包括：期货交易所的管理人员以及其他由于任职可获取内幕信息的从业人员，国务院期货监督管理机构和其他有关部门的工作人员以及国务院期货监督管理机构规定的其他人员"，是期货交易内幕信息的知情人员。

非法获取内幕信息的人员，即以非法手段或者不正当信息来源（途径）获取证券、期货交易内幕信息的人员。根据2012年3月29日发布的《最高人民法院、最高人民检察院关于办理内幕交易、泄露内幕信息刑事案件具体应用法律若干问题的解释》的规定，非法获取内幕信息的人员有三类：一是利用窃取、骗取、套取、窃听、利诱、刺探或者私下交易等手段获取内幕信息的人员；二是具有特殊身份，即内幕信息知情人员的近亲属或者其他与其关系密切的人员；三是在内幕信息敏感期内与内幕信息知情人员联络、接触的人员。上述三类人员中，第一类人员是采用非法手段直接获取内幕信息；第二类人员则是借助于与内幕信息知情人员之间的亲属关系或者其他密切关系而不正当地获取内幕信息，亲属关系或者其他密切关系是其非法获取内幕信息的来源；第三类人员通过与内幕信息知情人员联络、接触的途径获取内幕信息。

（2）客观方面表现为在涉及证券的发行，证券、期货交易或者其他对证券、期货的价格有重大影响的信息尚未公开前，买入或者卖出该证券，或者从事与该内幕信息有关的期货交易，或者泄露该信息，或者明示、暗示他人从事上述交易活动，情节严重的行为。在涉及证券的发行、交易或者其他对证券的价格有重大影响的信息尚未公开前，买入或者卖出该证券，或者从事与该内幕信息有关的期货交易，是内幕交易行为。泄露内幕信息，是指知道内幕信息的人员将内幕信息透露给不应知道内幕信息的人员。所谓"情节严重",理论上一般认为应从行为人是否获利数额巨大,是否给国家和他人造成了严重的经济损失方面去判断。司法实践中,有下列情形之一的,应予以追诉:①证券交易成交额累计在50万元以上的;②期货交易占用保证金数额在30万元以上的;③获利或者避免损失数额累计在15万元以上的;④三次以上进行内幕交易、泄露内幕信息的;⑤其他情节严重的情形。

2. 主观的构成要素。主观的构成要素是故意。

（三）处罚

《刑法》第180条第1、2款规定,犯本罪的,处5年以下有期徒刑或者拘役,并处或者单处违法所得1倍以上5倍以下罚金;情节特别严重的,处5年以上10年以下有期徒刑,并处违法所得1倍以上5倍以下罚金。单位犯本罪的,对单位判处罚金,并对其直接负责的主管人员和其他直接责任人员,处5年以下有期徒刑或者拘役。

十八、利用未公开信息交易罪

利用未公开信息交易罪,是指证券交易所、期货交易所、证券公司、期货经纪公司、基金管理公司、商业银行、保险公司等金融机构的从业人员以及有关监管部门或者行业协会的工作人员,利用因职务便利获取的内幕信息以外的其他未公开的信息,违反规定,从事与该信息相关的证券、期货交易活动,或者明示、暗示他人从事相关交易活动,情节严重的行为。

利用未公开信息从事金融交易活动,违反资本市场公平、公正和公开原则,破坏了金融管理秩序,侵害和损坏了广大投资者的利益以及投资者对于金融行业的信任,同时也侵害了行为人所在单位的利益,俗称"老鼠仓",《刑法修正案（七）》将其规定为犯罪。在这里,"内幕信息以外的其他未公开的信息"主要是指上述金融机构在资产管理、投资理财业务中将用客户资金投资购买某个证券、期货等金融产品的决策信息。这类信息在未公开前,具有类似于内幕信息的属性但是不属于"内幕消息",故称之为"内幕信息以外的其他未公开的信息"。所谓"违反规定,从事与该信息相关的证券、期货交易活动",主要是指上述人员在自己所在单位用客户资金买入证券或者其衍生品、期货或者期权合约等金融产品前,自己（或者明示、暗示他人）先行买入,或者在所在单位卖出前,自己（或者明示、暗示他人）先行卖出的行为。

根据《刑法》第180条第4款的规定,犯本罪的,处5年以下有期徒刑或者拘役,并处或者单处违法所得1倍以上5倍以下罚金;情节特别严重的,处5年以上10年以下有期徒刑,并处违法所得1倍以上5倍以下罚金。

十九、编造并传播证券、期货交易虚假信息罪

编造并传播证券、期货交易虚假信息罪,是指编造并且传播影响证券交易、期货交易的虚假信息,扰乱证券、期货交易市场,造成严重后果的行为。

所谓"影响证券、期货交易的虚假信息",是指能够对证券、期货交易的价格与交易量等产生影响的、没有丝毫事实根据的、凭空杜撰的信息。行为人必须具有编造并且传播影响证券、期货交易的虚假信息的行为,并且扰乱了证券交易市场,造成严重后果,才构成犯罪。

《刑法》第181条第1、3款规定,犯本罪的,处5年以下有期徒刑或者拘役,并处或者单处1万元以上10万元以下罚金。单位犯本罪的,对单位判处罚金,并对直接负责的主管人员和其他直接责任人员,处5年以下有期徒刑或者拘役。

二十、诱骗投资者买卖证券、期货合约罪

（一）概念

诱骗投资者买卖证券、期货合约罪,是指故意提供虚假信息或者伪造、变造、销毁交易记录,诱骗投资者买卖证券、期货合约,造成严重后果的行为。

（二）构成要素

1. 客观的构成要素。

（1）行为主体包括自然人和单位，自然人是特殊主体，即证券交易所、期货交易所、证券公司、期货经纪公司的从业人员，证券业协会、期货业协会或者证券期货监督管理部门的工作人员；单位是一般主体，但实践中能够成为本罪主体的主要是证券交易所、证券公司、证券业协会、证券管理部门等。

（2）客观方面表现为提供虚假信息或者伪造、变造、销毁交易记录，诱骗投资者买卖证券、期货合约，造成严重后果的行为。

2. 主观的构成要素。主观的构成要素是故意。

（三）处罚

《刑法》第181条第2、3款规定，犯本罪的，处5年以下有期徒刑或者拘役，并处或者单处1万元以上10万元以下罚金；情节特别恶劣的，处5年以上10年以下有期徒刑，并处2万元以上20万元以下罚金。

单位犯本罪的，对单位判处罚金，并对其直接负责的主管人员和其他直接责任人员，处5年以下有期徒刑或者拘役。

二十一、操纵证券、期货市场罪

（一）概念

操纵证券、期货市场罪，是指通过各种手段操纵证券、期货市场，影响证券、期货交易价格或者证券、期货交易量，情节严重的行为。

（二）构成要素

1. 客观的构成要素。客观方面表现为通过各种手段操纵证券、期货市场，影响证券、期货交易价格或者证券、期货交易量，情节严重的行为。《刑法》第182条第1款规定，操纵证券交易价格或者证券交易量的行为，具体表现为以下几种情况：①单独或者合谋，集中资金优势、持股或者持仓优势或者利用信息优势联合或者连续买卖的；②与他人串通，以事先约定的时间、价格和方式相互进行证券、期货交易的；③在自己实际控制的帐户之间进行证券交易，或者以自己为交易对象，自买自卖期货合约的；④不以成交为目的，频繁或者大量申报买入、卖出证券、期货合约并撤销申报的；⑤利用虚假或者不确定的重大信息，诱导投资者进行证券、期货交易的；⑥对证券、证券发行人、期货交易标的公开作出评价、预测或者投资建议，同时进行反向证券交易或者相关期货交易的；⑦以其他方法操纵证券、期货市场的。

实施上述行为，情节严重的，始构成犯罪。审判实践中，对于有下列情形之一的，应予立案追诉：①单独或者合谋，持有或者实际控制证券的流通股份数达到该证券的实际流通股份总量30%以上，且在该证券连续20个交易日内联合或者连续买卖股份数累计达到该证券同期总成交量30%以上的；②单独或者合谋，持有或者实际控制期货合约的数量超过期货交易所业务规则限定的持仓量50%以上，且在该期货合约连续20个交易日内联合或者连续买卖期货合约数累计达到该期货合约同期总成交量30%以上的；③与他人串通，以事先约定的时间、价格和方式相互进行证券或者期货合约交易，且在该证券或者期货合约连续20个交易日内成交量累计达到该证券或者期货合约同期总成交量20%以上的；④在自己实际控制的账户之间进行证券交易，或者以自己为交易对象，自买自卖期货合约，且在该证券或者期货合约连续20个交易日内成交量累计达到该证券或者期货合约同期总成交量20%以上的；⑤单独或者合谋，当日连续申报买入或者卖出同一证券、期货合约并在成交前撤回申报，撤回申报量占当日该种证券总申报量或者该种期货合约总申报量 50% 以上的；⑥上市公司及其董事、监事、高级管理人员、实际控制人、控股股东或者其他关联人单独或者合谋，利用信息优势，操纵该公司证券交易价格或者证券交易量的；⑦证券公司、证券投资咨询机构、专业中介机构或者从业人员，违背有关从业禁止的规定，买卖或者持有相关证券，通过对证券或者其发行人、上市公司公开作出评价、预测或者投资建议，在该证券的交易中谋取利益，情节严重的；⑧其他情节严重的情形。

2. 主观的构成要素。主观的构成要素是故意。行为人以获取不正当利益或者转嫁风险为目的。

（三）处罚

《刑法》第 182 条规定，犯本罪的，处 5 年以下有期徒刑或者拘役，并处或者单处罚金；情节特别严重的，处 5 年以上 10 年以下有期徒刑，并处罚金。

单位犯本罪的，对单位判处罚金，并对其直接负责的主管人员和其他直接责任人员，依照上述规定处罚。

案例 22 - 4：被告人赵某为了抬高股票价格，以便其本人及朋友能在抛售股票时获利，利用计算机侵入三亚中亚信托投资公司上海新闸路证券交易营业部（以下简称三亚营业部）的计算机信息系统，对该部待发送的委托数据进行修改，以致"兴业房产"和"莲花味精"两种股票的价格被抬高。赵某及其朋友乘机抛售股票获利数万元，而三亚营业部因此遭受 295 万余元的经济损失。赵某的行为构成操纵证券交易价格罪（现罪名是操纵证券市场罪），人民法院判处被告人赵某有期徒刑 3 年，并处罚金人民币 1 万元。

资料来源：《最高人民法院公报》2005 年第 9 期。

二十二、背信运用受托财产罪

背信运用受托财产罪，是指商业银行、证券交易所、期货交易所、证券公司、期货经纪公司、保险公司或者其他金融机构，违背受托义务，擅自运用客户资金或者其他委托、信托的财产，情节严重的行为。

本罪的主体仅限于商业银行、证券交易所、期货交易所、证券公司、期货经纪公司、保险公司或者其他金融机构，自然人个人以及其他非金融机构不属于本罪的主体。"委托、信托的财产"，是指在委托理财业务中，委托人存放在商业银行等金融机构中的资金、证券等财产。目前的实践中，委托、信托的财产主要有：证券交易业务中客户存放于证券公司用于买卖证券的资金、证券，委托理财业务中的客户资产，信托业务中的信托财产，证券投资基金等。委托理财，是指委托人通过委托或者信托与受托人约定，将资金、证券等金融资产给受托人，即商业银行、证券交易所、期货交易所、证券公司、期货经纪公司、保险公司或者其他金融机构，由受托人在一定期限内按照委托人的意愿进行投资、管理，并按约定支付委托人收益的资产管理活动。受托人超越委托范围运用客户资金、财产，造成客户损失的，或者与他人恶意串通运用客户资金、财产的，或者以自己为交易对象运用客户资金、财产的，应以犯罪论处。

《刑法》第 185 条之一第 1 款规定，犯本罪的，对单位判处罚金，并对其直接负责的主管人员和其他直接责任人员，处 3 年以下有期徒刑或者拘役，并处 3 万元以上 30 万元以下罚金；情节特别严重的，处 3 年以上 10 年以下有期徒刑，并处 5 万元以上 50 万元以下罚金。

二十三、违法运用资金罪

违法运用资金罪，是指社会保障基金管理机构、住房公积金管理机构等公众资金管理机构，以及保险公司、保险资产管理公司、证券投资基金管理公司，违反国家规定运用资金的行为。

本罪主体仅限于上述特定单位，不包括自然人个人。在我国，自然人不能以个人名义从事公众资金的管理活动。

根据《刑法》第185条之一第2款的规定，犯本罪的，对单位直接负责的主管人员和其他直接责任人员，处3年以下有期徒刑或者拘役，并处3万元以上30万元以下罚金；情节特别严重的，处3年以上10年以下有期徒刑，并处5万元以上50万元以下罚金。

二十四、违法发放贷款罪

违法发放贷款罪，是指银行或者其他金融机构的工作人员违反国家规定发放贷款，数额巨大或者造成重大损失的行为。

这里的"违反国家规定"，是指违反全国人大及其常委会制定的有关信贷管理内容的法律、决定，国务院制定的有关信贷管理的行政法规、行政决定、命令。其中较为重要的法律、行政法规有《商业银行法》等。

《刑法》第186条第1款规定，犯本罪的，处5年以下有期徒刑或者拘役，并处1万元以上10万元以下罚金；数额特别巨大或者造成特别重大损失的，处5年以上有期徒刑，并处2万元以上20万元以下罚金。

《刑法》第186条第2款规定，银行或者其他金融机构的工作人员违反国家规定，向关系人发放贷款的，依照前款的规定从重处罚。

依照《银行法》和有关金融法规，"关系人"是指银行或者其他金融机构的董事、监事、管理人员、信贷业务人员及其近亲属以及这些人员投资或者担任高级管理职务的公司、企业和其他经济组织。近亲属，是指配偶、父母、子女、兄弟姐妹、祖父母、外祖父母、孙子女、外孙子女。

《刑法》第186条第3款规定，单位犯本罪的，对单位判处罚金，并对其直接负责的主管人员和其他直接责任人员，依照上述规定处罚。

二十五、吸收客户资金不入帐罪

（一）概念

吸收客户资金不入帐罪，是指银行或者其他金融机构或者其工作人员吸收客户资金不入帐，数额巨大或者造成重大损失的行为。

（二）构成要素

1. 客观的构成要素。

（1）行为主体是特殊主体，即银行或者其他金融机构及其工作人员，单位也可以成为本罪的主体，单位是银行以及其他金融机构。

（2）客观方面表现为吸收客户资金不入帐，数额巨大或者造成重大损失的行为。吸收客户资金不入帐，是指违反金融管理法律、法规，将吸收客户的资金不如实记在银行或者其他金融机构存款帐目上。

2. 主观的构成要素。主观的构成要素是故意。

（三）处罚

《刑法》第187条规定，犯本罪的，处5年以下有期徒刑或者拘役，并处2万元以上20万元以下罚金；数额特别巨大或者造成特别重大损失的，处5年以上有期徒刑，并处5万元以上

50 万元以下罚金。

单位犯本罪的，对单位判处罚金，并对其直接负责的主管人员和其他直接责任人员，依照上述规定处罚。

二十六、违规出具金融票证罪

（一）概念

违规出具金融票证罪，是指银行或者其他金融机构的工作人员或者单位违反规定，为他人出具信用证或者其他保函、票据、存单、资信证明，情节严重的行为。

（二）构成要素

1. 客观的构成要素。

（1）行为主体是特殊主体，即银行或者其他金融机构的工作人员或者单位。

（2）客观方面表现为，违反规定，为他人出具信用证或者其他保函、票据、存单、资信证明，情节严重的行为。"违反规定"，是指违反商业银行法、公司法等有关金融法律、法规以及金融机构内部制定的一些重要业务规则和规章制度。保函，是指银行等金融机构以自身的信用为他人承担责任的担保文件。票据，是指汇票、本票、支票。存单，即存款单。资信证明，是指证明一个人或单位经济实力的文件。违反规定，为他人出具信用证或者其他保函、票据、存单、资信证明，实践中主要表现为故意为他人出具虚假的、不真实的金融票据、资信证明；银行或者其他金融机构工作人员超越职权范围或者私自为他人出具金融票据、资信证明，或者假冒本单位的名义为他人出具金融票据、资信证明等。"情节严重"主要是指造成银行等金融机构以及其他当事人数额较大的损失。审判实践中，银行或者其他金融机构及其工作人员违反规定，为他人出具信用证或者其他保函、票据、存单、资信证明，涉嫌下列情形之一的，应予立案追诉：①违反规定为他人出具信用证或者其他保函、票据、存单、资信证明，数额在 100 万元以上的；②违反规定为他人出具信用证或者其他保函、票据、存单、资信证明，造成直接经济损失数额在 20 万元以上的；③多次违规出具信用证或者其他保函、票据、存单、资信证明的；④接受贿赂违规出具信用证或者其他保函、票据、存单、资信证明的；⑤其他情节严重的情形。

2. 主观的构成要素。主观的构成要素是过失。行为人对于较大损失的发生存在过失，但是对于违反规定，为他人出具信用证或者其他保函、票据、存单、资信证明的行为则是明知故犯。

（三）处罚

《刑法》第 188 条规定，犯本罪的，处 5 年以下有期徒刑或者拘役；情节特别严重的，处 5 年以上有期徒刑。

单位犯本罪的，对单位判处罚金，并对其直接负责的主管人员和其他直接责任人员，依照上述规定处罚。

二十七、对违法票据承兑、付款、保证罪

（一）概念

对违法票据承兑、付款、保证罪，是指银行或者其他金融机构或者其工作人员在票据业务中，对违反票据法规定的票据予以承兑、付款或者保证，造成重大损失的行为。

（二）构成要素

1. 客观的构成要素。

（1）主体是银行或者其他金融机构及其工作人员。

（2）客观方面表现为在票据业务中，对违反票据法规定的票据予以承兑、付款或者保

证，造成重大损失的行为。违反票据法规定的票据，是指不符合票据法规定的票据格式、内容的汇票、本票、支票。"承兑"，是指汇票付款人承诺在汇票的到期日支付汇票金额的一种票据行为。"付款"，是指票据的付款人、承兑人支付票据金额的行为。"保证"，是指票据债务人以外的第三人对票据债务的履行加以担保。

（3）构成本罪要求行为人给当事人、银行或者其他金融机构造成重大损失的，才构成犯罪，否则不构成犯罪。造成直接经济损失数额在 20 万元以上的，应予以刑事追究。

2. 主观的构成要素。主观的构成要素是过失。

（三）处罚

《刑法》第 189 条规定，犯本罪的，处 5 年以下有期徒刑或者拘役；造成特别重大损失的，处 5 年以上有期徒刑。

单位犯本罪的，对单位判处罚金，并对其直接负责的主管人员和其他直接责任人员，依照上述规定处罚。

二十八、逃汇罪

（一）概念

逃汇罪，是指公司、企业或者其他单位违反国家规定，擅自将外汇存放境外，或者将境内的外汇非法转移到境外，数额较大的行为。

（二）构成要素

1. 客观的构成要素。

（1）行为主体只能是公司、企业或者其他单位。

（2）客观方面表现为违反国家规定，擅自将外汇存放境外，或者将境内的外汇非法转移到境外，数额较大的行为。所谓"外汇"，是指下列以外币表示的可以用作国际清偿的支付手段和资产：外币现钞，包括纸币、铸币；外币支付凭证或者支付工具，包括票据、银行存款凭证、银行卡等；外币有价证券，包括债券、股票等；特别提款权；其他外汇资产。擅自将外汇存放境外，是指违反国家规定，将应当收归国家或调回境内的外汇隐匿不报，私自存放境外的行为。将境内的外汇非法转移到境外，是指违反国家规定，将境内的外汇私自转移到境外的行为。公司、企业或者其他单位违反上述规定，擅自将外汇存放境外，或者将境内的外汇非法转移到境外，单笔在 200 万美元以上或者累计数额在 500 万美元以上的，属于数额较大，应当以犯罪论处。

2. 主观的构成要素。主观的构成要素是故意。

（三）处罚

《刑法》第 190 条规定，犯本罪的，对单位判处逃汇数额 5% 以上 30% 以下罚金，并对其直接负责的主管人员和其他直接责任人员处 5 年以下有期徒刑或者拘役；数额巨大或者有其他严重情节的，对单位判处逃汇数额 5% 以上 30% 以下罚金，并对其直接负责的主管人员和其他直接责任人员处 5 年以上有期徒刑。

二十九、洗钱罪

洗钱罪，是指掩饰、隐瞒毒品犯罪、黑社会性质的组织犯罪、恐怖活动犯罪、走私罪、贪污贿赂犯罪、破坏金融管理秩序犯罪、金融诈骗犯罪的所得及其产生的收益的来源和性质，有下列行为之一的行为：①提供资金帐户的；②将财产转换为现金、金融票据、有价证券的；③通过转帐或者其他支付结算方式转移资金的；④跨境转移资产的；⑤以其他方法掩饰、隐瞒犯罪所得及其收益的来源和性质的。

毒品犯罪，是指我国《刑法》分则第六章第七节所规定的"走私、贩卖、运输、制造毒品罪"。黑社会性质的组织犯罪，是指组织、领导、参加黑社会性质组织罪以及黑社会性质的组织所实施的各种犯罪。恐怖活动犯罪，是指组织、领导、参加恐怖组织罪，资助恐怖活动罪，以及恐怖活动组织所实施的爆炸、劫机、故意杀人等各种犯罪。走私罪，是指我国《刑法》分则第三章第二节所规定的各种犯罪。贪污贿赂犯罪，是指《刑法》分则第八章规定的犯罪。破坏金融管理秩序犯罪，是指《刑法》分则第三章第四节规定的犯罪。金融诈骗犯罪是指《刑法》分则第三章第五节规定的犯罪。以上这些犯罪，统称为洗钱罪的"上游犯罪"。

"洗钱"，既是本罪行为方式的通俗称呼（第 191 条罪状中并无"洗钱"一词），也是《刑法》第 191 条明文规定的第 1~4 项行为方式的高度概括。第 5 项"洗钱"行为方式并不限于将赃款及其金钱收益洗干净，还包括掩饰、隐瞒犯罪非金钱所得及其非金钱收益的来源和性质的行为。司法实践中，第 5 项洗钱方式，即"以其他方法掩饰、隐瞒犯罪所得及其收益的来源和性质"，是指具有下列情形之一的行为：①通过典当、租赁、买卖、投资等方式，协助转移、转换犯罪所得及其收益的；②通过与商场、饭店、娱乐场所等现金密集型场所的经营收入相混合的方式，协助转移、转换犯罪所得及其收益的；③通过虚构交易、虚设债权债务、虚假担保、虚报收入等方式，协助将犯罪所得及其收益转换为"合法"财物的；④通过买卖彩票、奖券等方式，协助转换犯罪所得及其收益的；⑤通过赌博方式，协助将犯罪所得及其收益转换为赌博收益的；⑥协助将犯罪所得及其收益携带、运输或者邮寄出入境的；⑦通过前述规定以外的方式协助转移、转换犯罪所得及其收益的。[1]

2020 年《刑法修正案（十一）》施行以前，洗钱罪的行为方式限于为他人上游犯罪洗钱——他洗钱，不包括自洗钱——掩饰、隐瞒自己犯罪所得及其收益的来源和性质。也就是说，《刑法修正案（十一）》施行之前，自洗钱行为被作为犯罪"事后不可罚的行为""事后不必处罚的行为"，不认定为数罪，不予以并罚。《刑法修正案（十一）》将自洗钱行为方式亦纳入洗钱罪行为方式，行为人实施《刑法》第 191 条规定的上游犯罪，又有自洗钱行为的，构成数罪，实行数罪并罚。

本罪的主观构成要素是故意。对于自洗钱犯罪来说，故意之"明知"是不言而喻的。对于他洗钱犯罪来说，要求行为人主观上"明知"，即明知是毒品犯罪、黑社会性质的组织犯罪、恐怖活动犯罪、走私罪、贪污贿赂犯罪、破坏金融管理秩序犯罪、金融诈骗犯罪的所得及其产生的收益，而故意进行洗钱活动，以达到掩饰、隐瞒其来源和性质的目的。依据 2009 年 11 月 4 日公布的《最高人民法院关于审理洗钱等刑事案件具体应用法律若干问题的解释》（以下简称《审理洗钱等刑事案件的解释》），"明知"，应当结合被告人的认知能力，接触他人犯罪所得及其收益的情况，犯罪所得及其收益的种类、数额，犯罪所得及其收益的转换、转移方式以及被告人的供述等主、客观因素进行认定。行为人将《刑法》第 191 条规定的某一上游犯罪的犯罪所得及其收益误认为《刑法》第 191 条规定的上游犯罪范围内的其他犯罪所得及其收益的，不影响"明知"的认定。

《刑法》第 191 条规定，犯本罪的，没收实施以上犯罪的所得及其产生的收益，处 5 年以下有期徒刑或者拘役，并处或者单处罚金；情节严重的，处 5 年以上 10 年以下有期徒刑，并处罚金。单位犯本罪的，对单位判处罚金，并对其直接负责的主管人员和其他直接责任人员，依照上述规定处罚。

案例 22-5：被告人汪某在明知区某的弟弟区甲从事毒品犯罪并想将违法所得转为合法收

---

[1] 2009 年 11 月 4 日公布的《审理洗钱等刑事案件的解释》。

益的情况下，协助区甲运送了购买公司股权的转让款，并协助区某、区甲以 520 万元港币（其中大部分为区甲毒品犯罪所得）购得一公司 60%的股份。事后，区某将公司更名，任法定代表人，直接管理财务。被告人汪某挂名出任公司董事长，每月领取工资 5000 元以上，并得到一辆奔驰牌汽车。审理法院认为，被告人为获取不法利益，明知他人从事毒品犯罪活动，且掌握的大量资金可能是毒品犯罪所得，仍积极协助其以购买股份的方式投资企业经营，掩饰、隐藏资金的性质来源，其行为构成洗钱罪。被告人汪某构成累犯，本应从重处罚，但由于被告人汪某在上述犯罪中实际起辅助作用，依法应从轻处罚。遂判处被告人汪某有期徒刑 1 年 6 个月，并处罚金 275 000 元，没收违法所得奔驰牌小汽车 1 辆。

资料来源：《最高人民法院公报》2004 年第 10 期。

三十、骗购外汇罪

（一）概念

骗购外汇罪，是指骗购外汇，数额较大的行为。

（二）构成要素

1. 客观的构成要素。客观方面表现为骗购外汇的行为，具体表现为：

（1）使用伪造、变造的海关签发的报关单、进口证明、外汇管理部门核准件等凭证和单据的。

（2）重复使用海关签发的报关单、进口证明、外汇管理部门核准件等凭证和单据的。

（3）以其他方式骗购外汇的。

司法实践中，"数额较大"，以 50 万美元为起点。

2. 主观的构成要素。主观的构成要素是故意。

（三）处罚

根据《惩治骗购外汇、逃汇和非法买卖外汇犯罪的决定》第 1 条的规定，犯本罪的，处 5 年以下有期徒刑或者拘役，并处骗购外汇数额 5% 以上 30% 以下罚金；数额巨大或者有其他严重情节的，处 5 年以上 10 年以下有期徒刑，并处骗购外汇数额 5% 以上 30% 以下罚金；数额特别巨大或者有其他特别严重情节的，处 10 年以上有期徒刑或者无期徒刑，并处骗购外汇数额 5% 以上 30% 以下罚金或者没收财产。

单位犯本罪的，对单位依照前述的规定判处罚金，并对其直接负责的主管人员和其他直接责任人员，处 5 年以下有期徒刑或者拘役；数额巨大或者有其他严重情节的，处 5 年以上 10 年以下有期徒刑；数额特别巨大或者有其他特别严重情节的，处 10 年以上有期徒刑或者无期徒刑。

伪造、变造海关签发的报关单、进口证明、外汇管理部门核准件等凭证和单据，并用于骗购外汇的，以本罪论，从重处罚。

海关、外汇管理部门以及金融机构、从事对外贸易经营活动的公司、企业或者其他单位的工作人员与骗购外汇或者逃汇的行为人通谋，为其提供购买外汇的有关凭证或者其他便利的，或者明知是伪造、变造的凭证和单据而售汇、付汇的，以共犯论，从重处罚。

第五节 金融诈骗罪

一、集资诈骗罪

（一）概念

集资诈骗罪，是指以非法占有为目的，使用诈骗方法非法集资，数额较大的行为。

（二）构成要素

1. 客观的构成要素。

（1）客观方面表现为使用诈骗方法非法集资的行为。所谓"诈骗方法"，是指编造事实或者隐瞒真相的方法。在实际案件中，行为人所使用的诈骗方法是多种多样的，如以引资合作经营为名或以共同投资为名，进行非法集资，骗取他人钱财；以高利率为诱饵吸引公众投资，将非法募集的资金据为己有；等等。所谓"非法集资"，是指行为人违反国家规定，未经批准，通过任何渠道或以任何手段向社会公众募集资金的行为。

（2）行为结果。集资诈骗行为，数额较大的，才构成犯罪，否则不构成犯罪。审判实践中，个人集资诈骗，数额在 15 万元以上的；单位集资诈骗，数额在 50 万元以上的，应当予以刑事追诉。

2. 主观的构成要素。主观的构成要素是故意，并以非法占有为目的。

（三）认定

1. 注意区分集资诈骗罪与集资借贷纠纷的界限。二者区别的关键在于行为人主观上是否有非法占有的目的。行为人没有非法占有他人财物的目的，但夸大集资项目的前景及集资回报，事后因市场风险或经营不善而不能兑现的，不构成本罪。行为人以非法占有为目的，编造事实或隐瞒真相，非法集资，数额巨大的，应以犯罪论处。行为人的非法占有目的，需要足够的事实与证据加以证明。1996 年 12 月 16 日发布的《最高人民法院关于审理诈骗案件具体应用法律的若干问题的解释》（现已失效）首先规定。具有下列情形之一的，应当认定行为属于"以非法占有为目的"：①携带集资款逃跑的；②挥霍集资款，致使集资款无法返还的；③使用集资款进行违法犯罪活动，致使集资款无法返还的；④具有其他欺诈行为，拒不返还集资款，或者致使集资款无法返还的。具体而言，行为人占有集资款后携款潜逃至国外，或者在国内隐姓埋名；行为人占有集资款后任意挥霍，而无丝毫正常经营活动，致使集资款被挥霍一空；使用集资款参与境内外的赌博活动，致使集资款无法返还；以虚假的身份或冒用他人的名义非法集资；等等，都较为明显地表明了行为人以非法占有为目的。非法占有目的属于行为人的主观心理状态，一般需要根据案件客观情况认定。2001 年 1 月 21 日最高人民法院《审理金融犯罪案件纪要》认为："金融诈骗犯罪都是以非法占有为目的的犯罪。在司法实践中，认定是否具有非法占有为目的，应当坚持主客观相一致的原则，既要避免单纯根据损失结果客观归罪，也不能仅凭被告人自己的供述，而应当根据案件具体情况具体分析。"在总结司法实践经验的基础上，对金融诈骗犯罪中非法占有目的的认定，进一步提出了如下具体意见："对于行为人通过诈骗的方法非法获取资金，造成数额较大资金不能归还，并具有下列情形之一的，可以认定为具有非法占有的目的：①明知没有归还能力而大量骗取资金的；②非法获取资金后逃跑的；③肆意挥霍骗取资金的；④使用骗取的资金进行违法犯罪活动的；⑤抽逃、转移资金、隐匿财产，以逃避返还资金的；⑥隐匿、销毁账目，或者搞假破产、假倒闭，以逃避返还资金的；⑦其他非法占有资金、拒不返还的行为。但是，在处理具体案件时，对于有证据证明行为人不具有非法占有目的的，不能单纯以财产不能归还就按金融诈骗罪处罚。"

2011 年 1 月 4 日实施的《最高人民法院关于审理非法集资刑事案件具体应用法律若干问题的解释》基本上延续了 2001 年《审理金融犯罪案件纪要》的规定。依据该司法解释，非法集资，具有下列情形之一的，可以认定为"以非法占有为目的"：①集资后不用于生产经营活动或者用于生产经营活动与筹集资金规模明显不成比例，致使集资款不能返还的；②肆意挥霍集资款，致使集资款不能返还的；③携带集资款逃匿的；④将集资款用于违法犯罪活动的；

⑤抽逃、转移资金、隐匿财产，逃避返还资金的；⑥隐匿、销毁账目，或者搞假破产、假倒闭，逃避返还资金的；⑦拒不交代资金去向，逃避返还资金的；⑧其他可以认定非法占有目的的情形。其他可以认定非法占有目的的情形，应当根据案件具体情形具体分析。与《审理金融犯罪案件纪要》相比，该司法解释的重要变化是将该纪要的"其他非法占有资金、拒不返还的"概括性表述修改为"拒不交代资金去向，逃避返还资金的"具体规定，与第5、6项基本相同，可以与第5、6项相互印证。司法实践中，行为人有第5、6项以及有前四项表现，案发后对抗司法机关，"拒不交代资金去向，逃避返还资金的"，可以进一步强化认定行为人有非法占有目的，而没有前五项行为表现，常常也不会有第7项规定的行为表现。

2. 本罪与非法吸收公众存款罪的界限。在一定意义上讲，非法吸收公众存款也是一种非法集资行为，但集资诈骗罪与非法吸收公众存款罪有以下三点不同：①犯罪目的不同。前者以非法占有为目的；后者一般以营利为目的，不具有非法占有的目的。②行为方式与对象不同。前者表现为使用诈骗手段非法集资，非法集资的对象可能是社会公众，也可能是特定群众或特定的少数人；后者则没有使用诈骗手段，吸收存款的对象是社会公众。③犯罪客体不同。前者是复杂客体，即国家金融管理秩序和公私财产所有权；后者是单一客体，即国家金融管理秩序。

3. 特殊犯罪构成。

（1）严重的犯罪构成，是指具备集资诈骗罪的基本犯罪构成，且数额巨大或者有其他严重情节的。个人集资诈骗，数额在30万元以上的；单位集资诈骗，数额在150万元以上的，属于数额巨大。

（2）特别严重的犯罪构成，是指具备集资诈骗罪的基本犯罪构成，且数额特别巨大或者有其他严重情节的。个人集资诈骗，数额在100万元以上的；单位集资诈骗，数额在500万元以上的，属于数额特别巨大。

（3）最严重的犯罪构成，是指具备集资诈骗罪的基本犯罪构成，且数额特别巨大并且给国家和人民利益造成特别重大损失的。

（四）处罚

《刑法》第192规定，犯本罪的，处3年以上7年以下有期徒刑，并处罚金；数额巨大或者有其他严重情节的，处7年以上有期徒刑或者无期徒刑，并处罚金或者没收财产。单位犯本罪的，对单位判处罚金，并对其直接负责的主管人员和其他直接责任人员，依照上述规定处罚。

二、贷款诈骗罪

（一）概念

贷款诈骗罪，是指以非法占有为目的，诈骗银行或者其他金融机构的贷款，数额较大的行为。

（二）构成要素

1. 客观的构成要素。客观方面表现为诈骗银行或者其他金融机构贷款的行为，即采取编造事实或者隐瞒事实的欺骗手段，使银行或者其他金融机构误认为符合贷款条件而将款项贷出，从而骗取贷款的行为。根据《刑法》第193条的规定，诈骗贷款的行为主要表现为以下几种具体方式：①编造引进资金、项目等虚假理由的；②使用虚假的经济合同的；③使用虚假的证明文件的；④使用虚假的产权证明作担保或者超出抵押物价值重复担保的；⑤以其他方法诈骗贷款的。

诈骗银行或者其他金融机构贷款，数额较大的，才构成犯罪，否则不构成犯罪。个人诈骗金额在 2 万元以上的，属于数额较大。

2. 主观的构成要素。主观的构成要素是故意，并以非法占有为目的。原则上讲，只要行为人采取了我国《刑法》第 193 条所规定的诈骗行为方式，明显地使银行或者其他金融机构以及其他单位和自然人陷于重大错误认识的，应当认定行为人具有非法占有或非法牟利的目的。当然，有充分的事实和证据证明行为人确实没有非法占有或非法牟利目的的除外。

（三）处罚

《刑法》第 193 条规定，犯本罪的，处 5 年以下有期徒刑或者拘役，并处 2 万元以上 20 万元以下罚金；数额巨大或者有其他严重情节的，处 5 年以上 10 年以下有期徒刑，并处 5 万元以上 50 万元以下罚金；数额特别巨大或者有其他特别严重情节的，处 10 年以上有期徒刑或者无期徒刑，并处 5 万元以上 50 万元以下罚金或者没收财产。

司法实践中，个人诈骗金额 5 万元以上的，属于数额巨大；个人诈骗金额 20 万元以上的，属于数额特别巨大。

三、票据诈骗罪

（一）概念

票据诈骗罪，是指进行金融票据诈骗活动，数额较大的行为。

（二）构成要素

1. 客观的构成要素。客观方面表现为进行金融票据诈骗活动。根据《刑法》第 194 条的规定，金融票据诈骗行为具体表现为以下几种形式：

（1）明知是伪造、变造的汇票、本票、支票而使用的。这里的"使用"，是指行为人故意将伪造、变造的汇票、本票、支票作为支付、结算、流通、融资、信用工具使用，直接或间接地骗取他人财物。

（2）明知是作废的汇票、本票、支票而使用的。这里的"作废"，是指根据法律和有关规定不能使用，即原来真实有效的票据失去票据效力。

（3）冒用他人的汇票、本票、支票的。这里的"冒用"，是指行为人擅自以票据权利人的名义，支配、使用、转让自己不具备支配权利的他人票据，进行诈骗的行为。实践中，冒用他人汇票、本票、支票进行诈骗的，主要有：行为人以欺诈、偷盗等非法手段获取票据，或者明知道是以非法手段获取的票据，而加以冒用的；行为人有代理权但超越代理权限而使用他人票据进行诈骗的；行为人没有代理权而以代理人的名义，使用他人委托代为保管的或者捡拾他人遗失的票据，进行诈骗活动的；等等。

（4）签发空头支票或者与其预留印鉴不符的支票，骗取财物的。"空头支票"，是指出票人所签发的支票金额超出其银行存款账户余额或者透支额度而不能兑付的支票。签发"与其预留印鉴不符的支票"，是指支票签发人在其签发的支票上加盖与其预留在银行或其他金融机构处的印鉴不一致的财务公章或者支票签发人的名章。

（5）汇票、本票的出票人签发无资金保证的汇票、本票或者在出票时作虚假记载，骗取财物的。出票，是指出票人签发票据并将其交付收款人的票据行为。汇票、本票的出票人在出票时，必须有可靠的资金保证其兑付。所谓"资金保证"，是指出票人在承兑票据时具有票据支付能力，也就是说，出票人应保证其签发的汇票、本票到期时能得到支付。

进行金融票据诈骗活动，数额较大的，才构成犯罪，否则不构成犯罪。审判实践中，自然人进行金融票据诈骗数额在 1 万元以上的，单位进行金融票据诈骗数额在 10 万元以上的，属于数额较大。

第二十二章

2. 主观的构成要素。主观的构成要素是故意，并具有骗取财物或非法牟利的目的。原则上讲，只要行为人采取了我国《刑法》第194条所规定的诈骗行为方式，明显地使银行或者其他金融机构以及其他单位和自然人陷于重大错误认识的，应当认定行为人具有非法占有或非法牟利的目的。当然，有充分的事实和证据证明行为人确实没有非法占有或非法牟利目的的除外。非法牟利主要是指通过实施票据诈骗行为，不支付对价地获取他人的劳务、服务等。

（三）认定

行为人伪造、变造金融票证后，使用其伪造、变造的金融票证进行诈骗活动，骗取公私财物数额较大的，符合牵连犯的特征，应从一重罪论处，不实行数罪并罚。

（四）处罚

《刑法》第194条第1款规定，犯本罪的，处5年以下有期徒刑或者拘役，并处2万元以上20万元以下罚金；数额巨大或者有其他严重情节的，处5年以上10年以下有期徒刑，并处5万元以上50万元以下罚金；数额特别巨大或者有其他特别严重情节的，处10年以上有期徒刑或者无期徒刑，并处5万元以上50万元以下罚金或者没收财产。

《刑法》第200条规定，单位犯本罪的，对单位判处罚金，并对其直接负责的主管人员和其他直接责任人员，处5年以下有期徒刑或者拘役，可以并处罚金；数额巨大或者有其他严重情节的，处5年以上10年以下有期徒刑，并处罚金；数额特别巨大或者有其他特别严重情节的，处10年以上有期徒刑或者无期徒刑，并处罚金。

四、金融凭证诈骗罪

金融凭证诈骗罪，是指以非法占有为目的，使用伪造、变造的委托收款凭证、汇款凭证、银行存单等其他银行结算凭证，骗取财物，数额较大的行为。

"银行结算凭证"，是指金融票据、信用证、信用卡以外的其他金融凭证，主要包括委托收款凭证、汇款凭证、银行存单等。司法实践中，个人进行票据诈骗数额在1万元以上的，属于"数额较大"；单位进行票据诈骗数额在10万元以上的，属于"数额较大"，应予以追诉。

依据《刑法》第194条第2款之规定，构成本罪的，依第194条第1款规定处罚。依《刑法》第200条之规定，单位犯本罪的，对单位判处罚金，并对其直接负责的主管人员和其他直接责任人员，处5年以下有期徒刑或者拘役，可以并处罚金；数额巨大或者有其他严重情节的，处5年以上10年以下有期徒刑，并处罚金；数额特别巨大或者有其他特别严重情节的，处10年以上有期徒刑或者无期徒刑，并处罚金。

案例22－6： 被告人张某伙同他人4次使用伪造的银行信汇凭证，诈骗储户存款共计4560万元（其中980万元未遂），张某分得赃款29万元。案发后追缴赃款、物品共计1510万余元，尚有2000余万元赃款未追回。一审判处被告人死刑，剥夺政治权利终身，并处没收个人全部财产。（《刑法修正案（八）》对金融凭证诈骗罪的法定最高刑的死刑已经取消）二审维持原判。最高人民法院死刑复核认为，被告人张某伙同他人使用伪造的银行信汇凭证，骗取储户存款，其行为构成金融凭证诈骗罪，诈骗数额特别巨大，给国家利益造成特别重大损失。在共同犯罪中，张某参与预谋、比对假印章、伪造银行信汇凭证，并指使他人划款，参与分赃，起主要作用，系主犯。但鉴于张某系帮助他人实施金融凭证诈骗，骗得的赃款绝大多数为他人或其他单位占有，张某所得赃款数额不大，且认罪态度较好，在共同犯罪中的作用相对小于同案其他人，对其判处死刑，可不立即执行。遂改判死刑，缓期二年执行，剥夺政治权利终身，并处没收个人全部财产。

资料来源：《最高人民法院公报》2001年第1期。

五、信用证诈骗罪

（一）概念

信用证诈骗罪，是指使用伪造、变造的信用证或者附随的单据、文件，或者使用作废的信用证，或者骗取信用证，或者以其他方法进行信用证诈骗活动的行为。

（二）构成要素

1. 客观的构成要素。客观方面表现为信用证诈骗行为。依据《刑法》第 195 条的规定，信用证诈骗行为具体表现为以下几种行为方式：

（1）使用伪造、变造的信用证或者附随的单据、文件的。实践中，主要是假冒信用证诈骗银行、出口商或者进口商财物的情形。

（2）使用作废的信用证。实践中，主要是使用过期、无效或者经人涂改的信用证，进行诈骗活动的情形。

（3）骗取信用证。这是指行为人编造事实或者隐瞒事实，欺骗银行为其开具信用证的情形。

（4）以其他方法进行信用证诈骗活动。这是一种概括性规定，是指上述三种方法以外的其他信用证诈骗活动，实践中主要有：采用远期信用证支付时，进口商先取货，后付款，在信用证到期前的这段时间里，转移、隐匿财产，骗取财物；有的则与不法银行勾结，在信用证到期付款前，将银行资金转移，宣告资不抵债，从而非法占有进口货物的；利用"软条款"信用证，非法占有进口财物的，等等。"软条款"信用证，是指在开立信用证时故意规定一些隐蔽性的条款，使开证人或者开证行可以单方面随时解除付款责任的信用证。实践中，这些"软条款"主要表现为：信用证开出后暂不生效，需待开证行签发通知后生效；规定品质书须由开证申请人出具，或须由开证行核实或与开证行存档之鉴样相符；收货收据须开证申请人签发或核实；等等。行为人可以利用软条款信用证，在国际贸易中进行民事欺诈，也可以以非法占有为目的，进行诈骗犯罪。

2. 主观的构成要素。主观的构成要素是故意，并以非法占有为目的。

（三）处罚

《刑法》第 195 条第 1 款规定，犯本罪的，处 5 年以下有期徒刑或者拘役，并处 2 万元以上 20 万元以下罚金；数额巨大或者有其他严重情节的，处 5 年以上 10 年以下有期徒刑，并处 5 万元以上 50 万元以下罚金；数额特别巨大或者有其他特别严重情节的，处 10 年以上有期徒刑或者无期徒刑，并处 5 万元以上 50 万元以下罚金或者没收财产。

《刑法》第 200 条规定，单位犯本罪的，对单位判处罚金，并对其直接负责的主管人员和其他直接责任人员，处 5 年以下有期徒刑或者拘役，可以并处罚金；数额巨大或者有其他严重情节的，处 5 年以上 10 年以下有期徒刑，并处罚金；数额特别巨大或者有其他特别严重情节的，处 10 年以上有期徒刑或者无期徒刑，并处罚金。

六、信用卡诈骗罪

（一）概念

信用卡诈骗罪，是指以非法占有为目的，使用伪造或者作废的信用卡，或者使用以虚假的身份证明骗领的信用卡，或者冒用他人信用卡，或者利用信用卡恶意透支，诈骗公私财物，数额较大的行为。

（二）构成要素

1. 客观的构成要素。客观方面表现为信用卡诈骗行为。所谓"信用卡"，应当广义地理解为由商业银行或者其他金融机构向社会发行的具有消费信用、信用贷款、转账结算、存取现金等全部或部分功能的信用支付工具，其外在形态表现为电子卡，而与票据、信用证和银行结算凭证不同。[1]

依据《刑法》第196条的规定，信用卡诈骗行为具体表现为以下四种形式：

（1）使用伪造的信用卡，或者使用以虚假的身份证明骗领的信用卡的行为。这里的使用，是指行为人明知是伪造的信用卡而将其作为存取现金、转账结算、消费信贷的工具加以使用，从而骗取公私财物的情形。

（2）使用作废的信用卡的行为。作废的信用卡，是指因超过有效使用期限或办理了退卡手续或挂失等而失效作废的信用卡。

（3）冒用他人信用卡的行为。冒用他人信用卡的诈骗行为，表现为非持卡人以持卡人的名义使用持卡人的信用卡骗取财物的行为。

（4）恶意透支的行为。恶意透支，是指持卡人以非法占有为目的，超过规定限额或者规定期限透支，并且经发卡银行催收后仍不归还的行为。实践中，行为人明知自己无力偿还而恶意透支的，应视为以非法占有为目的。依据司法解释，利用信用卡恶意透支，骗取财物金额1万元以上，逃避追查，或者经银行催告还款超过3个月仍未归还的，应追究刑事责任。持卡人在银行交纳保证金的，其恶意透支金额以超出保证金的数额计算。恶意透支，数额在1万元以上不满10万元的，在公安机关立案前已偿还全部透支款息，情节显著轻微的，可以依法不追究刑事责任。

信用卡诈骗行为，数额较大的，始构成犯罪，否则不构成犯罪。审判实践中，数额较大以5000元为起点，恶意透支的，数额以1万元为起点。

2. 主观的构成要素。主观的构成要素是故意，并以非法占有为目的。

（三）认定

1. 伪造信用卡并使用伪造的信用卡进行诈骗活动，诈骗数额较大的，属于牵连犯的情形，实践中，从一重罪论处，一般以信用卡诈骗罪追究刑事责任。

2. 盗窃信用卡并使用的，以盗窃罪论处。《刑法》第196条第3款规定："盗窃信用卡并使用的，依照本法第二百六十四条的规定定罪处罚。"也就是说，盗窃信用卡之后，行为人以使用伪造的身份证或模仿持卡人签字的方式，或以其他方式，冒用持卡人的名义使用持卡人的信用卡，骗取财物，数额较大的，以盗窃罪论处。《刑法》如此规定，是因为《刑法》采取了以往司法解释的基本观点和做法，认为在这种情况下，盗窃行为是主行为，行为人冒用他人名义使用信用卡的行为，是将信用卡本身所包含的不确定的价值转化为具体财物的过程，是盗窃罪的继续，是从行为。但是，刑法理论上一直存在着异议，有观点认为，盗窃信用卡只是为实施诈骗客观上创造条件而已，不应以盗窃罪论处。[2] 盗窃信用卡并使用信用卡，实际上存在两种情况：①对银行或者特约商户工作人员实施诈骗行为的，从理论上讲，这属于冒用他人信用卡的行为，应以信用卡诈骗论；②在ATM自动柜员机上提取现金的情形，从理论上讲，由于机器不具有人的灵性，不能成为诈骗行为的对象，仍然属于盗窃行为。相反的理论观点认为，盗窃信用卡并使用的第二种情况，必须输入正确的信用卡密码，属于一种特殊的信用卡诈骗行为。在刑法修改以前，司法实践中，应当执行《刑法》第196条第3款的规定，无必要区分盗窃信用卡并使用的两种情形从而分别以信用卡诈骗罪和盗窃罪论处。但是，应当注意的是，行为人盗窃的信用卡，必须是真的有效的信用卡，如果盗窃的是伪造的

---

〔1〕 2004年12月29日通过的《全国人民代表大会常务委员会关于〈中华人民共和国刑法〉有关信用卡规定的解释》。

〔2〕 王作富：《中国刑法研究》，中国人民大学出版社1988年版，第603~604页。

或者作废的信用卡，行为人不知是伪造的或者作废的信用卡而使用的，应以盗窃罪论处。行为人知道盗窃而来的信用卡是伪造的或者作废的，而利用盗窃的伪造或者作废的信用卡进行诈骗活动的，应以信用卡诈骗罪论处。

（四）处罚

《刑法》第196条第1款规定，犯本罪的，处5年以下有期徒刑或者拘役，并处2万元以上20万元以下罚金；数额巨大或者有其他严重情节的，处5年以上10年以下有期徒刑，并处5万元以上50万元以下罚金；数额特别巨大或者有其他特别严重情节的，处10年以上有期徒刑或者无期徒刑，并处5万元以上50万元以下罚金或者没收财产。

七、有价证券诈骗罪

有价证券诈骗罪，是指使用伪造、变造的国库券或者国家发行的其他有价证券，进行诈骗活动，数额较大的行为。

这里的使用，包括伪造、变造后自己使用，也包括直接使用伪造、变造的国库券或者国家发行的其他有价证券。伪造、变造国家有价证券之后，又使用伪造、变造的国家有价证券进行诈骗活动，既构成伪造、变造国家有价证券罪，又构成有价证券诈骗罪的，从一重罪论处，不数罪并罚。

《刑法》第197条规定，犯本罪的，处5年以下有期徒刑或者拘役，并处2万元以上20万元以下罚金；数额巨大或者有其他严重情节的，处5年以上10年以下有期徒刑，并处5万元以上50万元以下罚金，数额特别巨大或者有其他特别严重情节的，处10年以上有期徒刑或者无期徒刑，并处5万元以上50万元以下罚金或者没收财产。

八、保险诈骗罪

（一）概念

保险诈骗罪，是指进行保险诈骗活动，骗取保险金，数额较大的行为。

（二）构成要素

1. 客观的构成要素。

（1）行为主体是特殊主体，包括投保人、被保险人或者受益人。所谓"投保人"，是指向保险人申请订立保险合同，对保险标的具有保险利益，并负有交纳保费义务的人。"保险人"，又称承保人，是指与投保人订立保险合同，并承担赔偿或者给付保险金责任的保险公司。所谓"被保险人"，是指保险合同保障的人，当保险事故发生并造成其损失时，享有保险金请求权的人。所谓"受益人"，是指被保险人指定的享有保险金请求权的人。受益人通常存在于人寿保险合同中。自然人和单位均可以成为本罪的主体。保险事故的鉴定人、证明人、财产评估人故意提供虚假的证明文件，为他人诈骗提供条件的，以保险诈骗的共犯论处。

（2）客观方面表现为进行保险诈骗活动，骗取保险金的行为。依据《刑法》第198条第1款的规定，保险诈骗行为具体表现为：①投保人故意虚构保险标的，骗取保险金的；②投保人、被保险人或者受益人对发生的保险事故编造虚假的原因或者夸大损失的程度，骗取保险金的；③投保人、被保险人或者受益人编造未曾发生的保险事故，骗取保险金的；④投保人、被保险人故意造成财产损失的保险事故，骗取保险金的；⑤投保人、受益人故意造成被保险人死亡、伤残或者疾病，骗取保险金的。

（3）行为结果。保险诈骗行为，骗取保险金数额较大的，才构成犯罪，否则不构成犯罪。个人进行保险诈骗数额在1万元以上的，单位进行保险诈骗数额在5万元以上的，属于数额较大。

2. 主观的构成要素。主观的构成要素是故意，并具有非法占有保险金的目的。

（三）处罚

《刑法》第198条第1、3款规定，犯本罪的，处5年以下有期徒刑或者拘役，并处1万元以上10万元以下罚金；数额巨大或者有其他严重情节的，处5年以上10年以下有期徒刑，并处2万元以上20万元以下罚金；数额特别巨大或者有其他特别严重情节的，处10年以上有期徒刑，并处2万元以上20万元以下罚金或者没收财产。

单位犯本罪的，对单位判处罚金，并对其直接负责的主管人员和其他直接责任人员，处5年以下有期徒刑或者拘役；数额巨大或者有其他严重情节的，处5年以上10年以下有期徒刑；数额特别巨大或者有其他特别严重情节的，处10年以上有期徒刑。

第六节　危害税收征管罪

一、逃税罪

（一）概念

逃税罪，是指纳税人采取欺骗、隐瞒手段进行虚假纳税申报或者不申报，逃避缴纳税款数额较大并且占应纳税额10%以上的行为。

（二）构成要素

1. 客观构成要素。行为人的身份是纳税人和扣缴义务人。纳税人，是指法律、行政法规规定负有纳税义务的法人和个人。扣缴义务人，是指法律、行政法规规定负有代扣代缴、代收代缴税款义务的法人和个人。

虚假纳税申报，是指纳税人或者扣缴义务人向税务机关报送虚假的纳税申报表、财务报表、代扣代缴、代收代缴税款报告表或者其他纳税申报资料，如提供虚假申请，编造减税、免税、抵税、先征收后退还税款等虚假资料等。"虚假"是用来修饰"纳税申报"的，纳税申报之所以是虚假的，是因为"纳税人采取欺骗、隐瞒手段"。换言之，纳税人采取欺骗、隐瞒等手段进行纳税申报，就属于虚假纳税申报。可见，"虚假"概念是评价性的可有可无的构成要素。《刑法》第201条原来规定的"采取伪造、变造、隐匿、擅自销毁账簿、记账凭证，在账簿上多列支出或者不列、少列收入"的行为，依然属于欺骗、隐瞒的行为。由于不了解、不熟悉税法规定和财务制度或因工作粗心大意，错用税率、漏报应税项目，不计应税数量、销售金额和经营利润等，而没有采取欺骗、隐瞒等手段行为的，是漏税，纳税人并没有逃避缴纳税款的行为和故意，不构成犯罪。

不申报，是指取得税务登记的纳税人——公司、企业或者其他单位以及个体工商业者，不依法按时申报纳税，或者负有纳税义务的个人经过税务机关通知申报而拒不申报。应当注意的是，取得税务登记的纳税义务人与普通的负有纳税义务的个人的纳税申报有所差异，因而不申报的判断标准也就有所差异。

逃避缴纳税款数额较大并且占应纳税额10%以上的，构成犯罪。所谓"数额较大"，为5万元以上。

2. 主观的构成要素是故意。故意的内容表现为明知应依法缴纳税款，却有意不缴或少缴税款。纳税人并非故意未缴或者少缴税款，即因过失而漏税的行为不构成犯罪。

（三）认定

1. 逃避缴纳税款与漏税、欠税的区别。逃避缴纳税款行为情节严重的，构成犯罪，漏税、欠税行为则不构成犯罪。漏税，是指纳税单位和个人并非故意未缴或少缴税款的行为。例如：由于不了解、不熟悉税法规定和财务制度或因工作粗心大意，错用税率、漏报应税项目，不计应税数量、销售金额和经营利润等。欠税，是指纳税人因故超过税务机关核定的纳税期限，未缴或者少缴税款的行为。"因故"是指纳税人因为能够成立的理由而不能按期全部或部分地缴纳税款。因此，逃避缴纳税款与漏税、欠税的根本区别在于：逃避缴纳税款有逃税的故意，并且通过采取欺骗、隐瞒手段进行的虚假纳税申报或者不申报行为表现出来，而漏税和欠税行为则无逃税的故意以及上述违法行为。

2. 不予追究刑事责任的条款。《刑法》第 201 条第 4 款规定："有第一款行为，经税务机关依法下达追缴通知后，补缴应纳税款，缴纳滞纳金，已受行政处罚的，不予追究刑事责任；但是，五年内因逃避缴纳税款受过刑事处罚或者被税务机关给予二次以上行政处罚的除外。"如此规定，有利于减少打击面，缓和社会矛盾，防止因为刑事追究而导致公司、企业的倒闭，最终有利于巩固税源。当然，逃避纳税行为人不能补缴应纳税款、滞纳金，不能承担行政处罚的，不能免除其刑事责任。

（四）处罚

《刑法》第 201 条第 1 款规定，犯本罪的，处 3 年以下有期徒刑或者拘役，并处罚金；数额巨大并且占应纳税额 30% 以上的，处 3 年以上 7 年以下有期徒刑，并处罚金。

《刑法》第 211 条第 2 款规定，单位犯本罪的，对单位判处罚金，并对其直接负责的主管人员和其他直接责任人员，依照上述规定处罚。

二、抗税罪

（一）概念

抗税罪，是指以暴力、威胁方法拒不缴纳税款的行为。

（二）构成要素

1. 客观的构成要素。

（1）行为主体是特殊主体，即依照法律、行政法规负有纳税义务或者代扣代缴、代收代缴税款义务的个人。单位不能成为本罪的主体。

（2）客观方面表现为抗税的行为，即以暴力、威胁方法拒不缴纳税款的行为。这里的"暴力"，是指以殴打、捆绑、围攻等方式对依法执行税收征收的税务人员的人身实行打击或强制，以及冲击、打砸、捣毁税务机关及税务人员的交通工具的情形。"威胁"，是指以恐吓、要挟等方式对依法执行税收征收的税务人员进行精神强制而迫其就范的情形。只要行为人实施了抗税行为就构成抗税罪，而不论拒缴税款数额的多少。当然，如果拒缴税款数额很小，情节显著轻微危害不大的，不应以犯罪论处。

行为人的抗税行为，必须是采取暴力或者威胁的方法，才能构成犯罪。司法实践中，涉嫌下列情形之一的，应予立案追诉：①造成税务工作人员轻微伤以上的；②以给税务工作人员及其亲友的生命、健康、财产等造成损害为威胁，抗拒缴纳税款的；③聚众抗拒缴纳税款的；④以其他暴力、威胁方法拒不缴纳税款的。行为人有能力履行纳税义务，而采取暴力、威胁以外的其他方式，拒不履行的，不构成本罪，经税务机关通知申报而拒不申报或者进行虚假的纳税申报，仍然拒不纳税的，应以逃税罪论处。

2. 主观的构成要素。主观的构成要素是故意，即明知应依法缴纳税款，却故意以暴力、威胁方法拒不缴纳。

（三）处罚

《刑法》第 202 条规定，犯本罪的，处 3 年以下有期徒刑或者拘役，并处拒缴税款 1 倍以上 5 倍以下的罚金；情节严重的，处 3 年以上 7 年以下有期徒刑，并处拒缴税款 1 倍以上 5 倍以下罚金。

司法实践中,实施抗税行为具有下列情形之一的,属于"情节严重":①聚众抗税的首要分子的;②抗税数额在 10 万元以上的;③多次抗税的;④故意伤害致人轻伤的;⑤具有其他严重情节的。

三、逃避追缴欠税罪

（一）概念

逃避追缴欠税罪,是指纳税人欠缴应纳税款数额较大,采取转移或者隐匿财产的手段,致使税务机关无法追缴欠缴的税款,数额在 1 万元以上的行为。

（二）构成要素

1. 客观的构成要素。

（1）行为主体是特殊主体,即欠缴应纳税款的单位和个人。

（2）客观方面表现为违反税收法规,欠缴应纳税款,并且以转移或者隐匿财产的手段逃避追缴,致使税务机关无法追缴欠缴的税款的行为。这包括两方面的内容:①必须具有违反税收法规、欠缴应纳税款的行为,即纳税人超出纳税期限,又未经税务机关批准允许延期缴纳,以各种借口拖延履行纳税义务,不缴或少缴应纳税款的欠税行为。②必须采取转移或者隐匿财产的手段逃避税务机关追缴欠缴的税款,致使税务机关无法追缴欠缴的税款。根据《税收征收管理法》第 40 条的规定,对于纳税人、扣缴义务人未按规定的纳税期限缴纳税款的,税务机关首先责令限期缴纳,逾期仍未缴纳的,经县以上税务局（分局）局长批准,对其所欠税款可以强制追缴,即书面通知其开户银行或者其他金融机构从其冻结的存款中扣缴税款或者依法拍卖或者变卖所扣押、查封的商品、货物或者其他财产,以拍卖或者变卖所得抵缴税款。逃避追缴欠税,就是纳税人或者扣缴义务人采取转移或者隐匿财产的手段,致使税务机关无法完成强制追缴的行为。

（3）行为结果。纳税人或者扣缴义务人欠税并且逃避追缴,致使税务机关无法追缴的税款在 1 万元以上的,构成本罪;数额不满 1 万元的,则属于行政违法行为,不构成犯罪,由税务机关依法予以行政处罚。

2. 主观的构成要素。主观的构成要素是故意,并具有逃避缴纳应纳税款的目的。

（三）处罚

《刑法》第 203 条规定,犯本罪,数额在 1 万元以上不满 10 万元的,处 3 年以下有期徒刑或者拘役,并处或者单处欠缴税款 1 倍以上 5 倍以下罚金;数额在 10 万元以上的,处 3 年以上 7 年以下有期徒刑,并处欠缴税款 1 倍以上 5 倍以下的罚金。

根据《刑法》第 211 条的规定,单位犯本罪的,对单位判处罚金,并对其直接负责的主管人员和其他直接责任人员,依照上述规定处罚。

四、骗取出口退税罪

（一）概念

骗取出口退税罪,是指以假报出口或者其他欺骗手段,骗取国家出口退税款,数额较大的行为。

（二）构成要素

1. 客观的构成要素。

（1）行为主体是特殊主体,即负有纳税义务的单位或者个人。

（2）客观方面表现为以假报出口或者其他欺骗手段骗取国家出口退税款的行为。

出口退税以存在商品出口为前提,因此,假报出口是骗税的最主要方式之一。依据 2002 年 9 月 17 日发布的《最高人民法院关于审理骗取出口退税刑事案件具体应用法律若干问题的解释》（以下简称《审理骗取出口退税刑事案件的解释》）第1、2条的规定，所谓"假报出口"，是指以虚构已税货物出口事实为目的，具有下列情形之一的行为：①伪造或者签订虚假的买卖合同；②以伪造、变造或者其他非法手段取得出口货物报关单、出口收汇核销单、出口货物专用缴款书等有关出口退税单据、凭证；③虚开、伪造、非法购买增值税专用发票或者其他可以用于出口退税的发票；④其他虚构已税货物出口事实的行为。所谓"其他欺骗手段"，是指：①骗取出口货物退税资格的；②将未纳税或者免税货物作为已税货物出口的；③虽有货物出口，但虚构该出口货物的品名、数量、单价等要素，骗取未实际纳税部分出口退税款的；④以其他手段骗取出口退税款的。

（3）行为结果。骗取国家出口退税款，数额较大的，才构成犯罪，否则不构成犯罪。根据《审理骗取出口退税刑事案件的解释》第3条的规定，骗取国家出口退税款5万元以上的，为"数额较大"。

2. 主观的构成要素。主观的构成要素是故意，并且具有骗取国家税金的目的。

（三）认定

1. 骗取出口退税罪与逃税罪不同。骗取出口退税罪的特点在于采取欺骗手段，骗取国家出口退税；而逃税罪的特点是，行为人采取非法手段，不向国家缴纳应缴税款。如果纳税人纳税后，采取假报出口或者其他欺骗手段，骗取所缴纳的税款的，应以逃税罪论处；如果行为人骗取的税款超过所缴纳的税款，且数额较大的，对于超过所缴纳税款的部分，应以骗取出口退税罪追究刑事责任。

2. 认定与处理本罪时，需要注意：①纳税人缴纳税款后，采取假报出口或者其他欺骗方法，骗取所缴纳的税款的，依照逃税罪定罪处罚；骗取税款超过所缴纳税款的部分，依照骗取出口退税罪定罪处罚；②实施骗取国家出口退税行为，没有实际取得出口退税款，属于犯罪未遂；③国家工作人员参与实施骗取出口退税犯罪活动的，从重处罚；④实施骗取出口退税犯罪，同时构成虚开增值税专用发票罪等其他犯罪的，依照刑法处罚较重的规定定罪处罚。

（四）处罚

《刑法》第204条第1款规定，犯本罪的，处5年以下有期徒刑或者拘役，并处骗取税款1倍以上5倍以下罚金；数额巨大或者有其他严重情节的，处5年以上10年以下有期徒刑，并处骗取税款1倍以上5倍以下罚金；数额特别巨大或者有其他特别严重情节的，处10年以上有期徒刑或者无期徒刑，并处骗取税款1倍以上5倍以下罚金或者没收财产。

根据《刑法》第211条的规定，单位犯本罪的，对单位判处罚金，并对其直接负责的主管人员和其他直接责任人员，依照上述规定处罚。

审判实践中，骗取国家出口退税款50万元以上的，为"数额巨大"。具有下列情形之一的，属于"其他严重情节"：①造成国家税款损失30万元以上并且在第一审判决宣告前无法追回的；②因骗取国家出口退税行为受过行政处罚，2年内又骗取国家出口退税款数额在30万元以上的；③情节严重的其他情形。骗取国家出口退税款250万元以上的，为"数额特别巨大"。具有下列情形之一的，属于"其他特别严重情节"：①造成国家税款损失150万元以上并且在第一审判决宣告前无法追回的；②因骗取国家出口退税行为受过行政处罚，2年内又骗取国家出口退税款数额在150万元以上的；③情节特别严重的其他情形。

五、虚开增值税专用发票、用于骗取出口退税、抵扣税款发票罪

（一）概念

虚开增值税专用发票、用于骗取出口退税、抵扣税款发票罪，是指为他人虚开、为自己虚开、让他人为自己虚开、介绍他人虚开增值税专用发票或者用于骗取出口退税、抵扣税款的其他发票的行为。

虚开增值税专用发票、用于骗取出口退税、抵扣税款发票罪侵犯的客体是发票管理制度，更为直接的客体是专用发票管理制度。具体地说，就是侵犯了开具发票必须按照规定的时间、顺序，逐栏、全部联次地一次如实开具的发票管理制度。

（二）构成要素

1. 客观的构成要素。

（1）客观方面表现为虚开增值税专用发票、用于骗取出口退税、抵扣税款发票的行为。虚开专用发票的行为，具体表现为：为他人虚开、为自己虚开、让他人为自己虚开和介绍他人虚开增值税专用发票或者其他专用发票。所谓"虚开"，是指行为人采取无中生有或者以少开多的手段，开具并无真实交易活动的专用发票。为他人虚开，包括为其他单位，也包括为其他自然人个人虚开。为自己虚开，是指为供自己使用而虚开专用发票。让他人为自己虚开，是指指使、要求或者收买、诱骗他人为自己虚开专用发票。介绍他人虚开，是指在虚开发票的犯罪过程中为他人进行沟通、引见、撮合，使虚开专用发票得以实现的行为。"虚开发票"，是指开具发票没有按照规定的时间、顺序，逐栏、全部联次地一次性如实开具的发票。实践中，主要表现为：没有货物购销或者没有提供或者接受应税劳务而开具专用发票；有货物购销或者提供或接受了应税劳务而开具数量或者金额不实的专用发票；进行了实际经营活动，但让他人为自己代开增值税专用发票；等等。

（2）行为对象是专用发票，即增值税专用发票以及用于骗取出口退税、抵扣税款的其他发票。"增值税专用发票"，是指国家税务部门根据增值税征收管理的需要，兼记货物或劳务所负担的增值税税额而设定的一种专用发票。增值税专用发票以商品或者劳动增值额为征收对象，并具有直接抵扣税款、出口退税的功能。"出口退税、抵扣税款的其他发票"，是指除增值税专用发票以外的，具有出口退税、抵扣税款功能的收付款凭证或者完税凭证。[1]实践中，这类发票主要包括农产品收购发票、废旧物资回收发票、运输发票以及课征消费税的产品出口所开具的发票等。根据有关司法解释，虚开税款数额 1 万元以上的或者虚开专用发票致使国家税款被骗 5000 元以上的，应依法定罪量刑。

2. 主观的构成要素。主观的构成要素是故意，并且具有骗取税款或者抵扣税款以逃税的目的。至于行为人是为了自己还是他人骗税、逃税，以及这一目的实际上是否实现，不影响本罪的成立。

（三）处罚

《刑法》第 205 条规定，犯本罪的，处 3 年以下有期徒刑或者拘役，并处 2 万元以上 20 万元以下罚金；虚开的税款数额较大或者有其他严重情节的，处 3 年以上 10 年以下有期徒刑，并处 5 万元以上 50 万元以下罚金；虚开的税款数额巨大或者有其他特别严重情节的，处 10 年以上有期徒刑或者无期徒刑，并处 5 万元以上 50 万元以下罚金或者没收财产。

单位犯本罪的，对单位判处罚金，并对其直接负责的主管人员和其他直接责任人员，处 3 年以下有期徒刑或者拘役；虚开的税款数额较大或者有其他严重情节的，处 3 年以上 10 年以下有期徒刑；虚开的税款数额巨大或者有其他特别严重情节的，处 10 年以上有期徒刑或者无期徒刑。

依照《最高人民法院关于适用〈全国人民代表大会常务委员会关于惩治虚开、伪造和非

---

[1] 2005 年 12 月 29 日通过的《全国人民代表大会常务委员会关于〈中华人民共和国刑法〉有关出口退税、抵扣税款的其他发票规定的解释》（以下简称《〈中华人民共和国刑法〉有关出口退税、抵扣税款的其他发票规定的解释》）。

法出售增值税专用发票犯罪的决定〉的若干问题的解释》的规定，虚开税款数额 10 万元以上的，属于"虚开的税款数额较大"；具有下列情节之一的，属于"有其他严重情节"：①因虚开专用发票致使国家税款被骗 5 万元以上的；②具有其他严重情节。虚开税款数额 50 万元以上的，属于"虚开的税款数额巨大"；具有下列情形之一的，属于"有其他特别严重情节"：①因虚开专用发票致使国家税款被骗 30 万元以上的；②虚开的税款数额接近巨大并有其他严重情节的；③具有其他特别严重情节的。利用虚开的专用发票实际抵扣税款或者骗取出口退税 100 万元以上的，属于"骗取国家税款数额特别巨大"；造成国家税款损失 50 万元以上并且在侦查终结前仍无法追回的，属于"给国家利益造成特别重大损失"。

六、虚开发票罪

虚开发票罪，是指虚开增值税专用发票或者用于骗取出口退税、抵扣税款的发票之外的其他发票，情节严重的行为。

《刑法》第 205 条之一规定，犯本罪的，处 2 年以下有期徒刑、拘役或者管制，并处罚金；情节特别严重的，处 2 年以上 7 年以下有期徒刑，并处罚金。单位犯本罪的，对单位判处罚金，并对其直接负责的主管人员和其他直接责任人员，依照上述规定处罚。

七、伪造、出售伪造的增值税专用发票罪

伪造、出售伪造的增值税专用发票罪，是指伪造或者出售伪造的增值税专用发票的行为。

司法实践中，伪造、出售伪造的增值税专用发票在 25 份以上或者票面额累计在 10 万元以上的，应予以刑事追究。

《刑法》第 206 条规定，犯本罪的，处 3 年以下有期徒刑、拘役或者管制，并处 2 万元以上 20 万元以下罚金；数量较大或者有其他严重情节的，处 3 年以上 10 年以下有期徒刑，并处 5 万元以上 50 万元以下罚金；数量巨大或者有其他特别严重情节的，处 10 年以上有期徒刑或者无期徒刑，并处 5 万元以上 50 万元以下罚金或者没收财产。

单位犯本罪的，对单位判处罚金，并对其直接负责的主管人员和其他直接责任人员，处 3 年以下有期徒刑、拘役或者管制；数量较大或者有其他严重情节的，处 3 年以上 10 年以下有期徒刑，数量巨大或者有其他特别严重情节的，处 10 年以上有期徒刑或者无期徒刑。

八、非法出售增值税专用发票罪

非法出售增值税专用发票罪，是指非法出售增值税专用发票的行为。

依照我国税收法规的规定，包括增值税发票在内的一切发票都由国家税务机关依法发售给纳税人使用。任何单位和个人出售发票，或者税务机关及其工作人员故意违反税法规定出售发票的，均构成违法。行为人故意将自己持有的增值税专用发票，非法向他人或者单位出售的，可以构成本罪。司法实践中，非法出售增值税专用发票 25 份以上或者票面额累计在 10 万元以上的，应予以刑事追究。

《刑法》第 207 条规定，犯本罪的，处 3 年以下有期徒刑、拘役或者管制，并处 2 万元以上 20 万元以下罚金；数量较大的，处 3 年以上 10 年以下有期徒刑，并处 5 万元以上 50 万元以下罚金；数量巨大的，处 10 年以上有期徒刑或者无期徒刑，并处 5 万元以上 50 万元以下罚金或者没收财产。

《刑法》第 211 条规定，单位犯本罪的，对单位判处罚金，并对其直接负责的主管人员和其他直接责任人员，依照上述规定处罚。

九、非法购买增值税专用发票、购买伪造的增值税专用发票罪

非法购买增值税专用发票、购买伪造的增值税专用发票罪，是指非法购买增值税专用发票、购买伪造的增值税专用发票的行为。

依照我国税收法规的规定，购买增值税专用发票，必须符合一般纳税人的条件，经税务机关认定，遵循一定的程序到税务机关认购。除此之外，禁止任何组织和个人任意购买增值税专用发票。因此，非法购买增值税专用发票，是指不符合国家税务机关规定的认购增值税专用发票的条件，或者没有依照国家规定的认购程序，而向他人或者单位购买增值税专用发票的行为。司法实践中，非法购买增值税专用发票、购买伪造的增值税专用发票 25 份以上或者票面额累计在 10 万元以上的，应予以刑事追究。

行为人非法购买增值税专用发票、购买伪造的增值税专用发票又进行虚开、出售活动的，应当从一重罪论处。也就是说，非法购买增值税专用发票又虚开的，应以虚开增值税专用发票罪论处，最高可判处无期徒刑；非法购买增值税专用发票、购买伪造的增值税专用发票又出售的，应以非法出售增值税专用发票罪论处，最高可判处无期徒刑。

《刑法》第 208 条第 1 款规定，犯本罪的，处 5 年以下有期徒刑或者拘役，并处或者单处 2 万元以上 20 万元以下罚金。

《刑法》第 211 条规定，单位犯本罪的，对单位判处罚金，并对其直接负责的主管人员和其他直接责任人员，依照上述规定处罚。

十、非法制造、出售非法制造的用于骗取出口退税、抵扣税款发票罪

非法制造、出售非法制造的用于骗取出口退税、抵扣税款发票罪，是指伪造、擅自制造或者出售伪造、擅自制造的可以用于骗取出口退税、抵扣税款的其他发票的行为。

"出口退税、抵扣税款的其他发票"，是指除增值税专用发票以外的，具有出口退税、抵扣税款功能的收付款凭证或者完税凭证。[1] "可以用于骗取出口退税、抵扣税款的其他发票"，是指可以用于申请出口退税、抵扣税款的非增值税专用发票，如运输发票、废旧物品收购发票、农业产品收购发票等。这里的"伪造"，是指仿照非增值税专用发票的式样、图案、色彩等私自制造假专用发票的行为。"擅自制造"，是指被税务机关指定为印刷非增值税专用发票的企业，违反国家规定，擅自超过税务机关指定的数量和规模印制非增值税专用发票的行为。司法实践中，伪造或者擅自制造出口退税、抵扣税款的其他发票 50 份以上或者票面额累计在 20 万元以上的，应予以刑事追究。

《刑法》第 209 条第 1 款规定，犯本罪的，处 3 年以下有期徒刑、拘役或者管制，并处 2 万元以上 20 万元以下罚金；数量巨大的，处 3 年以上 7 年以下有期徒刑，并处 5 万元以上 50 万元以下罚金；数量特别巨大的，处 7 年以上有期徒刑，并处 5 万元以上 50 万元以下罚金或者没收财产。

《刑法》第 211 条规定，单位犯本罪的，对单位判处罚金，并对其直接负责的主管人员和其他直接责任人员，依照上述规定处罚。

十一、非法制造、出售非法制造的发票罪

非法制造、出售非法制造的发票罪，是指伪造、擅自制造或者出售伪造、擅自制造的增值税专用发票、出口退税、抵扣税款的专用发票以外的其他普通发票的行为。

司法实践中，伪造和擅自制造，是非法制造。非法制造、出售普通发票 100 份以上或者票面额累计在 40 万元以上的，应予以刑事追究。

《刑法》第 209 条第 2 款规定，犯本罪的，处 2 年以下有期徒刑、拘役或者管制，并处或者单处 1 万元以上 5 万元以下罚金；情节严重的，处 2 年以上 7 年以下有期徒刑，并处 5 万元以上 50 万元以下罚金。

---

〔1〕 2005 年 12 月 29 日通过的《〈中华人民共和国刑法〉有关出口退税、抵扣税款的其他发票规定的解释》。

《刑法》第 211 条规定，单位犯本罪的，对单位判处罚金，并对其直接负责的主管人员和其他直接责任人员，依照上述规定处罚。

十二、非法出售用于骗取出口退税、抵扣税款发票罪

非法出售用于骗取出口退税、抵扣税款发票罪，是指非法出售可以用于骗取出口退税、抵扣税款的其他发票的行为。

本罪的行为对象是指增值税专用发票以外的可以用于骗取出口退税、抵扣税款的其他发票。如果行为人出售伪造的或者擅自制造的非增值税专用发票，不构成本罪，而应以出售非法制造的非增值税专用发票罪论处。本罪的行为对象限于真的非增值税专用发票。司法实践中，非法出售用于骗取出口退税、抵扣税款发票 50 份以上或者票面额累计在 20 万元以上的，应予以刑事追究。行为人出售的非增值税专用发票，可以是行为人合法拥有的，也可以是行为人非法取得的。如果行为人盗窃、骗取增值税专用发票或者可以用于骗取出口退税、抵扣税款的其他发票的，依照盗窃罪或者诈骗罪定罪处罚。行为人盗窃、骗取增值税专用发票或者可以用于骗取出口退税、抵扣税款的其他发票，又进行虚开、出售的，应实行数罪并罚。

根据《刑法》第 209 条第 3 款的规定，犯本罪的，处罚与非法制造、出售非法制造的用于骗取出口退税、抵扣税款发票罪相同，处 3 年以下有期徒刑、拘役或者管制，并处 2 万元以上 20 万元以下罚金；数量巨大的，处 3 年以上 7 年以下有期徒刑，并处 5 万元以上 50 万元以下罚金；数量特别巨大的，处 7 年以上有期徒刑，并处 5 万元以上 50 万元以下罚金或者没收财产。

《刑法》第 211 条规定，单位犯本罪的，对单位判处罚金，并对其直接负责的主管人员和其他直接责任人员，依照上述规定处罚。

十三、非法出售发票罪

非法出售普通发票罪，是指非法出售专用发票以外的普通发票的行为。

司法实践中，非法出售普通发票 100 份以上或者票面额累计在 40 万元以上的，应予以刑事追究。

根据《刑法》第 209 条第 4 款的规定，犯本罪的，处罚与非法制造、出售非法制造的发票罪相同，处 2 年以下有期徒刑、拘役或者管制，并处或者单处 1 万元以上 5 万元以下罚金；情节严重的，处 2 年以上 7 年以下有期徒刑，并处 5 万元以上 50 万元以下罚金。

《刑法》第 211 条规定，单位犯本罪的，对单位判处罚金，并对其直接负责的主管人员和其他直接责任人员，依照上述规定处罚。

十四、持有伪造的发票罪

持有伪造的发票罪，是指明知是伪造的发票而持有，数量较大的行为。

《刑法》第 210 条之一规定，犯本罪的，处 2 年以下有期徒刑、拘役或者管制，并处罚金；数量巨大的，处 2 年以上 7 年以下有期徒刑，并处罚金。单位犯本罪的，对单位判处罚金，并对其直接负责的主管人员和其他直接责任人员，依照上述的规定处罚。

第七节 侵犯知识产权罪

一、假冒注册商标罪

（一）概念

假冒注册商标罪，是指未经注册商标所有人许可，在同一种商品、服务上使用与其注册商标相同的商标，情节严重的行为。

假冒注册商标罪侵犯的客体是国家的商标管理制度和他人注册商标专用权。商标是商品生产者或者经营者为了使自己销售的商品在市场上同其他商品生产者或经营者的商品相区别而使用的标记。商标属于一种无形的财产，商标专用权属于一种工业产权。商标和商标专用权，对于促进生产者保证商品质量和维护商标信誉，以保护消费者的利益，促进市场经济的发展和繁荣，有着极为重要的意义和作用。因此，国家制定商标法，以加强商标管理，保护商标专用权。假冒他人注册商标的行为，则侵犯了国家商标管理制度和他人注册商标专用权。

（二）构成要素

1. 客观的构成要素。客观方面表现为未经注册商标所有人许可，在同一种商品、服务上使用与他人注册商标相同的商标的行为。

"注册商标所有人"，是指取得商标注册的公司、企业、事业单位、个体工商业者、外国公司、企业及外国人。未经商标所有人许可，是构成假冒商标罪的前提条件，如果行为人已经得到注册商标所有人的许可，即使未按法定程序办理有关手续，也不构成犯罪。在同一种商品、服务上使用与他人注册商标相同的商标的行为，是构成假冒注册商标罪不可缺少的行为。如果行为人在同一种商品、服务上使用与他人未经注册的商标相同的商标，不构成犯罪，也不构成侵权。如果在同一种商品、服务上使用与他人注册商标相近似的商标，或者在类似商品、服务上使用与他人注册商标相同的商标，或者在类似商品、服务上使用与他人注册商标相同或者近似的商标，均不构成本罪，但构成商标侵权行为。

2004 年 12 月 8 日发布的《最高人民法院、最高人民检察院关于办理侵犯知识产权刑事案件具体应用法律若干问题的解释》（以下简称《办理侵犯知识产权刑事案件的解释》）第 8 条的规定，"相同的商标"，是指与被假冒的注册商标完全相同，或者与被假冒的注册商标在视觉上基本无差别、足以对公众产生误导的商标。"使用"，是指将注册商标或者假冒的注册商标用于商品、商品包装或者容器以及产品说明书、商品交易文书，或者将注册商标或者假冒的注册商标用于广告宣传、展览以及其他商业活动等行为。

2020 年 9 月 12 日《最高人民法院、最高人民检察院关于办理侵犯知识产权刑事案件具体应用法律若干问题的解释（三）》（以下简称《办理侵犯知识产权刑事案件解释（三）》）第 1 条规定："具有下列情形之一的，可以认定为刑法第二百一十三条规定的'与其注册商标相同的商标'：（一）改变注册商标的字体、字母大小写或者文字横竖排列，与注册商标之间基本无差别的；（二）改变注册商标的文字、字母、数字等之间的间距，与注册商标之间基本无差别的；（三）改变注册商标颜色，不影响体现注册商标显著特征的；（四）在注册商标上仅增加商品通用名称、型号等缺乏显著特征要素，不影响体现注册商标显著特征的；（五）与立体注册商标的三维标志及平面要素基本无差别的；（六）其他与注册商标基本无差别、足以对公众产生误导的商标。"

所谓"同一种商品"，是指名称相同的商品以及名称不同但指同一事物的商品；"名称"是指国家工商行政管理总局商标局在商标注册工作中对商品使用的名称，通常即《商标注册用商品和服务国际分类》中规定的商品名称；"名称不同但指同一事物的商品"，是指在功能、用途、主要原料、消费对象、销售渠道等方面相同或者基本相同，相关公众一般认为是同一种事物的商品。司法实践中，权利人和行为人给自己经营的商品起了不同的名称，但是两种商品实际上对应着商标部门在商标注册工作中使用的相同名称，或者两种商品实际对应的是《商标注册用商品和服务国际分类》中同一商品名称的，属于同一种商品。司法实践中，认定"同一种商品"，并不要求侵权与被侵权的两种商品的各个要素全部相同，只要是基本相同，而相关公众一般认为是同一种事物的商品的，应当认定为"同一种商品"；相反，两种商品在功能、用途、主要原料等要素上相同或者类似，但是消费者能够将二者区分开来的，则不认定为同一种商品。

假冒他人注册商标，情节严重的，才构成犯罪，否则不构成犯罪。"情节严重"，是指假冒他人注册商标违法所得或者销售金额数额较大；非法经营数额巨大；屡教不改；造成严重后果或者恶劣的社会影响或者国际影响等。依据《办理侵犯知识产权刑事案件的解释》第1条第1款的规定，"情节严重"是指有下列情形之一者：①非法经营数额在5万元以上或者违法所得数额在3万元以上的；②假冒两种以上注册商标，非法经营数额在3万元以上或者违法所得数额在2万元以上的；③其他情节严重的情形。

2. 主观的构成要素。主观的构成要素是故意。

（三）认定

在假冒他人注册商标的商品同时又属于伪劣商品的情况下，应注意假冒注册商标罪与生产、销售伪劣商品罪的竞合。未经注册商标所有人许可，在同一种商品上使用与其注册商标相同的商标，而行为人生产、销售的该种商品又属于伪劣商品的，可能既构成假冒注册商标罪，又构成生产、销售伪劣商品罪的，应从一重罪论处，不数罪并罚。

（四）处罚

根据《刑法》第213条的规定，犯本罪的，处3年以下有期徒刑，并处或者单处罚金；情节特别严重的，处3年以上10年以下有期徒刑，并处罚金。《刑法》第220条规定，单位犯本罪的，对单位判处罚金，并对其直接负责的主管人员和其他直接责任人员，依照上述规定处罚。

依据《办理侵犯知识产权刑事案件的解释》第1条第2款的规定，"情节特别严重"是指有下列情形之一者：①非法经营数额在25万元以上或者违法所得数额在15万元以上的；②假冒两种以上注册商标，非法经营数额在15万元以上或者违法所得数额在10万元以上的；③其他情节特别严重的情形。

二、销售假冒注册商标的商品罪

（一）概念

销售假冒注册商标的商品罪，是指销售明知是假冒注册商标的商品，销售金额数额较大或者有其他严重情节的行为。

（二）构成要素

1. 客观的构成要素。

（1）客观方面表现为销售假冒注册商标的商品的行为。"销售"，既包括批发和零售，也包括为自己销售和代他人销售，还包括指使、雇用他人为自己销售和受他人指使、雇用而进行销售。"假冒注册商标的商品"，是指未经注册商标所有人许可，在同一种商品上使用与其注册商标相同商标的商品。

（2）行为结果与情节。销售假冒注册商标的商品，销售金额数额较大或者有其他严重情节的，才构成犯罪，否则不构成犯罪。"销售金额"，是指销售假冒注册商标的商品后所得和应得的全部违法收入。"数额较大"，以销售金额5万元为起点。尚未销售，货值金额在15万元以上的，或者销售金额不满5万元，但已销售金额与尚未销售的货值金额合计在15万元以上的，应当追究刑事责任。

2. 主观的构成要素。主观的构成要素是故意，即行为人明知是假冒注册商标的商品而加以销售。如果行为人不知道其销售的商品系假冒注册商标的商品的，不构成犯罪。本罪主观方面的"明知"的认定，是一个较为复杂和困难的问题。依据《办理侵犯知识产权刑事案件的解释》第 9 条第 2 款的规定，具有下列情形之一的，应当认定为属于"明知"：①知道自己销售的商品上的注册商标被涂改、调换或者覆盖的；②因销售假冒注册商标的商品受到过行政处罚或者承担过民事责任、又销售同一种假冒注册商标的商品的；③伪造、涂改商标注册人授权文件或者知道该文件被伪造、涂改的；④其他知道或者应当知道是假冒注册商标的商品的情形。审判实践中，还可以从以下三个方面并且结合其他案件事实与情节，综合判断行为人主观上是否有明知：①假冒注册商标商品的批发、零售价格以及该注册商标的品牌知名度。如果批发、零售价格明显低于市场价格，而该注册商标又属国家工商总局认定的驰名商标的，就应认定行为人系明知。②行为人对该种商品的认知程度。行为人长期从事该种商品的批发、零售业务，对该种商品的真假认识程度较高的。如行为人因销售假冒注册商标商品受到行政处罚又销售假冒注册商标商品的，就应认定行为人系明知。③假冒注册商标商品的进货渠道、买卖及交接的时间、地点与方式、方法是否正常。如果进货渠道、买卖及交接的时间、地点与方式、方法极不正常，买卖双方没有正常的往来票据或手续的，就应认定行为人系明知。

（三）认定

假冒注册商标罪与销售假冒注册商标的商品罪的界限。二者的区别主要是：①行为对象不同。前者是他人的注册商标，后者是假冒他人注册商标的商品。②行为方式不同。前者是未经注册商标所有人许可，在同一种商品上使用与其注册商标相同的商标，这里的使用，包括在生产领域使用，也包括在销售领域使用。行为人生产了假冒注册商标的商品后，又销售该种商品的，应以假冒注册商标罪论处，因为这里的生产、销售行为是"在同一种商品上使用与他人注册商标相同的商标"行为的实际内容。后者是销售明知是假冒注册商标的商品的行为，只发生在销售领域，不能发生在生产领域。行为人销售的商品已经被他人印刷、招贴或附加上假冒注册商标标识的，构成销售假冒注册商标的商品罪。如果行为人在销售某种商品的时候，未经注册商标所有人许可，在该种商品上印刷、招贴、附加假冒注册商标标识的，应以假冒注册商标罪论处。如果行为人基于共同犯罪故意，为制造假冒注册商标商品的人销售这类商品的，应以假冒注册商标罪共犯论处。

（四）处罚

《刑法》第 214 条规定，犯本罪的，处 3 年以下有期徒刑，并处或者单处罚金；违法所得数额巨大或者有其他特别严重情节的，处 3 年以上 10 年以下有期徒刑，并处罚金。《刑法》第 220 条规定，单位犯本罪的，对单位判处罚金，并对其直接负责的主管人员和其他直接责任人员，依照上述规定处罚。

三、非法制造、销售非法制造的注册商标标识罪

（一）概念

非法制造、销售非法制造的注册商标标识罪，是指伪造、擅自制造他人注册商标标识或者销售伪造、擅自制造的注册商标标识，情节严重的行为。

依照我国商标管理法规的规定，凡依法登记从事印制、印染、制版、刻字、织字、晒蚀、铸模、冲压、烫印、贴花等业务的企业和个体工商户，需要承接印制商标的，应持有县级以上工商行政管理机关核发的《指定印刷商标单位证书》，并经商标权人的委托才可印制其商标标识，严禁私自印制他人注册商标标识。违反上述规定，制造他人注册商标标识的，即构成违法；其中，未经商标权人的委托，伪造或者擅自制造他人注册商标标识，情节严重的，以犯罪论。

（二）构成要素

1. 客观的构成要素。非法制造、销售非法制造的注册商标标识，情节严重的，才构成犯罪，否则不构成犯罪。依据《办理侵犯知识产权刑事案件的解释》第3条第1款的规定，具有下列情形之一的，属于"情节严重"：①伪造、擅自制造或者销售伪造、擅自制造的注册商标标识数量在2万件以上，或者非法经营数额在5万元以上，或者违法所得数额在3万元以上的；②伪造、擅自制造或者销售伪造、擅自制造两种以上注册商标标识数量在1万件以上，或者非法经营数额在3万元以上，或者违法所得数额在2万元以上的；③其他情节严重的情形。

2. 主观的构成要素。主观的构成要素是故意。

（三）处罚

《刑法》第215条规定，犯本罪的，处3年以下有期徒刑，并处或者单处罚金；情节特别严重的，处3年以上10年以下有期徒刑，并处罚金。《刑法》第220条规定，单位犯本罪的，对单位判处罚金，并对其直接负责的主管人员和其他直接责任人员，依照上述规定处罚。

四、假冒专利罪

（一）概念

假冒专利罪，是指假冒他人专利，情节严重的行为。

根据我国《专利法》的规定，专利权的所有人和持有人，即专利权人，享有专利的独占权和专用权。任何单位或者个人未经专利权人许可（但是被强制实施其专利的除外），都不得实施其专利，即不得为生产经营目的制造、使用或者销售其专利产品，或者使用其专利方法。假冒专利罪侵犯的客体应当是他人的专利权，但最高人民法院的有关司法解释实质上将客体限缩为他人专利标识权，而不是整个专利权，体现了对专利权"弱保护"的刑事政策。

（二）构成要素

1. 客观的构成要素。客观上必须要有假冒专利的行为。依据《办理侵犯知识产权刑事案件的解释》第10条的规定，实施下列行为之一的，属于"假冒他人专利"的行为：①未经许可，在其制造或者销售的产品、产品的包装上标注他人专利号的；②未经许可，在广告或者其他宣传材料中使用他人的专利号，使人将所涉的技术误认为是他人专利技术的；③未经许可，在合同中使用他人的专利号，使人将合同涉及的技术误认为是他人专利技术的；④伪造或者变造他人的专利证书、专利文件或者专利申请文件的。依据这一解释，假冒专利罪的犯罪客体应当理解为他人专利标识权。相反，如果将假冒专利罪的犯罪客体界定为他人专利权而不是限于专利标识权，那么，假冒他人专利的行为应当更为广泛，具体包括以下几种情形：①未经专利权人同意，任何人在其制造、使用或者出售的产品上，标注、缀附或者在与该产品有关的广告中冒用专利权人的姓名、专利名称、专利号或者专利权人的其他专利标记的行为；②未经专利权人许可，为生产经营目的而非法制造、使用或者销售其专利产品，或者使用其专利方法；③伪造、擅自制造他人专利标记，或者销售伪造、擅自制造的他人专利标记。

所谓"情节严重"，是指具有下列情形之一：①非法经营数额在20万元以上或者违法所得数额在10万元以上的；②给专利权人造成直接经济损失50万元以上的；③假冒两项以上他人专利，非法经营数额在10万元以上或者违法所得数额在5万元以上的；④其他情节严重的情形。

2. 主观的构成要素。主观的构成要素是故意。

（三）认定

假冒专利行为与冒充专利行为的区别：假冒专利是冒充他人专利的行为；而冒充专利，

是指自己并未取得专利，或者专利因保护期满而无效或在诉讼中被判无效，但以营利为目的，将其非专利产品冒充专利产品或者将非专利方法冒充专利方法的行为。假冒专利行为，情节严重的，以犯罪论。冒充专利的行为，属于违法行为，不构成犯罪，但可以予以行政处罚。

（四）处罚

《刑法》第216条规定，犯本罪的，处3年以下有期徒刑或者拘役，并处或者单处罚金。《刑法》第220条规定，单位犯本罪的，对单位判处罚金，并对其直接负责的主管人员和其他直接责任人员，依照上述规定处罚。

五、侵犯著作权罪

（一）概念

侵犯著作权罪，是指以营利为目的，侵犯他人著作权或者与著作权有关的权利，违法所得数额较大或者有其他严重情节的行为。

侵犯著作权罪侵犯的客体是著作权和与著作权有关的权益。"著作权"，是指作者对其创作的文学、艺术和科学作品所享有的占有、使用、收益、处分并排除他人不法干涉的专有权。根据《著作权法》第10条的规定，著作权包括下列人身权和财产权：发表权、署名权、修改权、保护作品完整权、复制权、发行权、出租权、展览权、表演权、放映权、广播权等17项权利。本罪侵犯的客体主要是著作权，但不限于著作权，除著作权外，还包括专有出版权和姓名权等，但这些权利与著作权相关，所以我们将侵犯著作权和与著作权相关的权益的犯罪统称为侵犯著作权的犯罪。保护著作权以及与著作权有关的权益，对鼓励有益于社会主义精神文明、物质文明建设的作品的创作和传播，促进社会主义文化和科学事业的发展与繁荣有着重要的意义和作用。

（二）构成要素

1. 客观的构成要素。客观方面表现为侵犯他人著作权的行为。依照《刑法》第217条的规定，侵犯他人著作权的行为具体表现为以下四种形式：

依照《刑法》第217条的规定，侵犯他人著作权的行为具体表现为以下六种形式：①未经著作权人许可，复制发行、通过信息网络向公众传播其文字作品、音乐、美术、视听作品、计算机软件及法律、行政法规规定的其他作品的。"未经著作权人许可"，是指没有得到著作权人授权或者伪造、涂改著作权人授权许可文件或者超出授权许可范围的情形。②出版他人享有专有出版权的图书的。所谓出版，是指将作品编辑加工后，经过复制向公众发行。专有出版权，是指出版者对著作权人交付的作品在合同规定的时间、地区以原版、修订版方式，以图书形式出版的独占权利。专有出版权是出版者经著作权人授权而取得的一种重要的与著作权有关的权益。③未经录音录像制作者许可，复制发行、通过信息网络向公众传播其制作的录音录像的。录音录像制作者对其录音录像享有专有出版权。未经录音录像制作者许可，复制发行其制作的录音录像的，属于一种侵犯他人著作权的行为。④未经表演者许可，复制发行录有其表演的录音录像制品，或者通过信息网络向公众传播其表演的。实施本项行为的，构成对著作权人表演权的侵犯。⑤制作、出售假冒他人署名的美术作品的。美术作品，是指绘画、书法、雕塑、建筑等以线条、色彩或者以其他方式构成的有审美意义的平面或者立体的造型艺术作品。"署名"，是指作者在自己的作品上署名以表明身份，以及禁止在非自己作品署上自己的名字。⑥未经著作权人或者与著作权有关的权利人许可，故意避开或者破坏权利人为其作品、录音录像制品等采取的保护著作权或者与著作权有关的权利的技术措施的。

侵犯他人著作权的行为，违法所得数额较大或者有其他严重情节的，才构成犯罪，否则不构成犯罪。依据《办理侵犯知识产权刑事案件的解释》第5条第1款的规定，侵犯他人著作权，违法所得数额在 3 万元以上的，属于"违法所得数额较大"；具有下列情形之一的，属于"有其他严重情节"：①非法经营数额在 5 万元以上的；②未经著作权人许可，复制发行其文字作品、音乐、电影、电视、录像作品、计算机软件及其他作品，复制品数量合计在 1000 张（份）以上的；③其他严重情节的情形。

2. 主观的构成要素。主观的构成要素是故意，并以营利为目的。

销售侵犯著作权作品的，自然表明行为人以营利为目的。除此之外，依据 2011 年 1 月 10 日《最高人民法院、最高人民检察院、公安部、司法部关于办理侵犯知识产权刑事案件适用法律若干问题的意见》的规定，具有下列情形之一的，可以认定为"以营利为目的"：①以在他人作品中刊登收费广告、捆绑第三方作品等方式直接或者间接收取费用的；②通过信息网络传播他人作品，或者利用他人上传的侵权作品，在网站或者网页上提供刊登收费广告服务，直接或者间接收取费用的；③以会员制方式通过信息网络传播他人作品，收取会员注册费或者其他费用的；④其他利用他人作品牟利的情形。上述三种具体的客观情形能够直接表明行为人以营利为目的，第四项属于概括性规定，需要根据具体案件事实进行判断。

（三）处罚

根据《刑法》第 217 条的规定，犯本罪的，处 3 年以下有期徒刑，并处或者单处罚金；违法所得数额巨大或者有其他特别严重情节的，处 3 年以上 10 年以下有期徒刑，并处罚金。《刑法》第 220 条规定，单位犯本罪的，对单位判处罚金，并对其直接负责的主管人员和其他直接责任人员，依照上述规定处罚。

依据《办理侵犯知识产权刑事案件的解释》第 5 条第 2 款的规定，违法所得数额在 15 万元以上的，属于"违法所得数额巨大"；具有下列情形之一的，属于"有其他特别严重情节"：①非法经营数额在 25 万元以上的；②未经著作权人许可，复制发行其文字作品、音乐、电影、电视、录像作品、计算机软件及其他作品，复制品数量合计在 5000 张（份）以上的；③其他特别严重情节的情形。

六、销售侵权复制品罪

销售侵权复制品罪，是指以营利为目的，销售明知是侵权复制品，违法所得数额巨大或者有其他严重情节的行为。

这里的"侵权复制品"，是指《刑法》第 217 条规定的侵犯他人著作权的物品，即侵权作品、侵权图书、侵权音像制品和假冒他人署名的美术作品。违法所得数额在 10 万元以上的，属于"违法所得数额巨大"。

《刑法》第 218 条规定，犯本罪的，处 5 年以下有期徒刑，并处或者单处罚金。《刑法》第 220 条规定，单位犯本罪的，对单位判处罚金，并对其直接负责的主管人员和其他直接责任人员，依照上述规定处罚。

七、侵犯商业秘密罪

（一）概念

侵犯商业秘密罪，是指以盗窃、利诱、胁迫或者其他不正当手段侵犯他人商业秘密，给商业秘密的权利人造成重大损失的行为。

（二）构成要素

1. 客观的构成要素。客观方面表现为以非法手段侵犯他人商业秘密的行为。所谓"商业秘密"，是指不为公众所知悉，能为权利人带来经济利益，具有实用性并经权利人采取保密措施的技术信息和经营信息。"不为公众所知悉"，是指上述两种信息仅限于一定范围内的人知道，具有不公开性，公众无法从公开渠道获得。已经公开的为公众所知悉的技术信息、经营信息，不属于商业秘密。"具有实用性并能为权利人带来经济利益"，是商业秘密的另一个不可缺少的特点。不能为权利人带来经济利益，不具有实用性的信息，不属于商业秘密。"经权利人采取保密措施"，是商业秘密又一个不可缺少的特点。如果权利人没有采取保密措施，一般人可以通过正当途径获取的信息，不属于商业秘密。司法实践中，权利人与自己的职工或者业务关系人员订立保密协议，建立保密制度以及采取其他合理措施，属于"采取保密措施"的情形。这里的"权利人"，是指商业秘密的所有人和商业秘密所有人许可的商业秘密使用人。

依据《刑法》第 219 条第 1 款的规定，侵犯商业秘密的行为表现为以下三种形式：

（1）以盗窃、贿赂、欺诈、胁迫电子侵入或者其他不正当手段获取权利人的商业秘密的。这是商业秘密权利人以外的人侵犯商业秘密的一种主要形式。其他不正当手段，是指刑法明确列举的盗窃、贿赂、欺诈、胁迫电子侵入以外的、违背商业秘密权利人的意愿获取权利人商业秘密的行为。

（2）披露、使用或者允许他人使用以前项手段获取的权利人的商业秘密的。这是前项侵犯商业秘密行为的继续，是侵权型侵犯商业秘密的行为。披露，是指行为人向他人透露、泄露、公开其以盗窃、利诱、胁迫或者其他不正当手段获取的权利人的商业秘密。使用，是指行为人自己将非法获取的商业秘密用于生产或经营。允许他人使用，是指有偿或无偿地让他人将其非法获取的商业秘密用于生产或经营。

（3）违反保密义务或者违反权利人有关保守商业秘密的要求，披露、使用或者允许他人使用其所掌握的商业秘密的。这类侵犯商业秘密的侵权行为，可以由商业秘密的使用人实施，也可以由商业秘密的所有人实施，实践中，主要是商业秘密权利人的雇员，违反保守商业秘密的要求，侵犯商业秘密的行为。

明知或者应知前述三种行为，获取、使用或者披露他人的商业秘密的。这种情形是指，明知或者应当知道向其披露或允许其使用商业秘密的人，通过实施上述三种行为获取了商业秘密，而不向有关机关或权利人举报或者制止，反而获取、使用或者披露他人的商业秘密。

侵犯权利人商业秘密的行为，给权利人造成重大损失的，才构成犯罪，否则不构成犯罪。审判实践中，给商业秘密的权利人造成的损失数额在 50 万元以上的，属于"给商业秘密的权利人造成重大损失"。因侵犯商业秘密违法所得数额在 50 万元以上的，或者致使商业秘密权利人破产或者其他重大损失的，也应当追究刑事责任。需要说明的一点是，行为人因侵犯商业秘密违法所得数额，是侵权人"所得"而不是权利人"损失"，也就是说，侵犯商业秘密行为人之"所得"并不属于权利人的实际经济"损失"，但类似于权利人的经济损失并且与权利人的经济损失直接相关，可以扩张解释为本罪构成要件之权利人的经济"损失"。还需要说明的一点是，商业秘密的研发成本不能直接等同于权利人的经济损失。不能将商业秘密研发成本视为权利人的经济损失。因为商业秘密不是物权，而是知识产权，侵犯商业秘密罪不是侵犯财产犯罪，而是侵犯知识产权的犯罪，行为人非法获取以及进而披露、使用（包括允许他人使用）某一商业秘密并不导致权利人不能再使用该商业秘密，所以，不能以商业秘密本身的经济价值计算权利人的损失，而且商业秘密的研发成本并不能等同于商业秘密的经济价值。

2. 主观的构成要素。主观的构成要素是故意。

（三）处罚

《刑法》第 219 条第 1 款规定，犯本罪的，处 3 年以下有期徒刑，并处或者单处罚金；造成特别严重后果的，处 3 年以上 10 年以下有期徒刑，并处罚金。《刑法》第 220 条规定，单位犯本罪的，对单位判处罚金，并对其直接负责的主管人员和其他直接责任人员，依照上述规定处罚。

　　案例 22-7：被告人原系西安重型机械研究所（西安重研所）高级工程师，与原所在单位签订过含有保密条款的劳动合同。被告人利用工作上的便利将属于商业秘密的连铸机设备图纸电子版私自复制据为己有，后离开研究所应聘至中冶公司，将该电子版交由中冶公司使用。本案审理过程中，公诉机关以西安重研所连铸机的设计费认定损失数额，认为损失数额至少为 148 万元，西安重研所以研究所整个研发费用 2800 万元提出刑事附带民事赔偿要求。法院审理后认定，中冶公司非法利用该商业秘密，从而谋取巨额利润，应当将其在侵权期间因侵权所获得的利润确定为给商业秘密权利人的赔偿额。因为商业秘密属于无形资产，权利人的损失通常表现为现实利益与合理预期利益的损失，不能简单地以受损的现实利益来界定损失数额，认定损失额为 148 万元，是不正确的；本案是连铸机主设备设计被侵权，该技术是西安重研所整个连铸技术的一个组成部分，将总研发费用认定为损失数额，显系不当。最后法院判决，由于只能认定侵权人签订的合同总额（14 856 万元），无法确定侵权人在侵权期间因侵权所获得的利润，可以按照该行业平均利润标准（12%）计算侵权人所获得的利润，认定商业秘密权利人西安重研所的损失为 14 856 万 ×12% =1782 万元。

　　资料来源：《最高人民法院公报》2006 年第 12 期。

八、为境外窃取、刺探、收买、非法提供商业秘密罪

　　为境外窃取、刺探、收买、非法提供商业秘密罪，是指为境外的机构、组织、人员窃取、刺探、收买、非法提供商业秘密的行为。

　　《刑法》第 219 条之一规定，犯本罪的，处 5 年以下有期徒刑，并处或者单处罚金；情节严重的，处 5 年以上有期徒刑，并处罚金。单位犯本罪的，对单位判处罚金，并对其直接负责的主管人员和其他直接责任人员，依照上述规定处罚。

第八节　扰乱市场秩序罪

一、损害商业信誉、商品声誉罪

　　（一）概念

　　损害商业信誉、商品声誉罪，是指捏造并散布虚伪事实，损害他人的商业信誉、商品声誉，给他人造成重大损失或者有其他严重情节的行为。

　　（二）构成要素

　　1. 客观的构成要素。客观方面表现为捏造并散布虚伪的事实或者以其他手段损害他人商业信誉、商品声誉的行为。捏造并散布虚伪的事实，是指捏造并散布与真实事实不符的情况，可能是无中生有地全部捏造，也可能是歪曲事实的部分捏造。"他人"，必须是特定的人或者单位。实践中，行为人捏造并散布的虚伪事实，尽管没有指名道姓地说明是谁，但相关人员和一般人从其内容中可以推定出是指向某个特定的个人或者单位的，应认定为损害了特定的人或者单位的商业信誉或商品声誉。

　　损害他人商业信誉、商品声誉的行为，给他人造成重大损失或者情节严重的，才构成犯罪，否则不构成犯罪。给他人造成的直接经济损失数额在 50 万元以上的；或者虽未达到上述数额标准，但是具有下列情形之一的，也应当追究刑事责任：①利用互联网或者其他媒体

公开损害他人商业信誉、商品声誉的；②造成公司、企业等单位停业、停产 6 个月以上，或者破产的；③其他给他人造成重大损失或者有其他严重情节的情形。

2. 主观的构成要素。主观的构成要素是故意。

（三）处罚

《刑法》第 221 条规定，犯本罪的，处 2 年以下有期徒刑或者拘役，并处或者单处罚金。《刑法》第 231 条规定，单位犯本罪的，对单位判处罚金，并对其直接负责的主管人员和其他直接责任人员，依照上述规定处罚。

二、虚假广告罪

（一）概念

虚假广告罪，是指广告主、广告经营者、广告发布者违反国家规定，利用广告对商品或者服务作虚假宣传，情节严重的行为。

虚假广告罪侵犯的客体是公平竞争的市场秩序和消费者的合法权益。这里所说的广告，是指商品经营者或者服务提供者承担费用，通过一定媒介和形式直接或者间接地介绍自己所推销的商品或者所提供的服务的商业广告。依照《广告法》和《反不正当竞争法》的规定，广告不得含有虚假的内容，不得欺骗和误导消费者。因此，虚假广告行为是一种侵犯公平竞争的市场经济秩序和消费者权益的行为。

（二）构成要素

1. 客观的构成要素。

（1）行为主体是特殊主体，即广告主、广告经营者、广告发布者。"广告主"，是指为推销商品或者提供服务，自行设计或者委托他人设计、制作、发布广告的法人、其他经济组织或者个人。"广告经营者"，是指受委托提供广告设计、制作、代理服务的法人、其他经济组织或者个人。"广告发布者"，是指为广告主或者广告主委托的广告经营者发布广告的法人或者其他经济组织，主要是广播、电视、报纸、杂志等媒介组织。

（2）客观方面表现为违反国家规定，利用广告对商品或者服务作虚假宣传的行为。也就是说，广告主、广告经营者、广告发布者违反法律、行政法规，违背公平、诚实信用的原则，利用广告对商品的质量、制作成分、性能、用途、生产者、有效期限、产地等情况或者对服务的质量、性质、价格、服务者等情况作引人误解的虚假宣传，从而欺骗和误导消费者。

虚假广告行为，情节严重的，才构成犯罪，否则不构成犯罪。法律没有明确规定"情节严重"的具体含义。实践中，利用虚假广告推销商品或者服务，违法所得数额较大的；虚假广告致使公众上当受骗，遭受较大损失的；虚假广告在社会上造成恶劣影响或者其他严重后果以及存在其他严重情节的，应视为情节严重。审判实践中，有下列情形之一的，应予追诉：①违法所得数额在 10 万元以上的；②给单个消费者造成直接经济损失数额在 5 万元以上的，或者给多个消费者造成直接经济损失数额累计在 20 万元以上的；③假借预防、控制突发事件的名义，利用广告作虚假宣传，致使多人上当受骗，违法所得数额在 3 万元以上的；④虽未达到上述数额标准，但两年内因利用广告作虚假宣传，受过行政处罚 2 次以上，又利用广告作虚假宣传的；⑤造成人身伤残的；⑥其他情节严重的情形。

2. 主观的构成要素。主观的构成要素是故意。

（三）处罚

《刑法》第 222 条规定，犯本罪的，处 2 年以下有期徒刑或者拘役，并处或者单处罚金。《刑法》第 231 条规定，单位犯本罪的，对单位判处罚金，并对其直接负责的主管人员和其他直接责任人员，依照上述规定处罚。

三、串通投标罪

串通投标罪，是指投标人相互串通投标报价，损害招标人或者其他投标人利益，情节严重的行为以及投标人与招标人串通投标，损害国家、集体、公民的合法利益的行为。

本罪大多数情况下以共同犯罪的形式出现，由投标人与投标人或者招标人与投标人共同实施而构成。投标人或者没有投标资格的人控制其他不知情的投标人投标报价的，是串通投标，情节严重的，构成本罪（单独犯罪）。

《刑法》第 223 条规定，犯本罪的，处 3 年以下有期徒刑或者拘役，并处或者单处罚金。《刑法》第 231 条规定，单位犯本罪的，对单位判处罚金，并对其直接负责的主管人员和其他直接责任人员，依照上述规定处罚。

四、合同诈骗罪

（一）概念

合同诈骗罪，是指以非法占有为目的，在签订、履行合同过程中，虚构事实或者隐瞒真相，骗取对方当事人财物，数额较大的行为。

（二）构成要素

1. 客观的构成要素。客观方面表现为在签订、履行合同过程中，虚构事实或者隐瞒事实真相，骗取对方当事人财物的行为。根据《刑法》第 224 条的规定，合同诈骗行为主要有以下五种具体行为方式：

（1）以虚构的单位或者冒用他人名义签订合同的。这是指编造根本不存在的单位名称或者擅自以其他单位或个人的名义与他人签订合同，也就是说，以虚假的主体身份与他人签订合同。为了规避法律或者达到其他目的，合同一方当事人以虚假的身份签订合同，而对方当事人完全知道其真实身份的，不属于以虚假身份签订合同的情形。

（2）以伪造、变造、作废的票据或者其他虚假的产权证明作担保的。这里的"票据"，是指汇票、本票、支票、信用证、银行存单等金融票据。"虚假的产权证明"，是指虚假的动产与不动产的所有权证明文件。

（3）没有实际履行能力，以先履行小额合同或者部分履行合同的方法，诱骗对方当事人继续签订和履行合同的。行为人是否确实没有实际履行能力，应从行为人的主体资格、资信状况、经营能力、经营状况、负债状况等诸多方面进行综合判断。

（4）收受对方当事人给付的货物、货款、预付款或者担保财产后逃匿的。实践中，控方应当收集充分确实的证据证明行为人有携款卷财潜逃的行为。行为人暂时外出寻找不到，或因某种主客观原因拒不接受传讯，而未转移、隐匿对方当事人给付的货款、货物、预付款或者担保财产的，不能认为是携款卷财潜逃。

（5）以其他方法骗取对方当事人财物的。行为人以上述四种方法以外的方法进行合同诈骗，如签订假合同，骗取他人"中介费""好处费""活动费""信息费"等；大肆挥霍对方当事人给付的货物、货款、预付款或者定金、保证金等担保财产，致使不能返还上述款物的，等等。

利用合同诈骗对方当事人财物，数额较大的，才构成犯罪，否则不构成犯罪。审判实践中，诈骗公私财物，数额在 2 万元以上的，属于"数额较大"。

2. 主观的构成要素。主观的构成要素是故意，并以非法占有为目的。行为人主观上没有非法占有的目的，由于种种客观原因，导致合同不能履行以至于所欠债务不能偿还的，不能以诈骗罪论处。

（三）认定

1. 合同诈骗罪与民事欺诈的界限。二者的根本区别是：①主观目的不同。合同诈骗罪的行为人的主观目的是利用合同，非法占有对方当事人的财物，行为人没有履约的能力或者诚意；民事欺诈的行为人主观上不具有非法占有他人财物的目的，其目的是进行经营，行为人有履约的诚意和一定的履约能力。②客观行为不同。合同诈骗罪与民事欺诈在客观上都有欺骗性行为，但欺骗性行为的内容与程度有着本质的差别。合同诈骗罪的行为人虚构的事实或隐瞒的事实系基本内容或者主要内容，对方当事人因此而陷入重大错误并作出处分自己财物的决定，行为人由此而骗取了对方当事人的款物；民事欺诈的行为人也有虚构事实或者隐瞒事实的行为，但行为人只是对其履约能力或者服务的质量、性质等有所夸大或虚构、隐瞒，但其中仍有真实的民事内容，行为人通过民事活动取得经济利益，而不是依靠欺骗行为骗取对方当事人款物。

2. 合同诈骗罪与金融诈骗罪的竞合问题。行为人以伪造、变造、作废的票据进行合同诈骗活动的，可能既构成合同诈骗罪又构成票据诈骗罪、信用证诈骗罪等金融诈骗罪，这便构成合同诈骗罪与金融诈骗罪的竞合。在这种情况下，应从一重罪论处。

（四）处罚

《刑法》第 224 条规定，犯本罪的，处 3 年以下有期徒刑或者拘役，并处或者单处罚金；数额巨大或者有其他严重情节的，处 3 年以上 10 年以下有期徒刑，并处罚金；数额特别巨大或者有其他特别严重情节的，处 10 年以上有期徒刑或者无期徒刑，并处罚金或者没收财产。刑法》第 231 条规定，单位犯本罪的，对单位判处罚金，并对其直接负责的主管人员和其他直接责任人员，依照上述规定处罚。

审判实践中，个人诈骗公私财物，数额在 3 万元以上的；单位诈骗数额在 30 万元以上的，属于"数额巨大"。个人诈骗公私财物，数额在 20 万元以上的，属于"数额特别巨大"。

案例 22 - 8：被告人吴某受樱花公司的聘请，作为该公司在温州的商务代理，与长城公司洽谈有关 8BK80 技术转让协议的事宜。吴某草拟了协议，在协议封面上写明长城公司（甲方）、西门子公司（乙方）为协议的双方当事人，还在每一页的页眉处添加了 SIEME. S（即英文"西门子"）的字样。长城公司派员赴上海参观了樱花公司，得知樱花公司总经理陈某是西门子分公司的业务代理，之后签署了有关协议。协议的乙方由吴甲、吴某个人签名盖章，没有其他公章。协议签订之后，长城公司派职员将 80 万元人民币的汇票送交吴某，并取回收条和吴某的有关协议的修正函。吴某所发修正函告知长城公司，协议上的乙方为西门子公司系笔误，自己的身份系樱花公司的商务代理。长城公司没有异议，亦没有当即要求退回保证金。该协议签订后，樱花公司便与西门子分公司签订了该技术的有关协议。樱花公司还就将低压成套项目亦转让给长城公司这一事项直接与西门子分公司洽谈，最终该两项技术合作项目均达成协议。吴某收取 80 万元人民币后，将其中的 22 万元支付给樱花公司，33 万元交吴甲保管，剩余 25 万元自己保管。樱花公司支付西门子分公司技术咨询费 16 万元人民币，西门子分公司将 8BK80 项目的技术图纸及相关文件移交樱花公司。吴某将图纸等文件送交长城公司，由于樱花公司和西门子分公司签署的 8BK80 技术合作协议中限定只能由樱花公司在上海使用该技术，长城公司拒收图纸等文件。之后，长城公司以吴某没有履行协议为由，书面要求其退还保证金，吴某表示拒绝。

公诉机关认为，吴某以非法占有为目的，冒用他人名义签订合同，骗取财物，数额特别巨大，其行为已构成合同诈骗罪，应予严惩。辩护律师辩护意见如下：吴某客观上没有采取诈骗手段骗取他人财物，是以真实身份与长城公司订约的，并积极履行了合同，主观上不具备占有保证金的目的，其行为不构成犯罪。一审法院宣告被告人无罪。检察机关提出抗诉。

浙江省高级人民法院意见如下：吴某在代表樱花公司与长城公司签订和履行技术合作中，一些行为虽然具有一定的欺骗性，但其主观上尚不具有以欺骗的手段非法占有长城公司财产的目的。吴某与长城公司签约的直接动机，是希望西门子分公司的有关技术合作项目能够转让成功，使其本人能够从中获取高额技术转让费。在客观上，吴某作为樱花公司的商务代理，具备一定的履约能力，也有积极履行合同的诚意和行动，拒退保证金是事出有因，并不是企图骗取长城公司的财产，不属于《最高人民法院关于审理诈骗案件具体应用法律若干问题的解释》（现已失效）中规定的"明知自己没有履行合同的能力而采取欺骗手段骗取他人财物的"或者"隐匿合同保证金等担保合同履行的财产，拒不返还"的情形。长城公司虽在与吴某接洽初期，受吴某某些不当行为的误导，但终究是在经过考察了解后，确认有获得西门子分公司技术合作的可能，才同意与吴某等人签约并支付有关款项，亦不属被骗；且长城公司通过樱花公司及吴某等人的中介，最终达到了与西门子分公司技术合作的目的，已经成为受益者。遂驳回抗诉，维持原判。

本案表明如下刑法规则：在合同谈判中，一方为抬高身价给对方以代表第三者的印象，但是合同是以自己的名义而不是以第三者的名义签订，具有一定的欺诈性，但不属于合同诈骗罪之"冒用他人名义签订合同的"行为。

资料来源：《最高人民法院公报》2003 年第 1 期。

五、组织、领导传销活动罪

组织、领导传销活动罪，是指组织、领导以推销商品、提供服务等经营活动为名，要求参加者以缴纳费用或者购买商品、服务等方式获得加入资格，并按照一定顺序组成层级，直接或者间接以发展人员的数量作为计酬或者返利依据，引诱、胁迫参加者继续发展他人参加，骗取财物，扰乱经济社会秩序的传销活动的行为。

组织、领导传销活动，骗取财物，扰乱经济社会秩序的，才构成本罪。传销活动的一般参与人员既是违法者，又是受害者，根据区别对待、分化瓦解的刑事政策，可给予行政处罚和批评教育，不宜作为犯罪处理，防止打击范围过大。传销是一种违法的经营活动，组织、领导传销活动是一种犯罪行为。"传销"，是指"以推销商品、提供服务等经营活动为名，要求参加者以缴纳费用或者购买商品、服务等方式获得加入资格，并按照一定顺序组成层级，直接或者间接以发展人员的数量作为计酬或者返利依据"的经营方式。所谓"以推销商品、提供服务等经营活动为名"，是说认定传销不以存在真实的商品、服务交易为必要，不存在商品、服务等真实交易标的不影响对传销行为的认定。司法实践中，组织、领导"拉人头"、收取"入门费"而无商品、服务交易的传销活动，也构成本罪。所谓"骗取财物"，是说由于传销行为属于非法，所以，通过传销活动取得的返利、报酬等任何财产，均属于骗取财物。至于传销活动组织、领导者实际上是否骗取到了财物，不影响本罪的构成。也就是说，组织、领导传销活动不以骗取财物为必要。所以，"骗取财物"属于本罪可有可无的概念。但是，参加传销活动实际骗取财物的，原则上属于认定组织、领导传销活动的重要事实。理论上，也有观点不把"骗取财物"作为可有可无的构成要件，而将本罪作为一种特殊的诈骗罪对待。

《刑法》第 224 条之一规定，犯本罪的，处 5 年以下有期徒刑或者拘役，并处罚金；情节严重的，处 5 年以上有期徒刑，并处罚金。

六、非法经营罪

（一）概念

非法经营罪，是指违反国家规定，进行非法经营，扰乱市场秩序，情节严重的行为。

本罪侵犯的客体是国家对市场的管理活动。为了对市场秩序加以必要的控制和保护，我国法律和行政法规规定，对于一些物品的经营、进口实行专营、专卖及许可证制度，对于垄断、暴利、背信等侵犯市场公平秩序的行为进行必要的干预。非法经营活动，侵犯了国家的上述管理制度。

（二）构成要素

1. 客观的构成要素。客观方面表现为违反国家规定，进行非法经营，扰乱市场秩序，情节严重的行为。依据《刑法》第225条的规定，非法经营行为主要包括以下四种：

（1）未经许可经营法律、行政法规规定的专营、专卖物品或者其他限制买卖的物品的行为。"专营、专卖物品"，是指法律、行政法规规定只允许特定部门或者单位经营的物品，如烟草、食盐、金银、贵重金属、军工产品、走私物品、特许减免税物品等。"其他限制买卖的物品"，是指国家根据经济发展的需要，为维护国家、人民群众的利益，规定在一定时期内实行限制性经营的物品，如易燃易爆物品、种子、农药、药品等。

（2）买卖进出口许可证、进出口原产地证明以及其他法律、行政法规规定的经营许可证或者批准文件的行为。"进出口许可证"，包括进出口配额许可证和进出口许可证。"进出口原产地证明"，是证明进出口货物、技术原产地的有效凭证。"经营许可证或者批准文件"，是指法律、行政法规规定的经营国家专营、专卖物品或者其他限制买卖的物品的许可证和批准文件，如烟草、食盐、民用爆炸物、重要农业生产资料、药品经营许可证，采伐、采矿、狩猎许可证，林木、危险品运输许可证，等等。

（3）未经国家有关主管部门批准非法经营证券、期货、保险业务，或者非法从事资金支付结算业务的行为。

（4）其他严重扰乱市场秩序的非法经营行为。这是一项概括性规定，1997年《刑法》颁布实施以来的刑事司法实践表明，这一规定的适用范围呈现不断扩张的趋势。目前，其他严重扰乱市场秩序的非法经营行为主要有：在国家规定的交易场所以外非法买卖外汇，扰乱市场秩序的；[1] 违反国家规定，出版、印刷、复制、发行严重危害社会秩序和扰乱市场秩序的非法出版物的，或者非法从事出版物的出版、印刷、复制、发行业务，严重扰乱市场秩序的非法经营出版物行为；[2] 非法经营国际电信业务或者涉港澳台电信业务的；[3] 生产、销售"瘦肉精"以及添加"瘦肉精"的饲料；[4] 违反国家规定，哄抬物价、牟取暴利，严重扰乱市场秩序的；[5] 违反国家规定，擅自设立互联网上网服务营业场所，或者擅自从事互联网上

---

[1] 1998年12月29日公布的《惩治骗购外汇、逃汇和非法买卖外汇犯罪的决定》第4条。

[2] 1998年12月17日公布的《最高人民法院关于审理非法出版物刑事案件具体应用法律若干问题的解释》（以下简称《审理非法出版物刑事案件的解释》）第11条。这里的所谓"非法出版物"，是指该司法解释第1~10条规定以外的非法出版物，即载有煽动分裂祖国、破坏国家统一或者煽动颠覆国家政权、推翻社会主义制度内容的出版物，侵犯著作权的出版物，歧视、侮辱少数民族的出版物，淫秽出版物等以外的非法出版物。

[3] 2000年5月12日公布的《最高人民法院关于审理扰乱电信市场管理秩序案件具体应用法律若干问题的解释》。

[4] 2002年8月16日公布的《办理非法生产、销售、使用禁止在饲料和动物饮用水中使用的药品等刑事案件的解释》。注意：这里的生产与销售是紧密相连的，生产是为了非法销售，"瘦肉精"等产品既被禁止生产，也被禁止销售。

[5] 2003年5月14日公布的《办理妨害预防、控制突发传染病疫情等灾害的刑事案件的解释》第6条。

网服务经营活动的；[1] 倒卖国家禁止进口的废弃物的；倒卖彩票、非法从事彩票交易的；非法买卖国家重点保护的珍贵野生动物、珍稀植物的，等等。

所谓"情节严重"，审判实践中一般是指个人非法经营数额在5万元以上，或违法所得数额在1万元以上的；单位非法经营数额在50万元以上，或者违法所得数额在10万元以上的。非法经营证券、期货或者保险业务，非法经营外汇，擅自经营涉外电信业务，出版、印刷、复制、发行非法出版物，非法经营食盐等非法经营行为，司法解释对于情节严重有特别规定的，依照有关司法解释认定。

未经国家有关主管部门批准，非法经营证券、期货或者保险业务，非法经营数额在30万元以上，或者违法所得数额在5万元以上的，应予追诉。

非法经营外汇，涉嫌下列情形之一的，应予追诉：①在外汇指定银行和中国外汇交易中心及其分中心以外买卖外汇，数额在20万美元以上的，或者违法所得数额在5万元人民币以上的；②公司、企业或者其他单位违反有关外贸代理业务的规定，采用非法手段，或者明知是伪造、变造的凭证、商业单据，为他人向外汇指定银行骗购外汇，数额在500万美元以上的，或者违法所得数额在50万元人民币以上的；③居间介绍骗购外汇，数额在100万美元以上或者违法所得数额在10万元人民币以上的。

违反国家规定，采取租用国际专线、私设转接设备或者其他方法，擅自经营国际电信业务或者涉港澳台电信业务进行营利活动，涉嫌下列情形之一的，应予追诉：①经营去话业务数额在100万元以上的；②经营来话业务造成电信资费损失数额在100万元以上的；③虽未达到上述数额标准，但两年内因非法经营国际电信业务或者涉港澳台电信业务，受过行政处罚2次以上，又进行这一非法经营活动的；或者因非法经营国际电信业务或者涉港澳台电信业务行为造成其他严重后果的。

违反国家规定，出版、印刷、复制、发行非法出版物，涉嫌下列情形之一的，应予追诉：①个人非法经营数额在5万元以上的，单位非法经营数额在15万元以上的；②个人违法所得数额在2万元以上的，单位违法所得数额在5万元以上的；③个人非法经营报纸5000份或者期刊5000本或者图书2000册或者音像制品、电子出版物500张（盒）以上的，单位非法经营报纸15 000份或者期刊15 000本或者图书5000册或者音像制品、电子出版物1500张（盒）以上的。

2. 主观的构成要素。主观的构成要素是故意，并以营利为目的。

（三）处罚

《刑法》第225条规定，犯本罪的，处5年以下有期徒刑或者拘役，并处或者单处违法所得1倍以上5倍以下罚金；情节特别严重的，处5年以上有期徒刑，并处违法所得的1倍以上5倍以下罚金或者没收财产。《刑法》第231条规定，单位犯本罪的，对单位判处罚金，并对其直接负责的主管人员和其他直接责任人员，依照上述规定处罚。

案例22-9： 被告人顾某（美国籍）于2003年11月3日至2004年7月1日期间，在未取得音像制品经营许可证的情况下，在其上海住处通过电脑与国际互联网联网，通过某DVD网站，向境外发送销售DVD信息。当境外客户确认了所需要的DVD名称、数量、价格和运费等，并向顾某指定的账户汇款后，顾某经他人低价购进侵权复制DVD，然后通过快递公司

---

[1] 2004年7月16日发布的《最高人民法院、最高人民检察院、公安部关于依法开展打击淫秽色情网站专项行动有关工作的通知》。

向境外发送，违法所得数额巨大。公诉机关以非法经营罪起诉。人民法院审理后认为，被告人以营利为目的，在未取得音像制品经营许可证的情况下，低价购进明知是侵权产品的音像复制品后高价向境外售出，违法所得数额巨大，构成了销售侵权复制品罪。裁判理由主要有二：①非法经营罪的法条与销售侵权复制品罪的法条构成一般与特别的关系，特别法优于普通法，销售侵权复制品罪的法条应当优先适用；②本案被告人的行为侵犯的主要客体是著作权人和录音录像制作者的著作权与邻接权，而不是市场秩序。

资料来源：《最高人民法院公报》2005 年第 9 期。

七、强迫交易罪

强迫交易罪，是指以暴力、威胁手段，强迫他人交易，情节严重的行为。

根据《刑法》第 226 条的规定，以暴力、威胁手段，实施下列行为之一的，是强迫交易行为：①强买强卖商品的；②强迫他人提供或者接受服务的；③强迫他人参与或者退出投标、拍卖的；④强迫他人转让或者收购公司、企业的股份、债券或者其他资产的；⑤强迫他人参与或者退出特定的经营活动的。

《刑法》第 226 条规定，犯本罪的，处 3 年以下有期徒刑或者拘役，并处或者单处罚金；情节特别严重的，处 3 年以上 7 年以下有期徒刑，并处罚金。《刑法》第 231 条规定，单位犯本罪的，对单位判处罚金，并对其直接负责的主管人员和其他直接责任人员，依照上述规定处罚。

八、伪造、倒卖伪造的有价票证罪

（一）概念

伪造、倒卖伪造的有价票证罪，是指伪造或者倒卖伪造的车票、船票、邮票或者其他有价票证，数额较大的行为。

（二）构成要素

1. 客观的构成要素。客观方面表现为伪造或者倒卖伪造的车票、船票、邮票或者其他有价票证，数额较大的行为。其他有价票证，实践中主要包括 IC 电话卡、机动车油票、公园门票、电影票、戏票、球票、彩票等有价票证。

2. 主观的构成要素。主观的构成要素是故意。实践中，一般以营利为目的。

（三）处罚

《刑法》第 227 条第 1 款规定，犯本罪的，处 2 年以下有期徒刑、拘役或者管制，并处或者单处票证价额 1 倍以上 5 倍以下罚金；数额巨大的，处 2 年以上 7 年以下有期徒刑，并处票证价额 1 倍以上 5 倍以下罚金。《刑法》第 231 条规定，单位犯本罪的，对单位判处罚金，并对其直接负责的主管人员和其他直接责任人员，依照上述规定处罚。

九、倒卖车票、船票罪

（一）概念

倒卖车票、船票罪，是指倒卖车票、船票，情节严重的行为。

（二）构成要素

1. 客观的构成要素。客观方面表现为倒卖车票、船票，情节严重的行为。情节严重，主要是指倒卖车票、船票，非法经营数额或者非法获利数额较大或者有其他严重情节的情形。根据 1999 年 9 月 6 日发布的《最高人民法院关于审理倒卖车票刑事案件有关问题的解释》第 1 条的规定，高价、变价、变相加价倒卖车票或者倒卖坐席、卧铺签字号及订购车票凭证，票面数额在 5000 元以上，或者非法获利数额在 2000 元以上的，属于"倒卖车票情节严重"。

2. 主观的构成要素。主观的构成要素是故意，并以营利为目的。尽管《刑法》第 227 条没有明确规定本罪主观方面以营利为目的，但是本罪客观方面的"倒卖"行为，决定了行为人主观上必定以营利为目的。

（三）处罚

《刑法》第 227 条第 2 款规定，犯本罪的，处 3 年以下有期徒刑、拘役或者管制，并处或者单处票证价额 1 倍以上 5 倍以下罚金。《刑法》第 231 条规定，单位犯本罪的，对单位判处罚金，并对其直接负责的主管人员和其他直接责任人员，依照上述规定处罚。

十、非法转让、倒卖土地使用权罪

非法转让、倒卖土地使用权罪，是指以牟利为目的，违反土地管理法规，非法转让、倒卖土地使用权，情节严重的行为。

"违反土地管理法规"，是指违反土地管理法、森林法、草原法等法律以及有关行政法规中关于土地管理的规定。[1] 以牟利为目的，违反土地管理法规，非法转让、倒卖土地使用权，具有下列情形之一的，属于非法转让、倒卖土地使用权"情节严重"：①非法转让、倒卖基本农田 5 亩以上的；②非法转让、倒卖基本农田以外的耕地 10 亩以上的；③非法转让、倒卖其他土地 20 亩以上的；④非法获利 50 万元以上的；⑤非法转让、倒卖土地接近上述数量标准并具有其他恶劣情节的，如曾因非法转让、倒卖土地使用权受过行政处罚或者造成严重后果等。[2]

《刑法》第 228 条规定，犯本罪的，处 3 年以下有期徒刑或者拘役，并处或者单处非法转让、倒卖土地使用权价额 5% 以上 20% 以下罚金；情节特别严重的，处 3 年以上 7 年以下有期徒刑，并处非法转让、倒卖土地使用权价额 5% 以上 20% 以下罚金。《刑法》第 231 条规定，单位犯本罪的，对单位判处罚金，并对其直接负责的主管人员和其他直接责任人员，依照上述规定处罚。

十一、提供虚假证明文件罪

提供虚假证明文件罪，是指承担资产评估、验资、验证、会计、审计、法律服务、保荐、安全评价、环境影响评价、环境监测等职责的中介组织的人员或者单位故意提供虚假证明文件，情节严重的行为。

本罪的主观方面为故意，行为人明知是虚假的证明文件而提供。

中介组织的人员或者单位索取他人财物或者非法收受他人财物，犯提供虚假证明文件罪的，是本罪的特殊犯罪构成。在这一特殊犯罪构成中，行为人即中介组织的人员或者单位主观上具有受贿的故意与提供虚假证明文件的故意，客观上具有受贿的行为与提供虚假证明文件的行为。中介组织人员收受贿赂数额巨大同时构成非国家工作人员受贿罪的，从一重罪论处。

《刑法》第 229 条第 1、2 款规定，犯本罪的，处 5 年以下有期徒刑或者拘役，并处罚金；有下列情形之一的，处 5 年以上 10 年以下有期徒刑，并处罚金：①提供与证券发行相关的虚假的资产评估、会计、审计、法律服务、保荐等证明文件，情节特别严重的；②提供与重大资产交易相关的虚假的资产评估、会计、审计等证明文件，情节特别严重的；③在涉及公共

---

〔1〕　2001 年 8 月 31 日通过的《全国人民代表大会常务委员会关于〈中华人民共和国刑法〉第二百二十八条、第三百四十二条、第四百一十条的解释》（2009 年修正）（以下简称《〈中华人民共和国刑法〉第二百二十八条、第三百四十二条、第四百一十条的解释》）。

〔2〕　2000 年 6 月 19 日公布的《最高人民法院关于审理破坏土地资源刑事案件具体应用法律若干问题的解释》（以下简称《审理破坏土地资源刑事案件的解释》）第 1 条。

安全的重大工程、项目中提供虚假的安全评价、环境影响评价等证明文件，致使公共财产、国家和人民利益遭受特别重大损失的。有上述行为，同时索取他人财物或者非法收受他人财物构成犯罪的，依照处罚较重的规定定罪处罚。《刑法》第 231 条规定，单位犯本罪的，对单位判处罚金，并对其直接负责的主管人员和其他直接责任人员，依照上述规定处罚。

十二、出具证明文件重大失实罪

出具证明文件重大失实罪，是指承担资产评估、验资、验证、会计、审计、法律服务、保荐、安全评价、环境影响评价、环境监测等职责的中介组织的人员或者单位严重不负责任，出具的证明文件有重大失实，造成严重后果的行为。

本罪主观方面是过失。司法实践中，给国家、公众或者其他投资者造成的直接经济损失数额在 100 万元以上的，或者造成其他严重后果的，应当承担刑事责任。

《刑法》第 229 条第 3 款规定，犯本罪的，处 3 年以下有期徒刑或者拘役，并处或者单处罚金。《刑法》第 231 条规定，单位犯本罪的，对单位判处罚金，并对其直接负责的主管人员和其他直接责任人员，依照上述规定处罚。

十三、逃避商检罪

(一) 概念

逃避商检罪，是指违反进出口商品检验法的规定，逃避商品检验，将必须经商检机构检验的进口商品未报经检验而擅自销售、使用，或者将必须经商检机构检验的出口商品未报经检验合格而擅自出口，情节严重的行为。

逃避商检罪侵犯的客体是市场经济的正常秩序。我国《进出口商品检验法》规定，进出口商品检验应当根据保护人类健康和安全、保护动物或者植物的生命和健康、保护环境、防止欺诈行为、维护国家安全的原则，由国家商检部门制定、调整必须实施检验的进出口商品目录（以下简称目录）并公布实施。列入目录的进出口商品，由商检机构实施检验。列入目录的进口商品未经检验的，不准销售、使用；列入目录的出口商品未经检验合格的，不准出口。违反《进出口商品检验法》规定，将必须经商检机构检验的进口商品未报经检验而擅自销售或者使用的，或者将必须经商检机构检验的出口商品未报经检验合格而擅自出口的，由商检机构没收违法所得，并处货值金额 5% 以上 20% 以下的罚款；构成犯罪的，依法追究刑事责任。

(二) 构成要素

1. 客观的构成要素。客观方面表现为违反《进出口商品检验法》的规定，逃避商品检验，将必须经商检机构检验的进口商品未报经检验而擅自销售、使用，或者将必须经商检机构检验的出口商品未报经检验合格而擅自出口，情节严重的行为。司法实践中，有下列情形之一的，属于情节严重，应予追诉：①给国家、单位或者个人造成直接经济损失数额在 50 万元以上的；②逃避商检的进出口货物货值金额在 300 万元以上的；③导致病疫流行、灾害事故的；④多次逃避商检的；⑤引起国际经济贸易纠纷，严重影响国家对外贸易关系，或者严重损害国家声誉的；⑥ 其他情节严重的情形。

2. 主观的构成要素。主观的构成要素是故意。

(三) 处罚

《刑法》第 230 条规定，犯本罪的，处 3 年以下有期徒刑或者拘役，并处或者单处罚金。《刑法》第 231 条规定，单位犯本罪的，对单位判处罚金，并对其直接负责的主管人员和其他直接责任人员，依照上述规定处罚。

第二十三章　侵犯公民人身权利、民主权利罪

第一节　侵犯生命、健康的犯罪

一、故意杀人罪

（一）概念

故意杀人罪，是指故意非法剥夺他人生命的行为。

本罪侵犯的客体是行为人以外的他人的生命权利。在现代文明社会，人的生命权具有最高的价值，是刑法绝对保护的最重要的权利之一。因此，故意杀人罪也是《刑法》中最基本的、最典型的犯罪之一。

（二）构成要素

1. 客观的构成要素。

（1）行为对象是行为人以外的他人的生命。行为人本人的自杀行为不能构成故意杀人罪。"他人"是指自然人，在犯罪行为当时，该自然人的健康状况、生活能力等状态不影响犯罪成立。即使是将来没有生存希望的早产儿、濒临死亡的伤病员、畸形儿、被宣告死亡者等，都属于自然人。自然人的存在范围，是从出生后到死亡前的期间。

人的生命始于出生。关于出生的确定，存在分娩开始时有规律阵痛的"阵痛说"；胎儿身体一部分露出母体的"一部露出说"；胎儿身体全部露出母体的"全部露出说"；胎儿开始用自己肺部进行呼吸的"独立呼吸说"。我国的通说采用"独立呼吸说"。

人的生命终于死亡。人因死亡而失去生命，身体变为尸体，尸体不再成为故意杀人罪的行为对象。关于死亡时期的确定，存在心脏跳动永久性停止的"脉搏停止说"；呼吸永久性停止的"呼吸停止说"；生活能力停止的"生活能力停止说"；心脏跳动和自发性呼吸不可逆转性停止以及瞳孔扩散的"心肺死亡综合说"。我国刑法学的通说基本上采用"心肺死亡综合说"。随着现代医学的发展，"脑死亡"的概念被引入刑法领域，并成为判断死亡的新标准。脑死亡是较为科学的判断标准，但也需要较高的医学技术水平，从我国医学和法学的现状看，目前仍然以心肺死亡为判断标准。尸体是没有生命的个体，即使是残害尸体，也不构成本罪。但行为人将尸体当作活人杀害的，属于事实认识错误，按故意杀人罪的未遂（对象不能犯）处理；故意毁坏尸体的，可构成侮辱尸体罪。

（2）客观方面表现为实施非法剥夺他人生命的行为。"非法剥夺他人生命"，是指在他人自然死亡以前，非法结束他人的生命。"非法"，是指国家禁止的除合法程序以外的剥夺他人生命的行为。杀人行为的方式包括作为和不作为，但后者仅限于对防止被害人死亡负有特定义务的场合。例如，负有救助义务的人见死不救，负有养育义务的母亲故意不给婴儿哺乳将婴儿饿死，等等，可构成不作为的杀人。杀人的行为方法可以是刺杀、射杀、毒杀等有形的

物理方法，也可以是强烈精神冲击致人死亡等无形的心理方法。但如果采取放火、爆炸、投放危险物质等危险方法杀人而同时危及公共安全的，不构成本罪，应以危害公共安全罪论处。杀人行为一般由行为人直接实施。利用他人或被害人为工具间接地实施，或者利用被害人的错误或无刑事责任能力人实施杀害行为的，属于间接正犯。

（3）行为结果。杀人罪的实行着手时间是侵害他人生命的危险发生之时，既遂的时间是杀人行为导致他人死亡结果发生之时。杀人的实行行为本身必须具有引起结果发生的危险性，并与死亡结果之间存在因果关系。行为人实施的杀人行为没有发生死亡结果，或者杀人行为与死亡结果之间没有因果关系的，可成立本罪的未遂。

2. 主观的构成要素是故意，行为人具有非法剥夺他人生命的故意。故意杀人的动机是多种多样的，不影响本罪的成立，但对量刑有一定意义。事实错误（对象错误、方法错误和因果关系错误）不影响杀人罪的故意之成立。

（三）认定

1. 致人自杀行为。人的生命是国家和社会存在的基础，是具有最高价值的个人法益，即使是本人，也没有自由处分自己生命的权利。但是，国家刑罚权并不直接干涉自愿结束自己生命的行为，因此，自杀行为本身不构成犯罪。但是，某些与自杀有关的行为侵害自杀者的生命时，行为人应当承担刑事责任。

（1）教唆、帮助、胁迫自杀。教唆自杀，是指唆使没有自杀意图的人产生自杀决意，使他人实施自杀的行为。帮助自杀，是指通过传授自杀方法、精神鼓励或物质援助等方法，使已有自杀意图的人更容易实现自杀意图的行为。胁迫自杀，是指以威胁、诱骗等方法使他人自己结束生命的行为。自杀者必须是能够理解自杀的意义，并具有决定自杀的意思能力的人，因此，教唆或者帮助具有意思能力的人实施自杀行为的，原则上不构成故意杀人罪；[1] 教唆或帮助没有责任能力的幼儿或精神病人自杀的，属于利用被害人的行为实施杀人行为，应构成故意杀人的间接正犯。一般来说，自杀的教唆行为和帮助自杀的社会危害性低于普通杀人罪，在量刑时应当考虑。受胁迫或者诱骗而自杀的，也不是基于自杀者本人的意愿而实施的，因此，胁迫者、诱骗者应当构成故意杀人的间接正犯。

（2）相约自杀。相约自杀，是指二人以上互相约定，自愿共同自杀的行为。自杀者是否有自杀的真实意愿，是相约自杀的成立条件。二人以上相约自杀的，一方自杀成功、另一方生还的情况有：①强迫对方共同自杀。因受对方强迫的自杀者欠缺真实的同意，强迫对方自杀的行为属于单纯的杀人行为。②相约共同自杀。双方各自实施自杀行为的，一方自杀成功，另一方自杀未遂，如果自杀成功者具有真实的意愿，自杀未遂者不构成故意杀人罪；双方互相实施自杀行为的，自杀未遂或中止的一方，相当于下述受嘱托杀人，应以故意杀人罪论处，但可以从轻或者减轻处罚。③伪装相约自杀。行为人本人没有自杀的真实意图而伪装要与他人共同自杀，使对方产生自杀决意并实施自杀的，属于利用他人认识错误的故意杀人（间接正犯）。④无效的相约自杀。与幼儿、精神病人等不能理解自杀意义的人相约自杀的，该相约获得的同意是无效的同意，自杀未遂者应构成故意杀人罪。

2. 受嘱托杀人。受嘱托杀人也称为"获得承诺的杀人"，是指行为人获得被杀者的嘱托或承诺进而将其杀死的行为。行为人帮助被杀者实现自杀意图的，属于自杀的帮助行为；直接实施杀人行为的，不是帮助自杀行为而是直接实施行为。个人对自己的生命没有处分的权

[1] 根据2017年1月25日公布的《关于办理组织、利用邪教组织破坏法律实施等刑事案件的解释》第11条的规定，组织、策划、煽动、胁迫、教唆、帮助邪教组织成员或他人实施自杀的，以故意杀人罪定罪处罚。

利，即使是获得了他人的嘱托，原则上该嘱托也是无效的，受嘱托杀人行为构成故意杀人罪，但可考虑从轻处罚。如果被杀者没有意思能力的，不属于受嘱托杀人，而应按故意杀人罪论处。

安乐死是为解除患有不治之症、濒临死亡的患者的身体痛苦，受患者的嘱托而使其无痛苦死亡的处置方法，因此，安乐死也属于受嘱托杀人的一种。目前，我国尚没有安乐死的规定，该类行为原则上仍按故意杀人罪处理，但应当作为量刑情节予以考虑。"尊严死"是对没有治疗价值的晚期患者撤除人工生命维持装置，在保持作为人的尊严的情况下迎来死亡的处置方法。"尊严死"系在未经患者本人同意的情况下而撤除生命维持装置的，不属于受嘱托杀人而可能构成故意杀人罪。但是，"安乐死"和"尊严死"是在特定条件下对特定的患者实施的，如果满足特定的条件就不构成犯罪。

3. 本罪与其他犯罪的关系。①因非法拘禁（《刑法》第238条第2款）、刑讯逼供或者暴力取证（第247条）、虐待被监管人（第248条）、聚众斗殴（第292条第2款），致人死亡的，构成故意杀人罪；②为了诈骗保险金而杀人的，构成保险诈骗罪和故意杀人罪（第198条）；③在组织或者运送他人偷越国（边）境过程中造成被组织人死亡的，只构成组织他人偷越国（边）境罪，但对被组织人或者检查人员有杀害行为的，按组织他人偷越国（边）境罪和故意杀人罪数罪并罚（第318条、第321条）；④在强奸、抢劫过程中致被害人死亡的，只构成强奸罪或抢劫罪，但在强奸、抢劫既遂后为杀人灭口而杀害被害人的，实行数罪并罚；[1] ⑤组织恐怖活动组织（第120条）、黑社会性质的组织（第294条第3款），有杀人行为的，实行数罪并罚；⑥拐卖妇女、儿童造成被拐卖的妇女、儿童或者亲属死亡的，只构成拐卖妇女、儿童罪（第240条第7项）；⑦行为人在交通肇事后为逃避法律追究，将被害人带离事故现场后隐藏或者遗弃，致使被害人无法得到救助而死亡的，按故意杀人罪定罪处罚；[2] ⑧在实施妨害公务行为的过程中，杀害执行公务人员的，应当按照数罪并罚处理。

（四）处罚

《刑法》第232条规定，犯本罪的，处死刑、无期徒刑或者10年以上有期徒刑；情节较轻的，处3年以上10年以下有期徒刑。

案例23-1： 2001年1月21日6时许，被告人李某乘被害人熟睡之机，持斧头猛砍被害人头部和颈部，导致被害人死亡。后又将死者身上的1800元人民币和旅行包内一工商银行存折连同灵通卡（存有人民币1万元）、手机等款物拿走。后被告人分3次从自动取款机上将存折内1万元人民币取走。对于本案，存在四种观点：第一种观点认为，被告人的行为构成故意杀人罪和抢劫罪，其理由是被告人当场拿走被害人财物符合抢劫罪的构成要件。第二种观点认为，被告人的行为构成故意杀人罪和盗窃罪，理由是将被害人杀死后又以非法占有为目的，乘机窃取被害人的遗物，应当以故意杀人罪和盗窃罪并罚。第三种观点认为，只构成故意杀人罪，理由是被告人杀人后拿走被害人的钱财，该行为依附于故意杀人的行为而产生，属于理论上的吸收犯，应按照主行为吸收从行为的处罚原则，以故意杀人罪处罚。第四种观点认为，被告人的行为构成抢劫罪，理由是被告人故意杀人后当场劫取被害人财物，其行为虽然可分为不同阶段，但是实质上都是以非法占有为目的而故意杀人，因此符合抢劫罪的构成要件。法院认定，被告人故意非法剥夺他人生命，已构成故意杀人罪，后又窃取他人财物，

---

[1] 2005年6月8日印发的《最高人民法院关于审理抢劫、抢夺刑事案件适用法律若干问题的意见》（以下简称《审理抢劫、抢夺刑事案件的意见》）第8条；2001年5月23日公布的《最高人民法院关于抢劫过程中故意杀人案件如何定罪问题的批复》。

[2] 2000年11月10日通过的《审理交通肇事刑事案件的解释》第6条。

其非法占有他人财物的行为与故意杀人行为之间不存在事实上的牵连关系或者吸收关系,既不能将故意杀人认定为非法占有财物的手段,也不能将非法占有认定为故意杀人的从行为,而是独立于故意杀人之外的行为。而且,由于财物所有人已经死亡,不复存在对所有人使用暴力、胁迫等手段抢劫的问题。被告人取得财物的手段如同从无人在场的他人处拿走一样,实际上是秘密窃取他人财物的行为。因此,对于这种故意杀人后见财起意,乘机非法占有被害人财物的行为,构成故意杀人罪和盗窃罪。

资料来源:《刑事审判参考(第4卷·下)》,法律出版社2004年版,第68页。

二、过失致人死亡罪

过失致人死亡罪,是指因普通过失造成他人死亡的行为。

本罪客观方面表现为实施了造成他人死亡的过失行为。主观方面是过失,即应当预见自己的行为可能造成他人死亡的危害结果,因为疏忽大意而没有预见,或者已经预见而轻信能够避免,以致发生他人死亡的危害结果。

《刑法》第233条规定,犯本罪的,处3年以上7年以下有期徒刑;情节较轻的,处3年以下有期徒刑。本法另有规定的,依照规定。

本罪是发生在日常生活中的普通过失犯罪,业务上过失犯罪和危害公共安全罪中的过失犯罪,不适用本罪规定。例如,因失火致人死亡的,应定为失火罪(《刑法》第115条第2款);因交通肇事致人死亡的,应定为交通肇事罪(《刑法》第133条)。而且,因防卫过当、避险过当造成他人死亡,应当承担刑事责任的,一般可以适用本罪的规定。

三、故意伤害罪

(一)概念

故意伤害罪,是指使用暴力等方法,故意非法损害他人身体健康的行为。所谓"伤害",是指使身体丧失完整性或者导致生理机能障碍的行为。

本罪侵犯的客体是他人的健康权。健康权,是指他人保持其肢体、器官、组织的完整和生理正常机能的权利。侵害他人的健康权,包括对他人外部肢体完整性的侵害和对他人内部生理正常机能的侵害。本罪的对象是他人的身体健康。行为人对自己身体健康造成损害的行为,不受处罚,但军人在战时自伤的除外(《刑法》第434条)。

(二)构成要素

1. 客观的构成要素。

(1)行为主体因伤害的程度而有差异。故意实施伤害行为致他人重伤或者死亡的,其主体为已满14周岁具有刑事责任能力的自然人;故意实施伤害行为致他人轻伤的,其主体为已满16周岁具有刑事责任能力的自然人。

(2)客观方面表现为非法侵害他人身体健康的行为。伤害的方法一般是使用暴力方法,但也有使用其他方法的。例如,使用毒药、病毒感染等。被害人为躲避加害者的侵害时摔倒负伤的,也属于伤害。伤害的实行行为始于损害他人的正常生理机能或者使他人肢体发生严重变形之时。伤害行为的方式可以是作为也可以是不作为,不作为只有在行为人对损害他人身体健康的危害结果负有防止义务时才能成立。伤害行为一般是由行为人直接实施的,但也有利用自然力、机械力和动物进行伤害的情况。

(3)本罪是结果犯,必须对他人身体造成一定程度的伤害结果。伤害的程度包括轻伤害、重伤害和伤害致死三种。三种情况的犯罪性质相同,均构成故意伤害罪。伤害致死是重伤害的结果加重犯,而重伤害不是轻伤害的结果加重犯。我国刑法分则对轻微伤害不予处罚。

2. 主观的构成要素是故意。行为人存在概括的伤害故意，即认识到自己的伤害行为会给被害人造成一定程度的伤害即可，不需要事先对伤害的程度有明确的认识。行为人以伤害的故意造成重伤结果的，按重伤害处罚；造成轻伤结果的，按轻伤害处罚。

（三）故意伤害致死

1. 故意伤害致死的概念。"故意伤害致死"，是指因故意伤害而导致被害人死亡的行为。这种情况是故意重伤害的结果加重犯。致死的结果必须是由行为人对被害人造成的，如果是对第三人造成的，不构成故意伤害致死。例如，甲对乙实施暴力，乙绊倒丙，丙摔成重伤而死亡，甲对丙的死亡不承担故意伤害致死的责任。故意伤害行为必须与被害人死亡结果之间存在因果关系。行为人对于伤害行为和伤害的结果有认识，对于死亡结果没有认识的，构成故意伤害致死；如果行为人对死亡结果有认识的，构成故意杀人罪。教唆他人使用暴力伤害他人，而被教唆者在实行伤害行为时造成被害人死亡结果的，即使教唆者没有预见该死亡结果，也应当承担故意伤害致死的责任。因为伤害的教唆内容中包括可能致人死亡的内容。行为人认识到他人可能伤害被害人而借给匕首，他人使用匕首伤害被害人并导致死亡结果的，借出匕首者构成故意伤害致死的帮助犯。

2. 故意伤害致死与故意杀人。两者的区别主要是主观心理状态的结构不同。在故意伤害的情况下，致死的行为人对伤害结果出于故意，而对死亡结果存在过失，即主观心理状态由故意和过失两个部分组成；在故意杀人的情况下，行为人是希望或放任他人死亡的结果发生，即故意杀人的主观心理状态只是一个故意。判断行为人的主观心理状态时，应当综合考虑案件的各种因素，如案发原因、行为人与被害人的关系、时间、地点、环境、犯罪工具、打击强度、行为人事后态度等。

3. 故意伤害致死与过失致人死亡。两者的相同点是：客观上造成他人死亡的结果，主观上都没有追求他人死亡的故意。不同点是：故意伤害致死的行为人对伤害他人的部分具有故意而对死亡结果部分存在过失，而过失致人死亡的行为人不存在伤害他人的故意，对死亡结果只存在过失。

案例 23 - 2： 被告人洪某因与隔壁经营茶摊的曾某发生争执，在曾某茶摊喝茶的被害人陈某前来劝阻，被告人洪某挥拳连击陈某的胸部和头部，陈某被打后追洪某，追出二三步后倒地死亡。经鉴定，陈某系在原有冠心病的基础上因吵架时情绪激动、胸部被打、剧烈运动及饮酒等多种原因影响，诱发冠心病发作，冠状动脉痉挛致心脏骤停而猝死。本案被告人是否应对被害人的死亡后果承担刑事责任，对此有不同意见。第一种意见认为，被告人的行为不构成犯罪，理由是：导致被害人死亡的原因是多方面的，胸部中拳是被害人死亡的诱因之一，但不是直接原因；被害人自身的冠心病、情绪激动、饮酒等要素，被告人不可能预见到，死亡结果与这些自身要素都分不开，因此，不能确认被告人的拳击行为与被害人死亡结果之间具有刑法上的因果关系。第二种意见认为，被告人的行为构成过失致人死亡罪，理由是：被告人既没有伤害的故意，也没有杀人的故意，只是由于应当预见而没有预见，才造成被害人死亡结果的发生，因此，应定过失杀人罪。第三种意见认为，被告人的行为构成故意伤害罪，理由是：被告人对被害人头部、胸部分别连击数拳的行为，其主观上能够认识到可能会伤害被害人的身体健康，虽然死亡后果超出其本人的主观愿望，但符合故意伤害致人死亡的构成要件。最高人民法院经核准后认为，被告人殴打他人并致其死亡的行为，已构成故意伤害罪。但可以在法定刑以下判处刑罚。

资料来源：《刑事审判参考（总第49辑）》，法律出版社2006年版，第26～31页。

（四）认定

1. 故意伤害与一般殴打行为的界限。一般殴打行为，是指对他人身体使用轻微物理力而没有达到轻伤程度的行为。"轻微"，是指没有达到破坏他人肉体组织的完整性和生理正常机能程度的伤害，如暂时性肉体疼痛、轻微精神刺激等。

2. "同时伤害"。二人以上没有犯罪意图联络而同时加害他人，无法确定谁的行为导致了伤害结果或者无法区分谁的行为导致了伤害结果的轻重时，二人的行为都构成伤害。故意"同时伤害"的内容，参见本书共同犯罪一章中的特殊同时犯。

3. 伤害现场助势行为。"伤害现场助势行为"，是指行为人没有直接实行伤害被害人的行为，但在他人实行伤害罪的现场助长气势的行为。我国刑法对伤害现场助势行为没有明确规定，在刑事司法实务中对该行为的定性有较大分歧，但有些国家的刑法将该行为规定为伤害罪的帮助行为。[1] 伤害现场助势行为存在于实行伤害行为的过程中，在他人使用暴力以前和伤害行为实行终了以后，不属于伤害现场助势行为。"现场"，是指他人实行伤害罪的场所。"助长气势"，是指用语言、动作等形式强化实行者的犯罪意图，增强伤害行为的气势。行为人只要实施助长气势的行为即可，不论助势行为的结果对伤害行为是否起作用，但是如果行为人既实行助势行为又实行伤害行为的，属于直接伤害行为。

4. 法条竞合。《刑法》第234条规定，故意伤害他人身体，"本法另有规定的，依照规定"。①行为人在实施强奸、抢劫、放火、爆炸、投放危险物质、破坏交通工具等犯罪行为的同时，致人伤害的，不按故意伤害罪论处；②聚众斗殴（《刑法》第292条第2款）致人轻伤的，不按故意伤害罪论处，但致人重伤的，按伤害罪论处；③行为人为索取债务，使用暴力、暴力威胁等手段的，一般不以抢劫罪定罪处罚，构成故意伤害等其他犯罪的，按故意伤害罪的规定处罚；[2] ④行为人在交通肇事后为逃避法律追究，将被害人带离事故现场后隐藏或者遗弃，致使被害人无法得到救助而严重残疾的，[3] 构成故意伤害罪；⑤组织、策划、煽动、胁迫、教唆、帮助邪教组织成员或他人实施自伤的，[4] 按照故意伤害罪处罚。

5. 罪数关系。行为人实施伤害行为，在被害人未失去知觉，利用被害人不能反抗、不敢反抗的处境，临时起意劫取他人财物的，以故意伤害罪和抢劫罪实行数罪并罚；在被害人失去知觉或者没有发觉的情形下，临时起意拿走他人财物的，应以故意伤害罪和盗窃罪实行数罪并罚。[5]

6. 正当化事由。因正当防卫、紧急避险行为造成他人伤害的，属于正当化行为；亲权者、监护人行使惩戒权时，只要不违反社会一般观念，也不构成故意伤害罪。

（五）处罚

《刑法》第234条规定，犯本罪的，处3年以下有期徒刑、拘役或者管制；致人重伤的，处3年以上10年以下有期徒刑；致人死亡或者以特别残忍手段致人重伤造成严重残疾的，处10年以上有期徒刑、无期徒刑或者死刑。

审判实践中，"严重残疾"，是指被害人身体器官大部缺损、器官明显畸形、身体器官有

---

〔1〕《日本刑法》第206条中明确规定了"伤害现场助势罪"。

〔2〕2005年6月8日印发的《审理抢劫、抢夺刑事案件的意见》第9条第5款。

〔3〕2000年11月10日通过的《审理交通肇事刑事案件的解释》第6条。

〔4〕2017年1月25日公布的《办理组织、利用邪教组织破坏法律实施等刑事案件的解释》第11条。

〔5〕2005年6月8日印发的《审理抢劫、抢夺刑事案件的意见》第8条。

中等功能障碍造成严重并发症等。[1] 但对于"特别残忍手段"，刑法和司法解释没有明确规定，应当根据具体情况判断。

四、组织出卖人体器官罪

组织出卖人体器官罪，是指组织他人出卖人体器官的行为。

未经本人同意摘取其器官，或者摘取不满 18 周岁的人的器官，或者强迫、欺骗他人捐献器官的，依照《刑法》第 234、232 条的规定定罪处罚。

《刑法》第 234 条之一第 1 款规定，犯本罪的，处 5 年以下有期徒刑，并处罚金；情节严重的，处 5 年以上有期徒刑，并处罚金或者没收财产。

五、过失致人重伤罪

过失致人重伤罪，是指因过失造成他人重伤的行为。本罪客观方面表现为对他人的身体造成重伤的结果，如果造成轻伤结果的，不构成犯罪。过失行为与重伤结果之间必须存在因果关系。主观方面是出于过失，即应当预见自己的行为可能发生致人伤害的结果，因疏忽大意而没有预见或者已经预见而轻信能够避免，以致发生重伤的结果。

《刑法》第 235 条规定，犯本罪的，处 3 年以下有期徒刑或者拘役。本法另有规定的，依照规定。

第二节　侵犯妇女、儿童身心健康的犯罪

一、强奸罪

（一）概念

强奸罪，是指违背妇女意志，使用暴力、胁迫或者其他手段强行与妇女性交或者奸淫不满 14 周岁幼女的行为。

本罪的客体是妇女的性的不可侵犯的自由权利和幼女的身心健康。性的自由权和身心健康权只有具有生命的女性才能享有，因此，奸尸不构成本罪，但可构成侮辱尸体罪。犯罪的对象包括已满 14 周岁的妇女和不满 14 周岁的幼女。

（二）构成要素

1. 客观的构成要素。

（1）行为主体限于已满 14 周岁具有刑事责任能力的男性，但女子利用男子实施奸淫行为的，可以构成强奸罪的间接正犯（非自手犯）；女子教唆或者帮助男子实施强奸行为的，可以构成强奸罪的教唆犯或者帮助犯（从犯）。

（2）客观方面表现为使用暴力、胁迫或者其他手段，违背妇女意志强行与妇女性交或者奸淫不满 14 周岁的幼女。本罪的本质特征是违背妇女意志，强行与之性交。因此，对于已满 14 周岁的妇女，需要以使用暴力、胁迫或者其他手段，违背妇女意志为要件；而对于不满 14 周岁的幼女，只要实施奸淫行为即可构成本罪。使用暴力、胁迫或者其他手段是违背妇女意志的外在表现。"暴力手段"，是指直接对被害妇女的人身采用殴打、捆绑、强拉硬拽等危害人身安全或者人身自由的手段。"胁迫手段"，是指对被害妇女采用威胁、恐吓等无形的精神强制的手段，如以杀害、伤害、揭发隐私、加害亲属等相威胁。"其他手段"，是指暴力、胁迫以外的使被害妇女难以反抗的手段，如麻醉、灌醉酒、利用迷信、假借诊疗治病、利用职务关系、利用夜深僻静等场所、乘妇女熟睡之机、利用妇女患重病之机等。

---

〔1〕　1999 年 10 月 27 日印发的《全国法院维护农村稳定刑事审判工作座谈会纪要》。

2. 主观的构成要素。主观的构成要素是故意，即明知自己的行为违背妇女的意志而强行奸淫或者明知是不满 14 周岁的幼女而与之发生性关系。

（三）认定

1. 强奸罪与通奸行为。通奸行为是非婚姻关系的男女双方自愿发生性关系的行为。通奸行为是基于妇女真实自愿的，因此，不存在违背妇女意志和使用暴力等手段的问题，也不属于国家刑罚权调整的范围。但女方明确表示断绝通奸关系，而男方使用暴力等手段强行与之发生性关系的，应认定为强奸罪。先强奸后通奸的，先行的强奸行为属于事前的不可处罚行为。

2. 强奸罪与某种特定关系。行为人利用职务上从属关系、教养关系等特定关系，迫使妇女与之发生性关系的，属于违背妇女意志，应按强奸罪论处。但男方利用职权，而女方利用肉体相互交换而发生性关系的，不构成强奸罪。

3. 强奸罪与精神障碍。精神病患者或重度痴呆患者丧失辨认和控制行为能力时，不能自由地决定自己的性权利。因此，明知妇女是精神病患者或重度痴呆患者而与其发生性行为的，应以强奸罪论处。但与未发病的间歇性精神病女患者或者精神病基本痊愈的妇女发生性关系，经本人同意的，不应认定为强奸罪。

4. "婚内强奸"。"婚内强奸"，是指在夫妻婚姻存续期间，丈夫使用暴力等手段强行与妻子发生性交的行为。丈夫是否可以成为强奸妻子的主体，是一个争议较大的问题。原则上，在婚姻关系存续期间，丈夫强行与妻子发生性关系的，不存在强奸罪的问题。但在特殊情况下，丈夫的行为可能构成强奸罪：①在合法婚姻存续期间，妻子已经提出离婚并进入法律程序（包括调解程序），丈夫使用暴力强行与妻子发生性关系的，可以构成强奸罪；②丈夫教唆或者帮助其他男子强奸自己妻子的，可以构成强奸罪的共犯。但是，我国司法实务对丈夫强奸妻子的行为，只要没有进入离婚诉讼程序，就不按强奸罪认定。

案例 23 - 3：被告人白某某与被害人姚某某 1994 年 10 月结婚，婚后夫妻感情不好，多次发生口角。经村委会调解，双方因退还彩礼发生争执。被害人姚某某于 1995 年 2 月 27 日回娘家居住，并向白某某提出离婚。同年 5 月 2 日晚 8 时许，被告人到姚某某娘家索要彩礼时，被告人欲与被害人发生性关系，被害人不允，双方发生扭打。被告人用剪刀剪断被害人内裤，强行与被害人发生了性关系，对被害人蹂躏长达 5 小时之久，导致其抽搐昏迷。法院认为，白某某在与姚某某的婚姻关系存续期间，以强制手段，强行与妻子姚某某发生性关系的行为，不构成强奸罪。其理由是：被告人和被害人双方的婚姻关系是合法有效的，在案发前，虽然女方提出离婚，并经村委会调解，但并没有向法院或者婚姻登记机关提出离婚，没有进入离婚诉讼程序，夫妻之间相互对性生活的法律承诺仍然有效。因此，白某某的行为不构成强奸罪。

资料来源：《刑事审判参考（第 1 卷）》，法律出版社 2000 年版，第 105 页。

5. 奸淫幼女行为。奸淫幼女的，不单独构成奸淫幼女罪，只构成强奸罪，从重处罚。行为人明知是不满 14 周岁的幼女而与其发生性关系，不论幼女是否自愿，均以强奸罪定罪处罚；行为人确实不知对方是不满 14 周岁的幼女，双方自愿发生性关系，未造成严重后果，情节显著轻微的，不认为是犯罪。已满 14 周岁不满 16 周岁的人偶尔与幼女发生性行为，情节轻微、未造成严重后果的，不认为是犯罪。[1]

---

[1] 2005 年 12 月 12 日通过的《审理未成年人刑事案件的解释》第 6 条。

6. 罪数关系。①行为人在实施强奸过程中因过失造成被害妇女重伤或者死亡的，属于强奸罪的结果加重犯。但出于报复、灭口等动机，在实施强奸过程中或者实施强奸行为以后杀害或伤害被害妇女的，应按数罪并罚处理。②既实施了强奸妇女行为又实施了奸淫幼女行为的，只以强奸罪一罪从重处罚。③奸淫被拐卖妇女的，属于拐卖妇女、儿童罪的加重情节（《刑法》第240条），不按强奸处罚。④收买被拐卖的妇女，强行与其发生性关系的，以收买被拐卖妇女罪和强奸罪实行数罪并罚（《刑法》第241条第2款）。⑤组织他人偷越国（边）境或者运送他人偷越国（边）境并且强奸被组织的妇女的，按数罪并罚的规定处罚（《刑法》第318条第2款）。⑥强奸后迫使卖淫的，按强奸罪和强迫卖淫罪数罪并罚（《刑法》第358条）。⑦行为人实施强奸犯罪行为，在被害人未失去知觉，利用被害人不能反抗、不敢反抗的处境，临时起意劫取他人财物的，应当以强奸罪和抢劫罪实行数罪并罚；在被害人失去知觉或者没有发觉的情形下，临时起意拿走他人财物的，应以强奸罪和盗窃罪实行数罪并罚。[1]

（四）处罚

《刑法》第236条规定，犯本罪的，处3年以上10年以下有期徒刑。奸淫不满14周岁的幼女的，以强奸论，从重处罚。有下列情形之一的，处10年以上有期徒刑、无期徒刑或者死刑：①强奸妇女、奸淫幼女情节恶劣的；②强奸妇女、奸淫幼女多人的；③在公共场所当众强奸妇女、奸淫幼女的；④2人以上轮奸的；⑤奸淫不满10周岁的幼女或者造成幼女伤害的；⑥致使被害人重伤、死亡或者造成其他严重后果的。

审判实践中，"致使被害人重伤、死亡"，是指在实施强奸行为的过程中发生的重伤、死亡。"造成其他严重后果"，是指因强奸引起被害人自杀、精神失常、怀孕等后果。

二、负有照护职责人员性侵罪

负有照护职责人员性侵罪，是指对已满14周岁不满16周岁的未成年女性负有监护、收养、看护、教育、医疗等特殊职责的人员，与该未成年女性发生性关系的行为。

负有照护已满14周岁不满16周岁的未成年女性之特殊职责的人员，只要是与之发生性关系，即有性交、口交、鸡奸之性行为的，即构成本罪。

《刑法》第236条之一规定，犯本罪的，处3年以下有期徒刑；情节恶劣的，处3年以上10年以下有期徒刑。

三、强制猥亵、侮辱罪

强制猥亵、侮辱罪，是指以暴力、胁迫或者其他方法强制猥亵他人或者侮辱妇女的行为。

本罪客观方面表现为以暴力、胁迫或者其他手段，违背他人意志，强制猥亵、侮辱妇女的行为。"其他手段"，是指暴力、胁迫手段以外的，使被害人不能反抗或不知反抗的手段，如麻醉、灌酒等。"猥亵"，是指刺激或满足行为人的性欲或引起第三者性兴奋，伤害普通人正常的性羞耻心，败坏性道德观念的行为。"侮辱"，是指使用下流的语言或动作，损害妇女人格的行为，如公开追逐或堵截妇女、强行接吻、搂抱妇女、暴露生殖器等。本罪主观方面是直接故意，一般具有满足、刺激性欲或者侮辱他人性尊严的目的。

《刑法》第237条规定，犯本罪的，处5年以下有期徒刑或者拘役。聚众或者在公共场所当众犯本罪的，或者有其他恶劣情节的，处5年以上有期徒刑。

四、猥亵儿童罪

猥亵儿童罪，是指猥亵不满14周岁儿童的行为。本罪客观方面表现为对儿童实施猥亵行为。本罪不以使用"暴力、胁迫或者其他方法"和"强制"为条件，即使没有使用暴力等手

[1] 2005年6月8日印发的《审理抢劫、抢夺刑事案件的意见》第8条。

段，获得被害儿童的同意也可构成本罪，如利用儿童好奇心或无知等。主观方面是直接故意。

《刑法》第 237 条第 3 款规定，犯本罪的，处 5 年以下有期徒刑；有下列情形之一的，处 5 年以上有期徒刑：①猥亵儿童多人或者多次的；②聚众猥亵儿童的，或者在公共场所当众猥亵儿童，情节恶劣的；③造成儿童伤害或者其他严重后果的；④猥亵手段恶劣或者有其他恶劣情节的。

第三节　侵犯人身自由的犯罪

一、非法拘禁罪

（一）概念

非法拘禁罪，是指以拘押、禁闭或其他强制方法非法剥夺他人人身自由的行为。

（二）构成要素

1. 客观的构成要素。

（1）行为对象是具有意思活动和身体自由活动的自然人。幼儿和精神病人也可成为本罪的对象。

（2）客观方面表现为非法拘禁他人或者以其他方法非法剥夺他人人身自由的行为。所谓"拘禁"，是指以强制方法使他人在一定时间内失去行动自由，或者使他人处于不能脱离一定场所的状态。所谓"非法"，主要表现为没有拘禁他人权限的人以非法方法拘禁他人，或者有拘禁他人权限的人滥用职权违法拘禁他人或剥夺他人的人身自由。非法拘禁的方法则没有限制，可以是捆绑等有形的、物理的方法，也可以是利用他人的恐惧心理等无形的方法，还可以使用间接正犯的形式非法拘禁他人，例如利用不知情的警察将他人拘禁。

2. 主观的构成要素。主观的构成要素是故意。

（三）认定

1. 非法拘禁罪的既遂。本罪是典型的继续犯。所谓"继续犯"，是指从非法剥夺人身自由开始，直到被拘禁者恢复人身自由的期间，其非法拘禁的行为始终处于持续状态。在非法使他人失去人身自由时，成立本罪的既遂，在非法拘禁持续状态结束时犯罪终了。因此，继续犯的追诉期限应从犯罪行为终了之日起计算。关于非法拘禁的时间，刑法没有明确的规定，但根据相关司法解释的规定，国家机关工作人员利用职权非法剥夺他人人身自由的时间为 24 小时以上。[1]

2. 非法拘禁罪与索取债务。行为人为索取合法债务或者为索取高利贷、赌债等法律不予保护的债务，而非法扣押、拘禁他人的，按本罪定罪处罚。[2] 但索债的部分明显超过债务的部分时，属于以勒索债务为名的绑架，可以构成绑架罪。"索取债务"，是指为追回贷款、借款、工资、定金、违约金、医疗费等而要求对方履行财产给付义务的行为。债务一般是实际存在的债务。为索取债务而绑架或者非法拘禁与该债务相关的第三人的，也构成本罪。

3. 非法拘禁罪与罪数。①在非法拘禁过程中，多次转移拘禁地点的，构成本罪一罪；②以出卖为目的非法拘禁妇女、儿童的，应按牵连犯的原则，以拐卖妇女、儿童罪从重处罚；③收买被拐卖的妇女、儿童，非法剥夺其人身自由的，实行数罪并罚；④国家机关工作人员利用职权进行报复陷害，非法拘禁他人的，属于想象竞合犯，应从一重罪处断。

---

〔1〕　2006 年 7 月 26 日公布的《渎职侵权犯罪案件立案标准的规定》。

〔2〕　2000 年 7 月 13 日公布的《最高人民法院关于对为索取法律不予保护的债务，非法拘禁他人行为如何定罪问题的解释》。

（四）处罚

《刑法》第238条第1、2款规定，犯本罪的，处3年以下有期徒刑、拘役、管制或者剥夺政治权利。具有殴打、侮辱情节的，从重处罚。犯本罪，致人重伤的，处3年以上10年以下有期徒刑；致人死亡的，处10年以上有期徒刑。使用暴力致人伤残、死亡的，按故意伤害罪、故意杀人罪论处。

审判实践中，"致人重伤或者致人死亡"，是指在非法拘禁过程中因过失引起被拘禁人重伤或死亡，属于本罪的结果加重犯。"使用暴力致人伤残、死亡的"，是指在非法拘禁过程中故意加害被害人，按故意伤害罪、故意杀人罪论处。国家机关工作人员利用职权犯本罪的，依照上述规定从重处罚。

案例23-4： 1997年12月，被告人颜某和杨某二人向被害人索要欠款，在多次索要无望的情况下，于次年9月某日凌晨，租车到债务人家，强行将债务人之子（1周岁）抱走，并向债务人索要欠款75 000元。公诉机关认为，被告人二人绑架他人，索要欠款，属于绑架勒索行为。法院认为，本案的被告人的犯罪目的仅是索要欠款，并没有提出其他额外勒索要求；且被告人侵害的对象也是特定的，即与之有买卖关系、中介关系的人的子女。被告人虽然采取了绑架他人的手段，但因其主观上不是以勒索财物为目的，而是以索取债务为目的，故仍应以非法拘禁罪论处。索债型非法拘禁罪，一般是以行为人和被害人之间存在合法的真实的债权债务关系为前提的，是债权人为索债采用了法律所不允许的非法拘禁的方法。本案被告人的绑架行为是在索取债务的目的支配下实施的，除要求讨债之外并没有勒索其他钱财，因此，其行为不构成绑架罪，而应定非法拘禁罪。

资料来源：《刑事审判参考（第4卷·上）》，法律出版社2004年版，第112~118页。

二、绑架罪

（一）概念

绑架罪，是指以勒索财物为目的，采用暴力性或者非暴力性手段控制他人人身自由，或者劫持他人为人质的行为。

本罪侵犯的客体是他人的人身自由权利，也包括健康权利、生命权利以及公私财产所有权。本罪的行为对象是行为人以外的任何人，包括未成年人和婴幼儿，也包括行为人的近亲属。

（二）构成要素

1. 客观的构成要素。客观方面表现为控制他人人身自由后，乘被绑架人的亲属等关系人对其忧虑之机勒索财物或者绑架他人为人质。"绑架"的含义中包含使用暴力、胁迫的强制支配力的手段，但是并不仅限于暴力、胁迫手段，绑架罪的核心要素是劫持他人。所谓"劫持他人"，是指实际控制他人的人身自由。因此，刑法中并没有明确规定绑架罪必须以使用暴力、胁迫为要件。以勒索财物为目的偷盗婴幼儿的，也构成绑架罪。控制他人人身自由的手段包括暴力性手段和非暴力性手段，暴力性手段包括暴力和胁迫等手段，这里所说的"暴力"并不要求达到使被绑架人不能反抗或者不知反抗的程度，只要达到被绑架人受到行为人或者第三者实际控制程度即可。非暴力性手段包括欺骗和诱惑，欺骗是指虚构事实使被绑架者产生错误，诱惑是指以语言、物品引诱被绑架人使其失去正常判断能力。乘精神病人没有辨别能力或者不能反抗之机，将其控制在行为人或者第三者之下的；在幼儿的保护人不知情的情况下将其带走，然后向幼儿近亲属等人勒索财物的，也属于绑架行为。无论使用哪种手段，只要将被绑架人转移到行为人或者第三者的实际控制之下即可。暴力、胁迫、欺骗、诱惑等手段并不要求必须对被绑架人本人使用，也可以对被绑架人的保护人使用。

绑架行为包括两种类型：①勒索财物型绑架，即行为人利用被绑架人的近亲属等人对被绑架者的安危担忧之机，迫使其在一定时间内交付赎金的行为。该行为的基本结构是："以勒索财物为目的——实际控制被绑架人人身。""控制被绑架人人身"，是指被绑架人处于行为人或者第三者的实际控制的状态。被绑架人可以由行为人自己控制，也可以交由其他人控制。如果第三者与行为人有通谋的，该第三者构成绑架罪的共同正犯；如果第三者不知情的，不构成本罪。"勒索财物"，是指以明示或者暗示要杀害、伤害被绑架人而要挟其近亲属等人，要求其在一定时间内交付财物。绑架行为一般会导致被绑架人的"近亲属等人"对其生命安危产生担忧，但这不是绑架罪的必要要件。绑架罪并不要求行为人必须向被绑架人的近亲属等人发出交付财物的告知，也不要求必须实现勒索财物的目的。但是，如果行为人直接向被绑架人索取财物的，不构成本罪，可构成抢劫罪。②扣押人质型绑架，即绑架人质作为抵押以换取某种非法利益或者提出非法要求，但不包括偿还债务的要求。行为人既可以向被绑架人，也可以向他人或组织换取非法利益或者提出非法要求。"非法利益"，是指财物以外的其他利益。扣押人质型绑架在控制被绑架人方面与勒索财物型绑架相同，但在要求的内容上有所差异。

2. 主观的构成要素。主观的构成要素是直接故意。"勒索财物型绑架"属于目的犯，需要存在勒索财物的目的。这里的财物一般是指金钱，也可以是珠宝、有价证券等，但不包括财产性利益。"扣押人质型绑架"不需要以索取财物为目的，但往往具有财物以外的其他目的，如政治目的等。犯罪目的是否实现，对本罪的成立没有影响。

（三）认定

1. 本罪与非法拘禁罪。在实施绑架行为时，必然限制被绑架人的人身自由，与非法拘禁罪存在牵连关系，因此只按绑架罪处罚。但是，两者的主要区别是：①在主观方面，本罪以索取财物或者要求其他非法利益为目的；后者以非法剥夺他人人身自由或者索取债务为目的。②在客观方面，本罪通过剥夺被绑架人的人身自由而向他人勒索财物或者要求其他利益；而后者一般只是剥夺他人人身自由。

案例23-5：2002年1月11日23时许，被告人杨某某等3人驾车至歌厅将被害人田某劫持至车上，用宽胶带将被害人田某的眼睛、双手缠住，挟持至某旅馆内非法拘禁，向被害人索要钱财，持续到13日将田某挟持回其住处从其存折中支取现金5000元后，将被害人释放。二审法院认定，3名被告人构成抢劫罪，理由是被告人的行为不具备以被绑架人为人质，向被绑架人以外的第三方勒索财物这一绑架罪的基本特征。

资料来源：《刑事审判参考（总第35辑）》，法律出版社2004年版，第43~48页。

2. 绑架罪的既遂。本罪是目的犯，行为人以勒索财物为目的绑架他人或者以其他目的扣押他人为人质的，即可构成本罪，至于行为人是否向被绑架人近亲属等人告知财物要求或者其他要求，不影响本罪的成立。因此，行为人开始采取绑架手段时，为实行行为的着手；被绑架人处于行为人或者第三者的实际控制之下时，为既遂。

3. 绑架罪与被害人同意。在实施绑架的过程中，即使获得被绑架人的同意，也不影响本罪的成立。在绑架行为实施后，被绑架人对行为人表示宽恕或同意行为人提出的勒索财物要求的，不影响本罪的既遂。

4. 绑架罪的罪数关系。在绑架过程中，因行为人主观故意以外的原因导致被绑架人死亡的，是绑架罪的结果加重犯；在绑架过程中故意杀害被绑架人的，属于处断上的一罪，均处死刑。在绑架过程中又实施其他犯罪的，如强奸等，属于绑架罪和其他犯罪的数罪，实行数罪并罚。但是，在实务中，对于采用绑架手段非法拘禁他人并致他人死亡的，存在不同意见。

案例23-6：1999年7月，被告人田某与另外3名被告人在向债务人刘某（被害人）索要债务时，非法拘禁债务人，使债务人失去人身自由。被告人田某等人为了控制被害人，多次给被害人注射"冬眠灵"，次日，被害人死亡。为避免被人发现，田某提出将尸体碎尸后沉入河底，其他人同意。但经法医鉴定，没有充分证据证实被害人系因注射该药物而直接死亡。对于本案存在不同的意见。第一种意见认为，本案被告人有绑架他人的行为，并致他人死亡，应定绑架罪。第二种意见认为，本案被告人为索债非法限制他人人身自由，强行给被害人注射药物，并导致其死亡，属于非法拘禁中使用暴力致人死亡，应转化为故意杀人罪。第三种意见认为，本案被告人为索债非法扣押、拘禁他人，在非法拘禁过程中，恐被害人喊救，不能将其安全带回，强行给其注射"冬眠灵"，虽致被害人死亡，但并没有希望或者放任被害人死亡的主观故意。发生被害人死亡的结果，是因为被告人的过失所致，因此仍应属于非法拘禁过程中致人死亡，定非法拘禁罪。法院采纳了第三种意见。

资料来源：《刑事审判参考（第4卷·上）》，法律出版社2004年版，第90页。

（四）处罚

《刑法》第239条规定，犯本罪的，处10年以上有期徒刑或者无期徒刑，并处罚金或者没收财产；情节较轻的，处5年以上10年以下有期徒刑，并处罚金；犯本罪，杀害被绑架人的，或者故意伤害被绑架人，致人重伤、死亡的，处无期徒刑或者死刑，并处没收财产。以勒索财物为目的偷盗婴幼儿的，依照上述规定处罚。

三、拐卖妇女、儿童罪

（一）概念

拐卖妇女、儿童罪，是指以出卖为目的，拐骗、绑架、收买、贩卖、接送、中转妇女、儿童的行为。

本罪侵犯的客体是妇女、儿童的人身权利中的人身不受买卖的权利。妇女、儿童具有独立的人格，国家禁止将任何人当商品买卖，因此，即使被拐卖者同意，也不影响本罪的成立。

（二）构成要素

1. 客观的构成要素。客观方面表现为拐骗、绑架、收买、贩卖、接送、中转妇女、儿童的行为。本罪的对象是妇女和不满14周岁的儿童。这里的妇女，既包括具有中国国籍的妇女，也包括具有外国国籍和无国籍的妇女。这里的儿童，包括婴幼儿。"拐骗"，是指采用欺骗、诱惑等非强制性手段，控制妇女、儿童。"绑架"，是指使用暴力、胁迫、麻醉等强制性手段劫持妇女、儿童。"收买"，是指以金钱或物质性利益从他人手中买取妇女、儿童。"贩卖"，是指卖出妇女、儿童换取非法利益。"接送"，是指为拐卖妇女、儿童的罪犯接收、运送妇女、儿童。"中转"，是指为拐卖妇女、儿童的罪犯提供场所或机会。

2. 主观的构成要素。主观的构成要素是直接故意，并具有出卖的目的，但是否实际获利不影响本罪的成立。

（三）认定

1. 定罪的界限。凡是拐卖妇女、儿童的，不论是哪个环节，不论拐卖人数多少，不论是否获利,只要是以出卖为目的,有拐骗、绑架、收买、贩卖、接送、中转行为之一的就构成本罪。本罪是选择性罪名,只要实施上述行为之一即可构成本罪。

2. 罪数关系。①行为人以勒索财物为目的,绑架妇女、儿童,因勒索未成而出卖被绑架的妇女、儿童的,应按绑架罪和拐卖妇女、儿童罪实行数罪并罚;②绑架妇女、儿童后没有卖出,但向被绑架的妇女、儿童的近亲属等要求交付财物的,应按绑架罪论处;③以勒索财物为目的,偷盗婴幼儿的,以绑架罪论;④在拐卖过程中,因殴打、捆绑等行为,过失导致被拐卖的妇女、儿童伤害或死亡的,按本罪论处;⑤故意对被害人实施杀害、伤害的,应以本罪与故意杀人罪或故意伤害罪实行数罪并罚;⑥奸淫或强奸被拐卖的妇女,或者强迫、诱骗被拐卖的妇女卖淫的,按本罪处罚;⑦以营利为目的,出卖不满 14 周岁子女、情节严重的,借收养名义拐卖儿童的,以及出卖捡拾的儿童的,均以拐卖儿童罪处罚;⑧出卖 14 周岁以上女性亲属或者其他不满 14 周岁亲属的,按本罪处罚;⑨犯组织他人偷越国(边)境罪,对被组织的妇女、儿童有拐卖犯罪行为的,以组织他人偷越国(边)境罪和拐卖妇女、儿童罪并罚。

3. 共犯关系。①明知是拐卖妇女、儿童的犯罪分子而事先通谋,为其拐卖行为提供资助或者其他便利条件的,应当以拐卖妇女、儿童罪的共犯处罚。②教唆他人实施拐卖妇女、儿童犯罪的,以拐卖妇女、儿童罪的共犯论处;向他人传授拐卖妇女、儿童犯罪方法的,以传授犯罪方法罪论处。③明知是拐卖妇女、儿童的犯罪分子,而在其实施犯罪后为其提供隐藏处所、财物,帮助其逃匿或者作假证明包庇的,以窝藏、包庇罪论处。④教唆被拐卖、拐骗、收买的未成年人实施盗窃、诈骗等犯罪行为的,应当以盗窃罪、诈骗罪等犯罪的共犯处罚。

(四)处罚

《刑法》第 240 条第 1 款规定,犯本罪的,处 5 年以上 10 年以下有期徒刑,并处罚金;有下列情形之一的,处 10 年以上有期徒刑或者无期徒刑,并处罚金或者没收财产;情节特别严重的,处死刑,并处没收财产:①拐卖妇女、儿童集团的首要分子;②拐卖妇女、儿童 3 人以上的;③奸淫被拐卖的妇女的;④诱骗、强迫被拐卖的妇女卖淫或者将被拐卖的妇女卖给他人迫使其卖淫的;⑤以出卖为目的,使用暴力、胁迫或者麻醉方法绑架妇女、儿童的;⑥以出卖为目的,偷盗婴幼儿的;⑦造成被拐卖的妇女、儿童或者其亲属重伤、死亡或者其他严重后果的;⑧将妇女、儿童卖往境外的。

四、收买被拐卖的妇女、儿童罪

(一)概念

收买被拐卖的妇女、儿童罪,是指不以出卖为目的,买入被拐卖的妇女、儿童的行为。

(二)构成要素

1. 客观的构成要素。

(1)客观方面表现为以金钱或财物换取被拐卖的妇女、儿童。

(2)本罪是结果犯,收买到被拐卖的妇女、儿童的为既遂。

2. 主观的构成要素。主观的构成要素是直接故意,并且不以出卖为目的,如与被拐卖妇女结婚,供自己猥亵、奴役等。如果存在出卖的目的,则不构成本罪,而构成拐卖妇女、儿童罪。

(三)认定

罪数关系。①收买被拐卖的妇女、儿童后,并有强奸、非法拘禁、伤害、侮辱、虐待、猥亵等犯罪行为的,按照数罪并罚的规定处罚;②行为人以收买为目的,教唆或帮助他人拐卖妇女、儿童并收买的,应按拐卖妇女、儿童罪的共犯(教唆犯、帮助犯)和本罪,实行数罪并罚;③收买被拐卖的妇女、儿童又出卖的,只构成拐卖妇女、儿童罪一罪。

（四）处罚

《刑法》第241条第1、6款规定，犯本罪的，处3年以下有期徒刑、拘役或者管制。收买被拐卖的妇女、儿童，对被买儿童没有虐待行为，不阻碍对其进行解救的，可以从轻处罚；按照被买妇女的意愿，不阻碍其返回原居住地的，可以从轻或者减轻处罚。

五、聚众阻碍解救被收买的妇女、儿童罪

聚众阻碍解救被收买的妇女、儿童罪，是指纠集多人阻碍国家机关工作人员解救被收买的妇女、儿童的行为。

本罪的客观方面表现为纠集多人阻碍国家机关工作人员解救被收买的妇女、儿童的行为。本罪主观方面是直接故意。本罪以聚众为要件，属于必要的共同犯罪。

《刑法》第242条第2款规定，犯本罪的，对首要分子，处5年以下有期徒刑或者拘役；其他参与者使用暴力、威胁方法的，按照《刑法》第277条规定的妨害公务罪处罚。

六、诬告陷害罪

（一）概念

诬告陷害罪，是指故意捏造犯罪事实，向国家机关或者有关单位告发，意图使他人受刑事追究，情节严重的行为。

（二）构成要素

1. 客观的构成要素。客观方面表现为捏造犯罪事实，向国家机关或者有关单位告发，情节严重的行为。本罪的行为由捏造犯罪事实和告发两个部分组成。"捏造犯罪事实"，是指虚构他人的犯罪事实。犯罪事实是足以导致司法机关对被告发人追究刑事责任的全部或部分事实。"告发"，是指将捏造的犯罪事实向国家机关或有关单位告发。

2. 主观的构成要素。主观的构成要素是直接故意，并具有意图使他人受刑事追究的目的。

（三）认定

1. 诬告陷害罪与一般诬告的界限。两者的主要区别是：情节是否严重。本罪的成立，必须是情节严重。

2. 诬告陷害罪与错告、检举失实的界限。两者的主要区别是：行为人主观方面是否具有意图使他人受刑事追究的目的。

3. 诬告陷害罪与诽谤罪的界限。①主观方面不同。前者的目的是意图使他人受刑事追究；后者的目的是破坏他人的名誉。②行为方式不同。前者是捏造犯罪事实并向有关机关告发；后者是捏造有损他人名誉或人格的事实并散布，但不向国家机关或者有关单位告发。

（四）处罚

《刑法》第243条第1、2款规定，犯本罪的，处3年以下有期徒刑、拘役或者管制；造成严重后果的，处3年以上10年以下有期徒刑。国家机关工作人员犯本罪的，从重处罚。

七、强迫劳动罪

强迫劳动罪，是指以暴力、威胁或者限制人身自由的方法强迫他人劳动的行为。

明知他人实施强迫劳动犯罪行为，为其招募、运送人员或者有其他协助强迫他人劳动行为的，以本罪论处。

《刑法》第244条第1、3款规定，犯本罪的，处3年以下有期徒刑或者拘役，并处罚金；情节严重的，处3年以上10年以下有期徒刑，并处罚金。单位犯本罪的，对单位判处罚金，并对其直接负责的主管人员和其他直接责任人员，依照上述规定处罚。

"情节严重"，主要包括以下情形：①迫使职工从事超体力、超强度、超时间劳动，损害

职工健康；②强迫众多职工劳动的；③长期强迫职工劳动的；④强迫职工从事高危险的劳动；⑤强迫职工在不符合劳动安全条件的环境下劳动的；⑥榨取高额利润，造成恶劣的社会影响的；等等。

八、雇用童工从事危重劳动罪

雇用童工从事危重劳动罪，是指违反劳动管理法规，雇用未满 16 周岁未成年人从事超强度体力劳动，或者从事高空、井下作业的，或者在爆炸性、易燃性、放射性、毒害性等危险环境下从事劳动，情节严重的行为。

本罪的客体是未成年人的身体健康权利。本罪的主体是一般主体，包括自然人和单位。客观方面表现为：违反劳动管理法规，雇用未满 16 周岁的未成年人从事超强度体力劳动的，或者从事高空、井下作业的，或者在爆炸性、易燃性、放射性、毒害性等危险环境下从事劳动，[1] 情节严重的行为。主观方面是故意。

《刑法》第 244 条之一（《刑法修正案（四）》第 4 条）第 1 款规定，犯本罪的，对直接责任人员，处 3 年以下有期徒刑或者拘役，并处罚金；情节特别严重的，处 3 年以上 7 年以下有期徒刑，并处罚金。

九、非法搜查罪

非法搜查罪，是指非法搜查他人身体或住宅的行为。

本罪的客体是公民的人身自由权利，行为的对象是公民的身体和住宅。本罪的主体是一般主体。客观方面表现为非法搜查他人的身体或住宅。非法搜查，包括有搜查权限的人，未经法定程序或特定机关批准，滥用职权进行搜查，也包括无权搜查的人擅自进行搜查。本罪为行为犯，只要实施了非法搜查的行为即可，不要求情节严重的结果。主观方面是直接故意。

《刑法》第 245 条规定，犯本罪的，处 3 年以下有期徒刑或者拘役。司法工作人员滥用职权，犯非法搜查罪的，从重处罚。

审判实践中，国家机关工作人员利用职权非法搜查，涉嫌下列情形之一的，应予立案：①非法搜查他人身体、住宅，并实施殴打、侮辱等行为的；②非法搜查，情节严重，导致被搜查人或者其近亲属自杀、自残造成重伤、死亡或者精神失常的；③非法搜查，造成财物严重损坏的；④非法搜查 3 人（户）次以上的；⑤司法工作人员对明知是与涉嫌犯罪无关的人身、住宅非法搜查的；⑥其他非法搜查应予追究刑事责任的情形。[2]

十、非法侵入住宅罪

非法侵入住宅罪，是指非法强行闯入他人住宅，或者经要求退出而拒绝退出的行为。

本罪的客体是他人生活安宁和居住安全的权利。本罪的主体是一般主体。客观方面表现为两种类型：①作为型，即非法进入他人住宅的行为；②不作为型，即进入住宅时居住者并没有反对，但经要求退出而拒绝退出的行为。"非法"，是指未经居住者同意，又无正当理由。"住宅"，是指有人居住或有人看守的生活场所。在涉及入户盗窃、抢劫、杀人、强奸等犯罪中，本罪往往是其他犯罪的手段行为，属于牵连犯，不构成数罪，而应按择一重罪处罚。主观方面是直接故意。

《刑法》第 245 条规定，犯本罪的，处 3 年以下有期徒刑或者拘役。司法工作人员滥用职权，犯非法侵入住宅罪的，从重处罚。

---

〔1〕 1994 年 12 月 9 日劳动部颁布的《未成年工特殊保护规定》。
〔2〕 2006 年 7 月 26 日公布的《渎职侵权犯罪案件立案标准的规定》。

十一、刑讯逼供罪

（一）概念

刑讯逼供罪，是指司法工作人员对犯罪嫌疑人、被告人使用肉刑或者变相肉刑，逼取口供的行为。

本罪的客体是公民的人身权利和司法机关的正常活动。行为的对象是犯罪嫌疑人和被告人。

（二）构成要素

1. 客观的构成要素。

（1）行为主体是司法机关工作人员，即有侦查、检察、审判、监管职责的工作人员。

（2）客观方面表现为：使用肉刑或变相肉刑逼取犯罪嫌疑人、被告人的口供的行为。即本罪的行为由使用肉刑或变相肉刑和逼取口供两个部分组成，两者缺一不可。只使用肉刑或变相肉刑而没有逼取口供的，属于单纯的故意伤害。"肉刑"，是指对身体施加暴力，摧残犯罪嫌疑人、被告人身体或精神的方法，如殴打、捆绑、电击、火烫、吊打、违法使用刑具等。"变相肉刑"，是指肉刑以外的摧残、折磨犯罪嫌疑人、被告人肉体、精神的手段，如罚冻、罚站、罚晒、罚饿、罚跪等。"逼供"，是指逼迫犯罪嫌疑人、被告人提供行为人所期待的口供。

2. 主观的构成要素。主观的构成要素是直接故意，并有逼取口供的目的。

（三）认定

1. 刑讯逼供罪与非罪。刑讯逼供罪必须既刑讯又逼供。只有轻微逼供而没有刑讯的，不构成本罪。

2. 刑讯逼供与非法拘禁罪的界限。①犯罪主体不同，前者仅限于司法机关工作人员，后者是国家机关工作人员和其他自然人；②客观方面不同，前者是既使用肉刑或变相肉刑的方法又逼取口供，后者是非法剥夺他人人身自由；③行为的对象不同，前者的行为仅限于犯罪嫌疑人和被告人，后者的对象没有限制；④目的不同，前者是为了逼取口供，后者是为了剥夺他人人身自由。

（四）处罚

《刑法》第247条规定，犯本罪的，处3年以下有期徒刑或者拘役。因刑讯逼供而致人伤残、死亡的，分别依照故意伤害罪和故意杀人罪定罪从重处罚。

审判实践中，"致人伤残、死亡"，是指行为人故意采用肉刑或者变相肉刑直接致使犯罪嫌疑人、被告人轻伤、重伤或者死亡的，还包括犯罪嫌疑人、被告人自杀、自残造成重伤、死亡的。

十二、暴力取证罪

暴力取证罪，是指司法工作人员使用暴力逼取证人证言的行为。

本罪的客体是公民的人身权利和司法机关的正常活动。犯罪主体仅限于司法机关工作人员。客观方面表现为对证人使用暴力，逼取证言的行为。行为的对象仅限于证人。主观方面是直接故意。

《刑法》第247条规定，犯本罪的，处3年以下有期徒刑或者拘役。因暴力取证而致人伤残、死亡的，分别依照故意伤害罪、故意杀人罪定罪从重处罚。

十三、虐待被监管人罪

虐待被监管人罪，是指监狱、拘留所、看守所、劳教所等监管机构的监管人员对被监管人进行殴打或体罚虐待，或者指使被监管人殴打或体罚虐待其他被监管人，情节严重的行为。

本罪的客体是被监管人的人身权利和监管机构的正常活动。行为的对象仅限于被监管人，包括已决犯、未决犯和其他依法被拘押的人。主体仅限于监狱、拘留所、看守所、劳教所等监管机构的监管人员。客观方面表现为：对被监管人进行殴打或体罚虐待，或者指使被监管人殴打或体罚虐待其他被监管人，情节严重的行为。"殴打"，是指对被监管人施加造成肉体上暂时痛苦的有形力。"体罚虐待"，是指殴打以外的造成肉体痛苦和精神折磨的方法。"情节严重的行为"包括：①以殴打、捆绑、违法使用械具等恶劣手段虐待被监管人的；②以较长时间冻、饿、晒、烤等手段虐待被监管人，严重损害其身体健康的；③虐待造成被监管人轻伤、重伤、死亡的；④虐待被监管人，情节严重，导致被监管人自杀、自残造成重伤、死亡，或者精神失常的；⑤殴打或者体罚虐待3人次以上的；⑥指使被监管人殴打、体罚虐待其他被监管人，具有上述情形之一的；⑦其他情节严重的情形。[1] 主观方面是故意。

《刑法》第248条规定，犯本罪的，处3年以下有期徒刑或者拘役；情节特别严重的，处3年以上10以下有期徒刑。致人伤残、死亡的，依照故意伤害罪、故意杀人罪定罪处罚。

第四节　侵犯他人人格、名誉的犯罪

一、侮辱罪

侮辱罪，是指以暴力或者其他方法公然贬低他人人格，破坏他人名誉，情节严重的行为。

本罪的客体是公民的人格尊严和名誉权。对象仅限于自然人。主体是一般主体。客观方面表现为以暴力或者其他方法公然贬低他人人格，破坏他人名誉，情节严重的行为。这里的"暴力"，是指与贬损他人人格相关的强制有形力，例如，强行剥光衣服、强迫被害人做令人难堪动作等。本罪的成立：①必须使用暴力侮辱、语言侮辱、文字侮辱、互联网侮辱等方法；②必须是公然侮辱，即在有第三者在场的场合或者以能够使第三者看到、听到的方式进行侮辱；③侮辱行为只有在情节严重时，才能构成本罪。制作、传播邪教宣传品公然侮辱他人，或者利用互联网侮辱他人的，以本罪定罪处罚。主观方面是故意，并具有贬低他人人格、破坏他人名誉的目的。

在公然侮辱他人的过程中，以伤害他人身体为目的使用暴力造成伤害的，构成故意伤害罪；在侮辱他人的过程中，因过失造成他人重伤的，应按想象竞合犯处理，选择过失致人重伤罪处罚。

《刑法》第246条规定，犯本罪的，处3年以下有期徒刑、拘役、管制或者剥夺政治权利。本罪，告诉才处理，但严重危害社会秩序和国家利益的除外。通过信息网络实施侮辱行为，被害人向人民法院告诉，但提供证据确有困难的，人民法院可以要求公安机关提供协助。

二、诽谤罪

诽谤罪，是指故意捏造并散布某种虚假事实，损坏他人人格，破坏他人名誉，情节严重的行为。

本罪的客体是他人的人格尊严和名誉权。对象是特定的人。主体是一般主体。客观方面表现为故意捏造并散布某种虚假事实，损坏他人人格，破坏他人名誉，情节严重的行为。"故意捏造"，是指无中生有、凭空虚构事实。"散布"，是指向他人公布事实。只有捏造而没有散布的，或者捏造并散布某种虚构事实但不足以损坏他人名誉的，均不构成本罪。利用互联网、

---

〔1〕 2006年7月26日公布的《渎职侵权犯罪案件立案标准的规定》。

出版物或者制作、传播邪教宣传品捏造事实诽谤他人的，也构成本罪。本罪的主观方面是故意。本罪的成立要求行为人捏造并散布虚构事实，但不要求公然散布，这是与侮辱罪的主要区别。本罪要求必须是散布虚构事实，但不要求向有关机关告发，这是本罪与诬告陷害罪的主要区别。

《刑法》第 246 条规定，犯本罪的，处 3 年以下有期徒刑、拘役、管制或者剥夺政治权利。本罪，告诉才处理，但严重危害社会秩序和国家利益的除外。通过信息网络实施诽谤行为，被害人向人民法院告诉，但提供证据确有困难的，人民法院可以要求公安机关提供协助。

三、煽动民族仇恨、民族歧视罪

煽动民族仇恨、民族歧视罪，是指煽动民族仇恨、民族歧视，情节严重的行为。

本罪的客体是各民族的平等权利和民族尊严。主体是一般主体。客观方面表现为煽动民族仇恨、民族歧视，破坏民族团结的行为。"煽动"，是指以语言、文字、音像、互联网等方法，向不特定人或者多数人公开鼓动民族仇恨或民族歧视的行为。"情节严重"，一般是指手段恶劣或后果严重。主观方面是直接故意。

《刑法》第 249 条规定，犯本罪的，处 3 年以下有期徒刑、拘役、管制或者剥夺政治权利；情节特别严重的，处 3 年以上 10 以下有期徒刑。

四、出版歧视、侮辱少数民族作品罪

出版歧视、侮辱少数民族作品罪，是指在出版物中刊载歧视、侮辱少数民族的内容，情节恶劣，造成严重后果的行为。

本罪的客体是少数民族的尊严。对象是少数民族的整体。主体是出版单位的直接责任人员。客观方面表现为在出版物中刊载歧视、侮辱少数民族的内容，情节恶劣，造成严重后果的行为。"出版物"，是指报纸、杂志、图书、音像制品和电子出版物等。"刊载"，是指在出版物中发表、制作、转载、节选等。出版刊载歧视、侮辱少数民族内容的作品，情节恶劣，造成严重后果的，构成本罪。[1] 主观方面是直接故意。

《刑法》第 250 条规定，犯本罪的，对出版单位的直接责任人员，处 3 年以下有期徒刑、拘役或者管制。

第五节　侵犯民主权利的犯罪

一、非法剥夺公民宗教信仰自由罪

非法剥夺公民宗教信仰自由罪，是指国家机关工作人员非法剥夺公民的宗教信仰自由，情节严重的行为。

本罪的客体是公民的宗教信仰自由。主体仅限于国家机关工作人员。客观方面表现为非法剥夺公民的宗教信仰自由，情节严重的行为。"非法剥夺公民的宗教信仰自由"，是指使用暴力、胁迫或者其他强制性方法，制止他人加入或强迫他人退出宗教团体，或强迫不信教的人信教，或逼迫他人信仰某种宗教或不准信仰某种宗教等。"情节严重"，是指手段恶劣、后果严重、社会影响恶劣等。主观方面是故意。

《刑法》第 251 条规定，犯本罪的，处 2 年以下有期徒刑或者拘役。

二、侵犯少数民族风俗习惯罪

侵犯少数民族风俗习惯罪，是指国家机关工作人员以强制手段非法干涉、破坏少数民族

---

〔1〕 1998 年 12 月 17 日公布的《审理非法出版物刑事案件的解释》第 7 条。

风俗习惯，情节严重的行为。

本罪的客体是少数民族保持或改革本民族风俗习惯自由的权利。主体仅限于国家机关工作人员。客观方面表现为以强制手段非法干涉、破坏少数民族风俗习惯，情节严重的行为。"少数民族风俗习惯"，是指各少数民族在历史发展中形成的，在婚姻、家庭、饮食、丧葬、礼仪等方面的习惯。"强制手段"，是指使用暴力、胁迫、行政命令等手段。主观方面是直接故意。

《刑法》第 251 条规定，犯本罪的，处 2 年以下有期徒刑或者拘役。

三、侵犯通信自由罪

侵犯通信自由罪，是指隐匿、毁弃或者非法开拆他人信件，侵犯公民通信自由权利，情节严重的行为。

本罪的客体是公民的通信自由和通信秘密权利。行为的对象是交付邮电部门邮递的信函，但不包括国家机关公函。主体是一般主体，但不包括邮政工作人员。客观方面表现为隐匿、毁弃或者非法开拆他人信件，侵犯公民通信自由权利，情节严重的行为。"隐匿"，是指秘密隐藏他人信件。"毁弃"，是指将他人信件烧毁、撕毁或者丢弃。"非法开拆"，是指未经收件人、发件人同意或司法机关批准，擅自开启他人的信件。另外，非法截获、篡改、删除他人电子邮件或者其他数据资料，侵犯公民通信自由和通信秘密的，构成本罪。本罪的主观方面是直接故意。

《刑法》第 252 条规定，犯本罪的，处 1 年以下有期徒刑或者拘役。

四、私自开拆、隐匿、毁弃邮件、电报罪

私自开拆、隐匿、毁弃邮件、电报罪，是指邮政工作人员私自开拆、隐匿或者毁弃邮件、电报的行为。

本罪的客体是公民的通信自由权利和邮政部门的正常活动。主体限于邮政工作人员。客观方面表现为行为人利用邮政工作的便利，私自开拆或者隐匿、毁弃邮件、电报的行为。如果没有利用工作便利，非法开拆、隐匿或者毁弃他人邮件，情节严重的，应构成侵犯通信自由罪。主观方面是直接故意。

《刑法》第 253 条规定，犯本罪的，处 2 年以下有期徒刑或者拘役。犯本罪从中窃取财物的，以盗窃罪从重处罚。

五、侵犯公民个人信息罪

侵犯公民个人信息罪，是指违反国家有关规定，向他人出售或者提供公民个人信息，情节严重的行为，以及窃取或者以其他方法非法获取公民个人信息的行为。

"公民个人信息"，是指以电子或者其他方式记录的能够单独或者与其他信息结合识别特定自然人身份或者反映特定自然人活动情况的各种信息，包括姓名、身份证件号码、通信通讯联系方式、住址、账号密码、财产状况、行踪轨迹等。[1]

《刑法》第 253 条之一规定，犯本罪的，处 3 年以下有期徒刑或者拘役，并处或者单处罚金；情节特别严重的，处 3 年以上 7 年以下有期徒刑，并处罚金。违反国家有关规定，将在履

---

[1] 2017 年 5 月 8 日公布的《最高人民法院、最高人民检察院关于办理侵犯公民个人信息刑事案件适用法律若干问题的解释》第 1 条。2017 年施行的《网络安全法》第 76 条第 5 款的规定，所谓个人信息，是指以电子或者其他方式记录的能够单独或者与其他信息结合识别自然人个人身份的各种信息，包括但不限于自然人的姓名、出生日期、身份证件号码、个人生物识别信息、住址、电话号码等。2020 年《民法典》第 1034 条第 2 款规定："个人信息是以电子或者其他方式记录的能够单独或者与其他信息结合识别特定自然人的各种信息，包括自然人的姓名、出生日期、身份证件号码、生物识别信息、住址、电话号码、电子邮箱、健康信息、行踪信息等。"公民个人信息概念的以上三个规定，大同小异，可参照理解。

行职责或者提供服务过程中获得的公民个人信息，出售或者提供给他人的，依照前款的规定从重处罚。单位犯本罪的，对单位判处罚金，并对其直接负责的主管人员和其他直接责任人员，依照各该款的规定处罚。

六、报复陷害罪

报复陷害罪，是指国家机关工作人员滥用职权、假公济私，对控告人、申诉人、批评人、举报人实行报复、陷害的行为。

本罪的客体是公民的控告权、申诉权、批评权、举报权等民主权利和国家机关的正常活动。行为的对象仅限于控告人、申诉人、批评人、举报人。本罪的主体仅限于国家机关工作人员。客观方面表现为滥用职权、假公济私，对控告人、申诉人、批评人、举报人实行报复陷害的行为。"假公济私"，是指利用国家机关的名义或权力。"报复陷害"，是指给控告人等造成不利。报复陷害行为致使控告人、申诉人、批评人、举报人或者其近亲属自杀、自残造成重伤、死亡，或者精神失常的；致使上述人员或者其近亲属的合法权利受到严重损害的，[1] 应当给予处罚。主观方面是故意。

《刑法》第254条规定，犯本罪的，处2年以下有期徒刑或者拘役；情节严重的，处2年以上7年以下有期徒刑。

七、打击报复会计、统计人员罪

打击报复会计、统计人员罪，是指公司、企业、事业单位、机关、团体的领导人，对依法履行职责、抵制违反会计法、统计法行为的会计、统计人员实行打击报复，情节恶劣的行为。

本罪的客体是会计、统计人员的人身、民主权利和国家财会、统计制度。对象是会计人员、统计人员、审计人员。主体是特殊主体，即公司、企业、事业单位、机关、团体的领导人。客观方面表现为对依法履行职责、抵制违反《会计法》《统计法》行为的会计、统计人员实行打击报复，情节恶劣的行为。一般表现为以降级、撤职、调离工作岗位、解聘或者开除等方式打击报复。主观方面是直接故意。

《刑法》第255条规定，犯本罪的，处3年以下有期徒刑或者拘役。

八、破坏选举罪

破坏选举罪，是指在选举各级人民代表大会代表和国家机关领导人员时，以暴力、威胁、欺骗、贿赂、伪造选举文件、虚假选举票数或者编造选举结果等手段破坏选举或者妨害选民和代表自由行使选举权和被选举权，情节严重的行为。

本罪的客体是公民的选举权和被选举权以及国家选举制度。"国家选举制度"，是指各级人民代表大会代表的选举以及对国家机关领导人的选举，不包括厂长、经理、居民委员会、村民委员会等自治组织的选举。主体是一般主体。客观方面表现为在选举各级人民代表大会代表和国家机关领导人时，以暴力、威胁、欺骗、贿赂、伪造选举文件、虚假选举票数等手段，破坏选举或者妨害选民和代表自由行使选举权和被选举权，情节严重的行为。破坏选举行为包括：以金钱或者其他财物贿赂选民或者代表，妨害选民和代表自由行使选举权和被选举权的；以暴力、威胁、欺骗或者其他非法手段妨害选民和代表自由行使选举权和被选举权的；伪造选举文件、虚报选举票数或者有其他违法行为的；对于控告、检举选举中违法行为的人，或者对于提出要求罢免代表的人进行压制、报复的。[2] 本罪的主观方面是

---

〔1〕 2006年7月26日公布的《渎职侵权犯罪案件立案标准的规定》。
〔2〕 《全国人民代表大会和地方各级人民代表大会选举法》第58条。

直接故意。

《刑法》第 256 条规定，犯本罪的，处 3 年以下有期徒刑、拘役或者剥夺政治权利。

第六节 妨害婚姻家庭权利的犯罪

一、暴力干涉婚姻自由罪

暴力干涉婚姻自由罪，是指以暴力方法干涉他人婚姻自由的行为。

本罪的客体是他人的婚姻自由权利，包括结婚自由和离婚自由。主体是一般主体。客观方面表现为以暴力方法干涉他人婚姻自由的行为。构成本罪必须使用暴力方法，仅有干涉行为而没有使用暴力的，不构成犯罪。主观方面是直接故意。

《刑法》第 257 条规定，犯本罪的，处 2 年以下有期徒刑或者拘役。本罪，告诉的才处理。但是如果由于暴力干涉他人婚姻自由致使被害人死亡的，处 2 年以上 7 年以下有期徒刑，不属于告诉才处理的犯罪。

审判实践中，"致使被害人死亡"，是指在暴力干涉婚姻过程中因过失导致被害人死亡或直接引起被害人自杀，属于本罪的结果加重犯。在暴力干涉他人婚姻自由的过程中实施了故意伤害、故意杀人行为的，属于想象竞合犯，按重罪的故意伤害罪或故意杀人罪论处。

二、重婚罪

（一）概念

重婚罪，是指有配偶而与他人结婚，或者明知他人有配偶而与之结婚的行为。

（二）构成要素

1. 客观的构成要素。

（1）行为主体包括两种人：①重婚者，即有配偶而在其婚姻关系持续期间与他人结婚的人；②相婚者，即明知他人有配偶而与之结婚的无配偶者。

（2）客观方面表现为有配偶而与他人结婚，或者明知他人有配偶而与之结婚的行为。结婚包括法律婚和事实婚。事实婚，是指以夫妻名义公开同居、共同生活。本罪行为包括两种情况：①有配偶者而与他人登记结婚或形成事实婚的；②相婚者明知他人有配偶而与之登记结婚或者形成事实婚的。

2. 主观的构成要素是直接故意，有配偶者必须明知自己有配偶而与他人结婚，如果认为自己没有配偶或者没有与他人结婚的，不构成本罪；相婚者必须明知他人有配偶而与之结婚。

（三）认定

1. 重婚罪与非法同居。非法同居，是指不以夫妻名义而非法同居的行为，不构成重婚罪。

2. 重婚罪与重婚行为。因遭受自然灾害外出谋生而重婚的；因配偶长期在外下落不明、生活困难而重婚的；因被拐骗后再婚的；因被强迫、被虐待或包办婚姻而外逃重婚的，不应按重婚罪处理。

（四）处罚

《刑法》第 258 条规定，犯本罪的，处 2 年以下有期徒刑或者拘役。

三、破坏军婚罪

破坏军婚罪，是指明知是现役军人的配偶而与之结婚或者同居的行为。

本罪的客体是现役军人的婚姻关系。主体是一般主体，可以是一般自然人，也可以是现役军人。客观方面表现为与现役军人的配偶结婚或者同居的行为。现役军人的配偶，是指现役军人的妻子或者丈夫。这里所说的"同居"，是指不以夫妻名义，持续、稳定地共同居住。

与现役军人配偶通奸的行为，不构成本罪。主观方面是直接故意，即明知是现役军人的配偶而与之结婚或者同居。

《刑法》第259条规定，犯本罪的，处3年以下有期徒刑或者拘役。

四、虐待罪

虐待罪，是指对共同生活的家庭成员，进行经常性精神折磨和身体摧残，情节恶劣的行为。

本罪的客体是共同生活的家庭成员在家庭生活中的平等权利和其他人身权利。主体只能是与被虐待人共同生活的有亲属关系的成员。客观方面表现为经常对共同生活的家庭成员进行虐待的行为。虐待包括肉体上和精神上的摧残和折磨，虐待的手段是多种多样的，如打骂、冻饿、禁闭、强迫过度劳动、体罚等。虐待行为必须是经常性、持续性的，偶尔打骂等，不构成虐待。虐待行为，情节恶劣的，才构成犯罪。

《刑法》第260条规定，犯本罪的，处2年以下有期徒刑、拘役或者管制。本罪为告诉才处理的犯罪。但如果因虐待行为造成被害人重伤、死亡的，处2年以上7年以下有期徒刑，不属于告诉才处理的犯罪；被害人没有能力告诉，或者因受到强制、威吓无法告诉的，也不属于告诉才处理的犯罪。

"致使被害人重伤、死亡"，是指在虐待过程中因过失导致重伤、死亡结果，或者因受虐待，被虐待人体弱多病而死亡的，属于虐待罪的结果加重犯。在虐待过程中，虐待行为超过虐待的限度，明显具有伤害、杀人的故意的，应认定为故意伤害或者故意杀人。

五、虐待被监护、看护人罪

虐待被监护、看护人罪，是指对未成年人、老年人、患病的人、残疾人等负有监护、看护职责的人虐待被监护、看护的人，情节恶劣的行为。

《刑法》第260条之一规定，犯本罪的，处3年以下有期徒刑或者拘役。单位犯本罪的，对单位判处罚金，并对其直接负责的主管人员和其他直接责任人员，依照前款的规定处罚。有本罪的虐待行为，同时构成其他犯罪的，依照处罚较重的规定定罪处罚。

六、遗弃罪

遗弃罪，是指对于年老、年幼、患病或者其他没有独立生活能力的人，负有扶养义务而拒绝扶养，情节恶劣的行为。遗弃罪分为广义的遗弃罪和狭义的遗弃罪。广义的遗弃罪，是指将被遗弃者置于不受保护的状态而危及其生命和健康的行为。这种犯罪是有保护责任的人没有对被遗弃者的生存给予必要的保护，因此是对被遗弃者生命和健康造成具体危险的危险犯，从而属于侵害他人生命和健康的犯罪。德国、日本等国家立法采用广义的遗弃罪。狭义的遗弃罪，是指有扶养义务者拒绝履行扶养义务的行为，瑞士、丹麦、捷克斯洛伐克等国和我国立法采用狭义的遗弃罪。

本罪的客体是被遗弃人在家庭中受扶养的权利。主体是负有扶养义务并有扶养能力的人。扶养义务人的范围根据《民法典》确定；扶养能力根据扶养义务人的具体情况认定。客观方面表现为对于年老、年幼、患病或者其他没有独立生活能力的人，负有扶养义务而拒绝扶养，情节恶劣的行为。"拒绝扶养"，是指具有扶养义务，并且具有扶养能力而不履行扶养义务的行为。没有扶养能力而拒绝扶养的，不构成本罪。

遗弃罪是典型的不作为犯。我国《刑法》规定的是狭义的遗弃罪，将遗弃仅限定在扶养义务上。而大陆法系国家将遗弃规定为侵害被保护者的生命权、健康权的犯罪，即使保护者履行了扶养义务，但没有保护被保护者的生命、健康的安全，导致被保护者死伤的，也可以构成遗弃罪。

《刑法》第261条规定，犯本罪的，处5年以下有期徒刑、拘役或者管制。

七、拐骗儿童罪

拐骗儿童罪，是指拐骗不满14周岁的未成年人，脱离家庭或者监护人的行为。

本罪的客体是正常的家庭关系。主体是一般主体。客观方面表现为拐骗不满14周岁的未成年人，脱离家庭或者监护人的行为。拐骗，是指采用欺骗、诱惑等方法使儿童脱离家庭或监护人的行为。被拐骗儿童被行为人或者第三者控制时，为既遂。主观方面是直接故意。但以出卖为目的拐骗儿童，或者拐骗儿童后出卖的，应构成拐卖儿童罪；以索取财物为目的拐骗儿童或偷盗婴幼儿的，或者拐骗儿童后向该儿童近亲属等人勒索财物的，应构成绑架罪。

《刑法》第262条规定，犯本罪的，处5年以下有期徒刑或者拘役。

八、组织残疾人、儿童乞讨罪

组织残疾人、儿童乞讨罪，是指以暴力、胁迫手段组织残疾人或者不满14周岁的未成年人乞讨的行为。

本罪的客体是残疾人和未成年人的人身权利。本罪的主体是被组织的残疾人或者不满14周岁未成年人以外的人。本罪的客观方面是组织残疾人或者不满14周岁的未成年人乞讨。本罪的主观方面是故意。

《刑法》第262条之一的规定，犯本罪的，处3年以下有期徒刑或者拘役，并处罚金；情节严重的，处3年以上7年以下有期徒刑，并处罚金。

九、组织未成年人进行违反治安管理活动罪

组织未成年人进行违反治安管理活动罪，是指组织未成年人进行盗窃、诈骗、抢夺、敲诈勒索等违反治安管理活动的行为。

《刑法》第262条之二规定，犯本罪的，处3年以下有期徒刑或者拘役，并处罚金；情节严重的，处3年以上7年以下有期徒刑，并处罚金。

第二十四章

侵犯财产罪

第一节　侵犯财产罪概述

一、概念

侵犯财产罪，是指以非法占有为目的攫取公私财物，或者故意毁坏公私财物，或者多次抢夺的行为。

二、构成要件

（一）客观的构成要件

1. 行为主体。侵犯财产罪的主体大多为一般主体。只有职务侵占罪和挪用特定款物罪为特殊主体；依照《刑法》的规定，它们的主体分别为公司、企业或者其他单位的非国家工作人员的人员以及掌握特定款物的财会人员及批准挪用的有关负责人员。根据《刑法》第17条的规定，凡年满16周岁并具有刑事责任能力的人，都可以成为侵犯财产罪的主体，已满14周岁不满16周岁的人，只能成为抢劫罪的主体。

2. 行为对象为各种财物。包括生产资料、生活资料、动产、不动产、电力、煤气、天然气等，这些都是具有经济价值的财物。此外，还包括货币、电子货币和其他有价证券、有价票证，如国库券、公债券、股票、签发的支票、汇款单、车票、船票、机票、邮票和邮寄包裹单、货物托运单、提货单等。特定的债也可以成为某些侵犯财产罪的对象，如通过诈骗的方法获得债权或减免债务，可以构成诈骗罪。根据《刑法》第265条的规定，通信线路、电信码号、电信设备、电信设施等，也可以成为某些侵犯财产罪的对象。

作为侵犯财产罪对象的财物必须与国家、特定的集体和公民个人相联系，并使财物之上存在特定的意志，才可能成为本类罪的对象。因此，无主物或者被所有人自动丢弃的物品，不属于侵犯财产罪的对象。但是，遗忘物、埋藏物、漂流物不属于无主物，因为它们只是暂时脱离了所有人的控制与管理，其所有权仍受法律的保护。

根据《文物保护法》第5条的规定，"中华人民共和国境内地下、内水和领海中遗存的一切文物，属于国家所有"，"古文化遗址、古墓葬、石窟寺属于国家所有"。根据《刑法》第270条第2款的规定，"将他人的遗忘物或者埋藏物非法占为己有，数额较大，拒不交出的"，依照侵占罪的规定处罚。因此，不能将地上、地下的文物以及埋藏物、遗忘物视为无主物而任意侵占，否则将受到刑事追究。

他人非法占有的财物，如赌资、赃款、赃物、违禁品（如毒品）等，能否成为侵犯财产罪的对象？我们认为，这些财物并不是可以任人随意处置的无主物。其中，有的是属于国家依法应予以没收的，如违禁品、赌资等；有的是属于国家、集体或者公民私人所有的，如被盗被抢的钱、物等。非法占有这些财物，同样构成对财产法益的非法侵犯。因此，非法占有的财物，也可以成为侵犯财产罪的对象。

3. 在客观方面表现为以各种非法手段侵犯财产法益的行为。根据其行为方式和行为人的故意内容，可将侵犯财产罪分为两种类型：①以各种公开的或者秘密的方法，非法取得公私财物的行为（取得型财产犯罪），包括抢劫罪、盗窃罪、诈骗罪、抢夺罪、聚众哄抢罪、敲诈勒索罪、侵占罪、职务侵占罪、挪用资金罪和挪用特定款物罪，其特点是一般不改变公私财物的使用价值；②故意毁坏或破坏公私财物的行为（非取得型财产犯罪），包括故意毁坏财物罪和破坏生产经营罪，其特点是通过破坏公私财物的使用价值而使财产法益受到侵害。

4. 行为数额。根据《刑法》分则第五章的规定，除抢劫罪、挪用特定款物罪、破坏生产经营罪外，其他的均为数额犯，在构成要件上，要求数额较大的才构成犯罪。这里的"数额较大"是定性基础上的限量要素，属于犯罪成立的客观构成要素。

（二）主观的构成要件

侵犯财产罪均为故意犯罪，故意是侵犯财产罪的主观构成要素，它包括认识要素和意志要素。认识要素要求行为人应当认识到犯罪构成事实，包括对行为事实和规范要素的判断。意志要素表明行为人必须对危害行为和危害结果具有主观上的追求。

此外，对于盗窃、诈骗等取得型财产犯罪，其成立还必须具备目的要素，即非法占有的目的或牟利的目的。目前，人们对非法占有目的是否能够为故意所包含存在争议。一种意见认为，盗窃、诈骗等犯罪"故意的内容，主要表现为以非法占有为目的而侵犯公私财物的所有权"[1] 另一种意见则主张，非法占有目的是目的犯之目的，是故意之外的主观的超过要素。如果把非法占有的内涵理解为破坏财物持有人对财物的持有和使自己或第三人建立对财物的持有，这种目的只能是故意之外的主观的超过要素。[2]

侵犯财产罪的实际危害，主要表现为直接造成公私财产的损失。因此，判断具体犯罪的既遂或者未遂，除抢劫罪外，原则上应以是否使公私财产所有权实际受到侵害为标准。

第二节 暴力、胁迫型财产犯罪

一、抢劫罪

（一）概念

抢劫罪，是指以非法占有为目的，当场使用暴力、胁迫或者其他方法，强行劫取财物的行为。

（二）构成要素

1. 客观的构成要素。

（1）主体为自然人一般主体。按照《刑法》第17条第2款的规定，本罪的主体可以是年满14周岁并具有刑事责任能力的自然人。

（2）行为对象是公私财物和他人的人身。这里所说的财物只限于动产。非法抢占不动产的，不属于抢劫罪。如果把不动产强行分割，如强行拆下他人房屋的门窗木料而抢走，这部分则变成了动产，就可以认定为抢劫罪。

（3）客观上表现为行为人对公私财物的所有人、保管人或者看护人当场使用暴力、胁迫或者其他方法，迫使其立即交出财物或者立即将财物抢走的行为。

所谓"暴力"，是指对财物的所有人、管理人和看护人实行身体强制，包括捆绑、殴打、

---

〔1〕 高铭暄主编：《中国刑法学》，中国人民大学出版社1989年版，第502页。
〔2〕 刘明祥："论目的犯"，载《河北法学》1994年第1期。

伤害、杀害等强力行为，使其不能或者不敢抗拒，而当场交出财物或者抢走财物。在多数情况下，犯罪分子都持有凶器。

所谓"胁迫"，是指以暴力相威胁，对被害人实行精神强制，使其产生恐惧，不敢反抗，被迫当场交出财物，或者不敢阻止犯罪分子而任其将财物劫走。这种胁迫一般是针对财物所有人、保管人和看守人发出的，有时也可能是针对在场的被害人的亲属或其他有关人员。胁迫的行为方式是多种多样的，如用语言、动作或示意来进行，但是，作为抢劫手段的胁迫必须具备以下特点：①必须是当着被害人或其亲属的面，以立即施用暴力相威胁的；②令被害人当场交出财物或者当场将财物劫走。

所谓"其他方法"，是指采取暴力、胁迫以外的使被害人不知反抗或者丧失反抗能力的各种方法。例如，用酒灌醉、用药物麻醉等方法，使被害人处于昏睡、不知或者不能反抗的状态，而当场将财物劫走。应当指出，这里所说的昏睡、不知或者不能反抗的状态，必须是由犯罪分子实施的行为直接造成的。如果被害人的昏睡、不知或者不能反抗的状态与犯罪分子的行为无关，犯罪分子只是利用了这种状态，而当场窃走财物的，则不能以抢劫罪论处，而应以盗窃罪论处。

使用暴力、胁迫或者其他方法劫取财物，是抢劫罪犯罪构成的重要组成部分，是抢劫活动的决定性方面；但是，这里所说的暴力、胁迫或者其他方法，必须当场实施，才能构成抢劫罪；因此，判断行为是否构成抢劫罪，应以犯罪分子是否当场使用暴力、胁迫或者其他方法为标准。如果犯罪分子在预备阶段，意图以暴力或胁迫方法抢劫财物，但到现场后由于情况发生变化或者其他原因，并没有使用暴力或者胁迫方法就非法取得了财物。对于这种情况，应以实施犯罪时实际取得财物的手段、方法来定罪，而不能以抢劫罪论处。反之，如果犯罪分子事先只是想秘密窃取或者乘人不备夺走财物，但在实施犯罪过程中，由于被人发觉遭到阻止或反抗，而当场使用暴力或者以暴力相威胁强取财物的，其行为性质就由盗窃或抢夺转化为抢劫了，故应以抢劫罪论处。

2. 主观的构成要素。主观的构成要素是故意，并且具有非法占有公私财物的目的。这种目的的内容包括破坏持有和使自己或第三人建立持有。所谓"破坏持有"，是指行为人通过永久或长时间取得财物本身，而破坏财物持有人对财物的持有。"使自己或第三人建立持有"，是指使自己或第三人建立类似于财物持有人的位置，从而实现对公私财物的持有。[1]

（三）认定

1. 划清罪与非罪的界限。首先，要划清情节显著轻微、危害不大的抢劫行为与抢劫罪的界限。由于抢劫罪是一种侵犯财产的严重犯罪，所以法律上对抢劫财物的数额、情节没有作出限定。但这不意味着在具体认定抢劫罪时不需要考虑抢劫的数额、情节和对社会的危害程度。例如，对于强索少量财物、抢吃少量食品等情节显著轻微、危害不大的行为，根据《刑法》第13条的但书规定，就不应以抢劫罪论处。其次，要划清民事纠纷中强拿或者扣留对方财物与抢劫罪的界限。在借贷等民事纠纷中，强行拿走或者扣留对方财物，用以抵债抵物，或者借以索还债款的，虽然其行为手段具有不正当性，但因无非法占有他人财物的目的，不构成抢劫罪。

2. 划清既遂与未遂的界限。从《刑法》第263条的规定看，一般的抢劫罪，应以是否实际抢得财物作为认定既遂与未遂的标准，而对人身权利的侵犯，则在量刑时加以考虑。抢劫罪的结果加重犯和杀害、重伤为内容的抢劫，以死亡、重伤的结果发生为既遂。

〔1〕 邓超："财产犯罪原理论"，中国政法大学2007年博士学位论文。

第二十四章

3. 转化型抢劫的认定。根据《刑法》第269条的规定，犯盗窃、诈骗、抢夺罪，为窝藏赃物、抗拒抓捕或者毁灭罪证而当场使用暴力或者以暴力相威胁的以抢劫罪论处。转化型抢劫需要具备三个条件：其一，行为人实施了盗窃、诈骗、抢夺的犯罪行为，不必要求行为一定达到"数额较大"的标准。2005年6月8日印发的《关于审理抢劫、抢夺刑事案件的意见》规定："行为人实施盗窃、诈骗、抢夺行为，未达到'数额较大'，为窝藏赃物、抗拒抓捕或者毁灭罪证当场使用暴力或者以暴力相威胁，情节较轻、危害不大的，一般不以犯罪论处；但具有下列情节之一的，可依照《刑法》第269条的规定，以抢劫罪定罪处罚：①盗窃、诈骗、抢夺接近'数额较大'标准的；②入户或在公共交通工具上盗窃、诈骗、抢夺后在户外或交通工具外实施上述行为的；③使用暴力致人轻微伤以上后果的；④使用凶器或以凶器相威胁的；⑤具有其他严重情节的。"其二，必须是当场使用暴力或者以暴力相威胁，既可以对被害人使用，也可以对其他第三人使用。其三，当场使用暴力或者以暴力相威胁的目的，是为了窝藏赃物、抗拒抓捕或者毁灭罪证。

4. 划清抢劫罪与故意伤害罪、故意杀人罪的界限。①在抢劫过程中，使用暴力或者其他方法致人重伤、死亡的，不按故意伤害罪或者故意杀人罪论处，也不以抢劫罪和故意伤害罪或者故意杀人罪合并论处，应以抢劫罪定罪处刑。②如果出于复仇或者其他个人目的而伤害或者杀死被害人后，乘机将其财物拿走的，不能以抢劫罪论处。因为行为人所实施的伤害或者杀人不是作为取得财物的直接手段，而是为了复仇或者出于其他个人目的，非法占有财物的意图是在伤害或者杀人之后才产生的，所以构成两个独立的犯罪，即故意伤害罪或者故意杀人罪和盗窃罪，实行数罪并罚。③在抢劫行为完成之后，行为人出于灭口或者其他目的而杀死被害人的，应定抢劫罪和故意杀人罪，按数罪并罚原则处理。④抢劫杀人与图财杀人的主要区别是：抢劫杀人是行为人用杀人手段当场取得动产，而图财杀人则是在杀人之后，经过一定时间才能占有被害人的动产或不动产。例如，为了霸占遗产而杀死父母、兄弟姐妹等，应按故意杀人罪定罪判刑，不能以抢劫罪论处。

5. 划清抢劫罪与绑架罪的界限。两者的主要区别是：①行为方法不同。前者是当场强取财物或者迫使被害人交付财物。后者是扣押人质而向第三人索取财物。如果绑架他人后直接向被绑架人强取、索取财物的，应定抢劫罪。②行为对象不尽相同。前者当场劫取的仅限于财物，后者勒索的可以是财物，也可以是财产性利益或者其他非法要求。③行为主体不尽相同。前者的主体是已满14周岁的人，后者的主体是已满16周岁的人。在绑架过程中又当场劫取被害人随身携带财物的，同时触犯绑架罪和抢劫罪两罪名的，应当择一重罪定罪处罚。[1]

（四）处罚

《刑法》第263条规定，犯本罪的，处3年以上10年以下有期徒刑，并处罚金；有下列情形之一的，处10年以上有期徒刑、无期徒刑或者死刑，并处罚金或者没收财产：①入户抢劫的；②在公共交通工具上抢劫的；③抢劫银行或者其他金融机构的；④多次抢劫或者抢劫数额巨大的；⑤抢劫致人重伤、死亡的；⑥冒充军警人员抢劫的；⑦持枪抢劫的；⑧抢劫军用物资或者抢险、救灾、救济物资的。

"入户抢劫"，是指为实施抢劫而进入他人生活的与外界相对隔离的住所，包括封闭的院落、牧民的帐篷、渔民作为家庭生活场所的渔船、为生活租用的房屋等。对于入户盗窃，因被发现而当场使用暴力或者以暴力相威胁的行为，应认定为入户抢劫。"在公共交通工具上抢劫"，包括在从事旅客运输的各种公共汽车，大、中型出租车，火车、船只、飞机等正在运营

---

〔1〕 2005年6月8日印发的《审理抢劫、抢夺刑事案件的意见》第9条。

中的机动公共交通工具上对旅客、司售、乘务人员实施抢劫的，也包括对运行途中的机动公共交通工具加以拦截后，对公共交通工具上的人员实施的抢劫。"抢劫银行或者其他金融机构"，是指抢劫银行或者其他金融机构的经营资金、有价证券和客户的资金。抢劫正在使用中的银行或者其他金融机构的运钞车的，视为抢劫银行或者其他金融机构。

"多次抢劫或者抢劫数额巨大"中的"多次"，是指 3 次以上，包括本数在内。至于"数额巨大"，则应由最高司法机关作出解释。

"抢劫致人重伤、死亡"，是指在抢劫过程中，行为人因使用暴力而致受害人重伤、死亡或者因受害人激烈反抗而使用暴力将其杀害的情况。它不包括为图财先杀人，对于这种情况，可认定为故意杀人罪；也不包括抢劫之后，出于灭口、毁灭证据或者其他目的而杀死被害人的，对于这种情况，可认定为抢劫罪和故意杀人罪，实行数罪并罚。

"冒充军警人员抢劫"中的"军警"，是指军人和警察。后者不仅包括公安民警，还应包括国家安全机关、监狱、劳动教养管理机关的人民警察和人民法院、人民检察院的司法警察。"冒充"的含义是以假的充当真的。这里所说的"冒充军警人员"，是指通过着装、出示假证件或者口头宣称充当军警人员的行为。

"持枪抢劫"中的"持枪"，是指在实施抢劫的过程中，行为人手中握有枪支或者向被害人显示所携带的枪支。行为人是否实际使用于抢劫，不影响行为性质的认定。

"抢劫军用物资或者抢险、救灾、救济物资"的情形，鉴于本书的有关章节对军用物资和抢险、救灾、救济物资已作了说明，在此不再赘述。适用本项规定的关键在于，行为人必须明知这些特定性质的物资，否则就不能适用本项规定。

案例 24-1： 2002 年 9 月 7 日下午 2 时许，被告人林伟勇窜到顺德区乐从镇罗沙村厦街保大堂二巷 2 号住宅，爬窗进入该住宅后在一楼大厅准备盗窃时，被屋主吴某传发现，吴欲打电话报警，林见状便冲上前抢过电话，吴抓住林的右手，林便用左手掐住吴的脖子，并用右拳击打吴的头部。后吴拿起一张凳子打中林的头部，并抓住林的双手；林便用拳头连续击打吴的头部，致吴右额损伤。吴大叫捉贼，并冲入厨房内拿刀，林见状便逃离现场。公安干警接报后，在现场附近展开搜捕，并在乐从镇罗沙村飞腾针织厂附近一鱼塘将被告人林伟勇抓获归案。经法医鉴定，吴某传符合被钝性外力致伤头部，属轻微伤。

一审法院审理后认为，被告人林伟勇无视国家法律，以非法占有为目的，在入户盗窃中被发现后，当场使用暴力手段抗拒抓捕，侵犯公民的人身权利和私有财产的所有权，已构成抢劫罪；被告人林伟勇在犯罪中由于意志以外的原因而未得逞，是犯罪未遂，可以比照既遂犯从轻处罚。一审法院以被告人林伟勇犯抢劫罪，判处有期徒刑 10 年，剥夺政治权利 3 年，并处罚金人民币 3000 元。被告人林伟勇以其只是入室盗窃，原判对其量刑过重为由提出上诉。二审法院裁定驳回上诉，维持原判。

资料来源：广东省佛山市中级人民法院（2003）佛刑终字第 237 号刑事裁定书。

二、抢夺罪

（一）概念

抢夺罪，是指以非法占有为目的，公然夺取数额较大的公私财物，或者多次抢夺的行为。

（二）构成要素

1. 客观的构成要素。

（1）行为对象是公私财物，财物的范围仅限于动产。

（2）客观上表现为公然夺取数额较大的公私财物，或者多次抢夺的行为。"公然夺取"，是指不使用暴力、胁迫等强制方法，当着财物所有人或者保管人的面，公开夺取其财物。如果当场使用暴力、胁迫的手段夺取财物的，应以抢劫罪论处。所谓"数额较大"，是指抢夺的公私财物价值人民币 1000～3000 元以上的。抢夺公私财物数额较大的，构成抢夺罪，同时造成被害人伤害等后果，属于想象竞合犯，依照"从一重处断"的原则予以论处。

2. 主观的构成要素。主观的构成要素是故意，并有非法占有他人财物的目的。

（三）认定

根据《刑法》第 267 条第 2 款的规定，"携带凶器抢夺的"，依照抢劫罪定罪处罚。这是关于抢夺罪转化为抢劫罪的特别规定。转化的法定条件是行为人携带凶器进行抢夺。所谓"携带凶器"，是指在抢夺财物过程中携带枪支、爆炸物、管制刀具等凶器的行为。应当指出，该款规定并不改变行为人取得财物的行为方式，即公然夺取，也不要求行为人在抢夺财物过程中实际使用甚至出示凶器，否则，就直接适用抢劫罪的规定而不必转化了。但是，携带凶器实施抢夺往往会强化作案心理，行为人因以凶器为后盾而有恃无恐，因而具有比单纯性的抢夺罪更大的社会危害性。这也是立法者作出本款规定的重要原因。

（四）处罚

《刑法》第 267 条规定，犯本罪的，处 3 年以下有期徒刑、拘役或者管制，并处或者单处罚金；数额巨大或者有其他严重情节的，处 3 年以上 10 年以下有期徒刑，并处罚金；数额特别巨大或者有其他特别严重情节的，处 10 年以上有期徒刑或者无期徒刑，并处罚金或者没收财产。在审判实践中，"数额巨大"，是指抢夺公私财物价值人民币 3～8 万元以上的。"数额特别巨大"，是指抢夺公私财物价值人民币 20～40 万元以上的。抢夺公私财物，未经行政处罚处理，依法应当追诉的，抢夺数额累计计算。抢夺公私财物达到"数额较大"的标准，同时具有下列情形的，按抢夺罪从重处罚：①抢夺残疾人、老年人、不满 14 周岁未成年人的财物的；②抢夺救灾、抢险、防汛、优抚、扶贫、移民、救济等款物的；③1 年内抢夺 3 次以上的；④使用行驶的机动车辆抢夺的。

三、聚众哄抢罪

聚众哄抢罪，是指以非法占有为目的，聚集多人，公然夺取数额较大的公私财物或者情节严重的行为。

本罪的主体为一般主体，但仅限于聚众哄抢的首要分子和积极参加者。"聚众"，是纠集多人，一般为 3 人以上。"哄抢"，是指蜂拥而上，不用暴力而夺取公私财物的。

《刑法》第 268 条规定，犯本罪的，处 3 年以下有期徒刑、拘役或者管制，并处罚金；数额巨大或者有其他特别严重情节的，处 3 年以上 10 年以下有期徒刑，并处罚金。

四、敲诈勒索罪

（一）概念

敲诈勒索罪，是指以非法占有为目的，对公私财物的所有人、管理人实施威胁或者要挟的方法，强行索取数额较大的公私财物，或者多次敲诈勒索他人财物的行为。

（二）构成要素

1. 客观的构成要素。

（1）行为对象除了各种公私财物外，还包括人的心理。

（2）客观上表现为对公私财物的所有人、管理人实施威胁或者要挟，迫使其当场或者限期交出数额较大的公私财物，或者多次敲诈勒索他人财物的行为。所谓"威胁或者要挟"的方法，是指对被害人及其亲属以将要实施杀害、伤害等暴力或者将要揭发或张扬其违法犯罪行为、隐私，毁坏其财物等相威胁，迫使其交出财物。从威胁或者要挟的方式上看，可以当面，也可以通过他人转达；可以口头，也可以书面；可以是明示，也可以是暗示。从内容上看，有的以对被害人及其亲属实施杀害或伤害相威胁；有的以揭发、张扬被害人的违法犯罪行为、隐私进行要挟；有的以毁坏被害人及其亲属的财产相威胁；有的以凭借、利用某种权势损害被害人的切身利益进行要挟；等等。从取得他人财物的时间上看，既可以迫使被害人当场交出，也可以限期交出。总之，犯罪分子是通过对被害人实行精神上的强制，使之产生恐惧、害怕心理，不得已而交出数额较大的财物。

（3）行为结果是"数额较大"，以2000～5000元为起点。虽然敲诈勒索未达到数额较大的起点，但是2年内3次以上实行敲诈勒索行为的，也构成本罪。

2. 主观的构成要素。主观的构成要素是故意，并以非法占有为目的。

（三）认定

1. 划清既遂与未遂的界限。敲诈勒索罪是一种侵犯财产的犯罪，因此，应以是否实际取得财物作为既遂与未遂的区别标准。使用威胁或要挟的方法使被害人因恐惧交出财物的，构成既遂。反之，则构成未遂，但被害人没有因恐惧而是出于同情交出财物的，因交出财物与勒索行为缺乏因果关系，可以从轻或者减轻处罚。

2. 划清敲诈勒索罪与以胁迫为手段的抢劫罪的界限。虽然两者在客观上都使用威胁手段，但威胁的内容、方式等有明显不同：①从威胁的内容看，敲诈勒索罪的威胁内容较为广泛，可以是以暴力相威胁，也可以是以张扬隐私、毁坏财物等相要挟；而抢劫罪的威胁内容，仅限于以暴力相威胁。②从威胁的方式看，敲诈勒索罪的威胁可以由犯罪分子以口头或书面形式向被害人提出，也可以通过他人提出；而抢劫罪的暴力威胁只能由犯罪分子面对被害人当场口头发出。③从实现威胁的现实可能性看，敲诈勒索罪的暴力威胁表现为如果被害人不答应要求将要对其实施暴力的威胁，不具有当场实施暴力的现实可能性；而抢劫罪的威胁具有当场付诸实施的现实可能性，即如果被害人拒不交出财物，犯罪分子就会当场实施暴力。④从非法取得财物的时间看，敲诈勒索罪取得财物的时间，可以是在实施威胁、要挟的当场取得，但更多的是在发出威胁、要挟后的一定期限内取得财物；而抢劫罪是当场取得财物。

（四）处罚

《刑法》第274条规定，犯本罪的，处3年以下有期徒刑、拘役或者管制，并处或者单处罚金；数额巨大或者有其他严重情节的，处3年以上10年以下有期徒刑，并处罚金；数额特别巨大或者有其他特别严重情节的，处10年以上有期徒刑，并处罚金。审判实践中，"数额巨大"以3～10万元为起点；"数额特别巨大"是指30～50万元以上。

第三节 窃取、骗取型财产犯罪

一、盗窃罪

（一）概念

盗窃罪，是指以非法占有为目的，多次窃取、入户盗窃、携带凶器盗窃、扒窃或者盗取数额较大的公私财物的行为。

（二）构成要素

1. 客观的构成要素。

（1）行为对象为公私财物，主要是有形的动产，还包括一些具有经济价值的无形物（如电力、煤气、天然气、电信码号等）和部分财产载体（如有价证券、电子货币、信用卡、专用税务发票等）。被依法扣押或者交付他人合法持有或保管的本人的财物，可以成为本罪对象。

（2）客观行为表现为窃取数额较大的公私财物或者多次盗窃公私财物。"盗取"，是指行为人采取主观上自认为不会被财物所有人、保管人或持有人发觉的非暴力方法，将公私财物据为己有。"数额较大"，是指个人盗窃公私财物价值人民币 1000～3000 元以上。"多次盗窃"，是指 2 年之内 3 次以上盗窃。多次盗窃、入户盗窃、携带凶器盗窃、扒窃构成犯罪，原则上不受盗窃财物多少的影响。盗窃数额较大的公私财物构成盗窃罪的，是状态犯，既遂后其违法状态仍然继续，行为人即使返还所盗之物，仍成立本罪。行为人使用、损毁、处分其窃取的财物的，属于事后不可罚的行为。

2. 主观的构成要素。主观的构成要素为故意，并具有非法占有的目的。

（三）认定

1. 划清罪与非罪的界限。盗窃罪的成立，原则上以"数额较大"或"多次盗窃"为标准。但是，数额接近"数额较大"的起点，具有下列情形之一的，也可以追究刑事责任：①以破坏性手段盗窃造成公私财产损失的；②盗窃残疾人、孤寡老人或者丧失劳动能力人的财物的；③造成严重后果或者具有其他恶劣情节的。反之，如果盗窃公私财物虽已达到"数额较大"的起点，但情节轻微，并具有下列情形之一的，也可不作为犯罪处理：①已满 16 周岁不满 18 周岁的未成年人作案的；②全部退赃、退赔的；③主动投案的；④被胁迫参加盗窃活动，没有分赃或者获赃较少的；⑤其他情节轻微、危害不大的。

2. 划清本罪的既遂与未遂的界限。依照我国《刑法》，盗窃罪是"数额犯"，原则上应以是否给公私财产造成较大损失为标准来区分其既遂与未遂。凡造成财产较大损失的为既遂，反之则属于未遂。

3. 亲属间盗窃。盗窃自己家里或者近亲属的财物，一般可不按犯罪处理；对确有追究刑事责任必要的，在处理时也应同在社会上作案有所区别。盗窃家里的财物，是指盗窃共同生活的近亲属和其他非近亲属的财物。

4. 正确理解和掌握《刑法》第 265 条的规定。《刑法》第 265 条规定，以牟利为目的，盗接他人通信线路、复制他人电信码号或者明知是盗接、复制的电信设备、设施而使用的，依盗窃罪定罪处罚。适用本条规定应具备以下三个条件：

（1）行为人在主观上必须有牟利的目的。"以牟利为目的"仅是行为人追求的一种结果，因此，只要通过盗接、复制等行为查明行为人主观上有这种追求，就可以认定行为人具有牟利的目的。至于是否牟到了利，则不影响定罪。

（2）在客观上，行为人必须实施了盗接他人通信线路，复制他人电信码号或者明知是盗接、复制的电信设备、设施而使用的行为之一的。所谓"盗接"，是指未经权利人的同意，采取秘密的方法连接他人的通信线路无偿地使用，从而给权利人造成损失的行为。所谓"复制他人电信码号"，主要是指取得他人的电信码号后，非法加以复制无偿使用或者非法出租、出借、转让的行为。

（3）必须给权利人造成"数额较大"的经济损失或者有其他情节的。

5. 划清盗窃罪与相关犯罪的界限。①犯盗窃并同时触犯破坏电力设备罪，破坏广播电视、公用电信设施罪，破坏生产经营罪，等等，属于想象竞合犯，从一重罪处断。②盗窃罪与盗窃枪支、弹药、爆炸物、窃取国有档案等行为，属于法条竞合，不按本罪处理。③为实施其他犯罪盗窃机动车辆的，以盗窃罪和所实施的其他犯罪实行数罪并罚。以其他目的多次偷开机动车辆，并将机动车辆丢弃的，以盗窃罪论处。在偷开机动车辆过程中发生交通肇事构成犯罪，又构成其他罪的，实行数罪并罚。④实施盗窃犯罪，造成公私财物损毁的，以盗窃罪从重处罚；因毁坏公私财物又构成其他犯罪的，择一重罪从重处罚。盗窃公私财物未构成犯罪，但因采用破坏性手段造成公私财物损毁，数额较大的，以故意毁坏财物罪定罪处罚。实施盗窃后，为掩盖盗窃罪行或者报复等目的，故意破坏公私财物构成犯罪的，应以盗窃罪和其他犯罪进行数罪并罚。⑤出于盗窃的故意，毒死或炸死数量较大的鱼，并将其偷走，未引起其他严重后果的，定盗窃罪；如果不顾人畜安危，向供饮用的池塘中投放大量剧毒药物，或者向水库中投掷大量炸药，严重危害公共安全，致人重伤、死亡或者使公私财产遭受重大损失的，以投放危险物质罪或者爆炸罪论处。⑥盗窃技术成果等商业秘密的，以侵犯商业秘密罪定罪处罚。⑦盗窃信用卡并使用的，以盗窃罪定罪处罚。⑧盗窃增值税专用发票或者可以用于骗取出口退税的其他发票的，以盗窃罪定罪处罚。

（四）处罚

《刑法》第264条规定，犯盗窃罪的，处3年以下有期徒刑、拘役或者管制，并处或者单处罚金。数额巨大或者有其他严重情节的，处3年以上10年以下有期徒刑，并处罚金。数额特别巨大或者有其他特别严重情节的，处10年以上有期徒刑或者无期徒刑，并处罚金或者没收财产。在审判实践中，"数额巨大"，是指个人盗窃公私财物价值人民币3～10万元以上的；"数额特别巨大"，是指个人盗窃公私财物价值人民币30～50万元以上的。

案例24-2：1998年6、7月间，被告人郝景龙、郝景文因经济拮据，商议使用调制解调器通过电话线将自己使用的计算机与银行的计算机系统连接，侵入中国工商银行扬州分行储蓄网点计算机系统进行盗窃。后郝景文多次到中国工商银行扬州市分行数个储蓄所踩点，并购买了调制解调器2只、遥控玩具1只，郝景龙制作了侵入银行计算机系统的装置。1998年8月下旬，郝景文在扬州市郊区双桥乡双桥村王庄村以吕俊昌的名义租住房屋1间，并在房屋内连接电话分机1部。1998年9月7日，郝景文以吕俊昌、王君等16个假名在白鹤储蓄所开立16个活期存款账户。其间，郝景龙制作调试侵入银行计算机系统装置，并向郝景文传授安装方法。1998年9月22日凌晨，郝景文秘密潜入白鹤储蓄所，将郝景龙制作的部分侵入银行计算机系统装置与该所计算机连接。当日上午9时许，郝景龙携带另一部侵入银行计算机系统装置从镇江市窜至扬州市，来到郝景文租住处。中午12时许，郝景文窜至白鹤储蓄所，并与郝景龙联系，郝景龙指使郝景文打开侵入银行计算机系统装置的遥控开关。中午12时32分至12时42分，郝景龙在郝景文的租住房内操作计算机，分别向事前在白鹤储蓄所以吕俊昌、王君等假名开立的16个活期存款账户上各输入存款4.5万元，共计人民币72万元。嗣后，郝景文、郝景龙从中午12时50分至14时6分，利用银行的通存通兑业务，在中国工商银行扬州市分行下设的瘦西湖、国庆北路、史可法路、沿河、解放桥、跃进桥、琼花、仙鹤等储蓄网点取款共计人民币26万元。当郝景文、郝景龙窜至汶河储蓄所要求支取人民币4万元时，因该所工作人员向其索要身份证查验，郝景龙、郝景文唯恐罪行败露，遂逃回镇江市。郝景龙分得赃款13.5万元，郝景文分得赃款12.5万元。案发后，侦查机关追回人民币232 657.67元及用赃款购买的电脑主机及万普显示屏2台、格兰仕微波炉1台、TCL牌29寸彩色电视机1台等物，均发还被窃单位。被告人郝景文单独或伙同他人盗窃作案4起，数额特别巨大，约42万余元。

法院判决如下：

1. 被告人郝景文犯盗窃罪，判处死刑，剥夺政治权利终身，并处没收财产人民币5万元。

2. 被告人郝景龙犯盗窃罪，判处无期徒刑，剥夺政治权利终身，并处没收财产人民币3

万元。

3. 作案工具无绳电话机底座、调制解调器等物予以没收。

资料来源:《最高人民法院公报》2000年第2期。

二、诈骗罪

(一) 概念

诈骗罪,是指以非法占有为目的,用虚构事实或者隐瞒真相的方法,骗取数额较大的公私财物的行为。

(二) 构成要素

1. 客观的构成要素。

(1) 行为对象为公私财物,包括动产和不动产,特定的债也可以成为本罪对象。

(2) 客观上表现为使用虚构事实或者隐瞒真相的方法,骗取数额较大的公私财物的行为。所谓"虚构事实",是指捏造不存在的事实,骗取受害人的信任。所谓"隐瞒真相",是指对受害人掩盖客观存在的某种事实,使之产生错误认识。由于犯罪分子使用虚构事实或者隐瞒真相的方法,从而使公私财物所有人、管理人产生错觉,信以为真,并"自愿地"将公私财物交给犯罪分子。其实,这种"自愿"并不是公私财物所有人、管理人的真实意愿,而是被犯罪分子制造的假象所迷惑从而上当受骗的结果。可见,"骗"是诈骗罪的突出特点,也是区别于盗窃罪、抢夺罪、抢劫罪的重要标志。诈骗的具体方法和手段是多种多样的,例如,伪造公文骗取财物;伪造、涂改单据虚报冒领;以帮助看管、提拿东西为名骗取财物;编造谎言,假冒身份骗取财物;以恋爱、结婚、介绍工作为诱饵骗取财物;冒充外商、港澳台商进行诈骗;等等。"数额较大",是指个人诈骗公私财物在3000~10 000元以上的。

2. 主观的构成要素。主观的构成要素为故意,并具有非法占有的目的。

(三) 认定

1. 划清以借贷为名、行诈骗之实的犯罪与正常的借贷行为的界限。正常的借贷关系不具有非法占有的目的。如果因客观原因不能按期偿还,也不能视为诈骗。但是,如果以借贷为名骗取钱款,事后挥霍殆尽,又百般掩饰、敷衍,久拖不还,就应以诈骗罪论处。

2. 划清本罪既遂与未遂的界限。欺骗行为是本罪的实行行为。实行着手后,被害人没有陷入错误或者没有交付财物的,是本罪的未遂;反之,则是本罪的既遂。

3. 下列情况按诈骗罪论处:①以虚假、冒用的身份证办理入网手续并使用移动电话,造成电信资费损失,数额较大的;②使用伪造、变造、盗窃的武装部队车辆牌号,骗取养路费、通行费等各种规费,数额较大的;③使用欺骗手段骗取增值税专用发票或者可以用于骗取出口退税、抵扣税款的其他发票的;④组织和利用会道门、邪教组织或者利用迷信骗取财物的;⑤利用计算机实施诈骗的。

4. 以诈骗方法骗取财物,刑法另有规定的,依照规定。"另有规定",是指刑法分则中的其他条文对骗取财物的特别规定,如集资诈骗罪、骗取出口退税罪、合同诈骗罪等。由于刑法对这些特殊的诈骗罪已作了专门规定,不再适用诈骗罪的规定定罪处罚。

5. "诉讼诈骗"。"诉讼诈骗",是指原告在民事诉讼中主张虚构事实欺骗法官,使法官基于错误作出判决,从而骗取被告的财物或者免除债务的行为。刑法理论上一般认为,"诉讼诈骗"构成诈骗罪,但在审判实践中多不按诈骗罪处理。

(四) 处罚

《刑法》第266条规定,犯本罪的,处3年以下有期徒刑、拘役或者管制,并处或者单处罚金；数额巨大或者有其他严重情节的，处 3 年以上 10 年以下有期徒刑，并处罚金；数额特别巨大或者有其他特别严重情节的，处 10 年以上有期徒刑或者无期徒刑，并处罚金或没收财产。《刑法》另有规定的，依照规定。在审判实践中，"数额巨大"，是指个人诈骗公私财物在 3～10 万元以上的；"数额特别大"是指 50 万元以上的。

第四节　侵占、挪用型财产犯罪

一、侵占罪

（一）概念

侵占罪，是指以非法占有为目的，将为他人保管的财物或者他人遗忘物、埋藏物非法占为己有，数额较大且拒不交还的行为。

（二）构成要素

1. 客观的构成要素。

（1）行为对象是代为保管的他人财物或者他人的遗忘物、埋藏物。"代为保管的他人财物"，是指基于他人委托而代为保管或者主动代为保管的私人财物和单位财物。财物仅限于有形物，不包括无形物或财产性利益。"遗忘物"，是指财物所有人或者持有人由于不慎而暂时失去占有、控制的财物。"埋藏物"，是指埋藏于地下的财物，所有人不明的埋藏物归国家所有。

（2）客观行为分为两种类型：①保管物的非法侵占；②特定物的非法侵占。所谓"非法侵占"，是指行为人侵犯他人的财产法益，侵吞、占有、使用或者处分他人的财物。这两种行为均以数额较大，拒不交还为条件。"拒不交还"，是指行为人非法侵占他人财物被发现后，经物主或有关单位要求其退还或交出时，仍不予退还或交出的行为。

2. 主观的构成要素。主观的构成要素是故意，并具有非法占有他人财物的目的。

（三）认定

1. 划清本罪既遂与未遂的界限。侵占罪成立的前提是行为人合法占有他人的财物，因此，本罪的既遂应以行为人一审时表示拒绝退还或者交出为标准。

2. 划清本罪与盗窃罪的界限。①犯罪故意产生的时间不同。非法侵占行为人是在合法持有财物之后才产生犯罪故意；而盗窃罪行为人是在没有占有财物之前就产生犯罪故意。②行为对象不尽相同。侵占罪对象是行为人业已持有的公私财物，有其特定性；盗窃罪对象则是他人持有的公私财物。③客观方面不尽相同。侵占罪客观方面表现为侵占行为，即将财物变持有为所有的行为；盗窃罪客观方面表现为窃取的行为，即行为人采取主观上自认为不会被财物的所有者、保管者发觉的方法窃取其财物。

（四）处罚

《刑法》第 270 条规定，犯本罪的，处 2 年以下有期徒刑、拘役或者罚金；数额巨大或者有其他严重情节的，处 2 年以上 5 年以下有期徒刑，并处罚金。本罪，告诉的才处理。

二、职务侵占罪

（一）概念

职务侵占罪，是指公司、企业或者其他单位的人员利用职务上的便利，将本单位财物非法占为己有，数额较大的行为。

（二）构成要素

1. 客观的构成要素。

（1）行为主体为公司、企业或者其他单位的人员。"其他单位"，是指公司、企业以外的一切其他单位，包括国家机关、事业单位、民办非企业单位、社会团体。依照《刑法》第271条的规定，行为主体只能限定为公司、企业或者其他单位中不具有国家工作人员身份的人。这些单位中的国家工作人员侵占本单位财物的，应以贪污罪定罪处罚。

（2）行为对象为行为人所属公司、企业等单位的财物。

（3）客观上表现为利用职务上的便利，将本单位财物非法占有，数额较大的行为。具体言之，成立本罪必须同时具备以下三个条件：①侵占行为必须利用职务上的便利。②必须是将本单位的财物非法占有。③侵占的财物必须达到数额较大；"数额较大"，是指非法侵占5000～10 000元以上。

2. 主观的构成要素。主观的构成要素是故意，并具有非法占有本单位财物的目的。

（三）认定

1. 以下情况按职务侵占罪论处：①非国有商业银行、证券交易所、期货交易所、证券公司、期货经纪公司、保险公司或者其他金融机构的工作人员利用职务上的便利，非法侵占本单位或者客户资金的；②村民小组组长利用职务上的便利，将村民小组集体财产非法占为己有，数额较大的。

2. 职务侵占罪的共犯。①行为人与公司、企业或者其他单位的人员勾结，利用公司、企业或者其他单位人员的职务便利，共同将该单位财物非法占为己有，数额较大的，以职务侵占罪共犯论处；②公司、企业或者其他单位中，不具有国家工作人员身份的人与国家工作人员勾结，分别利用各自职务上的便利，共同将本单位财物非法占为己有的，按照主犯的犯罪性质定罪。

（四）处罚

《刑法》第271条规定，犯本罪的，处3年以下有期徒刑或者拘役，并处罚金；数额巨大的，处3年以上10年以下有期徒刑，并处罚金；数额特别巨大的，处10年以上有期徒刑或者无期徒刑，并处罚金。

案例24-3：被告人与国有公司签订临时劳务合同，担任国有公司承包经营的货场门卫，当班时负责场内货物安全，凭司机所持的缴费卡放行车辆，晚上还代业务员、核算员对进出车辆进行打卡、收费。被告人当班时与他人勾结，将货场的货物拉走，数额巨大，尚有7.6万余元无法追回。法院审理后认为，被告人只是国有公司雇用的临时工作人员，从事的是看管货场的劳务，其身份是一般工勤人员，不具有管理权力，既不属于"其他依法从事公务的人员"，也不属于"受委托管理、经营国有财产的人员"，属于利用职务之便窃取本单位财物的行为，构成职务侵占罪。

资料来源：《中华人民共和国最高人民法院公报（2002年卷）》，人民法院出版社2003年版。

三、挪用资金罪

挪用资金罪，是指公司、企业或者其他单位的工作人员，利用职务上的便利，挪用本单位资金归个人使用或者借贷给他人，数额较大且超过3个月未还的，或者数额较大且进行营利性活动的，或者进行非法活动的行为。

行为主体为公司、企业或者其他单位中的不具有国家工作人员身份的人。行为对象是本单位的资金，不包括本单位的物品。"挪用"，是指以暂时使用为目的，利用职务上的便利，非法使用本单位的资金。挪用行为包括：①挪用本单位资金，数额较大，超过3个月未还的；

②挪用本单位资金，数额较大，进行营利活动的；③挪用本单位资金，进行非法活动的。

根据有关司法解释的规定，非国有商业银行、证券交易所、期货交易所、证券公司、期货经纪公司、保险公司或者其他金融机构的工作人员利用职务上的便利，挪用本单位或者客户资金的，依照挪用资金罪的规定定罪处罚。筹建公司的工作人员在公司登记注册前，利用职务上的便利，挪用准备设立的公司在银行开设的临时账户上资金，归个人使用或者借贷给他人，数额较大，超过3个月未还的，或者虽未超过3个月，但数额较大并进行营利活动的，或者进行非法活动的，以挪用资金罪追究刑事责任。

《刑法》第272条规定，犯本罪的，处3年以下有期徒刑或者拘役；挪用本单位资金数额巨大的，处3年以上7年以下有期徒刑；数额特别巨大的，处7年以上有期徒刑。第3款规定，在提起公诉前将挪用的资金退还的，可以从轻或者减轻处罚。其中，犯罪较轻的，可以减轻或者免除处罚。

四、挪用特定款物罪

挪用特定款物罪，是指违反国家财经管理制度，挪用用于救灾、抢险、防汛、优抚、扶贫、移民、救济款物，情节严重，致使国家和人民群众利益遭受重大损害的行为。

行为主体为国家工作人员，即掌管、经营特定款物的国家工作人员。行为对象是特定款物，即用于救灾、抢险、防汛、优抚、扶贫、移民和救济的款物。本罪在客观上表现为擅自将特定款物用于其他公共用途，情况严重，造成严重后果的行为。

根据2003年1月28日最高人民检察院发布的《关于挪用失业保险基金和下岗职工基本生活保障资金的行为适用法律问题的批复》的规定，挪用失业保险基金和下岗职工基本生活保障资金，情节严重，致使国家和人民群众利益遭受重大损害的，对直接责任人员，以挪用特定款物罪追究刑事责任；根据2003年5月14日公布的《办理妨害预防、控制突发传染病疫情等灾害的刑事案件的解释》第14条第2款的规定，挪用用于预防、控制突发传染病疫情等灾害的救灾、优抚、救济等款物，构成犯罪的，对直接责任人员，以挪用特定款物罪定罪处罚。

《刑法》第273条规定，犯本罪的，对直接责任人员，处3年以下有期徒刑或者拘役；情节特别严重的，处3年以上7年以下有期徒刑。

第五节 毁坏、破坏型财产犯罪

一、故意毁坏财物罪

故意毁坏财物罪，是指故意毁灭或者损坏公私财物，数额较大或者有其他严重情节的行为。

行为对象是公私财物，包括活体物（动物、牲畜等）。但《刑法》上对破坏某些特定的财物另有规定的，则不构成本罪。例如，破坏使用中的交通工具、电力设备的，可以构成破坏交通工具罪、破坏电力设备罪；破坏界碑、界桩或者永久性测量标志的，可以构成破坏界碑、界桩罪和破坏永久性测量标志罪。毁坏行为包括两种情况：①毁灭，即将某种公私财物完全毁坏，使其全部丧失价值和使用价值；②损坏，即将某种公私财物部分毁坏，使其部分丧失价值和使用价值。毁坏和损坏的具体方法是多种多样的，如砸碎、捣毁、拆卸等。但是，如果以放火、爆炸等危险方法毁坏公私财物，并足以危害公共安全的，就应以放火罪、爆炸罪等危害公共安全罪论处。

《刑法》第275条规定，犯本罪的，处3年以下有期徒刑、拘役或者罚金；数额巨大或者有其他特别严重情节的，处3年以上7年以下有期徒刑。

　　案例 24 - 4：被告人邹全宝于 1993 年 4 月与他人发生合同纠纷，经法院调解后同意付款，但是躲避在外不履行调解书，后法院在村委会的协助下强制执行。被告人邹全宝责怪村委会不该协助外地的法院执行，连续 3 年不缴纳公粮表示抗议，并且多次扬言报复。1999 年 4 月 11 日下午，被告人酒后闯入本村村委会，砸碎玻璃、炸坏扩音器、电话等物，给村委会造成损失 2012 元。法院判决被告人的行为构成故意毁坏财物罪，判处其有期徒刑 6 个月。

　　资料来源：《最高人民法院公报》2000 年第 1 期。

二、破坏生产经营罪

　　破坏生产经营罪，是指出于泄愤报复或者其他个人目的，毁坏机器设备、残害耕畜或者以其他方法破坏生产经营的行为。

　　行为对象必须是用于生产经营或者与生产经营密切相关的生产资料、生产工具，如机器设备、耕畜等。破坏行为的方法除毁坏机器设备、残害耕畜外，还包括其他方法。

　　所谓"其他方法"，是指前述方法之外的、足以使生产经营不能正常进行或者使已进行的生产经营归于失败的方法。例如，切断电源，制造停电事故；偷改设计图纸，导致质量事故；毁坏种子或者禾苗；堵塞销售渠道；等等。

　　主观的构成要素为故意，并具有泄愤报复或者其他个人目的。

　　《刑法》第 276 条规定，犯本罪的，处 3 年以下有期徒刑、拘役或者管制；情节严重的，处 3 年以上 7 年以下有期徒刑。

三、拒不支付劳动报酬罪

　　拒不支付劳动报酬罪，是指以转移财产、逃匿等方法逃避支付劳动者的劳动报酬或者有能力支付而不支付劳动者的劳动报酬，数额较大，经政府有关部门责令支付仍不支付的行为。

　　拒不支付劳动者报酬，尚未造成严重后果，在提起公诉前支付劳动者的劳动报酬，并依法承担相应赔偿责任的，可以减轻或者免除处罚。

　　《刑法》第 276 条之一第 1、2 款规定，犯本罪的，处 3 年以下有期徒刑或者拘役，并处或者单处罚金；造成严重后果的，处 3 年以上 7 年以下有期徒刑，并处罚金。单位犯本罪的，对单位判处罚金，并对其直接负责的主管人员和其他直接责任人员，依照上述规定处罚。

第二十五章
妨害社会管理秩序罪

第一节　扰乱公共秩序罪

一、妨害公务罪

（一）概念

妨害公务罪，是指以暴力、威胁方法阻碍国家机关工作人员依法执行职务，阻碍人民代表大会代表依法执行代表职务，阻碍红十字会工作人员依法履行职责的行为，或者故意阻碍国家安全机关、公安机关依法执行国家安全工作任务，虽未使用暴力、威胁方法，但造成严重后果的行为。

（二）构成要素

1. 客观的构成要素。

（1）行为对象。行为对象包括：正在依法执行职务的国家机关工作人员，[1] 正在依法执行代表职务的全国或地方各级人民代表大会代表，在自然灾害和突发事件中正在依法履行职责的红十字会工作人员。暴力袭击正在执行公务的人民警察，适用袭警罪定罪处罚。

（2）行为内容。《刑法》第 277 条第 1~4 款规定本罪的行为包括以下四种：

第一，以暴力、威胁方法阻碍国家机关工作人员依法执行职务。所谓"暴力"，是指对正在依法执行职务的国家机关工作人员人身、装备施加物理力，如强行阻拦、殴打、捆绑、拘禁等。这里的暴力只要足以阻碍执行职务即可成立。不仅包括直接施加于国家机关工作人员人身的暴力，也包括针对其间接施用的暴力，例如，在国家工作人员执行公务时，当面砸公务车或者朝执行公务人员投掷石块等。所谓"威胁"，指以使国家机关工作人员产生畏惧的心理不敢依法执行职务为目的，告知当场或将要对其加害的情形，加害的内容通常为对国家机关工作人员本人或者亲属的人身侵害、财产侵害、名誉侵害等。加害的内容只要足以使人产生畏惧心理就能成立威胁，至于是否因此而实际使人产生了畏惧心理，在所不问。

被妨害的职务活动应具有合法性。对于违法执行职务的行为，公民有拒绝服从甚至实施正当防卫的权利。但是，国家机关工作人员执行职务的手续在形式上有细枝末节缺陷的，不属于违法地执行职务。

第二，以暴力、威胁方法阻碍人民代表大会代表依法执行代表职务。《全国人民代表大会和地方各级人民代表大会代表法》第 5 条第 1 款规定："代表依照本法的规定在本级人民代表大会会议期间的工作和在本级人民代表大会闭会期间的活动，都是执行代表职务。"

第三，在自然灾害和突发事件中，以暴力、威胁方法阻碍红十字会工作人员依法履行职

---

〔1〕　包括《刑法》第 93 条第 1 款规定的人员以及 2002 年 12 月 28 日通过的《全国人民代表大会常务委员会关于〈中华人民共和国刑法〉第九章渎职罪主体适用问题解释》（以下简称《〈中华人民共和国刑法〉第九章渎职罪主体适用问题解释》）中的人员。

责。所谓"自然灾害"，是指由于自然力的破坏作用而发生的致使人的生命、财产遭受重大损害或危险的情况，例如地震、洪水、海啸、山崩等自然现象造成的破坏或危险。所谓"突发事件"，是指由于人为的原因所发生的严重危及不特定多数人生命、健康的紧急状态。例如战争冲突、暴乱、骚乱、重大疫情等。

第四，使用暴力、威胁以外的方法，阻碍国家安全机关、公安机关的人员依法执行国家安全任务，造成严重后果的行为。所谓"造成严重后果"，一般是指使国家安全工作任务受挫，未能及时制止、侦破危害国家安全的犯罪，致使国家安全遭受损害的；致使严重危害国家安全的犯罪分子漏网、脱逃的。

2. 主观的构成要素。主观的构成要素是故意，即明知是国家机关工作人员、人大代表、红十字会工作人员，而以暴力、威胁或者其他方法阻碍，希望迫使其停止执行职务或者改变执行职务。

（三）认定

1. 根据有关司法解释特别提示性规定，下列情形也属于公务：①国家机关工作人员、红十字会工作人员依法履行为防治突发传染病疫情等灾害而采取的防疫、检疫、强制隔离、隔离治疗等预防、控制措施的；②国家计划生育工作人员依法执行职务的；③行政执法人员依法行使盐业管理职务的；④矿山安全生产监督管理的。

2. 法条竞合。《刑法》中还有其他包含妨害公务内容的犯罪，如抗税罪、袭警罪、劫夺被押解人员罪、组织越狱罪、暴动越狱罪、扰乱法庭秩序罪、破坏监管秩序罪等，在实施上述犯罪的过程中，往往同时触犯妨害公务罪的法条，应当适用特殊规定定罪处罚。聚众阻碍解救被收买的妇女、儿童罪，煽动暴力抗拒法律实施罪往往具有教唆妨害公务的性质，也应当适用专门规定处罚，不以妨害公务罪教唆犯论处。但根据《刑法》第242条的规定，首要分子以外的其他参与者，使用暴力、威胁方法实施聚众阻碍解救被收买的妇女、儿童活动的，应以妨害公务罪论处。

3. 想象竞合犯。暴力妨害公务造成公务人员伤亡结果的，则同时触犯故意伤害罪或故意杀人罪，属想象竞合犯，从一重罪处断：仅造成轻伤的，一般以妨害公务罪论处；造成重伤或死亡结果的，应当以故意伤害罪（致人重伤、死亡）论处；如果该暴力行为符合故意杀人罪构成要件的，以故意杀人罪论处。

4. 数罪并罚问题。在犯罪过程中，以暴力、威胁方法抗拒公务人员检查，通常以所犯之罪与妨害公务罪数罪并罚。例如，在走私过程中以暴力、威胁方法抗拒缉私的，以走私罪与妨害公务罪数罪并罚（《刑法》第157条）；犯《刑法》分则第3章第1节之生产销、售伪劣商品罪暴力抗拒缉查的，数罪并罚。[1] 触犯《刑法》第341条规定危害珍贵、濒危野生动物罪，又以暴力、威胁方法抗拒查处，构成其他犯罪的，依照数罪并罚的规定处罚。[2] 但是法律有特别规定的除外，例如，在组织偷越国（边）境、运送他人偷越国（边）境犯罪中，以暴力、威胁方法抗拒检查的，其暴力、威胁抗拒检查行为（妨害公务）作为加重情节对待，不并罚；还有走私、贩卖、运输、制造毒品，暴力抗拒缉查的，也是作为加重情节处理，不数罪并罚。但是，如果故意杀伤缉查人员的，则需与故意杀人罪、故意伤害罪数罪并罚。

---

[1] 2001年4月9日公布的《办理生产、销售伪劣商品刑事案件的解释》第11条规定：实施《刑法》第140~148条规定的犯罪，又以暴力、威胁方法抗拒查处，构成其他犯罪的，依照数罪并罚的规定处罚。

[2] 2000年11月27日公布的《最高人民法院关于审理破坏野生动物资源刑事案件具体应用法律若干问题的解释》（以下简称《审理破坏野生动物资源刑事案件的解释》）第8条。

5. 行为人在国家机关工作人员执行公务行为后对其事后暴力报复的，不符合妨害"正在依法执行职务"的条件，不是妨害公务，但不排除构成其他犯罪，如故意伤害罪、故意杀人罪、故意毁坏财物罪等。

6. 罪与非罪。对于群众因提出合理要求不能满足，或者对政策不理解，或者因执行职务者态度生硬而与国家机关工作人员发生争吵、顶撞、纠缠的，不宜以妨害公务罪追究刑事责任。对于即使是蛮不讲理妨害公务的行为，也应当根据行为的危害程度，确定是给予治安处罚还是以本罪追究刑事责任。暴力行为造成执行公务人员轻微伤以上结果的，或者阻碍公务执行造成较严重后果的，是立案追究刑事责任的一般尺度。

（四）处罚

《刑法》第 277 条第 1 ~ 4 款规定，犯本罪的，处 3 年以下有期徒刑、拘役、管制或者罚金。

二、袭警罪

（一）概念

袭警罪，指暴力袭击正在依法执行职务的人民警察的行为。

（二）构成要件要素

1. 客观的构成要素。

（1）行为对象是正在依法执行职务的人民警察即民警，包括治安警察、交通警察、司法警察等各类警察。正在依法执行职务，指民警正在依法履行《人民警察法》第 6 条规定的职责。另外，《人民警察法》第 19 条规定，民警在非工作期间遇有紧急情况，应当履行职责，因此不分是否在工作期间、工作场所，只要是依法履行职责即属于袭警罪对象[1]。民警在非执行职务时不属于袭警罪行为对象。民警因其履职行为在事后遭到报复的，不构成袭警罪。

（2）行为内容是暴力袭击正在依法执行职务的民警。"暴力"，指对正在依法执行职务的民警人身、装备等有关物体施加物理力的攻击，如实施撕咬、踢打、抱摔、投掷等，对民警人身进行攻击的；或者实施打砸、毁坏、抢夺民警正在使用的警用车辆、警械等警用装备，对民警人身进行攻击的。不仅包括人身攻击，也包括对物体施加暴力。[2]

2. 主观的构成要素是故意，即明知是人民警察依法执行职务，而以暴力方法阻碍，希望迫使其停止执行职务或者改变执行职务。如果不知其正在执行职务，或者虽然明知但不是意在阻碍其执行职务，而是为了其他目的，则不构成本罪。构成其他犯罪的，按其触犯的罪名定罪处罚。例如，甲见乙、丙二人正在把自己的弟弟丁挟持前行。甲以为乙、丙二人欺负其弟，上前就对乙、丙二人进行殴打致轻伤。事后才知乙、丙二人为执行公务之便衣警察，正在扭送有犯罪嫌疑的丁。因为甲缺乏袭警的故意，不成立袭警罪。

（三）认定

1. 暴力阻碍民警执行职务，情节显著轻微、危害不大的，可适用《治安管理处罚法》第 15 条规定处罚。

2. 对正在依法执行职务的民警虽未实施暴力袭击，但以暴力相威胁的；或者使用暴力、威胁以外的方法，阻碍民警依法执行国家安全任务，造成严重后果的，可适用妨害公务罪定罪处罚。

---

〔1〕 2021 年 1 月 10 日《最高人民法院、最高人民检察院、公安部关于依法惩治袭警违法犯罪行为的指导意见》。

〔2〕 杨万明主编：《〈刑法修正案（十一）〉条文及配套〈罪名补充规定（七）〉理解与适用》，人民法院出版社 2021 年版，第 277 页。

3. 暴力袭警致使民警受伤、死亡，同时构成故意伤害罪、故意杀人罪的，择一重罪处罚。

（四）处罚

《刑法》第 277 条第 5 款规定，犯本罪的，处 3 年以下有期徒刑、拘役或者管制；使用枪支、管制刀具，或者以驾驶机动车撞击等手段，严重危及其人身安全的，处 3 年以上 7 年以下有期徒刑。

"严重危及人身安全"，指可能造成执行职务的民警、有关人员人身伤亡的情形。具有这危险是适用加重犯的条件。"在以驾驶机动车撞击等手段"时，如果主观上不具有故意、且客观上不足以造成人身伤亡的，不属于本罪加重犯。如甲某发现前方查酒驾，急倒车试图躲避，隐蔽于其后路旁的警车急拦截，甲某车尾与警车车头发生碰撞。甲某倒车时并未发现后方有警车，碰撞轻微不足以危及车内民警人身安全，不构成本罪之加重犯。

三、煽动暴力抗拒法律实施罪

煽动暴力抗拒法律实施罪，是指故意煽动群众暴力抗拒国家法律、行政法规实施的行为。

所谓"煽动"，是指以鼓动性言词或文字引导、劝诱、挑动、促使群众实施某种行为。煽动行为的对象是不特定的群众，人数至少在 3 人以上。煽动的内容必须是要他人用暴力抗拒国家法律、行政法规的实施，没有煽动使用暴力，不构成本罪。煽动群众采取暴力方式对抗法令实施具有扰乱公共秩序的性质，可以本罪追究刑事责任，不问被煽动的群众是否实际实施了被煽动的内容。

本罪与煽动分裂国家罪和煽动颠覆国家政权罪区别的要点是：犯罪的目的和煽动的内容不同，本罪是以阻碍某项法律、行政法规实施为目的，煽动群众使用暴力抗拒该项法律、行政法规的实施；而煽动分裂国家罪和煽动颠覆国家政权罪则是以分裂国家或者是倾覆国家政权和社会主义制度为目的，煽动民族分裂、地方割据或者煽动推翻人民民主专政政权和社会主义制度。

《刑法》第 278 条规定，犯本罪的，处 3 年以下有期徒刑、拘役、管制或者剥夺政治权利；造成严重后果的，处 3 年以上 7 年以下有期徒刑。

四、招摇撞骗罪

（一）概念

招摇撞骗罪，是指以谋取非法利益为目的，冒充国家机关工作人员招摇撞骗的行为。

（二）构成要素

1. 客观的构成要素。客观行为是冒充国家机关工作人员进行招摇撞骗活动。所谓"冒充国家机关工作人员"，指冒充国家机关中依法从事公务的人员的身份或职位。其可以是非国家机关工作人员冒充国家机关工作人员，如工人、农民、待业人员、脱逃犯冒充国家机关干部，也可以是一般国家机关工作人员冒充具有特定职位的上级国家机关工作人员。如果冒充的不是国家机关工作人员，而是诸如普通党员、高干子弟、亲属，或者战斗英雄、劳动模范等，进行诈骗活动，则不构成本罪。所谓"招摇撞骗"，就是利用假冒的身份或职位，到处炫耀，进行种种欺骗活动。

2. 主观的构成要素。主观的构成要素是故意。目的是骗取某种非法利益，其表现形式是多种多样的，如通常是骗取钱财，也包括骗取荣誉称号、政治待遇、职位、学位、经济待遇、城市户口等。如果不具有获取某种非法利益的目的，不构成犯罪。

（三）认定

1. 本罪与诈骗罪区别的要点：招摇撞骗罪限于以冒充国家机关工作人员的方式骗取各种利益，既包括财产性利益，也包括非财产性利益；诈骗罪的行为对象限于财物和财产性利益，但不限定以冒充国家机关工作人员的方式骗取。如果行为人以冒充国家机关工作人员的特定方式招摇撞骗，骗取了包括财产在内的各种利益的，应认定为招摇撞骗罪。骗取的财物数额"特别巨大"（50 万元以上）的，从罚当其罪的角度考虑，应择一重罪处罚，即以诈骗罪定罪处罚。

2. 根据司法经验，行为人冒充正在执行公务的人民警察"抓赌""抓嫖"，没收赌资或者罚款的行为，构成犯罪的，以招摇撞骗罪从重处罚；在实施上述行为中使用暴力或者暴力威胁的，以抢劫罪定罪处罚。[1]

（四）处罚

《刑法》第 279 条规定，犯本罪的，处 3 年以下有期徒刑、拘役、管制或者剥夺政治权利；情节严重的，处 3 年以上 10 年以下有期徒刑。冒充人民警察招摇撞骗的，依照上述规定从重处罚。

五、伪造、变造、买卖国家机关公文、证件、印章罪

（一）概念

伪造、变造、买卖国家机关公文、证件、印章罪，是指伪造、变造、买卖国家机关的公文、证件、印章的行为。

（二）构成要素

1. 客观的构成要素。

（1）行为对象是国家机关的公文、证件、印章。所谓"公文"，指以国家机关的名义制作的，用于联系公务、指导工作、处理问题的书面文件，包括指示、决议、通知、命令、决定、请示报告、信函、电文等。这些公文，都是以制作公文的国家机关的名义，加盖该国家机关的公章发布的，或者以指定的负责人的名义代表该国家机关签发的。所谓"证件"，指国家机关制作、颁发的，用以证明身份、职务、权利义务关系或其他有关事项的凭证，如工作证、结婚证、户口迁移证、营业执照等。所谓"印章"，指国家机关刻制的以文字、图记表明主体同一性的公章、专用章等，它们是国家机关行使职权的符号和标记。用于国家机关公务的私人印鉴、图章也应视为公务印章。国家机关中使用的与其职权无关的印章，不属于公务印章，如收发室的表示物品收讫的印章。

（2）客观行为是伪造、变造、买卖国家机关公文、证件、印章。本罪之"伪造"，在狭义上讲，是指没有制作权限的人冒用国家机关名义制作国家机关公文、证件、印章，这被称为"有形伪造"。另外，还应当肯定有制作权限的人以国家机关名义制作内容虚假的公文、证件、印章的，即所谓"无形伪造"也属于本罪之"伪造"。因为《刑法》将"变造"国家机关公文、证件、印章的行为也规定为犯罪，这意味着《刑法》对国家机关公文、证件、印章进行较为严密的保护，应将无形伪造包含在本罪伪造的范围内。伪造的程度达到足以使人认为是国家机关的公文、证件、印章即可，不必要求主体（制作机关的名称）完全一致。比如，行为人伪造一份名为"北京市海淀区公安局"的公文，盖有"北京市海淀区公安局"字样的印章，尽管与真实名称"北京市公安局海淀分局"不一致，但只要足以使人认为是海淀区公安分局公文即可，也不必要求伪造的外观与真实的完全一致。擅自制作不存在的国家机关证件、印章的，能否认定为本罪的伪造？例如，行为人制作"中华人民共和国内务部"的印章并使用。对此有肯定和否定的观点。"肯定说"认为，"由于刑法规定本罪是为了保护国家机关印章的公共信用，而'中华人民共和国内务部'的印章所显示的是国家机关，故上述行为客观

---

[1] 2005 年 6 月 8 日印发的《审理抢劫、抢夺刑事案件的意见》第 9 条第 1 款。

上侵犯了国家机关的公共信用，宜认定为伪造国家机关印章罪"。[1]"否定说"认为，本罪成立的前提"是该公文、证件、印章有真实的机关存在。如果虚构机关之名伪造公文、证件、印章的"，不成立本罪。[2]"否定说"似乎是中国司法实务界的通说。

"变造"，是指没有制作权限的人非法改变国家机关公文、证件部分内容，使其产生不同的证明效果。

"买卖"，是指出售和购买行为。通常认为有出售或购买行为之一即可。买卖的对象，通常是形式完整的国家机关公文、证件、印章。如果形式上存在明显残缺，起不到相应的证明作用，不属于本罪的买卖对象。2002 年 9 月 25 日发布的《最高人民检察院研究室关于买卖尚未加盖印章的空白〈边境证〉行为如何适用法律问题的答复》指出："对买卖尚未加盖发证机关的行政印章或者通行专用章印鉴的空白《中华人民共和国边境管理区通行证》的行为，不宜以买卖国家机关证件罪追究刑事责任。国家机关工作人员实施上述行为，构成犯罪的，可以按滥用职权等相关犯罪依法追究刑事责任。"另外，买卖的对象不限于真实的国家机关公文、证件、印章，例如，1998 年 12 月 29 日公布的《惩治骗购外汇、逃汇和非法买卖外汇犯罪的决定》第 2 条规定，买卖伪造、变造的海关签发的报关单、进口证明、外汇管理部门核准件等凭证和单据或者国家机关的其他公文、证件、印章的，依照《刑法》第 280 条的规定定罪处罚。有学者认为，还应包括一切伪造、变造的国家机关公文、证件、印章，理由是买卖伪造、变造的国家机关公文、证件、印章同样"严重侵害了公文、证件、印章的公共信用"。[3]这种观点值得赞同，实务中也有对买卖伪造的汽车牌照以买卖国家机关证件罪处罚的实例。

2. 主观的构成要素。主观的构成要素是故意，即明知是国家机关公文、证件、印章而有意伪造、变造、买卖。

（三）认定

1. 有关司法解释明确规定，下列情形以本罪定罪处罚：①伪造、变造、买卖海关签发的报关单、进口证明、外汇管理机关的核准件等凭证或者购买伪造、变造的上述凭证的；[4] ②伪造、变造、买卖林木采伐许可证、木材运输证件，森林、林木、林地权属证书，占用或者征用林地审核同意书、育林基金等缴费收据以及其他国家机关批准的林业证件构成犯罪的；[5] ③伪造、变造、买卖国家机关颁发的野生动物允许进出口证明书、特许猎捕证、狩猎证、驯养繁殖许可证等公文、证件构成犯罪的；[6] ④伪造、变造、买卖机动车牌证及机动车入户、过户、验证的有关证明文件的；[7] ⑤伪造、变造、买卖机动车行驶证、登记证书，累计 3 本以上的。[8]"关于伪造、变造、买卖机动车行驶证、登记证书行为的定罪量刑主要适

---

[1] 张明楷：《刑法学》，法律出版社 2003 年版，第 802 页。

[2] 周道鸾、张军主编：《刑法罪名精释》，人民法院出版社 2003 年版，第 470 页。

[3] 张明楷：《刑法学》，法律出版社 2003 年版，第 802 页。

[4] 1998 年 9 月 1 日施行的《最高人民法院关于审理骗购外汇、非法买卖外汇刑事案件具体应用法律若干问题的解释》第 2 条。

[5] 2000 年 12 月 11 日施行的《最高人民法院关于审理破坏森林资源刑事案件具体应用法律若干问题的解释》（以下简称《审理破坏森林资源刑事案件的解释》）第 13 条第 1 款。

[6] 2000 年 12 月 11 日施行的《审理破坏野生动物资源刑事案件的解释》第 9 条。

[7] 1998 年 5 月 8 日印发的《最高人民法院、最高人民检察院、公安部、国家工商行政管理局关于依法查处盗窃、抢劫机动车案件的规定》（以下简称《依法查处盗窃、抢劫机动车案件的规定》）第 7 条。

[8] 2007 年 5 月 11 日施行的《最高人民法院、最高人民检察院关于办理与盗窃、抢劫、诈骗、抢夺机动车相关刑事案件具体应用法律若干问题的解释》（以下简称《办理与盗窃、抢劫、诈骗、抢夺机动车相关刑事案件的解释》）第 2 条。

用于与盗窃、抢劫、诈骗、抢夺机动车相关的刑事案件。"[1] 为信用卡申请人制作、提供虚假的财产状况、收入、职务等资信证明材料，触犯《刑法》第 280 条的，分别以伪造、变造、买卖国家机关公文、证件、印章罪和伪造公司、企业、事业单位、人民团体印章罪定罪处罚。[2]

2. 法条竞合犯。根据《刑法》第 225 条第 2 项的规定，"买卖进出口许可证、进出口原产地证明以及其他法律、行政法规规定的经营许可证或者批准文件"是非法经营行为之一，因此，"对于买卖允许进出口证明书等经营许可证明，同时触犯《刑法》第 225、280 条规定之罪的，依照处罚较重的规定定罪处罚"。[3] 实施买卖国家机关颁发的野生动物允许进出口证明书等"构成犯罪，同时构成《刑法》第二百二十五条第二项规定的非法经营罪的，依照处罚较重的规定定罪处罚"。[4]

3. 牵连犯。伪造、变造、买卖国家机关公文、证件、印章而后使用的，其使用行为可能又构成其他罪，如诈骗罪、招摇撞骗罪、骗购外汇罪等，属于典型的手段行为与目的行为的牵连犯，择一重罪定罪处罚。这种类型的牵连犯及其处理原则在我国学说和实务上得到广泛认可。例如，伪造、变造海关签发的报关单、进口证明、外汇管理部门核准件等凭证和单据，并用于骗购外汇的，属牵连犯，以骗购外汇罪从重处罚。[5]

4. 想象竞合犯。行为人为了实施诈骗等犯罪而伪造或购买国家机关公文、证件、印章，未能着手实行诈骗犯罪而案发的，该行为既属于诈骗罪的预备行为，又属于本罪的实行行为，应当依据实行行为以本罪定罪处罚。因为只有伪造或购买一个行为，故属于想象竞合犯（一罪的实行行为同时是另一罪的预备行为）而不属于牵连犯。

5. 共犯问题，伪造国家机关公文、证件、印章往往需要一定的技能方可做到以假乱真的程度，社会上常见的犯罪类型是行为人专门从事伪造证章的活动牟利，并形成一个地下行业。对这类情形，以本罪论处自无争议。问题是伪造之共犯与买卖行为的认定。①这种地下行业的"从业人员"，除伪造者外，往往还有街头揽活、送活、收费的辅助人员，对这些购销的辅助活动，应当以此罪的共犯论处。②对于伪造行业的相对方即买方，既有购买行为又有一定的"伪造"（或帮助）行为的，应如何认定，值得探讨。常见的情形是，买方提供样式和内容要求伪造方依样制作，买方不仅仅有"购买"行为，还有相应的参与伪造（或帮助）行为，对此应当认定为伪造行为（共犯）还是买卖行为（单独犯）？司法实务有认定为伪造国家机关公文、证件、印章罪或伪造国家机关公文、证件、印章罪（共犯）的判例。[6] ③对购买"制成品"的，因为没有提供样式等参与伪造行为，不能以伪造行为或伪造的共犯论处。《刑法修正案（九）》增加规定买卖身份证件罪，此后对于这类行为可以买卖身份证件罪论处。另外，在买卖国家机关公文、证件、印章罪是否包含"伪造"品上，存在争议，本书持肯定的观点。理由是买卖假证比真证危害更大，按理当罚。

---

[1] 2016 年 3 月 18 日《最高人民检察院法律政策研究室关于〈关于伪造机动车登记证书如何适用法律的请示〉的答复意见》。

[2] 2018 年修正的《最高人民法院、最高人民检察院关于办理妨害信用卡管理刑事案件具体应用法律若干问题的解释》。

[3] 2000 年 12 月 11 日施行的《审理破坏森林资源刑事案件的解释》第 13 条第 2 款。

[4] 2000 年 12 月 11 日施行的《审理破坏野生动物资源刑事案件的解释》第 9 条第 2 款。

[5] 1998 年 12 月 29 日公布的《惩治骗购外汇、逃汇和非法买卖外汇犯罪的决定》第 1 条。

[6] 直接定伪造证件、印章罪的判例如"梅某某诈骗、伪造公文、印章案"，载刘家琛主编：《新刑法案例评析（下）》，人民法院出版社 2002 年版，第 1029 页；定共犯的判例如："刘某伪造居民身份证、伪造国家机关证件案"，载胡云腾主编：《刑法条文案例精解》，法律出版社 2004 年版，第 410 页。

（四）处罚

《刑法》第280条第1款规定，犯本罪的，处3年以下有期徒刑、拘役、管制或者剥夺政治权利，并处罚金；情节严重的，处3年以上10年以下有期徒刑，并处罚金。

六、盗窃、抢夺、毁灭国家机关公文、证件、印章罪

盗窃、抢夺、毁灭国家机关公文、证件、印章罪，是指盗窃、抢夺、毁灭国家机关的公文、证件、印章的行为。

《刑法》第280条第1款规定，犯本罪的，处3年以下有期徒刑、拘役、管制或者剥夺政治权利，并处罚金；情节严重的，处3年以上10年以下有期徒刑，并处罚金。

七、伪造公司、企业、事业单位、人民团体印章罪

伪造公司、企业、事业单位、人民团体印章罪，是指伪造公司、企业、事业单位、人民团体的印章的行为。

伪造印章包括伪造印信和印文。伪造非国家机关单位的文书、证件的，不构成犯罪，但如果在文书、证件上伪造了印文的，应以伪造公司、企业、事业单位、人民团体印章罪论。

社会上伪造高等院校学历、学位证明牟利的活动较为严重，假文凭泛滥，但是，假文凭属于事业单位文书，不在本罪的范围内，导致法律适用上的困惑。针对这种情况，2001年7月5日实施的《最高人民法院、最高人民检察院关于办理伪造、贩卖伪造的高等院校学历、学位证明刑事案件如何适用法律问题的解释》规定："对于伪造高等院校印章制作学历、学位证明的行为，应当依照刑法第二百八十条第二款的规定，以伪造事业单位印章罪定罪处罚。明知是伪造高等院校印章制作的学历、学位证明而贩卖的，以伪造事业单位印章罪的共犯论处。"据此，惩治伪造、帮助伪造"假文凭"行为仍须以伪造高等院校印章为前提。

《刑法》第280条第2款规定，犯本罪的，处3年以下有期徒刑、拘役、管制或者剥夺政治权利，并处罚金。

案例25-1：王一民多次找石香娥搞假结扎证明。1997年2月27日，石香娥带本单位结扎对象到县妇幼保健所结扎，石香娥乘机在事先准备好的4份空白县妇幼保健所证明书上偷盖上"县妇幼保健所疾病诊断专用章"。后石香娥将这4份盖了章的空白证明书给了王一民。王一民模仿县妇幼保健所的医生的笔迹填写伪造结扎证明，将3张假结扎证明卖给他人共获赃款7400元，分给石香娥2800元。法院于1997年10月1日后审理此案，认为公诉机关引用1979年《刑法》第167条的规定，指控二被告人犯伪造证件罪不当。依照1997年《刑法》之规定，判决无罪。

资料来源：《刑事审判参考（总第16辑）》，法律出版社2001年版，第34页。

八、伪造、变造、买卖身份证件罪

伪造、变造、买卖身份证件罪，是指伪造、变造、买卖居民身份证、护照、社会保障卡、驾驶证等依法可以用于证明身份的证件的行为。

本罪行为对象是居民身份证、护照、社会保障卡、驾驶证等依法可以用于证明身份的证件。居民身份证和护照是专门的身份证件，社会保障卡与居民身份证使用同一号码，驾驶证使用身份证号码作为识别码。这四类证件都具有权威性、同一性、广泛性。其他"依法可以用于证明身份的证件"，是指与刑法明文列举的这四种证件在权威性、统一性、广泛性方面相当的证件。目前应当按照刑法明文列举的四种证件掌握，对于伪造、变造、买卖这四类证件

之外的证件不宜以本罪论处。必要时，可以适用《刑法》第 280 条第 1 款或第 2 款定罪处罚。[1]

《刑法》第 280 条第 3 款规定，犯本罪的，处 3 年以下有期徒刑、拘役、管制或者剥夺政治权利，并处罚金；情节严重的，处 3 年以上 7 年以下有期徒刑，并处罚金。

九、使用虚假身份证件、盗用身份证件罪

使用虚假身份证件、盗用身份证件罪，是指在依照国家规定应当提供身份证明的活动中，使用伪造、变造的居民身份证、护照、社会保障卡、驾驶证等身份证明或者盗用居民身份证、护照、社会保障卡、驾驶证等身份证明，情节严重的行为。

根据《最高人民法院关于准确理解和适用刑法中"国家规定"的有关问题的通知》（法发［2011］155 号，以下简称"关于国家规定的通知"）的规定，"在依照国家规定应当提供身份证明的活动中"的"国家规定"是指全国人民代表大会及其常务委员会制定的法律和决定，国务院制定的行政法规、规定的行政措施、发布的决定和命令。其中，"国务院规定的行政措施"应当由国务院决定，通常以行政法规或者国务院制发文件的形式加以规定。以国务院办公厅名义制发的文件，符合以下条件的，亦应视为刑法中的"国家规定"：①有明确的法律依据或者同相关行政法规不相抵触；②经国务院常务会议讨论通过或者经国务院批准；③在国务院公报上公开发布。

"国家规定应当提供身份证明的活动"，例如，《中华人民共和国居民身份证法》由第十届全国人民代表大会常务委员会通过，属于国家规定。该法第 14 条规定："有下列情形之一的，公民应当出示居民身份证证明身份：（一）常住户口登记项目变更；（二）兵役登记；（三）婚姻登记、收养登记；（四）申请办理出境手续；（五）法律、行政法规规定需要用居民身份证证明身份的其他情形。"据此，在上述常住户口登记项目变更、兵役、婚姻、收养登记、申请办理出境手续等事项中，应当出示居民身份证证明身份。如果行为人在上列活动中故意使用伪造、变造的居民身份证，属于"在依照国家规定应当提供身份证明的活动中使用伪造、变造的身份证明"。

"身份证明"，限于居民身份证、护照、社会保障卡、驾驶证四种。

"盗用"，指冒充他人身份、非法使用他人身份证明的行为。不以该身份证件系盗窃取得为必要。

"情节严重"，一般指不止一次使用、盗用，或者使用、盗用造成侵害他人权益的后果，或者为进行其他犯罪活动而使用、盗用等。

《刑法》第 280 条之一规定，犯本罪，处拘役或者管制，并处或者单处罚金。

十、冒名顶替罪

冒名顶替罪，指盗用、冒用他人身份，顶替他人取得的高等学历教育入学资格、公务员录用资格、就业安置待遇的行为。

"就业安置待遇"，指依照法律法规、政策由政府对特殊主体予以安排就业、照顾就业等优待。如对退役军人、被征地农民、退役运动员的就业安置，以及对于受灾群众、下岗人员、残疾人等特定群体人员的安置待遇。"就业安置"待遇，限于提供工作机会的待遇，不包括有关特殊主体的其他待遇。限于冒名顶替"他人取得的"资格或待遇，如果骗取的资格或待遇，不是冒名顶替某人挤占掉某人的安置待遇，不构成本罪。

《刑法》第 280 条之二规定，犯本罪的，处 3 年以下有期徒刑、拘役或者管制，并处罚

---

[1]　雷建斌主编：《〈中华人民共和国刑法修正案（九）〉释解与适用》，人民法院出版社 2015 年版，第 256、257 页。

金。组织、指使他人实施前款行为的，依照前款的规定从重处罚。国家工作人员有前两款行为，又构成其他犯罪的，依照数罪并罚的规定处罚。

十一、非法生产、买卖警用装备罪

非法生产、买卖警用装备罪，是指非法生产、买卖人民警察制式服装、车辆号牌等专用标志、警械，情节严重的行为。

本罪的行为对象仅限于人民警察的制式服装、车辆号牌等专用标志、警械。所谓的"人民警察制式服装"，是指国家依法规定其特有的样式专供人民警察穿着以便标志其身份，依法执行警务的服装，即警服。所谓的"车辆号牌"，是指为了便于管理而制作的用于标明汽车归属、类型、排列顺序等的牌照。所谓的"专用标志"，主要是指警衔标志、警服专用标志（如现行警服纽扣、橄榄色布以及帽徽、领花、符号、领带、领带卡等）、警徽、警灯。所谓的"警械"，根据《人民警察使用警械和武器条例》第 3 条的规定，是指"人民警察按照规定装备的警棍、催泪弹、高压水枪、特种防暴枪、手铐、脚镣、警绳等警用器械"。所谓"非法生产、买卖"，是指违反《人民警察法》第 36 条的规定，未经许可，生产、买卖人民警察制式服装、车辆号牌等专用标志、警械。构成本罪必须情节严重。所谓"情节严重"，根据《公安机关管辖的刑事案件立案追诉标准的规定（一）》第 35 条的规定，是指非法生产、买卖具有下列情形之一：①成套制式服装 30 套以上，或者非成套制式服装 100 件以上的；②手铐、脚镣、警用抓捕网、警用催泪喷射器、警灯、警报器单种或合计 10 件以上的；③警棍 50 根以上的；④警衔、警号、胸章、臂章、帽徽等警用标志单种或者合计 100 件以上的；⑤警用号牌、省级以上公安机关专段民用车辆号牌 1 副以上，或其他公安机关专段民用车辆号牌 3 副以上的；⑥非法经营数额 5000 元以上，或者非法获利 1000 元以上的；⑦被他人利用进行违法犯罪活动的；⑧其他情节严重的情形。

《刑法》第 281 条规定，犯本罪的，处 3 年以下有期徒刑、拘役或者管制，并处或者单处罚金。单位犯本罪的，对单位判处罚金，并对其直接负责的主管人员和其他责任人员，依照上述规定处罚。

十二、非法获取国家秘密罪

（一）概念

非法获取国家秘密罪，是指以窃取、刺探、收买方法，非法获取国家秘密的行为。

（二）构成要素

1. 客观的构成要素。

（1）行为对象是国家秘密，包括法定的绝密、机密、秘密三种级别的国家秘密。国家秘密以外的情报、信息等，不属于本罪的对象。

（2）行为是以窃取、刺探、收买方法非法获取国家秘密。所谓非法获取，指依法不应知悉、取得某项国家秘密的人知悉、取得该项国家秘密；或者依法可以知悉某项国家秘密的人员未经法定手续取得该项国家秘密。本罪的非法获取限于使用窃取、刺探、收买这三种方法之一知悉、取得国家秘密。

2. 主观的构成要素。主观的构成要素是故意，即明知是国家秘密而非法获取。行为人以盗窃财物的故意无意中获得国家秘密的，属于不同构成要件的事实认识错误，阻却对非法获取国家秘密的结果承担故意罪责。

（三）认定

1. 非法获取国家秘密罪与为境外窃取、刺探、收买、非法提供国家秘密、情报罪的区别。区别的要点在于是否为境外的机构、组织、个人实施非法获取国家秘密的行为或者是否将所非法获取的国家秘密故意向境外的机构、组织、个人非法提供。由于所非法获取的国家秘密泄露、扩散，而被境外的机构、组织、个人知悉、取得的，只要行为人对此情形不是故意的，仍应定为非法获取国家秘密罪。

2. 犯本罪而后又泄漏国家秘密的，还构成故意泄露国家秘密罪，属于牵连犯，应择一重罪处罚。因为本罪与故意泄露国家秘密罪的法定刑相同，通常根据具体案件中危害程度较重的行为定罪处罚，如行为人为了牟利而窃取试卷，向众多人出售试题，其目的和危害主要体现在泄漏国家秘密上，法院以故意泄露国家秘密罪判处。

（四）处罚

《刑法》第282条第1款规定，犯本罪的，处3年以下有期徒刑、拘役、管制或者剥夺政治权利；情节严重的，处3年以上7年以下有期徒刑。

十三、非法持有国家绝密、机密文件、资料、物品罪

（一）概念

非法持有国家绝密、机密文件、资料、物品罪，是指非法持有属于国家绝密、机密的文件、资料或者其他物品，拒不说明来源与用途的行为。

（二）构成要素

1. 客观的构成要素。

（1）行为对象限于国家绝密、机密这两个级别的文件、资料或者其他物品，不包括秘密级的文件、资料或者其他物品。非法持有秘密级文件、资料或者其他物品的，不能构成本罪。另外，本罪的行为对象必须是存在于一定的载体或实物上的国家绝密或者机密，即载有国家绝密、机密的文件、资料或者本身含有国家绝密、机密的物品。仅仅非法知悉国家绝密、机密，而没有非法持有其载体或实物的，不能构成本罪。

（2）本罪的行为是非法持有属于国家绝密、机密的文件、资料或者其他物品，拒不说明来源与用途。这里所谓非法持有，是指不应知悉某项国家绝密、机密的人员携带、存放属于该项国家绝密、机密的文件、资料和其他物品的或者可以知悉某项国家绝密、机密的人员，未经办理手续，私自携带、留存属于该项国家绝密、机密的文件、资料和其他物品的。所谓"拒不说明来源与用途"，是指经调查询问仍不肯说明所非法持有之机密、绝密的来源与用途。这里所说的"来源"，包括持有者所知的一切来源，主要是原始来源，但也包括持有者所知的其他来源。非法持有者不知原始来源而说明其获取持有的来源的，如拾得、受托保管、受赠等，也应认为说明了来源。这里所说的"用途"，包括非法持有者所知的他人打算的用途及其本人打算的用途。只要非法持有人如实交代了所知的用途，就应认为对用途作了说明。如果非法持有者对其所知的来源与用途作了虚假的"说明"的，实质上仍是拒不说明来源与用途。是否虚假，应根据非法持有人是否真实地交代所知情况判断，不宜根据是否与客观情况完全一致判断。只有同时具备非法持有与拒不说明来源与用途两个要素，才属于本罪的行为。

2. 主观的构成要素。本罪是故意犯罪，故意的内容包括：①已知或被告知所持有的是属于国家绝密、机密的文件、资料或者其他物品；②明知其来源与用途，在间接获得持有的场合，不要求持有者明知原始的来源；③已知调查询问的人员是在依法行使侦查该项绝密、机密的来源与用途的职权。但是持有人主观上缺乏必要的故意内容而拒不说明来源与用途的不能构成本罪。例如，不知是国家秘密的；确实属于来源不明而不知其来源与用途的；不知对方是有权调查询问者的。

（三）认定

本罪与其他涉及国家秘密犯罪的区别。因犯间谍罪，为境外窃取、刺探、收买、非法提

供国家秘密、情报罪，非法获取国家秘密罪而持有国家绝密、机密文件、资料、物品的，属于有关"涉密"犯罪应有的内容，不认为是数罪。在本人拒不说明来源与用途且无法证实构成其他涉密犯罪的情况下，才以本罪论处。

（四）处罚

《刑法》第282条第2款规定，犯本罪的，处3年以下有期徒刑、拘役或者管制。

十四、非法生产、销售专用间谍器材、窃听、窃照专用器材罪

非法生产、销售专用间谍器材、窃听、窃照专用器材罪，是指非法生产、销售专用间谍器材或者窃听、窃照专用器材的行为。

"专用间谍器材"，根据2017年国务院《反间谍法实施细则》第18条，《反间谍法》第25条所称"专用间谍器材"是指进行间谍活动特殊需要的下列器材：①暗藏式窃听、窃照器材；②突发式收发报机、一次性密码本、密写工具；③用于获取情报的电子监听、截收器材；④其他专用间谍器材。专用间谍器材的确认，由国务院国家安全主管部门负责。

"窃听、窃照专用器材"，根据原国家工商行政管理总局、公安部、国家质量监督检验检疫总局2014年12月23日发布的《禁止非法生产销售使用窃听窃照专用器材和"伪基站"设备的规定》第3、4条的规定，"窃听专用器材"，是指以伪装或者隐蔽方式使用，经公安机关依法进行技术检测后作出认定性结论，有以下情形之一的：①具有无线发射、接收语音信号功能的发射、接收器材；②微型语音信号拾取或者录制设备；③能够获取无线通信信息的电子接收器材；④利用搭接、感应等方式获取通信线路信息的器材；⑤利用固体传声、光纤、微波、激光、红外线等技术获取语音信息的器材；⑥可遥控语音接收器件或者电子设备中的语音接收功能，获取相关语音信息，且无明显提示的器材（含软件）；⑦其他具有窃听功能的器材。"窃照专用器材"，是指以伪装或者隐蔽方式使用，经公安机关依法进行技术检测后作出认定性结论，有以下情形之一的：①具有无线发射功能的照相、摄像器材；②微型针孔式摄像装置以及使用微型针孔式摄像装置的照相、摄像器材；③取消正常取景器和回放显示器的微小相机和摄像机；④利用搭接、感应等方式获取图像信息的器材；⑤可遥控照相、摄像器件或者电子设备中的照相、摄像功能，获取相关图像信息，且无明显提示的器材（含软件）；⑥其他具有窃照功能的器材。

根据相关司法解释的规定，非法生产、销售的"伪基站"属于专用间谍器材和窃听、窃照专用器材，以本罪论处；不属于的，可以非法经营罪论处。

"非法生产、销售"，指在未经国家有关部门特别许可的情况下，擅自生产、销售的行为。鉴于专用间谍器材和窃听、窃照专用器材的特殊功能，为了维护国家安全、公共安全和保障公民隐私，国家对专用间谍器材和窃听、窃照专用器材实行特许经营制度，未经许可不得生产、销售。

《刑法》第283条规定，犯本罪的，处3年以下有期徒刑、拘役或者管制，并处或者单处罚金；情节严重的，处3年以上7年以下有期徒刑，并处罚金。单位犯本罪，对单位判处罚金，并对其直接负责的主管人员和其他直接责任人员，依照前述的规定处罚。

十五、非法使用窃听、窃照专用器材罪

非法使用窃听、窃照专用器材罪，是指非法使用窃听、窃照专用器材，造成严重后果的行为。

本罪的行为对象不包括国家秘密、情报或者商业秘密。行为人非法使用窃听、窃照专用器材窃取国家秘密或者情报、商业秘密，构成其他犯罪的，不以本罪论处。

本罪适用中存在的问题。现代电子技术的高速发展，音像器材日益微型化，导致窃听、窃照专用器材与电子日常生活用品如手持电话、摄像机、录音机之间的差别难以界分。这种根据使用"工具"确定犯罪性的立法难以操作。

《刑法》第284条规定，犯本罪的，处2年以下有期徒刑、拘役或者管制。

十六、组织考试作弊罪，非法出售、提供试题、答案罪，代替考试罪

（一）组织考试作弊罪

组织考试作弊罪，是指在法律规定的国家考试中，组织考试作弊或者帮助组织考试作弊的行为。

"法律规定的国家考试"，根据《最高人民法院、最高人民检察院关于办理组织考试作弊等刑事案件适用法律若干问题的解释》（2019），指下列考试：①普通高等学校招生考试、研究生招生考试、高等教育自学考试、成人高等学校招生考试等国家教育考试；②中央和地方公务员录用考试；③国家统一法律职业资格考试、国家教师资格考试、注册会计师全国统一考试、会计专业技术资格考试、资产评估师资格考试、医师资格考试、执业药师职业资格考试、注册建筑师考试、建造师执业资格考试等专业技术资格考试；④其他依照法律由中央或者地方主管部门以及行业组织的国家考试。

上述规定的考试涉及的特殊类型招生、特殊技能测试、面试等考试，属于"法律规定的国家考试"。

法律规定的国家考试不以国家统一组织实施考试为必要。例如，国家公务员考试，中央机关及其直属机构公务员的录用，由中央公务员主管部门负责组织（考试）；地方各级机关公务员的录用，由省级公务员主管部门负责组织（考试）。

"组织（考试）作弊"，指纠集多人、分工合作从事考试作弊行为。"（考试）作弊"是指以不正当手段获得试题答案、考试成绩的行为，如根据《国家教育考试违规处理办法》的规定，教育考试中作弊包括抄袭答案、替考、交换试卷答卷等。

《刑法》第284条之一第2款规定，为他人在法律规定的国家考试中组织作弊提供作弊器材或者其他帮助的行为，以组织考试作弊罪论处。这其实是组织考试作弊的共犯行为。构成犯罪应同时具备两个要件：客观上实施了提供作弊器材和其他帮助组织作弊的行为；主观上是故意的，即明知他人组织考试作弊而帮助。

"作弊器材"，具有避开或者突破考场防范作弊的安全管理措施，获取、记录、传递、接收、存储考试试题、答案等功能的程序、工具，以及专门设计用于作弊的程序、工具。

"其他帮助行为"，指提供考试作弊器材之外的帮助组织考试作弊的行为，包括：在考试作弊组织者指挥下，招募作弊考生，使用作弊器材摄录、传送试卷、答案，解答试题制作作弊答案等。

组织考试作弊，在考试开始之前被查获，但已经非法获取考试试题、答案或者具有其他严重扰乱考试秩序情形的，应当认定为组织考试作弊罪既遂。

《刑法》第284条之一第1款规定，犯本罪的，处3年以下有期徒刑或者拘役，并处或者单处罚金；情节严重的，处3年以上7年以下有期徒刑，并处罚金。

"情节严重"，根据《关于办理组织考试作弊等刑事案件适用法律若干问题的解释》，指具有下列情形之一：①在普通高等学校招生考试、研究生招生考试、公务员录用考试中组织考试作弊的；②导致考试推迟、取消或者启用备用试题的；③考试工作人员组织考试作弊的；④组织考生跨省、自治区、直辖市作弊的；⑤多次组织考试作弊的；⑥组织30人次以上作弊的；⑦提供作弊器材50件以上的；⑧违法所得30万元以上的；⑨其他情节严重的情形。

（二）非法出售、提供试题、答案罪

非法出售、提供试题、答案罪，是指为实施考试作弊行为，向他人非法出售或者提供法律规定的国家考试的试题、答案的行为。

"他人"，既包括组织考试作弊的人，也包括其他为实施考试作弊而寻求获取试题或答案的人。

本罪实际是以非法出售、提供试题、答案方式帮助他人"实施考试作弊行为"，因此，出售、提供特定试题、答案的行为成立本罪，客观上对他人实施考试作弊行为发挥了帮助作用；主观上明知他人用于实施考试作弊活动。不为实施考试作弊行为而提供试题、答案的，不成立本罪。

为实施考试作弊行为，向他人非法出售或者提供法律规定的国家考试的试题、答案，试题不完整或者答案与标准答案不完全一致的，不影响非法出售、提供试题、答案罪的认定。法律规定的国家考试试题、答案，在启封前属于国家秘密。如果所出售、提供试题、答案属于国家秘密的，同时触犯本罪和故意泄露国家秘密罪，择一重罪处断。

《刑法》第284条之一第3款规定，犯本罪的，处3年以下有期徒刑或者拘役，并处或者单处罚金；情节严重的，处3年以上7年以下有期徒刑，并处罚金。

（三）代替考试罪

代替考试罪，是指代替他人或者让他人代替自己参加法律规定的国家考试的行为。

《刑法》第284条之一第4款规定，犯本罪的，处拘役或者管制，并处或者单处罚金。

十七、非法侵入计算机信息系统罪

（一）概念

非法侵入计算机信息系统罪，是指违反国家规定，故意侵入国家事务、国防建设、尖端科学技术领域的计算机信息系统的行为。

（二）构成要素

1. 客观的构成要素。

（1）行为对象。本罪的行为对象是国家重点保护的计算机信息系统，即国家事务、国防建设、尖端科学技术领域的计算机信息系统。非法侵入国家重点保护范围以外的计算机信息系统的，不构成本罪。"计算机信息系统"，也可称"计算机系统"，是指具备自动处理数据功能的系统，包括计算机、网络设备、通信设备、自动化控制设备等。

（2）行为。本罪的行为是违反国家规定，侵入国家事务、国防建设、尖端科学技术领域的计算机信息系统。所谓非法侵入，指无权进入该计算机信息系统的人员，擅自操作进入该计算机信息系统，通常表现为破解密码或窃取、刺探、骗取密码的方式，操作进入计算机信息系统。只要有非法侵入的行为，即具备本罪的行为要素，一旦进入，即构成本罪的既遂。

2. 主观的构成要素。本罪的主观构成要素是故意，即明知是国家重要的计算机信息系统而故意非法侵入。无意闯入后，经警示仍不退出的，亦应视为故意非法侵入。

（三）认定

1. 想象竞合犯。2007年6月29日实施的《最高人民法院关于审理危害军事通信刑事案件具体应用法律若干问题的解释》第6条第3款规定，违反国家规定，侵入国防建设、尖端科学技术领域的军事通信计算机信息系统，尚未对军事通信造成破坏的，依照《刑法》第285条第1款的（非法侵入计算机信息系统罪）规定定罪处罚；对军事通信造成破坏，同时构成《刑法》第285条（非法侵入计算机信息系统罪）、第286条（破坏计算机信息系统罪）、第369条第1款（破坏军事通信罪）规定的犯罪的，依照处罚较重的规定定罪处罚。

2. 牵连犯。侵入国家重点保护的计算机信息系统窃取国家秘密或实施其他犯罪的，应作为牵连犯，择一重罪处罚。

（四）处罚

《刑法》第 285 条第 1 款规定，犯本罪的，处 3 年以下有期徒刑或者拘役。

十八、非法获取计算机信息系统数据、非法控制计算机信息系统罪

（一）概念

非法获取计算机信息系统数据、非法控制计算机信息系统罪，是指违反国家规定，侵入计算机信息系统或者采用其他技术手段，并且获取该计算机信息系统中存储、处理或者传输的数据，或者对该计算机信息系统实施非法控制，情节严重的行为。

（二）构成要件

1. 行为对象：计算机系统或者其中存储、处理或者传输的数据。

2. 行为包括两种情形：①非法侵入且非法获取他人计算机系统中的数据；②非法侵入且非法控制他人计算机系统。非法控制，指非法使他人计算机信息系统执行其发出的指令。

3. 本罪以"情节严重"为要件，根据 2011 年 8 月 1 日最高人民法院、最高人民检察院发布的《关于办理危害计算机信息系统安全刑事案件应用法律若干问题的解释》（以下简称《办理危害计算机安全案的解释》）第 1 条的规定，非法获取计算机信息系统数据或者非法控制计算机信息系统，具有下列情形之一的，应当认定为"情节严重"：①获取支付结算、证券交易、期货交易等网络金融服务的身份认证信息 10 组以上的；②获取前述①项以外的身份认证信息 500 组以上的；③非法控制计算机信息系统 20 台以上的；④违法所得 5000 元以上或者造成经济损失 1 万元以上的；⑤其他情节严重的情形。

（三）认定

1. 明知是他人非法控制的计算机信息系统，而对该计算机信息系统的控制权加以利用的，依照本罪定罪处罚。

2. 本罪与非法侵入计算机信息系统罪的区别。本罪对象是《刑法》第 285 条第 1 款之外的信息系统。如果侵入《刑法》第 285 条第 1 款的计算机信息系统的，是非法侵入计算机信息系统罪。如果非法侵入《刑法》第 285 条第 1 款的计算机信息系统并且实施了窃取数据或控制计算机行为，情节严重的，同时构成本罪。

3. 本罪与盗窃罪的区别。如果侵入他人计算机信息系统窃取财物的，如盗窃他人网络银行账户中的现金的，同时构成盗窃罪，应当以盗窃罪论处。如果既窃取数据又窃取财物的，成立数罪。对于窃取他人账户"Q 币"在淘宝网出售的行为，指导判例以非法获取计算机信息系统数据罪定罪处罚，不主张以盗窃罪论处。对于窃取网络虚拟财产的，如"网游"的宝物、兵器、财富等，不属于财产，通说仍主张以本罪论处，而不主张以盗窃罪论处。

4. 本罪与有关侵犯知识产权罪的区别。非法侵入计算机信息系统窃取他人商业秘密、网络游戏等数据并非法利用构成侵犯商业秘密罪、侵犯著作权罪的，具有牵连关系，择一重罪处断。

5. 《办理危害计算机安全案的解释》第 7 条第 1 款规定，明知是非法获取计算机信息系统数据犯罪所获取的数据、非法控制计算机信息系统犯罪所获取的计算机信息系统控制权，而予以转移、收购、代为销售或者以其他方法掩饰、隐瞒，违法所得 5000 元以上的，应当依照《刑法》第 312 条第 1 款的规定，以掩饰、隐瞒犯罪所得罪定罪处罚。

（四）处罚

《刑法》第 285 条第 2 款规定，犯本罪的，处 3 年以下有期徒刑或者拘役，并处或者单处

罚金；情节特别严重的，处 3 年以上 7 年以下有期徒刑，并处罚金。《刑法》第 285 条第 4 款规定，单位犯本罪的，对单位判处罚金，并对其直接负责的主管人员和其他直接责任人员，依照前述规定处罚。

案例 25-2：卫梦龙、龚旭、薛东东非法获取计算机信息系统数据案。

龚旭向卫梦龙提供自己任职所掌握的某大型网络公司内部管理开发系统账号、密码、Token 令牌。卫梦龙利用龚旭提供的账号、密码、Token 令牌，违反规定多次在异地登录该大型网络公司内部管理开发系统，查询、下载该计算机信息系统中储存的电子数据。后卫梦龙将非法获取的电子数据交由薛东东通过互联网出售牟利，违法所得共计 3.7 万元。法院认定卫梦龙、龚旭、薛东东的行为构成非法获取计算机信息系统数据罪，情节特别严重。

裁判要旨：超出授权范围使用账号、密码登录计算机信息系统，属于侵入计算机信息系统的行为；侵入计算机信息系统后下载其储存的数据，可以认定为非法获取计算机信息系统数据。

资料来源：2017 年 10 月 12 日最高人民检察院第九批指导案例检例第 33 号。

十九、提供侵入、非法控制计算机信息系统的程序、工具罪

（一）概念

提供侵入、非法控制计算机信息系统的程序、工具罪，是指提供专门用于侵入、非法控制计算机信息系统的程序、工具，或者明知他人实施侵入、非法控制计算机信息系统的违法犯罪行为而为其提供程序、工具，情节严重的行为。

（二）构成要件

1. 客观要件。本罪行为包括两种情形：

（1）提供专门用于侵入、非法控制计算机信息系统的程序、工具的。根据《办理危害计算机安全案的解释》第 2 条的规定，具有下列情形之一的程序、工具，应当认定为"专门用于侵入、非法控制计算机信息系统的程序、工具"：①具有避开或者突破计算机信息系统安全保护措施，未经授权或者超越授权获取计算机信息系统数据的功能的；②具有避开或者突破计算机信息系统安全保护措施，未经授权或者超越授权对计算机信息系统实施控制的功能的；③其他专门设计用于侵入、非法控制计算机信息系统、非法获取计算机信息系统数据的程序、工具。此处"提供"，既包括有偿提供，也包括免费提供，既包括向特定人提供，也包括向不特定人提供，如将其放到网上供人免费下载使用。因为此种"专门"工具只能作为入侵或非法控制之用，本身具有违禁性，所以对"提供"应作扩张把握。

（2）为他人实施侵入、非法控制计算机信息系统的违法犯罪行为而提供程序、工具。此行为类型的"提供"，限于向已知图谋实施特定违法犯罪活动的人提供，并被用于实施特定的违法犯罪活动。

2. 主观要件。故意犯，因为"专门"的非法侵入、控制工具，难免会被他人用于侵入、非法控制计算机信息系统的违法犯罪活动，所以，行为人只要明知是专门入侵、控制的工具而提供的，即具备本罪之故意。在提供非专门入侵、非法控制工具的场合，行为人须明知他人实施侵入、非法控制计算机信息系统的违法犯罪行为而为其提供，才具有本罪的故意。

3. 本罪以"情节严重"为要件，《办理危害计算机安全案的解释》第 3 条第 1 款规定，提供侵入、非法控制计算机信息系统的程序、工具，具有下列情形之一的，应当认定为"情节严重"：①提供能够用于非法获取支付结算、证券交易、期货交易等网络金融服务身份认证信息的专门性程序、工具 5 人次以上的；②提供前述第①项以外的专门用于侵入、非法控制计算机信息系统的程序、工具 20 人次以上的；③明知他人实施非法获取支付结算、证券交易、期货交易等网络金融服务身份认证信息的违法犯罪行为而为其提供程序、工具 5 人次以上的；④明知他人实施前述第③项以外的侵入、非法控制计算机信息系统的违法犯罪行为而为其提供程序、工具 20 人次以上的；⑤违法所得 5000 元以上或者造成经济损失 1 万元以上的；⑥其他情节严重的情形。

（三）处罚

《刑法》第 285 条第 3、4 款规定，犯本罪的，处 3 年以下有期徒刑或者拘役，并处或者单处罚金；情节特别严重的，处 3 年以上 7 年以下有期徒刑，并处罚金。单位犯本罪的，对单位判处罚金，并对其直接负责的主管人员和其他直接责任人员，依照前述规定处罚。

二十、破坏计算机信息系统罪

（一）概念

破坏计算机信息系统罪，是指违反国家规定，破坏计算机信息系统功能、数据、应用程序，或者故意制作、传播计算机病毒等破坏性程序，影响计算机系统正常运行，后果严重的行为。

（二）构成要件

1. 客观的构成要素。本罪是结果犯，以造成"后果严重"为要件。本罪的行为分两种类型：

（1）破坏计算机信息系统功能、数据、应用程序，"后果严重"。《办理危害计算机安全案的解释》第 4 条第 1 款规定：破坏计算机信息系统功能、数据或者应用程序，具有下列情形之一的，应当认定"后果严重"：①造成 10 台以上计算机信息系统的主要软件或者硬件不能正常运行的；②对 20 台以上计算机信息系统中存储、处理或者传输的数据进行删除、修改、增加操作的；③违法所得 5000 元以上或者造成经济损失 1 万元以上的；④造成为 100 台以上计算机信息系统提供域名解析、身份认证、计费等基础服务或者为 1 万以上用户提供服务的计算机信息系统不能正常运行累计 1 小时以上的；⑤造成其他严重后果的。

（2）故意制作、传播计算机病毒等破坏性程序，影响计算机系统正常运行，"后果严重"。《办理危害计算机安全案的解释》第 5 条规定：具有下列情形之一的，应认定为"计算机病毒等破坏性程序"：①能够通过网络、存储介质、文件等媒介，将自身的部分、全部或者变种进行复制、传播，并破坏计算机系统功能、数据或者应用程序的；②能够在预先设定条件下自动触发，并破坏计算机系统功能、数据或者应用程序的；③其他专门设计用于破坏计算机系统功能、数据或者应用程序的程序。《办理危害计算机安全案的解释》第 6 条第 1 款规定：故意制作、传播计算机病毒等破坏性程序，影响计算机系统正常运行，具有下列情形之一的，应当认定为"后果严重"：①制作、提供、传输第 5 条第 1 项规定的程序，导致该程序通过网络、存储介质、文件等媒介传播的；②造成 20 台以上计算机系统被植入第 5 条第 2、3 项规定的程序的；③提供计算机病毒等破坏性程序 10 人次以上的；④违法所得 5000 元以上或者造成经济损失 1 万元以上的；⑤造成其他严重后果的。

2. 主观的构成要素是故意，即明知自己的行为会发生影响计算机系统正常运行等危害结果，并且希望或者放任这种结果的发生。

（三）认定

1. 本罪的特点是以"技术操作"方式对计算机"软件"实施的破坏行为，如修改操作系统或删除数据等。不包括直接使用物理的（或暴力的）方式对计算机硬件设备进行毁坏、拆卸等。如果使用物理方法对硬件进行破坏，不构成本罪，可以构成其他的破坏型犯罪，如故意毁坏财物罪等。如果足以危害公共安全，甚至可以构成破坏公用电信设施罪。以"技术操作"方式对计算机"软件"系统实施破坏，直接危害到公共安全的，如通过网络攻击军事设施、核电站、水电站，也可以构成破坏军事设施罪、破坏电力设备罪等严重犯罪。

2. 《刑法》第 287 条规定："利用计算机实施金融诈骗、盗窃、贪污、挪用公款、窃取国家秘密或者其他犯罪的，依照本法有关规定定罪处罚。"我国《刑法》目前规定的计算机犯罪仅仅是针对计算机的犯罪，即以计算机信息系统为侵害对象的犯罪，没有对把计算机作为犯罪手段、工具的行为专门规定为犯罪，故以计算机作为工具实施犯罪的，按照其他犯罪处罚。例如，有个银行职员，熟悉银行业务，他在某银行营业所旁租间屋子，然后把自己的笔记本电脑偷偷接到银行计算机系统上。在营业所上班开机后，他通过解密、操作等技术手段往自己的账户输入资金共达 48 万元，然后就去提取，构成盗窃罪。因利用计算机犯罪又导致计算机信息系统不能正常运行，后果严重的，应按牵连犯择一重罪处罚。

（四）处罚

《刑法》第 286 条规定，犯本罪的，处 5 年以下有期徒刑或者拘役；后果特别严重的，处 5 年以上有期徒刑。单位犯本罪的，对单位判处罚金，并对其直接负责的主管人员和其他直接责任人员，依照前述规定处罚。

"后果特别严重"，根据《办理危害计算机安全案的解释》第 4 条第 2 款的规定，分两种行为方式掌握：

1. 破坏计算机信息系统功能、数据或者应用程序，有下列情形之一的：①数量或者数额达到该行为方式"后果严重"标准 5 倍以上的；②造成为 500 台以上计算机信息系统提供域名解析、身份认证、计费等基础服务或者为 5 万以上用户提供服务的计算机信息系统不能正常运行累计 1 小时以上的；③破坏国家机关或者金融、电信、交通、教育、医疗、能源等领域提供公共服务的计算机信息系统的功能、数据或者应用程序，致使生产、生活受到严重影响或者造成恶劣社会影响的；④造成其他特别严重后果的。

2. 故意制作、传播计算机病毒等破坏性程序，影响计算机系统正常运行，具有下列情形之一的：①数量或者数额达到该行为方式"后果严重"标准 5 倍以上的；②制作、提供、传输能够通过网络、存储介质、文件等媒介，将自身的部分、全部或者变种进行复制、传播，并破坏计算机系统功能、数据或者应用程序的程序，导致该程序通过网络、存储介质、文件等媒介传播，致使生产、生活受到严重影响或者造成恶劣社会影响的；③造成其他特别严重后果的。

案例 25 - 3：李骏杰等破坏计算机信息系统案

李骏杰单独或伙同他人通过聊天软件联系需要修改中差评的某购物网站卖家，并从黄福权等处购买发表中差评的该购物网站买家信息 300 余条。李骏杰冒用买家身份，骗取客服审核通过后重置账号密码，登录该购物网站内部评价系统，删改买家的中差评 347 个，获利 9 万余元。法院认定李骏杰犯破坏计算机信息系统罪，判处有期徒刑 5 年。

裁判要旨：冒用购物网站买家身份进入网站内部评价系统删改购物评价，属于对计算机信息系统内存储数据进行修改操作，应当认定为破坏计算机信息系统的行为。

资料来源：2017 年 10 月 12 日最高人民检察院第九批指导案例检例第 34 号。

二十一、拒不履行信息网络安全管理义务罪

（一）概念

拒不履行信息网络安全管理义务罪，是指网络服务提供者拒不履行法律、行政法规规定的信息网络安全管理义务，经监管部门责令采取改正措施而拒不改正，以致发生《刑法》第286条之一的情形之一的行为。

（二）构成要件

1. 主体。"网络服务提供者"：根据《最高人民法院、最高人民检察院关于办理非法利用信息网络、帮助信息网络犯罪活动等刑事案件适用法律若干问题的解释》（法释〔2019〕15号），包括：①网络接入、域名注册解析等信息网络接入、计算、存储、传输服务；②信息发布、搜索引擎、即时通讯、网络支付、网络预约、网络购物、网络游戏、网络直播、网站建设、安全防护、广告推广、应用商店等信息网络应用服务；③利用信息网络提供的电子政务、通信、能源、交通、水利、金融、教育、医疗等公共服务。

2. 客观要素。本罪是不作为犯，表现为不履行法律、行政法规规定的信息网络安全管理义务，经监管部门责令采取改正措施而拒不改正，有下列情形之一的：①致使违法信息大量传播的；②致使用户信息泄露，造成严重后果的；③致使刑事案件证据灭失，情节严重的；④有其他严重情节的。

"监管部门责令采取改正措施"，根据司法解释，指网信、电信、公安等依照法律、行政法规的规定承担信息网络安全监管职责的部门，以责令整改通知书或者其他文书形式，责令网络服务提供者采取改正措施。对于监管部门责令采取改正措施，拒不改正，有下列情形之一的，以本罪论处：

（1）"致使违法信息大量传播"，根据司法解释指下列情形之一：①致使传播违法视频文件200个以上的；②致使传播违法视频文件以外的其他违法信息2000个以上的；③致使传播违法信息，数量虽未达到第1项、第2项规定标准，但是按相应比例折算合计达到有关数量标准的；④致使向2000个以上用户账号传播违法信息的；⑤致使利用群组成员账号数累计3000以上的通讯群组或者关注人员账号数累计3万以上的社交网络传播违法信息的；⑥致使违法信息实际被点击数达到5万以上的；⑦其他致使违法信息大量传播的情形。

（2）"造成严重后果"，根据有关司法解释，指下列情形之一：①致使泄露行踪轨迹信息、通信内容、征信信息、财产信息500条以上的；②致使泄露住宿信息、通信记录、健康生理信息、交易信息等其他可能影响人身、财产安全的用户信息5000条以上的；③致使泄露第1项、第2项规定以外的用户信息5万条以上的；④数量虽未达到第1~3项规定标准，但是按相应比例折算合计达到有关数量标准的；⑤造成他人死亡、重伤、精神失常或者被绑架等严重后果的；⑥造成重大经济损失的；⑦严重扰乱社会秩序的；⑧造成其他严重后果的。

（3）"情节严重"，根据司法解释①造成危害国家安全犯罪、恐怖活动犯罪、黑社会性质组织犯罪、贪污贿赂犯罪案件的证据灭失的；②造成可能判处5年有期徒刑以上刑罚犯罪案件的证据灭失的；③多次造成刑事案件证据灭失的；④致使刑事诉讼程序受到严重影响的；⑤其他情节严重的情形。

（4）"有其他严重情节"，根据司法解释指下列情形之一：①对绝大多数用户日志未留存或者未落实真实身份信息认证义务的；②2年内经多次责令改正拒不改正的；③致使信息网络服务被主要用于违法犯罪的；④致使信息网络服务、网络设施被用于实施网络攻击，严重影响生产、生活的；⑤致使信息网络服务被用于实施危害国家安全犯罪、恐怖活动犯罪、黑社会性质组织犯罪、贪污贿赂犯罪或者其他重大犯罪的；⑥致使国家机关或者通信、能源、交

通、水利、金融、教育、医疗等领域提供公共服务的信息网络受到破坏，严重影响生产、生活的；⑦其他严重违反信息网络安全管理义务的情形。多次拒不履行信息网络安全管理义务，依法应当追诉的，或者2年内多次实施前述行为未经处理的，数量或者数额累计计算。

3. 主观要素是故意，即明知监管部门责令其采取改正措施仍拒不改正。

（三）处罚

《刑法》第286条之一规定，犯本罪的，处3年以下有期徒刑、拘役或者管制，并处或者单处罚金；单位犯本罪的，对单位判处罚金，并对其直接负责的主管人员和其他直接责任人员，依照前述款的规定处罚。

二十二、非法利用信息网络罪

（一）概念

非法利用信息网络罪，是指利用信息网络实施《刑法》第287条之一所列行为之一，情节严重的行为。

（二）构成要件

1. 客观要件。实施《刑法》第287条之一规定的非法利用信息网络行为之一，情节严重：①设立用于实施诈骗、传授犯罪方法、制作或者销售违禁物品、管制物品等违法犯罪活动的网站、通讯群组的；②发布有关制作或者销售毒品、枪支、淫秽物品等违禁物品、管制物品或者其他违法犯罪信息的；③为实施诈骗等违法犯罪活动发布信息的。

根据司法解释，"违法犯罪"，包括犯罪行为和属于刑法分则规定的行为类型但尚未构成犯罪的违法行为。

"用于实施诈骗、传授犯罪方法、制作或者销售违禁物品、管制物品等违法犯罪活动的网站、通讯群组"指以实施违法犯罪活动为目的而设立或者设立后主要用于实施违法犯罪活动的网站、通讯群组。

"发布信息"，指利用信息网络提供信息的链接、截屏、二维码、访问账号密码及其他指引访问服务。

"情节严重"，根据司法解释指下列情形之一：其一，假冒国家机关、金融机构名义，设立用于实施违法犯罪活动的网站的；其二，设立用于实施违法犯罪活动的网站，数量达到3个以上或者注册账号数累计达到2000以上的；其三，设立用于实施违法犯罪活动的通讯群组，数量达到五个以上或者群组成员账号数累计达到1000以上的；其四，发布有关违法犯罪的信息或者为实施违法犯罪活动发布信息，具有下列情形之一的：①在网站上发布有关信息100条以上的；②向2000个以上用户账号发送有关信息的；③向群组成员数累计达到3000以上的通讯群组发送有关信息的；④利用关注人员账号数累计达到3万以上的社交网络传播有关信息的；⑤违法所得1万元以上的；⑥2年内曾因非法利用信息网络、帮助信息网络犯罪活动、危害计算机信息系统安全受过行政处罚，又非法利用信息网络的；⑦其他情节严重的情形。多次非法利用信息网络依法应当追诉的，或者2年内多次实施前述行为未经处理的，数量或者数额累计计算。

2. 主观要件是故意，对所实施之《刑法》第287条之一规定的非法利用信息网络行为有"明知"。

（三）处罚

《刑法》第287条之一规定，犯本罪的，处3年以下有期徒刑或者拘役，并处或者单处罚金；单位犯本罪的，对单位判处罚金，并对其直接负责的主管人员和其他直接责任人员，依照前述的规定处罚。

二十三、帮助信息网络犯罪活动罪

帮助信息网络犯罪活动罪，是指明知他人利用信息网络实施犯罪，为其犯罪提供互联网接入、服务器托管、网络存储、通讯传输等技术支持，或者提供广告推广、支付结算等帮助，情节严重的行为。

"明知他人利用信息网络实施犯罪"，根据司法解释，为他人实施犯罪提供技术支持或者帮助，具有下列情形之一的，可以认定，但是有相反证据的除外：①经监管部门告知后仍然实施有关行为的；②接到举报后不履行法定管理职责的；③交易价格或者方式明显异常的；④提供专门用于违法犯罪的程序、工具或者其他技术支持、帮助的；⑤频繁采用隐蔽上网、加密通信、销毁数据等措施或者使用虚假身份，逃避监管或者规避调查的；⑥为他人逃避监管或者规避调查提供技术支持、帮助的；⑦其他足以认定行为人明知的情形。

"情节严重"，根据司法解释指下列情形之一：①为3个以上对象提供帮助的；②支付结算金额20万元以上的；③以投放广告等方式提供资金5万元以上的；④违法所得1万元以上的；⑤2年内曾因非法利用信息网络、帮助信息网络犯罪活动、危害计算机信息系统安全受过行政处罚，又帮助信息网络犯罪活动的；⑥被帮助对象实施的犯罪造成严重后果的；⑦其他情节严重的情形。实施前述行为，确因客观条件限制无法查证被帮助对象是否达到犯罪的程度，但相关数额总计达到前述第2~4项规定标准5倍以上，或者造成特别严重后果的，应当以帮助信息网络犯罪活动罪追究行为人的刑事责任。多次帮助信息网络犯罪活动构成犯罪，依法应当追诉的，或者2年内多次实施前述行为未经处理的，数量或者数额累计计算。综合考虑社会危害程度、认罪悔罪态度等情节，认为犯罪情节轻微的，可以不起诉或者免予刑事处罚；情节显著轻微危害不大的，不以犯罪论处。

帮助他人利用信息网络犯罪，与他人有明确而共同犯罪意思联络的，以共同犯罪论处。被帮助对象实施的犯罪行为可以确认，但尚未到案、尚未依法裁判或者因未达到刑事责任年龄等原因依法未予追究刑事责任的，不影响认定。

《刑法》第287条之二规定，犯本罪的，处3年以下有期徒刑或者拘役，并处或者单处罚金。单位犯本罪，依照相应自然人犯罪的定罪量刑标准，对直接负责的主管人员和其他直接责任人员定罪处罚，并对单位判处罚金。

二十四、扰乱无线电通讯管理秩序罪

扰乱无线电通讯管理秩序罪，是指违反国家规定，擅自设置、使用无线电台（站），或者擅自占用频率，情节严重的行为。

"擅自设置、使用无线电台（站），或者擅自使用无线电频率，干扰无线电通讯秩序"，根据《最高人民法院、最高人民检察院关于办理扰乱无线电通讯管理秩序等刑事案件适用法律若干问题的解释》（法释〔2017〕11号）规定指有下列情形之一：①未经批准设置无线电广播电台（以下简称"黑广播"），非法使用广播电视专用频段的频率的；②未经批准设置通信基站（以下简称"伪基站"），强行向不特定用户发送信息，非法使用公众移动通信频率的；③未经批准使用卫星无线电频率的；④非法设置、使用无线电干扰器的；⑤其他擅自设置、使用无线电台（站），或者擅自使用无线电频率，干扰无线电通讯秩序的情形。

"情节严重"，根据前述司法解释，指下列情形之一：①影响航天器、航空器、铁路机车、船舶专用无线电导航、遇险救助和安全通信等涉及公共安全的无线电频率正常使用的；②自然灾害、事故灾难、公共卫生事件、社会安全事件等突发事件期间，在事件发生地使用"黑广播""伪基站"的；③举办国家或者省级重大活动期间，在活动场所及周边使用"黑广播""伪基站"的；④同时使用3个以上"黑广播""伪基站"的；⑤"黑广播"的实测发射功率

500 瓦以上，或者覆盖范围 10 公里以上的；⑥使用"伪基站"发送诈骗、赌博、招嫖、木马病毒、钓鱼网站链接等违法犯罪信息，数量在 5000 条以上，或者销毁发送数量等记录的；⑦雇佣、指使未成年人、残疾人等特定人员使用"伪基站"的；⑧违法所得 3 万元以上的；⑨曾因扰乱无线电通讯管理秩序受过刑事处罚，或者 2 年内曾因扰乱无线电通讯管理秩序受过行政处罚，又实施《刑法》第 288 条规定的行为的；⑩其他情节严重的情形。

《刑法》第 288 条规定，犯本罪的，处 3 年以下有期徒刑、拘役或者管制，并处或者单处罚金；情节特别严重的，处 3 年以上 7 年以下有期徒刑，并处罚金。单位犯本罪的，对单位判处罚金，并对其直接负责的主管人员和其他责任人员依照上述规定处罚。

二十五、聚众扰乱社会秩序罪

（一）概念

聚众扰乱社会秩序罪，是指聚众扰乱社会秩序，情节严重，致使工作、生产、营业或教学、科研、医疗无法进行，造成严重损失的行为。

（二）构成要素

1. 客观的构成要素。

（1）行为对象是党政机关、企业、事业单位和人民团体的工作、生产、营业或教学、科研、医疗秩序。

（2）行为是聚众进行扰乱社会秩序活动或积极参加聚众扰乱社会秩序活动；所谓"聚众"，指纠集 3 人以上特定或不特定的多人，在同一时间或空间聚合在一起。所谓"扰乱"，是指非法破坏、妨害有关机关单位正常活动的行为，可分为暴力性扰乱和非暴力性扰乱，前者如闯入办公场所，殴打、威胁有关人员，毁坏财物，强行留置有关人员等；后者如在办公场所哄闹、纠缠、辱骂，占据生产、工作场所或通道等。《刑法》仅处罚组织、策划、指挥众人扰乱社会秩序的首要分子与积极参加实施聚众扰乱社会秩序者，而不处罚一般参与者。

（3）行为结果。根据《刑法》第 290 条第 1 款的规定，聚众扰乱社会秩序，情节严重，致使工作、生产、营业或教学、科研无法进行，造成严重损失的，才成立本罪。

2. 主观的构成要素。本罪是故意犯罪，由于本罪是聚众性犯罪，因而进行扰乱必须基于众行为人的共同故意。众行为人往往意图通过扰乱活动，给有关机构、单位和领导施加压力，以实现自己的无理要求。要求的具体内容或动机可能各不相同，但不影响犯罪的成立。

（三）认定

1. 聚众扰乱社会秩序具有群众性，情况比较复杂，处理时务必慎重。对于因待业下岗生活困难而到有关部门抗议、示威、请愿，影响有关单位工作秩序的，不应按犯罪处理；对于扰乱活动情节尚未达到严重程度的，不应作为犯罪案件处理；对于一般参加行为，不能按犯罪处理。此外，聚众犯罪往往造成致人伤亡、毁坏公共财物等结果，触犯其他罪名，对此应以一行为触犯数罪名的想象竞合犯处理。

2. 最高人民法院、最高人民检察院、公安部、司法部、国家卫生和计划生育委员会于 2014 年 4 月 22 日发布的《关于依法惩处涉医违法犯罪维护正常医疗秩序的意见》第 2 条第 2 款规定，在医疗机构私设灵堂、摆放花圈、焚烧纸钱、悬挂横幅、堵塞大门或者以其他方式扰乱医疗秩序，尚未造成严重损失，经劝说、警告无效的，要依法驱散，对拒不服从的人员要依法带离现场，依照《治安管理处罚法》第 23 条的规定处罚；聚众实施的，对首要分子和其他积极参加者依法予以治安处罚；造成严重损失或者扰乱其他公共秩序情节严重，构成寻衅滋事罪、聚众扰乱社会秩序罪、聚众扰乱公共场所秩序、交通秩序罪的，依照刑法的有关规定定罪处罚。

3. 《关于依法处理信访活动中违法犯罪行为的指导意见》提示：在信访活动中或者以信访为名，在党政机关、社会团体、企业事业等单位，机场、车站、码头等重要交通场站，或者在上述场所周边的其他公共场所，聚众实施统一着装、佩戴统一标识、静坐滞留、张贴散发材料、喊口号、打横幅、穿状衣等行为，或者实施跳楼、服毒等自杀、自伤行为以及扬言实施自杀、自伤行为，情节严重，致使工作、生产、营业和教学、科研、医疗活动无法进行，造成严重损失的，依照《刑法》第 290 条第 1 款的规定，对首要分子和其他积极参加者，以聚众扰乱社会秩序罪定罪处罚。

（四）处罚

《刑法》第 290 条第 1 款规定，犯本罪的，对首要分子处 3 年以上 7 年以下有期徒刑；对其他积极参加的，处 3 年以下有期徒刑、拘役、管制或者剥夺政治权利。

二十六、聚众冲击国家机关罪

聚众冲击国家机关罪，是指聚众冲击国家机关，致使国家机关工作无法进行，造成严重损失的行为。

本罪与妨害公务罪的区别要点：行为对象和行为方式不同。本罪的对象是国家机关，限于聚众冲击的方式；而妨害公务罪的对象是正在依法执行职务的国家机关工作人员，不限于聚众的方式。从实质上讲，本罪是妨害国家机关的工作秩序，而妨害公务罪妨碍的是某项具体的职务活动。

本罪与聚众扰乱社会秩序罪的区别要点：①行为对象不同。本罪的对象限于国家机关，而聚众扰乱社会秩序罪的对象是除了国家机关，还包括企业、事业单位和人民团体。②行为方式和主观动机有所不同。"聚众冲击"虽然也是一种扰乱，但侧重于暴力扰乱，并且通常需要人数较多才能构成冲击，此外，"聚众冲击"似乎更重视行为的客观方面，不问动机如何；而"聚众扰乱"不要求人数较多，但是含有无理取闹、恶意滋扰之意。

《刑法》第 290 条第 2 款规定，犯本罪的，对首要分子，处 5 年以上 10 年以下有期徒刑；对其他积极参加的，处 5 年以下有期徒刑、拘役、管制或者剥夺政治权利。

二十七、扰乱国家机关工作秩序罪，组织、资助非法聚集罪

扰乱国家机关工作秩序罪，是指多次扰乱国家机关工作秩序，经行政处罚后仍不改正，造成严重后果的行为。

组织、资助非法聚集罪，是指多次组织、资助他人非法聚集，扰乱社会秩序，情节严重的行为。

《刑法》第 290 条第 3、4 款规定，扰乱国家机关工作秩序罪或组织、资助非法聚集罪的，处 3 年以下有期徒刑、拘役、管制。

二十八、聚众扰乱公共场所秩序、交通秩序罪

聚众扰乱公共场所秩序、交通秩序罪，是指聚众扰乱车站、码头、民用航空站、商场、公园、影剧院、展览会、运动场或者其他公共场所秩序，聚众堵塞交通或者破坏交通秩序，抗拒、阻碍国家治安管理工作人员依法执行职务，情节严重的行为。

本罪限于聚众扰乱公共场所秩序或者交通秩序活动中的首要分子。

有关司法解释提示规定：在信访活动中或者以信访为名，聚众扰乱车站、码头、民用航空站、商场、公园、影剧院、展览会、运动场及周边公共场所或者其他公共场所秩序，聚众堵塞交通或者破坏交通秩序，抗拒、阻碍国家治安管理工作人员依法执行职务，情节严重的，依照《刑法》第 291 条的规定，对首要分子，以聚众扰乱公共场所秩序、交通秩序罪定罪处罚。

《刑法》第291条规定，犯本罪的，对首要分子，处5年以下有期徒刑、拘役或者管制。

二十九、高空抛物罪

高空抛物罪，指从建筑物或者其他高空抛掷物品，情节严重的行为。

"情节严重"，一般根据抛物次数、数量、重量，结合时间、地点、危险程度、损害结果进行认定。多次抛物；或者抛物数量、重量大；抛物地点、时间常有人往来、聚集，威胁到人身财产安全的；造成了人身、财产损害结果的等，可认为情节严重。

高空抛物致人重伤、死亡的，可能同时触犯故意杀人罪、故意伤害罪、过失致人死亡罪、过失致人重伤罪、过失以危险方法危害公共安全罪，应当择一重罪处断。

《刑法》第291条之二规定，犯本罪的，处1年以下有期徒刑、拘役或者管制，并处或者单处罚金。同时构成其他犯罪的，依照处罚较重的规定定罪处罚。

三十、投放虚假危险物质罪

投放虚假危险物质罪，是指投放虚假的爆炸性、毒害性、放射性、传染病病原体等物质，严重扰乱社会秩序的行为。

认定本罪与非罪的要点在于是否严重扰乱了社会秩序，"应从虚假危险物质的形态、投放的场所、时间，以及行为所引起的社会心理反应、所产生的社会影响、所导致的社会秩序混乱程度等方面进行判断"。[1] 例如，甲为了泄愤故意在某公司的办公大楼顶部放置一黑色木箱，内置石块，电话报警称发现爆炸物，惊动大批警察、紧急疏散建筑物内的人员，造成公众恐慌，甲的投放虚假危险物质行为具有严重扰乱社会秩序的性质。相反，朋友之间玩笑或恶作剧，邮寄点白色粉末声称是病菌、毒物，没有产生较大不良影响的，不能认为是犯罪。

本罪是故意犯罪。行为人不仅客观上投放了虚假的危险物质，而且主观上明知是虚假的而投放。如果投放（真的）危险物质危害公共安全，构成投放危险物质罪；如果意图投放（真的）危险物质，但因为认识错误错用了无毒的物质，属于投放危险物质罪工具不能犯未遂。

如果投放虚假的危险物质敲诈勒索财物，如在超市出售的饮料食品中投放虚假危险物质勒索超市，构成投放虚假危险物质罪和敲诈勒索罪牵连犯，择一重罪处断。

《刑法》第291条之一规定，犯本罪的，处5年以下有期徒刑、拘役或者管制；造成严重后果的，处5年以上有期徒刑。

案例25-4：2002年初，北京地区一度流传艾滋病患者为报复社会，用携带艾滋病病毒血液的针管偷扎无辜群众，造成公众的心理恐慌。在此期间，杨国栋因其女友与之分手而产生怨恨心理，某日乘坐28路公共汽车时用铁锥刺伤与其女友相像的女乘客杜某某的左腿根部，被民警抓获。此事件发生并经传开后，因误传铁锥有病毒，不仅给被害人造成了较大的心理压力，而且也被当作验证艾滋病患者扎针报复社会的例证，在社会上造成了恶劣的影响。公诉机关指控杨国栋构成投放虚假危险物质罪，法院审理认为，不能证明杨国栋有制造虚假恐怖气氛的目的，且持铁锥刺扎他人与该罪客观方面不符。但杨国栋在公共场所持铁锥随意刺伤他人身体，属滋事生非，且情节恶劣，扰乱了社会秩序，构成寻衅滋事罪，判处有期徒刑1年。

资料来源：《刑事审判参考（总第28辑）》，法律出版社2003年版，第59页。

---

〔1〕 张明楷：《刑法学》，法律出版社2003年版，第811页。

三十一、编造、故意传播虚假恐怖信息罪

编造、故意传播虚假恐怖信息罪，是指编造爆炸威胁、生化威胁、放射威胁等恐怖信息，或者明知是编造的恐怖信息而故意传播，严重扰乱社会秩序的行为。

本罪是选择罪名，根据最高人民法院 2013 年 9 月 18 日发布的《关于审理编造、故意传播虚假恐怖信息刑事案件适用法律若干问题的解释》（以下简称《审理编造、故意传播虚假恐怖信息刑事案件的解释》）第 1 条的规定，编造恐怖信息，传播或者放任传播，严重扰乱社会秩序的，应认定为编造虚假恐怖信息罪。明知是他人编造的恐怖信息而故意传播，严重扰乱社会秩序的，应认定为故意传播虚假恐怖信息罪。

"虚假恐怖信息"，是指以发生爆炸威胁、生化威胁、放射威胁、劫持航空器威胁、重大灾情、重大疫情等严重威胁公共安全的事件为内容，可能引起社会恐慌或者公共安全危机的不真实信息。

根据《审理编造、故意传播虚假恐怖信息刑事案件的解释》第 2 条的规定，编造、故意传播虚假恐怖信息，具有下列情形之一的，应当认定为"严重扰乱社会秩序"：①致使机场、车站、码头、商场、影剧院、运动场馆等人员密集场所秩序混乱，或者采取紧急疏散措施的；②影响航空器、列车、船舶等大型客运交通工具正常运行的；③致使国家机关、学校、医院、厂矿企业等单位的工作、生产、经营、教学、科研等活动中断的；④造成行政村或者社区居民生活秩序严重混乱的；⑤致使公安、武警、消防、卫生检疫等职能部门采取紧急应对措施的；⑥其他严重扰乱社会秩序的。

本罪与投放虚假危险物质罪的区别，主要是仅有"传播、编造"行为，即传播、编造某种恐怖谣言，造成公众恐慌。没有"投放"行为，即没有实际投放虚假的足以使人们误认为是爆炸物、危险物质等物品。行为人投放虚假危险物质，意在引发虚假的恐怖信息或者客观上造成了虚假恐怖信息的传播，属于投放行为的当然结果，不另外构成犯罪。

《刑法》第 291 条之一规定，犯本罪的，处 5 年以下有期徒刑、拘役或者管制；造成严重后果的，处 5 年以上有期徒刑。

三十二、编造、故意传播虚假信息罪

编造、故意传播虚假信息罪，是指编造虚假的险情、疫情、灾情、警情，在信息网络或者其他媒体上传播，或者明知是上述虚假信息，故意在信息网络或者其他媒体上传播，严重扰乱社会秩序的行为。

"严重扰乱社会秩序"，参照最高人民法院、最高人民检察院于 2013 年 9 月 6 日发布的《关于办理利用信息网络实施诽谤等刑事案件适用法律若干问题的解释》，是指造成的后果严重或影响恶劣。例如，引发群体性事件的；引发公共秩序混乱的；引发民族、宗教冲突的；诽谤多人，造成恶劣影响的；损害国家形象，严重危害国家利益的；造成恶劣国际影响的；等等。

本罪限于编造或故意传播虚假的险情、疫情、灾情、警情，因此，在信息网络或者其他媒体上传播其他虚假信息，造成公共秩序严重混乱的，不成立本罪。但不排除根据《关于办理利用信息网络实施诽谤等刑事案件适用法律若干问题的解释》第 5 条以寻衅滋事罪定罪处罚。

《刑法》第 291 条之一第 2 款规定，犯本罪的，处 3 年以下有期徒刑、拘役或者管制；造成严重后果的，处 3 年以上 7 年以下有期徒刑。

三十三、聚众斗殴罪

（一）概念

聚众斗殴罪，是指基于争霸、报复等蔑视社会秩序的动机，组织、策划、指挥或者积极

参加聚众斗殴的行为。

（二）构成要素

1. 客观的构成要素。客观行为是组织、策划、指挥或者积极参加聚众斗殴。"聚众斗殴"是指双方或多方人数均在 3 人以上的相互施加暴力攻击人身的行为。在实际生活中，通常表现为不法集团或者团伙之间为了炫耀武力或者不甘示弱而纠集多人打群架。斗殴双方往往事先约定，因此一般纠集的人数较多，备有器械。《刑法》仅处罚组织、策划、指挥聚众斗殴的首要分子与积极参加者，而不处罚一般参与行为。

2. 主观的构成要素。主观的构成要素是故意。

（三）认定

1. 本罪与故意伤害罪的界限。①聚众斗殴致人轻伤的，应认定为聚众斗殴罪，不需另定故意伤害罪。因为聚众斗殴本身包含致人轻伤程度的伤害，属于法条竞合犯。②召集数人殴打他人的，应属于共同故意伤害罪，不是聚众斗殴罪。

2. 《刑法》第 292 条第 2 款规定，聚众斗殴，致人重伤、死亡的，以故意伤害罪或者故意杀人罪定罪处罚。聚众斗殴不仅是一种严重破坏公共秩序的犯罪，而且也是严重危及生命、健康的犯罪，因此，《刑法》规定在聚众斗殴中造成重伤、死亡结果的，以故意伤害罪或者故意杀人罪论处。适用本款的争议焦点是：造成死亡结果的，是否一律定故意杀人罪，有无考虑故意伤害罪（致人死亡）的余地？对此，一种观点认为，本款属于"拟制规定"，[1] 所以，致人死亡的应当一律认定为故意杀人罪。司法实务一般根据个案中的具体情形认定，即行为具有故意杀人性质的，认定为故意杀人罪；仅有伤害性质的，认定为故意伤害罪。司法实务的做法较为合理，成立故意杀人罪，仍要求具备故意杀人的构成要件，主要是故意的内容。据此，聚众斗殴致人重伤、死亡，如果符合故意伤害罪的要件，以故意伤害罪定罪处罚；如果符合故意杀人罪的要件，以故意杀人罪论处。本款适用的范围限于造成重伤、死亡结果的直接责任人员和对致人重伤、死亡结果负有组织、策划、指挥责任的首要分子。对他们应同时适用《刑法》第 292 条第 2 款的规定和第 234 条或者第 232 条的规定，以全面评价案情并表明对聚众斗殴行为不另行定罪处罚的根据。其他参加聚众斗殴的犯罪分子和首要分子则不能转化为故意伤害或者故意杀人罪。

（四）处罚

《刑法》第 292 条第 1 款规定，犯本罪的，对首要分子和其他积极参加的，处 3 年以下有期徒刑、拘役或者管制；有下列情形之一的，对首要分子和其他积极参加的，处 3 年以上 10 年以下有期徒刑：①多次聚众斗殴的；②聚众斗殴人数多，规模大，社会影响恶劣的；③在公共场所或者交通要道聚众斗殴，造成社会秩序严重混乱的；④持械聚众斗殴的。

三十四、寻衅滋事罪

（一）概念

寻衅滋事罪，是指寻衅滋事，扰乱公共秩序，有法定应予惩罚情形之一的行为。

（二）构成要素

1. 客观的构成要素。本罪的行为包括下列四种：

（1）随意殴打他人，情节恶劣的。最高人民法院、最高人民检察院于 2013 年 7 月 15 日发布的《关于办理寻衅滋事刑事案件适用法律若干问题的解释》（以下简称《办理寻衅滋事案解释》）第 2 条规定，随意殴打他人，破坏社会秩序，具有下列情形之一的，应当认定为"情

---

〔1〕 张明楷：《刑法分则的解释原理》，中国人民大学出版社 2004 年版，第 272 页。

节恶劣"：①致1人以上轻伤或者2人以上轻微伤的；②引起他人精神失常、自杀等严重后果的；③多次随意殴打他人的；④持凶器随意殴打他人的；⑤随意殴打精神病人、残疾人、流浪乞讨人员、老年人、孕妇、未成年人，造成恶劣社会影响的；⑥在公共场所随意殴打他人，造成公共场所秩序严重混乱的；⑦其他情节恶劣的情形。

（2）追逐、拦截、辱骂、恐吓他人，情节恶劣的。《办理寻衅滋事案解释》第3条的规定：追逐、拦截、辱骂、恐吓他人，破坏社会秩序，具有下列情形之一的，应当认定为"情节恶劣"：①多次追逐、拦截、辱骂、恐吓他人，造成恶劣社会影响的；②持凶器追逐、拦截、辱骂、恐吓他人的；③追逐、拦截、辱骂、恐吓精神病人、残疾人、流浪乞讨人员、老年人、孕妇、未成年人，造成恶劣社会影响的；④引起他人精神失常、自杀等严重后果的；⑤严重影响他人的工作、生活、生产、经营的；⑥其他情节恶劣的情形。

（3）强拿硬要或者任意损毁、占用公私财物，情节严重的。《办理寻衅滋事案解释》第4条规定：强拿硬要或者任意损毁、占用公私财物，破坏社会秩序，具有下列情形之一的，应当认定为"情节严重"：①强拿硬要公私财物价值1000元以上，或者任意损毁、占用公私财物价值2000元以上的；②多次强拿硬要或者任意损毁、占用公私财物，造成恶劣社会影响的；③强拿硬要或者任意损毁、占用精神病人、残疾人、流浪乞讨人员、老年人、孕妇、未成年人的财物，造成恶劣社会影响的；④引起他人精神失常、自杀等严重后果的；⑤严重影响他人的工作、生活、生产、经营的；⑥其他情节严重的情形。

（4）在公共场所起哄闹事，造成公共场所秩序严重混乱的。《办理寻衅滋事案解释》第5条规定：在车站、码头、机场、医院、商场、公园、影剧院、展览会、运动场或者其他公共场所起哄闹事，应当根据公共场所的性质、公共活动的重要程度、公共场所的人数、起哄闹事的时间、公共场所受影响的范围与程度等因素，综合判断是否"造成公共场所秩序严重混乱"。"多次"一般应当理解为2年内实施寻衅滋事行为3次以上。2年内多次实施不同种类寻衅滋事行为的，应当追究刑事责任。

2. 主观构成要素。本罪是故意犯罪，通常出自蔑视法纪、显示威风、寻求精神刺激或者发泄等寻衅滋事动机，根据"办理寻衅滋事案解释"第1条的规定，寻衅滋事动机有三种类型：

（1）无事生非，行为人为寻求刺激、发泄情绪、逞强耍横等，无事生非，实施《刑法》第293条规定的行为的，应当认定为"寻衅滋事"。

（2）借故生非，行为人因日常生活中的偶发矛盾纠纷，借故生非，实施《刑法》第293条规定的行为的，应当认定为"寻衅滋事"，但矛盾系由被害人故意引发或者被害人对矛盾激化负有主要责任的除外。

（3）一再无理纠缠，行为人因婚恋、家庭、邻里、债务等纠纷，实施殴打、辱骂、恐吓他人或者损毁、占用他人财物等行为的，一般不认定为"寻衅滋事"，但经有关部门批评制止或者处理处罚后，继续实施前列行为，破坏社会秩序的除外。

（三）认定

1. 因随意殴打他人构成寻衅滋事罪与故意伤害罪的区别。要点是动机不同。前者往往是"无事生非"或"小题大做"，殴打他人以取乐、发泄或者显示威风，因此侵害的对象往往也是不特定的人；而后者往往产生于一定的事由或恩怨，因此对象一般也是特定事情的关系人。因寻衅滋事致人轻伤的，仍构成寻衅滋事罪，致人重伤、死亡的，则应以故意伤害罪、故意杀人罪论处。

2. 寻衅滋事，强拿硬要或者占用公私财物与抢劫罪的区别。2005年6月8日印发的《审理抢劫、抢夺刑事案件的意见》第 9 条第 4 款规定："寻衅滋事罪是严重扰乱社会秩序的犯罪，行为人实施寻衅滋事的行为时，客观上也可能表现为强拿硬要公私财物的特征。这种强拿硬要的行为与抢劫罪的区别在于：前者行为人主观上还具有逞强好胜和通过强拿硬要来填补其精神空虚等目的，后者行为人一般只具有非法占有他人财物的目的；前者行为人客观上一般不以严重侵犯他人人身权利的方法强拿硬要财物，而后者行为人则以暴力、胁迫等方式作为劫取他人财物的手段。司法实践中，对于未成年人使用或威胁使用轻微暴力强抢少量财物的行为，一般不宜以抢劫罪定罪处罚。其行为符合寻衅滋事罪特征的，可以寻衅滋事罪定罪处罚。"

3. 寻衅滋事、追逐、拦截、辱骂、恐吓他人与强制猥亵、侮辱妇女罪的区别。要点是：前者的行为对象虽然也包括妇女，但其行为方式中不包括使用暴力、胁迫的手段对妇女进行猥亵、侮辱。追逐、拦截妇女并强制猥亵、侮辱的，应以强制猥亵、侮辱妇女罪论处。

4. 寻衅滋事、在公共场所起哄闹事的行为与聚众扰乱社会秩序罪，聚众扰乱公共场所秩序、交通秩序罪的区别。主要区别在于动机和起因不同。前者是基于寻求刺激的动机，无端生事；而后者往往是为了满足某种个人的要求，事出有因，企图用聚众闹事的方式向有关单位施加压力，获取一定的利益。

5. 根据《关于办理黑恶势力犯罪案件若干问题的指导意见》（法发〔2018〕1 号），黑恶势力为谋取不法利益或形成非法影响，有组织地采用滋扰、纠缠、哄闹、聚众造势等手段扰乱正常的工作、生活秩序，使他人产生心理恐惧或者形成心理强制，分别属于《刑法》第 293 第 1 款第（二）项规定的"恐吓"、《刑法》第 226 条规定的"威胁"，同时符合其他犯罪构成条件的，应分别以寻衅滋事罪、强迫交易罪定罪处罚。

6. 司法解释对未成年人的规定。2006 年 1 月 11 日最高人民法院公布的《审理未成年人刑事案件的解释》第 7 条规定："已满十四周岁不满十六周岁的人使用轻微暴力或者威胁，强行索要其他未成年人随身携带的生活、学习用品或者钱财数量不大，且未造成被害人轻微伤以上或者不敢正常到校学习、生活等危害后果的，不认为是犯罪。已满 16 周岁不满 18 周岁的人具有前款规定情形的，一般也不认为是犯罪。"例如，甲 17 岁，多次伙同其他青少年人在学校附近拦截上学的中学生，搜取共十余人的零花钱、学习用品等财物，总共价值五六百元。一般不认为是犯罪。该司法解释第 8 条规定："已满十六周岁不满十八周岁的人出于以大欺小、以强凌弱或者寻求精神刺激，随意殴打其他未成年人、多次对其他未成年人强拿硬要或者任意损毁公私财物，扰乱学校及其他公共场所秩序，情节严重的，以寻衅滋事罪定罪处罚。"

（四）处罚

《刑法》第 293 条规定，犯本罪的，处 5 年以下有期徒刑、拘役或者管制。纠集他人多次实施寻衅滋事行为，严重破坏社会秩序的，处 5 年以上 10 年以下有期徒刑，可以并处罚金。

案例 25-5：李云杰伙同李海全、宋海林（另案处理）于 2002 年 12 月 31 日 23 时许，饮酒后无故对胡记龙、徐建功、叶晓波进行殴打，致其中一人轻伤，二人轻微伤。检察院指控李云杰犯故意伤害罪。法院认为，李云杰饮酒后随意殴打他人，情节恶劣，构成寻衅滋事罪。判处有期徒刑 2 年零 6 个月。

"随意殴打他人，情节严重的"，是《刑法》第 293 条规定寻衅滋事罪的行为之一，殴打他人会造成他人不同程度的伤害，这就涉及寻衅滋事罪与故意伤害罪的界限及罪数问题。

资料来源：北京市朝阳区人民法院（2003）朝刑初字第 1425 号刑事判决。

　　案例 25 - 6：杨安、刘波、毛永刚、任建武无票进入文化站"火箭炮影院"，在观看歌舞演出过程中，杨安走上舞台调戏女演员，又强行唱歌，刘波则要某女演员跳脱衣舞。身为文化站副站长的李耀平见状劝杨安等从舞台下来遭拒绝。杨安唱完歌后，又对坐在舞台下的李耀平进行辱骂挑衅，为此双方发生争吵。杨安等人共同围住李殴打。当旁人提出要他们将李送往医院检查时，杨安等人予以拒绝。次日下午 5 时，李耀平在被送往医院途中死亡。法院认为，被告人等在公共场所寻衅滋事，共同故意伤害他人身体，致人死亡，其行为均已构成故意伤害罪，依法判处杨安死刑，刘波死刑缓期二年执行，毛永刚有期徒刑 10 年，任建武有期徒刑 8 年。

　　资料来源：《刑事审判参考（第 1 辑）》，法律出版社 2003 年版，第 39 页。

　　案例 25 - 7：魏某（19 岁）、王某（17 岁）于某日下午 4 时许在某中学附近，拦截该校学生李某（男，16 岁）、韩某（男，15 岁）、马某（男，15 岁）强行索取人民币 105 元，并欲将李某带至他处殴打，李某在脱身时将自己的自行车 1 辆（价值 570 元）扔弃，王某骑用后又将该车放回李某所在学校。检察院指控魏某、王某犯抢劫罪。法院认为，魏某、王某在校园周边以大欺小、以强凌弱索取学生财物，情节严重，构成寻衅滋事罪，判处魏某有期徒刑 8 个月，王某拘役 5 个月。

　　资料来源：北京市朝阳区人民法院（2003）朝刑初字第 2400 号刑事判决。

三十五、催收非法债务罪

　　催收非法债务罪，指以《刑法》第 293 条之一规定的方式之一催收高利放贷等产生的非法债务，情节严重的行为。

　　（一）构成要件要素

　　1.《刑法》第 293 条之一规定的行为方式：①使用暴力、胁迫方法的；②限制他人人身自由或者侵入他人住宅的；③恐吓、跟踪、骚扰他人的。被侵扰的"他人"，通常是债务人，也包括债务人的亲属、朋友等，甚至是无关的第三人。

　　2. 高利放贷之"非法债务"，是指使借款人负担的违反法律规定的借款利率的债务。根据《最高人民法院关于审理民间借贷案件适用法律若干问题的规定》第 25 条，合同约定的利率超出"合同成立时一年期贷款市场报价利率的 4 倍"的利率，属于不受法律保护的利率。既包括高利贷直接产生的非法债务，也包括衍生的孳息。此外，也可包括赌债、嫖债。

　　3."情节严重"，主要指以催收非法债务为业的。此外根据催收非法债务的次数、手段、后果、对被害人、社会造成的不良影响等认定是否属于情节严重。

　　（二）认定

　　1. 使用威胁、跟踪、骚扰他人的"软暴力"方法催讨非法债务，不符合《刑法》第 293 条规定的寻衅滋事的行为要件，不成立寻衅滋事罪。使用暴力、恐吓方式催讨非法债务的，鉴于其动机特定为了催讨非法债务，不属于无事生非、借故生非，不具有寻衅滋事的动机，也不宜以寻衅滋事罪追究刑事责任。

　　2. 使用限制他人人身自由方式催收非法债务的，如果对人身自由的侵犯达到了非法拘禁罪的立案标准的，如非法拘禁他人达到 24 小时以上的，同时构成非法拘禁罪，择一重罪处断。

　　3. 使用侵入他人住宅方式催收非法债务的，如果非法侵入住宅的行为达到了立案标准的，择一重罪定罪处罚。

4. 非法债务不同于"虚增"或"恶意垒高"的债务。非法债务虽不合法如违法高息，但债务人知情、认可，有借款合同上的依据，催讨这种债务不具有侵犯财产罪之非法占有他人财产性质，不成立敲诈勒索罪、诈骗罪。"套路贷"案件中，出借人"虚增"借款金额，或者恶意制造违约垒高债务，这借款金额或债务没有合同依据，借款人不知情、不认可，通过暴力、威胁等方式催讨的，具有侵犯财产罪之非法占有他人财产的性质，可成立敲诈勒索罪。

（三）处罚

《刑法》第 293 条之一规定，犯本罪的，处 3 年以下有期徒刑、拘役或者管制，并处或者单处罚金。

三十六、组织、领导、参加黑社会性质组织罪

（一）概念

组织、领导、参加黑社会性质组织罪，是指组织、领导和参加以暴力、威胁或者其他手段，有组织地进行违法犯罪活动，称霸一方，为非作恶，欺压、残害群众，严重破坏经济、社会生活秩序的黑社会性质的组织的行为。

2018 年 1 月，为贯彻落实《中共中央、国务院关于开展扫黑除恶专项斗争的通知》精神，最高人民法院、最高人民检察院、公安部、司法部发布《关于办理黑恶势力犯罪案件若干问题的指导意见》（法发〔2018〕1 号，以下简称《办理黑恶案意见》），统一执法思想，提高执法效能。重点打击"村霸"、宗族恶势力、"保护伞"以及"软暴力"等犯罪。

（二）客观的构成要素：组织、领导、参加黑社会性质组织。

1. "黑社会性质的组织"，按照《刑法》第 294 条第 5 款的规定，是指以暴力、威胁或者其他手段，有组织地多次进行违法犯罪活动，称霸一方，为非作恶，欺压、残害群众，严重破坏经济、社会生活秩序的组织。黑社会性质的组织应当同时具备以下特征：

（1）"组织特征"，形成较稳定的犯罪组织，人数较多，有明确的组织者、领导者，骨干成员基本固定；《办理黑恶案意见》指出，可根据下列情形之一认定组织成立时间：①举行成立仪式或者进行类似活动；②足以反映其初步形成非法影响的标志性事件；③组织者、领导者与其他组织成员首次共同实施该组织犯罪活动的时间。组织形成后，在一定时期内持续存在，应当认定为"形成较稳定的犯罪组织"。

（2）"经济特征"，有组织地通过违法犯罪活动或者其他手段获取经济利益，具有一定的经济实力，以支持该组织的活动。《办理黑恶案意见》指出，在组织的形成、发展过程中通过以下方式获取经济利益的，应当认定为"有组织地通过违法犯罪活动或者其他手段获取经济利益"：①有组织地通过违法犯罪活动或其他不正当手段聚敛；②有组织地以投资、控股、参股、合伙等方式通过合法的生产、经营活动获取；③由组织成员提供或通过其他单位、组织、个人资助取得。通过上述方式获得一定数量的经济利益，应当认定为"具有一定的经济实力"。

（3）"行为特征"，以暴力、威胁或者其他手段，有组织地多次进行违法犯罪活动，为非作恶，欺压、残害群众。《办理黑恶案意见》指出，黑社会性质组织实施的违法犯罪活动包括非暴力性的违法犯罪活动，但暴力或以暴力相威胁始终是黑社会性质组织实施违法犯罪活动的基本手段，并随时可能付诸实施。"其他手段"，包括但不限于所谓的"谈判""协商""调解"以及滋扰、纠缠、哄闹、聚众造势等手段。

（4）"危害性特征"。通过实施违法犯罪活动，或者利用国家工作人员的包庇或者纵容，称霸一方，在一定区域或者行业内，形成非法控制或者重大影响，严重破坏经济、社会生活秩序。《办理黑恶案意见》指出：通过实施违法犯罪活动，或者利用国家工作人员的包庇或者

不依法履行职责，放纵黑社会性质组织进行违法犯罪活动的行为，称霸一方，并具有以下情形之一的，可认定为"在一定区域或者行业内，形成非法控制或者重大影响，严重破坏经济、社会生活秩序"：①致使在一定区域内生活或者在一定行业内从事生产、经营的多名群众，合法利益遭受犯罪或严重违法活动侵害后，不敢通过正当途径举报、控告的；②对一定行业的生产、经营形成垄断，或者对涉及一定行业的准入、经营、竞争等经济活动形成重要影响的；③插手民间纠纷、经济纠纷，在相关区域或者行业内造成严重影响的；④干扰、破坏他人正常生产、经营、生活，并在相关区域或者行业内造成严重影响的；⑤干扰、破坏公司、企业、事业单位及社会团体的正常生产、经营、工作秩序，在相关区域、行业内造成严重影响，或者致使其不能正常生产、经营、工作的；⑥多次干扰、破坏党和国家机关、行业管理部门以及村委会、居委会等基层群众自治组织的工作秩序，或者致使上述单位、组织的职能不能正常行使的；⑦利用组织的势力、影响，帮助组织成员或他人获取政治地位，或者在党政机关、基层群众自治组织中担任一定职务的；⑧其他形成非法控制或者重大影响，严重破坏经济、社会生活秩序的情形。通过实施违法犯罪活动获取非法控制性或者利用国家工作人员的包庇或者纵容取得非法控制性。通过这两个途径之一取得非法控制性，即符合立法解释中的第四个特征，不必二者都具备。

2. "组织、领导"行为。《办理黑恶案意见》指出：发起、创建黑社会性质组织，或者对黑社会性质组织进行合并、分立、重组的行为，应当认定为"组织黑社会性质组织"。实际对整个组织的发展、运行、活动进行决策、指挥、协调、管理的行为，应当认定为"领导黑社会性质组织"。黑社会性质组织的组织者、领导者，既包括通过一定形式产生的有明确职务、称谓的组织者、领导者，也包括在黑社会性质组织中被公认的事实上的组织者、领导者。

3. "参加"行为，《办理黑恶案意见》指出：知道或者应当知道是以实施违法犯罪为基本活动内容的组织，仍加入并接受其领导和管理的行为，应当认定为"参加黑社会性质组织"。没有加入黑社会性质组织的意愿，受雇到黑社会性质组织开办的公司、企业、社团工作，未参与黑社会性质组织违法犯罪活动的，不应认定为"参加黑社会性质组织"。

4. "积极参加"行为，《办理黑恶案意见》指出：参加黑社会性质组织并具有以下情形之一的，一般应当认定为"积极参加黑社会性质组织"：①多次积极参与黑社会性质组织的违法犯罪活动；②积极参与较严重的黑社会性质组织的犯罪活动且作用突出；③其他在组织中起重要作用的情形，如具体主管黑社会性质组织的财务、人员管理等事项。

（二）主观的构成要素

本罪是故意犯罪，其组织、领导者往往具有攫取金钱权力、控制一方的目的。只要行为人认识到所组织、领导或参加的团体是从事以暴力、威胁或者其他手段，有组织地进行违法犯罪活动，称霸一方，为非作恶，欺压、残害群众等活动的，就应认为具有本罪的故意。

（四）认定

1. 罪与非罪。2000年12月5日公布的《最高人民法院关于审理黑社会性质组织犯罪的案件具体应用法律若干问题的解释》（以下简称《审理黑社会性质组织犯罪的案件的解释》）第3条第2款规定："对于参加黑社会性质的组织，没有实施其他违法犯罪活动的，或者受蒙蔽、胁迫参加黑社会性质的组织，情节轻微的，可以不作为犯罪处理。"

2. 与普通刑事犯罪集团的区别。黑社会性质的组织与普通刑事犯罪集团相比较：①组织纪律性更强；②通过犯罪攫取经济利益；③通过暴力犯罪欺压群众；④对特定区域或行业的非法的控制性。而普通犯罪集团虽然也是有组织、有预谋、有计划地进行犯罪，但其目的是具体的，如进行盗窃、抢劫，或者走私、贩毒，因而通常实施一种或数种犯罪，集团的规模、政治经济实力尚不足以称霸一方，集团的内部分工相对简单，在组织形式上也不如黑社会性质的组织严密。

3. 组织、领导和参加黑社会性质的组织，这本身就是《刑法》上独立的犯罪，因此，犯本罪又有其他犯罪行为的，如指使组织成员杀人、伤害、绑架、敲诈勒索或者接受组织派遣任务实行杀人、伤害、绑架、敲诈勒索等犯罪行为的，应当实行数罪并罚。

4. 对于黑社会性质组织的组织者、领导者，应当按照其所组织、领导的黑社会性质组织所犯的全部罪行处罚。《办理黑恶案意见》指出：符合以下情形之一的，应当认定为是黑社会性质组织实施的违法犯罪活动：①为该组织争夺势力范围、打击竞争对手、形成强势地位、谋取经济利益、树立非法权威、扩大非法影响、寻求非法保护、增强犯罪能力等实施的；②按照该组织的纪律规约、组织惯例实施的；③组织者、领导者直接组织、策划、指挥、参与实施的；④由组织成员以组织名义实施，并得到组织者、领导者认可或者默许的；⑤多名组织成员为逞强争霸、插手纠纷、报复他人、替人行凶、非法敛财而共同实施，并得到组织者、领导者认可或者默许的；⑥其他应当认定为黑社会性质组织实施的。

对于黑社会性质组织的参加者，应当按照其所参与的犯罪处罚。

（五）处罚

《刑法》第294条第1款规定，组织、领导黑社会性质的组织的，处7年以上有期徒刑，并处没收财产；积极参加的，处3年以上7年以下有期徒刑，可以并处罚金或者没收财产；其他参加的，处3年以下有期徒刑、拘役、管制或者剥夺政治权利，可以并处罚金。

三十七、入境发展黑社会组织罪

入境发展黑社会组织罪，是指境外的黑社会组织人员到中华人民共和国境内发展组织成员的行为。

本罪的主体限于境外的黑社会组织人员，即中华人民共和国境外的黑社会组织的人员，包括外国和我国香港、澳门、台湾地区的黑社会组织人员，如意大利、美国的黑手党、日本的山口组和我国台湾地区的竹联帮等组织的人员。中国公民在境外参加了境外黑社会组织成为其成员，又在中国境内为其发展成员的也可成立本罪。

根据《审理黑社会性质组织犯罪的案件的解释》第2条第1款的规定，所谓"发展组织成员"，是指将境内、外人员吸收为该黑社会组织成员的行为。对黑社会组织成员进行内部调整等行为，可视为"发展组织成员"。

鉴于惩罚这种犯罪行为是为了阻止境外的黑社会组织向中国境内的渗透、扩张，所以本罪的行为地点限于中国境内。行为对象既包括中国人，也包括外国人。

根据我国《刑法》规定，境外的黑社会组织的人员到中国境内发展组织成员的，即构成犯罪。如果又有其他犯罪行为的，依照数罪并罚的规定处罚。

《刑法》第294条第2款规定，犯本罪的，处3年以上10年以下有期徒刑。

三十八、包庇、纵容黑社会性质组织罪

（一）概念

包庇、纵容黑社会性质组织罪，是指国家机关工作人员包庇黑社会性质的组织，或者纵容黑社会性质的组织进行违法犯罪活动的行为。

（二）构成要素

1. 客观的构成要素。

（1）行为主体。本罪的行为主体是特殊主体即国家机关工作人员。

（2）行为。本罪的行为包括以下两种：①包庇黑社会性质的组织。所谓"包庇"，是指国

家机关工作人员为使黑社会性质组织及其成员逃避查禁，而通风报信，隐匿、毁灭、伪造证据，阻止他人作证、检举揭发，指使他人作伪证，帮助逃匿，或者阻挠其他国家机关工作人员依法查禁等行为。[1] 从《刑法》有关规定看，国家机关工作人员是否利用职务之便包庇，在所不问。包庇的对象限于黑社会性质的组织，为了包庇黑社会性质的组织而包庇其个别成员的，也是本罪的包庇行为。仅仅包庇属于黑社会性质的组织的个别成员的其他犯罪行为，不属于本罪的包庇。②纵容黑社会性质的组织进行违法犯罪活动。所谓"纵容"，是指国家机关工作人员不依法履行职责，放纵黑社会性质组织进行违法犯罪活动的行为。[2] 国家机关工作人员有责任阻止自己职责范围内发生的违法犯罪活动，尤其是应当阻止危害一方安宁、稳定的黑社会性质的组织进行的违法犯罪活动，因此，对国家机关工作人员的纵容行为，应当追究刑事责任。纵容应以负有特定的职责并且不履行该职责为前提，缺乏这一前提的知情不举不属于纵容。纵容与共犯不同，纵容仅有不履行职责放纵、放任他人违法犯罪的行为，而未参与黑社会性质的组织进行违法犯罪的活动。纵容的对象限于黑社会性质的组织进行的违法犯罪活动。行为人具有上述包庇、纵容行为之一的，即认为具有本罪的行为。

2. 主观的构成要素。本罪是故意犯罪，即明知是黑社会性质的组织或是其违法犯罪活动，而予以包庇或者纵容。

（三）处罚

《刑法》第 294 条第 3 款规定，犯本罪的，处 5 年以下有期徒刑；情节严重的，处 5 年以上有期徒刑。

三十九、传授犯罪方法罪

传授犯罪方法罪，是指用语言、文字、动作或者其他方法把某种具体犯罪的方法传授给他人的行为。

本罪的行为是向他人传授了某一具体犯罪的方法。犯罪方法是指预备犯罪、实行犯罪以及完成犯罪后湮灭罪证、掩盖罪行的技术、步骤、办法等方法。传授犯罪方法的方式多种多样，例如，口头讲解、身体示范、观摩影像、阅读文字，公开或秘密的，当面或转授的，一人传授一人或多人，多人传授一人或多人，在社会上传授或者在关押场所传授，等等。传授后，对方是否接受了传授或者是否按传授的方法去实行犯罪，均不影响犯罪的成立。常见的类型有：①盗窃分子带徒传授盗窃技能的；②监狱犯人之间传习犯罪方法的；③恐怖分子在基地向他人传授制造恐怖事件方法的，如传授制造爆炸物的技能、教练使用枪支、投放危险物质等；④向盗窃汽车的犯罪分子传授开锁技能的；⑤向他人提供窃电装置传授窃电技能的。例如，甲精通电工，因自己开办个体小工厂用电量大，就研究出一套窃电装置，使本厂每月"节省" 30 万元电费，使供电单位损失 100 余万元的电费收入。有些企业主也慕名请甲给安装窃电装置，甲不仅给安装而且还指导他们使用，每套收取 3000 元。甲的行为构成传授犯罪方法罪和盗窃罪。

正确认定传授犯罪方法的犯罪行为与教唆犯罪行为并存的案件。对此应区分情况，分别处理：①行为人以不同的犯罪内容、对不同对象或者同一对象实施了传授和教唆行为。这种情况下，传授行为和教唆行为各自独立，应构成传授犯罪方法罪与所教唆的犯罪，实行数罪并罚，例如，甲某带多名徒弟传授扒窃技能，收取"孝敬费"。某日，又唆使徒弟之一乙某盗窃银行。甲某构成传授犯罪方法罪和盗窃罪（教唆），应当数罪并罚。②行为人以同一犯罪内

---

[1] 2000 年 12 月 5 日公布的《审理黑社会性质组织犯罪的案件的解释》第 5 条第 1 款。
[2] 2000 年 12 月 5 日公布的《审理黑社会性质组织犯罪的案件的解释》第 5 条第 2 款。

容对同一人或数人同时实施传授行为和教唆行为，应按吸收原则，择一重罪处罚。例如，甲教唆乙、丙等人盗窃银行，同时又传授或教授进入、逃离犯罪现场的技能，或者打开金库的技能等，只定盗窃一罪，不另外成立传授犯罪方法罪。

《刑法》第 295 条规定，犯本罪的，处 5 年以下有期徒刑、拘役或者管制；情节严重的，处 5 年以上 10 年以下有期徒刑；情节特别严重的，处 10 年以上有期徒刑或者无期徒刑。

四十、非法集会、游行、示威罪

非法集会、游行、示威罪，是指举行集会、游行、示威未依照法律规定申请或者申请未经许可，或者未按照主管机关许可的起止时间、地点、路线进行，又拒不服从解散命令，严重破坏社会秩序的行为。

《刑法》第 296 条规定，犯本罪的，对集会、游行、示威的负责人和直接责任人员，处 5 年以下有期徒刑、拘役、管制或者剥夺政治权利。

四十一、非法携带武器、管制刀具、爆炸物参加集会、游行、示威罪

非法携带武器、管制刀具、爆炸物参加集会、游行、示威罪，是指违反法律规定，携带武器、管制刀具或者爆炸物参加集会、游行、示威的行为。

《刑法》第 297 条规定，犯本罪的，处 3 年以下有期徒刑、拘役、管制或者剥夺政治权利。

四十二、破坏集会、游行、示威罪

破坏集会、游行、示威罪，是指扰乱、冲击或者以其他方法破坏依法举行的集会、游行、示威，造成公共秩序混乱的行为。

《刑法》第 298 条规定，犯本罪的，处 5 年以下有期徒刑、拘役、管制或者剥夺政治权利。

四十三、侮辱国旗、国徽、国歌罪

侮辱国旗、国徽、国歌罪，是指在公众场合故意以焚烧、毁损、涂划、玷污、践踏等方式侮辱中华人民共和国国旗、国徽，或者在公共场合，故意篡改中华人民共和国国歌歌词、曲谱，以歪曲、贬损方式奏唱国歌，或者以其他方式侮辱国歌，情节严重的行为。

《刑法》第 299 条规定，犯本罪的，处 3 年以下有期徒刑、拘役、管制或者剥夺政治权利。

四十四、侵犯英雄烈士名誉、荣誉罪

侵犯英雄烈士名誉、荣誉罪，指侮辱、诽谤或者以其他方式侵害英雄烈士的名誉、荣誉，损害社会公共利益，情节严重的行为。

"英雄烈士"，与英雄烈士保护法规定的英雄烈士的概念、范围一致，是已经牺牲的英雄烈士。[1] 侵犯在世英雄名誉，可适用《刑法》第 246 条（侮辱、诽谤罪）追究刑事责任。

《刑法》第 299 条之一规定，犯本罪的，处 3 年以下有期徒刑、拘役、管制或者剥夺政治权利。

四十五、组织、利用会道门、邪教组织、利用迷信破坏法律实施罪

（一）概念

组织、利用会道门、邪教组织、利用迷信破坏法律实施罪，是指组织和利用会道门、邪教组织或者利用迷信破坏国家法律、行政法规实施的行为。

---

〔1〕 参见许永安主编：《中华人民共和国刑法修正案（十一）解读》，中国法制出版社 2021 年版，第 322 页。

（二）构成要素

1. 客观的构成要素。本罪包括两种行为类型：

（1）组织会道门和邪教组织破坏国家法律、行政法规的实施。所谓"会道门"，是指会门和道门等封建迷信组织的总称，包括一贯道、九宫道、先天道、后天道、大刀会、哥老会、青洪帮等封建迷信活动组织。所谓"邪教组织"，根据《办理组织、利用邪教组织破坏法律实施等刑事案件的解释》，是指冒用宗教、气功或者以其他名义建立，神化、鼓吹首要分子，利用制造、散布迷信邪说等手段蛊惑、蒙骗他人，发展、控制成员，危害社会的非法组织。如"法轮功""呼喊派""新约教会""观音法门""灵仙真佛宗""天父的女儿""门徒会"等。所谓组织会道门、邪教组织，是指发起成立会道门、邪教组织或者恢复已被取缔的会道门、邪教组织，发展门徒、招收会员。破坏国家法律、行政法规的实施，是指以会道门、邪教组织为据点或者以其他方式利用迷信，蛊惑人心，欺骗、控制群众，扰乱社会秩序，妨害国家法律、行政法规的实施。例如：传播迷信反动思想，攻击我国宪法确立的法律制度，蒙骗控制大量群众，干预行政、司法、教育等工作，动摇我国的法制基础和秩序；或者进行非法宗教迷信活动，搞所谓的"寻主""升天"活动，煽动、蛊惑群众放弃工作、生产、学习，抗拒政府实施法律。

（2）利用迷信破坏国家法律、行政法规的实施，如利用占卜、算命、看阴阳风水、做道场等形式进行招摇撞骗，蛊惑群众破坏国家法律的实施等。

2. 主观的构成要素。本罪为故意犯罪，而且具有煽动、蛊惑他人抗拒国家法律、行政法规实施的目的。

（三）认定

1. 将会道门、邪教组织中的组织者、骨干分子与一般参加者区分开来。后者的行为情节显著轻微、危害不大的，不认为犯罪。

2. 既遂认定。为了传播而持有、携带，或者传播过程中被当场查获数量达到入罪标准邪教宣传品，分别按照下列方式处理：①邪教宣传品是行为人制作的，以犯罪既遂处理；②邪教宣传品不是行为人制作，尚未传播的，以犯罪预备处理；③邪教宣传品不是行为人制作，传播过程中被查获的，以犯罪未遂处理；④邪教宣传品不是行为人制作，部分已经传播出去的，以犯罪既遂处理，对于没有传播的部分，可以在量刑时酌情考虑。

3. 本罪与危害国家安全犯罪的区别。组织和利用邪教组织，组织、策划、实施、煽动分裂国家、破坏国家统一或者颠覆国家政权、推翻社会主义制度的，分别依照《刑法》第103条（分裂国家罪、煽动分裂国家罪）、第105条（颠覆国家政权罪、煽动颠覆国家政权罪）、第113条的规定定罪处罚。

4. 本罪与煽动暴力抗拒法律实施罪的区别。要点是：本罪限于采取利用迷信的方式，而不限定煽动暴力；后罪不包括采取利用迷信的方式煽动，但限定煽动的内容必须包含煽动暴力。鉴于《刑法》认为以利用迷信的方式破坏法律实施是一种较为严重的犯罪形式，所以，如果行为人组织、利用会道门、邪教组织或者利用迷信煽动抗拒国家法律法规实施的，无论是否煽动使用暴力，都应以本罪论处。

（四）处罚

《刑法》第300条第1款规定，犯本罪的，处3年以上7年以下有期徒刑，并处罚金；情节特别严重的，处7年以上有期徒刑或者无期徒刑，并处罚金或者没收财产；情节较轻的，处3年以下有期徒刑、拘役、管制或者剥夺政治权利，并处或者单处罚金。

四十六、组织、利用会道门、邪教组织、利用迷信致人重伤、死亡罪

组织、利用会道门、邪教组织、利用迷信致人重伤、死亡罪，是指组织和利用会道门、邪教组织或者利用迷信蒙骗他人，致人重伤、死亡的行为。

"蒙骗他人，致人重伤、死亡"，根据《办理组织、利用邪教组织破坏法律实施等刑事案件的解释》，指组织、利用邪教组织，制造、散布迷信邪说，蒙骗成员或者他人绝食、自虐等，或者蒙骗病人不接受正常治疗，致人重伤、死亡。如果组织、利用邪教组织，制造、散布迷信邪说，组织、策划、煽动、胁迫、教唆、帮助其成员或者他人实施自杀、自伤的，以故意杀人罪或者故意伤害罪定罪处罚。

《刑法》第300条第1、2款规定，犯本罪的，处3年以上7年以下有期徒刑，并处罚金；情节特别严重的，处7年以上有期徒刑或者无期徒刑，并处罚金或者没收财产；情节较轻的，处3年以下有期徒刑、拘役、管制或者剥夺政治权利，并处或者单处罚金。

四十七、聚众淫乱罪

（一）概念

聚众淫乱罪，是指为首聚集3人以上进行淫乱或者多次参加3人以上的淫乱活动的行为。

（二）构成要素

1. 客观的构成要素。本罪的行为是聚众淫乱。所谓"聚众淫乱"，是指3个以上的异性共同发生违反道德准则、令正常人感到羞耻的性行为，如群奸群宿。"淫乱"属于典型的规范构成要素，"淫乱"不单是一个客观的事实概念，还是一个需要根据价值判断才能确定其含义的概念。财物、人、枪支、毒品这样的法律概念表述的基本是一个客观的事实，具有确定性。但是对于"淫乱""淫秽"之类的概念，则不同时代、不同的人看法差别很大。因为它们含有道德、价值评判的因素，具有不客观、不明确的特性。罪刑法定原则要求明确性，故排斥过多使用这类要素。"淫乱"的含义很难界定，大体只能认为是一种伤害公众健全性道德、使公众感到羞耻（或恶心）的性行为。不能把3人以上共同发生性行为的情形一律视为淫乱，只有当其发生的场合、方式令同时代的普通人感到羞耻、难以容忍的才能视为淫乱。"聚众"，指3人以上，但是3人以上发生性行为并非都是淫乱的。只有该聚众性行为同时具有淫乱性，才认为是犯罪。性行为虽然包括猥亵行为，但应以性交为必要。对于聚众淫乱活动的首要分子和多次参加聚众淫乱活动的，以本罪追究刑事责任。

2. 主观的构成要素。本罪为故意犯罪，行为人多具有藐视社会伦理、寻求变态精神刺激的心理特征。本罪的故意仅要求行为人认识到事实层面，即其从事的该性行为，不要求行为人认识到该性行为具有淫乱性。该性行为是否具有"淫乱性"，属于法官依据法律的判断。而法官作这种判断依据的是社会公众的性道德准则。

（三）认定

对于一般参加聚众淫乱活动的人及偶尔参加聚众淫乱的人，不应以犯罪论处。由于"淫乱"是依据不断变化的道德准则确认的，刑事法律可以维护公认的性道德，但应当十分审慎。

（四）处罚

《刑法》第301条第1款规定，犯本罪的，对首要分子或者多次参加的，处5年以下有期徒刑、拘役或者管制。

四十八、引诱未成年人聚众淫乱罪

引诱未成年人聚众淫乱罪，是指引诱未成年人参加聚众淫乱活动的行为。

《刑法》第301条第2款规定，犯本罪的，依本条第1款的规定从重处罚。

四十九、盗窃、侮辱、故意毁坏尸体、尸骨、骨灰罪

盗窃、侮辱、故意毁坏尸体、尸骨、骨灰罪，是指盗窃、侮辱、故意毁坏尸体、尸骨、骨灰的行为。

"尸体"，指自然人死亡后所遗留的躯体，尚未死亡的被害人的身体不是尸体。尸体不以完整无缺为必要，缺少部分肢体、器官的，仍不失为尸体。"尸骨"，指尸体腐烂后形成的相对完整的遗骸、遗骨，如土葬棺木中的遗骸、遗骨。"骨灰"，指尸体焚化后形成的灰土。本罪之"盗窃"指窃取尸体、尸骨、骨灰，置于行为人自己控制之下的行为。以尸体、尸骨、骨灰原本不在行为人控制之下为必要。如果原本就在行为人控制之下，不构成本罪。例如，杀人后直接将被害人尸体转移、隐藏、掩埋的。

违背本人生前意愿摘取其尸体器官，或者本人生前未表示同意，违反国家规定，违背其近亲属意愿摘取其尸体器官的，以盗窃尸体罪论处。

本罪之"侮辱"，指以暴露、猥亵、毁损、涂划、践踏、鞭打等方式损害尸体、尸骨、骨灰尊严的行为。对于奸尸行为，有判例认定构成侮辱尸体罪。本罪是选择性罪名，有盗窃或者侮辱尸体行为之一的即可构成本罪。

盗窃后又侮辱尸体、尸骨、骨灰的；或者为了侮辱尸体、尸骨、骨灰而先窃取的，仍只构成一罪。杀人后为毁灭罪证、掩盖罪迹而毁坏、抛弃尸体的，仅以杀人罪一罪定罪处罚；杀人后为损害尸体的尊严及生者的感情而故意侮辱尸体的，应当实行数罪并罚。因为在这种场合，行为人已有独立的侮辱尸体犯意和行为，在故意杀人罪之外又构成了独立的犯罪。

《刑法》第 302 条规定，犯本罪的，处 3 年以下有期徒刑、拘役或者管制。

五十、赌博罪

（一）概念

赌博罪，是指以营利为目的，聚众赌博或者以赌博为业的行为。

（二）构成要素

1. 客观的构成要素。本罪的行为包括以下两种：

（1）聚众赌博。所谓"聚众赌博"，是指组织不特定多数人参加赌博，刑法惩罚组织、召集他人赌博从中渔利的行为。2005 年 5 月 11 日发布的《最高人民法院、最高人民检察院关于办理赌博刑事案件具体应用法律若干问题的解释》（以下简称《办理赌博刑事案件的解释》）第 1 条规定："以营利为目的，有下列情形之一的，属于刑法第三百零三条规定的'聚众赌博'：（一）组织 3 人以上赌博，抽头渔利数额累计达到 5000 元以上的；（二）组织 3 人以上赌博，赌资数额累计达到 5 万元以上的；（三）组织 3 人以上赌博，参赌人数累计达到 20 人以上的；（四）组织中华人民共和国公民 10 人以上赴境外赌博，从中收取回扣、介绍费的。"

（2）以赌博为业。所谓"以赌博为业"，是指经常从事赌博活动、靠赌博所得为其挥霍和生活主要来源的行为。这种行为人俗称"赌棍"，无正当职业专事赌博谋生，或者虽有正常职业但兼业赌博，不务正业。长期受雇于赌场，专门代表赌场与顾客赌博的人，也应属于以赌博为业。

2. 主观的构成要素。本罪是故意犯罪，并且行为人主观上具有营利的目的。

（三）认定

1. 罪与非罪的界限。①把赌博罪与一般的娱乐行为区别开来。《办理赌博刑事案件的解释》第 9 条规定："不以营利为目的，进行带有少量财物输赢的娱乐活动，以及提供棋牌室等娱乐场所只收取正常的场所和服务费用的经营行为等，不以赌博论处。"②把赌头、赌棍与一般参与赌博的人员区别开来，对前者应依法追究刑事责任，对后者主要是批评教育。对于出

于"义气"或碍于情面提供场所，纠集多人赌博，而没有抽头渔利的，一般不宜按犯罪处理，可给予治安处分。对于多次参加赌博，尚不具备赌头赌棍条件的，一般不按赌博罪论处，可按《治安管理处罚法》处理。

2. 与诈骗罪的界限。如果设圈套引诱他人参赌，并且在赌博中使用欺骗方式（如"出千"等），如使用专门的工具控制赌博结果的，应当以诈骗罪论处。但是：①仅仅使用欺骗手段引诱他人参赌，但在赌博中没有使用欺骗方法控制赌博结果的，不是诈骗罪，仅成立赌博罪；②1995 年 11 月 6 日发布的《最高人民法院关于对设置圈套诱骗他人参赌又向索还钱财的受骗者施以暴力或暴力威胁的行为应如何定罪问题的批复》规定："行为人设置圈套诱骗他人参赌获取钱财，属赌博行为，构成犯罪的，应当以赌博罪定罪处罚。参赌者识破骗局要求退还所输钱财，设赌者又使用暴力或者以暴力相威胁，拒绝退还的，应以赌博罪从重处罚；致参赌者伤害或者死亡的，应以赌博罪和故意伤害罪或者故意杀人罪，依法实行数罪并罚。"

3. 与非法经营罪的区别。《办理赌博刑事案件的解释》第 6 条规定："未经国家批准擅自发行、销售彩票，构成犯罪的，依照刑法第二百二十五条第（四）项的规定，以非法经营罪定罪处罚。"

4. 与贿赂罪的区别。《最高人民法院、最高人民检察院关于办理赌博刑事案件的解释》第 7 条规定："通过赌博或者为国家工作人员赌博提供资金的形式实施行贿、受贿行为，构成犯罪的，依照刑法关于贿赂犯罪的规定定罪处罚。"

5. 共犯。《办理赌博刑事案件的解释》第 4 条规定："明知他人实施赌博犯罪活动，而为其提供资金、计算机网络、通讯、费用结算等直接帮助的，以赌博罪的共犯论处。"

6. 与赌博关联的犯罪。①对于因赌博引起打架斗殴，致人重伤死亡或者直接行凶杀人的，应分别按故意伤害罪或者故意杀人罪处理。赌徒用暴力、胁迫手段抢夺他人赌资，或者经预谋而抢劫赌场的，则按抢劫罪论处。②冒充警察借"抓赌"之名，利用赌博者因自己有违法行为害怕张扬、受罚的心理，以罚款、没收为名索取钱财、拿取赌资的，属于冒充国家机关工作人员招摇撞骗；冒充"联防队员"的，属于敲诈勒索性质。但是，在这种场合，以没有使用暴力、强行抢取的抢劫行为为限。若有抢劫行为的，按重罪即抢劫罪论处。③任何人以非法占有为目的，以"抓赌"的名义，使用暴力、胁迫方式强行抢取赌资的，应认定为抢劫罪，赌资的不法性质不排除抢劫行为的犯罪性质。④索取、抢取本人所输赌资或他人所欠赌债的，通常属于赌博者之间的纠纷，一般不认为犯罪；但其方法违法犯罪的，比如侵犯人身自由或伤害他人身体健康的，应当以非法拘禁或故意伤害罪论处。⑤司法人员在执行职务中罚没赌资之后，应交公而没有交公，据为己有的，属于利用职务上的便利侵吞公共财产的行为，以贪污罪论处。因为已经被依法罚没的财物属于公共财产。

7. 赌博犯罪中用作赌注的款物、换取筹码的款物和通过赌博赢取的款物属于赌资。通过计算机网络实施赌博犯罪的，赌资数额可以按照在计算机网络上投注或者赢取的点数乘以每一点实际代表的金额认定。赌资应当依法予以追缴；赌博用具、赌博违法所得以及赌博犯罪分子所有的专门用于赌博的资金、交通工具、通信工具等，应当依法予以没收。

（四）处罚

《刑法》第 303 条第 1 款规定，犯本罪的，处 3 年以下有期徒刑、拘役或者管制，并处罚金。

五十一、开设赌场罪

开设赌场罪，是指开设赌场的行为。

"开设赌场"，指公开或秘密地开设营业性赌博场所的行为。开设赌场有两种营利方式：①赌场不直接参加赌博，以收取场地、用具使用费或者抽头获利；②赌场直接参加赌博，如设置游戏机、吃角子老虎等赌博机器或者雇用人员与顾客赌博。

根据 2014 年 3 月 26 日发布的《最高人民法院、最高人民检察院、公安部关于办理利用赌博机开设赌场案件适用法律若干问题的意见》（以下简称《办理利用赌博机开设赌场案件的意见》）第 3 条的规定，明知他人利用赌博机开设赌场，具有下列情形之一的，以开设赌场罪的共犯论处：①提供赌博机、资金、场地、技术支持、资金结算服务的；②受雇参与赌场经营管理并分成的；③为开设赌场者组织客源，收取回扣、手续费的；④参与赌场管理并领取高额固定工资的；⑤提供其他直接帮助的。

根据司法解释的有关规定，还有两种特别类型的"开设赌场"：

1. 通过信息网络开设赌场。《最高人民法院、最高人民检察院、公安部关于办理网络赌博犯罪案件适用法律若干问题的意见》（以下简称《办理网络赌博犯罪案件的意见》）第 1 条指出：利用互联网、移动通讯终端等传输赌博视频、数据，组织赌博活动，具有下列情形之一的，属于《刑法》第 303 条第 2 款规定的"开设赌场"行为：①建立赌博网站并接受投注的；②建立赌博网站并提供给他人组织赌博的；③为赌博网站担任代理并接受投注的；④参与赌博网站利润分成的。

2. 以设置赌博机方式开设赌场。《办理利用赌博机开设赌场案件的意见》第 1 条指出：设置具有退币、退分、退钢珠等赌博功能的电子游戏设施设备，并以现金、有价证券等贵重款物作为奖品，或者以回购奖品方式给予他人现金、有价证券等贵重款物（简称"设置赌博机"）组织赌博活动的，应当认定为"开设赌场"行为。设置赌博机组织赌博活动，具有下列情形之一的，应当按照开设赌场罪定罪处罚：①设置赌博机 10 台以上的；②设置赌博机 2 台以上，容留未成年人赌博的；③在中小学校附近设置赌博机 2 台以上的；④违法所得累计达到 5000 元以上的；⑤赌资数额累计达到 5 万元以上的；⑥参赌人数累计达到 20 人以上的；⑦因设置赌博机被行政处罚后，两年内再设置赌博机 5 台以上的；⑧因赌博、开设赌场犯罪被刑事处罚后，5 年内再设置赌博机 5 台以上的；⑨其他应当追究刑事责任的情形。

根据《办理利用赌博机开设赌场案件的意见》第 5 条的规定，本意见所称"赌资"包括：①当场查获的用于赌博的款物；②代币、有价证券、赌博积分等实际代表的金额；③在赌博机上投注或赢取的点数实际代表的金额。

《刑法》第 303 条第 2 款规定，犯本罪的，处 5 年以下有期徒刑、拘役或者管制，并处罚金；情节严重的，处 5 年以上 10 年以下有期徒刑，并处罚金。

关于"情节严重"的认定，注意以下几点：

1. 《办理网络赌博犯罪案件的意见》第 1 条第 2 款指出：通过网络开设赌场，具有下列情形之一的，应当认定为"情节严重"：①抽头渔利数额累计达到 3 万元以上的；②赌资数额累计达到 30 万元以上的；③参赌人数累计达到 120 人以上的；④建立赌博网站后通过提供给他人组织赌博，违法所得数额在 3 万元以上的；⑤参与赌博网站利润分成，违法所得数额在 3 万元以上的；⑥为赌博网站招募下级代理，由下级代理接受投注的；⑦招揽未成年人参与网络赌博的；⑧其他情节严重的情形。

关于网络赌博犯罪的参赌人数、赌资数额和网站代理的认定。赌博网站的会员账号数可以认定为参赌人数，如果查实一个账号多人使用或者多个账号一人使用的，应当按照实际使用的人数计算参赌人数。赌资数额可以按照在网络上投注或者赢取的点数乘以每一点实际代表的金额认定。对于将资金直接或间接兑换为虚拟货币、游戏道具等虚拟物品，并用其作为筹码投注的，赌资数额按照购买该虚拟物品所需资金数额或者实际支付资金数额认定。对于开设赌场犯罪中用于接收、流转赌资的银行账户内的资金，犯罪嫌疑人、被告人不能说明合法来源的，可以认定为赌资。向该银行账户转入、转出资金的银行账户数量可以认定为参赌人数。如果查实一个账户多人使用或多个账户一人使用的，应当按照实际使用的人数计算参赌人数。有证据证明犯罪嫌疑人在赌博网站上的账号设置有下级账号的，应当认定其为赌博网站的代理。

2.《办理利用赌博机开设赌场案件的意见》第 2 条第 2、3、4 款指出：设置赌博机组织赌博活动，具有下列情形之一的，应当认定为"情节严重"：①数量或者数额达到第 2 条第 1 款第 1～6 项规定标准 6 倍以上的；②因设置赌博机被行政处罚后，2 年内再设置赌博机 30 台以上的；③因赌博、开设赌场犯罪被刑事处罚后，5 年内再设置赌博机 30 台以上的；④其他情节严重的情形。

可同时供多人使用的赌博机，台数按照能够独立供一人进行赌博活动的操作基本单元的数量认定。在两个以上地点设置赌博机，赌博机的数量、违法所得、赌资数额、参赌人数等均合并计算。

案例 25－8：最高人民法院指导案例 146 号，陈庆豪、陈淑娟、赵延海开设赌场案。案情，汇网站从事"二元期权"交易。会员在龙汇网站注册充值后，下载安装市场行情接收软件和龙汇网站自制插件，选择某一外汇交易品种，并选择 1M（分钟）到 60M 不等的到期时间，下单交易金额，并点击"买涨"或"买跌"按钮完成交易。买定离手之后，不可更改交易内容，不能止损止盈，若买对涨跌方向即可盈利交易金额的 76％－78％，若买错涨跌方向则本金全亏，盈亏情况不与外汇实际涨跌幅度挂钩。截止案发，龙汇网站在全国约有 10 万会员。

裁判要点：以"二元期权"交易的名义，在法定期货交易场所之外利用互联网招揽"投资者"，以未来某段时间外汇品种的价格走势为交易对象，按照"买涨""买跌"确定盈亏，买对涨跌方向的"投资者"得利，买错的本金归网站（庄家）所有，盈亏结果不与价格实际涨跌幅度挂钩的，本质是"押大小、赌输赢"，是披着期权交易外衣的赌博行为。对相关网站应当认定为赌博网站。

五十二、组织参与国（境）外赌博罪

组织参与国（境）外赌博罪，指组织中华人民共和国公民参与国（境）外赌博，数额巨大或者有其他严重情节的行为。

"数额巨大"，是指赌资数额巨大，参照《办理网络赌博犯罪案件的意见》，从境外赌场利润分成或者抽头渔利数额累计达到 3 万元以上的、赌资数额累计达到 30 万元以上的，属于"数额巨大"。"其他严重情节"，参照前述意见，主要是指多次组织、组织多人、组织未成年人参与赴国（境）外参与赌博的等。

《刑法》第 303 条第 3 款规定，犯本罪的，处 5 年以下有期徒刑、拘役或者管制，并处罚金；情节严重的，处 5 年以上 10 年以下有期徒刑，并处罚金。

五十三、故意延误投递邮件罪

故意延误投递邮件罪，是指邮政工作人员严重不负责任，故意延误投递邮件，致使公共财产、国家和人民利益遭受重大损失的行为。

《刑法》第 304 条规定，犯本罪的，处 2 年以下有期徒刑或者拘役。

第二节　妨害司法罪

一、伪证罪

（一）概念

伪证罪，是指在刑事诉讼中，证人、鉴定人、记录人、翻译人对与案件有重要关系的情节，故意作虚假证明、鉴定、记录、翻译，意图陷害他人或者隐匿罪证的行为。

（二）构成要素

1. 客观的构成要素。

（1）行为主体。本罪的行为主体是特殊主体，即刑事诉讼中的证人、鉴定人、记录人、翻译人。这里的所谓"证人"，是指在刑事诉讼中经司法机关的要求或同意，陈述自己所知道的案件事实情况的人。"鉴定人"是在刑事诉讼中运用专门的知识和技能依法鉴别案件中某些情节有无或者真伪的人。"记录人"是指在刑事诉讼中依法或者受委托担任记录职责的人。"翻译人"是指司法机关指定或者聘请为外籍、少数民族或聋哑人等诉讼参与人充当翻译的人员，也包括为案件中的法律文书或证据材料等有关资料作书面翻译的人员。

（2）行为。本罪的行为是在刑事诉讼中，对与案件有重要关系的情节作虚假的证明、鉴定、记录、翻译。具体包括以下要素：①在刑事诉讼中，即伪证行为必须是发生在刑事案件的立案、侦查、起诉、审判的过程中。在民事诉讼、行政诉讼中的伪证行为，不构成本罪。②行为人必须有作虚假的证明、鉴定、记录、翻译的行为。所谓"虚假"，是指与客观真实的情况不一致，与行为人的主观意图无关。③虚假的证明、鉴定、记录、翻译的内容，必须是与案件有重要关系的情节。所谓"有重要关系的情节"，是指足以使无罪的人受到刑事处罚或者使轻罪受重罚的情节；或者是足以使犯罪分子逃避刑事处罚或者使重罪被轻判的情节。如果伪证所涉的事实情节属于对定罪量刑影响不大的，则不能以伪证罪论处。至于伪证行为是否实际影响到案件的正确处理，不妨碍本罪的成立。

2. 主观的构成要素。本罪是故意犯罪，并且具有陷害他人或者隐匿罪证的目的。

（三）认定

如果证人如实地根据自己的经验、记忆作出了陈述，即使事后被证明与案件的客观事实真相不一致，也不能以其证明的内容虚假为由认定为犯罪。同样的道理，如果鉴定人、记录人、翻译人不是有意作伪证，而是由于水平不高或工作疏忽，提供了不科学或者不符合实际的鉴定结论、记录、翻译的，亦不构成伪证罪。此外，刑事被告人、犯罪嫌疑人就与自己有利害关系的情节作虚假陈述的，不构成犯罪。这种豁免出于对人类自我保护本性的容忍。

（四）处罚

《刑法》第305条规定，犯本罪的，处3年以下有期徒刑或者拘役；情节严重的，处3年以上7年以下有期徒刑。

二、辩护人、诉讼代理人毁灭证据、伪造证据、妨害作证罪

（一）概念

辩护人、诉讼代理人毁灭证据、伪造证据、妨害作证罪，是指在刑事诉讼中，辩护人、诉讼代理人毁灭、伪造证据，帮助当事人毁灭、伪造证据，威胁、引诱证人违背事实改变证言或者作伪证的行为。

（二）构成要素

1. 客观的构成要素。

（1）行为主体。本罪的行为主体是特殊主体，即限于刑事诉讼中的辩护人、诉讼代理人。《刑事诉讼法》第 33 条第 1 款规定，下列的人可以被委托为辩护人：①律师；②人民团体或者犯罪嫌疑人、被告人所在单位推荐的人；③犯罪嫌疑人、被告人的监护人、亲友。诉讼代理人是指刑事自诉案件原告方委托的代理人或者公诉案件中被害人委托的代理人。另外，也应包括根据《刑事诉讼法》第 35、36 条的规定，受犯罪嫌疑人聘请为其提供法律咨询、代理申诉、控告的律师。在实际生活中，多是律师担任辩护人、诉讼代理人。

（2）行为对象。本罪的行为对象是刑事诉讼证据，即《刑事诉讼法》第 50 条所规定的 8 种证据：物证；书证；证人证言；被害人陈述；犯罪嫌疑人、被告人供述和辩解；鉴定意见；勘验、检查、辨认、侦查实验等笔录；视听资料、电子数据。

（3）行为。本罪的行为必须发生在刑事诉讼中，具体表现为三种情况：①行为人直接或者唆使他人毁灭、伪造证据。"毁灭"是指使证据灭失或者丧失证明案件真相的作用、效力。"伪造"是指改变证据证明的内容或方向。②帮助当事人毁灭、伪造证据，即唆使或者提供便利条件，由当事人毁灭、伪造证据。由于当事人与案件的审判结果有直接的利害关系，因此他们妨害证据的行为不认为是犯罪，也不能构成本罪的共犯。③威胁、引诱证人违背事实改变证言或者作伪证。所谓"威胁"，是指以暴力或者其他方式施加迫害，对证人进行恐吓；但是告知证人不如实作证应负的法律责任不是威胁。所谓"引诱"，是指以金钱等物质利益对证人进行收买，或者以女色等非物质性的利益对证人进行诱惑。为了帮助证人回忆经历的情况而作的一些提示甚至诱导，不能认为是引诱。所谓"违背事实改变证言或者作伪证"，是指要证人作出与其经验、记忆不一致的证言，即要求证人不如实作证。证人的经验、记忆可能是正确的，也可能是错误的，所以，证人证言最终是否与案件真相一致与是否违背事实作证不能完全等同。"就辩护人而言，一般是毁灭或者帮助毁灭有罪、罪重的证据；伪造或者帮助伪造无罪或者罪轻的证据；威胁、引诱证人违背事实改变有罪、罪重的证言或者作无罪、罪轻的证言；就诉讼代理人而言，一般是毁灭或者帮助毁灭无罪、罪轻的证据；伪造或者帮助伪造有罪、罪重的证据；威胁、引诱证人违背事实改变无罪、罪轻的证言或者作有罪、罪重的证言。但并不排斥相反情况，即在特殊情况下出现了相反情况时，也不影响本罪的成立。"[1] 行为人在刑事诉讼任何阶段实施上述妨害刑事诉讼证据行为之一的，就具备本罪的客观构成要素。

2. 主观的构成要素。本罪是故意犯罪，为了强调构成本罪必须具有妨害证据或者妨害作证的故意，《刑法》第 306 条第 2 款特别指出："辩护人、诉讼代理人提供、出示、引用的证人证言或者其他证据失实，不是有意伪造的，不属于伪造证据。"

（三）认定

与总则教唆犯规定的竞合。辩护人、诉讼代理人教唆他人毁灭、伪造证据或者威胁、引诱证人作伪证的，尽管具有"教唆"行为的特点，但是，对此种特定教唆，法律已经专门规定为一种犯罪，就不适用教唆犯的规定。

（四）处罚

《刑法》第 306 条第 1 款的规定，犯本罪的，处 3 年以下有期徒刑或拘役；情节严重的，处 3 年以上 7 年以下有期徒刑。

---

[1]　张明楷：《刑法学》，法律出版社 2003 年版，第 827 页。

三、妨害作证罪

妨害作证罪，是指以暴力、威胁、贿买等方法阻止证人作证或者指使他人作伪证的行为。

本罪的行为具体有两类：①以暴力、威胁、贿买等方法阻止证人作证。所谓"阻止证人作证"，是指在刑事诉讼中，阻止证人接受公安、安全、检察等司法机关依法调查、询问以及阻止证人出席法庭作证；在民事、经济和行政诉讼中，阻止证人出席法庭作证。阻止证人作证的方法是多种多样的，除了法律列举的暴力、威胁、贿买的方法外，还包括其他类似的方法，如色情引诱、要挟等。②"指使他人作伪证"，即出主意要他人作伪证。作伪证包括知道案件情况的人不如实作证和冒充知道案件情况的人作假证。

本罪与辩护人、诉讼代理人毁灭证据、伪造证据、妨害作证罪的区别。要点是主体和诉讼的范围不同，辩护人、诉讼代理人在刑事诉讼中指使他人作伪证的，应认定为辩护人、诉讼代理人毁灭证据、伪造证据、妨害作证罪，不是本罪。

因采取暴力手段阻止证人作证或迫使他人作伪证而触犯其他罪的，如伤害、杀害证人或者绑架人质、非法拘禁证人等，则应按处理牵连犯的原则，从一重罪处断。

指使他人作伪证虽然具有教唆的性质，但是不能按教唆犯处理。因为《刑法》分则将这种情形的教唆已经专门规定为一种犯罪行为，不必适用总则教唆犯的规定。

《刑法》第307条第1款规定，犯本罪的，处3年以下有期徒刑或者拘役；情节严重的，处3年以上7年以下有期徒刑。第3款规定，司法工作人员犯本罪的，从重处罚。司法工作人员是否利用了职务上的便利，在所不问。

案例25-8：甲的丈夫乙强奸丙。案发后，甲多次找到丙，要丙把强奸说成是通奸，并拿5000元交给丙所在餐馆的老板丁保管，作为给丙"改口"补偿。丙没有同意。甲便将丙拉到家中扣住不放，强迫丙按照她事先写好的证明是通奸的材料抄写一份并按上指印。丙不同意，甲一直不允许丙离开甲家。警察接报警后去解救丙，甲又将丙转移到其兄家继续扣留。警方直到第4天才将丙解救出来。甲使用贿买和暴力方法指使他人作伪证，构成妨害作证罪，同时也触犯包庇罪（作假证明包庇），二者属于想象竞合犯。其采取的暴力方法行为，还构成非法拘禁罪，与妨害作证、包庇行为属于牵连关系。

资料来源：最高人民法院中国应用法学研究所编：《人民法院案例选（刑事卷上）》，中国法制出版社2000年版，第543页。

四、帮助毁灭、伪造证据罪

帮助毁灭、伪造证据罪，是指帮助当事人毁灭、伪造证据，情节严重的行为。

本罪的主体为一般主体，但不包括当事人本人和刑事诉讼中的辩护人、诉讼代理人。当事人本人毁灭、伪造与本人有利害关系的证据不为罪，亦不构成本罪的共犯。刑事诉讼的辩护人、诉讼代理人帮助当事人毁灭、伪造证据的，是辩护人、诉讼代理人毁灭证据、伪造证据罪。非刑事诉讼中，当事人的代理人可以构成本罪。

对这里的当事人应当作广义理解，而不限于刑事诉讼中的当事人。所谓"帮助"，实质是指一切替当事人毁灭、伪造证据的行为，包括受当事人指使而毁灭、伪造证据的行为；教唆、指使当事人毁灭、伪造证据的行为；为当事人毁灭、伪造证据提供各种便利条件或者伙同当事人共同实施毁灭、伪造证据的行为；向当事人教授毁灭、伪造证据方法的行为，等等。换言之，这里的帮助仅仅意味着不包括当事人本人为自身的利害关系而毁灭、伪造证据的行为。

《刑法》第307条第2款规定，犯本罪的，处3年以下有期徒刑或者拘役；第3款规定，司法工作人员犯本罪的,从重处罚。司法工作人员是否利用职务上的便利,在所不问。

案例 25 - 9: 李某某得知其雇用的司机王某某交通肇事后逃逸,为帮助其逃避法律责任,指使王某某等人将该肇事车辆驶至其朋友的家具厂内藏匿,次日又出钱并指使王某某等人将肇事车辆做了修复,毁灭了该车的肇事痕迹。法院认为,李某某的行为严重妨害了公安机关的侦查活动,构成帮助毁灭证据罪,判处有期徒刑 1 年,缓刑 1 年。

资料来源:刘家琛主编:《新刑法案例评析》,人民法院出版社 2002 年版,第 1107 页。

五、虚假诉讼罪

(一)概念

虚假诉讼罪,是指以捏造的事实提起民事诉讼,妨害司法秩序或者严重侵害他人合法权益的行为。

(二)客观要素

1. "以捏造的事实提起民事诉讼",《关于办理虚假诉讼刑事案件适用法律若干问题的解释》(法释〔2018〕17 号,以下简称《办理虚假诉讼案解释》)第 1 条规定,指采取伪造证据、虚假陈述等手段,实施下列行为之一,捏造民事法律关系,虚构民事纠纷,向人民法院提起民事诉讼的:①与夫妻一方恶意串通,捏造夫妻共同债务的;②与他人恶意串通,捏造债权债务关系和以物抵债协议的;③与公司、企业的法定代表人、董事、监事、经理或者其他管理人员恶意串通,捏造公司、企业债务或者担保义务的;④捏造知识产权侵权关系或者不正当竞争关系的;⑤在破产案件审理过程中申报捏造的债权的;⑥与被执行人恶意串通,捏造债权或者对查封、扣押、冻结财产的优先权、担保物权的;⑦单方或者与他人恶意串通,捏造身份、合同、侵权、继承等民事法律关系的其他行为。

隐瞒债务已经全部清偿的事实,向人民法院提起民事诉讼,要求他人履行债务的,以"以捏造的事实提起民事诉讼"论。

向人民法院申请执行基于捏造的事实作出的仲裁裁决、公证债权文书,或者在民事执行过程中以捏造的事实对执行标的提出异议、申请参与执行财产分配的,属于"以捏造的事实提起民事诉讼"。

2. "妨害司法秩序或者严重侵害他人合法权益",根据《办理虚假诉讼案解释》第 2 条规定,指以捏造的事实提起民事诉讼,有下列情形之一:①致使人民法院基于捏造的事实采取财产保全或者行为保全措施的;②致使人民法院开庭审理,干扰正常司法活动的;③致使人民法院基于捏造的事实作出裁判文书、制作财产分配方案,或者立案执行基于捏造的事实作出的仲裁裁决、公证债权文书的;④多次以捏造的事实提起民事诉讼的;⑤曾因以捏造的事实提起民事诉讼被采取民事诉讼强制措施或者受过刑事追究的;⑥其他妨害司法秩序或者严重侵害他人合法权益的情形。

(三)主观要素

主观要素是故意,即明知是捏造的事实而提起民事诉讼,或者参与其中进行虚假的诉讼。

(四)认定

1. 虚假诉讼犯罪仅限于"无中生有型"行为,即凭空捏造根本不存在的民事法律关系和因该民事法律关系产生民事纠纷的情形。如果存在真实的民事法律关系,行为人采取伪造证据等手段篡改案件事实,向人民法院提起民事诉讼的,不能认定为虚假诉讼罪,构成犯罪的,可以以伪造公司、企业、事业单位、人民团体印章罪或者妨害作证罪等罪名追究其刑事责任。

捏造事实既可以是积极行为，也可以是特定形式的消极行为。行为人隐瞒他人已经全部清偿债务的事实，向人民法院提起民事诉讼，要求对方履行债务的，也可以构成虚假诉讼罪。

2. 虚假诉讼犯罪行为的具体实施方式可以表现为"单方欺诈型"和"恶意串通型"。刑法中的虚假诉讼犯罪行为与民事诉讼法第 112 条、第 113 条规定的虚假诉讼行为并不完全等同，除了当事人双方恶意串通之外，一方当事人以捏造的事实提起民事诉讼，意图使对方当事人败诉，以达到非法占有对方财产等目的的，也可以构成虚假诉讼罪。

3. 民事执行程序属于虚假诉讼罪中的"民事诉讼"。以捏造的事实申请人民法院进行民事执行，同样可能妨害司法秩序和严重侵害他人合法权益，需要采取刑事手段予以规制。实践中存在的向人民法院申请执行基于捏造的事实作出的仲裁裁决、公证债权文书，或者在民事执行过程中以捏造的事实对执行标的提出异议、申请参与执行财产分配，均可以构成虚假诉讼罪。

4. 实施虚假诉讼罪，非法占有他人财产或者逃避合法债务，又构成诈骗罪，职务侵占罪，拒不执行判决、裁定罪，贪污罪等犯罪的，依照处罚较重的规定定罪从重处罚。

利用虚假诉讼非法占有他人财物，属于典型的诉讼诈骗。诉讼诈骗的特点是：被骗作出财产处分者与蒙受财产损失的被害人不是同一人，属于诈骗罪的特殊情形，不影响诈骗罪的成立。

5. 诉讼代理人、证人、鉴定人等诉讼参与人与他人通谋，代理提起虚假民事诉讼、故意作虚假证言或者出具虚假鉴定意见，共同实施《刑法》第 307 条之一前三款行为的，依照共同犯罪的规定定罪处罚；同时构成妨害作证罪，帮助毁灭、伪造证据罪等犯罪的，依照处罚较重的规定定罪从重处罚。

6. 采取伪造证据等手段篡改案件事实，骗取人民法院裁判文书，构成犯罪的，依照《刑法》第 280 条（伪造公文、印章）、第 307 条（伪造证据）等规定追究刑事责任。

（五）处罚

《刑法》第 307 条之一规定，犯本罪的，处 3 年以下有期徒刑、拘役或者管制，并处或者单处罚金；情节严重的，处 3 年以上 7 年以下有期徒刑，并处罚金。单位犯前述罪的，对单位判处罚金，并对其直接负责的主管人员和其他直接责任人员，依照前述的规定处罚。犯本罪又构成其他罪的，择一重罪从重处罚。司法工作人员利用职权，与他人共同实施虚假诉讼构成犯罪的，从重处罚。

六、打击报复证人罪

打击报复证人罪，是指对证人进行打击报复的行为。

所谓"打击报复"，是指以各种各样的方式损害证人合法利益的行为，通常表现为直接侵害证人的人身、自由、名誉；毁坏证人的财产或者骚扰证人的生活安宁；利用职权迫害证人；等等。打击报复的手段没有限制，但不包括故意导致证人重伤或者死亡的行为。本罪的行为对象是证人，即在诉讼过程中已依法提供了证词的人，包括在各种诉讼中依法向法庭提供证词的证人以及在刑事诉讼中向公安、安全、检察机关提供证词的人。知道案件情况但尚未作证的人，不是本罪的行为对象，属于妨害作证罪的对象。证人的亲友亦不是本罪的对象，但是通过加害证人近亲属的方式来报复证人的，根据《刑事诉讼法》第 61 条[1]规定的精神，可以构成本罪。

《刑法》第 308 条规定，犯本罪的，处 3 年以下有期徒刑或者拘役；情节严重的，处 3 年以上 7 年以下有期徒刑。

七、泄露不应公开的案件信息罪，披露、报道不应公开的案件信息罪

（一）泄露不应公开的案件信息罪

泄露不应公开的案件信息罪，是指司法工作人员、辩护人、诉讼代理人或者其他诉讼参与人，泄露依法不公开审理的案件中不应当公开的信息，造成信息公开传播或者其他严重后果的行为。

"不公开审理的案件"包括：①《刑事诉讼法》第 188、285 条规定的有关国家秘密、个人隐私、未成年人案件，不公开审理；涉及商业秘密案件当事人申请不公开审理的，可以不公开审理。②《民事诉讼法》第 134 条规定，涉及国家秘密、个人隐私或者法律另有规定的不公开审理，离婚案件、涉及商业秘密的案件，当事人申请不公开审理的，可以不公开审理。③《行政诉讼法》第 54 条规定的涉及国家秘密、个人隐私和法律另有规定的不公开审理及涉及商业秘密的案件，当事人申请不公开审理的，可以不公开审理。

"不应当公开的信息"是指"公开以后可能对国家安全和利益、当事人受法律保护的隐私权、商业秘密造成损害，以及对涉案未成年人的身心健康造成不利的信息。包括案件涉及的国家秘密、个人隐私、商业秘密本身，也包括其他与案件有关不宜为诉讼参与人以外人员的信息，如案件事实的细节、诉讼参与人在参加庭审时发表言论的具体内容、被性侵犯的被害人的个人信息等"[1]。

"造成信息公开传播"，参照《最高人民法院、最高人检察院关于办理利用信息网络实施诽谤等刑事案件适用法律若干问题的解释》（以下简称《办理利用信息网络实施诽谤等刑事案件的解释》）第 2 条的规定，是指同一诽谤信息在网络上传播，实际被点击、浏览次数达到 5000 次以上，或者被转发次数达到 500 次以上的。在其他媒体上传播，主要指在重要或主流的报纸杂志、电视广播上传播的。

"其他严重后果"，参照《办理利用信息网络实施诽谤等刑事案件的解释》第 2 条和其他司法解释的规定，一般指：造成被害人或者其近亲属精神失常、自残、自杀等严重后果的；造成恶劣社会影响的；严重干扰司法审判活动的；严重侵犯他人隐私、商业秘密的。

（二）披露、报道不应公开的案件信息罪

披露、报道不应公开的案件信息罪，是指公开披露、报道依法不公开审理的案件中不应当公开的信息，情节严重的行为。

"情节严重"，一般指：造成恶劣社会影响的；严重干扰司法审判活动的；严重侵害他人隐私、商业秘密的。

（三）处罚

《刑法》第 308 条之一第 1、4 款规定，犯泄露不应公开的案件信息罪或披露、报道不应公开的案件信息罪的，处 3 年以下有期徒刑、拘役或者管制，并处或者单处罚金。单位犯前述罪的，对单位判处罚金，并对其直接负责的主管人员和其他直接责任人员，依照前述的规定处罚。

八、扰乱法庭秩序罪

乱法庭秩序罪，是指具有《刑法》第 309 条所列扰乱法庭秩序情形之一的行为。

《刑法》第 309 条规定，有下列扰乱法庭秩序情形之一的，成立扰乱法庭秩序罪：

---

[1] 雷建斌主编：《〈中华人民共和国刑法修正案（九）〉释解与适用》，人民法院出版社 2015 年版，第 326 页。

1. 聚众哄闹、冲击法庭的。所谓"聚众哄闹"，是指聚集多人在法庭内外起哄、喧闹，干扰审判活动的正常进行；所谓"冲击法庭"，指未被法庭允许参加庭审活动及旁听的人员强行冲进法庭或者以其他暴力行动在法庭内外扰乱审判活动的正常进行。

2. 殴打司法工作人员或者诉讼参与人的。所谓"殴打司法工作人员"，指直接对司法工作人员人身进行暴力袭击，司法工作人员既包括正在法庭上执行职务的审判人员、法警、书记员；也包括正在出庭支持公诉的公诉人及其他司法工作人员。在法庭外对正在准备参加开庭审理的司法工作人员进行暴力袭击的，也应视为本罪的殴打司法工作人员。"其他诉讼参与人"指参与诉讼的司法工作人员之外的诉讼参与人，包括被害人、自诉人、犯罪嫌疑人、被告人，原告、被告、共同诉讼人、第三人、法定代理人、诉讼代表人、诉讼代理人、辩护人、证人、鉴定人和翻译员等。应当注意：殴打司法工作人员或其他诉讼参与人，不必要采取聚众的形式。所谓"严重扰乱法庭秩序"，是指法庭秩序严重混乱、无法继续审理案件或者审理案件的活动被迫中断等。仅仅轻微扰乱法庭秩序的，尚不足以构成犯罪。

3. 侮辱、诽谤、威胁司法工作人员或者诉讼参与人，不听法庭制止，严重扰乱法庭秩序的。

4. 有毁坏法庭设施，抢夺、损毁诉讼文书、证据等扰乱法庭秩序行为，情节严重的。所谓"等扰乱法庭秩序行为"，应限于本项所列举的行为，仅可通过有权解释（立法或司法解释）扩张适用于列举之外的行为。

本罪的行为直接针对人民法院的庭审活动，因此，不是针对庭审活动进行扰乱的，不构成本罪。聚众冲击人民法院而非法庭的庭审活动，扰乱了人民法院正常工作秩序的，可以构成聚众冲击国家机关罪，不构成本罪。本罪的行为地点是正在或即将进行庭审活动的法庭内外。"法庭"是人民法院审判案件的场所，既包括法院设置的专门审判案件的场所，也包括临时用于审判案件的场所。

《刑法》第 309 条规定，犯本罪的，处 3 年以下有期徒刑、拘役、管制或者罚金。

案例 25 – 10：在法院开庭审理一起民事案件时，参加旁听的原告之夫李某认为证人王某的证言不实，便当场大声指责，受到法庭警告。李某不听劝阻，大喊"给我打"，在场旁听的十多个原告方的亲属一拥而上，对王某拳打脚踢，法庭秩序顿时大乱。审判长予以制止，李某一伙又对审判长和审判员进行围攻、殴打，审判长只好匆匆宣布休庭。李某的上述行为触犯了扰乱法庭秩序罪和打击报复证人罪。

资料来源：2004 年国家司法考试试卷二选择题第 83 题。

九、窝藏、包庇罪

（一）概念

窝藏、包庇罪，是指明知是犯罪的人而为其提供隐藏处所、财物，帮助其逃匿或者作假证明包庇的行为。

（二）构成要素

1. 客观的构成要素。

（1）行为对象。本罪的行为对象是犯罪的人。这里所谓的"犯罪的人"，是指已经实施了犯罪行为、正受追查或者正在逃匿的人，既包括已决犯，也包括未决犯。

（2）行为。①"窝藏行为"，即隐匿犯罪人或帮助其逃匿，主要有以下三种情形：一是提供隐藏处所，通常表现为将犯罪人留宿于家中，也包括为犯罪人包用客房、借赁房屋、介绍至亲友处隐藏；二是提供财物，资助或协助犯罪人逃匿，如提供路费、宿费或给隐藏起来的犯罪分子送水、送饭等；三是帮助其逃匿，主要是指提供其他便利条件帮助逃匿，如为犯罪分子带路、指示逃匿的方向、路线、地点，提供交通便利等。②"包庇行为"，即作假证明包庇，是指非以证人的身份向司法机关提供虚假的证言、物证为犯罪分子掩盖罪行或者开脱、减轻罪责，如提供虚假的出生证明或"替人顶罪"的情形。另外，还包括《刑法》第362条规定之"通风报信"行为。

2. 主观的构成要素。本罪是故意犯罪，即明知对方是犯罪的人而予以窝藏、包庇，使其逃避法律制裁。明知对方是犯罪的人，包括知道对方是被司法机关采取了强制措施或者正在被司法机关通缉、抓捕的犯罪嫌疑人、刑事被告人；知道对方是正在服刑的罪犯；知道对方已实施了犯罪行为，需要躲避司法机关的调查、处理。不知对方是犯罪的人，或者虽然知道对方是犯罪的人，但无使其逃避法律制裁或司法机关追究的目的，不能构成本罪。需要研究的问题是，行为人认识到什么内容和程度，就能认定为"明知是犯罪的人"？本书认为，不可能要求行为人达到法官、法律专家那么精确的认识程度。通常认识到是"逃犯"就可以了。"逃犯"按常人理解，可包括三种情形：①已决的"逃犯"，比如从监狱中脱逃的犯人；②"犯事"后正在被公安司法机关追查的人；③"犯事"后为逃避刑事侦查而掩盖犯罪事实、毁灭证据的人。行为人"事先"有此认识就可以认定明知是犯罪的人。另外，关于"事后"的印证，司法机关认定该人有犯罪嫌疑或者判决有罪。如果事后司法机关经调查审理澄清了该人不构成犯罪，则行为人自无构成窝藏、包庇罪的道理。

（三）认定

1. 本罪与知情不举的区别。知情不举是指明知是犯罪分子而不检举告发的行为。它与窝藏、包庇罪的区别在于其主观上没有使犯罪分子逃避法律制裁的目的，客观上没有实施窝藏、包庇的行为。知情不举不构成本罪。明知是犯罪的人而有一般交往，无窝藏、包庇意图的，应属于知情不举。但是，明知他人有间谍犯罪行为，在国家安全机关向其调查有关情况、收集有关证据时，拒绝提供的，可以构成《刑法》第311条之拒绝提供间谍犯罪证据罪。

2. 本罪与伪证罪的界限。作假证明包庇的行为与伪证行为相似，它们的区别是：①行为主体不同，包庇罪的主体是一般主体；伪证罪的主体是特殊主体，只限于证人、鉴定人、记录人、翻译人；②犯罪时间不同，包庇罪可以在刑事诉讼过程中实施，也可以在此之前实施；而伪证罪只能在刑事诉讼过程中实施。因此，特定的主体在刑事诉讼中作伪证以包庇犯罪分子的，是伪证罪；其他人在刑事诉讼之前或之中提供假证明包庇犯罪分子的，是包庇罪。

3. 本罪与帮助毁灭、伪造证据罪的区别。包庇罪的作假证明包庇犯罪分子行为与帮助毁灭、伪造证据罪的伪造证据行为极其相似。二者的主要差别是发生的场合和行为对象不同，包庇罪的作假证明行为限于为刑事案件中的犯罪分子作假证明；而帮助毁灭、伪造证据罪的伪造证据行为，可以是在任何诉讼案件（刑事、非刑事）中伪造任何证据（包括伪造假证明）。作假证明实际上是伪造证据的情况之一。鉴于包庇罪是较为特殊、具体的规定，对以作假证明的方式包庇犯罪分子的，应以包庇罪定罪处罚。另外，帮助当事人毁灭罪证、湮灭罪迹的行为，应属于帮助毁灭、伪造证据罪的行为之一，对这种行为应以帮助毁灭、伪造证据罪论处，不宜再以包庇罪论处。

4. 本罪与共同犯罪的区别。事先未与被窝藏、包庇的犯罪分子通谋，而在事后予以窝藏、包庇的，是窝藏、包庇罪。如果"事先通谋的"，应以共同犯罪论处。"事前通谋"，指行为人与被窝藏、包庇的犯罪分子，在犯罪活动之前，就谋划或合谋，答应犯罪分子作案后给以窝藏或者包庇的，这和《刑法》总则规定共犯的主客观要件是一致的。例如，犯罪分子在犯罪之前，与行为人进行策划，行为人分工承担窝藏或答应在追究刑事责任时提供虚假证明来掩盖罪行等。因此，如果只是知道作案人员要去实施犯罪，事后予以窝藏、包庇或者事先知道作案人员要去实施犯罪，未去报案，犯罪发生后又窝藏、包庇犯罪分子的，都不应以共同犯罪论处而单独构成窝藏、包庇罪。

5. 与其他具有包庇动机或包庇性质的犯罪的界限。《刑法》中除包庇罪外，还有其他一些犯罪具有包庇动机或性质。例如，窝藏赃物罪，掩饰、隐瞒犯罪所得、犯罪所得收益罪，窝藏毒品、毒赃罪，直接包庇"物"，间接包庇人，从动机上讲，往往出于包庇动机。此外，还有《刑法》第294条第3款"包庇、纵容黑社会性质组织罪"，第305条"伪证罪"，第306条"辩护人、诉讼代理人毁灭证据、伪造证据、妨害作证罪"，第307条第1款"妨害作证罪"，第307条第2款"帮助毁灭、伪造证据罪"，第308条"打击报复证人罪"，第309条"扰乱法庭秩序罪"，第311条"拒绝提供间谍犯罪证据罪"，第349条"包庇毒品犯罪分子罪"，第399条第1款"徇私枉法罪"，第400条第1款"私放在押人员罪"，第401条"徇私舞弊减刑、假释、暂予监外执行罪"，第402条"徇私舞弊不移交刑事案件罪"，第411条"放纵走私罪"，第416条第2款"阻碍解救被拐卖、绑架妇女、儿童罪"，第417条"帮助犯罪分子逃避处罚罪"等。因此对包庇罪之"包庇"应作狭义理解，遇有专门规定的适用专门规定。

6. 关于包庇罪的特别规定。《刑法》第362条规定，旅馆业、饮食服务业、文化娱乐业、出租汽车业等单位的人员，在公安机关查处卖淫、嫖娼活动时，为违法犯罪分子通风报信，情节严重的，依照《刑法》第310条的规定定罪处罚，即按包庇罪定罪处罚。这种特殊包庇罪的构成要素如下：

（1）客观的构成要素。①行为主体是旅馆业、饮食服务业、文化娱乐业、出租汽车业等单位的人员，包括在上述单位工作或者受雇用的一切人员，如负责人、正式职工、临时工。②行为是在公安机关查处卖淫、嫖娼活动时，为违法犯罪分子通风报信。所谓"通风报信"，是指将公安机关查处卖淫、嫖娼的部署、行动地点、时间、对象及其他有关消息告知违法犯罪人员；或者为违法犯罪分子放哨、望风，在发现前来查处的公安人员时，立即向违法犯罪分子通报情况，使其躲避。以通风报信方式包庇的行为对象是从事卖淫、嫖娼的违法犯罪分子，既包括组织、强迫、引诱、容留、介绍卖淫的犯罪分子、传播性病的犯罪分子，也包括从事卖淫嫖娼的违法人员。根据《刑法》规定，这种行为必须情节严重才构成包庇罪。所谓"情节严重"，一般是指一贯或者多次通风报信的；致使大量违法犯罪分子躲避查处的；致使公安机关重大查处行动失败的；公安人员利用职务之便通风报信的；等等。

（2）主观的构成要素。主观上系故意，且具有使卖淫嫖娼人员逃避查处的目的。

（四）处罚

《刑法》第310条规定，犯本罪的，处3年以下有期徒刑、拘役或者管制；情节严重的，处3年以上10年以下有期徒刑。

十、拒绝提供间谍犯罪、恐怖主义犯罪、极端主义犯罪证据罪

（一）概念

拒绝提供间谍犯罪、恐怖主义犯罪、极端主义犯罪证据罪，是指明知他人有间谍犯罪或者恐怖主义、极端主义犯罪行为，在司法机关向其调查有关情况、收集有关证据时，拒绝提供，情节严重的行为。

（二）构成要素

1. 客观的构成要素。

（1）行为主体。本罪行为主体是特殊主体，即明知他人有间谍犯罪行为的自然人。

（2）行为。本罪的行为特点是不作为犯，表现为在司法机关向其调查有关情况、收集有关证据时，拒绝提供的行为。所谓"有关情况、有关证据"，是指：①指有关他人间谍犯罪或者恐怖主义、极端主义犯罪行为的情况、证据；②指行为人知道的情况或掌握的证据。拒绝提供是以受到司法机关的调查、取证为前提的，没有受到司法机关的调查、取证，仅仅是知情不举的，不属于拒绝提供。拒绝向司法机关以外的人员提供的；或者拒绝提供与间谍犯罪或者恐怖主义、极端主义犯罪行为无关的情况、证据的；或者拒绝提供本人间谍犯罪或者恐怖主义、极端主义犯罪行为的情况、证据的；或者不能提供不知道或者不掌握的情况、证据的，均不属于本罪的拒绝提供行为。

2. 主观的构成要素。本罪是故意犯罪，即明知自己拒绝提供的行为会妨害司法机关查处间谍犯罪或者恐怖主义、极端主义犯罪的活动，而希望或者放任这种结果发生。另外，根据《刑法》的规定，成立本罪在主观方面还必须具有两种特别的认识因素：①明知他人有间谍犯罪或者恐怖主义、极端主义犯罪行为。所谓"间谍犯罪行为"，狭义理解是指《刑法》第110条所规定之犯罪行为，广义理解是指原《国家安全法》第4条和原《国家安全法实施细则》第8条所列举的危害国家安全的犯罪行为。2014年11月1日发布的《反间谍法》第38条对"间谍行为"作出了界定。恐怖主义犯罪、极端主义犯罪，是指《刑法》第120条、第120条之一至第120条之六规定的犯罪。"明知"是指知道他人有间谍犯罪或者恐怖主义、极端主义犯罪行为的事实及其性质。根据原《国家安全法实施细则》第24条规定和《反间谍法》的精神，有证据证明知道他人有间谍犯罪或者恐怖主义、极端主义犯罪行为，或者经司法机关明确告知他人有间谍犯罪或者恐怖主义、极端主义犯罪行为，就认为是明知。②明知是司法机关向其调查情况、收集证据。未被明确告知身份和调查意向，因而拒绝提供的，不构成犯罪。

（三）处罚

《刑法》第311条规定，犯本罪的，处3年以下有期徒刑、拘役或者管制。

十一、掩饰、隐瞒犯罪所得、犯罪所得收益罪

（一）概念

掩饰、隐瞒犯罪所得、犯罪所得收益罪，是指明知是犯罪所得及其产生的收益而予以窝藏、转移、收购、代为销售或者以其他方法掩饰、隐瞒的行为。

（二）构成要素

1. 客观的构成要素。

（1）行为对象是他人"犯罪所得及其产生的收益"。所谓"犯罪所得"，指通过犯罪行为直接获取的财物及财产性利益，其中包括：①通过实施盗窃、诈骗、抢夺、抢劫、敲诈勒索、侵占等侵犯财产的犯罪获得的财物，即狭义的赃物；②通过实施其他犯罪获得的不法财产，例如，通过生产、销售伪劣商品、侵犯著作权获取的不法收入，通过受雇杀人、伤害获得的佣金，等等。犯罪所得不仅包括财物，还包括财产性利益，如通过犯罪行为强占的承包经营权、公司、企业的股权、租赁权、矿山开采权、土地开发权等。"犯罪所得产生的收益"，指上游犯罪的行为人对犯罪所得进行处理后得到的孳息、租金等财产和财产性利益。

（2）行为。本罪的行为包括以下五种：①窝藏，即将犯罪所得及其产生的收益放置于一定的场所隐藏、保管。②转移，是指在他人犯罪既遂后，将犯罪所得及其产生的收益由一个地方搬运到另一个地方。不包括通过金融机构以转账方式将赃款转移，这种转移赃款的方式是一种洗钱行为。③收购，是指从各处或者不特定人手中购买犯罪所得及其产生的收益。收购通常表现为大量购买赃物或重复购买某一类赃物，用途可能有两种：转卖渔利或者自用。

在收购赃物自用的场合，通常是用于生产经营的用途，如收购钢材作原料、收购一次性餐具供自己经营的饭店使用等，或者购买价值巨大的赃物自用，如汽车。④代为销售，是指帮助或者代理犯罪分子销售犯罪所得及其产生的收益。代为销售与收购不同，代为销售事先并不支付对价钱财，未取得对犯罪所得及其产生的收益的"所有"。以代为销售的方式犯本罪的，应以销出犯罪所得及其产生的收益为既遂。在以收购方式犯本罪的场合，则不问是否有销售行为，也不问是否销出，只要收购行为完成，即构成既遂。⑤以其他方法掩饰、隐瞒犯罪所得及其产生的收益。窝藏、转移、收购、代为销售以外的方法，例如，居间介绍买卖，收受，持有，使用，加工，提供资金账户，协助将财物转换为现金、金融票据、有价证券，协助将资金转移、汇往境外，等等。本罪的掩饰，指行为人主动设法遮盖犯罪所得及其产生的收益；本罪的隐瞒，指当司法机关调查有关财产及其性质和来源时，行为人尽管知情却有意掩盖犯罪所得及其产生的收益。行为人具有窝藏、转移、收购、代为销售行为之一，或者具有以其他方法掩饰、隐瞒犯罪所得及其产生的收益的行为，即认为具有本罪行为。

2. 主观的构成要素。本罪是故意犯罪，即明知是犯罪所得及其产生的收益而予以窝藏、转移、收购、代为销售或者以其他方法掩饰、隐瞒。可以在行为前明知，也可以在行为过程中明知。认定明知，不能仅凭行为人口供，应根据案件的客观事实予以分析。只要证明行为人知道或者应当知道是犯罪所得及其产生的收益，就可以认定。如果行为人确实不知道是犯罪所得及其产生的收益，不具有本罪的故意。

（三）认定

1. 定罪起点标准。2015 年 5 月 29 日（2021 年 4 月 7 日修改）《最高人民法院关于审理掩饰、隐瞒犯罪所得、犯罪所得收益刑事案件适用法律若干问题的解释》（以下简称《审理掩饰、隐瞒犯罪所得、犯罪所得收益刑事案件的解释》）第 1 条规定：知是犯罪所得及其产生的收益而予以窝藏、转移、收购、代为销售或者以其他方法掩饰、隐瞒，具有下列情形之一的，应当依照《刑法》第 312 条第 1 款的规定，以掩饰、隐瞒犯罪所得、犯罪所得收益罪定罪处罚：①1 年内曾因掩饰、隐瞒犯罪所得及其产生的收益行为受过行政处罚，又实施掩饰、隐瞒犯罪所得及其产生的收益行为的；②掩饰、隐瞒的犯罪所得系电力设备、交通设施、广播电视设施、公用电信设施、军事设施或者救灾、抢险、防汛、优抚、扶贫、移民、救济款物的；③掩饰、隐瞒行为致使上游犯罪无法及时查处，并造成公私财物损失无法挽回的；④实施其他掩饰、隐瞒犯罪所得及其产生的收益行为，妨害司法机关对上游犯罪进行追究的。人民法院审理掩饰、隐瞒犯罪所得、犯罪所得收益刑事案件，应综合考虑上游犯罪的性质、掩饰、隐瞒犯罪所得及其收益的情节、后果及社会危害程度等，依法定罪处罚。司法解释对掩饰、隐瞒涉及计算机信息系统数据、计算机信息系统控制权的犯罪所得及其产生的收益行为构成犯罪已有规定的，审理此类案件依照该规定。

依照《全国人民代表大会常务委员会关于〈中华人民共和国刑法〉第三百四十一条、第三百一十二条的解释》的规定，明知是非法狩猎的野生动物而收购，数量达到 50 只以上的，以掩饰、隐瞒犯罪所得罪定罪处罚。

数额计算，应当以实施掩饰、隐瞒行为时为准。收购或者代为销售财物的价格高于其实际价值的，以收购或者代为销售的价格计算。多次实施掩饰、隐瞒犯罪所得及其产生的收益行为，未经行政处罚，依法应当追诉的，犯罪所得、犯罪所得收益的数额应当累计计算。

2. 明知是盗窃、抢劫、诈骗、抢夺的机动车，实施下列行为之一的，依照《刑法》第312 条的规定，以掩饰、隐瞒犯罪所得、犯罪所得收益罪定罪：①买卖、介绍买卖、典当、拍卖、抵押或者用其抵债的；②拆解、拼装或者组装的；③修改发动机号、车辆识别代号的；

④更改车身颜色或者车辆外形的；⑤提供或者出售机动车来历凭证、整车合格证、号牌以及有关机动车的其他证明和凭证的；⑥提供或者出售伪造、变造的机动车来历凭证、整车合格证、号牌以及有关机动车的其他证明和凭证的。行为人实施上述行为，涉及的机动车有下列情形之一的，应当认定行为人主观上属于"明知"：①没有合法有效的来历凭证；②发动机号、车辆识别代号有明显更改痕迹，没有合法证明的。[1]

3. 明知是赃车而购买，以本罪定罪处罚。单位的主管人员或者其他直接责任人员明知是赃车购买的，以本罪定罪处罚。明知是赃车而介绍买卖的，以本罪的共犯论处。"明知"，是指知道或者应当知道，有下列情形之一的，可视为应当知道，但有证据证明确属被蒙骗的除外：①在非法的机动车交易场所和销售单位购买的；②机动车证件手续不全或者明显违反规定的；③机动车发动机号或者车架号有更改痕迹，没有合法证明的；④以明显低于市场价格购买机动车的。[2]

4. 本罪与共同犯罪的区别。本罪是在他人犯罪获取犯罪所得及其产生的收益之后实施的。如果是事先有通谋，事后为其他犯罪人窝藏、转移、收购、代为销售或者以其他方法掩饰、隐瞒犯罪所得及其产生的收益，应当以共同犯罪论处，不属本罪。[3]

5. 在其他条件相同的情况下，赃物罪一般轻于财产罪（本罪）。他人实行盗窃、诈骗、抢劫等侵犯财产罪所取得的财物，属于赃物。这类"侵犯财产"的犯罪，被称为"本罪"；与此相对，行为人为他人窝藏、转移、销售赃物的"赃物罪"，属于从罪或派生之罪或事后帮助行为。赃物罪通常轻于财产罪，这意味着，如果财产罪轻微到不构成犯罪的程度，那么，也不应当认为与该财产罪有关的赃物罪达到构成犯罪的程度。注意，这里所说的赃物罪一般轻于财产罪是在"其他条件相同"情况下说的。抛开这个前提条件比较是没有意义的。

6. 认定本罪，以上游犯罪事实成立为前提。上游犯罪尚未依法裁判，但查证属实的，不影响本罪的认定。上游犯罪事实经查证属实，但因行为人未达到刑事责任年龄等原因依法不予追究刑事责任的，不影响本罪的认定。

（四）处罚

《刑法》第312条规定，犯本罪的，处3年以下有期徒刑、拘役或者管制，并处或者单处罚金；情节严重的，处3年以上7年以下有期徒刑，并处罚金。单位犯本罪的，对单位判处罚金，并对直接负责的主管人员和其他直接负责人员，依照前述的规定处罚。

《审理掩饰、隐瞒犯罪所得、犯罪所得收益刑事案件的解释》第2条规定：掩饰、隐瞒犯罪所得及其产生的收益行为构成犯罪的，认罪、悔罪并退赃、退赔，且具有下列情形之一的，可以认定为犯罪情节轻微，免予刑事处罚：②具有法定从宽处罚情节的；②为近亲属掩饰、隐瞒犯罪所得及其产生的收益，且系初犯、偶犯的；③有其他情节轻微情形的。

根据《审理掩饰、隐瞒犯罪所得、犯罪所得收益刑事案件的解释》第3条的规定，掩饰、隐瞒犯罪所得及其产生的收益，具有下列情形之一的，应当认定为"情节严重"：①掩饰、隐瞒犯罪所得及其产生的收益价值总额达到10万元以上的；②掩饰、隐瞒犯罪所得及其产生的

---

[1] 2007年5月9日公布的《办理与盗窃、抢劫、诈骗、抢夺机动车相关刑事案件的解释》第1、6条。

[2] 1998年5月8日印发的《依法查处盗窃、抢劫机动车案件的规定》第17条。2007年5月11日施行的《办理与盗窃、抢劫、诈骗、抢夺机动车相关刑事案件的解释》第6条规定，有下列情形之一的，应当认定行为人主观上属于"明知"：①没有合法有效的来历凭证；②发动机号、车辆识别代号有明显更改痕迹，没有合法证明的。

[3] 2007年1月15日公布的《最高人民法院、最高人民检察院关于办理盗窃油气、破坏油气设备等刑事案件具体应用法律若干问题的解释》第5条；2007年5月9日公布的《办理与盗窃、抢劫、诈骗、抢夺机动车相关刑事案件的解释》第4条。

收益 10 次以上，或者 3 次以上且价值总额达到 5 万元以上的；③掩饰、隐瞒的犯罪所得系电力设备、交通设施、广播电视设施、公用电信设施、军事设施或者救灾、抢险、防汛、优抚、扶贫、移民、救济款物，价值总额达到 5 万元以上的；④掩饰、隐瞒行为致使上游犯罪无法及时查处，并造成公私财物重大损失无法挽回或其他严重后果的；⑤实施其他掩饰、隐瞒犯罪所得及其产生的收益行为，严重妨害司法机关对上游犯罪予以追究的。

十二、拒不执行判决、裁定罪

（一）概念

拒不执行判决、裁定罪，是指对人民法院的判决、裁定有能力执行而拒不执行，情节严重的行为。

（二）构成要素

1. 客观的构成要素。

（1）特殊主体，根据 2015 年 7 月 20 日发布的《最高人民法院关于审理拒不执行判决、裁定刑事案件适用法律若干问题的解释》第 1 条的规定，指被执行人、协助执行义务人、担保人等负有执行义务的人。既包括自然人，也包括单位。没有执行义务人，不能独立成为本罪的主体。

（2）行为对象。本罪的行为对象是人民法院的判决、裁定。这里的人民法院的判决、裁定，根据 2002 年 8 月 29 日通过的《全国人民代表大会常务委员会关于〈中华人民共和国刑法〉第三百一十三条的解释》（以下简称《〈中华人民共和国刑法〉第三百一十三条的解释》）的规定，是指人民法院依法作出的具有执行内容并已发生法律效力的判决、裁定。人民法院为依法执行支付令、生效的调解书、仲裁裁决、公证债权文书等所作的裁定属于该条规定的裁定。根据司法解释，判决、裁定不包括人民法院的"调解书"，因此，拒不执行调解书的不成立本罪。

（3）行为。本罪的行为是对人民法院的判决、裁定有能力执行而拒不执行。因此，本罪的行为方式是不作为。

《刑法》第 313 条规定，必须情节严重才能构成犯罪。《〈中华人民共和国刑法〉第三百一十三条的解释》规定："下列情形属于刑法第三百一十三条规定的'有能力执行而拒不执行，情节严重'的情形：①被执行人隐藏、转移、故意毁损财产或者无偿转让财产、以明显不合理的低价转让财产，致使判决、裁定无法执行的；②担保人或者被执行人隐藏、转移、故意毁损或者转让已向人民法院提供担保的财产，致使判决、裁定无法执行的；③协助执行义务人接到人民法院协助执行通知书后，拒不协助执行，致使判决、裁定无法执行的；④被执行人、担保人、协助执行义务人与国家机关工作人员通谋，利用国家机关工作人员的职权妨害执行，致使判决、裁定无法执行的；⑤其他有能力执行而拒不执行，情节严重的情形。"

根据《最高人民法院关于审理拒不执行判决、裁定刑事案件适用法律若干问题的解释》第 2、3 条的规定，前述立法解释中规定的"其他有能力执行而拒不执行，情节严重的情形"，指下列情形之一：①具有拒绝报告或者虚假报告财产情况、违反人民法院限制高消费及有关消费令等拒不执行行为，经采取罚款或者拘留等强制措施后仍拒不执行的；②伪造、毁灭有关被执行人履行能力的重要证据，以暴力、威胁、贿买方法阻止他人作证或者指使、贿买、胁迫他人作伪证，妨碍人民法院查明被执行人财产情况，致使判决、裁定无法执行的；③拒不交付法律文书指定交付的财物、票证或者拒不迁出房屋、退出土地，致使判决、裁定无法执行的；④与他人串通，通过虚假诉讼、虚假仲裁、虚假和解等方式妨害执行，致使判决、裁定无法执行的；⑤以暴力、威胁方法阻碍执行人员进入执行现场或者聚众哄闹、冲击执行现场，致使执行工作无法进行的；⑥对执行人员进行侮辱、围攻、扣押、殴打，致使执行工作无法进行的；⑦毁损、抢夺执行案件材料、执行公务车辆和其他执行器械、执行人员服装以及执行公务证件，致使执行工作无法进行的；⑧拒不执行法院判决、裁定，致使债权人遭受重大损失的。申请执行人有证据证明同时具有下列情形，人民法院认为符合《刑事诉讼法》第210条第3项规定的，以自诉案件立案审理：①负有执行义务的人拒不执行判决、裁定，侵犯了申请执行人的人身、财产权利，应当依法追究刑事责任的；②申请执行人曾经提出控告，而公安机关或者人民检察院对负有执行义务的人不予追究刑事责任的。

根据《最高人民法院、最高人民检察院、公安部关于依法严肃查处拒不执行判决裁定和暴力抗拒法院执行犯罪行为有关问题的通知》第1条的规定，对下列拒不执行判决、裁定的行为，依照《刑法》第313条的规定，以拒不执行判决、裁定罪论处：①被执行人隐藏、转移、故意毁损财产或者无偿转让财产、以明显不合理的低价转让财产，致使判决、裁定无法执行的；②担保人或者被执行人隐藏、转移、故意毁损或者转让已向人民法院提供担保的财产，致使判决、裁定无法执行的；③协助执行义务人接到人民法院协助执行通知书后，拒不协助执行，致使判决、裁定无法执行的；④被执行人、担保人、协助执行义务人与国家机关工作人员通谋，利用国家机关工作人员的职权妨害执行，致使判决、裁定无法执行的；⑤其他有能力执行而拒不执行，情节严重的情形。

2. 主观的构成要素。本罪是故意犯罪，即明知对已生效的判决、裁定有义务、有能力履行，而拒不履行。

（三）认定

1. 本罪与妨害公务罪的界限。二者区别的要点是：本罪妨害的是法院执行判决、裁定的活动，而妨害公务罪妨害的是普通的公务活动；在行为方式上，根据立法解释对本罪"情节严重"的解释，本罪不包含暴力、威胁妨害执行的行为，而妨害公务罪通常情况下限于采用暴力、威胁手段。因此：①如果行为人以立法解释规定的方式拒不执行判决、裁定的，构成拒不执行判决、裁定罪。②如果执行判决、裁定的义务人以暴力、威胁方法抗拒司法警察的强制执行，构成妨害公务罪。其他人帮助实施暴力、威胁抗拒的，构成妨害公务罪的共犯。③如果执行判决、裁定的义务人明显分别有①、②两种行为且都单独达到犯罪程度，构成两罪，数罪并罚。根据《依法严肃查处拒不执行判决、裁定和暴力抗拒法院执行犯罪行为的通知》第2条的规定，对下列暴力抗拒执行的行为，依照《刑法》第277条的规定，以妨害公务罪论处：①聚众哄闹、冲击执行现场，围困、扣押、殴打执行人员，致使执行工作无法进行的；②毁损、抢夺执行案件材料、执行公务车辆和其他执行器械、执行人员服装以及执行公务证件，造成严重后果的；③其他以暴力、威胁方法妨害或者抗拒执行，致使执行工作无法进行的。

2. 共犯。①其他人与被执行人共同实施拒不执行判决、裁定的行为，情节严重的，以拒不执行判决、裁定罪的共犯依法追究刑事责任。②国家机关工作人员与被执行人等通谋，利用职务便利妨碍执行并导致判决裁定无法执行的，以本罪的共犯追究刑事责任。[1]

3. 数罪及其处罚。①暴力抗拒人民法院执行判决、裁定，杀害、重伤执行人员的，依照《刑法》第232条、第234条第2款的规定以故意杀人罪或者故意伤害罪定罪处罚。②国家机关工作人员收受贿赂或者滥用职权，与被执行人等通谋，利用职务便利妨碍执行并导致判决

---

〔1〕 2002年8月29日通过的《〈中华人民共和国刑法〉第三百一十三条的解释》。

裁定无法执行，同时又构成受贿罪、滥用职权罪的，择一重罪处罚。[1]

（四）处罚

《刑法》第313条规定，犯本罪的，处3年以下有期徒刑、拘役或者罚金；情节特别严重的，处3年以上7年以下有期徒刑，并处罚金。单位犯本罪的，对单位判处罚金，并对其直接负责的主管人员和其他直接责任人员，依照前述的规定处罚。

十三、非法处置查封、扣押、冻结的财产罪

非法处置查封、扣押、冻结的财产罪，是指隐藏、转移、变卖、故意毁损已被司法机关查封、扣押、冻结的财产，情节严重的行为。

本罪的行为对象是已被司法机关查封、扣押、冻结的财产。"查封"，是指司法机关对需要采取财产保全措施的财物清点后，加贴封条，就地封存或移地封存；"扣押"，是指司法机关将需要采取保全措施的财物就地扣留或送到一定的场所予以扣留；"冻结"，指司法机关通知有关金融机构，不准被申请人提取或者处分其存款。这里的查封、扣押、冻结，均特指司法机关作出的查封、扣押、冻结，不包括工商、税务、海关等行政执法机关所作的查封、扣押、冻结。例如，甲公司因涉案被诉，其所有的G大厦内逾百套住宅、商铺先后被法院查封。甲公司在查封未被解除的情况下，擅自将上述楼房公开发售，并售出了大部分房屋。在出售时，未告知购房者查封的事实。甲公司开发商的出售行为属于"变卖"，且已出售的楼房数量巨大，符合非法处置查封、扣押、冻结的财产罪的客观构成要素。如果行为人隐藏、转移、变卖、毁损尚未被查封、扣押、冻结的财产的，不构成本罪。

在人民法院发出执行通知以后，行为人以隐藏、转移、变卖、毁损已经被司法机关查封、扣押、冻结的财产的方法，对抗判决、裁定执行的，属于牵连犯，只需以拒不执行判决、裁定罪一罪处罚。如果是在判决、裁定生效之前就实施了妨害已被查封、扣押、冻结的财产的行为，导致判决、裁定执行困难或无法执行的，应以本罪论处。

《刑法》第314条规定，犯本罪的，处3年以下有期徒刑、拘役或者罚金。

案例25-11：龙永刚把法院大门铁锁撬开，将其因未履行民事调解书确定的偿还借款义务而被法院扣押的汽车偷偷开走，进行藏匿。并给法院打来电话，称汽车被他开走，但拒不交代汽车的下落。后被告人龙永刚被公安机关抓获，被盗汽车被追回，经鉴定汽车价值52480元。法院认为，被告人行为已构成非法处置扣押的财产罪，判处有期徒刑3年。

资料来源：《人民法院案例选（总第37辑)》，人民法院出版社2002年版，第69页。

十四、破坏监管秩序罪

（一）概念

破坏监管秩序罪，是指依法被关押的罪犯，有法定破坏监管秩序的情形之一，情节严重的行为。

（二）构成要素

1. 客观的构成要素。

（1）行为主体。行为主体是特殊主体，限于依法被关押的罪犯。这里的"罪犯"，是指被法院宣告有罪判处刑罚，正在被执行剥夺自由刑的犯罪分子，即正在被关押服刑的已决犯，包括在看守所服刑余刑在1年以下的罪犯和在监狱服刑的罪犯，不包括已被逮捕关押但尚未

被定罪判刑的未决犯（犯罪嫌疑人、刑事被告人），也不包括未被关押的已决犯。

（2）行为。本罪的行为，包括以下四种情形：①殴打监管人员的；②组织其他被监管人破坏监管秩序的；③聚众闹事，扰乱正常监管秩序的；④殴打、体罚或者指使他人殴打、体罚其他被监管人的。《刑法》第315条规定，有破坏监管秩序的行为之一，情节严重的才能构成犯罪。所谓"情节严重"，一般是指多次破坏监管秩序，受过警告、记过或者禁闭处分后仍不悔改的；组织其他被监管人或者聚众闹事，造成较为严重后果的；殴打监管人员或者其他被监管人员造成轻伤或轻微伤的；殴打监管人员影响恶劣的；殴打、体罚其他被监管人员引起自杀、精神失常等严重后果的；等等。

2. 主观的构成要素。本罪是故意犯罪，即明知是破坏监管秩序的行为而有意实施。

（三）认定

本罪与故意伤害罪的区别：本罪对主体和对象均有严格限制，而故意伤害罪没有限制。因此，狱中犯人殴打监管人员，殴打、体罚或者指使他人殴打、体罚其他被监管人员，情节严重的，通常认定为本罪，不认定为故意伤害罪或故意伤害罪的共犯（教唆犯）。本罪与伤害罪的实质区别是：本罪不以造成轻伤以上结果为构成要件。如果殴打他人造成轻伤以上结果，其同时触犯了故意伤害罪，应从一重罪处罚。

（四）处罚

《刑法》第315条规定，犯本罪的，处3年以下有期徒刑。

十五、脱逃罪

（一）概念

脱逃罪，是指依法被关押的罪犯、被告人、犯罪嫌疑人从羁押、刑罚执行场所或者押解途中逃走的行为。

（二）构成要素

1. 客观的构成要素。

（1）行为主体是特殊主体，即限于依法被关押的罪犯、被告人、犯罪嫌疑人。包括已经拘留、逮捕而尚未判决的未决犯和已被判处拘役以上剥夺自由刑罚，正在监狱等服刑的已决犯。因错捕、错判而被关押的无辜者，不属于依法关押的罪犯，不是本罪的主体；被劳动教养或者行政拘留的人，不是罪犯，不属于本罪的主体；被司法机关采取拘传、取保候审、监视居住等强制措施的犯罪嫌疑人、刑事被告人，和被判处管制、判处拘役、徒刑宣告缓刑的罪犯以及被假释的罪犯，由于他们不在被关押的状态，不是本罪的主体。

（2）本罪的行为是从关押场所或者押解途中脱逃。关押场所主要是指看守所和监狱。被依法逮捕、关押之后于押解途中脱逃的，也构成本罪。从关押场所或者押解途中逃走的方式是多种多样的，通常是乘机秘密逃走，也有破门窗、毁械具逃跑的，或者对看守人员施以暴力或威胁逃跑。多数是单独实施逃跑，也有结伙逃跑，使用何种方式脱逃，一般不影响犯罪的成立。在使用暴力逃跑的场合，重伤或者杀害看管人员或者进行其他严重破坏活动的，应按牵连犯的处理原则，择一重罪处断。使用暴力脱逃，应以未达暴动程度为限。在多人共同脱逃的场合，以未达到有组织的程度为限。

2. 主观的构成要素。本罪是故意犯罪，且脱逃的目的是逃避羁押和刑罚的执行。如果罪犯因有私事而私自脱离刑罚执行场所，事后又主动回归的，或者经批准回家后，逾期返回监所的，因其不具备脱逃的故意和逃避羁押、服刑的目的，因而不构成犯罪。

（三）认定

正确区分本罪的既遂与未遂。一般以脱逃行为达到逃离关押场所、摆脱监管人员的控制为既遂。虽逃出关押场所，但未出看守人员直接监视控制范围，即被抓回的；或者虽然挣脱了械具，逃出了囚车，但当场被押解人抓住的，应认为尚未摆脱监管人员的直接控制范围，以未遂论。

（四）处罚

《刑法》第 316 条第 1 款规定，犯本罪的，处 5 年以下有期徒刑或者拘役。

十六、劫夺被押解人员罪

劫夺被押解人员罪，是指其他人以夺走、纵放被押解人员为目的，使用暴力、胁迫或者其他方法劫夺押解途中的罪犯、被告人、犯罪嫌疑人的行为。

所谓"劫夺"，是指以暴力、胁迫或其他方法使被押解人脱离押解人控制的行为。既包括以暴力、胁迫的方法强行夺取、纵放，也包括以麻醉押解人的方法违背押解人的意志使被押解人脱离控制的行为。劫夺行为的对象是押解途中的罪犯、被告人、犯罪嫌疑人。"押解途中"是指自押出监狱、看守所等关押场所时起至押入监狱、看守所等关押场所时止的全过程。押于法院受审、候审和押至检察院提审的，也属于押解途中。劫夺监狱、看守所等关押场所的罪犯、被告人、犯罪嫌疑人，不构成本罪。如果采取聚众方式的，可构成聚众持械劫狱罪；如果没有采取聚众方式的，判例有认定为窝藏罪（帮助罪犯逃避处罚）；如果利用职务上便利的，可构成私放在押人员罪；但通常不认定为构成脱逃罪的共犯（帮助犯）。这里的被告人，应限于刑事被告人。

本罪与妨害公务罪的界限。押解人犯从广义上讲也属于一种公务活动，因此，劫夺被押解人，也有妨害公务的性质。二者的主要区别是目的不同，本罪必须具有劫夺人犯的目的；而妨碍公务罪不具有此目的。如果行为人不具有劫夺被押解人的意图，仅以暴力、威胁的方法妨碍押解工作的，不构成本罪，可以构成妨害公务罪。

行为人因使用暴力方法劫夺被押解人员，致押解人伤亡的，应按想象竞合犯择一重罪处罚；预谋杀害押解人员后劫夺被押解人员或者劫夺被押解人员后为灭口又杀害押解人员的，应实行数罪并罚。

《刑法》第 316 条第 2 款规定，犯本罪的，处 3 年以上 7 年以下有期徒刑；情节严重的，处 7 年以上有期徒刑。

十七、组织越狱罪

组织越狱罪，是指依法被关押的犯罪嫌疑人、被告人、罪犯，在为首分子的组织、策划、指挥下，有组织、有计划地以非暴动的方式越狱逃跑的行为。

本罪的行为具体包括以下要点：①有组织、有计划性，即在首要分子组织、策划下，在押的犯罪分子进行周密准备和分工，选择一定的方法、手段、时机，从关押场所逃跑。②聚众性，即参加的人数较多，至少 3 人以上。虽有较为周密的计划，但人数不足 3 人的，不能认为是组织越狱；较多的人共同逃跑但无组织性的，亦不属于组织越狱。③非暴动性，组织越狱行为不包括有计划地集体使用暴力的方式进行越狱，但不排除使用轻微的暴力或者个别人员非有计划地使用暴力。所谓"越狱"，是指逃离监狱、看守所等国家设立的刑罚执行场所或者关押犯罪嫌疑人、刑事被告人的场所，包括自押解途中逃离。

《刑法》第 317 条第 1 款规定，犯本罪的，对首要分子和积极参加者，处 5 年以上有期徒刑；对其他参加的，处 5 年以下有期徒刑或者拘役。

十八、暴动越狱罪

暴动越狱罪，是指依法被关押的犯罪嫌疑人、被告人、罪犯，以有组织或者聚众的形式集体使用暴力手段强行越狱的行为。

本罪的行为具体包括以下要点：①聚众性，即较多的人共同实行越狱行为。暴动越狱通常具有一定的组织形式，在这个意义上讲，暴动越狱是组织越狱的严重形式。但是，暴动越狱不要求必须采取有组织的形式，较多的人临时纠集在一起共同实行暴力越狱行为，亦可构成本罪。②暴动性，即共同采取暴力行动。仅有个别人使用暴力，对于配置武装人员警戒的监所来说，尚不足以构成对其安全的严重威胁，不能称为暴动。③强行越狱，即以共同的暴力行动，排除监管人员的控制，逃离关押场所。

本罪与组织越狱罪的区别要点是：构成本罪必须采取共同的暴力行为，而组织越狱罪的构成要件则排斥共同的暴力行为。如果组织越狱并且共同使用了暴力手段的，即具有暴动性的，则构成暴动越狱罪。

在暴动越狱的过程中致人重伤、死亡的，仍只需以本罪一罪论处。

《刑法》第 317 条第 2 款规定，犯本罪的，对首要分子和积极参加的，处 10 年以上有期徒刑或者无期徒刑；情节特别严重的，处死刑；对其他参加的，处 3 年以上 10 年以下有期徒刑。

十九、聚众持械劫狱罪

聚众持械劫狱罪，是指狱外的人聚众持械劫夺被依法关押在狱中的被监管人的行为。

本罪的行为具体包括以下要点：①聚众性，即纠集了较多的人；②持械，即持有武器或其他具有杀伤、破坏作用的器械，如刀、匕首、棍棒、铁锹等；③以暴力方式劫夺狱中犯人，如攻占监狱、劫走犯人或者冲进监狱夺走犯人。本罪的行为对象必须是被依法关押于监狱、看守所等国家设立的刑罚执行机构或者羁押场所的罪犯、被告人、犯罪嫌疑人，劫夺押解途中的罪犯、被告人、犯罪嫌疑人，不构成本罪。

《刑法》第 317 条第 2 款规定，犯本罪的，对首要分子和积极参加的，处 10 年以上有期徒刑或者无期徒刑；情节特别严重的，处死刑；其他参加的，处 3 年以上 10 年以下有期徒刑。

第三节 妨害国（边）境管理罪

一、组织他人偷越国（边）境罪

组织他人偷越国（边）境罪，是指组织他人偷越国（边）境的行为。根据 2012 年 12 月 12 日发布的《最高人民法院、最高人民检察院关于办理妨害国（边）境管理刑事案件应用法律若干问题的解释》（以下简称《办理妨害国边境刑案解释》）第 1 条第 1 款的规定，是指领导、策划、指挥他人偷越国（边）境或者在首要分子指挥下，实施拉拢、引诱、介绍他人偷越国（边）境等行为。"偷越"，是指不具备合法出入境资格而出入境，侵犯我国国（边）境管理秩序的行为。根据《办理妨害国边境刑案解释》第 6 条的规定，"偷越国（边）境"行为是指下列情形之一：①没有出入境证件出入国（边）境或者逃避接受边防检查的；②使用伪造、变造、无效的出入境证件出入国（边）境的；③使用他人出入境证件出入国（边）境的；④使用以虚假的出入境事由、隐瞒真实身份、冒用他人身份证件等方式骗取的出入境证件出入国（边）境的；⑤采用其他方式非法出入国（边）境的。

犯本罪，对被组织人有杀害、伤害、强奸、拐卖等犯罪行为，或者对检查人员有杀害、伤害等犯罪行为的，依照数罪并罚的规定处罚。

《刑法》第 318 条第 1 款规定，犯本罪的，处 2 年以上 7 年以下有期徒刑，并处罚金；有下列情形之一的，处 7 年以上有期徒刑或者无期徒刑，并处罚金或者没收财产：①组织他人偷越国（边）境集团的首要分子；②多次组织他人偷越国（边）境或者组织他人偷越国（边）境人数众多的；③造成被组织人重伤、死亡的；④剥夺或者限制被组织人人身自由的；⑤以暴力、威胁方法抗拒检查的；⑥违法所得数额巨大的；⑦有其他特别严重情节的。

二、骗取出境证件罪

骗取出境证件罪，是指以劳务输出、经贸往来或者其他名义，弄虚作假，骗取护照、签证等出境证件，为组织他人偷越国（边）境使用的行为。

"弄虚作假"，指为组织他人偷越国（边）境，编造出境事由、身份信息或者相关的境外关系证明的。"出境证件"，包括护照或者代替护照使用的国际旅行证件，中华人民共和国海员证、中华人民共和国出入境通行证、中华人民共和国旅行证，中国公民往来香港、澳门、台湾地区证件，边境地区出入境通行证，签证、签注，出国（境）证明、名单，以及其他出境时需要查验的资料。

本罪是故意犯罪，并具有为组织他人偷越国（边）境使用的目的。不具有该种目的，不构成本罪。至于目的是否实现，不影响本罪成立。为单个人偷越国（边）境骗取出境证件的，不构成本罪。行为人为了自己偷越国（边）境而骗取出境证件的，不构成犯罪。

本罪骗取出境证件的目的是"为组织他人偷越国（边）境使用"，与组织偷越有关联。通常是组织者以外的人，尤其是有办理出境证件业务的单位、个人（如旅行社、出国留学中介机构、国家机关等）为组织者骗取，而本人却不是组织者或没有组织偷越的行为。如果是组织者本人骗取出境证件用于组织偷越活动，则属于组织偷越的预备行为。如果该组织者过去实施过组织偷越行为或者这次已经着手实施组织偷越行为，则预备行为被吸收，不另外定罪，不实行数罪并罚。如果仅仅查明其有骗取出境证件的行为，未能查明有组织偷越行为，鉴于《刑法》已有单独规定，则直接以骗取出境证件罪论处，不按组织偷越国（边）境罪的预备犯论处。

《刑法》第319条规定，犯本罪的，处3年以下有期徒刑，并处罚金；情节严重的，处3年以上10年以下有期徒刑，并处罚金。单位犯本罪，对单位判处罚金，并对其直接负责的主管人员和其他直接责任人员，依照前述规定处罚。

三、提供伪造、变造的出入境证件罪

提供伪造、变造的出入境证件罪，是指为他人提供伪造、变造的护照、签证等出入境证件的行为。

本罪的行为是为他人提供伪造、变造的护照、签证等出入境证件。"他人"，是指自己以外的其他人，可能是偷越国（边）境的人，也可能是倒卖出入境证件的人或其他任何人。"提供"，是指供给，包括有偿的和无偿的提供，实践中，多为有偿提供。"伪造"，是指无权制作护照、签证等出入境证件的人，非法仿造真的出入境证件，制造假的出入境证件的行为。"变造"，是指直接在真实的出入境证件上采用涂改、擦消、揭换、拼接等方法予以加工、改造的行为。

《刑法》第320条规定，犯本罪的，处5年以下有期徒刑，并处罚金；情节严重的，处5年以上有期徒刑，并处罚金。

四、出售出入境证件罪

出售出入境证件罪，是指出售护照、签证等出入境证件的行为。

本罪的行为对象是国家有权机关制发的真实的出入境证件。出售伪造、变造的出入境证件，构成提供伪造、变造的出入境证件罪。至于出售的出入境证件是否处于有效期内，不影响本罪的成立。

《刑法》第 320 条规定，犯本罪的，处 5 年以下有期徒刑，并处罚金；情节严重的，处 5 年以上有期徒刑，并处罚金。

五、运送他人偷越国（边）境罪

运送他人偷越国（边）境罪，是指非法将偷越国（边）境的人员送出或者接入国（边）境的行为。

对于既组织又运送他人偷越国（边）境的，如何定罪，应作具体分析。如果运送他人偷越国（边）境只是组织他人偷越国（边）境的有机组成部分，应按"组织他人偷越国（边）境罪"定罪处刑。如果两者是互不相关的独立的犯罪，则应分别定罪，数罪并罚。

犯本罪，对被运送人有杀害、伤害、强奸、拐卖等犯罪行为，或者对检查人员有杀害、伤害等犯罪行为的，依照数罪并罚的规定处罚。

《刑法》第 321 条第 1 款规定，犯本罪的，处 5 年以下有期徒刑、拘役或者管制，并处罚金；有下列情形之一的，处 5 年以上 10 年以下有期徒刑，并处罚金：①多次实施运送行为或者运送人数众多的；②所使用的船只、车辆等交通工具不具备必要的安全条件，足以造成严重后果的；③违法所得数额巨大的；④有其他特别严重情节的。第 2 款规定，在运送他人偷越国（边）境中造成被运送人重伤、死亡，或者以暴力、威胁方法抗拒检查的，处 7 年以上有期徒刑，并处罚金。

六、偷越国（边）境罪

偷越国（边）境罪，是指违反国（边）境管理法规，偷越国（边）境，情节严重的行为。

构成本罪，必须情节严重。根据《办理妨害国边境刑案解释》第 5 条的规定，偷越国（边）境，具有下列情形之一的，属于《刑法》第 322 条规定的"情节严重"：①在境外实施损害国家利益行为的；②偷越国（边）境 3 次以上或者 3 人以上结伙偷越国（边）境的；③拉拢、引诱他人一起偷越国（边）境的；④勾结境外组织、人员偷越国（边）境的；⑤因偷越国（边）境被行政处罚后 1 年内又偷越国（边）境的；⑥其他情节严重的情形。

此外，为参加恐怖活动组织、接受恐怖活动培训或者实施恐怖活动，偷越国（边）境的，应当认定为情节严重。

《刑法》第 322 条规定，犯本罪的，处 1 年以下有期徒刑、拘役或者管制，并处罚金；为参加恐怖活动组织、接受恐怖活动培训或者实施恐怖活动，偷越国（边）境的，处 1 年以上 3 年以下有期徒刑，并处罚金。

七、破坏界碑、界桩罪

破坏界碑、界桩罪，是指故意破坏国家边境的界碑、界桩的行为。

所谓"破坏"，即砸毁、拆除、挖掉、盗走、移动或者改变原样，使界碑、界桩失去原有的意义和作用的行为。所谓"界碑、界桩"，是指我国政府与邻国按照条约规定或者历史上实际形成的管辖范围，在陆地接壤地区里埋设的指示边境分界及其走向的标志物。界碑和界桩没有实质性的区别，只是形状不同。

《刑法》第 323 条规定，犯本罪的，处 3 年以下有期徒刑或者拘役。

八、破坏永久性测量标志罪

破坏永久性测量标志罪，是指故意破坏国家设立的永久性测量标志的行为。

所谓"永久性测量标志"，是指国家测绘单位在全国各地进行测绘工作所建设的地上、地下或者水上的各种测量标志物，包括各等级的三角点、导线点、军用控制点、重力点、天文点、水准点的木质觇标、钢质觇标和标石标志，地形测量、工程测量和形变测量的各种固定标志，等等。

《刑法》第323条规定，犯本罪的，处3年以下有期徒刑或者拘役。

第四节　妨害文物管理罪

一、故意损毁文物罪

故意损毁文物罪，是指故意损毁国家保护的珍贵文物或者被确定为全国重点文物保护单位、省级文物保护单位的文物的行为。

所谓"损毁文物"，是指改变文物的性质、面貌和形状的行为。损毁的方法是多种多样的，如砸毁、焚烧、挖掘、拆卸、污损等。关于损毁的程度或范围，《刑法》并无特别的限定，因此，其可以是完全损毁，也可以是部分损毁。本罪的行为对象可分为两类：①可移动的国家保护的珍贵文物。它是指具有重大历史、科学、艺术价值的文物。根据《文物保护法》第2条及其实施条例的规定，珍贵文物包括具有重大历史、科学、艺术价值的纪念物、艺术品、工艺美术品、革命文献资料、手稿、古旧图书资料以及代表性实物等文物。珍贵文物依法被分为一、二、三级。是否属于珍贵文物由有关部门鉴定确认。此外，具有科学价值的古脊椎动物化石和古人类化石同文物一样受国家保护。[1] ②不可移动的珍贵文物，即全国重点文物保护单位和省级文物保护单位的文物。前者是由国务院核定公布后确定的文物保护单位；后者是由省、自治区、直辖市人民政府核定公布确定的文物保护单位。只有损毁珍贵文物或者国家级、省级文物保护单位的文物的，才能构成本罪。

本罪以"情节严重"为要件。根据《最高人民检察院、公安部关于公安机关管辖的刑事案件立案追诉标准的规定（一）》第47条的规定，故意损毁国家保护的名胜古迹，涉嫌下列情形之一的，应予立案追诉：①造成国家保护的名胜古迹严重损毁的；②损毁国家保护的名胜古迹3次以上或者3处以上，尚未造成严重损毁后果的；③损毁手段特别恶劣的；④其他情节严重的情形。

《刑法》第324条第1款规定，犯本罪的，处3年以下有期徒刑或者拘役，并处或者单处罚金；情节严重的，处3年以上10年以下有期徒刑，并处罚金。

二、故意损毁名胜古迹罪

故意损毁名胜古迹罪，是指故意损毁国家保护的名胜古迹，情节严重的行为。

损毁的对象为国家保护的名胜古迹，它是指国家保护的具有重大历史、艺术、科学价值的风景区或者与名人事迹、历史大事有关，值得后人凭吊的地点、遗址和建筑物，如古墓葬、古遗址、古建筑、古石刻、革命纪念建筑物、风景名胜区等。作为本罪损毁的对象，包括已被核定、公布为全国重点文物保护单位、省级文物保护单位的名胜古迹。

本罪以"情节严重"为要件。根据《公安机关管辖的刑事案件立案追诉标准的规定（一）》第47条的规定，故意损毁国家保护的名胜古迹，涉嫌下列情形之一的，应予立案追诉：①造成国家保护的名胜古迹严重损毁的；②损毁国家保护的名胜古迹3次以上或者3处以上，尚未造成严重损毁后果的；③损毁手段特别恶劣的；④其他情节严重的情形。

《刑法》第324条第2款规定，犯本罪的，处5年以下有期徒刑或者拘役，并处或者单处罚金。

---

[1] 立法解释对此进一步确认，2005年12月29日通过的《全国人民代表大会常务委员会关于〈中华人民共和国刑法〉有关文物的规定适用于具有科学价值的古脊椎动物化石、古人类化石的解释》。

三、过失损毁文物罪

过失损毁文物罪，是指过失损毁国家保护的珍贵文物或者被确定为全国重点文物保护单位、省级文物保护单位的文物，造成严重后果的行为。

所谓"造成严重后果"，根据《公安机关管辖的刑事案件立案追诉标准的规定（一）》第48条的规定，过失损毁国家保护的珍贵文物或者被确定为全国重点文物保护单位、省级文物保护单位的文物，涉嫌下列情形之一的，应予立案追诉：①造成珍贵文物严重损毁的；②造成被确定为全国重点文物保护单位、省级文物保护单位的文物严重损毁的；③造成珍贵文物损毁3件以上的；④其他造成严重后果的情形。

《刑法》第324条第3款规定，犯本罪的，处3年以下有期徒刑或者拘役。

四、非法向外国人出售、赠送珍贵文物罪

非法向外国人出售、赠送珍贵文物罪，是指违反文物保护法规，将收藏的国家禁止出口的珍贵文物私自出售或者私自赠送给外国人的行为。

本罪行为具体包括以下要素：①违反文物保护法规，主要是指违反珍贵文物除经国务院批准外运展览外，一律禁止出境的规定。②行为对象是收藏的国家禁止出口的珍贵文物，包括单位收藏或者个人收藏的珍贵文物。③私自出售、私自赠送给外国人。这里的"私自"是指未经有关部门依法允许。"外国人"是指不具有中国国籍的人。④被私自赠送、出售的珍贵文物必须是在中国境内的。

《刑法》第325条规定，犯本罪的，处5年以下有期徒刑或者拘役，可以并处罚金。单位犯本罪的，对单位判处罚金，并对其直接负责的主管人员和其他责任人员，依照前述规定处罚。

五、倒卖文物罪

倒卖文物罪，是指以牟利为目的，倒卖国家禁止经营的文物，情节严重的行为。

"倒卖"，是指为赚取买入卖出之间的差价而买进卖出的行为。是否实际赚取了其中的差价，不影响本罪的成立。只买进收藏或者只卖出藏品的，不属于倒卖。倒卖的对象是"国家禁止经营的文物"。根据过去的司法解释，一、二、三级珍贵文物及其他国家保护的具有重大历史、文化、科学价值的文物，未经许可不得经营。[1]其具体范围由国家文物主管部门核定公布。倒卖不属于国家禁止经营的文物的，不构成本罪。

与非法经营罪的区别：对象不同，本罪限于国家禁止经营的文物。因为法律把倒卖文物的行为独立规定为犯罪，本罪与非法经营罪也算是一种因为对象不同而形成的法条竞合关系。

与掩饰、隐瞒犯罪所得、犯罪所得收益罪的区别：明知文物是犯罪所得而"代为销售"的，应当以掩饰、隐瞒犯罪所得罪论处。但收购犯罪所得的文物倒卖的，应当择一重罪定罪处罚。倒卖无法证实来源的文物的，以倒卖文物罪论处。

《刑法》第326条规定，犯本罪的，处5年以下有期徒刑或者拘役，并处罚金；情节特别严重的，处5年以上10年以下有期徒刑，并处罚金。单位犯本罪的，对单位判处罚金，并对其直接负责的主管人员和其他直接责任人员，依照前述规定处罚。

六、非法出售、私赠文物藏品罪

非法出售、私赠文物藏品罪，是指国有博物馆、图书馆等单位违反文物保护法规，将国家保护的文物藏品出售或者私自送给非国有单位或者个人的行为。

---

[1] 1985年7月18日的《最高人民法院、最高人民检察院关于当前办理经济犯罪案件中具体应用法律的若干问题的解答（试行）》（现已失效）。

　　本罪的客观的构成要素包括：①行为主体是国有博物馆、图书馆等单位。②行为对象是国有博物馆、图书馆等国有单位所收藏的文物珍品，这些文物藏品是属于国家所有并受国家保护的文物藏品。③有出售或者私自送给的行为。这里的出售包括私自出售和经主管部门"允许"出售。国家禁止将国有的国家保护的文物藏品出售给非国有单位或个人，因此，以任何方式把国有的国家保护的文物藏品卖给非国有单位或个人，都属于本罪的出售行为。这里的"私自送给"，是指未经国家文化行政管理部门依法批准，国有文物收藏单位将馆藏文物赠送给非国有的单位或者个人。④出售、私自送给的对方必须是非国有的单位或个人。出售、私自送给另一国有单位的，不构成本罪。

　　认定本罪须注意与非法向外国人出售、赠送珍贵文物罪、贪污罪的界限。①本罪的买方或受赠方为非国有单位或个人，没有排除外国的单位和个人；向外国人出售、赠送珍贵文物罪，也没有排除国有文物藏品，因此，单位把国家保护的国有文物藏品非法出售或者私自赠送外国的单位和个人的，同时触犯本罪和非法向外国人出售、赠送珍贵文物罪，择一重罪处罚。②本罪属于纯正的单位犯罪。如果个人利用职务上的便利，将国有文物藏品私自出售、赠送他人的，则涉嫌贪污罪。

　　《刑法》第327条规定，犯本罪的，对单位判处罚金，并对其直接负责的主管人员和其他直接责任人员，处3年以下有期徒刑或者拘役。

七、盗掘古文化遗址、古墓葬罪

（一）概念

　　盗掘古文化遗址、古墓葬罪，是指盗掘具有历史、艺术、科学价值的古文化遗址、古墓葬的行为。

（二）构成要素

1. 客观的构成要素。

（1）行为对象。本罪的行为对象是古文化遗址、古墓葬，是指受国家保护的清代和清代以前的具有历史、艺术、科学价值的文化遗址、墓葬，包括地面或地下埋藏的建筑、壁画、石刻、雕刻群、遗墟、坟墓等。1911年辛亥革命以后，与著名历史事件有关的名人墓葬、遗址和纪念地，也视同古墓葬、古遗址。[1]盗掘其他墓葬、遗址、物品的，不构成本罪。

（2）行为。本罪的行为是盗掘。所谓"盗掘"，是指未经国家文物主管部门批准，私自开挖、掘取。盗掘不限于秘密挖掘，也包括公然哄挖。

2. 主观的构成要素。本罪是故意犯罪，即明知是古文化遗址、古墓葬而盗掘。

（三）认定

1. 本罪与故意损毁文物罪、故意损毁名胜古迹罪的界限。①目的不同：犯本罪一般具有窃取文物的目的，而后两罪不具此目的；②行为对象不同：本罪的对象限于古文化遗址、古墓葬，通常是埋藏于地下或定着于地面不可移动的，但不限于是否被确定为国家级、省级文物保护单位，而后两罪，一个限于珍贵文物、国家级、省级文物保护单位，一个限于名胜古迹；③行为方式不同：本罪限于盗掘的方式，而后两罪可以包括任何方式的损毁。如果是在盗掘古文化遗址、古墓葬的过程中，又损毁珍贵文物名胜古迹的，仍只需以本罪一罪处罚。

2. 本罪与盗窃罪的界限。盗掘古文化遗址、古墓葬并窃取文物的，仍以本罪论处。盗掘其他墓葬、遗址，窃取财物（包括文物）数额较大的，以盗窃罪论处。窃取他人已挖掘出来的珍贵文物的，也应以盗窃罪论处。

3. 本罪的既遂。行为人只要实施了盗掘古文化遗址、古墓葬的行为，即构成本罪的既遂。是否窃取了文物，不但不影响本罪的成立，亦不影响本罪的既遂。

（四）处罚

《刑法》第328条第1款规定，犯本罪的，处3年以上10年以下有期徒刑，并处罚金；情节较轻的，处3年以下有期徒刑、拘役或者管制，并处罚金；有下列情形之一的，处10年以上有期徒刑或者无期徒刑，并处罚金或者没收财产：①盗掘确定为全国重点文物保护单位和省级文物保护单位的古文化遗址、古墓葬；②盗掘古文化遗址、古墓葬集团的首要分子；③多次盗掘古文化遗址、古墓葬的；④盗掘古文化遗址、古墓葬，并盗窃珍贵文物或者造成珍贵文物严重破坏的。

八、盗掘古人类化石、古脊椎动物化石罪

盗掘古人类化石、古脊椎动物化石罪，是指盗掘国家保护的具有科学价值的古人类化石和古脊椎动物化石的行为。

本罪与盗掘古文化遗址、古墓葬罪的唯一区别是对象不同，即本罪的对象为古人类化石、古脊椎动物化石。除此之外，本罪的构成要素、处罚与盗掘古文化遗址、古墓葬罪相同。

九、抢夺、窃取国有档案罪

抢夺、窃取国有档案罪，是指以非法占有为目的，抢夺、窃取国家所有的档案的行为。

本罪的行为对象是国家所有的档案。"档案"是指过去和现在的国家机构、社会组织以及个人从事政治、军事、经济、科学文化、宗教等活动直接形成的对国家和社会有保存价值的文字、图表、声像等不同形式的历史记录。"国家所有的档案"，是指具有重要保存价值，国家对其具有所有权及处置权的档案。

如果抢夺、窃取的国有档案属于国家秘密的，同时又会构成非法获取国家秘密罪。这实际上是一行为触犯两个罪名的想象竞合犯的形态。对此，应按其中重的罪名定罪判刑。

《刑法》第329条第1款规定，犯本罪的，处5年以下有期徒刑或者拘役。第3款规定，犯本罪，同时又构成刑法规定的其他犯罪的，依照处罚较重的规定定罪处罚。

十、擅自出卖、转让国有档案罪

擅自出卖、转让国有档案罪，是指违反《档案法》的规定，擅自出卖、转让国家所有的档案，情节严重的行为。

所谓"擅自出卖、转让"，是指不具有《档案法》要求的正当目的和未履行要求的审批手续，自行出卖、转让。"出卖"，是指以牟利为目的，收取价金，出让档案；"转让"，是指无偿赠送或有偿交换。擅自出卖、转让的对象是国家所有的档案，既包括原件，也包括复制件。

擅自出卖、转让国有档案，必须情节严重的才能构成犯罪。所谓"情节严重"，一般指：擅自出卖、转让重要的国有档案的；多次擅自出卖、转让国有档案的；将国有档案擅自出卖、转让给外国的机构、组织或个人的；擅自出卖、转让国有档案牟利数额巨大的；擅自出卖、转让国有档案动机恶劣或者造成严重后果的；等等。

《刑法》第329条第2款规定，犯本罪的，处3年以下有期徒刑或拘役。第3款规定，犯本罪，同时又构成刑法规定的其他犯罪的，依照处罚较重的规定定罪处罚。

第五节　危害公共卫生罪

一、妨害传染病防治罪

（一）概念

妨害传染病防治罪，是指违反传染病防治法的规定，实施《刑法》第 330 条规定之行为，引起甲类传染病以及依法确定采取甲类传染病预防、控制措施的传染病传播或者有传播严重危险的行为。

（二）构成要件

1. 客观要素。本罪的行为包括两方面的要素：其一，实施了《刑法》第 330 条规定的行为之一：①供水单位供应的饮用水不符合国家规定的卫生标准的；②拒绝按照疾病预防控制机构提出的卫生要求，对传染病病原体污染的污水、污物、场所和物品进行消毒处理的；③准许或者纵容传染病病人、病原携带者和疑似传染病病人从事国务院卫生行政部门规定禁止从事的易使该传染病扩散的工作的；④出售、运输疫区中被传染病病原体污染或者可能被传染病病原体污染的物品，未进行消毒处理的；⑤拒绝执行县级以上人民政府、疾病预防控制机构依照传染病防治法提出的预防、控制措施的。其二，行为引起甲类传染病以及依法确定采取甲类传染病预防、控制措施的传染病传播或者有传播严重危险。"传播"，是指实际造成了传播后果，使他人感染上了这类传染病。"有传播严重危险"，是指虽未实际造成传播后果，但具有造成这种疫病传播重大可能性的情况。甲类传染病，目前是指《传染病防治法》第 3 条第 2 款所称的鼠疫、霍乱等。

2. 主观要素。本罪是过失犯罪，即应当预见自己违反传染病防治规定的行为可能发生引起甲类传染病传播或者有传播严重危险的结果，因为疏忽大意而没有预见，或者已经预见而轻信能够避免的心理态度。行为人对违反传染病防治法的行为，可能是故意的；但对其行为可能引起严重危险状态或后果是过失的，不具有故意。故意违反传染病防治法的行为，通常属于行政违法行为，只有当其造成严重危害结果，才有必要作为刑事犯罪行为。可见，造成严重危害结果是由行政违法转为刑事犯罪的根本要素，所以，应当根据行为人对严重结果的心态来确定罪过性质，不能根据行为人对违反传染病防治法规行为的心态来确定罪过的性质。另外，本罪及许多违反行政法规因而导致严重后果而被刑法规定为犯罪的"行政犯"，与杀人、强奸、放火、盗窃、抢劫等古老的"自然犯"有一个明显的差别，这就是其反伦理道义的性质不是十分显著，因此，在确定其罪过形式及判断行为人罪过形式时，应与自然犯有所区别。对行政犯，不宜普遍运用间接故意的观念，通常对危害结果不具有恶意或希望其发生的意志，就排斥故意。换言之，对本罪罪过形式的确认与判断，只需考虑两点：①从积极角度看，对危害的结果的发生具有过失；②从消极的角度看，不具有直接故意。由于行政犯反伦理道义的特征没有自然犯显著，所以，在已认识危害结果可能发生的情况下，根据行为人是轻信还是放任心态，来划分、认定过失、故意，很难得出合理的结论。

有学者提倡"客观的超过要素"的概念，认为对于本罪及类似的情况，应当确定其主观罪过形式是故意，但是这个故意仅限于对行为本身的故意，不包括对行为严重后果的故意。行为的严重后果应当属于客观的超过要素，作为一个客观要件把握。对此客观的超过要素，行为人不得具有故意。[1]

---

[1]　张明楷："'客观的超过要素'概念之提倡"，载《法学研究》1999 年第 3 期。

（三）认定

《关于依法惩治妨害新型冠状病毒感染肺炎疫情防控违法犯罪的意见》（法发〔2020〕7号）指出，拒绝执行卫生防疫机构依照传染病防治法提出的防控措施，引起新型冠状病毒传播或者有传播严重危险的，以妨害传染病防治罪定罪处罚。有下列情形之一，危害公共安全的，以以危险方法危害公共安全罪定罪处罚：①已经确诊的新型冠状病毒感染肺炎病人、病原携带者，拒绝隔离治疗或者隔离期未满擅自脱离隔离治疗，并进入公共场所或者公共交通工具的；②新型冠状病毒感染肺炎疑似病人拒绝隔离治疗或者隔离期未满擅自脱离隔离治疗，并进入公共场所或者公共交通工具，造成新型冠状病毒传播的。

（四）处罚

《刑法》第330条第1款规定，犯本罪的，处3年以下有期徒刑或者拘役；后果特别严重的，处3年以上7年以下有期徒刑。第2款规定，单位犯本罪的，对单位判处罚金，对其直接负责的主管人员和其他直接责任人员，依照前述的规定处罚。

二、传染病菌种、毒种扩散罪

传染病菌种、毒种扩散罪，是指从事实验、保藏、携带、运输传染病菌种、毒种的人员，违反国务院卫生行政部门的有关规定，造成传染病菌种、毒种扩散，后果严重的行为。

本罪的主体为特殊主体，即限于从事实验、保藏、携带、运输传染病菌种、毒种的人员。违反"有关规定"，是指违反关于传染病菌种、毒种的保藏、使用、运输等的各种管理制度。"造成传染病菌种、毒种扩散"，指造成《传染病防治法实施办法》第60条规定的一、二、三类传染病的菌（毒）种之一失去控制，流传到社会。根据《公安机关管辖的刑事案件立案追诉标准的规定（一）》第50条的规定，"后果严重"指涉嫌下列情形之一：①导致甲类和按甲类管理的传染病传播的；②导致乙类、丙类传染病流行、暴发的；③造成人员重伤或者死亡的；④严重影响正常的生产、生活秩序的；⑤其他造成严重后果的情形。本罪是过失犯罪，不以对"引起检疫传染病传播或者有传播严重危险"明知为必要。

《依法惩治妨害新型冠状病毒感染肺炎疫情防控违法犯罪的意见》提示，从事实验、保藏、携带、运输传染病菌种、毒种的人员，违反国务院卫生行政部门的有关规定，造成新型冠状病毒毒种扩散，后果严重的，依照《刑法》第331条的规定，以传染病毒种扩散罪定罪处罚。

《刑法》第331条规定，犯本罪的，处3年以下有期徒刑或者拘役；后果特别严重的，处3年以上7年以下有期徒刑。

三、妨害国境卫生检疫罪

妨害国境卫生检疫罪，是指违反国境卫生检疫规定，引起检疫传染病传播或者有传播严重危险的行为。

《关于进一步加强国境卫生检疫工作依法惩治妨害国境卫生检疫违法犯罪的意见》（法发〔2020〕50号）规定，违反国境卫生检疫规定，实施下列行为之一的，属于妨害国境卫生检疫行为：①检疫传染病染疫人或者染疫嫌疑人拒绝执行海关依照国境卫生检疫法等法律法规提出的健康申报、体温监测、医学巡查、流行病学调查、医学排查、采样等卫生检疫措施，或者隔离、留验、就地诊验、转诊等卫生处理措施的；②检疫传染病染疫人或者染疫嫌疑人采取不如实填报健康申明卡等方式隐瞒疫情，或者伪造、涂改检疫单、证等方式伪造情节的；③知道或者应当知道实施审批管理的微生物、人体组织、生物制品、血液及其制品等特殊物品可能造成检疫传染病传播，未经审批仍逃避检疫，携运、寄递出入境的；④出入境交通工具上发现有检疫传染病染疫人或者染疫嫌疑人，交通工具负责人拒绝接受卫生检疫或者拒不接受卫生处理的；⑤来自检疫传染病流行国家、地区的出入境交通工具上出现非意外伤害死亡且死因不明的人员，交通工具负责人故意隐瞒情况的；⑥其他拒绝执行海关依照国境卫生检疫法等法律法规提出的检疫措施的。实施前述行为，引起鼠疫、霍乱、黄热病以及新冠肺炎等国务院确定和公布的其他检疫传染病传播或者有传播严重危险的，依照《刑法》第332条的规定，以妨害国境卫生检疫罪定罪处罚。

本罪是过失犯罪，但违反国境卫生检疫规定，则常常是明知故犯。

《刑法》第332条规定，犯本罪的，处3年以下有期徒刑或者拘役，并处或者单处罚金。单位犯本罪的，对单位判处罚金，并对其直接负责的主管人员和其他直接责任人员，依照前述规定处罚。

四、非法组织卖血罪

（一）概念

非法组织卖血罪，是指非法组织他人出卖血液的行为。

（二）构成要素

1. 客观的构成要素。本罪的行为是非法组织他人出卖血液，即违反血液制品法律法规的规定，擅自策划、动员、拉拢、联络、控制多名供血者抽取体内血液出卖的行为。既包括组织多名供血者向用血单位或者个人出卖；也包括擅自设立血浆采集点，组织多名供血者接受血浆采集。有些组织者往往与血站、医疗单位的人员相勾结，控制供血来源，敲诈用血者，盘剥欺压供血者。

根据《公安机关管辖的刑事案件立案追诉标准的规定（一）》第52条的规定，涉嫌下列情形之一的，应予立案追诉：①组织卖血3人次以上的；②组织卖血非法获利2000元以上的；③组织未成年人卖血的；④被组织卖血的人的血液含有艾滋病病毒、乙型肝炎病毒、丙型肝炎病毒、梅毒螺旋体等病原微生物的；⑤其他非法组织卖血应予追究刑事责任的情形。

2. 主观的构成要素。本罪是故意犯罪，一般具有营利的目的。

（三）认定

《刑法》第333条第2款规定，非法组织他人卖血，对他人造成伤害的，依照《刑法》第234条的规定定罪处罚，即以故意伤害罪定罪处罚。这主要是指在组织他人卖血活动中超量卖血或者因患疾病不能抽血的人卖血而严重损害健康甚至导致死亡的后果，实际上又构成了伤害罪，即转化为故意伤害罪。对这一规定较合理的理解是：造成他人重伤死亡的，转化为较重的故意伤害罪定罪处罚。

（四）处罚

《刑法》第333条第1款规定，犯本罪的，处5年以下有期徒刑，并处罚金。

五、强迫卖血罪

强迫卖血罪，是指以暴力、威胁方法强迫他人出卖血液的行为。

根据《刑法》第333条第2款的规定，以暴力、威胁方法强迫他人出卖血液，对他人造成伤害的，依照《刑法》第234条的规定定罪处罚，即以故意伤害罪定罪处罚。这主要是指用暴力、威胁方法强迫患有疾病不能抽血的人出卖血液，或者强迫他人超量出卖血液，而造成他人身体严重伤害的，或者由于使用暴力而直接致他人身体严重伤害的。由于行为人使用暴力、威胁方法强迫他人出卖血液，造成了他人的严重伤害，这就使强迫卖血罪的犯罪构成发生了根本性的变化，即转化为故意伤害罪。

《刑法》第333条第1款规定，犯本罪的，处5年以上10年以下有期徒刑，并处罚金。

六、非法采集、供应血液、制作、供应血液制品罪

非法采集、供应血液、制作、供应血液制品罪，是指非法采集、供应血液或者制作、供

应血液制品，不符合国家规定的标准，足以危害人体健康的行为。

本罪的行为是非法采集、供应血液或者制作、供应血液制品，不符合国家规定的标准，足以危害人体健康的行为。具体包括以下要求：①非法性，即未经国家主管部门批准或者超过批准的业务范围，采集、供应血液或者制作、供应血液制品。②不符合国家规定的标准，足以危害人体健康。根据2008年9月22日发布的《最高人民法院、最高人民检察院关于办理非法采供血液等刑事案件具体应用法律若干问题的解释》（以下简称《办理非法采供血液刑案解释》）第2条的规定，具有下列情形之一的，应认定为"不符合国家规定的标准，足以危害人体健康"：①采集、供应的血液含有艾滋病病毒、乙型肝炎病毒、丙型肝炎病毒、梅毒螺旋体等病原微生物的；②制作、供应的血液制品含有艾滋病病毒、乙型肝炎病毒、丙型肝炎病毒、梅毒螺旋体等病原微生物，或者将含有上述病原微生物的血液用于制作血液制品的；③使用不符合国家规定的药品、诊断试剂、卫生器材，或者重复使用一次性采血器材采集血液，造成传染病传播危险的；④违反规定对献血者、供血浆者超量、频繁采集血液、血浆，足以危害人体健康的；⑤其他不符合国家有关采集、供应血液或者制作、供应血液制品的规定标准，足以危害人体健康的。人体的健康包括供血者和用血者的健康。"血液"，指全血、成分血和特殊血液成分。"血液制品"，指各种血浆蛋白制品。

本罪是故意犯罪，即明知没有采集、供应血液、制作、供应血液制品的资格，却为了获利从事这方面的活动。由于血液、血液制品的采集、制作、供应的要求极为严格，所以，无资格者从事这方面活动，无法知道也无法保证其符合国家标准。行为人是否知道其采供、制供的过程及产品不合格，不影响本罪故意的成立。

《刑法》第334条第1款规定，犯本罪的，处5年以下有期徒刑或者拘役，并处罚金；对人体健康造成严重危害的，处5年以上10年以下有期徒刑，并处罚金；造成特别严重后果的，处10年以上有期徒刑或者无期徒刑，并处罚金或者没收财产。

七、采集、供应血液、制作、供应血液制品事故罪

（一）概念

采集、供应血液、制作、供应血液制品事故罪，是指经国家主管部门批准采集、供应血液或者制作、供应血液制品的部门，不依照规定进行检测或者违背其他操作规定，造成危害他人身体健康后果的行为。

（二）构成要素

1. 客观的构成要素。

（1）行为主体。本罪的主体为特殊主体，即经国家主管部门批准采集、供应血液或者制作、供应血液制品的部门。根据《办理非法采供血液刑案解释》第7、8条的规定，是指经国家主管部门批准的采供血机构和血液制品生产经营单位。采供血机构，包括血液中心、中心血站、中心血库、脐带血造血干细胞库和国家卫生行政主管部门根据医学发展需要批准、设置的其他类型血库、单采血浆站。

（2）行为。本罪的行为是不依照规定进行检测或者违背其他操作规定，即在检测、操作等方面有违章行为。

根据《办理非法采供血液刑案解释》第5条的规定，具有下列情形之一的，应认定为《刑法》第334条第2款规定的"不依照规定进行检测或者违背其他操作规定"：①血站未用两个企业生产的试剂对艾滋病病毒抗体、乙型肝炎病毒表面抗原、丙型肝炎病毒抗体、梅毒抗体进行两次检测的；②单采血浆站不依照规定对艾滋病病毒抗体、乙型肝炎病毒表面抗原、丙型肝炎病毒抗体、梅毒抗体进行检测的；③血液制品生产企业在投料生产前未用主管部门批准和检定合格的试剂进行复检的；④血站、单采血浆站和血液制品生产企业使用的诊断试剂没有生产单位名称、生产批准文号或者经检定不合格的；⑤采供血机构在采集检验标本、采集血液和成分血分离时，使用没有生产单位名称、生产批准文号或者超过有效期的一次性注射器等采血器材的；⑥不依照国家规定的标准和要求包装、储存、运输血液、原料血浆的；⑦对国家规定检测项目结果呈阳性的血液未及时按照规定予以清除的；⑧不具备相应资格的医务人员进行采血、检验操作的；⑨对献血者、供血浆者超量、频繁采集血液、血浆的；⑩采供血机构采集血液、血浆前，未对献血者或供血浆者进行身份识别，采集冒名顶替者、健康检查不合格者血液、血浆的；⑪血站擅自采集原料血浆，单采血浆站擅自采集临床用血或者向医疗机构供应原料血浆的；⑫重复使用一次性采血器材的；⑬其他不依照规定进行检测或者违背操作规定的。

（3）行为结果。根据《刑法》规定，不依照规定进行检测或者违背其他操作规定，造成危害他人身体健康后果的，才构成本罪。"造成危害他人身体健康后果"，根据《办理非法采供血液刑案解释》第6条的规定，是指下列情形之一：①造成献血者、供血浆者、受血者感染艾滋病病毒、乙型肝炎病毒、丙型肝炎病毒、梅毒螺旋体或者其他经血液传播的病原微生物的；②造成献血者、供血浆者、受血者重度贫血、造血功能障碍或者其他器官组织损伤导致功能障碍等身体严重危害的；③造成其他危害他人身体健康后果的。

2. 主观的构成要素。本罪是过失犯罪。

（三）认定

本罪与非法采集、供应血液、制作、供应血液制品罪的界限。二者的主要区别是：①主体不同。前者为经国家主管部门批准采集、供应血液或者制作、供应血液制品的部门；后者是自然人一般主体，并且是无从事血液制品生产经营资格的人。②主观的构成要素不同。前者为责任事故型的过失罪，后者为故意罪。③客观方面不同。前者表现为违章行为，并以实际造成对人体健康损害的后果为要素；后者因无资格，也无章可循，因此，仅以不符合国家标准、足以损害他人健康的危险状态为要素，不以实际发生损害健康后果为要素。实际发生损害健康后果是该罪的严重形式。

（四）处罚

《刑法》第334条第2款规定，犯本罪的，对单位判处罚金，并对其直接负责的主管人员和其他直接责任人员，处5年以下有期徒刑或者拘役。

八、非法采集人类遗传资源、走私人类遗传资源材料罪

非法采集人类遗传资源、走私人类遗传资源材料罪，指违反国家有关规定，非法采集我国人类遗传资源或者非法运送、邮寄、携带我国人类遗传资源材料出境，危害公众健康或者社会公共利益，情节严重的行为。

"国家规定"，主要指中华人民共和国的《生物安全法》《人类遗传资源管理条例》《人类遗传资源管理暂行办法》《重要遗传家系和特定地区人类遗传资源申报登记办法（暂行）》等规定。"非法采集"，指违反前述国家规定采集。"非法邮寄、运送、携带"，指违反前述国家规定邮寄、运送、携带。

非法运送、邮寄、携带我国人类遗传资源材料出境的行为，同时触犯走私国家禁止进出口物品罪的，适用特别规定，以本罪论处。

《生物安全法》第85条第8项的规定："人类遗传资源，包括人类遗传资源材料和人类遗传资源信息。人类遗传资源材料是指含有人体基因组、基因等遗传物质的器官、组织、细胞等遗传材料。人类遗传资源信息是指利用人类遗传资源材料产生的数据等信息资料。"

《刑法》第334条之一规定，犯本罪的，处3年以下有期徒刑、拘役或者管制，并处或者单处罚金；情节特别严重的，处3年以上7年以下有期徒刑，并处罚金。

九、医疗事故罪

（一）概念

医疗事故罪，是指医务人员由于严重不负责任，造成就诊人死亡或者严重损害就诊人身体健康的行为。

（二）构成要素

1. 客观的构成要素。

（1）行为主体。本罪的行为主体为特殊主体，即医务人员。所谓"医务人员"，是指从事诊疗、护理事务的人员，包括国家、集体医疗单位的医生、护士、药剂人员，以及经主管部门批准开业的个体行医人员。

（2）行为。本罪的行为是严重不负责任。所谓"严重不负责任"，根据《公安机关管辖的刑事案件立案似追诉标准的规定（一）》第56条第2、3款的规定，指具有下列情形之一的：①擅离职守的；②无正当理由拒绝对危急就诊人实行必要的医疗救治的；③未经批准擅自开展试验性医疗的；④严重违反查对、复核制度的；⑤使用未经批准使用的药品、消毒药剂、医疗器械的；⑥严重违反国家法律法规及有明确规定的诊疗技术规范、常规的；⑦其他严重不负责任的情形。"严重损害就诊人身体健康"，是指造成就诊人严重残疾、重伤、感染艾滋病、病毒性肝炎等难以治愈的疾病或者其他严重损害就诊人身体健康的后果。

（3）行为结果。根据《刑法》的规定，严重不负责任的行为必须造成就诊人死亡或者严重损害就诊人身体健康，才能构成本罪。所谓"严重损害就诊人身体健康"，主要是指造成就诊人残疾、组织器官损伤、丧失劳动能力等严重后果。

2. 主观的构成要素。本罪是过失犯罪，即应当预见自己的行为可能发生就诊人死亡或者严重损害就诊人身体健康的结果，因为疏忽大意而没有预见或者已经预见而轻信能够避免。这种业务上的过失，往往通过严重违反医疗规章制度表现出来。

（三）认定

应把本罪与医疗过程中发生的差错、意外及技术事故区别开来。医疗过程中发生差错，虽有严重不负责任之处，但其损害结果轻微，不构成犯罪。"医疗过程中发生的意外事故"，是指在诊疗、护理过程中，由于就诊人病情或体质特殊而发生了医务人员难以预料和防范的不良后果，导致了病人死亡、残疾或功能障碍。这种情形虽有严重后果，但医务人员无严重的过失和违章行为，也不构成犯罪。医疗技术事故是指医务人员因医疗技术水平不高、缺乏经验等造成的事故。医疗技术事故不是因为医务人员责任心不强、违反规章制度造成的，因而不构成犯罪。

（四）处罚

《刑法》第335条规定，犯本罪的，处3年以下有期徒刑或者拘役。

十、非法行医罪

（一）概念

非法行医罪，是指未取得医生执业资格的人非法行医，情节严重的行为。

（二）构成要素

1. 客观的构成要素。

（1）行为主体。本罪的行为主体为未取得医生执业资格的人。具有医生执业资格的人不能构成本罪。所谓"医生执业资格"，是指根据《执业医师法》第12条的规定："医师资格考试成绩合格，取得执业医师资格或者执业助理医师资格。"根据 2016 年修正的《最高人民法院关于审理非法行医刑事案件具体应用法律若干问题的解释》第 1 条的规定，具有下列情形之一的，应认定为《刑法》第 336 条第 1 款规定的"未取得医生执业资格的人非法行医"：①未取得或者以非法手段取得医师资格从事医疗活动的；②被依法吊销医师执业证书期间从事医疗活动的；③未取得乡村医生执业证书，从事乡村医疗活动的；④家庭接生员实施家庭接生以外的医疗行为的。

另外，2002 年 6 月 21 日全国人大常委会法制工作委员会就河北省人大常委会法制工作委员会"《刑法》第三百三十六条非法行医的含义"的法律询问的答复指出："根据执业医师法的规定，高等学校医学专业本科毕业的人，应当在执业医师指导下在医疗单位试用一年，才能参加国家统一考试取得执业医师资格。因此，医科大学本科毕业，分配到医院担任见习医生，在试用期内从事相应的医疗活动，不属于非法行医。"[1]

（2）行为。本罪的行为是非法行医行为，即无医生执业资格从事营利性的诊疗活动，包括在医疗机构中从事诊疗活动和擅自开业从事诊疗活动。

（3）本罪以"情节严重"为要件。根据 2016 年修正的《审理非法行医刑事案件的解释》第 2 条的规定，具有下列情形之一的，应认定为"情节严重"：①造成就诊人轻度残疾、器官组织损伤导致一般功能障碍的；②造成甲类传染病传播、流行或者有传播、流行危险的；③使用假药、劣药或不符合国家规定标准的卫生材料、医疗器械，足以严重危害人体健康的；④非法行医被卫生行政部门行政处罚两次以后，再次非法行医的；⑤其他情节严重的情形。

2. 主观的构成要素。本罪是故意犯罪，即明知无医生执业资格而非法行医。本罪的故意，只需认识到无执业资格而行医的事实，不问行为人是否明知无执业资格行医的非法性质。

（三）认定

本罪与医疗事故罪的区别：①主体不同，本罪的主体无医生执业资格，后罪的主体有医生执业资格；②主观的构成要素不同，本罪为故意罪，后罪为过失罪；③行为不同，前罪限于非法从事诊疗活动，后罪是合法从事诊疗、护理活动，不仅包括诊疗活动，也包括护理活动，并且以造成严重后果为要素。

（四）处罚

《刑法》第 336 条规定，犯本罪的，处 3 年以下有期徒刑、拘役或者管制，并处或者单处罚金；严重损害就诊人身体健康的，处 3 年以上 10 年以下有期徒刑，并处罚金；造成就诊人死亡的，处 10 年以上有期徒刑，并处罚金。

根据 2016 年修正的《审理非法行医刑事案件的解释》第 3 条的规定，具有下列情形之一的，应认定为"严重损害就诊人身体健康"：①造成就诊人中度以上残疾、器官组织损伤导致严重功能障碍的；②造成 3 名以上就诊人轻度残疾、器官组织损伤导致一般功能障碍的。"轻度残疾、器官组织损伤导致一般功能障碍""中度以上残疾、器官组织损伤导致严重功能障碍"，参照卫生部《医疗事故分级标准（试行）》认定。

非法行医行为系造成就诊人死亡的直接、主要原因的，应认定为《刑法》第 336 条第一款规定的"造成就诊人死亡"。非法行医行为并非造成就诊人死亡的直接、主要原因的，可不认定为《刑法》第 336 条第 1 款规定的"造成就诊人死亡"。但是，根据案件情况，可以认定为《刑法》第 336 条第 1 款规定的"情节严重"。

---

[1]　全国人大常委会法制工作委员会的答复以及河北省人大常委会法制工作委员会的询问均是针对韦某非法行医案。该案的基本案情为：韦某毕业于白求恩医科大学，尚未取得执业医师资格，分配到北戴河某医院门诊任见习医生，其负责医疗的病人在诊疗过程中死亡。

十一、非法进行节育手术罪

非法进行节育手术罪，是指未取得医生执业资格的人擅自为他人进行节育复通手术、假节育手术、终止妊娠手术或者摘取宫内节育器，情节严重的行为。

"节育复通手术"，是指对做了计划生育绝育手术的人，重新接通输精管或输卵管，使其恢复生育能力。"假节育手术"，包括虚假的绝育手术以及在子宫内上节育器等虚假的节育手术，使其表面上看来不能生育而实际上仍保持生育的能力。"终止妊娠手术"，是指进行药物或者人工流产手术。非法进行节育手术，情节严重的才构成犯罪。所谓"情节严重"，根据《公安机关管辖的刑事案件立案追诉标准的规定（一）》第 58 条的规定，非法进行节育手术案涉嫌下列情形之一的，应予立案追诉：①造成就诊人轻伤、重伤、死亡或者感染艾滋病、病毒性肝炎等难以治愈的疾病的；②非法进行节育复通手术、假节育手术、终止妊娠手术或者摘取宫内节育器 5 人次以上的；③致使他人超计划生育的；④非法进行选择性别的终止妊娠手术的；⑤非法获利累计 5000 元以上的；⑥其他情节严重的情形。

本罪与医疗事故罪的区别要点是看行为主体是否具有医生执业资格。有资格者依法或私下为他人施行节育复通手术的，不构成犯罪。因严重不负责造成就诊人重伤、死亡的，只能构成医疗事故罪。

本罪与非法行医罪的联系与区别。非法进行节育手术罪实际上是非法行医罪的特殊类型，因此，具备非法进行节育手术罪的犯罪构成，往往也同时具备非法行医罪的犯罪构成。二者的主要区别是：非法进行节育手术罪的客体除包括他人的生命、健康之外，还特别包括计划生育的管理秩序。在现实生活中，多为非法行医的过程中，兼施节育的手术，对此，认定为非法行医罪比较合理。如果行为人非法行医，专门或主要施行破坏节育或者堕胎手术的，应认定为非法进行节育手术罪。无论何种情形，均不需数罪并罚。

《刑法》第 336 条第 2 款规定，犯本罪的，处 3 年以下有期徒刑、拘役或者管制，并处或者单处罚金；严重损害就诊人身体健康的，处 3 年以上 10 年以下有期徒刑，并处罚金；造成就诊人死亡的，处 10 年以上有期徒刑，并处罚金。

十二、非法植入基因编辑、克隆胚胎罪

非法植入基因编辑、克隆胚胎罪，指将基因编辑、克隆的人类胚胎植入人体或者动物体内，或者将基因编辑、克隆的动物胚胎植入人体内，情节严重的行为。

本罪包括三种行为：其一，将经过基因编辑的人类胚胎或者经过克隆的人类胚胎植入人体内。其二，将经过基因编辑的人类胚胎或者经过克隆的人类胚胎植入动物体内。其三，将经过基因编辑的动物胚胎或者经过克隆的动物胚胎植入人体内。

本罪不仅危害人体健康，而且危害国家的基因管理制度和人类基因的安全，因此，被害人同意不阻却罪责。

《刑法》第 336 条之一规定，犯本罪的，处 3 年以下有期徒刑或者拘役，并处罚金；情节特别严重的，处 3 年以上 7 年以下有期徒刑，并处罚金。

十三、妨害动植物防疫、检疫罪

妨害动植物防疫、检疫罪，是指违反有关动植物防疫、检疫法的国家规定，引起重大动植物疫情的，或者引起重大动植物疫情危险，情节严重的行为。

所谓引起重大动植物疫情，是指引起动植物一、二类传染病、寄生虫病的暴发与流行，或者植物危险性病、虫、杂草等的暴发、流行、传播、滋生、蔓延的情形。

"情节严重"，根据 2017《最高人民检察院、公安部关于公安机关管辖的刑事案件立案追诉标准的规定（一）的补充规定》第 9 条，主要指：①非法处置疫区内易感动物或者其产品，

货值金额 5 万元以上的；②非法处置因动植物防疫、检疫需要被依法处理的动植物或者其产品，货值金额 2 万元以上的；③非法调运、生产、经营感染重大植物检疫性有害生物的林木种子、苗木等繁殖材料或者森林植物产品的；④输入《中华人民共和国进出境动植物检疫法》规定的禁止进境物逃避检疫，或者对特许进境的禁止进境物未有效控制与处置，导致其逃逸、扩散的；等等。

本罪与妨害国境卫生检疫罪的区别要点是：①检疫的对象不同，前者为动植物及相关检疫物，后者为人及其他物品；②危害结果的内容不同，前者为动植物疫情，后者是检疫传染病；③对危害结果的程度要求不同，前者要求实际发生疫情，才能构成犯罪，而后者有引起检疫传染病传播的严重危险的，就可以构成犯罪。

《刑法》第 337 条规定，犯本罪的，处 3 年以下有期徒刑或者拘役，并处或者单处罚金。单位犯本罪的，对单位判处罚金，并对其直接负责的主管人员和其他直接责任人员，依照前述规定处罚。

第六节　破坏环境资源保护罪

一、污染环境罪

污染环境罪，是指违反国家规定，排放、倾倒或者处置有放射性的废物、含传染病病原体的废物、有毒物质或者其他有害物质，严重污染环境的行为。

（一）客观构成要件

1. 非法污染环境行为，即违反国家有关保护环境，防治污染的法律规定，不按照指定的地点、方法等排放、倾倒或者处置有放射性的废物、含传染病病原体的废物、有毒物质或者有害物质。

（1）关于非法排放、倾倒、处置行为的认定，司法实践中认定非法排放、倾倒、处置行为时，应当从其行为方式是否违反国家规定或者行业操作规范、污染物是否与外界环境接触、是否造成环境污染的危险或者危害等方面进行综合分析判断。对名为运输、贮存、利用，实为排放、倾倒、处置的行为应当认定为非法排放、倾倒、处置行为，可以依法追究刑事责任。比如，未采取相应防范措施将没有利用价值的危险废物长期贮存、搁置，放任危险废物或者其有毒有害成分大量扬散、流失、泄漏、挥发，污染环境的。行为的场所和方式不限，包括向土地、水体、大气排放、倾倒、处置。

无危险废物经营许可证，以营利为目的，从危险废物中提取物质作为原材料或者燃料，并具有超标排放污染物、非法倾倒污染物或者其他违法造成环境污染的情形的行为，应当认定为"非法处置危险废物"。

（2）"有毒物质"，根据《最高人民法院、最高人民检察院关于办理环境污染刑事案件适用法律若干问题的解释》（以下简称《办理污染案解释》）第 15 条，指下列物质：①危险废物，是指列入国家危险废物名录，或者根据国家规定的危险废物鉴别标准和鉴别方法认定的，具有危险特性的废物；②《关于持久性有机污染物的斯德哥尔摩公约》附件所列物质；③含重金属的污染物；④其他具有毒性，可能污染环境的物质。

（3）"其他有害物质"，指放射性的废物、含传染病病原体的废物、有毒物质之外的污染环境的物质。"办理污染案纪要"指出：实践中，常见的有害物质主要有：工业危险废物以外的其他工业固体废物；未经处理的生活垃圾；有害大气污染物、受控消耗臭氧层物质和有害水污染物；在利用和处置过程中必然产生有毒有害物质的其他物质；国务院生态环境保护主管部门会同国务院卫生主管部门公布的有毒有害污染物名录中的有关物质等。

2. "严重污染环境"，根据《办理污染案解释》，实施《刑法》第338条规定的行为，具有下列情形之一的：①在饮用水水源一级保护区、自然保护区核心区排放、倾倒、处置有放射性的废物、含传染病病原体的废物、有毒物质的；②非法排放、倾倒、处置危险废物3吨以上的；③排放、倾倒、处置含铅、汞、镉、铬、砷、铊、锑的污染物，超过国家或者地方污染物排放标准3倍以上的；④排放、倾倒、处置含镍、铜、锌、银、钒、锰、钴的污染物，超过国家或者地方污染物排放标准10倍以上的；⑤通过暗管、渗井、渗坑、裂隙、溶洞、灌注等逃避监管的方式排放、倾倒、处置有放射性的废物、含传染病病原体的废物、有毒物质的；⑥2年内曾因违反国家规定，排放、倾倒、处置有放射性的废物、含传染病病原体的废物、有毒物质受过2次以上行政处罚，又实施前列行为的；⑦重点排污单位篡改、伪造自动监测数据或者干扰自动监测设施，排放化学需氧量、氨氮、二氧化硫、氮氧化物等污染物的；⑧违法减少防治污染设施运行支出100万元以上的；⑨违法所得或者致使公私财产损失30万元以上的；⑩造成生态环境严重损害的；⑪致使乡镇以上集中式饮用水水源取水中断12小时以上的；⑫致使基本农田、防护林地、特种用途林地5亩以上，其他农用地10亩以上，其他土地20亩以上基本功能丧失或者遭受永久性破坏的；⑬致使森林或者其他林木死亡50立方米以上，或者幼树死亡2500株以上的；⑭致使疏散、转移群众5000人以上的；⑮致使30人以上中毒的；⑯致使3人以上轻伤、轻度残疾或者器官组织损伤导致一般功能障碍的；⑰致使1人以上重伤、中度残疾或者器官组织损伤导致严重功能障碍的；⑱其他严重污染环境的情形。

（二）本罪主观要件为故意

《关于办理环境污染刑事案件有关问题座谈会纪要》高检会〔2019〕3号（以下简称《办理污染案纪要》）指出：判断是否具有环境污染犯罪的故意，应当依据犯罪嫌疑人、被告人的任职情况、职业经历、专业背景、培训经历、本人因同类行为受到行政处罚或者刑事追究情况以及污染物种类、污染方式、资金流向等证据，结合其供述，进行综合分析判断。实践中，具有下列情形之一，犯罪嫌疑人、被告人不能作出合理解释的，可以认定其故意实施环境污染犯罪，但有证据证明确系不知情的除外：①企业没有依法通过环境影响评价，或者未依法取得排污许可证，排放污染物，或者已经通过环境影响评价并且防治污染设施验收合格后，擅自更改工艺流程、原辅材料，导致产生新的污染物质的；②不使用验收合格的防治污染设施或者不按规范要求使用的；③防治污染设施发生故障，发现后不及时排除，继续生产放任污染物排放的；④生态环境部门责令限制生产、停产整治或者予以行政处罚后，继续生产放任污染物排放的；⑤将危险废物委托第三方处置，没有尽到查验经营许可的义务，或者委托处置费用明显低于市场价格或者处置成本的；⑥通过暗管、渗井、渗坑、裂隙、溶洞、灌注等逃避监管的方式排放污染物的；⑦通过篡改、伪造监测数据的方式排放污染物的；⑧其他足以认定的情形。

（三）认定

1. 无危险废物经营许可证从事收集、贮存、利用、处置危险废物经营活动，严重污染环境的，按照污染环境罪定罪处罚；同时构成非法经营罪的，依照处罚较重的规定定罪处罚。"无危险废物经营许可证"，是指未取得危险废物经营许可证，或者超出危险废物经营许可证的经营范围。实施前述行为，不具有超标排放污染物、非法倾倒污染物或者其他违法造成环境污染的情形的，可以认定为非法经营情节显著轻微危害不大，不认为是犯罪；构成生产、销售伪劣产品等其他犯罪的，以其他犯罪论处。

2. 明知他人无危险废物经营许可证，向其提供或者委托其收集、贮存、利用、处置危险废物，严重污染环境的，以共同犯罪论处。

3. 违反国家规定，排放、倾倒、处置含有毒害性、放射性、传染病病原体等物质的污染物，同时构成污染环境罪、非法处置进口的固体废物罪、投放危险物质罪等犯罪的，依照处罚较重的规定定罪处罚。

4. 单位犯罪的认定。根据《办理污染案纪要》，为了单位利益，实施环境污染行为，并具有下列情形之一的，应当认定为单位犯罪：①经单位决策机构按照决策程序决定的；②经单位实际控制人、主要负责人或者授权的分管负责人决定、同意的；③单位实际控制人、主要负责人或者授权的分管负责人得知单位成员个人实施环境污染犯罪行为，并未加以制止或者及时采取措施，而是予以追认、纵容或者默许的；④使用单位营业执照、合同书、公章、印鉴等对外开展活动，并调用单位车辆、船舶、生产设备、原辅材料等实施环境污染犯罪行为的。

单位犯罪中的"直接负责的主管人员"，一般是指对单位犯罪起决定、批准、组织、策划、指挥、授意、纵容等作用的主管人员，包括单位实际控制人、主要负责人或者授权的分管负责人、高级管理人员等；"其他直接责任人员"，一般是指在直接负责的主管人员的指挥、授意下积极参与实施单位犯罪或者对具体实施单位犯罪起较大作用的人员。

对于应当认定为单位犯罪的环境污染犯罪案件，公安机关未作为单位犯罪移送审查起诉的，人民检察院应当退回公安机关补充侦查。对于应当认定为单位犯罪的环境污染犯罪案件，人民检察院只作为自然人犯罪起诉的，人民法院应当建议人民检察院对犯罪单位补充起诉。

5. 关于犯罪未遂的认定。"办理污染案纪要"指出，当前环境执法工作形势比较严峻，一些行为人拒不配合执法检查、接受检查时弄虚作假、故意逃避法律追究的情形时有发生，因此对于行为人已经着手实施非法排放、倾倒、处置有毒有害污染物的行为，由于有关部门查处或者其他意志以外的原因未得逞的情形，可以污染环境罪（未遂）追究刑事责任。

6. 本罪与危险物品肇事罪的界限。二者的对象虽然都涉及危险性的物品，都可能造成环境的污染和损失、人身伤亡的后果，但有明显的区别：①前者为有放射性的废物、含传染病病原体的废物、有毒物质或者其他危险废物；后者为爆炸性、易燃性、放射性、毒害性、腐蚀性物品。②前者违反的是环境保护的法律，是在排放、处理废物过程中发生的；后者违反的是危险物品的管理规定，是在危险物品的生产、储存、运输、使用中发生的。③前者以造成重大环境污染事故的特定结果为要素；后者以造成普通的严重结果为要素。

7. 本罪与重大责任事故罪的区别。要点是行为方式不同，本罪通常表现为违反环境保护的法规；重大责任事故罪通常表现为违反安全生产法规。本罪不以造成人员伤亡、重大财产损失后果为要件；而重大责任事故罪以造成人员伤亡、重大财产损失后果为要件。

8. 《办理污染案解释》规定：①本解释所称"违法所得"，是指实施《刑法》第338、339条规定的行为所得和可得的全部违法收入。②本解释所称"公私财产损失"，包括实施《刑法》第338、339条规定的行为直接造成财产损毁、减少的实际价值，为防止污染扩大、消除污染而采取必要合理措施所产生的费用，以及处置突发环境事件的应急监测费用。③本解释所称"生态环境损害"，包括生态环境修复费用，生态环境修复期间服务功能的损失和生态环境功能永久性损害造成的损失，以及其他必要合理费用。

（四）处罚

《刑法》第338条规定，犯本罪的，处3年以下有期徒刑或者拘役，并处或者单处罚金；情节严重的，处3年以上7年以下有期徒刑，并处罚金；有下列情形之一的，处7年以上有期徒刑，并处罚金：①在饮用水水源保护区、自然保护地核心保护区等依法确定的重点保护区域排放、倾倒、处置有放射性的废物、含传染病病原体的废物、有毒物质，情节特别严重的；②向国家确定的重要江河、湖泊水域排放、倾倒、处置有放射性的废物、含传染病病原体的废物、有毒物质，情节特别严重的；③致使大量永久基本农田基本功能丧失或者遭受永久性破坏的；④致使多人重伤、严重疾病，或者致人严重残疾、死亡的。犯本罪同时构成其他犯罪的，依照处罚较重的规定定罪处罚。《刑法》第346条规定，单位犯本罪的，对单位判处罚金，对其直接负责的主管人员和其他直接责任人员依照《刑法》第338条的规定处罚。

二、非法处置进口的固体废物罪

非法处置进口的固体废物罪，是指违反国家规定，将境外的固体废物进境倾倒、堆放、处置的行为。

所谓"固体废物"，是指在生产建设、日常生活和其他活动中产生的污染环境的固态、半固态废弃物质。本罪的行为方式限于将境外的固体废物进境倾倒、堆放、处置的行为，实质是一种将中国领土作为"洋垃圾"的堆放、处理场所的行为。有上述行为即可构成本罪，不必实际发生污染环境的后果。

本罪与走私废物罪的区别。主要在于是否逃避海关监管，即是否具有"走私"行为。本罪的违反国家规定，是违反有关环境保护法规的规定，不包括以走私方式违反《海关法》的规定。根据经《刑法修正案（四）》增加的第152条第2款的规定，"逃避海关监管"将境外废物运输进境，属于走私性质的犯罪，以走私废物罪论处。

《刑法》第339条第1款规定，犯本罪的，处5年以下有期徒刑或者拘役，并处罚金；造成重大环境污染事故，致使公私财产遭受重大损失或者严重危害人体健康的，处5年以上10年以下有期徒刑，并处罚金；后果特别严重的，处10年以上有期徒刑，并处罚金。《刑法》第346条规定，单位犯本罪的，对单位判处罚金，并对其直接负责的主管人员和其他直接责任人员，依照《刑法》第339条第1款的规定处罚。

三、擅自进口固体废物罪

擅自进口固体废物罪，是指未经国务院有关主管部门许可，擅自进口固体废物用作原料，造成重大环境污染事故，致使公私财产遭受重大损失或者严重危害人体健康的行为。

《刑法》第339条第2款规定，犯本罪的，处5年以下有期徒刑或者拘役，并处罚金；后果特别严重的，处5年以上10年以下有期徒刑，并处罚金。《刑法》第346条规定，单位犯本罪的，对单位判处罚金，并对其直接负责的主管人员和其他直接责任人员依照《刑法》第339条第2款的规定处罚。

四、非法捕捞水产品罪

非法捕捞水产品罪，是指违反保护水产资源法规，在禁渔区、禁渔期或者使用禁用的工具、方法捕捞水产品，情节严重的行为。

"禁渔区"，是指对某些重要鱼、虾、贝类的产卵场、越冬场和幼体索饵场，划定禁止全部作业或限制作业的一定区域。"禁渔期"，是指对某些经济鱼类幼鱼出现的不同盛期，规定禁止全部作业或限制作业的一定期限。"禁用的工具、方法"，是指不合乎保护鱼类资源要求的捕捞工具、方法，如渔网的网眼超过了国家规定的最小尺寸以及炸鱼、毒鱼、电鱼等禁用的方法。行为人捕捞水产品的行为只要具备在禁渔区、禁渔期或者使用禁用的工具、方法这四种情形之一的，即可以构成本罪。

"情节严重"，主要指非法捕捞水产品数量较大的，造成水产资源重大损失的；为首抗拒或者聚众非法捕捞水产品的；非法捕捞水产品，屡教不改的；抗拒渔政管理，对渔政人员有殴打、辱骂情节的；等等。

根据《依法惩治长江流域非法捕捞等违法犯罪的意见》（公通字〔2020〕17号），在长江流域重点水域非法捕捞水产品，具有下列情形之一的，依照《刑法》第340条的规定，以非法捕捞水产品罪定罪处罚：①非法捕捞水产品500公斤以上或者1万元以上的；②非法捕捞具有重要经济价值的水生动物苗种、怀卵亲体或者在水产种质资源保护区内捕捞水产品50公斤以上或者1000元以上的；③在禁捕区域使用电鱼、毒鱼、炸鱼等严重破坏渔业资源的禁用方法捕捞的；④在禁捕区域使用农业农村部规定的禁用工具捕捞的；⑤其他情节严重的情形。

《刑法》第340条规定，犯本罪的，处3年以下有期徒刑、拘役、管制或者罚金。《刑法》第346条规定，单位犯本罪的，对单位判处罚金，并对其直接负责的主管人员和其他直接责任人员，依照《刑法》第340条的规定处罚。

五、危害珍贵、濒危野生动物罪

（一）概念

危害珍贵、濒危野生动物罪，指违反野生动物保护法规，未经有关部门批准，非法猎捕、杀害国家重点保护的珍贵、濒危野生动物，或者非法收购、运输、出售国家重点保护的珍贵、濒危野生动物及其制品的行为。

（二）构成要素

1. 客观的构成要素。

（1）行为对象。国家重点保护的珍贵、濒危野生动物及其制品。《刑法》第341条第1款规定的"珍贵、濒危野生动物"，包括列入国家重点保护野生动物名录的国家一、二级保护野生动物、列入《濒危野生动植物种国际贸易公约》附录一、附录二的野生动物以及驯养繁殖的上述物种。[1]

（2）行为。本罪的行为分两类：

第一，非法猎捕、杀害国家重点保护的珍贵、濒危野生动物。所谓"非法猎捕、杀害"，是指违反《野生动物保护法》的规定进行猎捕、杀害。《野生动物保护法》第21、23条规定，对于国家保护的珍贵、濒危野生的动物，严禁在任何时间、任何地点、使用任何工具或方法进行猎捕和杀害。如因科学研究、驯养繁殖、展览或者其他特殊情况，需要捕捉或捕捞国家一级保护的野生动物的，必须向国务院野生动物行政主管部门申请特许猎捕证；猎捕国家二级保护的野生动物的，必须向省、自治区、直辖市政府野生动物行政主管部门申请特许猎捕证。捕猎者必须根据猎捕证所规定的种类、数量、地点和期限进行捕猎，不得使用军用武器、毒药、炸药进行捕猎，违反上述规定的猎捕、杀害珍贵、濒危野生动物的，均属非法的。行为人有非法猎捕、杀害行为之一的，即可构成本罪。

第二，非法收购、运输、出售国家重点保护的珍贵、濒危野生动物及其制品。"收购"，包括以营利、自用等为目的的购买行为；"运输"，包括采用携带、邮寄、利用他人、使用交通工具等方法进行运送的行为；"出售"，包括出卖和以营利为目的的加工利用行为。[2]

2. 主观的构成要素。本罪是故意犯罪，即明知是珍贵、濒危野生动物而有意猎捕、杀害；或者明知是国家重点保护的珍贵、濒危野生动物及其制品而非法收购、运输、出售。由于缺乏必要的认识，误捕、误杀的，不构成本罪。

---

[1] 2000年11月27日公布的《审理破坏野生动物资源刑事案件的解释》第1条。
[2] 2000年11月27日公布的《审理破坏野生动物资源刑事案件的解释》第2条。

1. 最高人民法院研究室《关于收购、运输、出售部分人工驯养繁殖技术成熟的野生动物适用法律问题的复函》指出，由于驯养繁殖技术的成熟，对有的珍贵、濒危野生动物的驯养繁殖、商业利用在某些地区已成规模，有关野生动物的数量极大增加，收购、运输、出售这些人工驯养繁殖的野生动物实际已无社会危害性。以后修订司法解释时明确，对某些经人工驯养繁殖、数量已大大增多的野生动物，附表所列的定罪量刑数量标准，仅适用于真正意义上的野生动物，而不包括驯养繁殖的。

2. 本罪与非法捕捞水产品罪的界限。二者的主要区别在于对象不同：本罪的对象限于珍贵、濒危野生动物，其中包括珍贵、濒危的水生动物；而后者的对象为一般的水产品。明知是珍贵、濒危的水生野生动物而捕捞或杀害的，应以本罪论处。在非法捕捞水产品过程中，误捕、误杀珍贵、濒危的水生野生动物的，不构成本罪，可作为非法捕捞水产品罪的量刑情节考虑。

（四）处罚

《刑法》第341条第1款规定，犯本罪的，处5年以下有期徒刑或者拘役，并处罚金；情节严重的，处5年以上10年以下有期徒刑，并处罚金；情节特别严重的，处10年以上有期徒刑，并处罚金或者没收财产。《刑法》第346条规定，单位犯本罪的，对单位判处罚金，并对其直接负责的主管人员和其他直接责任人依照《刑法》第341条第1款的规定处罚。

六、非法狩猎罪

非法狩猎罪，是指违反狩猎法规，在禁猎区、禁猎期或者使用禁用的工具、方法进行狩猎，破坏野生动物资源，情节严重的行为。

"禁猎区"，是指国家有关部门划定禁止捕猎的区域。"禁猎期"，是指国家有关部门根据野生动物的繁殖和皮毛、肉食及成熟季节，规定的禁止捕猎的期限。"禁用的工具、方法"，是指能够破坏野生动物资源，危及人畜安全的工具、方法，如地弓、地枪、炸药、毒药以及火攻、烟熏等方法。

非法狩猎行为，必须情节严重的才能构成犯罪。根据《审理破坏野生动物资源刑事案件的解释》第6条的规定，所谓"情节严重"，是指具有下列情形之一的：①非法狩猎野生动物20只以上的；②违反狩猎法规，在禁猎区或者禁猎期使用禁用的工具、方法狩猎的；③具有其他严重情节的。

《刑法》第341条第2款规定，犯本罪的，处3年以下有期徒刑、拘役、管制或者罚金。《刑法》第346条规定，单位犯本罪的，对单位判处罚金，并对其直接负责的主管人员和其他直接责任人员依照《刑法》第341条第2款的规定处罚。

七、非法猎捕、收购、运输、出售陆生野生动物罪

非法猎捕、收购、运输、出售陆生野生动物罪，指违反野生动物保护管理法规，以食用为目的非法猎捕、收购、运输、出售珍贵、濒危野生动物以外的在野外环境自然生长繁殖的陆生野生动物，情节严重的行为。

本条之罪限于"以食用为目的"，主要的规范目的在于防范重大公共卫生风险。食用"野味"的陋习，可能导致野生动物疫病传播到人类。禁止"食用为目的"野生陆生动物交易，也可以使野生陆生动物得到有效保护。不"以食用为目的"的猎捕、交易行为，不成立本罪。不排除可以成立非法狩猎罪。

对象限于珍稀、濒危野生动物之外的在野外环境自然生长繁殖的陆生野生动物。非法猎捕、交易珍稀、濒危野生动物及其制品的，不论是否具有食用目的，成立危害珍稀、濒危野

生动物罪。

"情节严重"，主要指非法猎捕或者非法交易数量大，具有商业规模。非法猎捕或者购买供自己或家人食用的，显然不是"情节严重"。

《刑法》第341条第3款规定，犯本罪的，处3年以下有期徒刑、拘役、管制或者罚金。《刑法》第346条规定，单位犯本罪的，对单位判处罚金，并对其直接负责的主管人员和其他直接责任人员依照《刑法》第341条第2款的规定处罚。

八、非法占用农用地罪

非法占用农用地罪，是指违反土地管理法规，非法占用耕地、林地等农用地，改变被占用土地用途，数量较大，造成耕地、林地等农用地大量毁坏的行为。

根据2001年8月31日通过的《全国人民代表大会常务委员会关于〈中华人民共和国刑法〉第二百二十八条、第三百四十二条、第四百一十条的解释》（以下简称《〈中华人民共和国刑法〉第二百二十八条、第三百四十二条、第四百一十条的解释》）的规定，"违反土地管理法规"，是指违反土地管理法、森林法、草原法等法律以及有关行政法规中关于土地管理的规定。

本罪的行为包括以下要素：①"非法占用农用地"，即指违反土地利用总体规划或计划，未经批准或者采取欺骗手段骗取批准，占用农用地。超过批准使用农用地数量占用农用地的，多占的部分属于非法占用。②改变被占用土地用途，数量较大。根据2000年6月19日公布的《审理破坏土地资源刑事案件的解释》第3条第1项的规定，非法占用耕地"数量较大"，是指非法占用基本农田5亩以上或者非法占用基本农田以外的耕地10亩以上。关于非法占用耕地之外的农用地的"数量较大"的标准，司法解释中没有涉及，可参考耕地的标准掌握。

本罪的行为结果要求造成农用地大量毁坏。"造成耕地大量毁坏"，是指行为人非法占用耕地建窑、建坟、建房、挖沙、采石、采矿、取土、堆放固体废弃物或者进行其他非农业建设，造成基本农田5亩以上或者基本农田以外的耕地10亩以上种植条件严重毁坏或者严重污染。[1]行为人同时具备以上行为要素和结果要素，才可构成本罪。虽非法占用农用地改作他用，但占用数量较少的，或者虽占用数量较大，但未造成大量农用地毁坏后果的，均不构成犯罪。

《刑法》第342条规定，犯本罪的，处5年以下有期徒刑或者拘役，并处或者单处罚金。《刑法》第346条规定，单位犯本罪的，对单位判处罚金，并对其直接负责的主管人员和其他直接责任人员依照《刑法》第342条的规定处罚。

九、破坏自然保护地罪

破坏自然保护地罪，指违反自然保护地管理法规，在国家公园、国家级自然保护区进行开垦、开发活动或者修建建筑物，造成严重后果或者有其他恶劣情节的行为。

"造成严重后果或者有其他恶劣情节"，可参照非法占用农用地罪的标准掌握。

《刑法》第342条之一规定，犯本罪的，处5年以下有期徒刑或者拘役，并处或者单处罚金。

十、非法采矿罪

（一）概念

非法采矿罪，是指违反矿产资源法的规定，未取得采矿许可证而擅自采矿，擅自进入国家规划矿区、对国民经济具有重要价值的矿区和他人矿区范围采矿，或者擅自开采国家规定

---

〔1〕　2000年6月19日公布的《审理破坏土地资源刑事案件的解释》第3条第2项。

实行保护性开采的特定矿种，情节严重的行为。

（二）客观构成要件

1. "违反矿产资源法的规定"，根据《关于办理非法采矿、破坏性采矿刑事案件适用法律若干问题的解释》（法释〔2016〕25 号，以下简称《办理非法采矿案解释》），指违反《矿产资源法》《水法》等法律、行政法规有关矿产资源开发、利用、保护和管理的规定。

2. "未取得采矿许可证"，根据《办理非法采矿案解释》，指具有下列情形之一：①无许可证的；②许可证被注销、吊销、撤销的；③超越许可证规定的矿区范围或者开采范围的；④超出许可证规定的矿种的（共生、伴生矿种除外）；⑤其他未取得许可证的情形。

3. "情节严重"，根据《办理非法采矿案解释》，指具有下列情形之一：①开采的矿产品价值或者造成矿产资源破坏的价值在 10～30 万元以上的；②在国家规划矿区、对国民经济具有重要价值的矿区采矿，开采国家规定实行保护性开采的特定矿种，或者在禁采区、禁采期内采矿，开采的矿产品价值或者造成矿产资源破坏的价值在 5～15 万元以上的；③2 年内曾因非法采矿受过 2 次以上行政处罚，又实施非法采矿行为的；④造成生态环境严重损害的；⑤其他情节严重的情形。

非法开采的矿产品价值，根据销赃数额认定；无销赃数额，销赃数额难以查证，或者根据销赃数额认定明显不合理的，根据矿产品价格和数量认定。多次非法采矿构成犯罪，依法应当追诉的，或者 2 年内多次非法采矿未经处理的，价值数额累计计算。

（三）认定

1. 《办理非法采矿案解释》规定，依据相关规定应当办理河道采砂许可证，未取得河道采砂许可证；或者依据相关规定应当办理河道采砂许可证和采矿许可证，既未取得河道采砂许可证，又未取得采矿许可证，达到非法采矿罪"情节严重"标准的，以非法采矿罪定罪处罚。非法采砂严重影响河势稳定，危害防洪安全的，也属于"情节严重"。

2. 未取得海砂开采海域使用权证，且未取得采矿许可证，采挖海砂，达到非法采矿罪"情节严重"标准的，以非法采矿罪定罪处罚。造成海岸线严重破坏的，也属于"情节严重"。

3. 对受雇佣为非法采矿犯罪提供劳务的人员，除参与利润分成或者领取高额固定工资的以外，一般不以犯罪论处，但曾因非法采矿受过处罚的除外。

（四）处罚

《刑法》第 343 条第 1 款规定，犯本罪的，处 3 年以下有期徒刑、拘役或者管制，并处或者单处罚金；情节特别严重的，处 3 年以上 7 年以下有期徒刑，并处罚金。《刑法》第 346 条规定，单位犯本罪的，对单位判处罚金，并对其直接负责的主管人员和其他直接责任人员依照《刑法》第 343 条第 1 款的规定处罚。

十一、破坏性采矿罪

破坏性采矿罪，是指违反《矿产资源法》的规定，采取破坏性的开采方法开采矿产资源，造成矿产资源严重破坏的行为。

1. 行为。违反《矿产资源法》的规定，采取破坏性开采方法开采矿产资源。"采取破坏性的开采方法开采矿产资源"，是指行为人违反地质矿产主管部门审查批准的矿产资源开发利用方案开采矿产资源，并造成矿产资源严重破坏的行为。例如，采易弃难，采富弃贫，严重违反开采回采率，采矿贫化率和选矿回收率的指标进行采矿的行为。

2. 结果。本罪以"造成矿产资源严重破坏"后果为要件。根据《办理非法采矿案的解释》造成矿产资源破坏的价值在 50～100 万元以上，或者造成国家规划矿区、对国民经济具有重要价值的矿区和国家规定实行保护性开采的特定矿种资源破坏的价值在 25～50 万元以上的，应当认定为《刑法》第343条第2款规定的"造成矿产资源严重破坏"。

多次破坏性采矿构成犯罪，依法应当追诉的，或者2年内多次破坏性采矿未经处理的，价值数额累计计算。

《刑法》第343条第2款规定，犯本罪的，处5年以下有期徒刑或者拘役，并处罚金。《刑法》第346条规定，单位犯本罪的，对单位判处罚金，并对其直接负责的主管人员和其他直接责任人员依照第343条第2款的规定处罚。

十二、危害国家重点保护植物罪

危害国家重点保护植物罪，指违反国家规定，非法采伐、毁坏珍贵树木或者国家重点保护的其他植物的，或者非法收购、运输、加工、出售珍贵树木或者国家重点保护的其他植物及其制品的行为。

（一）行为对象

行为对象包括：一是国家重点保护的植物：①珍贵树木。珍贵树木包括由省级以上林业主管部门或者其他部门确定的具有重大历史纪念意义、科学研究价值或者年代久远的古树名木，国家禁止、限制出口的珍贵树木以及列入国家重点保护野生植物名录的树木，即林业部制定的《国家珍贵树种名录》中规定的珍贵树木，共132种，主要是具有较高的生态、科学研究、经济利用和观赏价值的树木。其中，国家一级珍贵树木主要包括银杉、巨柏、银杏、水松、南方红豆杉、天目、铁木等；国家二级珍贵树木包括云柏、红松、黄杉、白豆杉等。②国家重点保护的其他植物。《关于适用刑法第三百四十四条有关问题的批复》（法释〔2020〕2号）指出：古树名木以及列入《国家重点保护野生植物名录》的野生植物，属于《刑法》第344条规定的"珍贵树木或者国家重点保护的其他植物"。二是国家重点保护植物制品。

野生植物限于原生地天然生长的植物。人工培育的植物，除古树名木外，不属于《刑法》第344条规定的"珍贵树木或者国家重点保护的其他植物"。

（二）认定

1. 非法采伐、毁坏或者非法收购、运输人工培育的植物（古树名木除外），构成盗伐林木罪、滥伐林木罪、非法收购、运输盗伐、滥伐的林木罪等犯罪的，依照相关规定追究刑事责任。

2. 对于非法移栽珍贵树木或者国家重点保护的其他植物，依法应当追究刑事责任的，依照《刑法》第234条的规定，以非法采伐国家重点保护植物罪定罪处罚。

鉴于移栽在社会危害程度上与砍伐存在一定差异，对非法移栽珍贵树木或者国家重点保护的其他植物的行为，在认定是否构成犯罪以及裁量刑罚时，应当考虑植物的珍贵程度、移栽目的、移栽手段、移栽数量、对生态环境的损害程度等情节，综合评估社会危害性，确保罪责刑相适应。

3. 认定本罪应当注意刑法上的认识错误问题。许多做古旧家具的生意人，从乡村收购古旧家具而后出售牟利，或者拆解古旧家具的板材制作家具出售牟利，其中不乏珍贵树木的制品。如果因为不识珍贵树木制成的古旧家具材质而触犯本罪的，属于事实认识错误，可阻却本罪故意；如果因为不知收购、运输、加工、出售珍贵树木制成的古旧家具是犯罪而触犯本罪的，属于法律认识错误，不阻却本罪的故意。但是，在目前的背景下，做古旧家具生意人确实难以意识到行为违法，是否应追究刑事责任成为问题。因此，可考虑对本罪对象之一"国家重点保护植物制品"限定在新砍伐的珍贵树木制成品范围内，把珍贵树木制成的古旧家具排除在本罪范围外。

（三）处罚

《刑法》第344条规定，犯本罪的，处3年以下有期徒刑、拘役或者管制，并处罚金；情节严重的，处 3 年以上 7 年以下有期徒刑，并处罚金。《刑法》第 346 条规定，单位犯本罪的，对单位判处罚金，并对其直接负责的主管人员和其他直接责任人员依照第 344 条的规定处罚。

十三、非法引进、释放、丢弃外来入侵物种罪

非法引进、释放、丢弃外来入侵物种罪，指违反国家规定，非法引进、释放或者丢弃外来入侵物种，情节严重的行为。

"外来入侵物种"，根据国家有关部门公布的"外来入侵物种名单"认定。目前，国家环保总局/环保部（现生态环境部）先后颁布了四批中国外来入侵物种名单，共计 71 个外来入侵物种。

《刑法》第 344 条之一规定，犯本罪的，处 3 年以下有期徒刑或者拘役，并处或者单处罚金。

十四、盗伐林木罪

（一）概念

盗伐林木罪，是指以非法占有为目的，盗伐森林或者其他林木，数量较大的行为。

（二）构成要素

1. 客观的构成要素。

（1）行为对象。本罪的行为对象是不属于本人或本单位所有的森林或者其他林木。这里的"森林"，是指大面积的原始森林和人造林，包括防护林、用材林、经济林、薪炭林和特种用途林等；"其他林木"，是指小面积的树林和零星树木，但不包括农村农民房前屋后个人所有的零星树木。

（2）行为。本罪的行为是盗伐森林或者其他林木，数量较大。"盗伐"的基本含义是未经许可，擅自采伐不属于本人或本单位所有的林木。根据 2000 年 11 月 22 日公布的《审理破坏森林资源刑事案件的解释》第 3 条的规定，盗伐行为包括：①擅自砍伐国家、集体、他人所有或者他人承包经营管理的森林或者其他林木的；②擅自砍伐本单位或者本人承包经营管理的森林或者其他林木的；③在林木采伐许可证规定的地点以外采伐国家、集体、他人所有或者他人承包经营管理的森林或者其他林木的。盗伐林木必须数量较大才能构成犯罪。数量较大一般以 2 ~ 5 立方米或者幼树 100 ~ 200 株为准。对于 1 年内多次盗伐少量林木未经处罚的，累计其盗伐林木的数量，依法追究刑事责任。

2. 主观的构成要素。本罪是故意犯罪，并且具有非法占有的目的。

（三）认定

1. 本罪与盗窃罪的界限。2000 年 11 月 22 日公布的《审理破坏森林资源刑事案件的解释》第 9 条规定："将国家、集体、他人所有并已经伐倒的树木窃为己有，以及偷砍他人房前屋后、自留地种植的零星树木，数额较大的，依照刑法第二百六十四条的规定，以盗窃罪定罪处罚。"

2. 本罪与非法采伐、毁坏国家重点保护植物罪的界限。二者主要区别是对象不同，前者为普通林木，后者为珍贵树木及其他国家重点保护植物。在盗伐林木时，又故意非法采伐、毁坏国家重点保护植物，同时触犯二罪的，择一重罪定罪处罚。

3. 非法实施采种、采脂、挖笋、掘根、剥树皮等行为，牟取经济利益数额较大的，依照《刑法》第 264 条的规定，以盗窃罪定罪处罚。同时构成其他犯罪的（如破坏生产经营罪、故意毁坏财物罪的），依照处罚较重的规定定罪处罚。[1]

---

〔1〕 2000 年 11 月 22 日公布的《审理破坏森林资源刑事案件的解释》第 15 条。

4. 共犯问题。雇用他人盗伐林木构成犯罪的案件，如果被雇者不知是盗伐他人林木的，应由雇主承担刑事责任；如果被雇者明知是盗伐他人林木的，应按盗伐林木罪的共犯论处。

（四）处罚

《刑法》第 345 条第 1 款规定，犯本罪的，处 3 年以下有期徒刑、拘役或者管制，并处或者单处罚金；数量巨大的，处 3 年以上 7 年以下有期徒刑，并处罚金；数量特别巨大的，处 7 年以上有期徒刑，并处罚金。根据《刑法》第 345 条第 4 款的规定，盗伐国家级自然保护区内的森林或者其他林木的，从重处罚。《刑法》第 346 条规定，单位犯本罪的，对单位判处罚金，并对其直接负责的主管人员和其他直接责任人员依照第 345 条第 1、4 款的规定处罚。

十五、滥伐林木罪

滥伐林木罪，指违反森林法的规定，滥伐森林或者其他林木，数量较大的行为。

本罪的行为包括以下两种情形：①未经林业行政主管部门及法律规定的其他主管部门批准并核发林木采伐许可证，或者虽然持有林木采伐许可证，但违反林木采伐许可证规定的时间、数量、树种或者方式，任意采伐本单位所有或者本人所有的森林或者其他林木的；②超过林木采伐许可证规定的数量采伐他人所有的森林或者其他林木的。此外，林木权属争议一方在林木权属确认之前，擅自砍伐森林或者其他林木，数量较大的，以滥伐林木罪论处。

违反森林法的规定，在林木采伐许可证规定的地点以外，采伐本单位或者本人所有的森林或者其他林木的，除农村居民采伐自留地和房前屋后个人所有的零星林木以外，属于最高人民法院通过的《审理破坏森林资源刑事案件的解释》第 5 条第 1 款第 1 项"未经林业行政主管部门及法律规定的其他主管部门批准并核发林木采伐许可证"规定的情形，数量较大的，应当依照《刑法》第 345 条第 2 款的规定，以滥伐林木罪定罪处罚。[1]

本罪与盗伐林木罪的界限。二者的主要区别是：滥伐林木仅破坏林业资源，并不侵害国家、集体或者个人的林木所有权；而盗伐林木的行为，不仅破坏国家的林业资源，还侵犯了国家、集体或者个人的林木所有权。

本罪与非法采伐、毁坏国家重点保护植物罪的区别在于对象不同：前者为普通林木；后者为珍贵树木以及其他国家重点保护植物。滥伐林木同时触犯非法采伐、毁坏国家重点保护植物罪的，依照处罚较重的规定定罪处罚。

《刑法》第 345 条第 2 款规定，犯本罪的，处 3 年以下有期徒刑、拘役或者管制，并处或者单处罚金；数量巨大的，处 3 年以上 7 年以下有期徒刑，并处罚金。根据《刑法》第 345 条第 4 款的规定，滥伐国家级自然保护区内的森林或者其他林木的，从重处罚。《刑法》第 346 条规定，单位犯本罪的，对单位判处罚金，并对其直接负责的主管人员和其他直接责任人员依照第 345 条第 2、4 款的规定处罚。

十六、非法收购、运输盗伐、滥伐的林木罪

（一）概念

非法收购、运输盗伐、滥伐的林木罪，是指非法收购、运输明知是盗伐、滥伐的林木，情节严重的行为。

（二）构成要素

1. 客观的构成要素。

（1）行为对象。本罪行为对象是盗伐、滥伐的林木。

---

[1] 2004 年 3 月 26 日公布的《最高人民法院关于在林木采伐许可证规定的地点以外采伐本单位或者本人所有的森林或者其他林木的行为如何适用法律问题的批复》。

（2）行为。本罪的行为是非法收购、运输盗伐、滥伐的林木。根据《刑法》的规定，非法收购、运输盗伐、滥伐的林木，必须情节严重才能构成犯罪。根据相关司法解释，具有下列情形之一的，属于在林区非法收购盗伐、滥伐的林木"情节严重"：①非法收购盗伐、滥伐的林木20立方米以上或者幼树1000株以上的；②非法收购盗伐、滥伐的珍贵树木2立方米以上或者5株以上的；③其他情节严重的情形。[1]

2. 主观的构成要素。本罪是故意犯罪，即明知是盗伐、滥伐的林木而予以收购、运输。根据相关司法解释，"明知"，是指知道或者应当知道。具有下列情形之一的，可以视为应当知道，但是有证据证明确属被蒙骗的除外：①在非法的木材交易场所或者销售单位收购木材的；②收购以明显低于市场价格出售的木材的；③收购违反规定出售的木材的。[2] 根据有关法律规定，严禁任何单位和个人，收购无采伐证的木材，因此，只要行为人知道是无采伐证的木材，一般就可以认定行为人明知是盗伐、滥伐的林木。不知是盗伐、滥伐的林木而收购的，不构成本罪。

（三）认定

1. 与掩饰、隐瞒犯罪所得、犯罪所得收益罪的法条竞合关系。盗伐、滥伐的林木在广义上也属于犯罪所得，因此，对其进行非法收购、运输的行为也属于一种收购、转移犯罪所得的行为。鉴于《刑法》将非法收购、运输明知是盗伐、滥伐的林木的行为单独规定为一种犯罪，所以，对于非法收购、运输明知是盗伐、滥伐的林木的行为，应以本罪论处。

2. 本罪与盗伐、滥伐林木罪共犯的区别。唆使他人盗伐、滥伐林木而后予以低价收购或者运输的，或者与盗伐、滥伐的犯罪分子事先通谋，承担盗伐、滥伐林木的购销、运输分工的，应以盗伐、滥伐林木罪的共犯论处。

3. 注意《刑法修正案（四）》对本罪作了三处修改：①取消了"在林区"的限制，也就是构成本罪没有特殊地域的限制；②由非法"收购"行为扩大到非法"运输"行为；③取消了"以牟利为目的"的限制。

（四）处罚

《刑法》第345条第3款规定，犯本罪的，处3年以下有期徒刑、拘役或者管制，并处或者单处罚金；情节特别严重的，处3年以上7年以下有期徒刑，并处罚金。《刑法》第346条规定，单位犯本罪的，对单位判处罚金，并对其直接负责的主管人员和其他直接责任人员依照上述规定处罚。

第七节 走私、贩卖、运输、制造毒品罪

一、走私、贩卖、运输、制造毒品罪

（一）概念

走私、贩卖、运输、制造毒品罪，是指明知是毒品而故意实施走私、贩卖、运输、制造的行为。

（二）构成要素

1. 客观的构成要素。

（1）行为对象。本罪的行为对象是毒品。《刑法》第357条规定，毒品，是指鸦片、海洛

---

〔1〕 2000年11月22日公布的《审理破坏森林资源刑事案件的解释》第11条第1款。
〔2〕 2000年11月22日公布的《审理破坏森林资源刑事案件的解释》第10条。

因、甲基苯丙胺（冰毒）、吗啡、大麻、可卡因以及国家规定管制的其他能够使人形成瘾癖的麻醉药品和精神药品。

（2）行为。本罪的行为是走私、贩卖、运输、制造毒品行为。具体包括以下四种情形：①走私毒品。这里的"走私毒品"，是指明知是毒品而非法将其运输、携带、邮寄进出国（边）境的行为。直接向走私人非法收购走私进口的毒品，或者在内海、领海运输、收购、贩卖毒品的，以走私毒品论处。②贩卖毒品。这里的"贩卖毒品"，是指明知是毒品而非法销售或者以贩卖为目的而非法收买毒品的行为。对于居间介绍买卖毒品的，无论是否获利，均以贩卖毒品罪的共犯论处。③运输毒品。这里的"运输毒品"，是指采用携带、邮寄、利用交通工具等方法将毒品由此地移动到彼地。从此地到彼地应有相当的距离，如从甲城市转移往乙城市，从甲乡镇转移往乙乡镇，从毒品的批发地转运到外地。如果距离过短，如在同一城区内由甲房屋转移到乙房屋的，就不能以运输论。查明具有贩卖目的的，以贩卖毒品罪论处，无法查明毒品来源和用途的，以非法持有毒品罪论处。④制造毒品，这里的"制造毒品"，是指非法从毒品原植物直接提炼或者用化学方法加工、配制毒品的行为。包括：用毒品原植物或配剂提取或制作毒品；以改变毒品成分和效用为目的，用混合等物理方法加工、配制毒品的行为，如把 H 种毒品和 X 种毒品混合配制成 Y 种毒品。为便于隐蔽运输、销售、使用、欺骗购买者，或者为了增重，对毒品掺杂使假，添加或者去除其他非毒品物质的，不属于制造毒品的行为。

2. 主观的构成要素：本罪是故意罪即明知是毒品。根据《最高人民检察院、公安部关于公安机关管辖的刑事案件立案追诉标准的规定（三）》（以下简称《公安机关管辖的刑事案件立案追诉标准的规定（三）》）第 1 条第 8 款的规定，走私、贩卖、运输毒品主观故意中的"明知"，是指行为人知道或者应当知道所实施的是走私、贩卖、运输毒品行为。具有下列情形之一，结合行为人的供述和其他证据综合审查判断，可以认定其"应当知道"，但有证据证明确属被蒙骗的除外：

（1）执法人员在口岸、机场、车站、港口、邮局和其他检查站点检查时，要求行为人申报携带、运输、寄递的物品和其他疑似毒品物，并告知其法律责任，而行为人未如实申报，在其所携带、运输、寄递的物品内查获毒品的；

（2）以伪报、藏匿、伪装等蒙蔽手段逃避海关、边防等检查，在其携带、运输、寄递的物品中查获毒品的；

（3）执法人员检查时，有逃跑、丢弃携带物品或者逃避、抗拒检查等行为，在其携带、藏匿或者丢弃的物品中查获毒品的；

（4）体内或者贴身隐秘处藏匿毒品的；

（5）为获取不同寻常的高额或不等值的报酬为他人携带、运输、寄递、收取物品，从中查获毒品的；

（6）采用高度隐蔽的方式携带、运输物品，从中查获毒品的；

（7）采用高度隐蔽的方式交接物品，明显违背合法物品惯常交接方式的，从中查获毒品；

（8）行程路线故意绕开检查站点，在其携带、运输的物品中查获毒品的；

（9）以虚假身份、地址或者其他虚假方式办理托运、寄递手续，在托运、寄递的物品中查获毒品的；

（10）有其他证据足以证明行为人应当知道的。

根据《公安机关管辖的刑事案件立案追诉标准的规定（三）》第 1 条第 9 款的规定，制造毒品主观故意中的"明知"，是指行为人知道或者应当知道所实施的是制造毒品行为。有下列情形之一，结合行为人的供述和其他证据综合审查判断，可以认定其"应当知道"，但有证据证明确属被蒙骗的除外：①购置了专门用于制造毒品的设备、工具、制毒物品或者配制方案的；②为获取不同寻常的高额或者不等值的报酬为他人制造物品，经检验是毒品的；③在偏远、隐蔽场所制造，或者采取对制造设备进行伪装等方式制造物品，经检验是毒品的；④制造人员在执法人员检查时，有逃跑、抗拒检查等行为，在现场查获制造出的物品，经检验是毒品的；⑤有其他证据足以证明行为人应当知道的。

（三）认定

1. 罪名的确定。走私、贩卖、运输、制造毒品罪是选择罪名，即实施其中一种行为的成立完整一罪，实施其中数行为的也只判决为一罪，不数罪并罚。罪名根据实施的行为确定。例如，甲贩卖毒品 300 克，判决成立"贩卖毒品罪"。乙贩卖毒品 100 克，走私毒品 300 克，判决成立走私、贩卖毒品罪，犯罪数量 400 克。处理方式如同同种数罪不数罪并罚的。罪名的表述顺序固定为"走私、贩卖运输、制造毒品罪"，不受行为先后顺序的影响。例如，乙贩卖毒品 100 克行为在先、走私 300 克在后，判决罪名依然为"走私、贩卖毒品罪"。

2. 贩卖毒品罪认定。《全国法院毒品犯罪审判工作座谈会纪要》（法〔2015〕129 号，以下简称《武汉纪要》）指出：贩毒人员被抓获后，对于从其住所、车辆等处查获的毒品，一般均应认定为其贩卖的毒品。确有证据证明查获的毒品并非贩毒人员用于贩卖，其行为另构成非法持有毒品罪、窝藏毒品罪等其他犯罪的，依法定罪处罚。

吸毒者在购买、存储毒品过程中被查获，没有证据证明其是为了实施贩卖毒品等其他犯罪，毒品数量达到《刑法》第 348 条规定的最低数量标准的，以非法持有毒品罪定罪处罚。吸毒者在运输毒品过程中被查获，没有证据证明其是为了实施贩卖毒品等其他犯罪，毒品数量达到较大以上的，以运输毒品罪定罪处罚。

行为人为吸毒者代购毒品，在运输过程中被查获，没有证据证明托购者、代购者是为了实施贩卖毒品等其他犯罪，毒品数量达到较大以上的，对托购者、代购者以运输毒品罪的共犯论处。行为人为他人代购仅用于吸食的毒品，在交通、食宿等必要开销之外收取"介绍费""劳务费"，或者以贩卖为目的收取部分毒品作为酬劳的，应视为从中牟利，属于变相加价贩卖毒品，以贩卖毒品罪定罪处罚。

购毒者接收贩毒者通过物流寄递方式交付的毒品，没有证据证明其是为了实施贩卖毒品等其他犯罪，毒品数量达到《刑法》第 348 条规定的最低数量标准的，一般以非法持有毒品罪定罪处罚。代收者明知是物流寄递的毒品而代购毒者接收，没有证据证明其与购毒者有实施贩卖、运输毒品等犯罪的共同故意，毒品数量达到《刑法》第 348 条规定的最低数量标准的，对代收者以非法持有毒品罪定罪处罚。

行为人利用信息网络贩卖毒品、在境内非法买卖用于制造毒品的原料或者配剂、传授制造毒品等犯罪的方法，构成贩卖毒品罪、非法买卖制毒物品罪、传授犯罪方法罪等犯罪的，依法定罪处罚。行为人开设网站、利用网络聊天室等组织他人共同吸毒，构成引诱、教唆、欺骗他人吸毒罪等犯罪的，依法定罪处罚。

3. 《刑法》第 347 条第 1 款规定："走私、贩卖、运输、制造毒品，无论数量多少，都应当追究刑事责任，予以刑事处罚。"

4. 特情引诱。2008 年 12 月 1 日最高人民法院发布的《全国部分法院审理毒品犯罪案件工作座谈会纪要》第 6 条指出，对特情介入侦破的毒品案件，要区别不同情形予以分别处理：①对已持有毒品待售或者有证据证明已准备实施大宗毒品犯罪者，采取特情贴靠、接洽而破获的案件，不存在犯罪引诱，应当依法处理。②行为人本没有实施毒品犯罪的主观意图，而是在特情诱惑和促成下形成犯意，进而实施毒品犯罪的，属于"犯意引诱"。对因"犯意引诱"实施毒品犯罪的被告人，根据罪刑相适应原则，应当依法从轻处罚，无论涉案毒品数量多大，都不应判处死刑立即执行。行为人在特情既为其安排上线，又提供下线的双重引诱，即"双套引诱"下实施毒品犯罪的，处刑时可予以更大幅度的从宽处罚或者依法免予刑事处罚。③行为人本来只有实施数量较小的毒品犯罪的故意，在特情引诱下实施了数量较大甚至达到实际掌握的死刑数量标准的毒品犯罪的，属于"数量引诱"。对因"数量引诱"实施毒品犯罪的被告人，应当依法从轻处罚，即使毒品数量超过实际掌握的死刑数量标准，一般也不判处死刑立即执行。

5. 共同犯罪认定。办理贩卖毒品案件，应当准确认定居间介绍买卖毒品行为，并与居中倒卖毒品行为相区别。居间介绍者在毒品交易中处于中间人地位，发挥介绍联络作用，通常与交易一方构成共同犯罪，但不以牟利为要件；居中倒卖者属于毒品交易主体，与前后环节的交易对象是上下家关系，直接参与毒品交易并从中获利。居间介绍者受贩毒者委托，为其介绍联络购毒者的，与贩毒者构成贩卖毒品罪的共同犯罪；明知购毒者以贩卖为目的购买毒品，受委托为其介绍联络贩毒者的，与购毒者构成贩卖毒品罪的共同犯罪；受以吸食为目的的购毒者委托，为其介绍联络贩毒者，毒品数量达到《刑法》第348条规定的最低数量标准的，一般与购毒者构成非法持有毒品罪的共同犯罪；同时与贩毒者、购毒者共谋，联络促成双方交易的，通常认定与贩毒者构成贩卖毒品罪的共同犯罪。居间介绍者实施为毒品交易主体提供交易信息、介绍交易对象等帮助行为，对促成交易起次要、辅助作用的，应当认定为从犯；对于以居间介绍者的身份介入毒品交易，但在交易中超出居间介绍者的地位，对交易的发起和达成起重要作用的被告人，可以认定为主犯。

两人以上同行运输毒品的，应当从是否明知他人带有毒品，有无共同运输毒品的意思联络，有无实施配合、掩护他人运输毒品的行为等方面，综合审查认定是否构成共同犯罪。受雇于同一雇主同行运输毒品，但受雇者之间没有共同犯罪故意，或者虽然明知他人受雇运输毒品，但各自的运输行为相对独立，既没有实施配合、掩护他人运输毒品的行为，又分别按照各自运输的毒品数量领取报酬的，不应认定为共同犯罪。受雇于同一雇主分段运输同一宗毒品，但受雇者之间没有犯罪共谋的，也不应认定为共同犯罪。雇用他人运输毒品的雇主，及其他对受雇者起到一定组织、指挥作用的人员，与各受雇者分别构成运输毒品罪的共同犯罪，对运输的全部毒品数量承担刑事责任。

6. 与诈骗罪的区别。对于故意贩卖假毒品骗取财物的，以诈骗罪论处；把假毒品误作真毒品进行走私、贩卖、运输的，应以本罪（未遂）处罚。

7. 走私毒品，又走私其他物品构成犯罪的，按走私毒品罪和构成的其他走私罪分别定罪，实行并罚。

8. 利用信息网络，设立用于实施传授制造毒品、非法生产制毒物品的方法，贩卖毒品，非法买卖制毒物品或者组织他人吸食、注射毒品等违法犯罪活动的网站、通讯群组，或者发布实施前述违法犯罪活动的信息，情节严重的，应当依照《刑法》第287条之一的规定，以非法利用信息网络罪定罪处罚。实施《刑法》第287条之一、第287条之二规定的行为，同时构成贩卖毒品罪、非法买卖制毒物品罪、传授犯罪方法罪等犯罪的，依照处罚较重的规定定罪处罚。

（四）处罚

1. 《刑法》第347条第2款规定，走私、贩卖、运输、制造毒品，有下列情形之一的，处15年有期徒刑、无期徒刑或者死刑，并处没收财产：①走私、贩卖、运输、制造鸦片1000

克以上、海洛因或者甲基苯丙胺50克以上或者其他毒品数量大的；②走私、贩卖、运输、制造毒品集团的首要分子；③武装掩护走私、贩卖、运输、制造毒品的；④以暴力抗拒检查、拘留、逮捕，情节严重的；⑤参与有组织的国际贩毒活动的。

《刑法》第347条第3款规定，走私、贩卖、运输、制造鸦片200克以上不满1000克、海洛因或者甲基苯丙胺10克以上不满50克或者其他毒品数量较大的，处7年以上有期徒刑，并处罚金。

《刑法》第347条第4款规定，走私、贩卖、运输、制造鸦片不满200克、海洛因或者甲基苯丙胺不满10克或者其他少量毒品的，处3年以下有期徒刑、拘役或者管制，并处罚金；情节严重的，处3年以上7年以下有期徒刑，并处罚金。

《刑法》第347条第5款规定，单位犯第2、3、4款罪的，对单位判处罚金，并对其直接负责的主管人员和其他直接责任人员，依照各该款的规定处罚。

《刑法》第347条第6款规定，利用、教唆未成年人走私、贩卖、运输、制造毒品，或者向未成年人出售毒品的，从重处罚。

2. 毒品数量计算。"其他毒品数量大"，根据《关于办理毒品犯罪案件适用法律若干问题的意见》，"其他毒品数量大"是指：①二亚甲基双氧安非他明（MDMA）等苯丙胺类毒品（甲基苯丙胺除外）100克以上；②氯胺酮、美沙酮1千克以上；③三唑仑、安眠酮50千克以上；④氯氮卓、艾司唑仑、地西泮、溴西泮500千克以上；⑤上述毒品以外的其他毒品数量大的。根据《审理毒品犯罪案件适用法律若干问题的解释》（法释〔2016〕8号），"其他毒品数量大的"还包括但不限于以下情形：①可卡因50克以上；②3，4-亚甲二氧基甲基苯丙胺（MDMA）等苯丙胺类毒品（甲基苯丙胺除外）、吗啡100克以上；③芬太尼125克以上；④甲卡西酮200克以上；⑤二氢埃托啡10毫克以上等。

"其他毒品数量较大"，根据《关于办理毒品犯罪案件适用法律若干问题的意见》是指：①二亚甲基双氧安非他明（MDMA）等苯丙胺类毒品（甲基苯丙胺除外）20克以上不满100克的；②氯胺酮、美沙酮200克以上不满1千克的；③三唑仑、安眠酮10千克以上不满50千克的；④氯氮卓、艾司唑仑、地西泮、溴西泮100千克以上不满500千克的；⑤上述毒品以外的其他毒品数量较大的。根据《关于审理毒品犯罪案件适用法律若干问题的解释》，"其他毒品数量较大的"还包括但不限于以下情形：①可卡因10克以上不满50克；②3，4-亚甲二氧基甲基苯丙胺（MDMA）等苯丙胺类毒品（甲基苯丙胺除外）、吗啡20克以上不满100克；③芬太尼25克以上不满125克；④甲卡西酮40克以上不满200克；⑤二氢埃托啡2毫克以上不满10毫克等。具体参见《关于审理毒品犯罪案件适用法律若干问题的解释》。

"其他少量毒品"，根据《关于办理毒品犯罪案件适用法律若干问题的意见》是指：①二亚甲基双氧安非他明（MDMA）等苯丙胺类毒品（甲基苯丙胺除外）不满20克的；②氯胺酮、美沙酮不满200克的；③三唑仑、安眠酮不满10千克的；④氯氮卓、艾司唑仑、地西泮、溴西泮不满100千克的；⑤上述毒品以外的其他少量毒品的。

根据2015年5月18日最高人民法院发布的《全国法院毒品犯罪审判工作座谈会纪要》关于毒品数量认定问题的规定，走私、贩卖、运输、制造、非法持有两种以上毒品的，可以将不同种类的毒品分别折算为海洛因的数量，以折算后累加的毒品总量作为量刑的根据。对于刑法、司法解释或者其他规范性文件明确规定了定罪量刑数量标准的毒品，应当按照该毒品与海洛因定罪量刑数量标准的比例进行折算后累加。对于刑法、司法解释及其他规范性文件没有规定定罪量刑数量标准，但《非法药物折算表》规定了与海洛因的折算比例的毒品，可以按照《非法药物折算表》折算为海洛因后进行累加。对于既未规定定罪量刑数量标准，又不具备折算条件的毒品，综合考虑其致瘾癖性、社会危害性、数量、纯度等因素依法量刑。在裁判文书中，应当客观表述涉案毒品的种类和数量，并综合认定为数量大、数量较大或者少量毒品等，不明确表述将不同种类毒品进行折算后累加的毒品总量。

对于未查获实物的甲基苯丙胺片剂（俗称"麻古"等）、MDMA 片剂（俗称"摇头丸"）等混合型毒品，可以根据在案证据证明的毒品粒数，参考本案或者本地区查获的同类毒品的平均重量计算出毒品数量。在裁判文书中，应当客观表述根据在案证据认定的毒品粒数。

对于有吸毒情节的贩毒人员，一般应当按照其购买的毒品数量认定其贩卖毒品的数量，量刑时酌情考虑其吸食毒品的情节；购买的毒品数量无法查明的，按照能够证明的贩卖数量及查获的毒品数量认定其贩毒数量；确有证据证明其购买的部分毒品并非用于贩卖的，不应计入其贩毒数量。

办理毒品犯罪案件，无论毒品纯度高低，一般均应将查证属实的毒品数量认定为毒品犯罪的数量，并据此确定适用的法定刑幅度，但司法解释另有规定或者为了隐蔽运输而临时改变毒品常规形态的除外。涉案毒品纯度明显低于同类毒品的正常纯度的，量刑时可以酌情考虑。

制造毒品案件中，毒品成品、半成品的数量应当全部认定为制造毒品的数量，对于无法再加工出成品、半成品的废液、废料则不应计入制造毒品的数量。对于废液、废料的认定，可以根据其毒品成分的含量、外观形态，结合被告人对制毒过程的供述等证据进行分析判断，必要时可以听取鉴定机构的意见。

3. 毒品数量与量刑。《刑法》第 347 条第 7 款规定："对多次走私、贩卖、运输、制造毒品，未经处理的，毒品数量累计计算。"毒品犯罪数量对毒品犯罪的定罪，特别是量刑具有重要作用。但毒品数量只是依法惩处毒品犯罪的一个重要情节而不是全部情节。因此，执行量刑的数量标准不能简单化。特别是对被告人可能判处死刑的案件，确定刑罚必须综合考虑被告人的犯罪情节、危害后果、主观恶性等多种因素。

根据最高人民法院、最高人民检察院、公安部发布的《办理毒品犯罪案件适用法律若干问题的意见》第 4 条的规定，可能判处死刑的毒品犯罪案件，毒品鉴定结论中应有含量鉴定的结论。

4. 在实施走私、贩卖、运输、制造毒品犯罪的过程中，以暴力抗拒检查、拘留、逮捕，造成执法人员死亡、重伤、多人轻伤或者具有其他严重情节的，应当认定为《刑法》第 347 条第 2 款第 4 项规定的"以暴力抗拒检查、拘留、逮捕，情节严重的"

5. 走私、贩卖、运输、制造毒品，具有下列情形之一的，应当认定为《刑法》第 347 条第 4 款规定的"情节严重"：①向多人贩卖毒品或者多次走私、贩卖、运输、制造毒品的；②在戒毒场所、监管场所贩卖毒品的；③向在校学生贩卖毒品的；④组织、利用残疾人、严重疾病患者、怀孕或者正在哺乳自己婴儿的妇女走私、贩卖、运输、制造毒品的；⑤国家工作人员走私、贩卖、运输、制造毒品的；⑥其他情节严重的情形。

6. 毒品再犯处罚。《全国部分法院审理毒品犯罪案件工作座谈会纪要》第 8 条指出：根据《刑法》第 365 条规定，只要因走私、贩卖、运输、制造、非法持有毒品罪被判过刑，不论是在刑罚执行完毕后，还是在缓刑、假释或者暂予监外执行期间，又犯《刑法》分则第六章第七节规定的犯罪的，都是毒品再犯，应当从重处罚。因走私、贩卖、运输、制造、非法持有毒品罪被判刑的犯罪分子，在缓刑、假释或者暂予监外执行期间又犯《刑法》分则第六章第七节规定的犯罪的，应当在对其所犯新的毒品犯罪适用《刑法》第 356 条从重处罚的规定确定刑罚后，再依法数罪并罚。对同时构成累犯和毒品再犯的被告人，应当同时引用《刑法》

关于累犯和毒品再犯的条款从重处罚。

7. 死刑的适用。根据 2015 年 5 月 18 日最高人民法院发布的《全国法院毒品犯罪审判工作座谈会纪要》关于运输毒品犯罪的死刑适用的规定，对于运输毒品犯罪，重点打击运输毒品犯罪集团首要分子，组织、指使、雇用他人运输毒品的主犯或者毒枭、职业毒犯、毒品再犯，以及具有武装掩护运输毒品、以运输毒品为业、多次运输毒品等严重情节的被告人，对其中依法应当判处死刑的，坚决依法判处。对于受人指使、雇用参与运输毒品的被告人，慎重适用死刑，其中的初犯、偶犯，一般不判处死刑。一案中有多人受雇运输毒品的，同时判处二人以上死刑要特别慎重。

二、非法持有毒品罪

（一）概念

非法持有毒品罪，是指明知是鸦片、海洛因、甲基苯丙胺或者其他毒品，而非法持有且数量较大的行为。

（二）构成要素

1. 客观的构成要素。本罪的行为是非法持有数量较大的毒品。具体包括以下要素：①持有毒品。所谓"持有"，是指占有、携有、藏有或者其他方式持有毒品的行为。持有不限于直接持有，也包括间接持有，持有也不限于有所有权的持有，即持有既包括本人亲自控制、占有自己所有或者他人所有的毒品，也包括本人拥有而由他人保管、占有的毒品。"持有是一种持续行为，只有当毒品在一定时间内由行为人支配时，才构成持有；至于时间的长短，则并不影响持有的成立，只是一种量刑情节，但如果时间过短，不足以说明行为人事实上支配着毒品时，则不能认为是持有。"[1] ②持有的非法性。所谓"非法"，是指违反国家法律和国家主管部门的规定。如违反国务院的《麻醉药品和精神药品管理条例》等。③持有的毒品数量较大。根据《公安机关管辖的刑事案件立案追诉标准的规定（三）》第 2 条的规定，非法持有毒品涉嫌下列情形之一的，应予立案追诉：①鸦片 200 克以上、海洛因、可卡因或者甲基苯丙胺 10 克以上；②二亚甲基双氧安非他明（MDMA）等苯丙胺类毒品（甲基苯丙胺除外）、吗啡 20 克以上；③度冷丁（杜冷丁）50 克以上（针剂 100mg/支规格的 500 支以上，50mg/支规格的 1000 支以上；片剂 25mg/片规格的 2000 片以上，50mg/片规格的 1000 片以上）；④盐酸二氢埃托啡 2 毫克以上（针剂或者片剂 20mg/支、片规格的 100 支、片以上）；⑤氯胺酮、美沙酮 200 克以上；⑥三唑仑、安眠酮 10 千克以上；⑦咖啡因 50 千克以上；⑧氯氮卓、艾司唑仑、地西泮、溴西泮 100 千克以上；⑨大麻油 1 千克以上，大麻脂 2 千克以上，大麻叶及大麻烟 30 千克以上；⑩罂粟壳 50 千克以上；⑪上述毒品以外的其他毒品数量较大的。非法持有两种以上毒品，每种毒品均没有达到上述规定的数量标准，但按上述规定的立案追诉数量比例折算成海洛因后累计相加达到 10 克以上的，应予立案追诉。

2. 主观的构成要素。本罪是故意犯罪，即明知是毒品而非法持有。对于没有认识到是毒品而持有的，不能认定为本罪。

（三）认定

罪数问题。非法持有毒品达到《刑法》第 348 条规定的构成犯罪的数量标准，没有证据证明实施了走私、贩卖、运输、制造毒品等犯罪行为的，以非法持有毒品罪定罪。因此，因实施其他毒品犯罪而持有毒品的，按所实施的毒品犯罪定罪处罚。例如，行为人因为贩卖、运输毒品而持有的，仅需以一个贩卖、运输毒品罪处罚。

---

[1] 张明楷：《刑法学》，法律出版社 2003 年版，第 877 页。

（四）处罚

《刑法》第 348 条规定，非法持有鸦片 1000 克以上、海洛因或者甲基苯丙胺 50 克以上或者其他毒品数量大的，处 7 年以上有期徒刑或者无期徒刑，并处罚金；非法持有鸦片 200 克以上不满 1000 克、海洛因或者甲基苯丙胺 10 克以上不满 50 克或者其他毒品数量较大的，处 3 年以下有期徒刑、拘役或者管制，并处罚金；情节严重的，处 3 年以上 7 年以下有期徒刑，并处罚金。《刑法》第 356 条规定，因走私、贩卖、运输、制造、非法持有毒品被判过刑，又犯本罪的，从重处罚。

三、包庇毒品犯罪分子罪

包庇毒品犯罪分子罪，是指明知是走私、贩卖、运输、制造毒品的犯罪分子，而向司法机关作虚假证明掩盖其罪行，以使其逃避法律制裁的行为。

根据《公安机关管辖的刑事案件立案追诉标准的规定（三）》第 3 条第 1 款的规定，包庇走私、贩卖、运输、制造毒品的犯罪分子，涉嫌下列情形之一的，应予立案追诉：①作虚假证明，帮助掩盖罪行的；②帮助隐藏、转移或者毁灭证据的；③帮助取得虚假身份或者身份证件的；④以其他方式包庇犯罪分子的。

《刑法》第 349 条第 3 款规定，犯本罪，事先通谋的，以走私、贩卖、运输、制造毒品罪的共犯论处。

本罪与包庇罪的区别要点是行为对象不同，本罪包庇的对象限于毒品犯罪分子。

《刑法》第 349 条第 1 款规定，犯本罪的，处 3 年以下有期徒刑、拘役或者管制；情节严重的，处 3 年以上 10 年以下有期徒刑。第 2 款规定，缉毒人员或者其他国家机关工作人员掩护、包庇走私、贩卖、运输、制造毒品的犯罪分子的，依照前款的规定从重处罚。《刑法》第 356 条规定，因走私、贩卖、运输、制造、非法持有毒品被判过刑，又犯本罪的，从重处罚。

四、窝藏、转移、隐瞒毒品、毒赃罪

窝藏、转移、隐瞒毒品、毒赃罪，是指明知是毒品或者毒品犯罪所得的财物而为犯罪分子窝藏、转移、隐瞒的行为。

本罪与非法持有毒品罪的区别要点在于毒品来源是否清楚。如果有证据能够证明是为其他毒品犯罪分子保管的毒品，属于窝藏毒品性质。如果不能说明或不能证明毒品来源的，属于非法持有。例如，从甲住处查出 100 克毒品，甲供述是乙的，乙承认该毒品是其暂放在甲处的，但无法查明乙的毒品来源。认定乙构成非法持有毒品罪，甲构成乙共犯。换言之，行为人"持有"本人拥有的毒品或者来源不明的毒品，是"持有"；查清毒品来源是他人所有或行为人本人贩卖、运输的毒品，以窝藏毒品罪或者贩卖、运输毒品罪论处，无需定非法持有毒品罪。

《刑法》第 349 条第 3 款规定，犯本罪，事先通谋的，以走私、贩卖、运输、制造毒品罪的共犯论处。

《刑法》第 349 条第 1 款规定，犯本罪的，处 3 年以下有期徒刑、拘役或者管制；情节严重的，处 3 年以上 10 年以下有期徒刑。第 2 款规定，缉毒人员或者其他国家机关工作人员掩护、包庇走私、贩卖、运输、制造毒品的犯罪分子的，依照前款的规定从重处罚。《刑法》第 356 条规定，因走私、贩卖、运输、制造、非法持有毒品被判过刑，又犯本罪的，从重处罚。

五、非法生产、买卖、运输制毒物品、走私制毒物品罪

（一）概念

非法生产、买卖、运输制毒物品、走私制毒物品罪，是指违反国家规定，非法生产、买卖、运输醋酸酐、乙醚、三氯甲烷或者其他用于制造毒品的原料、配剂，或者携带上述物品

进出境，情节较重的行为。

（二）构成要件

1. 客观要素。"非法"，参照 2009 年 6 月 23 日发布的《最高人民法院、最高人民检察院、公安部关于办理制毒物品犯罪案件适用法律若干问题的意见》第 1 条第 2 款的规定，包含如下行为：①未经许可或者备案，擅自购买、销售易制毒化学品的；②超出许可证明或者备案证明的品种、数量范围购买、销售易制毒化学品的；③使用他人的或者伪造、变造、失效的许可证明或者备案证明购买、销售易制毒化学品的；④经营单位违反规定，向无购买许可证明、备案证明的单位、个人销售制毒化学品的，或者明知购买者使用他人的或者伪造、变造、失效的购买许可证明、备案证明，向其销售易制毒化学品的；⑤以其他方式非法买卖易制毒化学品的。参照《公安机关管辖的刑事案件立案追诉标准的规定（三）》第 5 条第 1~3 款的规定，违反国家规定，非法运输、携带制毒物品进出国（边）境，涉嫌下列情形之一的，应予立案追诉：①1-苯基-2-丙酮 5 千克以上；②麻黄碱、伪麻黄碱及其盐类和单方制剂 5 千克以上，麻黄浸膏、麻黄浸膏粉 100 千克以上；③3，4-亚甲基二氧苯基-2-丙酮、去甲麻黄素（去甲麻黄碱）、甲基麻黄素（甲基麻黄碱）、羟亚胺及其盐类 10 千克以上；④胡椒醛、黄樟素、黄樟油、异黄樟素、麦角酸、麦角胺、麦角新碱、苯乙酸 20 千克以上；⑤N-乙酰邻氨基苯酸、邻氨基苯甲酸、哌啶 150 千克以上；⑥醋酸酐、三氯甲烷 200 千克以上；⑦乙醚、甲苯、丙酮、甲基乙基酮、高锰酸钾、硫酸、盐酸 400 千克以上；⑧其他用于制造毒品的原料或者配剂相当数量的。非法运输、携带两种以上制毒物品进出国（边）境，每种制毒物品均没有达到本条第 1 款规定的数量标准，但按上述规定的立案追诉数量比例折算成一种制毒物品后累计相加达到上述数量标准的，应予立案追诉。为了走私制毒物品而采用生产、加工、提炼等方法非法制造易制毒化学品的，以走私制毒物品罪（预备）立案追诉。

2. 主观要素，故意犯。实施走私、买卖制毒物品行为，有下列情形之一，且查获了易制毒化学品，结合行为人的供述和其他证据综合审查判断，可以认定其"明知"是制毒物品而走私或者非法买卖，但有证据证明确属被蒙骗的除外：①改变产品形状、包装或者使用虚假标签、商标等产品标志的；②以藏匿、夹带、伪装或者其他隐蔽方式运输、携带易制毒化学品逃避检查的；③抗拒检查或者在检查时丢弃货物逃跑的；④以伪报、藏匿、伪装等蒙蔽手段逃避海关、边防等检查的；⑤选择不设海关或者边防检查站的路段绕行出入境的；⑥以虚假身份、地址或者其他虚假方式办理托运、寄递手续的；⑦以其他方法隐瞒真相，逃避对易制毒化学品依法监管的。

本罪与走私、贩卖、运输、制造毒品罪的区别：对象不同，本罪对象限于制毒物品，即用于制造毒品的原料或者配剂。

《刑法》第 350 条第 2 款规定，明知他人制造毒品而为其生产、买卖、运输前款规定的物品的，以制造毒品罪的共犯论处。

《刑法》第 350 条第 1 款规定，犯本罪的，处 3 年以下有期徒刑、拘役或者管制，并处罚金；情节较重的，处 3 年以上 7 年以下有期徒刑，并处罚金；情节特别严重的，处 7 年以上有期徒刑，并处罚金或者没收财产。第 3 款规定，单位犯本罪的，对单位判处罚金，并对其直接负责的主管人员和其他直接责任人员，依照第 1、2 款的规定处罚。《刑法》第 356 条规定，因走私、贩卖、运输、制造、非法持有毒品被判过刑，又犯本罪的，从重处罚。

六、非法种植毒品原植物罪

非法种植毒品原植物罪，是指明知是罂粟、大麻等毒品原植物而非法种植且数量较大，或者经公安机关处理后又种植，或者抗拒铲除的行为。

"数量较大"，根据《关于审理毒品犯罪案件适用法律若干问题的解释》，指：①非法种植大麻5000株以上不满3万株的；②非法种植罂粟200平方米以上不满1200平方米、大麻2000平方米以上不满12 000平方米，尚未出苗的；③非法种植其他毒品原植物数量较大的。

认定非法种植毒品原植物罪，要注意与制造毒品罪区别开来。前者是指种植毒品原植物的行为，后者是指将毒品原植物进行加工、提炼，制造毒品的行为。非法种植毒品原植物数量较大，又以其为原料制造毒品的，应当以制造毒品罪从重处罚。非法种植毒品原植物数量较大，又实施其他制造毒品行为的，应当分别定非法种植毒品原植物罪和制造毒品罪，实行并罚。

《刑法》第351条第1款规定，犯本罪的，处5年以下有期徒刑、拘役或者管制，并处罚金。第2款规定，非法种植罂粟3000株以上或者其他毒品原植物数量大的，处5年以上有期徒刑，并处罚金或者没收财产。第3款规定，非法种植罂粟或者其他毒品原植物，在收获前自动铲除的，可以免除处罚。《刑法》第356条规定，因走私、贩卖、运输、制造、非法持有毒品被判过刑，又犯本罪的，从重处罚。

七、非法买卖、运输、携带、持有毒品原植物种子、幼苗罪

非法买卖、运输、携带、持有毒品原植物种子、幼苗罪，是指非法买卖、运输、携带、持有未经灭活的罂粟等毒品原植物种子或者幼苗，数量较大的行为。

"数量较大"，根据《关于审理毒品犯罪案件适用法律若干问题的解释》，指：①罂粟种子50克以上、罂粟幼苗5000株以上的；②大麻种子50千克以上、大麻幼苗5万株以上的；③其他毒品原植物种子或者幼苗数量较大的。

《刑法》第352条规定，犯本罪的，处3年以下有期徒刑、拘役或者管制，并处或者单处罚金。《刑法》第356条规定，因走私、贩卖、运输、制造、非法持有毒品被判过刑，又犯本罪的，从重处罚。

八、引诱、教唆、欺骗他人吸毒罪

引诱、教唆、欺骗他人吸毒罪，是指引诱、教唆、欺骗他人吸食、注射毒品的行为。

"引诱、教唆他人吸食、注射毒品"，是指通过向他人宣扬吸食、注射毒品后的感受等方法，诱使、唆使他人吸食、注射毒品的行为。"欺骗他人吸食、注射毒品"，是指用隐瞒事实真相或者制造假象等方法使他人吸食、注射毒品的行为。被引诱、教唆、欺骗的人吸食、注射毒品后是否成瘾，不影响本罪的成立。

本罪与教唆犯的界限。有本罪的引诱、教唆、欺骗行为，按本罪处理，不适用教唆犯的规定。

《刑法》第353条第1款规定，犯本罪的，处3年以下有期徒刑、拘役或者管制，并处罚金；情节严重的，处3年以上7年以下有期徒刑，并处罚金。第3款规定，引诱、教唆、欺骗或者强迫未成年人吸食、注射毒品的，从重处罚。《刑法》第356条规定，因走私、贩卖、运输、制造、非法持有毒品被判过刑，又犯本罪的，从重处罚。

"情节严重"，根据《关于审理毒品犯罪案件适用法律若干问题的解释》，指：①引诱、教唆、欺骗多人或者多次引诱、教唆、欺骗他人吸食、注射毒品的；②对他人身体健康造成严重危害的；③导致他人实施故意杀人、故意伤害、交通肇事等犯罪行为的；④国家工作人员引诱、教唆、欺骗他人吸食、注射毒品的；⑤其他情节严重的情形。

九、强迫他人吸毒罪

强迫他人吸毒罪，是指强迫他人吸食、注射毒品的行为。

"强迫他人吸食、注射毒品"，是指违背他人意志，使用暴力、胁迫或者其他方法，迫使

他人吸食、注射毒品的行为。被强迫的人吸食、注射毒品后是否成瘾，不影响本罪的成立。

《刑法》第 353 条第 2 款规定，犯本罪的，处 3 年以上 10 年以下有期徒刑，并处罚金。第 3 款规定，强迫未成年人吸食、注射毒品的，从重处罚。《刑法》第 356 条规定，因走私、贩卖、运输、制造、非法持有毒品被判过刑，又犯本罪的，从重处罚。

十、容留他人吸毒罪

容留他人吸毒罪，是指容留他人吸食、注射毒品的行为。

"容留他人吸食、注射毒品"，是指为他人吸食、注射毒品提供场所的行为。

《关于审理毒品犯罪案件适用法律若干问题的解释》规定，容留他人吸食、注射毒品，具有下列情形之一的，应当依照《刑法》第 354 条的规定，以容留他人吸毒罪定罪处罚：①1 次容留多人吸食、注射毒品的；②2 年内多次容留他人吸食、注射毒品的；③2 年内曾因容留他人吸食、注射毒品受过行政处罚的；④容留未成年人吸食、注射毒品的；⑤以牟利为目的容留他人吸食、注射毒品的；⑥容留他人吸食、注射毒品造成严重后果的；⑦其他应当追究刑事责任的情形。

向他人贩卖毒品后又容留其吸食、注射毒品，或者容留他人吸食、注射毒品并向其贩卖毒品，符合上述规定的容留他人吸毒罪的定罪条件的，以贩卖毒品罪和容留他人吸毒罪数罪并罚。

容留近亲属吸食、注射毒品，情节显著轻微危害不大的，不作为犯罪处理；需要追究刑事责任的，可以酌情从宽处罚。

《刑法》第 354 条规定，犯本罪的，处 3 年以下有期徒刑、拘役或者管制，并处罚金。《刑法》第 356 条规定，因走私、贩卖、运输、制造、非法持有毒品被判过刑，又犯本罪的，从重处罚。

十一、非法提供麻醉药品、精神药品罪

非法提供麻醉药品、精神药品罪，是指依法从事生产、运输、管理、使用国家管制的麻醉药品、精神药品的人员与单位，违反国家规定，向吸食、注射毒品的人提供国家规定管制的能够使人形成瘾癖的麻醉药品、精神药品的行为。

本罪的行为主体是特殊主体，即依法从事生产、运输、管理、使用国家管制的麻醉药品、精神药品的人员与单位。

《关于审理毒品犯罪案件适用法律若干问题的解释》规定，非法提供麻醉药品、精神药品，具有下列情形之一的，应当依照《刑法》第 355 条第 1 款的规定，以非法提供麻醉药品、精神药品罪定罪处罚：①非法提供麻醉药品、精神药品达到《刑法》第 347 条第 3 款或者本解释第 2 条规定的"数量较大"标准最低值的 50%，不满"数量较大"标准的；②2 年内曾因非法提供麻醉药品、精神药品受过行政处罚的；③向多人或者多次非法提供麻醉药品、精神药品的；④向吸食、注射毒品的未成年人非法提供麻醉药品、精神药品的；⑤非法提供麻醉药品、精神药品造成严重后果的；⑥其他应当追究刑事责任的情形。

行为人向走私、贩卖毒品的犯罪分子或者吸食、注射毒品的人员贩卖国家规定管制的能够使人形成瘾癖的麻醉药品或者精神药品的，以贩卖毒品罪定罪处罚。

行为人出于医疗目的，违反有关药品管理的国家规定，非法贩卖上述麻醉药品或者精神药品，扰乱市场秩序，情节严重的，以非法经营罪定罪处罚。

《刑法》第 355 条第 1 款规定，犯本罪的，处 3 年以下有期徒刑或者拘役，并处罚金；情节严重的，处 3 年以上 7 年以下有期徒刑，并处罚金。第 2 款规定，单位犯本罪的，对单位判处罚金，并对其直接负责的主管人员和其他直接责任人员，依照第 1 款的规定处罚。《刑法》

第二十五章

第 356 条规定，因走私、贩卖、运输、制造、非法持有毒品被判过刑，又犯本罪的，从重处罚。

十二、妨害兴奋剂管理罪

妨害兴奋剂管理罪，指引诱、教唆、欺骗运动员使用兴奋剂参加国内、国际重大体育竞赛，或者明知运动员参加上述竞赛而向其提供兴奋剂，情节严重的行为。

《刑法》355 条之一规定，犯本罪的，处 3 年以下有期徒刑或者拘役，并处罚金。组织、强迫运动员使用兴奋剂参加国内、国际重大体育竞赛的，从重处罚。

第八节 组织、强迫、引诱、容留、介绍卖淫罪

一、组织卖淫罪

组织卖淫罪，是指组织他人卖淫的行为。

"组织他人卖淫"，是指以招募、雇用、纠集等手段，管理或者控制他人卖淫，卖淫人员在 3 人以上的行为。这里的"他人"，主要是指女人，也包括男人。对于"卖淫"，《刑法》本身及相关立法、司法解释均未明确界定。为了与按摩等色情服务相区别，刑法意义的卖淫一般掌握为"性进入"。所谓"性进入"，指出于满足性欲而使人体一部分或者物体进入到另一人的身体内，具体而言，人体一部分或者物体具有性意味通过生殖器、口腔和肛门进入另一人的体内。这样，将"性进入"之外的色情活动排除在刑法意义的卖淫嫖娼之外。出卖肉体者的性别是否限于女性？多少存在分歧。司法实践中，有判例认为："刑法所规定的'卖淫'的本质特征在于，其是以营利为目的，向不特定的人出卖肉体的行为。至于行为人的性别是男是女，以及其对象是异性还是同性，均不是判断、决定行为人的行为是否构成'卖淫'所要考察的因素。之所以这样理解，是因为无论是女性卖淫还是男性卖淫，无论是异性卖淫还是同性卖淫，均违反了基本伦理道德规范，毒害了社会风气，败坏了社会良好风尚。从此角度看，将同性卖淫归入'卖淫'范畴，以组织卖淫罪追究组织同性卖淫的行为人的刑事责任，并不违背而完全符合刑法有关卖淫嫖娼犯罪规定的立法精神。"[1]

特定行业单位人员犯罪。根据《刑法》第 361 条的规定，旅馆业、饮食服务业、文化娱乐业、出租汽车业等单位的人员，利用本单位的条件，组织他人卖淫的，以组织卖淫罪定罪处罚。

在组织卖淫的犯罪活动中，被组织卖淫的人有引诱、容留、介绍卖淫行为的，依照处罚较重的规定定罪处罚。但是，对被组织者以外的其他人有引诱、容留、介绍卖淫行为的，应分别定罪，实行数罪并罚。

《刑法》第 358 条第 1 款规定，犯本罪的，处 5 年以上 10 年以下有期徒刑，并处罚金；情节严重的，处 10 年以上有期徒刑或者无期徒刑，并处罚金或者没收财产。组织、强迫未成年人卖淫的，依照前述的规定从重处罚。犯本罪并有杀害、伤害、强奸、绑架等犯罪行为的，依照数罪并罚的规定处罚。

《关于办理组织、强迫、引诱、容留、介绍卖淫刑事案件适用法律若干问题的解释》（法释〔2017〕13 号，以下简称《办理卖淫嫖娼刑案的解释》）规定：组织他人卖淫，具有下列情形之一的，应当认定为《刑法》第 358 条第 1 款规定的"情节严重"：①卖淫人员累计达 10 人以上的：②卖淫人员中未成年人、孕妇、智障人员、患有严重性病的人累计达

---

〔1〕《刑事审判参考（总第 38 辑）》，法律出版社 2004 年版，第 137～142 页。

5 人以上的；③组织境外人员在境内卖淫或者组织境内人员出境卖淫的；④非法获利人民币 100 万元以上的；⑤造成被组织卖淫的人自残、自杀或者其他严重后果的；⑥其他情节严重的情形。

根据《刑法》第 361 条的规定，旅馆业、饮食服务业、文化娱乐业、出租汽车业等单位的主要负责人，利用本单位的条件，组织他人卖淫的，从重处罚。

案例 25 - 12：2003 年 1 月至 8 月，被告人李宁为营利，先后伙同刘超、冷成宝等人预谋后，采取张贴广告、登报的方式招聘男青年做"公关人员"，并制定了严格的管理制度。李宁指使刘超、冷成宝对"公关先生"进行管理，并在其经营的"金麒麟""廊桥"及"正麒"酒吧内将多名"公关先生"介绍给男性顾客，由男性顾客将"公关人员"带至南京市"新富城"大酒店等处从事同性卖淫活动。对李宁组织卖淫一案，一审以组织卖淫罪判处有期徒刑 8 年，罚金人民币 6 万元；二审驳回上诉，维持原判。

资料来源：《刑事审判参考（总第 38 辑）》，法律出版社 2004 年版，第 137~142 页。

二、强迫卖淫罪

强迫卖淫罪，是指以暴力、胁迫或者其他方法违背他人的意志，迫使他人卖淫的行为。

《刑法》第 361 条规定，旅馆业、饮食服务业、文化娱乐业、出租汽车业等单位的人员，利用本单位的条件，强迫他人卖淫的，以强迫卖淫罪定罪处罚。

《刑法》第 358 条第 1 款规定，犯本罪的，处 5 年以上 10 年以下有期徒刑，并处罚金；情节严重的，处 10 年以上有期徒刑或者无期徒刑，并处罚金或者没收财产。组织、强迫未成年人卖淫的，依照前述规定从重处罚。犯本罪并有杀害、伤害、强奸、绑架等犯罪行为的，依照数罪并罚的规定处罚。

强迫他人卖淫，具有下列情形之一的，应当认定为《刑法》第 358 第 1 款规定的"情节严重"：①卖淫人员累计达 5 人以上的；②卖淫人员中未成年人、孕妇、智障人员、患有严重性病的人累计达 3 人以上的。③强迫不满 14 周岁的幼女卖淫的；④造成被强迫卖淫的人自残、自杀或者其他严重后果的；⑤其他情节严重的情形。

三、协助组织卖淫罪

协助组织卖淫罪，是指为组织卖淫的人招募、运送人员或者有其他协助组织他人卖淫行为。

"协助组织卖淫"，指明知他人组织卖淫犯罪活动而为其招募、运送人员或者充当保镖、打手、管账人等行为。常见协助行为有：为组织卖淫的人招募、运送人员，或者为组织者监管卖淫人员、看护卖淫场所，或者帮助组织者管理人员和财务；或者帮助组织者引诱、介绍、强迫他人卖淫。对协助组织卖淫行为，以协助组织卖淫罪定罪处罚，不以组织卖淫罪的从犯论处。

在具有营业执照的会所、洗浴中心等经营场所担任保洁员、收银员、保安员等，从事一般服务性、劳务性工作，仅领取正常薪酬，且无上述协助组织卖淫行为的，不认定为协助组织卖淫罪。

《刑法》第 358 条第 4 款规定，犯本罪的，处 5 年以下有期徒刑，并处罚金；情节严重的，处 5 年以上 10 年以下有期徒刑，并处罚金。

《办理卖淫嫖娼刑案的解释》规定，具有下列情形之一的，是"情节严重"：①招募、运送卖淫人员累计达 10 人以上的；②招募、运送的卖淫人员中未成年人、孕妇、智障人员、患有严重性病的人累计达 5 人以上的；③协助组织境外人员在境内卖淫或者协助组织境内人员出境卖淫的；④非法获利人民币 50 万元以上的；⑤造成被招募、运送或者被组织卖淫的人自残、自杀或者其他严重后果的；⑥其他情节严重的情形。

四、引诱、容留、介绍卖淫罪

引诱、容留、介绍卖淫罪，是指利用金钱、物质等手段诱使他人卖淫，或者提供场所给他人卖淫使用，或者使卖淫人员与嫖客发生联系，得以实现卖淫嫖娼的行为。

《刑法》第 361 条规定，旅馆业、饮食服务业、文化娱乐业、出租汽车业等单位的人员，利用本单位的条件，引诱、容留、介绍他人卖淫的，应认定为本罪。

《办理卖淫嫖娼刑案的解释》规定，引诱、容留、介绍他人卖淫，具有下列情形之一的，应当依《刑法》第 359 条第 1 款的规定定罪处罚：①引诱他人卖淫的；②容留、介绍 2 人以上卖淫的；③容留、介绍未成年人、孕妇、智障人员、患有严重性病的人卖淫的；④1 年内曾因引诱、容留、介绍卖淫行为被行政处罚，又实施容留、介绍卖淫行为的；⑤非法获利人民币 1 万元以上的。

利用信息网络发布招嫖违法信息，情节严重的，依照《刑法》第 287 条之一的规定，以非法利用信息网络罪定罪处罚。同时构成介绍卖淫罪的，依照处罚较重的规定定罪处罚。

引诱、容留、介绍他人卖淫是否以营利为目的，不影响犯罪的成立。

《刑法》第 359 条第 1 款规定，犯本罪的，处 5 年以下有期徒刑、拘役或者管制，并处罚金；情节严重的，处 5 年以上有期徒刑，并处罚金。

《办理卖淫嫖娼刑案的解释》规定，引诱、容留、介绍他人卖淫，具有下列情形之一的，应当认定为《刑法》第 359 条第 1 款规定的"情节严重"：①引诱 5 人以上或者引诱、容留、介绍 10 人以上卖淫的；②引诱 3 人以上的未成年人、孕妇、智障人员、患有严重性病的人卖淫，或者引诱、容留、介绍 5 人以上该类人员卖淫的；③非法获利人民币 5 万元以上的；④其他情节严重的情形。

五、引诱幼女卖淫罪

引诱幼女卖淫罪，是指引诱不满 14 周岁的幼女卖淫的行为。

如果只是容留、介绍幼女卖淫，则不成立本罪，仅成立容留、介绍卖淫罪。引诱幼女卖淫，同时又容留、介绍卖淫的，应分别认定为引诱幼女卖淫罪与容留、介绍卖淫罪，实行数罪并罚。

《刑法》第 359 条第 2 款规定，犯本罪的，处 5 年以上有期徒刑，并处罚金。

六、传播性病罪

传播性病罪，是指明知自己患有梅毒、淋病等严重性病而进行卖淫、嫖娼的行为。

本罪属于特殊主体，即已满 16 周岁，具有刑事责任能力，且患有梅毒、淋病等严重性病的人。《办理卖淫嫖娼刑案的解释》指出，《刑法》第 360 条所称的"严重性病"，包括梅毒、淋病等。其他性病是否认定为"严重性病"，应当根据《传染病防治法》《性病防治管理办法》的规定，在国家卫生与计划生育委员会规定实行性病监测的性病范围内，依照其危害、特点与梅毒、淋病相当的原则，从严掌握。

成立本罪必须实施了卖淫、嫖娼的行为。至于实际是否已造成他人染上性病的结果，不影响本罪的成立。行为人通过其他方式（如通奸等）将性病传播给他人的，不构成本罪。

本罪是故意犯罪，即明知自己患有梅毒、淋病等严重性病而卖淫或嫖娼。"办理卖淫嫖娼刑案的解释"规定，有下列情形之一，可认定行为人是"明知"：①有证据证明行为人曾到医院或者其他医疗机构就医或者检查，被诊断为患有严重性病的；②根据本人的知识和经验，能够知道自己患有严重性病的；③通过其他方法能够证明行为人是"明知"的。

《刑法》第360条规定，犯本罪的，处5年以下有期徒刑、拘役或者管制，并处罚金。

第九节　制作、贩卖、传播淫秽物品罪

一、制作、复制、出版、贩卖、传播淫秽物品牟利罪

（一）概念

制作、复制、出版、贩卖、传播淫秽物品牟利罪，是指以牟利为目的，制作、复制、出版、贩卖、传播淫秽物品的行为。

（二）构成要素

1. 客观的构成要素。

（1）行为对象。行为对象是淫秽物品。《刑法》第367条规定："本法所称淫秽物品，是指具体描绘性行为或者露骨宣扬色情的诲淫性的书刊、影片、录像带、录音带、图片及其他淫秽物品。有关人体生理、医学知识的科学著作不是淫秽物品。包含有色情内容的有艺术价值的文学、艺术作品不视为淫秽物品。"2004年9月3日公布的《最高人民法院、最高人民检察院关于办理利用互联网、移动通讯终端、声讯台制作、复制、出版、贩卖、传播淫秽电子信息刑事案件具体应用法律若干问题的解释（一）》（以下简称《办理利用互联网、移动通讯终端、声讯台制作、复制、出版、贩卖、传播淫秽电子信息的解释（一）》）第9条规定："刑法第三百六十七条第一款规定的'其他淫秽物品'，包括具体描绘性行为或者露骨宣扬色情的诲淫性的视频文件、音频文件、电子刊物、图片、文章、短信息等互联网、移动通讯终端电子信息和声讯台语音信息。有关人体生理、医学知识的电子信息和声讯台语音信息不是淫秽物品。包含色情内容的有艺术价值的电子文学、艺术作品不视为淫秽物品。"

（2）行为。本罪的行为包括以下五种：①制作淫秽物品。这里的"制作"，是指生产、录制、摄制、编写、绘画、印刷等产生淫秽物品的行为。②复制淫秽物品。这里的"复制"，是指以印刷、复印、拓印、录音、录像、翻录、翻拍等方式将淫秽物品制作一份或者多份的行为。③出版淫秽物品。这里的"出版"，是指将淫秽物品编辑、印刷后，公开发行的行为。④贩卖淫秽物品。这里的"贩卖"，是指销售淫秽物品的行为，包括批发、零售、倒卖等行为。⑤传播淫秽物品。这里的"传播"，是指通过播放、出租、出借、承运、邮寄、携带等方式致使淫秽物品流传的行为。根据司法解释，[1] 本罪的行为还包括：①以牟利为目的，利用互联网、移动通讯终端制作、复制、出版、贩卖、传播淫秽电子信息的；②以牟利为目的，利用聊天室、论坛、即时通信软件、电子邮件等方式制作、复制、出版、贩卖、传播淫秽电子信息的。

2. 主观的构成要素。本罪是故意犯罪，并具有牟利目的。

（三）认定

1. 以牟利为目的，制作、复制、出版、贩卖、传播淫秽物品，涉嫌下列情形之一的，应予立案追诉：①制作、复制、出版淫秽影碟、软件、录像带50～100张（盒）以上，淫秽音碟、录音带100～200张（盒）以上，淫秽扑克、书刊、画册100～200副（册）以上，淫秽照片、画片

〔1〕 2010年2月2日公布的《最高人民法院、最高人民检察院关于办理利用互联网、移动通讯终端、声讯台制作、复制、出版、贩卖、传播淫秽电子信息刑事案件具体应用法律若干问题的解释（二）》第1条；2004年9月3日公布的《办理利用互联网、移动通讯终端、声讯台制作、复制、出版、贩卖、传播淫秽电子信息的解释》第1条。

500~1000张以上的；②贩卖淫秽影碟、软件、录像带100~200张（盒）以上，淫秽音碟、录音带200~400张（盒）以上，淫秽扑克、书刊、画册200~400副（册）以上，淫秽照片、画片1000~2000张以上的；③向他人传播淫秽物品达200~500人次以上，或者组织播放淫秽影、像达10~20场次以上的；④制作、复制、出版、贩卖、传播淫秽物品，获利5000~1万元以上的。

2. 以牟利为目的，利用互联网、移动通讯终端制作、复制、出版、贩卖、传播淫秽电子信息，或者利用聊天室、论坛、即时通信软件、电子邮件等方式，涉嫌下列情形之一的，应予立案追诉：①制作、复制、出版、贩卖、传播淫秽电影、表演、动画等视频文件20个以上的；②制作、复制、出版、贩卖、传播淫秽音频文件100个以上的；③制作、复制、出版、贩卖、传播淫秽电子刊物、图片、文章、短信等200件以上的；④制作、复制、出版、贩卖、传播的淫秽电子信息，实际被点击数达到1万次以上的；⑤以会员制方式出版、贩卖、传播淫秽电子信息，注册会员达200人以上的；⑥利用淫秽电子信息收取广告费、会员注册费或者其他费用，违法所得1万元以上的；⑦数量或者数额虽未达到前述第1~6项规定标准，但分别达到其中两项以上标准的50%以上的；⑧造成严重后果的。

3. 以牟利为目的，通过声讯台传播淫秽语音信息，涉嫌下列情形之一的，应予立案追诉：①向100人次以上传播的；②违法所得1万元以上的；③造成严重后果的。

《刑法》第363条第2款规定，明知他人用于出版淫秽书刊而提供书号的，以出版淫秽物品牟利罪处罚。

（四）处罚

《刑法》第363条第1款规定，犯本罪的，处3年以下有期徒刑、拘役或者管制，并处罚金；情节严重的，处3年以上10年以下有期徒刑，并处罚金；情节特别严重的，处10年以上有期徒刑或者无期徒刑，并处罚金或者没收财产。《刑法》第366条规定，单位犯本罪的，对单位判处罚金，并对其直接负责的主管人员和其他直接责任人员，依照《刑法》第363条第1款的规定处罚。

二、为他人提供书号出版淫秽书刊罪

为他人提供书号出版淫秽书刊罪，是指违反国家关于书号管理的规定，向其他单位或者个人提供书号，致使淫秽书刊得以出版的行为。

本罪行为包括为他人提供版号，出版淫秽音像制品的行为。[1]

本罪是过失犯罪，即应当预见为他人提供书号，可能用于淫秽书刊的出版，因为疏忽大意而没有预见，或者已经预见而轻信能够避免，以致淫秽书刊出版。

与出版淫秽物品牟利罪的区别。本罪是过失犯罪，无出版淫秽书刊的故意和牟利的目的。如果明知他人用于出版淫秽书刊而提供书号的，以出版淫秽物品牟利罪的共犯论处。

《刑法》第363条第2款规定，犯本罪的，处3年以下有期徒刑、拘役或者管制，并处或者单处罚金。《刑法》第366条规定，单位犯本罪的，对单位判处罚金，并对其直接负责的主管人员和其他直接责任人员，依照《刑法》第363条第2款的规定处罚。

三、传播淫秽物品罪

传播淫秽物品罪，是指传播淫秽的书刊、影片、音像、图片或者其他淫秽物品，情节严重的行为。

本罪主观不以牟利为目的，传播淫秽的书刊、影片、音像、图片或者其他淫秽物品，情

---

〔1〕 1998年12月17日公布的《审理非法出版物刑事案件的解释》第9条第2款。

节严重的行为。根据相关司法解释，[1] 本罪的行为还包括：①不以牟利为目的，利用互联网或者移动通讯终端传播淫秽电子信息的；②不以牟利为目的，利用聊天室、论坛、即时通信软件、电子邮件等方式传播淫秽电子信息的。

构成本罪必须情节严重。所谓"情节严重"，根据《公安机关管辖的刑事案件立案追诉标准的规定（一）》第84条的规定，传播淫秽物品涉嫌下列情形之一的，应予立案追诉：①向他人传播300~600人次以上的；②造成恶劣社会影响的。不以牟利为目的，利用互联网、移动通讯终端传播淫秽电子信息，数量达到本规定第82条第2款第1~5项规定标准的2倍以上或者数量分别达到本规定第82条第2款第1~5项两项以上标准的，或者造成严重后果的。

本罪与传播淫秽物品牟利罪的区别要点在于是否具有牟利的目的。

《刑法》第364条第1款规定，犯本罪的，情节严重的，处2年以下有期徒刑、拘役或者管制。第4款规定，向不满18周岁的未成年人传播淫秽物品的，从重处罚。《刑法》第366条规定，单位犯本罪的，对单位判处罚金，并对其直接负责的主管人员和其他直接责任人员，依照《刑法》第364条第1、4款的规定处罚。

四、组织播放淫秽音像制品罪

组织播放淫秽音像制品罪，是指组织播放淫秽的电影、录像等音像制品的行为。

组织播放淫秽音像制品，情节显著轻微、危害不大的，不构成犯罪。1998年12月17日公布的《审理非法出版物刑事案件的解释》第10条第2款规定："组织播放淫秽的电影、录像等音像制品达15~30场次以上或者造成恶劣社会影响的，依照刑法第三百六十四条第二款的规定，以组织播放淫秽音像制品罪定罪处罚。"

本罪与传播淫秽物品牟利罪的区别要点在于是否具有牟利的目的。

本罪与传播淫秽物品罪的区别。本罪限于"组织播放"这一特定的传播方式，行为对象限于淫秽的电影、录像等音像制品。

《刑法》第364条第2~4款规定，犯本罪的，处3年以下有期徒刑、拘役或者管制，并处罚金；情节严重的，处3年以上10年以下有期徒刑，并处罚金。制作、复制淫秽的电影、录像等音像制品组织播放的，依照组织播放淫秽音像制品罪的规定从重处罚。向不满18周岁的未成年人传播淫秽物品的，从重处罚。《刑法》第366条规定，单位犯本罪的，对单位判处罚金，并对其直接负责的主管人员和其他直接责任人员，依照《刑法》第364条第2~4款的规定处罚。

五、组织淫秽表演罪

组织淫秽表演罪，是指以招募、雇用、强迫、引诱、提供场地、提供资金等手段组织进行淫秽表演的行为。

本罪的行为是淫秽表演的组织行为、管理行为。表演行为本身是被组织的，通常不认为犯罪；表演者一般是被组织者，通常也不认为是本罪的共犯。但是，如果表演者本人也参与组织管理活动的，可以构成本罪。

根据《公安机关管辖的刑事案件立案追诉标准的规定（一）》第86条的规定，以策划、招募、强迫、雇用、引诱、提供场地、提供资金等手段，组织淫秽表演，涉嫌下列情形之一的，应予立案追诉：①组织表演者进行裸体表演的；②组织表演者利用性器官进行诲淫性表演的；③组织表演者半裸体或者变相裸体表演并通过语言、动作具体描绘性行为的；④其他

---

[1]　2004年9月3日公布的《办理利用互联网、移动通讯终端、声讯台制作、复制、出版、贩卖、传播淫秽电子信息刑事案件的解释》第3条。

组织进行淫秽表演应予追究刑事责任的情形。

《刑法》第365条规定，犯本罪的，处3年以下有期徒刑、拘役或者管制，并处罚金；情节严重的，处3年以上10年以下有期徒刑，并处罚金。《刑法》第366条规定，单位犯本罪的，对单位判处罚金，并对其直接负责的主管人员和其他直接责任人员，依照《刑法》第365条的规定处罚。

第二十六章
危害国防利益罪

第一节　平时危害国防利益的犯罪

一、阻碍军人执行职务罪

（一）概念

阻碍军人执行职务罪，是指以暴力、威胁方法，阻碍军人依法执行职务的行为。

（二）构成要素

1. 客观的构成要素。

（1）行为对象是军人。军人是指中国人民解放军的现役军官、文职干部、士兵及具有军籍的学员和中国人民武装警察部队的现役警官、文职干部、士兵及具有军籍的学员。执行军事任务的预备役人员和其他人员，以军人论。

（2）客观行为表现为使用暴力、威胁方法阻碍军人依法执行职务的行为。所谓"暴力"，是指对军人的人身进行袭击或强制的方法，如殴打、伤害、捆绑、拘禁等，使用暴力致军人重伤或死亡的，应以故意伤害罪或故意杀人罪论处。所谓"威胁"，是指以侵害人身、财产、毁坏名誉等相威胁、恫吓，进行精神强制，从而达到阻碍其依法执行职务的目的。这种威胁通常是当面口头发出的，也可以通过书面形式发出或者通过第三者转达。"阻碍军人依法执行职务"，通常表现为使军人被迫放弃依法执行职务，也可表现为迫使其违背职责和意愿，实施不应实施的行为。本罪是行为犯，行为人只要实施了暴力、威胁的方法阻碍军人依法执行职务，不论其是否造成严重后果，都构成本罪的既遂。

2. 主观的构成要素。主观的构成要素为故意，即明知军人正在依法执行职务，而故意以暴力、威胁方法予以阻碍。过失不成立本罪。

（三）认定

1. 罪与非罪的界限。阻碍军人执行职务罪是以行为人实施暴力、威胁为要件的，对于某些军人执行职务中与群众发生纠缠、顶撞、吵闹及不服管理的行为，虽然对军人执行的职务有一定程度的阻碍，也不能以犯罪论处。此外，人民群众对某些军人执行公务中的违法行为进行抵制的，也不能以犯罪论处，因为军人本身不符合依法执行职务的要件。

2. 本罪与妨害公务罪的界限。这两种犯罪的主要区别是：①客体不同。本罪侵犯的客体是军人的职务活动；而后罪侵犯的则是国家机关工作人员、人大代表、红十字会工作人员及国家安全机关、公安机关的职务活动。②行为对象不同。本罪侵害的对象是军人；而后罪侵害的对象则是国家机关工作人员、人大代表、红十字会工作人员、国家安全机关和公安机关的工作人员。③客观行为方法不完全相同。本罪的成立是以行为人实施暴力、威胁为条件的；而后罪中的阻碍国家安全机关、公安机关执行安全工作任务的，未使用暴力威胁方法也可构成犯罪。应当注意的是，规定本罪的法条与《刑法》第277条具有法条竞合关系，对阻碍军人执行职务的，应以本罪论处，不得适用第277条。

（四）处罚

《刑法》第368条第1款规定，犯本罪的，处3年以下有期徒刑、拘役、管制或者罚金。

二、阻碍军事行动罪

（一）概念

阻碍军事行动罪，是指故意阻碍武装部队的军事行动，造成严重后果的行为。

（二）构成要素

1. 客观的构成要素。

（1）行为对象是武装部队的军事行动。武装部队包括中国人民解放军的各种部队、中国人民武装警察部队和预备役部队。"军事行动"，是指为实现一定政治目的而有组织地使用武装力量的活动。在和平时期，军事行动的表现形式是进行备战活动，在战争时期就是实施战争、战役和战斗等。

（2）客观方面表现为阻碍武装部队军事行动，造成严重后果的行为。阻碍的方法包括暴力、胁迫的手段，但不限于暴力、胁迫的手段。采取其他任何手段阻碍军事行动的，都属于本罪的行为。例如，在军事行动的陆地、空中、水域设置障碍，污染军事行动区域饮用水源，故意停水、停电、停气、煽动群众围堵，阻止部队通过，等等。本罪是结果犯，即只有造成严重后果的才构成犯罪。所谓"严重后果"，是指贻误战机的；战役、战斗失利，人员伤亡的；武器装备毁损或者造成严重经济损失的；等等。

2. 主观的构成要素。主观的构成要素为故意。

（三）认定

1. 罪与非罪的界限。故意阻碍武装部队的军事行动，只有造成战役、战斗失利，人员伤亡，武器装备毁损或者造成严重经济损失的，才构成犯罪。是否造成严重后果，是罪与非罪的界限。

2. 本罪与阻碍军人执行职务罪的界限。两罪的主要区别在于：阻碍的对象不同。本罪阻碍的是军事行动；后罪阻碍的是依法正在执行职务的军人。

（四）处罚

《刑法》第368条第2款规定，犯本罪的，处5年以下有期徒刑或者拘役。

三、破坏武器装备、军事设施、军事通信罪

破坏武器装备、军事设施、军事通信罪，是指故意破坏部队武器装备、军事设施、军事通信的行为。

本罪客观方面表现为破坏武器装备、军事设施、军事通信的行为。"武器装备"是指武器及其配套的弹药、仪器、器材、装备附件的总称。"军事设施"是指直接用于军事目的的建筑、场地与设备。"军事通信"是指部队为实施指挥与武器控制等而进行信息传递的各种通信手段。"破坏"是指使武器装备军事设施、军事通信的效用全部或部分丧失的行为，其方式既可以是作为，如拆卸部件、发射干扰信号等，也可以是不作为，如拒不履行保管、维修义务而使武器装备遭到毁坏。本罪是行为犯，即只要实施了破坏行为就构成犯罪。

《刑法》第369条第1、3款规定，犯本罪的，处3年以下有期徒刑、拘役或者管制；破坏重要武器装备、军事设施、军事通信的，处3年以上10年以下有期徒刑；情节特别严重的，处10年以上有期徒刑、无期徒刑或者死刑。战时犯本罪的，从重处罚。

四、过失损坏武器装备、军事设施、军事通信罪

过失损坏武器装备、军事设施、军事通信罪，是指过失损坏武器装备、军事设施、军事

通信，造成严重后果的行为。

《刑法》第369条第2、3款规定，犯本罪的，处3年以下有期徒刑或者拘役；造成特别严重后果的，处3年以上7年以下有期徒刑。战时犯本罪的，从重处罚。

五、故意提供不合格武器装备、军事设施罪

故意提供不合格武器装备、军事设施罪，是指明知是不合格的武器装备、军事设施而提供给武装部队的行为。

《刑法》第370条第1、3款规定，犯本罪的，处5年以下有期徒刑或者拘役；情节严重的，处5年以上10年以下有期徒刑；情节特别严重的，处10年以上有期徒刑、无期徒刑或者死刑。单位犯本罪的，对单位判处罚金，并对其直接负责的主管人员和其他直接责任人员按照上述规定处罚。

六、过失提供不合格武器装备、军事设施罪

过失提供不合格武器装备、军事设施罪，是指过失提供给武装部队不合格武器装备、军事设施，造成严重后果的行为。

《刑法》第370条第2款规定，犯本罪的，处3年以下有期徒刑或者拘役；造成特别严重后果的，处3年以上7年以下有期徒刑。

七、聚众冲击军事禁区罪

聚众冲击军事禁区罪，是指聚众冲击军事禁区，严重扰乱军事禁区秩序的行为。

《刑法》第371条第1款规定，犯本罪的，对首要分子，处5年以上10年以下有期徒刑；对其他积极参加的，处5年以下有期徒刑、拘役、管制或者剥夺政治权利。

八、聚众扰乱军事管理区秩序罪

聚众扰乱军事管理区秩序罪，是指聚众扰乱军事管理区秩序，情节严重，致使军事管理区工作无法进行，造成严重损失的行为。

《刑法》第371条第2款规定，犯本罪的，对首要分子处3年以上7年以下有期徒刑；对其他积极参加的，处3年以下有期徒刑、拘役、管制或者剥夺政治权利。

九、冒充军人招摇撞骗罪

冒充军人招摇撞骗罪，是指假冒军人身份进行招摇撞骗的行为。

"假冒军人身份"是指非军人冒充军人，或级别较低的军人冒充级别较高的军人，或是一般部门的军人假冒要害部门的军人。所谓"招摇撞骗"，是指假借军人身份进行炫耀、蒙骗。值得注意的是，规定本罪的法条与《刑法》第279条存在着法条竞合关系，对冒充军人招摇撞骗的，应以本罪论处，不得适用《刑法》第279条。行为人在连续性的招摇撞骗过程中，有时冒充军人，有时冒充其他国家机关工作人员，一般应根据其主要冒充的对象确定犯罪性质。但是，如果行为人在一段时间内冒充国家机关工作人员招摇撞骗，在另一段时间内又冒充军人招摇撞骗，分别都构成犯罪的，应实行数罪并罚。

《刑法》第372条规定，犯本罪的，处3年以下有期徒刑、拘役、管制或者剥夺政治权利；情节严重的，处3年以上10年以下有期徒刑。

十、煽动军人逃离部队罪

煽动军人逃离部队罪，是指煽动军人逃离部队，情节严重的行为。

《刑法》第373条规定，犯本罪的，处3年以下有期徒刑、拘役或者管制。

十一、雇用逃离部队军人罪

雇用逃离部队军人罪，是指明知是逃离部队的军人而雇用，情节严重的行为。

《刑法》第373条规定，犯本罪的，处3年以下有期徒刑、拘役或者管制。

十二、接送不合格兵员罪

接送不合格兵员罪，是指在征兵工作中徇私舞弊，接送不合格兵员，情节严重的行为。

所谓"不合格兵员"，是指不符合条件的兵员，包括身体条件、政治条件、年龄条件和文化条件不合格。所谓"情节严重"，主要是指接送不合格兵员收受钱财的；接送多名不合格兵员的；因接送不合格兵员影响作战、训练任务完成的；在当地造成严重影响的；等等。

《刑法》第 374 条规定，犯本罪的，处 3 年以下有期徒刑或者拘役；造成特别严重后果的，处 3 年以上 7 年以下有期徒刑。

十三、伪造、变造、买卖武装部队公文、证件、印章罪

伪造、变造、买卖武装部队公文、证件、印章罪，是指伪造、变造、买卖武装部队公文、证件、印章的行为。

《刑法》第 375 条第 1 款规定，犯本罪的，处 3 年以下有期徒刑、拘役、管制或者剥夺政治权利；情节严重的，处 3 年以上 10 年以下有期徒刑。

十四、盗窃、抢夺武装部队公文、证件、印章罪

盗窃、抢夺武装部队公文、证件、印章罪，是指盗窃、抢夺武装部队公文、证件、印章的行为。

《刑法》第 375 条第 1 款规定，犯本罪的，处 3 年以下有期徒刑、拘役、管制或者剥夺政治权利；情节严重的，处 3 年以上 10 年以下有期徒刑。

十五、非法生产、买卖武装部队制式服装罪

非法生产、买卖武装部队制式服装罪，是指非法生产、买卖武装部队制式服装，情节严重的行为。

《刑法》第 375 条第 2 款规定，犯本罪的，处 3 年以下有期徒刑、拘役或者管制，并处或者单处罚金。第 4 款规定，单位犯本罪的，对单位判处罚金，并对其直接负责的主管人员和其他直接责任人员，依照前述规定处罚。

十六、伪造、盗窃、买卖、非法提供、非法使用武装部队专用标志罪

伪造、盗窃、买卖、非法提供、非法使用武装部队专用标志罪，是指伪造、盗窃、买卖、非法提供、非法使用武装部队车辆号牌等专用标志，情节严重的行为。

《刑法》第 375 条第 3、4 款规定，犯本罪的，处 3 年以下有期徒刑、拘役或者管制，并处或者单处罚金；情节特别严重的，处 3 年以上 7 年以下有期徒刑，并处罚金。单位犯本罪的，对单位判处罚金，并对其直接负责的主管人员和其他直接责任人员，依照前述规定处罚。

第二节　战时危害国防利益的犯罪

一、战时拒绝、逃避征召、军事训练罪

战时拒绝、逃避征召、军事训练罪，是指预备役人员战时拒绝、逃避征召或者军事训练，情节严重的行为。

《刑法》第 376 条第 1 款规定，犯本罪的，处 3 年以下有期徒刑或者拘役。

二、战时拒绝、逃避服役罪

战时拒绝、逃避服役罪，是指公民在战时拒绝、逃避服兵役，情节严重的行为。

《刑法》第 376 条第 2 款规定，犯本罪的，处 2 年以下有期徒刑或者拘役。

三、战时故意提供虚假敌情罪

战时故意提供虚假敌情罪，是指战时故意向武装部队提供虚假敌情，造成严重后果的

行为。

《刑法》第 377 条规定，犯本罪的，处 3 年以上 10 年以下有期徒刑；造成特别严重后果的，处 10 年以上有期徒刑或无期徒刑。

四、战时造谣扰乱军心罪

战时造谣扰乱军心罪，是指战时造谣惑众，扰乱军心的行为。

《刑法》第 378 条规定，犯本罪的，处 3 年以下有期徒刑、拘役或者管制；情节严重的，处 3 年以上 10 年以下有期徒刑。

五、战时窝藏逃离部队军人罪

战时窝藏逃离部队军人罪，是指战时明知是逃离部队的军人而为其提供隐蔽处所、财物，情节严重的行为。

《刑法》第 379 条规定，犯本罪的，处 3 年以下有期徒刑或者拘役。

六、战时拒绝、故意延误军事订货罪

战时拒绝、故意延误军事订货罪，是指战时拒绝或者故意延误军事订货，情节严重的行为。

《刑法》第 380 条规定，犯本罪的，对单位判处罚金，并对其直接负责的主管人员和其他直接责任人员，处 5 年以下有期徒刑或者拘役；造成严重后果的，处 5 年以上有期徒刑。

七、战时拒绝军事征收、征用罪

战时拒绝军事征收、征用罪，是指战时拒绝军事征收、征用，情节严重的行为。

本罪在客观方面具体表现为行为人在战时故意不将被征用的物品交付部队使用，情节严重的行为。所谓"情节严重"，是指煽动他人拒绝军事征用的；以暴力抗拒军事征用的；影响部队完成任务的；经反复教育、动员仍不交付的；等等。根据《国防法》第 51 条的规定，国家根据动员需要，可以依法征收、征用组织和个人的设备设施、交通工具、场所和其他财产。对因被征收、征用所造成的直接经济损失，县级以上人民政府，应当按照国家有关规定给予适当补偿。行为人拒绝征用，是一种不作为的行为。

《刑法》第 381 条规定，犯本罪的，处 3 年以下有期徒刑或者拘役。

第二十七章

贪污贿赂罪

第一节　贪污犯罪

一、贪污罪

（一）概念

贪污罪，是指国家工作人员利用职务上的便利，侵吞、窃取、骗取或者以其他手段非法占有公共财物的行为。

（二）构成要素

1. 客观的构成要素。

（1）主体是特殊主体，即国家工作人员。依据《刑法》第 93 条的规定，"国家工作人员"，是指国家机关中从事公务的人员，国有公司、企业、事业单位、人民团体中从事公务的人员和国家机关、国有公司、企业、事业单位委派到非国有公司、企业、事业单位、社会团体从事公务的人员，以及其他依照法律从事公务的人员。根据全国人大常委会 2000 年 4 月 29 日通过的《关于〈中华人民共和国刑法〉第九十三条第二款的解释》（2009 年修正）的规定，村民委员会等村基层组织人员协助人民政府从事行政管理工作，利用职务上的便利贪污公共财产的，以贪污罪论处。此外，依据《刑法》第 382 条第 2、3 款的规定，受国家机关、国有公司、企业、事业单位、人民团体委托管理、经营国有财产的人员，视为其他依照法律从事公务的人员，以国家工作人员论，可以成为本罪的主体。国家工作人员以外的其他人与上述国家工作人员勾结，伙同贪污的，以共犯论处。

（2）行为对象是公共财物。依照《刑法》第 91 条的规定，下列财产属于"公共财产"：①国有财产；②劳动群众集体所有的财产；③用于扶贫和其他公益事业的社会捐助或者专项基金的财产。在国家机关、国有公司、企业、集体企业和人民团体管理、使用或者运输中的私人财产，以公共财产论。此外，受委托在非国有单位中从事公务的人员贪污单位财产的，也以贪污罪论处，因此，本罪的行为对象也包括这类单位中的财产。

（3）客观方面表现为利用职务上的便利，侵吞、窃取、骗取或者以其他手段非法占有公共财物的行为。所谓"利用职务之便"，是指利用职务权力和地位形成的主管、管理、经营、经手公共财物的便利条件。利用与其职务无关的仅因工作关系出入某些单位，熟悉作案环境或凭工作人员身份易于接近作案目标等便利条件，不属于利用职务之便。"侵吞"，是指行为人利用职务上的便利，将暂时由自己控制之下的公共财物非法占有，如将自己保管、使用的公共财物加以扣留，应交而隐匿不交，应支付而不支付，收款不入账或非法转卖或者私自赠与他人，非法占有或私自用掉其所追缴的赃款、赃物、罚没款物，等等。根据《刑法》第 394 条的规定，国家工作人员在国内公务活动或者对外交往中接受礼物，依照国家规定应当交公而不交公，数额较大的，以贪污罪论处。"窃取"，是指行为人利用职务之便，将自己合法主管、管理、经手的公共财物，以不为他人所知晓的秘密窃取的方法非法占有的行为，即通常所说的"监守自盗"，如国有企业的财会人员利用职务上的便利窃取自己经管的公款等。"骗取"，是指行为人利用职务上的便利，采用虚构事实或隐瞒真相的欺骗手段，非法占有公共财物的行为，例如，谎报开支，冒领差旅费、医疗费、工资、补贴，等等。根据《刑法》第183条第2款的规定，国有保险公司工作人员和国有保险公司委派到非国有保险公司从事公务的人员，利用职务上的便利，故意编造未曾发生的保险事故进行虚假理赔，骗取保险金归自己所有的，以贪污罪论处。所谓"其他手段"，是指侵吞、窃取、骗取以外的其他利用职务上的便利，非法占有公共财物的行为，如挪用公款后携款潜逃。

2. 主观的构成要素。主观的构成要素是故意，并且具有非法占有公共财物的目的。如果由于工作失误或差错而造成账目收支不平衡，不能以贪污罪论处。

（三）认定

1. 罪与非罪的界限。贪污数额的大小和情节的轻重是区分贪污罪与非罪的关键。个人贪污数额3万元以上的，即构成犯罪。虽然没有达到这一数额，但是情节严重的也构成犯罪。依据2016年4月18日《最高人民法院、最高人民检察院关于办理贪污贿赂刑事案件适用法律若干问题的解释》第1条第2款的规定，个人贪污数额1万元以上不满3万元，具有下列情形之一的，应当认定为《刑法》第383条第1款规定的"其他较重情节"，依法判处3年以下有期徒刑或者拘役，并处罚金：①贪污救灾、抢险、防汛、优抚、扶贫、移民、救济、防疫、社会捐助等特定款物的；②曾因贪污、受贿、挪用公款受过党纪、行政处分的；③曾因故意犯罪受过刑事追究的；④赃款赃物用于非法活动的；⑤拒不交待赃款赃物去向或者拒不配合追缴工作，致使无法追缴的；⑥造成恶劣影响或者其他严重后果的。按照《刑法》的规定，对多次贪污未经处理的，按照累计贪污数额处罚。多次贪污未经处理，是指两次以上（含两次）的贪污行为，既没有受过刑事处罚，也没有受过行政处理。累计贪污数额时，应依刑法有关追诉时效的规定执行，在追诉时效期限内的贪污数额应累计计算，已过追诉时效期限的贪污数额不予计算。参照以前的司法解释，贪污后至案发前，被贪污的公款所生利息，不应作为贪污的犯罪数额计算。但该利息是贪污给被害单位造成实际经济损失的一部分，应作为被告人的非法所得，连同其贪污的公款一并依法追缴。[1]

2. 贪污罪与盗窃罪、诈骗罪的界限。这三种犯罪都是以非法占有为目的的犯罪，行为方式也有相似之处。它们的主要区别是：①犯罪行为方式有所不同。贪污罪中窃取、骗取公共财物的行为是利用职务上的便利实施的；盗窃罪、诈骗罪则不具有此特点。②犯罪客体与对象有所不同。贪污罪的客体是公共财产和职务行为廉洁性，行为对象是公共财物；盗窃罪、诈骗罪的客体是公私财产，行为对象是公私财物。③犯罪主体不同。贪污罪是特殊主体，即国家工作人员；盗窃罪、诈骗罪是一般主体。

3. 贪污罪与侵占罪、职务侵占罪的界限。贪污罪与侵占罪、职务侵占罪主观上都是以非法占有为目的，客观行为也有相似之处。它们的主要区别是：①犯罪客体不同。贪污罪的客体是职务行为廉洁性和公共财产所有权；职务侵占罪的客体是职务行为廉洁性和本单位财产所有权；侵占罪的客体则是社会诚实信用和公私财产所有权。②犯罪客观行为有所不同。贪污罪中侵吞公共财物的行为是利用职务上的便利实施的；职务侵占罪在客观方面也有利用职

---

[1] 参见1993年12月15日《最高人民法院关于贪污、挪用公款所生利息应否计入贪污、挪用公款犯罪数额问题的批复》（现已失效）。

务上便利的条件；而侵占罪在客观上没有利用职务上便利的条件，但是有利用自己控制他人财物的便利条件，这一便利条件不是基于职务产生的，而是基于他人委托以及获取他人遗忘物、埋藏物而取得的。③犯罪主体不同。贪污罪的主体是特殊主体，即国家工作人员；侵占罪的主体是自然人一般主体；职务侵占罪的主体是特殊主体，即公司、企业或者其他单位的人员，但不包括国有公司、企业或者其他国有单位中从事公务的人员和国有公司、企业或者其他国有单位委派到非国有公司、企业以及其他单位从事公务的人员。对于在公司、企业或其他单位中，不具有国家工作人员身份的人与国家工作人员勾结，分别利用各自的职务便利，共同将本单位财物非法占为己有的，按照主犯的犯罪性质定罪。[1]

（四）处罚

《刑法》第383条规定，对犯贪污罪的，根据情节轻重，分别依照下列规定处罚：①贪污数额较大或者有其他较重情节的，处3年以下有期徒刑或者拘役，并处罚金。②贪污数额巨大或者有其他严重情节的，处3年以上10年以下有期徒刑，并处罚金或者没收财产。③贪污数额特别巨大或者有其他特别严重情节的，处10年以上有期徒刑或者无期徒刑，并处罚金或者没收财产；数额特别巨大，并使国家和人民利益遭受特别重大损失的，处无期徒刑或者死刑，并处没收财产。

对多次贪污未经处理的，按照累计贪污数额处罚。犯第1款罪，在提起公诉前如实供述自己罪行、真诚悔罪、积极退赃，避免、减少损害结果的发生，有第1项规定情形的，可以从轻、减轻或者免除处罚；有第2项、第3项规定情形的，可以从轻处罚。

犯第1款罪，有第3项规定情形被判处死刑缓期执行的，人民法院根据犯罪情节等情况可以同时决定在其死刑缓期执行2年期满依法减为无期徒刑后，终身监禁，不得减刑、假释。

依据《最高人民法院、最高人民检察院关于办理贪污贿赂刑事案件适用法律若干问题的解释》的规定，贪污数额在3万元以上不满20万元的，应当认定为"数额较大"；贪污或者受贿数额在20万元以上不满300万元的，应当认定为"数额巨大"；贪污数额在300万元以上的，应当认定为"数额特别巨大"。

上述司法解释第2条第2款规定，贪污数额在10万元以上不满20万元，有该司法解释第1条第2款规定的情形之一的，应当认定为《刑法》第383条第1款规定的"其他严重情节"，依法判处3年以上10年以下有期徒刑，并处罚金或者没收财产。上述司法解释第3条第2款规定，贪污数额在150万元以上不满300万元，具有该司法解释第1条第2款规定的情形之一的，应当认定为《刑法》第383条第1款规定的"其他特别严重情节"，依法判处10年以上有期徒刑、无期徒刑或者死刑，并处罚金或者没收财产。

上述司法解释第4条第1款规定："贪污、受贿数额特别巨大，犯罪情节特别严重、社会影响特别恶劣、给国家和人民利益造成特别重大损失的，可以判处死刑。"第2款规定："符合前款规定的情形，但具有自首，立功，如实供述自己罪行、真诚悔罪、积极退赃，或者避免、减少损害结果的发生等情节，不是必须立即执行的，可以判处死刑缓期2年执行。"判处死刑立即执行过重，判处一般死缓又偏轻的重大贪污受贿罪犯，可以决定终身监禁。同时，凡决定终身监禁的，在一、二审作出死缓裁判的同时应当一并作出终身监禁的决定，而不能等到死缓执行期间届满再视情况而定。终身监禁一经作出应无条件执行，不得减刑、假释。

上述司法解释第19条规定，对贪污罪、受贿罪判处3年以下有期徒刑或者拘役的，应当

第二十七章

---

[1] 2000年6月30日公布的《审理贪污、职务侵占案件如何认定共同犯罪几个问题的解释》。

并处 10 万元以上 50 万元以下的罚金；判处 3 年以上 10 年以下有期徒刑的，应当并处 20 万元以上犯罪数额 2 倍以下的罚金或者没收财产；判处 10 年以上有期徒刑或者无期徒刑的，应当并处 50 万元以上犯罪数额 2 倍以下的罚金或者没收财产。对刑法规定并处罚金的其他贪污贿赂犯罪，应当在 10 万元以上犯罪数额 2 倍以下判处罚金。

案例 27 - 1：被告人邓晨辉，男，中国太平洋保险公司天津分公司人身保险部保险员。1995 年 6 月，被告人邓晨辉到中国太平洋保险公司天津分公司人身保险部实习，1996 年 3 月被该公司录用为正式员工。1995 年 9 月至 2000 年 4 月，邓晨辉利用其一人负责本公司少儿成长六全保险业务的贴花发放、保费收取及入账工作的职务便利，采取收取保险费后不向公司财务报账和私自印刷少儿成长六全保险贴花、保险费缴费凭证等手段侵吞保险费 4 174 160.59 元。此外，邓晨辉还于 1999 年 7 月，利用职务便利，将本公司两份少儿成长六全保险银行进账单，以他人名义投入其他险种的保险，又退保，骗取保险费 189 048.80 元，据为己有。邓晨辉侵吞的上述公款均用于个人购买住房、汽车及旅游等。

本案被告人邓晨辉身为国有公司从事公务的人员，利用收取保险费的职务上的便利，采取收取保险费不入账、私自印刷贴花、缴费凭证及骗取退保费等方法，侵吞、骗取保险费，据为己有，其行为已构成贪污罪。

资料来源："邓晨辉贪污案判决书"，载最高人民法院网站 http：//www. court. gov. cn/study/penal/200401120015. htm.

二、挪用公款罪

（一）概念

挪用公款罪，是指国家工作人员利用职务上的便利，挪用公款归个人使用，进行非法活动的，或者挪用公款数额较大、进行营利活动的，或者挪用公款数额较大、超过 3 个月未还的行为。

（二）构成要素

1. 客观的构成要素。

（1）主体是特殊主体，即必须是国家工作人员。挪用公款给他人使用，使用人与挪用人共谋，指使或者参与策划取得挪用款的，以本罪的共犯论处。

（2）行为对象必须是公款和特定款物。所谓"特定款物"，即用于救灾、抢险、防汛、优抚、扶贫、移民、救济款物。挪用非特定公物归个人使用的，不以挪用公款罪论处；如构成其他犯罪的，依照刑法的相关规定定罪处罚。[1]

（3）客观方面表现为利用职务之便，挪用公款归个人使用的行为。有下列情形之一的，属于挪用公款归个人使用：①将公款供本人、亲友或者其他自然人使用的；②以个人名义将公款供其他单位使用的；③个人决定以单位名义将公款供其他单位使用，谋取个人利益的。[2] 所谓"利用职务之便"，是指利用职务权力与地位所形成的主管、经手、管理公款的便利。构成犯罪的挪用公款行为，有以下三种不同情况：

第一，挪用公款归个人使用，进行非法活动的，即挪用公款归个人使用、进行国家法律、法规明令禁止的违法犯罪活动。这种挪用公款构成犯罪的行为，以 3 万元为追究刑事责任的

---

〔1〕 2000 年 3 月 6 日《最高人民检察院关于国家工作人员挪用非特定公物能否定罪的请示的批复》。

〔2〕 2002 年 4 月 28 日通过的《全国人民代表大会常务委员会关于〈中华人民共和国刑法〉第三百八十四条第一款的解释》。

数额起点，不受挪用时间的限制。当然，如果挪用公款数额不大、时间很短，情节显著轻微、危害不大的，不应作为犯罪处理；挪用公款者不知使用人利用公款进行非法活动的，应分别情况，按不同情形进行处理。

第二，挪用公款数额较大，归个人进行营利活动的。所谓"营利活动"，是指国家法律、法规允许的牟利活动，如开办公司、投资办厂、炒股等。至于活动是否获利，不影响本罪的成立。这种挪用公款行为构成犯罪，不受挪用时间限制，但受挪用数额的限制。根据最高人民法院有关司法解释，挪用公款 5 万元，为数额较大的起点。300 万元以上，为"数额巨大"。行为人在案发前已部分或者全部归还本息的，可以分别情节，从轻或者减轻处罚，情节较轻的可以免除处罚。[1]

第三，挪用公款归个人使用，数额较大，超过 3 个月未还的。这种情况一般是指挪用公款用于除非法活动、营利活动以外的其他活动，如支付医药费、个人还债等。这里的"未还"，是指案发前即被司法机关、主管部门或者有关单位发现前未还。根据最高人民法院有关司法解释，如果挪用公款数额较大，超过 3 个月，但在案发前已经全部归还本息的，可以从轻处罚或者免除处罚；挪用公款数额巨大的，超过 3 个月，案发前已全部归还本息，可以酌情从轻处罚。挪用公款数额巨大，以挪用公款 500 万元为起点。在计算挪用公款的数额时，挪用公款（包括银行库存款）后至案发前，被挪用公款所生利息不作为挪用公款的数额计算，但应作为行为人的非法所得，连同其挪用的公款一并依法追缴。因为该利息是挪用公款行为给被害单位造成的实际损失的一部分。因挪用公款索取、收受贿赂构成犯罪的，或者挪用公款进行非法活动构成其他犯罪的，依照数罪并罚的规定处罚。[2]

2. 主观的构成要素是故意，并有挪用公款的目的。

（三）认定

1. 罪与非罪的界限。区分的关键在于行为人是否利用职务上的便利。如果行为人利用职务上的便利，未履行必要的借款手续，即私自将公款挪作个人使用，则可能构成挪用公款罪。如果行为人根据财务制度，履行了必要的借款手续后借用公款的，则是合法借款。

2. 挪用公款罪与挪用特定款物罪的界限。两者的主要区别是：①犯罪主体不同。挪用公款罪的主体是国家工作人员；刑法分则没有明文规定挪用特定款物罪的主体身份，本罪的主体实际上只能是经手、经办、管理特定款物的人员，主要是国家工作人员，但不限于国家工作人员，国家工作人员以外的经手、经办、管理特定款物的人员，也可以构成本罪。②犯罪客体不同。挪用公款罪的客体是国家工作人员职务行为的廉洁性、国家财经管理制度以及公款使用权；挪用特定款物罪的客体是国家对特定款物专款专用的财经管理制度以及国家和人民群众的利益。③犯罪的主观方面不同。二者都是故意，但挪用公款罪以挪用公款归个人使用为目的，即挪作私用。挪用特定款物罪的目的则是为了其他公用，即挪作他用。如果行为人挪用特定款物归个人使用，应以挪用公款罪从重处罚。这是二者最重要的区别之一。④行为对象不同。挪用公款罪的行为对象是公款，包括特定款物在内。挪用特定款物罪的行为对象仅限于特定款物，即救灾、抢险、防汛、优抚、扶贫、移民、救济款物。这是二者的另一个重要区别。⑤客观方面成立犯罪的条件有所不同。挪用公款罪将挪用公款行为分为三种情况，并分别规定了不同的构成犯罪的客观要件；而挪用特定款物罪则在客观上要求致使国家和人民群众利益遭受重大损害的结果发生，否则不构成犯罪。

---

〔1〕 1998 年 4 月 29 日公布的《审理挪用公款案件的解释》第 2 条第 1 款第 2 项。
〔2〕 1998 年 4 月 29 日公布的《审理挪用公款案件的解释》第 7 条。

3. 挪用公款罪与挪用资金罪的界限。本罪与挪用资金罪都表现为利用职务上的便利，实施了挪用的行为，并且日后要归还。两者的主要区别是：①犯罪主体不同。挪用资金罪的主体是特殊主体，即公司、企业或者其他单位中除国家工作人员以外的其他工作人员；挪用公款罪的主体也是特殊主体，但限于国家工作人员。②犯罪客体与行为对象不同。挪用公款罪的对象是公款；挪用资金罪的行为对象是本单位的资金。二者的客体都侵犯了职务行为的廉洁性，但挪用公款罪侵犯的是国家工作人员职务行为廉洁性，而挪用资金罪侵犯的是非国家工作人员职务行为廉洁性。根据有关司法解释的规定，对于受国家机关、国有公司、企业、事业单位、人民团体委托，管理、经营国有财产的非国家工作人员，利用职务上的便利，挪用国有资金归个人使用构成犯罪的，应当依照挪用资金罪定罪处罚。[1]

4. 挪用公款罪与贪污罪的界限。二者的主要区别是：①犯罪目的不同。挪用公款罪以非法占用为目的，即暂时地挪用公款归个人使用；贪污罪以非法占有为目的，即意图永远地非法占有公共财物。行为人挪用公款后，携带公款潜逃的，应以贪污罪论处。②行为对象不同。挪用公款罪的对象仅限于公款；贪污罪的对象是公共财物，既包括公款，也包括公物。③犯罪客体不同。挪用公款罪侵犯的是公款使用权；贪污罪侵犯的是公共财物所有权。④客观方面的行为手段不同。挪用公款罪的行为手段是擅自私用公款，实际案件中，行为人一般没有涂改、销毁、伪造账簿的非法行为；贪污罪的行为手段是侵吞、窃取、骗取等非法手段，实际案件中，行为人往往有涂改、销毁、伪造账簿的非法行为。

（四）处罚

《刑法》第384条规定，犯本罪的，处5年以下有期徒刑或者拘役；情节严重的，处5年以上有期徒刑。挪用公款数额巨大不退还的，处10年以上有期徒刑或者无期徒刑。挪用用于救灾、抢险、防汛、优抚、扶贫、移民、救济款物归个人使用的，从重处罚。

审判实践中，所谓"不退还"，是指行为人主观上想还，但因客观原因在一审判决前还不了的情况，如大部分款项借给他人而无法追回，挪用公款进行营利活动造成重大亏损而无法返还等。如果行为人主观上就是不想还，意图将挪用的公款据为己有的，行为的性质就发生了变化，应以贪污罪论处。

案例27-2：被告人何文志，男，厦门国投节能有限公司（系全民所有制企业，以下简称节能公司）总经理。1989~1994年，何文志在任厦门市地方外汇管理领导小组办公室（以下简称外汇办）副主任、厦门市计划委员会外贸经济处（以下简称外经处）处长期间，利用其职务便利，将外汇办买卖外汇额度的款项、美元汇差款、存款收益款及以单位名义将公款借给企业使用所收取的利息等部分款项予以截留，采取收入不入账、隐瞒不报等手段，将上述款项转入其设立的外经处"小金库"账户或以其亲属名义设立的公司账户，大部分资金用于以其亲属名义购置房地产等。在外汇办、外经处撤销并移交资产、资金时，对外经处"小金库"的资金、账目及其转入其他账户的外汇办公款、资产没有进行汇报、移交，共侵吞公款人民币1433万元。1995~1999年，何文志利用担任节能公司总经理的职务便利，将该公司的大量公款擅自用于理财、存储，并采用制作虚假协议、虚报理财收益率等手段，共侵吞公款人民币281万元。至1998年5月，何文志将节能公司资金转至由其控制的兴和实业公司等银行账户，用于个人营利活动，共挪用公款人民币3892万元，个人获利人民币296万余元。

---

[1] 2000年2月16日公布的《最高人民法院关于对受委托管理、经营国有财产人员挪用国有资金行为如何定罪问题的批复》。

　　本案被告人何文志身为国有公司工作人员，利用职务上的便利，侵吞、骗取公款，应以贪污罪论处；其利用职务上的便利，挪用公款归个人使用，进行营利活动，情节严重，构成挪用公款罪，而非一般公司企业工作人员身份所构成的职务侵占罪与挪用资金罪。

　　资料来源："何文志贪污挪用公款案判决书"，载最高人民法院网站 http://www.court.gov.cn/study/penal/200401080013.htm.

三、私分国有资产罪、私分罚没财物罪

　　私分国有资产罪，是指国家机关、国有公司、企业、事业单位、人民团体，违反国家规定，以单位名义将国有资产集体私分给个人，数额较大的行为。

　　本罪主体是国家机关、国有公司、企业、事业单位、人民团体。"违反国家规定"，是指违反国家有关管理、使用国有资产的法律、行政法规的规定。"以单位名义将国有资产集体私分给个人"，是指国家机关、国有公司、企业、事业单位、人民团体的负责人决定，或者单位决策机构集体讨论决定，将国有资产以单位名义分发给本单位职工。如果是单位的少数几个领导私分国有资产，而不是分发给职工，应以共同贪污罪论处，不构成本罪。

　　私分罚没财物罪，是指司法机关、行政执法机关违反国家规定，将应当上缴国家的罚没财物，以单位名义集体私分给个人的行为。

　　本罪的主体是单位，而且特指司法机关和行政执法机关。因为根据有关法律和行政法规的规定，只有司法机关和行政执法机关在执法过程中，才具有罚没财物的权力，如公安机关、检察机关、法院、国家安全机关、工商部门、税务部门、商检部门等，其他机关和个人不具有罚没财物的权力。司法机关和行政执法机关的罚没行为，属于国家行为，其罚没收入理应属国家所有，不得私分。根据 1997 年 12 月 31 日最高人民检察院发布的《关于检察机关直接受理立案侦查案件中若干数额、数量标准的规定（试行）》（现已失效）的规定，私分罚没财物的行为，只有达到数额较大，即在 10 万元以上，才构成犯罪。

　　《刑法》第 396 条第 1 款规定，实施上述两个犯罪的，分别对其直接负责的主管人员和其他直接责任人员，处 3 年以下有期徒刑或者拘役，并处或者单处罚金；数额巨大的，处 3 年以上 7 年以下有期徒刑，并处罚金。

四、巨额财产来源不明罪

　　巨额财产来源不明罪，是指国家工作人员的财产、支出明显超过合法收入，差额巨大，而本人不能说明其来源的行为。

　　这里的"财产"，是指国家工作人员所拥有的房屋、交通工具、存款、现金、生活用品等私人财产。"支出"，是指国家工作人员的各种开支、消费。"合法收入"，是指按法律规定应属于国家工作人员合法拥有的工资、奖金、津贴、遗产继承等。"不能说明"，是指行为人不能举出证据证明其差额部分的财产或支出的来源，其中包括拒不说明财产的来源性质，也包括编造虚假的来源性质。如果能够查明财产确系贪污、受贿等犯罪所得，应以贪污罪、受贿罪等犯罪追究刑事责任。

　　《刑法》第 395 条第 1 款规定，犯本罪的，处 5 年以下有期徒刑或者拘役；差额特别巨大的，处 5 年以上 10 年以下有期徒刑。财产的差额部分予以追缴。

五、隐瞒境外存款罪

　　隐瞒境外存款罪，是指国家工作人员在境外的存款，应当按照国家有关规定申报，但隐瞒不报，数额较大的行为。

　　司法实践中，国家工作人员隐瞒境外存款 30 万元以上，为数额较大的起点。

《刑法》第395条第2款规定,犯本罪的,处2年以下有期徒刑或者拘役;情节较轻的,由其所在单位或者上级主管机关酌情给予行政处分。

第二节　贿赂犯罪

一、受贿罪

(一)概念

受贿罪,是指国家工作人员利用职务上的便利,索取他人财物,或者非法收受他人财物,为他人谋取利益的行为。

(二)构成要素

1. 客观的构成要素。

(1)行为主体是特殊主体,即国家工作人员,其范围应根据《刑法》第93条的规定确定。此外,根据有关立法解释,村民委员会等村基层组织人员协助人民政府从事行政管理工作,利用职务上的便利实施本罪行为的,应以受贿罪论处。[1] 国家工作人员利用职务上的便利为请托人谋取利益,并与请托人事先约定,在其离退休后收受请托人的财物,构成犯罪的,以受贿罪定罪处罚。[2] 非国家工作人员与国家工作人员相勾结,伙同受贿的,以受贿罪的共犯论处。受国家机关、国有公司、企业、事业单位、人民团体委托管理、经营国有财产的人员不能成为本罪的主体。如果其利用职务便利索取或收受贿赂,应以非国家工作人员受贿罪论处。

(2)行为对象是他人财物,这里的财物不仅指有形的可以用金钱计量的钱物,也包括无形的可以用金钱计量的物质性利益,如债权的设立、债务的免除以及其他形式的物质性利益,但不包括如提升职务、迁移户口、升学就业、提供女色等非物质性不正当利益。

(3)客观行为表现为利用职务上的便利,索取他人财物或者非法收受他人财物,为他人谋取利益的行为。所谓"利用职务上的便利",是指利用本人职务上主管、分管、负责某项公共事务的职权所形成的便利条件。所谓"索取他人财物",是指国家工作人员利用职务上的便利,以明示或者暗示的方式主动向他人索要财物的行为,即通常所说的"索贿"。索贿不是一个独立的罪名,但由于它具有主动性和勒索性,因而比一般收受贿赂的行为具有更为严重的社会危害性。所以,索贿构成犯罪的,并不以为他人谋取利益为必要条件,即无论索贿者是否意图为他人谋取利益或者实际上为他人谋取了利益,只要利用职务之便向他人索贿的,就应当以受贿罪论处。所谓"非法收受他人财物,为他人谋取利益",是指在行贿人主动行贿的情况下,行为人非法地收受他人财物并许诺、着手或已经在公务活动中为行贿人谋利益的行为。根据《最高人民法院、最高人民检察院关于办理贪污贿赂刑事案件适用法律若干问题的解释》第13条的规定,具有下列情形之一的,应当认定为"为他人谋取利益",构成犯罪的,应当依照刑法关于受贿犯罪的规定定罪处罚:①实际或者承诺为他人谋取利益的;②明知他人有具体请托事项的;③履职时未被请托,但事后基于该履职事由收受他人财物的。国家工作人员索取、收受具有上下级关系的下属或者具有行政管理关系的被管理人员的财物价值3万元以上,可能影响职权行使的,视为承诺为他人谋取利益。

根据相关司法解释,下列行为方式也属于非法收受他人财物:

---

〔1〕　2000年4月29日通过的《关于〈中华人民共和国刑法〉第九十三条第二款的解释》(2009年修正)。

〔2〕　2000年7月13日公布的《最高人民法院关于国家工作人员利用职务上的便利为他人谋取利益离退休后收受财物行为如何处理问题的批复》。

第一，以交易形式收受贿赂。国家工作人员利用职务上的便利为请托人谋取利益，以下列交易形式收受请托人财物的，以受贿论处：以明显低于市场的价格向请托人购买房屋、汽车等物品的；以明显高于市场的价格向请托人出售房屋、汽车等物品的；以其他交易形式非法收受请托人财物的。受贿数额按照交易时当地市场价格与实际支付价格的差额计算。市场价格包括商品经营者事先设定的不针对特定人的最低优惠价格。根据商品经营者事先设定的各种优惠交易条件，以优惠价格购买商品的，不属于受贿。

第二，收受干股。"干股"，是指未出资而获得的股份。国家工作人员利用职务上的便利为请托人谋取利益，收受请托人提供的干股的，以受贿论处。进行了股权转让登记，或者相关证据证明股份发生了实际转让的，受贿数额按转让行为时股份价值计算，所分红利按受贿孳息处理。股份未实际转让，以股份分红名义获取利益的，实际获利数额应当认定为受贿数额。

第三，以开办公司等合作投资名义收受贿赂。国家工作人员利用职务上的便利为请托人谋取利益，由请托人出资，"合作"开办公司或者进行其他"合作"投资的，以受贿论处。受贿数额为请托人给国家工作人员的出资额。国家工作人员利用职务上的便利为请托人谋取利益，以合作开办公司或者其他合作投资的名义获取"利润"，没有实际出资和参与管理、经营的，以受贿论处。

第四，以委托请托人投资证券、期货或者其他委托理财的名义收受贿赂。国家工作人员利用职务上的便利为请托人谋取利益，以委托请托人投资证券、期货或者其他委托理财的名义，未实际出资而获取"收益"，或者虽然实际出资，但获取"收益"明显高于出资应得收益的，以受贿论处。受贿数额，前一种情形，以"收益"额计算；后一种情形，以"收益"额与出资应得收益额的差额计算。

第五，以赌博形式收受贿赂。根据《最高人民法院、最高人民检察院关于办理赌博刑事案件具体应用法律若干问题的解释》第7条的规定，国家工作人员利用职务上的便利为请托人谋取利益，通过赌博方式收受请托人财物的，构成受贿。实践中，应注意区分贿赂与赌博活动、娱乐活动的界限。具体认定时，主要应当结合以下因素进行判断：赌博的背景、场合、时间、次数；赌资来源；其他赌博参与者有无事先通谋；输赢钱物的具体情况和金额大小。

第六，特定关系人"挂名"领取薪酬。国家工作人员利用职务上的便利为请托人谋取利益，要求或者接受请托人以给特定关系人安排工作为名，使特定关系人不实际工作却获取所谓薪酬的，以受贿论处。这里的"特定关系人"，是指与国家工作人员有近亲属、情妇（夫）以及其他共同利益关系的人。[1] 在索贿的情况下，行贿人交付贿赂是被动的，是被索要的结果。在非法收受贿赂的情况下，行贿人交付贿赂是自愿的、主动的，受贿人有被行贿人收买的特点。因此，利用职务之便非法收受他人财物，要有为他人谋取利益的要件，才构成受贿罪。至于谋取的是正当利益还是不正当利益，是合法利益还是非法利益，不影响本罪的成立。

《刑法》第385条第2款规定："国家工作人员在经济往来中，违反国家规定，收受各种名义的回扣、手续费，归个人所有的，以受贿论处。"如果国家工作人员收受了回扣、手续费后，入账上交本单位，而没有归个人所有的，不构成犯罪。《刑法》第388条规定："国家工作人员利用本人职权或者地位形成的便利条件，通过其他国家工作人员职务上的行为，为请托人谋取不正当利益，索取请托人财物或者收受请托人财物的，以受贿论处。"这

---

[1] 2007年7月8日印发的《最高人民法院、最高人民检察院关于办理受贿刑事案件适用法律若干问题的意见》（以下简称《办理受贿刑事案件的意见》）第11条。

种情形称为斡旋受贿，其与一般的受贿的区别是：①行为人并没有直接利用本人的职权为请托人谋取利益，而是利用本人职权或地位形成的便利条件，通过其他国家工作人员职务上的行为，为请托人谋取不正当利益。这里的"利用本人职权或者地位形成的便利条件"，是指行为人与被利用的国家工作人员之间职务上虽无隶属、制约关系，但是行为人利用了本人职权或地位产生的影响和一定的工作联系。②为请托人谋取的利益仅限于不正当利益。对于一般的受贿来说，谋取正当利益抑或不正当利益并不影响受贿罪的成立，但在斡旋受贿的情形下，如果谋取的是正当利益，则不构成犯罪。利益是否正当，主要考虑：其一，该利益性质是否正当或是否合法；其二，谋取利益的方式是否正当。

2. 主观的构成要素为故意。《最高人民法院、最高人民检察院关于办理贪污贿赂刑事案件适用法律若干问题的解释》第16条规定，国家工作人员出于贪污、受贿的故意，非法占有公共财物、收受他人财物之后，将赃款赃物用于单位公务支出或者社会捐赠的，不影响贪污罪、受贿罪的认定，但量刑时可以酌情考虑。特定关系人索取、收受他人财物，国家工作人员知道后未退还或者上交的，应当认定国家工作人员具有受贿故意。

（三）认定

1. 罪与非罪的界限。

（1）受贿行为与接受馈赠的界限。应注意从以下几个方面进行分析：双方是否存在亲友关系；有无馈赠的适当理由；馈赠人是否有求于对方的职务行为；受馈赠人是否利用职务之便利；是否承诺为对方谋取利益或者正在或者已经为对方谋取利益；馈赠的财物的数量与价值；馈赠的方式是否具有隐蔽性；等等。如果借接受馈赠之名，行受贿之实，则应以受贿罪追究责任。

（2）受贿与获取合理报酬的界限。国家工作人员在法律、政策和行政纪律允许的范围内，利用业余时间、休假时间，用自己的劳动为他人临时进行某项工作或提供某项服务，而获得合理劳动报酬，不属受贿行为。如果是违反国家的法律和政策，利用职务之便为他人谋取利益而从中收受贿赂的行为，属受贿行为。

（3）受贿罪与一般受贿行为的界限。根据《刑法》规定，受贿行为构成犯罪的数额、情节标准与贪污罪相同，即受贿数额在3万元以上的，都应以受贿罪论处，受贿数额在1~3万元之间，情节较重的，也应构成受贿罪。依据《最高人民法院、最高人民检察院关于办理贪污贿赂刑事案件适用法律若干问题的解释》第1条第3款的规定，受贿数额在1万元以上不满3万元，具有下列情形之一的，应当认定为具有"其他较重情节"，依法判处3年以下有期徒刑或者拘役，并处罚金：①曾因贪污、受贿、挪用公款受过党纪、行政处分的；②曾因故意犯罪受过刑事追究的；③赃款赃物用于非法活动的；④拒不交待赃款赃物去向或者拒不配合追缴工作，致使无法追缴的；⑤造成恶劣影响或者其他严重后果的；⑥多次索贿的；⑦为他人谋取不正当利益，致使公共财产、国家和人民利益遭受损失的；⑧为他人谋取职务提拔、调整的。

（4）由特定关系人收受贿赂。国家工作人员利用职务上的便利为请托人谋取利益，授意请托人以前述形式，将有关财物给予特定关系人的，以受贿论处。特定关系人与国家工作人员通谋，共同实施前述行为的，对特定关系人以受贿罪的共犯论处。特定关系人以外的其他人与国家工作人员通谋，由国家工作人员利用职务上的便利为请托人谋取利益，收受请托人财物，后双方共同占有的，以受贿罪的共犯论处。

（5）收受贿赂物品未办理权属变更情形的认定。国家工作人员利用职务上的便利为请托人谋取利益，收受请托人房屋、汽车等物品，未变更权属登记或者借用他人名义办理权属变更登记的，不影响受贿的认定。认定以房屋、汽车等物品为对象的受贿，应注意与借用的区分。具体认定时，除双方交代或者书面协议之外，主要应当结合以下因素进行判断：①有无借用的合理事由；②是否实际使用；③借用时间的长短；④有无归还的条件；⑤有无归还的意思表示及行为；⑥收受财物后退还或者上交情形的认定。国家工作人员收受请托人财物后及时退还或者上交的，不是受贿。国家工作人员受贿后，因自身或者与其受贿有关联的人、事被查处，为掩饰犯罪而退还或者上交的，不影响认定受贿罪。

（6）在职时为请托人谋利，离职后收受财物的认定。国家工作人员利用职务上的便利为请托人谋取利益之前或者之后，约定在其离职后收受请托人财物，并在离职后收受的，以受贿论处。国家工作人员利用职务上的便利为请托人谋取利益，离职前后连续收受请托人财物的，离职前后收受部分均应计入受贿数额。[1]

2. 受贿罪既遂的认定。一般以收取财物为既遂，即只要行为人索取了或收受了财物，就属于受贿罪的既遂，是否已经为他人谋取利益，不影响既遂的成立。

3. 本罪与诈骗罪、敲诈勒索罪的界限。其区别关键是有无利用职务上的便利。国家工作人员以利用职务上的便利收受贿赂为他人谋取利益为名，骗取他人数额较大的财物，但并没有而且也不打算利用职务之便为他人谋取利益的，不构成受贿罪，应以诈骗罪论处。国家工作人员利用职务上的便利，勒索有求于己的人的财物，属于索贿行为，应以受贿罪论处；国家工作人员以要挟、威胁的方式勒索他人财物，但并没有利用职务之便的，应以敲诈勒索罪论处，而不构成受贿罪。

4. 本罪与非国家工作人员受贿罪的界限。这两个犯罪都是利用职务上的便利，索取或者收受他人财物的行为。其主要区别是：①犯罪主体不同。本罪的主体是国家工作人员；后罪的主体是除国家工作人员以外的公司、企业或者其他单位的工作人员。国有公司、企业中从事公务的人员和国有公司、企业委派到非国有公司、企业从事公务的人员受贿的，以受贿罪论，不构成非国家工作人员受贿罪。②犯罪客体有所不同。本罪的客体是国家工作人员职务行为廉洁性，后罪的客体是非国家工作人员职务行为廉洁性。③犯罪客观方面不同。本罪是利用职务上的便利，索取他人财物或者非法收受他人财物为他人谋取利益。受贿行为构成犯罪并不必然要求数额较大，索取他人财物构成受贿罪时，不要求为他人谋取利益。而后罪无论是以索取他人财物的方式还是以非法收受他人财物的方式，都要求具有为他人谋利益这一要件，并且索取或收受的财物必须达到数额较大。

5. 受贿罪与贪污罪的界限。受贿罪与贪污罪都是国家工作人员利用职务实施的犯罪。两者的最主要区别是：①犯罪目的不同。贪污罪在主观上以非法占有自己主管、管理、经手的公共财物为目的；受贿罪在主观上则表现为以非法占有他人或者单位的贿赂为目的。②行为对象不同。贪污罪的行为对象是公共财物；受贿罪的对象既包括公共财物，也包括公民私有的财物。③客观行为方式不同。贪污罪使用侵吞、窃取、骗取等方法，非法占有自己主管、管理、经手的公共财物；受贿罪则是利用职务之便向他人索取财物，或者非法收受他人财物，为他人谋取利益。

（四）处罚

依据《刑法》第386条的规定，受贿罪的处罚与贪污罪相同。

案例27 - 3：被告人成克杰，男，第九届全国人民代表大会常务委员会副委员长，曾任中

---

〔1〕 2007年7月8日印发的《办理受贿刑事案件的意见》第10条。

共广西壮族自治区委员会副书记、广西壮族自治区人民政府主席。1993 年底至 1997 年 4 月，被告人成克杰在担任中共广西壮族自治区委员会副书记、广西壮族自治区人民政府主席期间，利用职务上的便利，为他人谋取利益，单独或伙同其情妇李平非法收受他人财物合计人民币 4109 万元，其行为已构成受贿罪。李平虽不具有国家工作人员的身份，但与国家工作人员相勾结，利用国家工作人员职务的便利，伙同受贿，以受贿罪的共犯论处。被告人成克杰被依法判处死刑、剥夺政治权利终身，并处没收财产。

　　资料来源：《最高人民法院公报》2000 年第 5 期。

二、单位受贿罪

　　单位受贿罪，是指国家机关、国有公司、企业、事业单位、人民团体索取、非法收受他人财物，为他人谋取利益，情节严重的行为。

　　《刑法》第 387 条规定，犯本罪的，对单位判处罚金，并对直接负责的主管人员和其他直接责任人员处 5 年以下有期徒刑或者拘役。

三、利用影响力受贿罪

　　利用影响力受贿罪，是指国家工作人员的近亲属或者其他与该国家工作人员关系密切的人，通过该国家工作人员职务上的行为，或者利用该国家工作人员职权或者地位形成的便利条件，通过其他国家工作人员职务上的行为，为请托人谋取不正当利益，索取请托人财物或者收受请托人财物，数额较大或者有其他较重情节的行为。

　　离职的国家工作人员或者其近亲属以及其他与其关系密切的人，利用该离职的国家工作人员原职权或者地位形成的便利条件实施索贿、受贿行为的，以本罪论处。

　　《刑法》第 388 条之一第 1 款规定，犯本罪的，处 3 年以下有期徒刑或者拘役，并处罚金；数额巨大或者有其他严重情节的，处 3 年以上 7 年以下有期徒刑，并处罚金；数额特别巨大或者有其他特别严重情节的，处 7 年以上有期徒刑，并处罚金或者没收财产。

四、行贿罪

（一）概念

　　行贿罪，是指为谋取不正当利益，给予国家工作人员以财物的行为。

（二）构成要素

1. 客观的构成要素。

　　（1）行为对象是财物，也包括财产性利益。如债权的设定、债务的免除以及其他财产性利益，但不包括诸如提升职务、提供女色、升学就业、迁移户口等非财产性利益。

　　（2）客观方面表现为给予国家工作人员以财物的行为。给予财物的方式可以是主动给予，也可以是被动给予，即在国家工作人员索要财物的情况下，被迫地交付财物。但是，如果因被国家工作人员勒索而被迫交付财物，本人也没有获得不正当利益的，不是行贿。根据《刑法》第 389 条第 2 款的规定，在经济往来中，违反国家规定，给予国家工作人员以财物，数额较大的，或者违反国家规定，给予国家工作人员以各种名义的回扣、手续费的，以行贿罪论。这里的违反国家规定，是指违反国家法律、行政法规关于经济往来中给予国家工作人员礼物、回扣、手续费，只能在账内公开给予，而不得在账外暗中给予的规定。《最高人民法院、最高人民检察院关于办理贪污贿赂刑事案件适用法律若干问题的解释》第 7 条规定，为谋取不正当利益，向国家工作人员行贿，数额在 3 万元以上的，应当以行贿罪追究刑事责任。行贿数额在 1 万元以上不满 3 万元，具有下列情形之一的，应当依照《刑法》第 390 条的规定以行贿罪追究刑事责任：①向 3 人以上行贿的；②将违法所得用于行贿的；③通过行贿谋取职务提拔、调整的；④向负有食品、药品、安全生产、环境保护等监督管理职责的国家工作人员行贿，实施非法活动的；⑤向司法工作人员行贿，影响司法公正的；⑥造成经济损失数额在 50 万元以上不满 100 万元的。

2. 主观的构成要素。主观的构成要素为故意，并且具有谋取不正当利益的目的。所谓不正当利益，是指依照法律、法规的规定，请托人不应当得到的利益。考虑是否是正当利益，主要是看：①该利益本身的性质是否正当；②谋取利益的方式是否正当。

（三）认定

行贿行为往往表现为主动行为，主观上以谋取不正当利益为目的，至于该利益是否实现，不影响本罪的成立，但如果是被勒索而给予国家工作人员以财物，没有获得不正当利益的，不构成犯罪。

（四）处罚

《刑法》第 390 条规定，对犯行贿罪的，处 5 年以下有期徒刑或者拘役，并处罚金；因行贿谋取不正当利益，情节严重的，或者使国家利益遭受重大损失的，处 5 年以上 10 年以下有期徒刑，并处罚金；情节特别严重的，或者使国家利益遭受特别重大损失的，处 10 年以上有期徒刑或者无期徒刑，并处罚金或者没收财产。行贿人在被追诉前主动交代行贿行为的，可以从轻或者减轻处罚。其中，犯罪较轻的，对侦破重大案件起关键作用的，或者有重大立功表现的，可以减轻或者免除处罚。

《最高人民法院、最高人民检察院关于办理贪污贿赂刑事案件适用法律若干问题的解释》第 8 条规定，犯行贿罪，具有下列情形之一的，应当认定为《刑法》第 390 条第 1 款规定的"情节严重"：①行贿数额在 100 万元以上不满 500 万元的；②行贿数额在 50 万元以上不满 100 万元，并具有本解释第 7 条第 2 款第 1～5 项规定的情形之一的；③其他严重的情节。为谋取不正当利益，向国家工作人员行贿，造成经济损失数额在 100 万元以上不满 500 万元的，应当认定为《刑法》第 390 条第 1 款规定的"使国家利益遭受重大损失"。第 9 条规定，犯行贿罪，具有下列情形之一的，应当认定为《刑法》第 390 条第 1 款规定的"情节特别严重"：①行贿数额在 500 万元以上的；②行贿数额在 250 万元以上不满 500 万元，并具有本解释第 7 条第 2 款第 1～5 项规定的情形之一的；③其他特别严重的情节。为谋取不正当利益，向国家工作人员行贿，造成经济损失数额在 500 万元以上的，应当认定为《刑法》第 390 条第 1 款规定的"使国家利益遭受特别重大损失"。

五、对有影响力的人行贿罪

对有影响力的人行贿罪，是指为谋取不正当利益，向国家工作人员的近亲属或者其他与该国家工作人员关系密切的人，或者向离职的国家工作人员或者其近亲属以及其他与其关系密切的人行贿的行为。

《刑法》第 390 条之一规定，犯本罪的，处 3 年以下有期徒刑或者拘役，并处罚金；情节严重的，或者使国家利益遭受重大损失的，处 3 年以上 7 年以下有期徒刑，并处罚金；情节特别严重的，或者使国家利益遭受特别重大损失的，处 7 年以上 10 年以下有期徒刑，并处罚金。单位犯本罪的，对单位判处罚金，并对其直接负责的主管人员和其他直接责任人员，处 3 年以下有期徒刑或者拘役，并处罚金。

六、对单位行贿罪

对单位行贿罪，是指个人或单位为谋取不正当利益，给予国家机关、国有公司、企业、事业单位、人民团体以财物，或者在经济往来中，违反国家规定，给予各种名义的回扣、手续费的行为。

《刑法》第 391 条规定，自然人犯本罪的，处 3 年以下有期徒刑或者拘役，并处罚金；单位犯本罪的，对单位判处罚金，并对直接负责的主管人员和其他直接责任人员处 3 年以下有期徒刑或者拘役，并处罚金。

七、介绍贿赂罪

介绍贿赂罪，是指在行贿人与国家工作人员之间进行引见、沟通、撮合，促使行贿与受贿得以实现，情节严重的行为。

本罪表现为行为人在行贿人与受贿人之间穿针引线，从而使行贿与受贿得以实现的行为。本罪的成立以情节严重为条件，虽然介绍贿赂，但情节不严重，则不能成立本罪。介绍贿赂罪不同于行贿罪与受贿罪的共犯。介绍贿赂罪的行为人是在行贿、受贿双方之间联系，根据双方意图办事；如果行为人只与其中一方联系，为一方出谋划策，则成为一方的共犯。

《刑法》第 392 条规定，犯本罪的，处 3 年以下有期徒刑或者拘役。介绍贿赂人在被追诉前主动交待介绍贿赂行为的，可以减轻或者免除处罚。

八、单位行贿罪

单位行贿罪，是指单位为谋取不正当利益，给予国家工作人员财物，或者在经济往来中，违反国家有关规定，给予国家工作人员各种名义的回扣、手续费，情节严重的行为。

本罪的行为对象只能是国家工作人员，不包括国有的单位，单位向国有单位行贿的，构成对单位行贿罪。所谓"情节严重"，通常认为是指行贿数额较大的；行贿手段恶劣，造成的危害后果较为严重的；给国家和人民利益造成重大损失的；等等。

《刑法》第 393 条规定，犯本罪的，对单位判处罚金，并对其直接负责的主管人员和其他直接责任人员，处 5 年以下有期徒刑或者拘役，并处罚金。因行贿取得的违法所得归个人所有的，依照行贿罪定罪处罚。

第二十八章

渎职罪

第一节 一般国家机关工作人员的渎职罪

一、滥用职权罪

（一）概念

滥用职权罪，是指国家机关工作人员滥用职权，致使公共财产、国家和人民利益遭受重大损失的行为。

（二）构成要素

1. 客观的构成要素。

（1）行为主体是国家机关工作人员，非国家机关工作人员滥用职权，致使公共财产、国家和人民利益遭受重大损失的，根据其性质和情节成立其他犯罪，不成立本罪。根据 2002 年 12 月 28 日全国人大常委会发布的《关于〈中华人民共和国刑法〉第九章渎职罪主体适用问题的解释》，在依照法律、法规规定行使国家行政管理职权的组织中从事公务的人员，或者在受国家机关委托代表国家机关行使职权的组织中从事公务的人员，或者虽未列入国家机关工作人员编制但在国家机关中从事公务的人员，在代表国家机关行使职权时，有渎职行为，构成犯罪的，依照《刑法》关于渎职罪的规定追究刑事责任。

（2）客观行为表现为滥用职权，致使公共财产、国家和人民利益遭受重大损失的行为。所谓滥用职权，是指违反法律规定的权限和程序、非法地行使本人职务范围内的权力，或超越其职权，擅自决定或处理没有具体决定、处理权限的事项。根据《刑法》第 397 条的规定，滥用职权的行为，只有致使公共财产、国家和人民利益遭受重大损失的，才成立犯罪。根据有关司法解释，滥用职权，具有以下情形之一的，应当立案：①造成死亡 1 人以上，或者重伤 2 人以上的，或者轻伤 5 人以上的；②造成直接经济损失 20 万元以上的；③造成有关公司、企业等单位停产、严重亏损、破产的；④严重损害国家声誉，或者造成恶劣社会影响的；⑤其他致使公共财产、国家和人民利益遭受重大损失的情形；⑥徇私舞弊，具有上述情形之一的。[1]

2. 主观的构成要素。通说认为，本罪主观罪过形式一般是过失，但也不排除故意。

（三）认定

《刑法》第 397 条关于滥用职权罪的规定属于普通法条。此外，《刑法》还规定了其他滥用职权的犯罪即特别法条。国家机关工作人员滥用职权的行为触犯特别法条时，也可能同时触犯《刑法》第 397 条的普通法条，对此，应按照特别法条优于普通法条的原则来处理，即以特别法条规定的犯罪定性。

---

[1] 1999 年 9 月 16 日公布的《最高人民检察院关于人民检察院直接受理立案侦查案件立案标准的规定（试行）》（以下简称《人民检察院直接受理立案侦查案件立案标准的规定（试行）》）。

（四）处罚

《刑法》第 397 条规定，犯本罪的，处 3 年以下有期徒刑或拘役；情节特别严重的，处 3 年以上 7 年以下有期徒刑。国家机关工作人员徇私舞弊犯本罪的，处 5 年以下有期徒刑或者拘役；情节特别严重的，处 5 年以上 10 年以下有期徒刑。

二、玩忽职守罪

（一）概念

玩忽职守罪，是指国家机关工作人员玩忽职守，致使公共财产、国家和人民利益遭受重大损失的行为。

（二）构成要素

1. 客观的构成要素。

（1）行为主体为特殊主体，即具有国家机关工作人员身份的人，一般国家工作人员不能成为本罪的主体。对于海关外汇管理部门的工作人员严重不负责任，造成大量外汇被骗购或逃汇，致使国家利益遭受重大损失的，以本罪论处。[1] 合同制民警在依法执行公务期间，属其他依照法律从事公务的人员，应以国家机关工作人员论；对合同制民警在依法执行公务活动中的玩忽职守行为，符合玩忽职守罪构成条件的，依法以玩忽职守罪追究刑事责任。[2] 对于经人事部门任命，但为工人编制的乡（镇）工商所所长，依法履行工商行政管理职责时，属其他依照法律从事公务的人员，应以国家机关工作人员论；如果玩忽职守，致使公共财产、国家和人民利益遭受重大损失的，以玩忽职守罪追究刑事责任。[3] 总之，依据 2002 年 12 月 28 日发布的《全国人民代表大会常务委员会关于〈中华人民共和国刑法〉第九章渎职罪主体适用问题的立法解释》，虽未列入国家机关工作人员编制，但在国家机关中从事公务的人员，在代表国家行使职权时，有玩忽职守行为，构成犯罪的，依照《刑法》关于玩忽职守罪的规定追究刑事责任。

（2）客观行为表现为行为人严重不负责任，工作中草率马虎，不履行或者不正确履行公职，致使公共财产、国家和人民利益遭受重大损失。"不履行"，是指违背职责要求，未履行根据职责应当履行的职责。"不正确履行"，是指违背职责要求，不按照法定的条件、程序和方式履行职责。不履行一般表现为不作为，不正确履行则表现为作为或者作为与不作为相互交织。根据有关司法解释，玩忽职守，具有下列情形之一的，应予立案：①死亡 1 人以上，或者重伤 3 人以上，或者轻伤 10 人以上；②造成直接经济损失 30 万元以上的，或者直接经济损失不满 30 万元，但间接经济损失超过 100 万元的；③徇私舞弊，造成直接经济损失 20 万元以上的；④造成有关公司、企业等单位停产、严重亏损、破产的；⑤严重损害国家声誉，或者造成恶劣社会影响的；⑥海关、外汇管理部门的工作人员严重不负责任，造成巨额外汇被骗或者逃汇的；⑦其他致使公共财产、国家和人民利益遭受重大损失的情形。[4]

2. 主观的构成要素。本罪主观方面是过失，即行为人应当预见自己玩忽职守的行为可能致使公共财产、国家和人民利益遭受重大损失或者已经预见而轻信能够避免，以致这种重大损失发生的严重不负责任的心理态度。

---

〔1〕　1998 年 12 月 29 日公布的《惩治骗购外汇、逃汇和非法买卖外汇犯罪的决定》第 6 条。

〔2〕　2000 年 10 月 9 日《最高人民检察院关于合同制民警能否成为玩忽职守罪主体问题的批复》。

〔3〕　2000 年 10 月 31 日《最高人民检察院关于属工人编制的乡（镇）工商所所长能否依照刑法第三百九十七条的规定追究刑事责任问题的批复》。

〔4〕　1999 年 9 月 16 日公布的《人民检察院直接受理立案侦查案件立案标准的规定（试行）》。

（三）认定

1. 本罪与滥用职权罪的界限。本罪与滥用职权罪都是《刑法》第397条所规定的犯罪，两罪侵犯的客体相同，犯罪主体均为国家机关工作人员，结果要件都要求致使公共财产、国家和人民利益遭受重大损失。两罪的主要区别是：①行为方式不同。本罪主要表现为以不作为的方式不履行职责或者怠于履行职责；而滥用职权罪则主要表现为以作为的方式超越权限，处理无权处理的事务，或者不顾职责的程序和宗旨，随心所欲地处理事务。②主观方面不同。本罪的主观方面为过失，而滥用职权罪则既可以由故意构成，也可以由过失构成。

2. 本罪与危害公共安全罪中的有关责任事故罪的界限。从广义上讲，本罪是以造成重大损失为要件，也属于一种责任事故型犯罪，但与其他责任事故型犯罪是不同的，在于它是公务型责任事故。《刑法》分则第二章所规定的有关责任事故，如重大飞行事故罪、铁路运营事故罪、重大责任事故罪、重大劳动安全事故罪等，由于这些犯罪客观上有失职的行为且造成重大损失，主观上均为过失，因此容易与本罪混淆。本罪与上述事故型犯罪的主要区别是：①客体不同。本罪侵犯的客体是国家机关的正常管理活动；而后者侵犯的客体则是公共安全。②发生的场合不同。本罪发生在国家机关的公务活动过程中；而后者一般发生在生产、作业等业务活动中。③主体不同。本罪的主体只能是国家机关工作人员；而后者的主体一般为厂矿企业、事业单位的职工或者工作人员。

3. 法条竞合。《刑法》除规定了本罪外，还规定了特殊的玩忽职守犯罪。对此，应按法条竞合的原则处理，即特别法条优于普通法条，以特别法条规定的犯罪定性。

（四）处罚

《刑法》第397条第1款规定，犯本罪的，处3年以下有期徒刑或者拘役；情节特别严重的，处3年以上7年以下有期徒刑。

三、故意泄露国家秘密罪

（一）概念

故意泄露国家秘密罪，是指国家机关工作人员或非国家机关工作人员违反保守国家秘密法的规定，故意泄露国家秘密，情节严重的行为。

（二）构成要素

1. 客观的构成要素。

（1）主体一般是国家机关工作人员，但是根据《刑法》第398条第2款的规定，非国家机关工作人员也可以构成本罪。

（2）本罪的行为对象是国家秘密。所谓"国家秘密"，是指在一定时间内只限于一定范围的人员知悉的事项。根据《保守国家秘密法》第9条的规定，以下事项为国家秘密：①国家事务重大决策中的秘密事项；②国防建设和武装力量活动中的秘密事项；③外交和外事活动中的秘密事项以及对外承担保密义务的秘密事项；④国民经济和社会发展中的秘密事项；⑤科学技术中的秘密事项；⑥维护国家安全活动和追查刑事犯罪中的秘密事项；⑦经国家保密行政管理部门确定的其他秘密事项。根据《保守国家秘密法》第10条的规定，国家秘密分为绝密、机密和秘密三个等级。"绝密"是最重要的国家秘密，泄露会使国家安全和利益遭受特别严重的损害；"机密"是指重要的国家秘密，泄露会使国家安全和利益遭受严重的损害；"秘密"是指一般的国家秘密，泄露会使国家安全和利益遭受损害。本罪的国家秘密包括了绝密、机密和秘密。

（3）客观方面表现为违反保守国家秘密法的规定，泄露国家秘密，情节严重的行为。所谓"泄露"，是指行为人把自己掌握的或知道的国家秘密泄露给不应知悉的人。泄露的方式一般是作为，如口头或书面泄露，或用泄露实物文件的方法，也可以用密写、影印、摄影、复制等书面泄露，不论何种方式，均不影响本罪的成立。泄露国家秘密，情节严重的才构成本罪。所谓"情节严重"，是指为了牟取私利或者出于个人目的而故意泄露国家秘密的；为了利用国家秘密进行非法活动而故意泄露国家秘密的；使用先进技术或者卑劣手段故意泄露国家秘密的；在特定时期，如战时，国家政治、经济政策重大调整时期故意泄露国家秘密的；多次故意泄露国家秘密的；故意泄露国家秘密引起严重后果或重大损失的；等等。对于通过互联网发布国家秘密，情节严重的，以本罪论处。

2. 主观的构成要素。本罪主观方面是故意，即明知是国家秘密而故意泄露的。至于行为人出于何种目的和动机，不影响犯罪的成立。

（三）认定

1. 本罪与为境外窃取、刺探、收买、非法提供国家秘密、情报罪的界限。两罪的主要区别是：①客体不同。本罪侵犯的客体是国家的保密制度；后者侵犯的是国家安全。②客观方面不同。本罪不要求泄露国家秘密给特定对象；而后者则必须是为境外的机构组织、人员窃取、刺探、收买、非法提供国家秘密、情报。③犯罪主体不同。本罪的主体一般是有权知悉国家秘密的国家机关工作人员；而后者则为一般主体。④罪与非罪的标准不同。本罪必须情节严重才构成犯罪；而后者则无此要求。

2. 本罪与侵犯商业秘密罪的界限。两罪的主要区别是：①客体不同。本罪侵犯的客体是国家的保密制度；后者侵犯的客体是商业秘密专用权和相关经济利益。②行为对象不同。本罪的行为对象是国家保密法规定的国家秘密；而后罪的行为仅限于商业秘密。③主体不同。本罪的主体主要是国家机关工作人员；而后者的主体则为一般主体。对于国家机关工作人员将自己知悉的属于国家秘密范畴内的商业秘密泄露出去的，属于想象竞合犯的情况，应依择一重罪处断的原则处理。

（四）处罚

《刑法》第398条规定，犯本罪的，处3年以下有期徒刑或拘役；情节特别严重的，处3年以上7年以下有期徒刑；对非国家机关工作人员犯故意泄露国家秘密罪的，依照前述规定酌情处罚。

四、过失泄露国家秘密罪

过失泄露国家秘密罪，是指国家机关工作人员过失泄漏国家秘密，情节严重的行为。

《刑法》第398条规定，犯本罪的，处3年以下有期徒刑或者拘役；情节特别严重的，处3年以上7年以下有期徒刑。非国家机关工作人员犯本罪的，依照此规定酌情处罚。

五、国家机关工作人员签订、履行合同失职罪

国家机关工作人员签订、履行合同失职罪，是指国家机关工作人员在签订、履行合同过程中，因严重不负责任而被诈骗，致使国家利益遭受严重损失的行为。

《刑法》第406条规定，犯本罪的，处3年以下有期徒刑或者拘役；致使国家利益遭受特别重大损失的，处3年以上7年以下有期徒刑。

六、非法批准征收、征用、占用土地罪，非法低价出让国有土地使用权罪

非法批准征收、征用、占用土地罪，是指国家机关工作人员徇私舞弊，违反土地管理法规，滥用职权，非法批准征收、征用、占用土地，情节严重的行为。

非法低价出让国有土地使用权罪，是指国家机关工作人员徇私舞弊，滥用职权，非法低价出让国有土地使用权，情节严重的行为。

《刑法》第410条规定，实施上述两个犯罪的，分别处3年以下有期徒刑或者拘役；致使

国家或者集体利益遭受特别重大损失的，处3年以上7年以下有期徒刑。

七、招收公务员、学生徇私舞弊罪

招收公务员、学生徇私舞弊罪，是指国家机关工作人员在招收公务员、学生工作中徇私舞弊，情节严重的行为。

《刑法》第418条规定，犯本罪的，处3年以下有期徒刑或者拘役。

八、失职造成珍贵文物损毁、流失罪

失职造成珍贵文物损毁、流失罪，是指国家机关工作人员严重不负责任，造成珍贵文物损毁或者流失，后果严重的行为。

《刑法》第419条规定，犯本罪的，处3年以下有期徒刑或者拘役。

九、违法提供出口退税凭证罪

违法提供出口退税凭证罪，是指国家机关工作人员违反国家规定，在提供出口货物报关单、出口收汇核销单等出口退税凭证的工作中徇私舞弊，致使国家利益遭受重大损失的行为。

《刑法》第405条第2款规定，犯本罪的，处5年以下有期徒刑或者拘役；致使国家利益遭受特别重大损失的，处5年以上有期徒刑。

第二节　司法工作人员的渎职罪

一、徇私枉法罪

（一）概念

徇私枉法罪，是指司法工作人员徇私枉法、徇情枉法，在刑事诉讼中，对明知是无罪的人而使其受到追诉，对明知是有罪的人而故意包庇使其不受追诉，或者在刑事审判活动中故意违背事实和法律作枉法裁判的行为。

（二）构成要素

1. 客观的构成要素。

（1）主体是司法工作人员。所谓"司法工作人员"，根据《刑法》第94条的规定，是指有侦查、检察、审判、监管职责的工作人员。

（2）客观方面表现为利用司法职务之便，实施徇私枉法的行为，具体表现为：①对明知是无罪的人，采取伪造、隐匿、毁灭证据或者其他隐瞒事实、违背法律的手段，以追究刑事责任为目的进行立案、侦查（包括采取强制措施）、起诉、审判。行为人明知他人无罪而将其作为"逃犯"在网上通缉的，属于对明知无罪的人枉法追诉的情形。②对明知有罪的人而故意包庇不使其受到追诉。这是指对明知有犯罪事实要追究刑事责任的人，采取伪造、隐匿、毁灭证据或其他隐瞒事实违背法律的手段，故意包庇使其不受侦查、起诉或审判。故意包庇不使其受追诉的犯罪事实可以是全部犯罪事实，也可以是部分犯罪事实或情节。此外，在立案后，故意违背事实和法律，应该采取强制措施而不采取强制措施，或虽采取强制措施但无正当理由中断侦查，或者超过法定期限不采取任何措施，实际放任不管，以及违法撤销、变更强制措施，致使犯罪嫌疑人、被告人实际脱离司法机关侦控的，均属于枉法包庇的情形。③在刑事审判活动中，故意违背事实和法律枉法裁判。"枉法裁判"，是指行为人故意对有罪者作出无罪判决，对无罪者作出有罪判决，或者重罪轻判、轻罪重判。

2. 主观的构成要素。主观的构成要素为故意，即明知案件的事实真相，出于屈从私利、私情的动机，而有意识地枉法追诉、包庇、裁判。徇私情的动机是各种各样的，有的是贪图钱财、女色，有的是袒护亲友、同事，有的是泄愤报复。过失导致追诉无罪的人、包庇有罪

的人不构成本罪。

（三）认定

1. 罪与非罪的界限。对于认识水平、工作能力不高而造成错案的，不能以犯罪论处。由于隶属关系，不得不执行上级错误命令，造成错案的，如果不是有共同徇私枉法的共同故意和行为，不能以犯罪论处。

2. 本罪与帮助毁灭、伪造证据罪的界限。两罪的主要区别是：①客体不同。本罪侵犯的客体是司法机关的正常活动与司法公正；而后者侵犯的是社会管理秩序中的司法秩序。②客观方面表现不同。本罪在枉法追诉、包庇、裁判过程中，必须利用司法职权；而后者无此限制。③主体不同。本罪是特殊主体，限于司法工作人员；而后者主体无此限制。

3. 本罪与伪证罪的界限。两罪的主要区别是：①客体不同。本罪侵犯的客体是司法机关的正常活动与司法公正；而后罪侵犯的是社会管理秩序中的司法秩序。②客观方面不同。本罪限于利用司法职务之便；而后罪则无利用司法职务之便的行为特征。③主体不同。本罪的主体限于司法工作人员；而后罪的主体则为证人、鉴定人、翻译人和记录人。

4. 罪数。根据《刑法》第399条第4款的规定，司法工作人员因受贿而枉法追诉、裁判的，应择一重罪处断，不实行数罪并罚。

（四）处罚

《刑法》第399条第1款规定，犯本罪的，处5年以下有期徒刑或者拘役；情节严重的，处5年以上10年以下有期徒刑；情节特别严重的，处10年以上有期徒刑。

二、民事、行政枉法裁判罪

（一）概念

民事、行政枉法裁判罪，是指司法工作人员在民事、行政审判活动中，故意违背事实和法律作枉法裁判，情节严重的行为。

（二）构成要素

1. 客观的构成要素。

（1）行为主体是特殊主体，即在民事、行政诉讼活动中负有审判职责的司法工作人员。

（2）客观方面表现为在民事、行政审判活动中故意作出违背事实和法律的判决、裁判的行为。所谓"民事、行政审判活动"，是指非刑事诉讼的审判活动，包括民事案件、行政案件、经济纠纷案件、海商、海事案件的司法审判活动。所谓"违背事实和法律的判决、裁定"，是指不依据已有的证据查清、认定案件的事实或者不依据已查清的案件事实正确地适用法律，作出颠倒、歪曲事实的认定和颠倒是非、歪曲法律的判决、裁定。成立本罪必须是枉法裁判情节严重，审判实践中，一般认为，有下列情形之一的，属于"情节严重"：①枉法裁判致使公民、法人或者其他组织财产损失重大的；②枉法裁判引起当事人及其亲属自杀、伤残、精神失常的；③伪造有关材料、证据，制造假案枉法裁判的；④串通当事人制造伪证，毁灭证据或者篡改庭审笔录而枉法裁判的；⑤其他情节严重的情形。

2. 主观的构成要素。主观的构成要素为故意，即行为人明知案件的事实或应当适用的法律而故意违背事实和法律作枉法裁判。因过失导致错误的判决、裁定的，不成立本罪。

（三）认定

1. 本罪与徇私枉法罪的界限。两者均有徇私的动机和枉法裁判的行为，存在共同点，两者的主要区别是：①行为对象不同。本罪是针对民事、行政诉讼的当事人；后罪则针对的是刑事案件的被告人或犯罪嫌疑人和一般公民。②行为发生的场合不同。本罪发生在民事诉讼、行政诉讼的审判活动中；而后罪限于刑事诉讼活动中。③构成犯罪的条件不同。本罪以情节严重为要件，而后罪则无此要件的限定。

2. 本罪与帮助毁灭、伪造证据罪的界限。对于负有审判职责的人利用职务之便，在枉法裁判的过程中采取毁灭、伪造证据的手段，属于牵连犯，应以本罪论处。

3. 一罪与数罪。根据《刑法》第399条第4款的规定，司法工作人员贪赃枉法，同时又构成受贿罪的，依照处罚较重的规定定罪处罚。因此，对司法工作人员贪赃而枉法裁判，犯枉法裁判罪和受贿罪的，应择一重罪定罪判刑，不实行数罪并罚。

（四）处罚

《刑法》第399条第2款规定，犯本罪的，处5年以下有期徒刑或者拘役；情节特别严重的，处5年以上10年以下有期徒刑。

三、执行判决、裁定失职罪，执行判决、裁定滥用职权罪

执行判决、裁定失职罪，是指司法工作人员在执行判决、裁定活动中，严重不负责任，不依法采取诉讼保全措施，不履行法定执行职责，致使当事人或其他人的利益遭受重大损失的行为。

执行判决、裁定滥用职权罪，是指司法工作人员在执行判决、裁定活动中，滥用职权，违法采取诉讼保全措施、强制执行措施，致使当事人或者其他人的利益遭受重大损失的行为。

《刑法》第399条第3、4款（《刑法修正案（四）》第8条第3款）规定，实施上述犯罪的，分别处5年以下有期徒刑或者拘役；致使当事人或者其他人的利益遭受特别重大损失的，处5年以上10年以下有期徒刑。司法工作人员收受贿赂，犯上述罪，同时又构成受贿罪的，依照处罚较重的规定定罪处罚。

四、枉法仲裁罪

枉法仲裁罪，是指依法承担仲裁职责的人员，在仲裁活动中故意违背事实和法律作枉法裁决，情节严重的行为。

《刑法》第399条之一（《刑法修正案（六）》第20条）规定，犯本罪的，处3年以下有期徒刑或者拘役；情节特别严重的，处3年以上7年以下有期徒刑。

五、私放在押人员罪

（一）概念

私放在押人员罪，是指司法工作人员利用职务上的便利，私自将被关押的犯罪嫌疑人、被告人或罪犯放走，使其逃离监管的行为。

（二）构成要素

1. 客观的构成要素。

（1）行为主体限于司法工作人员，即国家安全机关、公安机关、检察机关、审判机关、狱政管理机关的工作人员及执行监所看守任务的武警人员。此外，根据有关司法解释的规定，对于工人等非监管机关在编监管人员在被监管机关聘用受委托履行监管职责的过程中私放在押人员的，应以本罪论处。[1]

（2）私放的对象是"在押人员"，即犯罪嫌疑人、被告人以及罪犯。

（3）客观方面表现为利用职务上的便利将在押的犯罪嫌疑人、被告人或罪犯私自非法释放的行为。所谓"利用职务上的便利"，一般是指利用监管被关押人犯的职务上的便利。私自将被关押的犯罪嫌疑人、被告人和罪犯放走的行为，其表现方式多种多样，有的私自从关押

---

[1] 2001年3月2日公布的《关于工人等非监管机关在编监管人员私放在押人员和失职致使在押人员脱逃行为适用法律问题的解释》。

场所或者押解途中将被关押人放走；有的授意他人将被关押人放走；有的伪造、变造或者涂改有关法律文书，使被关押人员获得释放；有的违反监规，私自将被关押人提出关押场所或指使被关押人外出，致使其脱离监管的；等等。如果释放的不是犯罪嫌疑人、被告人或者罪犯，而是劳教人员或被行政拘留、司法拘留的人员，则不构成本罪。

2. 主观的构成要素。主观方面表现为故意，即行为人明知在押的是犯罪嫌疑人、被告人、罪犯而故意将其放走。

（三）认定

如果行为人没有利用职务便利或职权，而是利用自己熟悉监所地理环境等条件，帮助犯罪嫌疑人、被告人、罪犯脱逃的，应以脱逃罪的共犯论处，而不能以本罪论处。因为本罪的成立要求行为人利用了职务便利或者职权。此外，司法工作人员私放在押人员时，被释放的在押人员原则上构成脱逃罪，而不成立本罪的共犯。

（四）处罚

《刑法》第400条第1款规定，犯本罪的，处5年以下有期徒刑或者拘役；情节严重的，处5年以上10年以下有期徒刑；情节特别严重的，处10年以上有期徒刑。

六、失职致使在押人员脱逃罪

失职致使在押人员脱逃罪，是指司法工作人员由于严重不负责任，致使在押的犯罪嫌疑人、被告人或者罪犯脱逃，造成严重后果的行为。

《刑法》第400条第2款规定，犯本罪的，处3年以下有期徒刑或者拘役；造成特别严重后果的，处3年以上10年以下有期徒刑。

七、徇私舞弊减刑、假释、暂予监外执行罪

徇私舞弊减刑、假释、暂予监外执行罪，是指司法工作人员徇私舞弊，对不符合减刑、假释、暂予监外执行条件的罪犯，予以减刑、假释或者暂予监外执行的行为。

《刑法》第401条规定，犯本罪的，处3年以下有期徒刑或者拘役；情节严重的，处3年以上7年以下有期徒刑。

第三节　特定国家机关工作人员的渎职罪

一、徇私舞弊不移交刑事案件罪

徇私舞弊不移交刑事案件罪，是指行政执法人员徇私舞弊，对依法应当移交司法机关追究刑事责任的案件不移交，情节严重的行为。

本罪的特点是：行政执法人员在查处违法案件的过程中，发现行为构成犯罪应当追究刑事责任，但为了谋取私利而弄虚作假，不将案件移送司法机关处理。成立本罪还要求情节严重，根据司法实践，具有以下情形之一的，属于情节严重：①对依法可能判处3年以上有期徒刑、无期徒刑、死刑的犯罪案件不移交的；②3次以上不移交犯罪案件，或者1次不移交犯罪案件涉及3名以上犯罪嫌疑人的；③司法机关发现并提出意见后，无正当理由仍然不予移交的；④以罚代刑，放纵犯罪嫌疑人，致使犯罪嫌疑人继续进行违法犯罪活动的；⑤行政执法部门主管领导阻止移交的；⑥隐瞒、毁灭证据、伪造材料改变刑事案件性质的；⑦直接负责的主管人员和其他直接责任人员为牟取本单位私利而不移交刑事案件，情节严重的；⑧其他情节严重的情形。

《刑法》第402条规定，犯本罪的，处3年以下有期徒刑或拘役；造成严重后果的，处3年以上7年以下有期徒刑。

二、滥用管理公司、证券职权罪

滥用管理公司、证券职权罪，是指国家有关主管部门的国家机关工作人员，徇私舞弊，滥用职权，对不符合法律规定条件的公司设立、登记申请或者股票、债券发行、上市申请，予以批准或者登记，致使公共财产、国家和人民利益遭受重大损失的行为。

《刑法》第 403 条第 1 款规定，犯本罪的，处 5 年以下有期徒刑或者拘役。

三、徇私舞弊不征、少征税款罪

徇私舞弊不征、少征税款罪，是指税务机关工作人员为徇私情、私利，对纳税人应当依法缴纳的税款故意不征或者少征，致使国家税收遭受重大损失的行为。

所谓"应征税款"，是指税务机关根据法律、行政法规规定的税种、税率，应当向纳税人征收的税款。所谓"不征"，是指税务机关工作人员明知纳税人应当缴纳税款，但是不向其征收，或者违反法律、行政法规的规定，擅自决定纳税人免缴税款。所谓"少征"，是指向纳税人实际征收的税款少于应征税款，或者对不符合法律规定的减税条件的，弄虚作假，擅自决定减征税款。根据《刑法》第 404 条的规定，徇私舞弊不征或少征税款的行为，必须是致使国家税收遭受重大损失的，才构成本罪。根据司法实践，具有下列情形之一的，应予追诉：①为徇私情、私利，违反规定对应当征收的税款擅自决定缓征、减征或者免征，或者伪造材料，隐瞒情况，弄虚作假，不征、少征应征税款，致使国家税收损失累计达 10 万元以上的；②徇私舞弊不征、少征应征税款不满 10 万元，但具有索取或者收受贿赂或者其他恶劣情节的。

《刑法》第 404 条规定，犯本罪的，处 5 年以下有期徒刑或者拘役；造成特别重大损失的，处 5 年以上有期徒刑。

四、徇私舞弊发售发票、抵扣税款、出口退税罪

徇私舞弊发售发票、抵扣税款、出口退税罪，是指税务机关的工作人员违反法律、行政法规的规定，在办理发售发票、抵扣税款、出口退税工作中，徇私舞弊，致使国家利益遭受重大损失的行为。

《刑法》第 405 条第 1 款规定，犯本罪的，处 5 年以下有期徒刑或者拘役；致使国家利益遭受特别重大损失的，处 5 年以上有期徒刑。

五、违法发放林木采伐许可证罪

违法发放林木采伐许可证罪，是指林业主管部门的工作人员违反森林法的规定，超过批准的年采伐限额发放林木采伐许可证或者违反规定滥发林木采伐许可证，情节严重的行为。

《刑法》第 407 条规定，犯本罪的，处 3 年以下有期徒刑或者拘役。

六、环境监管失职罪

环境监管失职罪，是指负有环境保护监管职责的国家机关工作人员严重不负责任，导致发生重大环境污染事故，致使公私财产遭受重大损失或者造成人身伤亡的严重后果的行为。

《刑法》第 408 条规定，犯本罪的，处 3 年以下有期徒刑或者拘役。

七、食品、药品监管渎职罪

食品、药品监管渎职罪，是指负有食品安全监督管理职责的国家机关工作人员，滥用职权或者玩忽职守，导致发生重大食品安全事故或者造成其他严重后果的行为。

《刑法》第 408 条之一具体地列举规定了滥用职权或者玩忽职守以下行为方式：①瞒报、谎报食品安全事故、药品安全事件的；②对发现的严重食品药品安全违法行为未按规定查处的；③在药品和特殊食品审批审评过程中，对不符合条件的申请准予许可的；④依法应当移交司法机关追究刑事责任不移交的；⑤有其他滥用职权或者玩忽职守行为的。

《刑法》第408条之一第1款规定，犯本罪的，处5年以下有期徒刑或者拘役；造成特别严重后果的，处5年以上10年以下有期徒刑。

八、传染病防治失职罪

传染病防治失职罪，是指从事传染病防治的政府卫生行政部门的工作人员严重不负责任，导致传染病传播或者流行，情节严重的行为。

《刑法》第409条规定，犯本罪的，处3年以下有期徒刑或者拘役。

九、放纵走私罪

放纵走私罪，是指海关工作人员徇私舞弊，放纵走私，情节严重的行为。

《刑法》第411条规定，犯本罪的，处5年以下有期徒刑或者拘役；情节特别严重的，处5年以上有期徒刑。

十、商检徇私舞弊罪

商检徇私舞弊罪，是指国家商检部门、商检机构的工作人员徇私舞弊，伪造检验结果的行为。

《刑法》第412条第1款规定，犯本罪的，处5年以下有期徒刑或者拘役；造成严重后果的，处5年以上10年以下有期徒刑。

十一、商检失职罪

商检失职罪，是指国家商检部门、商检机构的工作人员，严重不负责任，对应当检验的物品不检验，或者延误检验出证、错误出证，致使国家利益遭受重大损失的行为。

《刑法》第412条第2款规定，犯本罪的，处3年以下有期徒刑或者拘役。

十二、动植物检疫徇私舞弊罪

动植物检疫徇私舞弊罪，是指动植物检疫机关的检疫人员徇私舞弊，伪造检疫结果的行为。

《刑法》第413条第1款规定，犯本罪的，处5年以下有期徒刑或者拘役；造成严重后果的，处5年以上10年以下有期徒刑。

十三、动植物检疫失职罪

动植物检疫失职罪，是指动植物检疫机关的检疫人员，严重不负责任，对应当检疫的检疫物不检疫，或者延误出证、错误出证，致使国家利益遭受重大损失的行为。

《刑法》第413条第2款规定，犯本罪的，处3年以下有期徒刑或者拘役。

十四、放纵制售伪劣商品犯罪行为罪

放纵制售伪劣商品犯罪行为罪，是指对生产、销售伪劣商品犯罪行为负有追究责任的国家机关工作人员，徇私舞弊，不履行法律规定的追究职责，情节严重的行为。

《刑法》第414条规定，犯本罪的，处5年以下有期徒刑或者拘役。

十五、办理偷越国（边）境人员出入境证件罪

办理偷越国（边）境人员出入境证件罪，是指负责办理护照、签证以及其他出入境证件的国家机关工作人员，对明知是企图偷越国（边）境的人员，予以办理出入境证件的行为。

《刑法》第415条规定，犯本罪的，处3年以下有期徒刑或者拘役；情节严重的，处3年以上7年以下有期徒刑。

十六、放行偷越国（边）境人员罪

放行偷越国（边）境人员罪，是指边防、海关等国家机关工作人员，对明知是偷越国（边）境的人员，予以放行的行为。

《刑法》第415条规定，犯本罪的，处3年以下有期徒刑或者拘役；情节严重的，处3年

以上 7 年以下有期徒刑。

十七、不解救被拐卖、绑架妇女、儿童罪

不解救被拐卖、绑架妇女、儿童罪，是指对拐卖、绑架的妇女、儿童负有解救职责的国家机关工作人员，接到被拐卖、绑架的妇女、儿童及其家属的解救要求或者接到其他人的举报，而对被拐卖、绑架的妇女、儿童不进行解救，造成严重后果的行为。

《刑法》第 416 条第 1 款规定，犯本罪的，处 5 年以下有期徒刑或者拘役。

十八、阻碍解救被拐卖、绑架妇女、儿童罪

阻碍解救被拐卖、绑架妇女、儿童罪，是指负有解救职责的国家机关工作人员利用职务阻碍解救被拐卖、绑架的妇女、儿童的行为。

《刑法》第 416 条第 2 款规定，犯本罪的，处 2 年以上 7 年以下有期徒刑；情节较轻的，处 2 年以下有期徒刑或者拘役。

十九、帮助犯罪分子逃避处罚罪

帮助犯罪分子逃避处罚罪，是指有查禁犯罪活动职责的国家机关工作人员，向犯罪分子通风报信、提供便利，帮助犯罪分子逃避处罚的行为。

《刑法》第 417 条规定，犯本罪的，处 3 年以下有期徒刑或者拘役；情节严重的，处 3 年以上 10 年以下有期徒刑。

第二十九章

军人违反职责罪

第一节　危害作战利益的犯罪

一、战时违抗命令罪

（一）概念

战时违抗命令罪，是指军人战时故意违背并抗拒执行上级命令，对作战造成危害的行为。

（二）构成要素

1. 客观的构成要素。

（1）行为主体是军职人员。

（2）客观方面表现为战时违背并抗拒执行命令，对作战造成危害的行为。违抗作战命令，既可以是作为，也可以是不作为。这里的命令，不仅应理解为作战命令，还包括配合战斗方面的命令。违抗命令的行为只有发生在战时才能构成犯罪。对作战造成危害，泛指一切可能对作战造成不利影响的结果。这种危害既可以是现实的、具体的，也可以是潜在的、抽象的。如果仅违抗命令而未对作战造成危害的，不以犯罪论处，可以作为违反军纪处理。

2. 主观的构成要素。主观方面表现为故意，即明知是上级的作战命令而故意违抗，过失不成立本罪。

（三）认定

1. 罪与非罪的界限。违抗命令的行为只有发生在战时才能构成犯罪，否则不能构成犯罪。在作战中，因军情发生变化，在上级总的作战意图的指挥下，采取了灵活机动战术的行为，或者由于不能抗拒或者不能预见的原因而未执行命令的，不能以犯罪论处。

2. 本罪与阻碍执行军事职务罪的界限。两罪的主要区别是：①客观行为方式不同。本罪既可以是作为，也可以是不作为；而后罪则只能是作为。②行为对象不同。本罪的犯罪对象是上级首长的作战命令；而后罪则是针对指挥人员、值勤人员、值班人员正在执行的军事职务。③故意的内容不同。本罪是战时违抗命令；而后罪则是阻碍各种军事职务的执行。

（四）处罚

《刑法》第421条规定，犯战时违抗命令罪的，处3年以上10年以下有期徒刑；致使战斗、战役遭受重大损失的，处10年以上有期徒刑、无期徒刑或者死刑。

二、隐瞒、谎报军情罪

隐瞒、谎报军情罪，是指军人故意隐瞒、谎报军情，对作战造成危害的行为。

本罪的主体是军人，而且通常是指对军情具有传达、汇报义务的军人。客观方面表现为隐瞒军情不报，或者谎报军情，因而对作战造成危害的行为。主观方面是故意，要求明知是军情而故意隐瞒不报，或者没有军情，故意捏造军情而谎报。

《刑法》第422条规定，犯本罪的，处3年以上10年以下有期徒刑；致使战斗、战役遭受重大损失的，处 10 年以上有期徒刑、无期徒刑或者死刑。

三、拒传、假传军令罪

拒传、假传军令罪，是指军人故意拒传军令或假传军令，对作战造成危害的行为。

本罪的主体是军人，但通常是指负有传达军令义务的军人。本罪客观上表现为以下两种情况：①拒绝传达军令，通常是指有传达军令义务的军人拒绝传达军令；②假传军令，通常是指将实际的军情进行篡改，故意作虚假传达。

《刑法》第 422 条规定，犯本罪的，处 3 年以上 10 年以下有期徒刑；致使战斗、战役遭受重大损失的，处 10 年以上有期徒刑、无期徒刑或者死刑。

四、投降罪

投降罪，是指军人在战场上贪生怕死，自动放下武器投降敌人的行为。

投降罪的主体是军人，通常是指参战并有作战义务的军人。客观方面表现为贪生怕死，投降敌人；或者自动放下武器和战斗，投降敌人。主观方面是故意，一般具有贪生怕死的动机。

《刑法》第 423 条规定，犯本罪的，处 3 年以上 10 年以下有期徒刑；情节严重的，处 10 年以上有期徒刑或者无期徒刑。投降后为敌人效劳的，处 10 年以上有期徒刑、无期徒刑或者死刑。

五、战时临阵脱逃罪

（一）概念

战时临阵脱逃罪，是指战时面临战斗任务而脱离岗位逃避参加战斗的行为。

（二）构成要素

1. 客观的构成要素。

（1）行为主体是参战的军人。

（2）客观方面表现为战时临阵脱逃的行为。即在战场上或者在战斗状态下，行为人实施了擅自脱离战斗部队而逃跑的行为。"在战斗状态下"不应仅理解为是在进行战斗的过程中，也包括尚未参加战役、战斗，但已接受了作战任务的情况。

2. 主观的构成要素。本罪主观方面表现为故意，即行为人明知应该参加战斗而有意逃避参加。

（三）认定

1. 罪与非罪的界限。并非所有的临阵脱逃的行为都构成犯罪。例如，行为人尚未逃离阵地、战场即被阻拦、追回而不具有其他严重情节的；初次参加作战的新兵于接受作战任务后尚未进入实际作战，这时逃跑而不具有其他严重情节的，等等，可以不以犯罪论处。

2. 本罪与逃离部队罪的界限。①犯罪主体有所不同。前者的主体限于参战的军职人员；后者的主体可以是任何军职人员。②犯罪目的不同。前者的目的是逃避作战；后者的目的是逃避兵役。③发生的时间不同。前者只能发生在战时；后者则既可以发在战时，也可以发生在平时。

（四）处罚

《刑法》第 424 条规定，犯本罪的，处 3 年以下有期徒刑；情节严重的，处 3 年以上 10 年以下有期徒刑；致使战斗、战役遭受重大损失的，处 10 年以上有期徒刑、无期徒刑或者死刑。

六、违令作战消极罪

违令作战消极罪，是指指挥人员违抗命令，临阵畏缩，作战消极，造成严重后果的行为。

本罪的主体是军队的指挥人员，一般的军官或士兵不能成为本罪的主体。客观方面表现为违抗命令，临阵惧怕作战而退缩，消极作战，因而造成我军贻误战机或军事失利等严重后果的行为。主观方面是故意。

《刑法》第 428 条规定,犯本罪的,处 5 年以下有期徒刑;致使战斗、战役遭受重大损失或者其他特别严重情节的,处 5 年以上有期徒刑。

七、拒不救援友邻部队罪

拒不救援友邻部队罪,是指指挥人员在战场上明知友邻部队处境危急请求救援,能救援而不救援,致使友邻部队遭受重大损失的行为。

本罪的主体是指挥人员。客观方面必须具备以下几个要件:①在战场上;②友邻部队处境危急并且请求救援;③在接到友邻部队救援请求后,有能力救援而拒不救援;④拒不救援的行为最终导致友邻部队遭受了重大损失。主观方面是故意,而且要求明知,即明知友邻部队处境危急并且请求救援,如果不知道友邻部队的处境和救援请求,不构成本罪。

《刑法》第 429 条规定,犯本罪的,处 5 年以下有期徒刑。

八、战时造谣惑众罪

战时造谣惑众罪,是指军人在战时造谣惑众,动摇军心的行为。

《刑法》第 433 条规定,犯本罪的,处 3 年以下有期徒刑;情节严重的,处 3 年以上 10 年以下有期徒刑;情节特别严重的,处 10 年以上有期徒刑或者无期徒刑。

九、战时自伤罪

战时自伤罪,是指军人在战时自伤身体,逃避军事义务的行为。

《刑法》第 434 条规定,犯本罪的,处 3 年以下有期徒刑;情节严重的,处 3 年以上 7 年以下有期徒刑。

第二节 违反部队管理制度的犯罪

一、擅离、玩忽军事职守罪

擅离、玩忽军事职守罪,是指军队的指挥人员和值班、执勤人员擅离职守或者玩忽职守,造成严重后果的行为。

本罪的主体是军队的指挥人员和值班、执勤人员。客观方面表现为军队中的指挥人员和值班人员擅自离开正在工作的岗位,或者虽未离开工作岗位,却不履行或不认真履行自己的职责,玩忽职守的行为。主观方面是过失。擅离、玩忽军事职守的行为,只有造成严重后果的,才构成犯罪。所谓"造成严重后果",主要是指造成重大的军事利益损失。

《刑法》第 425 条规定,犯本罪的,处 3 年以下有期徒刑或者拘役;造成特别严重后果的,处 3 年以上 7 年以下有期徒刑。战时犯本罪的,处 5 年以上有期徒刑。

二、阻碍执行军事职务罪

阻碍执行军事职务罪,是指军人以暴力、威胁方法,阻碍指挥人员或值班、值勤人员执行职务的行为。

《刑法》第 426 条规定,犯本罪的,处 5 年以下有期徒刑或者拘役;情节严重的,处 5 年以上 10 年以下有期徒刑;情节特别严重的,处 10 年以上有期徒刑或者无期徒刑。战时从重处罚。

三、指使部属违反职责罪

指使部属违反职责罪,是指军队的军事长官滥用职权,指使部属进行违反职责的活动,造成严重后果的行为。

本罪的主体是军队的军事长官,普通士兵不能成为此罪的主体。客观方面表现为行为人超越职权或者不正当地行使职权,利用上下级之间的命令服从关系,指使部属进行违反职责的活动。指使部属违反职责的行为，只有造成严重后果的才构成犯罪。所谓"造成严重后果"，主要是指造成重大经济损失的，造成人员伤亡后果的，或者是严重损害国家军事利益的等。主观方面是故意。

《刑法》第427条规定，犯本罪的，处5年以下有期徒刑或者拘役；情节特别严重的，处5年以上10年以下有期徒刑。

四、军人叛逃罪

（一）概念

军人叛逃罪，是指军人在履行公务期间，擅离岗位，叛逃境外或者在境外叛逃，危害国家军事利益的行为。

（二）构成要素

1. 客观的构成要素。

（1）主体是军职人员。

（2）客观方面表现为在履行公务期间，擅离岗位，叛逃境外或者在境外叛逃，危害国家军事利益的行为。"叛逃"，是指逃往国外、境外不归或者滞留国外、境外不归，以及逃往外国驻华使、领馆，并有反对党和社会主义祖国的言行或者申请政治避难的行为。叛逃所至的国家须属非敌对的，如果逃往敌对国家或者地区的，应当依照投敌叛变罪论处。

2. 主观的构成要素。本罪主观方面表现为故意。

（三）认定

1. 罪与非罪的界限。对于前往国外、境外不归或滞留国外、境外不归，但没有危害国家和人民利益的行为，不以犯罪论处。对于行为人逃往国外、境外或滞留国外、境外不归，以及逃往外国驻华使、领馆，并有反对《宪法》所确立的四项基本原则的言行或申请政治避难的行为，应以本罪论处。

2. 本罪与叛逃罪的界限。如果军事机关工作人员叛逃，此时，就出现与叛逃罪竞合的问题。在这种情形下，应遵循特别法优于一般法的原则，以军人叛逃罪论处。

（四）处罚

《刑法》第430条规定，犯军人叛逃罪的，处5年以下有期徒刑或者拘役；情节严重的，处5年以上有期徒刑。驾驶航空器、舰船叛逃的，或者有其他特别严重情节的，处10年以上有期徒刑、无期徒刑或者死刑。

五、逃离部队罪

逃离部队罪，是指违反兵役法规，逃离部队，情节严重的行为。

《刑法》第435条规定，犯本罪的，处3年以下有期徒刑或者拘役。战时犯本罪的，处3年以上7年以下有期徒刑。

六、私放俘虏罪

私放俘虏罪，是指私放俘虏的行为。

《刑法》第447条规定，犯本罪的，处5年以下有期徒刑；私放重要俘虏、私放俘虏多人或者有其他严重情节的，处5年以上有期徒刑。

第三节　危害军事秘密的犯罪

一、非法获取军事秘密罪

非法获取军事秘密罪，是指以窃取、刺探、收买方法，非法获取军事秘密的行为。

《刑法》第431条第1款规定，犯本罪的，处5年以下有期徒刑；情节严重的，处5年以上10年以下有期徒刑；情节特别严重的，处10年以上有期徒刑。

二、为境外窃取、刺探、收买、非法提供军事秘密罪

为境外窃取、刺探、收买、非法提供军事秘密罪，是指为境外的机构、组织、人员窃取、刺探、收买、非法提供军事秘密的行为。

本罪与《刑法》第111条规定的为境外窃取、刺探、收买、非法提供国家秘密、情报罪的主要区别是：①主体不同。本罪的主体仅限于军职人员；而后罪的主体是一般主体。②对象不同。本罪的对象是国家军事秘密；后罪是国家秘密或情报。因此，一般公民为境外机构、组织、人员窃取、刺探、收买、非法提供国家秘密、情报的或军职人员为境外机构、组织、人员窃取、刺探、收买、非法提供军事秘密以外的国家秘密、情报的，应以《刑法》第111条的为境外窃取、刺探、收买、非法提供国家秘密、情报罪论处。

《刑法》第431条第2款规定，犯本罪的，处5年以上10年以下有期徒刑；情节严重的，处10年以上有期徒刑、无期徒刑或死刑。

三、故意泄露军事秘密罪

故意泄露军事秘密罪，是指违反保守国家秘密法规，故意泄露军事秘密，情节严重的行为。

一般公民泄露国家秘密（包括军事秘密）情节严重的，或者军人泄露国家其他秘密情节严重的，应以《刑法》第398条规定的故意泄露国家秘密罪论处。

《刑法》第432条规定，平时犯本罪的，处5年以下有期徒刑或者拘役；情节特别严重的，处5年以上10年以下有期徒刑。战时犯本罪的，处5年以上10年以下有期徒刑，情节特别严重的，处10年以上有期徒刑或者无期徒刑。

四、过失泄露军事秘密罪

过失泄露军事秘密罪，是指违反国家保密法规，过失泄漏国家军事秘密，情节严重的行为。

《刑法》第432条规定，犯本罪的，处5年以下有期徒刑或者拘役；情节特别严重的，处5年以上10年以下有期徒刑。战时犯本罪的，处5年以上10年以下有期徒刑。情节特别严重的，处10年以上有期徒刑或者无期徒刑。

第四节　危害部队物资保障的犯罪

一、武器装备肇事罪

（一）概念

武器装备肇事罪，是指违反武器装备使用规定，情节严重，因而发生责任事故，致人重伤、死亡或者造成其他严重后果的行为。

（二）构成要素

1. 客观的构成要素。

（1）主体是军人。通常是武器装备的操作人员。

（2）客观方面表现为违反武器装备使用规定，情节严重，因而发生责任事故，致人重伤、死亡或者造成其他严重后果的行为。具体包括三个方面的内容：①行为人实施了违反武器装备使用规定的行为，这是构成本罪的前提；②违反武器装备使用规定的行为必须情节严重；③发生了重大责任事故，致人重伤、死亡或者其他严重后果。"其他严重后果"，是指造成爆

炸、火灾、大面积污染或其他重大损失。如果违反武器装备使用规定但情节不严重，或者违反武器装备使用规定虽然情节严重，但是没有造成任何危害后果，或虽然造成危害后果但没有达到严重程度者，不构成犯罪。

2. 主观的构成要素。本罪主观方面是过失，包括疏忽大意的过失与过于自信的过失。

（三）认定

军职人员在执勤、训练、作战时使用、操作武器装备，或者在管理、维修、保养武器装备的过程中，违反武器装备使用规定和操作规程，情节严重，因而造成重大责任事故，致人重伤、死亡或者造成其他严重后果的，以本罪论处。对于违反枪支、弹药管理使用规定，私自携带枪支、弹药外出，因走火或爆炸，致人重伤、死亡或者使公私财产遭受重大损失的，分别以过失致人重伤罪、过失致人死亡罪或者过失爆炸罪论处。

（四）处罚

《刑法》第436条规定，犯本罪的，处3年以下有期徒刑或者拘役；后果特别严重的，处3年以上7年以下有期徒刑。

二、擅自改变武器装备编配用途罪

擅自改变武器装备编配用途罪，是指违反武器装备管理规定，擅自改变武器的编配用途，造成严重后果的行为。

《刑法》第437条规定，犯本罪的，处3年以下有期徒刑或者拘役；造成特别严重后果的，处3年以上7年以下有期徒刑。

三、盗窃、抢夺武器装备、军用物资罪

盗窃、抢夺武器装备、军用物资罪，是指军人盗窃、抢夺武器装备或军用物资的行为。

《刑法》第438条规定，犯本罪的，处5年以下有期徒刑或者拘役；情节严重的，处5年以上10年以下有期徒刑；情节特别严重的，处10年以上有期徒刑、无期徒刑或死刑。盗窃、抢夺枪支、弹药、爆炸物的，依照《刑法》第127条盗窃、抢夺枪支、弹药、爆炸物罪的规定处罚。

四、非法出卖、转让武器装备罪

非法出卖、转让武器装备罪，是指非法出卖、转让军队武器装备的行为。

《刑法》第439条规定，犯本罪的，处3年以上10年以下有期徒刑。出卖、转让大量武器装备或者有其他特别严重情节的，处10年以上有期徒刑、无期徒刑或者死刑。

五、遗弃武器装备罪

遗弃武器装备罪，是指违抗命令，遗弃武器装备的行为。

"违抗命令"，是指不遵守武器装备使用、保管、处置的有关规定和命令，并非指所有违背上级作战命令及其他命令的行为。

《刑法》第440条规定，犯本罪的，处5年以下有期徒刑或者拘役；遗弃重要或者大量武器装备的，或者有其他严重情节的，处5年以上有期徒刑。

六、遗失武器装备罪

遗失武器装备罪，是指遗失武器装备，不及时报告或者有其他严重情节的行为。

《刑法》第441条规定，犯本罪的，处3年以下有期徒刑或者拘役。

七、擅自出卖、转让军队房地产罪

擅自出卖、转让军队房地产罪，是指违反规定，擅自出卖、转让军队房地产，情节严重的行为。

《刑法》第442条规定，犯本罪的，处3年以下有期徒刑或者拘役；情节特别严重的，处

3 年以上 10 年以下有期徒刑。

<h1 style="text-align:center">第五节　侵害部属、伤病军人、和平居民、
俘虏利益的犯罪</h1>

一、虐待部属罪

虐待部属罪，是指滥用职权，虐待部属，情节恶劣，致人重伤或者造成其他严重后果的行为。

《刑法》第 443 条规定，犯本罪的，处 5 年以下有期徒刑或者拘役；致人死亡的，处 5 年以上有期徒刑。

二、遗弃伤病军人罪

遗弃伤病军人罪，是指在战时故意遗弃伤病军人，情节恶劣的行为。

《刑法》第 444 条规定，犯本罪的，对直接责任人员，处 5 年以下有期徒刑。

三、战时拒不救治伤病军人罪

战时拒不救治伤病军人罪，是指战时在救护治疗岗位上，有条件救治而拒不救治危重伤病军人的行为。

《刑法》第 445 条规定，犯本罪的，处 5 年以下有期徒刑或者拘役；造成伤病军人重残、死亡或者有其他严重情节的，处 5 年以上 10 年以下有期徒刑。

四、战时残害居民、掠夺居民财物罪

战时残害居民、掠夺居民财物罪，是指战时在军事行动地区，残害无辜居民或者掠夺无辜居民财物的行为。

《刑法》第 446 条规定，犯本罪的，处 5 年以下有期徒刑；情节严重的，处 5 年以上 10 年以下有期徒刑；情节特别严重的，处 10 年以上有期徒刑、无期徒刑或者死刑。

五、虐待俘虏罪

虐待俘虏罪，是指虐待俘虏，情节恶劣的行为。

《刑法》第 448 条规定，犯本罪的，处 3 年以下有期徒刑。

参考书目

1. 陈兴良：《刑法哲学》，中国政法大学出版社 2004 年版。

2. 张明楷：《刑法学》，法律出版社 2003 年版。

3. 曲新久：《刑法的精神与范畴》，中国政法大学出版社 2003 年版。

4. 张明楷：《法益初论》，中国政法大学出版社 2000 年版。

5. 周光权：《刑法学的向度》，中国政法大学出版社 2004 年版。

6. 周道鸾、张军主编：《刑法罪名精释》，人民法院出版社 2003 年版。

7. 陈兴良：《本体刑法学》，商务印书馆 2001 年版。

8. 赵秉志：《刑法新教程》，中国人民大学出版社 2001 年版。

9. 何秉松主编：《刑法教科书》，中国法制出版社 2000 年版。

10. 高铭暄、马克昌主编：《刑法学》，中国法制出版社 1999 年版。

11. 张明楷：《刑法格言的展开》，法律出版社 1999 年版。

12. 马克昌主编：《犯罪通论》，武汉大学出版社 1999 年版。

13. 马克昌主编：《刑罚通论》，武汉大学出版社 1999 年版。

14. 郎胜主编：《〈中华人民共和国刑法〉释解》，群众出版社 1997 年版。

15. 敬大力主编：《刑法修订要论》，法律出版社 1997 年版。

16. 何秉松：《犯罪构成系统论》，中国法制出版社 1995 年版。

17. 李贵方：《自由刑比较研究》，吉林人民出版社 1992 年版。

18. 何秉松主编：《法人犯罪与刑事责任》，中国法制出版社 2000 年版。

19. 黄风：《贝卡里亚及其刑法思想》，中国政法大学出版社 1987 年版。

20. 蔡枢衡：《中国刑法史》，广西人民出版社 1983 年版。

21. 高铭暄：《中华人民共和国刑法的孕育与诞生》，法律出版社 1982 年版。

22. 杨春洗等：《刑法总论》，北京大学出版社 1981 年版。